U0717153

穆宗隆慶五年辛未起
熹宗天啓元年辛酉止

五

中華書局

國榷卷六十七

辛未隆慶五年

正月甲子朔。己巳。賑文安永淸薊霸等水災。免其屯租。

辛未。享太廟。

甲戌。吏部大計。旌入覲卓異按察使勞堪江一麟。僉事蕭大亨。知府丁應璧徐學古侯必登李渭高文薦。同知章時鸞。知州許希孟。知縣林會春徐成位曹大埜劉不息。各衣一襲。鈔百錠。宴禮部。下貪酷知府徐必進等二十五人于巡按御史。追入之。

丁丑。翰林修撰申時行爲左春坊左中允。國子司業王錫爵爲右春坊右中允。並兼編修。

己卯。戶部請嚴覲官逋賦。計其數駐俸鐫級。從之。

乙酉。湖廣土寇覃璧平。

己丑。大風霾。

庚寅。閣臣請率百官朝東宮于文華門。許之。以二月既朔。

辛卯。翰林編修余有丁爲國子司業。

徵光祿寺二十萬金。以部科諫。半之。

壬辰。南京太常寺卿袁洪愈致仕。

南京戶部右侍郎喻時卒。

署都督同知廣東總兵官郭成改四川討山寇。

二月癸巳朔甲午廷臣及入覲官謁東宮于文華左門。

乙未。左都御史葛守禮言禁奢僭厲風俗一事。上是之。

丙申。山西按察副使張學顏爲右僉都御史巡撫遼東。

戊戌。祭太社太稷。

己亥。開日講。

少傅大學士張居正詹事府吏部左侍郎兼翰林學士呂調陽主禮闈。

設分守惠潮參將。

庚子。總督尚書王崇古上言。互市甚利。若拒而不許。彼必且飛揚跋扈。宣大或以遣降之恩。可保數年不侵。其禍且東中遼薊西中關陝矣。先朝嘗封太平賢義安樂及哈密忠順王故事。臣謹條八議。曰錫封號官職。俺答可賜王號頒印。俾號召其子弟。爲國藩籬。餘如老把都兒及吉囊長子吉能俺答長子黃台吉。宜授都督。他子弟如兀愼打兒漢等四十六部。宜授指揮。俺答壻十餘部。各授千戶。假名器以服强胡。使無犯邊。曰定貢額。虜之貢意實希賞許。歲一貢。俺答馬十匹。來使十人。老把都兒吉能黃台吉各八匹。使各四人。諸酋以部落大小爲差。大則四匹。小則二匹。使各二人。共貢馬毋過五百。來使毋過百五十人。馬分三則。上馬三十匹。進御。餘給値有差。歲六十人入京。餘留境上。還以金繒布等分賞諸酋。曰酌貢期貢道。虜入貢互市。宜春月馬弱之時。且及萬壽節上表。自大同左衞驗入給賞。分駐各城。其入京遣官送入居庸關。自昌平入朝。廩四夷館。聽禮部繩給事訖。由故道。所歷將領盛陳兵仗。示威重。戒交通傳泄。曰立互市。漠北無他產。釜繒之具。仰賴中國。今誓絕侵犯。即求互市。庶免盜竊。彼以金銀革踪等。我商販繒紬布釜等。卜日開市。彼三百人住塞外。我兵五百住市場。貿易盡月而止。市場大同則左衛之威虜堡。宣府則萬全右衛之張家口。山西則水泉營。至期商卒不得闌出禁物。罔利啓釁。罷市後有擾邊者。檄俺答及各酋核之。曰撫賞之費。各鎮歲備邊。則有調遣客餉。春秋擺邊。則有行糧米草。各營有探哨夜役行糧。各墩有常瞭行月二糧。其費不貲。又犒賞優卹之具。皆督撫贖鍰及各城商稅地租。歲不下數千金。今可省爲撫賞各夷之需。如不足。支年例客餉。夷使及守市夷兵各布二匹。酋長繒二匹。紬二匹。餘使以好至量加賞犒。曰歸降。朝廷懸招降之例。華人歸正者十七。眞夷避罪來降者十三。今既許通貢。自後罪夷投降。俱免收納。華人歸正。許騎來馬住邊堡。如追騎至。即給以馬。量與紬一布二。曰審經權。俺答納款。當優受降之禮。議者必欲峻其始。要其終。夫春秋之列國。漢唐之封建。雖友邦同姓。尚不能守法信度。而欲責之夷虜。恐非達權之宜也。俺答年近七十。老把都兒黃台吉能各年逾五十。倘各酋未死。邊境有數年之安。則宜大山西殘城可漸實。蕪田可漸墾。客兵可漸減。練卒積餉。設險除器。靡不豫圖。守可固。戰可勝。雖一時羈縻之徽權。而保固疆圉生全邊氓。不既多乎。曰戒狡飾。今之爲將。務爲誇誕。謂宜戰不宜和。搖奪邊計。請敕九鎮將領。乘暇修備。使虜知我之有待。不敢復叛。或陰懷異志。則揚兵伐謀。使虜不敢乘我之虛。其造言飾詐陰壞貢議者罪之。命下兵部廷議。

辛丑。雲南道監察御史汪文輝上治體四事。專責言官。曰。先帝末年。大臣寅恭。稍議論不合。意見各殊。一二言官。遂窺其所向而攻其所忌。至顛倒是非。熒惑聖聽。傷國家大體。如復踵弊傾陷。忠詐莫辨。則宋元祐之事可爲永鑒。此觀望當戒也。曰。祖宗立法。至爲精密。而卒有不行者。非法之弊也。患不得其人耳。今言官條陳。皆因噎廢食。銳意更張。部臣重拂其情。遷就題覆。及其法立弊生。又議復舊。非惟民無畫一之守。而部覆日亦不足矣。自今宜求任事之人。勿重于違言。官輕于變祖法。一切瑣碎迂闊之說。悉格不行。此紛更當戒也。曰。古之大臣坐事退者。皆微其詞。以養廉恥而存國體。今或掇其已往。揣其未形。疑似影響。爭相訐病。如市井喧鬧。爲衆嗤笑。是人己兩失之也。至方面重臣。苟非奸惡。亦宜棄短取長。爲人才惜。今或搜其小疵。極言醜詆。使決于引去。國家安得全才而用之。此苛刻當戒也。曰言官能規切人主。糾彈大臣。而其所短。亦係天下萬世之議。欲自護不得也。今言論或不當。部臣不覆。卽憤然不平。夫不肯認錯。何以感格君父哉。自今言官宜以公天下之心言之。大臣確議當否。毋襲故套。雖彼懷憤于一時。終媿服于後日。此護短當戒也。上報聞。時韙其言。亡何。遷陝西按察僉事。

支大綸曰。汪君此疏。眞救時之讜論。邪佞之針砭也。使用于戊辰。則高拱不狼狽而去國。用于辛未。則徐階不遑遽而祈求。憸夫壬人。假風聞言事之權。殺人媢人之毒。縱能得私于一時。其能終逭于天網乎。

癸卯。總理河道侍郎翁大立總督漕運侍郎趙孔昭皆劾罷。

處州諸生毆分守參議方岳。戍十二人。

甲辰。刑部右侍郎游居敬順天府尹姚一元勒致仕。應天府尹周俶操江右僉都御史。調雲南副使吳時來罷。

江西左布政使馮惟訥乞休。以淸愼加光祿寺卿。

貢士趙蒙吉授國子學正。蓋趙貞吉之弟。南京國子祭酒姜寶薦其學行。

丙午。廣西桂林地陷。

戊申。浙江雲南左布政使郭朝賓鄖璉爲順天應天府尹。

己酉。兵部右侍郎谷中虛爲左侍郎。巡撫山西右僉都御史石茂華爲兵部右侍郎。南京大理寺卿朱大器爲刑部右侍郎。

庚戌。通政司右通政胡杰爲南京太常寺卿。

辛亥。鎭遠侯顧寰仍總督京營。

壬子。南京廣積廣惠庫火。

遣內臣往陝西織絨部科止之不聽。

乙卯。刑科左給事中竺東光免。東光言事狂悖見輕。心怏怏成疾。大呼于會極門。

丙辰。浚金水河。

戊午。巡撫遼東右僉都御史毛綱奔喪不候代被劾。命服除左遷。

己未。封皇子翊鏐潞王。

朱冠爲署都督僉事總兵官。鎭守浙江。

庚申。陝西左布政使曹金言地曠事冗。乞增左參議一。分守關內道。按察僉事一。管屯田水利。郡縣佐貳及敎官各數員。從之。

三月壬戌朔。古田盜平。擒斬七千三百人有奇。而渠帥韋銀豹之首僞也。蓋銀豹度已不免。以莫諫成貌類。因醉斬之函獻。尋殷正茂知之。密購數日而得。上章自劾。械京師磔于市。

甲子。兵科都給事中章甫端言。虜得封號則衆且益附。是假之翼也。入我境則窺我文物。是啓其心也。給事中宋應昌言。虜雖通貢。情或難測。防邊則有兩費。撤兵則非萬全。張國彥言。虜向入寇。每旋出塞者。虞西北諸戎躡其後耳。彼無我患。則專意諸戎。諸戎必折而入于俺答。是加之左右臂而益其強也。請乞之費。歲加月倍。客餉不已。必扣主兵。主兵不已。必及市買。市買不已。必及內藏矣。詔下廷議。諸臣言利者十一。言害者十九。尚書郭乾意惑之。終持兩端。請先授都督。令諸酋各自爲部。毋統攝。俟奉約一二歲始封貢。使留邊城。毋入京市期自二月至四月爲率。毋拘聖節。上命復議。

玉田伯蔣榮卒。

丙寅。夜月犯畢宿。

丁卯。通政司右參議宋訓延綏巡撫右僉都御史何東序劾免。巡撫江西右僉都御史李一元降調。

復議膠萊運道。戶科給事中李貴和言之。命工科給事中胡檟往視。

己巳。上御文華殿日講畢。輔臣李春芳等具言封貢之利。上曰。卿等議定其卽行之。自是浮論稍息。

庚午。冊榮妃汪氏。安妃楊氏。和妃趙氏。容妃韓氏。

巡撫浙江右副都御史熊汝達爲南京刑部右侍郞。山西左布政使楊綵爲右僉都御史。巡撫山西。

兵部尚書郭乾再集議封貢。上言。漠北來王。古今盛事。而因以羈縻實制馭長策。九塞諸虜。俺答最雄。自上谷至甘涼穹廬萬里。東服土迷。西制吉囊。先年以謝絕致憤。遂致駘籍諸邊三十餘年。中原苦不支矣。今儼然聽命于藩籬之外。是三十年所禱祀而求者。何惜藁街尋丈之地。而以隔虜情。隘皇化。失神靈所想望。宜從其請。若搗巢可罷。燒荒不可罷。從之。初。巡撫方逢時言。諸降人甘心于虜。而虜亦厚結以自植。若招之于款後。是示以不信也。虎方據鹿。不制其虎而取鹿。不爲虎所傷者幾希。自諸逆膏斧。餘衆破膽矣。彼何能爲。而況我既臣虜。其人既我也。不若因而撫之。明示不殺。使反側自安。不然。所招者徒得旄倪。雖千百不損其毫毛。而徒令奸人藉口構禍也。于是弛招降之令。

壬申。復山東督糧左參議。

張元勳爲署都督僉事總兵。鎭廣東。

癸酉。新昌王厚熁薨。謚端僖。

甲戌。禮部覆吏科都給事中韓楫以藩戚入任。除同祖親支外。得推陞京秩。從之。

丙子。策貢士于皇極殿。賜張元忭劉瑊鄧以讚等進士及第出身有差。

兵部右侍郎王遴歸省。

左都御史葛守禮申明巡按事宜。正體統。修本務。愼訪察。簡受訟。嚴舉劾。倡節儉。命卽行之。

丁丑。兵部尙書郭乾劾罷。

辛巳。日暈有珥。白虹貫天。

壬午。順天府尹郭朝賓巡撫寧夏。沈應時爲右副都御史巡撫浙江江西。

南京太常寺卿胡杰卒。豐城人。嘉靖辛未進士。

乙酉。禮科都給事中張國彥請召對大臣。幷錄先帝要事二十九則以進。報聞。錄留覽。

起少傅楊博爲兵部尙書太子少保高儀掌詹事府。高拱薦之。

丙戌。改古田縣曰永寧州。立守禦千戶所。

戊子。主事吳文佳侯于趙爲吏兵科給事中。朱光宇趙宧張克家爲御史。周大烈爲南京兵科給事中。田成法李之珍爲御史。

己丑。封俺答順義王。賜緋蟒衣一。綵幣八。敕曰。朕纘緒五年。愛養生靈。胡越一體。頃爾孫來歸。特命邊臣護視。給其服食。厚加撫納。以禮遣還。爾感恩內屬。歲歲入貢。永爲荒服。俘獻叛賊。懇款再三。朕念北番朝貢。代固有之。在我國家亦惟常典。爾能慕華請命。深識天道。朕實嘉悅。特允所請。爾弟爾子及諸部長。俱授都督等官。俾世居本土。逐草射獵。同樂太平。朕代天覆幬萬國。無分彼此。照臨所及。悉我黎元。仁恩惟均。無或爾遺。爾尙堅守臣節。約束爾衆。保境息民。世世安樂。朕國家膺萬年之天運。爾子孫亦保萬年之福澤。豈不永利哉。倘爾部衆。或背初心。擾我邊境。是乃自乖大義。輕棄盟言。天地鬼神。實共鑒臨。爾其體悉朕意。尙欽承之。

劉紹恤曰。漢北爲難。自古患之。周以降。漢唐宋亡論矣。高皇帝爲百姓請命。舉韋韝而驅逐之。豈不褫其魄哉。靖難後移師北伐。直犂其庭。又何烈也。土木之狩。敵勢方張。正德嘉靖。妖纏昴畢。上谷雲中幾殆矣。一旦憬然納款。曰求厥章而爲臣。洪永之際。于斯爲盛乎。嗚呼。諸亡命爲虜腹心。豈不仇之深。顧使之猖獗二十年。舛矣。孰謂一胡雛遂制其死命哉。假令把漢內附處或失策。則諸亡命不死。諸亡命不死。俺答未必悔禍而爲之臣。邊民詎能有今日乎。語云。方叔元老。克壯其猷。侯誰在矣。張仲孝友。天保采薇之風。所謂相得而益彰者。非耶。

馮時可曰。自餌虜後。中國所費三十萬金。所省徵調費不啻百萬。由上谷至河湟萬里。居如堵。行如家。畢沙磧而黍苗之矣。猶有虞焉。沿邊荷戈之士。外則供市。內則供役。旁則供帥。而虜來則資我。去則掠番。是彼有兩利而我有三害也。且板升扒沙盛。而以中國窺中國矣。土番瓦剌併而以虜合虜矣。有如雄鳥出。安知其不以今日之馴鳥爲他日之封豕也。

何喬遠曰。天道恢恢。豈不大哉。雖窮荒異類。人行其間也先很悍。卒不得其死。俺答亡大志。求貢市而已。屢請不許。憤焉蹂邊者三十餘年。其晚年稽首稱外臣。以善終。蓋明興以來。虜至強矣。古云。虜者天之驕子。非也。有豪杰生其間焉。則強。至謂縉紳之儒專主和親。介冑之士專論征伐。今乃反之。縉紳之儒則主征伐。介冑之士斯議和親。一當其難。一不履其事也。然予考論邊防之道亡他焉。謹烽火。嚴斥堠。信賞必罰。與士卒同甘苦。古人備矣。夫人君者。蓋在禦將哉。蓋在禦將哉。

談遷曰。俺答有驍騎十萬。其精兵俱鐵兜牟。長子黃台吉雄黠善用兵。竟以孽孫之故弭耳帖服。昔冒頓不愛其子女。倘俺答不顧其孽孫。悉甲臨邊。我雖制勝。夫豈有靳焉。幸不用趙全之計。受餌稱臣。則垂老之年。重內顧而悔狂逞也。太史公稱衛霍天幸。予于昭陵時亦云。

庚寅。江西左布政徐栻爲順天府尹。

陝西總督王之誥議。吉能子弟二年不犯。可許市。總督宣大王崇古上言。吉能卽俺答親姪。勢相依倚。許俺答不許吉能。是錮其首而舒其臂也。俺答必陰呼吉能之衆市晉。而吉能亦必陰藉俺答之衆窺秦。是晉爲秦受困。而秦爲晉申禍也。兵部復言。近者互市。與往日不同。昔捐官今資商。或有不足。宜權爲應當此物力方虛。愼毋以官市犯先帝所禁。

吏科左給事中賈三近往勘貴州安國亨。以國亨與安信仇殺。阮文中請兵之。兵部議勘。三近旣行。文中又言國亨出就理。召三近還。

陝西西鄉盜平。

下巡城御史緝游民。

辛卯。山西按察使張蕙爲右僉都御史。巡撫寧夏。

倭入廣東。

四月⿸厂壬朔。命饒州作陶器十萬有奇。工科都給事中龍光等請減十之三四。且寬其程。不聽。

癸巳。大理寺卿董傳策求改南京便養。許之。

甲午。河再決邳州。

乙未。河東巡鹽御史郜永春劾總督王崇古弟侍郎張四維父並怙勢壞鹽法。各疏辨。不問。

丙申。王應龍嗣成山伯。

庚子。月犯軒轅星。

辛丑。順天府治中張德恭。刑部員外郎包大爟。前從祀太廟偶語。坐不敬。謫德恭河東鹽運副使。大爟兗州通判。

釋輕四。

癸卯。南京給事中王禎等御史潘允哲等請罷貢市。報聞。

甲辰。刑部定各省如熱審例減徒杖以下罪。

乙巳。刑科都給事中王之垣上承天基命事實三卷。

辛亥。授虜酋昆都力哈（俺答弟把都兒）。黃台吉都督同知。賜獅衣一。綵幣四。賓兎台吉等十人指揮同知。那木兒台吉等九人指揮僉事。打兒漢台吉等十八人正千戶。阿拜台吉等十二人副千戶。恰台吉等二人百戶。

刑科都給事中王之垣等請諸進士讀律。從之。

丁巳。英國公張溶罷後府。恭順侯吳繼爵罷左府。

戊午。傳制封碩熿唐王。縉熿肅王。翊鏼金谿王。愼鏼義寧王。在鏜永寧王。憲熻光澤王。

京師大雨雹。

庚申。左都御史葛守禮上官箴士節六事。端趨向。崇節儉。正心術。勤職業。敦禮讓。弘器度。上然之。

五月壬戌朔。南京禮部右侍郎秦鳴雷爲南京禮部尚書。

起汪道昆右副都御史。巡撫湖廣。兼贊理軍務。

懷仁王俊榭薨。謚莊簡。

敍古田功。進提督侍郎李遷右都御史。巡撫殷正茂兵部右侍郎。各仍故任。餘陞賚有差。

乙丑。陝西貢士呂潛薦授國子學正。

丁卯。順天府尹徐栻爲右副都御史。巡撫江西。河南右布政使凌雲翼爲右僉都御史。提督撫治鄖陽。

巡撫廣西右僉都御史殷正茂請修舉鹽法。足兵食。販鹽在廣西。出鹽在廣東。行鹽在湖廣。官出貲歲市二百艘。時値消息。可充歲餉。從之。

甲戌。大理寺卿張翀爲兵部右侍郎。南京國子祭酒萬浩爲南京禮部右侍郎。

丙子。廣安王載堂薨。謚康裕。

丁丑。司禮太監陳洪同法司錄囚。

戊寅。少師兼太子太師吏部尚書中極殿大學士李春芳致仕。遣行人曹銑護歸。敕曰。由狀元爲執政。馮京不愧乎科名。以宰相而養親。王溥見榮于當世。古稱盛事。今乃兼之云云。春芳爲人性寬平。事期安靜。不好爲躁刻。時人比之李時。其氣力不如也。而潔廉過之。晚扼于高拱。不得舒。時猶取裁。不至過甚。

　支大綸曰。李春芳員猾善宦。訦詖易容。政在徐階則媚徐。政在高拱則讓高。蓋深于老氏之術者。若宦豎縱橫而不能捄。中宮失位而不敢言。則徐與高皆然。又不可以罪李也。

朝臣予告。堂上官按其實代奏。始部覆。

己卯。漢陽知府孫克弘罷。克弘遣蒼頭入京。或妄傳徐階所使。給事中韓楫宋之韓欲中階。自往捕之。求階事亡跡。僅克弘所通故人書也。之韓謂階子太常卿璠少卿琨等乾沒松江上供金錢。使引徐氏舍人。悉逮而籍之。（徐氏子使舍人置京邸私市。）給事中張博等復論階三子。下巡按御史逮克弘免官。

左府囚逸。

戊子。大學士高拱以首揆辭銓務。不允。

宣府獨石大雨雹。

御史蕭廩言。薊鎮入衞兵。即于掣兵之日放歸。免留備冬春。從之。

六月觪朔。京師地三震。詔修省三日。

前吏部左侍郎靳學顏卒。學顏濟寧人。嘉靖乙未進士。自南陽推官。歷□□左布政登朝。淳謹修潔。文行並足重云。

甲午。宣府乾莊堡大雨雹。

乙未。張齊補順天通判。兵科左給事中周芸御史李純朴爲故給事中張齊訟冤。幷論刑部尙書毛愷左都御史王廷迎附徐階。削廷籍。奪愷原官。

戊戌。提督謄黃通政司右通政張鹵歸省。

己亥。吏部定督撫出入更調須實俸考滿。其候代地方者亡論。

庚子。山西布政司右參政廖逢節爲右僉都御史。巡撫甘肅。

南京翰林侍讀學士陶大臨爲南京國子祭酒。

禮部員外郎張孟男爲尙寶司丞。孟男雖高拱密戚。引避不時見。

壬寅。選翰林院庶吉士。趙用賢王祖嫡史鈳趙鵬程何汝成黃洪憲劉虞夔蕭崇業趙參魯漆彬張應元吳中行孫訓石應岳張程秦燿公家臣王懋德劉楚光劉克正劉元震趙燿李盛春王守誠宋鎬宋儒孫成名劉諧熊敦朴盛訥修撰張元忭編修劉瑊鄧以讚俱入館肄業。鼎甲自嘉靖丙戌後不受課。至是復故。

甲辰。許西虜通貢。授吉能都督同知。其下四十九人授指揮千百戶有差。賜吉能獅袍一。綵幣四。

瞿九思曰。世議開市之非策也。是大不然。敗市者惟卜失兎一人。自取殄滅。而土昧把都隱布諸酋。恭順相承者世世。是害一而利十也。權其輕重。市若便焉。

乙巳。吏部言。任子自宗人五府出。多雲貴兩廣遠郡守。不旋踵輒罷。非厚也。乞自今任子得陞部署及京府治中太僕寺丞等官。果稱職則陞郡守藩臬。不必遠地。郡守藩臬又稱職。又遞遷之。毋限格。從之。

丁未。禮部集議宗藩廪祿。在國家苦供給之無措。而意外可虞。在宗室苦祿糧之不給。而顛連可閔。公私兩困。勢不容不少變。爲今長計。惟限服制以殺其祿給。聽自便以開其生路。嚴法制以禁其爲非。審時酌變。毋過于此。從之。

安丘王府奉國將軍觀熾有罪賜死。

戊申。南京兵部右侍郎姜廷頤考滿。廷見聲輕。許致仕。

壬子。大理寺右少卿王治爲太僕寺卿。

署都督僉事謝朝恩爲總兵官。鎭守寧夏。

甲寅。順義王俺答及昆都力哈等貢馬五百九匹。使者六十四人。表進上馬三十匹。銀鞍一。

太子少保禮部尙書高儀署詹事府。吏部左侍郎呂調陽並敎習庶吉士。

乙卯。高拱言。國初進士鄕舉並用。今進士偏重。鄕舉甚輕。欲與治理。宜破拘攣之見。開功名之路。凡保薦考選。勿拘出身。從之。

丙辰。俺答縛趙全餘黨趙宗山等十三人來獻。賜金三十。幣四。

戊午。高拱言。行太僕苑馬寺鹽運司官。皆要政。非閒局也。近視之甚輕。輒劣處者充任。殊非設官初意。乞推補廉謹有才望者。又定其格。卿視參政。運長視副使。遷陞如故事。從之。

庚申。工科左給事中胡檟還奏。開膠萊河。臣至分水嶺。問王獻所鑿渠。皆流沙善崩。白河細流。不足灌注現河。小膠河張魯河九穴都泊。稍有潢汚。亦不深廣。膠河雖有微源。然地勢東下。不能北引。則諸河之不足資明甚。分水嶺以南陳村閘以北。又皆岡石糜沙不可鑿。雖近海通潮。將安達之。上遂罷膠河之議。

七月辛酉朔。西安地震。

起王化惠潮兵備僉事。化前廣東副使削籍。巡按趙焞薦其知兵。限三年立功自効。

乙丑。改新鄭徑隸開封府。舊隸鈞州。去縣遠。

丙寅。大理寺丞孫丕揚罷。蒲城知縣呂宗儒貪敗。疑丕揚嗾人劾之。至是入京自理。而丕揚嘗劾高拱。故坐斥。

己巳。上御皇極殿。受俺答貢。羣臣表賀。

庚午。蔡國熙為按察副使。整飭蘇松兵備。國熙前守蘇州。潔惠及民。徐階僕橫于蘇。窮治之。御史不善也。遂引去。至是高拱擢之以跡階。松人羣起訟之。階三子皆就繫。擬以城旦。革其廕。敍入田四萬畝于官。拱再召時。語人曰。華亭有舊恩。後小相失。不足為怨。久之稍修郄。亦羣小咻之也。

許科臣計俸三年。通考。時科臣多驟遷。不得貤封。吏科都給事中韓楫欲為之地。託言久任。特破例通考。

廣西總兵俞大猷被劾罷。

辛未。南京工部尚書曹亨劾織造太監劉安不法。忤旨。罰俸三月。

壬申。賚俺答及其妻各部目衣幣。其上馬每匹酬繒二絹一。

乙亥。巡撫福建右僉都御史何寬為大理寺卿。

夜。月食。

戊寅。開經筵。己卯日講。

大學士高拱等言。庚戌以來。先帝屢詔修塞。卒無成效。非徒當事者不力。實以虜擾。應接不暇。尺寸未成而尋丈已壞矣。今幸虜款。勢若可為。且諸邊戍卒非減也。司農歲額不能省也。而卒以益疲。吏以益狎。則患豈必在虜。乘此閒暇。培根固本。雖虜欲背成。而我歲有歲功。月有月效。十年無事。常勝在我矣。則和可戰可。厲戰于守。厲守于和亦可。不然。齎空橐而戰。戰不可。晝空城而守。守不可。抱空約而和。和又孰可。臣請自今每三歲遣近臣視九塞。以八事殿最邊吏。積餉。修險。練卒。鍛甲。督屯。理鹽。養馬。招降。皆以數課吏治。其功罪績著者同斬虜。廢壞者倣失機。上從之。

庚辰。有二龍午見莆田縣東海中。驅浪遊田間。露身。人皆見之。

辛巳。巡撫南贛汀韶殷從儉爲右副都御史。巡撫福建。

甲申。南京刑部右侍郎熊汝達改南京兵部右僉都御史。李棠爲右副都御史。巡撫南贛汀韶。提督軍務。

丙戌。許學倉驛遞閘壩等官得任本省。

丁亥。前兵部右侍郎兼右僉都御史李一元待降。稱疾篤不任。上以怨望。削籍。

故少詹事兼翰林侍讀學士黃佐贈禮部右侍郎。謚文裕。

己丑。提督操江陳省爲右僉都御史。

八月賡朔。旌順天翟思榮妻張氏貞烈。是年六月。思榮卒。張絕粒死。

壬辰。南京刑部尚書陳其學致仕。

己亥。楚王英㷿薨。謚恭王。

提督兩廣右都御史兼兵部左侍郎李遷爲南京刑部尚書。尋致仕。

庚子。宣寧王俊相薨。謚昭榮。

辛丑。總理河道工部右侍郎兼右僉都御史陳大賓卒。

癸卯。許西虜開市。總督戴才請寧夏市清水營。延綏市紅山墩。

丙午。漕舟阻于邳河。奪總督陳炌、總兵陳王謨俸。命御史張憲翔催督。

己酉。各軍行糧。惟警調得支。餘皆冒支。論。御史余希周議。

工部尚書朱衡請開泇河下廷議。

庚戌雲南曲靖臨安通海衞地震有聲。

定南糧就船支放。

薊鎮昌平敵臺成進總督譚綸兵部尚書兼右副都御史仍協理戎政餘陞賚有差。

癸丑山東按察副使吳兌爲右僉都御史巡撫宣府通政司右通政張鹵爲南京右僉都御史提督操江。

甲寅巡撫廣西兵部右侍郎兼右僉都御史殷正茂總督兩廣軍務兼巡撫廣東。

禮科左給事中雒遵覆視邳州河工。

乙卯敕各邊督撫修邊備。

丙辰月犯軒轅大星。

丁巳廣西左布政使郭應聘爲右副都御史巡撫廣西。

戊午定薊鎮募南兵九千人減主兵如之。

九月[巾庚]朔。復山東參政專理蘇松常鎮糧稅浙江分巡僉事兼蘇松水利。

辛酉。復引見朝鮮使臣時定諸夷使俱不至御前。以朝鮮恭順特許。

壬戌。減各鎮巡官符驗之半。

兵部尚書楊博主錄囚。

癸亥裁陝西行太僕寺苑馬寺丞。增少卿一。與寺卿並兼按察僉事分理中東西三路專屬巡茶御史。

丙寅禁遼人渡海居山東。

巡撫大同右僉都御史劉應箕言。巡撫總兵。失事同罪。嫌于太苛。請兵餉責巡撫。戰守責總兵。上疑之。兵部楊博請酌其功罪。臨陣有功。則鎮將敍撫臣上。退却冒餉。罪在鎮將。若巡撫調度失策。亦皆同罪。從之。

丁卯。禮部左侍郎薛瑄從祀孔廟。位在呂祖謙下。

己巳。兵部右侍郎張翀予告。

癸酉。翰林侍讀學士丁士美。左中允兼編修申時行主武闈。

甲戌。太僕寺丞張齊爲光祿寺丞。

丁丑。太原地震。

戊寅。栗在庭涂夢桂周良臣馮時雨劉不息曹大埜蔡汝賢王璇賈待問匡鐸宋南雍張楚城劉渾成鄭岳爲給事中。趙應元史思敬周于德景松張集梁許李栻孫錝劉世寶董石馬應夢田子堅胡峻德丁惟寧許子孝胡涍余乾貞爲御史。周守愚爲南京刑科給事中。計坤亨陳堂陳王道南京御史。

己卯。月犯井宿。

庚辰。前右副都御史党以平卒。

辛巳。東莞陳建著皇明通紀。工科給事中李貴和言其傳聞多失眞。貽悞將來。命燬之。

壬午。肇慶同知郭文通勤惠知兵。至是秩滿。進從四品服俸。

癸未。宣大山西馬市竣。俺答市大同得勝堡。黄台吉擺腰兀愼市新平堡。昆都力哈永邵卜大成市宣府張家堡。共馬七千餘匹。費六萬緡。犒費四千緡。進總督王崇古太子太保。餘陞賞有差。

談遷曰。于文定慎行謂互市得馬皆瘠駑下乘。入塞輒死。牧卒賠償。爲北邊大害。如唐回紇馬市。坐空唐之帑藏。夫虜之入市。利在漢物。非誠有保塞之志。瘠駑下乘。事所必然。即捐金繒以餌之。尤遠踰唐宋。而規規焉毛舉細故。無以示漢大也。且令邊臣何所展其用乎。

甲申。月犯軒轅左角星。

免武昌漢陽荆州水災田租十之五。

乙酉。遣錦衣衞官選浙東兵。

山東巡撫右僉都御史梁夢龍等議試海運。派粟十二萬石自淮入海。許之。

戊子。前總督宣大兵部尚書兼右都御史蘇佑卒。佑濮人。嘉靖丙戌進士。令吳縣。拜御史。有邊功。

己丑。國子祭酒馬自強南京國子祭酒陶大臨爲少詹事兼翰林侍讀學士。

前南京國子祭酒姜寶削籍。追免南京刑部尚書孫植。奪誠意伯劉世延俸六月。復助教鄭如瑾官。初給事中王楨論寶徇情亂法。及南京法司希高拱指。坐寶賂千金。

十月。鯨朔。癸巳。戎政兵部尚書兼右副都御史譚綸予告。

甲午。番賊犯岷州衞文縣。官軍失利。

庚子。罷漕運都御史陳炌。

辛丑。南京兵部右侍郎熊汝達奏謝。命侍郎以下省之。

貴州宣慰司土舍安國亨降。執獻其黨上官其子及安智子國貞。

談遷曰。夷俗仇殺。尺一可解。輒叛坐之。出于倖功。萬一豕突。惟力之是視。黔無幸矣。新鄭當事。單于解辮。士司革心。亦寧得易言制勝乎。

河道右副都御史潘季馴請盜決河防之罪。舊以在山東河南論戍。徐邳而下止城旦。乞概戍。從之。

壬寅。保定侯梁繼璠爲總兵官。提督漕運。鎮守淮安。

癸卯。潘季馴浚茶城。

甲辰。刑部左侍郎王國光爲南京刑部尚書。兵部右侍郎王遴爲左侍郎兼右僉都御史。協理京營戎政。南京太僕寺卿汪鏜爲南京工部右侍郎。山東左布政使王宗沐爲右副都御史總督漕運。兼提督軍務。巡撫鳳陽。翰林侍讀學士丁士美爲太常寺卿。署國子祭酒。前司業林士章爲南京國子祭酒。

丁未。翟昌天鼓鳴。

戊申。巡撫應天右僉都御史陳道基劾免。

少詹事兼翰林侍讀學士馬自強署院。左右中允兼編修申時行王錫爵爲左右諭德兼侍讀。直日講。錫爵署南院。

西虜吉能等貢上馬二十。餘馬百八十。俺答代進表。賞衣幣有差。

辛亥。吏科都給事中韓楫爲太常寺少卿。提督四夷館。

賑南昌九江瑞贛饒南康水災。

甲寅。免徐淮田租。

西安地再震。

監察御史趙應龍劾大學士殷士儋因太監陳洪入相。士儋疏辨。上慰諭之。

巡撫雲南右副都御史曹三陽爲南京刑部右侍郎。山西按察使張佳胤爲右僉都御史。巡撫應天。

故太子太保兵部尚書毛伯溫許論諭祭葬。

乙卯。免南京各衛所署印官轉漕。

丙辰。命作鰲山燈。部科言之不聽。

丁巳。吏部左侍郎張四維予告。

十一月紀朔。壬戌。工部右侍郎鄒應龍爲兵部左侍郎兼右僉都御史。巡撫雲南。

丙寅。陝西貢市竣。各加陞賚。

丁卯。沐朝弼葬母至南京。巡撫右副都御史曹三暘言其怙惡。乞留。詔還鎮閒住省愆。

戊辰。吏刑部右侍郎魏學曾朱大器爲左侍郎。改戶部右侍郎劉光濟于吏部。南京兵部右侍郎熊汝達于工部。順天府尹曹金爲刑部右侍郎。補吳百朋刑部右侍郎。巡撫河南右副都御史栗永祿爲兵部右侍郎。

復徐州洪主事。

己巳。大學士殷士儋致仕。士儋椎。不善事高拱。而拱素賢張四維。自諭德拔學士。又拔吏部左侍郎。幾入相。而士儋得之。頗怨此二人。郜永春糾四維。疑出士儋指。而士儋被論。又疑出拱也。韓楫復陽語脅士儋自免歸。朔望。科道閣揖。士儋詰楫曰。聞科長欲有憾于我。憾則可耳。毋爲人使。既別。拱曰。非故事也。士儋勃然起曰。若爲張少宰抑我。我不敢怒。今者又逐我。以登少宰。若逐陳公。再逐趙公。又再逐李公。次逐我。若能長有此座耶。揮拳擊之。不中。中几。其聲砉然。張居正旁解之。明日疏上。力請得去。

談遷曰。王元美爲韓楫之疏上。士儋得請致仕。而實錄載御史趙應龍侯居艮先後論之。不及楫。豈彈文出彼兩人。爲楫之意耶。

密雲地震。

庚午。總督京營戎政鎭遠侯顧寰罷。

辛未。湖廣左布政孫一正爲順天府尹。

壬申。彰武伯楊炳總督京營。

甲戌。起傅頤南京兵部右侍郎。

巡撫山東右僉都御史梁夢龍爲右副都御史。巡撫河南。

丙子。巡撫浙江右副都御史郭朝賓左副都御史陳瓚爲戶部左右侍郎。

丁丑。南京工部尙書曹亨致仕。

辛巳。琉球入貢歸我掠者。賜國王尙元金五十。幣四。

戶部左侍郎陳紹儒爲南京工部尙書。應天府尹鄗璉順天府丞傅希贄爲右僉都御史。巡撫浙江山東。

甲申。至日。成國公朱希忠代祀南郊。明日上御殿。賀而不宴。

丙戌。崇明縣丞孫世良遷吉府奉祠正。託邑人疏留吏部。請下于理。從之。

丁亥。召俞大猷南京右府僉書右都督。

十二月己丑朔。庚寅。南京刑部尙書王國光改戶部尙書。總督倉場。

辛卯。高拱張居正求枚卜。不允。

壬辰。旌餘姚烈婦李氏。

癸巳。禮科給事中蔡汝賢言。臣長至導駕。竊窺聖容微減于前。願齋居滌慮。進御有常。毋令溺志。游觀有度。毋令移情。日惟省覽經史。親近公孤。宗社生靈之幸也。上報聞。

甲午。賜西河王表相崇訓樓。

立永安堡。靖虜衛北裴家川腴田萬頃。歲被虜。至是牆堡成。令守備武大用率卒墾田。五年外始租。

乙未。前湖廣按察副使徐學謨罷。非其罪。巡撫汪道昆等薦起之。

丙申。錦衣衛左都督朱希孝總理東宮侍衛。

丁酉。戶部進珠寶值二萬餘緡。上薄之。詰所司對狀。尙書張守直引罪。請再市。上奪郎中袁三接員外郎賈實俸六月。

壬寅。裁陝西新設參將。

監察御史劉良弼以封貢上言六漸。封疆弛守之漸。熟夷疑叛之漸。將領推諉之漸。塞下虛耗之漸。勇士散逸之漸。市地增加之漸。上以示總督王崇古。崇古條對稱旨。

丙午。免文安寶坻薊州等田租。

辛亥。下戶部檄雲南廣東採辦珠石。

虜寇遼東。總兵官李成梁戰于卓山。大破之。斬五百八十餘級。獲馬六百餘匹。甲二百。進李成梁署都督同知。廕正千戶。巡撫張學顏右副都御史。餘陞賞有差。

罷總理河道都御史潘季馴。

癸丑。上御皇極殿門。宣捷。明日稱賀。命廕高拱張居正錦衣正千戶。

丁巳。治順天永平保定河間水利。

壬申隆慶六年

正月𢧐朔己未。命雲南廣東歲進寶石二萬枚。珠八千兩。三年而止。科道諫沮。不聽。

庚申。夜北方有赤氣如火。久之散。

癸亥。進高拱柱國中極殿大學士。張居正少師兼太子太師。

甲子。成國公朱希忠攝享太廟。御史田子堅疏諫。切責之。

刑科給事中張楚城請御便殿召見羣臣。報聞。

乙丑。少保兼太子太保安平伯方承裕卒。孝烈皇后弟。

丁卯。禮科右給事中雒遵言。運河從茶城至清河五百五十里爲運道咽喉。宜增治長隄。三里一舖。舖十夫。十五舖一官。畫地而守以防衝潰。自淮抵揚。可隄決岸葺廢閘。踰江而南抵蘇浙。水道多滯。可疏瀹之。濟寧南旺耤汶洸諸河。其泉源宜封濬。臨清而北至河西務。工亦難緩。茶城以西抵開封界。乃黄河上流。長隄多缺。北徙妨新河。南徙竭二洪。且虞陵寢。以防激潰。清河而東至海口。係黄河下流。雖有沙洲。宜因其自然。不濬導也。報可。

吳道南曰。海口不濬。今以爲大憂。奈何當其猶可疏時而倡此議也。其爲見也甚悖。

戊辰。工部尙書朱衡兼左副都御史治河。衡因築徐州至宿遷長隄三百七十里。幷治豐沛大黄隄。

辛未。通政司右通政王凝爲光祿寺卿。

監察御史張克家等請敎皇太子。引程頤坐講之說。上怒其肆。謫克家。餘奪俸二年。

山東布政司參政潘允端遷駐淮安理漕務。裁漕運參將。

癸酉。雲南巡撫曹三暘等言。滇歲貢黄金二千。又益三千。苦莫措。乞每兩輸銀八兩。京師召買。許之。

丙子。順義王俺答請給金字番經及剌麻番僧習呪。許之。

丁丑。南京右都御史謝登之爲南京刑部尙書。起萬恭兵部左侍郎兼右僉都御史。總理河道。提督軍務。

戊寅。夜月犯亢宿。

己卯。巡撫陝西兵部左侍郎張瀚以修西安城及涇陽等洪堰。敍監司守令等功。有旨此乃常職。何功也。奪瀚俸二月。

庚辰。山西布政司右參政孫枝左參議查鐸。當入賀萬壽節。辭焉。被劾免。

各鎮積省歲費賜督撫王崇古劉應節等金幣有差。

癸未。方煒嗣南和伯。方炳從弟。

罷兵部左侍郎谷中虛大理寺卿何寬。初福建參將王如龍游擊金科僉書朱珏被劾。部下撫按訊之既末減。總兵戚繼光檄其送南兵。巡按御史杜化中謂科珏託繼光私于中虛等也。時以如龍等有戰功。獄且具而化中等欲陷繼光。文致之。殊無事實。

甲申。顏嗣愼襲翰林五經博士。

改後府採辦薪炭屬之兵部。

陳葉秦舜翰爲戶刑科給事中。許乾鮑希賢任惟一爲試監察御史。

定卹刑官不得辨復問革官吏。

丁亥。巡撫陝西兵部左侍郎兼右僉都御史張瀚爲南京右都御史。

切盡西掠瓦剌。令賓兎台吉主市賞。賓兎以淸水遠。改市寧夏中衞。切盡上番文假道。詔許並塞外行。毋擾我邊鄙。

二月戊子朔。改大同東北路參將于得勝堡。專理互市。

己丑。增陝西關內道布政司左參議。督糧儲驛傳。

立新寧州。割南寧地界思明羅陽諸土司者創之。

庚寅。吏部請另立廣東舉劾科條。能弭盜安民。卽盡登薦剡。他省不得視例。從之。

癸巳。虜款。量撤防秋擺邊兵及備禦班軍。

甲午。皇太子冠。乙未。上御殿受賀。仍賀皇太子于文華左門。

丙申。四川總兵郭成劾免。

倭分犯廣東化州石城陷神電衞錦囊千戶所。一時吳川陽江高州海豐等並焚掠。山寇黃朝泰等復獗。

丁酉。巡撫貴州右僉都御史阮文中爲右副都御史巡撫湖廣。右通政溫如璋爲右僉都御史巡撫陝西。

辛丑。召張四維仍吏部左侍郎。協理詹事府國子司業余有丁爲司經局洗馬兼修撰編修陳棟爲右春坊右贊善。

壬寅。貴州總兵署都督僉事劉顯改鎮守四川。

丙午。徵太倉十萬兩。

切盡自鎭番堡至昌寧將趨甘州。巡撫方逢時令道南山時雨雪。請從黑城部下有掠人羊者。切盡歸之。奪軍人弓者。罰償羊。

宣府邊工成。

戊申。貴州左布政使蔡文爲右副都御史。巡撫貴州。提督軍務。南京國子司業范應期爲國子司業。

庚戌。選東宮輔導。太子太保禮部尚書兼翰林學士高儀吏部左侍郎兼學士張四維司經局洗馬兼翰林修撰余有丁右春坊右贊善兼編修陳棟侍班。少詹事兼翰林侍讀學士馬自強陶大臨翰林編修陳經邦何洛文檢討沈鯉張秩直講讀。檢討沈淵許國校書。制敕房大理寺左寺正馬繼文徐繼申侍書。

辛亥。翰林編修周子義爲南京國子司業。

翰林院庶吉士沈懋孝張道明服闋。授懋孝編修。道明工科給事中。

遣內臣蘇杭織造。

閏二月丁酉朔。兵部右侍郎石茂華右僉都御史陳省左春坊左諭德兼侍讀申時行清理貼黃。

辛酉。夜。月犯畢宿。

壬戌。湖廣布政司左參政溫純致仕。

虜黄台吉遣掠車夷革固等帳房。革固夷流駐宣府塞外。巡撫吳兌請馳使俺答老把都黄台吉。詰令遣還。築堡自衞。從之。

癸亥。提督四夷館太常寺少卿韓楫爲通政司右通政。提督譫黄。高拱弟□爲都督府都事。居拱邸。後楫等數攜飲。拱自公歸過弟所。值飲爲恆。楫等乘其懽。輒言其私人果得遷。或所憾言官。輒曰某某將論吾師。雖力止之。如後何。拱卽屬選郎外補。衆咸畏拱。實楫等導之。拱不自覺也。

丁卯。上御皇極門。疾作還宮。召高拱張居正朱希忠入乾淸宮門。上執拱手歎曰。何事非內臣壞耶。朕身後事。卿等詳計之。輔臣出宿西闕門直廬。明日上稍安。

故大學士蔣冕孫務稼補廕中書舍人。

壬申。南京太僕寺卿殷邁致仕。

禮科左給事中雒遵閱視泇河。言泇口河從馬家橋東過微山赤山呂孟等湖。踰葛墟嶺而南。經侯家灣良城。至泇口鎭。穿蛤鰻周柳諸湖。達邳州直河口入黄河。凡二百二十餘里。道捷而功難。葛墟嶺高出河六丈餘。鑿至二丈。難入。侯家灣良城多伏石。難鑿。且湍悍不可漕。命尙書朱衡同總理河道都御史萬恭覆視以聞。

癸酉。風霾。遣官禱上于郊廟社稷。

乙亥。廣東兵擊倭于外村烏梟。敗之。

丙子。册敬妃莊氏。恭妃李氏。懿妃于氏。奇妃葉氏。

丁丑。復廣西總兵官。

庚辰。上疾漸平。傳示各官。

南京戶部右侍郎楊思忠疾去。

辛巳。福建總兵官署都指揮同知李錫改鎮廣西。

甲申。南京右府僉書右都督俞大猷總兵官鎮守福建及浙江台溫。

三月朔丁亥。安義知縣曾如經削籍。初盜劫安義庫。時專罪如經。吏部以分守左參政方良曙不得獨逭。遂鐫級。

眞定隕霜殺麥。

戊子。上復視朝。皇太子出閣就學。

庚寅。河東運司地震。

辛卯。南京戶部主事張振選免。尙書曹邦輔劾其抗違部覆。奪官。仍通飭中外屬吏。

癸巳。增廣州海防同知。

丙申。命軍機事兵科毋貼報。諸司疏未下科毋傳旨。

嘉湖水利歸應天撫臣兼督。

戊戌。鄧世棟嗣定遠侯。

己亥。延綏巡撫都御史郜光先繪本鎮形勝圖。幷上五論。

庚子。東虜速把孩歹青等忿前敗。復犯長勝堡。守備范芝拒卻之。已犯淸河堡。守備曹簠等又大敗之。共斬百六十五級。上命勿宣捷。賞督撫將領等金幣。

辛丑。貴州兵破猺賊。

乙巳。禮部尚書兼翰林學士潘晟致仕。吏科左給事中宋之韓倡同官賈待問臣鐸等遞攻去之。搏擊取勝。時論不與。

總督漕運右副都御史王宗沐言。邇者黃河爲患。科臣議復海運。縉紳之慮。猥云風波。夫風波在海。三尺童子知之。然亦自有辨。語云天不滿西北。地不滿東南。東南之海。衆水所委。渤澥稽天。則迴避靡地。近南水暖。則蛟龍窟居。元海運有敗。以其起太倉嘉定。遙而北耳。若自淮安而東。由登萊泊天津。此實北海。中多島嶼。可避風。蛟龍有往來。亡窟宅。誠以舟行。因曠遠取速。記島嶼以避患。名雖同于元。人利實專其便益。且語全勢。則說有三。唐人都秦。右據岷梁。左通河渭。是險可依而水未通利。有險則天寶興元乘其便。亡水則會昌大中受其貧。宋人都梁。背負大河。面接淮汴。是水通利而無險可依。有水則景德元祐享其安。亡險則宣和靖康受其病。若國家都燕。北有居庸醫巫閭。南通大海。金湯之固。以拱衛神京。海運不通。猶不敢謂太平無遺慮。此天下大勢一。夫三門天下之險也。唐人裴耀卿劉晏等。百計經營。以都關中。故若都燕則既受河與海矣。河一自安山涉汶濟。卽今會通河。一自溫入汴入衛。俱會于天津。然終元之世。未嘗事河而專海者。彼陋夷紛擾。終歲用兵。其于河固亡暇。彼又以河之利不如海。入閘則兩舟難並。不可速。魚貫逆遡。一舟壞則連觸數十舟。不可避。一夫大呼。萬櫓皆停。腰脊咽喉之譬。先臣丘濬嘗言之。若主于河而協以海。自可萬全亡慮。故都燕受海。猶馮左臂從腋下取物也。此都燕專勢二。黃河西來。禹故道雖不可考。然不過自三門而東。出天津入于海。是腹雖稍南。首尾實東西相衡而歸北。乃今則直南入淮。去歲決從閻家口出支河。近符離靈璧。又幾于正南。夫自西北抵東南。途益遠。合諸水益多。如去年漂流。中外臣工聞之皆變色。及今通變于河梗。非海運計將安出。此目前急務三。風波天數。臣豈能逆覩。然以爲占候趨避。果無失當。不足以妨大計。于是海運議行。三百艘。

郭子章曰。會通逸矣。而黃河爲菑。海運迅矣。而風濤叵測。高堰築則民陸而陵水。高堰開則陵存而民墊。夫天下未有兩利而並存者。當權其重輕焉。河必不可開而風濤猶可避。未必歲歲皆飄溺也。陵必不可遷而民居猶可徙。未必處處皆汚下也。

戊申。尙寶司卿劉奮庸上五事。曰保安聖躬。人主一身。天地百神之主也。思宗社付託之重。凝神定志。忍性抑情。毋逞旦夕之娛而輕萬年之慮。曰總攬大權。先帝英明果斷。恩威莫測。皇上曾出獨斷否乎。人才用舍。果盡協于公論。而無敢自快其恩仇。與臣勿敢知也。願凡庶府建白。閣臣票擬。特留淸覽。時出獨斷。曰愼乃儉德。皇上卽位以來。內府取銀數十萬。求珍異之寶。作鼇山之燈。服御器用。卽縷金雕玉。于身心實用何所裨益。而好之若是。生財甚難。靡敝無紀。良可惜也。伏望念內帑之空虛。思小民之艱苦。不作無益。不貴異物。則府庫充盈。民樂其生。曰留心章奏。人臣進言。未必一一中節。其心效忠于國家。皇上一切不覽。非唯阻樂告之志。抑恐憸邪權勢之黨轉成其奸。伏望留神省覽。曲容狂直。其當理者卽賜施行。曰起用忠直。皇上卽位以來。臺諫擯斥。尙未召還。願恕狂直之罪。嘉批鱗之誠。廣仁宥于既往。作直氣于方來。奮庸雖高拱同鄉。時面折拱。疏上。譏切執政。訾者謂奮庸久不徙官。心怏怏也。

己酉。安慶軍譁。初指揮張志學等怨知府查志隆。乘支餉。同指揮馬負圖張承祖縱卒圍郡邸。欲殺志隆。士民洶洶。三日稍解。詔逮志隆志學等下刑部。

戶科給事中曹大埜論大學士高拱大不忠十事。聖體違和。羣臣寢食不寧。拱言笑自若。且過姻家刑部侍郎曹金飲樂。視上疾若罔聞。東宮出閣講讀。國家重務。拱當日侍左右。乃止三八日叩首出。是不以事陛下者事東宮。自拱再用。卽專報復。昔日直言拱罪如岑用賓等二三十人。一切降斥。拱掌吏部。其超擢者皆親知門生。如副使曹金。姻家也。超至刑部侍郎。給事韓楫。門生也。俸淺卽超右通政。其他更不可勝數。科道乃朝廷耳目。拱欲蔽塞言路。每選授科道。先部堂戒諭。不許擅言大臣之失。科道多拱腹心。凡陛下徵求。卽交章上奏。至拱罪惡。皆隱晦不言。昔日嚴嵩未秉吏部之權。今拱久掌吏部。用舍予奪。皆在其握。權之重過于嚴嵩。拱親開賄賂。如副使董文寀餽六百金。即東宮侍班。他莫夜之金難以盡指。楊順路楷阿嚴嵩意。誣殺沈鍊。人人切齒。陛下卽位。論順楷死。天下稱快。拱受楷千金。強辨脫楷死。拱私恨黜吳時來。害徐階。黨太監陳洪。自擅俺答歸善之功。上責大埜妄言東宮出閣。閣臣秉太子太師銜例侍班。拱積五日一往。有旨令輔臣日輪直東宮。

辛亥。高拱疏辨。且乞休。上慰留之。兵部尚書楊博等。給事中雒遵等。御史唐鍊等。各倡疏留拱。識者諂之。

四月丙辰朔。丁巳。命順天尹禳旱。停刑禁屠。越三日乃雨。

吏科都給事中涂夢桂劾劉奮庸怨望。宜斥。工科左給事中程文劾曹大埜設謀傾陷。宜遠竄。下部。高拱請寬宥。不許。謫大埜乾州判官。奮庸興國知州。士論以夢桂文爲恥。而大埜亦張居正所指也。

庚申。巡撫雲南右副都御史曹三暘罷。三暘考滿疏先一月發。蓋地遠沿舊。獨被劾。巡撫寧夏右僉都御史張蕙調外。

辛酉。應天府丞丘有巖免。時家居。翰林編修曹大章苑馬卿韓子允詐取人財。有巖庇之。被劾。

乙丑。巡撫四川右副都御史劉斯潔爲左副都御史。還院。

起朱笈右僉都御史。巡撫寧夏。

山西岢嵐兵備副使蔡可賢罷。俺答市場近岢嵐堡。要可賢往。直入其帳。相揖受觴。貽所嬖甥女金幣。狎焉。謂將吏曰。此陳平所藉以解白登也。市費才三百金。可賢中蜚語去。

丙寅。徐邦瑞嗣魏國公。

賜高拱寶謨樓鑒忠堂額。

戊辰。太子少保禮部尚書高儀兼文淵閣大學士。直閣。

通政使王正國爲南京刑部右侍郎。前應天府尹畢鏘爲南京戶部右侍郎。太僕寺少卿曾省吾爲右僉都御史。巡撫四川。

己巳。命釋輕繫。

土蠻臨近邊。遼東戒嚴。不入。

壬申。吏部左侍郎呂調陽爲禮部尚書。太常寺卿李際春爲通政使。光祿寺卿王凝爲太常寺卿。

甲戌。蘇松兵備副使蔡國熙改山西提督學校。國熙按治徐階子璠琨論戍。璜編氓。又倉頭坐戍十餘人。籍田六萬畝。獄上。高拱擬旨謂太重。令改讞。徐氏稍得安。

丙子。東宮輟講。

丁丑。太常寺少卿路王道爲光祿寺卿。

復故總督浙直太子太保兵部尚書胡宗憲官。予祭。兵科右給事中劉伯燮訟其冤。

己卯。太常寺卿署國子祭酒丁士美兼侍讀學士侍班東宮。吏部左侍郎兼學士張四維署詹事府。少詹事兼翰林院侍讀學士馬自强爲詹事。同教習庶吉士。

徵戶部十萬金。備午日宴賚。

廣西府江右江諸猺獞復亂。巡撫右副都御史郭應聘議大征。

庚辰。召南京禮部右侍郎萬浩于禮部。署國子祭酒。

庶吉士李熙服除。授兵科給事中。

監利知縣李克敬嘗平巨寇。命需次僉事。

翰林檢討沈位使過睢寧。暴卒。蓋漕卒毆之。事聞。治如律。

壬午。傳制封翊鑾吉王。肅溱周世子。在銖京山王。朝埭汝寧王。理璣德化王。翊鐮惠安王。翊針臨朐王。憲烟建德王。愼鍾慶成王。

少詹事兼翰林侍讀學士陶大臨爲詹事。署院。

昌平大雨雹。

五月乙酉朔。作瓜州閘。

丁亥。成國公朱希忠攝北郊。

壬辰。南京工部右侍郎汪鏜改南京禮部。

免高雷廉惠潮田租十之三。蠲積逋。時廣東用兵。

戊戌。海盜李茂陷樂會縣。求降。不許。

己亥。復居庸山海巡關御史。

庚子。夜。月食。

南京大理寺卿董傳策爲南京工部右侍郎。

巡撫南贛右副都御史李棠討山寇。平之。

甲辰。減湖廣祿糧九萬九千九百餘石。馬價九萬八千八百餘金。蓋景遼國除及罷採木。

乙巳。總督王崇古請給順義王印。貢使入京給鐵鍋。撫賞親屬人給紬縐二匹。布十四。米一石。兵部楊博議。許印銅鍋。順義王使至邊。遣光祿署丞賫賞往宴。其撫賞親屬及窮夷。令總督裁之。勿靳勿濫。報可。俺答機變。身赴市場。凜凜遵約。陰令其子黃台吉等蹢躅邀索。因而調停示德。黃台吉市每後期。部下卒時掠我民。又劫史車二夷東往。諸將請兵之。崇古曰。懼之耳。毋速狄釁。以旨諭俺答。每口置酋長二人。分地干掫詗捕。謂之守口夷。

丙午。上不豫。

戊申。賜俺答順義王鑲金銀印。

葉向高曰。北狄之盛。至勝國極矣。不有大聖人興。孰爲驅除。觀我太祖之命將徂征。神謨獨運。元侯樹屏。九塞周防。洵禦戎之上策也。永樂之世。大鉞親麾。王庭屢蹝。至使內帑竭于軍興。遺弓墮于朔野。夫寧好戰。蓋懲臚朐之衂。深謀燕翼。故勤萬乘勞士馬而不悔耳。威靈震被。再世宴如。爰及正統。凶燄復張。加以行人失詞。戎心無厭。渝盟犯順。輅馬震驚。苟非社稷有靈。夷庚旋復。禍患之興。曷云其極。跡所由來。固款貢爲之階也。是以景皇深懲往事。杜塞釁萌。行李罕入其疆。聘覿不報其使。綢繆補葺。上下同心。虜亦叛亂相尋。鳴弓內競。彼紛我睦。邊鄙雖或小虞。而國威幾再振矣。其後干掫弛儆。自撤藩籬。東勝朔方。莽爲豺虎。引寇屬垣。邊城晝閉。威寧一戰。虜膽稍寒。而根結既深。蕩除未易。揚塵飲馬。羽檄交騰。孝皇赫怒。興思犂庭之績。顧問公卿。張皇撻伐。事雖不宥。夫庸非仁者之勇。與正嘉之際。黠虜暴興。族類蕃滋。近世未有。曾銑發憤建謀。欲傾其巢穴。還我舊疆。而幃幄搆爭。蕭牆生釁。伊吾之劍未鳴。而身首異處矣。豈不痛哉。虜既得志。益肆馮陵。鳴鏑天都。徹烽大內。師中之寄。委于匪人。騎士材官。雲蒸霧集。而不敢以一矢加遺。虜氛日惡。厥有由然。穆皇初歲。虔劉汾石。幾無孑遺。屬天厭亂。孽虜叩關。遂緣舐犢之恩。用羈放麑之德。桑椹既食。好音是懷。馴異類于壇坫。拯氓隸于干戈。亦云盛矣。而玩愒寖生。軍實耗蠹。迎佛掠番。狡謀百出。金錢內盡。藩籬外徹。故識者憂之。夫關市之費。省于轉輸。款塞之利。美于和戎。琛幣之交。安于鋒鏑。此邊臣之所禱祀而求也。然而尋得失于累朝。考虜情于終始。乍臣乍叛。不可爲常。故二祖驅之于前。列聖絕之于後。雖間故慕義。貢獻不卻其誠。而安攘之大猷。在彼不在此矣。夫順者逆之機也。安者危之伏也。易云。喪牛于易。詩云。爰居爰處。爰喪其馬。六經之治。貴于未亂。可不謹哉。

黃台吉欲攜二婦入居山後屬虜地。王崇古以聞。高拱庽崇古書曰。虜性貪婪。誘以利則死命可制。正不必惜撫賞小費。至于黃酋帶婦入居此。必不可彼豺狼也。而可同舟覗耶。密邇山陵。所當深慮。顧目前之款順。忘他日之遠圖。則今日之完全。反成他日之釁隙。夫各酋咸賓。則黃酋孤雛耳。卽跳梁何能爲。不乘此時。且從且違。且恩且威。以慴其心。而惟言是聽。寧不釀禍。

始遣工部主事造船淸江。設徐邳防河舖役。俱尙書朱衡等議上。

翰林院庶吉士李長春授編修。

己酉。上大漸。召大學士高拱張居正高儀入乾淸宮。上倚榻。皇后貴妃侍東宮左立。上困甚。太監馮保宣顧命曰。朕嗣統方六年。今疾甚。殆不起。有負先帝付託。東宮幼。以屬卿等。宜協輔遵守祖制。則社稷功也。拱等泣拜而出。

庚戌。上崩。年三十六。明日。發喪。頒遺詔曰。朕以涼德。纘奉丕圖。君主萬方。于玆六載。夙夜兢兢。圖維化理。惟恐有負先帝付託。乃今遘疾彌篤。殆不能興。夫生之有死。如晝之有夜。自古聖賢。其孰能免。惟是繼體得人。神器有主。朕卽棄世。亦復何憾。皇太子聰明仁孝。令德天成。宜嗣皇帝位。其恪守祖宗成憲。講學親賢。節用愛人。以緜宗社無疆之祚。內外文武羣臣。協心輔佐。共保靈長。斯朕志畢矣。其喪禮悉遵先帝遺制云云。七月丙戌。上謚契天隆道淵懿寬仁顯文光武純德弘孝莊皇帝。廟號穆宗。九月甲午。葬昭陵。實錄壬寅。史概甲午。

史臣曰。上天資純粹。寬仁大度。黜不經之祀。罷無用之作。蠲非藝之征。絕無名之獻。至如制節謹度。好生戒殺。嘗食驢腸而甘。及卽位。間以問左右。請詔光祿寺常供。上曰。若爾則該寺必日殺一驢備膳。吾不忍也。歲時游娛行幸。諸光祿供御。必先期以請。俟上旨爲豐約。上嘗裁取最約者。歲省費以巨萬計。其恭儉如此。言事之官。雖震怒。然責讓後嘗釋遣之。留心邊事。憂形于色。穹廬大漠之表。慕義來王。哨峒馮林之孽。俛頸就縛。即史稱鳴鐘清渭。懸首北闕。未足以喻其烈也。至若守祖宗之法。亡紛更之煩。先儲貳之教。爲久安之計。皆獨斷宸衷。雖享國未久。氣象弘遠矣。

李維楨曰。人言肅廟不視朝。朝事于心終不忘。帝臨朝無所事事。信然。肅廟時大臣往往被三木。工作禱祠。防虜禦倭。人情物力詘矣。幸至是小舒。假令多才多藝。康陵流禍可勝道哉。廟謚曰穆。不虛耳。

文大綸曰。帝寬仁恭儉。從諫弗咈。使李芳不斥。高拱早用。內外夾持。而不惑于滕祥諸閹之奸。即漢之孝文。何以加焉。

何喬遠曰。上端凝靜密。不殺自威。不察自智。優崇輔弼。假借臣寮。用能守祖宗之法。以致中國乂寧。外夷嚮風之盛。蓋清靜合軌漢帝。寬仁比跡宋宗矣。

談遷曰。世廟之季。南絓倭。北絓虜。禱祠土木。物力殫悴。山澤邊漠之間。廢纓罪組。素髮垂領。弔湘牧羝。士氣摧極。今上初詔海內喁頌。驅斥左道。顯遂忠良。寬仁之譽。溢于紳氓。第裕邸時服御淹抑。故正位之後。微聞色貨。致大阿之柄。旁竊幸閹。畢朝不能奪也。又朝宁之上。嫌于牛李。朝華亭而莫新鄭。救偏補弊。各有失得。至于強胡就款。世廟所不能馭者。而賦狙馴虎。晉收其利。漢行其餌。帝德懋哉。非新鄭其孰能成之。跡帝之終始。寬大如仁廟。而精勤不若也。安豫如憲廟。而控縱不若也。臨朝淵默。雖威嚴若神。顰笑潛移。不無遺指。獨彌留之際。惓惓顧命。自孝廟後不多見耳。

國榷卷六十八

神宗範天合道哲肅敦簡光文章武安仁止孝顯皇帝。諱翊鈞。穆宗莊皇帝子也。母貴妃李氏。嘉靖癸亥八月生。隆慶戊辰。受冊皇太子。天表嚴重。廣顙豐頷。目光四射。隆慶壬申年十歲。

隆慶六年五月庚戌。大行賓天。皇太子主喪。巳刻。傳太監馮保入司禮監。保狡黠。嘗許故司禮監陳洪。高拱勿善也。至是掌司禮太監孟沖譖逐之。薦保據其位。

辛亥。馮保稱遺旨。詔皇太子曰。朕不豫。爾卽皇帝位。一切禮義。自有部覆。爾依閣臣幷司禮監輔導。進學修德。用賢使能。毋事怠荒。保守帝業。廷臣聞之甚駭。謂閹人不預顧命。且詔授上保安得自擅也。始大行疾篤。促召閣臣至。恭默室北。張居正吏姚曠。趨奔于前。持密函。高拱問誰何。曰與馮司禮。拱問何所言。居正色動。遽曰。遺詔事。拱默然。既而曰。我當國事。當首裁。何所私而內之也。俄拱奉遺詔及諭皇太子。俱云同司禮監。則居正爲馮保地云。

禮部左侍郎王希烈往天壽山擇陵。

初命河南按察司清軍道兼兵備。給敕印。專轄開封諸屬縣及宣武衞。

刑科給事中朱南雍請廣東官久任。部覆從之。

提督兩廣軍務兵部左侍郎殷正茂。以倭犯廣東新寧惠來。陷電白錦囊所城。轉入高雷廉瓊境。官軍先後斬獲千餘級。條諸臣功罪。電白知縣蔣曉錦囊所千戶侯安邦棄城遁。下臺訊。

六月軋朔。卯刻。日食。時百官哭臨思善門畢。赴禮部行護日禮。靑服角帶。停鼓樂。禮畢。仍素經辦事。閣臣需召。不往。

丁巳。禮部上登極儀注。

德平伯李銘卒。贈太子太保。

庚申。大學士張居正同司禮太監曹憲卜山陵。居正請視嘉靖七年例。遣禮工卿貳及科道各一。于是戶部尙書張守直禮部右侍郎諸大綬工部左侍郎趙錦禮科都給事中陸樹德江西道御史楊家相工部主事易可久同詣天壽山潭谷嶺營視山陵。

甲子。上卽皇帝位。以明年爲萬曆元年。大赦。頒詔天下。詔曰。我國家光啓鴻圖。傳緒萬世。祖宗列聖。創守一心。二百餘年。重熙累洽。我皇考大行皇帝明哲作則。恭儉守文。虛己任賢。厲精圖治。蓋臨御六載。而天下宴如。四裔來賓。兆民蒙福。方燕貽之永賴。遽龍馭之上賓。顧命朕躬。屬以神器。朕方煢煢在疚。不忍遽聞。而文武羣臣及軍民耆老人等。合詞勸進。至于再三。辭拒勿獲。乃仰遵遺詔。俯順輿情。于六月十日。祗告天地宗廟社稷。卽皇帝位。朕以涼德。方在沖年。惟上帝之眷命孔殷。祖宗之基業至重。兢兢夙夜。懼不克堪。尙賴文武親賢。共圖化理。爰暨萬方黎庶。與有嘉休。其以明年爲萬曆元年。與民更始。所有合行事宜。開列于後。云云。於戲。纘大承休。惟奉累朝之成憲。布德施惠。用洽萬國之懽心。將升大猷。在謹初服。詔告天下。咸使聞知。

丙寅。賜京朝文武諸臣金幣有差。

丁卯。大學士高拱上新政五事。曰。祖宗御門聽政。凡各官奏事。俱玉音親答。以見政自上出。隆慶初。閣臣擬答。人情玩愒。今後令司禮監每日開小帖。明寫某宜答。某不宜答。某該某衙門知道。皇上御門時。待各官奏事。親答。曰。祖宗朝。回卽奏事。至申刻。又奏事。內侍先設御案。請覽奏。卽出門外。待覽畢發閣。隆慶初。不設覽本御案。司禮監官上奏。先帝手接一二。或全不覽。今乞復舊。凡章奏盡呈覽。覽畢送票。票後再呈覽。果妥然後發行。曰事必面奏。每二七日。朝後御文華殿。臣等有奏卽奏。若要事容不時請見。開講日臣卽于講後奏之。庶情無壅蔽。曰事議停當。內閣官專看詳奏擬。若未當上意。仍發內閣詳擬。或未經發擬。徑自內批。容臣等執奏。其推陞庶官及各項陳乞與一切雜本。近年司禮監徑批出。內閣係看詳章奏之官。章奏乃有不至閣者。豈不失職。曰官民本詞。行止據理。無留中不出者。本既留中。莫可稽考。今後通政司封進。開數該科。倘有未下。科臣奏討明白。時太監馮保方居中用事。登極日。保自升御座立傳。見者異之。及拱疏上。保謂如此則閣權重。司禮輕。因內批云。照舊制行。拱得旨。曰。安有十歲天子而能自裁乎。內臣還報。保失色。故謬其詞激上。曰。高先生云。十歲兒安能決事。上怒。入告兩宮。皆訝之。拱初善張居正。負氣倨直。前秉銓。居正以言蝕覺之。及並相。猜防積釁。居正陰結保自固。十歲兒之說。釀毒不可解。拱計初政。保卽持我。何以善後。遂上言。臣首疏未發。票未蒙允。恐失人心之望。仍封上。幷補本再進。望皇上鑒察。如敢差錯。自有公論。自有祖宗法度。其孰能容。保不得已。留原疏。以補疏下擬。有旨。卿等所奏。于時政有裨。具見忠藎。卽擬行。

兵部尚書楊博上言。累朝章奏。悉下內閣擬票。今閣臣親承顧命。願推心委任。上嘉納之。

朝鮮國王李昖來貢方物馬匹。

申飭陝西三邊修築墩墻。務堅久。添工。

增工部司官三人。治上陵。

戊辰。寧夏地震。

衡王載隍薨。謚曰莊。

命工部尚書朱衡總督山陵。

己巳。聖母皇后居慈慶宮。

召守衞南京太監張宏。廣西道御史胡涍上言。宏守備南京。藏禍婪賄不法。陛下察其可用。其進言譽者何人也。工科給事中程文。維遵禮科都給事中陸樹德。御史劉良弼各劾太監馮保恣横不法。疏七上。保大恐。使所善問計于張居正。居正方嗛拱。欲乘間逐之。因計授保。明日變作。

庚午。罷大學士高拱。拱在直。張居正引疾。俄召諸大臣于會極門。衆皆至。居正獨後。屢促之。掖而入。拱尚未覺也。語居正曰。今日必因昨科道彈文。我且正對。必忤旨。公可即處我。居正佯驚曰。公何言也。太監王蓁授旨。居正啓之。曰。皇帝聖旨。聖母皇太后懿旨。皇貴妃令旨。我大行皇帝賓天前一日。召閣臣御榻前。我母子三人親受諭云。東宮尚幼。惟賴卿等輔佐。今高拱擅政專制朝廷。我母子驚懼不寧。高拱即回籍閒住。不得遲留。爾等受國家厚恩。當思報國。何阿附權臣。蔑視幼主。姑不問。諸臣愕然頓首謝。拱又頓首出。緹校迫逐。不及束裝。立就道。乘騾車宿城外。明日居正請給驛。且曰。拱系顧命大臣。未有顯過。遽被斥放。亦非先帝付託之意。報曰。卿等不可黨護負國。拱至良鄉。始具威儀。

史臣曰。上沖年在疚。拱默受成于兩宮。權不自制。惟恐外廷之擅。而顧命之臣。自負付託之重。專行一意。以至內猜外忌。同列陰行其謀。而內豎黠者。亦謀間舊以自固。相比伺釁。驟移兩宮之意。而權復偏有所歸。先後同轍。相尋以敗。專權之疑。深中帝心。魁柄獨持。以終其世。晚雖倦勤。而內外之間。無復挾恣意如初年者。主術所操。爲得其大也。

申時行曰。兩宮始合終睽。幾剚刃相向。然江陵卒調護之。以釋舊怨。羣喙乃息。人情世道。可謂一概。而又有謂閣臣之相攻擊者。賢于相和。然則書傳所稱師師濟濟者非耶。

文大綸曰。高拱當鼎革之日。居保濟之任。開誠布公。周防曲慮。不阿私黨。即古之社稷臣。何以加焉。不幸比之匪人。反面橫噬。狼狽出走。資斧盡喪。亦足悲矣。然拱天資剛愎。持論多偏。是己而不稽于衆。任氣而不期于理。抱朴忠而專政。恃偏才以蠹人。易所謂亢龍有悔者非耶。

于愼行曰。高拱脱王金一案。謂金等進燥藥丹藥。致大行誤服。又用麝香附子熱藥及百花酒。丹田發熱。遂損聖體。此誣罔先帝。爲天地古今大變。亟宜昭雪。其言甚辨。得旨再問。而王金等未減矣。及穆宗升遐。馮保掌司禮印。新鄭形勢已危。乃具疏草。令門人都給事中程文宋之翰等公劾馮保。首言保弘進邪燥之藥。以損聖體。先帝遂至彌留。夫誤藥一也。在世廟則確證以爲無。在先帝則確證以爲有。且二疏俱刊集中。又何也。

李騰芳曰。新鄭江陵兩公。皆負不世出之才。絶人之識。本以忠誠不二之心。遭時遇主。欲盡破世人悠悠之習。而措天下于至治。其所就雖皆不克終。然其所設施亦已不可泯矣。獨怪兩人始相得甚懽。卒于相抵。人稱丙魏房杜同心是矣。然韓魏公富鄭公齟齬特甚。由是言之。兩公之相忤。亦可以相貶也。

談遷曰。昔人稱宮府一體。非比而附之言。相爲用也。相用則相信。相信則相倚。主上方十齡。兩宮抱虛名于內。勢必任大璫。不璫雖大職。屬在密勿。欲朝而糾夕而逐。未可望之長君。矧孤危倉卒間哉。新鄭始志不失爲社稷臣。未信而諫。釁起同室。雖無江陵之忮。城社易憑。謝劉之攻逆瑾。此其前鑒矣。

廣西道御史王宗載爲南京太僕寺少卿。復馬明謨福建道御史。復應天安慶徽寧池太廣德兵備副使。

兵科給事中梁問孟請嚴秋防。報可。

辛未。巡撫山西右僉都御史楊綵請以行太僕少卿住寧武。帶憲銜兼管兵備。裁新添僉事及寺丞。從之。

撫治鄖陽右僉都御史淩雲翼請改北直隸屯田御史爲清軍。曰清丁。曰清屯。曰清運軍。曰清班軍。曰清科派。曰清月餉。從之。而清軍御史屯田僉事如故。

壬申。許大學士高拱乘傳。

癸酉。上御平臺。特召張居正慰勞之曰。皇考屢稱先生忠臣。居正頓首謝。因曰。方今要務。在守祖宗舊制。不必紛更。上從之。賜酒饌金幣。退奏。臣當爲祖宗遵憲。不敢隳更。爲國家惜才。不敢私用。上又善之。

巡撫山西右僉都御史楊紑奏罷沿邊墩墻。仍幷力修堡寨。從之。

甲戌。提督兩廣軍務兵部左侍郎殷正茂奏平河源從化英德等賊。自五年十月。用兵萬有三千餘人。民兵不與焉。今閏二月班師。斬六百七十二級。

工部右侍郎熊汝達提督陵工。

命吏部尚書楊博解兵部事。回吏部。

尙食監太監穆進德請復薦新銀魚。以詔停採辦。不許。

丙子。上御宣治門。縗服。

錦衣衛左都督朱希孝往來督視陵工。

丁丑。管中府事武進伯朱承勳卒。

遣中使問大學士高儀疾。是日卒。儀字子象。錢塘人。嘉靖辛丑進士。授翰林編修。累官禮部尚書。先帝初郊社分合大祀之配享。元配繼后之祔別。裁酌古義。預顧命。卽疾甚。贈太子太保。謚文端。

戊寅。管中府事寧陽侯陳大紀卒。

己卯。兵科左給事中吳文進江西道御史楊家相督察陵工。

庚辰。召見張居正于平臺。議兩宮尊號。張居正既柄政。慨然任天下之重。專尊主權。課吏實。嘗言高皇帝眞得聖之威者也。世宗能識其意。是以高臥深宮之中。朝委裘而不亂。今上。世宗孫也。奈何不法祖

申飭漕期。歲十月民輸粟。十一月漕卒受粟。十二月發舟。二月過淮。三月歷閘。四月抵張灣。從工部尚書朱衡

之議。
辛巳。定昭陵。
命兩京文武官四品以上各總督巡撫等俱自陳去留。取上裁。
復設開封府捕盜通判。
南京刑科給事中周守愚劾守備太監張宏以閏月營軍折操市恩。幷摘兵部尚書王之誥守備懷寧侯孫世忠協同守備靈璧侯湯世隆依違坐視。上報聞。
禮部尚書呂調陽兼文淵閣大學士直閣。
吏部尚書楊博言先帝元年奉詔考察京官。二年朝覲考察。三年遵例京察。四年奉諭考察言官。五年又朝覲考察。六年間五考。剗除殆盡今若拘例。殊非清平之治容臣等課實果有其人卽斥否則寧虛其名。上善之。
是月。桂陽府雨桂子。
七月岬朔。大雷雨。俟止享太廟。
起譚綸兵部尚書。
丙戌。上大行皇帝尊謚契天隆道淵懿寬仁顯文光武純德弘孝莊皇帝。廟號穆宗。
總督漕運右副都御史王宗沐奏海運抵張灣。
丁亥。頒尊謚詔于天下。
前吏部右侍郎陸樹聲爲禮部尚書。浙江按察使趙賢爲右僉都御史。巡撫湖廣兼贊理軍務。應天府尹杜拯爲南京太僕寺卿。在假尙寶司少卿戚元佐許終養。

初通漕運于密雲。尋加密雲五萬石。先年總督侍郎劉應節。以密雲白潮二水可漕。向二水分流。俱至牛欄山始合。故通州剝船止于山下。至龍慶倉須陸輓。今白水徙城南。近疏渠入于白。舟可達密雲矣。

己丑。諭兵部申飭邊防。

吏部京察。斥吏部員外郎穆文熙、都給事中宋之謙、程文等三十三人。吏部主事許孚遠、御史李純樸、杜化中、胡峻德、盛時選、劉曰睿、張集、左右給事中涂夢桂、楊鎔、周美、張博等五十三人調外。又光祿寺丞張齊、何以尙、尙寶司卿成鐘聲調外。司丞陳懿德閒住。高拱之黨略盡。

庚寅。有鐘飛于華亭縣之八團。視其款。自閩來。

福建左布政使朱綱爲應天府尹。

壬辰。上穆宗元妃李氏孝懿貞惠順哲恭仁儷天襄聖莊皇后尊謚。

癸巳。右通政何永度罷。韓楫調陝西布政司右參議。太常少卿劉洊調外。

設昭陵衞。

乙未。庶吉士李學一爲刑科給事中。陝西道御史胡峻德爲滁州判官。戶科左給事中張博爲郃陽丞。右給事中涂夢桂爲濬縣丞。

詔均兩畿山東河南河夫于各州縣。毋偏累瀕河者。

丙申。科道拾遺太常少卿呂霍調南京。巡撫甘肅右都御史楊錦調外。南京工部尙書陳紹儒、禮部右侍郎歐陽誥、巡撫陝西右□都御史溫如璋、巡撫山西右□都御史楊綵閒住。

廣西巡撫右僉都御史郭應聘平大屋等村賊。斬五十八人。

都察院請復巡視居庸山海二關御史。詔報罷。

丁酉。內官監太監張誠請給提調陵工敕。閣臣言管工太監有敕。遂不許。

吏部題建言罪廢諸臣。尙寶司丞鄭履淳戶科左給事中李已吏科給事中石星工科給事中陳吾德俱復秩。禮科左給事中陸鳳儀雲南道御史詹仰庇更議。報可。

吏科給事中雒遵等薦戶部尙書劉體乾。其在籍尙書馬森郭乾譚太初劉采侍郎楊巍僉都御史海瑞少卿丘橓參政溫純等有旨。亦復令饒州兵備道兼轄南昌之新建進賢。其南康之星子都昌九江之湖口悉聽整飭。

暑讞。釋輕繫三百四十三人。

己亥。戒諭百官曰。近歲以來。士習澆漓。官方刓缺。鑽窺隙竇。巧爲躐取之媒。鼓煽朋儔。公事擠排之術。詆老成恬退爲無用。謂讒佞便捷爲有才。愛惡橫生。恩仇交錯。遂使朝廷威福之柄。徒爲人臣酬報之資。朕初承大統。深燭弊源。亟欲芟除。念茲始御。銛鉏或及于芝蘭。密網恐驚乎鸞鳳。用去太甚。薄示戒懲。餘皆曲賜矜原。與之更始。書不云乎。無偏無黨。王道蕩蕩。無黨無偏。王道平平。自今以後。其精白乃心。恪恭乃職。毋懷私以罔上。毋持祿以養交。毋依阿淟涊以隨時。毋噂沓潝訿以亂政。任輔弼者。當協恭和衷。典銓衡者。當虛心鑒物。有官守者。或內或外。各分猷念。有言責者。公是公非。各奮讜直。大臣有正色立朝之風。小臣有退食自公之節。于是朝清政肅。道泰時康。爾等亦皆垂功名于竹帛。綿祿蔭于子孫。顧不美哉。若沈溺故常。膠守塗轍。朝廷爲必可背。法守爲必可干。則我祖宗憲典甚嚴。朕不敢赦。大學士張居正所草也。詔下。百官惕然。

庚子。禮部上兩宮尊號。仁聖皇太后陳氏。皇貴妃慈聖皇太后李氏。

起李世達提督謄黃。河南布政使胡檟爲太常寺少卿。提督四夷館。

于愼行曰。前代人主嗣位。有太后者。生母止稱皇太妃。我朝始自孝廟。並稱太后。惟嫡母加上徽號二字。茲加兩宮徽號。蓋欲尊慈寧也。既諭之明日。居正于東閣會揖時。謂禮部曰。故事中宮加二字。既同爲太后。多二字何妨。侍郎王希烈署部篆曰。諾。于是兩宮並尊。慈寧即不加多。亦不減一字矣。時上沖聖。虛心以聽輔臣。肯力爭一言引古曲當亦無難處者。嘉靖初年大禮之議至于發言盈廷。死者接踵而此日兩宮之禮。無一人片語。可見士氣人心日以萎靡矣。

敕太子少保工部尚書朱衡等以陵工也。往來閱視。右侍郎熊汝達等專工。提督京營戎政彰武伯楊炳協理戎政兵部右侍郎王遴提督軍匠。掌錦衣衞事太保兼太子太保左都督朱希孝往來督視。管錦衣衞事署指揮同知楊俊卿專督工程。又敕內官監太監周宣等提督工程。

辛丑。命總督倉場戶部尚書王國光回戶部。南京戶部尚書王之誥改刑部尚書。南京禮部右侍郎汪鏜爲禮部右侍郎。管國子監事。起楊巍兵部右侍郎。南京右都御史張瀚爲南京工部尚書。

定福建餉額。

江陵公安松滋枝江宜都石首監利大水。命蠲恤。

紫荆關參將張玧爲署都督僉事神機營右副將。南京後府僉書劉豸光充五軍營右副將。蘇松參將黃應甲充副總兵鎮守江南。

巡撫遼東右副都御史張學顏。報女直王杲以索降人不與。屢入寇。

壬寅。復設浦縣。初嘉靖設縣。以邑人給事中張承憲奏罷。

罷管理紅盔將軍忻城伯趙祖征後府僉事張元善。又成安伯郭應乾錦衣衞南鎮撫司右都督王時坤。

癸卯。刑部右侍郎曹金改兵部右侍郎兼右僉都御史。巡撫陝西。前戶部左侍郎趙孔昭爲兵部左侍郎兼右僉都御史。巡撫山西。

前廣西總兵官俞大猷調福建被論兵部鐫二級降都督僉事。

南京湖廣道御史陳堂請十月後分遣大臣閱邊。又瓊州盜李茂不可撫。從之。

甲辰翰林編修韓世能吏科左給事中陳三謨頒詔朝鮮。

提督漕運總兵官保定侯梁繼瑞以疾罷。

乙巳廣東萬州强州夜大風雨海溢壞民居亡算。

丙午少傅兼太子太傅吏部尚書楊博考一品十二年滿。加少師兼太子太保。廕子入監。

丁未通政司右參議倪光薦爲左通政。南京戶部右侍郎畢鏘爲刑部右侍郎。戶部右侍郎郭朝賓總督倉場。吏部左侍郎魏學曾爲南京都察院右都御史。前禮部左侍郎萬士和以原官署南京國子監事。前戶部尚書劉體乾爲南京兵部尚書。

復遣御史張憲翔覆儹運。

戊申福建道御史馬明謨等薦舉逸才。尚書郭宗皐侍郎冀鍊翁大立曹三暘副都御史何繼柏僉都御史耿隨卿張師載陳玠大理寺卿何寬寺丞耿定向孫丕揚御史劉存義吏部主事魯邦彥參政舒化黃憲卿僉事紀大綱。

南京協同守備兼掌後府靈璧侯湯世隆提督漕運鎮守淮安。

己酉上仁聖皇太后尊號。

賚在京臣民軍士金帛絹布有差。

庚戌上慈聖皇太后尊號。

寧安長公主進封大長公主。

吏部右侍郎劉光濟爲左侍郎。禮部右侍郎諸大綬改吏部。戶部右侍郎陳瓚爲左侍郎。前兵部右侍郎栗承祿爲南京戶部右侍郎提督糧儲。

辛亥。頒兩宮尊號詔。

大名廣平順德天鼓大鳴。

壬子。外戚固安伯陳景行加歲祿百石。都督同知李偉封武淸伯。歲祿千石。李偉其先翼城人。縣東南十五里曰澮高山。世宗時有異人言此山有王氣。當生貴人。偉生慈聖太后。徙漷縣。至是果驗。

安鄉伯張鉉爲前軍都督僉事。

八月甲寅朔。故惠安伯陳鏸贈太保。

樂陵王觀燔薨。諡恭僖。

遣給事中四人勞各邊卒六十六萬四千三百十有九人。人各二緡。

乙卯。兵部奏土蠻欲犯遼東。約薊遼互援。從之。

改封廉愼夫人徐氏爲祐聖夫人。從子錦衣衞千戶徐鴻爲錦衣衞指揮僉事。以侍聖母勞也。

丙辰。以海運成。巡撫都御史梁夢龍王宗沐各進俸一級。賚金幣。

丁巳。進張居正左柱國中極殿大學士。蔭尙寶司丞。呂調陽太子少保武英殿大學士。

東宮官馬自强陶大臨爲禮部右侍郎。

大學士呂調陽祭孔廟。

戊午。上祭太社太稷。

己未。上御宣德門視事。

廣西道御史胡涍劾大理寺卿陳一松陪祀孔廟于門内乘輿。奪俸六月。

司禮太監馮保鄭眞等各廕錦衣衞正千戶。曹憲王臻廕副千戶。孫秀等廕百戶。陶奉等所鎭撫。俱東宮舊勞。

敕駙馬都尉許從誠成國公朱希忠彰武伯楊炳護喪。以將山陵也。

庚申。遼東巡撫張學顏奏虜入犯。副總兵趙完等追斬十八級。

鎭遠侯顧寰掌左軍都督府事。

錦衣衞左都督朱希孝加祿三十六石。指揮使余廕爲都指揮僉事。署指揮同知楊俊卿爲署指揮使。時陞賞官旂等六百六人。俱侍東宮者。

辛酉。張居正請八月開經筵。從之。

故德平伯李銘。贈太子太保。

癸亥。張居正乞更定常朝三六九日御門聽政。餘日俱免朝參。但御文華殿。講臣侍班。從之。

雲南黔國公沐昌祚進馴象一。

甲子。議祧宣宗。禮科都給事中陸樹德言。憲宗升祔祧懿祖。孝宗升祔祧熙祖。皆八世。今宣宗于穆宗爲五世。欲祧之。是不可不議也。皇祖特建世廟奉睿宗。至嘉靖二十四年。始祧仁廟。夫世廟則世世不遷。又不可不議也。禮以順人爲至。孝以安祖爲大。昔年世廟殿柱產芝。謂神貺所臨。倘推其意奉睿宗于世廟。免祧宣宗。孝莫大焉。禮部覆曰。七世之廟。可以觀德。蓋古者一世爲一廟。非一君爲一世。故晉之廟十一室而六世。唐之廟十一室而九世。宋自太祖上追四祖。至徽宗始定爲九世十一室。以太祖太宗同爲一世也。徽宗與哲宗。高宗與欽宗。同一世。無所祧。及光宗升祔。增爲九世十二室。並祀于太廟。今宣宗至穆宗凡六世。合二祖僅八世。准宋世可以無祧。但于寢殿左右各增一室。上命再議。

于愼行曰。嘉靖中年。孝烈升祔。奉祧仁廟。萬曆改元。穆宗升祔。奉祧宣廟。皆非禮也。謹按太廟同堂異室。分別昭穆。及世宗創建九廟。奉太祖爲太廟。成祖爲世室。而以仁宣英憲孝武六廟爲三昭三穆。與太祖之廟而七。九廟既災。仍復同堂異室之制。而升祔睿宗。比後寢廟藏主。則九室南向。前殿祫享。則太祖南向。成祖西向北上。七宗東西相向。蓋雖左右分別。無昭穆之名。而昭穆之倫世次。固未少也。及孝烈升祔。本與武宗同一世。則仁廟尙在三昭三穆之中。而遽議奉祧。故穆廟升祔。又祧宣宗。于是今日太廟中三昭三穆。代數始不足矣。禮曰。三昭三穆。與太祖之廟而七。韋玄成鄭康成則謂周以后稷爲太廟。文武二廟。百世不遷。其下高曾祖禰親盡而毀。則文武不遷之廟。在三昭三穆中。此七廟之制也。劉歆王肅則以高曾祖禰並五世六世無服之祖爲三昭三穆。與太祖而七。文武世室。百世不遷。不在三昭三穆中。此九廟之制也。今九廟分建。成祖爲世室。不在昭穆之列。而同堂時祫。又成祖北上。出于七宗。亦不在昭穆之列。則仁宣以下。猶當有三昭三穆也。而遽祧仁宣。于是英宗一世。憲宗一世。孝睿二廟一世。武世二廟一世。穆廟一世。是昭穆之數五也。與太祖而六矣。豈七世觀德之義哉。禮曰。父子異昭穆。兄弟昭穆同。是昭穆之敍。所以別父子。非以傳位爲世也。請言其義。古人之制。廟皆南向。主皆東向。及其祫于太廟。則惟太祖之主東向自如。而爲最尊之位。羣昭之入。皆列北牖下而南向。羣穆之入。皆列南牖下而北向。蓋羣廟之列。左爲昭。右爲穆。即今太廟南向之位。大祫北爲昭。南爲穆。即今成祖與七宗東西相向之位也。故文王稱穆考。則魯衞毛聃皆曰文之昭。武王稱昭考。則邘晉應韓皆曰武之穆。是昭穆者。父子之名也。非以傳位爲世也。如以傳位爲世。則兄或爲昭。弟或爲穆。子孫何以別焉。故曰。祖有功。宗有德。百世不遷之廟也。父爲昭。子爲穆。萬世不刊之典也。兩漢以來。宗廟之制。固不相沿。然皆以同堂異室爲主。其昭穆之序。固不必盡如周禮。而其世數祧遷。則皆用昭穆之法。未有以兄弟相傳而分爲二世者也。晉武帝追尊七廟。則景皇文皇兄弟同爲一世。故當武帝之時。

六代而七室。其後惠懷愍元兄弟四主同爲一世。故當成帝之時。七代而十一室。此不以兄弟爲世也。唐中宗睿宗同爲一世。故開元之時。八世而九室。敬宗文宗武宗同爲一世。故開成之後。九世而十室。此不以兄弟爲世也。宋太祖太宗同位異坐。故當徽宗時。九世而十室。其後哲宗徽宗又同爲一世。欽宗高宗又同爲一世。故當寧宗時。九世而十一室。此不以兄弟爲世也。蓋同堂分廟。制不必同。而父昭子穆。則一定之序。未有以兄弟相傳卽爲二世者也。今二祖外。廟雖七室。其實五世。揆之七廟之制。世數不足。而況云九乎。然祧遷之失。始于祧仁廟。而改正之擧。在于復宣廟。何也。在隆慶時。仁宗不當祧。在今日則仁宗當祧而宣宗不當祧。以其在三昭三穆之內也。孝之于睿。武之于世。二廟可也。以當二世。非也。以其昭穆同也。然則何如而可。曰。姑以宣廟未祧。設爲次序明之。寢殿藏主九室。南向。則太祖居中。成祖以下。一代各居一室。孝睿二廟。同室異坐。武世二廟。同室異坐。前殿祫享。則太祖南向。成祖西向。北上。不在昭穆之列。宣宗西向爲昭。英宗東向爲穆。憲宗西向爲昭。孝睿二廟東向爲穆。武世二廟西向爲昭。穆廟東向爲穆。如此則祖功宗德之祀。既有託而可久。而父昭子穆之序。亦有條而不紊矣。

禮科都給事中陸樹德言。江南白糧民運未便。宜令運軍順帶。部覆從之。

乙丑。祁定二州大雨雹。傷禾菽。斃三人。

夜。月犯軒轅星。

丙寅。定日講官。

改解各撫按贖鍰于各塞。從巡按陝西御史暴孟奇之言。著爲令。

雲南撫按先後劾黔國公沐朝弼罪狀。請正法。蓋兵科亦言之。章下兵部。命逮入京。

丁卯。東宮講讀官。直日講馬自强陶大臨陳經邦何洛文沈鯉丁士美。侍書官馬繼文徐繼申。

前兵部右侍郎冀鍊爲南京兵部右侍郎。復揚州通判。駐儀眞專理淮南鹽務。

兩廣總督殷正茂報盜掠感恩縣。

工科給事中張道明陳理道三要。敬天。法祖。勤民。大略謂臣工南郊多媟慢。百司法守多違背。有司奉行詔書鮮實惠。亦未得所爲要也。

戊辰。前吏部主事許孚遠降兩淮運司判官。

南京察處吏部主事蔡忠等三十一人。

刑科給事中李學一請大征惠州山寇。從之。

庚午。吏部條封贈事宜。凡祖父官高于子孫者。得進散官一階。凡丁憂養病給假官封贈與見任同。凡祖父有削籍者。許令陳情。停其本生封典。量准祖父冠帶閒住。以例不重封者。原爲考滿而言。今五品陞四品。或六品改七品。或外官陞京秩。許照見職改給。其考滿俱照故事。兩京官自今七月二十八日以前陞復者。俱准給。外任不得引例。詔曰。大慶覃恩。削籍者准令閒住。生母並封。旣無例。已之。

辛未。前南京吏科給事中王楨爲南陵縣丞。

壬申。吏科給事中石星爲尙寶少卿。

癸酉。上始御文華殿日講。遂爲常。

岷王定燿乞增祿米。戶部覆奏。歲祿千五百四十餘石。係累朝欽定。遂不許。

兵科給事中李熙言賑貧民。優富民。驅游民。禁末作。抑刁訟。從之。

乙亥。南京科道糾兵部左侍郎萬恭。右侍郎汪道昆。前應天府尹鄔璉。南京戶部尙書曹邦輔。獨調璉。餘皆留。

刑科左給事中宗弘暹劾前吏部左侍郎魏學曾貪賄徇私。命調南京。

遷孝懿莊皇后梓宮祔葬昭陵。

工部請織造太監趙玢刻期回京。從之。玢時請織竣起解也。

丙子。令有司蠲逋限報三月。

戶部尙書王國光上言。戶部金穀之司。尤極冗瑣。近來徵派愈煩。奸僞愈濫。致冊籍愈密。但經條議某事。一人言之。置一冊矣。後有言之。復一冊焉。今年言之。置一冊矣。越數年言之。又一冊焉。其實大同小異。殊不知有三費焉。各處造寫之費。道路遞送之費。交納需索之費。取之多方。遠幾萬里。東之高閣。曾未一目。今閣臣題造格眼文簿。稽查完欠。簡要可守。餘歸併裁省。上從之。凡歸併文冊二十二所。裁省文冊二十八。迄今便之。

丁丑。朝鮮國王李昖入賀萬壽節。以大喪卻之。

庚辰。大學士張四維予告。

巡按廣東御史楊一桂言。廣東之弊。莫不善于招安。莫善于城守。如瓊州文昌樂會感恩會同。原未有城。惠之永安長寧潮之普寧澄海。雖設縣皆有名無實。陛下豈惜此小費。置生靈于塗炭耶。上是之。

密雲右營總兵董一元劾免。

江北清軍御史蘇民望憂去。仍以巡按御史攝之。

南京右僉都御史張鹵巡撫浙江。

大理寺右少卿宋良佐予告。

河南左布政使陶承學爲太僕寺卿。浙江按察副使陳耀文爲陜西行太僕寺卿。

祭故右春坊右贊善陳棟。以先帝講官又侍班也。

癸未。神樞營左副將傅津充總兵官鎮守保定。

漕運總兵保定侯梁繼璠南京掌前府事南寧伯毛國器各劾罷。

魏國公徐邦瑞回南京終養。

是月釋重四百十二人。

九月艸朔。戶部右侍郎傅頤爲南京右都御史。太僕寺少卿董堯封爲右僉都御史。提督操江兼管巡江。

乙酉。祁州定州雨雹傷稼。

敕薊遼總督劉應節嚴邊備。以東虜與土蠻合謀也。

丙戌。祧宣宗章皇帝神主。

禮部右侍郎兼翰林院侍講學士馬自强爲左侍郎。仍管詹事府事。太常寺卿兼翰林院侍讀學士日講官丁士美同教習庶吉士。

更鑄陰陽文信符金字牌。以舊牌隆慶字也。

湖廣按察使方良曙爲河南右布政使。

順義王俺答貢馬二百五十四。套部吉能貢馬百四。

丁亥。太僕寺少卿李幼滋爲大理寺右少卿。南京兵部右侍郎冀鍊爲戶部右侍郎。提督四夷館太常寺少卿曾同亨爲太常寺卿。

淮安揚徐大水。蠲賑有差。

己丑。夜雷。

南京太僕寺少卿王宗載爲太僕寺少卿。

壬辰。禮科都給事中陸樹德爲尚寶司卿。

增陝西延安府守備。

甲午。葬穆宗莊皇帝于昭陵。

夜。盜殺錦衣衛指揮使周世臣。故外戚慶雲侯裔孫。指揮張國維主巡徼。坐其婢蕭荷花通外人戕之。酷訊。俱誣服下刑部論死。

乙未。東夷王杲阿革等犯撫順寧前錦義。

己亥。太僕寺少卿李幼滋爲大理寺右少卿。山西布政司右參議屠羲英爲太僕寺少卿。

乙巳。大學士張居正請修穆宗實錄。略曰世宗實錄。開館六年未成。蓋草創修飾討論潤色。其功不斷。乃克成書。而職任又在副總裁吏部右侍郎諸大綬禮部右侍郎王希烈。原世宗實錄副總裁。今宜責二臣專任。申時行王錫爵則專穆宗實錄。仍限每月纂修官編一年。送副總裁。月終副總裁改送臣等删潤。各纂修官不得營差圖私。書成敍錄。計勞多寡。不計年月久近。此雖纂修一事而綜覈名實之道實寓于斯。上從之。

丁未。穆宗莊皇帝孝懿莊皇后祔太廟。是日司禮太監馮保等俱祭服從事。舊制。祭服閹人不與也。隆慶中。遣祭中霤井竈等神。私製祭服。遂移之郊廟矣。

己酉。敕諭南京守備兵部都察院等官。

庚戌。上始御皇極門視事。

勞遼東吏卒萬金。賞其功。

土蠻萬餘騎犯中後所。參將楊燮游擊李惟一禦之。賊奔。尋攻沙河驛。總兵李成梁馳至。乃引去。

廣東烏艚船兵作亂。以將官隱餉也。

辛亥。敕修穆宗莊皇帝實錄。

王台吉千餘騎屬夷王杲五千餘騎近撫順闗分守東寧道李鶚開原兵備王之弼遣官私盟事聞各奪俸三月。

江油知縣趙佐侵帑二千餘金論死。

壬子。協理京營兵部左侍郎兼右僉都御史王遴兵部右侍郎吳百朋汪道昆閱視邊務遴延綏寧夏甘肅固原百朋宣府大同山西道昆薊鎮遼東保定百朋等兼右僉都御史左侍郎石茂華暫管營務。

錄故大學士蔣冕孫務樵爲中書舍人。

禮部右侍郎兼翰林院侍讀學士掌院陶大臨回部。

巡撫南贛汀韶右副都御史李棠爲南京兵部右侍郎。

皇妹第七公主薨。追封棲霞公主。

前雲南道御史詹仰庇爲廣東布政司右參議。

癸丑。河南陜西按察僉事夏易范愛衆貪虐削籍。

十月。辛卯朔。御皇極門頒曆。

太常寺卿兼翰林院侍讀學士丁士美掌翰林院事。

刑科給事中朱南雍上言四事。懋心學以成德。親賢輔以熙政。修儉德以足國。恤時艱以保治。上嘉納之。

乙卯。上御文華殿講讀訖。出詣室觀先聖先師。召閣臣入問乃退。

大理寺左少卿劉思問爲右僉都御史巡撫南贛汀韶。

革四川鹽課提舉司天全招討司都事雜造局碉門司各官吏。

丙辰。陳澍嗣遂安伯。

大理寺右少卿李幼滋爲左少卿。左寺丞羅鳳翔爲右少卿。

夜。客星見東北。如彈丸。出閣道旁壁宿度。漸微芒有光。歷壬申夜。色黃赤。大如盞。占曰孛。詔修省。

丁巳。聊城天鳴。

戊午。南京戶科給事中張煥論總督王宗沐六月報海運米十二萬石。出海至張灣無失。比聞道溺二千二百石。買補人臣實心任事。當不若是。宜議經久之策。戶部覆言萬世之利在河。一時之急在海。海道叵測。但當習此路以備。不必如漕臣議。明年加運二十四萬石也。自萬曆元年始。止海運十二萬石爲則。俟數年外裁酌。王宗沐奏辨傳言之妄。

山東濟寧管河按察副使兼兵備。轄沂曹二道。

庚申。前太僕寺少卿陸光祖爲南京太僕寺卿。

總督宣大尙書王崇古請賜俺答金字藏經。不果行。

廣西懷遠猺賊叛。殺知縣馮希武。

兵科都給事中李已等乞寢錦衣傳陞之弊。部覆從之。

辛酉。命停刑。

壬戌。戶部右侍郎冀鍊予告。

甲子。故兵部尙書毛伯溫。贈少保。南京吏部尙書吳嶽。贈太子少保。

乙丑。免台州水災今年田租之半。

詔錄囚。

丙寅。行人裴應章梁式趙思誠湯聘尹李戴知縣李樂劉鉉歐陽柏爲給事中。史朝鉉王熙爲南京中書舍人。李頤張士奇易倣之推官張簡解學禮石檟知縣郭思極田樂韓必顯趙允升王琢玉王思王宣化何王德胡用賓蔣科爲試御史。宣化王德用賓科俱南京。

許養病官三年以內到任。三年外仍准收選。

戊辰。巡撫河南右副都御史梁夢龍爲戶部侍郎。

庚午。慈慶宮厠室火。

辛未。夜。京師大風。

應天府尹朱綱爲右副都御史。巡撫河南。

工部尚書朱衡言。茶城以北。當防黄河之決而入。茶城以南。當防黄河之決而出。故自茶城至邳州宿遷高築兩隄。宿遷至清河盡塞決口。則河患可紓矣。蓋黄水之出。則正河必淤。昨歲徐邳之患是也。自茶城秦溝口至豐沛曹單以接縷水舊隄。蓋防黄水之入。則正河必淤往年曹沛之患是也二處告竣。沛縣窰子頭至秦溝口。應築隄七十里。下河臣萬恭總理其事。

癸酉。敕成國公朱希忠監修皇考實錄。大學士張居正呂調陽總裁。

太僕寺卿陶承學爲應天府尹。

授俺答兄子永邵卜大成都督同知。

乙亥。廣東左布政使方弘靜爲太僕寺卿。

丙子。隨州知州周行墨甚。削籍下臺訊。上因諭吏部。奏報貪吏毋諉縱。

兵部武選司主事譚論言邊備興革七要。寬增稅以卹邊氓。酌淸勾以杜繁擾。罷遠兵以練軍實。處降胡以戒不虞。裁冗弁以裕軍需。愼簡用以求良將。撫羣黎以固邦本。部多覆行之。

丁丑。廣西道御史胡涍以星變乞釋放宮人。有云唐高不君。則天爲虐。幾危社稷。此固不足爲皇上言。然往古覆轍。亦當爲鑒。上覽之怒。

戊寅。上御文華殿。問胡涍所指爲誰。張居正言。胡涍其言雖直。其心無他。涍引罪。竟削籍。

寧夏總兵官謝朝恩免。

免淮安東西所班軍京操。分哨海上。

己卯。始開榆河。自鞏華城達于通州。轉運四萬石。給長陵衞官軍。初支京糧。苦之。總督楊兆議改也。

戶部尙書王國光請增山西雲南貴州司員外郞主事各一。

辛巳。分守延綏右副總兵張傑充總兵官。鎭守寧夏。

土蠻五六百騎窺舊遼陽北河。近塞二十里。總兵李成梁自赴寧遠堡拒之。夜。襲斬二十餘級。

十一月粿朔。巡按陝西御史蕭廩奏勘七苑牧地共五萬五千三百二十二頃。除見牧馬八千七百七十四給地一萬二千二百五十一頃外。餘共徵銀萬八千二百二十金。往例每三年巡茶御史同總督撫按查覈。報可。

甲申。增貴州壩陽守備官。摘兵三百人戍之。

巡按陝西御史蕭廩奏薦邊將。言守備哱拜尤當永爲西夏之用。

丙戌。刑科都給事中烏昇以修省請停屠沽。止燕會。勤召對。宥狂直。報聞。

丁亥。監利知縣李克敬爲湖廣按察司僉事。以勦寇功。

甲午。貴州巡撫右僉都御史蔡文薦養病僉都御史孫應鼇劉秉仁。

河工成。勞尙書朱衡侍郞萬恭等金幣有差。

延綏寧夏邊墻成。
丁酉。唐府奉國將軍宙杆有罪。廢爲庶人。
戊戌。望夜月食。陰雲不見。
己亥。賑山西旱災。
庚子。兵科都給事中李己以勦惠州盜藍一清等。言三事。輯軍士。禁殺降。知險阨。章下兵部。
辛丑。錮昌平州寄養馬匹以奉山陵。如泗州例。
量撤延寧固原邊戍。仍酌衝緩分調本鎮標兵貼守。
壬寅。補給延綏入衞馬六百六十匹。著爲令。各營馬到鎮斃二百匹以上者。不准補。
議征惠州盜藍一清賴元爵等。分六哨。長樂海豐揭陽歸善永安進兵。又中軍則總兵官張元勳。
丙午。沐朝弼逮至。論死。張居正請宥之。謂始祖三世皆有大功。命發南京爲民。
丁未。太僕寺卿方弘靜爲右副都御史巡撫浙江。
戊申。延綏寧夏互市竣。晉總督戴才兵部尙書。賜金幣。各文武有差。
兵科給事中李熙言海防六事。愼把總之選。專水寨之守。精海兵之選。復烟墩之舊。堅久任之法。重尅減之禁。
上善之。
己酉。南京太僕寺卿羅良爲太僕寺卿。
河道侍郞萬恭奏。管隄按察副使章時鸞築南隄。自蘭陽縣趙皮寨至虞城縣凌家莊。修二百二十九里有奇。
日講官馬自强憂去。
內承運庫太監崔敏請買金珠寶石。張居正謂前六月間奉旨停止。今忽有此舉。則前詔不信。乞暫停之。少甦民力。因封還敏疏。遂報罷。

定議漕舟徑抵土石二壩。先年舟泊張家灣。易舟轉剝。月不過三萬石。隆慶五年五月。因河溢。令徑抵壩。

十二月癸丑朔。命順天府尹祈雪。

兩廣總督殷正茂以征惠州盜乞兵三萬。募浙兵八千。餘募土兵。報可。

南京鴻臚寺卿史朝賓卒。賜祭。

甲寅。故思南知府李允簡文烺入國子監。從允簡子通判柷之請。

乙卯。殷正茂請授莫茂洽安南都統使。下禮部。

丁巳。翰林編修許國補日講官。

旌順孫成都楊茂勛之門。茂勛善事祖母高氏。

平江伯陳王謨充總兵官。鎮守湖廣。

戊午。上視朝。羣臣不至者百七十三人。各奪俸三月。

提督京城巡捕署都督僉事張時春為南京前軍都督府僉書。

己未。鞏昌地震。岷州尤甚。聲如雷。壞城舍人畜。亡算。陳學家震成穴。水赤。

庚申。令陝西苑馬寺卿兼布政司參議。分守平涼。行太僕寺卿仍兼僉事。分巡平涼。其少卿仍兼僉事。各分地總收。巡按蕭廩議上。

岷府奉國將軍定熻。有罪。廢為庶人。弟定燰。定烕。奪祿三分之一。

辛酉。蠲榆林延綏屯租。仍賑之。

壬戌。寧夏巡邊營守備哱拜為游擊將軍。巡撫朱笈薦之也。

癸亥。許雲南總兵官黔國公沐昌祚仍任。

甘州都司王朝以番賊射死。命進一級世襲。

錦衣衛左都督朱希孝廕百戶。百戶馮邦柱（馮保姪。）爲指揮同知。（以緝獲功。）

丙寅。賜武清伯李偉肩輿朝參。

丁卯。蘇松參將尹鳳爲署都督僉事提督京城巡捕。狼山副總兵吳國爲署都督僉事鎮守貴州兼提督清平等衞。

遣俺答舊使火力赤奴謀赤北還。嘉靖間來使六人。以內犯下獄二十二年。餘物故。至是釋之。

定陝西牧地稅萬八千金資餉。

戊辰。裁甘州中右二衞知事甘州涼州監牧判官。各設府同知專理屯田鄉兵。

通政司右通政李世達爲南京太僕寺卿。

戶部尚書王國光言積逋四弊。勢豪阻撓。有司怠玩。大戶侵漁。積猾包攬。上大是之。

光祿寺卿路王道請各庫銅鐵廢器易直。其凡省直價各地方本色積腐。宜命暫折銀及價幷覈內府匠作冒濫。裁司牲冗員。上多從之。

己巳。張居正進帝鑑圖書說。

盜刦臨湘縣庫。

辛未。巡撫陝西兵部右侍郎曹金予告。

薊遼總督劉應節巡撫楊兆議遵化密雲三屯各輜重。作大車八千輛。車各八騾。每營三千人。部覆從之。

禮科都給事中宗弘暹請會議王守仁從祀孔廟。從之。

癸酉。命荆州通判劉起鳳移駐龍灣市鎭捕盜。

祀故禮部尙書章懋于金華正學祠。從巡按御史謝廷傑之請。

沁源王恬熚長子珵場有罪。下高墻。

甲戌。張居正請明年正月上旬卽開講。又先帝喪服未期。勿設宴。幷免元夕燈火。上曰。燈已令停。每侍聖母膳。甚簡素。或節日具少菓宴。不設樂。居正稱善。尋諭光祿寺節間酒飯卓免之。省七百餘金。

以吏部文選郎中胡執禮爲通政司右通政。提督謄黃。

候選訓導侯貴言學校六事。曰議廟像。孔子像今撤存不一。當悉撤之以復古。曰議從祀。請侑戴聖劉向王弼賈逵何休王肅荀況何晏馬融杜預揚雄吳澄。又別祀蒼頡史籀程邈李斯蔡邕李陽冰蔡倫。曰定學制。曰删定春秋三傳及禮記。曰冠帶廣恩。曰革科貢牌坊路費。不報。

初令甘肅行太僕寺卿祁天敍兼陝西按察僉事。總理屯田鄉兵。增臨洮帶銜同知。專理甘州等九衞。鞏昌府同知專理凉永等六衞。幷各監督通判。俱聽寺臣委用。

丁丑。巡撫延綏右僉都御史郜光先改陝西。

播州宣慰司舍人楊應龍嗣宣慰使。仍不世襲。

兵科左給事中蔡汝賢請祀宋儒羅從彥李侗于孔廟。章下所司。

戊寅。張居正言。制敕尙簡嚴莊重。成化間誥敕敍本身履歷功績。不過百餘字。餘不過六七十字。至慶典覃恩。其詞尤簡。蓋恩賚爲榮。不必計其履歷。此制體也。近來過爲誇侈。多至數百千言。虛爲頌美。臣諛其君。猶謂之佞。況以上諛下乎。乞戒代言諸臣。復古崇實。毋壞制體。從之。

吏部右侍郎兼翰林院侍讀學士諸大綬予告。

庚辰。陝西左布政使馮舜漁爲右副都御史巡撫延綏。贊理軍務。

兵部議仍遣御史三人清軍。

是年。隴川宣慰司目把岳鳳弑其主多士寧。走緬甸。

癸酉萬曆元年

正月壬午朔。上御朝。不賀。

丙戌。戶科都給事中賈三近。劾湖廣總兵平江伯陳王謨總漕時損糧五百萬。論斥不可復用。兵科都給事中李已亦論之。遂罷王謨。

戊子。上就講文華殿。

閣臣進玉牒式。

李鶴特授都督同知。不爲例。故德平伯李銘子。

陝西道御史李順請先臣胡居仁從祀孔廟。章下禮部。

庚寅。禮部右侍郎陶大臨改吏部。

辛卯。命成國公朱希忠大學士張居正知經筵事。呂調陽同知經筵。侍郎陶大臨丁士美申時行王錫爵陳經邦何洛文沈鯉許國沈淵陳思育直講。羅萬化王家屏陳于陛徐顯卿張位韓世能林偕春成憲展書。

贈故工部尚書宋禮裔孫入國子監。

壬辰。右春坊右諭德兼翰林院侍讀余有丁爲南京左春坊左庶子。掌翰林院事。

復遣御史清軍。余乾貞北畿河南。史思敬南畿山東。許乾山西陝西。

癸巳。命曾子嫡裔攸縣知縣曾袞改襲翰林院五經博士。

戶科左給事中馮時雨言六事。篤孝思。廣延納。重題覆。革傳奉。釋幽宮宮人宥罪上言。是之。惟放宮女起胡涍不行。

甲午。吏部右侍郎諸大綬卒。山陰人。嘉靖丙辰進士第一。贈禮部尚書。謚文懿。

乙未。禮部上經筵儀注。

丁酉。陝西妖逆齊芳劉汝清伏誅。

己亥。南京禮部尚書秦鳴雷論罷。

庚子。上出朝。執男子王大臣于宮門。王大臣一曰章龍。靖江人。嘗投總兵戚繼光三屯營兵。不遂。流落都下。以巧捷便佞。亡須髯。入中貴家爲所昵。遂竊中貴裝闌入乾清宮門外。值駕出。色戰。以犯蹕執驗之。男子也。袖有佩刀。馮保立鞫之。曰。奚自。曰。自戚總兵。保密報張居正。居正謂戚氏方握南北軍。地在危疑。且禁毋妄指。此可借以除高拱也。保故甘心陳太監洪。先下洪獄。令大臣供之。自是合稱高使。改籍曰武進縣。即令家奴辛儒衣大臣蟒袴。予三劍。劍首飾貓睛異寶。送繫廠中。入以聞。請詰主使者。癸卯。居正疏亦如之。上即付保鞫。保令辛儒屏語大臣曰。第言高閣老怨望。使汝來刺。顧先首免罪。即官汝錦衣。賞千金。不然。重榜掠死矣。因使儒畀大臣金美飲食之。即令誣拱家奴同謀。獄具。保遣五校械拱奴。而居正前疏傳中外。中外藉藉。謂且逮拱。居正乃密謀吏部尚書楊博。博曰。事大。迫之恐起大獄。高公雖粗暴。天日在上。萬不爲也。居正色不懌。會大理少卿李幼滋。以居正鄉人。私語居正。果行之。汚及萬世矣。强答曰。吾憂之甚。何謂我爲。居正禁科道不得有言。而御史鍾繼英疏晤指之。居正怒。擬旨詰問。左都御史葛守禮拉楊博過居正。居正曰。東廠獄具矣。同謀人至。即疏處之。守禮曰。守禮敢附亂臣黨耶。願以百口保高公。居正默不應。楊博力爲解。居正仍如故。守禮因歷數先時如貴溪分宜華亭新鄭遞相傾軋。相名坐損。可鑒也。居正憤曰。二公意我甘心高公耶。奮入內。取一東廠揭帖示博曰。是何與我。而揭中居正手定四字。歷歷有據。而居正忘之。守禮識居正筆。笑而袖之。居正覺曰。彼法理不諳。我爲易數字耳。守禮曰。此事密不卽上聞。先政府耶。吾兩人非謂公甘心新鄭。以回天非公不能。居正悟。揖謝曰。苟可效。敢不任。第後局何以結。博曰。公患不任耳。任何難。任須世臣乃可共。居正因奏。上命馮保與葛守禮左都督朱希孝會訊。希孝懼而泣。急謁居正。居正命見冢宰。遂謁博。博曰。欲借公全朝廷宰相體耳。何忍陷公。因示以指。希孝如其言。使校尉密詢大臣何自來。則來自保所。語盡出保口。校尉語大臣。入宮謀逆者法族。奈何甘此。若吐實。或免罪。大臣茫然。笑曰。始給我主使者論死。自首亡恙。官且賞。豈知此。當實言。適高氏奴逮至。希孝雜諸校。令物色。大臣不辨也。及會訊。風霾大晦。尋雨雹不止。東廠理刑白一淸。謂保初問官二千戶曰。天意若此。可不畏乎。高公顧命大臣。强我輩誣之。異日能免誅夷耶。皆曰。馮公已具案。而張閣老手竄四字。一淸曰。東廠機密重情。安得送閣改乎。頃之天稍明。出訊大臣。故事先雜治。大臣呼曰。故許我富貴。何雜治也。馮保卽問誰主使者。大臣仰視曰。爾使我。乃問也。保氣奪。强再問。爾言高閣老何也。曰。汝敎我。我則豈識高閣老。希孝復詰其蟒袴刀劍。曰。馮家奴辛儒所予。保益懼。希孝曰。爾欲汚獄吏耶。遂罷。保外飲大臣生漆酒。瘖之。而內以拱事上聞。有閹殷某年七十。在上前言高公不可枉。太監張宏亦如之。于是上下刑部擬罪。竟論大臣斬。

談遷曰。江陵修怨。令新鄭放逐足矣。必借王大臣之獄。果正其罪。九族爲輕。噫。宰相坐廢。或不無怨望。間見一二。若懷奸蹈險。犯天下之大不韙。如專聶之事。于古未聞也。而謂新鄭甘之乎。江陵深機。祇自見其愚耳。權保本閹人。求快一時。曾何足論。江陵號察相。不與汶汶等。械穽猝發。中不自制。歿罹讒搆。闔室纍繫。天且以枉高氏者枉張氏也。

壬寅。巡撫保定右僉都御史宋纁予告。

吏科給事中湯聘尹言五事。堅趨向。敦朴素。愼舉動。重爵祿。明職掌。報聞。

癸卯。兵科右給事中張楚城論總督王崇古誥命不宜泥金。書命奪燬改給。

嚴皇城門禁。

巡撫□□右副都御史殷從儉爲右都御史。回院。

增韶州府同知駐三華鎭捕盜。增翁源縣丞。

甲辰。李環嗣豐城侯。

乙巳。免通江縣新增茶課五百八十三金。

丙午。禮部右侍郎兼翰林院侍讀學士王希烈爲吏部左侍郎。仍掌詹事府事。

順天府丞劉堯誨大理寺右寺丞孫丕揚爲右僉都御史。巡撫福建保定。

丁未。光化縣治避水移北集街。

戊申。兵科都給事中李己爲順天府丞。

故工部尙書宋禮贈太子太保。

安南夷舍莫茂洽爲安南都統使。

己酉。上御文華殿。張居正奏王大臣妄攀主者。廠衞連日推求未得。宜稍緩其獄。蓋人情急則閉匿愈深。久而怠弛。其情自露。若推求太急。誣及善類。有傷天地之和。上然之。

復前刑部員外郎邵經邦原官。經邦嘉靖初建言大禮。

辛亥。王學詩嗣靖遠伯。

罷陝西左布政使馮舜漁。時巡按蕭廩薦之。擬擢巡撫延綏。而巡按陳文煥又劾其貪。故吏部謂勘明方服也。

是月。減各省重囚四十八人。

東虜黑石炭速把亥等自紅羅山犯遼陽。

廣西官兵平府江猺賊斬四千六百六十七級俘四百四十八人。

郭應聘曰。府江蓋百粤之孔道也。諸猺占據爲梗。吏民商旅。視爲畏途。卽縉紳亦橫被慘酷。天威震疊。一旦廓清。足以快神人。懾遐邇矣。顧尤有慮者。蜂蠆之羣不可數也。梟獍之性不可馴也。此患在外者也。土司利田之廣而戍額多虧。哨堡玩寇之徵而兵防易懈。撫安之官目耽保之排年。又從而漁獵之。其端雖細而禍機伏焉。此患在內者也。內患除則外患弭矣。監司勤經略而詰久逋之奸。守將勤巡緝而杜未萌之釁。地方倘亦有賴哉。

二月壬朔。慶府弘農王鼒檟周府會稽王勤遂薨。

左副都御史劉斯潔罷。

起尹臺仍南京禮部尙書。

勒襄城伯李應臣閒住。

癸丑。上始御經筵。賚諸臣金幣有差。

甲寅。遣祭歷代帝王陵寢。

丙辰。命大學士呂調陽祭先師。

巡撫江西右副都御史徐栻爲南京工部右侍郎。

賜故吏部右侍郎諸大綬刑部右侍郎游居敬祭葬。

戊午。上祭太社太稷。

壬戌。南京守備中軍都督府僉事懷寧侯孫世忠充總兵官。鎮守湖廣。

甲子。鑄皇城巡視科道關防。

城監利縣。

許播州宣慰使楊應龍統撫夷民。

丙寅。故吏部右侍郎兼翰林院侍讀學士諸大綬。贈禮部尚書。

丁卯。禮部右侍郎署國子祭酒汪鏜爲左侍郎。回部。仍直經筵。太常寺卿兼翰林侍讀學士丁士美爲禮部右侍郎兼日講教習庶吉士。

蠲宣府屯糧十之二。

閱視侍郎吳百朋請修宣大邊墻。從之。

戊辰。嚴宗室越關奏擾之禁。

陜西布政司右參政張守中爲右副都御史。巡撫延綏。

裁陜西苑馬寺長樂靈武二監錄事。

己巳。雲南道御史鍾繼英言王大臣事奉行過嚴。人心惶惑。臣輒有安集之請。或大臣知罪不可逃。駕詞羅織。臣輒有原恤之請。奪俸半年。

壬申。南京國子祭酒林士章爲國子祭酒。

刑科給事中雒遵雲南道御史景嵩韓必顯各降浙江陜西湖廣布政司照磨。以劾兵部尚書譚綸陪祀咳嗽也。綸奪月俸。

癸酉。誅王大臣。

甲戌。左春坊左諭德兼翰林院侍講申時行爲左庶子。

代府富川王廷埣薨。謚恭簡。

設江西花園洞巡檢司。

丙子。禮部左侍郎署南京禮部右侍郎萬士和署南京國子祭酒。

臨淮侯李庭竹守備南京。管中府事。

戊寅。罷大同總兵官左都督馬芳。

庚辰。南京工部右侍郎董傳策改南京禮部右侍郎。

三月辟朔壬午。庶吉士林景暘爲禮科給事中。

山西總兵官都督僉事郭琥爲將軍總兵官鎭守大同。

仍給各將養廉田。勿苛摘。

時有逆卒勾虜窺老營堡幾陷。琥知之有備。急引去。恰台吉修怨于殺胡堡守備。擁衆壓境。琥勒兵諭以得失。

乃退。重修大邊自陽和至丫角山亙六百餘里。繕城修倉。有備邊功。

癸未。詔增供用庫黃蠟歲二萬五千斤。白蠟三萬五千八百十六斤。

甲申。暹羅國王華招宋入貢。云舊印爲東牛國破毁。乞補給。下禮部。

鑄科臣巡視光祿寺關防。

修宣府北路邊墻。

乙酉。巡撫江西右副都御史徐栻爲南京兵部右侍郎。

兵科給事中□□請罷王守仁從祀。言其畔道宣淫也。章下禮部。

協守宣府副總兵劉國充總兵官，鎮守山西。
戊子。撫治鄖陽右僉都御史凌雲翼爲右副都御史，巡撫江西。
改給岢嵐道關防曰整飭岢嵐偏老等處兵備。
己丑。中書舍人萬一貫爲山東道試御史，博羅知縣顏容舒爲户科給事中。
辛卯。湖廣布政使湯賓爲右副都御史，撫治鄖陽。
前總督薊遼兵部右侍郎兼右副都御史兼兵部左侍郎何棟卒。棟字子宇，長安人，正德辛巳進士。由御史累
進今官。好學善應變。年八十四。
壬辰。大理寺左少卿李幼滋爲太僕寺卿。
乙未。定有司虧賦住俸閒俸降級改調革職例。
忻城伯趙祖有罪，奪祿半年。
丙申。令朝臣四品以上及科道總督鎮巡各舉將才。
以互市馬不服水草，令變價貯太僕寺，遂罷內地寄牧之例，從科臣梁許議也。
丁酉。故安平伯方承裕子世錦衣衛帶俸都指揮同知。
戊戌。太僕寺少卿脣羲英爲鴻臚寺卿。
前山西按察使王世貞起補湖廣。
昌平兵備僉事張廷弼濬鞏華城外河。
己亥。蠲大同屯租，仍賑之。
頒順義王俺答番經。

庚子。福建布政司右參政宋儀望爲太僕寺少卿。

漕運都御史王宗沐報漕米三百十萬一千五百石一斗並渡淮。

故巡撫湖廣右副都御史徐南金阮文中各予祭葬。

辛丑。除高淳縣下田淹租八百六十餘石。

聽民徙居翟華城。

癸卯。贈光祿寺少卿沈鍊子襄廕入國子監。

四月甲辰朔。上享太廟。

辛亥。詔褒魯王頤坦新樂王載壐奉國將軍健根鎭國中尉觀竤賢孝文行。

旌黎山王府輔國將軍定烟孝行。

再鑄欽天監曆日印。

靖江王府奉國中尉經檢殺姪邦薄賜死。

壬子。武淸伯李偉乞修屋價給四千金不爲例。部科阻之不聽。

癸丑。故巡撫湖廣右副都御史阮文中贈兵部左侍郎。廕子入監。

故南京兵部尚書李遂諡襄毅。

甲寅。京師大風。夜。敍州府地震。

乙卯。總理河道兵部左侍郎萬恭子允位廕入國子監。

增薊鎭昌平敵臺二百。增山西樓子營守備一。唐家會操守官一。河曲縣羅圈堡各防守官一。

通山王府奉國將軍□□有罪。廢爲庶人。

丙辰。設山東海運哨船。海道凡三哨。各舟二十。經二千餘里。

順義王俺答請印。從之。給鍍金銀印。

丁巳。詔增兵進勦廣西懷遠猺賊。先是總督殷正茂巡撫郭應聘總兵楊李錫以二萬人進。會大雨雪。無鬬志。議秋再征。

戊午。許四川布政司左參議胡汝嘉終養。

甲子。前巡撫鳳陽右副都御史陳玠爲左都御史。巡撫山西兵部左侍郎趙孔昭協理京營戎政。

乙丑。勦杵嗣河陰王。

潮惠賊平。俘斬萬二千二百餘人。擒渠賊藍一清等六十一人。晉殷正茂右都御史。廕錦衣衞副千戶。總兵張元勳晉署都督同知。廕本衞百戶。

丙寅。土蠻犯鐵嶺鎭西等堡。李成梁擊斬五十七級。獲馬二百餘匹。

戊辰。勘寧夏鎭地。

庚午。巡撫寧夏右僉都御史朱笈加右副都御史。

上禱雨宮中。明日雨。

辛未。厚光嗣廬江王。翊鐸嗣海寧王。

壬申。宣府總兵官趙岢論罷。

丙子。復曲阜孔氏世職知縣。

丁丑。延綏總兵官都督同知雷龍爲鎭朔將軍。鎭守宣府。

戊寅。封淮府翊鏡榮昌王。崇府常澾泰和王。常濇洛川王。多熵建安王。

己卯。吏部文選郎中王篆爲太常寺少卿。提督四夷館。

南京後府僉書都督僉事胡宗舜疾去。

五月䀢朔神樞營右樞將程九思爲□□將軍都督□□總兵官鎭守延綏。

四川官兵攻都掌蠻。克淩霄城。六月克都都寨。

辛巳上御經筵。諭春講二月十二日至五月二日。免。秋講八月十二日至十月二日。免。永爲例。不必一一題請。

久旱。遣禱山川社稷。

復歸黑沙洲柴課于南工部。

京師雨雹。

□□布政司參議謝廷蓕加太僕寺少卿。

復故左都御史王廷原官。

甲申令兩京內外官矜愼刑獄。

丁亥代王廷埼薨。謚恭王。

戊子。庶吉士黃洪憲劉虞夔吳中行盛訥王懋德公家臣劉元霖趙鵬程爲編修王祖嫡劉克正張應元劉楚先爲檢討。李盛春趙參魯石應岳蕭崇業秦耀爲給事中。漆彬趙耀孫成宋笵何汝成爲監察御史

己丑議討四川都掌蠻。召前總兵官郭成安大朝。

庚寅四川巫山縣設巴中驛。

癸巳令提督兩廣侍郎殷正茂勦海盜林道乾。

乙未工科給事中粱式上言重人才。恤內地。其重人才曰。愼起用。省繁文。崇寬大。其恤內地曰。軫民瘼。正人心。

修武備。上從之。

開廣西府江水陸諸路。復四土巡檢司。尋改昭平都司為參將。

戊戌。禮部左侍郎兼翰林院侍讀學士汪鏜充世宗實錄副總裁。

浙江道御史謝廷傑請王守仁從祀。章下禮部。

庚子。禮部請儒臣會議王守仁從祀。

致仕翰林院編修曹大成被劾削籍。

辛丑。山東左布政使施篤臣為順天府尹。

壬寅。發帑金三十七萬糴買各邊糧草備明歲。

癸卯。增雲南解額五人。

六月配朔在鈉嗣瑞淦王。

辛亥。吏部起尚書劉采等九十三人。上命慎之毋濫。

鑄蘇松常鎮糧道關防。

壬子。故總督楊選子壽甫乞復其父官優䘏。不許。

丙辰。增紫荊等邊敵臺。

戊午。馬蘭谷參將楊烈為南京後府僉書。

壬戌。故刑部尚書顧璘子峻廕入國子監。

戶科都給事中賈三近以海運十二萬石至卽墨縣福島。遭風壞七艘。失米殆五千石。溺十五人。乞暫停海運。

時巡倉御史鮑希顏山東撫按傅希摯俞一貫俱如之。報可。

甲子。賜張居正樓曰捧日。堂曰純忠。俱藏宸翰也。特賜費千金。

丙寅。改鑄蘇松兵備浙江水利二道關防。俱兼管河道。

錦衣衛請造鹵簿大駕。命俟三年。

丁卯。前撫治鄖陽右僉都御史孫應鰲起前秩。

庚午。總督薊遼保定兵部右侍郎兼右僉都御史劉應節爲右都御史。仍兼兵部右侍郎總督。

壬申。賑淮安水災米九萬石。折明年田租。

丙子。國子司業范應期韓林修撰陳經邦爲左春坊左中允。修撰何洛文爲右春坊右中允。俱兼編修。沈鯉爲左贊善。許國陳思育爲右贊善。俱兼檢討。

張居正請稽查章奏隨事考成。凡部院遇各章奏。或奉旨。或欽依。轉行各衙門。俱先酌道之遠近。事之急緩。定期署簿。每月終注銷。其轉行覆勘提問議處催督查覈等項。另造二冊。各註略節及原限。一送科注銷。一送內閣查考。各撫按奉行事理有遲延者。該部院舉之。各部院注銷冊有隱蔽者。該科舉之。六科繳奏有隱蔽者。臣等舉之。如此月有考。歲有稽。不惟使聲必中實。事可責成。而參驗綜覈之法嚴。即建言立法者。亦將慮其終之罔效而不敢不慎其始矣。從之。

談遷曰。江陵立考成法。以爲制治之本。向者因循玩愒。至是始中外淬礪。莫敢有偷心焉。要詳兼舉。張弛共貫。宰相一身周流天下。不過如此。遂無遁情矣。諸葛亮罰自二十以上必親覽。劉晏事凡巨細必日中決之。亦其意也。當時銜江陵者苦其束溼。輒言清淨之理。嗚呼。處膏優之地。不患不樹望。患不習事。孔子所稱人道敏政。政而敏也。詎可以悠悠汝汝同論乎哉。

戊寅。復移山西屯田僉事于應州。

裁淮安鳳陽揚徐遞運所十有一。

七月甲子朔。封德王世孫常淸。

兵部尚書譚綸劾車駕主事熊敦朴狂悖怠玩。謫兩浙鹽運司判官。初庶吉士宋儒得禮部精膳主事。敦朴得兵部。敦朴不能平。意怏怏。儒險詐。盡籍其言。思中之。會有蜚語云。敦朴欲論楊博張居正。以問儒。答曰。彼不獨論太宰。且欲論相公。于是綸參敦朴謫外。或言敦朴枉。召兩人面折。則盡儒爲之也。

初立商丘縣儒學。先附府學也。

發帑金八千于薊鎭。備撫夷之用。

壬午。禮部覆河南建德等十三府。惟一府鈐束不便。宜如弋陽王府。各自管理。其絕宗悉附親支。以遂昌景寧附陽城。新昌慶雲附嘉定。其太和陽夏德平營陽懷慶威平延津孟津上蔡太康聽自理。從之。

癸未。左春坊左中允兼翰林院編修范應期。何洛文主試順天。

翰林編修李自華爲國子司業。

丁亥。兵科給事中陳吾德參禮部精膳主事宋儒揑謗聖政。汚衊大臣。誣斥熊敦朴。李熙亦劾之。謫山西按察司經歷。

戊子。南京福建道御史石櫃言王守仁不當崇祀。章下禮部。

設湖廣黃堡驛。裁霞流新關二驛。

庚寅。暑讞。釋輕繫三百五十一人。

癸巳。詔司屬差滿違限及陞調遷延久不赴部者參治。

丁酉。賜華陽王承熷書院曰樂善。

詔祀吳與弼陳獻章胡居仁及元儒吳澄于各鄉社。

戊戌。巡撫大同右僉都御史劉應箕劾罷。

設青浦縣于唐行鎭。

壬寅。戶科給事中趙參魯上言。從祀王守仁孔廟。下禮部。

癸卯。山西布政司右參政申佐爲右僉都御史。巡撫大同贊理軍務。

甲辰。增大同軍營游擊。兼巡撫標下中軍。

丁未。故四川總兵官劉顯戴罪勦都掌蠻。張居正與總督曾省吾書曰。夫將必劉顯。而郭成其次也。顯束髮與蠻戰。著名。蠻人言顯輒震慴。而成父被賊殺。仇不共天。而勇。故可用。

命陝西巡撫右僉都御史郜光先勦回賊。

荆州承天大水。

是月。沔池徐州河溢。

俺答請于甘涼開市。王崇古言。套虜諸酋。移穴中山。而令市寧夏。往來千里。拂其情矣。何以固盟。不許。

初。巡撫寧夏右僉都御史朱笈言。寧夏孤懸河外。當時定稅。遽一斗二升。後缺料缺馬。加增地畝草束。賦日益重。又河勢遷徙。良田衝沒。河崩沙壅。宿水荒蕪。田不得耕。累經具題。未蒙豁免。亦可哀也。部覆從之。

八月帗朔。荆州地震。丙寅止。

庚戌。除寧夏虛糧萬二千餘石。

壬子。兵科給事中蕭崇業上五事。榮正學。核實政。重言路。緝告訐。禁侈靡。章下所司。

癸丑。罷海運。

右春坊右諭德兼翰林院侍讀王錫爵左春坊左中允兼翰林院編修陳經邦主試順天。
甲寅敘州府地震。
丙辰廣東布政司右參議詹仰庇致仕。
丁巳。建寧地震。
庚申蠲折平陽府旱災屯租有差。
辛酉。禮科給事中石應岳請以布衣陳眞晟從祀孔廟否亦專祀于鄉。下禮部。祀之原籍。
濬天津衛新河。
壬戌楚府通山王英炊薨謚莊懿。
癸亥減江西積穀以地方繁簡貧富爲差。上等減十之五。次十之六。下十之七。
乙丑。錦衣衞後軍都督同知孫鈺卒。贈右都督。
己巳。夜月犯井宿第一星。
庚午兵部右侍郎吳百朋省母。工部右侍郎熊汝達終養。
壬申。南京戶部尙書曹邦輔致仕。
癸酉翰林院編修張位請令詞臣輪直史館注起居。從之。
命兩廣浙福協勦。逋賊林道乾。
丁丑。尙寶司丞鄭履淳爲光祿寺少卿。
是月。茶城河淤阻漕舟數千艘。
九月戊朔庚辰。工部屯田主事耿定向爲尙寶司丞。

曾子裔孫曾繼祖奏。臣祖質粹授翰林院五經博士。父昊先沒。臣目瞽未襲。子承業當襲。知縣曾衮謂序嫡冒襲。因爭執。吏科給事中李孟春請敕下禮部覈之。

延綏東路左副總兵孫國臣爲總兵官。鎮守陝西。協守寧夏副總兵劉濟爲□□將軍都督□□總兵官。鎮守寧夏。

壬午。太僕寺少卿宋儀望爲大理寺右少卿。

癸未。廣西右布政使李淑終養。

蠲荆州承天濟南災租有差。仍賑之。免永淸縣水災田租之半。

甲申。南京右都御史傅頤爲南京戶部尚書。大理寺卿陳一松爲工部右侍郎。河南布政司右參政楊俊民爲太僕寺少卿。

丙戌夜四川官兵克九絲城。都掌蠻平。斬獲共四千六百十五人。

丁亥。總督陝西三邊戴才以兵部尚書署南京右都御史。太僕寺卿李幼滋爲大理寺卿。

署刑科右給事中侯于趙。請今後廠衛獲盜必送法司研審。如罪眞方論功。毋誣執扶同。部覆從之。

戊子。湖廣按察使王世貞爲廣西右布政使。

吏部尚書楊博引疾去。

設密雲遵化永平武學。

己丑。福建總兵官都督僉事俞大猷罷。以海寇失事也。

庚寅。兵部左侍郎石茂華爲右都御史。仍兵部左侍郎。總督陝西三邊軍務。

閱視兵部右侍郎王遴回部。

河南左布政使吳道直爲太僕寺卿。

戶部覆漕運右副都御史王宗沐上言國初海運歲七十萬石。後會通河成。廢海運。然留遮洋一總。至嘉靖末。給事中胡應嘉議革。併入山東江北諸總。今海運勞費更多。雖議罷。宜改海運把總爲遮洋把總。領兌北糧。仍會兵部。如海警。暫調海口爲狠山聲援。從之。

談遷曰。海運歲十二萬石。再試而止。則慮始之難也。雖風濤叵測。然江淮河濟間。其損舟屢矣。懲噎廢食。不無過阻。會通河正道也。海運間道也。正道逸而安。間道險而危。習險既久。或正道稍梗。以救其偏。不勝于鑿空行事耶。時靳小費。羣議排格。人情大抵然矣。

修午門左右闕門。

辛卯。南京工部尚書張瀚爲吏部尚書。初吏部推左都御史葛守禮、工部尚書朱衡及瀚。是日上于文華殿示張居正。孰可者。居正歷言各官履于上。曰。守禮固端人。年頗衰。于衡有貶詞。遂問張瀚何如。對曰。得之矣。品格甚高。兼善文學政事。且拔之疎遠。彼圖報必倍。上從之。蓋居正憚守禮之方嚴。以朱衡豪邁不爲下。而瀚柔愼。薦之。

壬辰。兵科左給事中蔡汝賢劾通政使李際春。以福建巡按劉良弼報海寇事。稽延六日方上。其失非淺。遂調際春南京。

薊鎭統領南兵總兵官胡守仁爲都督僉事。鎭守福建。

禮部覆陝西巡按御史陳文煥奏。韓府鎭國中尉融炘等奉國將軍旭櫨等至省城索逋祿。命降爲庶人。

癸巳。協理京營戎政兵部左侍郎趙孔昭回部。

甲午。錄囚。命工部尚書朱衡主讞。

乙未。禁宗室越境選儀賓及抑勒需索者。

丙申。總督宣大山西軍務太子太保兵部尚書兼右副都御史王崇古協理京營戎政。南京吏部右侍郎林濂爲南京工部尚書。

丁酉。兵科右給事中蔡汝賢言。王崇古驟易。恐生虜心。御史周詠亦言之。不聽。

戶科給事中顏容舒言。異時內府缺用。舖戶與內監商人朋奸。故餘價未償。隱不敢請。皇上方敦朴爲天下先。不追論壟斷遺奸。幸矣。可復容其陳乞耶。今後邊商京舖人等索價。祇本衙門陳告。毋瀆天聽。部覆從之。

以虜酋歹青及青卜言切盡台吉等謀內犯。諭邊臣備之。

錄囚承天門。

戊戌。罷南京禮部右侍郎董傳策。兵部職方郎中張明化。明化族兄雲。以訟託明化百五十金求伸。明化賂傳策百金。受之。已悔。下兵馬司詰其由。明化謂傳策父受賂我。甘與同敗。言官因劾之。

改密雲武學教授爲提調。各增科正二員。

己亥。起前巡撫大同兵部右侍郎兼右僉都御史方逢時爲總督宣大山西軍務兼理糧餉。

辛丑。增遼東廣寧右營游擊。

壬寅。南京太常寺少卿王好問爲通政使。南京兵部右侍郎李棠改南京吏部。

癸卯。命停刑。

蠲江南蘆洲逋課。

丙午。南京大理寺卿杜拯爲南京兵部右侍郎。

丁未。吏科給事中湯聘尹言章奏三事秉公鑑崇簡切。薦語止四五句。毋對偶。毋繁詞。戒虛名。上從之。

工科給事中朱南雍劾河道侍郎萬恭以茶城河阻漕。上切責恭。

太師兼太子太師成國公朱希忠卒。希忠字□□。器宇凝重。嘉靖丙申襲爵。纔踰冠。歷事三朝。代祀南郊三十有九。北郊二十有七。主進士恩榮宴凡十。善結納。名出諸勳上。年五十八。

十月帙朔。享太廟。頒曆。

前南京太僕寺卿殷邁爲南京太常寺卿。

協理京營戎政兵部左侍郎兼右僉都御史趙孔昭致仕。

辛亥。應天府尹陶承學爲南京大理寺卿。

密雲鎮本色芻粟改料豆。

壬子。令翰林院五經博士曾袞回勘。

東虜兀魯思罕等三千騎犯遼東寺兒山臺。總兵李成梁拒却之。斬七級。

癸丑。巡撫河南右副都御史朱綱致仕。

光祿寺卿路王道爲應天府尹。

甲寅。設廠于瓜洲儀眞。改造江北南京各總淺船。

乙卯。上御文華殿。張居正進帝鑑圖說。至宋仁宗不喜珠飾。上曰。賢臣爲寶。珠玉何益。居正曰。明君貴五穀而賤珠玉。五穀養人。金玉饑不可食。寒不可衣。書稱不作無益害有益。不貴異物賤用物。良以此耳。上曰。然。宮人好粧飾。朕歲賜每節省。宮人以爲言。朕云庫積幾何。居正曰。皇上言及此。社稷生靈之福。上又曰。秦始皇銷兵。夫木梃可傷人。何銷兵爲。居正曰。人君布德修政。固結民心爲本。天下之患。每出所防之外。秦亡于戍卒。故天時不如地利。地利不如人和。上曰。然。

汝陽王府革爵庶人勤𤏊有罪賜死。

丙辰南京太常寺少卿汪宗伊爲光祿寺卿。

英國公張溶充兩朝實錄監修官。

丁巳太僕寺卿吳道直爲右副都御史巡撫河南。

錦衣衞左都督朱希孝引英國公張懋例乞贈兄希忠王爵吏部言其非例生前被寵已足酬勞歿後論功輒難優異上特許之不爲例于是追封定襄王謚莊簡蓋其兄弟素善馮保及張居正也居正作神道碑云嘗與都督陸炳扈世宗南巡脫衞輝之厄上獨顧余言希忠事皇祖有扈蹕功朕今推皇祖意王之不爲踰制云。

談遷曰令甲非軍功不王至扈蹕督戎皆臣子常職非有奇功異能也希忠孝謹重厚賓客塡門歿被王爵以衞輝行宮之事當時乘輿倉卒相傳陸炳排闥負之而出上不自明其後炳秉權受知遇謠詠屢起終始無間故人以意推之猶在疑似今緣以希忠徇聲附影誰爲左據者郭勛欲侑其祖英于太廟先纂英烈傳云英射陳友諒死之噫友諒走禁江世宗宿衞輝俱暮夜又事隔久矣各攘其功不爲識者所笑耶。

戊午江西布政司左參政姚弘謨爲南京太常寺少卿。

己未移陝西苑馬寺少卿兼按察僉事馬文健于靖虜衞爲整飭靖虜兵糧道。

庚申廣西右布政使王世貞爲太僕寺卿。

巡撫順天右僉都御史楊兆爲右副都御史仍巡撫時考滿吏部擬陞上允之仍令考滿例陞者止敍其由毋輒擬定。

復設陝西省城參將。

巡撫雲南右僉都御史鄒應龍發兵襲姚安鐵鎖箐等夷。敗之。初夷詐請撫。應龍間道入姚安。預徵兵約期至。二十七日至赤石。分三道進兵。斬三百餘級。降二千餘人。事平。

辛酉。兵部左侍郎王遴疾去。

甲子。鴻臚寺卿屠羲英調南京太僕寺少卿。

乙丑。罷增設兵部侍郎。

丙寅。覈陝西三邊歷年軍餉。

戊辰。增各署歷事監生百有九人。

諭工部。覈昭陵之費。凡三十九萬九百三十二金。木石不預焉。

令各省直覈解積負。節省錢糧。

榆林衞署指揮同知張曰敬。坐侵百金以上。永戍邊衞。

己巳。東昌知府羅汝芳爲雲南按察副使。汝芳好講學。

壬申。復臨清德州二倉積貯舊額。

十一月丁丑朔。辛巳。張居正侍上文華殿。語及宮人張秋菊失火事。上曰。此先帝宮人。潛邸內人。聖母欲笞之五十。朕曰杖三十。下安樂堂矣。居正言其罪當。上曰。然。法有可寬。亦有不可寬。對曰。誠如聖諭。諸葛亮云。宮中府中。俱爲一體。陟罰臧否。不宜異同。正此之謂。

給事中劉不息等論朱希忠不宜贈王。御史楊相等亦言之。不聽。

甲申。順天府尹施篤臣議處廂戶。言始自永樂初以江南富民三千戶塡京師。分宛平大興。寄籍。弘治間止二百戶。奏免僉解。每戶徵五金。後因陵祭鄉會武闈。仍廂戶備辦。今僅存五戶。歲辦甚苦。乞每縣歲加二百五十金。從之。止加二百金。

工部辦事進士鄒德涵請王守仁從祀孔廟。下禮部。

丙戌。移河南楊莊店巡檢司于因壩倉爲固城巡檢司。

庚寅。兵部奏太僕寺寄牧馬不分南北。每匹徵二十四金。

辛卯。望夜月食既。

張居正六年考滿。進中極殿大學士。廕中書舍人。支正一品俸。

于愼行曰。人主年少。未能專決大政。不宜受重爵。如漢武帝遺詔封金日磾。日磾以昭帝少。不受封。其後病困大將軍乃自封之。日磾有大臣之風矣。今上十齡踐祚。未親大政。江陵遽逐中州。倏忽自貴。官至極品。何其識不如一亡虜也。

授都督同知黃台吉等散官。仍賜敕。

丁酉。兵科右給事中陳吾德以慈寧宮後室火。請停朱希忠王爵。不聽。

建涿州胡良河橋。

壬寅。光祿寺少卿王緝等言。工部器皿歲造八千四百件。南京工部歲三千六百件。今器用完好。乞明年量造二千件。餘暫停止。從之。

乙巳。琉球國中山王世子尙永入貢。表求嗣封。

是月。廣西巡撫右副都御史郭應聘進兵討懷遠縣盜。又奏盜平。討古田餘孽。

前右副都御史雷賀卒。賀通城人。嘉靖辛丑進士。

十二月朾朔。郝維喬張孫繩李邦佐胡汝欽楊節南爲給事中。維喬吏科。孫繩戶科。邦佐禮科。汝欽工科。節南刑科。行人趙池劉光國國子博士許三省推官蕭泮黃家棟胡秉性鄭準學錄劉維年張道。爲試御史維年道南京。

戊申。諭中外臣工毋引疾辭避。從給事中秦燿言也。

鄒應龍招鐵鎖箐等夷。降二千人事平。

瞿九思曰。羅思羅勤快自以爲孟獲後。稱王。豈不以爲誠雄哉。及大將軍登東山。至孟獲墓。因破勤快巢。令得逃。倘亦有武侯七縱之意乎。旋擒矣。思等皆不及孟獲遠甚。臣獨嘉鄒司馬提兵六千人入虎穴。未嘗不壯其勇。及聞賓川事。往來皆饑餓不得食。則又未嘗不歎曰。古者軍井未成。將不言渴。軍竈未炊。將不言饑。凡爲將當如此。

己酉。戶部尚書王國光言。欲裕國儲。先覈存留之額。乞行各直省所報歲入歲用册。算明立限。解部舊額若干。支用若干。餘剩若干。本折色見貯若干。虧欠若干。與部册對明。臣等會計。專本處各項支用。餘銀解京濟邊。報可。

談遷曰。江陵志在富强。當積弛之後。錢穀陰耗不可問。力振其弊。務責實效。中外凜凜。毋敢以虛數支塞。行之十年。太倉之積足備數載。則宰相不問錢穀。眞迂儒之言也。

庚戌。蠲監利黃梅當陽荆門及荆州右衞田租。

辛亥。巡撫大同右僉都御史劉應箕。侵帑被劾。削籍。

甲寅。禮部尚書兼翰林院學士陸樹聲致仕。

前光祿寺卿路王道調外。尙膳監王朝用苛索庖人。被劾下法司。故論及之。

丁巳。大風。

戊午。四川左布政使羅瑤爲右副都御史。巡撫貴州兼督湖北川東。

己未。發帑金三萬賑遼東寧前廣寧錦義軍士

盜劫豐城縣庫。

庚申。廣西左布政使楊成爲應天府尹。

甲子。禮部左侍郎署國子祭酒萬士和爲禮部尙書。

乙丑。張居正編今年講章大學一帙。虞書一帙。通鑑四帙。進覽。

丁卯。南京太常寺少卿姚弘謨爲南京國子祭酒。

兵部奏行查未結事件立限奏報。仍置靑冊送閣科按候註銷。于是各部院率凜凜效之。

陝西巡撫郜光先言。巡按蔡廷陳引疾。報曰。近來巡按往往稱疾避事。吏部其訪實方覆。如推諉。幷巡撫官參處。

己巳。混僉補貢馬百匹。

乙亥。潮州副總兵李誠立失事免。

是年。前南京兵部尙書劉釆卒。釆字□□。麻城人。嘉靖己丑進士。知宿州。以威惠著。進戶部員外郎。歷郎中。擢四川參議。五載遷廣西按察副使。雲南左參政。廣東按察使。廣東左右布政。擢右副都御史。巡撫山東。除寇罷採礦。民甚德之。三載進南京兵部右侍郎。入改戶部。又改南兵部。引去。隆慶初起工部尙書。未任。改吏部。至今官。生平不爲巧捷。贈太子少保。諡端簡。予祭葬。

馮時可曰。今所稱才豈盡衡度參伍哉。其細者脂韋婾婀。務中人懽以苟自容。而巨者浮慕感慨之節。矯矯然樹頤頰。信眉扼腕。欲以奇釣。二者僞才也。一遇利害避矣。卽累千百緩急何濟。若公者非眞才不能方公不行。歲信州。斯念也。富貴得失。足動之哉。處天下事。雷擊斧斷宜爾。嗚呼。公落落下吏時。其千鈞之矢不發乎。及大吏則飲羽石梁也。徵華亭。公終落落矣。古人致泣于良璞。有以矣。

國榷卷六十九

甲戌萬曆二年

正月丁丑朔。上御奉天殿受中外朝賀。

己卯。前南京戶部尙書鮑道明卒。

壬午。享太廟。

兵部敍款貢功。加王崇古少保。廕子入國子監。吳兌右副都御史。賜金幣。

癸未。改居庸關通判。仍管昌平鎭糧餉。

甲申。洛容縣盜夜殺典史謝漳。

戊子。大同總兵官郭琥以失符驗降一秩。

張居正請引見廉能官。下禮部倣祖宗時午朝之儀。定簡便儀注上之。

許應天府治中同知兼管江防。

庚寅。協守薊鎭西路副總兵張臣爲署都督僉事。仍任。

辛卯。上御皇極門。宣都掌蠻之捷。尋易戎縣曰興文縣。

瞿九思曰。華陽國志。漢犍爲郡寶鼎輝光于江流。今九絲其犍爲地耶。然所獲諸葛鼓何多也。又有銅鐵鍋。說者謂爲周鼎。此亦易辨。且天子改元獲鼎。歸俘武孰甚焉。何論諸葛哉。曩諸葛擒孟獲。散青羌于五斗壩。嗚呼。此蠻所從來也。元豐中征之大雨。成化中征之亦大雨。今又大雨。異哉。王者之師若時雨。豈謂是耶。

薊鎮總兵官戚繼光進左都督。昌平鎮總兵官楊四畏進署都督同知。

巡按四川御史孫代奏。今年奉旨免刑。但去京萬里。詔到已後。臣先于元年十一月十三日會決。乞于萬曆二年停刑爲准。章下法司。

甲午。上御皇極門。引見朝覲廉能官浙江左布政使謝鵬舉等二十五人。面加奬勵。各賜金幣鈔宴。大理知府史詡不至。下獄。貪酷保定知府賈淇等十八人。命下法司。

朝鮮國王李昖遣禮曹判書李陽原等謝諭改正宗系。貢方物。

錄平都掌蠻功。進曾省吾右副都御史。廕子入國子監。總兵劉顯都督同知。餘陞賞有差。

丁酉。南京右軍都督府僉書張鑾充神樞營右副將。後軍都督府僉書楊鯉充五軍營右副將。

右通政倪光薦言。本司經歷邵守儉于會極門接奏十有三。吏杜守宗以風損其四。命下守儉守宗于法司。果風損。以副奏上。

己亥。上御皇極門。朝覲官免冠承旨。參差不一。並不問。奪鴻臚寺堂上官俸半年。

辛丑。戶部乞遣御史三人覈邊餉。命巡按御史兼覈。毋違。

二月辆朔庚戌。狼山副總兵李起元充總兵官。鎮守浙江。

壬子。加巡撫陝西右僉都御史郜光先右副都御史。

太子太保禮部尚書武英殿大學士呂調陽吏部左侍郎兼翰林院侍讀學士掌詹事府事王希烈主禮闈。

鴻臚寺少卿陳學曾以各官謝胙班未齊。卽贊禮。應天府丞楊標糾劾不免冠。俱當罷。下吏部。

癸丑。虜酋賓兔以千餘騎欲掠西番。且求市涼州。命宣大總督撫順義王諭之。

戶部以京倉粟少。通州倉可支五年。乞今年明年盡改輸京倉。俟後償之。報可。

內官監太監張誠等求領眞定木稅工部執論不許。

乙卯申刻永城縣地震有聲。

丙辰入貢回回把部剌朵思麻自嘉靖四十一年至京牧獅求例授官令與指揮僉事錦衣衛帶俸。

丁巳海盜林鳳復寇惠潮泊錢澳脅款命兩廣提督殷正茂福建巡撫劉堯誨合剿之鳳屢敗走至六月壬戌。不克獲而還。

庚申夜火星犯房宿長汀縣地震裂陷民居四十餘楹。

四川進都掌蠻銅鼓九十三有聲者六十有四銅鐵鍋各一鍋兩耳如山製類鼎可函牛蠻甚寶之鼓以聲爲上易千牛次易七八百牛皆刻鸞雕螭奇文異狀相傳諸葛物藏鼓二三即雄長諸蠻始出劫必擊鼓高山諸蠻聞聲並四集則椎牛享蠻出劫數勝皆鼓之靈也鼓去則蠻運終。

己巳巡撫浙江右副都御史方弘靜罷巡撫應天右僉都御史張佳胤調南京別用俱被論也。

庚午南京戶部右侍郎栗永祿罷。

乙亥大理寺右少卿宋儀望爲右僉都御史巡撫應天浙江左布政使謝鵬舉爲右副都御史巡撫浙江。

是月懷遠猺賊平班師先後斬三千五百四十二人。

郭應聘曰懷猺獷悍爲諸夷魁衆皆爲是役危之廟堂特壐南顧許以一切便宜誠重之也即徵兵宿將而道議紛然當其時執事一移豈直盛時有不討之賊而右江士民有寧宇耶賴天之靈卒就芟夷惟監司寬文法緩督責治其爭奪時其貿易威攘惠懷即百年可無事也。

三月丙朔。己卯。大理寺右寺丞王友賢爲右少卿。

庚辰。南京刑部右侍郎曹三暘爲南京戶部右侍郎。提督糧儲。

辛巳。世廟德妃張氏薨。謚榮昭。

癸未。前兵部左侍郎翁大立爲南京刑部右侍郎。

丙戌。故慶王鼒枋謚曰惠。王好學善能以禮飭諸宗。世宗時表之。

巡按浙江御史蕭廩請祠革除諸臣程本立戴德彝陳性善方孝孺盧原質盧迥鄭恕王叔英鄭華龔泰卓敬劉璟。從之。

庚寅。策貢士孫鑛等二百九十九人于皇極殿。賜孫繼皋等進士及第出身有差。

庚子。上大書賜張居正宅揆保衡呂調陽同心夾輔。又大書賜六部正己率屬。賜詞臣責難陳善。

吏部右侍郎兼翰林院侍讀學士陶大臨卒。大臨字□□。會稽人。嘉靖丙辰進士。授翰林編修。歷今官。沈毅寡言笑。清介持身。賜祭葬。謚文僖。贈禮部尙書。

壬寅。大風。晝晦。

禮科給事中石應岳奏。宗支日煩。祿米無措。請不繫賜名授爵者。盡弛諸禁。聽四民之業。其文學才能者。許應舉入仕。下禮部。

東安縣地震有聲。

癸卯。撫治鄖陽都御史改提督軍務兼撫治鄖陽。

甲辰。太常寺少卿陳于陛爲南京右通政。

給潮州府海防同知印。

是月。巡撫廣西右副都御史郭應聘移師征古田古底上宋諸巢賊。平之。改常安桐木富祿三鎭爲巡簡司。以下六里分隷之。爲以狼制狼也。

四月乙巳朔兵部右侍郎楊巍改吏部。

丙午南京太僕寺少卿陸光祖爲太常寺少卿。

戶部發二十六萬二千餘金修大同邊墻。歲費五萬。

戊申戶部右侍郎梁夢龍改兵部。

庚戌甘肅總兵官佟應免。

癸丑上始習屬對。

罷總督侍郎萬恭巡撫應天右僉都御史張佳胤。

甲寅禮部覆禮科林景暘奏續修大明會典自嘉靖二十八年至隆慶六年。許之。

南京禮部尚書尹臺疾去。

乙卯巡撫山西右副都御史朱笈爲戶部右侍郎。

甘州左副總兵署都指揮僉事李宸爲署都督僉事總兵官。鎭守甘肅。

許刑部司官習講大明律。仍堂官試之。從刑科給事中劉鉉之請。

丙辰前巡撫山東右僉都御史傅希摯總理河道。

丁巳故太保兼太子太傅錦衣衞左都督朱希孝贈太傅。諡忠僖。

戊午錦衣衞僉書署都指揮僉事楊俊卿提督街道。

慈聖皇太后發三千金建涿州聖母廟。工部阻之。不聽。

己未南京工部尚書林濂改南京禮部。南京太僕寺卿李世達爲右僉都御史。巡撫山東。

琉球國中山王世子尚永遣陪臣高忠叟表賀登極。

辛酉。發帑金萬五千。修荆州江隄。

禮部奏蜀王宣圻以慶宴禮載祖訓會典。乞行各衙門遵守。其出入承運門。會典不載。旣系舊制。遵守如故。其非會典所載及雖系前規于典制無當不得越禮瀆擾。從之

壬戌。吏部左侍郎劉光濟爲南京工部尚書。大理寺左少卿王之垣爲南京太僕寺卿。南京左春坊左庶子余有丁爲南京國子祭酒。

前巡撫四川右僉都御史嚴清巡撫山西。

乙丑。戒諸大臣被論但自陳求退。毋强辨。先是戶科給事中張孫繩劾南京禮部尹臺。臺奏辨。禮部覆議。故旨及之。

前宣府總兵官都督同知趙岢爲前軍都督府僉書。前福建總兵官都督僉事俞大猷爲後軍都督府僉書。

戶部發萬金有奇。修甘肅邊墻。初九邊乘障吏卒列垣上。曰擺邊。譚綸鎭薊。值虜大入。我勢分而弱。請罷擺邊。專扼塞。以垣遏零騎。以敵臺庇垣。諸鎭倣之。奏請無虛日。

丙寅。吏部覆吏科左給事中張楚城所請久任之法。郡縣當歷俸六年始陞。報曰。久任獨責守令。難行。其各衙門同之。

戶部請預開萬曆三年兩淮常股存積鹽。共五十九萬四千七百六十九引一百四十九斤。引價三錢五分。甘肅減五分。長蘆常股存積鹽共十八萬八百八引八十五斤。引價二錢。山東常股存積鹽共九萬六千一百十引十九斤。引價一錢五分。報可。

庚午。傳制封瑞金王在納。

癸酉。太常寺少卿曾同亨爲大理寺左少卿。

五月甲戌朔。丙子。吏部尙書張瀚乞休不允。先是改各部主事爲御史。刑部主事侯堯封除官浹月。與焉。吏科張楚城言其驟也。

廣寧鎭靖鎭安夏靖等堡各墩臺夜有火光。更餘而息。

戊寅。諭百官禱雨。越三日大雨。

沙縣大水。七月望。又如之。

刑科給事中歐陽相言久任四事。惜人才。愼咨訪。戒紛更。崇實政。從之。

己卯。夜火星逆行犯氐宿。

壬午。海寇諸良寶等平。俘斬千二百五十人。

癸未。設左州新寧州儒學。時改土爲流。

乙酉。定例會推大臣。

故大學士張孚敬孫汝紀入國子監。

裁南京馬快船百五十一隻。

戊子。吏部右侍郎楊巍爲左侍郎。禮部右侍郎兼翰林院侍讀學士丁士美改吏部右侍郎。

己丑。望。夜月食。

辛卯。淮水大決。

壬辰。上聞張居正父母各年七十。特賜緋蟒衣一襲。銀錢二十兩。玉花墜七件。紗六匹。仍賜居正金一鎰。居正表謝曰。金錢錯落。重頒百鎰之珍。綺縠方空。兼備六珈之飾。忽從天上。遙落人間。慈光借賁于桑榆。湛露下沾于草莽。考之前史。惟唐元振宋王溥登輔相在雙親偕老之年。稽諸本朝。惟原吉母李賢父豪存問于二子得君之日。

癸巳。工部尚書朱衡被劾乞休。許之加太子太保。初。張居正惡衡語李幼滋曰。朱鎮山老奸。籠絡臺省。誰能測其隱者。中書舍人喬承華結張氏蒼頭尤七。聞之夜告兵科給事中蔡汝賢。汝賢曰。劾人媚人。豈丈夫事。卽詣給事中林景暘林卽夕草奏。時林例推僉事。卽柬吏部令無外尋。轉禮科都給事中。汝賢出四川參議。

永平王府鎮國中尉恬𤇃有罪奪歲祿三之二。

庚子。復設三江口守備。

前南京翰林院侍讀學士華察卒。察字子潛。無錫人。嘉靖□□進士。選庶吉士。授戶部主事。改兵部。歷車駕郎中。改翰林修撰。仍五品俸。進侍讀。使朝鮮。進洗馬。遷。今秩年七十八。所著碧山堂等稿。

辛丑。先是。饒陽王充𤇃于嘉靖三十三年譴入高墻。隆慶初赦出。仍國廢。猶靳冊印。求如鄭王厚烷例。禮部議。革爵庶人。豈得冒祿。今後罪宗入高墻。先奪冊印。從之。

癸卯。初。開原屬夷王台兵强頗效順。至是土蠻小王台吉脅姻。兵部謂明諭之。仍撫市。報可。

是月。翰林院有白燕。內閣碧蓮花早開。張居正倂上之。

六月辛卯朔。戶部左侍郎郭朝賓爲工部尚書。

戊申。南京刑部尚書謝登之改戶部尚書。總督倉場。

趙光遠嗣武靖伯。

辛亥。南京兵部尚書署右都御史戴才爲南京刑部尚書。

甲寅。工部左侍郎趙錦爲南京右都御史。

乙卯。日講官沈鯉予告。

戊午。南京兵部右侍郎杜拯爲工部右侍郎。

增信豐縣小江堡把總。

吏科給事中李邦佐言吏治五事。執公道以服人心。酌改調以利地方。公舉薦以示激勸。處嫌怨以安善類。革虛文以圖實効。並從。

庚申。貴州按察副使吳國倫福建按察副使徐中行爲南京福建布政司參政。

朵顏屬部董狐狸悔罪來款。復其撫賞。

壬戌。楚王英燿薨。二子幼。命武岡王顯槐攝府事。多剝削。改命東安王顯梡攝之。

甲子。巡撫江西右副都御史淩雲翼爲南京兵部右侍郎。

南京兵部尚書劉體乾致仕。

泰寧王常淓嗣封荊王。

丁卯。南京刑部尚書戴才改南京兵部。應天府尹楊成爲右副都御史。巡撫江西。

故南京刑部尚書陳壽補謚簡肅。

己巳夜。福建永定縣大水。溺七百餘人。

庚午。陝西左布政使侯東萊爲應天府尹。

辛未。前南京工部尚書林雲同爲南京刑部尚書。

巡按浙江御史蕭廩請王守仁從祀孔廟。下禮部。

七月癸酉朔。韓王朗錡奏封庶長子璟瀾郡王。許之。

庚辰。南京吏部尚書王大用致仕。

癸未。給韶州府練兵同知關防。

穆宗莊皇帝實錄成。

慶成王庶子表櫰有罪。廢爲庶人。

吏科給事中劉不息言選法五事。核實俸。愼改銜。公取選。嚴縣令。重王官。從之。

丙戌。實錄成。監修英國公張溶進少保。總裁大學士張居正呂調陽廕中書舍人。進呂調陽少保。副總裁申時行爲少詹事。王錫爵爲翰林院侍讀學士。侍郞王希烈等各陞俸一級。

丁亥。南京太常寺卿殷邁爲南京禮部右侍郞。南京工部尙書劉光濟改南京吏部尙書。

戊子。祀故南京國子祭酒蔡清于鄉。從工科左給事中李熙之請。

己丑。太常寺少卿陸光祖爲南京太僕寺卿。

庚寅。總督薊遼保定右都御史劉應節爲南京工部尙書。

壬辰。建州李兒禿等四人來降。來力紅追之。守備裴承祖勿與。糾三十騎入核桃山臺。掠卒五人。承祖怒。時王杲貢馬五百及方物若干。休傳舍。度杲必不能棄其輜重。修怨。至是將三百騎詣來力紅寨。被圍。王杲佯入謁。詰之。因捕斬亂者。殺傷相當。總督李成梁副將總兵楊騰參將曹簠於撫順援之。杲等請款。千戶王勳聞承祖圍急。乃逮屬衛三十九人下獄。把總劉承奕卽出塞四里。直搗來力紅寨。來力紅執承奕及承祖百戶劉仲文並遇害。事聞。詔絕王杲貢市。

癸巳。巡撫順天右副都御史楊兆爲兵部右侍郞兼右僉都御史。總督薊遼。

貢生許汝愚請開丹陽練湖焦子湖淛墅湖濟漕及京口丹徒呂城奔牛四閘。命下所司。

丙申。淮安大風雨。海溢。壞廬舍萬餘區。溺千六百餘人。

祭故東宮講官翰林編修張秩。廕子入國子監。秩安福人。嘉靖乙丑進士。

丁酉。山東按察副使王一鶚爲右僉都御史巡撫順天。

戊戌。巡撫甘肅右都御史廖逢節調南京。

是月。馬邑大同積雨四旬。壞民居千餘家。

八月。甲午朔。賑兩淮竈丁二萬金。

癸卯。應天府尹侯東萊爲右副都御史巡撫甘肅。

革曾袞五經博士。

甲辰。致仕工部左侍郎熊汝達令閒住。朱衡勒致仕。餘降謫有差。以昭陵被水也。

乙巳。寶慶知府蔚元康爲陝西行太僕寺少卿。十月不赴。免其官。

光祿寺卿汪宗伊爲應天府尹。大理寺左少卿曾同亨爲光祿寺卿。

禮部尙書萬士和請禁縉紳侈靡。上是之。但大臣身當率下。不得空文戒飭。

興化府地震。聲如雷。

戊申。國子祭酒林士章爲禮部右侍郎兼翰林院侍讀學士。

辛亥。吏部題辦事進士不得借差引疾。

壬子。翰林院侍讀學士王錫爵爲國子祭酒。仍經筵講官。

甲寅。德府臨清王載壕薨。諡溫懿。

戒南京守備內臣受民訟。

辛酉。賑海豐永安長樂河源諸縣被寇者。

壬戌。前巡撫福建右僉都御史何寬爲南京右副都御史提督操江。

工部右侍郎陳一松提督修理昭陵工程。

乙丑。發預備倉糧賑涿永淸東安固安武淸水災。

前巡撫寧夏右副都御史謝淮卒。淮字□□。任丘人。嘉靖十七年進士。授戶部主事。累晉今官。

丁卯。岳陽王府輔國中尉英琰永安王府輔國中尉英爌有罪廢爲庶人。

己巳。蠲賑應朔山陰馬邑大同等縣安東中屯山陰陽山高山天山鎭虜等衞災民。

立懷遠縣社師三人。訓其子弟。

庚午。蠲淮安揚徐災租。仍賑之。

九月軠朔。癸酉。蠲公安石首安鄉等縣災租。仍賑之。

甲戌。河南布政司右參政溫純爲太僕寺少卿。

減丹徒丹陽金壇靖江田租。

議立三屯營儒學。已寢之。

丁丑。命守令不許查盤守巡。不許陪巡。

己卯。夜。月犯火星于翼宿。

金華縣大水。

辛巳。刑部請錄囚。慈聖太后欲停之。上問張居正。對曰。春生秋殺。天道之常。皇上卽位以來。停刑者再矣。稂莠不除。反害嘉穀。兇惡不去。反害良民。上曰。然。言于太后。從之。

談遷曰。江陵本申韓之學。其佐治信賞必罰。捷于風雷。沖主虛己以聽。雖慈聖再宥。而執議如初。天聽轉圜。

而姑息之政詘矣。威行萬里。坐致富强。江陵沒後。時相浮慕寬大。屢歲停刑。漫無糾正。諸囚白首以老。多未伏法。惠奸長慝而猶嗤彼曰江陵刑法家也。嗚呼。刑法貴得其平。豈易言乎哉

壬午。兗州鄆城濟南濱州大雨水傷稼。

搭蓋神木廠大木。

癸未。左春坊左中允范應期右春坊右贊善許國主武闈。

己丑。浙江右布政使鄭洛爲右副都御史巡撫山西。

乙酉。山西巡撫兵部右侍郎朱笈致仕。

故徽州同知餘姚胡膏先任光祿寺丞。收子鵝侵四百餘金。給事中楊允繩劾之。誣其謗訕玄修。論死。膏還同知。通賄免。家居被盜。復脅詐鄉人致死。反坐。籍產萬金有奇。餘宥之

壬辰。撫治鄖陽右僉都御史孫應鰲爲大理寺卿。左副都御史陳炌爲刑部左侍郎。

甲午。先是宛平大興人王勇等言白城磚臨淸歲造百萬枚。今武淸土脉不異臨淸。乞就近改造。工部議令王勇等歲造三十萬。俟三年果效議改。上從之

丙申。起何維柏左副都御史。太僕寺卿王世貞爲右副都御史撫治鄖陽。

庚子。通政司右通政胡執禮爲太僕寺卿。

是月。泉州大雨水。壞廬舍民畜亡算。

番賊攻陷蔬山關。

前南京國子監正趙蒙吉卒。蒙吉字□□。內江人。卽貞吉弟。嘉靖辛卯貢士。篤志聖學。隆慶三年。南祭酒姜寶薦其學行。明年拜官。匝月引去。

十月壬辰朔。上親享太廟。夜雨雹。

癸卯。提督四夷館太常寺少卿王篆爲通政司右通政。

前南京太僕寺卿周復俊卒。

乙巳。前少傅兼太子太傅吏部尚書楊博卒。博字惟約。蒲州人。嘉靖己丑進士。天資敏達。知盩厔縣。恩威並著。歷宣大總督。寇大入古北口。擐甲督戰。數敗之。遂遠遯塞外。進右都御史兵部侍郎。廕錦衣衞千戶。三任兵部尙書。再長吏部。武備嚴飭。仕路澄肅。爲朝廷倚重。年六十六。贈左柱國太師。謚襄毅。子俊民。戶部尙書。

孫鑛曰。公結髮立朝。歷官四十餘年。而親戎事者十之七。寇東則以公東。寇北則以公北。凡所責成。皆他人所以敗而寇亦展轉相避。折衝之功駿矣。近世能有兩哉。及其据上卿。宰天官。贊兩朝維新之治。則拔忠賢。抑浮競。勳名又赫赫振于前也。往公令長安。故太宰代州王公適自陝西督府趨京師。公往謁。王公曰。君善自愛。將來功名不在老夫下。卓犖樹立。蓋自筮仕觀之矣。立功名者。豈可以幸乎哉。

廣西柳慶右參將王世科提督京營。

禮部覆總督漕運右副都御史王宗沐議。中都高墻罪宗。曰入官還官之贓。變賣隨行。夫罪宗財產。不許隨行支帶。以示困苦。今宜報法司。量貯鳳陽庫濟急。曰親王郡王入高墻。將軍中尉入閒宅。夫高墻閒宅。論罪輕重非論尊卑也。但閒宅預葺。不許出外生事。曰鳳陽無城。移高墻泗州。夫鳳陽設守備太監等官。泗州隘不能容。如加設又未使也。曰庶人男女限幾年列名請放。不必待恩例。上從之。

戊申。妖人齊房伏誅。

太常寺少卿劉大受提督四夷館。

庚戌。安南都統使莫茂洽入貢。

癸丑。法司奏錄囚。上復傳聖母意停刑。張居正曰。皇上奉若天道。雖好生。然春夏與秋冬並運。雨露與霜雪互施。古人云。赦者小人之幸。君子之不幸。今各囚所犯。皆情罪深重。概加憐憫。則被其殺害者。獨無辜而不爲償抵乎。上曰。聖母崇佛教不忍行刑。居正曰。佛氏慈悲爲教。其徒云地獄有刀山劍樹碓舂炮烙等刑。視王法猶慘刻。安在其爲不殺乎。上大笑。居正曰。嘉靖初論囚不過七八十人。蓋因有決不待時者。犯秋決乃繫獄待刑。其後世宗奉玄。又好祥瑞。遇事停刑。故今錄囚至四百餘人。蓋積冤之故也。彼之所犯。萬無生理。淹禁牢戶。徒費關防。縱釋有罪。無以懲惡。臣謂宜如祖宗舊制。歲行爲便。上然之。明日論三十餘人。

甲寅。前唐府長史袁福徵削籍。以冒郵符論徒罪。

乙卯。總督宣大山西侍郎方逢時奏俺答進鞍馬弓矢。求鐵鍋農器互市。幷部目某某乞量授正副千戶。戶部議。農器毋概給。鐵鍋如朵顏三衞。量給若干。從之

丁巳。兵部司務皮大器言。遼東金復蓋三衞。素稱腹地。近者虜破蓋州熊岳堡。復犯金復二衞。殺掠數萬。村堡蕩然。金蓋城堅民稠。猶或可守。復州城卑民稀。乞金州守備冬移復州。總督薊遼楊兆以島民新附待警分戍。從之。

遼東招回難民八百三十八人。

戊午。上御文華殿講畢。語輔臣以建文帝果逃否。張居正曰。國史不載。但故老相傳被緇雲游。後思歸。題詩田州。有流落江湖四十秋。歸來白髮已盈頭之句。上太息。命錄詩進。居正曰。此亡國之事。可爲戒。不足觀也。謹錄皇陵碑及御製文集以上。見創業之艱。聖謨之重。明日上讀碑不勝感痛。居正因述聖祖微時事。卽位勤儉。上善之。

戶科給事中趙參魯言馬政三事。曰核內馬。內廐費豆四五萬石。芻二百萬餘束。馬當五六千匹。宜令司禮監

查奏。曰便審商每春秋會時。先日估。次日審。蓋乘各官各商畢集。易質虛實。曰愼委官。請比守衞官例。如員闕。于騰驤四衞選補。報可。

雲南搠撥作亂。巡撫侍郎鄒應龍總兵官黔國公沐昌祚徵兵擊斬千餘級。平之。

己未。賑淮徐截漕十六萬石。銀六萬餘金。

辛酉。福建海盜林鳳自彭湖走魍港。總兵胡守仁參將呼良朋追擊之。傳諭番人夾攻。鳳遁。

壬戌。前禮部尚書兼翰林院學士潘晟爲南京禮部尚書。

免永淸等縣水災粟豆。

癸亥。上御文華殿。言令宮女內豎讀書。張居正曰。讀書甚善。其通今昔。曉義理。宜激勸焉。拔其勤愼。庶各自奮。

甲子。總督宣大山西侍郎方逢時以俺答佞佛。遣番僧覺義札巴都綱班麻等四人及番官馬你卜剌出塞傳經。並効勞。乞覺義陞禪師。都綱陞覺義。給番官段布。從之。

提督操江永康侯徐喬松罷。以蕪湖失盜也。

乙丑。逃酋王杲犯淸河。游擊王維屛禦之。斬五十三級。

海西夷王台還所掠八十一人。

丙寅。恭順侯吳繼爵掌南京中軍都督府事。

丁卯。上視朝。親臨除選。

己巳。吏部文選司郎中何源爲太常寺少卿。

十一月辛未朔。山海關總兵戚繼光。昌平總兵楊畏。遼東總兵李成梁。保定總兵傅津。並久任有功。破格敍賚。從薊遼總督劉應節之請。

壬申。命西虜仍寧夏中衞互市。

保定侯梁繼璠爲南京提督操江兼管巡江。

襄垣王府輔國中尉充棪有罪廢爲庶人錮鳳陽。

丙子。李成梁攻建州衞王杲大敗之。

平江伯陳王謨魏國公徐邦瑞爲南京前府中府僉書。

庚辰。戶科給事中張孫繩言路楷同楊順殺沈鍊擬戍未蔽其罪宜伏法。仍流順妻子部覆從之。上謂先帝定

罪。經朕赦以妄奏奪部堂俸三月司官俸六月。

壬午。告廟宣建州之捷。

丙戌。夜月食。

丁亥。南京吏部右侍郎李棠致仕。

壬辰。兵部左侍郎汪道昆移廕其弟道貫入國子監。

議修崇王府。例未五十年止給二萬金量葺。

丙申。涿州胡良河橋成。

禮部覆宣大總督方逢時以俺答貢使于元年增百有四員。今後宜加節制毋遞增從之。

庚子。英國公張溶代祀南郊。

十二月辛辥朔上御皇極殿受朝賀。

壬寅。戶科給事中趙參魯論南京守備少監張進酗酒禁地。追辱科臣王頤謫外。初進醉橫其長業榜之數十。

請旨逮繫參魯又激論張居正謂欺幼主不道謫外意以悅馮保也。保德之居正稍說其裁抑內黨毋預六曹

事。毋輕銜命出外。于是內黨怨居正。其刑科給事中鄭岳浙江道御史麻永吉等罰歲俸。

乙巳。禁左道。

丁未。北虜貢市成。加方逢時左都御史。兼官如故。餘各賜金幣有差。

壬子。張居正上職官書屏。奏曰。安民之要。在于知人。辨論官方。必考其素。顧人主尊居九重。坐運四方。于臣下之姓名貫址。尙不能知。又安能一一別其才否而黜陟之乎。朝宁之間。百司庶府。尙不能識。又安能旁燭四方郡國之遠乎。謹查兩京各內外文武官府部而下。知府而上。姓名籍貫及出身資格。造屏。弁繪天下疆域之圖。左文右武。各浮帖以便更換。請列文華殿後。朝夕省覽。如某官闕。該部推擧。卽知原係某官。果堪任否。某地有事。卽知某見任。能辦此事否。臣等日侍左右。皇上可詢問商榷。一指顧間。而道里險易。職務繁簡。官吏賢否。擧莫逃于聖鑒矣。

癸丑。詔故新建伯王守仁從祀孔廟。

朝鮮國王李昖遣吏曹參判安自裕賀冬至節。戶曹參議趙澄等貢馬。

乙卯。倭陷廣東銅鼓碣石雙魚城。官兵追敗之。進總兵張元勳都督同知。

庚申。南京兵部右侍郎翁大立改南京吏部。

壬戌。山西長治縣仇氏六世同居。旌其門曰尙義。

晉府知旲嗣寧河王。慎鍵嗣河東王。

淸軍御史余乾貞回自畿內河南都察院。請回道視事。上謂往例差滿考察。今概回道。豈人人稱其職乎。宜申往例限代。不許枉道回家。

乙丑。巡撫鳳陽右副都御史王宗沐爲南京刑部右侍郎。

丙寅。兵部奏武選上御皇極殿臨注。
四川土舍楊正魁襲耶洞長官司正長官。仍不支俸。
丁卯。前兵部右侍郎張狆總督漕運兼右副都御史。巡撫鳳陽。
閏十二月辡朔。丙子。巡撫河南右副都御史吳道直爲兵部右侍郎。
戊寅。松山虜酋款塞貢市成。
慶府倪僾嗣弘農王。
己卯。前宣府巡撫右都御史孟重巡撫河南。
增湖州府同知駐烏鎭捕盜。
辛巳。順天府尹施篤臣疾去。
癸未。巡按浙江御史田樂乞除方孝孺姻黨戍籍三百七十餘戶。不允。
乙酉。山東左布政使曹科爲順天府尹。
丁亥。上大書弼予一人永保天命賜張居正。明日。居正侍日講。曰。帝王之學。當務其大。自堯舜至唐宋賢主。皆修德行政。治世安民。不以一藝。漢成帝知音律。能吹簫度曲。梁武帝陳後主隋煬帝宋徽宗寧宗。皆能文書善畫。無救于亂亡。則君德之大。豈沾沾一藝哉。
己丑。先是西虜賓兔求西河互市。邀索刀仗村莊。朝議絕之。兵部言以一部啓各鎭拒絕之心。非計也。宜諭俺答。令其改圖。遂命督撫石茂華侯東萊酌之。
庚寅。上就講文華殿。問張居正。元夕烟火鼇山。祖制乎。曰。非也。成化間以奉母后。時多諫沮。今新政宜裁。上曰。然。太監馮保旁曰。他日久治。或可間舉。上曰。觀其一。餘可知矣。居正曰。明年雖禫終。繼此當大婚。又皇弟潞王出閣諸公主奩降各費數十萬。宜預節省。上曰。朕極知民窮。居正請減元日賜賚。上大然之。

癸巳。前工部尙書胡松卒。松字□□。滁人。正德甲戌進士。除□□同知。擢御史。論朱寧陸完等不法。歷官中外。卓有丰裁。亦可師表一代矣。

是月。番賊掠階州。執守備范延武。知州徐旭斂民財贖之。

是年。海盜寇潮陽。殺縣丞黃時春。

平遙縣撫民丘經等復叛。劫知縣滕表章。明年始平。

乙亥萬曆三年

正月辛朔。揚州鎭江地震。

丁未。上享太廟。見七十二衞陪祀武官祭服藍縷。令該部另作臨祭給發。祭畢歸太常寺。

庚戌。四川屯田歸併淸軍道副使。驛傳歸併鹽茶水利道僉事。

流倭攻陷雙魚所。

辛亥。諭禮部。朕今春長髮。其擇吉具儀注。張居正曰。部舊無例。臣攷閣稿。惟英宗皇帝實錄有正統八年六月六日長髮。告奉先殿。亦未聞儀注。蓋此禮本行宮中。故外不得而詳也。陛下前東宮時行冠禮。無煩該部。容臣先期略具儀節。上是之。

密雲地震。

甲寅。先是。巡撫鳳陽都御史王宗沐訪募淮徐義勇王忻等三百餘人。令捕盜。果効力。給冠帶。兵部謂所募爲盜之人。卽用以治盜。誠救荒安民之良策也。從之。

己未。工部左侍郎杜拯致仕。

壬戌。駙馬都尉許從誠乞乘肩輿。不許。

癸亥。增梧州鹽運司副提舉。

順天府尹施篤臣卒。賜祭葬。

甘州石硤口備禦都司王朝被番人射死。

甲子。上欲奉孝烈皇后孝恪皇太后神主于奉先殿。諭禮部。

增山西行太僕寺少卿兼按察司僉事。專理宣大屯牧。

乙丑。覈各撫按官未結事件。鳳陽巡撫王宗沐。巡按張更化。廣東巡撫張守約。浙江巡按蕭廩。並鐫俸三月。

丙寅。以安慶衞軍變。安慶衞指揮僉事馬負圖遣戍。

戊辰。修南京武英奉先二殿大庖廚各庫。

宣府東路白允中爲署都督僉事充神機營左副將。

復福建鹽運司判官。

己巳。巡按廣西御史李采菲請卹懷遠知縣馬希武。不許。初。希武招撫土猺。俱願編氓。因無城。督役過峻。匠者謂市猺佚築城畢。勦若曹耳。遂復亂。殺希武及典史余晁。

時套虜據西海。嘉峪關總督右都御史石茂華乞收撫番族。如國初授官秩敕印。准世襲。授田廬耤爲羽翼。從之。

二月。辛未朔。癸酉。夜有大星。青白光。自參宿流翼宿。

甲戌。湖廣江西地震。

乙亥。上是日長髮。

翰林院修撰李維楨爲陝西布政司右參議。編修林偕春爲湖廣按察副使。

庚辰。南京戶科給事中余懋學上五事。崇惇大。親謇諤。愼名器。戒紛更。防諛佞。其崇惇大曰。陛下臨御以來。立考成之典。復久任之規。申考憲之條。嚴遲限之罰。大小臣工。鰓鰓奉職。然政嚴則苦。法密則擾。非所以培元氣。存大體也。昔皋陶以寬簡贊帝舜。姬旦以惇大告成王。願陛下遠憲二君。留心柔克。持大體而略繁文。矜徽瑕而宥小眚。綸綍本之和平而不數下切責之旨。政令依于忠厚而不專尙刻覈之實。更乞明詔羣吏。洗滌繁苛。持法者依蹤鸞鳳。司牧者續績保章。廟堂議事。無竭澤以焚林。臺諫論人。勿索瘢于洗垢。庶幾寬嚴相濟。政是以和。其愼名器曰。曩歲陛下加恩宮官太監鄭眞廕姪玹錦衣千戶。未幾求管事。未幾求誥命。俱未下部議允其請。舊制何存。邪心無厭。漸不可長也。外廷諸臣有陳。必付有司查例。獨內臣不用例。宮府一體。義或不如是。又大臣卹典。實寓旌別。近禮科都給事中朱南雍。參原任尙書傅炯。公論不容。不宜祭葬。蒙明旨竟從初命。夫科臣之言是。則恩數中止。不爲過也。科臣之言未確。則勘明後予。不爲遲也。今既不咎科臣。而又輒予傅炯。始之予也爲過。後之予也爲失矣。其防諛佞曰。近該部題覆邊功。往往首列閣臣。盛誇督收。然猶曰運籌宣力。例當敍也。至涿州橋成。該部議功。夸述閣臣司禮。例雖沿舊。詞涉獻諛。願申飭該部。題覆宜直述巓末。與將士俘獲之數。邊臣指揮之略。上請優賚。至閣臣翼贊。近臣侍衞。則聖衷夙鑒。國典具存。不得輒加贊揚。以長諛佞。上怒。切責之。削其籍。

辛巳。通政司使王好問爲工部右侍郞。仍署通政司事。

南京吏部右侍郞翁大立爲刑部左侍郞。上因諭吏部。南京職務淸簡。官不必備。先朝有一人兼六部者。今後員闕不系要職。不必一一推補。

賑應朔大同馬邑懷仁等縣大同陽和等衛饑民。

作京營戰車千四百四十輛。

癸未。土蠻分犯遼東。

甲申。工部右侍郎陳一松爲左侍郎。南京兵部右侍郎淩雲翼爲工部右侍郎。

己丑。屬夷長昂糾衆入犯我兵逐之獲其叔長禿其親屬部落俱哀乞款。兵部謂必長昂悔禍。歸我所掠。詣闕補貢而後可。上然之。

辛卯。先是靖江王府擅婚子女。先帝奪祿三之二。而各宗貧困。撫按謂其遠在天末。且父祖相沿之失。非身干之也。于是皆給全祿。戒各藩毋例引。

寧夏邊墻成。

壬辰。賑保德代崞等七縣。

癸巳。宣府西順聖川及懷安保安右衛等處災。

總兵官李成梁襲土蠻營。破之。虜引去。時東駐鵰背山。西駐廣平山。

廣東總兵張元勳大破倭于儒峒。擒斬八百餘級。

乙未。翰林編修戴洵爲國子司業。

丙申。張居正議起居注。

承運庫以上供漸匱。檄戶部移太倉備邊之儲。尚書王國光盡列積年京庫欠目。且云。所移于太倉者。幾二百萬矣。倘有意外。何以待之。上責戶部。檄各撫按嚴督有司完賦。否則以不職論。

吏部左侍郎楊巍乞終養。許之。

義州衞地震。

丁酉。巡撫大同右僉都御史申佐以京察自陳命量調。

戊戌。奉遷孝烈皇后孝恪皇后神位于永陵。

巡撫雲南右僉都御史鄒應龍自陳。許致仕。

總理河道右僉都御史傅希摯請開泇河。

己亥。夜永平各臺旂上俱有火光。

三月旗朔上覽帝鑑圖說至董宣强項事。嘉歎久之。語張居正等曰。彼公主也。尙不私庇家奴如此。外戚家何可不守法。今戚里間朕念慈幃。多曲處。渠寧知之也。

翰林修撰王家屛徐顯卿張位于愼行沈懋孝編修沈一貫編纂章奏。日講官丁士美等六人傒直注起居。

甲辰。提督雁門三關兼巡撫山西右僉都御史鄭洛改巡撫大同贊理軍務。

日講官吏部右侍郎丁士美爲左侍郎。左副都御史何維柏爲吏部右侍郎。

丙午。四川永寧倉改隸貴州。

丁未。前江西巡撫右副都御史沈應時爲提督雁門等關兼巡撫山西。太常寺卿王凝爲右副都御史巡撫雲南。

南兼建昌畢節等處軍務。巡撫陝西右副都御史郜光先爲左副都御史。回院。

廣寧左右中衞雨塵。義州後屯衞雨泥沙。俱黃色。

己酉。前戶部右侍郎朱笈卒。

南京太僕寺卿陸光祖爲太常寺卿。

庚戌。左僉都御史陳省爲右副都御史巡撫陝西。

癸丑。南京鴻臚寺卿孫鑨爲太常寺少卿。提督四夷館。尙寶司少卿耿定向爲太僕寺少卿。

嘉定王載瑞薨。

乙卯。福建左布政使萬思謙爲南京太常寺卿。前巡撫應天右僉都御史張佳胤爲南京鴻臚寺卿。

丁巳。太僕寺少卿耿定向爲右僉都御史。

泇河之議。工科都給事中侯于趙請集議。有旨集議。亦具文。甲可乙否。其命于趙親往。會傅希摯及按臣決之。

己未。行人楊言虞德燁中書舍人周良寅爲給事中。言吏科。良寅戶科。德燁兵科。行人王曉陳功秦時言中書舍人王應乾劉天衢金階爲試御史。

提督兩廣兵部尙書殷正茂追勦雙山寇。

是春。倭寇至馬蹟山洋。金山參將詹廷傑等捕斬七十六級。燔十六艘。溺者甚衆。

瞿九思曰。倭奴動稱造舟千百艘。此皆虛語耳。其爲費甚大。不易造。近以閩人導之。造重底。遂易行。異哉。馬洋之捷。犂沈倭舟凡一十六艘。爛洪口凡一艘。以臣所聞倭舟大者可容三百人。次一二百人。或七八十人。今之赴水而死者。曷可勝算乎。要之江海之戰。非其所長。往往聯虛舟。張弱簾。而以空發吾之先鋒。蓋所從來久遠矣。

四月己巳朔。日食旣。

四川左布政使陳絳爲光祿寺卿。

申嚴各撫按交代違限之禁。

辛未。以山西河東鹽法改屬按察司淸軍驛傳副使。

壬申。上因日食作牙牌手書其上曰。謹天戒。任賢能。親賢臣。遠嬖佞。明賞罰。謹出入。愼起居。節飮食。收放心。存敬畏納忠言。節財用。

癸酉。遼東總兵官左都督李成梁子如松。陞都指揮同知世襲。

甲戌。俺答子賓兎駐牧西海。役屬兒革白利等番。隨令傳松潘番人託迎佛造寺。屢傳聲息。四川撫按曾省吾郭莊以聞。乞令陝西總督諭俺答嚴戢賓兎。毋覬他境。

南京戶部尚書傅頤致仕。

巡按陝西御史趙燿引疾。命部院覈之。

丙子。諭禮部禱雨。

茂州刁農等夷千二百十九人內附。比于編氓。許之。

丁丑。司設監太監曹憲等乞治宮中帷帳茵褥等物。閣票司禮監查議裁減。不拘往例。太監馮保因言。諸事誠宜減省。上閱憲奏用紵絲四百匹。布萬三千餘匹。曰。歲辦幾何而費若是。憲等具言供御所需皆不可已。上命覈之。于是保以實聞。減於舊。上善之

戶部左侍郎陳瓚爲南京戶部尚書。

庚辰。河南巡撫以鈞州犯御名。請改易曰禹州。

辛巳。土魯番酋速壇馬黑麻阿力卜把都兒新立爲王。入貢。

壬午。宥故左都督陸炳餘贓。張居正言其從幸衞輝。脫皇祖于火也。

同華朝邑白水郃陽澄城韓城華陰蒲城改屬潼關兵備道。渭南燿乾長安等縣屬關內兵備道。

甲申。傳制封載圭衡王。翊鐧齊東王。常涪荆王。常盜安城王。誼涵秦世子。璟潤長吉王。朗銳長洲王。朗鎔高淳王。幹跬南充王。倪儴弘農王。知炅寧河王。愼鍵河東王。知爐寧化王。翊鈠永豐王。厚烇順昌王。勤鑣上洛王。華

銖永安王憲煥長楊王褒𤆵萬安王任昌靖江王。

貴州㕃向太華二司遺賊阿科合董昂等焚劫太華吉陽。巡撫右副都御史羅瑤徵兵勦之頗有功。巡按御史楊允中論其輕動聽勘。

乙酉土蠻聲言犯山海關直抵開原命薊遼各嚴備互援。

裁四川滸井鹽課司。

戶部右侍郎李幼滋爲左侍郎。大理寺卿孫應鰲爲戶部右侍郎。

庚寅故南京工部左侍郎贈禮部尚書程文德謚文恭。

辛卯南京光祿寺卿劉一儒爲太常寺卿。

癸巳吏部擬大名道兵備副使陶大順于湖廣。大順以職方郎中陞未踰月。至是上見其名。語閣臣曰。是數日前領敕何遽轉也。張居正曰大順乃故講官大臨之兄。大臨卒未幾。大順子尙寶司丞允淳又卒。皆未葬。大順因大名去鄉遠。例不得過家。故求吏部改近便葬。上從之。

隆平侯張桐卒。

甲午淮徐大水。

裁山東按察司屯田鹽法僉事。改屯田屬兵巡道。鹽法屬淸軍副使。

大理寺右少卿王友賢爲南京光祿寺卿。

是月總督石茂華討階州番。河州參將陳堂先退。兆州參將劉世英失利。守備朱憲史經死之。

五月戊朔。襄陽鄖陽南陽地震三日。

己亥張居正言督學試郡縣入學太濫。宜拔其尤一人。報可。

談遷曰：江陵綜覈名實，力矯夙玩，千慮一失，在汰郡縣諸生。彼萬室之邑，絃誦相聞，僅錄其一。青青子衿，遂賈怨于天下，謂娼嫉之尤。三尺之孺亦交口詈之矣。宰相能樹人，亦何惜一芹，爲此曹子資詬耶。

俺答言賓兔因甘肅不許開市，苦寧夏途遠，宣大總督方逢時以聞，且言在西陲善處。兵部覆議：陝西鎮臣每遇虜警，輒坐視諉其責于宣大。上切責石茂華等，仍相機撫禦。

信陽地震。

壬寅，延平大水。

乙巳，寶州知州葉春任逃任，削其籍。

修康陵成。

浙江巡按御史吳從憲、貴州巡按御史孫濟遠、遼東巡按御史劉臺，俱赴任踰限，都察院以不奉近旨，可宥。上切責之。

丙午，王廷瞻、何起鳴爲大理寺左右少卿。

己酉，禮部卜日雩，俄大雨，乃止。

左春坊左中允范應期爲南京右諭德，署翰林院事。

辛亥，吏科給事中楊言上六事：就近遷改以免曠廢；久任教職以育人才；清理軍屯以足兵食；均平里甲以蘇民困；嚴革詐僞以清驛遞；禁止迎謁以息奔競。上深然之。

癸丑，上視朝，羣臣不至二百八十三人，各罰月俸。

乙卯，淮水大決。

吏部申明官員赴任違限例。

丁巳。上御日講畢。問張居正。遼東邊警何如。對曰。寇冒暑衆疲。度不能逞。上曰。然。居正請再賑饑卒。允之。命發帑三萬金。有頃。示聖母御書一帙。

己未。翰林院庶吉士史訶爲編修。

禁山西五臺繁峙二縣奸民結聚盜礦。

壬戌。召兵部尚書譚綸于會極門。手詔問遼東虜報內犯。朕憂之旬日。何又杳然。該部竟不以聞。先是張居正言其事。故有是問。

癸亥。景城縣天鳴者三。有流星二。晝隕。化爲石。黑色。

乙丑。巡撫湖廣右僉都御史趙賢爲左僉都御史。回院。南京大理寺卿陶承學爲大理寺卿。

丁卯。裁孟縣縣丞。增徐溝縣丞。

是月。西海虜賓兎侵諸番。以報其掠馬。因圖請市。巡撫甘肅侯東萊言。河西彫瘵。開市爲難。顧諸酋懸待。拒之生患。臣謂苟可安邊。何惜一隸人垣而不以豢彼也。遂立大市于甘州。小市于莊浪。

六月戊辰朔。杭州嘉興紹興寧波大風。海溢。渰人畜廬舍亡算。

己巳。暹羅國及剌麻僧各入貢。

湖廣左布政使陳瑞爲右副都御史。巡撫湖廣。應天府尹汪宗伊爲南京大理寺卿。河南左布政使吳文華爲應天府尹。

壬申。陝西總督石茂華。巡撫陳省。奏疏山關番賊作亂。已勦盡。但爲鄰番所掩。上切責茂華。

癸酉。提督兩廣殷正茂遣副總兵梁守愚陳璘勦高要六灣諸山賊。刻期。璘失期。賊得遁。璘殺降冒功。頃之。裴應璋劾守愚賄狀。守愚坐法免。

乙亥。左都御史葛守禮致仕。加太子太保。給月廩輿皁。

丙子。裁揚州理鹽通判于儀眞。

戊寅。吏部言甲科舉貢三途並用。

己卯。雷擊建極殿鴟吻。

壬午。南京户部尚書陳瓚爲左都御史。

乙酉。提督兩廣兵部尚書殷正茂爲南京户部尚書。

吏部定官生恩生選法。

河間同知李邦奇。景州知州劉樞。交河知縣董廷照俱遠謫。爲巡按御史賀一桂所劾。上獎一桂。免邦奇等官。

或曰。迎者實阜城知縣某。非董廷照也。時知其枉而不敢白。

戊子。工部右侍郎凌雲翼爲兵部左侍郎兼右僉都御史。提督兩廣軍務。

福建福汀漳廣東潮陽地震。

庚寅。先是雲南臨安土官普崇正誘儂賊占地。巡撫鄒應龍勦滅之。改土爲流。兵部謂祖宗時平定寰區。力詘羣雄。豈不能盡天下而郡縣之。而不盡然者。良有深意。辟之蜂蟻。令以類相從。亦王者不深治之意。改土爲流宜新撫王凝熟計以聞。上然之。

翰林院庶吉士張程爲禮部主事。

兵部左侍郎汪道昆歸省。

辛卯。工科都給事中侯于趙言泇河可已。部覆如之。上切責于趙與傅希摯原議大異。希摯久歷河道。豈敢謾興此役。必諸臣避事阻撓耳。

壬辰。南京右副都御史趙錦爲南京刑部尚書。南京刑部右侍郎王宗沐爲工部左侍郎。

夜。雷震端門鴟吻。

甲午。命官吏非公遣不許乘傳。張氏家奴過高郵。知州漳浦吳顯奉令甲力裁之。相家奴入州治大詬誶。徐誘顯入其舟出數婢奪印去。顯曰我奉若相君法何難我也。監司急馳解。得罷。居正亦覺不問。

暹羅國乞補印修貢。許之。

乙未。兵部右侍郎吳道直爲左侍郎。巡撫四川右副都御史曾省吾爲兵部右侍郎。前兵部右侍郎吳百朋爲南京右都御史。

七月酊朔戊戌。巡撫貴州右副都御史羅瑤改巡撫四川。

庚子。屬夷王台縛建州衞都指揮使王杲及家室二十七人以獻。初罷王杲市賞。杲改名科勺。素善星術。及走重古路。自推命不當死。尋就縛。

瞿九思曰。建州置衞。蓋自永樂時舊矣。然未嘗有倔强如杲者。傳曰。無故輒殺人。此上帝之禁也。以杲而殺僇我漢將軍。殆如亂麻。嗚呼悲夫。假令杲如速把亥。則何可易擒乎。卒走王台。旋就縛。此正天之所以速杲死也。何乃罪命哉。何乃罪命哉。

辛丑。起嚴清右僉都御史。巡撫貴州。

壬寅。吏部尚書張瀚秩滿。晉太子少保。

丁未。上御日講畢。有頃。中官持尚書至微子之命篇。用黃紙乙其處。以示閣臣。上讀書日有程。閣臣歎美。

山東左布政使董世彥爲右副都御史。巡撫陝西。

戊申。鎭守山西總兵官劉國劾免。

庚戌。神機營左副將白允中充總兵官鎭守山西。修紫荆等處邊墻。

壬子。巡撫山東右副都御史李世達劾濟南知府隗邦衡貪刻。且言其羽翼甚衆。上褫邦衡職。戒諭撫按官。彼有何羽翼敢撓公法。

癸丑。上御文華殿。講畢。遣中官問張居正疾。又手封藥賜之。

甲寅。日講官丁士美憂去。翰林修撰王家屏補之。

禮部右侍郎兼翰林院侍讀學士馬自强爲吏部左侍郎。

乙卯。張居正疾愈入直。

丙辰。穆廟英妃魏氏薨。謚昭順。

監生梁椿飲禮部主事郭子直錦衣千戶李如柏等。私放砲聲徹大內。謫子直馬邑典史。椿削籍。因切責部院不率其屬。尚書張瀚萬士和等各引咎乃已。

甲子。王杲俘至京。

乙丑。南京太常寺博士王希元。行人趙世勛。彭應時。知縣朱東光。李沖奎。王道成。郭四維。戴光啓。徐貞明。王蔚。推官劉𫗴賢。吳如綸。蕭彥。諸大倫爲給事中。蔚應時。南京行人董光裕。房如式。知縣邢玠。雷嘉祥。王民順。李尙默。傅應楨。鄭宗學。董裕。沈涵。賈如栻。帥祥。喬巖。李時成。劉應元。李禎。陳用賓。黃應坤。陳世寶。胡宥。唐裔。丁元復。于應昌。林應訓。推官虞懷忠。錢岱。敖鯤爲試監察御史。

八月。𩰪朔。翰林修撰日講官王家屏同申時行等直起居注。侍讀羅萬化編纂章奏。

己巳。初鑄各省驛傳道專制關防。如提學兵備例。

辛未。加王台龍虎將軍。其勳衞二子俱都督僉事。賜金幣。初吏部擬加柱國。閣另擬上。

于愼行曰。蠻夷之長。卽儼然稱公卿。殊褻朝廷之體。而彼又不知爲何官也。龍虎將軍者。公卿無此官。以號蠻夷。彼以其名壯。必甚自喜。而於名器無損。人之識趣高下。于此迥然。

瞿九思曰。世傳海西爲金遼遺種。豈其然乎。以臣而觀。開原天所以限北虜也。方王台時。北虜最倔强。卒不能越海西飲馬于遼瀋東西南。豈非王台能扼其左臂哉。及觀王台僇把其三。獻王杲。則又未嘗不壯其忠烈。故特志之以示塞外諸蠻夷也。

壬申。復故巡撫延綏右僉都御史張子立官。

徵光祿寺十萬金。戶科都給事中光懋等言其不繼。不聽。

乙亥。給參將管遠軒劉葵旂牌各三領。京營戰車遞赴薊遼防守。

前兵科給事中張書謫泗州判官。御史蘇士潤金州判官。楊允中禹州判官。易倣之廣安州判官。俱京察才力不及也。

丙子。張居正請增閣臣。許之。卽日命張四維爲禮部尚書兼東閣大學士。隨元輔入直。元輔上所自注。

丁丑。河決高郵碭山及邵家口曹家莊。

戊寅。許切盡王台吉于西海及嘉峪關外立寺。

復奉縣儒學。設建武守禦千戶所儒學。

巡按廣東御史向程劾黃梅知縣張維翰科派致變。當斥。吏部謂貢士瞿九思銜知縣裁抑。嗾衆擁毆。非法。而御史獨參維翰。何也。上是之。命調維翰。責向程盡法。

己卯。設階州參將。以鄰于番也。初階文西固各設守備。而總于洮泯參將。勢難遙制。故石茂華易置之。

癸未。國子祭酒王錫爵爲少詹事兼侍讀學士。署印。

安南都統使莫茂洽入貢。

丙戌。琉球入貢。

戊子。淮安鳳陽揚徐大水。蠲夏稅折徵秋糧一年。

庚寅。安鄉伯張佐掌前府事。

壬辰。前廣西按察僉事霍與瑕爲江西按察僉事。

甲午。上御午門樓。王杲獻俘。謂張居正曰。此先生幃幄功也。因入樓觀成祖御槍。久之乃還宮。

戶部右侍郎孫應鰲爲禮部右侍郎。署國子祭酒。

順昌縣倍稔。稻一莖四五十穗。

九月朔戊戌。山東撫按奏鄆城費縣闕官。以東平州同知楊果判官趙蛟攝印。但由都吏較士宜別委。有旨。楊果趙蛟既才堪治民。可陞知縣。何拘資格也。

吏部右侍郎上八事。專責成以覈實政。廣辟薦以弘大公。愼陞擢以懷永圖。議調謫以勵進修。嚴追治以警貪酷。均要職以通壅塞。重王官以責職守。集衆見以一政體。上從之。

己亥。太倉華亭上海常熟嘉定丹徒丹陽以水災折徵秋糧十之三。

巡撫雲南王凝奏廣南府土舍儂文舉擒獻劇寇。餘乞宥之。報可。

南京工部尙書劉應節議海運。徐栻爲工部右侍郎兼右僉都御史。會山東撫按議之。朝廷開河止爲通漕。與治河事不涉。如更造言沮撓。罪之。

庚子。予故兵部尙書霍冀祭葬。

辛丑。許刑部尚書王之誥終養。

壬寅。蠲海鹽平湖海寧山陰鄞縣田租有差。

內承運庫太監崔敏奏缺緞匹。工部議令浙直支無礙官銀。織九萬七千九百餘疋。南京御史陳瑄言。生財有數。不在官則在民。未有無礙官銀之說。蓋起于搜括。必加漁獵。必加科派。必加箠楚。此豈陛下所樂聞者。茲每疋估十二金。應天派十二萬。則諸處宜二三十萬矣。臣謂派之百姓。不如取之逋戶。浙直負京庫金花銀共一百六十餘萬。又撫按贓罰銀可抵。上以解緞多粗惡。且概估十二金。必冒破情弊。

癸卯。巡撫廣西兵部右侍郎兼右僉都御史郭應聘爲戶部右侍郎。

澂江府囚逸。知府徐可久下臺訊。

甲辰。薊州三屯營地震如雷。

丁未。廣西忠州改屬南寧府。初隸思明府。屢仇殺。改隸布政司。土官黃賢相益橫。

奪代府庶長子鼐鉉冠服。給祿三之一。鼐勻予半祿。初鼐鉉自謂當立。俄世子鼐鉅生。因詛壓之。果暴卒。弟鼐勻亦不法。欲發兄罪。奪祿事聞。故有是命。

庚戌。萊陽縣丞朱希召爲商河知縣。撫按薦其廉正。

壬子。免保定河間今年存留銀。以水災。

癸丑。王崇古爲刑部尚書。應天府尹吳文華爲右副都御史。巡撫廣西。

減長沙荊州災租。仍賑之。

丙辰。劉應節爲兵部尚書。協理戎政。

丁巳。石塘嶺副總兵陳勳入朝。上拙其口。罷之。

戊午。京師地震。

禮部尚書萬士和致仕。

御馬監太監奏將南郊。乞選太僕寺馬三千四送監。兵科給事中裴應章劾其欺。上命半給。

己未。光祿寺卿陳絳爲應天府尹。

庚申。翁大立爲南京工部尚書。

甲子。日講官吏部左侍郎兼翰林院侍讀學士馬自强爲禮部尚書兼翰林院學士。太僕寺卿胡執禮爲光祿寺卿。

前大同總兵官馬芳爲前軍都督府僉書。四川總兵官郭成爲南京後軍都督府僉書。

是月。海盜林鳳克呂宋國。自稱國王。又來彭湖屯魍港。總督劉堯誨遣諭呂宋國招番兵五千人襲破之。幾盡。僅舟四十餘艘。鳳走潮州。

呂宋獻俘。請入貢比暹羅眞臘。泉州知府常熟陸一鳳曰。不聞職方氏有呂宋也。奈何以小蠻效順。煩我鴻臚。遂止。

瞿九思曰。臣考呂宋國非貢夷。乃擊破林鳳。壯矣哉。及貢奉方物。尤爲至順。然林道乾亦入暹羅矣。幾爲乾敗。何能不及呂宋也。閩廣事臣聞有爭競。殆與嘉靖中江廣征張璉湖蜀征黃巾事無異。人臣尙同寅協恭和衷哉。

十月乙朔丙寅。設廣東按察副使。巡視海道。駐東莞。

應天府尹陳絳劾免。

丁卯。京師地震。

戊辰。前巡撫雲南鄒應龍削籍。追論其僨寇再敗也。

瞿九思曰。陳山人所著西征記。鄒司馬抑何威武也。至別者電。此不過遣一士舍足公事矣。竟爲僨文舉所擒哉。强弩之末不能穿魯縞。然與否與。至謂納樓改流事。廷議亦不以爲然。何哉。納樓在元世或屬阿寧。或屬鄯闡。要之不下二千戶也。

命停刑。以初行郊禮也。

己巳。吏部右侍郎何維柏爲左侍郎。刑部右侍郎陳炌改吏部右侍郎。總督漕運巡撫鳳陽兵部右侍郎王宗沐爲刑部左侍郎。

庚午。南京織染局右監丞劉佐等下南京法司。以織幣不工也。

辛未。南京太僕寺卿王之垣爲太僕寺卿。前巡撫甘肅右僉都御史廖逢節爲南京太僕寺卿。

壬申。許河西虜赴甘鎭開市。松山賓兎許市莊浪。初俺答念吉囊渡黃河久。託言鐵嶺山有生佛出。命子賓兎往建寺。盡結羣羌。至是賓兎令熟番聲言犯邊。且請俺答渡河迎佛。使使十輩假道求茶食。

河間滄州天津大雨水。

山東布政司右參政永平兵備道宋可約爲右副都御史。巡撫延綏贊理軍務。提督操江南京右副都御史何寬爲工部右侍郎。

定西侯蔣佑卒。

癸酉。大理寺右少卿何起鳴爲南京太僕寺卿。

甲戌。鎭朔將軍左軍都督同知宣府總兵官雷龍進左都督。廣西左布政使程嗣功爲應天府尹。

乙亥。通政司使王篆爲南京右副都御史。提督操江。

丙子。俺答乞佛像蟒段。且城市成。求賜名。賜城曰歸化。量給經像。

尚寶司丞陸樹德爲應天府丞。

丁丑。翰林院修撰趙志皋田一儁注起居。

提督四夷館太常寺少卿孫鑨爲通政司右通政。

己卯。岷州衞地震。

尚寶司丞張孟男爲尚寶司卿。福建布政司右參政徐中行爲福建按察使。

辛巳。上御文華殿。命中官持論語出。指南容三復白圭問閣臣。白圭何詩也。張居正言其旨以復。

癸未。巡按直隸御史暴孟奇張憲祥等各報論囚。乃萬曆二年十一月所上。上怪之。以問閣臣。少頃張居正入奏曰。去年刑部主事劉體道同關內關外巡按暴孟奇張憲祥論囚。卽令體道親賫報命。非二臣遣奏也。上曰。何至今始進。曰刑曹借差例還家限一年。故始封進也。命下體道于都察院。尋謫外。

甲申。翰林院庶吉士孫訓知縣武尚耕爲禮科給事中。知縣李東曾士楚龔懋賢推官劉倬陳薦爲試監察御史。

丙戌。申嚴貢士入監之法。

戊子。工部左侍郎陳一松予告。

定南京編審鋪戶之期。五年一更。

限各省御史差期。

己丑。岷州地震。自是日至十八日震百餘次。是日。洮州亦震。

庚寅。吏部文選郎中方九功爲太常寺少卿。提督四夷館。

辛卯。冀北道兵備右參議張希稷以巡按陳文衡劾其貪虐。擬降調。吏部駁貪虐何止降調。遂免官聽勘。

壬辰。太監張宏請遣內臣權眞定木稅。部科執奏。不聽。

甲午。李言恭嗣臨淮侯。庭竹子。

定郊宴張四維坐一品末。

十一月杙朔丁酉。張居正上郊禮新舊圖攷曰。高皇帝初制分祀者。十年竟合祀。以古今異宜。適時爲順。故舉以歲首。人之始也。卜以春初。時之和也。歲惟一出。事之節也。爲屋而祭。行之便也。百六十年。列聖相仍。今以冬至極寒而祼獻于星露之下。夏至盛暑而駿奔于炎熇之中。一歲之中。六飛再駕。以時以義。斯爲戾矣。且成祖文皇帝再造宇宙。功同開創。配享百餘年。一朝而罷之。于人情亦有大不安者。宜遵高皇帝之定制。歲一合祀。奉二祖並配。謹稽新舊規制。伏俟聖裁。

辰刻。四川松潘衞有流星二。各長丈餘。自東流西南。天鼓隨鳴。

工部右侍郎何寬爲左侍郎。大理寺卿陶承學爲工部右侍郎。

戊戌。庶吉士劉楷爲兵科給事中。

庚子。上視牲南郊。幸齋宮。召張居正子入侍。

辛丑。山西巡撫右副都御史沈應時爲大理寺卿。總督漕運兼巡撫鳳陽張翀爲刑部右侍郎。

甲辰。上詣郊壇。

乙巳。上祀南郊。還御皇極殿。行慶成禮。

工科給事中徐貞明言勾軍之累。

前兵部左侍郎吳桂芳爲總督漕運兼提督軍務。巡撫鳳陽。山西布政司右參政崔鏞爲右僉都御史。提督雁門等關兼巡撫山西。

癸丑。蔣建元嗣定西侯。蔣祐子。

丙辰。海盜林鳳劫柘林靖海碣石。

戊午。上御文華殿。兵科給事中蕭彥言吏治三事。文移當省。物議當嚴。本原當敦。上然之。

辛酉。林鳳復犯福建不利。更入魍港。

十二月乙丑朔。祈雨雪。

考選京衛軍政。

丁卯。吏部擬升瑞安主簿汪玄壽縣職。上不許。于是吏科給事中王希元發其關節私書。極言刀筆吏不可爲正印有司兼刺撫按吏部。

己巳。上御文華殿。張居正言王希元疏入覽否。上曰。所云私帖似指吏部。而無指名何也。居正曰。人臣告君宜明顯。使此事果有之。彼自抵法。無亦不至枉蠖也。

庚午。吏部尚書張瀚疏辨。奪王希元俸半年。調雲南按察僉事。

禮部尚書馬自強請幸太學。俟明歲。又請籍田。俟三五年。

掌□府事宣城伯衛國本劾免。

虜入平虜堡。副總兵曹簠馳援。斬十一級。李成梁邀其歸路。斬百九十六級。御史劉臺報捷。上以御史例不報捷。兵部覆疏爲解從之。

辛未。上御文華殿。謂張居正。虜今大創。或可數年無事。對曰。往時損軍之法太嚴。故將領觀望不敢當虜。今遼卒數傷至四五百人。此乃兵血戰。宜寬論損折以作其氣。上納之。上又曰。元夕鼇山向罷之。今雖禫後。念鼇山費甚巨。且風火不測。其併烟火罷之。

琉球入貢。

壬申。總督東廠司禮太監馮保彙奏三年緝獲功。廕錦衣衛百戶。

時虜入口川堡。射斷事李斌死之。游擊劉景嶽備禦楊紹勳失利。把總劉進忠死之。

癸酉。提督兩廣軍務殷正茂請勦肇慶府羅旁猺賊。從之。

乙亥。巡撫應天宋儀望進右副都御史。仍巡撫。

壬午。敍遼東大捷。李成梁廕錦衣衛正千戶。張學顏廕子入國子監。

癸未。通山王□□薨。

乙酉。河南御史傅應楨上三事。存敬畏以純君德。蠲租稅以甦民困。敍言官以勵忠告。上怒其三不足之說。下鎮撫司。尋戍定海衛。

丁亥。□科給事中徐貞明御史李楨喬巖各謫外。以隨視應楨入獄也。

癸巳。議築海鹽平湖捍海石塘。

申清勾軍丁之法。

是冬。甘鎮軍餉本折間給。冬應折色。兵備副使鄒廷望以金少。盡給粟。伍長石明挾金不可得。明曰。吾叛從虜。明日鼓衆三百人。焚公門入詬廷望。窘。全與折色。巡撫侯東萊購明輩六人下獄。餘不問。調廷望陝西。石明等論死。

丙子萬曆四年

正月丸朔。庚子。上親祭太廟。御文華殿。講畢。語張居正曰。昨傅應楨誣朕三不足。欲杖之。先生何不欲也。對曰。小臣無足論。上曰。前有疏救應楨者。言其母老。朕按其齒錄。惟父在。而顧云母。不欺朕哉。居正曰。言官不及詳耳。上復顧呂調陽張四維曰。昨文書房以疏至閣中。二先生默如也。宜同心體國。毋避怨。

駙馬都尉許從誠乞肩輿。不許。

癸卯。工部左侍郎何寬提督京通倉厫。

總督倉場戶部左侍郎畢鏘言。太倉老庫專扃鑰。外庫專支放。嘉靖二十三年。老庫支八十八萬九千兩。外餘一百十三萬六千四百八十兩有奇。歷隆慶三年。財一百萬八千七百六十九兩。萬曆三年。新舊合七百三萬四千二百八十七兩有奇。宜增老庫百萬。封貯數歲。但外止三百九十餘萬。各邊主客兵年例修城賞賚官俸商價等俱資之。須加節省。上曰。然。

乙巳。吏科給事中王希元調雲南按察司僉事。

丙午。鑄分守下川雲南關防。

丁未。巡按遼東御史劉臺上言三事。更援兵以蘇疲鎮。慎互市以伐敵謀。廣墩臺以資保障。上是之。

戊申。翰林院侍讀羅萬化予告。

改廣西洛容縣治于靈塘。移慶遠守備於池河。徵東蘭西丹那地兵各五百。戍柳州。瞿九思曰。洛容城垣僅九畝。不下二十丈。而縣尉謝漳以單騎巡檄萬山中。可謂壯士。及韋□發難。竟受金創而死。死于封疆。誠封疆之臣哉。然洛容永寧之捷。幾至五千。大將軍功豈不偉與。嗚呼。永寧得陞爲州。不二三載。乃復爲獞。若今何如矣。

己酉。高郵清水隄決。

甲寅。宣大總督方逢時加兵部尚書兼右副都御史。

左軍都督府僉事武定侯郭大誠掌南京左軍都督府事。泰寧侯陳良弼掌南京右軍都督府事。

丙辰。蘇州大安口草場火。

丁巳。巡按遼東御史劉臺劾張居正擅作威福。如逐大學士高拱。私成國公朱希忠王爵。引用張四維張瀚不以廷推。斥遣余懋學傅應楨等幾空言路。爲固寵計則獻白蓮白燕。爲子孫計則假京堂巡撫以爲報。翰林不親政事而擬爲章奏考成。江陵膏血已空而大啓違禁宮室。上大怒。命錦衣衛逮之。臺出居正門。以刑部員外郎改御史。不私其德。遼東捷。御史不當報。臺誤報。居正裁之。度不得免。極論居正。居正自辨曰。臣之必以去爲請者。非得已也。臣之所處危地也。言者方以爲擅作威福。而臣之所以代主行政者。非威也則福也。自茲以往。將使臣易其塗轍。勉爲巽順以悅下耶。則無逭于負國之罪。將使其故轍。益竭公忠以事上耶。則無逃于專擅之說。臣一日不去。取其所行者。卽近似而議之。則事事皆可以爲作威。事事皆可以爲作福。睊睊之讒。日譁于耳。雖聖明不爲之投杼。而使臣常負疑謗。亦豈臣節之所宜有乎。上慰留之。臺至下鎮撫司。擬廷杖遣戍。時議頗藉藉。居正遂陽疏救。削其籍。

晉王新墺薨。謚曰簡。亡子。以弟新墻子愼鏡攝府事。

前南京兵部尚書王學夔卒。學夔字□□。安福人。正德甲戌進士。授刑部主事。改考功。諫南巡被杖。嘉靖初起家。歷今官。貞亮有幹略。隆慶初再存問。年九十四。贈太子少保。予祭葬。謚莊簡。

己未。兵部左侍郎吳道直兼右僉都御史。閱視延寧甘固武庫主事張鳴鶴佐之。刑部左侍郎王宗沐兼右僉都御史。閱視宣大山西。職方主事宋伯華佐之。左副都御史郜光先閱視薊遼保定。武庫員外郎張世烈佐之。又命陝西糧儲道左參政張大忠河南清軍道兼兵備副使田汝穎隨吳道直。山西右參政劉漢儒前河南兵備副使李汝隨王宗沐。天津兵備副使安嘉善井陘兵備副使游季勳隨郜光先。

泰寧侯陳良弼提督操江。罷左府安遠侯柳震前府安鄉伯張鉉南京前府僉書張時春。

庚申。命司禮太監孫隆敕諭張居正。慰留之。

是月。階州番平。

劉伯燮曰。孛番自爲犬戎。尋常搖尾乞憐。少卻追躡至前。其跳梁爲邊患。則亦有年矣。非大一懲創不止。豈不與虜異哉。自昔將帥奇謀。止是招撫。故威損而惠亦褻。茲洮州階文二事。非最後一戰。欲卽寒其心得乎。然督撫從容廟堂之上。一意信任。不惑于再至之言。此可爲久任不數易大吏之明驗也。

二月乙朔。辛未。臨淮侯李言恭武靖伯趙光遠定遠侯鄧世祿崇信伯費甲金爲中左後府僉書。輿安伯徐夢暘掌前府事。

癸酉。故南京吏部尙書吳嶽。贈太子少保。諡介肅。

分高肇韶廣參將爲二。陳璘守高州陳典守肇慶韶廣。另設游擊專練兵。

乙亥。鑄提督會同館關防。

命廣西總兵官李錫統轄全省兵務。

己卯。戶部尙書王國光致仕。南京吏部尙書劉光濟改南京兵部尙書。

庚辰。夜。薊遼地震。辛巳又震。

灤河涸。

壬午。南京禮部尙書潘晟改南京吏部尙書。

總督薊遼侍郎楊兆報擒斬虜酋速把亥抄化等部落功。

甲申。刑部右侍郎張獬疾去。

乙酉南京工部尚書翁大立改南京禮部。南京戶部尚書殷正茂爲戶部尚書。

戊子。總督倉場戶部左侍郎畢鏘爲南京戶部尚書。南京戶部右侍郎曹三暘爲南京工部尚書。

己丑。詹事府少詹事兼翰林院侍讀學士署翰林院事申時行掌詹事府事。王錫爵並纂修玉牒。

庚寅。前戶部尚書王國光上萬曆會計錄。上嘉之。仍命戶部再訂進。

壬辰南京大理寺卿汪宗伊爲南京戶部右侍郎。督理糧儲。工部右侍郎陶承學爲刑部右侍郎。大理寺卿沈應時爲戶部左侍郎。總督倉場。

京城東河涸。

癸巳。城西河亦涸。

三月丱朔惠州瓊崖雷廉參將兼管海防。西路巡海參將改陽電海防參將。

乙未。太常寺卿劉一儒爲大理寺卿。巡撫貴州右僉都御史嚴淸爲南京大理寺卿。

設江西長寧縣。割安遠縣馬蹄岡屬之。裁長河巡檢司。初安遠葉楷世居黄鄉雙橋間。其地峻嶺崇岡。介于贑惠汀焉。盤峙數百里。有田十八萬畝。世專之。不賦。至是諸民怨楷。訴安遠令可縣其地。從之。楷欲叛不克。死。

丙申。役山西民兵赴偏老備邊。

丁酉。上御文華殿。初上習書。以大寶箴爲影格。張居正進注解一篇。至是上覆誦不失一字。且解其義。至周文小心曰。卽兢兢業業之意。至縱心于湛然之域曰。此不過言人當虛心處事耳。

山東撫按李世達商爲正請豁沿海貧軍年久班價。從之。上又曰。撫按宜選任廉能。鉏豪安善。毋虛惠好究。以後不爲例。

戊戌。上御文華殿。論帝鑑圖說唐玄宗于勤政樓宴寵安祿山事。上曰。樓名甚佳。而佚樂何也。張四維曰。玄宗開元之治。有三代風。至天寶荒佚。致播遷之禍。初張九齡知安祿山有反相。欲因事誅之。玄宗不聽。後幸蜀。思九齡先見。遣人至嶺南祭之。上曰。卽如此悔無及矣。張居正曰。無論往代。我世宗皇帝初年西苑建無逸殿。省耕勸農。末年崇尙玄修。不復臨幸。治平之業。亦寖不如初。昨講大寶箴云。民懷其始。未保其終。亦是此義。上嘉納之。

順天府尹曾同亨爲右副都御史。巡撫貴州兼督湖北川東軍務。

己亥。光祿寺卿胡執禮爲太常寺卿。

命各巡撫年終巡按還朝。報王府官賢否。如有司例。按其年勞遞陞。

庚子。許雲南開局鑄錢。巡按御史郭庭梧言。滇中產銅。不行鼓鑄。反重價購海肥。非利也。下戶部。從之。

移定遼右衞軍于寬奠堡。又開永奠堡互市。

癸卯。巡按直隸御史舒鰲言。淮安東陬山人彭湖等于正月十日見海濱男子二十二人。服貌俱異。問之不答。捧夾板公文上書行濟州進貢等項語。不能辨。惟能書吏風水等字。謹遣赴京以聞。乃朝鮮貢使也。

兵部以東虜土蠻伯言不速把亥等攻開原。總兵李成梁令入衞李惟一援之。戚繼光移兵灤州。

福餘衞那顏孛來爲都指揮僉事。以偵事有功也。

辛丑。總理河道右副都御史潘季馴巡撫江西。太僕寺卿王之垣爲順天府尹。巡撫江西右副都御史楊茂爲工部右侍郎。

南京內官監奉御靳成。盜帑千餘金。謫戍。

劇盜楊鳳鸞等伏誅。鳳鸞瀏陽人。匿江西寧州盧源峒中。流刧。

丁未。初金花銀乏。戶部以邊餉二萬二千二百抵進。上曰。金花銀系正用。且折納甚輕。又分季解進。何嘗累民。而積逋至一百六十萬。一加查覈。輒稱催科嚴急。豈祖宗立法之意。各撫按其督有司歲解。否者幷罪撫按。戶部左侍郞李幼滋言。近來行條鞭法。金花與各項錢糧無別。詔免各項錢糧。愚民爲金花亦在內。有司莫辨。乞分單開明每戶秋糧若干。本折若干。金花銀若干。漕糧若干。倉糧若干。某項急某項次。庶民便輸納。命中外諸司。凡事一遵祖法。毋妄言更改。以滋弊端。

庚戌。供用庫太監鄭直以香品缺。請採廣東二十八萬斤。工部議止派八萬斤。未允。戶科給事中光懋執奏。命視嘉靖六年七年例兩進。蓋嘉靖六年六萬斤。七年五萬斤。

辛亥。南京光祿寺卿王友賢爲光祿寺卿。大理寺左少卿王廷瞻爲太僕寺卿。

內承運庫太監崔敏求遣官織造。工科都給事中侯于趙御史厤永言各疏諫。命上供各減一半。定五萬九千二百六十四。

壬子。秦王敬鎔薨。謚曰靖。

鄭府繁昌王祐榜薨。謚榮戾。

癸丑。南京太僕寺卿何起鳴爲南京光祿寺卿。順天府丞李己爲大理寺少卿。

賜山西糧儲道專敕。兼理屯田清軍。

崇王次子泰和王爲崇世子。

乙卯。大理寺右少卿石星爲南京太僕寺卿。

丁巳。祠夏禹于成都。巡按御史郭莊上言。四川總志及華陽國志。皆云夏禹之母有莘氏。感異星生禹于茂州石紐村之刳兒坪。番人共禁之不敢居牧。石紐村今龍安府石泉縣內山刻禹穴。而石泉荒僻。請祀之成都。報可。

惠潮參將魏宗瀚王如澄及碣石把總朱相俱論死。先是盜曾一本犯潮州。瀚等擁兵行浹旬始至。盜自碣石衛鶯州夜遁復犯雷州。值瀚等僞降。墮其計。舟師焚僇殆盡。朱相從碣石來再戰再勝。瀚等不之援。相亦卻走。盜始横。致廣州之敗。

己未。故南京戶部尚書曹邦輔。贈太子少保。予祭葬。

癸亥。發帑四萬二千餘金。修薊州昌平邊墻。

四月甲子朔。上親享太廟。

丙寅。除泗州草料減馬價十之六。巡按御史舒鰲言之也。

丁卯。定供用庫香品歲二萬斤爲率。

戊辰。吏部尚書張瀚條外官考滿事宜。

己巳。釋輕繫。

禮部右侍郎署國子祭酒孫應鰲請禁祉生黜生及民間庸子弟入監。從之。惟納光祿寺監及序班如舊。

土魯番入貢。

庚午。平涼人賀祿下法司。以冒韓王宗室乘傳至鄖陽。巡撫王世貞執以聞。

勘議新河。召兵部尚書劉應節侍郎徐栻還。罷其役。先是工部尚書郭朝賓等言。劉應節議新河通海。今按姚家莊三十里。孫家口以南至高崖玉皇廟百十八里。又高崖至旋河嘴七十六里。係海水所由。宜濬其閘引水河百四十六里。宜罷。徐栻親見海不可通。故議引泉。假舍泉就海。萬一無成。栻得自諉。必同應節酌其行止。上從之。刑科給事中王道成言。引海難爲力。引泉則易盈易涸。開濬徒勞。上命仍前議。始劉應節以開膠河必通潮。通潮必舍故河而尋便道。膠州城南自淮子口出海。自州治而西抵匡家莊北折。自臺頭河至張奴河十一里。地窪黑間有泉可導。自張奴河至亭□口閘三十里。又窪黑水深數尺可濬。自亭□口閘歷陶家匯陳家口孫鎮口至玉皇廟六十里。河淺而廣。宜穿舊河之旁另爲渠。玉皇廟至楊家圈二十餘里。水漸深可量濬。楊家圈以北自通潮。無煩役矣。而巡按山東御史商爲正言。臣奉命趨膠州。于分水嶺役千一百人。方廣十餘丈。浚數尺則石。又數尺則砂。水隨坎隨汲。愈深愈難。今踰旬止深丈二尺。費五百餘金。若通海行舟。須深丈二尺。殆三百萬金未竟也。且麻灣海倉淖沙數十里。雖另鑿一渠。數月後潮至沙壅。則河必不可成。宜停。工部覆從之。

談遷曰。王元美首輔傳云。膠州一大僚。謂有膠河故道。自海入青穿而出。可以避之。其意欲通故河以利其鄉邑。謂劉應節也。應節濰人。非膠人。其議格于直指。聞當時諸大臣祭海不及侯直指。故中沮。大役難于慮始。壞于築舍。求任事者誰哉。王元美又云。大僚之鄉人未見利。不勝調發。相與逐而噪之。乃中寢。噫。任事于鄉。吾未見其濟也。

辛未。虜酋黑石炭大委正等自大青山分犯河東窺錦義。總兵李成梁潛師行二百里。薄其營。次日火器擊之。虜駭亂。自相蹂踐。斬六十一級。

浮梁縣囚逸。知縣李際春鐫三級。下典史鄭思明于理。刑科都給事中嚴用和請申飭強盜轉詳後決不待時例。免疏虞。從之。

命蘇常松江白糧官解。

壬申。巡撫浙江右副都御史謝鵬舉爲戶部右侍郎。

定錢法各省如一。仍嚴私鑄。

方山王府罪宗新垣兕淫不悛。錮于鳳陽。

癸酉。吏部驗封主事徐一櫰引疾。不許。

甲戌。巡撫貴州右副都御史曾同亨被劾。調用。

予南京戶部尚書□□□祭葬。吏科言其屢經彈射。奪之。

乙亥。府江積寇平。復設昭平縣。

瞿九思曰。昭平。故古龍平地也。聞故縣印尙封府庫。今幸縣其地。此非陛下所變化。能至是乎。然而大將軍餘規石畫。亦不可不謂至。壯兩崖三峒皆改復土司。漢兵七千人戍守之。皆令其受法漢吏。志念蓋深矣哉。曩從府江至梧州五百里。今冠蓋相望于道。惟恐軺車之行遲也。

故總督兵部右侍郎兼右副都御史曾銑孫三省被廕國子監。

免廣西土民遠戍。祗編各衞所充伍。

丙子。沂州大風雨雹。積尺餘。

己卯。上視朝。廷臣不至者二百七人。各奪俸二月。

工部言。制錢擇精銅。凡萬錢用銀十四兩八錢九分。侍郎何寬董之。員外郎沈文。主事韓濟分理。上令再議。于是銅價各減十之一。

辛巳。天方國貢千里馬。戶科左給事中李邦佐等言。聖主不貴異物。太祖高皇帝詔四方毋得妄有所獻。列聖相仍。如白鶴海青。悉爲諭止。此端一開。將珍異紛紛雜至。乞卻回。仍行邊臣除常貢外。悉令阻止。從之。

癸未。太原大雨雹傷稼。

四川兵備副使林應節以貪殘。巡按御史郭莊劾之。下于理。

乙酉。南京光祿寺卿馬起鳴爲右僉都御史。巡撫貴州。

丙戌。上視朝。以浙江按察副使華汝礪不面見下法司追贓。調雲南。

南京鴻臚寺卿張佳胤爲南京光祿寺卿。

戊子。封璟瀙保德王。朗鎮寧遠王。晉剗會寧王。𡏖珝通城王。載堪建德王。

尙寶司卿王樵爲南京鴻臚寺卿。

庚寅。上御文華殿。適操江右副都御史王篆家獲盜奏至。語閣臣曰。疏稱去冬十二月盜劫淮府建昌王。奪其印。而守臣不以聞。何也。遂奪撫按楊成張簡歲俸。降兵備副使黃可大知府陳吾德。參議王乾章知縣鄭時章鐫秩。又巡按張簡論劾所以降秩之故。上復怒道府遏不以聞。長吏何罪。其還楊明善官。兵備以下皆褫之。

總督兩廣凌雲翼征羅旁賊。條上賞格。兵部覆從之。

壬辰。前總理河道右副都御史潘季馴巡撫江西。

予故刑部左侍郎樊深祭葬。

博興縣大雨雹如拳如卵。明日亦如之。擊斃男婦五十餘人。牛馬無算。禾麥毁盡。

五月啖朔乙未。設養利州儒學。凡改土爲流者俱如之。

四川靜州長官司招岐山溝口生番等雞公寨木部女寨生番願充編氓。巡撫右副都御史羅瑶言。威茂古維州也。在宋元西羌據之。我朝置化外。今羌夷嚮風。宜給賞示勸。命撫恤之。

丙申。前南京兵部尙書劉體乾卒。體乾字□□。惠安縣人。嘉靖甲辰進士。授行人。擢兵科。清勁有執。居諫垣。不詭隨。不矯異。司國計。撙節惇大。晚起本兵。引疾拂衣。進禮退義。有古大臣風。贈太子少保。謚□□。予祭葬。

辛丑。敕太監馮保同法司錄囚。釋輕繫。

壬寅。河南撫按議立各王府宗學。設先師殿祖訓堂。從之。

乙巳。定襄縣大雨雹。亙二十五里。積三尺餘。傷田稼人畜亡算。

工部右侍郎兼右僉都御史徐栻爲兵部右侍郎。提督軍務。巡撫浙江。

丙午。蠡縣獲鹿大雨雹。傷人畜。

丁未。祁州地震。

庚戌。上始束髮。

壬子。右江諸賊平。

丙辰。阜平南宮各冰雹傷人稼。

戊午。上出成祖四駿圖示閣臣題詠。

辛酉。上視朝。張居正等請省覽章奏時。閱聖祖所手批疏稿爲法。上曰。然。因檢閣藏聖祖手諭六十三道。御製四十四道。聖旨并票帖共七十道上之。

六月壬戌朔。內織造局太監張誠等請遣官浙直織幣。工科都給事中劉鉉等。山西道御史賈如式等交言其不可。有旨各項俱減三之一。仍遣內官。

乙丑。上御文華殿。賜諸臣新刊洪武正韻。

罷新河尚書劉應節。費且三萬三千二百二十餘金。請下所司。

丁卯。鑄南京戶部監督銀庫關防。

戊辰。戶部上各鎮歲報錢糧數目。

誅咸寧縣妖人李一貞等。

己巳。南京大理寺卿嚴淸爲大理寺卿。

庚午。山東魚臺人屈璨奏。鄉人山西按察僉事隨府不法。屈卽隨府師也。上怒其悖。欲逮之。張居正曰。如此恐開告訐之端。宜下臺訊。上從之。隨府爲張四維門生。屈璨亦縣丞。

辛未。命順天尹禱雨。

癸酉。錦衣衛正千戶王學禮嗣靖遠伯。以兄學詩亡子也。

方澤壇成。修諸王館。

玉牒成。

中軍都督府署都督僉事佟登疏稱祖爵。上曰。武臣非世勳不稱爵。其改正。且問五府官與勳臣同班立是否。禮部言。都督立班西錦衣衛後。稍上之西六部後。與南北司無職事者班同而上之。命著爲令。

乙亥。貴州天界賊平。

丙子。撫治鄖陽右副都御史王世貞爲南京大理寺卿。

丁丑。承運庫太監崔敏等請採買金珠寶石以備大婚。戶科都給事中光懋奏止之。不聽。

復置榆林衛所管屯官。命延綏鎮各兵備兼屯田。

庚辰。命司禮太監孫隆往蘇杭織造。

壬午。張居正等請重修大明會典。從之。詔曰。孝宗皇帝所纂大明會典。洵足垂憲。我世宗皇帝申命儒臣。重加校輯。未及頒行。似于聖心猶未有當。且自嘉靖己酉以來四十餘載。事體繁多。法令數易。今特重校審訂。折衷。以成畫一。

刑部右侍郎陶承學爲左侍郎。署通政司事工部右侍郎王好問改刑部。湖廣左布政使徐學謨爲右副都御史。撫治鄖陽。

鑄工部盔甲廠節愼庫驗試廳各關防。

薊鎭屬夷炒蠻挾賞不遂。潛犯古北口。參將施宗儒及前總兵湯克寬等中軍傅楫千總高大朝蘇學追至十八盤山。死之。兵科都給事中裴應章摘及戚繼光練南兵無效。上不問奪繼光及巡撫王一鶚俸。

巡按山西御史孫代以樂昌王長子廷壖私娶王氏生齡兒不報。宜如宗藩條例編入戶下爲氓。上曰雖濫妾。而改姓易籍。殊非情理。會典此例宜改正。

癸未張居正呂調陽張四維總裁會典。

慶都縣雨雹。

乙酉禮部尚書兼翰林院學士馬自强禮部左右侍郎兼侍讀學士汪鏜林士章少詹事兼侍讀學士申時行王錫爵充副總裁。左右中允兼編修陳經邦何洛文右贊善兼檢討許國陳思育修撰趙志皋田一儁徐顯卿張位韓世能于愼行朱賡李長春孫繼皐編修沈淵習孔敎范謙黃鳳翔劉瑊盛訥劉虞夔劉元震公家臣史鈳余孟麟王應選檢討劉克正劉楚先王祖嫡趙用賢充會典纂修官。

丙戌右通政倪光薦爲通政使。

建州貢夷留住等入貢。以道乏館穀。又驛宰笞之驅車輾死人。命撫按宣諭。其廩給車馬如故。

己丑國子監司業戴洵改左春坊左中允兼翰林院編修纂修會典。

辛卯。翰林編修沈淵爲國子監司業。

改貴州猴平等二十四寨隸貴陽府。先隸臥龍長官司。爲丹行司羅繼祖爭殺。故改屬府。以大龍司土舍龍見圖領之。

命太常寺分遣道士二十三人祭先聖及歷代帝王陵寢。

七月廷朔癸巳。禮部上幸學儀注。

甲午。進玉牒。賜輔臣及纂修官金幣有差。

乙未。魯府東甌王府儀賓童輝冒婚削籍。

丙申。左中允兼編修戴洵右贊善兼檢討陳思育主試應天。

丁酉。封琉球國世子尙永爲中山王。遣戶科左給事中蕭崇業行人謝杰。

安南都統使莫茂洽遣使賀卽位貢方物。

張居正言。致治之道。莫要于安民。欲安民必加意于牧民之官。今守令削下奉上以希聲譽。奔走趨承以求薦舉。徵發期會以完簿書。苟且草率以逭罪責。其實心愛民者。實不多見。明春當外官考察之期。舉措乃向背所繫。惟以安靜宜民爲最。虛文矯飾。雖浮譽素隆。當列下考。隆慶六年詔書內。自嘉靖四十四年三月至隆慶元年錢糧。除金花銀外。悉從蠲免。其前年各免十分之三。至萬曆二年。戶部議于逋欠七分之中。每年帶徵二分。而民猶以爲苦。何也。有司不能約己省事。徵收無補也。今賴皇上節用。京通倉米足支七八年。太倉銀庫所積尙少。宜將萬曆五年漕糧。量折十分之三。足國裕民。一舉兼得。上從之。諭戶工二部行焉。

安州雨雹。尋大雨水害稼。

戊戌。命靖江王任昌歲祿千石。本折中半兼支。初王以永樂間俱本色。禮部言。弘治十五年以前。誠如王奏。明年卽折郡王祿米鈔中半兼支。嘉靖四十四年。定宗藩條例。郡王祿本色三分。折鈔七分。但靖江當本四折六。上竟如弘治後例。

分遣刑部司官錄囚畿省。

壬寅。許山東左參政馮敏功疾去。

戶部上開納事例濟邊。從之。

談遷曰：時京通二倉足支八年，稍有餘積，何急急焉以開納濟之也。戶部無深識，欲速其功，江陵亦徇之耶。蓋治尚操切，慕富國之虛名，于大體有所不顧矣，惜哉。

巡撫應天右副都御史宋儀望請浚吳淞江、澱山三泖，以設按察水利道僉事，駐蘇松，帶衘浙江。議上，部覆僉事不設，仍遣御史董之。

癸卯，設翟華城守備。

甲辰，修泗州祖陵。

丙午，故襄垣王府輔國中尉充煌請宗祿。禮部覆上已許之，而襄垣王已革爵，充煌攝府事，不得復稱嫡曾長孫，遂奪祿半年。禮部俱引咎，不問。

翊鋆嗣嘉定王。

周府荊山王朝壁謚安肅，長陽王致檻謚悼莊。

辛亥，草灣河成，祠河海淮之神，賜額顯應。

乙卯，荊王常泠薨，謚曰莊。無子，弟安成王常㳘攝府事。

禮部右侍郎署國子祭酒孫應鰲，劾學正周道直見侮。道直新任，謁應鰲，屈膝私宅，見呵。及演禮，突出責祭酒屢反顧私語，爲不敬實妄也。上惡其狂悖，下獄杖之，削籍，慰留應鰲。

丙辰，頒賜萬曆制錢。

義寧王慎鑠薨。

戊午，以河南撫按報州縣積穀數少，奪各官俸有差。仍命積賑專責有司，衛所官弗預焉。

己未。寧州山賊流劫。

庚申。閱視薊遼保定左副都御史郜光先上各邊形勝圖。

八月辛酉朔。壬戌。幸太學。行釋奠禮。御彝倫堂。雨甚。免進講。鴻臚寺官傳制宣諭諸生。

改廕故大學士翟鑾孫思梁。

乙丑。總督陝西石茂華巡撫董世彥報撫洮州境外生熟番夷七十一族古陸阿不角答畏罪遠遁獻罪酋四級。上宥之。

丙寅。右春坊右中允兼翰林院編修何洛文右贊善兼檢討許國主試順天。

丁卯。刑科給事中王道成請詔天下訪賢良方正孝廉明經之士報聞。

戊辰。上祭太社太稷。初擬遣祭。上以大典躬往。是日值孝康敬皇后忌辰。禮部請御淺色衣。百官俱素角從事。至夜分。上下俱祭服。

己巳。賜閣臣金幣。以壽節近也。

辛未。戶科都給事中光懋上八事。酌行蠲免。量行改折。及時追徵。免攤逃糧。□□□□。明示條例。招撫流移。甄別有司。上從之。

壬申。以秋防免巡撫順天右僉都御史王一鶚赴京議事。

丁丑。萬壽節。御皇極殿受賀。

戊寅。應州渾源州地震。

壬午。署太醫院事右通政徐偉加太僕寺卿。

前南京太僕寺卿田濡卒。濡聊城人。嘉靖己丑進士。

癸未。甘肅行太僕寺少卿兼按察僉事李克敬引疾致仕。以託疾避察。罷之。

裁永從縣儒學。

建州左右二衛昂巳阿召襲都督僉事。孛羅襲都指揮僉事。

甲申。兵科左給事中林景暘上十事。覈勾補。覈比試。覈操練。覈武舉。覈薦劾。覈警報。覈功罪。覈邊功。覈月糧。覈邊儲。兵部覆從之。

丁亥。吳國乾嗣清平伯。家彥子。

己丑。敕褒朝鮮國王李昖以歸難民九十四人也。

是月。渾源州雨雪殺禾。

九月鱇朔。壬辰。修顯陵。

甲午。撫治鄖陽右副都御史王世貞以薦舉涉濫。吏部糾之。奪俸。

乙未。前南京戶部右侍郎楊思忠卒。平定州人。嘉靖辛丑進士。歷三十載。以直節稱。賜祭葬。

呂宋敗賊林鳳于海。幷貢方物。

丙申。前四川按察僉事張四知卒。四知字□□。汝州人。嘉靖庚戌進士。好著述。不為名高。

刑科都給事中嚴用和言。矜疑罪囚。謂情可矜。罪可疑耳。乃五月大審。情罪已確。豈半年未及。又可務疑。事久屢問。罪無可出。仍作有事。則前問竟成虛文。後審能無更易。且曚瞽殘傷。得以駕疾奏釋。囚因有損其目。邀圖漏網。皇上登極。免刑至再。德意已深。若有罪不誅。雖堯舜不能治天下。朝審既畢。情眞罪犯。乞分別行刑。從之。

壬寅。河決豐沛曹單。

乙巳。望。夜月食。

辛亥。敘平海寇功。巡撫福建右僉都御史劉堯誨進右副都御史。

免保定河間秋糧草束。

癸丑。錄囚。

蠲折朔州馬邑田租。

甲寅。賜故總督宣大右副都御史洛陽張松祭葬。

丙辰。安邑夏縣地震。

十月頒朔。壬戌。穆廟安妃楊氏薨。謚榮悼。

癸亥。靖江王府奉國中尉約鳴有罪廢爲庶人。又罪宗邦茉賜死。

甲子。總督薊遼保定兵部右侍郎兼右僉都御史楊兆爲都察院右都御史。

丙寅。賜閣臣各鑪甎磁器。

戊辰。論囚六十九人。

己巳。鑄管理淮安鳳陽水利墾田僉事關防。

庚午。上御文華殿。示閣臣以永樂騶虞圖。

乙亥。少保兼太子太保禮部尚書武英殿大學士呂調陽考滿。晉太子太傅吏部尚書。廕子中書舍人。

賑豐沛徐睢寧。蠲金鄉魚臺單曹水災田租。

丙子。少師兼太子太師吏部尚書中極殿大學士張居正九年考滿。進左柱國太傅。仍加伯爵。廕子尚寶司丞。居正再辭。賜金幣。明日。敕曰。先生親受先帝顧命。輔朕沖年。今四海昇平。外夷賓服。實賴先生匡弼之功。精忠大勳。朕言不能述。官不能酬。惟我祖宗列聖陰祐先生子孫世世與國休戚也。加賜三百金。坐蟒衣一襲。益歲祿百石。又賜獎敕。居正固辭。許辭太傅伯爵。

戊寅。進福建總兵官胡守仁都督僉事。以航海勦廣寇也。

遷宿遷縣治儒學。時黃水嚙其地。

庚辰。罷福建巡撫右副都御史劉堯誨。南京大理寺卿王世貞。以刑科都給事中楊節論堯誨貪甚。世貞大節已虧也。

壬午。上諭閣臣曰。京省試錄或稱臣。且刊文擡頭多舛。何也。張居正曰。故事。惟兩京試錄稱臣。以考官欽命也。各省考官。皆按臣聘。至文卽貢士所作。量删爲式。其擡頭之誤。似各官忽略。乞下禮部申明體格。從之。應天主考戴洵程嗣功等各奪俸二月。

辛巳。前總督江北屯鹽右僉都御史龐尙鵬巡撫福建。應天巡撫右副都御史宋儀望爲南京大理寺卿。

兵部尙書譚綸言。指揮同知下逮卒伍。陣亡者皆以世官得襲。在副總兵總兵。以流官得破格優襲。獨指揮使應襲都指揮者。拘于流官不世。豈其官階之崇。顧不足惜與。今後凡指揮使戰沒。除本襲外。仍廕其次子冠帶總旗。其生前有功者。世襲試百戶。如乏次子。卽取次孫。從之。

癸未。上御文華殿。先是山東撫按劾昌邑知縣孫鳴鳳貪狀。上怒甚。欲遣逮。以示閣臣張居正。曰。固當盡法。但往例俱下部覆。請臺訊。至日講訖。上言。鳴鳳之婁乃出進士乎。居正曰。惟恃進士故恣。若科貢有所畏忌。今後用人但視功能。不必問資格。上深然之。

甲申。太常寺卿胡執禮爲右副都御史巡撫應天。

丙戌。南京國子祭酒余有丁予告。

光祿寺卿王友賢爲太常寺卿。

戊子。禮部右侍郎署國子祭酒孫應鰲疾去。

通政司右通政孫鑨爲光祿寺卿。

修裕陵。

予南京兵部右侍郎姜廷頤祭葬。

十一月玘朔。先是各邊拒降人不納。雲州衞人滕良自胡中歸。其從子友學懼而沮之。良越墻歸。被詰。訴御史沈涵以聞。兵部謂漢人歸正。胡可拒也。拒則爲虜敺耳。從之。

庚寅。吏部文選郎中胡嘉謨爲右通政。

癸巳。慶世子倪熿嗣慶王。

甲午。眞定□□邊墻成。

丙申。起姚大謨國子祭酒。南京禮部尙書殷邁署南京國子祭酒。

丁酉。賑曹單災民。

己亥。諭都察院曰。勘官有遣人潛營者。令五城御史緝治之。京官務止宴會。勤修職業。

辛丑。北虜土蠻速把亥部落犯威遠堡。副總兵曹簠禦卻之。

加總督方逢時太子少保。巡撫吳兌兵部右侍郎。兼右僉都御史。鄭洛右副都御史。敍貢市功。

改折大同屯糧有差。

甲辰。夜。費縣隕星四。天鼓鳴。質明。有紅點墜城西北。色如砂。長二里。衡一二尺。

丙午。虜土蠻速把亥部落犯沙河。甲辰。犯東關。

廣西官兵征羅旁猺賊。

癸丑。寧州盜平。

時淮黃交溢。工部議。淮安天妃閘以北屬傅希摯浚淤。南屬吳桂芳增隄。從之。

甲寅。復夷婦嬖只及炒蠻之賞。前以不能制所部致犯鴉鶻庵。至是縛獻十七人正法。復之。

丁巳。修山西徐溝嵐祁三縣磚城。

十二月紀朔。命禮部禱雪。

庚申。上御文華殿。舉袍示輔臣曰。此何色。張居正曰。青。上曰。紫也。久而色渝。居正曰。紫易渝。願少製。皇祖不尚袪服。第服其色久者。袍黻甚始易。享國長久。未必不由此。先帝則不然。服一御輒易矣。願以皇祖為法。節一衣則民間有數十人受其衣者。輕一衣民間有數十人受其寒者。不可不審也。時左右亦言民窮。至鬻妻子應上供。上深然之。

壬戌。陝西總督石茂華。以莊浪土達殆二萬。僅協守。其魯東統之非便。議增防守土官于紅城子古城野狐城。各土人屬之。西大通堡增防守土官。以連城五族屬之。聽莊浪參將節制。仍立鄉約。建社學。報可。

太僕寺請明年徵馬匹如萬曆三年例。兵部覆從之。凡本色改折色者。徵三十金。原折色者。徵二十四金。

己巳。南京光祿寺卿張佳胤為右副都御史。巡撫保定兼提督紫荆等關。

封周府嘉興王厚熾。岷府建德王定炯。周府博平王睦柯。鄢陵王睦栒。奉新王勤㳙。儀封王在鑾。代府棗陽王充熾。晉府義陽王慎鑠。榮府富城王厚燃。趙王平鄉王厚熿。

壬申。太常寺少卿屠羲英為南京光祿寺卿。

前太子太保禮部尚書兼文淵閣大學士趙貞吉卒。貞吉字□□。內江人。嘉靖乙未進士。選庶吉士。授編修。進右中允。署國子司業。庚戌虜變言事。擢左諭德兼御史。犒軍。還。謫荔浦典史。久之。轉徽州推官。進南京吏部主事署郎中。歷光祿寺少卿右通政光祿寺卿戶部右侍郎。俱南京。調北。被論去。隆慶初起吏部侍郎。署國子祭酒。尋直日講。推長南禮部。未行改協理詹事府。尚書。尋直文淵閣大學士。加太子太保。忤首輔去。後款虜與議廕中書舍人。生平自負特操。不襲人後。身任天下。百折不回。其學多本王守仁。而雜以二氏。亦好高之過也。予祭葬。贈少保。諡文肅。

乙亥。敍日講之勞。進申時行詹事。仍兼翰林侍讀學士。署院。陳經邦何洛文左右諭德。兼侍讀。許國司經局洗馬兼修撰。張位侍讀。于慎行侍講。賜閣臣金幣。

蠲京師都稅宣課二司羊酒雞鵝雜貨等稅。

丙子。蠲文安縣水災稅糧十之二。

辛巳。以潮州四逸。下知府丘霽雲臺訊。

壬午。播州宣慰使楊應龍貢馬。

癸未。先是打喇明安所部屬銀定台吉嘗盜邊。絕其貢。俺答聞之。從夷法罰羊千。馬二百。駝三。詔宥之。已服罪。馬駝等不必進。

丙戌。巡按浙江御史鮑希賢請繕海鹽縣捍海塘。從之。

是月。臨漳見有星長尺許。白晝北飛。

馮保姪都督僉事邦寧使酒。淩市人。適張居正班役姚曠勸之。邦寧手披姚曠。曠即拉邦寧同赴居正所。居正柬保宜戒飭。保杖邦寧四十。奏鐫秩待罪一年。

國榷卷七十

丁丑萬曆五年

正月己巳朔。上御殿受朝賀。

甲午。上享太廟。

乙未。禮部請耕籍。俟七年春行之。

己亥。部院大計。黜布政使鄒光祚等八十三人。吏部請上御門面獎廉能。上令紀錄。其貪者臺訊。

庚子。兩宮諭選婚。

上御文華殿。張居正言殿之東堂祀伏羲氏以下數聖君。皇上所當法也。法古聖惟在省覽章奏。日閱一二。講明國事。即他年躬攬萬幾無難矣。上嘉納之。

辛丑。山西按察使孫應元爲右僉都御史。巡撫山西。提督雁門等關。

癸卯。福建按察司使徐中行爲江西布政司右布政使。

甲辰。吏部拾遺。

己酉。巡按直隸御史邵庶言。鳳陽淮安土廣人稀。加以水災。民半逃亡。二十里皆成灌莽。當急爲勞來安定之計。上善之。

辛亥。覲官入謝。上蔡知縣莊鵬舉以大班糾劾不免冠下獄。

壬子。上御文華殿。諭曰。昨朝諸臣不俟命先上御道。又承旨紛錯。于是御史王民順帥祥序班羅應升等各奪俸三月。

諭法司曰。近各處歲報重囚全省或千餘人。臨決僅三四人。餘仍淹斃。巡按違旨沿習。其參摘以聞。于是刑部尙書王崇古奏。各御史如劉光國原囚九十四人。決四十九人。陸萬鍾原囚四十九人。決四十三人。命光國萬鍾紀錄。餘奪俸。

癸丑。免文安縣馬匹站銀一年。

乙卯。兵部議免眞定等府站銀一年。有旨。朕念民困。因淸查驛遞。乃撫按徇私。聞朝覲官擅乘傳。何也。其嚴禁之。餘如議。

丁巳。仁聖皇太后壽節。宴百官于午門。朝覲方面官與焉。

戊午。江西定南縣地震。聲如雷。

二月紀朔辛酉。巡撫保定右僉都御史孫丕揚引疾去。時敍邊墻功。加右副都御史。

癸亥。慶成王府鎭國中尉新壂廢爲庶人。

乙丑。大學士張四維少詹事申時行主禮闈。得馮夢禎等三百人。張嗣修與焉。居正子。

賑廣西饑。

予右贊善沈鯉父杜祭。鯉直日講三年。如先廖道南例。

前兵部右侍郎梁夢龍爲兵部左侍郎。

河東鹽運使李廷觀虧課二十四萬。停俸。

戊辰。上祭太社太稷。

庚午。巡撫河南孟重改右副都御史。巡撫保定。提督紫荊等關。

免宜君米脂災租。

壬申。工部奏開事例三年助大婚。

癸酉。河南右布政使周鑑爲右副都御史巡撫河南。

命各府庶宗止請名糧毋婚費。著爲令。

甲戌。敍延寧甘肅功。進總督石茂華兵部尚書。巡撫羅鳳翔右副都御史。

乙亥。大理寺少卿李己求改父誥命。日暮迫門。官封入。又不親賫。上切責之。降□□右布政使。

保定侯梁繼璠爲右軍都督府僉書。

丁丑。令南京太常寺卿萬思謙致仕。四川巡撫右都御史羅瑤調用。時糾其冒濫也。

己卯。錫濟寧等衞所逋班價四萬九百金。

太僕寺卿王廷瞻爲右僉都御史巡撫四川。太常寺少卿涂濬爲太僕寺卿。

辛巳。雲南騰越州地屢震。壬午。復如之。山崩水溢。壞民居無算。斃一百七十餘人。

乙酉。刑科都給事中嚴用和爲太常寺少卿。浙江左布政使王應顯爲南京太常寺卿。

三月戊子朔。徵太倉光祿寺各十萬金。戶科都給事中光懋爭之。不聽。

兩淮滯引已通。戶部奏仍開中。報可。

己丑。予故南京吏部右侍郎李棠祭葬。

庚寅。南京廣洋衞經歷汪柱。犯宴會除名。

襄府輔國中尉融爖有罪。廢爲庶人。

甲午。復龍虎山提點張國祥眞人印號。先隆慶間革去。至是國祥請復。禮部言不可。上以眞人係正一品。載官制。從其請。

乙未。潞王翊鏐冠。明日。出見羣臣于文華殿東廡。

丁酉。大學士張居正呂調陽以子嗣修興周廷試各避讀卷。不允。

戊戌。寧夏總兵官劉濬劾免。

己亥。肅王縉熿父鎮國將軍弼柿追封肅王。

免山東沂費郯城等州縣站銀四萬一千金有奇。

庚子。澂江臨安府地震。

壬寅。策貢士三百一人于皇極殿。賜沈懋學張嗣修曾朝□等及第出身有差。

前少保兼太子太傅禮部尚書吳山卒。山字□□。高安人。嘉靖乙未進士。授翰林編修。歷禮部左右侍郎。晉尚書。加太子太保。後因救日食忤旨閒住。隆慶初奉詔致仕。明年起南京禮部尚書。不拜。又明年復起。仍辭。許致仕。剛果醇篤。年七十八。贈太保。謚文端。予祭葬。

薊鎮副總兵張臣爲征西將軍總兵官鎮守寧夏。

夜月食旣。

癸卯。直隸巡按御史郭思極言三吳水利。曰復丹陽練湖水資畜洩。通孟瀆河便舟楫。上從之。

甲辰。俺答欲赴西寧青海寺會番僧齋醮。開市茶馬。又求都督金印。巡按御史邢玠言茶市不可開。金印不可與。兵部言前歲俺答丙兔乞立寺西海。朝廷助之。蓋借以化之耳。今出塞設齋醮。原無他意。所須食物宜給。至各酋並無印。可理諭也。上從之。

丁未。甘肅總兵官李震劾免。

總督兩廣軍務兵部尙書凌雲翼討平羅旁猺賊。徵師十五萬。分八道。克木夷山。破岩洞五百六十四。斬一萬六千一百四級。俘二萬三千餘人。降六千四百餘人。返掠萬餘人。

黃翼登曰。猺獞蠢爾負固窮箐絕谷。不可以衣裳法度理。凌公大征。分其種落。錯壤以居。自爲婚娶。受我戎索。乃令猺人伐山之枝。以竹木射獵爲生。獞人食土之毛。以耕種菽麻爲業。其愚易欺。其悍易動。其目不識丁。屬以山主。復撫以招馬團之視瘠牧羊之鞭。後則存乎其人耳。二三豪民衞役。間緣錐刀搆郄。四十八年招主不良。幾興大訟。累年。今春召其長八人。諭以威德。驩然解散。外威利用嚴。內順利用寬。倘稍開征調之名。則外不足責。而居無以守。必有窺左足而動者。未敢以深言矣。

瞿九思曰。臣觀故志。自鄧國公破殺之後。歷景泰天順成化嘉靖。皆未稱捷。豈不誠慓悍哉。凌司馬提兵二十萬。始蕩其巢穴而郡縣之。此皆漠南無王庭何異。詩不云乎。行百里者半于九十。此言末路之難也。道州之役可稱覆轍。臣旣聞新邑多沃土膏壤。倘徙民耕且守可也。

己酉。命推官知縣出科貢果賢能稱職。一體行取。

壬子。城桐城縣。

甲寅。夜流星見東方。大如盞。青白色。其光燭地。自天津行至濁。

丙辰。免江西金花逋銀六萬六千金有奇。

夜。月犯五諸侯東第二星。

是月。戶科給事中光懋言賦役法。賦屬田。役屬人。夏稅秋糧。因其地爲等差。有三壤咸則之宜。至銀差則顧役之遺也。力差則力役之道也。論戶丁而籍之。謂之均徭。稽籍定役。無與于田。至嘉靖末年。剏條鞭法不分貧富。一例攤派。甚將銀力二差與戶口鹽鈔幷之于地。而丁力反不預焉。商賈享逐末之利。農民喪樂生之心。于民甚不便也。

四月钺朔。己未。前戶部尚書方鈍卒。鈍字□□。巴陵人。正德辛巳進士。知內黃華亭。奏最。拜廣西道御史。歷戶部侍郎。督餉宣大。進尚書。予告。隆萬間再賜存問。方嚴嵩時。獨絕竿牘。或致俸金。輒曰。若俸幾何。乃貽我乎。或託言梓某書一帙。笑曰。余自入仕。祇習大明律耳。何暇他讀。其廉朴自將如此。贈太子少保。諡簡肅。予祭葬。

庚申。兵部尚書譚綸卒。綸字□□。宜黃人。嘉靖甲辰進士。授南京禮部主事。歷兵部郎中。嘗募士五百人。卻倭。出知台州。提千人逐倭于仙居黃巖。三戰三捷。遷兵備副使。蒞寧波。屢敗倭。加參政。憂去。奪情。改福建右布政。請終喪。會倭陷興化。起復。進右僉都御史。戰渚林福清仙游同安漳浦。俱捷。已守制。起撫陝西。尋改四川。平妖賊蔡伯貫等。因設龍安府于龍州。設隆昌縣于隆高。改施州衞于支羅。討鳳繼祖于武定。進兵部右侍郎。督撫兩廣。平七山諸寇。轉總督薊遼。造戰車。修火具。築邊垣二千餘里。募南兵。立三屯營。進右副都御史兼兵部右侍郎。尋進尚書。協理京營。振舉頹習。悉中肯綮。始終以兵事顯。雖好色貨。用御女術。厚張居正。而明練倜儻。才自足稱。歷兵間三十年。計首功二萬一千五百有奇。亦一時干城矣。予祭葬。贈太子太保。諡襄敏。世廕錦衣衞百戶。

余寅曰。公伉慨負奇節。朝廷始終置公兵間。公亦始終以兵事自表。豎夫安所授韜鈐乎。乃擘畫運量。若玩弄諸會股掌之上。初不經揣逆而卒無出彀中。將所謂天畀之。無寧臆而得之耶。

辛酉。賜俺答所建西海寺曰仰華。

甲子。國子司業沈淵卒。淵字子靜。濟南新城人。嘉靖乙丑進士。自庶吉士授檢討。年四十三。予祭。

鑄龍虎山玄壇銅印給張國祥。幷還正一嗣教眞人金印。

乙丑。吏部請會推陝西宣大總督。止同九卿科道。不必會五府。報可。初兵部會推副總兵李如楨。上問副總兵會推何始也。兵部奏始弘治十一年。上謂今後京營總督副將各鎮守漕運總兵。俱部推。不必廷會。

丙寅。刑部尚書王崇古改兵部尚書。山西右布政使高文薦爲右僉都御史。巡撫山西。

戊辰。協理戎政兵部尚書劉應節改刑部尚書。

庚午。尚寶司丞呂旻爲國子司業。

辛未。太僕寺少卿溫純爲太常寺少卿。提督四夷館。御史蕭廩爲太僕寺少卿。

壬申。總督宣大兵部尚書兼右副都御史方逢時協理京營戎政。

張居正請就教貢士廷試上中下。上卷十人授學正。中卷二百人授教諭。餘授訓導。皆限候選。從之。

癸酉。蠲四川湖廣福建直隸太平等隆慶四年以上料價蘆課。

河南布政司右參政張岳爲太僕寺少卿。

甲戌。前署詹事府事吏部左侍郎兼翰林院侍讀學士王希烈服除。補原官。

乙亥。巡撫宣府兵部右侍郎兼右僉都御史吳兌改總督宣大山西軍務。

戊寅。巡撫順天右僉都御史王一鶚爲右副都御史。巡撫宣府。

陝西番族上笆籬鋒鐵城等貢馬。

辛巳。前右僉都御史陳道基以原官整飭薊州邊備。巡撫順天。

巡按山西御史趙允升行部河東道沙嶺驛。值虜入墻流掠。走免。因言邊墻頹廢。將領畏避狀。上責兵部。向報邊功何虛也。巡撫楊愈茂鐫二級調用。

壬午。山西總兵官白允忠爲平羌將軍。鎭守甘肅。甘肅總兵官麻錦調山西。

上御皇極殿。傳制封慶惠王世子倪熿爲慶王。德恭王世子翊鏞爲德王。又衡府翊鐬嗣平度王。韓府璟浴嗣紱平王。

甲申。命陝西臨河二堡官軍聽河□參將節制。西安海剌都三堡改屬固原守備。

乙酉。太和王府輔國將軍載熑有罪。廢爲庶人。

五月戊子朔。癸巳。上念久旱。命順天尹禱雨。

甲午。孟瀆河成。費一萬六千金有奇。

乙未。雨連日。

前南京刑部尚書林雲同卒。雲同字汝雨。莆田人。嘉靖丙戌進士。自庶吉士授戶部主事。歷廣東提學副使。立五經書院講學。累遷浙江右布政。奏最第一。進右副都御史。巡撫湖廣。屬縣李□賂嚴嵩。還內臺上疏摘之。被訐去。予告。隆慶五年起刑部左侍郎。進南京右都御史。主察公嚴。改南京工部尚書。致仕。萬曆二年起南京刑部。閱月致仕。年七十八。贈太子少保。謚端簡。雲同讀書中祕時題壁曰。寧餓死不爲不廉之夫。寧布衣不爲干進之士。莆人謂自林貞肅後。完璞純名。雲同一再見云。

丙申。土蠻犯遼東錦州。值大雨。移日出塞。壬子。復入鎭靖團山堡。又大雨。去之。

己亥。總督倉場戶部右侍郎沈應時籍帑金共四百七十八萬四千餘金。

辛丑。停內北中等門工。以帑乏也。

張居正次子嗣哲廕錦衣衛正千戶。

壬寅。選翰林院庶吉士沈自邠顧紹芳楊起元敖文禎姚岳祥楊德政萬象春張鼎思莊履豐馮琦費尙伊何洛書史繼辰甘雨陸可教李植張志馬象乾林休徵張養蒙高尙忠馮夢禎汪言臣張文熙余繼登曹一鵬王國吳堯弼。

修乾淸宮成。

丁未。上御皇極門。宣羅旁之捷。瀧水縣改羅定州。立神電衞。

戊申。諭修慈慶慈寧兩宮。張居正言。兩宮始萬曆二年即落成。今壯麗如故。乃欲壞其已成。更加藻飾。非所急也。請輟工。從之。

己酉。敍羅旁功。進凌雲翼右都御史。廕錦衣衞副千戶。廣東總兵官張元勳進左都督。改廕錦衣衞□戶。廣西總兵官李錫實授都督同知。廕本衞百戶。並世襲。陳璘加副總兵。賜金幣。餘陞賞有差。初兵部敍及閣臣張居正。獨不擬上。是日中官傳旨改擬。居正奏。前旨以後邊功不得敍及輔臣。臣等豈敢犯之。請賜停寢。遂各賜金幣。

旌嶧縣貞女張氏。氏字劉天民。未婚天民夭。聞之慟絕。踰五日自經。因送壻家合葬。

辛亥。吏部左侍郎兼翰林院侍讀學士王希烈詹事府詹事兼侍讀王錫爵並教習庶吉士。

六月盯朔。順天大雨。自是月至九月始止。渾河溢。田禾殆絕。

戊午。大內工竣。廕太監馮保錦衣衞副千戶。張宏百戶。工部尚書郭朝賓等各陞賞有差。

癸亥。免大同右衞逋餉一萬六千九百餘金。

戊辰。靖江王府輔國中尉經捷逆母致縊。賜自盡。

己巳。錄囚。

庚午。吏科給事中李學一言。雲貴兩廣州縣宜多選甲科。吏部言。甲乙不甚相遠。第在上綜覈鼓舞如何耳。上從之。

壬申。免山東浙江所負隆慶三四年馬價銀四千七百二十金。

甲戌。臨清德州二倉米積腐。戶部請支抵山東官餉。後照數抵納。從之。

丁丑。署詹事府吏部左侍郎王希烈卒。希烈字子中。南昌人。嘉靖癸丑進士。贈禮部尚書。謚文裕。

戊寅。淮安水利按察僉事黃猷吉引疾。以任僅一年。未底績。下巡按御史覈實。

庚辰。晉王新㙉薨。亡子。從子輔國將軍愼鏡攝府事。

刑部主事劉垓管稷各調。上以啓奔競不許。

夜。祥雲繞月。

是月。蘇松雨連旬。寒如冬。傷稼。

以遼東米貴。發帑金二萬于本鎮買糴備餉。後不爲例。

七月丙戌朔。上享太廟。

戊子。梧州大火。

巡按雲南御史陳文燧上制夷十事。曰檄諸夷。謂緬甸莽酋與孟養思個相搆。木邦罕拔與千崖怕文爲仇。宜宣諭處分。舊追緬甸諸司印金牌。聽請承繼。仍頒曆。如再侵犯則剿之。曰撫三宣。謂三宣外捍六慰。內擁金騰。近各多難。兵力衰弱。無能鈐束地方。宜加意撫恤。在南甸則斷刀落參之田以結其心。在隴川則扶多忠之寡以固其存。在千崖則定宣更之制。以正其繼。餘議倣此。兵部覆謂先臣劉健嘗論孟養事。以思祿有官猶可制。卽無官。其僭自若也。不如因而官之。此眞禦夷上策。餘如議行。

壬辰。秦府永興恭定王絕。從子輔國將軍懷埢許止原封奉祀。

乙未。中書舍人劉中立。行人李選。推官李天植。王致祥。知縣鄭秉厚。齊一經。顧九思。李大亨。帥蘭。王胤祥。姚學閔。詹沂。傅作舟。各爲給事中。中書舍人劉致中。胡之彥。行人方學孟。國子博士劉光裕。陳希美。推官謝思啓。朱鴻謨。知縣尹良貴。宋仕安。九域。胡時化。顧銓。羅應鶴。唐本堯。許樂善。郭汝□。姜璧。趙楫。李棟。白棟。趙卿。陳大立朱璉馬呈圖張一鯤孟一脈楊際熙爲監察御史。鴻謨一鯤學孟一脈際熙並南京。

丙申。蠲淮徐萬曆二年以前逋租。

己亥。仍遣戶曹監兑蘇松常鎭。初以兩浙巡鹽御史監之。

辛丑。南京通政司右通政陳于陛爲南京太僕寺卿。

壬寅。鑄廣西督理糧儲分守桂平蒼梧左江右江各道關防。

癸卯。南京太常寺少卿沈淮爲南京通政司右通政。

甲辰。先是命撫按薦科貢必四之一。至是兩淮巡鹽御史王曉薦各屬乙榜七人不及格。奪俸三月。

協守山西副總兵王化熙爲都督僉事。提督京城內外巡捕。

辛亥。應天巡撫右副都御史胡執禮奏革練湖佃田。從之。

甲寅。福州興化地震。太原冰雹。

乙卯。吏部申明官吏敍爵迴避。除巡按外。餘皆以卑避尊。不得以族屬論。著爲令。

虜賓兔仇兀刺要俺答往。俺答託迎活佛于西海。求飲長生水。請西行。兵部言俺答大衆數萬。師出塞內。我必甚病。若出于塞外。供其資糧屝屨可也。守臣獨宣雲通事。因以防之。

八月丙辰朔。南京前軍都督府僉事王世科充總兵官。鎭守廣西。

丁巳。蠲淮徐揚萬曆二年以前藥材牲口北羊等銀。

工部文思院副使王偉爲錦衣衞指揮使。偉女時選婚。

戊午。上祭太社太稷。

辛酉。欽天監奏大婚十二月。張居正言禮仲春會男女。慈聖遂定明年三月。

癸亥。曾子六十一代孫承業襲翰林院五經博士。

分守涼州副總兵盛愈謙爲南京前軍都督府僉書。

河復決崔鎭。

乙丑。前吏部左侍郎兼翰林院侍讀學士丁士美卒。士美字□□。淸河人。嘉靖己未進士第一。授翰林修撰。進右諭德。歷禮部右侍郎。直經筵。已改吏部。守制。上念講讀勞。贈吏部尚書。謚文恪。予祭葬。

丙寅。禮部左侍郎汪鏜改吏部左侍郎。署詹事府事。同王錫爵敎習庶吉士。

丁卯。陝西布政司右參議李維楨爲按察司提學副使。

尙寶司丞雒遵等以漳州推官尹瑾敕命誤用制誥之寶。吏科奏改正。

己巳。禮部右侍郎林士章爲左侍郎。詹事申時行爲禮部右侍郎。

甲戌。上世宗肅皇帝寶訓實錄。

丙子。監修實錄英國公張溶進少傅兼太子太傅。總裁大學士張居正左柱國。支尙書俸。呂調陽少傅兼太子太傅。張四維太子太保文淵閣大學士。居正再辭。有旨。實錄國家大典。且一字一句孰非出先生手。何辭。爲居正言。果出臣手。亦臣子常分。年來人臣徼勞輒萌溢想。小有不酬。獨賢興怨。臣實恥之。不敢苟就。冀少勵此輩。

上從之。

董其昌曰。史之所重者筆削耳。善人勸焉。惡人懼焉。所繫匪細故也。每朝纂錄于三品以上大臣皆有小傳。寥寥數行。袞鉞斯在。如世廟實錄。于郭希顏胡宗憲唐順之等多有貶詞。未協輿論。夫正史所書不公。則私史之所記益雜。何以起信于萬世哉。

談遷曰。世廟歷四十五年。夥矣。實錄速就。至于穆廟錄不踰期年。江陵迅才。事事挈要。後之人于神廟錄殆二十年。熹廟錄視穆廟略相等。十年勿竟。宰相之怠事。亦見其一矣。

丁丑。停蘇松兵備參政王叔果等俸。上海下砂場盜三十餘人殺傷官也。初有司秘盜。莫以聞。張居正特嚴其禁。少匿諱。雖循吏必斥。得盜卽報。斬決。有司凜凜。盜賊畏死。爲衰減。

乙卯。四川總兵劉顯求去。初九絲蠻叛于隆慶五年。設總兵非例也。顯求去。且言有司阻撓。上以祖宗朝總兵官體統最重。近來有司不服節制。非禮抗違。殊乖政體。今後有違玩。許自參治。

敍實錄勞。汪鏜爲禮部尚書。王錫爵爲詹事。禮部尚書馬自強加太子太保。禮部右侍郎申時行加太子賓客。餘進秩有差。右春坊右贊善陳思育爲右中允。與左中允戴洵俱五品服。翰林院修撰趙志皐田一儁徐顯卿俱侍讀。韓世能張一桂朱賡李長春俱侍講。編修高啓愚習孔教范謙黃鳳翔俱修撰。檢討王弘誨左右諭德陳經邦何洛文洗馬許國侍講張位侍講于愼行羅萬化左贊善沈鯉修撰王家屏陳于陛沈茂學編修沈一貫各加俸一級。

免福建隆慶五年以前軍餉銀二十七萬七千七百餘金。

辛巳。大同地震。

追祭鎭海衛指揮武尙文。蓋嘉靖三十二年逐倭死之。

淮王載堉薨。謚曰恭。榮昌王翊鏡攝府事。

壬午。陽和城渾源州龍門衛等地震。

閏八月乙酉朔。午刻。日食。陰雲不見。

丁亥。上視朝。襄城伯李應臣等五百八十七人不至。奪俸一月。

先是。暑雨。暫輟朝講。張居正言。雖陰雨暫輟。恐中外不知。謂皇上勤學漸不如初。顧日愼一日。非有他事及風雨不得輟。上深然之。是日。上服青素。以淮王之訃。

戊子。南京禮部右侍郎署國子祭酒殷邁致仕。

徐州河淤。淮河南徙。壞高郵寶應諸湖隄。工科都給事中劉位議淮徐適中處設郎中一人。專治河道。上以遇事輒添一官。非法也。部議裁呂梁洪主事。遣郎中專治淮北。從之。

辛卯。南京光祿寺卿屠義英爲南京太常寺卿署國子祭酒。

乙未。大理寺少卿胡檟爲南京光祿寺卿。

大理寺卿嚴清奏。大辟有旨。前某矜疑免死。何又云情眞處決。恤刑係法司會議。何一人而生死互異也。使人何所遵奉。清引咎。奪大理寺官俸三月。刑科都給事中周良寅遂參評事李蒙亨并及清。上并責良寅。

丁酉。大理寺右少卿周詠太僕寺少卿張岳爲大理寺左右少卿。

戊戌。蠲唐縣解京銀千餘金。

庚子。卯刻。月當食不食。

辛丑。禮科左給事中湯應聘議導淮入江。于瓜洲分流置閘。以殺水勢。漕運侍郎吳桂芳言。黃水向老黃河故道。下奔如駛。淮遂末虛。湧入清口。故浸淮揚。工部謂二議不同。請行勘。上以河淮既合已之。

甲辰。推官知縣李實田樂義齊世臣李廷儀韓紹周邦傑尹瑾爲給事中。梅淳李藎高維崧薛夢雷房寰鄭銳涂杰茹宗舜張治具王許之張友舜王廷稷爲試監察御史。許之友舜廷稷並南京。友舜歲貢生。廷稷貢士。

戊申。前南京右都御史倪嵩卒。嵩字□□。當塗人。嘉靖乙丑進士。授太常博士。拜廣西道御史。歷大理寺丞左右少卿。轉右僉都御史。遷左副都御史。戶部左右侍郎。居官無玷。予祭葬。

己酉。黔國公沐昌祚以父朝弼沒。求奔喪南京。不許。

先是雲南土官普崇明崇新兄弟相仇殺。崇明召廣南儂兵。崇新引黑脚交兵。互爭尋解去。巡撫鄒應龍輕聽中軍楊一廉等勦之。失利。應龍免。巡撫王凝計擒元惡。乃安。至是命磔一廉等。

庚戌。總督宣大尚書方逢時上北虜款貢圖。

辛亥。刑部尚書劉應節罷。刑科都給事中周良寅疏應節不考察。恤刑司屬輕出城。從雲南參政羅汝芳談禪。應節疏辨。令致仕。幷罷汝芳。

蠲松江鎭江萬曆元年二年鹽鈔銀一萬七千三百餘金。

九月甲寅朔。南京右都御史吳百朋爲刑部尚書。

丁巳。世廟徽妃王氏薨。

戊午。總督陝西三邊軍務兵部尚書右副都御史石茂華改南京。掌都察院事。

己未。俺答上書甘肅巡撫求茶市。初。西番𧾅藏請納馬保塞。衆議勿受。巡茶御史李時成行部洮州。𧾅藏上書。言漢人所獲撒馬爾失刺諸族多數百人。我𧾅藏無有焉。明我不侵叛矣。幸爲我昭白。我且歲貢馬三十。否者以我彎弓千人走卓龍耳。時成譯以聞。且曰。𧾅藏生西番中。族極遠。未嘗通貢市。一朝率衆來降。彼誠畏我威靈。第以洮西極邊地。更得此族。不益厚固藩籬耶。矧今急須馬。歲增三十匹。何渠不利。上從之。俺答以番人入漢久。且慢我。遣其所部大都巴石虎啓幕府。請得比番開茶市。衆議且許之。李時成奏。番人飲酪。素相須茶。今俺答求市茶者。意不在茶。在得番人耳。夫洮西一帶。抵嘉峪金城綿亙數千里。番族星羅。虜之不敢長驅而南。以番爲之蔽也。顧番人以茶爲命。一日無茶則病且死。我祖宗于西寧甘州洮河建置茶市。歲事招中。故番人之命懸于中國。俾世受約束。藩我西土。脫以茶市假之虜。虜逐利而專意于番。番求生而制命于虜。番虜合爲一。其貽患可勝道哉。且番市歲得馬五千六百餘匹。是省中國六萬五千餘金。若虜市開。則番人之心失。番人

之心失。則河以西無復安枕日矣。上韙之。兵部謂茶市不可許。但虜至稱迎佛僧寺。必須用茶。量給數十篦示恩。報可

辛酉。巡撫陝西右副都御史董世彥爲兵部右侍郎兼右僉都御史總督陝西三邊軍務。

癸亥。巡撫浙江徐栻請免湖州災租與黃巖等縣分數蠲恤。從之

乙丑。右春坊右諭德何洛文翰林院修撰高啓愚主武闈得八十人。

總理河道右僉都御史傅希摯爲右副都御史巡撫陝西。

浙江按察副使徐雲程先以盜劫官銀住俸。至是盜多獲。僅逸其二。吏部請開俸。而雲程業陞參政。有旨旣住俸。戴罪官俱送部。傳陞不得蒙混。

丁卯。上諭停刑。蓋慈聖太后以大婚期近也。張居正言。世宗齋醮奉玄。始暫免不決。此實近年姑息。非我祖宗垂憲之意也。春生秋殺。天道所以運行。雨露霜雪。萬物因之發育。若一歲之間有春生而無秋殺。有雨露而無霜雪。則歲功不成而化理或滯矣。且稂莠不鋤。嘉禾不茂。冤憤不泄。戾氣不消。聖母獨見犯罪者身被誅戮之可閔。不知被彼所戕害者。皆含冤蓄憤于幽冥中。明王聖主不爲之一泄。彼以其怨恨冤苦之氣。鬱而不散。或蒸爲妖沴氛祲之變。下或招致凶荒疫癘之疾。則其爲害。又不止一人一家受其荼毒而已。請俟明年吉典告成。然後概免一年。則春生秋殺。並行而不悖矣。從之。

談遷曰。隆慶以來。華亭欲收人心。故改元赦。二年又赦。萬曆改元又赦。七年三宥。宥之未已。又爲停刑。則右罪之甚也。江陵矯之。三尺毋少貸。時詆爲申韓之學。然萬曆初年。江陵能殫其力。救寬以猛。否者上下相市。其偷日甚。慈聖奉釋教。如漢后之黃老。旣爲姑息。欲飭綱垂憲得乎。其後吳門太倉代柄。浮慕寬厚。因臨江守錢若賡出其門。徇情曲庇。停刑三十年。狴多垂白之辜。吏盡苟且之治。而萬曆之政隳矣。末流寖弊。于是

不得不思江陵也。

戊辰。巡撫山東右僉都御史李世達爲右副都御史總理河道。

薛鋹嗣陽武侯。瀚從子。

己巳。論囚三十七人。

庚午。令原任總督陝西兵部尚書石茂華致仕。吏科都給事中陳三謨劾其弛廢不職也。

辛未。左僉都御史趙賢爲右副都御史巡撫山東。

甲戌。南京右僉都御史王篆爲左僉都御史。

丁丑。戶部左侍郎李幼滋爲南京右都御史。大理寺右少卿張岳爲南京右僉都御史。提督操江。

太平縣人王吉訴鄉官翟名不法。上責巡按御史不爲申理。其訊翟名以奏。

戊寅。南京後軍都督府僉事郭成充總兵官鎭守貴州。

己卯。大學士張居正聞父喪。次輔呂調陽張四維代奏。且引先臣楊溥金幼孜李賢奪情起復故事。得溫旨。又手札。爲朕抑哀以成大孝。已諭吏部如之。命太監慰問居正。視粥藥止哭。絡繹道路。三宮賻贈白金共千五百。鈔萬貫。綵幣三十雙。白粲六十石。麻布百五十四。香蠟薪炭稱是。其恩踰他相數等。而未有意留之。居正錯愕無定見。所善同年李幼滋等倡奪情。居正惑之。故事。首輔去位三日。次輔遷坐左。僚屬緋而謁。呂調陽雖不遷坐。竟受謁。居正謂我尙在。不少顧忌如一出春明門寧我入乎。陽乞守制。露意馮保使留之。識者不謂然。相顧結舌。

大理寺左寺丞饒仁侃爲左少卿。

辛巳。戶部右侍郎謝鵬舉爲左侍郎。刑部右侍郎王好問改戶部。

予張居正父祭葬。遣禮部主事曹誥往祭。工部主事徐應聘董葬。

十月艸朔。大理寺卿嚴清爲刑部左侍郎。

蠲免畿內災租七分以上者。

丙戌。張居正乞終制。不允。其客貢士華亭宋堯愈上書曰。聞諸道路。天子下曠世之典。相公將不得終喪。僕愚謂相公留。天子蒼生幸甚。相公去。天下萬世幸甚。請得畢其詞。武宗之世。民以慢。世廟糾之猛。而穆宗濟之寬。民少偷矣。相公謹弃競汰濫竽。懲不恪。誅侵漁。簡才德。軌文詞。祖宗以來法紀稍弛而旋振者。相國力也。居庸以西。嘉峪以東。胡馬不斷。塞烟靜色。遼陽之捷。日至青齊之道。無虞江海之防。歲飭翠國祚于金湯。孰能有其功乎。民和年豐。國無災害。鬼神歆禋祀而祚生靈。燮理成矣。兩宮以合不以離。主上以德不以邪。內侍忘奸。百姓忘惰。竭忠貞矣。夫建威立法。主聖民安。此忠臣志士勞心焦思。龐眉墮齒而不得者。相國屏危疑而奏速效。上以報先皇。下以謝四海。進無愧于殿墀。退有辭于寮宷。自今以往。將三王不足擬。而五帝不足方。此所謂相國留則天子蒼生幸甚也。功已成矣。名已遂矣。身可退矣。天其或者愛相國而奪尊大人以年乎。欲留者情。必去者禮。君子愛人以德。禮。德之紀也。今相國欲留。兩宮不可違。如是一舉而名教重而風俗敦矣。誠以此時飄然魏闕。服除之後。主上不忘老臣。安車屢命。而後從容進塗。以洗漢唐之陋。復含鼓之風。豈非上臣之盛軌與。卽不幸身去而謗訕風起。先皇之命在耳。兩宮之口足徵。主上之鑒如日。老臣之跡可按也。亦何藉要津利器以防民之口哉。故當去而去。卽受禍。禍輕。欲去不得去。卽禍不及身。其禍重。抑人有言。擇禍莫若輕。愚恐初喪之亂在方寸。而惑在深眷。不忍以禮決也。故敢以書告。薊鎭總兵戚繼光亦書勸其服喪。且召華亭柄國。華亭老矣。俟服闋彼不難捐相印也。居正歎曰。大將軍良愛我。日者宋生亦然。人心固如是耶。馮保以徐階耄年。格其議。

丁亥。南京大理寺卿宋儀望改北。

兵部尚書王崇古罷。崇古屢被論。乞休。許之。

戊子。彗星大如盞。色蒼白。長數丈。自尾箕起斗牛。直偪女宿。上命修省。

張居正再乞守制。不允。

辛卯。張居正又請。不允。命司禮太監魏朝同其子編修嗣修代歸司喪。葬畢。卽迎卿母來京侍養。又手諭之。

壬辰。前大理寺卿陸光祖爲南京大理寺卿。協理戎政兵部尚書兼右副都御史方逢時還兵部。

海鹽捍海塘成。

甲午。初吏部尚書張瀚奉命諭留張居正。未卽復。上詰責。瀚引罪。瀚素徇居正。藉以自固。而不以奪情爲是。

巡按浙江御史鮑希賢。奏上脫名謫外。

乙未。御史曾士楚等奏留張居正。報聞。吏科都給事中陳三謨。故客張氏。尼于同官。聞居正怒。蒲伏涕泣求解。尋奏留。

廣西思恩府。弘治中改土爲流。嘉靖初。王守仁遷府治于荒田。至是割南寧府武緣縣隸之。而思恩舊治爲九土巡檢司。至是改武緣屬思恩。移梧州巡道于鬱林。分轄北流等縣。移府同知于慶遠府西德勝鎭。督捕河池。控東蘭南丹那地三土州。更增同知一。居中撫馭。

丙申。張居正請在官守制。不造朝。竟入閣理政。及侍經筵。辭歲俸。許之。日給酒饌二席。月白粲十石。香油各百斤。燭三百枝。茶三十斤。薪炭稱是。計直踰于俸賜。

中太倉下連房災。

張學顏爲兵部右侍郞。協理京營戎政。

丁酉。吏部尚書張瀚罷。吏科給事中王道成御史謝思啓。迎時相旨。劾其徇私欺罔。勒致仕。侍郎何維柏陳玠罰俸三月。司官俸六月。

庚子。諭修省。

馮夢禎曰。予初入仕。張公方在銓衡。其年九月。長星出而奪情事作。自張公歸。而繼銓衡者六七公。賢者不久。久者不賢。士論益思公不已。近世柄臣無如江陵。公專而公在銓衡五年。稱最久。然能舉其職不廢。江陵公雖晚節不終。而丁丑以前。頗能虛己畢公之用。居然賢相已。予因論公而及江陵。識世變。存公評云。

辛丑。編修吳中行上言。張居正夙夜在公。勤勞最久。父子相別十九年矣。則子之由壯至強。由強至艾。與其父之從衰得白。從白得老。音容相睽。彼此未覩。而今長逝于數千里外。遂成永訣。今又不得匍匐苦塊。一憑棺臨穴。其情有不堪者。臣見其衰絰之容。擗踊之狀。若以不得去爲悲。人皆酸楚。皇上必違心抑情。令銜哀茹痛于廟廊之上。責以訏謨決策。或者其非情也。國家令甲。惟武弁戎行。墨衰從事。未嘗以介冑處輔弼。即往例可稽。亦三年未終。非一日不去之謂。乃二輔臣方以訃聞。遂以例請。臺省乞留之。抑謬矣。

夜。火星犯氐宿。

左都御史陳瓚致仕。瓚疾久。貽書禮部尚書馬自強。公疏乞留。勿遺我名。自強嘆曰。乃公必不起。其心先死也。瓚素著硜硜。晚忽移行。古云蓋棺事定。諒矣。

賑兩淮竈丁稻六千六百餘石。

修撰沈懋學貽李幼滋書。師相之歸宜決。臺省之留宜止。幼滋答曰。若此言。宋儒迂論。此宋之所以不競也。今師相不奔喪。是聖賢之道。直接征誅。揖遜而得其傳者。若鲰生安能知之。本朝惟王守仁新建可與語。羅倫不達此耳。幼滋講學博名。每見居正。語移日。樹黨援引。時一進逆耳語。示忠告。陰謀奪情。出則作伉直聲。

壬寅。檢討趙用賢上言。昔楊溥李賢回籍奪情。未有出都門而可謂之起復也。陛下不允輔臣之請。謂政令賴以參決。人心賴以觀法。今方負沈痛。思慮迫切。必不能如往日之周悉。而四海之遴聽風聲者。又以拘曲之見疑之。亦必不能如往日之敬信而承服。是輔臣之勳望積之數年。陛下顧敗之一日。不知陛下何忍而爲此也。

癸卯。刑部員外郎艾穆主事沈思孝言。頃者張居正奪情。彗星突見。意廷臣必因天象指陳大義。詎期附炎鄙夫如御史曾士楚都給事中陳三謨。干犯清議。望風保留。紀綱風俗。將大壞而不可止矣。居正今厚顏就列。異時大慶大祀。避之不可。欲出不安。陛下何以處居正。居正亦何以自處也。宜令奔喪守制。以全大節。

甲辰。南京兵部尙書劉光濟致仕。曾士楚劾其曠職也。

乙巳。吳中行趙用賢艾穆沈思孝並廷杖。中行用賢除名。穆思孝謫戍。初各疏留中不出。馮保輩欲借張居正指居正怒甚。將重論。侍郎王錫爵邀申時行請解。不可。因獨詣喪次解之。居正勃窣拜曰。此曹力逐我。我何以處。使得尺刀。即自刎矣。揖之出。至是中行用賢杖六十。穆思孝八十。穆戍□□。思孝戍雷州。時侍講趙志皋張位于愼行張一桂田一儁李長春修撰習孔敎沈懋學俱具疏。故格不入。懋學與居正子懋修同年也。貽書者三。不答。

丙午。戒諭羣臣曰。羣奸小人。藐朕沖年。忌憚元輔。乃借綱常之說。肆爲擠抑。欲使朕孤立于上。得以任臆自恣。茲已薄處。如或黨奸懷邪。欺君罔上。必罪不宥。蓋奪情事創起。諸言者得罪。謂居正兆彗。街議巷譎。作謗書于兩長安門。以居正且反。故宣諭于朝。謗稍息。

免山西額編站銀一年。

丁未。刑部觀政進士鄒元標上言。張居正三疏守制。皇上三留之。意銜哀懇求。必見允而後已。何求歸之情未切。暫留之疏遂上。臣冀當言責者有言也。今且乞留矣。皇上之留居正。豈以其有利社稷耶。居正才雖可爲學術頗偏。志雖欲爲。自用太甚。所設施乖張。請舉其最者言之。曰進賢未廣。限郡邑進學。何寥寥也。曰決囚太濫。各省駢首。何纍纍也。曰言路不通。凡建白不先稟命有今日陳言明日羅罪。曰民隱未周。如水潦旱災有司不以聞。恐妨大臣德政。其他用刻深之吏。阻豪傑之才。不可枚舉。此而可留之耶。伏讀皇上諭曰。朕學尚未成。志尚未定。先生此去。前功盡棄。居正脫不測。學且終不成。志將終不定耶。御史曾士楚倡議保留。明日陳三謨等效之。身服衰繡。心同犬羊。不斬士楚三謨。臣死不瞑目。奏上。杖一百。戍都勻衞。又布衣餘姚韓萬言疏摘居正。杖一百回籍。

談遷曰。江陵負蓋世之才。中道宅憂。墨衰從變。物情大駭。諸君子攻之。或紓或峻。並羅重譴。然爲諸君子計。當朝命再留。即須婉導。庶可止也。彼疏暫留。其志已決。而後與之角。豈能遽引罪迴車相避乎。進言易易耳。亦當設爲江陵地。不識諸君子身後以爲然否。

戊申。兵部尚書方逢時攝吏部。起王國光爲吏部尚書。

大理寺左少卿周詠爲右僉都御史。巡撫遼東。

壬子。南京禮部尚書翁大立改南京兵部尚書。太常寺少卿溫純爲大理寺左少卿。

是月。俺答發豐州西迎活佛。其人烏思藏僧。鎖南堅錯。或曰。卽闡化王答賴剌麻也。專傳經說法。戒淫殺。虜中尊禮之。

貴州威清衞有虎入城。害三百餘人。

十一月。璞朔。以星變考察羣臣。始張居正自矯飭。雖或任情。而英敏善斷。有魏相姚崇之風。客諛與伊周。居正亦自負不世出。值劉臺等攻之。志意漸恍惚。至是始知天下之不見與。思威權劫之矣。

談遷曰。江陵初逐新鄭。驅除異己者。即考察廷臣。及奪情起。物議紛囂。借星變又考察焉。果出于虛公。猶招磨涅。況以嫌忌先之乎。管仲奪駢邑三百。沒齒無怨言。終古僅僅。于以卜江陵之不終矣。

乙卯。吏部左侍郎何維柏爲南京禮部尚書。

戊午。召張居正于平臺。慰諭甚至。即日素服入直。初。居正喪次三日。閣吏齎奏就票。擬呂調陽立候票進。乃出。中貴輒就問處分。至手詔稱元輔。稱太師。稱先生。則古大臣贊拜不名之禮也。

蘇州失盜。調兵備參政王叔杲。

許商稅等項納錢。禁私鑄。

刑部右侍郎嚴清改吏部右侍郎。

己未。張居正始侍日講。致謝。

南京吏部尚書潘晟等各奏留張居正。報可。

壬戌。慈聖皇太后賜閣臣講官金幣。

甲子。兩淮鹽運使崔孔昕鐫一級調用。以運司舊轄于海防道。孔昕不肯下被糾也。

丙寅。先是。武淸伯李偉俾家人攬納布花。多乾沒。軍士大譁。上驗布花果惡。即言于太后。太后怒甚。遣諭閣臣盡法。張居正力解。第坐諸爲奸利者。太后召偉父子于宮門。令內臣責數之。引服而退。

以內府輸納滋弊。巡視科道部官不行查覈。命部院考察汰斥。得戶部員外郎賈實等四十八人。降免有差。

貴州土舍安國亨安智爭殺十年。至是就勘聽命。

德安知府王漶爲兩淮鹽運使。上以運司經理國課。選用賢能。今撫按卑視。失朝廷選任之意。其以王漶爲運使。

丁卯。吏部察處五十一人。翰林修撰習孔敎浮躁。謫泉州推官。命放歸。餘降調如例。侍講趙志皋勸終喪。調廣東按察副使尋。謫解州同知。孔敎後移邵武同知。落職。戶科給事中武尙耕山東道御史趙允升各爲江西山東按察僉事。

甲戌。隆平侯張炳掌府軍前衛事。

辛巳。荆州水災免萬曆二年以前逋租。

協理戎務兵部右侍郎張學顏考滿。爲右都御史。協理如故。

是月。令天下度田。國初天下土田八百五十萬頃。至弘治十五年。減二十七萬頃。歲久滋僞。飛詭影射。弊且百出。豪民有田不賦。貧民攤派爲累。民窮逃亡。故額頓減。張居正請料田。凡莊田屯田民田職田蕩地牧地。皆就疆理。無有隱奸。其撓法者。下詔切責。天下奉行凜凜焉。

十二月楑朔。南京右都御史李幼滋爲工部尙書。河南按察使舒化爲太僕寺卿。巡撫甘肅侯東萊秩滿。加兵部右侍郎兼右僉都御史。

國子祭酒姚弘謨爲禮部右侍郎。

琉球入貢。

丁亥。南京戶部右侍郎汪宗伊爲南京右都御史。

罷南京禮部尙書何維柏。前同張瀚被責。尋轉至是自陳免。

戊子。命臨淸德州二倉歲額二百里者徵本色。三百里外者徵折色。

己丑。總督漕運兵部右侍郎吳桂芳爲工部尙書兼右副都御史。總理河漕。提督軍務。改李世達別用。時淮河南徙。吏部推桂芳有旨。邇來當事諸臣意見不同。動多掣肘。致無成功。今專屬吳桂芳。暫裁總理河道都御史。

庚寅。南京後軍都督府僉書王尙文爲總兵官。鎭守福建。

予故兵部侍郎兼右僉都御史吳道直祭葬。

壬辰。國子司業呂旻爲祭酒。

總督兩廣軍務淩雲翼奏平廣西岑溪六十三山七山那留連城等賊。

甲午。先是魏國公徐鵬舉庶子二邦瑞邦寧。嬖邦寧之母。冒封。已格于正議。送邦瑞太學。祭酒姜寶檄覈之。因以邦寧至。尋攜寶去。至是定于邦瑞。

四川副總兵張澤爲南京後軍都督府僉書。

乙未。穆廟恭妃李氏薨。諡昭榮。

南京國子司業周子義改北。

陳永祿嗣武平伯。大策子。

知縣李淶爲戶科給事中。許一德爲陝西道御史。

南京吏部察處降免二十九人。

丙申。淮府嘉興王厚爤薨。子載坰係擅婚。載垤係濫妾。例不得嗣。禮部議載坰降封奉國將軍。日後嫡子以本官奉祀。不得奏襲。餘仍視擅婚例。毋請封。從之。

丁酉。南京刑部尚書趙錦改南京禮部尚書。巡撫湖廣右副都御史陳瑞爲南京戶部右侍郎。巡撫南贛汀漳右副都御史江一麟爲戶部右侍郎兼右僉都御史。總督漕運。巡撫鳳陽。瑞在楚弔張氏。麻經伏哭。更慰見太夫人。傍有侍閹。太夫人謂善視之。瑞立揖閹曰。陳瑞安能爲公公重。如公公乃能重陳瑞耳。

戊戌。翰林院侍讀張位爲南京國子司業。

庚子。總督薊遼保定右都御史楊兆爲南京刑部尚書。順天府尹王之垣爲右副都御史。巡撫湖廣。

辛丑。夜。金星順行。犯土星。在斗度。

南京科道拾遺。及大理寺卿宋儀望調南京。南京鴻臚寺王樵致仕。

壬寅。上御文華殿。講酒誥。上因論酒失曰。比奉慈訓。宴飲一切省減。元夕燈宴。今歲裁之矣。又曰。近星變。占者云應在吳地。聖母念吳中水災。如織幣虧二十萬。命見織者輸上。其未織者停之。不但蠲二十萬也。張居正曰。聖諭欲俟孫隆二運袍服至。始擬停免。蓋軫念民窮。宜即傳戶工二部。臣上然之。立諭戶工二部停免。

命軍器仍送內庫。其庫官需索者罪之。先是戊字庫外解弦矢。自嘉靖間改折色。又改料解于盔甲王恭二廠。內臣掌之。至是庫監欲徵本色。工部謂不便。上竟歸內庫。

癸卯。兵部左侍郎梁夢龍爲右都御史兼兵部右侍郎總督薊遼。浙江左布政使蒙詔爲右僉都御史。巡撫南贛汀韶。湖廣左布政使仝立敬爲順天府尹。

丙午。南京右僉都御史張岳罷。南京戶科給事中傅作舟等希首輔意。論岳徇私違例濫費。遂閒住。

己酉。蠲淮揚廬鳳徐和滁額編站銀二十三萬九千六百餘金。

庚戌。曾省吾郜光先爲兵部左右侍郎。南京大理寺卿陸光祖爲大理寺卿。大理寺左少卿溫純爲光祿寺卿。

戊寅萬曆六年

正月癸丑朔。戊午。饗太廟。

辛酉。南京尚寶司卿張煥爲南京鴻臚寺卿。尚寶司卿張孟男爲南京太僕寺卿。大理寺少卿饒仁侃左寺丞傅孟春爲左右少卿。巡撫福建右僉都御史龐尚鵬爲左副都御史。回院。前巡撫陝西右副都御史陳省爲南京右副都御史。提督操江。前左副都御史劉斯潔爲南京大理寺卿。

癸亥。前巡撫南贛汀韶右僉都御史劉思問提督軍務。巡撫福建。

勞朵顏等衛貢夷百八十二人絹服。加賜都督長昂二人綵幣。以前賀冬至及萬壽也。

戊辰。光祿寺丞鄭欽爲尙寶司少卿。

夜。有大星如日。出自西方。衆星皆西環。

庚午。命英國公張溶充納采問名使。張居正副之。戶科給事中李淶言。禮重大婚。爲母儀天下宗社萬年計。而奈何以屬居正。令斬焉輟哭將事乎。易服則非情。衷服則非禮。且國家非有兵戎計謀。欲借輔臣決策。而陛下左右亦豈乏一二足使者耶。臣愚以爲此事可已。上手札諭居正。昨李淶以大婚禮不宜遣先生。不知出自聖母慈諭也。其暫從吉。

談遷曰。江陵察相。安在借冊遣爲重。猶沾沾自喜。則管仲之器也。時傾朝靡靡。獨李淶抗論。雖天聽未回。亦足折江陵之心矣。山有猛虎。藜藿爲之不採。旨哉。

辛未。告婚太廟。

癸酉。慈聖皇太后還慈寧宮。諭賜張居正蟒幣。居正疏謝。請暫還慈寧。次日仍御乾淸。待冊后後定居慈寧。太后從之。

甲戌。戶科給事中石應岳等言。自考成之法一立。計撫按諸臣胡執禮鄭國仕等七十六人完報愆期。法當參奏。但接管有先後。歷任有淺深。乞區別量罰。上宥之。

吏部舉河臣。起章時鸞。張純河南山東按察副使。張譽工部都水郎中。劉愼之虞衡主事。

己卯。上御皇極殿。傳制立皇后王氏。都督同知餘姚王偉女。

是月。速把亥犯劈山。官軍擊敗之。

上出內府書冊二十六幅。命日講官申時行何洛文許國陳于陛于愼行分題。

二月壬朔南京提督糧儲戶部右侍郎陳瑞改總督糧儲。敕罷陳省不用。

南京太常寺卿署國子祭酒屠羲英劾罷。

前太子少保左都御史葛守禮卒。守禮字與立。德平人。嘉靖戊子舉山東第一。己丑成進士。除彰德推官。進兵部主事。改禮部。稍遷儀制郎中。壬寅。擢河南提學副使。乙巳轉山西參政按察使。自推官歷陝西左右布政使。入覲。部小吏已署老疾當免。守禮請留尙書曰。計簿出于公。何自忘也。曰。此邊吏去省會遠。徒取文書登簿。今見其人不可枉也。尙書歎服。尋拜左副都御史。巡撫河南。明年入戶部右侍郎。總督宣大糧儲。已改吏部。掌署部事。忤嚴氏。遷南京禮部尙書。尋致仕。世廟素稱其忠淸。問今安在。左右以老對。時年六十餘。未老也。隆慶初。起戶部尙書。三月憂去。已起刑部。至則改左都御史。秩滿致仕。進太子少保。立朝四十餘年。屢値權要。正色獨立。危言危行。去就不淄。年七十四。贈太子太保。謚端肅。予祭葬。

癸未。定國公徐文璧。大學士呂調陽等。充納吉納徵告期使。

楡林鎭靜堡靖邊營地震。

丙戌。南京光祿寺卿胡檟爲南京右僉都御史。提督操江。

戊子。上冠。

太僕寺少卿陳聯芳爲南京光祿寺卿。以罰俸未滿。詰吏部不問。司經局洗馬許國爲南京國子祭酒。

庚寅。國子祭酒呂旻左中允戴洵直經筵。

初議海運。至是河恬。仍從河。

辛卯。甘州左副總兵陳銳爲署都督僉事將軍總兵官。鎭守甘肅。

臨桂江頭村申刻忽烟起地裂。聞鼓聲。陷民居及大樹大石。

丁酉。刑部右侍郎潘季馴爲右都御史兼兵部左侍郎。總理河漕兼提督軍務。

夜。月食。

戊戌。免沂費郯城莒昌邑卽墨萊陽文登自隆慶二年至萬曆二年所負麥米百五十一萬四千一百三十餘石。

庚子。大婚禮成。

壬寅。詔天下。

甲辰。烏斯藏闡化王男札釋藏卜來西海遣僧募化俺答求封。遂各授大覺禪師及都綱秩。

徵戶部光祿寺各十萬金。

日講官朱賡充起居注。侍講張一桂編纂章奏。

乙巳。減河南滏陽鄴城等五十六驛馬騾及磁州時和等三十八遞運所牛。及協濟銀共十萬二千七百金有奇。

丁未。南京戶部右侍郎總督糧儲陳瑞爲刑部左侍郎。

錄遼東大捷功。總兵李成梁爲太保。廕本衞指揮使。總督楊兆巡撫張學顏廕錦衣百戶。餘陞賞有差。是役也。官軍冒險夜行出塞二百餘里。抵敵巢擊之。死傷不下萬餘。斬四百三十級。奪器畜數萬。

戊申。上御皇極殿。宣捷受賀。

己酉。進呂調陽建極殿大學士。吏部尚書張四維少保武英殿大學士。廕中書舍人。張居正求守制。不允。

減陝西鎭原雒川宜君靈臺靜寧隴西通渭站價。

庚戌。應天府尹程嗣功爲南京戶部右侍郎。總督糧儲。

司禮太監馮保姪邦寧進原廕五級。任都督同知。不爲例。王臻張宏各廕錦衣百戶。

三月壬朔。截漕八萬石。分貯沿河各倉。聽河漕總臣支給。

刑部貴州司主事管志道言七事。復議政之規。務講筵之實。闢進言之路。公銓擢之法。處宗室之繁。定河漕之策。杜邊陲之釁。上是之。

楡林衞地震。

南鎭撫司僉書馮邦寧爲右軍都督同知。仍僉書。

甲寅。冊昭妃劉氏。宜妃楊氏。

張居正給假治葬。請簡用閣員。因推太子少保禮部尚書馬自强吏部右侍郎申時行。命自强爲太子太保禮部尚書兼文淵閣大學士。時行吏部左侍郎兼東閣大學士並直閣。

乙卯。南京太僕寺卿陳于陛爲應天府尹。

丁巳上仁聖懿安皇太后冊寶。

大理寺左少卿饒仁侃爲南京太僕寺卿。

禮科都給事中林景暘請申飭朝儀。從之。

戊午。上慈聖宣文皇太后冊寶。

減山東驛傳銀七萬四千二百餘金。

己未。頒徽號詔百官表賀。

庚申。吏部尚書王國光言五事。別繁簡。議調處。恤卑官。停加納。責守令。從之。

提督四夷館太常寺少卿楊俊民爲大理寺少卿。

辛酉。勅張居正歸葬。又手諭曰。先生此行。雖非久別。然國事尚宜留心。今賜帝賚忠良銀章一。以識封事。慈聖賜臚五百金。貯絲六。仁聖賜三百金。紵絲四。

壬戌。上御文華殿講。訖。退入西室。召張居正。降席勞之。

吏部文選郎中鄭汝璧爲太常寺少卿。提督四夷館。汝璧署考功司。宜三選後例推。而奉旨降俸不得陞轉。以歷俸九年。有旨姑依議。佐察三選陞轉。乃近年速化陋習。祖宗朝何曾有此。今後俱久任。汝璧遂被論左遷福建布政使左參議。

癸亥。予故大理寺卿胡叔廉祭葬。

甲子。命司禮太監張宏郊送張居正。御史朱璉商爲正統率。挽轍大慟。求卽返。用步輿廣丈有四尺。深倍之。內設座舁以百二十人。馬三百疋。俱白綾鞍轡。與從皆白。過滹沱河漳河。俱浮舟爲橋。過南陽。檄撫按爲李賢立坊。表其宅里。

潘晟爲禮部尚書。禮部右侍郎兼翰林院侍讀學士姚弘謨爲吏部右侍郎。仍直經筵。應天府丞陸樹德爲南京太常寺少卿。

丙寅。上手勅呂調陽等事宜。祖舊。其大事以俟元輔裁決。

丁卯。趙錦爲南京吏部尚書。王錫爵爲禮部右侍郎。

戊辰。封華煃爲楚世子。

南陽妖人喬濟時伏誅。

庚午。前國子祭酒余有丁爲少詹事兼侍讀學士。署院。

壬申。益王厚□薨。諡曰□。

陶承學爲南京禮部尚書。

丙子。巡撫浙江兵部右侍郎兼右僉都御史徐栻爲刑部右侍郎。

鎭守保定總兵署都督同知傅津爲將軍總兵官鎭守延綏。時延綏總兵程九思爲諸將倭偪因引疾。巡撫宋守約請逮治。兵部職方郎中項篤壽言。彈文僅誕辰受賀耳。于法無枉。而使其免冠徒跣。吏胥摧辱。非推轂始意。于是九思以疾免。又宋守約咨兵部。本鎭所乏帥臣。必昌平楊四畏保定傅津。次則龎貴尋大經。篤壽知其意在貴。貴有覬心。萋菲九思。如進之亦有頗焉。遂推傅津。

丁丑。潞王出閤就學。

己卯。前總理河道提督軍務右副都御史李世達改巡撫浙江。

庚辰。遼東告捷。命兵部馳報張居正敍功。時泰寧衛酋速把亥合土蠻黃台吉等三百騎。屢犯遼左。又東北堡李成梁敗之劈山。斬一千有九級。又八百八十四級。

兵部左侍郎曾省吾右僉都御史王篆清理軍職貼黃。

四月炷朔乙酉。右春坊右諭德兼翰林侍講何洛文清理軍職貼黃。

壬辰。釋輕囚。

乙未。減四川逋糧三十八萬六千六百九十四金。

丙午。工科都給事中王道成請停採辦金珠寶石香品。

戊申。封崇世子常漣。蜀世子奉銓。安陵王常淸。紀城王常澍。楚世子華奎。遼山王胤杞。新野王碩爍。新昌王載墠。

庚戌。張居正乞葬後俟秋將母入京。命錦衣官馳趣之。仍留前太監魏朝候其母入京。吏科都給事中陳三謨請趣元輔還朝。從之。

五月辛朔。己未。上御皇極門。宣遼陽之捷。時斬獲土蠻速把亥等四百七十級。

庚申。賞遼鎮功。

辛酉。高郵河隄成。

壬戌。增階州同知一。駐西固所城。

乙丑。南京陝西道御史孟一脉請貸傅應禎艾穆沈思孝。忤旨削籍。

戊辰。免江西協濟馬價銀。

辛未。吏部左侍郎嚴清爲刑部尚書。

壬申。湖廣水壕□寨黃廷全等流劫獲之。

癸酉。浙江鑛盜平。

甲戌。吏部覆廣東巡按御史龔懋賢參廣寧知縣葉春避居鄰邑。三年不入本境。命削籍。參政蔡汝賢徐時可各奪俸半年。

戊寅。左都御史陳炌論巡按湖廣御史趙應元瓜期忽託疾求去。宜罷職爲戒。上怒。削籍。于是戶部員外郎王用汲上言。邸抄。張居正葬父時。陳瑞陶承學徐學謨及地方官畢至。獨應元不及敍。及夫撫臣千里來臨。足以榮親。按臣持秉風裁。不爲私交。臣竊爲臺中有人矣。未幾。應元患病乞休。都御史陳炌以欺罔參之。夫疾病人所時有。獨內臣得以病告者。蓋爲其無地方之責。非出于推避。廷臣告病者何限。若以炌言推之。則諸臣皆懷欺之甚。不容一日立其位矣。亡論遠者。卽應元疏入先後數日間。工部司務呂漕以病告矣。序班郭英稷等署臣李㵾臣南京刑部主事孫一星劉玉成又告矣吏部題覆皆奉旨俞允何獨無一人推託者謂非有差委在考覈之例也如近日巡按廣西陝西山西御史陸萬鍾劉光國陳用賓則告矣皆差委已竣未受考覈與應元一也並聽吏部題覆竔殊不論其託疾豈萬鍾等皆不可遽瘳之病獨應元强健爲無病之人乎且亡論諸臣先朝竔亦養病家居十年己則行之而以責人孟子曰長君之惡其罪小逢君之惡其罪大臣謂逢君之惡其罪小逢相之惡其罪大應元已斥非賤臣所能回天但羣情洶洶臣懷忠入告將使權臣聞之或稍斂戢有旨責其溼肆越職削籍。

張居正至南陽唐王迎拜巡撫河南孟重策馬前驅禹州知州張□厚賂游官被得奬。

六月辟朔清河大水溢固安。

癸未免河間河南永寧□縣柴價。

乙未張居正抵都賜宴眞空寺兩宮各遣太監賜金酒有差。

丙申上召見張居正于文華殿西室賜金幣羊酒又遣司禮監引至慈慶慈寧朝兩宮謝出。

前山西按察副使隋府居鄉藪盜巡按山東御史王藻論之降府二級邊方用。

辛丑吏科都給事中陳三謨劾巡撫福建右僉都御史龐尙鵬給由以閒住作實歷且誤用印尙鵬疏辨竟罷之。

兵部右侍郎郜光先爲兵部左侍郎兼右僉都御史總督陝西三邊軍務。

壬寅張居正奏辨王用汲。

甲辰戶部尙書殷正茂致仕。

減順義懷柔二縣馬額三分之一自明年始。

乙巳。總督倉場戶部右侍郎沈應時爲吏部左侍郎。巡撫大同右副都御史鄭洛爲兵部右侍郎。

丙午。張居正入直。

給都督同知王偉房價萬五千金。莊田五百頃。錦衣衞千戶劉應節楊臣各五千金。莊田百頃。

右僉都御史王篆爲左副都御史。

湖廣靖州諸生賈邦奇謀亂。伏誅。

丁未。新野大雨水。壞田舍人畜。

南京右都御史汪宗伊爲戶部尚書。總督倉場。

山西按察使賈應元爲右僉都御史。巡撫大同。贊理軍務。

己酉。上召張居正于文華殿。示以三疏。一戶科停買珠寶。一科道請開滹沱河。留中已久。居正曰。京庫僅百萬。俱邊餉。容與部臣議之。上曰。滹沱河非運糧之道也。居正曰。今治河乏資。又不敢請帑。該臣議漕糧通折一年。除正糧解部外。其折耗輕賫等項。俱濟河工。似亦可從。上允之。

是月。工部司務呂潛卒。潛字時見。涇陽人。嘉靖丙午貢士。少師事呂柟。刻意躬行。尤嚴于禮。母卒時命娶而不婚。廬墓三年。孝友備篤。南祭酒姜寶及巡撫張祉等交薦。授國子監學正。萬曆癸酉調工部。與同志切劘不倦。年六十三。

是月。西虜賓兎挾俺答掠熟番甘藏諸族。大獲。自此番人苦虜。

九月配朔。初三日。直隸巡按崔廷試奏。滁州盧守益六世同居。家衆二百人。世範甚肅。請旌表。從之。

十月䫏朔。十七日。蠲山東萬曆二年以前大戶侵糧。

十一月帗朔。二十八日。戶部覈巡按廣東龔懋賢議。免萬曆二年以前未完京解鹽銀五萬八千八百餘金。從之。

大同巡撫鄭洛□□內養病。修撰王家屏謂宜早賜召用。以養病丁憂。不等他例。該起用原不係閒廢。

十二月丁丑朔。二十二日。故高拱妻陳氏乞卹典。上以欺侮朕躬不許。張居正言。拱賦性愚戇。舉動周章。每事任情。果于自用。雖不敢蹈欺主之大惡。實未有事君之小心。但昔侍先帝于潛邸九年。犬馬微勞。似足少錄。皇上永言孝思。響履之遺。猶蒙收錄。況係舊臣。必垂軫念。遂復原官予祭葬。

己卯萬曆七年

正月丁未朔。張居正特疏稱賀于會極門。賜酒饌。

壬子。上御經筵。

光祿寺卿溫純為太常寺卿。

甲寅。上致齋文華殿。

樂安王府宗人宸涼等六百餘人。俱以擅婚被訐。例革封。連名奏辨。張居正以其章進。有頃。召至後殿。曰。宗室例年十五。王府為請封請婚。按臣覈實以聞。該部覆上。賜封後許成婚焉。如未覈奏擅婚。所生子女止許請名。毋請封。此定制也。頃歲久人玩。多蒙倖不之發。嘉靖二十八年。晉府宗室表柔事發。乃申明舊例。近因多熣多燉挾私互訐。並以擅婚革。乃及宸涼等。彼六百餘人。家口不下千數。皆削奪可閔。且彼皆在二十八年以前。禁例未刊布。或可原也。乞以二十八年為斷。又曰。玉牒萬五千人。張口待哺。宜斟酌變通。五服之外。令人自為生。則封爵有數。祿糧自省。上從之。

乙卯。享太廟。

丁巳。移雲南金滄守備于騰越。同永昌撫夷同知勘處夷情。

丁卯。上御經筵。輔臣始面奏事。

戊辰。上御皇極門。宣去冬遼東之捷。

命天下書院私建者俱改公廨。前常州知府施觀民科徵民力作書院。免官。并及各省禁之。

談遷曰。華亭好道學。書院碁置。士大夫希進者爭奔走馬下。至衣褐帶索之徒。搖脣鼓舌而不休。江陵深懲其弊。隄流塞源。亦未爲失也。然必概毀之以爲快。適增其口。第今後私創者繩之。則游士無所借徑矣。江陵亟亟焉不快不止。說者以蔡京韓侂胄相目。然與非與。

上恐欵虜弛備。遣科道閱視部務。□科給事中李廷儀言。遣官糜費且勞擾無益。上以妄言沮格。奪俸六月。

己巳。都督□□貴州總兵官吳國以婪欺劾免。

妖人王鐸等伏誅。鐸武成中衛軍餘也。師事妖人林福。習其敎。自稱三陽會首。僞封三十六大將。煽惑六千餘人。云度劫爲名。事覺伏法。

庚午。上始瘳。免朝講。

敍遼東功賞。

辛未。巡撫山東右副都御史趙賢。論黃縣知縣陳守亮供應過侈。朝城知縣張煌遠事迎謁。並除名。

壬申。兵部以雲南巡撫王凝條議。曰夷俗難繩漢法。今欲給還緬甸印牌頒曆無故傳檄。徒驚疑耳。且緬甸印牌見貯永昌。思箇印久追奪。俟其來歸。請給請繼。亦爲未晚。且三宣與騰越相去不遠。展轉矯誣。乃其恆性。今已收之不必許聲援。啗以賚予也。惟薄示羈縻。自足安枕。又遠方興築。財力俱難。止于騰越要害增堡增城。可無後虞。報可。

癸酉。巡撫陝西右副都御史趙楫奏。俺答部落盤據西海。非便。宜及時傳諭撫處。嚴敕隄備。從之。

甲戌。頒武舉鄉試條格。

乙亥。免戶部□□陳應薦。以蘇常松江歲納絹布俱奸徒侵攬。應薦管驗徇之也。

二月丙朔。改明年春籍田。張居正以禮部先筮日。今上痧後不宜出

庚辰。命築大同鎮屯堡二百五十七所。敵臺一千二十八所。

巡按福建御史商爲正入朝踰期二日。不問。

癸未。上痧時。慈聖太后許僧于戒壇說法度衆。張居正言。戒壇奉皇祖旨禁革。時僧集數萬。恐生變敗俗也。今豈宜又開此端。聖躬康豫。宜告謝郊廟社稷。斯名正言順。神人胥悅。何必開戒壇而後爲福哉。事遂寢。

定邊餉。薊鎮五十七萬二千一百餘金。密雲五十二萬九千五百六十金。昌平鎮二十二萬六千八百五十金。

乙酉。張居正等以修會典言宗藩一事。條例最繁。前後參差不一。嘉靖四十四年定宗藩條例。禮官既殫厥心矣。臣等愚見。揆諸事理。尚多未當。或裁削太苛。有虧親睦。或事與理舛。窒碍難行。或法與情乖。輕重失當。概舉數端。可知其略。如親王樂戶二十四戶。載在會典。蓋藩王體尊。燕享皆用樂。不獨迎詔。今概裁革。此減削之太苛也。如親王故絕。許之繼封。以重大宗。又云必親弟親姪方許繼。及例行之後。有不由親弟姪者。此議擬之不定也。郡王有旁孫王孫之異。亦當視親疏爲差。今房屋等項概停給。則親無隆殺矣。文官三品以上得給祭葬。郡王幷停墳價。則恩錫太薄矣。又郡王故絕者不准襲。而罪奪反得襲將軍等。未子許選繼室。而親郡王反不許。擅婚庶人名糧止給五十石。而罪廢反給七十石。又歷不減。則恩犯失倫矣。又郡王與親王同城故絕者。止以本等官奉祀。而另城郡王故絕者得世鎮國將軍。此事同而例異者也。擅婚子女不論年限概革。有一府至數百位者。于法不可盡革。不革則又廢法。此釐革之無序者也。如郡王故絕與罪革不同。其冊印當分別進繳。乃概繳。此混施而無別者也。如濫妾及花生傳生子女。冒請名封。將保勘宗室通奪秩。長史等戍邊及流官寄

籍奏請選婚者。革退另選。將前選之人戍邊。遇赦不宥。此立法之太嚴者也。諸如此類尚難悉數。今該部重修會典。此等條例。着議改正。從之。

南京守備恭順侯吳繼爵罷。

命刑科左給事中戴光啓閱視延寧甘固。工科右給事中王致祥閱視薊遼保定。刑科給事中姚學閔閱視宣大山西。務精詳安靜。諸臣有科歛侈費者參逮。

丙戌。增宣府互市二萬金。

辛卯。烏思藏僧鎭南堅錯獻張居正書四臂觀音像金剛結子及氆氇等物。居正言私通不敢受。上以輔理宣猷。令勉納之。

蠲畿內馬房子粒之負者。

癸巳。賚貢夷烏思藏諸僧。其札什藏卜自稱闡化王長男。札什堅參爲次男。禮部謂其父不知何名。封何年。今稱前王。通貢年月互異。但慕義遠來。姑賚之。

俺答求開洮州茶市。進馬五百匹。巡按御史羅應鶴請諭止之。章下兵部。

乙未。虜犯前屯。官軍失利。

丙申。少傅兼太子太傅吏部尚書建極殿大學士呂調陽致仕。

戶部覆兩浙巡鹽御史李士楝議。蠲嘉靖間虧課十六萬。從之。

丁酉。朵顏等三衞夷人來賀聖壽并長至節。命例賞即遣毋留。

虜窺薊鎭曹家堡。官軍拒卻之。

己亥。故署太醫院事太僕寺卿徐偉。贈通政司使。予祭葬。

庚子。定考課法。各官考滿稱職則給由。平考不准給。陞任俸短一日亦不給。

四川卭部羌寨傀廈作亂。焚鎭西站。射百戶魏繼武死焉。

壬寅。敕親王諭諸宗室屏逐俳優。先是河南宗室繁衍。以汰侈相尙。民間倣效。倡優充斥。巡按御史張簡言之。報可。

癸卯。增四川扇七百柄。巡撫王廷瞻始之。著爲額。

乙巳。提督四夷館太常寺少卿王宗載爲大理寺右少卿。

甲辰。賜楚世子華奎金寶。楚府金寶自莊王至愍王六世。以英燿之逆。追還。至是奏歸之。

復故少師兼太子太師吏部尙書中極殿大學士高拱原官。半予祭葬。拱字□□。新鄭人。嘉靖辛丑進士。自庶吉士授□□。久之。裕王出邸。拱爲講官。時兩宮雜處。危言四出。拱周旋邸中。竭心力者九年。及裕皇登極。拱拜相。慨然以天下爲任。其處安國亨與俺答封貢。利在社稷。第其氣英銳勃發。議論蜂起。而性迫急不能容物。又不能藏蓄需忍。有所忤觸之立碎。每張目怒視。惡聲繼之。卽左右辟易。嬰視百僚。故同官貂璫俱忌之。幾陷不測。歸後忽忽不自得。又王大臣之獄。驚怖成疾。時乞卹典。馮保靳焉。張居正從臾。止給半葬。猶列其過于祭章。後二十年。贈太師。謚文襄。無子。廕從子尙寶司丞。

史臣曰。拱才氣英邁。遇事能斷。當穆廟藩邸。授經特加眷注。首相徐階亦薦之。既躋政府。不爲折節。時出語忤階。而言路方擁戴階。又忌拱丰裁。交章論拱。後起于家。以閣銜掌吏部事。銳然惟甄別吏蹟。惜用邊才。俺答互市。朝議紛紜。拱奮身主其事。與張居正區畫當而貴事成。三邊寧戢。又廣寇鴟張。遼東數患虜。一時督撫剿除。拱主持力爲多。至讞獄出冤者百二十九人。諸所條奏。持大體。不避恩怨。性急寡容。同列每成嫌隙。雖自淸勵。而所引用及門生不無覬覦。至摧抑故相階。雖有意然。其家人獄成。而拱謂已甚。必欲輕出之。則原非深于怨毒者。

三月辆朔。上疹愈。徵光祿寺十萬金。張居正等言。臣等不敢抗違。然財賦有限。費用無窮。積貯空虛。民膏罄竭。不幸有四方水旱之災。疆場意外之變。可爲寒心。此後望痛加撙節。若再徵。臣等不敢奉詔矣。

丁未。衡州越重四三十餘人。守臣降革有差。

遼東總兵李成梁進師勦屬夷都督王兀堂。兀堂所部七千餘人。侮我邊吏。成梁率游擊熊朝臣參將楊燮馳河東。副總兵孫朝梁兵亦至。兵備副使張崇功監軍。

戊申。巡撫甘肅侯東萊子世思私傳事發。奪廕。罰東萊俸。

命蘇松徽寧二兵備道陞任候代始行。

庚戌。王兀堂輕騎當我。我逐至滾馬嶺。斬三級。會參將姚大節虜分六百騎。一走雙陽堡。指揮王宗義死之。一走黃岡嶺。

築昌平長伸堡。

甲寅。上始視朝。先召張居正于平臺。勞之。賜金幣。卽御皇極門受賀。還詣兩宮。凡文武廷臣問安者。賜金幣有差。

戶部言。自來太倉粟多少放。通州倉粟少多放。各半年。以京師根本宜積。通州非可概論也。近者太倉饒溢。恐其積腐。宜如督臣議。于支給折色二月。改通州倉。亦調停新陳法。從之。

丙辰。虜百六十餘騎入孤山臺。不敢攻。

丁巳。上御經筵。

戊午。署右軍府事保定侯梁繼璠罷。

虜千餘騎入永奠堡十岔口。李成梁命孫朝梁擊之。虜敗走。成梁窮追。令逗留者斬。出塞二百餘里。至鴨兒匱。虜匿故寨頃之吹螺前格戰我力攻破之斬七百五十四級奪獲男婦百六十人馬三百六十一匹我傷死百九十人。失馬三百四十五匹

瞿九思曰寬奠之市豈非王兀堂所請耶。始議市米鹽豕布。法如是而止。甚瑣碎。卒乃擁數千騎。並脅我邊吏。欲開馬市入貢。旋敗盟伏誅。於戲人言夷性猶犬羊無饜。良然。一兀堂之身。數年之間。乍賢乍不賢寧不恧負阿主王台耶。傳曰狐埋之而狐掘之。是以無成功。如有味乎寬奠而告也。

己未。遼陽屬夷阿丑哈等。盜土蠻馬畜。懼露。叩我長定堡乞降。越二日。車營游擊陶承譽詐犒掩殺之。事聞總督梁夢龍曰彼嘗覘邊。殺之是也。巡撫周詠曰殺降冒功。宜追論。至是兵科給事中龍懋論承譽僥倖不足惜。而此聲一傳。羣酋鼓掌。閫外之威。不折自摧。甚非所以勸將帥而鼓軍士也。請奪其職。從之。

辛酉。先是隆慶末。盜殺錦衣指揮周世臣。其婢荷花蒼頭王奎等論死。于萬曆丙子十月磔于市。至是獲眞盜朱國世等。自吐其實。刑科都給事中周良寅追論刑部左侍郎翁大立等失入。大立除名。把總張國維遣戍。郎中潘志伊鐫一級。王三錫徐一忠調外。初大立署部事。信國維之誣。語志伊速其獄。志伊言三人冤。大立怒。移他署郎中王三錫徐一忠等。趣之急。勉上其獄。及盜露。尚書嚴清恐大立得罪。謀于張居正。居正曰刑有故入。有失入。前殺荷花第失耳。非故也。坐失入足矣。嚴清如指論奏。慈聖欲抵大立死。居正言法如是而止。不可加也。從之。

談遷曰君子以議獄緩死。雖蓋陷文不活。久之或有以自白也。荷花之枉。脫須臾毋死。且生出獄門矣。急赴市曹。銜恨萬死。于是思緩之爲德大也。

癸亥。淮安黃浦舊決口得龍首。決尋塞。

丁卯。外戚都督同知王偉封永年伯，祿千石。

張居正言時享之制，大祫侑祀壽春王等親屬已遠，止稱本爵，去其皇高伯祖之稱。從之。

戊辰。張居正言戶部計萬曆六年錢糧出入之數，云萬曆五年所入四百三十五萬九千四百金，六年所入三百五十八萬九千八百金，則已少八十餘萬矣。五年所出三百四十九萬二百餘金，六年所出至三百八十八萬八千四百餘金，則已浮四十餘萬矣。歲出則浮于前，歲入則減于舊，不可不知也。

翰林侍講于愼行予告，賜金幣。

吉安知府張振之乞休，不俟報而去。撫按參上，除名。

是月，裁懷安縣入于侯官。

四月丙朔丁丑，晉王愼鏡薨，謚曰敬，無子，弟輔國將軍愼鋷進封晉王。

己卯，後軍都督府僉書右都督雷龍爲平羌將軍總兵官，鎭守甘肅。

嚴守令到任違限之禁，一月以上問罪，三月上別用，半年上革職，庶官及京官一月上降調，八月上奪職。

協理京營兵部右侍郎孟重屢被劾，致仕。

懷安王厚熑，謚□□。弋陽王多焜，謚□□。

辛巳，四川羅打鼓邪竹等寨生番一百六十二戶來附，編氓，以九絲平故也。

南京工部尚書凌雲翼改南京兵部尚書。

楊兆協理京營戎政。

釋輕囚。

壬辰，召翰林院修撰王家屏直日講。

甲午。內庫闕錢。命工部鑄進。張居正言。先朝制錢呈式。非供上用也。萬曆二年呈樣錢一千萬。其後歲半之。已非本意。若闕錢鑄進。是以外府之儲取供內府。大失舊制矣。奏入。上從之。

丙申。建昌官軍進攻卭部叛羌。克之。指揮王選功為最。

瞿九思曰。書稱殺三苗于三危。而西羌猶三苗之遺耶。何其種之繁也。諸番在巴蜀西寧洮岷。在關中環黃河以西。皆為所竊據矣。曩時獨畏宋將軍晟丁大夫玉。何將軍卿。今視三大夫何如哉。臣獨悲鐵嶺山之為奉佛也。虜遂連羌。羌乎羌乎。毋為禍首。反受其咎。戒之哉。

丁酉。吏部右侍郎沈應時為南京工部尚書。左右中允戴洵陳思育為左右諭德。洵南京。署翰林院事。國子司業周子義為司經局洗馬。翰林修撰高啓愚為右中允。

庚子。封常盉荆王。

南京通政司右通政沈淮乞終養。加光祿寺卿致仕。

鄭王厚烷奏更定王廟。禮部言。會典隆慶□年制。王府家廟五間。廡六間。門三間。並無翼室後寢。今鄭王奏七間并後寢。非制。上是之。

壬寅。巡撫貴州右僉都御史何起鳴為右副都御史。巡撫山東。

癸卯。張居正上肅雝殿箴。命書于御屏。箴曰。北宸紫宮。維皇宅中。身為民表。心與天通。斯須不和。則乖戾起。斯須不敬。則傲慢叢。念常生于所忽。禍乃基于無窮。是以聖人事心。天命是勅。欽厥止日謹萬幾。處深宮。心周八極。不以嗜慾滑和。不以佚豫滅德。無作好。無作惡。藹藹熙熙。如春斯煦。無荒色。無荒禽。兢兢惕惕。如淵斯臨。勿謂燕閒。人莫予覩。一喜一怒。作人燠寒。紘急者絕。氣平者安。優優和衷。為君實難。勿謂宥密。人莫予弼。一動一言。恆為度律。危懼則得。驕泰則失。昭昭神明。相在爾室。在昔成周。宇內太和。雝雝其在宮。發琴瑟而不頗。亦曰懿恭。小民懷保。由肅肅其在廟。克對揚于祖考。我皇濬哲。是謂智臨。匪高明之不足貴。育德于靜深。我皇撫運。是謂開泰。匪豐亨之非臻。懼此心之惑汰。樂以平其情。雖鐘簴不設。而若聞厥聲。然後心和氣和而天下平。禮以飭其志。雖升降未施。而若持重器。斯謂無逸。乃逸而天下治。故曰。沖和者養威。淡泊者養祿。危勵者養安。憂勞者養樂。以古爲師。于何不儀。平平周道。維王所之。以心爲鑑。于何不見。穆穆文王。維皇所憲。朽索在手。勿謂無傷。覆車在睫。奈何勿防。和不見流。敬不可忘。愼終如始。萬壽無疆。

辛亥。夜盜殺前南京禮部右侍郎董傳策。傳策字□□。華亭人。嘉靖登進士。除刑部主事。論嚴嵩下獄論死。已戍廣西。歸後講學。聲望日重。隆慶初起補吏部。不三歲至大理卿。予告。改南大理。遷南禮部。性嚴細。好封殖。鞭蒼頭嘗殞命。不堪致變。時吏部欲起傳策以侍郎兼南京祭酒。張居正曰。取師當以嚴正。董但酷暴耳。且又外廉內貪。寧可以一節取也。居數日。撫按告變。時以居正爲知人。

五月巳朔壬子。庶吉士王守誠起復。除刑科給事中。

烏昇爲南京通政司右通政。

甲寅。翰林編修王弘誨爲國子司業。

戒京官四品以下肩輿。

乙卯。河東苦潦。寬額鹽二十七萬八千餘引。

丙辰。遼東總兵官李成梁封寧遠伯。歲祿八百石。時兵部覈海州東昌功。張居正言。成梁屢立戰功。忠勇爲一時冠。加以顯秩。亦不爲過。況流爵非世襲比。亦鼓將士振邊事之一機也。從之。

馮時可曰。遼左累年奏捷。李帥力良多。帥非能抗虜也。賊入則深溝固壘。縱其外掠。已飽而後擊之。大抵禦飽賊易。禦饑賊難。蓋飽焉而多獲也。有生心而無死氣。又多淫湎。強弩之末。自難穿縞。饑賊勢窮。背死借一。

其孰能禦。用兵有老營爲正。方能出奇。勝兵還營。鼓衰力竭。解鞍熟寢。窮寇躡其尾。一不戒。雖萬人莫能誰何矣。設正濟奇。乃莫予毒。古者軍行。前茅慮無。中權後勁。愼也。

丁巳。工部右侍郎陸光祖被劾。部覆留之。

庚申。禮部覆禮科都給事中林景暘論賓興事宜。曰覈實學。曰嚴防範。曰嚴輯訪。曰懲詐冒。上從之。

辛酉。整飭南韶兵備僉事管志道與巡按龔懋賢爭事。鐫一級。

提督兩廣軍務劉堯誨剿鬱林遺寇。先是擒盜魁黃邦緣覃全周顯等。遂攻木頭城隍等巢。斬百七十三級。俘四百三十一人。招撫民狼三千八百六十人。

瞿九思曰。語曰。神乎神乎。至于無形。鬱林興業之間。旁近海北。諸賊乘虛而出。則人不知其所守。乃飽飫而歸。則兵又不知其所攻。此豈非無形之險哉。且鬱林之捷。矜甲面縛而請者以千數。安可保不爲他日之黎福黃邦緣乎。此非獨其勢然。蓋非我族類。其心必異。乃自古記之矣。

戊辰。戶部以南京銀庫錢糧冊繁。請三年遣科道清覈。從之。

己巳。金華知府王懋德表進新茶印文模糊。命易印。凡各衙門印模糊者並如之。

辛未。四川丟骨人荒沒舌等三寨番賊來降。賞撫鎮有差。

四川巡撫右副都御史王廷瞻言積穀事。蜀土瘠額宜稍減。部覆積穀爲民。若必于取盈。勢必重罰。則惠民者虐民也。宜視地分上中下三則。從之。

太常寺卿署國子祭酒余有丁爲禮部右侍郎兼翰林院侍讀學士直經筵。

戶部酌停僧道納銀併私度私菴之禁。

壬申。禁南京勳臣乘輿。

蘇松大水。

六月癸亥朔。署左軍都督府事鎭遠侯顧寰致仕。上嘉其淸愼。加少保兼太子太保。

前禮部右侍郎孫應鼇爲國子祭酒。順天府尹金立敬爲工部右侍郎。廣東左布政使施堯臣爲順天府尹。

戶部題覆各倉米除正耗支收外。積餘俱籍報。循環作正支收。著爲令。

丁丑。兩淮鹽運司同知黃淸卒。淸字宗伯。弋陽人。學書不售。就藩掾。嘉靖己未授利州衞經歷。會天全土司叛。諭下之。又解建昌六衞之變。乙丑從征鳳繼祖功最。督撫呂光洵譚綸薦。上遷敍州通判。勘建昌土官鳳氏。無敢少私。當道勒石署門天下第一等淸官黃淸。又征九絲蠻有功。復敍州屯糧殆萬石。憂去。起補台州。攝黃巖寧海。稱大治。擢嘉興同知。築海鹽塘二千七百餘丈。最堅壯。費僅十一萬。遷運同。築寶應隄。勤瘁沒。僅俸數金。書衣數件。總河潘季馴請卹。賜百金。贈陝西行太僕寺少卿。後同郞中余毅中祠河上。曰二忠。

談遷曰。仕路之穢。至掾曹相隨而靡。謂資格所限。不復自振也。黃氏雖起刀筆。不屑與俗伍。奉使荒徼。蹈萬死。志節愈勵。委身行間。所嚮輒效。在淮浙于水土積勞九載。不遺餘力矣。沒齒之日。河臣請卹。朝奏而夕命。朝廷所以鼓舞廉吏。如黃氏者。誠不一二見也。

辛巳。中軍都督府僉書臨淮侯李言恭署左府事。寧晉伯劉應元爲中軍都督府僉書。

前南京吏部尙書王用賓卒。用賓字允□。寧鄉人。正德辛巳進士。選庶吉士。授編修。歷祭酒少詹事吏禮部侍郞。累遷尙書。進太子太保。年六十六致仕。壽七十九。予祭葬。

都察院以巡按陝西御史趙燿枉道回里。命褫之調外。

乙酉。瀋王恬烄請庶第五子珵壂封爵。不許。著爲令。蓋郡王進封親王。其本郡王爵不得補襲。萬曆二年所定也。

辛卯。戶部題覈兩畿山東陝西各勳戚莊田溢漏者俱淸丈。止給正數。其餘地租銀輸部。從之。

壬辰。輕陝西苑馬寺額賦。以窮邊地蕪也。

甲午。山西閒宅罪宗知𤇥等三十一人以請糧越奏。巡撫高文薦言。閒宅內未封未名者。如近例釋放。不計口糧。令自爲生。禮部覆從之。

戶部右侍郎吳文華終養。

丙申。山海關參將吳惟忠以虜犯寧前不預報坐免。

庚子。嚴山海關逃軍之禁。

壬寅。遣醫視張居正疾。賜銀及寶。

癸卯。巡撫陝西右副都御史傅希摯爲戶部右侍郎。前巡撫保定右副都御史張佳胤巡撫陝西。

定各宗擅婚子女。不論授封前後。俱不許援請名封。

故經筵講官禮部□侍郎呂旻予祭葬。

七月乙巳朔。上享太廟。

戊申。屬夷炒蠻先挾賞窺鴉鶻關。至是悔禍叩關。乞復原賞。許之。

己酉。撫治鄖陽右僉都御史楊俊民奏商南縣小乞派客戶入籍。從之。

壽徐等州十二州縣水災量免之。

庚戌。右春坊右中允兼翰林院編修高啓愚翰林侍讀羅萬化主試應天。講讀銜前于中允。令易之。

黃水灌入淮河。湍急難啓閘。總理河道潘季馴總督漕運江一麟上言。平江伯陳瑄所立淸河福興新莊閘遞啓遞閉。以防黃水之淤。又于水發時閘外築壩遏之。以便啓閉。水退卽去壩。請修舊制。幷特旨戒勢豪阻格者。

部覆從之。

壬子。戎政兵部尚書楊兆于宣武門值宿校衝署。命下錦衣衛。

賑蘇州水災。

戊午。命順天尹禱雨。果立澍。

昏刻京師地震。夜月食不見。

癸亥。戶科給事中李淶請卹江南水災。條四事。廣積粟之令。重親民之官。愼邊儲之增。崇節儉之風。上怒其譏訕。張居正曰。水災請恤。亦言官之常。雖或觸冒。恐傷聖度。上乃意解。

提督兩廣軍務劉堯誨以屬官積穀不及額降罰有差。

瓜洲屯場河及儀眞便河成。

甲子。工部覆禮科左給事中顧九思工科都給事中王道成等請撤浙直織造內臣。上以示張居正。居正奏。民重困。宜召還孫隆。上曰。彼織幣且完。當俟來春耳。居正曰。地方多一事則有一事之擾。寬一分則受一分之惠。災地疲民。不堪催督。暫撤之。俟稍豐可復也。上乃許之。曰。近降花樣。皆出帑金。未派民。俟其織成。餘悉停止。居正頓首曰。幸甚。先是以帑金五千與孫隆。外廷不知也。明日。上批部疏。完日卽回京。

戊辰。罷天壽山守備太監張恩。

是月。海西夷入市寬奠堡。參將徐國輔弟國臣減直捶市夷數十人幾死。忿訴總督梁龍。御史周詠論國輔如法。

八月甲戌朔。改張佳胤巡撫宣府。雲南左布政使方良曙爲應天府尹。

乙亥。四川都指揮司僉書劉維清賫捧還。因便還里落職。著爲令。

免順天巡撫張夢鯉入京議事。初景泰五年。巡撫例八月入京。後寢之。惟順天保定二撫仍之。至是以防秋乞暫免。竟概止之。

戊寅。上祭太社太稷。

陝西布政司右參政李堯德爲右僉都御史。巡撫陝西。

左春坊左諭德兼翰林院侍講陳思育司經局洗馬兼翰林院修撰周子義主試順天。

戶部請各撫部行郡縣通計各衙門公費公差係小民出辦者。議某宜減某宜革某項宜仍。冊報酌定。從之。

甲申。巡按湖廣御史郭思敬奏。布衣何心隱私立求仁書院。命捕治之。心隱一名梁汝元。俠遊江湖間。竟獄死。

談遷曰。何心隱嘗值江陵。因曰。此子當國必殺我。果符其語。噫。江陵視心隱土苴耳。寧必殺之也。彼狐鼠盜名。不殺身何待。議者不詧。歸其獄于江陵。抑視江陵淺矣。

戊子。釋鳳陽高墻罪宗拱樻等一百四人。

庚寅。萬壽節。御皇極殿受賀。有儒士韓萬年于墀下稱獻策。執下法司。仍申門禁。著爲令。

丁酉。禮部考御醫趙世美因聖濟殿御藥房傳隨駕吳良近侍孫隆內使魏秀桂出紅牌票奉旨。且凌職官。上命取牌下隆等司禮監。

戊戌。諭內閣曰。昨御門見眞人張國祥隨班入賀。宜俟聖母壽節畢。令還山。凡值壽旦。在本山祝釐。永爲例。又命衍聖公入賀。原賓禮。不必朝參。亦著爲令。

辛丑。王兌爲吏部左侍郎。王一鶚爲兵部右侍郎。兵部左侍郎鄭洛以原官總督宣大山西。

九月甲辰朔。乙巳。修顯陵稜恩殿。命戶部主事韓濟刻期竣之。毋糜費。

禁五府堂食錢紅紙等。從兵科給事中趙世勛之請。

庚戌。免嵗嵐州所負屯租。

乙卯。宿州獄逸。降罰有差。

閱視宣大山西給事中姚學閔奏邊事。曰積錢糧。則宣府山西爲最。大同次之。修險隘。練兵馬。則大同山西爲最。宣府次之。開屯整械理鹽買馬。則山西爲最。大同宣府次之。散逆黨。則大同爲最。山西宣府次之。此三鎭八事之大較也。

提督蘇杭織造太監孫隆言。天雨蒸潤。袍段色易晦。乞例進免退。以累小民。從之。

己未。設大同聚落城守備。

辛酉。薊鎭屬夷長昂前挾賞阻貢。至是叩關補入。宥之。

丙寅。巡按廣東御史龔懋賢議剿羅旁兩山等餘孽。兵部覆兵未易辦。第密計之。

己巳。翰林院庶吉士莊履豐陸可敎楊德政馮琦楊起元爲編修。顧紹芳何洛書沈自邠敖文楨余繼登爲檢討。張鼎思史繼辰孫養蒙費尙伊高尙志萬象春爲給事中。王國甘雨李植馬象乾汪言臣曹一鵬張文熙爲監察御史。

辛未。減蘇松等驛馬價十之四。

故巡撫雲南右都御史兼兵部右侍郎王凝予祭葬。

是月。貴州興隆黃平地震。

十月癸亥朔。乙亥。免泗州等七州縣水災漕糧。限三年折徵。

淮安等屬縣改隸營田道僉事史邦直。給敕許便宜行事。

丙子。土魯番速檀阿卜納西兒呵里麻嗣立爲王。貢方物馬匹。命貢使視往額毋濫。

己卯。初。薊遼總督梁夢龍報土蠻大舉入寇。張居正奏。臣諭邊臣。如虜入勿輕戰。堅壁清野。野無所掠。虜氣自阻。今夢龍東駐永平。遣參將許汝繼楊栗出關。若戚繼光移駐一片石。伺間邀擊。勢不能久。諒無疎失。上善之。

辛巳。減蘇松明年牲口藥材等銀十之五。并停前負。

刑科請旨論囚。諭暫免。張居正言。慶賞刑威。乃朝廷大政。去歲以大婚免。今又何名。若以刑殺有所不忍。則各犯有殺父母有殺兄弟及劫殺毆殺者。被死含冤。不尤可憫乎。若不盡誅。乞擇其罪重者量決數十人。則好生之仁。懲惡之義。並得矣。上從之。

癸未。誠意伯劉世延擅乘輿。被劾。奪歲俸。

乙酉。土蠻四萬騎犯前屯錦川等堡。命總督梁夢龍總兵李成梁嚴備。率官兵禦卻之。

江西左布政使徐中行卒。中行字子與。長興人。嘉靖□□進士。授刑部主事。與李攀龍王世貞切劘古學。知名當世。所著天目山房稿續稿。

丙戌。晉王慎鋌薨。謚曰惠。

舊制碾藥于太醫院。修合于聖濟殿。提督御藥房太監劉陽欲移藥內殿。禮部覆止之。

蠲蘇松段匹軍器等十之四。從吏科給事中楊言之奏。

定江西絲絹自八年後本色六折色四。蓋江右不產絲也。

塞天壽山皇陵徑道。從吏科給事中楊言之奏。

戊子。蠲沂莒二州班銀。

停武學生納監事例。

辛卯。朵顏等衞夷人入朝。有福餘衞頭目伯忽昧爽誤走崇文門。被執傷闇者。事聞。革半賞。罰提督會同館主事喬巖俸二月。序班下法司。

甲午。應天巡撫右副都御史胡執禮爲戶部右侍郎。

乙未。剿廣西八寨等叛獠。

瞿九思曰。聞之李都御史曰。八寨之民淳樸太甚。不患其心之不誠。而患吾所以處之不得其理。不患土官之力不能制。患其制之太過。或不堪命而爲他時之憂。豈其然乎。八寨自嘉靖中新建伯討平以來。至樊八遠歸降。何時而旋有己卯之役哉。十寨庶幾無他腸。與建堡開屯久矣。爲塞上畫無窮之策也。

丙申。河南按察使孫光祜爲右僉都御史。總理糧儲兼巡撫應天。

鎭守浙江總兵官署都督僉事黃應甲改廣東。

丁酉。酌免應天太平鎭江常杭嘉興湖災租。

賑柳州府五州縣饑。

浙江提學僉事喬因阜爲太僕寺少卿。添註。

陝西巡撫右副都御史傅希摯巳陞戶部右侍郎。以隴右除盜不力被劾免。

庚子。免蘇常松江安慶萬曆元年牲口銀。初隆慶六年詔概免。後因四郡先輸上。故抵之也。

興濟多盜。知縣毛充學不報。降罰。及兵備副使顏廷槍同知楊廷威。

是月。土蠻以五萬騎犯前屯。總兵李成梁戚繼光參將楊栗等拒走之。

十一月癸卯朔。前都督□□貴州總兵官吳國起總兵官鎭守浙江。

己酉。巡按廣西御史顧鈐。薦廣西總兵官王倘文可備五府之任。及參將倪中化等。有旨。總兵官重任。非概同文武官舉劾。命改正。

辛亥。光祿寺丞周弘祖爲南京尚寶司卿。

丁巳。張居正等言工科都給事中王道成請減織造段匹。原有歲額。萬曆三年派織九萬有餘。爲大婚賞賜。該部設處。今四年方織完而添織之旨又開七萬三千匹。須四五十萬金。在庫藏已竭。在小民則疲。今浙直水災。蒙恩蠲濟。方撤織又復加派。非聖意所以愛養元元也。近因賞三衞夷人段匹。闕虎豹一色。故請增織。至于上供。已自足用。不必又取辦于歲造矣。乞減其半。從之。

前鎭守寧夏總兵官張傑仍□□將軍。仍鎭守寧夏。

己未。提督兩廣侍郎劉堯誨請兩廣會攻八寨叛猺。從之。

十二月軠朔。署詹事府事禮部尚書汪鏜致仕。

癸酉。大學士申時行三年考滿。進禮部尚書兼文淵閣大學士。廕子入國子監。

巡撫貴州右僉都御史王緝。劾麻哈州閒住經歷宋儒。乃本州土同知宋珠子也。竄籍定州。舉北場隆慶辛未進士。選庶吉士。傾險敗類。被謫家居。恣行不法。窩盜酗淫。僞印脅財。發兵流毒。殘殺亡算。珠老。又儒子嗣同知。命下臺訊論死。遠近稱快。第當時何以倖進。得列淸班。亦一異也。

戊寅。故刑部尚書應大猷予祭葬。

工部尚書李幼滋。疾久致仕。

壬午。御馬監太監張誠乞再選太僕寺馬三千匹。調習備籍田護駕。兵科給事中戴光啓奏止之。

甲申。前左春坊左諭德兼翰林院侍讀陳經邦免喪。充日講官。

丁亥。陝西行太僕寺少卿職掌屯牧。與各道牽制。巡按御史黃應甲議行裁革。仍以屯田令守巡道分理。牧馬隨屯帶管。著爲令。

戊子。翰林院侍讀何洛文考滿。爲少詹事兼翰林院侍讀學士。署院事。朱賡予五品服。王家屏沈一貫陳于陛各晉一級。

己丑戶部左侍郎謝鵬舉爲南京右都御史。

壬辰。巡撫江西右副都御史劉斯潔爲戶部左侍郎。

甲午。罷屯租。

上手敕張居正忠孝兩全。賜玉帶大紅坐蟒衣各一。金壺盞一。候朕平臺召見。

禮部上宗藩條例節要。命纂入會典。

丙申。張居正服闋。召見平臺。慰賜有加。居正奏辭俸薪。命光祿寺日送饌。月送米十石。油二百斤。茶三十斤。鹽百斤。燭百枝。柴炭各三十肩。

國榷卷七十一

庚辰萬曆八年

正月辛丑朔。前少傅兼太子太傅吏部尚書建極殿大學士呂調陽卒。調陽字豫所。臨桂人。嘉靖庚戌進士及第。授翰林編修。端愼簡重。歷參政府。値張居正。僅拱手受成。然意亦不欲附之。外溫中辨。非專模稜者。予祭葬。贈太傅。謚文簡。

丙午。禮部右侍郎兼翰林院侍讀學士余有丁爲禮部左侍郎。署詹事府事。

己酉。張居正辭太傅加祿百石。

乙卯。宣遼東之捷。初東虜土蠻速把亥等乘河冰入遼河。犯錦義。總督尚書梁夢龍等擊破之。斬四百七十餘級。

瞿九思曰。蠻夷猾夏。豈蔓延至今乎。何其與之久也。土蠻胡元苗裔。又俺荅君長。意中獨戀貢市事。二十餘年乃卒不可得。老死矣。假令不殺上郡吏卒。即縛送把亥黑石炭等款塞。如俺荅獻趙全故事。即予之以市。亦無不可者。而乃欲以兵要挾我。我誰從哉。禍福無門。惟人所召。土蠻始入遼。終入薊。實西虜三衛導之。皆于土蠻無益。自底滅亡。善哉乎王御史之言曰。異時大可慮者。終西虜。非東虜也。

吏部大計外官。

鑄禮部祠祭司提督藥材庫關防。

丙辰。望。夜月食。

己未。先是永豐梁汝元聚徒講學。吉水羅巽亦與之遊。汝元揚言。張居正專政。當入都昌言逐之。居正微聞其語。露意有司捕之。斃于獄。已湖廣貴州界獲妖人曾光。事竄汝元羅巽姓名。云謀不軌。汝元巽俱先死。湖廣守臣但具爰書下法司訊之。并曾光亦非眞也。第據律論罪。

辛酉。少詹事兼翰林院侍讀學士何洛文爲禮部右侍郎。

癸亥。國子祭酒陳思育爲詹事府少詹事兼翰林院侍讀學士。署院事。

增鐵嶺衞游擊。

甲子。前禮部侍郎丘岳降河南布政司左參政。通政司左右通政李勛李□降浙江湖廣布政司左右參政。

庚午。穆廟榮妃王氏薨。謚莊僖。

是月。文華殿西角門柱礎上有天下太平字。拭之不滅。張居正稱瑞。上臨視曰。此僞也。不懌而罷。

于愼行曰。宋史紹興二十八年。廣州民家朽柱有文曰天下太平。秦檜大喜。乞錄史館。以飾和議之效。古今矯誣其暗合如此。然江陵曾考宋史。必不爲此。

二月粹朔日食。

丙子。禮部議塞山陵徑路。責提督守備官植樹禁樵採。

旌永壽王府奉國將軍秉積孝行。

戊寅。禮部尙書文淵閣大學士申時行署詹事府事。禮部左侍郎兼翰林院侍讀學士余有丁主禮闈。

庚辰。南京國子祭酒許國爲太常寺卿。署國子祭酒。

辛巳。南京右春坊右諭德戴洵爲南京國子祭酒。

福建漳泉災。賑之。

乙酉。南京太常寺卿徐濬致仕。

丁亥。淮王載垍薨。謚曰恭。

裁蘇松管糧參政。

戊子。上親祀先農壇。耕藉田。

癸巳。南京光祿寺卿陳聯芳爲南京太常寺卿。

乙未。司經局洗馬兼翰林院修撰周子義清理軍政貼黃。

應天府尹方良曙致仕。調南贛汀韶巡撫右僉都御史蒙詔外任。各被論也。

榮河知縣郝朝臣入覲。科歛削籍。仍下臺訊。

大理寺左少卿賈三近爲南京光祿寺卿。

丁酉。敕沿邊沿海各巡按御史覈餉。依期以聞。

戊戌。錮兩淮鹽場逋課二十八萬七千五百引。

河工成。加總理河道潘季馴太子太保工部尚書兼左副都御史。總督漕運江一麟右都御史兼戶部右侍郎。

漕運總兵官靈璧侯湯世隆太子太保。餘陞賞有差。

己亥。朱應禎嗣成國公。朱世雍嗣武進伯。

三月辛朔壬寅。四川巡撫右僉都御史王廷瞻爲右副都御史。巡撫南贛汀韶。

甲辰。翰林院編修劉瑊爲南京國子司業。

乙巳。吏部文選郎中蔣遵箴爲太常寺少卿。提督四夷館。

丁未。山西左布政使張士佩爲右副都御史。巡撫四川。

戊申。裁廬鳳淮揚本色馬匹。

辛亥。上奉兩宮太后率后妃謁陵。發京師。宿鞏華城。

壬子。次咸恩殿。諭戶部捐所過田租。

癸丑。謁長陵永陵昭陵。餘遣祭。卽日回鞏華城。

遼東鎭夷堡火。

甲寅。還宮。

東勝堡火。

戊午。俺荅表貢駝馬。

庚申。前刑部尙書閔煦卒。煦字□□。任丘人。嘉靖乙未進士。

辛酉。張居正辭政。上慰勞之。

甲子。策貢士蕭良有等三百人于皇極殿。賜張懋修等進士及第出身有差。懋修兄敬修。在二甲。得禮部主事。俱張居正子。其策俱何洛文代爲之。

丙寅。大雨。

四月𫓧朔。壬申。賑兩淮竈丁萬二千金。

癸酉。江北洊饑。賑之。

丁丑。故刑部右侍郎張狆予祭葬。

戊寅。日講官翰林院修撰陳于陛歸省。幷令撫按存問陳以勤。

吏部左侍郎兼翰林院侍讀學士姚弘謨致仕。

己卯。陽夏王載㙔私納妾生子。冒請名封。事發。奪歲祿之半。子降封鎮國將軍。其冒請名封俱革之。

癸未。南京右都御史謝鵬舉被論致仕。

蠲陝西各縣帶徵錢糧。

甲申。禮部右侍郎余有丁爲吏部右侍郎。

先是。夷酋趙鎖骨羅王兀堂等數盜邊。又千餘騎犯永奠堡。李成梁追斬七百五十有奇。名酋八。俘一百六十人。

周府鎮國將軍朝埛淫穢。廢爲庶人。

丁亥。太常寺卿署國子祭酒許國爲詹事府詹事兼翰林院侍讀學士。

庚寅。刑部左侍郎陳瑞爲南京右都御史。

辛卯。宣遼東之捷。

作薊鎮衝鋒器械。總兵官戚繼光匠意以木拒馬臨戰先南兵。次騎。次輕車。四人運之如飛。追虜利器齊發。步卒間出俱長鎗筤筅。

癸巳。刑部右侍郎徐學謨爲左侍郎。左副都御史王篆爲刑部右侍郎。

甲午。封華奎楚王。載堅淮王。（載埨弟。）翊鈏益王。壽鈐福安王。充燦宣寧王。

丁酉。左僉都御史□□爲左副都御史。司經局洗馬兼翰林院修撰周子義爲國子祭酒。

錦衣衛都督同知馮邦寧予告。

戊戌。南京兵部主事趙世卿言匡時五要。選進之制當廣。驛傳之禁當寬。大辟之刑當省。催科之令當緩。臺諫之氣當振。尋改楚府長史。

閏四月癸卯朔。戶部言。畿省積穀不敷。上責有司通行查核。毋仍前弊。戶部又覆山東撫按請敕責成分守道專管營田。有旨。朝廷法令宜從簡要。墾田勸農。地方官本職。巡撫既有專敕。何必又敕分守各道。事不責實。多言何益。

庚子。南京右僉都御史胡櫝爲左僉都御史。

癸卯。光祿寺卿傅孟春爲南京右僉都御史。提督操江。

乙巳。太僕寺卿胡嘉謨爲光祿寺卿。

丙午。楚恭王次子華壁封宣化王。

丁未。修皇極門。改文華門視事。

通政司右通政朱南雍爲太僕寺卿。

己酉。山西布政司右參政萬大亨爲右僉都御史。巡撫寧夏。

辛亥。南京吏部尚書趙錦致仕。錦素負節介。爲給事中費尙伊劾之。

壬子。海盜林道乾出沒廣海。以大流暹羅爲窟。有通事言大流暹羅苦其侵略。願協力擒獻。提督兩廣劉堯誨議重賞購之。

恭順侯吳繼爵爲前軍都督府僉事。

癸丑。左春坊右中允兼翰林院編修高啓愚清理軍職貼黃。

己未。蠲福建驛遞積逋二十九萬八千餘金。

庚申。廣西十寨猺賊平。先是諸猺處八寨。橫甚。漸成十寨。官軍擊斬九千一百餘級。俘六千七百餘人。

辛酉。裁浙江驛傳道。福建監軍副使。

壬戌。裁浙江左營游擊。

癸亥。修永平通薊豐潤玉田遷安撫寧遵化懷來等城。

甲子。蠲陝西苑馬寺牧地積租六萬八百餘金。

釋輕四。

乙丑。宣府總兵官馬芳疾去。山西總兵官署都督同知麻錦代之。

丙寅。陳經邦爲左諭德兼翰林院侍讀。仍日講。

戊辰。甘州左副總兵王國勛爲都督僉事總兵官。鎭守山西。

五月巳朔。甲戌。南京戶科給事中傅作舟言時政四事。部差考覈之典。僧道盤詰之法。淮安榷稅之繁。京倉淹爛之苦。上從之。

丙子。浚白溝便運。

己卯。命淮安徐州臨淸德州天津管糧主事。俱三年滿任。

上諭戶部。先年淮鳳饑竄。專設僉事開荒招撫。三年閱實。今踰期不覆。部臣請科道往勘。上切責之。敕郞中梁承學往勘。

飭兩廣總督劉堯誨浙江福建巡撫吳善言。耿定向各督將士勦海上餘倭。

故南京禮部尙書裴宇予祭葬。

壬午。遵化地震。戊子止。每日數震。

癸未。裁顯陵百戶張仁等十二人。

總理河漕潘季馴奏。復漕河舊制。六月初旬于通濟閘築壩。九月下旬開壩。下所司知之。

己丑。太子太保恭順侯吳繼爵改署右軍都督府。

辛卯。新建伯王承勛爲前軍都督府僉書。

丁酉。總督倉場戶部尙書汪宗伊爲南京吏部尙書。

江西□布政使呂鳴珂浙江按察使李承式各鐫三級。嚴州知府楊守仁淮安知府宋伯華各鐫六級調用。寧州知州陸宗龍削籍。俱違例乘傳被劾。有旨。清查驛遞。何啻三令五申。昨聖母遣外戚爲朕祈嗣。亦給驢費。不役一人。臣子乃玩法殃民耶。

定江北積穀數。廬州千四百石。淮安千五百石。鳳陽揚州二千八百石。著爲令。

六月己亥朔。裁宣大威遠參將及廣靈大山口守備。

庚子。戶部右侍郎劉斯潔署總督倉場事。

辛丑。福建左布政使勞堪爲右副都御史巡撫福建。

夜。月食。

癸卯。增臨清各衛軍上班月餉原額三之一。

定浙江積穀額。嘉興三千石。紹興二千五百石。金華千八百石。杭溫寧波各千五百石。處州千二百石。湖台衢嚴各千石。著爲令。

裁三河墻守備及長峪城提調幷密雲遵化永平三武學提調。

錄遼東紅土及永奠之功。許安遠伯李成梁世襲。梁夢龍廕錦衣衛百戶。周詠廕子入國子監。

甲辰。安東縣民逃。暫免田租。

丙午。詔近來沿邊兵備守巡及武職參游等官多設。並非舊制。議裁革。于是山西宣府懷隆道兵備副使一。河南總部京糧右參政一。督糧左參議一。睢陳道兵備一。山東督糧左參政一。總督京糧左參政一。屯田水利副使一。莊浪兵備道一。甘肅太僕寺少卿兼按察僉事一。廣西督糧右參政一。永寧兵備副使一。四川督糧右參政一。水利驛傳僉事一。敍瀘兵備僉事一。廣東督糧左參政一。湖廣屯田水利僉事一。江西饒州兵備副使僉事一。俱罷設。

太原地震。

賜播州故宣慰使楊烈祭葬。從其子應龍請也。

武安侯鄭崐卒。予祭葬。

奪南京工部尚書沈應時歲俸。以部差不行考覆見糾也。

戊申。蠲廣東隆慶六年以上逋租十八萬五千六百餘金。

庚戌。前薊鎮管糧郎中甘來學以待放正糧爲積羨被覆論欺罔。調外。

壬子。修顯陵成。

癸丑。前南京禮部尚書林燫卒。閩縣人。祖瀚兵部尚書。父廷機禮部尚書。燫嘉靖丁未進士。選庶吉士。授檢討。歷國子祭酒。遷禮部侍郎。改吏部。俱直經筵。進禮部尚書。雅尙儒業。性恬而溫。至大節則皦然莫奪。與時齟齬。其風流節概克世其家云。謚文恪。予祭葬。

王世貞曰。明興。縉紳無世臣。則三世而八座者獨林氏。而又加一焉。不亦振振盛哉。然而天下豔其盛而終惜不盡究其用者。其故可推也。文安公優遊盛世。經綸之略與諸賢共之。晩而厄宦豎。危得大柄。不果榮祿。公終始當悍相。默默守操以老。宗伯在通塞間。其際猶之乎二公。雖然。宗伯自死早耳。不死。固未可量哉。

丙辰。王敬民劉三宅張世則顧問姚德重葉時新牛維炳王三餘聶良杞丁汝謙楊廷相田大年李宗魯王鳳竹常居敬馮露傅來鵬葉遵劉弘道吳瑄吳之美李國光爲給事中。瑄之美國光並南京。曹一夔吳定劉士忠任養心梅國楨馬允登范鳴謙蔡夢說何倬丁賓楊楫邢侗赫瀛李廷彥徐鳴鶴孫夢麟唐天祥孫洵顧爾行王國祚龔一英敖選劉養元姚士觀蘇萬民傅好禮王言易巽李士達鄭之亮郭惟賢王有年徐奎星劉祐爲監察御史。巽等並南京。傅來鵬貢士特授工科給事中。孫夢麟恩貢生特授四川道御史。從御史龔懋賢之言。

丁巳。初。遼東撫按臣議降夷新來者宜置兩廣。巡撫周詠謂新降卽遠遣。恐失夷心。上是之。

穆廟敬妃莊氏薨。謚昭靖。

戊午。謚晉王愼鋘曰惠。原武王睦榎曰莊惠。

初。鳳陽大雨水浸及泗州祖陵。御史陳用賓以聞。給事中王道成謂黃水未强。僅雨集淮泗。而淸河口之不能洩。則責在河臣。總理河漕潘季馴謂黃淮合流。因而霖雨漲溢。若更疏浸下流已深。浚無可施。欲更塞則上流難逆。上令季馴相度以聞。

己未。河南巡撫右副都御史周鑑劾罷。

湖廣總兵官懷寧侯孫世忠罷。

初。夷酋阿尺孛來因停撫賞。乘虛由喜峯路董家口支徑潛入青山口。殺百總金良等。

庚申。上御文華殿。講訖張居正奏今日講益者三樂。損者三樂。前日講三友兩章。皆關君德。望留心省覽。上優答之。

辛酉。凌雲翼爲兵部尚書兼右副都御史。同潘季馴經理河漕。尋改季馴南京兵部尚書。仍令俟九月水平赴任。

乙丑。大理寺左少卿褚鐵爲右僉都御史。巡撫河南。

丙寅。裁廣東監軍副使。廣州兵備僉事。貴州督糧參政各一。

丁卯。張四維三年考滿。進少傅兼太子太傅。廕子入國子監。

應天府丞申自修爲大理寺左少卿。

裁京通二倉經歷六員。

皇極門成。

七月戊戌朔。辛未。停納級衞閒住不預事者。衞所官通給半俸。

壬申。兵科給事中蕭崇業爲光祿寺少卿。

乙亥。光祿寺少卿胡嘉謨爲右僉都御史。提督操江。

修京城。以工部右侍郎金立敬董之。

丙子。上始朝皇極門。

戊寅。南京光祿寺卿賈三近爲鴻臚寺卿。

降苑馬寺卿趙焞爲少卿。按察使湯仰。參政李良臣各三級。以擾驛也。

壬午。裁延寧甘固各游擊守備八員。

刑科給事中李選言。近日刑名一情事浮混。不經一細事必强之甚大。一輕罪必加羅織。甚至肆爲穢語。罔所忌憚。宜申飭。奏章切直簡明。意盡而止。毋得浮蔓。報聞。

甲申。蘇松水利御史林應訓言屬縣被水。求䘏。上責應訓不職。部臣請少寬之。責後効。

乙酉。工部據司禮太監張宏敍皇極門功。極稱馮保。工科給事中王道成謂濫敍。乃止賜金幣。

丙戌。山西絳縣知縣王思治貪虐。削籍。

戊子。湖廣巡撫王之垣奏通錢法。以武昌衡州荆州三局鑄錢。議其多寡通塞。上謂錢法不宜與民爭利。第禁私鑄私販及所鑄惡錢。

辛卯。故後軍都督府僉書署都督俞大猷予祭葬。贈左都督。大猷其先霍丘人。始祖敏以開國功世泉州百戶。大猷素以忠誠自許。動法古人。殲倭勦寇山海清晏。稱東南名將。至雅量潛修。縉紳莫及也。崇禎末追謚武襄。

命兵部調營卒千人採薪供各廠燒造。

癸巳。前應天府尹姚一元卒。一元字維貞。長興人。嘉靖□□進士。授行人。選御史。歷今官。

甲午。命定國公徐文璧知經筵事。國子祭酒周子義翰林侍讀羅萬化直經筵。

巡撫廣西右副都御史張任卒。任字□□。嘉定人。嘉靖丁未進士。贈兵部左侍郎。

大同井坪地大震。

乙未。左軍都督府僉書武靖伯趙光遠掌南京後府。協同守備。

蠲順天隆慶二年至萬曆六年逋租。

是月。西海貢夷丙兎越河掠番。混掠漢人畜。殺六人。

五開衞軍叛。據城攻掠。

八月戊朔。命畿省開屯田實數。毋踵弊虛造。

西寧侯朱世恩補左軍都督府僉書。

土魯番入貢。

庚子。上夕月西郊。

甲辰。陝西提學副使李維楨爲河南左參政。

河南妖人雷崙等伏誅。

戊申。上祀太社太稷。

己未。加俺荅亥子不他失驃騎將軍。常漢我不良台吉等百戶。共敕一。

庚申。夜。彗見東南。有光芒。至十一月望後始退。

南京工部尙書沈應時致仕。

量折廬鳳淮揚等被水田租。

辛酉。雲南布政司左參政吳孔性擅乘傳。褫免官。

壬戌。巡撫福建右副都御史耿定向薦被察南京太僕寺少卿朱天球前□□按察副使陳紀林如楚林偕春。

吏科都給事中秦燿謂薦被察者爲植黨市恩之漸。上然之。

柬浦寨酋鄭青輔等伏誅。林道乾黨也。

癸亥。南京工部主事丁維城以貪免。

乙丑。大理寺左少卿辛自修爲光祿寺卿。

丙寅。兵部左侍郎楊成爲南京工部尙書。

丁卯。續選推官劉朝噩爲兵科給事中。推官孫承南知縣傅順孫爲雲南山東道試監察御史。

九月戊辰朔。臨晉縣隕霜殺稼。

辛未。選民女二百人。尋罷之。

壬申。兵部右侍郎金立敬爲左侍郎。大理寺卿王友賢爲右侍郎。前戶部右侍郎郭應聘爲兵部右侍郎兼右僉都御史。巡撫廣西。

予巡撫寧夏右副都御史羅鳳翔祭葬。

甲戌。南京吏部尚書汪宗伊致仕。

丁丑。懷仁王府鎮國中尉廷圤有罪廢爲庶人。

戊寅。起劉一儒爲大理寺卿。

己卯。左春坊左諭德秉翰林侍讀陳經邦侍講朱賡主武舉。

辛巳。慶府眞寧恭簡王倪炫瀋府雲和王銓鐘宿遷王恬熑各卒。無子。繳印。

壬午。江西□□守禦所舍人謝燿訐故御史劉臺暴橫鄉里諸不法事。時御史廬陵賀一桂知張居正嫉臺。與巡撫王宗載共作奏。資燿入京。命下撫按訊之。

南京刑部尚書何寬改南京吏部尚書。

癸未。裁福建督糧右參政一。鹽運司判官。提舉司吏目。又省城並設三縣。裁懷安縣。

甲申。裁遼東行太僕寺少卿及主簿。廣西提舉司副提舉。

乙酉。吏部右侍郎趙賢爲左侍郎。刑部右侍郎王篆改吏部。南京右都御史陳瑞爲南京刑部尚書。

丙戌。減山東均徭里甲銀九萬六千四百餘金。

謚益府銅陵王翊鉦曰端僖。舒城王載坑曰康簡。懷慶王載塈曰懿□。

前戶部尚書馬森卒。

以盜劫柳州武定縣。降分守參議姜忻知府李遇春各一級。

丁亥。減福建里甲均徭銀六萬四千五百餘金。

命貴州巡撫勸兵餉成書。

安丘王府奉國中尉壽鏉有罪。廢爲庶人。

戊子。大理寺卿劉一儒爲刑部右侍郎。一儒尋移書張居正曰。竊聞論治功者貴精明。論治體者尙渾厚。自明公輔政。立省成之典。復久任之規。申考憲之條。嚴遲限之罰。大小臣工。鰓鰓奉職。治功既精明矣。愚所過慮者。政嚴則苛。法密則擾。今綜覈既詳。弊幾盡剔。而督責復急。人情不堪。非所以培元氣而存渾厚之體也。昔皐陶以寬簡贊帝舜。姬旦以惇大告成王。淪浹當時。矩矱後世。願明公法之。居正得書不懌。

林之盛曰。萬曆初年。江陵當國。號能用人。一時才臣無不樂爲之用。用必盡其才。或推轂至通顯。假令以劉公之恬退者。繩諸公。毋乃趨炎少先幾之哲乎。余謂業與江陵同時。江陵在政府無失得。自當與之協恭。乘時展布。何必引去務爲名高。至于奪情之後。而猶隱忍在位。甚至疏押保留。則有所不可耳。若劉公早見其漸而恬淡避炙手之嫌。則又超然矣。

己丑。裁福建行都司屯局僉書。

辛卯。前福建總兵官都督僉事胡守仁爲南京前軍都督府僉書。

壬辰。順慶知府鄭遷撫州知府左之賢永昌知府單詩。以違驛禁。各降六級。

甲午。吏科給事中顧問奏。官生授職。須資及六七年以上。酌其才品。轉部寺司屬。或外府佐貳。俟其諳事。陞知府藩臬。其遠方知府。選科目治行高等者爲之。勿輕畀恩廕。部覆從之。

乙未。戶部左侍郎劉斯潔爲南京右都御史。巡撫保定右副都御史張鹵爲大理寺卿。

丙申。甲字庫太監王効等稱闕歲額銀硃等料。戶部尙書張學顏奏。登極一詔。盡停不急之務。乞令各監局所造器用。量爲停罷。勿滋冒費。上然之。

是月。虜入寧遠興水縣堡。失吏卒三十八人。

十月丁酉朔。戊戌。免經筵。

戶部右侍郞胡執禮爲左侍郞。總督倉場。命今後倉場總督幷戎政協理。俱本部左右侍郞兼之。不另設。

逮南京工部主事陳春。削戶部主事蔡惟亨籍。以南京戶科給事中王蔚論春在儀眞貪縱。惟亨在九江婪貨也。

庚子。德安府同知王子順通判張九思奪秩。與安陸知縣張汝介下臺訊。以會飮景府遺火也。

辛丑。光祿寺卿辛自修爲右僉都御史。巡撫保定兼管河道。巡撫湖廣右副都御史王之垣爲戶部右侍郞。

協理京營戎政兵部尙書楊兆請裁。不許。仍令吏部減南京冗職。

禮科給事中帥蘭以淮揚蘇松等民饑。乞撫按嚴察有司妨者盡除之。章下所司。

癸卯。南京太僕寺卿蕭廩爲光祿寺卿。

甲辰。前南京右副都御史陳省以原官巡撫湖廣。

乙巳。太僕寺少卿李輔爲南京太僕寺卿。

賑常熟吳江長洲崑山餘蘇松常鎭。量折田租。

刑科給事中常居敬上五事。愼初審。禁濫獄。戒苛濫。速歸結。明律例。從之。

丁未。劉世曾補太僕寺卿。

豐潤伯曹文炳卒。予祭葬。

巡撫應天右僉都御史孫光祜請修蘇松水利。浚下流。則黃浦婁江白茆諸港。一築圩岸。一疏溝壑。報可。

己酉。東虜數犯錦義。以有備而遁。賞邊臣金幣。

吏科給事中張世則上五事。其端好尙以敦士風。減驛傳以溥實惠。抑倖進以重武科。部覆從之。

庚戌。復故黔國公沐朝弼爵。從其子昌祚請也。

蠲懷慶河南等府存留田租。仍賑之。戶部以河南撫按周鑑許士良報遲。謂舊例夏災不得過六月。秋災不得過九月。乞再申飭。報可。

辛亥。諭烏蠻知府安承祖。輸餉毋虧額。

甲寅。裁雲南督糧參政。

丙辰。前荆州知府李元陽卒。元陽字□□。雲南大理人。嘉靖登進士。選庶吉士。忤時。調知分宜。憂去。補江陰。治最。遷戶部主事。改御史。按閩有聲。守荆州。識張居正于童時。以學行稱。

丁巳。降福建鹽運使杜思三級。汀州知府李膺慶遠知府趙成六級。以違驛禁也。

戊午。覈光祿寺上供商人力乏者另補。

庚申。令定國公等莊田官收。給各爵舍人支領。

甲子。定文武官選期。俱雙月吏部二十六日。兵部二十九日。

乙丑。琉球國中山王尙永入貢。

十一月戊辰朔。劉嗣德襲廣寧伯。

戊辰。禮部尙書潘晟進太子太保。

壬申。徵戶部光祿寺各十萬金。戶部言。溢取非制。且悖明旨。上從之。命光祿寺進十五萬金。給事中郝維喬蔡時新張鼎思等各章請停。不報。

丙子。裁四川督糧右參政鹽茶水利驛傳僉事敍馬瀘兵備僉事各一。

戶部請畿省清丈田糧。定爲八則。一額失者淸丈。全則否。一委官各布政司總之。分守兵備兼焉。守令專本境。

一坐派田如官民屯數等。糧上中下數則。各勘。不得混一。民種屯地。即納屯糧。軍種民地。即納民糧。一嚴欺隱。一定期。一磨筭。一處紙札供應之費。上從之。

貴州苗坪大潭夷酋党猷党艮阿蓋等歸化納貢。名其地曰歸化。入版籍。隸都勻府。

屬夷王兀堂等復糾衆犯寬奠堡。副總兵姚大節追敗之。斬七十八級。擒十七人。賞大節金一鎰。紵絲一。

套虜犯錦義大淩河右屯。李成梁分兵逐出塞。賜金幣。

丁丑。裁雲南臨安參將。改設守備。

戊寅。上夜宴。惑于內侍孫海客。因杖二內使幾斃。慈聖聞之不樂。訓戒甚切。上悔悟。降孫海客。安置南京。宣諭司禮監等。又示閣臣張居正等。謂降斥未盡其辜。宜充淨軍。從之。明日。復諭閣臣力諫。使朕爲堯舜之君。居正奏。司禮監孫德秀溫泰兵仗局周海罪狀。亦不在孫海客下。宜各降斥。其各監等令自陳。老成廉慎者存之。諂佞放恣者汰。皇上亦宜痛改。戒飲宴以重起居。專精神以廣繼嗣。節賞賚以省浮費。卻玩好以定心志。親萬幾以明庶政。勤講學以資治理。端趨向以肅士風。則聖德愈光矣。上然之。

司禮太監馮保自陳乞休。不允。

復貴州土舍安國亨冠帶。先以東川動兵。參革。至是以功贖。

壬午。裁廣東陽電海防及潮州陸路參將。幷總鎮下把總各一。

癸未。裁浙江料價徭編歲額八萬八千七百四十餘金。

乙酉。揚州鄉官前湖廣參議常三省。以淮安高家堰且興工。揭其有妨祖陵。以撓之。總河潘季馴疏其舛謬。請行勘。上命仍築。削三省籍。

戊子。優卹故都指揮使楊亮。以使虜而沒。

琉球國陪臣子鄭周鄭迪蔡□入南京國子監。

己丑。錄廣東十寨功。

戶部頒黃冊式。

癸巳。兵科給事中劉朝璽以論禮部左侍郎林士章通番私稅。士章求罷。且辨其誣。部覆士章素清謹。科臣出于風聞。命留任。

乙未。蠲河南明年河隄夫銀六萬金。

兵部考覈軍政。

十二月輛朔。戒有司積穀備賑。不得指名科罰。

兵科給事中商尙志。劾吏部尙書王國光庇親行私。陞同知衞重鑑爲運同。通判楊枝爲許事。國光奏辨。上留之。

己亥。朝鮮吏曹參判梁喜卒于會同館。予祭一。歸其喪。

鄭維忠嗣武安侯。崑庶長子。

辛丑。宣妃楊氏薨。

癸卯。太子太保禮部尙書潘晟致仕。

懷柔伯施光祖玉田伯次子蔣克讓並恣蕩不法。光祖奪祿半年。逮克讓。

甲辰。張居正等請屬儒臣以累朝寶訓實錄分款四十則。曰創業艱難。曰勵精圖治。曰勤學。曰敬天。曰法祖。曰保民。曰謹祭祀。曰崇孝敬。曰端好尙。曰愼起居。曰戒游佚。曰正宮闈。曰敎儲貳。曰睦宗藩。曰親賢臣。曰去奸邪。曰納諫。曰守法。曰敬戒。曰務實。曰正紀綱。曰審官。曰久任。曰重守令。曰馭近習。曰待外戚。曰重農。曰興敎化。曰明賞罰。曰信詔令。曰謹名分。曰卻貢獻。曰愼賞賚。曰甘節儉。曰愼刑獄。曰褒功德。曰屛異端。曰飭武備。曰禦荒服。容次第進呈。俟明年開講。請解一二條。其諸司章奏切要者。卽講畢面裁。上嘉納之。

戊申。工科給事中傅來鵬上四事。嚴法制以遏貪黷。拘久任以興吏治。專責成以惠窮民。酌積穀以修實政。上是之。

蠲泗州等六年以前折租十三萬三千七百餘金。

己酉。吏科給事中秦燿請禁絕饋遺。從之。

減江西均徭五萬三千六百餘金。

庚戌。刑部左侍郎徐學謨爲禮部尚書。宗伯自成化後俱出詞林。嘉靖初。席書議大禮。始用他曹。言路屢攻之。學謨善張居正。故擢。人無敢言。

望。夜。月食。

辛丑。祥符妖人李相伏誅。

故南京禮部尚書尹臺予祭葬。

癸丑。刑部右侍郎劉一儒爲左侍郎。右副都御史劉思問爲右侍郎。

故總督漕運都察院右都御史兼戶部右侍郎江一麟予祭葬。一麟嘉靖癸丑進士。知州。歷廣東按察使浙江布政。轉右副都御史。巡撫南贛。至今官。

廣東龍川縣賊平。

甲寅。故戶部尚書馬森予祭葬。森懷安人。嘉靖乙未進士。授戶部主事。稱廉能。出守。雪冤抑璫。治最。遷副使。歷都御史。俱有惠政。及正戶部。力阻內徵。乞去。尙狷介。深于理學。多著述。

乙卯。管河工部郎中佘毅中卒。□□人進士贈太僕寺少卿。以旌其勞。
武平伯陳永祿署府軍前衛事。
丙辰。巡撫山西右副都御史高文薦回院。
戊午。吏部引奏大選給由官。上親裁決如制。
賜大理寺卿宋䌽祭葬。
己未。山西左布政使辛應乾爲右僉都御史。巡撫山西。
庚申。監督淮安鳳陽營田副使史邦直以墾田虛捏。戶部郎中柴承學論之也。
前湖廣總兵官懷寧侯孫世忠署前軍都督府事。宣府副總兵賈國忠爲署都督僉事總兵官鎭守延綏。南京右軍都督府僉書安大朝爲總兵官。鎭守貴州。
辛酉。兵部引奏大選官。上親裁決如制。
癸亥。陝西道御史孫洵論撫臣張鹵貪濫之罪。不問。
降揚州知府虞德□服俸三級。初命賑饑。奏報八萬八千餘金。實無有也。倉粟五十四萬餘石。止三萬六千石。巡撫以聞。
是月。巡撫湖廣右副都御史陳省徵兵四千餘人分道討五開衛叛軍。參政賀邦泰僉事龍宗武參將鄧子龍擊破之。斬數十人。

辛巳萬曆九年

正月甲朔己巳。諭修武英殿。張居正等言。殿自宣德正統後。久不臨御。世宗皇帝初修文華殿。易黃瓦。凡齋居經筵召對多於此。請仍舊貫。免浮費。從之。

庚午。大風霾。上慮邊警。諭閣臣飭備。傳兵部及薊遼宣大總督知之。

辛未。上享太廟。

裁戶部浙江湖廣河南福建廣東廣西司主事各一。江西雲南山東四川山西貴州司各二。陝西司三。禮部儀制祠祭主客司主事各一。鑄印局副使一。兵部武選司郎中車駕職方司郎中各一。優給主事一。管存卹主事一。武科司管京衞武學主事一。刑部各司主事各一。工部營繕司管重城員外郎一。屯田司管臺基廠主事一。虞衡司管遵化鐵冶郎中一。雜造局大使一。都察院司獄一。右通政一。謄黃右通政一。左評事一。順天管軍匠通判各一。都稅司正陽門分司各副使一。助教四。學錄一。太常博士一。協律一。贊禮郎三。司樂十二。光祿寺典簿一。大官署丞一。尚寶司丞一。上林苑監蕃育署良牧署錄事各一。戶科四。禮科二。兵科五。刑科四。中書舍人二。行人司右司副一。行人五。詹事府錄事一。限所裁官歲內除補。

提督狼山副總兵戚繼美爲南京右軍都督府僉書。

癸酉。套虜二萬餘騎寇遼東大鎮堡。攻錦州。分掠小凌河松山杏山。總兵李成梁馳援。斬十八級。明日虜退。

甲戌。虜五百餘騎犯遼陽長寧堡。副總兵曹簠擊斬五級。游擊周之望陣沒。贈都督僉事。廕子立祠。

命太監修正一眞人張國祥祖壇廟。工科給事中王道成等言非制。上納之。

乙亥。賜山陽王俊柵書院額曰樂善。

丙子。試監察御史范鳴謙言。本月風霾。傳飭邊備。但邊防當飭。而內治尤當修。如刑罰未當。乞有司不許混濫。貪墨未息。乞新選官不許借貸。荒蕪未墾。乞淮安鳳陽官留心農事。盜賊未殄。乞有司不許欺蔽。而大要在君心之修省。起居以時。嗜慾以節。講筵毋憚詳問云云。報聞。

戶部言。白糧原民運。例雇民船。萬曆元年題造官船。近謂窒礙難行。乞仍令糧長雇五百料船以輸。報可。

丁丑。宣府副總兵賈國忠爲署都督僉事將軍總兵官鎭守延綏。

己卯。時上好書法。張居正等言日講諸臣皆文學優贍。見記注起居外。餘官宜日儤直四員。如皇上萬幾之暇。披閱古文。或採錄。或鑒賞。或題咏。卽屬諸臣具草。送臣等閱定上。嘉納之。命具職名以上。

庚辰。遼東鎭靜堡地震聲如雷。

辛巳。裁南京吏禮兵刑工侍郎各一。太常司丞一。太常少卿一。戶部湖廣司員外郎一。山西雲南司主事一。工部虞衡司主事一。左右評事各一。太常寺山川壇奉祀一。鴻臚寺鳴贊一。序班一。應天府管馬通判五城副指揮各一。留守五衞千戶所吏目各一。

丙戌。命翰林侍直諸臣各賦一詩以進。

減順天永平均徭銀五萬七千四百金有奇。

丁亥。上御文華殿。出宣宗玄兔圖示內閣及侍直諸臣。各以詩上。凡三十五首。

戶部定京省編徭銀。順天實編銀二十九萬六百有奇。減十一萬九千七百金。陝西實編銀五十一萬七千九百有奇。減十萬九千九百金。湖廣實編銀五十七萬三千七百餘金。減十一萬九千七百。四川實編銀五十二萬九千有奇。減五萬六百有奇。刊帙永爲例。

命吏部今後南京戶部山西司管糧主事由內除。鳳陽倉定三年。視邊鎭管糧郎中例聽擢。

戊子。兵部請大閱。命定三月三日。

己丑。夜月犯南斗魁第三星。

辛卯。吏部內計大臣例自陳。工部右侍郎王友賢致仕。太僕寺卿朱南雍調南京。

二月乙未朔。吏部尚書王國光考功郎中孫惟清察處朝臣二百六十四人。前建言戍斥諸臣艾穆沈思孝趙用賢朱鴻謨等預焉。翰林編修公家臣謫澤州判官。

丁酉。遼東總兵官李成梁擊虜于襖郎兔。敗之。時東虜土蠻黑石炭等駐塞外。謀犯廣寧。成梁知之。于正月甲申出大寧堡離塞四百餘里。至襖郎兔值虜。擊走之。次日虜來追。又戰。共斬三百四十三級。獲馬四百三十。兵器八百。俘大酋八人。

戊戌。八塞捷上告廟。

甲辰。右通政郭廷梧太常寺少卿陳三謨調南京。

上欲與永年伯王偉弟子世職。閣議錦衣衛正千戶。上諭。正德間外戚夏助等並錦衣衛指揮使世襲。何止千戶。又不世也。張居正等言。世宗皇帝末外戚官例不世。故泰和伯陳萬言子紹祖止授尚寶司丞。隆慶間固安伯陳景行子昌言止錦衣千戶。前皇上授昌言指揮僉事。嘉言副千戶。武清伯子文全錦衣衛指揮僉事。文貴副千戶。俱無世襲。次日復傳德平伯李銘例。居正奏。李銘弟錦衣百戶鈺乞陞指揮僉事。此時並不廕授其子。至李銘沒。子舍人鶴乞襲陞都督同知。不為例。按李鈺于祖職上加級。非廕授也。鶴蒙特見。亦非生前廕授也。上乃從之。

工科給事中劉弘誨乞敦儉朴。省織造。將今織造段匹停緩。降新樣。必不容已。量酌減數。報聞。

丙午。加賜泰寧衛都指揮僉事虎兔憨虎兔孛來朵顏衛孛兒勻福餘衛脫力赤蟒吉兒衣一襲。幣三。嘉其忠順也。

汰蘇松徽寧兵備所轄官共七百七十九員。

丁未。考察拾遺。南京禮部尚書陶承學。工部左侍郎金立敬。守制刑部左侍郎王宗沐。巡撫甘肅吳東萊。前聰調巡撫會同亭各令致仕。順天府尹施堯臣巡撫雲南王凝各降一級調外。改堯臣副使。大理寺卿張鹵右諭德范應期調南京。

戊申。翰林修撰范謙編修趙鵬程爲福建河南布政司左右參議。

己酉。南京吏部察處庶官六十七人。

庚戌。南京太常寺卿陳聯芳自陳。令致仕。

甲寅。巡撫廣西右副都御史張任卒。任字□□。嘉定人。嘉靖丁未進士。素清謹。在粤有平妖功。時三品未滿。特贈兵部左侍郎。廕子入國子監。予祭葬。

乙卯。張居正上纂訓錄數編。

薊鎭三屯營喜峯口各地震。

戊戌。上祀太社太稷。

庚子。裁北直同知通判州判縣丞主簿倉巡若干。

夜。月犯心宿東星。

丁巳。翰林編修盛訥編纂六曹章奏。

遼沁六州縣舊食河東鹽。道遠不便。乞改行太原汾州票鹽。例稅之。從巡鹽御史房寰之請。

己未。禮部左侍郎林士章爲南京禮部尙書。

巡撫順天右僉都御史張夢鯉爲右副都御史巡撫甘肅。

大理寺卿張鹵調南京太常寺卿。巡撫山東右副都御史何起鳴爲大理寺卿。

庚申。右副都御史巡撫甘肅高文薦爲工部左侍郎。太常寺少卿林景暘爲南京右通政。浙江左布政使朱卿爲順天府尹。

前鎮守宣府總兵官左都督馬芳卒。贈祭葬。芳故胡種。勇敢善戰。練習情由。善撫養家丁。臨戎對敵。斬馘最多。一時邊塞倚之稱名將云。

代府樂昌王自嘉靖三十三年移朔州。而鎮國將軍廷墄廷䣭廷塘廷址尚居大同。至是巡撫賈應元議。將軍中尉儀賓。令悉聽代宗鈐束。支祿在大同。其請名請封請婚。仍啓樂昌王奏報。部議悉以屬代府。

辛酉。夜。熒惑順行犯井宿北第一星。

癸亥。減湖廣驛遞銀六萬六千二百有奇。實編銀十三萬六千七百九十金。

三月甲朔乙丑。禮部右侍郎何洛文爲左侍郎。詹事府詹事兼翰林院侍讀學士許國爲禮部右侍郎。仍充副總裁兼纂修事。

撫治鄖陽右僉都御史楊俊民爲右副都御史。巡撫山東。時議革撫治鄖陽。

左僉都御史胡檟爲左副都御史。太僕寺卿劉世曾爲右僉都御史。巡撫雲南。

丙寅。上大閱。

丁卯。上御皇極殿。總理京營彰武伯楊炳等上表謝。百官表賀。命百官休沐三日。營軍免旬日。又諭兵工二部。兩廠作盔甲粗率。照營更作五千副。給官軍。每歲作千副。期五年。務精堅。

庚午。張居正進大閱圖幷詩頌。賚營軍人各二緡。

甲戌。始講訓錄類編。

薊遼總督梁夢龍等奏。遵化鐵冶廠歲辦鐵二十萬八千斤。價止二千七百餘金。而專設官吏軍役。費逾萬金。宜盡革。從之。

乙亥。遼東三萬衛松山堡災。
丙子。侯拱宸尙壽陽長公主。
戊寅。前總兵張臣傅津下臺訊。以臣署印擅用題奏。津擅離任也。
己卯。宣遼東之捷。告廟稱賀。
庚辰。都察院覆遼東撫按周詠于應昌。按劉臺贓私狠藉。已江西撫按王宗載陳世寶奏臺合門濟惡。擬戍邊。
追告身。從之。臺戍潯州。中道死。亦宗載中之也。
辛巳。總督倉場戶部左侍郎胡執禮致仕。
定畿內積穀酌上中下三則。
鑄整理西安兵糧淸軍驛傳屯鹽水利道及府江兵備兼分巡道關防。
賞遼東功。
巡按江西御史陳世寶言鄧子龍贓罪宜除名。上惜其智勇。准納贖。不許推用。
壬午。造大祀十二章袞服皮弁服。
樂安王多熑等乞罪宗子孫名糧。不許。
代府太平王鼐鉱。恭王庶長子也。嘗詿誤令戴罪攝事五年。至是改行。命嗣代王。
圖山游擊朱先爲廣西左參將。分守潯梧。
癸未。薊鎭昌平邊墻成。加梁夢龍太子少保。戚繼光廕錦衣百戶。楊四畏右都督。餘優敍有差。
乙酉。刑部右侍郎劉思問爲戶部左侍郎。總督倉場。
總督糧儲南京戶部右侍郎程嗣功致仕。

寬奠副總兵姚大節以功署都督僉事。

提督京城內外巡捕王化熙爲南京前軍都督府僉書。

丙子。賜壽陽長公主莊田二千五百餘頃。

庚寅。顯陵祠祭署奉祀戚臣蔣華。舊同鎭守勳臣行禮。旣裁勳臣。華專祭。禮部以秩卑。乞分守參議代攝。上不許。如蔣華有別故。暫許分守官。

禮科都給事中帥蘭上學政八事。文體宜正。試規宜詳云云。上允之。

辛卯。南京大理寺卿陳道基爲南京戶部右侍郎。總理糧儲。

癸巳。賜張居正御書曰總百官。張四維曰德維一。申時行曰同心匡弼。

停漕運理刑主事。

連城縣多虎狼。

四月丱朔。巡撫南贛汀韶右副都御史王廷瞻爲南京大理寺卿。

丁酉。南京鴻臚寺卿張煥爲右副都御史。巡撫南贛汀韶。

賑解州夏縣等饑民。

己亥。蠲河南各衞所所負萬曆六年以上班銀。

庚子。兵部尚書方逢時致仕。逢時被拾遺。以大閱留之。

癸卯。監造漕運剝船參政胡定。管廠員外郎陳英。工作不堅。雖陞任。各罰俸半年。

乙巳。上憂旱。遣告郊壇禱雨。

虜黑石炭以鄧兒小歹青等犯長安堡。遼陽副總兵曹簠追至堡東中伏。千總陳鵬。把總曹汝楫。失亡官兵三百人馬四百八十餘匹。掠我男婦殆三百人。兔簞官。

去秋盜劫丹陽賀氏。巡道孫光祐報在十月。各奪俸有差。

丁未。總督兵部尚書梁夢龍回部。

衡府寧陽王載埒與次兄載圭俱衡莊王妾王氏出。命載圭進封衡王。故王氏追封繼妃。載圭薨。叔弟載封應嗣。而載埒以母封繼妃。冒嫡覬王爵。命繼妃改正。

己酉。詔壽陽長公主五日一朝。

蔚州地震。聲如雷。

庚戌。秦世子誼漶嗣秦王。太平王鼐金嗣代王。武定王載封嗣衡王。益府世曾孫常涏爲益世子。輔國將軍常溱封黎丘王。常漿浦陽王。常汭淳河王。常汎均溪王。常清羅川王。翊銀舒城王。常淳吉世子。岷府幹堉善化王。崇府常灌南陽王。周府勤垓博平王。肅濫儀封王。壽鏳富平王。壽鋐常德王。伸域綏德王。紳鏟鎮原王。華壁宜化王。厚犨鎮寧王。

辛亥。上御文華殿。有頃。張居正等入至後殿。以南京□科給事中傅作舟疏江南北災狀以進。上曰。淮安鳳陽屢災何也。居正曰。此地多荒少稔。元末亂始此。今宜破格賑之。如郡縣金粟不足。宜濟南帑。上曰。然。居正極言今有司不負職。如作舟疏報災則曰不敢報。請賑則曰不敢請。此亦何不敢之有。不過推委歸過君上。如積穀屢旨申飭。竟成虛文。此輩若聖上不知當何如也。上怒色曰。有司忽民。宜重處。居正曰。以後犯者。當如聖諭。又曰。江南北旱。河南風災。畿內不雨。勢將蠲賑。惟皇上量入爲出。加意撙節。如宮費及服御可減。減之。賞賚可裁裁之。尤宜止施捨惠及緇黃。不如活災黎也。上曰。然。今宮費俱節。賞賚照常。居正曰。皇上謂照常。亦近例耳。今年暫行。明年卽爲例。非祖宗舊例也。臣不敢遠引。如皇祖用度最繁。然內帑餘積。隆慶初太倉庫尚百餘萬。今歲入金花百二十萬。猶稱乏。惟皇上省察。上大是之。

右都御史兼兵部左侍郎吳兌以原官總督薊遼保定軍務。督理糧儲。兌久任宣大。旣佐內樞。意不欲行。託人達張居正。居正曰。第往。行內召矣。又意得一尙書銜。居正曰。此非所惜。第平速把亥。卽酬也。兌意始安。

癸丑。上御文華殿後講訓錄。是日吏部會推兵部左侍郎工部右侍郎高文薦宣府巡撫張佳胤。張居正以陝西總督三邊闕。上曰。是郜光先。居正曰。光先近守制。則高文薦可。上然之。居正曰。若侍郎推薦。時莫若卽此疏批出。嘉靖中世宗皇帝用人。中旨徑批。不由部推。上曰。可。改文薦兵部左侍郎兼右僉都御史總督陝西三邊軍務。以兵部右侍郎王一鶚爲左侍郎。張佳胤爲右侍郎。

賑稷山萬泉穀一萬四千七百餘石。

鑄整飭兵巡下川道管理清軍驛傳鹽茶水利關防二。

甲寅。應天蘇松十一府。實編均徭銀七十七萬八千三百餘金。

禮部上言。親王庶子受封。母封夫人。此定例也。親王襲封而嫡母不存。其生母應封夫人者。准封次妃。後蜀王宣圻封生母應次妃者爲繼妃。非也。今止如正統間例。許進次妃。不得稱繼。永爲令。從之。

乙卯。發南京戶部七萬金賑江南北。勅戶部曰。朕卽位以來。蠲賑歲下。一切裁省。無念不在斯民。乃各地方官不體德音。剝下罔上。贓私動盈千萬。其號賢能。不過趨承結納。何有愛民實意。卽積粟備賑。未嘗實行。及至災傷。束手無策。平日贓罰。作何支銷。撫按蒙蔽飾非掩罪。今後具犯。幷撫按治罪。

戶部上萬曆會計錄。先是尙書王國光輯前後除例成書。請刊布中外。凡四十三卷。上嘉納之。仍送史官採錄。

戊午。大理寺卿何起鳴爲工部右侍郎。

操江都御史胡嘉謨南京國子祭酒戴洵並被論。嘉謨罷。洵調外。洵乞原官休。許原官致仕。

己未。裁撫治鄖陽巡撫順天二都御史。

命總督吳兌兼兵部左侍郎。管巡撫事。

清畿內官勳備邊收夫軍屯等地共二千八百三十五頃有奇。

戶部以外進金花銀不敷。宮費太濫。乞加意撙節停買辦庶復舊額。上不聽。以午節近。暫以太倉銀庫抵進。

詔再免河南班軍三年扣價解班。資造兵器。

庚申。俺荅求番僧。命前番僧堅參札巴等往。

巡撫寧夏右僉都御史蕭大亨改巡撫宣府。巡撫甘肅張夢鯉爲大理寺卿。

五月

甲子。前南京戶部右侍郎栗永祿爲兵部右侍郎兼右僉都御史。巡撫甘肅。太常寺卿呂藿爲南京右僉都御史。提督操江兼巡江事。

禮科都給事中帥蘭等以旱霾乞修省。從之。

給番僧朶兒只唱與僧徒歹思骨兒各敕圖書。以俺荅陳乞也。

乙丑。鑄武昌湖北上湖南下湖北荆西各分守道及辰州府管糧通判關防。

丙寅。廣東從化增城龍門等縣大雨水。渰人畜田廬亡筭。

丁卯。湖廣左布政使晉應槐爲右僉都御史。巡撫寧夏。贊理軍務。

右春坊右中允高啓愚爲南京國子祭酒。

淸出勳戚莊田二萬二千七百二十五頃有奇。例徵四萬一百六十金。

戊辰。鎭江知府鍾庚陽海防同知張廷梧降三級。以失盜未獲也。

癸朔。蠲河南各項逋租。

陝西寧化王府庶宗伴哥弒母殺弟。伏誅。

庚午。代府鎮國中尉廷𡍼奉國將軍俊栁等沮撓丈田。稱赴闕。擅出城樹旗。不許闌截。巡撫賈應元以聞。有旨廢俊栁庶人。餘革祿。仍丈田如故。

辛未。裁南京大敎場等營把總八員。

戶科給事中牛惟炳論禮部侍郎王錫爵女曇陽子妖妄。

丁丑。南京河南道御史陳王道。採訪不報。爲右都御史劉斯潔所糾。調外。

戊寅。釋高牆庶人俔𥥈憲櫛旭槇家屬。

庚辰。裁湖廣總兵官懷寧侯孫世忠。

鑄太僕寺督理馬政關防。

甲申。雲南道御史孫承南論大臣舉動亂常。指王世貞曇陽子傳及世懋蠱惑人心。報聞。

乙酉。定保定等六府均徭銀九十二萬一千一百四十餘金。

戊子。南京禮部尚書林士章太常寺卿張鹵被論。命罷鹵。已士章引疾致仕。

開原道兵備副使楊邦憲久不赴任。免官聽勘。

議浚任丘滹沱河。

辛卯。太僕寺少卿裴應章議馬政歸併屯軍。時南京湖廣道御史于有年乞裁無用種馬。兵部覆議變賣種馬。曰。洪武初馬皆官牧。二十八年令民牧。永樂十年行于永平等七府。宣德四年行于兗州三府。正統十一年行于河南彰德等四府。弘治六年太僕寺少卿彭禮以戶丁有限。請止設種馬十萬匹。歲取駒二萬五千匹。始有定額。正德二年御史王濟以戶馬日弊。請令民買解。嘉靖間浙江道御史錢璞等請變賣南通州等七州縣馬四千一百八十六匹。二十九年。應天都御史翁大立亦議之。隆慶二年。太僕寺少卿武金請種馬盡數變賣。命革一半。以蘇民困。萬曆二年。直隸巡按御史胡秉性請變賣安東等四縣馬七百五十四匹。至今存者累芻牧。革者累津貼。其他勞費難以悉數。蓋種馬原額十二萬五千三百六十六匹。今太僕寺存額八萬八千有奇。見馬四萬一千有奇。南京太僕寺額三萬七千四百六十六匹。實一萬四千八百八匹。若盡變價收貯太僕寺。以蘇山東河南兩畿之困。草料折徵歲十二萬五千金有奇。積十年可得百萬。上從之。盡行變賣。

六月癸巳朔。甲午。協理戎政兵部尚書楊兆致仕。

乙未。定江北七府均徭銀七十九萬七千九百七十四金。減十二萬五千一百九十餘金。

後軍都督府都督僉事胡守仁爲總兵官。鎮守貴州。

丁酉。南京太僕寺卿李輔爲南京太常寺卿。

兵部上各鎮主客兵馬錢糧之數。

故加銜游擊周之望。贈□府都督僉事。廕子立祠。

貴州思恩參將李應祥爲四川松潘副總兵。仍故地。以應祥諳悉夷情也。

兵部議。于虜陣救回被擄二人者。視斬級賞五十金。著爲令。

乙亥。南京太常寺候裁少卿陸樹德爲南京太僕寺卿。

壬寅。上御文華殿。就講故事。寒暑少輟。上勤學不怠也。

癸卯。祁州知州李際現。虛報積穀千八百石。被參。鐫三級。左遷。責科臣姚學閔等不糾。科臣引咎。宥之。

禮科給事中丁汝謙上言。太廟列聖。皆嘗君臨天下。獻皇帝北面事之。一旦並列。且躋武宗之右。獻皇帝之心能自安乎。今祔廟之昭穆。不但壓于列聖。而異時親盡。其能勿遷乎。今玉芝宮神主。固在。請專祭獻皇帝。與太廟同日親享。上以睿宗祔享爲世宗親定。汝謙妄議。調外。

甲辰。以太僕寺馬五百給遼卒。不爲例。

丁未。南京戶部右侍郎總督糧儲陳道基爲工部右侍郎。

庚戌。南京大理寺卿王廷瞻爲戶部右侍郎。

辛亥。安南都統使莫茂洽遣宣府司同知梁逢辰入貢方物。先是嘉靖中罷宴。今從之。

夜。有流星如盞。色青白。尾跡有光。起天棓星。行至西北。二小星隨之。

癸丑。鑄分守安南道關防。時裁巡撫。南陽隔遠也。

丙寅。以去年七月番掠。俺荅責之。來謝罪。遂仍撫賞。

乙卯。穆廟和妃趙氏薨。

丙辰。復浙西監兌主事。

丁巳。應天府尹劉志尹爲南京大理寺卿。

己未。四川左布政使劉庠爲應天府尹。

七月妊朔。上祀太廟。

罷瓜洲儀眞各閘主事。倂于南河郎中。

乙丑。范鳴謙等十四人爲試監察御史。

以杭嘉湖水災。賑倉穀六萬四千七百八十八石。

獲嘉知縣張一心報墾田戶俱抄舊冊。被科參。降二級。

丁卯。派明年江西站銀以積羨足給也。

己巳。鑄貴州清軍兼理糧儲關防。

福建福安縣大雨水漂人畜傷稼。

甲戌。巡按直隸御史陳用賓以淮安鳳陽等府災。欲盡蠲逋租。幷停今年京邊漕糧以興水利。戶部議格第沿河隨宜立閘蓄泄。從之

乙亥。兵部議慎用武臣一嚴考語。一公推用。一重加職。一嚴交代。上是之。

丙子。鑄廣□清軍兼督糧道及湖廣管理驛傳屯田關防。

戊寅。命醫視張居正疾。

裁湖廣廣東各官七十四員。

庚辰。巡撫陝西右僉都御史李堯德劾免。

乙酉。代王鼐鉉請祿米食鹽舊戴罪裁祿三之一。而會典食鹽不許乞。上念鼐鉉已宥。給之。

裁廣西官四十九員。

戊子。蠲淮安揚州鳳陽積欠馬價。

己丑。光祿寺卿蕭廩爲右僉都御史巡撫陝西。

辛卯。前太僕寺卿舒化爲光祿寺卿。

八月廷朔。甲午。賜商河王載堘樓額曰勉學。高唐王厚煥書院曰思訓。

丙申。陝西提學副使王世懋予告。

丁酉。命汝南漢中各道聽湖廣巡撫節制舉劾。

戊戌。上祀太社太稷。

庚子。遼東定遼等衞雨雹如雞卵。傷稼約百餘里。

辛丑。陝西布政使右參政王弘誨爲右僉都御史。巡撫延綏。贊理軍務。

戶部覆陝西撫按所參州縣官積穀揑報各降斥有差。

浙江□布政使張國彥爲順天府尹。

壬寅。張居正疾愈入謝文華殿。

常胤緒襲懷遠侯。

俺荅上表貢馬。

丁未。揚州泰興海門如臯等縣大風雨。潮溢。漂沒人廬亡算。

戊申。萬壽節。會雨。免宣表。止八拜禮。

己酉。諭選淑女備九嬪。

庚戌。遣祭歷代帝王陵。

辛亥。議南京倉糧足支七年。以湖廣南糧明年至十二年。本折各徵其半。

九月妊朔丙寅。夜。月犯天江下星。

戊辰。湖廣廣元王憲𤇶久疾。乞長子術琱署府事。不許。第代行禮。

辛未。蠲靑登東昌八年以上班銀。

乙亥。山東丈田民地原額七十六萬三千八百五十八頃。今丈出二十六萬三千四百八十七頃。屯地原額三萬六千九百十五頃。丈出二千二百六十八頃。命撫按何起鳴陳功德紀錄。

丙子。免湖廣故景府所派軍校月糧。

戊寅。織染局御馬監太監張奎請三宮及潞王公主等段匹共十二萬。工科給事中李廷儀言萬曆四年三月。上供止織二萬九千餘匹。五月織大婚袍服。又減三分之一。止五萬八千。今該監胡爲有額外之請耶。命次第續織以進。

少傅兼太子太傅英國公張溶卒。

庚辰。移靖州參將于五開衞。移辰州通判于靖州。

旌京師烈婦齊氏。翟思檠妻。思檠死。絶粒以殉。特命建坊。

壬午。設鄖陽參將及下荆南參政兼憲銜。改駐鄖陽。

癸未。定四川兵馬錢糧。原額官軍五萬三百三十人。馬二千九百二十三匹。添設官軍三萬二千七百六十人。馬七千四匹。歲粟十八萬九千九百四十餘石。折銀三十二萬九千八十有奇。

移廣西潯梧參將于岑溪縣。以撫猺獞也。

甲申。保定總兵官劉鳳翔爲南京後軍都督府僉書兼提督神機營。

乙酉。前巡撫河南右副都御史胡堯臣卒。堯臣字□□。安岳人。嘉靖□□進士。素勵風節。不屑依違時局。士論推重。三品未滿考。特予祭葬。

前南京工部尚書陳紹儒卒。紹儒字□□。南海人。嘉靖戊戌進士。授戶部主事。管倉。議牧政。減芻料十八萬金。歷官中外俱有稱。予祭葬。

丙戌。增雲南武定府學廩生五人。

丁亥。作潞王府及壽陽公主第。

詔停刑。

戊子。臨清德州二倉積粟百萬石。恐朽腐。詔後收折色。俟陳糧半放仍本色。

免湖廣歷欠貴州協濟銀。又欽賞絹改官解毋僉累民。

是月。總督兩廣劉堯誨勦龍川縣妖賊鮑時秀捕斬三千四百九十人俘五百五十九人。

瞿九思曰一日縱敵。數世之患。此言寇不可玩也。鮑時秀始故撫民耳。當其面縛請降。豈自知有今日偃然

侯王。擅置大總。殆倔强矣哉。語曰養虎貽患。此言雖小。可以喻大也

十月辛未朔。上享太廟。

甲午。新寧伯譚國佐署南京左軍都督府事。

丙申。定福建積穀額。

慶雲見于宜陽河南巡撫褚鈇上其狀。兵科給事中劉朝詚言。區區雲物聚散何常。褚鈇匿其災傷不聞。故以

慶雲媚上。不問。

丁酉。鑄山東清軍兼管驛傳鹽法道關防。

戊戌。定浙江兵馬錢糧。原額官軍共六萬四千九百十二人。歲餉六十二萬六千九百十石。添設軍三萬三千

二百九十人。歲銀三十四萬八千三百十餘金。

設南丹衞參將二。巡檢三。

賑山西應朔渾源大同懷仁山陰馬邑。蠲其征。

鳳翔知縣王明累贓八百金。斃無辜六人。遣戍。

己亥。成山伯王應龍爲右軍都督僉書。

東虜土蠻糾虜萬餘入鎭安鎭靖二堡。分攻廣寧義州十三山。總兵李成梁擊走之。斬十八級。名酋二級。

庚子。土魯番天方撒馬兒罕魯迷哈密等國入貢。

辛丑。設連山縣宜善巡檢司。以右江猺目莫京彪等願附編氓也。

革衍聖公孔尙志女樂二十六戶。

世廟皇貴妃沈氏薨。

壬寅。貴州苗坪大灞等一百五十六寨苗民党艮阿蓋等來附。更名其寨曰歸化。隸都勻府。

陝西鄕官任重任惟一。怙勢殺人。並遣戍奪告身。

商丘縣地震。

李如松爲神機營右副將。成梁長子。

癸卯。虜三千騎從寧遠長嶺山入圍連山驛。李成梁擊走之。

丙午。前左贊善沈鯉直日講。

戊申。罷南畿書院六十有四。並改毁。惟留紫陽崇正金山石門天泉五書院。

琉球國中山王尙永入貢。

辛亥。誠意伯劉世延削籍。初南京兵科給事中□□劾其玩法及詆皇祖明旨。事下法司。論死。上念其祖佐命功。廢爲編氓。許子世襲。

裁寧夏鎭領班都司二員。

皇陵奉祀官都督僉事蔣華致仕。子克崇襲奉祀。

乙卯。禮部右侍郎許國爲左侍郎。少詹事陳思育爲禮部右侍郎。仍直經筵日講。

臨淮侯李言恭守備南京。署中軍都督府事。

丁巳。以淮安鳳陽徐州田多蕪。詔各署印官自明年始加墾。其衞所屯田。不許混入有司開冊。

戊午。左春坊左諭德陳經邦爲翰林院侍讀學士。仍直經筵日講。

己未。鄭王厚烷有疾。世子載堉亦疾。乞世孫翊錫代行禮。賜翼善冠服。從之。

十一月辛酉朔。南京右都御史劉斯潔爲南京禮部尚書。

逮河南知府趙于敏。以輸京四萬七千七十餘金。虧五百九十六金。錠式不依部樣也。

乙丑。總督兩廣兵部左侍郎劉堯誨爲南京右都御史。大理左少卿臧惟一爲太僕寺卿。

丙寅。蠲金鄉魚臺今年水災田租。

戊辰。南京刑部尚書陳瑞爲兵部尚書。總督兩廣軍務。

前少傅兼太子太保工部尚書雷禮卒。禮字必進。豐城人。嘉靖壬辰進士。博物洽聞。敭歷中外。鼎建陵殿。積有勞能。雖言官岑用賓等論邀寵保位。亦終始自全矣。

許虜酋滿五大及坡兒哈都台吉貢市如故。以前部夷銀定倘不浪等甘罰故也。

癸酉。許蜀府南川王讓栟孫宣齷襲爵。時十二歲。

乙亥。南京後軍都督府僉書周鳳翔改右府。西寧侯宋世恩署前軍都督府事。

修泗州城外石隄以護陵。

辛巳。少師兼太子太師吏部尚書中極殿大學士張居正一品滿十二年。賜金幣。敕勞之。

壬午。前戶部尚書殷正茂爲南京刑部尚書。

癸未。命張居正支伯爵俸。加上柱國太傅。廕尚寶司丞。

移漢中守備于鳳縣。改流官驛丞。以鳳翔寶雞至漢中寧羌山谷深遠多盜也。
丙戌。蠲賑眞定順德廣平風災有差。
丁亥。許張居正辭伯爵上柱國。賜部宴。
增雲南歲進九成金千兩。雲南始嘉靖元年。徵千金。至是再加二千金。戶部言民困。上終半之。
戊子。酌免汀邵延建興漳泉驛站銀一年。
己丑。遣刑部司官卹刑京省。
十二月辛亥朔。前鎭守貴州總兵郭成改鎭守四川。
壬辰。兵部裁京職一百六十五員。
癸巳。夜金土星合犯順行入危宿。
甲午。皇長女生。
前南京禮部尙書林庭機卒。庭機字□□。閩人。嘉靖乙未進士。自庶吉士歷前職。簡重著聲。予祭葬。
前貴州巡撫右副都御史蔡文卒。文字□□。尤溪人。嘉靖□□進士。庶吉士。改兵部主事。歷三品未滿。予祭葬。
前掌左軍都督府兼少保太子太保鎭遠侯顧寰卒。寰歷事三朝。忠勤頗著。予祭葬。贈太傅。謚榮僖。
乙未。以丈田弛緩。松江知府閻邦寧。池州知府郭四維。安慶知府葉夢熊。徽州署印同知李好問。各奪俸。
丁酉。徵太倉光祿寺各十萬金。備賞賚。兵科給事中萬象春等言之。不聽。
定四川巡按贖鍰輸部。歲八千金。陝西巡茶。歲一萬六百金。
己亥。江西丈田原額外丈出六萬一千四百五十九頃五十四畝。
談遷曰。江陵嚴細。時俱迎合。各省丈田。務加額爲功。吾邑用弓縮原額六寸。至今仍之。想各省亦然。雖墾荒在內。而專于加額。未始無王成之僞也。

陳應詔嗣寧陽侯。

庚子。巡撫甘肅右副都御史栗永祿致仕。山西布政司右參政王旋爲右僉都御史。巡撫甘肅。

城太平府。

辛丑。太原潞安遼沁澤災。巡撫辛應乾報遲。戶部言。辛應乾報遲。壅閼上德。于荒政何裨焉。今勒限夏災五月上。秋災七月上。敢後期者罪之。西北高寒。登穫爲緩。稍寬其限。報可。

庚戌。張居正請明春講貞觀政要。從之。

張元功嗣英國公。

四川巡撫右副都御史張士佩。參西充知縣張朁。給事中秦燿以形容太過。非章奏之體。罰士佩俸一月。

福建總兵官呼良朋。廣西總兵官王尙文。互調。各還其舊。

丁巳。周府宗室勤鰲于洧川與路某飲博。并戲其妹。見杖于署縣照磨孫健。于是勤鰲赴訴于京。上怒卑秩敢爾。張居正言。洧川非封地。又宗室不許越奏。宜下部行撫按。果罪在照磨。自宜盡法。若罪在本宗。亦當啓周王處治。庶得其平。上從之。

命章奏由通政司。鴻臚寺毋預。

壬午萬曆十年

正月。輔朔。壬戌。立春。受朝賀。

丙寅。遣刑科都給事中周邦傑閱視薊遼保定。工科給事中蕭彥閱視延寧甘固。兵科給事中田大年閱視宣大山西。

丁卯。上享太廟。太常寺卿陰武卿作聲。奪俸二月。

己巳。諭輔臣觀燈西苑。

南京兵部尚書潘季馴上五事。充營伍以重防禦。定城守以便責成。裕作養以備選用。清丈量以息爭端。均兵餉以便操練。部覆從之。

庚午。巡撫保定右僉都御史辛自修奏丈田清出一萬七千五百八十餘頃。

辛未。南京兵部車駕郎中劉學朱。江浦知縣余乾貞。俱察處揭辨褫職。

通泰淮安三分司所轄豐利等三十場暴風雨潮溢。渰二千六百七十餘人。銷鹽課二十四萬八千八百餘引。

壬申。前刑部尚書劉自强卒。自强字□□。扶溝人。嘉靖甲辰進士。授廣平推官。遷吏部考功主事。歷稽勳文選郎中。遷太僕寺少卿。亡何出爲陝西參議。遷山西按察副使。誅叛卒王慶。遷陝西參政。按察使湖廣左右布政。賑饑。甲子。遷應天尹。滿歲進右副都御史。巡撫四川。連平黃巾蔡伯貫之寇。丙寅。進戶部右侍郎。戊辰進南京右都御史。戶兵部尚書並南京。庚午。入刑部。萬曆初致仕。年七十五。予祭葬。

戊寅。戶部題張居正子編修嗣修恪遵庭訓。盡革親族冒免者。各省遵行。清出人丁四萬四百八十餘人。糧六萬三千八百八十石有奇。乞刊優免定例于石。從之。其疏頌美元輔。識者鄙之。

庚辰。戶部覆陝西總督高文薦條邊餉十二事。閱丈勘。廣招徠。給牛種。蠲舊逋。酌起科。處新餉。查隱占。築墩臺。專委任。昭勸懲。禁科斂。寬期限。其指畫屯田甚悉。上如議行之。

辛巳。先陽城王厚□薨。長子載埨罪廢爲庶人。次子鎮國將軍載坣攝府事。

壬午。故南京禮部右侍郎殷邁。巡撫貴州右副都御史陳洪濛。予祭葬。

復定大理寺左寺官六員。轄浙江福建山東四川廣東貴州獄訟。右寺官七員。轄江西湖廣河南山西陝西雲南廣西獄訟。

癸未。前刑部左侍郎洪朝選卒于獄。

甲申。命各撫按提學官嚴鄉賢名宦祠之冒濫者。不必奏請。以禮科給事中聶良言之也。

以山西修邊隔占應州民地一百八十六頃。又邊牆壕𡧖占民地一百二十六頃三十畝。豁其租。

河南布政司參議周有光。先任寧夏兵糧道貪恣。見糾。削籍。

乙酉。上視朝。諭閣臣百官袍帶多不按品。時或咳吐。並不敬。閣臣請今後傳鴻臚寺及侍班御史犯者參劾。命禮部申明朝儀。繡服毋明綠。帶毋牙銀。

裁陝西長岳靈武二監正。開城廣寧黑水安定清平萬安武安七苑圉長。改七苑爲七監。申飭馬政。

予故大理寺卿劉望之祭葬。望之四川□□人。嘉靖□□進士。歷官清操皎然。

丙戌。大理寺卿張夢鯉致仕。

是月。吏部左侍郎王篆奏錄諸戍斥者于察吏後榜之示不復收。從之。

王世貞曰。諸戍人皆非外吏。不當從觀察。而戍者已重于察吏。不當榜。即榜而異日安得以例杜其用也。人謂居正斂識人也。而不悟。蓋已知其不久矣。

二月㪷朔辛卯。陝西行太僕寺卿史嗣元劾免。

壬辰。巡撫保定右僉都御史辛自修爲大理寺卿。

癸巳。前戶部尚書殷正茂爲南京刑部尚書。

順義王俺荅卒。賜祭七壇。采幣十二雙。布百匹。其妻哈屯率其子黃台吉上表謝。貢馬。

論囚九人。俱侵官銀四百金以上。

甲午。諭內閣去年秋冬少雨雪。今春農務何賴。朕甚憂之。命傳禮部禱雨。是夜大雨。

唐府鎭國將軍宙槓仍爲宗正。以其賢不允所辭。

錦衣衞南鎭撫司右都督馮柱國指揮同知史繼書補本衞僉書。

給事中四人御史三人例轉外。

乙未。冊永寧長公主。時選駙馬都尉梁邦瑞尙之。

前吏科給事中張世則訐奏吏部尙書王國光鬻官贖貨。國光奏辨。謂世則外轉河南按察僉事故仇臣。上留國光。降世則一級調外。仍勅科道照前旨內外陞轉。毋創年例之說。使人規避逞臆。

知縣陳詩內召。不俟開俸卽離任。降調用。

丁酉。張居正言。安民之道。在察其疾苦。今尙有一事爲民害者。帶徵錢糧是也。夫百姓財力有限。一歲之入。僅足供一歲。不幸歲歉本年不能辦。豈復有餘力完累歲之積逋乎。有司避責。往往將本年所徵作帶徵完舊實則咸新收也。今歲之所減。卽爲明歲之所負。又將來帶徵矣。誅求無已。民何以堪。況錢糧頭緒繁多年分混雜。愚民竭脂膏以供里胥指交納以欺。甚有不才官吏因而漁獵。夫與其浚民脂以實奸貪之橐。孰若施曠蕩之恩。使小民戴上之仁哉。按戶部隆慶元年至萬曆七年。各省直帶徵錢糧百餘萬。兵工二部馬價料價不預焉。而蘇松至十七餘萬。蓋彼處稅重故逋多。昨巡按孫光裕請蠲。戶部不敢擅議。臣竊思恩出朝廷。若地方官請。則恩歸于下。乞諭戶部同兵工部覆萬曆七年上積負。除金花銀外。餘悉蠲免。將本年正額責令盡完。在百姓易辦。在有司易徵。是官民兩利也。上從之。于是戶部按江南蘇松逋七十一萬一千三百三十餘金。淮揚等逋二十四萬九千六百三十餘金。兵部覈帶徵未完銀十九萬六千九百九十一金。逋十六萬四千二百六十餘金。南京戶部按未完銀二十一萬五千餘金。俱蠲免焉。視蠲租之詔過之矣。

脩蘭州城。

壬寅。割四川播州八司。湖廣平淸偏鎭四衞。盡隸貴州。及鎭雄烏撒東川烏蒙官吏屬貴州巡按考察。蓋兵部謂貴筑一區。蜀之八司襟帶于前。楚之平淸偏鎭四衞聯絡于後。而貴陽思南銅仁鎭遠反環抱于外。黎平又在辰沅間。與五開銅鼓衞有鞭長不及腹之慮。而巡按馬呈圖請之也。

癸卯。甘肅赤白雲見。

甲辰。裁湖廣澧州順林驛。

丁未。戶部言。各省贓罰銀。自萬曆九年至十年。增舊共四萬五千七百三十八金。恐解數稍增。餽用不減。撫按必以多責司道。司道必以多責有司。有司希上官指。務多相勝。罪一人而連數人。應無力而概有力。止贖杖則擬滿徒。當給主則擬入官。甚至罰干證科良民。有司曰不加益則上官駁讞。撫按曰不加益則歲解不敷。是本部淸查贖金之議。爲殃民剝下之媒。朝廷富有四海。何用此贖金。爲貪吏口實耶。凡撫按公費紙紅薪菜吏廩等項。皆正項應支。餘賞公差。餽鄉官。殊負皇上禁貪責實之意。上命禁之。

吏科左給事中史繼宗等言。朝賀諸臣多託故註籍。旣誤隨班。兼廢職業。上因諭吏部。近日各官升堂太遲。過辰巳尚未公座。復盛宴會。堂上官宜率勵勤修。稱朝廷勵精圖治之意。

甘肅總兵官雷龍劾免。

戊申。上東郊朝日。

辛亥。巡按蘇松常鎭御史曾士楚予告。士楚倡張居正奪情。因斥編修吳中行檢討趙用賢。至是將按蘇松。曰。吾何面目見吳趙乎。遂引疾去。

壬子。太常寺卿陰武卿爲右副都御史。巡撫保定。貴州巡撫右僉都御史王緝爲右副都御史。巡撫南贛汀韶。

甲寅。南京太常寺卿李輔改北。

禁外官儀從毋越禮。

宣府右參將孫國臣爲平羌將軍總兵官。鎮守甘肅。

初。內承運庫以闕帑求浙直織各色紵絲紗羅錦綾紬共十萬四千四百九十匹。工科都給事中李廷儀言。萬曆四年內織染局題造袍段五萬八千餘匹。八年九年又題造十三萬餘匹。上用固不乏也。萬曆三年四年該庫坐派改十二萬六千餘匹。七年坐派三萬六千四百餘匹。賞用又不乏也。且織造踰十萬。非金百五十萬不辦。錢糧有正項。安得云無礙官銀。若庫貯已竭。則查歲造抱欠。嚴行催督。蓋加徵不如催正供之易。新派不如完舊欠之速。上從之。諭後該庫非甚闕毋輕請累民。

敕司禮太監李祐管浙直織造。初工部以上用龍袍及各新樣非民間所曉。恐地方官錯誤。乞遣該監擇一巧匠并金星牙尺。上怒其遷延。故有是命。

吏科左給事中史繼宸以宗藩自將軍至中尉祿遞減。聽其相生相養。一無所禁。宗女縣主以下儀賓遞減其半或減三之一。有司于儀賓優免其差徭。會典儀賓充軍者。待主君身故發遣。非法之平。今後儀賓犯戍者。議罰祿三之一贖。待主君身故另議。庶不廢法。章下所司。

丙辰。光祿寺卿舒化爲南京太常寺卿。

丁巳。命陝西湖廣撫按勘楚府牧地。

應天府尹劉庠爲右副都御史。巡撫貴州。

戊午。山西副總兵李貞爲都督□□總兵官。鎮守陝西。

太僕寺卿臧惟一爲光祿寺卿。

三月杞朔南京光祿寺卿鄭欽爲應天府尹。

築雄縣橫隄八里。

庚申杭州兵變初杭州東西二大營月餉九錢。巡撫右副都御史吳善言奉例減三之一。各卒有怨言。至是訴巡按御史張文熙謂春汛且防海而月餉兼銅錢不便。文熙好言慰遣之善言示曰。餉已減。其不願兵者聽歸農。次日遂大噪縛善言於公署。出而毆之文熙率各司吳憲等及巡鹽御史孫洵工部主事王謙光先後至營曲諭始解。以侵餉勒手狀而以官帑給之乃散釋善言文熙以聞。謂善言撫馭乖方兵備僉事王許之都司魯邦游擊魯應陽不能馭衆。各罰治悍卒宜懲首惡。上命兵部右侍郎張佳胤兼右副都御史。巡撫浙江。聽便宜行事。善言放歸。降王許之二級調用。魯邦魯應陽奪歲俸。

壬戌。太常寺少卿蔣遵箴爲南京光祿寺卿。南京太僕寺卿陸樹德改北。

南京戶部尚書王好問予告。

甲子。上御皇極殿。傳制冊九嬪。端嬪周氏。淑嬪鄭氏。安嬪王氏。敬嬪邵氏。德嬪李氏。和嬪梁氏。榮嬪李氏。愼嬪張氏。順嬪魏氏。

吏部文選郎中孫惟清爲太常寺少卿。提督四夷館。南京右通政林景暘爲南京太僕寺卿。

鎭江妖僧汪元珙等謀逆伏誅。

丁卯。張居正疾。求私宅票擬。從之。

太常寺少卿喬因阜爲南京右通政。

應天府尹鄭欽予告。

己巳。狠山副總兵侯繼高爲南京右軍都督府僉書。
庚午。修山西西中東邊牆墩堡。
辛未。以旱霾諭修省。
癸酉。遣司禮太監張鯨問張居正疾。賜金百。蟒衣一襲。餘物稱是。
保定浮圖峪災。
甲戌。減山西武鄉楡社和順賦額千五百二十餘石。
宗藩條例成。
丙子。虜酋速把亥寇義州。總兵李成梁擊敗之。斬獲百餘人。
丁丑。遣告郊壇祈雨。
穆廟莊妃劉氏薨。謚恭惠。
戊寅。瀋王恬烄薨。謚曰宣。
己卯。倭寇溫州。官兵擊走之。奪舟二。俘五十二人。斬五級。溺者甚衆。
辛巳。議開淸江浦新河。
癸未。賜永寧長公主莊田二千二百餘頃。
甲申。陳應詔嗣寧陽侯。
乙酉。遣內臣問張居正疾。
丙戌。惠州河源博羅大水。
丁亥。禁遊食僧道。

是月。貴州銅仁苗叛。銅仁錯壤楚蜀。其苗最悍。數爲患。有龍木哈。黠甚。有司議令約制諸苗。歲贍米糯魚鹽有差。木哈得漢物。因役屬諸寨。視官家外府也。及老子龍倖受事。爭兵帥。總兵胡守仁不能制。誘木哈賀歲杖斃之。于是諸苗怨叛。守尉頗利啗之。參議秦舜翰以擒木哈自爲功。終敗。

四月戊子朔。上享太廟。諭禮部令民及時農桑。毋游惰。

鑄福建清軍兼理糧餉關防。

辛卯午刻大風霾。

癸巳。前南京提督操江右僉都御史張岳閒住。初岳劾張居正終喪。居正銜之。令自陳調外。至是南京右僉都御史呂藿吏科給事中吳瑲希居正意。駁操江瀆鍰。劾其違例濫費。并及胡嘉謨。降一級調外。

戶科覆戶科都給事中姚學閔等所參河南丈田冊報多虛。撫按褚鈇趙楫奪俸。

甲午。寧夏土軍馬景等作亂。殺參將許汝繼。屠其家。巡撫晉應槐捕斬之。國初。故元部落楊倘兀馬火丹來降。立靈州守禦千戶所。其屬駐宼梁四里。曰土達。自耕食。其壯丁充營卒。許汝繼新任。法嚴失上心。致變。賊走牛個城諸堡。官軍分捕三十餘人。前誅二十八人。

裁福建林墩驛。

丙申。前少師大學士徐階年八十。閣臣請存問。從之。

浙江左布政使游季勳爲應天府尹。

顧承光嗣鎮遠侯。寰從子。

戊戌。故南京兵部尚書徐栻予祭葬。

保寧府地震。聲如雷。

庚子。以旱停刑禁屠。令羣臣修省七日。

釋輕四。

壬寅。廣西馬平等處獞賊韋王朋等謀叛。殺千總□□。官軍討平之。

癸卯。禁湖廣官進例謁顯陵。

敕太醫院施藥。時京師疫。

乙巳。順天府尹張國彥請豁房稅。張居正擬如之。有旨改擬。居正疏止。不報。

江西巡撫右僉都御史□□回院。

翰林院檢討劉楚先爲修撰。編修劉虞夔劉元震爲侍讀。

庚戌。慶都伯杜繼宗以年老預乞墳價。援武清侯李偉例請。上謂于例不合。特半之。給二萬五千。金田十六頃。亦創見也。

壬子。傳制封德府常潹安仁王。常洐銅陵王。新𤤶靖安王。載烘福順王。廷墭樂昌王。

應天府尹曹大埜爲右僉都御史。巡撫江西。

增歲貢木炭三百萬斤。

丙辰。夜彗星見西北。尾指五車。浹旬始滅。

五月甲朔。戶部議三事。減稅契。寬舖行。恤商人。從之。

己未。周府輔國將軍朝進。淫暴。廢爲庶人。

賑惠州和平縣水災粟四千七百石。

建寧淳安開化常山西安龍游江山並大水。

庚申。駙馬都尉梁邦瑞卒。時尚公主甫一月。

酌免先聖孔子及先儒朱熹李侗羅從彥蔡沈胡安國游酢江贄蔡清眞德秀劉子翬先臣楊榮等後裔各丁糧有差。蓋從福建巡撫勞堪之議也。

甲子。禮科都給事中石應岳御史馬應乾等各言節省以塞災異。上然之。命諸臣各修省。

乙丑。勅行人涂時相存問前少師徐階。賜金幣。勅有曰。衞武雖在耄年。箴警不忘于國。晉公已解機務。安危猶繫其人。維我宗工。不殊前喆。尙謀黃髮之詢。用慰蒼生之望。階遣孫元溥入謝。授元溥中書舍人。

刑科左給事中牛惟炳上四事。愼簡撫臣。外官給由。申明將權。禁革窩訪。章下所司。

鑄四川松潘威茂各管糧通判關防。

給戎政貧軍三千金。時大疫。

丙寅。五開衞逆卒胡國瑞等二十五人伏誅。遣戍二十九人。調指揮鍾鳴震等邊衞。

丁卯。蠲從化番禺增城龍門水災逋租。

己巳。免河東運司逋銀八萬五千五百九十餘金。

予淸江王順昌貴溪王厚黨漢陽王厚穪祭葬。

庚午。戶部請免雲南加金。不允。張居正申言之。且曰。或如撫按言。准其輸價來京。命戶部如數買進。從之。

辛未。辰刻。太白晝見。

鎭守四川總兵劉顯卒。顯南昌人。少貧困。欲自經叢祠。神護之。入蜀立功。平橫江白草芒佈諸洞。嘗以三百騎破獠萬人。孤身轉戰三日夜。斬獠首。繫馬而出。守蜀十年。經百戰。未嘗一衂。時倭犯江北。御史辟顯乘傳往。御史且饗。顯曰。賊在。顯不能咽。爲公滅賊還饗耳。賊執扇麾賊圍顯數重。射之輒殪。賊潰。顯盡斬之。淮倭悉平。顯不七尺。不冑不甲。著白布單衣。遇敵提兩刃超躍。見刄不見身。見者咸目爲神人云。

壬申。南京吏部尙書何寬致仕。

甲戌。遼東巡撫周詠進兵部右侍郞兼右僉都御史巡撫如故。

鄭王厚烷乞修邸一萬八千六百金。不許。

丁丑。蠲寧夏萬曆六年以上樁棚銀。

戊寅。吏部左侍郞趙賢爲南京吏部尙書。

己卯。量減畿內今年田租。

壬午。魯府奉國將軍觀熔殺人。廢爲庶人。

甲申。起楊巍吏部左侍郞。

乙酉。巡撫浙江張佳胤杭州民變擒斬之。賜飛魚衣一襲。金三十。幣一雙。御史張文熙金二十。幣一雙。

是月。烏蒙祿榮烏虜二酋搆兵。初烏蒙知府祿堂卒。子祿墨嗣。祿墨妻世谷有殊色。多計數。專府事。喇哈土官阿著卒。妻曰阿壞。東川知府排來從女也。髮九尺。光可鑑。亦專喇哈事。所產銀鑛畜綵繒金寶數萬。祿榮利之。貨其侍者得幸。世谷與阿壞爲姨姒。知有銀鑛。甘心焉。佯善阿壞。陰兵之。祿榮貌美。雖私阿壞以烏蒙地大。欲治其室。會世谷如喇哈。祿榮盛飾郊迎。大悅之。載以歸。納諸密室。懀其夫祿墨。遣往烏撒。陰令人刺之。祿墨走水西。世谷賂水西殺祿墨。而祿榮遂據府治。弟烏虜不能平。數相爭。烏虜奪喇哈。亦通阿壞。祿榮愈憾。盡收其地。世谷誑四川監司。言祿堂死亡子。榮實從子。宜嗣。監司按之。世谷以賂獲襲。烏蒙府素忌烏虜。時走烏撒。因阿壞以請于東川。于是二府合兵數萬共攻祿榮。殺掠無筭。明年。檄安國亨母祿氏諭之。乃定。

貴州普定衞大水。

六月丁亥朔。日食。

庚寅。翰林院庶吉士馮夢禎爲編修。

壬辰。禮科給事中石應岳上科場六事。正文體。嚴防範。重內簾。定程式。公選舉。重廷對。（罷對策不稱者。）部覆從之。

予故南京刑部尚書馮岳祭葬。岳慈谿人。嘉靖丙戌進士。授工部主事。歷巡撫都御史。至今官。上卽位初存問。素負清望。兼著軍功。士論重之。

癸巳。胡守仁爲總兵官。鎭守浙江。

叛人綽力哥伏誅。綽力哥故漢人。勾水泉堡伏虜殺官軍者。

甲午。前少保兼太子太保禮部尚書武英殿大學士殷士儋卒。士儋字正甫。歷城人。嘉靖丁未進士。選庶吉士。己酉。授檢討。壬戌直裕邸。秩滿進右贊善兼檢討。丙寅進洗馬兼侍講。丁卯正月。擢侍讀學士。二月。進禮部右侍郞。五月。改吏部。戊辰進禮部尚書署詹事府。二月。主禮闈。五月。敎習庶吉士。十二月回部。庚午進太子太保。上卽位中旨兼文淵閣大學士。尋加少保。進武英殿。辛未十月致仕。士儋直閣忤高拱。又不從廷推。物論薄之。年六十一。贈太保。諡文莊。予祭葬。

乙未。宣遼東之捷。

張居正以疾乞休。不允。

丙申。贛州捕盜通判改管兩關商稅。練兵同知兼管捕盜。

丁酉。敍遼左功。進張居正太師。廕錦衣衞指揮同知。張四維太子太師。廕百戶。申時行太子太保。寧遠伯李成梁世錦衣衞指揮使。兵部尚書梁夢龍吳兌進兵部尚書兼右都御史。兌及兵部尚書梁夢龍巡撫周詠各廕錦衣衞百戶。賜金幣有差。勞鎭卒萬金。

張居正再乞休不允。

南京右軍都督府僉書戚繼美為總兵官鎮守貴州。繼光弟。

戊戌中書舍人王繼光唐堯欽行人袁國臣陳燁孫瑋田疇推官陳與郊阮子孝太常博士馮景隆為給事中。子孝景隆並南京博士雷士楨中書舍人洪聲遠黃鍾行人王世揚龔一清江東之楊四知陳韜陳性學方萬山推官韓應庚鄧錬魏允貞毛在鵬楊鳴鳳知縣張問達孫繼先向日紅張應詔張維城為試監察御史鳴鳳維城萬山並南京。

己亥長蘆巡鹽御史曹一夔論鹽政九事清竈地。豁重差。禁私鹽。蠲積逋。課私煎。復鹽司。更鹽場。改富貴為鹽場新鎮為銀場從商便也。割沒銀繳引目。官買餘鹽。戶部覆惟官買餘鹽。經題革有旨。食鹽當從民便。今後聽商發買。不必派發。餘如之。

鑄工部管理街道關防。

庚子命司禮太監魏朝問元輔疾。賜手敕慰留。

壬寅冊封恭妃王氏。皇元子母也。

太原平陽潞安大饑。蠲年例贓罰八千金。賑萬金。并發倉粟。

夜月食。

甲辰遣司禮太監張鯨賫手敕諭太師張先生。今日聞先生不粥。朕為深慮。國家大計。當為朕一言之。賜八寶食物。居正力疾疏謝。並上密奏。蓋薦潘晟余有丁也。

乙巳前太子太保禮部尚書潘晟兼武英殿大學士。署詹事府事吏部左侍郎余有丁為禮部尚書兼文淵閣大學士。並直文淵閣。

武軍營左副將焦澤爲南京右軍都督府僉事。

丙午太師兼太子太師吏部尚書中極殿大學士張居正卒。上震悼。輟朝一日。命司禮太監張誠經紀其喪。賜金五百紵絲六雙紗羅柴布香燭茶米油鈔鹽炭有差。兩宮太后及中宮各賜金幣如之。賜祭十六壇。遣葬。諡文忠。贈上柱國。廕尚寶司丞。居正字叔大。江陵人。幼有異質。年十四。巡撫顧璘試諸生首拔之。曰此公輔器也。贈金帶。曰子他日且圍玉。詎止金。其善自珍。年十六。舉于鄉。嘉靖丁未進士。選庶吉士。授編修。告歸七八年。絕跡有司。嘗騎牛鄉間。入朝侍裕邸講讀。稱賢。歷侍讀學士。預修永樂大典與都志。裕王即位。進禮部右侍郎。改吏部。尋直閣。充世廟實錄。知經筵。主會試。歷禮部尚書。轉吏部。加少保兼太子太保。至今官。人臣之位極矣。性深沈機警。多智數。爲史官時。嘗潛求國家典故及時務之切時者。剖晰之。遇人多所咨詢。及贊政。毅然有獨任之志。受顧命于主少國疑之日。遂居首輔。迨攬大政。助上力行祖宗法度。上亦悉心聽納。十年來海內肅清。四夷讋服。太倉粟可支數年。冏寺積金不下四百餘萬。成君德。抑近侍。嚴考成。覈名實。清郵傳。核地畝。洵經濟之才也。使其開誠布公。持止足之戒。敦寬大之風。雖古賢相何以加焉。惜其褊衷多忌。小器易盈。箝制言路。倚信佞倖。方奪情時。威權震主。禍萌驂乘。何怪乎身死未幾而僇辱隨之也。識者謂居正功在社稷。過在身家。諒夫。後數十年。人追誦其功。天啓元年。復其官如初。

于慎行曰。萬曆初年。江陵用事。與馮璫相倚。共操大權。于君德夾持。不爲無益。惟憑藉太后。擕持人主。束縛鈐制。不得伸縮。主上聖明。雖在沖齡。心已默忌。故禍機一發。遂不可救。世徒以江陵摧抑言官。操切政體。爲致禍之端。以奪情起復。二子及第爲得罪之本。固皆有之。而非其所以敗也。江陵之所以敗。惟操弄之權。鈐制太過耳。

馮時可曰。江陵在事。振綱肅紀。修內攘外。使天下晏然如覆盂。不可謂無功。其苞苴餽遺。多卻而少受。不可謂贖貨亡論。其他卽江南諸郡所與相關通者。惟徐相國家與林太僕耳。此外卽筭器食莫有致者。惟是好攬權而喜附己。則于賢者若擲沙遺瀋而莫之恤。于佞者若嗜醴悅羶而莫之厭。故一時舉措多拂人意。又其交內豎以固位。進珍玩以希寵。甚非大臣之道。至于奪情拒諫。鼎甲其子。而名行大墜。人心大失矣。所謂君子有大道。忠信以得之。驕泰以失之。于斯驗矣。

謝肇淛曰。江陵行事雖過操切。然其實有快人意者。如沙汰生員。廢書院。減郡縣。去諸冗員是也。至于久任稍苦諸守令。禁勘合則苦于行旅。是以人多怨之。至其結馮保以收諸內豎之柄。北任戚繼光而虜不敢窺塞。垣南任譚綸而倭寇讋服。其才智明決有過人者。昔張乖崖謂衆人千言不盡。寇準一言而盡。江陵有焉。而末節驕奢縱恣。以覆其宗。則亦不學無術之過矣。

毛壽登曰。江陵承顧託。輔幼主。身伊周之任。寵眷稠渥。前古未有也。天下固已側目其身矣。而振綱剔弊。海內披靡。又皆其誓沈族碎家而爲之者也。雖欲避專擅之跡何可得然公無所不可得之人主。而奪情之役。不以死爭。摧擊過當。有容之度闕焉。豈自信報主。眷平物論。蓋有非常之功。誠不屑區區形迹間飾款言塞衆望耶。卽海忠介有言。居正工于謀國。拙于謀身。諒哉。上下數十年間。墨衰視事。楚人兩見。然江陵名差不正而人顧自思之矣。

戊申。頒暹羅國王印。

己酉。禮部尚書兼文淵閣大學士余有丁充總裁及同知經筵官。

庚戌。吏部左侍郎兼翰林院侍讀學士許國改吏部。署詹事府事。

浙江道試監察御史朝邑雷士楨言。潘晟久玷清華。不聞亮節。初爲禮部尚書。穢跡昭著。先帝嘗斥之。其再起。輿情共惡。皇上又斥之。今一旦登具瞻之任。恐貪榮倖進者流有以窺皇上之舉動也。幸收回成命。罷遣行人。

更擇耆碩以昭平明之治。上不聽。給事中張鼎思王繼光孫瑋牛惟炳御史魏允貞王國各有言。晟遂疏辭。令新銜致仕。

談遷曰：宰相莫大于薦人。蕭何之薦曹參。諸葛亮之薦蔣琬。其身雖沒。矩矱不移。江陵疾篤。所薦二相。俱非偉望。豈向來特識。以鬼錄蒙之耶。聞其彌留時。適上問以後事。王篆輩爲善後慮。覬二人代位。尋小合勢。或非江陵本意也。

壬子。臨淄王勤琰子翊㲂爲濫妾所生。降襲奉國將軍。

新鑿淮安永濟河成。亙四十五里。賜總督尚書凌雲翼金幣。

先是安南貢使遣通事范可久送至憑祥州。土官李德勝等苛索。可久不可。德勝率土目陳珠等入關。遂大亂。可久自刎。

是月。胡婦大嬖只乞慶哈部妾同炒蠻盜邊殺掠。事聞。奪副總兵陳文治俸三月。張崇謙二月。

瞿九思曰：臣聞之曰。薊門以險爲邊。墉臺聯峙。而虜騎時復小入塞。何哉。說者曰。邊長二千里。有險易。易者通大舉。險者通步賊。唯是大舉易禦。鼠竊難防。信哉是言也。大嬖只炒蠻之屬。夫非我市夷。與乘隙盜邊。歲歲有之。臣又聞撫賞費我已增至二千五百餘金。而諸虜曾無厭心。翊德而莫仇。東賞而西寇。甚乎哉。諸酋幾自倦。不然者。夫豈不知漢法之嚴峻也。

是月。有鳥鳴銅仁府學。聲如雷。

七月。𦚢朔。上享太廟。

丈宣府地。額六萬三千一百三十六頃。均糧十九萬四千九百十八石。

丁巳。禮部右侍郎陳思育爲左侍郎兼翰林院侍讀學士。

起王遴兵部右侍郎。

大學士張四維言入秋漸涼仍講訓錄報聞。

庚申。保定巡撫陰武卿請蠲保定等州縣萬曆七年以上草料銀站銀夫皁銀上從之。

勒周府鎮平王府□□□□勤熻自盡以毙兄謀兩妻也。

辛酉。命有司祭歷代帝王陵。

右春坊右贊善沈鯉翰林修撰沈懋孝主試應天。

復濟南管馬通判。

江南丈田原額四十五萬一千五百八十頃五十餘畝多餘九千五百四十餘頃各衞所屯田九千八百九十九頃。

癸亥。丈出貴州額外民田十四萬二千三百十四畝屯田一萬七千一百八十一畝。

甲子。左春坊左贊善沈鯉爲翰林院侍讀學士署院事。

浙江開化大水。

廣西丈出官民田七百六十八頃八十七畝。

丙寅。吏部左侍郎楊巍爲南京戶部尚書左副都御史胡檟爲刑部右侍郎。

蠲廬鳳淮揚徐萬曆七年以前驛站銀五萬六千九百五十七金。

丁卯。城奉新萍鄉萬載三縣。

故錦衣衞北鎮撫司僉事袁彬孫承恩襲都指揮僉事。

戊辰。提督京城巡捕署都督僉事李超爲南京前軍都督府僉書。

陝西旱災。

揚州太倉常熟上海崇明嘉定吳江大風雨。拔木。潮溢。壞田禾十萬餘頃。漂二百餘家。

庚午。翰林院侍讀朱賡羅萬化爲左右諭德兼侍讀。修撰王家屏爲洗馬兼修撰。各署坊局。左春坊左諭德沈一貫爲左中允。

吏部右侍郎王篆爲左侍郎。巡撫四川右副都御史張士佩爲吏部右侍郎。巡撫福建右副都御史勞堪爲左副都御史。回院。

陝西平涼慶陽延安災。臨洮鞏昌次之。巡撫蕭廩乞均賑。報可。

敍御道功歷三年。費三千餘緡。

辛未。工部主事提督泉源馬玉麟。閉南旺北閘。借水南流。致淤北舟。被糾。奪俸三月。

己酉。巡撫應天右僉都御史孫光佑爲右副都御史。巡撫四川廣西左布政使趙可懷爲右僉都御史。

丙子。國子司業王弘誨爲南京右春坊右諭德。署院事。大理寺右少卿郭思極爲右僉都御史。巡撫應天。

武定侯郭大成掌右軍都督府。

蠲河南站銀三萬三千三百餘金。山東馬價銀站銀四萬六百餘金。及江浙馬價四萬三千七百餘金。

己卯。浙江丈出田一萬六千一百十二頃十七畝。軍田三十四頃五畝有差。

庚辰。晉府與寧化王爭田。撫按清丈。定歸寧化王。

予故太子太保兵部尚書郭乾祭葬。

辛巳。兩淮鹽運使陳楠以貪墨削籍。下臺訊。

哈密衞都督同知米兒馬黑麻乞襲祖職。許之。

壬午。初高淳副使張蘊。知州張應亮陳時文。𢧐知縣李永催賦鼓愚民。誣告之。巡撫孫光裕以聞。命蘊等削籍下臺訊。

命錦衣衛護張居正歸葬。

甲申。命司禮太監陳政護張居正母趙氏南歸。

翰林院修撰黃鳳翔爲右春坊右中允。署國子司業。

山西管糧參政杜友蘭開荒實效。遷太僕寺添註少卿。專管東路營。

八月朔。戊子。上祀太社太稷。

辛卯。左春坊左諭德兼翰林院侍讀朱賡侍講韓世能主試順天。

壬辰。鑄雲南分守安普金滄洱海臨沅各道關防。

乙未。楊寅秋趙楷補選監察御史。

丙申。皇元子生。恭妃王氏出。

丁酉。徵太倉二十萬金光祿寺十萬金。備宮賞。戶部求約省。報聞。

戊戌。上受賀皇極殿。

授王道亨錦衣衛帶俸指揮僉事。恭妃兄。

己亥。前巡撫甘肅兵部右侍郎兼右僉都御史侯東萊卒。東萊字□□。掖縣人。嘉靖庚戌進士。

丁未。蠲涉縣湯陰林縣盧氏陝州新安澠池夏稅。

戊申。夜月入井宿。犯大星。

先是陝西宜君三水縣田民作亂。官軍討平之。

倭寇興化漳南。官兵擊斬三十餘人。

癸丑。賑祁門縣水災。發萬金賑延安綏德榆林三衞。

賑寧夏。

免保定河間眞定順德廣平大名田租。

甲寅。工科右給事中王敬民上四事。處積餘以備實用。酌歲造以省繁費。禁冒濫以清匠役。嚴稽查以懲欺玩。章下所司。

九月厥朔。丁巳。雲南進年例黃金二千兩。以後期詰問。閣臣張四維等乞寬宥。從之。

和川王府鎭國將軍廷垐。幾族弟廷堧。賜死。

戊午。河南丈出田八千九十三頃十七畝有奇。

辛酉。頒元子恩詔。

壬戌。上仁聖懿安康靜皇太后徽號。

乙丑。上聖母慈聖宣文明肅皇太后徽號。兩宮禮成。詔天下。

丁卯。進張四維少師。申時行少保。各廕尙寶司丞。余有丁太子太保。廕中書舍人。

庚戌。大同副總兵麻貴爲征西將軍都督總兵官。鎭守寧夏。

癸丑。總督京營彰武伯楊炳進太子太保。

鑄崇文門通州草場各分司關防。

己巳。南京河南道御史郭惟賢。前翰林編修吳中行。檢討趙用賢。刑部員外郎艾穆。主事沈思孝。進士鄒元標。上怒其黨。降縣丞。給事中尹理等御史印祥等疏救。各奪俸有差。

庚午。﹝罷﹞陝西萬曆十年上苑馬寺馬價。

辛未。翰林院侍讀劉元震修撰劉楚先管理誥勅。

壬申。考察各提學官。

先是廣積庫太監焦科請買淨硝三百萬斤熟黃百五十萬斤備用。工科給事中李廷儀言。該庫硝黃例十年一派。二百萬斤。將庫貯黃生熟煎剔借用。今期未及先例。不過利其出納耳。工部不能執命買硝百五十萬斤。黃五十萬斤。今後仍十年一派。毋越奏。

癸酉。兵科右給事中王三餘上言。邇年中外決囚數殆近千。雖除惡務盡。或未盡得其罪。有如往者王奎荷花之案其冤豈淺鮮哉。今次審決。請各務仁恕。決囚寧少毋多。擬獄寧緩毋急報聞。

甲子。前南京工部右侍郎方廉卒。

丁丑。議賑應天太平。巡按御史蔡夢說謂無所出。乞以今年所納漕糧准倉穀以賑濟之。

翰林院編修黃洪憲工科右給事中王敬民頒詔朝鮮。

建州虜侵曹子峪官軍禦卻之。斬三十九級。并獲喜樂溫河指揮使銅印一。

隰川王府鎮國中尉廷徑匿名越奏。廢為庶人。

日講官陳思育陳經邦各加太子賓客。沈鯉改侍讀學士。加四品服。朱賡王家屏為左右庶子兼侍讀。署坊局如故。沈一貫為右諭德兼侍讀。

誅歙人楊文學。文學假丹術遊松江。值閹人鄭喜僞稱寧府散誕王。喜稱石城王府內使。冒冠服私牌。毆人死。事發。浙江撫按擬假官律。上惡其情。刑部引詐傳詔旨及私自淨身律梟文學斬喜。

壬午。駙馬都尉侯拱宸攝宗人府事。

癸未。慈聖發帑金二十萬。太僕寺馬價三十萬。勞各邊卒。

甲申。內官等監因慶典爲工匠陳乞五百七十餘人。工科都給事中李廷儀言。工匠有月廩。自其常職。名器至重。榮以冠帶。已非其據。加以俸級。尤非其宜。且近嘗裁冗員。而一日陞俸級數百。冒濫太甚。有限之財。安能供無窮之費乎。而吏部不能奪。後遂爲例云。

十月乙酉朔。上享太廟。

丙戌。永陵昭陵寶城成。

己丑。鑄福建福寧漳南建南等各守道關防。

以寶城成。賜各部金幣。加工部尚書曾省吾太子太保。太監張城廕錦衣百戶。馮保賞如閣臣。張鯨等殺之。時工部敍內臣功甚侈濫矣。

壬子。予故陝西巡撫右僉都御史張祉祭葬。

癸巳。予故南京工部尚書呂光洵祭葬。

御馬監太監劉陽。以覃恩爲太醫院使錢增等乞陞右通政等官。禮科給事中石應岳不可。禮部覆寢之。

甲午。追封榮昌王翊鏡爲淮王。謚曰昭。故淮王嫡子甲卒。亡子。其叔載堅嗣淮王。以請。從之。

增郡縣童生入學額。視地大小有差。

丙申。揚州大風。壞舟千餘艘。

丁酉。雲南道御史楊寅秋劾吏部尚書王國光六罪。擅發工部萬金修宅。取罪人仇鸞家石獅。宴客宣武樓。受滄州知州張與行美人二。勒司務胡誥引疾。補內姻江學詩。覆用貪墨副使韓應元。不謹知府薛綸。以賄故乞罷斥以爲大臣戒。上大怒。國光欺君蔑法。令冠帶閒住。復胡誥。削學詩籍。

申飭巡按及守巡官理枉放告。毋郡縣官沮抑。從給事中韓紹孫議也。

己亥。監察御史曹一夔論王國光。并及張四維。疏入。留中。遣內臣諭四維毋介意。四維疏謝求罷。不許。時上厲精求治。去留皆獨斷云。初。張居正薦潘晟。位申時行上。以偪張四維。及晟論罷。馮保大怒曰。執政無我。嗾御史劾國光。使四維。申時行曰。事迫矣。謀發保客徐爵等表裏奸利狀。

庚子。前左都御史潘恩卒。恩字□□。上海人。嘉靖癸未進士。贈太子少保。謚恭定。

辛丑。予德府嘉祥王常泩民校二十人。例也。

癸卯。張四維三疏乞休。不允。

進吳兌梁夢龍太子太保。加李成梁歲祿五十石。陰武卿戚繼光各廕賚有差。史完等逮罰有差。以閱科舉劾也。

甲辰。太子太保兵部尚書梁夢龍改吏部尚書。

乙巳。山西道御史張問達劾張四維。上怒其瀆妄。謫福建鹽運司知事。

浙江巡鹽御史孫洵上九事。平徭役。清逋併。復丁壯。甦竈困。寬鹽禁。恤運軍。僉旗甲。收人才。定疑貳。其言多可採。部覆從之。

庚戌。命皇弟潞王歲祿萬石。今在京。且支三千石。鈔萬貫。給旗尉六百人。軍千人隨侍。

辛亥。謚瀋王恬焌曰宣。趙府江寧王載璞曰莊惠。南樂王厚熠曰康順。德府涇陽王厚㙋曰溫文。

壬子。總督陝西兵部左侍郎高文薦上延綏寧夏固原甘肅四鎮圖說。

癸丑。南京禮部尚書劉斯潔致仕。

是月。雲南討緬甸叛夷。初。緬甸酋莽瑞體生時值大雪。其室獨無。夜有光。及長。沈鷙善用兵。拓地萬里。嘉靖間。

據擺古威劫諸夷。爲永騰患。是年死。子應禮繼之。益肆。江西人岳鳳游麓川。冒爲宣撫多民土目。後遂自立。懼討。嗾應禮作亂。永騰大震。

十一月⿰身乙朔。總督薊遼太子太保兵部尚書吳兌回部。

丁巳。宣嶺南遼東之捷。先是廣東數苦倭。而蜑賊梁本豪復購倭流劫海上。總督尚書陳瑞擊破之。斬本豪。先後擒斬倭千六百有奇。沈二百餘艘。無遺類。建州屬夷王杲遣子阿台誘北虜犯孤山。總督吳兌追斬一百八十餘級。并殲各酋五十六人。獲馬五百。

免山西今年秋糧銀二十萬六千九百九十餘金。

鑄貴州分守貴寧道新鎮道關防。

揚州土沃而勢下。左大海。右諸湖。恃厚隄支流以資溉。自范隄壞。高寶隄濱支河多湮。于是高郵寶應興化泰州爲壑。民竄羅于昏墊。河道尚書凌雲翼上言。治之有二策。疏上流使入江。洩下流使入海。漕河之水爲上流。范隄之水爲下流。如西引邵伯湖。轉至新安湖。復東入運河。至芒稻河。則上流疏矣。如牛溝河牛家堰廟灣爲三大海口。引各支河東會于牛溝河。北會于射陽湖。俱入海。則下流泄矣。請築范堰。宜四萬二千四百餘金。并浚支河六。宜二萬一千四百餘金。上從之。

己未。巡撫大同右副都御史賈應元爲兵部左侍郎。兵部左侍郎王遴協理京營戎政。巡撫遼東兵部右侍郎兼右僉都御史周詠爲兵部左侍郎兼右僉都御史。總督薊遼保定軍務。

庚申。禁儒童散考遺才。

壬戌。南京兵部尚書楊成爲南京禮部尚書。

寧前兵備山東右布政使李松爲右僉都御史。巡撫遼東。岢嵐兵備山西按察使胡來貢爲右僉都御史。巡撫大同。

免大同屯租。

乙丑。協理京營戎政兵部左侍郎王遴爲南京工部尚書。

丁卯。以潞王婚禮徵金珠各色金三千八百六十九金。青紅寶石八千七十塊。各色珍珠八萬五千餘顆。珊瑚二萬四千八百餘顆。戶部告匱不聽。

初。四川永寧宣撫司土婦奢世統與署印土婦奢世續。世以女。奢效忠獨否。效忠死。妻世統無出。妾世續生子三。異居爭印仇殺。總兵郭成參將馬呈文會勦。以千兵深入落紅。世統所居也。世續亦以兵尾其後。沙卜拒戰我軍失利。成等困索沙卜世統不從。殺把總黃希忠等三人。拘指揮禹嘉績。仍聚苗兵萬餘。欲攻永寧泄忿。事聞。責成呈文戴罪自効。道萬一貫奪俸三月。

戊辰。固安伯陳景行卒。景行通州人。仁聖太后父。歲貢生。抑畏不失故步。贈太子太保。謚恭靖。

己巳。山東巡撫右副都御史楊俊民爲兵部右侍郎。兵部左侍郎賈應元協理京營戎政。

庚午。潞王府第成。

辛未。虜寇宣府新興堡。游擊劉寅泰擊走之。

乙亥。初。肅王紳熿奏乞折祿莊田。戶部言。先懷王故絕。折祿莊田久抵甘固年例。今肅王薨。繼襲已久。若復全祿。違旨越分。臣實未見其可。上命半給之。

丙子。元子命名常洛。

丁丑。免陝西萬曆七年屯糧。

戊寅。太僕寺卿陸樹德爲右僉都御史。巡撫山東。

己卯。閱視延寧甘固邊務工科左給事中蕭彥言。肅州虜屢掠番人。攻我民寨。傷我官軍。歲無寧月。臣目擊河西危急有當亟議。宜更將領。易召募。肅州連年多故。諸番避居關廂。今虜中逃回。往往投兵。宜施優卹之策。虜出入肅州涼莊鎮番間。將窺我虛實。一旦渝盟。悔將何及。上是之。

癸未。宗人府災。

十二月乙酉朔。大理寺左少卿劉良弼爲太僕寺卿。

丁亥。順天府丞趙煥爲大理寺左少卿。

賑西安鳳翔。

戊子。戶科給事中王繼元。劾工部尚書曾省吾十罪。勒免。

己丑。徐顯卿補翰林院侍讀。

辛卯。山西懷仁等王府奉國將軍聰滑等越關赴奏。自嘉靖四十年至今。歲祿未給。戶部請廢爲庶人。徙閒宅。上謂宗祿欠久。令所司措處。每年量給二季資贍。免徙閒宅。

山東道監察御史江東之。劾錦衣衛指揮同知徐爵本逃戍。緣馮保門下。濫叨武職。擅入禁庭。爲謀叵測。幷論吏部尚書梁夢龍以三萬金託爵賄保。得典銓。又孫女許字保姪。謝恩之日。卽往拜爵。狎飲受命。公朝拜恩私室。非明時所有。命下爵于獄。錦衣嚴訊。下梁夢龍刑部。已御史鄧鍊趙楷各糾之。令夢龍致仕。

壬辰。司禮太監張鯨署東廠。是日。江西道御史李植。劾司禮太監馮保十二罪。當誅。有旨。保欺君蠹國。本當顯僇。念効勞日久。降南京奉御閒住。從子馮祐等俱削籍。張大受等降火者。孝陵司香。各籍其家。初。張居正卒。上惡馮保。左右知之。以告御史江東之李植。未敢卽攻保。先論徐爵。果下獄論死。乃攻保。上曰。吾待此疏久矣。

順天府尹張國彥請禁收火耗。收商稅。各郡縣官玩忽者。不時查參。報可。

時女直南關王台最强。既沒。孽子康古陸與兄虎兒罕赤爭產。奔北關。逞加奴妻以女。北關仰加奴逞加奴最强。時糺土蠻攻南關。至是乘間與虎兒罕赤仇殺西虜黃台吉等陽助虎兒罕赤。陰收白虎赤等自益。巡按御史馬允登以聞。乞宣諭二奴各罷兵。勿爲西虜所愚。如二奴狂逞。須圖善後之策。上是之。

瞿九思曰。世傳海西爲金遼遺種。豈其然乎。以臣而覩開原。天所以限北虜也。方王台時。北虜最倔强。卒不敢越海西飲馬于遼瀋東南。豈非台能振其左臂哉。及王台僇把其三。獻王杲。則又未嘗不壯其忠烈也。

甲午。吏部左侍郎王篆免。先是巡按直隸御史王國論馮保招權納賄。張居正沒。令徐爵納其名琴七。明珠九。珍珠簾五。金三萬。銀十萬。王篆餽保銀三萬。玉帶十。謀領都察院。篆奏辨。有旨調南京御史李廷彥復論篆貪縱不法。令冠帶閒住。

乙未。令行太僕寺中路少卿郭汝琯經理清水營互市。兵糧道副使劉堯卿經理平虜中衛互市。各納敕。

丙申。吏科給事中陳與郊論禮部右侍郎陳思育太僕寺少卿于鯨夤緣徐爵結納馮保朋奸當斥。有旨陳思育留用。于鯨降二級調外。已思育抗辨。吏科陳燁又論其摭飾。且發其營私黷貨。縱欲宣淫諸不法事。其需索駙馬二千金。又張居正舍人游七。濔藉呼吸。製一手卷曰楚濱欣賞。徵諸臣詩文連篇賀之。謝以玉盃古畫犀帶。與試賄舉查謙亨等。遂免思育。回籍聽調。

戊戌。陝西道御史楊四知論故太師張居正十四罪。大抵謂欺君蔽主。奢僭修專。招權樹黨。忘親。有旨居正朕虛心委任。寵待甚隆。不思盡忠報國。顧怙寵行私。殊負恩眷。念係皇考付託。侍朕沖齡。有十年輔理之功。姑不問。以全終始。罷清馮昕游七下鎭撫司獄。仍諭廷臣各省修職業。不必追言往事。

壬寅。四川道御史孫繼光。請宥前編修吳中行檢討趙用賢員外郎艾穆主事沈思孝進士鄒元標。又南京給事中余懋學。御史趙應元傅應禎朱鴻謨孟一脈南京員外郎王用汲。以開言路。已吏科給事中陳與郊雲南道御史向日紅又言之。有旨。朕一時誤聽。致降罰失中。今俱起用。復郭惟賢職。許王國光原官致仕。

南京太僕寺少卿張孟男爲南京太僕寺卿。

癸卯。兵科給事中孫瑋劾右副都御史勞堪希張居正意。殺故刑部左侍郎洪朝選。其子洪競赴闕控訴。堪飛書馮保。廷杖幾死。上怒。免堪官。遣戍。孫瑋又劾太監魏朝東廠辦事官金言鄭如爲馮保謀主。下言等獄。朝不問。已戶科給事中田大年極論朝。不聽。

嚴門禁。

乙巳。南京戶部尚書楊巍爲工部尚書。

太子賓客禮部右侍郎陳經邦爲吏部左侍郎。

四川道御史孫繼光。薦前南京左都御史魏學曾。養病戶部左侍郎胡執禮。右僉都御史宋纁。光祿寺卿賈王近。太常寺卿溫純。驗封郎中陳有年。福建提學僉事趙參魯。給假禮部左侍郎王錫爵。聽降南京右僉都御史致仕順天府尹曹科。浙江道御史朱光宇。章下所司。

丙午。山西道御史魏允貞言吏部爲六曹之長。得其人則斥陟皆當。非其人則斥陟皆私。陛下臨御以來。張瀚王國光梁夢龍三易矣。聞往者會推吏部。先授意閣臣。或司禮監。名氏已定。然後會推。其知厚干請而進者十九。德器才望而進者十一。乞今後愼之。章下所司。

丁未。刑部尚書嚴淸改吏部尚書。時籍馮保家。朝臣多交通。獨無嚴淸名。上甚賢之。

戊申。賑延安慶陽平涼臨洮鞏昌四萬金。時大饑。

國榷卷七十二

癸未萬曆十一年

正月躬朔。松江地震。

己未。南京兵部尚書潘季馴爲刑部尚書。南京右副都御史劉堯誨爲南京戶部尚書。保定巡撫右副都御史陰武卿爲左副都御史。國子祭酒周子義爲禮部右侍郎。

辛酉。享太廟。京師風霾。

壬戌。諭內閣傳示邊將加備。

御史張應詔劾南京刑部尚書殷正茂總督兩廣兵部尚書陳瑞皆餽張居正馮保。命免正茂瑞官。

甲子。禮部右侍郎周子義兼翰林院侍讀學士。充會典副總裁。侍讀徐顯卿仍纂修。召侍講于愼行。

乙丑。御史陳性學劾江西布政司參政李選廣西按察僉事李宗魯。先任諫垣。結張居正蒼頭游守禮。選娶其妻表妹。宗魯娶其妻表從姑。敍姻促席。故相聞其事。叱辱之。相繼外補。宜斥二臣。雪衣冠之恥。章下所司。

御史毛在鵬劾錦衣衞都督同知劉守有與同官李廷祿指揮張照郭尚友等奉命籍徐爵馮保張大受周海等家貲。至移運隱欺。上切責守有嚴覈。奪張照等官。查出。

丁卯。嘉興湖州地震。

陝西總督高文薦報延綏寧夏丈出荒田一萬八千九百九十餘頃。招荒民墾之。三年起科。閱科蕭彥之戶部請墾荒永不起科。二鎮多砂磧。未盡可耕。宜聽軍民告官自占。從之。

甘肅巡撫右僉都御史王旋言火落赤悔罪歸我人畜幷求市。宜視前松山賓兎例。歲一小市。發萬金支費。待回巢而止。從之。

戊辰。湖廣巡撫右副都御史陳省削籍。以御史黃鐘論其私張氏也。

御史江東之劾都察院左僉都御史王宗載御史于應昌搆殺劉臺。宜抵罪。宗載疏辨。命法司覈之。

張大受二弟恩棟。徐爵子行忠。俱永戍。何宗弟志。劉忠姪應魁。劉定兄福。李忠弟祿。楊舟姪景年。俱削籍。

馮保馮邦寧並瘐死。

己巳。吏部大計。降斥有差。

庚午。工部給事中唐堯卿上言。今內黨盡去。外黨未拔。人人攻擊。盡生疑懼。宜詔平日往來權門者省改修職。從之。

御史張應詔論張氏奴游守禮及千戶范登道士胡守元等納賄濟惡。並下鎭撫司獄。

辛未。濬韓家口引渠出徐州工竣。

壬申。朝鮮入貢。

御史陳性學言惜薪司太監姚忠所籍馮邦定金飾。其表姪鄧勛求分。毆死之。南城黃御史提訊錦衣衛都督同知劉守有不發。劾守有七大罪。詔下姚忠司禮監。

癸酉。南京刑科給事中阮子孝論張居正王篆私其子濫登科第。乞除名。張四維奏張氏子並能文。以連捷高第見嫉。王篆二子不知其才。宜覆試。上不聽。手批張懋修等並除名。

御史魏允貞劾兵部尙書吳兌附高拱張居正。賂馮保千金。章下所司。

復戶部總督倉場兵部協理京營。

甲戌。左軍都督府僉書崇信伯費甲金改南京右軍都督府。

刑科給事中馮露。御史韓國楨各劾總督陝西兵部右侍郎高文薦附馮保。娶侍郎王篆侍妾之妹。交通賄賂。

命免文薦。

提督操江南京右僉都御史呂藿劾免。

乙亥。命科道會舉兩京四品以上官吏部酌用。

丁丑。諭閣臣閏二月謁陵。

起石茂華兵部尚書兼左副都御史。總督陝西三邊軍務。南京工部尚書王遴改南京兵部。廣西巡撫右僉都御史郭應聘爲右都御史兼兵部右侍郎。總督兩廣軍務。廣東左布政使李江爲右副都御史。巡撫湖廣。前巡撫保定右僉都御史宋纁仍巡撫保定。

庚辰。戶部乞停買金珠。或量入太倉銀自收買。不允。

壬午。前戶部右侍郎吳文華爲兵部右侍郎兼右僉都御史。巡撫廣西。

復順天鄖陽二巡撫。從御史王國之請。

癸未。貴州巡撫右僉都御史劉庠。巡按御史傅順孫各言總兵郭成脅永寧宣撫司婦奢世統激變失利。命按之。

談遷曰。郭子章黔記盛稱郭都督先爲戚繼光偏裨。平倭有功。威聲遠播。故一至羣夷震疊。有出掠者。密遣健兒十數輩入深巢。至折馘出不之覺。苗以爲神。及按彈壘。則永寧之變不勝薏苡之疑矣。武人宣力疆圉。非吸風餐露所同。而稔禍于夷婦。固難辭賢者之責也。

瞿九思曰。春秋傳不云乎。並后匹嫡。亂之本也。始效忠歿時。以橐中裝遺世統。以公館居世續。毋乃世續有丈夫子乎。世續不借黨播畲則沙卜安揪大義哉。名不正則言不順。臣獨謂續與統並名非是。嘉耦曰妃。怨耦曰仇。然則續與統豈不忠仇乎哉。故曰牝雞之晨。惟家之索。皆非虛語也。

是月。緬甸莽應禮糾衆攻姚關。時參將鄧子龍守永昌。游擊劉綎守騰衝。

二月甲申朔。張四維請十二日開經筵講詩易。從之。

吏部文選郎中蔣遵箴鐫二級。御史顧爾行謫□□典史。□□□于鯨宣府巡撫都御史賈應元聽勘。以刑科給事中田疇劾之也。

乙酉。工部左侍郎陳道基爲南京刑部尙書。戶部左侍郎劉思問爲南京右都御史。

禮部右侍郎周子義爲左侍郎。□□沈鯉爲右侍郎。兼管直講如故。大理寺卿辛自修爲兵部右侍郎。大理寺左少卿趙煥爲南京右僉都御史。提督操江。

發太倉銀十五萬。太僕寺銀二十萬。抵補臨洮鞏昌平涼延安慶陽起運額餉。

廣東總兵官黃應甲爲左軍都督僉書。

丙戌。左春坊左庶子兼翰林院侍讀朱賡改兼侍讀學士。署院事。

先是工科給事中馮景隆言。前南京兵部主事趙世卿以王官考察閒住。南京國子司業張位降徐州同知。修撰習孔敎降泉州推官。量移邵武同知。褫職。乞復三人原秩。又南京湖廣道御史孫維城言。前翰林侍讀趙志皋劾張居正終喪。轉廣東按察副使。考察降解州同知。吏部覆。俱起用。

南京河南道御史方萬山薦前國子司業張位南京右僉都御史張岳。並不附故相。又劾光祿寺王蔚傳作舟鬻官納賄。並鐫一級。調用。

丁亥。預卜壽宮。下禮部工部遣視。

戊子。承天地震。

南京右軍都督府僉書崇信伯費甲金提督操江兼管巡江。

少保兼太子太保左都督蓟永總兵官戚繼光移鎮廣東時議其黨張居正。兵科都給事中張鼎思謂有閩浙功。故移鎮。

林之盛曰。戚將軍。其安東南之績偉矣。迄今士民思新安卽不得不推將軍。獨怪將軍至浙時。碌碌未有名。分宜子與朝臣爲市。顧不倚冰山及召起北邊。此時將軍功名已震天下。卽不建尺寸。亦可無憾。乃竟以依違江陵招議。何哉。豈以非得相臣心。大將不可以成功。將軍欲用所未盡而姑爲枉尺耶。余嘗行邊。一老弁語余曰。此中大將最苦。要人以爲金窟。文人以爲墨莊。不得不相加遺。否則孰卵翼之而孰游揚之。又安能懸斗大印而擁老上。由斯以談。則將軍之交汪張也。不得已也。持文墨議論者。毋苛求之哉。

談遷曰。江陵能盡人之才。寘戚氏蓟永間。殆無北顧之憂。非戚將軍附江陵也。江陵自重將軍耳。餽遺固所不乏。必苛論其黨。彼熊羆不二心之臣。難乎自展矣。

己丑。大學士余有丁吏部左侍郎兼翰林院侍讀學士許國主禮闈。

戶科給事中王繼光劾吳兊交結逆保。通餽將領。侍郎賈應元先開府時。太平王鼐鉉被論議。停封。因餽九千金。仍勒百金爲請封。命應元勘贓罪。兊官閒住。兊不問。

庚寅。通政司使倪光薦加工部右侍郞。

辛卯。上御皇極殿。冊潞王妃李氏。

總督漕河太子太保兵部尚書兼左副都御史淩雲翼爲兵部尚書。協理京營戎政。戶部右侍郎王之垣爲左侍郞。南京戶部右侍郞王廷瞻大理寺卿劉志伊俱改北。順天府尹張國彥爲右副都御史。撫治鄖陽山東右布政使翟繡裳爲右僉都御史整飭薊州邊備。巡撫順天。

復故御史劉臺官贈光祿寺少卿還其貲。後二十年議諡侍郎郭正域謂臺遭詰畏禍。先發制人。非本心云。不果行。天啓初諡毅思。

御史于有年劾左都御史陳玠附權。陷趙應元王用汲。上曰。言官須究事實。若不分人品。輒恣排詆大臣。將人人自危。豈成政體。奪有年俸六月。

壬辰。夜月犯井宿。

採民女三百人年十五下者。

大理寺右少卿邵陛爲左少卿。

甲午。光祿寺卿臧惟一爲順天府尹。大理寺左寺丞商爲正爲南京大理寺右少卿。

禁富平蒲城朝邑私煎灘鹽。

丙申。徐州同知張位爲尙寶司丞。太僕寺卿劉良弼改光祿寺卿。

浙江巡撫張佳胤請有故尙書趙文華侵餉六萬有奇。上以乾沒十餘萬而免之。何以懲惡。姑戍其子愼思于邊。

太僕寺卿劉良弼。工部都水主事閻邦欽。同欽天監副張邦垣。術人連世昌擇壽宮于天壽山。曰潭峪嶺。曰祥子嶺。曰勸草窪。乞更選定。命定國公徐文璧大學士張四維太監張宏往閱。幷擇諸臣善地者。

詔浙江總兵官移杭州。初駐定海。時杭州兵民再變也。

鎭守居庸昌平總兵官右都督楊四畏改鎭守永薊山海。

庚子。禮部尙書徐學謨。以南京刑部尙書陳道基通政司左參政梁子琦貴州按察僉事胡賓並善地。乞徽擇壽宮。從之。

皇城內外設欽依把總分轄東西。

前南京右僉都御史張岳降四川布政司左參議。

辛丑。工部右侍郎何起鳴爲左侍郎。前工部右侍郎熊汝達起原官。前南京右都御史魏學曾爲南京戶部右侍郎。總督糧儲。前戶部右侍郎傅希摯爲戶部右侍郎兼右僉都御史總督漕運巡撫鳳陽。巡撫南贛汀韶右副都御史王緝爲南京大理寺卿。

南京國子祭酒高啓愚爲國子祭酒。

宣府副總兵董一元爲署都督僉事總兵官。鎭守居庸昌平。

壬寅。賜廣西陽洞長官司土舍韋昌金冠帶。先屬貴州黎平府。正統間叛。今金昌率衆來歸。命三年後果輸賦。

令襲祖職。

總督兩廣尙書陳瑞巡撫廣西侍郎郭應聘上言邊關憑祥等州善後三議。一貢使入境廣東北江道宜親履其地防範。一憑祥近交南。改流官不便。宜令官族李仁攝州事。仍隸思明府。一禁諸餽物。從之。

丙午。巡撫寧夏右僉都御史晉應槐免。巡撫福建右副都御史勞堪大理寺少卿莊友蘭調南京。以南京科道糾其冒濫也。

戊申。南京右諭德署翰林院事王弘誨爲南京國子祭酒。

大理寺左少卿邵陛爲右副都御史。巡撫南贛汀韶。

巡按江西御史賈如式言。劉臺之死。其同室原任國子監丞劉伯潮貢士劉壽康種禍。賕謝燿訐奏。吉安推官劉紳之爲備貲行勘。時伯潮對理。伯潮何能辨。命下伯潮等臺訊。

乙酉。太常寺少卿雒遵爲太僕寺卿。

庚戌。修武英殿。

潞王出邸。

徵雲南庫貯鑛課銀二十萬。張世維言。雲南遙在萬里。緬賊肆擾。宜留彼濟急。從之。

壬子。命定國公徐文璧彰武伯楊炳護蹕鎮遠侯顧承先同左軍都督李文全勳衞孫承恩以帶刀府軍等二十人大漢將軍三百人侍直。

建州王杲子阿台復誘阿海等深入松山杏山小凌河。李成梁自大寧堡出塞四百餘里直搗襖郎兔。轉戰四日夜大破之。斬阿亥恰脫奈等三百四十餘級。死十四人。失馬六百八十。

癸丑。吏部文選郎中盧維楨爲太常寺少卿。

閏二月䢖朔。起畢鏘南京工部尚書。

巡撫河南右僉都御史褚鈇爲左僉都御史。山西右布政使張九一爲右僉都御史巡撫寧夏。貴州左布政使沈人种爲南京光祿寺卿。

乙卯。上覽刑部錄進王大臣爰書。欲覈原問官與馮保質對。張四維言原問官卽馮保及朱希學。罪決十年矣。重究恐駭觀聽。上乃止。

戊午。太僕寺少卿蕭崇業爲太常寺少卿。提督四夷館。

己未。宣遼東之捷。

河南巡撫褚鈇請留解京銀九萬補宗祿。不聽。命議經久之策。

辛酉。敕武淸侯李偉左都御史陳炌居守徽巡。

山東左布政使楊一魁爲右副都御史巡撫河南。應天府丞李己爲大理寺左少卿。
鎭守大同征西將軍都督同知總兵官郭琥致仕。進左都督。給廩役。以麻貴代之。
壬戌。京師風霾。
戶科都給事中蕭彥等言。戶部停買金珠。折價五萬輸內庫。金珠湊買非額也。折價非名也。乞賜停免。不允。
癸亥。四川布政司左參議張岳爲太僕寺少卿。浙江布政司右參議董堯封爲應天府丞。
甲子。封虜黃台吉順義王。扯力克龍虎將軍。
署都督僉事寧夏總兵官麻貴改征西將軍。鎭守大同。
緬甸莽應禮犯永昌騰越。殺掠亡算。命劉綎爲游擊將軍。鄧子龍爲參將。會勦。
乙丑。上謁陵。奉兩宮行。潞王送于德勝門。宿鞏華城。
丙寅。駕早發。午駐感恩殿。
丁卯。詣長陵永陵獻陵景陵。其長陵永陵奉兩宮同往。
泰州寶應雨雹如雞子。殺飛鳥無算。
戊辰。免宛平大興昌平田租。
上詣昭陵裕陵茂陵泰陵康陵。其昭陵奉兩宮往。所擇壽宮祥子嶺陽翠嶺潭峪嶺勸草窪東山聖蹟山。以次及之。
庚午。發感恩殿。詣景皇帝陵。禮畢。駐大功德寺行宮。
夜。流星出文昌北行。有小星三隨之。
辛未。還宮。

壬申。徐文璧等奏祥子嶺最吉。上諭禮工二部再擇。

丙子。御皇極門受朝賀。

通政司左參議梁子琦言張邦垣不諳地理。臣另擇地三。曰皇山寺西嶺。曰團山。曰珠窩圈。命子琦同禮工二部官往。

丁丑。復南京兵部右侍郎。

前巡撫右僉都御史毛綱降浙江布政司右參議。

戊寅。南京戶部右侍郎魏學曾爲右都御史兼戶部右寺郎。總督倉場。巡撫浙江兵部右侍郎兼右僉都御史張佳胤爲兵部左侍郎。

分守洮岷副總兵李的爲征西將軍□□都督總兵官。鎭守寧夏。

改鎭守薊州等處總兵關防先有總理練兵官也。

楚王華奎奏西安州海剌都牧地已歸朝廷。乞賜敕。許之。

己卯。革南京錦衣等衞巡倉御史。併于鳳陽巡倉。

前少師兼太子太師吏部尚書建極殿大學士徐階卒。階字□□。華亭人。嘉靖癸未進士及第。授編修。議易文廟木主。執不可。謫延平推官。遷黃州同知。未任。擢浙江提學僉事。江西副使。召拜洗馬。擢祭酒。禮部右侍郎。尋改吏部右侍郎。進禮部尚書。直無逸殿。撰青詞。加太子太保。庚戌。請討虜。加少保兼文淵閣大學士。歷少傅。更十八年考滿。進太師。致仕。高拱修郄于階。三子皆被繫。拱罷事稍解。階事上恭謹。或有所委。通夕不寐。能以寬大當上意。優假言路。人人得舒其意。士大夫多稱之。好講學。恩遇不替。年八十一。贈太師。謚文貞。廕尚寶司丞。予祭葬。

馮時可曰：文貞早貴。譽望不過凡庸。值相嵩既敗。天下厭政之濁亂。稍自振濯。與之更始。嚮其德者因以歸德。厥遭亦幸矣。方世廟操下如束濕。當事諸臣皆以不合被罰。而公獨終始無瑕疵。然失于穆宗。卒中多口。新鄭秉政。幾罹大禍。豈始以削觚而終能正柄乎。雖然。黃臺之詠。蒼梧之行。卒中止者。以公推至誠。犯顏色。若登極二詔。傅會善意。宿儒達士無以加矣。卒獲忠貞之報。宜哉。

辛巳。南京大理寺卿王緝爲南京戶部右侍郎。總督糧儲。提督雁門等關兼巡撫山西右副都御史辛應乾爲南京兵部右侍郎。巡撫陝西右僉都御史蕭廩爲右副都御史巡撫浙江

錄浙江定變功。加張佳胤右都御史。仍管兵部左侍郎事。按察副使徐汝陽。顧養謙各陞俸一級。

三月楑朔。甲申。山西山東左布政使侯于趙、李汶爲右副僉都御史。巡撫山西陝西

大理寺以游守禮。馮昕等獄上。命追奪張居正贈官。子錦衣衛指揮簡修除名。大學士潘晟冠帶閒住。游守禮論死。馮昕。胡守元遣戍。

乙酉。翰林院侍講于愼行。張一桂纂修會典。右庶子兼侍讀王家屏署左春坊印。右諭德兼侍讀沈一貫署司經局印。

行取科道。命舉貢知推選四分之一。

丙戌。山西道御史魏允貞言救弊四事。曰公文武之用。文職如九卿。武職如總兵。皆會推。制也。張居正必令吏部預白。今宜以職事歸之。曰嚴科場之防。張居正連私其子。今乞申飭前旨。輔臣子中式如張甲徵。申用懋。廷試讀卷宜引避。曰愼臺諫之選。曰務戰守之實。上切責之。張四維奏曰。前臣行私。而欲臣不預吏兵之事。良獲逸。將使主上日焦勞萬幾。與百司相酬應乎。此臣之職掌。不容不辨也。宋相韓億四子皆登上第。人不以爲疑。臣長子甲徵年三十餘。攻苦擢科。復疑其私。則爲輔臣子亦不幸矣。申時行亦奏辨。

丁亥。上手諭慰留張四維申時行。

庚寅。南京太常寺卿舒化爲南京大理寺卿。

禮部集議宗祿限封爵之制。開四民之業。弛出入之禁。乃可否互異。請會各宗商一長策。從之。命禮科給事中萬象春往河南山東諸王議焉。

辛卯。許張甲徵申用懋廷對。輔臣避讀卷。錄仍列銜。

予故甘肅巡撫兵部右侍郎兼右僉都御史栗永祿南京刑部尚書李遷太僕寺卿顧存仁祭葬。

壬辰。起袁洪愈南京太常寺卿。

戶部員外郎李三才言輔臣子不宜登第。魏允貞言是。忤旨。謫三才東昌府推官。允貞許州判官。

癸巳。故代府永慶王鼐釭謚懿簡。韓府西德王融爟謚康惠。華陽王承熠謚莊靖。

鑄魯府寧德王壽鉞泰興王壽鏞德府清平王常瀸印。

西河王府輔國將軍新堭新坏以謀奪嫡叔。廢爲庶人。

甲午。四川總兵官郭成免。以永寧沙卜事被論。

江西左布政使吳善爲應天府尹。

免延安慶陽平涼逋賦。仍三萬金賑之。

丁酉。策貢士李庭機等三百四十一人于皇極殿。賜朱國祚李廷機等進士及第出身有差。

復南京各部右侍郎。太常寺卿懷隆兵備道。

狼山副總兵沈思學爲署都督僉事總兵官鎮守四川。

給潞王莊田二千頃。食鹽千引。

兩淮巡鹽御史任養心言四事。革私稅。革牙行。禁私販。浚運河。部覆從之。

乙巳。復四川長武縣舊宜祿鎭有同知駐札裁之。

禮部尙書徐學謨以張邦垣山陵六圖梁子琦八圖上。各容覆閱。

丁未。太子太保兵部尙書吳兌屢被論致仕。

揚州高家堰河成。

己酉。渾源馬邑地震。

賑山西三萬金。

四月壬子朔。癸丑。重刊古文眞寶其書合御撰民謠三百十七篇。

閣臣上昭仁殿弘德殿二箴。

戶部尙書張學顏爲兵部尙書。

甲寅。定國公徐文璧大學士張四維同司禮太監張宏覆閱山陵。

戊午。陝西汧陽等縣雨雹鳳翔地震。

大學士張四維憂去。四維知王篆輩推申時行。意不自安。時行偶寒疾踰月。四維語時行之客曰。夫首相若四時之禪代有春行必有夏何俟煎迫耶。時行大恐。四維已嗾言官具草。先攻禮部尙書徐學謨。學謨斥。因攻時行。奏將上。以父喪去。重賂太監張鯨張誠諸用事者。流言曰。時行故黨張居正。今復得其金寶萬計。爲庇之上頗心動。徐察其無他乃安。

談遷曰。蒲州之進由江陵。及代柄。務傾江陵以自見。盡反其所爲。所裁冗官秕政。一切復之。博惇大之名。陰行排擠。吳縣亦踵其故智。使紀綱陵遲。侵漁日恣。吏貪而民玩。將惰而兵驕。國儲蕩然。基無窮之禍。彼蒲州者。誠江陵之罪人也。

工科都給事中王敬民請省陶器。時承運庫太監孔成言陶器如奕局屛礶筆管盒爐等盒至二萬。各器至四千。礶至五千。共九萬六千有奇。

己未署詹事府吏部左侍郞兼翰林院侍讀學士許國爲禮部尙書兼東閣大學士。直文淵閣大學士申時行請枚卜。卽日立命。

御史江東之論駙馬都尉侯拱辰子一誠占產。命究之。

庚申。置皇莊。卽清河馮邦謙南城馮祐遺產也。

鞏昌秦州地震。

工部尙書楊巍改戶部尙書。

敕旌周王在鋌盆王翊鍸孝友。

虜犯細河及關門。

癸亥。直隸巡按御史蔡夢說劾前軍都督府西寧侯宋世恩侵占民田。罷其任。

丙寅。前協理戎政兵部尙書楊兆爲工部尙書。

丁卯。望夜月食。

吏部左侍郞陳經邦署詹事府右春坊右中允。署國子祭酒黃鳳翔爲南京右春坊右諭德。署翰林院。

龍巖知縣曹□儒察處。泛陳十二事。以摭拾浮言削籍。

陝西金州大水冒城。

戊辰。停武職納級。

己巳。免蘇松驛傳銀六萬八千九百有奇。

辛未。給韓府咸陽王景瀴印。

壬申。南京吏部尚書趙賢致仕。

復利民堡偏頭關守備各一。

甲戌。承天大雨水。渰人畜亡算。

乙亥。廣東副總兵陳璘免。以腹餉致富。營兵大譟。

丁丑。予故永康侯徐喬祭葬。

戊寅。封□□衡世子。翊鏤咸陽王。景瀴襄陵王。謀埛樂平王。壽鉞寧德王。壽鏞泰興王。常瀸靖江王。載洞懷德王。縉潸鉛山王。恬焭清源王。

南京禮部郎中沈應期爲司經局洗馬署國子司業。

己卯。翰林院編修盛訥爲侍讀。

庚辰。前江西布政司參議李選辨聯姻游七事。上以察處違例。削其籍。

移浙江監兌主事于湖州。

南京□□道御史孫維城。論刑部右侍郎胡檟。前操江時。屬太平府同知龍宗武殺宣城諸生吳仕期以媚張居正。下所司。初居正奪情。仕期聞之。欲上居正書。徧告于人。未行而狂生王制僞爲都御史海瑞疏劾居正。刊布之。檟下仕期獄。令脅招修撰沈懋學所授。龍宗武頗爲懋學辨得不累。而仕期瘐死獄中。

前南京吏部尚書趙錦起原官吏部右侍郎。張士佩爲左侍郎。禮部右侍郎沈鯉改吏部。

辛巳。虜把漢台吉出獵墜馬死。賜祭。子朝木台吉襲昭勇將軍。

瞿九思曰。天道無親。嘗與善人。若把漢台吉首款塞。後至擁精騎于塞上。秋毫無所利。可謂善人。非與卒之身死。未一載而扯力克暴卒。然有其妻。此豈無天道之極哉。又聞把漢之子幼。胡中每言及輒涕泣。此必有以感之者。

鄖均襄陽穀城光化宜城鍾祥景陵潛江沔陽荆門漢川俱大水。

命廠衞緝事。如敕旨行。

是月。官軍敗莽應禮。斬六百四十五級。

五月壬朔。禁外官溢罰。

丁亥。巡按陝西御史陳薦議捕盜條格。下刑部。部覆萬曆二年條格。著爲令。

己丑。示閣臣百子圖俾賦詩。

定遠侯鄧世棟署南京前軍都督府事。

刑部右侍郎胡櫃廣西布政司□參議龍宗武免。尋吳仕期婦貢氏訴冤。櫃永戍貴州。宗武永戍雷州。

庚寅。以故侍郎洪朝選婦朱氏訴冤。左副都御史勞堪免。

談遷曰。洪侍郎勘遼王憲㸅。頗多鍛鍊。屋其社。及身死牢戶。謂勞堪爲江陵釋憾。意雖有之。而遼王死。侍郎死。孰重孰輕。天道亦未誣也。

辛卯。裁汀州捕盜通判。

壬辰。國子祭酒高啓愚爲禮部右侍郎兼翰林院侍讀學士。巡撫廣西兵部右侍郎兼右僉都御史吳文華爲刑部右侍郎。

予故南京工部左侍郎方廉祭葬。

甲午。吏部尚書嚴淸引疾命張士佩署印。

戊戌。右春坊右諭德兼翰林院侍讀羅萬化爲國子祭酒。

光祿寺卿劉良弼爲右僉都御史。巡撫廣西。

乙亥。宣府巡撫侍郎賈應元免官聽住。時太平王事劾上。

兵部覆。巡撫順天御史李植近日驛傳裁革過苛。因申明禁。從之。

癸巳。蠲浙江屯租三萬一千四百餘金。

庚子。福建道御史馬允登請停選民女曰。去春選九嬪。尋選潞王婚。今又選宮人。停民間嫁娶。非所以示天下也。報聞。

京師大雨雹。

太僕寺卿雒遵爲光祿寺卿。

壬寅。前南京太僕卿石星爲太僕寺卿。

癸卯。蠲陝西苑馬寺課駒。

甲辰。三屯營喜峯口地震。

乙卯。宣城伯衞國本爲後軍都督府僉書。

己巳。巡撫大同右僉都御史胡來貢上邊務四事。定操練規格。愼召補壯丁。酌委用軍官。議衡途供應。上從之。

丙午。湖廣總兵官麻錦以貪淫劾罷。

戊申。選翰林院庶吉士季道統等。

己酉。提督京城內外巡捕都督僉事趙崇璧爲鎭朔將軍總兵官。鎭守宣府。

山西寧武關兵譟脅餉。

六月辛亥朔。棗强王府輔國將軍充烴以穢惡敗倫賜死。

壬子。起吳中行右春坊右中允兼翰林院編修。趙用賢左春坊左贊善兼翰林院簡討。

虜犯大靖等堡及黑谷關峯台寨。蓋黑石炭忿敗復萬騎入寇。副總兵曹簠逐卻之。捕斬大相當。

宣府分巡道議春秋駐赤城。冬夏回鎭。上以原住赤城。撫按遮飾。切責之。

鎭守保定總兵官都督僉事田福提督京城內外巡捕。

甲寅夜。流星自房宿南行至近濁。尾跡燁散。

乙卯。薊鎭中路副總兵張爵爲署都督僉事總兵官。鎭守保定。

己未。署詹事府事吏部左侍郎陳經邦禮部左侍郎周子義敎習庶吉士。

免貴州逋稅。

丙辰。順義王妾大嬖只率所部六百餘人犯古北口塞外。掠我馬百七十餘匹。殺夜丁十一人。執我兵十七人。

事聞。游擊戚金提調陳泰奪俸。

巡按宣大御史陳性學劾大學士許國衰劣不孚輿論。國引疾。

庚申。免沂滕等衞所屯糧萬二千三百七十餘金。

夜。月犯房宿。

辛酉。南京太常寺卿袁洪愈爲南京工部右侍郎。

錄遼東先年曹子谷海城寨功。

甲子。南京太僕寺卿張孟男爲南京太常寺卿。

乙丑。賑鄖陽襄陽承天漢陽。

丙寅。勅旌韓王朗錡孝行。

丁卯。以古北口失事議罰兵備副使張崇謙總兵陳文治。

戊辰。光祿寺少卿周繼爲南京太常寺少卿。

庚午。四川按察僉事艾穆爲光祿寺少卿。

命各撫按覈積穀實數毋虛費。

辛未。獲嘉等縣饑撫按先賑以聞。上切責之。令後非大饑極遠者俟報上賑之。

賑河南陽武等縣。

南京內守備太監張廷。于孝陵寢殿擅繫內官李濬。被論除名。

甲戌。謚益陽王憲㰈莊懿。

丁丑。起趙世卿禮部郎中。不爲例。

命五軍營三千人採蘆葦供燒造。

夜。太白犯熒惑。

七月甗朔辛巳。虜犯大寧堡。殺守備端世武。

吏部尚書嚴清致仕。楊巍爲吏部尚書。

左都御史陳玠免。

甲申。司禮監太監田玉調內官監。提督太和山兼分守湖廣行都司。給符驗關防印。兵科都給事中張鼎思言。

宣德時始命左監丞。亦止提督。自成化末兼分守。按祖制。提督本山原非內臣。內臣提督。原非分守。乞收成命。

專委提督禮部遂請鑄印。御史蔡時鼎又爭之。不聽。申時行言。先年柳朝譚彥敕稿止提督本山事務。今兼分守。已撰上。昨諭改先年王佐呂祥敕。王佐稿佚。呂祥稿果與柳朝不同。柳朝在隆慶元年。今諭增分守事權。有會同撫治都御史督令軍衞有司量調官軍民快等項云云。

乙酉。復京省裁革官。

談遷曰。江陵即刻削。其所裁置。寧無一當者。而必欲盡反之。若窮奇檮杌之不可一日安。嗚呼。人各行其臆。未嘗酌事之平也。

命戶部浙江江西福建山東山西河東四川陝西雲南貴州等司。禮部儀制祠祭主客等司。兵部武選職方等司。各復主事一。車駕司添設主事一。刑部浙江江西廣東廣西河南山西四川雲南貴州等司。各復主事一。工部營膳司復設重城員外郎一。屯田司復設臺基廠主事一。通政司復左通政。大理寺復左評事一。太常寺復博士一。典簿一。協律郎一。贊禮郎三。司樂七。順天府復管軍匠通判一。光祿寺復典簿一。大官署丞一。監事一。太僕寺復西路少卿一。寺丞一。尙寶司復司丞一。上林苑復蕃育署良牧署各錄事一。戶禮兵刑科各復給事中一。行人司復右司副一。行人五。中書舍人科復舍人二。詹事府復錄事一。

丙戌。復南京戶部湖廣江西司員外郎一。山西雲南司禮部儀制祠祭司刑部浙江湖廣廣西司主事各一。工部營繕司員外郎一。虞衡司主事一。通政司右參議一。大理寺右寺丞一。左評事一。太常寺贊禮郎一。山川壇祠祭署奉祀一。鴻臚寺鳴贊一。序班二。應天府管馬通判一。

丁亥。應天府丞董堯封爲右僉都御史。巡撫甘肅。

北虜黃台吉嗣封成。加總督鄭洛兵部尙書兼右副都御史。

談遷曰。江陵時。吳兌出鎭薊遼。待其平速把亥始進尙書。所以勸功也。虜王嗣爵。亦恆事耳。督臣何功之有。

賚以金幣足矣。吳縣不惜名器類如此。

戊子。戶科都給事中蕭彥等上五事。曰積穀。州縣積穀。制也。郡積穀非制也。撫按贓罰。解京者亡論。其二分備賑與司道贓罰幷付有司通算可也。曰商稅。河西務至張家灣百里之內轄者三官。一貨之來。榷者數稅。夫船料舊也。條船非舊也。出店入店皆稅非舊也。淮安四稅理無重複。均可罷也。曰催科。今錢糧完不及九分。住催又宿負帶徵。是一年完十分以上也。如九分之議則不得復算帶徵。曰鹽法。河東水患。鹽花不生。澆洒日行則鹽糧日薄。今陝西苑馬二池亦河東所轄。鹽積若丘山。試舉而轉移之。令商人納銀河東支鹽陝西之二池。三年之後。不爲例可也。曰邊儲。榆林四望不毛。災荒日甚。宜借用客本建廒西則收寧夏餘糧東則收興臨保德餘糧。以待不時之乏。戶部覆從之。

己丑。復山東督糧道參政一。光州管馬兼捕盜判官一。臨淸兵備改兵巡東昌道。曹濮兵備改分巡兗州道。沂州濟寧二道併焉。復山西糧屯道右參政一。太原府鹽收同知一。代州監收同知一。徐州管糧判官一。沁州巡捕判官一。

予故光祿寺卿裴天祐祭葬。

庚寅。科道會舉京官三品外官方岳以下汪文輝岳相陳有年王鑑等三十九人。宜昭雪用之。下吏部酌議。

命勇士四衞二營馬仍太僕寺印烙。

賜靖江王任昌墳價。以不與郡王同也。

辛卯。夜月犯建星。

免蘇松去年祿米鹽布等銀四萬四千二百有奇。

山西總兵王國勛兵備邢玠奪俸。以兵嚚也。

予故工部左侍郎陳一松巡撫延綏右副都御史宋守約祭葬。

壬辰。旌魯王頤坦仁孝。

乙未。屬夷小阿卜聲犯黑谷關。總督周詠巡撫翟繡裳言堵截功。巡按御史李植言歷邊見殘寨敗堡。言堵截者讒也。遂下屯田御史江東之會勘。

左軍都督府僉事黃應甲以貪怯論免。

戊戌。都督僉事山西總兵官王國勛爲左軍都督府僉書。

巡按直隸御史徐鳴鶴條陳邊務。曰議貢市以圖永安。實邊城以固疆圉。大同右衞平虜宣府馬營。須世冑富家同守。不許外徙。歸原衞以固防禦。買營馬以備戰兵。處屬夷以杜後患。屬夷既還內地。宜比于軍士之養。或選銳隸伍。修民堡以防虜患。酌清勾以需實用。寬修士以息軍力。兵部謂降夷開糧。後將無措。清勾之法乃祖宗定制。餘如議。

庚子。南京吏部尚書趙錦爲左都御史。南京兵部尚書王遴爲戶部尚書。

辛丑。太白晝見。

命申時行同定國公徐文璧太監張寵覆閱壽宮。

徐文煒嗣永康侯。

神機營右副將都督僉事李如松爲總兵官。鎮守山西。

禮科左給事中牛惟炳陝西道御史赫瀛等言。元年六年收閹者六千餘人。本年二月奉旨驅逐。今復二千人。皆昔所驅逐也。章下所司。

壬寅。諭禮部。朕九月往天壽山秋祭。

癸卯。夜月犯井宿。

移金州治于城南三里。避水也。

甲辰。南京工部尚書畢鏘戶部尚書劉堯誨改南京吏兵部。

免四川鹽井塌毀者課九千五百餘金。

計蘇常松江本年應免白糧一萬六百餘石。而白糧係正供。撫按奏免漕糧抵之。報可。

丙午。命甘肅行太僕寺卿仍兼按察僉事。駐鎮城。總理屯田鄉兵。兼轄甘涼肅等馬政。并通鎮驛傳不設。改陝西按察副使駐莊浪。整飭兵備。兼理莊浪西寧二道馬政。

丁未。刑部左侍郎劉一儒爲南京工部尚書。

賑臨洮平涼鞏昌饑。發帑金三萬。

浙江江西旱。

兵部言南京額軍十二萬。今見在三萬四千二百有奇。宜行南部按後湖老冊逐一勾補。從之。

工部右侍郎熊汝達爲刑部左侍郎。

解池旱涸無鹽。商引積九十餘萬。運司額鹽六十二萬。歲撥十萬引補派各商。

八月朔。永平大雨水。

夜石門路臺杆上有火光。

辛亥。復福建督糧右參政一。分守福寧道參政。仍駐興化。兼管福泉海道副使移省城。

復山西大同兵備副使一。駐左衛北西中威遠三路。整飭邊備分守道仍駐朔州。其大同南路通判駐平虜城。

工科給事中唐堯欽言馭吏之要。辨眞才。擇大吏。省繁文。上是之。

壬子。禮部右侍郎高啓愚國子祭酒羅萬化直經筵。編修王懋德馮琦展書。檢討張應元編纂六曹章奏。前大理寺左少卿丘橓爲通政司右通政。

改陝西金州曰興安州。

癸丑。戶部覆浙江撫按張佳胤張文熙上言。浙省條鞭之法。刊成均平錄。可行永久。近編經制書。裁削太過。乞准均平錄永爲遵守。從之。

神機七營參將袁澤爲署都督僉事神機營右副將。

甲寅。大理寺卿劉志伊爲工部右侍郎。

工部覆浙江撫按請減織幣之半。不許。

丙辰。封淑嬪鄭氏爲德妃。才人常氏爲順妃。

免石樓永和大寧汾西寧鄉今年夏秋田租。其隰吉永寧臨縣武鄉榆社和順免夏稅。

遵化獲北諜打木兒云。九月初土蠻內犯永平遵化。

兵科都給事中張鼎思等請山陵遣祀。不聽。上命閱壽官畢。次日即回。

戊午。追奪張居正謚。

錦衣衛正千戶鄭承憲爲指揮使。德妃父。

監察御史江東之劾黑谷關失事。以多殺掠。命副總兵陳文治游擊李尙賢下臺訊。總兵楊四畏鐫一級。周詠翟繡裳罰俸半年。

庚午。協理戎政太子少保兵部尙書淩雲翼致仕。

裁批驗茶引所。

辛酉。鄒元標爲吏科給事中。

壬戌。盜刦程鄉縣庫知縣蔣芳吾閒住。

陳大科胡希舜王三宅徐三畏王士性苗朝陽李行謙張維新黃道瞻陳璧劉尙志王毓陽張棟曲遷喬劉一相鍾宇淳爲給事中。一相宇淳南京。沈時敍季載陽蘇酇范儁徐持詹事講王九儀丁此呂荆州士姚三讓劉懷恕曾乾亨原一魁陳登雲吳世賓馬朝陽褚順趙從善連格屠叔方張養志董子行黃師顏蔡時鼎羊可立喻文偉朱應轂周之翰李一陽譚思黃學曾田一麟沈汝梁郭宗賢党傑各試監察御史一陽等俱南京。

追奪故成國公朱希忠所贈定襄王南京戶科給事中余懋學論之也。

湖廣平清偏鎭四衞仍隸湖廣。

丁卯。禮部左侍郎兼侍讀學士周子義解部事專敎習庶吉士。

庚午。命徐文璧申時行太監張宏同禮工二部堂上官覆擇壽宮。

辛未。夜月犯井宿。

癸酉。徐文璧等擇地二。形龍山。大峪山。以圖上。

甲戌。通政司右參議梁子琦以徐文璧等覆閱不列名。因劾禮部尙書徐學謨爲申時行姻黨。形龍大峪。並非吉地。時行學謨各疏辨。以子琦擇石門溝山。坐南向北而偪黃山嶺在獻裕二陵閒位次非宜。上奪子琦俸三月。

南京右都御史劉思問爲南京戶部尙書。左僉都御吏褚鈇爲大理寺卿。河南道御史傅應楨爲南京大理寺右寺丞。

丁丑。敕武淸伯李偉太子少保刑部尙書潘季馴居守。右都御史攝兵部左侍郎張佳胤爲兵部尙書協理京營戎政太僕寺卿石星爲左僉都御史。

眞人張國祥族黨僞造敕寶下臺訊。國祥自以敕印來京。求辭印。兵科都給事中張鼎思摘之。命還山。

戊寅。廣東按察僉事王用汲爲尙寶司卿。

是月。雲南耿馬酋罕虔助莽應禮出兵查理江。官兵敗之。不克渡。

有虎自福州走延平尤溪沙縣。咥人無數。

九月躬朔。賜申時行金五十。斗牛衣一襲。以閱壽宮也。

庚辰。虜犯山海關。

壬午。雲南道試御史羊可立言張居正占故遼邸田土。下撫按按之。

戶科都給事中蕭彥等言。京運則例歲帶徵二分。見年完八分。即免參罰。今部覆浙江巡撫張佳胤所請。有司苦于降罰。百姓苦于誅求。勢不能取盈。將上下相蒙矣。上命如近例行。

癸未。浙江左布政使舒應龍爲太僕寺卿。

復陝西督糧左參政一。平涼監收通判同州判官各一。

追論劉臺獄。前左副都御史王宗載戍邊。推官陳紳國子博士劉伯潮削籍。前巡按遼東于應昌分守參政張崇功副使周于德調用。謝燿論死。

甲申。上奉兩宮謁陵。宿鞏華城。

乙酉。早發。午御感恩殿。勞京軍防戍人各三錢。

丙戌。祭長陵永陵昭陵。餘遣代。

丁亥。上閱形龍大峪諸山。諭羣臣以大峪吉。初。梁子琦謂係先帝陵麓。勢斜而走。力爭其不可。禮部尙書徐學謨以繕費不貲。上意所向。即爲吉宅。何必改作。申時行主其議。朝臣翕附。吏科都給事中齊世臣夜讀雪心賦。備廷辨。御史柯挺跽上前大言曰。若大峪穴下有石。臣敢以身當之。時稱世臣保山。挺爲石敢當云。

戊子。幸東山。傳問閣臣東山口邊牆何未築也。對以工部尚書楊兆謂此口通黃花鎮。自有邊牆山口敵臺可守。故不多及。

免昌平宛平大興田租。

己丑。上還宮。

甲午。御皇極門受賀。

談遷曰。余聞之嘉善錢相國塞菴曰。天啓中。尚書姚思仁修定陵。運出朽石無算。地氣溼惡。不四十年敗腐如此。前議聚訟。以吳縣遂結舉朝之舌。未久而柱維傾裂矣。目擊近變。能無罪地脈乎。

敍河工工部郎中張譽爲太僕寺少卿。添注。

復南京中左二都督府僉書。

賑長沙饑。

前大理寺丞賀一桂削籍。故巡按江西陳世寶追奪告身。以陷劉臺。一桂嘗嗾陳紳購其怨家謝燿也。

乙未。壽宮恩廕。張四維國子生。進申時行少傅兼太子太傅吏部尚書建極殿大學士。余有丁少保兼太子太保戶部尚書武英殿大學士。許國太子太保兼文淵閣大學士。

進定國公徐文璧少保兼太子太保。彰武伯楊炳太子太傅。禮部尚書徐學謨工部尚書楊兆各太子少保。餘陞級有差。太監張宏廕錦衣千戶。

丙申。禮部右侍郎高啓愚爲左侍郎。左春坊左庶子朱賡爲禮部右侍郎。並仍兼翰林院侍讀學士。直經筵日講。

刑部左侍郎熊汝達爲南京右都御史。

復巡閱御史一。

停監生援納先入貲者授光祿寺監事。

丁酉總督周詠削籍以劾劉臺贓誣陷也。

前吏部左侍郎王篆削籍。工科給事中王三錫劾其引黨王宗載等陷害忠良也。

己亥南京工科給事中馮景隆等論李成梁冒功宜奪封兵部覆李成梁臨陣斬首五百六十級。何可僞也。遂謫景隆薊州判官。吏科給事中鄒元標疏救。不聽。

庚子協督京營戎政兵部尚書張佳胤兼右副都御史。總督薊遼。

右春坊右庶子兼翰林院侍讀王家屏侍讀徐顯卿主武試。

壬寅右春坊右庶子兼翰林院侍讀王家屏爲詹事府少詹事兼侍讀學士。署翰林院。

南京戶部尚書劉思問致仕。

癸卯左副都御史陰武卿爲兵部右侍郎。南京大理寺卿舒化爲刑部右侍郎。

復淮安府治河同知。

東西二虜合犯前屯衛。

乙巳總督宣大兵部尚書鄭洛協理京營戎政。巡撫四川右僉都御史孫光裕爲南京大理寺卿。時上詰閣臣曰。洛在塞上甚善。何京營。爲光裕任淺。何驟也。申時行曰。洛鎭邊九年。光裕先撫應天三年。蜀一年。資俸宜及。上然之。諭今後惟其人。不拘資俸。

丁未。復寧夏屯田都司一。
戊申。江南副總兵張漢爲署都督僉事。鎭守貴州兼提督淸平等衞總兵官。
十月配朔。太子少保禮部尙書徐學謨罷。吏科給事中鄒元標劾之幷及南京戶部尙書張士佩。云士佩去年一撫臣耳。未幾吏侍。未幾尙書。于是命士佩以吏部左侍郞致仕。
庚戌。南京兵部右侍郞辛應乾爲兵部左侍郞協理京營戎政。光祿寺卿雒遵爲右僉都御史。巡撫四川。御史孫繼先曾乾亨各劾兵部尙書張學顏撫遼時嫉巡按劉臺誣揭其贓。逆張居正。嘗入本兵。右李成梁而左言官。上以黨馮景隆各謫外。
辛亥。右春坊右諭德兼翰林院侍講署司經局事沈一貫爲左春坊左庶子。司經局洗馬署國子司業范應期爲右春坊右庶子。並兼侍讀。侍講于愼行爲左諭德。仍兼侍講。
命武舉額百人。
癸丑。前工部右侍郞陸光祖爲南京兵部右侍郞。通政司左通政丘橓爲左副都御史。南京光祿寺卿沈人种爲光祿寺卿。
甲寅。浙江按察兵備副使顧養謙調薊州兵備道。
乙卯。西虜哈不愼北虜大委正等大舉寇前屯至山海關中前所高嶺驛。薊遼二鎭兵卻之。
戊午。許土魯番速壇馬黑麻虎答遍還明年入貢。
壬申。南京戶部右侍郞王緝被劾閒住。
科道各舉邊才。章下吏部。
甲戌。總督陝西三邊兵部尙書兼右副都御史石茂華卒。茂華字君采。益都人。嘉靖甲辰進士。弱冠知濬縣。進戶部主事。忤仇鸞有聲。出知揚州。禦倭。遷山西按察副使。憂去。壬戌。補河南。甲子。遷陝西參政。丙寅。進按察使。再閱月。拜右僉都御史。巡撫甘肅。改山西。辛未。入為兵部左右侍郎。癸酉。進右都御史。兼兵部左侍郎。總督陝西三邊。靖逆羌。堅貢市。進兵部尚書。亡何。改南京右都御史。論去。癸未。仍督三邊。砥節礪行。積勞嘔血卒。年六十二。贈太子少保。謚恭襄。予祭葬。

乙亥。忻城伯趙參修為南京左軍都督府僉書。安遠侯柳鎮為南京中軍都督府僉書。

賑湖廣寧鄉等二十七州縣。

丁丑。太子賓客吏部左侍郎兼翰林院侍讀學士署詹事府事陳經邦為禮部尚書。吏部右侍郎沈鯉為左侍郎。直經筵日講。

南京兵部右侍郎陸光祖為吏部右侍郎。

戊寅。楊文舉張希皋伍可受孫世楨為給事中。可受世楨南京。張文耀譚耀楊東野陳遇文張允文徐申李植葉承遇王制潘維岳為試監察御史。維岳南京。

巡撫廣西右僉都御史劉良弼致仕。

十一月躬朔。午刻。日食。

總督倉場右都御史兼戶部右侍郎魏學曾為南京戶部尚書。

辛巳。南京右通政喬因阜以禮科陳燁論其提學浙江時沙汰過嚴。得太常少卿也。遂調外。

壬午。禮部左侍郎周子義改吏部。署詹事府事。仍教習庶吉士。

癸未。復劉世延誠意伯南京都督府帶俸。

錄國初花雲子孫。兵科給事中王亮言劉基花雲功也。

甲申。南京右都御史熊汝達。以戶科給事中徐三畏論其督昭陵工損陷。命閒住。

免延綏綏德榆林三衛屯租五萬四千七百三十八石。

總督宣大兵部尚書鄭洛上七事。審夷情議貢市明撫賞計士馬厲征操裁猾酋治叛夷。哈不慎● 處夷犯慎招納酌工役章下所司。

戊子。陝西道御史楊四知上成祖仁宗宣宗三朝聖諭錄 李東陽輯。孝宗燕對錄 李時輯。世宗召對錄。命留覽。

己丑。懷仁王府奉國將軍聰湑等六人。年皆六十餘。詣闕訴自嘉靖四十年後未支祿。救死無策。上閔之。命即補給。

庚寅。北虜順義王黃台吉表貢馬。

總督王象乾請勦屬夷長昂等。許之。

辛卯。右通政司右參議梁子琦降□□右參政。閒住。

壬辰。南京鴻臚寺卿方九功爲南京右通政。

禮科給事中王士性劾應天巡撫郭思極先御史時監楚試私張楙修。又斃何心隱。吏部覆。巡撫有善政。上不問。

安定德勝門外訛言避虜。

癸巳。戶部右侍郎王廷瞻爲左侍郎。總督倉場。保定巡撫右僉都御史宋纁爲南京戶部右侍郎。總督糧儲。應天府尹吳善爲右副都御史巡撫廣西。

順天巡撫右僉都御史翟繡裳論免。

丁酉。兵科給事中黃道瞻請罷張學顏及廣西總兵戚繼光。胡守仁宜互易。李成梁父子不宜各鎮重地。上以輕妄。謫之。

南京陝西道御史孟一脈上六事。曰保聖躬。言御用宮女。急于選取。非節宣之道。曰正人心。言士重始進。宜敕各提學先品格而後才華。曰厚生育。令牧民官悉心撫字。使不流移。以墾田多寡爲殿最。曰禁淫巧。言浮梁之磁。珠翠之寶。龍床之添設。寶頂之增造。元宵燈。端陽五毒吉服等物。華靡一起。則倣效莫止。曰整戎兵。上以兩宮織造。孟一脈輕瀆。調外。今後言官建白。毋浮詞摭拾舊事。賣直沽名。

己亥。夜流星色赤。自胃宿西南行。有聲如雷。二小星隨之。

辛丑。總督兩廣右都御史兼兵部右侍郎郭應聘爲南京右都御史。撫治鄖陽右副都御史張國彥爲整飭薊鎮邊備兼巡撫順天。大理寺左少卿李己爲右僉都御史。巡撫保定。

開原參將李如楠免。初屬夷宰賽掠賞殺備禦熊鑰。革其賞。已復之。昨秋□月。以六百餘騎掠慶雲堡。故免之。

壬寅。諭兵部。以緬甸賊熾。命沐昌祚劉世曾僇力爲戰守計。初莽應禮架藤橋渡江。屯猛皮嶺。直入攀枝花樹。鄧子龍伏兵迎之。間遣人繞賊後。焚橋斷歸路。邀斬頭目二十餘。賊敗走踰甸。罕虔詐降。佯許之。已擁衆屯溫盧。巡撫劉世曾黔國公沐昌祚移鎮大理。令右布政使徐元氣駐永昌督餉。巡按御史崔廷試監軍。我兵突關下。擒罕虔及其弟罕招對招託。賊遁。追至灣甸。俘斬五百餘。幷擒罕虔子招罕招色等。岳鳳勢蹙。併遣妻子來獻所掠金牌敕書。世曾意其詐。謂故維摩知州何鈺與鳳善。令往說之。命劉綎潛進蘢川伺隙。又別招孟密絕其寄徑。鈺說鳳禍福。復遣妻刁氏幼子曩歇來。而綎襲隴川之寨。鳳遂降。因盡下諸夷。

廣東左布政使王元敬爲應天府尹。福建按察僉事趙參魯爲光祿寺少卿。

甲辰。前總督陝西三邊軍務右都御史兼兵部左侍郎郜光先仍總督陝西。刑部左侍郎吳文華爲右都御史兼兵部右侍郎。總督兩廣兼巡撫廣東。南京太僕寺卿毛綱爲右副都御史。撫治鄖陽。

乙巳。晋府方山王府輔國中尉愼鏂擅婚奪祿三之一。離婚另選。

丁未。提督四夷館太常寺少卿蕭崇業爲太僕寺卿。

戊申。復大同威遠參將。

十二月配朔。上偶疾。免朝講數日。

徵太倉十萬金光祿寺五萬金。閣臣言之。不聽。專徵光祿寺十萬。

總督漕運巡撫盧鳳戶部右侍郎兼右僉都御史傅希摯回部。

遈加奴仰加奴糾大虜攻猛骨孛羅。謀犯開原遼瀋。傷備禦霍九臯宿振武。李成梁擊斬二奴共三百十一級。

李成梁聞𩥇馳新寨。又伏兵塞上。邀斬一千二百五十餘級。獲馬千七十二匹。餘畜產器甲亡算。

庚戌。巡撫山東右僉都御史陸樹德致仕。

癸丑。前巡撫浙江右副都御史李世達總督漕運兼巡撫鳳陽。太常寺卿李輔爲右副都御史。巡撫山東。

西番以七千餘人自八盤嶺入黃羊川。通行火落赤阿赤兎等。又率兵迎佛于此。巡按以聞。

乙卯。禮科都給事中萬象春言。往河南山西陝西各藩會議。大約願以見祿通用。日後子孫不論衆寡。取給焉。禮部言。議止河南山陝。其山東湖廣江西廣西四川尙未議。仍趣各撫按題奏。

何喬遠曰。君子之澤五世而斬。天子之澤七世。以觀諸宗。皆以祖免之殺。尙爾耗費大農。即均予以歲祿。亦如豕圈獸檻。集蠅嘬蛄。愛而不敎。未有如此甚者。昔棗陽王祐楒願棄祿應舉。近時鄭世子載堉請辭爵入山。恥于抱才具無所得爲而自虛其世也。其他强者武斷恣睢。弱者盜博奸淫。夫人生天地間。無四民之業。坐食而不得自聊。羣臣猶狃舊章。不敢破格。此眞變窮通久時矣。

丙辰。起溫純太常寺卿。

復臨沅參將。增設順蒙參將。

戊午。禮科給事中李以謙言。每歲錄囚。不曰處決而曰審決。恐臨決有冤。再加詳審也。近皆以情重者決之。非審決也。宜下巡按御史詳情與律背事與招遠者申辨。事雖不冤。其詞不服。亦緩決以待上是之。

廣東道御史洪一謨以族弟女適安陵王。逐外補。

己未。吏部左侍郎張士佩爲南京戶部尚書。

庚申。南京尙寶司丞張位爲左春坊左中允署國子司業。

琉球國中山王尙永入貢。

辛酉。武清侯李偉卒。贈安國公。謚莊簡。祭十六壇。

壬戌。吏科給事中鄒元標言五事。培君德。親臣工。肅憲紀。崇儒術。飭撫臣章下所司。

癸亥。免畿內行刑。

南京太僕寺丞趙志皐爲南京國子司業。

復宛平大興縣丞各一。

甲子。戶部尙書王遴上會計錄云。萬曆十年。歲入三百六十七萬六千一百八十金。歲出四百二十二萬四千七百三十金。視所入多五十四萬。萬曆十一年。蠲免共一百七十六萬一千有奇。所入又減其太倉抵補共少二百三十萬一千有奇。

停蘇松今年牲口銀。

望。夜月食。

己丑。應天巡撫右僉都御史郭思極罷。

加雲南巡撫兼提督貴州兵餉。

丁卯。革漢中羊稅咸陽皮布稅及涇陽等州縣私稅。

戊辰。故少保吏部尚書李默贈太子太保諡文愍。

修山海關城。

兵科都給事中張鼎思等言。莽應禮父子蠶食土夷。諸土司爲彼嚮導。守臣養寇。遣使偵探。附以重幣。是我先求于賊也。竹葉書中原無求貢之文。而遽議行賞。竟爲所御。而又詭稱獻物。欺罔何辭。初雲南巡撫饒仁侃巡按劉維檄招莽瑞體。令騰越州官往。兵備副使胡心得恐出木邦罕拔詐計。乃密遣通事。募小坑等五人。攜幣帛鞍馬。入緬甸偵之。爲罕拔道執。拔遂以人文逆之探書。小坑等至。即罄所攜物自餽瑞體。得遺歸。附以氈段錦布。語狂悖。在竹葉書中無降意。求貢之文甫至。又請易置宣撫。窺騰越之文繼之矣。鼎思疏上。劉維胡心得削籍。巡撫饒仁侃冠帶閒住。黔國公沐昌祚立功自贖。

庚午。夜。慈寧宮火。

賑商水等州縣饑。

陝西道御史楊四知言。足民莫若勸農。宜禁屠牛。章下都察院。都人多宰牛爲業。聚鬨。不果行。

辛未。前國子祭酒姜寶爲太常寺少卿。提督四夷館。

南京兵部尚書劉堯誨致仕。

予故通政使吳三樂祭葬。

建丹徒大犢山丹陽黃泥壩二閘。

壬申。賜樂安王多爌書院曰樂文。

癸酉。南京禮部尚書楊成致仕。

甲戌。諭內閣。贈李偉國公。申時行言世宗皇帝釐正封典。未有贈公者。若聖意從厚。宜加贈太傅。不聽。贈安國公。謚莊簡。祭十六壇加六壇。

前禮部右侍郎署國子祭酒孫應鰲爲刑部右侍郎。應天府尹王元敬爲右副都御史。巡撫應天。

丙子。秦王誼漶言。臣祖宣王第四子輔國中尉敬鏓幷父靖王兩弟奉國中尉誼渉誼濾。乞各封郡王。靖王女封郡主。部覆違例。不許。

後軍都督府僉書都督僉事王化熙爲總兵官。鎮守浙江。

蠲陜西臨洮鞏昌延安八年九年帶徵銀。

是月。西虜十餘萬犯遼東。入十方寺堡。六日始出。官軍擊斬四十八級。

甲申萬曆十二年

正月躬朔。庚辰。禁諸宗室陳乞。

蠲淮揚八年以上牲口銀。

辛巳。諭百官修省。前慈寧宮火也。

御史丁此呂言五事。愼舉動。弘聽納。正典刑。去倖位。訓近侍。內言宜撤鼇山之燈。止壽宮之閱。停磁器之製。節織造之工。錄建言貶竄諸臣如趙用賢等。誅朋奸游守禮徐爵等。上謂馮保事已處分。餘下所司。

內監傳造元夕兩宮鼇山燈。禮科給事中王士性言災異。不宜復恣燕樂。上納之。

前太常寺少卿陳三謨。御史曾士楚。削籍。浙江道御史張文耀論其保留居正也。

前禮部尙書萬士和爲南京禮部尙書。不赴。

乙酉。南京右都御史郭應聘爲南京兵部尙書。前應天府尹王世貞爲應天府尹。

己丑。復湖廣總兵官。

兩廣總督右都御史郭應聘以安南與下雷歸順等州峒地界。乞遣官會勘。或歸安南。或立石分界。庶杜爭端。從之。

雲南府地震。

丙申。上偶不豫。

先是西虜着力兎等糾海西虜以八千騎掠西寧番族。突入邊殺掠。下西寧參將王國柱子臺訊。兵備副使張登雲奪俸。

太僕寺卿舒應龍爲南京禮部右侍郎。

議復漢陽南陽漢中等道。

許安南都統使莫茂洽入貢。

己亥。懷寧侯孫世忠爲將軍總兵官。鎭守湖廣。

南京工部右侍郎袁洪愈爲南京右都御史。巡撫貴州右副都御史劉庠爲南京兵部右侍郎。

辛丑。免江西四司料價及黃白麻魚課等十之三。

錄遼東功。進張佳胤太子少保。廕錦衣衛百戶。李松兵部右侍郎兼右僉都御史。廕錦衣衛百戶。

甲辰。詹事府少詹事兼翰林侍讀學士王家屛敎習庶吉士。

武定侯郭大誠署前軍都督府事。

吏科給事中鄒元標降南京刑部照磨。初慈寧宮火。元標言五事。保聖躬。開言路。諭百官。節財用。拔幽滯。上責其狂。遂被謫。蓋申時行修徐學謨之郄也。

湖廣道御史范儁削籍。儁上十事。奉天道。防人欲。信詔令。定章奏。廣儉德。專事權。惜人才。養士氣。斥巧宦。清武職。其奉天道略曰。春秋春王正月之文。一念一事稍不正。卽無以合天心而順天。則故講正學。近正論。習正事。始仰答天心。其防人欲曰。禹惡旨酒。湯不邇色。豈好惡與人殊哉。深見夫縱欲之害。不得不遠絕之耳。上瀆之。遂削籍。

范應期爲國子祭酒。

乙巳。喜峯路大風雨。

順天府丞袁三接爲太僕寺卿。

左副都御史丘橓上言積弊。曰考績。曰請託。曰訪察。曰舉劾。曰提問。曰資格。曰處佐貳教職。曰餽遺。上命卽行之。

前都察院檢校洪競訟父朝選之冤。

二月帆朔己酉。無逸殿災。

兵部覆勦雲南莽應禮功。官兵擒斬二百餘級。巡撫劉世曾進右副都御史。沐昌祚等陞賞有差。

左春坊左庶子兼翰林院侍讀沈一貫爲詹事府少詹事兼翰林院侍讀學士。署院事。翰林院侍讀學士徐顯卿爲左春坊左諭德兼侍讀學士。署坊事。右春坊右中允署國子司業張位爲司經局洗馬兼翰林院修撰。署坊事。侍讀韓世能張一桂李長春並爲右諭德兼侍講。修撰陳于陛爲洗馬兼修撰。

泰寧侯陳良弼爲左軍都督府僉書。

辛亥。薊鎭牆子嶺路大風雪旗端有火光。

癸丑王弘誨王世貞孫光祐爲南京吏刑工部右侍郎。

復福建龍溪縣孔子家廟。

甲寅總督宣大鄭洛陳天下大計章下所司。

議設眞定車營。

丙辰。諭修慈寧宮。

吳中行爲司經局洗馬署國子司業經筵日講如故。

甘肅巡撫右僉都御史董堯封議聽民墾荒永不起科部覆從之。

丁巳。三鎭互市成進張學顔太子少保。

辛酉。南京工部右侍郎孫光祐論罷。

河南道御史王光儀論江西巡撫曹大埜諫垣時首附張居正劾高拱去之未幾轉大埜僉楚。尋尙寶太僕。尋撫江西結原任雲南副使朱璉父馮保兄游七縉紳所不齒有旨大埜冠帶閒住朱璉削籍。

修孝陵成。

壬戌。故吏部尙書李默諡文愍。

秦府儀賓周琰訐奏秦王誼漶淫惡章下都察院。

予故工部尙書李幼滋祭葬。

張孟男爲大理寺卿。黃鳳翔爲南京國子祭酒。

甲子。御史王國薦侍郎王一鶚等邊才。宜備任使。又尙書陸樹聲。侍郎胡執禮。巡撫耿定向海瑞。按察使胡直。

苑馬寺卿顏鯨。吏部主事魏允貞。宜擢用。章下吏部。

陝西莊浪番人寫爾等八族。因虜酋仇殺。求內附。納馬易茶。許之。

乙丑。予故戶部右侍郎黃養蒙祭葬。

顧志章爲應天府尹。姜寶爲南京太常寺卿。

丙寅。議侵欺錢糧。酌邊腹及贓多寡論罪。

丁卯。京師地震有聲。

山西道試御史李載陽論南京尙寶司卿林應訓。原任南京御史媚張居正等通賂。命削籍。

戊辰。馬文煒爲右僉都御史。巡撫江西。

王友賢爲南京工部右侍郎。賈待問爲南京光祿寺卿。

己巳。廣東道御史屠叔方言。革除殉難諸臣。實我太祖所培養。蒙皇上恤錄久矣。但褒表忠魂。尙屬未盡。其交游姻黨。至今遠戍。恐九重之恩一日未推。則諸臣之目一日未瞑也。果臣言不謬。乞該部通行省直。令有司軍衞。備查外親在戍者。並宥還鄉。願留者聽之。如絕戶。除其籍。不得永累里長。上從之。除齊泰黃子澄外。其方孝孺等所株累覈免。

免浙江所負馬站銀米。

庚午。南京廣西道御史沈汝梁議。災民有田者免稅糧。無田者免丁口鹽鈔。庶貧富均沾。報聞。

辛未。太常寺少卿秦燿提督四夷館。

于嵩爲署都督僉事總兵官。鎮守福建。

壬申。國子祭酒范應期。以御史徐紳劾之。問所薦者。申時行疏其繇。命致仕。

鑄荆州府撫夷同知關防。

癸酉。新會王睦樒以貪暴廢爲庶人。幽高墻。初。遣給事中萬象春行諸王府。限制贍貧宗。睦樒曰。是齊泰復出矣。聚盟宗室千餘人。羣擊睦樒曰。皆爾之謀。上書抗詔。故罪之。

余懋學爲南京尚寶司卿。

丁丑。周邦傑孫鑛爲太僕寺太常寺少卿。

三月戊戌朔。賜益王翊鈏書院曰遜學。

刑科給事中田疇言急務四事。愼內批。酌律例。省詔獄。清廠衞。內摘張居正事。上謂不合。奪俸五月。

四川永寧宣撫司子奢崇周受印。俟年長襲職。川貴巡撫孫光祐劉庠以奢世統世續二婦爭印仇殺也。

己卯。尚寶司少卿韓必顯爲順天府尹。

諭濟邊銀不得那借。

辛巳。鞏昌府地震。

裁潮州守備。復設參將。

癸未。禮科都給事中萬象春請如先朝例甲科任鴻臚寺卿。不許。

甲申。兵部左侍郎辛自修左僉都御史石星清理軍職貼黃。

孫應鰲爲南京工部尚書。胡執禮爲兵部左侍郎。署南京右侍郎事張位爲國子祭酒。

兵科給事中張維新言工部右侍郎劉志伊在楚闈中張懋修難膺大任。遂勒免。

乙酉。禮科給事中苗朝陽言四事。驅伏奸。淸輸納。申驛禁。禁刁風。上然之。

丙戌。南京國子司業趙志皐爲南京右春坊右諭德。署翰林院事。

前太常寺少卿何源復任。

戊子。英挺嗣江夏王。

己丑。先是雲南耿馬賊罕虔寇姚關。參將鄧子龍擒之。共擒八十二人。斬二百九十六人。命誅罕虔。孟養孟密木邦三司俱降附。

庚寅。前工部尚書曾省吾浙江按察僉事曹一夔削籍。以工科給事唐堯欽論省吾同王篆媚張居正。而曹一夔籍省吾結馮保。巡鹽長蘆，送保不下萬金。往四川。餽徐爵千金。言之實汚齒頰。

戶部請丈田後豁免虛糧。除民累。從之。

辛卯。左副都御史丘橓爲刑部右侍郎。大理寺卿褚鈇爲工部右侍郎。

壬辰。貴州有黑物翔于雲中。

癸巳。左副都御史丘橓請廣搜屈抑之士。如給事中魏時亮周世選。御史張檟李復聘。吏部郎中胡汝桂。又均處邪媚之臣。王宗載于應昌同陷劉臺。而宗載戍。應昌止免官。勞堪陷洪朝選。亦止免官。張一鯤錢岱監試中王篆子。猶玷班行。何耶。上納之。命勞堪不必勘。與一鯤岱並削籍。

予故南京光祿寺卿鄭欽祭葬。

南京浙江道試監察御史李一陽言。南京工部尚書劉一儒與張居正兒女姻也。高蹈遠引。家食十餘年。起轉今官。引疾乞休。澹然不淄。安可聽其求退。又論南京光祿少卿王蔚傅作舟。先任南給事中。黨勢附戚。乞斥爲民。爲黨惡之戒。從之。

乙未。左僉都御史石星爲左副都御史。太常寺卿溫純爲大理寺卿。

丙申。南京工部尚書孫應鰲右侍郎胡執禮俱劾罷。

戊戌。山東道御史丁此呂追論張嗣修敬修懋修王之鼎科場。丙子房考今兵部員外郎嵇應科。主試許國。庚辰懋修房考今山東提學陸檄。敬修房考今河南參政戴光啓。庚辰主試申時行余有丁而侍郎何洛文代嗣修懋修對策。壬午王之鼎主考沈懋學。又己卯南闈試目舜亦以命禹此居正逆萌也。時行等各疏辨。命罷何洛文。調嵇應科□□。陸檄別用。留沈懋學戴光啓。吏部尚書楊巍駁此呂深文陷人大辟。如先朝趙文華王聯也。上怒。謫此呂于外。

己亥。諭內閣朕于天下事不可盡知。嘗欲咨訪若各項事體不與聞。設內閣何爲。時御史張文熙劾閣臣。于是申時行等言。祖宗舊制。各衙門每月關領內府精微文簿。開寫事件。月終繳內閣。年終送六科。此二百年例也。今考成文簿與精微文簿相同。但詳略稍異耳。若諸司之事。全不與聞。即皇上有問。臣等馮何奏對。又謂吏兵二部陞除不當一一取裁。各督撫巡按不當密謁請敎。夫閣臣以平章政事爲職。而用人爲政事之大權。故文官自京堂。武臣自參將以上。與臣商量。但當問公私。不當問知否也。上報曰。朕方委卿等大政。各衙門事豈得不預聞乎。時行等各疏謝。

商爲正曹一夔。以南京山西道御史田一麟論其奔走故相之門。一夔削籍。免爲正。

命棋盤屏風減半燒造。從工科都給事中王敬民之請。

沈人种爲太常寺卿。

前巡撫福建右僉都御史耿定向爲左僉都御史。

命南京正額防軍舍餘各回營操練。毋仍前占役。

庚子。初鑄膽黃清軍主事關防。

五軍營右副將都督僉事楊鯉爲南京左軍都督府僉書。

賈三近仍爲光祿寺卿。

辛丑。御史荆州士上吏治六事。守令選擇當嚴。有司賞政當崇。刑罰關繫當重。科派里甲當省。差遣人役當禁。吏治諂諛當杜。上允行之。

許翊鋸嗣江寧王。

壬寅。宥革除株戍姻黨。除伍萬一千七百六十三人。

陝西會寧縣地震。

甲辰。前左都御史陳玠卒。

乙巳。陝西道御史馬朝陽言二事。愼起居以圖實效。省苛察以培大體。從之。

丙午。太常寺少卿何源爲大理寺少卿。

逮臨江知府錢若賡。以巡按御史韓國楨參其杖斃二百人也。

是春。虜長禿長昂董狐狸犯遼東三山營。備禦祖承訓擊斬二級。已伏太康堡大定堡。皆塞外沙地。總兵李成梁追斬百三十五級。所殺皆兀魯孩子部曲。

瞿九思曰。三衞反覆。禍由長董。豈其然乎。界嶺之戰。狐狸身被金痍。山海之創于死塞。狐狸能不及長昂遠矣。長禿繫獄月餘。自我釋之。而旋盟旋叛。市何益哉。善哉影克之請殺兀魯。夷中華士也。前車覆。後車戒。萬虜不當一答。萬盟不當一守。後有議市塞吏。豎塞兩耳可也。

四月朾朔。上享太廟。京師風霾。

戊申。先是禮科給事中王士性御史江東之李植楊四知。各劾吏部尚書楊巍。附閣臣申時行。排丁此呂。謫馮景隆孫繼先曾乾亨等。阻塞言路。且時行實黨張居正。上不聽。傳諭時行盡心贊理。放高啓愚。留此呂。獨未及巍。于是大學士余有丁許國爲楊巍解。上諭時行卽出供職。

戊申。南京通政司右參議陳瓚爲太常寺少卿。

己酉。禮部右侍郎高啓愚削籍。已南京吏科給事中劉一相。劾其附王篆。遂焚啓愚告身。初上自號禹齋。啓愚主南闈。別張居正。其堂懸舜禹授受圖。故試目舜亦以命禹。時論遂懸坐大逆矣。

大學士申時行許國並乞休。命慰留。楊巍又乞休。不允。

談遷曰。言路擊奸自其職。而少年銳進。負氣褊激。必可否自己出。于是磯怒不休矣。吳縣當物議沸螗之時。未能虛受。角祖相攻。于今而始。至于九卿臺省。交口保留。天子甚明聖。何藉羣策。此風倡于華亭。繼于江陵。前未之覩也。

庚戌。京師風霾。大雨雹。

辛亥。諭留申時行許國各疏。謝吏科都給事中齊世臣請留閣部。從之。前爭壽宮。世臣疏保大峪山吉。至是保閣臣。時稱齊保保。

左都御史趙錦請優慰大臣申飭言官。吏部左右侍郎沈鯉陸光祖。戶部尚書王遴。太子太保工部尚書楊兆。左右侍郎褚鈇何起鳴。刑部尚書潘季馴。左侍郎舒化。大理寺卿溫純。兵科給事中張維新。山東道御史劉懷恕。各奏留閣部。摘劾王士性等朝端聚訟。羣詣大璫張宏張鯨等求援申時行楊巍雖安其席。大柄旁落矣。

詔曰。大臣爲羣僚表率。且人品邪正論定已久。何可輒指正爲邪。極言誣詆。卿等其宣諭諸臣。共持公論。毋再瀆擾。失朕優重大臣之體。楊巍陸光祖各乞休。不允。

壬子。豁山西陝西新墾荒田起租者。

甲寅。戶部尚書王遴乞休。不許。

乙卯。初鑄清理貼黃關防。

副總兵陳文治□□李尙賢撫辨。論死。

遼莊王次妃王氏訴張居正傾陷親王。强占祖業。上以居正侵盜王府金寶。又占王墳。命司禮太監張誠刑部右侍郎丘橓刑科左給事中楊廷相錦衣衞都指揮賈應魁籍其家。

丙辰。左都御史趙錦等乞宥罪輔張居正籍產。略曰。昔嚴嵩怙寵行私。世蕃爲奸利。聖祖逐嵩誅世蕃。而言者不已。至謂世蕃叛。籍其家。其後不副。株連取盈。上謂此眞世蕃物。不知半出他方。且非叛也。今憤居正則過其言。臣竊料其藏不當世蕃十一。臣恐他日之毒。三楚十倍于江右。且嵩敗後。閣臣顧患不任事。居正獨受知。不顧其患。今過懲之後。之大臣懼矣。奪其官謚。斥子弟爲編氓。已足正罰。居正生平操切。壟斷富貴。決裂名敎。故四方歸怨。實無異志。且受先皇顧命。輔上冲齡。夙夜勤勞。中外寧謐。功安可泯。惟陛下不忘帷蓋之誼。庶全國體。上以居正負恩蔑法。侵占王府產業。卿等何爲申救。

沈德符曰。張江陵身輔冲聖。自負不世之功。其得罪名敎。特其身當之耳。江陵功罪。約略相當。身後言者指爲奇貨。如楊御史四知追論其貪。謂銀火盆三百。諸公子碎玉盌玉杯數百。此孰從而見之。又謂歸葬沿途五步鑿一井。十步蓋一廬。則又理外之說矣。其上柱國勳銜。雖曾加而不受。至沒後爲贈。乃云生前曾拜。以實其無將之罪。更謬之甚者。又云今日皇子誕生。加恩大臣。使居正而在。必進侯伯加九錫矣。從來後宮誕育。未有恩及宰輔者。有之實自江陵身後始。識者頗以爲非。然則楊何不明糾當事之政府。而追討朽骨之權臣也。

丁巳。命順天尹禱雨。

御史朱光宇上二議。曰催科之弊。在清火耗禁里甲。曰起解之弊。在清錠數責備解官。上然之。

初。岳鳳屯隴遮。見官兵勢盛。遣從子岳亨求降。撫按以游擊劉綎往諭。鳳遣妻刁氏及少子南歇請降。綎率兵至騰底。獲賊諜言緬人散奪已知官軍動靜。綎乃兼程抵隴川。岳鳳率其家及所部降于道左。而散奪則先二日以象遁。但留遮改四人餘從數十人于隴川。綎分兵追之。身圍隴川寨。岳鳳爲應。各賊突圍而出。綎擒賊首縛二十六人。衣甲等物。蠻莫知狀。飛報莽應禮。將會兵寇隴川。綎亟進。分三道。蠻莫遽走。亦乞降。

戊午。李成梁懇辭恩廕。遂改錦衣衞爲本衞。

己未。吏部右侍郎陸光祖欲都察院甄別江東之楊四知李植王士性去留。以安閣部。御史李廷彥疏駁之。御史沈時敍言欲留楊巍。必先復丁此呂。上不聽。

庚申。御馬監奏取騸馬三千匹。兵部言會典載豹馬五十匹。並無此例。上不聽。

辛酉。夜月食。

壬戌。申飭撫按官懲私揭。

癸亥。釋輕繫。

予故南京刑部尙書徐陟祭葬。

國子司業吳中行言。輔臣歇歷有年。其人之邪正。豈能逃聖鑒哉。或因事乞歸。或被言投劾。去留聽之朝廷。何年來輔臣辭位。必羣起而留之。頌功贊德。累牘連章。其心何心哉。保留故相之遺風。何至今在也。申時行跡涉獻諛。似非臣義。丁此呂未蒙聖鑒。止令分別被論之人。忽參斥以成皇上之過。大臣多私而不忠。上切責之。

乙丑。申時行以御史張文熙摘其次子用嘉倖中求覆試。上謂其非私。不許。已覆試。陳炌子以德。朱璉子□□。朱除名。以德戊戊成進士。

丙寅。南京禮部主客司郎中汪應蛟請量罰江東之李植張文熙王士性。勸令陸光祖自陳。刑部郎中張正鵠亦以爲言。不聽。

侍講于愼行遺書丘橓曰。江陵殫精畢智。勤勞于國家。陰禍深機。結怨于上下。當其柄政。舉朝爭頌其功。不敢言其過。今日既敗。舉朝爭索其罪。不敢言其功。皆非情實也。江陵平生顯爲名高而陰爲厚實。以法繩天下而間結以恩。其深交密戚則有賂。路人則不敢債帥鉅卿。一以當十者則有賂。小吏則不敢得其門而入者則有賂。外望則不敢。此其所入亦有限矣。且彼以蓋世之功自豪。固不甘爲汚鄙。而以傳世之業期其子。又不使濫其交游。其所關通竊借不過范登馮昕二三人。而其父弟家居。或以間隙微有所網羅。則所入亦有限矣。若欲根究株連。稱塞上命。恐全楚公私重受其累。江陵太夫人年八十。老矣。諸子纍然皆書生。不涉世事。籍沒之後。必至落魄流離。可爲酸楚。望于事寧罪定之日。疏請于上。乞以聚廬之居。恤以立錐之地。使生者不爲欒郤之族。死者不爲若敖之餒。可矣。初丘橓除給事中。噉名。湖廣巡撫方廉餽以五金。奏罷之。人多不直橓。遂請告居鄉。力郤上官餽遺。而好負賦。邑令某病其嬌積所郤金。請于兩臺抵逋稅。橓大慚。或薦于張居正。曰。此子怪行。非經德也。終不用。至是橓得書不納。乘敗覆張氏甚慘。詔使未至。御史先期命守令錄其人口。出子女避于空舍。有不及發者。門已錮。饑死十餘人。犬啖之。

刑部籍張居正京師房價一萬六百七十金。室中黃金四百餘兩。銀十萬七千七百餘兩。金器三千七百十餘兩。金首飾九百餘兩。銀器五千二百餘兩。銀首飾萬餘兩。玉帶十六。珠等稱是。居正雖貴顯。罕受餽遺。所籍貲率父弟所斂。遼帥李成梁封伯。餽黃金千。白金萬。郤之。語其使曰。若主以血戰功封一官。我若受之。是且得罪于高皇帝。其毋再瀆。

丁卯。總兵戚繼光駐廣東。巡歷潮惠肇慶。

戊辰。河南道御史詹事講上四事。愼舉錯。正吏治。辨資格。飭邊才。並于時政有裨。上是之。

己巳。陝西總督郜光先上三事。蠲災租。廣事例。重積儲。部覆從之。

辛未。兵部左侍郎辛自修以清理貼黃議愼重世官。下所司。

壬申。內承運庫行戶部徵零陵香千斤。戶部言此香停矣。如果不可已。宜半之。不允。

廣東道御史連格議䘏邊民。乞減常賦十之三。戶部請分別量減。從之。

癸酉。起魏時亮南京大理寺右寺丞。

朱賡王家屏爲禮部左右侍郎。

甲戌。虜寇錦義。官軍禦之。斬百三十餘級。

乙亥。莽應禮攻陷阿瓦。殺孟密宣慰司思忠。進至猛外。把總范斌等敗之。尋抵蠻莫。又敗于把總楊任。

貴陽李生匾豆。

五月丙朔。雲南道御史黃師顏請復丁此呂官。直隸巡按御史蔡時鼎亦言之。末侵楊巍。忤旨。並報罷。

丁丑。李文全嗣武清伯。御史房寰等言。世宗定外戚爵及其身。子孫不得襲。今文全援洪熙以後例。非制也。吏科都給事中齊世臣言如之。並不聽。命襲一輩。不爲例。吏科給事中楊文舉又言之。奪俸。己禮科李以謙工科姚德重疏救。不聽。

己卯。前按察使賀邦泰削籍。以中張居正子也。

復湖廣屯鹽道副使。

庚辰。南京禮部郎中習孔教爲南京國子司業。

辛巳。先是太和山守備太監田玉請獨治山。毋預分守道。命改分守道。敕兵科給事中王三餘等爭之。不聽。至是左都御史趙錦言。太和山名止一山。幅員八百餘里。實界三省間。分守參政不得協行。則撫治都御史亦難究詰。不幸有奸宄者劉千斤曹崙等出。將責之內臣乎。抑責之分守撫治等官乎。不報。

壬午。許眞人張國祥三年一覲。禮科都給事中萬象春等言左道不當入覲。不聽。

南京刑部右侍郎王世貞予告。

甲申。作潞王府于衞輝。初閣部擬衡州。而衞輝次之。命就衡州。已潞王奏求近地。從之。

刑部廣西司主事董基請停內操。本月五日。傳言皇上幸西城。開營較射。夫兵凶器也。內廷淸嚴。無故聚三千之衆。臣所未解也。宜杜意外之變。養安靜之福。止羣小之怨。省不經之費。忤旨。謫萬全都指揮司都事。

丙戌。少詹事沈一貫敎習庶吉士。

初。溫州知府李際寅墨敗。擬戍。都察院謂犯在赦前。宜宥。而因公科斂。宜徒。命削其籍。于是刑部議贓五百金以上。依枉法律遣戍。若因公科斂。准徒。上從之。

丁亥。命禮部。凡各省直鄉試硃卷。悉送內簾。其墨卷貯外簾。以杜私弊。

戊子。御史劉士忠乞停內操。宥董基。章下所司。

己丑。兵科給事中張維新請擢鄒元標。宥董基。命奪俸半年。

甲午。京師地震有聲。

吏部尚書楊巍乞休。不允。

丙申。南京雲南道御史郭宗賢上四事。兼名實。嚴公私。酌用舍。審進取。其酌用舍曰。舍固貴得其宜。用尤不可不愼。近來薦賢固多。或以他事得罪。本宜擯斥。而一概薦起。是尺直尋枉。亦得躐用也。上是之。

戊戌。前右僉都御史趙鏜卒。

己亥。雲南猛密安撫司與莽應禮戰敗。命鎭巡官協討。

立勳賢祠。祀故新建伯王守仁于杭州。巡撫蕭廩請之也。

辛丑。靖州守備周弘謨乘夜襲叛苗全道等。斬四十四人。

壬寅。准各郡縣糧米暫改折于臨清德州二倉撥補。

癸卯。逮荆州知府郝如松。以太監張誠奏張居正子禮部主事敬修自經也。時詔使拷掠長子懋修。自誣寄曾省吾王篆傅作舟高志進諸家凡三十餘萬。各追併有差。已荆州知府趙賢。岳州知府李時漸。以屋直估輕。並罷。

刑部尚書潘季馴乞張居正家暫行保放。吏部尚書楊巍等亦言之。有旨。令撫按申飭保全。申時行等言。張居正苛刻專擅。自干憲典。其八旬老母衣食不周。子孫死亡相繼。聖心必有惻然不忍者。乞保全其母。寬其子孫。若攀連受害之家。威刑妄招。展轉搜索。則地方騷擾多矣。有旨以空宅一區田十頃給其母。

于愼行曰。唐德宗旣貶竇參。欲籍其家。陸贄諫曰。在法反逆者盡沒其財。贓汚止徵所犯。德宗不聽。竟賜參死而籍沒其家。蓋籍沒一法。因種族其家。然後奴婢貨財皆爲官有。若其罪未至族。則家固亡恙。從而籍之。不相中矣。江陵之事。在廷諸臣無引贄語以進者。刑政一失。其可收乎哉。

談遷曰。江陵柄國。功十而罪一。身沒之日。怨口方注。猶曰權相之常。自丁此呂誣以謀逆。禍同赤族。更激于遼邸之事。始籍其產。謂董氏之郿塢。元載之胡椒。不是過也。諸子纍囚。闔門刑辱。而貲不踰十萬。至流毒三楚。蔓延數年。以分宜之報概于江陵。吾知江陵之目不瞑也。吳縣因江陵起家。晚加溢罰。所謂樹荆棘者蒙其刺耶。

甲辰。衡府高唐王厚煐謚曰端裕。益府臯平王載㙺謚曰懿簡。舒城王翊鋃謚曰懷莊。

都勻大水。

六月丙午朔。復廣東糧儲道參議及廣州府淸軍同知。

命工部主事王詔先太監崔卿作潞王府。

丁未。免廣東順德等逋賦二萬一千七百七十餘金。

四川巡撫右僉都御史雒遵奏採木之苦。章下所司。

夜。有異星出房宿。

庚戌。南京刑部尚書孫植改南京工部。總督漕運右副都御史李世達爲南京兵部右侍郞。南京太常寺卿姜寶爲南京刑部右侍郞。

禮科都給事中萬象春請愼選王官。破格遷擢。庶親藩輔導不致失人。命下禮部。

辛亥。以雲南用兵。免田租及一切逋負。

壬子。故遼王憲櫛子術壐奏逆囚楊秀陷王。命下張誠等逮訊。後伏誅。

前貴州巡撫曾同亨爲太常寺卿。

癸丑。南京工部右侍郞王友賢改北工部右侍郞。總督王廷瞻爲右都御史。總督漕運。

乙卯。吏科給事中楊文舉言四川採木之苦。因陳四利。無累商民一也。體恤夫匠二也。鼓舞土司三也。優異委官四也。上深然之。下工部。

巡按宣大御史陳性學劾大學士許國不能容直。反號召讒說。國乞休。遂奪性學俸半年。

丁巳。予故南京戶部尚書劉思問祭葬。

戊午。故工部尚書曾省吾。吏部左侍郞王篆各奏辨張敬修寄金。下張誠按之。

固安伯陳景行孫承恩請襲爵。科道言其不可。遂授都督同知。不爲例。

己未。予故大學士李春芳祭葬。加祭四壇。贈太師。謚文定。廕尚寶司丞。

甲子。南京□科給事中孫世楨等合詞求止內操。命首事罰歲俸。餘各五月。南京御史宣麟等言如之。亦罰俸。

乙丑。陝西巡撫右僉都御史李汶言洮岷環駐番族向聽土官楊臻約束。自俺荅迎佛西海。致諸胡戀牧河西近復屯莽剌川漸偪洮河。將爲內患。詔令集兵防禦。

丙寅。戶部右侍郎傅希摯爲左侍郎。總督倉場。

丁卯。禮部定卹典事宜。命纂入會典。

己巳。免延安慶陽逋賦。

庚午。浙江巡撫右副都御史蕭廩爲南京工部右侍郎。南京總督糧儲戶部右侍郎宋纁爲戶部右侍郎。南京御史郭惟賢落職。以諫內操。救董基也。禮科都給事中萬象春請愼齋居。覩祀典。暫離深宮之燕閒。從事大廷之嚴肅。忤旨。奪俸三月。

壬申。河南巡撫右副都御史楊一魁爲南京戶部右侍郎。總督糧儲。大理寺卿溫純爲兵部右侍郎兼右僉都御史巡撫浙江。南京右都御史袁洪愈爲南京禮部尚書。

癸酉。南京福建道試御史譚希思言。朝廷之上有大不可者三。復李文全伯爵。是更戚畹之制。用內臣提督太和山。是改設官守土之制。選兵內操。是變環衞防禦之制。陛下獨不念祖宗防微之意乎。上大怒。下南京都察院究之。

甲戌。吏科都給事中齊世臣等請留許國。上然之。溫旨慰留。

七月乙亥朔。丁丑。諭肅朝儀。

戊寅。武安侯鄭惟忠署前軍都督府事。

前太子太保工部尙書朱衡卒。衡字士南。萬安人。嘉靖壬辰進士。知尤溪婺源。進刑部主事。歷郎中。改禮部。擢福建提學副使。久之。遷四川參政。憂去。起補河南。遷山東按察使。己未。歷左右布政使。庚申。拜右副都御史。巡撫山東。入工部右侍郎。董工西內。上偉其貌。壬戌。改吏部。乙丑。進南京刑部尙書。以河決。改工部尙書兼右副都御史。總理河漕。開昭陽新渠。穆宗加太子少保。已回部。會徐邳河決。兼右都御史經理事。竣回部。甲戌。被劾去。加太子太保。年七十三。予祭葬。

浙江颶風潮溢。

予故刑部右侍郎鄭世威祭葬。謚恭介。世威字中孚。長樂人。嘉靖己丑進士。自刑曹出江西按察僉事。不爲嚴氏夏氏屈。轉湖廣參議。劾罷。教授生徒。躬耕自給。嚴嵩敗。起南京右通政。擢左副都御史。改刑部右侍郎。以諫採珠不報。乞歸。郡邑監司不識其面。布褐三十年如一日。

己卯。傳問張居正家自縊二人何云。饑死十餘人也。閣臣言。湖廣奏事人輕口。前諸臣遽入奏。誠無所逃罪。上令詰其實。工科給事中楊毓陽言。臣實風聞所誤。奪歲俸。

南京太僕寺卿曾同亨爲大理寺卿。順天府尹臧惟一爲右副都御史。巡撫河南。

貴州提學副使馮時可致仕。

京城多劫盜。

刊兵部邦政條例。

巡關御史蘇酇言邊地水利可興。工部覆行之。

庚辰。雲南道御史黃師顏請故祭酒蔡淸布衣胡居仁陳眞晟從祀孔廟。下所司。

辛巳。沈思孝爲光祿寺卿。方九功爲南京太常寺卿。

河工成。

甲申。工部請減織造議工費。從之。

乙酉。浙江[illegible]布政使徐元泰爲順天府尹。前通政司右通政郭廷梧補南京。

夜月犯建星。

丁亥。南京戸科給事中阮子孝言五事。建言諸臣宜優容。言官心事宜鑒別。監場御史宜選擇。撫按論列宜詳愼。丁憂被論不宜舉劾。報聞。

戊子。鴻臚寺序班翟舉賢下刑部獄。以訐前堂官賈名儒聞訃宴飮。楊宗仲庸劣尸素也。

罷錦衣衛都督同知劉守有。以南京吏科給事中劉一相謂爲張簡修寄眥也。申時行揭救。守有報聞。

己丑。刑部尚書潘季馴削籍。江南道御史李植論季馴黨張居正。深銜卵翼之恩。甘爲蹠犬之吠。不曰居正家宜抄而曰好貨貪財。不曰居正罪宜誅而曰損德傷體。奉旨籍沒。諸臣少加催問。季馴又倡言銅栘鐵夾。斷肢解體。掠斃數命。餓死十人。詢之楚人並無此事。季馴不惟誑皇上于前。而且欺于今日矣。詔季馴對狀。季馴引咎。上怒。削籍并奪告身。

庚寅。土蠻四千騎自三山道溝錦川三路入犯。

辛卯。南京禮科給事中伍可受以劾許國謫。

工部員外部蕭景訓請羅欽順羅洪先從祀孔廟。下所司。

癸巳。金星晝見。

甲午。順天巡撫右副都御史張國彥請招陷胡漢人。消其逆黨。從之。

己未。西安地震有聲。

太常寺少卿陳瓚爲通政司右通政。

南京試御史党傑譚希思沈汝梁李一陽田一麟郭宗顏黃學曾潘維岳各實授。上以希思妄言未許。

丙申。夜月犯井宿。

許國再乞休不允。

庚子。御史周弘祖爲太僕寺卿。御史李植江東之羊可立爲太僕光祿尚寶少卿。時上銜故輔甚。疑諸大臣黨護。及劉一相疏入。心益動。以李植逐潘季馴。遂深嚮用。諭吏部以李植江東之羊可立盡忠發奸。不次擢用。故有是遷。

亦轄等族番人入貢。

八月辛卯朔。戶部左侍郎王之垣致仕。

改折淮北三府沖疲漕運。

乙巳。山西道御史原一魁乞宥建言得罪諸臣鄒元標郭惟賢馮景隆孫繼先黃道瞻曾同亨丁此呂伍可受譚希思董基范儁等。上怒其市恩。奪俸三月。

屬夷長昂犯下莊。總兵官楊四畏副總兵徐從義擊卻之。斬三級。追至老鴉嶺而還。

瞿九思曰。世多言兀良哈入寇。蓋自庚戌始。豈其然乎也先之入我遼陽。花當之入我馬蘭。夫非前事與。嗣是建昌喜峯。九年之間。歲率以爲常。豈獨兩酋然哉。兩酋受國覆載恩。拜爵入貢如漢吏。而長昂罪尤甚于董乍革乍復乍復乍革。皆善繼二祖徽意。不然。豈不能爲王杲之征也。東鄰殺牛。不如西鄰之禴祭。于三衞有近焉。

戊申。廣西平樂兵噪。殺四十餘人。官兵討定之。事聞。逮知府周初。

山西按察使許守謙爲右僉都御史。巡撫山西。兵部左侍郎辛自修爲南京右都御史。

己酉。冊貴妃鄭氏。榮妃王氏。其父鄭承憲進錦衣衞都指揮使。王文錦指揮僉事。

壬子。議復遼王國。潘季馴之逐。外議洶洶。謂復廢遼。僇張氏家屬。至是有旨諭復廢遼。重論居正。申時行等言。張居正所犯。自足喪家。遼庶人所犯。自足傾國。兩不相蒙。復爵非制也。上然之。遂葬遼庶人。贍次妃王氏。給術壐庶糧二百石。

談遷曰。親王除國。罪惟叛逆。餘涉淫横。譴及其身。未至墟其宮。屋其社也。逮庶人佣德多矣。然與濞戊懸甚。身沒幽圄。足明其罪。子或續封。減祿三之一。于情法各有當也。明主可與忠言。而吳縣反拘閡深憲。謂妨江陵之事。後耶。似未必然。

蠲登萊逋糧十七萬四百餘石。

誅遼府逆奴楊秀。

甲寅。宋纁爲戶部左侍郎。石星陰武卿爲兵部左右侍郎。改李世達戶部右侍郎。

丙辰。徵戶部太僕寺各三十萬金。閣臣力請減。遂半之。又因秋祭山陵。徵太倉五萬金。太僕寺十萬。兵部復持不可。不聽。

法司以故輔獄上。命榜其罪于天下。誣衊親藩。侵占王墳。鉗制言官。蔽塞朕聰。私廢遼王。假丈量田地。騷動海內。專權亂政。罔上負恩。謀國不忠。本當斲棺僇屍。念勤勞有年。姑免盡法。其弟都指揮居易。子編修嗣修。孫張順張書。俱戍邊。

談遷曰。上初師事江陵。禮遇優渥。雖尹旦無以過也。身沒未寒。遽嬰大僇。蓋檢約黼扆。動不自繇。慈訓飭于上。規瑱迫于外。嫌忌日積。乘隙而潰。遂莫可救矣。故曰。大臣格君心之非。格非以心不以人。政所慮亦以此耳。

丁巳。耿定向爲左副都御史。賈三近爲右僉都御史。巡撫保定。

朝鮮國王李昖因修會典。辨其祖康獻王李旦之誣。許改正。

辛酉。南京右都御史□□劾福建道試御史譚希思奏中內閣絲綸簿出國憲家。猷閣內有絲綸簿。其內官寺專恣收于內紅牌。出憲章錄洪武五年六月。定內官禁令。命工部造紅牌鐫戒。懸之宮門。今亦無存云。上以不繫制書謫希思。

壬戌。巡撫南贛汀韶右僉都御史張岳爲左僉都御史。

嚴大紀爲光祿寺卿。

丙寅。夜。月犯井宿。

戊辰。光祿寺卿賈待問爲右副都御史。巡撫南贛汀韶。

庚午。太僕寺卿周弘祖爲南京光祿寺卿。

房山人史錦請開礦。命下撫按覆之。

給永年伯王偉肩輿。禮科都給事中萬象春疏格。謂特恩不聽。

辛未。河南郡縣水旱冰雹。

九月。艸朔。泰寧等衞屬夷入賀萬壽節。

吏部左侍郞陸光祖乞休。許之。閣臣言光祖持正寡諧。素甘恬退。今爲言官所排。恐老成因而解體。上復令供職。巡按浙江御史羊可立疏糾之。章下吏部。

復浙江布政司都事。都指揮使副斷事。溫州鹽捕通判。

乙亥。上御午門。緬甸岳鳳等九人獻俘磔于西市。鳳世撫州人。父賈于隴川。生鳳。黠而多智。爲宣撫多士寧記室。以妹妻之。因媚士寧而奪其權。與三宣六慰各土舍罕拔等歃血謀叛。乃誘士寧往擺古見緬甸酋莽瑞體。鳳令子曩烏鴆士寧死。并殺其妻子。奪牌印。受瑞體僞命。自稱宣撫。瑞體死。子應禮立。鳳誘敗我師。獻士寧妻胡氏及族黨六百餘人于應禮。盡殺之。又潛陷罕拔。投之水。密約刁落參同逆。說應禮以大兵壓境。鳳于參谷起象兵數萬分寇。攻雷弄盞達午崖南甸木邦老姚思甸等處。窺騰衝永昌大理蒙化順寧景東鎮沅沅江。又燬順寧。破盞達。又令曩烏勾緬甸兵六萬突至猛林。指揮吳繼勳千戶徐應彩戰死。而鄧川土知州何山與鳳僚壻也。遣通事招鳳。鳳縛獻莽賊。七月。同應禮犯姚關。據灣甸芒布。何知州力諭鳳。始遣頭目。已遣子亨來謁。各道俱厚遣之。游擊劉綎又遣諭以禍福。十二月。方令妻子及大頭目隴漢等以夷民九十六人來綎徵金牌敕書。詔招降蠻莫猛密贖罪。明年正月朔。鳳詣軍門降。綎復分兵追緬。擒能改刻里乜腿莽腦等。又擒隴川曩烏。亦降。乃携鳳等攻降蠻莫。招撫孟養等處。莽闊毋咎乘象走。我師追之。斬百餘人。親縛莽闊毋帥等。殺緬賊萬餘。獲僞帥印綎。又圍猛臉等。罕虔子招罕招色等屯三尖山。參將鄧子龍襲擒之。西南平。是役也。鳳以一叛民。簒故主而攘其印。結連土舍。勾引緬夷。分道入寇。傷殘數郡。白骨青燐。人至今切齒。因及俘入。輔臣以原約不死。于射堂面鞫。勞以花幣。曰。且有爵賞。明日伏法。

于慎行曰。中國制馭夷狄。全在恩信。不信則失恩。失恩則傷體。降而殺之。非示恩也。許而背之。非示信也。堂堂天朝。不能以兵力取勝。誘降小夷。致而殺之。不但失恩信。亦損威甚矣。軍中機宜。或用權譎。朝中政體。則貴正大。否則非體也。岳鳳之事。其亦未聞蘇定方之言耶。

屬夷長昂以千餘騎入劉家口琵琶堡。守兵拒卻之。又糾西虜哈不慎等。欲大舉。諜聞。

丙子。治高郵寶應湖隄。

戊寅。敍黔南功。進申時行少師兼太子太傅吏部尚書建極殿大學士。廕尚寶司丞。余有丁少傅戶部尚書建極殿大學士。許國少保武英殿大學士。各廕中書舍人。總督雲貴川湖軍務劉世曾進右都御史兼兵部右侍郎。仍巡撫貴州。總兵官黔國公沐昌祚進太子太保。加祿百石。並廕錦衣衛百戶。兵部尚書張學顏進太子太保。餘陞賞有差。

巡撫延綏右僉都御史王汝梅加右副都御史。

左都御史趙錦加資德大夫。仍太子太保。

己卯。罷大理寺少卿張簡。調通政司左通政陳學曾南京。

庚辰。遼東總兵李成梁乞休。命慰留。閣臣言李氏權盛。宜召還山西總兵李如松署府事。從之。

河南雨雹傷稼。

癸未。予故刑部尚書閔煦右副都御史高燿祭葬。

丙戌。上行秋祭禮。謁山陵。宿鞏華城。諭量免所過州縣田租。

戊子。謁長陵永陵昭陵。幸九龍池。次幸神仙洞東山。更閱壽宮。

己丑。登大峪山。乘馬導兩宮駐幄山上。上立侍。遂定壽宮。

于愼行曰。兩宮輦出。乘輿自當先行。即以前導爲名。亦不必避道。御帳獻茶。上可退居別幄。亦不必侍立。宋明肅太后與仁宗同幸孝慈寺。欲乘車先行。魯宗道以夫死從子之義爭之。太后遽命輦後乘輿。冬日帝率羣臣朝于內殿。范仲淹謂自宜行家人禮。不必同百官北面而朝。使范魯二公見今日之禮。必有以處之。

庚寅。上還至涼水河。忽有驚馬突仗內。上曰。馬偶佚耳。不問。

辛卯。還宮。近年三幸昌平。賴兵備僉事于達眞整暇。能不擾。

報東西虜入犯。
丙申上受賀皇極殿。
戊戌保定總兵官署都指揮僉事張爵鎮守山西。
加定國公徐文璧太保彰武伯楊炳少傅各兼太子太傅。
己亥尙寶司卿王用汲爲大理寺右少卿。
庚子命張誠等回京時籍沒事竣。
鎮守宣府總兵官趙崇璧罷。
南京刑科給事中阮子孝疏救郭惟賢江西道御史潘惟岳等亦言之奪首俸六月餘三月。
壬寅欽天監言推算萬曆十二年十一月癸酉朔日食依大統曆日食九十二杪。依回回曆不食已而回回果驗章下禮部。
是月前南京兵部尙書劉光濟卒。

十月癸卯朔。上享太廟。
甲辰修玉牒。
乙巳都督僉事王國勳爲鎮朔將軍總兵官。鎮守宣府。薊鎮總兵官都督同知楊四畏鎮守保定。
丙午免貴州衞地糧役。
撫治鄖陽右副都御史毛綱爲南京兵部右侍郎。
丁未湖廣道御史徐待言尙寶司丞徐貞明所議西北水利部覆從之。略曰臣惟神京聳據上游。兵食召募。宜近取之畿甸而自足。乃食則轉漕。兵則請勾。皆取給于東南。不可一日闕者。豈西北古稱富强之地不足以給食而簡兵乎。夫賦税所出。括民脂膏。而軍船之費。夫役之煩。嘗以數石而運一石。東南之力竭矣。而河流多變。運道時梗。竊有隱憂焉。幽薊夙號沃壤。惟水利不修。則旱澇無備。田里日荒。非策也。聞陝西河南故渠廢堰在在而有。山東諸泉。可引水成田者甚多。今且不暇遠論。即如都城之外與畿輔諸郡邑。或支河所經。或澗泉所出。皆可引之成田。北人未習水利。惟苦水害。而水害之未除者。正以水利之未備也。蓋水聚之則爲害。而散之則爲利。今順天眞定河間等處。桑麻之區。半爲沮洳。揆厥所繇。以上流十五河而泄于猫兒一灣。欲其不泛濫而壅塞。勢不能也。誠于上流疏渠濬溝以殺水勢。下流多開支河以泄横流。其淀之最下者。留以瀦水。淀之稍高者。皆如南人轉車之制。則水利興而水患亦除矣。此畿內之水利所宜修也。元虞集議京東瀕海地方募人築塘捍水成田。惜其議中格。今自永平灤州抵滄州之境。地皆萑葦。土實膏腴。若招撫南人。築塘瀦水。雖北起遼海。南濱青齊。皆可成田。有不煩轉漕于東南而自足者。此瀕海之水利所當修也。乞飭下工部。酌命憲臣。假以事權。不沮浮說。需以歲月。不求近功。民力可紓。爲國永計。莫切于此。貞明被謫時著潞水客談。兵部尚書譚綸善之。

戊申。前鎭朔將軍宣府總兵官中府都督僉事趙崇璧卒。崇璧世濟寧衛指揮僉事。

己酉。定國公徐文璧大學士申時行知建造壽宮事。兵部尚書張學顏工部尚書楊兆總督工程。侍郎何起鳴提督工程。

陝西右布政使梅友松爲右僉都御史。巡撫延綏。前巡撫浙江右副都御史方弘靜撫治鄖陽。

都督僉事史綱爲左軍都督府僉書。

壬子。以馬蘭峪副總兵張臣爲鎭朔將軍總兵官。鎭守薊鎭。

丁巳。諭停刑。

庚申。申時行自大峪山回。

壬戌。禮部尙書陳經邦致仕。

南京右春坊右諭德趙志臯爲左春坊左諭德兼翰林院侍讀。司經局洗馬吳中行爲右春坊右諭德兼侍講。纂修玉牒。

甲子。平樂知府周初逮至。削籍。上欲重其罪。閣臣爲寬之。

刑部主事上海俞顯卿訐奏禮部儀制主事鄞縣屠隆在西寧侯宋世恩第淫縱事及陳經邦。命按之。隆顯卿並除名。世恩奪祿半年。

丙寅。南京工部尙書孫植致仕。

以水旱雹蝗免湖廣山東田租。

丁卯。吏部左侍郎沈鯉爲禮部尙書兼翰林院學士。

戊辰。唐府湯陰王宙槃謚榮簡。

庚午。右春坊右贊善趙用賢爲司經局洗馬。署國子司業。

辛未。翰林院侍讀田一儁爲南京右春坊右諭德。署翰林院事。

十一月癸酉朔。初欽天監推大統曆當午刻日食九十二秒。推回回曆不食。果不食。

刑部左侍郎舒化爲尙書。右侍郎丘橓爲左侍郎。吏部右侍郎陸光祖爲左侍郎。禮部右侍郎王家屛改吏部。

丁丑。少詹事沈一貫爲禮部右侍郎。

辛巳。南京戶部照磨蔡復賞上孔聖全書。以輕率調外。

壬午。國子祭酒張位爲詹事府少詹事兼翰林院侍讀學士。署院事。

癸未。吏部左侍郎陸光祖爲南京工部尚書。南京工部右侍郎蕭廩改刑部。

甲申。寧夏總兵官李呴罷。

直隸巡按御史周之翰劾陸光祖。命留用。

乙酉。故刑部尚書毛愷、戶部尚書馬森各贈太子太保。

丙戌。虜犯高墻舖。

丁亥。貴州副總兵劉承嗣爲征西將軍署都督僉事總兵官鎮守寧夏。

夜。月犯井宿。

己丑。少傅兼太子太傅戶部尚書建極殿大學士余有丁卒。有丁字丙仲。鄞人。嘉靖壬戌進士及第。授翰林編修。歷春坊祭酒禮吏侍郎。直閣。同相申王和衷共事。性寬大不設城府。如救張居正無逆狀目陸光祖爲正人。其事尤著。贈太傅。謚文敏。予祭葬。

戶部右侍郎李世達改吏部。左春坊左諭德徐顯卿爲國子祭酒。

庚寅。詔先臣王守仁陳獻章胡居仁從祀孔廟。時朝議從祀不一。禮部尚書沈鯉素簡王氏學。彙奏曰。謂胡居仁當祀。則尚書楊巍王遴張學顏侍郎宋纁傅希摯。謂胡居仁陳獻章當祀。則侍郎辛應乾。謂陳獻章王守仁胡居仁當祀。則尚書舒化左都趙錦侍郎倪光薦右通政陳瓚大理卿曾同亨少卿何源諭德吳中行都給事中齊世臣御史喻文煒龔一清陳遇文。謂胡居仁呂柟當祀。則尚書楊兆。謂蔡清羅倫當祀。則通政參議杜其驕。謂王守仁陳獻章胡居仁蔡清當祀。則侍郎周子義洗馬陳于陛。謂王守仁羅倫陳獻章胡居仁當祀。則大理寺丞羅應鶴。謂胡居仁蔡清當祀。則給事中王三餘王敬民。謂胡居仁王守仁當祀。則給事中顧問。其未敢輕議者不預焉。侍郎石星謂守仁不當立門戶講學。侍郎丘橓謂守仁爲禪。侍郎王家屏謂從祀重典。若今日入。他日出之。反累盛典。臣等裒衆論較量其間。惟胡居仁絕無訾及。且有專舉守仁獻章。皆豪傑之士。但諸臣與者十三。否者十七。甲可乙否。請姑已之。以俟論定。申時行言。守仁致知出于大學。良知本于孟子。獻章主靜沿于周敦頤程顥。非自叛門戶也。孝友如顯章。功業如守仁。非禪也。或者謂崇王則廢朱。不知道固互相發明。且陸與朱並祀矣。朱學不聞以陸廢。今獨以王廢乎。請祀二臣並胡居仁。有旨。皇祖嘗稱王守仁有用道學。其與陳獻章胡居仁俱祀孔廟。

王世貞曰。今天下之爲新建學者。大卒十而七。諸不爲新建學者。以新建爲異端。黜其勳者疑其旨。傳其跡者窺其衷。此議之所繇以參差也。其致良知一語。簡切痛快。實可接孟氏之性善。而他訓詁章句。小不盡合朱子耳。非不盡合聖人也。當正德時。新建膺閫外之寄。建不世之績。而嬰權幸牙角爪距之鋒。全身遠害。要必有所謂權者。而不聞其詘節之實。柄在悍帥。則悍帥攬捴之。柄在中貴。則中貴揶揄之。柄在輔相。則輔相媒孽之。藉令馬季長杜元凱而處此。寧有是哉。嗟乎。若新建者。又焉可勳疑迹窺也。簡討之學。似不及新建博。于六經羽翼亦淺。然其□表之光霽。識見之超邁。在孔門當遠出曾點上。等之宋代。亦堪雁行周子。蓋得聖人之心于見聞之表者也。新建恐所不及也。胡布衣一篤行君子耳。其書具存。于道實未有所悟。于六經實未有所發揮也。祀居仁不若祀吳與弼。與弼之毀。以名重而毀之。又竊以爲實學實行。得大儒識者。亡若章懋羅欽順。有識有用。得大儒節者。亡若王恕。明之第一賢臣也。所著石渠意見。于聖經有發揮。不啻賢于布衣之居業錄也。

何喬遠曰。有明諸儒。二百年來。從祀孔子之廟者。則有薛河東陳新會胡餘千王餘姚四子。其他篤行。尚俟更僕。然就論四子之學。則河東餘干。恂恂乎聖人之教。而新會以靜。餘姚以頓。論者皆疑其入于陸氏之禪。予觀新會。少年盡讀天下之書。晚節俛仰天地萬物。嗒然而悟。而後敎人以靜。餘姚故馳騁經史文字。最後得良知之說，則皆未嘗不以學入者，夫奈何以學入門不以設教也。」談遷曰：嘉靖初，榜禁王氏之學，謂毋蹠襲邪說，果于非聖，其詞厲矣。及吳縣陰主從祀，輒借皇祖所稱結天下之舌。如意在絕廢遼，則曰奉先帝宸斷，援據藉口，所謂繼述之善耶。

刑科給事中陳璧言三事：任事貴人，民事貴查，財用貴節。從之。

甲午，少保左都督廣東總兵官戚繼光罷。以兵科給事中張希臯等劾之。

禮科給事中李以謙論：耿定向代陸光祖辨而詆周之翰非是。有旨：今進退予奪，當聽朝廷處分，言官各據實。大臣亦不得偏執，傷協和之體。

丙申，申時行請推閣臣，從之。

丁酉，南京兵部右侍郎毛綱改戶部，甘肅巡撫右副都御史董堯封爲南京工部右侍郎。

逮崇慶知州陳邦謨下獄，以採木科罰也。

戊戌，右軍都督僉事劉鳳祥爲總兵官，鎭守廣東。

貴州新歸化苗頭撈柳等入貢。

己亥，山西右布政使曹子登爲右僉都御史，巡撫甘肅。

辛丑，尙寶司卿王鑑以謝恩聲徵，奪俸二月。

十二月，朔，無逸殿災，諭修省。

甲辰，王錫爵爲禮部尙書兼文淵閣大學士，王家屛爲吏部右侍郎兼東閣大學士，直文淵閣。

逮曹州知州方應乾，以慘酷論戍。

乙巳，東廠太監張鯨廕錦衣衞百戶，以緝獲功。

丙午。署錦衣衛事都督同知劉守有爲左都督。提督巡捕營錦衣衛都指揮僉事楊俊爲都指揮使。

庚戌。廣西饑。

禮部右侍郎沈一貫改吏部。仍直經筵日講。

辛亥。崇王翊鑄遣承奉高朝入京。禮科都給事中萬象春言其私營。命詰之。

夜。火星逆行張宿。

壬子。陝西巡撫李汶曹一鵬請宥國初景淸姻族遣戍絕戶。從之。

甲寅。少詹事張位右諭德吳中行並直日講。

乙卯。先是刑科給事中□□等言近來逮問非便。上怒奪首俸三月。餘二月。至刑部覆請內付法司。外付巡按。庶主勢益尊。上是之。

丙辰。巡按山東御史吳定請止內操。歸于京營。罰俸三月。

丁巳。南京吏部右侍郎王弘誨改禮部。

庚申。予故左都御史陳玠故右僉都御史劉良弼祭葬。

辛酉。戶部尙書王遴言六事。崇節儉。重農務。督逋負。懲貪墨。廣儲蓄。飭貢市。上嘉納之。

刑部上臨江知府錢若賡之獄。上欲即誅于其地。申時行等言若賡所犯故禁平人。法應秋決。非決不待時者。乞繫獄待論。從之。

壬戌。予故大學士嚴訥祭葬。謚文靖。訥字□□。常熟人。嘉靖辛丑進士。選庶吉士。授編修。歷侍讀。太常少卿。攝院事。吏禮工侍郎。晉禮吏部尙書。加太子太保。武英殿大學士。訥爽塏多才略。而文章妙一時。當嚴氏權賄之日。不變所守。名位日隆。則醇謹之效也。

予故南京工部尚書孫應鰲祭葬諡文恭。應鰲字山甫。貴州清平衛人。嘉靖癸丑進士。選庶吉士。授戶科給事中。出補江西按察僉事。遷陝西提學副使。累進今官。歷中外皆有聲。

乙丑。少詹事張位右諭德吳中行編修余孟麟檢討顧紹芳纂修會典。

戊辰。起吳時來通政司左通政。

廣西道御史許子良等乞寬錢若賡。奪首俸三月。

予故刑部尚書毛愷諡。

庚午。敕司禮太監孫政守備承天。

國榷卷七十三

乙酉萬曆十三年

正月癸酉朔。己卯。上享太廟。

庚辰。夜。熒惑逆行入軒轅。犯南第五星。

泰寧衞都指揮僉事大成朵顏衞都指揮僉事伯彥帖忽思福餘衞都指揮僉事那彥孛來各貢馬自言守邊。功例加幣三衣一襲。

壬午。起海瑞南京右僉都御史。

議虜零竊。督撫官實報。巡關御史覈失事輕重。分別奏請。若眞有斬獲。量贖。

鑄隴川宣撫司及孟定府印。猛密安撫司進爲宣撫司。增安撫司二。曰蠻莫。曰耿馬。長官司二。曰猛臉。曰猛養。千戶所二。曰姚關。猛林。砦皆隸鎮安。並給印。立大將行署于蠻莫。

南京左軍都督府僉書楊鯉改中軍都督府。

癸未。石城王府奉國將軍拱梢有罪廢爲庶人。時請祿詬巡撫馬文煒。

丙戌。五軍營右副將李應祥爲南京左軍都督府僉書。

戊子。廣昌縣雨雹。明日地震。

己丑。除閏考之法。初外計三年。內計六年。後執政私指考察曰閏考。時參政王時槐林梓等皆下考。巡撫南贛張岳特薦之。吏部謂非時閏考宜革。不得妄請。報可。

辛卯。皇次子常溆追封邠王。謚曰哀。

都督□□四川總兵官沈思學除名。思學初平都掌蠻。開府其地。標兵頗驕。驟裁之。大噪。焚其署。幾死。巡撫雒遵不能制。以李應祥代之。

壬辰。詔毀天下私創菴院書院。以戶部尚書王遴議。從之。禮部恐激變。數日。復諭都察院停之。

蠲海門縣坍江糧一百九十一石。

丁酉。順天府通判周弘禴論兵部尚書張學顏。太僕寺少卿李植。吏科都給事中齊世臣。忤旨。謫弘禴。

戊戌。前撫治鄖陽右副都御史湯賓卒。賓字繼寅。南皮人。嘉靖庚戌進士。知安福。自戶部主事歷前職。年七十二。

辛丑。南京左軍署都督僉事李應祥爲總兵官。鎮守四川。

二月壬寅朔。詔定科場事宜。如嘉靖七年例。遣朝臣主省試。

癸卯。巡撫廣西右副都御史吳善。會廣東總兵戚繼光。廣西總兵呼良朋。擊懷集叛獞嚴秀珠等。斬之。

瞿九思曰。金鷄之捷。豈天欲殲除此屬耶。何其滅之速也。臣數其師旋之期。猶不至三旬。而百年之逋寇。蕩滌殆盡。府江十寨。皆犂其庭。掃其穴。而郡縣之。其爲金鷄諸巢善後策不少。概見兵法曰。多算勝。少算不勝也。夫猺獞難猝滅。漸拔巢而郡縣之。此多算者也。

甲辰。好地坪番族郝卜羊家保等貢馬及方物。土魯番頭目沙亦等貢方物。套虜威正等道劫之。巡按御史屠叔方請絕其撫賞。聲言勦殺。從之。

丁未。淮揚廬及上元江寧江浦六合地震。

戊申。夜。熒惑逆行。自昨冬十一月辛亥。失度。歷星柳二舍有餘。

壬子。出宮費三萬金。繕慈寧宮。

南京右僉都御史海瑞爲南京吏部右侍郎。應天府尹顧章志爲南京兵部右侍郎。太僕寺卿袁三接爲應天府尹。

丙辰。山東布政司右參政馮敏功卒。敏功字□□。平湖人。嘉靖壬戌進士。有治河功。贈太僕寺卿。

戊午。虜犯瀋陽靜遠堡。遂掠懿路。出蒲河之十方寺堡。大殺掠。

庚申。太常寺少卿沈思孝提督四夷館。

蠲順天屬縣田租。

壬戌。禮部□□主事蘇濬爲浙江提學僉事。時值秋期。濬歷試精敏。無一失者。

兵科左給事中王三餘論承天守備太監王禎違法十罪。鐫禎三級。安置南京。

丁卯。京師自去秋八月不雨。河井涸。命禮部祈雨。

戊辰。敍貴州平苗雲南平莽應禮功。初貴州都匀府平定司苗阿詔樂平司苗樂王以土官宋瓚科索。攻陷司治。恣殺掠。巡撫舒應龍擊斬百九十八級。

庚午。大同風霾傷人畜。

是月。前順天府尹李敏卒。予祭葬。

三月辛巳朔。始作壽宮。御史鄧鍊以旱請停役。不報。

丁丑。大風霾。

錄建言諸臣。以兵科給事中張維新請推及忠鯁。遂下吏部品敍。于是鄒元標兵部主事。孫繼先刑部主事。俱南京。黄道瞻河間推官。曾乾亨大名推官。伍可受開封推官。馮景隆南陽推官。譚希思欽州判官。

諭止內操。兵科都給事中王致祥等言。國法非宿衞不得持寸兵。今羣不逞之徒。授以利兵出入禁門莫可問。或有奸人竄跡。爲禍豈有旣哉。不報。是日。諭內閣已罷。卿等知之。

南京戶部尙書魏學曾致仕。

戊寅。山西山陰地震十五日。

己卯。詔改折各省直今年漕糧百五十萬石。甲字庫棉布十萬二千四百十四。承運庫絹四萬三千五百二十二匹。

南京戶部署郎中事主事唐伯元言王守仁不宜從祀。又進石經大學。云出安福貢士鄒德溥。南京兵科給事中鍾汝醇摘其妄。謫伯元海州判官。

總督倉場戶部左侍郎傅希摯爲南京戶部尙書。順天巡撫右副都御史張國彥爲戶部右侍郎。

土魯番入貢。

雲南獻馴象。

甲申。大雩。

己丑。巡撫遼東侍郎李松總兵李成梁出師大敗虜于塞外。斬八百二十四級。獲馬五百四十九匹。我兵失亡六百九十三人。時虜伯言把都復糾鄧兒台吉萬餘騎犯瀋陽。游擊周思孝逐之。虜走遼河。李成梁追破之。出塞百五十里。奏大捷。

工科給事中張棟請蠲帶徵錢糧。戶部尙書王遴謂常賦不可輕蠲。猶罪人不可輕赦。赦罪之令屢下。而犯法益衆。蠲賦之令屢下。而逋負益多。臣愚以爲本年之起運全完。然後先年之帶徵可免。上是之。

庚寅。上偶不豫。

定山東徭役刊書爲永例。

兵部尚書張學顔致仕。

戶部左侍郎宋纁總督倉場。

前少師兼太子太師吏部尚書中極殿大學士李春芳卒。春芳字□□。揚州興化人。嘉靖丁未進士及第。授翰林修撰。歷前秩。冲夷有度。喜接引天下士。避遠權勢。年七十五。贈太師。謚文定。予祭葬。

壬辰。尚寶司丞徐貞明加少卿。賜敕同撫按勘議京東水利。初順天巡撫張國彥。兵道副使顧養謙。興水田于薊永玉田豐潤而效。故工科都給事中王敬民薦貞明素留心。可任。從之。貞明謂凡民難與慮始。酌議數則。以釋民疑。上命撫按官曉諭所在軍民。而巡関御史蘇酇又言治水與墾田相濟。未有水不治而田可墾者。畿內之水。爲患莫如盧溝滹沱之河。盧河出桑乾。沱河出泰戲。源遠流長。又合涞易濡雹沙滋諸水。散入各淀。而泉渠溪港悉從而注之。是以高橋白洋等淀。大者廣圍一二百里。次四五十里。匯爲巨浸。每當夏秋霖潦。膏腴變爲瀉鹵。菽麥化爲萑蒲矣。夫除水患有三。曰濬河以決其壅也。曰疏渠以殺其勢也。曰撒曲防以均其利也。唐刺史盧暉于河間開長豐渠。引水東流以溉田。宋臨津令黃懋屯田雄莫等州。置斗門引淀水灌溉。民賴其利。嘉靖初巡撫許宗魯濬三岔口行渚淀入海。而景州知州劉深開千頃窪導決河入渠。民免水患。此皆古人遺法。而近日行之有效者也。疏上。並下貞明。徧歷郊關。與撫按各道講疏濬瀦蓄之法。

于慎行曰。徐貞明開水田于京東。竟以中貴居民交稱不便而止。議者多惜其功之不成。然不知縱使盡行其說。亦未必能興也。何者。江南江北。天時地利人力均有不同。江北雨水多在秋初。江南雨水多在春盡。當彼潤澤之期。是此亢旱之日。其不相合一也。江南土潤而細。水可停蓄。江北土燥而疏。易于涸竭。非有蓄泄之備。可以裒益。其不相合二也。江南之民。火耕水耨。不以爲勞。江北之民。濡手塗足。目所未覩。即多募農民。

未必樂就。其不相合三也。惟是流泉大川。可以引漑。則人官之能有所展布。而不可多得也。至若橫潦瀰漫。極目無際。沮洳斥鹵。千里不毛。卽有巧匠。亦莫施其能矣。故水利之不可開。亦勢然也。豈盡時政圖恬。議論牽制而然。

詔減浙江織幣。從巡撫王世揚之請。初歲織萬匹。後加二十匹。至是歲再運各四千匹。

吏部推董基南京禮部主事。不允。

魯王頤坦以宗室驕橫難制。疏辭管理。

詔減尙衣監料銀。

釋方孝孺等戍籍浙江七百十三人。江西三百七十一人。福建二百四十四人。四川四十一人。廣東三十四人。

畢鏘爲戶部尙書。王遴爲兵部尙書。

封秦世孫效墉爲秦世子。恬熚德平王。宣墡華陽王。

庚子。通政司使倪光薦加工部尙書。巡撫福建右僉都御史趙可懷爲右副都御史。巡撫順天。

雲南金騰武寧兵譟。圍參將張應龍。以賄解。

四月甲午朔。上享太廟。太常寺卿沈人种折旋失度。時吏部推右副都御史巡撫福建。疏留不下。閣臣爲解之。

丙午。大雩。

丁未。東虜哈不愼寇邊。初入犯。革其賞。怨我也。

故御史贈光祿寺少卿劉臺子孟銑廕國子監。

刑部右侍郎丘橓爲南京吏部尙書。左副都御史耿定向爲刑部左侍郎。太常寺卿。沈人种爲右僉都御史。巡撫福建。

減湖廣荆衡長沙辰靖等府衛軍餉米三千九百石。
戊申。釋輕繫。詔釋鳳陽庶宗百四十六人。
張岳爲左僉都御史。岳上四議。馬市。宗藩。條編。治河。事竟不行。
賑鄖陽襄陽饑。
辛亥。徵南京戶部十萬金餉雲南。
問刑條例成。刑部尙書舒化與吏部尙書楊巍輯嘉靖十四年以後詔令及宗藩條例軍政條例捕盜條格漕運議單關于刑名者。凡三百八十二則。刊布中外。
大理寺少卿何源爲太常寺卿。吏部文選郎中陳有年爲太常寺少卿。
壬子。萬全都司有星如火。天鼓鳴如雷。
發南京戶部二十萬金。于四川採木。
癸丑。城宣府南衛靑泉等十三堡。
乙卯。諭閣臣。朕步禱南郊。
初御史鄧鍊言四事。緩壽宮之建。減燒造之費。行賑濟之實。寬贖鍰之追。是日中使持奏至內閣。傳磁器如屏風燭臺博局罇罍。已成者輸之。未造則止。閣臣言大龍缸亦難成。並停之。報可。
夜月食。
丙辰。上致齋武英殿。賜申時行布二。許國王家屏各一。
丁巳。告奉先殿。
戊午。昧爽。上御布素。步禱南郊。往反殆二十里。敕部院曰。天時亢旱。雖朕不德所致。亦天下有司貪贓酷害。上干天和。今後爾部宜愼選。都察院移文申飭之。

詔郡縣免被災今年田租。其帶徵者酌定。

庚申。葬邠哀王。

予故南京吏部尙書王本固都督僉事宣府總兵官趙崇璧祭葬。

左都御史趙錦加兵部尙書。時通政尙書倪光薦秩久班錦上。錦謂非制。乖院司之體。故有是命。

壬戌。大風霾。

南京提督操江右僉都御史趙煥爲南京右僉都御史。南京太僕寺卿蕭崇業爲右僉都御史。提督操江。

乙丑。虹縣小河北民家涌血。民驚走至市。市亦流血。

命閣臣序明心寶鏡。上宮中偶見而悅之。

南京光祿寺卿周弘祖。衣緋謁孝陵。見糾。削籍。

戊辰。浙江道御史蔡系周劾太僕寺少卿李植謂宮省事祕。誰能知者。而植則曰皇上呼己爲兒。每觀籍沒寶玩。則必喜。遂市其重。鬻獄漁色。靡事不爲。又植資吳中行等之陰謀。中行等亦借植之威勢。植迫欲中行之拜相而善其後。中行亦迫欲植之冢宰而行其私。江西道御史孫愈賢亦劾之。于是尙寶司少卿羊可立言。向者馮保假張居正蔽主專權。臺省諸臣並攻之。一時奸黨。懷彼私恩。造爲無影之言。轉播中外。傾陷直臣。以爲李植不去則馮保不來。故首攻植。漸及于臣。因乞罷申時行等揭請詰可立奸黨爲誰。上手敕閣臣曰。卿等欲可立摘奸黨。急之恐無指于國體。謂何。今發一札。俾今後諫臣。不可逞私啓爭。明日。諭都察院曰。諫官務存國家大體。何得逞私滅公。今後瑣瀆重治毋貸。遂批可立疏曰。馮保張居正事出朕獨斷。誰敢懷私報復。自干憲典。以後不許借言奸黨攻訐爭辨。

談遷曰。大臣休休之量。在茹納衆流。如疏稱奸黨于擬旨時詰發。猶分宜之故智也。乃專揭以請亡論度不足而識亦短矣。讀上手敕有不心媿者乎。

太僕寺少卿李植左諭德吳中行太常光祿少卿沈思孝江東之各求罷。不允。

太僕寺少卿石應岳爲南京太僕寺卿。陝西左布政使孫坤爲南京光祿寺卿。

五月辛未朔。開西安鳳翔漢中茶禁。

乙亥。甘肅巡撫右□都御史董堯封爲南京工部右侍郎。堯封母老。許終養。

丙子。錄瀋陽功。李成梁益祿百石。子如楨進都指揮使。世襲。總督張佳胤進太子太保。前廕錦衣百戶進副千戶。世襲。巡撫李松進兵部左侍郎。廕如佳胤。並賜金幣。餘陞賞有差。

丁丑。永年伯王偉請沒官宅一區。以濫乞不許。

己卯。以戶部戶科各請停置黃金。諭減其二。閣揭上。減三之一。

庚辰。吏部推撫治鄖陽方弘靜爲南京工部右侍郎。上以其驟。詰吏部。

辛巳。雜谷安撫司番僧入貢。

郃陽王府鎮國中尉懷墠以殺弟廢爲庶人。錮閒宅。

乙酉。宛平五河大雨雹。

戶部浙江司署員外郎主事聞道立以旱災陳三事。曰法祖宗之制以勤召對。推蠲貸之仁以議大工。廣欽恤之恩以一法紀。云故相張居正之處。乾綱獨斷。正其罪。逐其黨矣。但其母垂暮。罹羅憂苦。恐所給田不足贍。而曾省吾以寄贓取盈。追償勢必株連。恐皇祖潛龍之鄉。不免亡猿之禍。今荆南一路首被災荒。請下法司量行豁免。上怒其出位。鐫一秩調外。

丙戌。雨。

折浙江漕糧十之三。

丁亥。虜犯瀋陽。殺游擊韓元功。贈都督同知世本衞千戶。

南京戶部山東司主事王鏻以地震言修省八事。務儉節。廣言路。親賢臣。愼任使。核實政。擇要職。重守令。育賢才。上是之。

己丑。上朝罷。召輔臣于平臺。以陝西巡按董子行疏示申時行曰。撫鎭官親歷地方。巡撫歲一至。總兵歲再至。又巡撫久任責成。又邊上兵備宜優免。又邊郡同知通判等破格遷除。又邊務重大。撫鎭官不親歷。專委下吏。豈不僨事。對曰。巡撫遷轉。昨方弘靜以任淺不許陞。臣深服聖斷。上曰。任久寧加俸銜。毋輕易也。

丙申。雲南車里宣慰司刀糯猛來降。獻馴象方物。沅江土舍那恕招之也。命襲祖職。賜那恕金幣。

司經局洗馬署國子司業趙用賢兼翰林修撰。同諭德趙志皐等纂修玉牒。

大理寺卿張孟男爲南京工部右侍郎。南京太常寺卿方九功爲南京大理寺卿。

六月班朔。南京國子司業劉城改北通政司右通政。陳瓚爲南京太常寺卿。太僕寺少卿沈玄華爲通政司右通政。

辛丑。慈寧宮成。始甲申二月。費四十萬金。廕賚輔臣。工部尙書楊兆進太子太保。侍郎何起鳴進尙書。太監張誠廕錦衣衞千戶。張鯨張禎並百戶。

建武所亂卒范泰龍伏誅。

壬寅。左諭德兼侍講吳中行予告。中行日講譏切時政。上雖重之。忤申時行。言其果病。放歸。賜金二十。幣二。乘傳。

左副都御史張岳清理軍職貼黄。

安南都統使莫茂洽入貢。

江東之改太僕寺少卿。禮部儀制郎中趙世卿爲光祿寺少卿。

戊申。淮安大雨雹。

胡櫝龍宗武永戍以吳仕期事法司擬戍。大理寺少卿王用汲不肯署名。上欲論主使律斬。閣臣曰。豈以一用汲廢三法司乎。乃論戍。上于邊衞上加永遠焉。

庚戌。前工部尚書郭朝賓卒。朝賓字□□汶上人。嘉靖乙未進士。授戶部主事。歷陝西參政。隆慶初自浙江按察使歷左右布政。辛未尹順天。即拜右副都御史。巡撫浙江。上初進戶部左侍郎。總督倉場。至尚書。年七十二。予祭葬。

壬子。寶應越河成。初。寶應氾光湖號重險。東爲運道。萬曆壬午。風溺千餘人。甲申。壞漕舟數十艘。至是于石隄東開越河以避之。費二十餘萬石。閘三。減水閘二。隄九千三百四十丈。石隄三千三十六丈。子隄五千三百九十丈。

乙卯。大學士王錫爵入朝。錫爵語少卿沈思孝令遠吳中行趙用賢。又書曰。公今日決亦知執政之無他。特不忍負墨翟子耳。冤哉。百死之後。留此金剛未壞之身。而盡以其心膽耳目爲人用。僕茲爲朋友熱中也。語盡而繼之以泣矣。過淮安。同知公一揚致餽。併其東上之。一揚除名。

威正款關服罪。命復市賞。

丁巳。蠲眞順廣大夏稅。其秋糧明年帶徵。

戊午。令貴州土酋安國亨採木贖竊礦之罪。

庚申。靈璧大水。

巡撫四川右僉都御史雒遵調外。遵以兵亂爲左都御史趙錦所糾。銜之。會京師旱。遵上言當退奸臣。進忠臣。奸臣謂錦。忠臣謂海瑞鄒元標及故巡撫鄒應龍也。錦夙有聲望。故廷議大不直遵。出之。

大理寺卿曾同亨爲工部右侍郎。通政司左通政吳時來爲大理寺卿。南京大理寺丞魏時亮爲通政司左通政。

壬戌。懷柔伯施光祖夜挾伎。執于邏卒。奪歲俸。

薊鎮兵備副使顧養謙爲右僉都御史。巡撫遼東。

屬夷董狐狸款關獻人畜服罪。復市賞。

乙丑。初萬曆八年安南與廣西所轄雷峒歸順之土司爭疆。已割雷峒六甲十二鄉地予之。今使至。仍言失地。禮部請諭止。從之。

征西將軍都督僉事寧夏總兵官劉承嗣改平羌將軍。鎮守甘肅。

丁卯。令廠衛嚴緝蜚語。時御史孫愈賢蔡系周旣論李植有匿名書謂閣臣許國謀去植等。授意二御史。刑科給事中劉尙忠以聞。

是月。松潘夷犯普安堡。殺百戶陳克勤。

七月庚午朔。上享太廟。

癸酉。右春坊右諭德于愼行李長春主試應天。時各省先後遣朝臣主試。浙江翰林修撰孫繼皐。刑科右給事中常居敬。江西翰林編修余應麟。吏科右給事中葉時。及福建翰林編修黃洪憲。兵部主事蔡文範。湖廣翰林檢討張應元。禮部員外郎李同芳。河南禮科右給事中陳大科。吏部主事鄒觀光。山東兵科左給事中王三餘禮部主事孫成名。山西吏刑部員外郎王敎魏允孚。陝西禮科右給事中田疇戶部主事蕭良譽。四川兵科右給事中唐堯欽刑部主事王德新。廣東吏科左給事中楊廷相兵部員外郎江鐸。廣西工科給事中張棟刑部主事林兆珂。雲南吏科給事中楊文舉戶部主事彭慶祖。貴州工部員外郎周夢暘刑部主事熊敦朴。

吏科給事中盧達言四事。曰重綸音。如壬午覃恩。四閱歲矣。京官猶未給文。乞撰者以期上。曰酌敍遷。京堂四五品當論俸。不專論資望。開速化。曰疏貢途。嘉靖八年。乙榜定選學正敎諭。今授訓導。妨貢闕。宜復舊例。曰廣欽恤。近恤錄諸臣。以多駁爲罪。諸臣畏駁。多從原罪。不敢開釋。或郡止一二人。夫爲民求生。多駁奚罪。今宜遵敕盡心平反。上是之。

鬱莫安撫使思順出奔金沙。巡撫劉世曾請臨沅游擊劉天澤代副總兵劉綎命詰遠夷激叛之繇。

署都指揮同知張惟忠爲征西將軍署都督僉事總兵官。鎭守寧夏。

順天府尹徐元泰爲右副都御史。巡撫四川。太常寺少卿沈思孝爲順天府尹。

甲戌。御史龔仲慶論李植吳中行沈思孝。曰節義美名也。必垂老無玷。始獲表揚。如鄒應龍之斥嚴嵩。豈不偉烈。而播惡雲南。迄今痛恨。往事如斯。將來可鑒。上以其爭勝。謫外。各科道申救。不聽。蓋仲慶希輔臣意見賣也。

御史董子行奏故刑部尙書潘季馴之枉。御史李棟又言築崔鎭功。並罰歲俸。

乙亥。傳制分祭歷代帝王陵。

裁平谷縣。

辛巳。夜有大星如月。隕于沈丘蓮花集。天鼓鳴。

壬午。太常寺少卿陳有年提督四夷館。裴應章補太常寺少卿。

修乾運龍德二殿。時有壽宮及乾光殿金海亭西安門諸役。給事中田大年王敬民諫止之。

穆來輔鍾羽正陸世龍李弘道胡汝寧李國士白希繡王嗣美爲給事中。嗣美南京。李天麟李堯民孫兗饒德傳光宅周磐辛志登柯挺劉如立李琯黃紀賢顧雲程王國蔣陳奇謀孫鳴治王藩臣爲試監察御史。奇謀鳴治藩臣南京。

甲申。初戶科給事中葉時新因旱言四事。明職掌。禁訪察。併查盤。簡詞訟。皆爲南道而發。上奪巡倉御史楊鳳鳴月俸。于是南京右都御史辛自修請申飭都察院題覆。上戒其偏執爭論。

丙戌。西安府及高陵縣地震如風雷。

戊子。雷震郊壇廣利門及齋宮齋門鴟吻。命修省。

京城巡捕都督僉事周福爲後軍都督府僉書。

敍寶應河功。河道都御史王廷瞻進戶部尚書總督漕運太子太保靈璧侯湯世隆進少保。餘陞賞有差。命後河功邊功毋敍及閣臣。

右軍都督府僉書都督僉事李如松提督京城巡捕。

前兵部右侍郎王一鶚兼右僉都御史。巡撫順天。南京右都御史辛自修劾巡視下江御史沈汝梁。託餽遺盡索所部贖鍰。殆二千金。逮汝梁論戍。上手勅吏部都察院。今後各贓罰除濟邊外專備賑災。不得擅費。

復四川建武道兵備僉事。

南京湖廣道御史王學曾言中官廕錦衣。太濫。尚書楊兆敍中官宜列名。不宜詞溢。于是兆乞休。不許。

南京工部尚書陸光祖予告。

八月己巳朔。命大學士申時行視壽宮。是日。太僕寺少卿李植光祿寺少卿尚寶司少卿江東之羊可立各言大峪山未利。求再擇。且謂時行姻故尚書徐學謨所擇。故右其成。憾尚書陳經邦。故左其去。時行疏辨。上以閣臣非善以地奪植等俸半年。諭閣臣曰。此出朕親定。李植等亦在扈行。初無一言。今吉典方興。輒敢誣搆。朕志已定。不必另擇。

改鑄南京戶部銅版鹽引十有三。茶引三。新舊並貯庫。

甲辰。右春坊右諭德張一桂司經局洗馬陳于陛主試順天。

南京禮部郎中平湖馬應圖請輕閣權。言今事權漸重。恩賞太驟。召對不廣。且盛稱李植江東之吳中行沈思孝。而刺齊世臣孫愈賢蔡系周吳定龔懋賢以及楊巍。上怒其奸私。謫大同典史。給事中王致祥等御史柴祥等攻應圖。謂國子博士陳泰來所具草也。章下所司。

己酉。京師地震。

降李植江東之戶兵部員外郎。羊可立大理寺評事。並添注。初植等負氣悻悻。閣部相搆不休。壽宮議起。傾中時行。陰推王錫爵。薦侍郎張岳太常寺卿何源。善形家言。錫爵等各疏辨。錫爵曰。諸臣先後疏自曰孤臣。曰善類。夫孤臣爲不得意于君父也。今諸臣得君。此其臣不孤。舜蹠之分在善與利。今諸臣豈盡爲公。此其類未必善。上意動。因工科給事中王敬民疏。手批鐫秩。

談遷曰。李植等始攖其鱗。終觸其藩。尚口乃窮。不其然與。太倉摘孤臣善類。微文刺譏。類于輕儇。無關邪正。而實錄獨詆李植等。非通論也。

西虜哈不愼犯雲川堡。

癸丑。慈聖皇太后還御新宮。

乙卯。朝鮮及朵顏等衛賀萬壽節。

己未。兵部右侍郎陰武卿爲南京工部尚書。南京尚寶司卿余懋學光祿寺少卿趙參魯並爲太僕寺少卿。

庚申。兵部尙書王遴叅新寧伯譚國佐布政徐元氣等入賀萬壽擅乘傳。奪俸有差。
夷酋小阿卜戶叩關服罪。求復馬松二路撫賞。許之。
刑部右侍郎蕭廩爲兵部左侍郎。左副都御史張岳改刑部右侍郎。
乙丑。以大峪山圖西北微有石。欲前之。命定國公徐文璧大學士申時行太監張誠再閱。
丁卯。申時行報命。諭閏九月六日朕自往。
九月戊戌朔。左副都御史張岳罷。岳直陳國事。疏列二十二人。閣臣申時行許國王錫爵。尙書楊巍舒化陸光祖。給事中齊世臣。御史吳定孫愈賢。皆極褒美。而微刺之。修撰趙用賢。侍講吳中行。府尹沈思孝。博士陳泰來。郎中馬應圖。無譏焉。李植江東之羊可立。當令宣力一方。賞功惜才。故尙書潘季馴。御史龔懋賢蔡系周龔仲慶。誚讓特深。上切責其枝蔓。于是吏科給事中袁國臣等劾之。岳佐憲屢對人言閣臣之失。將糾之。故閣臣轉以刑侍果疏上。國臣等誣其貪黷傾陷宰輔。
己巳。蠲河南陽武等縣災租。
南京太常寺卿陳瓚爲左副都御史。南京光祿寺卿孫坤爲南京太常寺卿。大理寺少卿敖鯤爲南京光祿寺卿。
壬申。夜月犯房宿北第一星。
晉王敏淳年少。命寧河王知㚖佐之。惟錢穀無預。
夷酋長昂以姨母叩關服罪。求復撫賞。許之。並請佛經圖記。惟予佛經。
乙亥。戶科給事中蕭彥言。西北水利。當成有四。當審亦有四。國家定鼎燕京。轉漕東南。水利既興。昔取諸東南。今取諸堂奧之外。當成一也。西北有水利。東南可以息肩。漕輓之費省。當成二也。虜善騎不善步。溝洫有制。是不墻而堵。不兵而衞。當成三也。昔爲曠莽。今爲蕃育生聚敎訓安適長利。當成四也。然西北不諳水田。驅而爲之緩則無濟。急則有戾。是人情當審也。墾田每邑不下千人。派之民耶。厲矣。徵之江南耶。齎糧遠赴有望之而走耳。是墾田之役當審也。臣往閱寧夏古稱塞北江南。又秦有水田。藉漢唐二渠不煩徵力。然往往就荒。驅之領田如赴湯火。又嘗閱甘肅先撫臣楊錦墾田軍不領種分派各堡。另立墾軍卒無成功。此邊人之習。墾田萬頃。法當給五萬人。若曰自領之而自墾之。脫無領者將不墾乎。是領田之戶當審也。沿邊曠土軍民利而種之久之墾而爲田。勢必起科。能欣然就乎。至于曠野有沙壓之虞。水濱有泛濫之憂。一相度可知。是起科當審也。章下所司。

丁丑。尙寶司少卿徐貞明兼監察御史。領墾田使。鑄督理墾田關防。戶部請專責成。寬課督。善訓率。廣招徠。時賑貸。闢久荒。蘇久役。上從之。貞明先治河。募金築隄。乃之薊州招南兵之習農者使治田。仍餉之。墾闢以億計。畝收一鍾。守臣將次第課耕。

大理寺卿吳時來爲刑部右侍郎。

臨江人訴知府錢若賡之冤。上怒下獄訊之。

辛巳。諭兵部徵十萬金。戶科右給事中楊芳諫止。不聽。

前兵部左侍郎冀鍊卒。鍊字□□。益都人。嘉靖甲辰進士。知縣。遷戶部主事。歷光祿少卿順天府丞。以都御史巡撫河南。改宣府。兼兵部右侍郎。予告。起南兵部。轉戶部。未任。嘗有邊功。予祭葬。

程鄉妖人劉青山伏誅。

丁亥。故游擊將軍韓元功贈都督同知。世本衞千戶。

戊子。夜彗出羽林旁。形如彈丸。尾長尺。指東北。其色蒼。每夕漸東西縮。

南京刑部尚書陳道基論罷。

兵部尚書王遴罷。時御用監稱駕出徵馬若干匹。遴以故事本監印由司禮監傳奉出會極門發科抄。無本監徑赴部者。因執奏。上以宿留切責之。

壬辰。敕武清伯李文全太子少保兵部尚書兼左都御史趙錦居守。

總督漕運戶部尚書王廷瞻改南京刑部尚書。

甲午。上聞光山縣牛生麟。雖斃。令撫按以皮進。初產邑人曹國隆家。宗室勤𠊱上其圖。巡按御史劉士忠上言。麟不恆有于天下。即有之亦未能識。況其物已斃。安得爲祥。上怒。仍趣進。

署詹事府事吏部左侍郎周子義予告。

乙未。鎭江地震。

閏九月戊戌朔。賑鳳陽淮安十五萬金。

前兵部右侍郎楊俊民爲戶部右侍郎。總督漕河事務。巡撫鳳陽。

敍閱視勞。總督宣大尚書鄭雒進太子少傅。廕錦衣衞百戶。餘陞賞有差。

廣東開建縣廣西懷集賀縣界金鷄黃沙諸峒爲盜窟。總督吳文華會兩省兵勦斬七百九十一級。俘賊屬二百人。而廣西復有府江之捷。府江爲粵中孔道。江之兩岸峯巒幽翳。猺獞居之。通洛容象州諸賊巢。出沒爲亂。官軍討之。斬九百三十四級。俘一百九人。獲賊屬七百餘人。廕賚有差。

癸卯。上發京師。宿鞏華城。

甲辰。午次感恩殿。

乙巳。謁長陵永陵昭陵畢。閱大峪山。是日。尚書楊巍畢鏘沈鯉舒化楊兆何起鳴倪光薦侍郎石星辛應乾僉都御史趙煥。大理寺少卿王用汲。太常寺卿何源。禮科都給事中王三餘。御史周希旦。武臣定國公徐文璧。恭順侯吳繼爵等。皆疏請勿改卜。申時行以徐學謨故。力護之。舒化何源咸諳地術。始薄大峪。亦改舌。順天府尹沈思孝語申時行曰。事甚大。公宜上言。臣前同禮官採術者。奏用大峪。今多言地未善。幸下禮官詳擇。不妨更易。如此則爲國遠謀也。時行首肯。卒不上言。思孝詰之。答曰。某向與張宏交惡。懼其借釁。故欲如君言。今宏死。張誠舊好。疏即止。無後患也。思孝笑而出。

丙午。上閱黃山。至于寶山。又登大峪。至于東井平岡。諭閣臣曰。寶山與大峪相等。但寶山界二祖陵間。其仍大峪。申時行等褒贊聖德。稱賀而退。駕還御感恩殿。召閣臣入。授部院諸疏曰。玆事朕自主張。而紛紛者何也。時行曰。諸臣亦仰贊聖裁。無有他也。上意未釋。復示李植及御史柯挺二疏曰。挺初云八寶山吉。今疏八寶山不及大峪。可令對狀。植等原擇地三寶山。差勝。可調外任。蓋植曰。□後鑿石橫闊數十尺。如屏。其下便如石地。今欲用之。則寶座在石上。挺曰。大峪之山。萬馬奔騰。回勢完美。殆天秘眞龍。以待陛下。植既調外。挺亦被詰。尋挺與欽天監正張邦垣同奪俸。邦垣四月。挺三月。先是上語左右曰。今廷臣爭言堪輿。彼秦始皇帝葬驪山。亦求吉地。未幾遭禍。由此觀之。選擇何益。朕志定矣。當不爲羣言所惑。南海選貢生龐尙鴻。目見壽宮有水。奏入通政司。申時行聞而格之。延尙鴻邸中。調選除鹽城訓導。

談遷曰。形家專門之學。諸臣深其術則當言。否則無謂也。大峪山勢斜走。時多異論。吳縣持之益堅。裁以宸斷。至乘輿四駕。噫。主上富于春秋。豈亦習形家言乎。蓋輔臣餌一二近侍。以蠱聖聰。而箝多口。至于舉朝保奏。阿后土以欺皇天。乘龍之日。財二十餘年。寢園不守。其禍最速。則當時異論。要未可盡非也。

丁未。上早發。宿功德寺行宮。

戊申。還宮。

癸丑。夜月食。

朶顏衞頭目咬兒幹求都指揮僉事。約束部夷。敕許之。

乙卯。總督薊遼軍務太子太保兵部尚書兼右副都御史張佳胤還部。辭兼官。初。部推佳胤及鄭洛郜光先。命再推。則及工部尚書楊兆兵部侍郎王一鶚。外傳上屬意兆。御史李琯顧雲程黃紀賢前論去王遴。因奏遴實剛愎。兆尤熟軟。棄遴用兆。猶朝三暮四也。上以窺探各奪俸二月。

東虜銀燈煖兎西虜以兒鄧等合數萬騎犯蒲河瀋陽。殺中軍張良棟把總張治。李成梁聞之。命參將李平胡等。自大靜堡尖山門出塞三百五十餘里。伏于那林。遣蒼頭軍先挑虜。破之。斬首百有八級。虜乃遁。

馮時可曰。近來邊功大都出塞搗巢。或以爲生事啓釁者。非也。大虜以秋寇。用彼之長。而我以春搗。襲彼之短。虜能來我亦能往。使彼虜有所創而我愾有所敵。舍是則計畫無任矣。大率虜資畜擾馬皆野宿。一遇深雪。則所掠中國馬不能呵雪嚙草。莫不倒死。虜馬雖嚙草根。僅活而已。故宿草既盡。新草未生之際。用間諜出游兵搗之。可以得志。虜猶犬羊。順則馴之。逆則震之。文帝荅虜詔云。漢過不先。大哉言乎。先則爲釁。後則爲威。

戊午。第三公主薨。追封靜樂公主。

翰林院庶吉士鄒德溥王荳葉向高周應賓方從哲爲編修。葛曦徐待聘楊元祥鄧宗齡李道統爲檢討。姜應麟梅國樓邵庶胡世麟史孟麟爲給事中。吳龍徵沈權王之棟徐大化楊紹程梅鵾祚爲御史。寗中立劉大武爲禮兵部主事。

復套虜寧夏互市于清水中衞平虜三廠。初。虜抄胡兒青把都諸酋請迎佛。戀牧河西。市廠隔遠。故撫臣改于甘鎮之扁都。至是諸酋挫于回達。漸歸巢矣。故復舊。

巡撫順天兵部左侍郎兼右僉都御史王一鶚總督薊遼保定軍務兼理糧餉。太常寺卿何源爲大理寺卿。光祿寺卿嚴大紀爲太常寺卿。太僕寺卿秦燿爲光祿寺卿。太常寺少卿裴應章爲太僕寺卿。

湖廣按察使蹇達爲右僉都御史。整飭薊州兵備。巡撫順天。

庚申。以覆定壽宮。諭天下停刑。刑部請各省直如京師例也。

刑科左給事中王繼先奏。近日兵部題覆閱視。總督鄭洛加太子少傅。廕錦衣百戶。張佳胤廕國子監。臣竊以爲過也。夫邊圉無事。諸臣修理管鑰。修理儆勞。亦其職分。卽使城隍盡浚。墩堡盡修。以視戰功。萬萬不侔。況未必然乎。皇上不過曰整理邊務。效有勞績。如是而已。而遽邀奕世之賞。如持左劵。歲復一歲。在邊臣視爲應得。而何有于激勸之實。萬曆三年閱視恩例。在督撫不過獎以敕書。賚以金帛。未及陞廕。允爲中制。迨七年。稍優以官階廕監一人。以巧營得之。乃今日宮保不已而廕矣。廕監不已而錦衣矣。當善名器之重。閱視行賞。悉倣三年例。令洛等辭廕。上是之。命以後加恩毋濫。

戶部覆給事中姚學閔請各邊各省墾荒。鑿陂塘。築圩岸。貧戶貸以牛種倉穀。所開地每畝納穀三升。上命撫按力行之。

十月虰朔。起孫維清太常寺卿。

戊辰。北闈貢士史記純爲編修。史釬子。馮詩張維寧爲侍講。張一桂客。董邵陳邦訓楊日章孫唫胡正道俱竄籍。上聞之。諭部院禁倖門竄籍。于是禮科給事中鍾羽正劾史紀純等八人。提學副使董裕鐫一秩。械竄籍以徇。張維寧預焉。史釬免。一桂降南京兵部員外郎。初諸生順天張元吉落第。造蜚語。謂浙人冒籍妨畿士。元吉與外戚鄭氏通姻。故以此修郄。

屬夷赶兎妻叩闕求復撫賞。許之。

庚午。陝西總兵官署都督僉事李迎恩爲都督僉事總兵官。鎭守山西。

雲南總兵官沐昌祚請設坐營中軍。視各邊總鎭。以非制。不許。

巡按湖廣御史任養心參承天府推官李櫱多硃筆增改試卷。主考檢討張應元員外郎李同芳失檢。命奪俸半年。謫櫱。

吏部尙書楊巍考滿。進太子少保。

封秦王弟誼漶紫陽王。誼渉鎭國將軍。仍支中尉祿。禮部謂非制。誼漶祖懷埢以鎭國中尉進封。及孫誼遌爲王。誼漶誼渉宜中尉。不聽。

壬申。泰州地震。

癸酉。夜彗滅。

南京湖廣道御史王學曾言。麟產于光山。九重何以知之。無亦左右訪外爲容悅耳。有旨。朕原不好異物。麟皮偶一取視。未嘗侈禎祥自賀。王學曾沽名。云左右取悅。何不指名。鐫一級。降興國州判官。

丙子。雲南道御史蔡時鼎言。近日北闈蜚語直達御前。夫匿名告訐。律有明禁。諸司尙不得妄投。何況宮禁淸嚴之地。縱其事盡公。其言盡實。猶恐啓讒間之門。廣告訐之路。矧又假實濟誣。因公遂私。臣願陛下自今凡百機務。仍昔示外廷。明辨是非。毋以羣臣之言皆不足信。毋以親狎之言概不足疑。上怒。手札諭閣臣。重處。許國王家屛在直。疏請罰俸半年。且名列申時行王錫爵。不聽。謫時鼎馬邑典史。中旨旣下。又詗知冒籍貢士董卲等解發寬縱。仍衣冠出阜城門。就入便門。責順天尹對狀。于是許國王家屛疏救曰。人主萬幾之繁。其任愈大。其體愈尊。必也猜防苛細。卽聽斷甚精。如漢宣帝唐德宗。何補于治。且使奸人乘機中傷。將來之患不可勝言。

上怒。次日手札曰。朕嚴冒籍以端士風。近因黨救訕上。使人覘問其縱法之罪。卿等乃以爲細。必若所言。是處朕于蒙昧。而事皆聽決于下。卿等其安心否耶。二臣疏謝。爭執如初。上意稍解。府尹沈思孝奏伏罪。鐫三級。

壬午。前少師兼太子太師吏部尚書中極殿大學士張四維卒。四維字□□。蒲州人。嘉靖癸丑進士。選庶吉士。授編修。歷中允翰林學士擢吏部□侍郎。署詹事府。萬曆三年以禮部尚書兼東閣大學士累進。前秋四維與張居正共事最久。居正秉政。頗倚鍥急。會其卒。密疏請寬大。罷一切法令。又請拔海內直士久抑者。已言路掎摭諸黨。又請與之更始。時論多之。嘗稱楊一淸翁萬達氣略磊砢。無書生氣。蓋自況云。贈太師。謚文毅。予祭葬。

甲申。南京提督操江右僉都御史蕭崇業求養母。應天府尹王三接引年。並許之。

國子祭酒徐顯卿爲少詹事直日講。

先是巡撫四川雒遵言松潘等處大小粟谷諸砦番殺掠當討。始用兵。遵去寂然。兵科給事中王致祥奏。番人亂者止一砦。旣用大師。未免張皇。總兵李應祥以新將御悍卒。所徵播州天全諸土司兵未易集。集亦調度需人。兵部覆以爲失算。于是申時行等言。松潘疊茂。卽古維州吐蕃地。本朝列戍。略示羈縻。然山谷險遠。糧運艱難。醜夷聚如蜂蟻。散如鳥獸。在勦爲聲。撫爲權。如一種作惡。出其不意。殲厥巨魁。或毁其碉房。或燒其靑稞。名曰鵰勦。其餘各種並不搜求。故番人懷德畏威。雖小有草竊。旋卽底定。此制馭諸番之要術也。今該省官輕率寡謀。一聞有警。輒徵大兵。番人聞知。得以爲備。且四川採木。民間騷動。軍餉空虛。若兵連禍結。爲患非小。明日。

上諭兵部下撫鎭。相機制置。毋貪功。毋釀亂。

房山知縣馬永亨加永平府同知。時多礦盜。故特重其權。

十一月丁酉朔戊戌。右副都御史孫丕揚爲應天府尹。

時南郊遣祀。禮科都給事中王三餘言未可以爲常。上以不早請。詰而宥之。

癸卯。右春坊右諭德兼翰林侍講韓世能爲國子祭酒。

東西二虜貢馬例從宣大督撫同進時西虜卜石兎請賞未定總督宣大鄭洛請順義王先貢。許之。

戶部員外郎王一鳳管德州倉以剪銀邊戍邊。

貴州黎平苗秦銀應喬等作亂。

己酉。吏科都給事中齊世臣等言薊遼總督張佳胤薦眞定知縣江中信堪行取。巡撫保定賈三近劾其縱肆。擬降閒散同一官同一時。豈朝夷暮蹠變幻無常哉。何甲可乙否顚倒一至于此。上命巡按御史覈之。

夜。月犯畢宿北第一星。

甲寅。廣東右布政使滕伯輪爲右僉都御史提督操江。

江西布政司參政王希元削籍。希元先任福建提學副使。行部崇安。以故御史朱璉作令崇安。率諸生立祠。自撰碑記。至是巡撫沈人种以聞。吏部擬調簡。上以卑謟斥。

丁巳。松潘夷犯平夷堡。巡撫徐元泰請兵之命大舉。初松潘南黃沙壩雪山諸羌國師刺麻布數有四十八寨。與西虜賓兎結。諸小種豪灣仲占柯等附之。出沒黃沙陘中。伺便劫掠。殺軍尉二人。冉駹北道不通。徐元泰傳諭威德。羌衆數千嘗我掠官軍。至刲刳胥腸纏牛角而奔之。遂決勦。巡按御史南昌陳瑫議同。與總兵李應祥發卒分隸四校。右布政使朱孟震主餉。副使王鳳竹監軍。

戊午。右春坊右諭德兼翰林院侍講學士李長春淸理貼黃。

夜。月犯角宿南第□星。

雲南副總兵劉綎降游擊將軍。綎故名將子。部曲多健兒。恃以自雄。始征緬甸。勒兵金沙江。築將壇于王驥舊地。糾合諸夷。收功斬馘。而性貪。御下不嚴。還兵騰衝。皆甲而噪。以把總廖文耀王化龍等剋餉也。焚民居百七十餘家。知州某肘印而走。綖自纖莫聞而馳至。以五百人自衞。兵不敢動。亦莫肯還。乃出私財犒之。又支餉人予一金。始定。復至行署而思順逃。撫按奏綖受思順金寶牙飾諸物。又縱謝世祿夏世勳陳其正等淫其妻妹。思順不堪。倉皇出奔。宜治綖罪。上念其功。故降秩。下世祿等臺訊。

貸食五城貧民米千三百八十六石。薪若干。給二千九百四十四人。至孟春止。

總督陝西三邊右僉都御史兼兵部右侍郎郜光先進兵部尚書兼右副都御史。仍總督。

塞登州龍灣決河。

甲子。六安罪人夏鉞上疏。株連多人。下內閣。欲逮其首惡。閣臣謂細民事一一煩宸聽。將來不勝其瀆。乞下撫按。從之。

丙寅。順義王乞慶哈上表貢馬。

十二月躬朔。裁惜薪司冗官。減大炭十五萬斤。初。易州山廠內臣至五百六十八人。歲支大炭八十五萬斤。邊商苦之。

設滕縣沙溝鎮守備。裁沙溝犂溝二巡檢官。

減四川採木三之一。

命尚寶司五年清覈牙牌祭牌金牌銅牌令牌銅符等。司丞二人領其事。

河南道御史饒位薦原任大理寺丞傅應楨行太僕寺少卿顏鯨廣東提舉司提舉管志道福建按察僉事甘雨戶科給事中姜志麟。又薦太僕寺丞蔡悉參議李盛春。章下所司。

庚午。播州宣慰使楊應龍貢馬三十四。大木六十。

少詹事張位為詹事。仍署翰林院事。右諭德于慎行洗馬陳于陛俱為翰林院侍讀學士。

庚辰。寧陽侯陳應詔署府軍前衛事。保定總兵官右都督楊四畏爲中軍都督府僉書。

辛巳。麗江知府木旺貢馬。求旌額。禮部謂無例。乃賜敕。

烏思藏大乘法王及長河宣慰司番僧邑錯領眞等入貢。例賞約九千二百金有奇。工部以節愼庫匱。議移之四川布政司。番僧訴于禮部。引萬曆六年奉旨事。仍命工部給之。

予故南京太常寺卿萬思謙祭葬。

復薊鎭遵化輜重營及其將領。

甲申。翰林院編修黃洪憲曾朝節爲侍讀侍講。

鎭守保定總兵官署都督同知董一元爲鎭朔將軍總兵官。鎭守宣府。都督僉事侯繼高爲總兵官。鎭守浙江。張邦奇爲總兵官。鎭守居庸昌平。陶世臣爲總兵官。鎭守保定。

諭兵部。寧陽侯年幼。何遽推管事。其另推。今後推勳臣。具年籍以聞。

乙酉。冊瑞安長公主。尙駙馬都尉萬煒。

御史牟志登劾總督鄭洛十二罪。內云。廣人蔣遵箴附故輔。爲文選郎中。妻沒。聞洛有女。求之不得。託王篆求之亦不得。適宣大闕出。脅洛成婚。遂有總督之命。洛妻聞而哭絕。云云。奪志登俸六月。

總督漕運戶部尙書王廷瞻改南京刑部尙書。

己丑。風霾。

兵科給事中邵庶劾京城巡捕都督僉事李如松。薊鎭副總兵指揮同知李如柏兄弟。並從門蔭。列位樞機。所爲多不法。上以如松如柏並因戰功。與常蔭不同。毋苛及也。

壬辰。鎭守湖廣總兵官懷寧侯孫世芳提督漕運。鎭守淮安。

軍政考察。罷山西總兵官張爵陝西總兵官李𥥆。

虜酋哈不愼立誓悔罪。求貢市。復之。

乙未。上祫祭太廟。

雲南羅雄人者繼宗作亂。巡撫右都御史劉世曾總兵劉綎討之。斬者繼宗。俘千餘人。降四千人。貴州巡撫右都御史舒應龍協攻。斬五十餘級。降萬一千四百人。事平。改羅平州。設流官。移曲靖左中所于羅雄。曰定雄所。

順義王乞慶哈黃台吉死。

瞿九思曰。妒娼生患。信哉。乞慶哈始爲將軍。已慓悍雄諸部。又蕩佚。皆莫敢誰何。已得嗣王爵。遂烝父妾。淫益甚。然不兩載而哈旋物故。豈非好色必亡者乎。又聞三娘子與乞慶哈年相若。甚妒。始爲俺荅妾。亦奪矮克哈屯之憪矮克。卒怏怏而死。乃不得受我漢封。夫矮克哈屯。故乞慶哈母也。何乃忘母大怨。甚至散其諸婦而又寵之。宜其早死而不永王位也。

是月。前南京吏部尚書丘橓卒。橓字□□。諸城人。嘉靖庚戌進士。授行人。擢刑科給事中。歷兵科都給事中。以劾遼邊事被杖除名。後起禮科。進南京太常少卿。轉大理寺。予告。已起右通政。進刑部右侍郎。遷尚書。贈太子少保。諡簡肅。予祭葬。

丙戌萬曆十四年

正月。朔。庚子。皇次子常洵生。貴妃鄭氏出。

辛丑。傳陞禮儀房供事錦衣衞指揮僉事等殆百餘人。兵科都給事中顧九思等諫。沮不聽。

逮□□知縣何必麟。以巡按福建御史楊四知劾其奸貪也。

壬寅。徵太倉二十萬金。以閣臣言減五萬。

太僕寺卿裴應章爲太常寺卿。

南京協同守備署後軍都督府事武靖伯趙光遠爲總兵官。鎮守湖廣。副總兵王撫民爲總兵官。鎮守陝西。

甲辰。世廟雍妃陳氏薨。

丙午。通政司左通政魏時亮爲太僕寺卿。

應城伯孫文棟協同南京守備。

戊申。右通政沈玄華太僕寺少卿周邦傑爲左右通政。

己酉。工部覆徐貞明所列畿內水患。一浚深州霸州等河。一濬安州雄縣保定等河及治東鹿深州等河堤。一修河間任丘橋道。一挑河間獻縣滹沱舊河。俱估費訖。從之。

吏部請大計貪酷官從寬止下巡按御史追贓。從之。

庚戌。吏部大計。罷斥方面官六十八人。貪酷官十四人。立限追贓。

辛亥。兵科都給事中王致祥爲太僕寺少卿。

吏部舉卓異布政使□□等二十六人。紀錄。

壬子。起蔡國珍福建按察副使。李盛春江西右參政。甘雨浙江按察僉事。俱原官薦舉。

乙卯。陳尙忠襲錦衣衛副千戶。初外戚陳萬言孫書減襲都指揮同知。應龍減襲指揮僉事。今尙忠係四輩。

左都御史趙錦憂去。

丁巳。奪雲南總兵官沐昌祚俸二月。以大計不自陳也。

己未。前軍都督府僉書定西侯蔣建元管南京左軍都督府事。左軍都督府泰寧侯陳良弼署前軍都督府事。

南京中軍都督府忻城伯趙泰修爲南京中軍都督府僉書。署都督僉事任大同王元爲南京後軍都督府僉書。武進伯朱世雍爲後軍都督府僉書。

壬戌。禮部請廣會試額。命取三百五十人。著爲令。經房舊十七。增易經之一。

癸亥。六科查參考成者。閣擬罰俸。上疑其輕。以閣疏再。從之。

辛自修爲左都御史。時推刑部尚書舒化等。上特用之。

福建總兵官于嵩免。

甲子。築大同鎮河鎮虜二堡磚城。

乙丑。雲南巡撫劉世曾請令兵備官陞遷候代。上謂邊方兵備各候代。何黔中不遵也。命該科查參。

是月。松番夷萬人犯蒲江關。參將朱文達力拒之。時巡撫徐元泰議征疊溪叛羌。徵播州酉陽平茶馬湖諸路兵。賊乘間先發。

土蠻台豬約土蠻等犯前屯。衆八萬。巡撫顧養謙恐土蠻至難禦。令總兵李成梁先徵兵伐。謀率諸將黑雲龍修養正等出塞三百餘里。搗虜于毋林。破之。斬九百十級。獲畜產千計。

瞿九思曰。令甲以出塞爲生事。撲殺爲啓釁。然律于虜衰之時。則計專于守。今虜勢方強。必按成法以繩將士。則不可。毋林之戰。獨非出塞乎哉。今之虜患。正以文皇北伐之後不復出塞。故虜騎敢于南牧。以戰爲守政。患其出塞之不遠也。封狼居胥之想。諸將勉之。

二月甒朔。兵科給事中李弘道薦海瑞顏鯨傅應禎梁綱管志道。皆君子當進。兵部尚書張佳胤總督薊遼當議。上責其擅。罰治。

丁卯。戶科覆工科給事中曲遷喬等議二事。曰解十庫錢糧。上納卽收。毋許官商擾害。曰召買內庫受四方任土之貢。歲有定數。相沿二百餘年。未聞不足。嘉靖隆慶間。間有召買。數亦不侈。萬曆元年至十三年。供用庫納價十三萬八千七十四金。甲庫價三萬四千八百四十金。丁庫價二十五萬五千二百五十七金。承運庫價二十八萬二千八百二十二金。丙庫絲棉價三萬九千八百九十二金。銀作局金價三萬三千六百二金。共價七十九萬四千四百八十九金。供用等庫之香蠟銀硃銅錫油漆絲綿等料。若掌庫撙節。自當充溢。而該庫動言闕乏。不知器用將貽何所。給何人。而復屢行召買。是不可不嚴也。減工部木炭之浮數。汰惜薪司內臣之冗員。當無再計。乞敕司禮監將各項召買物料與各庫物料逐一簡閱。則或闕欠或冒破。較爲明矣。有旨第以後撙節毋妄費。

戊辰。內閣申時行請立東宮。曰。自萬曆十年元子誕生。五年于茲。麟祥螽斯方興未艾。正名定分。宜在今日。昔英宗爲皇太子。年二歲。孝宗爲皇太子。年六歲。武宗爲皇太子。未及歲也。蓋升儲明震器之重。冲年端蒙養之功。有旨元子嬰弱。稍俟一二年舉行。

己巳。禮科給事中王三餘請選翰林院庶吉士。吏部覆擬二十餘人。著爲令。

庚午。申時行等再請立東宮。旨如前。

大學士王錫爵。吏部左侍郎周子義主禮闈。已貢士陳希伊吳國賓入闈蹴死。罰御史柯挺等。

壬申。前被察湖廣按察副使顏鯨。廣東按察僉事管志道。許致仕。吏部謂先朝察例甚嚴。若以一二人誣枉破例。將開貪緣干進之門。今後察處官毋違旨混薦。

罷河南巡撫右副都御史臧惟一。

科道合疏請立東宮。報聞。

癸酉。吏部右侍郎沈一貫爲左侍郎。刑部右侍郎吳時來改吏部。南京刑部右侍郎姜寶改南京吏部。

太常寺少卿孫維清以前考功郎中時主察附權調外。

戶科給事中姜應麟上言貴妃鄭氏進封皇貴妃。臣竊謂貴妃雖賢。所生爲次子。而恭妃誕育元子。主鬯承祧。顧反令居下耶。乞收回成命。或首進恭妃。次及貴妃。兩典並舉。情禮爲協。上以窺伺譎山西廣昌典史。

驗封員外郎沈璟疏請立東宮。並進封恭妃。庶無獨優之嫌。上怒降行人司正。

乙亥。禮部請立東宮。不聽。

諭內閣。降處姜應麟沈璟非爲册封。惡其揣摩上意。我朝立儲自有成憲。豈敢取私意以壞公論。科道交救。不聽。

談遷曰。升儲之議。閣臣倘移之前歲。力爲羽翼。神宗何自而疑之。今鄭氏纔舉子。卽交口而請。明示嫌偪。況一倡百和。尋聲相瀆。犯事君之數。竊爲申王輩不取也。

戶科給事中常居敬請復召對之典。報聞。

南京前軍都督府僉書吳鯨爲總兵官。鎮守福建並浙江金溫。南京守備署中軍都督府事臨淮侯李言恭總督京營。

徙繁峙縣治于河北右龍岡。

戊寅。潁州有星大如柿。隕東北隅。

己卯。右副都御史陳堯爲刑部右侍郎。巡撫湖廣右副都御史李江爲南京刑部右侍郎。

壬午。五軍營左副將謝天祐爲南京前軍都督府僉書。

癸未。南京太常寺卿孫坤爲右副都御史。巡撫湖廣。巡撫山東右僉都御史李輔爲左副都御史。回院。

戶部覆浙江道御史宋仕請革羨餘處公費。命通禁之。

前南京守備魏國公徐邦瑞仍守備南京署中軍都督府事。

甲申刑部江西司主事孫如法請立東宮貴妃恭妃並進封召復姜應麟沈璟上怒謫潮陽典史。

南京吏部右侍郎海瑞乞休且陳治安大計曰自張居正罷罪乾綱獨斷無一時一事不念小民而不收其效者失之有刑而誤用也洪武三十年定枉法八十貫絞之律弘治間士多廉介之節民無漁奪之變故刑原非德禮外事正德初年美意始變世宗朝詹事霍韜疏有文官惡其厲己託欽定事例改新犯之律貪官最害之大犯此者撫按爲甚撫按容貪貪可禁乎京師四方之極京官藉公費無一衙門不趨輦轂下貪又可禁乎又及漕運倉場金花馬價光祿寺之上供南京之馬快船及宮女內臣等語多疵滯上仍命供職。

乙酉南京奉御馮保求恩赦還里通政司參奏命逮其舍人馮繼淸。

丙戌左通政沈玄華爲南京太常寺卿。

丁亥山西左布政使李戴爲右副都御史巡撫山東。

巡撫寧夏右僉都御史張九一被劾調外。

兵部言軍餉改編非法命如舊解補。

戊子順天府丞韓必顯爲左通政。

己丑貴州貢士尹新以江西人竄籍除名。

庚寅四川總兵李應祥陳師鎭平分道並進會國師喇嘛以灣仲占柯來寇歸化游擊周于德伏兵鐵爐溝敗之殲其大寨各將勦阿孝龍溪康卜諸寨連十餘戰羌潰走不踰月河東悉平河西寇奪氣。

辛卯吏部文選司郎中李忠侚爲太常寺少卿。

甲午大風霾。

三月輌朔。丁酉。冊皇貴妃鄭氏。德妃許氏。

戊戌。風霾。求直言。

移分守嶺東道兼銜兵備駐長樂。轄惠州之歸善博羅河源龍川長樂興寧和平永安及潮州之程鄉平遠海防。惠潮道仍兵巡移駐潮州。轄海陽潮陽揭陽饒平澄海惠來大埔普寧海豐。

庚子。申時行等陳安民之要曰。催科急迫之害。徵派加增之害。刑獄繁多之害。用度奢靡之害。然明旨申令不啻三五。而議論不一。詔令不行。則非獨生民之害。害且在國家矣。今欲議論之一。則題覆不可以不慎。欲詔令之行。則查參不可以不嚴。上嘉納之。

南京國子祭酒黃鳳翔終養。

中使段慶孔明等爲馮保等營解。杖之。遣戍孝陵。

傳作天燈等物。初擬十萬金。減費可七萬。工科都給事中王敬民又請停止。上不得已減二萬五千金。

辛丑。上朝畢。召輔臣于暖閣。出前疏稱善曰。燒造織造原非得已。可減之。京東水田人情甚不便。不宜强行。申時行曰。高田宜黍麥。下田宜粳稻。今惰民蕪其下田。故議墾。非欲盡熟田也。上曰。荒田可墾。水田不可作。時行退。疏其利不聽。切責徐貞明擾民。竟中輟。時開墾已成。收穫甚富。一聞詔下。盡徹隄毀防。斥爲閒田。垂成之功。廢于一旦。良可惜也。蓋諸閹多北人。慮且倣江南起稅。倡言撓之。

順天府尹沈思孝調南京太僕寺卿。工科左給事中□□□論其提調鄉試。保勘冒籍也。有旨降俸級。堯欽出王錫爵之門。錫爵語陳有年曰。沈京兆被調乞休。上言其怨望。奈何。有年以問王家屏。答曰。吾儕比肩殿閣。安得彼獨聞天語乎。吏部員外郎鄒元標引疾去。

陝西左布政使梁問孟爲右僉都御史。巡撫寧夏。提督四夷館太常寺少卿陳有年爲右僉都御史。巡撫江西。

癸卯。復漢陽縣儒學。

上憂旱令有司條奏便宜。時部曹多言貴妃事。上怒。欲重譴。尋解。疏並留中。

予故少傅兼太子太傅彰武伯楊炳祭葬。贈太保。謚恭襄。

刑部尚書舒化上四事。信詔令。清詞訟。速問理。嚴簡驗。上嘉納之。

福建道御史王之棟言。尚寶司少卿徐貞明奉詔治水利。惟滹沱河爲眞定大患。詢諸父老。謂此河決不可以人力治。因條十二事。下廷議。工部覆謂事無全利。亦無全害。徐貞明勞役一年。墾三萬九千餘頃。獨蘆溝滹沱二河之工費未便。誠如御史言。上卽召貞明入朝。

談遷曰。余讀潞水客談。詳哉其言之也。假在江陵時。且卽用而需其成矣。不幸以傅應禎之鄉坐免。中得委任。奪于異議。縣官每一役亡論便否。輒呶呶不已。則任事之難。自古記之矣。

乙巳。命順天尹禱雨。

太子少保吏部尚書楊巍言吏治六事。正士習。抑徼倖。明選法。酌開納。完實政。愼舉錯。上嘉納之。謂開納事應存應止。下戶工二部酌焉。

左春坊左諭德兼翰林院侍讀趙志臯爲南京國子祭酒。

總督漕運南京刑部尚書王廷瞻罷。

己酉。封楚王華奎庶祖母王氏爲次妃。

庚戌。策貢士袁宗道等三百六十人于皇極殿。賜唐文獻等進士及第出身有差。

壬子。大理寺少卿王用汲爲順天府尹。

西寧侯宋世恩奪祿三之一。以條議狂悖也。

除徐貞明御史仍尙寶司少卿。

乙卯。改貴州程番府爲定番州屬貴陽府。初貴州巡撫舒應龍。巡按毛在議降府爲州。以貴竹平伐二土司幷歸化新哨二里改入會城爲縣。設流官至是設知州同知吏目各一。儒學學正一。

南京吏部右侍郎姜寶爲南京刑部尙書南京右通政郭廷梧爲大理寺少卿。

丙辰。許遼東總兵官寧遠伯李成梁引疾三月。如重事同撫按酌行。

丁巳。南京尙寶司卿周世選爲南京右通政。

戊午。右春坊右諭德兼翰林院侍講李長春爲左春坊左庶子兼侍讀司經局洗馬兼翰林院修撰趙用賢爲右庶子兼侍讀。

以靈旱遣告郊壇。仍諭修省。

禮部復請嚴禁奢靡。兼減織造燒造。報可監視二程。戶科給事中穆來輔奏停不急之工。罷淫祠之徑。上以其瀆。議處。

己未。大理寺少卿何源爲南京吏部右侍郎。吏科都給事中齊世臣爲太常寺少卿。提督四夷館。

辛酉。兵部覆刑科給事中李國士言班軍三害。曰追呼。曰扣剋。曰科派。命申飭禁之。

壬戌。國子司業劉瑊爲左春坊左中允兼翰林院編修署司經局印。

禮部覆閣臣及科道等疏請立皇長子。不聽。

四月

乙朔。上享太廟。

戊辰。南京兵部尙書郭應聘致仕。

予故南京刑部尙書孫植祭葬。

己巳。南京國子司業習孔敎爲右春坊右中允。署國子監司業。
庚午。南京太僕寺卿石應岳爲應天府尹。
辛未。翰林院修撰沈懋學爲南京國子司業。
癸酉。京師地震有聲。申時行等上章引咎。上優答之。
乙亥。予靈璧侯湯□祭葬。謚□□。
刑科給事中胡時麟言。有罪官吏。遣官扭解。恐官旗之害甚於貪酷之吏。上怒。謂官旗何以致害。奪俸二月。
庚辰。前順天府尹沈思孝爲南京太僕寺卿。仍降俸三等。
河南道御史楊紹程言。皇貴妃位亞中宮。分則甚尊。而恭妃誕育元子。系則甚重。名分相臨。或恐未安。上怒。奪歲俸。仍戒百官不得訕君賣直。
癸未。予故兵部左侍郎谷中虛祭葬。
乙酉。南京戶科給事中王嗣美追論翰林修撰沈懋孝壬午主試應天。私王篆子之鼎。賄錄狄獻明。王尚行賀學禮。劉士理。包文熠。各逮貢士覆試。
丁亥。禱旱郊壇。
庚寅。應天提學御史房寰詆奏南京右都御史海瑞。官無善狀。枉辭詆飾。吏部以瑞人望。仍供職。
裁漢陽府學訓導二。保定管馬通判一。
辛卯。盜失文淵閣印。限六月朔補。賜自後相權日輕。
四川總兵李應祥討西羌。爲浮橋六。夜濟師。諸將畢渡河西。諸寨以次克。諸殘羌走保絕壁。兵不得上。師環攻之。播州土司楊應龍先登。焚其巢穴。羌乃潰。兩河皆平。諸殘羌願得保塞。獻驍逆一人。坑而甃之。以誓曰。埋奴道旁。盟曰。後有反者。有如此塚。凡下二十八寨。斬一千七十五級。于是巡撫徐元泰立平番堡。設守備。戍三千五百人。

瞿九思曰。語曰。一日縱敵。數世之患。信哉是言也。楊柳諸羌號百二十萬。曩丁大夫玉兵至。强乃不殲滅之何與。白草之役。大將軍提士卒五千人。竟全軍以沒。此猶未敢與徐司馬道也。嗟乎宋滄獻輿地圖而謂松疊險于劍閣瞿塘也。異哉。徐司馬功此可畫麒麟而稱平羌將軍也。

郭子章曰。嗟乎漢當中興。尚閉玉關。謝西域。唐丁盛際。諸番堡質侍子。未聞自縛首兇數十人甘心幽土以堅誓盟。自非靈威神武。安能鎮壓其狠心。建千古駿業哉。

壬辰。周世子壽添封周王。

戊戌。南京戶部尚書傅希摯改南京兵部。翰林院編修余孟麟爲南京國子司業。

協守延綏定邊副總兵署都指揮僉事杜桐爲總兵官鎭守延綏。

五月乙未朔。申時行言壽宮工程例次輔以下遞閱。從之。

己亥。四川嘉定州嫠婦張氏。王憲明妻也。少寡守志。乙酉十月祭夫墓。舟覆嘉陵江中。至是日屍出如生。鄉人驚歎立祠。詔旌之。

癸卯。御皇極門。宣遼東之捷。

乙巳。工部左侍郎王友賢爲南京戶部尚書。

敍遼東功。進王一鶚右都御史兼兵部右侍郎。仍總督。顧養謙右副都御史。仍巡撫。

丙午。諭內閣令戶部市金珠。內承運庫司禮太監孔成以皇六妹婚禮急需金寶。計各色金四千三百兩。青紅寶石九千九百二十一枚。西珠六百枚。各等珠九萬二千七百十七枚。珊瑚三萬六千枚。珊瑚等料二十七斤七兩。翠羽一千七十五枚。各色香九千八百三十四兩。酥合香油亡算。戶科都給事中田疇求節省停免。不允。閣臣揭請。允之。

戶部覆巡按河南御史劉士忠所陳重折之害。惰農之害。上以折俸太重。殊爲民累。下撫按酌減。

南京工部尚書陰武卿乞減免織造燒造器物。查改椶薦。停解花梨等木。改折皮張。蠲宿欠物料。免取杉楠。不聽。

己酉。戶科右給事中曲遷喬劾禮部主事文在中所刊觀宇篇。畔道蔑禮。乞火其書。命鐫一級。調南京。

辛亥。前尚寶司丞楊時喬爲南京太僕寺丞。

甲寅。戶部尚書畢鏘致仕。

乙卯。曾同亨趙煥爲工部左右侍郎。國子祭酒韓世能爲南京禮部右侍郎。

戊午。設南京通政司使。復光祿寺少卿。

予故南京工部尚書劉一儒祭葬。一儒字□□。彝陵人。□□己未進士。天啓初。贈□□□。謚莊介。

庚申。賑延綏饑。

辛酉。鑄文淵閣印。

壬戌。總督倉場戶部左侍郎宋纁爲戶部尚書。

左春坊左庶子兼翰林院侍讀學士李長春爲國子祭酒。

是月。江南北江西大水。河南山西陝西大旱。

六月丙申朔。巡按雲南御史毛在言貴州土酋頗悍。而安國亨爲甚。奸人爲潛入京偵探。乞廠衞嚴緝。有旨。土司夷民事聽本省撫按。毋越奏。

乙丑。周府□國中尉勒仿。訐奏鄉官卓世彥。上欲遣內臣法司往訊。閣臣止之。始下撫按。

張國彥爲戶部左侍郎。

戊辰。光祿寺卿秦燿爲右僉都御史。巡撫南贛汀韶。提督軍務。戶部左侍郎毛綱總督倉場。

己巳。發臨清德州倉粟二十萬石賑眞定河南。

庚午。太僕寺卿魏時亮爲光祿寺卿。

辛未。刑部主事黃道瞻奏臨江民李臣等保前臨江知府錢若賡罪。坐永戍不無冤濫。上怒。謫兩淮鹽運司判官。

禮部以代府山陰王俊柵所議宗藩十有六。曰歲額。曰催徵。曰餘祿。曰封爵。曰刑責。曰選婚。曰庶宗。曰另城。曰王官。誠可革宿弊其曰開業。曰奏請。曰報生。曰報孕。曰宗學。曰儀賓。議似未當。禮科都給事中萬象春補四議。給偏費。懷幼孤。協法理。恤庶宗。各覆上。報可。

癸酉。南京太常寺少卿周繼爲太僕寺卿。

秦王誼漶薨。亡子。諡曰敬。

甲戌。楊一魁爲戶部右侍郎兼右僉都御史。總督漕運兼管河道。

乙亥。虜屢犯肅州。官軍禦卻之。

丙子。上視朝。羣臣不至者二百三十八人。各罰俸。

福建左參政王世懋爲南京太常寺少卿。

丁丑。翰林院侍讀劉元震爲右春坊右諭德兼侍讀。

左副都御史李輔清理貼黃。

戊寅。撫治鄖陽右副都御史方弘靜爲南京戶部右侍郎。總督糧儲。

前都察院簡校洪兢奏臣父朝選爲勞堪所殺。願與同死。章下法司。

庚辰。雲南按察使李材爲右僉都御史。提督軍務。撫治鄖陽。

辛巳。禮部左侍郎兼翰林院侍讀學士朱賡改吏部。詹事府詹事兼翰林院侍讀學士張位爲禮部右侍郎。並兼官如故。仍日講教習庶吉士。

壬午。前少傅兼太子太師吏部尚書武英殿大學士陳以勤卒。以勤字□□。南充人。嘉靖辛丑進士。選庶吉士。授簡討。歷修撰侍讀學士。夏言當國。欲薦直青詞。婉謝之。進太常卿祭酒禮吏工部侍郎。穆宗在潛邸。侍講讀最久。深自晦匿。及即位。手詔直內閣。屢上章見採。且有羽翼功。早退。林居十七年。或笑其迂。答曰。士君子立身行己。當自迂始。予祭葬。贈太傅。諡文端。

左春坊左諭德兼翰林院侍讀劉虞夔清理軍政貼黃。

命都司署印僉書更番餽運。

癸未。戶部以沿海沿邊軍需錢糧重大。巡按御史兼覈。請各給敕。從之。命視薊昌例行。

乙酉。免大同夏稅十之七。

夜。通州大風雨石土二壩沈糧舟二十有一。

丙戌。少詹事徐顯卿爲詹事。署翰林院事。仍經筵日講。

丁亥。以壽宮費鉅。聞嘉靖間撫按贖鍰進助大工。下工部議之。

戊子。南京工部右侍郎張孟男爲通政司使。王弘誨于愼行爲禮部左右侍郎兼翰林院侍讀學士。

賑柳潯平樂饑。

己丑。旌盱眙人蔣臚一門孝義貞節。

庚寅。申時行等言。諸臣助工。似宜停罷。如後費不支。臣等當率在京文武官辭俸薪佐公家之急。不許。工部言庫積事例六十萬金。目前可給。容後圖之。

談遷曰。捐俸助大工。始于嚴嵩。此何足倣。而吳縣顧師之。庸相型模。不自知其陋矣。

七月。甲申朔。上享太廟。

己亥。申禁干謁。

夏縣大水。渰三百餘人。

庚子。慈寧宮生瑞蓮。命輔臣詠之。

辛丑。南京大理寺卿方九功爲南京工部右侍郎。

禁塞上屯田將領隱占勢豪占引阻壞鹽法。從南京禮部尚書袁洪愈之請。

蠲江西田租有差。

河南淇縣盜起。

癸卯。司禮太監高祿調南京。同司禮太監田義守備。

甲辰。巡撫陝西右僉都御史李汶爲南京大理寺卿。

乙巳。直隸提學御史房寰復劾南京右都御史海瑞。謂其決裂先聖之防。背棄神道之事。放言自恣。强辨飾非。上責其瀆。

丙午。以歲饑多盜。命諸大臣各陳所見。

郭邦柱嗣成安伯應乾子。

戊申。命戶兵二部下各撫按覈災傷當蠲賑者以聞。仍嚴保甲緝盜。

南京給事中孫世楨上言。今欲蠲免則國用甚急。議賑濟則夙儲已匱。惟皇上節儉以先之耳。頃者承運庫買金珠寶玉至十九萬金有奇。若少減數萬。卽可活數萬垂死之命。又錦衣衞指揮鄭承寵墳價五千金。獨不可少裁乎。上怒。罰俸。南京御史李一陽亦言之。罰同。

舒城大雷雨。起蛟百五十餘。劈山田壞人畜亡算。

己酉。右庶子兼侍讀趙用賢上言。今天下財賦。東南居其半。杭湖嘉興蘇松常鎭又居東南之六分。而弊在科派無別。隱漏多端。請言其概。曰田賦之數。曰混派之弊。曰征稅之則。曰蠲停之條。曰偏重之累。曰白糧之運。曰荒田之核。曰征斂之欺。曰經役之法。曰積穀之弊。上大是之。

南京禮部尚書袁洪愈上三事。曰保聖躬。曰崇眞儒。謂長洲歲貢生王敬臣宜遙授國子監職。曰敦敎本。上是之。

庚戌。通政使韓必顯爲右僉都御史。巡撫陝西。

蠲眞定順德廣平大名災糧。仍賑之。折免山東田租有差。

辛亥。予故成國公朱國禎祭葬。國禎水死。禮部議減葬。命如例。

乙卯。進士彭遵古諸壽賢顧允成言。南京提學御史房寰誣論右都御史海瑞。夫瑞爲當朝偉人。寰貪汚狼藉。天下人爲瑞甚難。爲寰甚易。因數其欺罔有五。上以遵古等輕肆。削籍。因令各衙門堂官約束辦事進士。

周邦傑趙參魯爲左右通政。

禮部覆太常寺卿裴應章疏。祀典當議四事。曰太廟侑享。國初建四親廟。親王侑東廡。功臣侑西廡。洪武九年。進親王殿東壁。功臣西壁。嘉靖間。仍序西廡。應章據禮而論。謂諸王從祖祔食。今四祖已祧。諸王無祔則議罷。

禮也。但欲祔之祧廟。亦有未安。蓋以祧藏毀廟之主。爲祖也。非爲孫也。禮有祧不聞侑祧。惟存功臣西壁。始爲合禮。曰內殿祭告奉先殿在大內。非外廷可預。故祭品辦自光祿寺。告文執事人俱供自內。太常寺不與焉。嘉靖以來冊封諸藩。例遣官時用該寺官。而祭品祝文則仍內也。萬曆元年。該寺請遣官。奉旨躬享。二年又申明舊例。仍內廷供事。夫大內禁地。宜如其舊。曰諸妃祔陵。先是長獻景裕茂康六陵諸妃。葬金山者。祭本墓。嘉靖十七年。罷本墓祔陵。應章欲世廟諸妃。升祔陵殿爲宜。曰陵祭品物各陵時祭。祝文牲帛俱同元旦。禮宜加隆。顯九陵恭讓恭仁之陵止酒菓。而越靖等王及諸王妃又牲帛祝文。反從其厚。此應章有畫一之議也。臣等度之。八陵帝后歲暮祫祭于廟。旬日復孟春之享。故元旦于陵止酒菓。非儉也。禮也。諸王諸妃祫祭春祭皆不預。而元旦特用牲帛。亦禮也。所未盡者。恭讓恭仁既不與祫享。不設牲帛。是亦闕文。議者偶未之及耳。謂宜增二陵之祭。補所未備。而諸王諸妃祝文係初葬時所用。而時享仍之。于義未協。宜改撰通用。上並從之。

于愼行曰。國初建四親廟。以十六王祔食。皆太祖之伯叔兄弟。祔食祖廟。禮也。然諸王之享本祔四祖。及數世之後。四祖已祧。而諸王之位依然如故。則何所祔而享乎。且二祖列聖以來。親王無後者代代有之。卽禰廟未遷。不聞祔食之禮。況祧廟之後。何以獨存。誠以爲太祖所祔。不敢輕議。則四親之廟。亦太祖所立也。又可祧乎。且使四祖未祧。則十六王屬爲子姓。配食其旁。統于尊也。四祖既祧。則二祖八宗皆十六王曾玄之屬。而儼然臨之。使其祔享于下。恐非所以妥先靈而敍世次矣。漢世祖嘗以兄武哀王姊昭哀后祔享太上寢廟。及孝元之世。太上寢廟既毀。二祀亦罷。以其無所祔也。今卽未忍遽廢。宜如金山諸王事例。于鳳陽墓所時祭。卽園陵無考。則祔享皇陵祖陵。亦無不可。在廟非禮也。

戊午。刑部尚書舒化議。五城御史凡訟宜受理。不宜問罪。又不得濫罰。及簡託刺字。報可。

周府宗正鎭國中尉睦㮮卒。睦㮮博習經傳。讓產于弟。購書作萬卷堂。年七十。所著書多行世。上重其學行。加祭一壇予葬。

辛酉。潮漳副總兵劉大勳爲總兵官鎭守福建金溫。

壬戌。南京右春坊右諭德田一儁爲左春坊左諭德兼翰林院侍讀纂修玉牒。

八月癸亥朔。前巡撫甘肅右僉都御史王琁巡撫陝西。

南京奉御馮保專恣戍孝陵。其黨客用杖八十。受役。

乙丑。長洲歲貢生王敬臣遙授國子監博士。敬臣績學篤孝。嘗刲股廬墓。學者稱少湖先生。所著有婦訓家禮纂游武夷記行于世。

蠲賑贛州府屬縣有差。

立龍陽惠烈祠。祀典史靑文盛。文盛四川大寧諸生。洪武二十四年五月。以典史入朝。請減邑租萬七千七百餘石。疏三上不報。縊登聞鼓下。太祖閔之。減租如其言。時年三十二。婦譚氏。子霄年七歲。留居龍陽。至是巡按湖廣御史任養心以聞。

陸釴曰。文盛一尉職耳。當其逋稅民移。邑苟不支。必有任其咎者。尉乃奮然以身當之。至忘疏逖之分。冒離越之嫌。試履咥之危。艱難一死。以求濟焉。非其忠愛惻怛。根乎天性。未有不役于物者。嗟乎。殺身事易。及民功難。死而無補。奚用死爲。若公之死。廟食萬世宜矣。

夜。月犯金星。入角宿。

丙寅。止益府進獻花木。慮沿途擾民也。

都水司主事王紹先言。委官陳留永城各縣丞領銀買木。數各短少。所恃太監崔卿主之也。貪緣爲奸。侵欺冒破。令俟工完。撫按官覈之。

丁卯。兵部武選司主事王汝訓爲光祿寺丞。

庚午。徵戶部三十萬金。毋執奏。

巡撫江西右僉都御史陳有年請減陶器。不許。閣臣揭曰。前旨燒造難成及不係緊要者。查明裁減。故有年奏上。若擬旨不允。無以信海內。臣愚宜已成者進之。餘減止。或如嘉靖間改用礬紅或別色。庶詔令可信。仍不聽。

初。閣揭最重申時行。屢瀆上。頗懷疑。多不報。

辛未。鑄太僕寺督理馬政關防。

癸酉。覆試壬午南榜貢士狄獻明等五人。俱文理平通。惟賀學禮除名。考官沈懋孝鐫一級調外。

甲申。蠲賑臨洮鞏昌有差。

丁亥。大學士許國考滿。進柱國少傅兼太子太傅。廕國子生。

汝陽王府鎮國中尉朝𡐂。弑母賜死。

南京提學御史房寰疏辨彭遵古等。仍詆海瑞。上不問。

九月𡰥朔。大學士王學屏憂去。

許嘉定折漕三年。以地不產米也。

兵部以安南都統使莫茂洽求下雷歸順各州地。相安非一日。妄瀆天聽。不許。其已歸一百二十餘村。又龍邦龍蒲二村。民類夷習。㞦來孤古二村。地近石林。再議分給。俾各遵守。從之。

乙未。尙寶司卿施策請申飭巡直官赴司領牌畫字。從之。否則指參。

丙申。修天壇。

丁酉。太子少保吏部尙書楊巍再乞休。不允。

戊戌申時行等請補閣員。不允。

癸卯。右春坊右庶子兼翰林院侍讀趙用賢侍讀盛訥主武闈。

甲辰。以開封彰德河南南陽並汝州漕糧三十一萬石。全折一年。蘇被災之民。

丙午。右春坊右中允習孔教爲南京右春坊右諭德署翰林院事。

山東貢士淩守約許成名冒籍除名。

予故延綏總兵官賈國忠祭葬。

庚戌。應天府丞杜友蘭爲南京光祿寺卿。

定軍人犯徒流罪並免刺字。但以盜論。

貴州宣慰使安國亨進大木。求封誥加銜賜服色。命工部按例賜大紅飛魚衣一襲。金一鎰。

辛亥。南京太僕寺卿沈思孝奏救進士彭遵古等。求復冠帶。極言房寰貪穢。不允。

壬子。山東按察副使詹仰庇爲南京太僕寺少卿。

戶部左侍郎張國彥言。蘇杭之織幣。江西之陶器。與公主之廣求珠寶。此三事或者與漢王百金之費相類乎。

乞暫停之。有旨。段匹磁器前已寬減。

命武舉取百人。不爲例。

乙卯。免完縣唐縣馬價。

巡按廣西御史蔡系周奏。廣西僻遠。遵例冬至三日前審決。而奉旨停刑。以冬至後四日。至于事無及。乞明年停刑。章下所司。

戊午。上不豫。免朝講。

己未。選戶部司官五人。賚帑金三十九萬分賑各省。固原六萬。甘肅延綏各三萬。山西六萬。遼東眞順廣大及河南各五萬。淮揚鳳陽山東各三萬。

貴州威淸衞雨雹傷稼。

戶部進金珠寶石雜料共費七萬八千六百三十五金。

十月甲子朔。翰林院侍讀盛訥爲國子司業。

乙丑。土魯番入貢。

丙寅。巡撫順天右副都御史王元敬爲南京兵部右侍郎。

敍平松潘羌功。巡撫徐元泰進兵部右侍郎兼右僉都御史。仍巡撫。餘陞賚有差。元泰又討猓猓夷。在瀘河南。卬海東番部雜居曰安守。曰五咱大咱。積爲亂。

禮部祠祭主事盧洪春上言。前月二十六日傳旨免朝。卽聞人言藉藉。謂陛下試馬傷額。引疾自諱。果如人言。則爲患也淺。果如聖諭。則似以衽席之娛忘保身之術。其爲患也深。若累聖德。則均焉。建言諸臣。一涉宮闈。則天威震怒。往往斥降。人主舉動。近則天下視之。遠則萬世傳之。萬一稗家野史掇拾道聽。私記筆札。垂之後世。陛下豈能盡禁之。而又何以自解乎。上怒。杖六十。削籍。吏科給事中楊廷相等疏救。罰歲俸。

庚午。翰林院修撰孫繼皐爲右諭德兼侍講。

己巳。制勑房辦事光祿寺少卿兼司經局正字徐繼申爲太僕寺少卿。仍辦事。繼申九年考滿加級。往例甚少。惟嘉靖間有之。時雜流倖進。不可入例。故有是命。

浙江左布政使余應爲右副都御史。總理糧儲。提督軍務兼巡撫應天。

丙子。國子祭酒李長春進刋論語注疏。

己卯。巡撫福建右僉都御史沈人种病痼致仕。

泰山碧霞宮香客蹂死六十一人。

庚辰。推官楊其休李廷謨朱朝弼吳之鵬知縣萬自約許弘綱淩登瀛和處吳之佳郭顯忠洪有復朱維藩杜麐徐桓太常寺博士侯先春爲給事中。維藩麐桓俱南京。又庶吉士楊鳳禮科給事中。

辛巳。推官郭萬里秦大夔彭而珩左之宜知縣張鳴崗趙士登文德王象蒙許守恩高舉李本固吳達可徐元傳霖甘士价喬璧星鍾化民王愼德馮應鳳章邦翰陳維芝孫玧劉應龍史旌賢韓介韓可成江有源陳邦科黃仁榮中書舍人陳禹謨林文英行人賈希夷各試監察御史。可成而珩有源邦科仁榮俱南京。

壬午。右僉都御史賈待問爲左副都御史提督軍務巡撫福建。

兵部訟言劉綎羅雄之功。賜金二鎰。許後用。

十一月辛卯朔。予故南京兵部尚書劉堯誨祭葬。

壬辰。南京兵部尚書郭應聘卒。應聘字□□。莆田人。嘉靖庚戌進士。後贈□□。謚襄毅。

癸巳。光祿寺卿魏時亮爲左僉都御史。

旌吉王翊鑾孝友賑恤。

冒籍貢士武維謙除名。

戊戌。前光祿寺卿孫鑨起原官。

壬寅。上宿南郊齋宮。

癸卯。郊。還御皇極殿受賀。

李如楨爲錦衣衞南鎭撫司僉書。

戊申。吏部稽勳司署員外郎事主事顧憲成奏辨所囑託房寰。上不問。

庚戌。前禮部尚書萬士和卒。士和字□□宜興人。嘉靖辛丑進士。贈太子少保。謚文恭。

辛亥。太常寺丞董弘業。郊祀時弘業趨事佩勾鼎耳不得脫。上立待久之。又贊禮官聲不續。各停俸半年。

癸丑。潁州兵備僉事李弘道陝西行太僕寺少卿兼按察僉事邢侗俱致仕。

命順天尹禱雨。

丁巳。提督織造司禮太監孫隆言。今春夏多雨。所貯段疋多變色。乞閔貧匠。照例解進。命以堪用者上。

己未。巡撫大同右僉都御史胡來貢請改祀北嶽于渾源州。禮部言。漢唐宋北岳之祭。俱在定州曲陽。至渾源之稱北岳。止見于州誌。碑于經傳亡考。請如弘治中例。量修渾源廟。從之。

戊午。巡撫貴州右副都御史舒應龍爲南京大理寺卿。

十二月辥朔。吏科左給事中張養蒙言。近陞錦衣衛僉書都指揮同知羅秀。本太監滕祥蒼頭。往年營求兵部尚書王遴不遂。中螫而去。今覓得之物議紛紛。乞加褫斥。仍諭本兵張佳胤勿以簠簋損名。命免羅秀。

壬戌。沁源王埕墀長子效鏻有罪廢爲庶人。奪王祿三之一。

甲子。山東道御史朱應轂言錦衣立枷之慘。乞開所犯數則題請爲例。餘勿概用。不聽。

丙寅。四川巡撫徐元泰討建昌桐槽黑骨諸夷。各有斬獲。又議討卭部叛夷膩乃。

瞿九思曰。牂牁莋僰。孛漢所謂西南夷也。慓桀故已甚。今尚如是。臣又聞瀘水多烟瘴。夏秋不可渡。渡輒能殺人。孔明竟以五月而渡。壯哉。建越幸大捷。自冬徂秋。大將軍之刀鋸日敝。倘方孔明而興者乎。臣獨慮宰羅鐵口之夷強今未滅。他日西三邊有患。豈此間耶。然臣不敢道也。

丁卯。予故南京戶部尚書黃光昇祭葬。光昇字□□晉江人。嘉靖己丑進士。知縣。擢給事中。歷廣東按察使布政使。以定安南平猺黎新會賊之功。進右副都御史巡撫四川。又採木。進兵部右侍郎總制川廣貴州。勦叛苗。賜金綺。召入工部。尋拜南京工部尚書。已入刑部。告老。四年。復起南戶部。在道以稽命罷。贈太子少保。謚恭肅。

壬申。南京大理寺卿李汶終養。

甲戌。發臨清德州二倉米于大名。爲明春煮粥賑饑也。

丙子。太子太保兵部尚書張佳胤致仕。佳胤屢被劾。乞休。始允。

壬午。召前吏部尚書嚴清署兵部。辭不至。

癸未。總督陝西郜光先言。宣大虜酋麥力哥把兎等來由川底西陲。人馬俱困。前來肅州求市賞。亦有挾而然。因議其不悛。將三虜梟示。倘悔罪。姑予之薄賞。報可。

予故南京兵部尚書戴才祭葬。

甲申。禮部上宗藩條例。

予故右都御史兼兵部左侍郎何棟祭葬。

丁亥。潞府講官董樾等九年考滿。進修撰。仍兼檢討。郭文燦進主事。

禳旱。遣告南郊。

己丑。吏部左侍郎兼翰林院侍讀學士周子義卒。子義。無錫人。嘉靖□□進士。選庶吉士。授□□。歷今官。予祭葬。贈禮部尚書。謚文恪。

東昌王登伺官吏迎春。謀劫庫。事泄。伏誅。

先是。安南清華人鄭檢推立黎暉四世孫惟邦。惟邦死。立次子繼潭。居清華。引兵侵莫茂洽。已檢死。子松輔之。攻□□城。茂洽出奔。

瞿九思曰。傳稱一姓不再興。而況于篡弑得之者乎。丁陳黎三氏。干戈遞尋。卒卒無須臾安枕也。信哉。文皇帝始何嘗不憐陳氏後。然季犛之慘耗矣。犁其庭而郡縣之。及章皇帝得陳氏後。安南復王矣。厥後歸黎利。莫氏篡之。終爲都統使。豈亦非陳氏勿王乎。由此觀之。帝王自有眞。豈人力也哉。

是年。楡林套虜莊酋擁衆過西環海上。名掠番族。因求樺林川駐收。遂擾西寧。闖楡林。趨水塘。環水塘皆番也。莊酋屢寇邊。

國榷卷七十四

丁亥萬曆十五年

正月甗朔壬辰。發帑金賑陝西河南山西山東。先是懷仁王府奉國將軍充炊奏各宗窘狀。上惻然久之。戶部因以各省歲大祲。如懷仁府概給。

戶科給事中李廷謨請飭河西邊備。章下所司。

甲午。諭兵部。非世弁武舉。不許領敕行事及蒙陞咨用。

丁酉。上享太廟。午刻。西南有雷聲。夜火星逆行入太微垣軫宿。

己亥。申明門禁。武臣三品以上。文臣四品以上。入朝傔四人。五品以上三人。六品以上二人。衞官一人。非繫印牌毋入。

庚子。羅應鶴崔廷試爲大理寺左右少卿。

禁左道妖敎。

辛丑。兵部請大閱。

甲辰。申時行等上重修大明會典。二百二十八卷。

乙巳。考察朝臣。謫降一百九十五人。甲榜三十二人。見秩僅十人。不及詞林臺省。

丁未。申時行等請立東宮及皇次子封王。上嘉納之。卽日祭告南北郊社稷神祇。

戊申。命吏部都察院京察急于旬內。以杜浮議。從吏科陳與郊之請。

御史梅鵾祚言。兵部宜久任而後責成功。毋旁撓而後能久任。尚書王遴以不用羅秀去。科臣張養蒙彈尚書張佳胤以用羅秀也。羅秀善音樂。有投刺之求。今宜禁私竇。上曰。王遴前揑留御批。言官交劾。朕念大臣優禮致仕。言官又稱之。何無定論也。奪俸四月。

壬子。禮科都給事中王三餘。御史何倬鍾化民王愼德各奏建儲。不報。閣臣請建儲封王。命候旨行。

癸丑。訛傳上午朝。百官奔赴。中官亦移御座于午門上。責鴻臚寺官及朝臣。罰俸三月。

謚遼府沅陵王致概曰恭僖。

工科右給事中張棟請禁私揭。報可。

丙辰。翟昌天鼓鳴。

工部右侍郎何起鳴爲尚書。

建昌土酋伍咀咱窺我出兵。乘間掠西溪。尋官兵追獲之。餘羌降者千人。官兵移攻桐槽黑骨諸夷。斬獲二千八十六人。

予故巡視浙福都御史朱紈故兵部右侍郎王忬祭葬。忬祭二。紈祭一。減葬。

二月幀朔壬戌。陽武地震。

癸亥。夜。陝西綏德靜寧等城各堡獸脊旂上。俱見火光。撲以梃。亦生火。中夜方息。

工部右侍郎曾同亨提督工程。

兵科給事中和震言安民弭盜。其要在六。宣德意。飭武備。責職守。禁窩藏。愼捕緝。銷巨盜。上是之。

兵科給事中顧九思等言。今日河西駐虜數十種。竊據其中。又東虜數十萬環其外。餉薄兵疲。虜日驕。我日挫。臣謂各鎮自撫。河西自戰。亡論駐虜流虜。但掠內地。卽使勦逐。在議將議餉議番族議賞罰。部覆從之。

司設監火。

左通政周邦傑調南京。順天府丞劉光國調外。時自陳也。

設松潘南路黃沙壩守備戍五百人。

丁卯。夜火星逆行翼宿。

戊辰。刑科給事中萬自約言。天下郡縣公費可汰。內臣掌各監局。今增五萬餘人。他如旗校傳陞。工匠影射。御用監諸造作之費不貲。能節省數千金。則可爲千家巨產矣。有旨。內員原無增設。旗校正役。前已淸減。該部知之。

禮部言。舉子文好用佛經道藏。今硃卷犯者參處。從之。

庚午。南京國子祭酒趙志皋爲少詹事兼翰林院侍讀學士。

工部尙書何起鳴被劾自免。起鳴謂出左都御史辛自修意。遂訐奏。時科道劾起鳴及兵部左侍郎辛應乾。禮部左侍郎陳思育。南京工部右侍郎方九功。兵部右侍郎李松。大同巡撫胡來貢。陝西巡撫韓必顯。太常少卿池浴德。左通政陳學曾。添注太僕少卿許應逵。張譽。大理右寺正詹全覺。刑部郎中張正鵠。下吏部甄別。惟留起鳴應乾。

戶部左侍郎張國彥總督倉場。太常寺少卿蕭彥爲右僉都御史。巡撫貴州。兼理湖北川東等處軍務。

始令都司用隔省署事指揮。鎭撫用隔衛。從御史史旌美之言。

壬申。建寧甌寧二縣火。

翰林院編修楊德政爲福建布政司左參議。

甲戌。上偶不豫。

乙亥。夜月食。

淮揚饑。借蘇州漕米四萬石平糶。每石折七錢。

戶部右侍郎楊俊民爲左侍郎。右庶子趙用賢爲南京國子祭酒。

巡撫廣西右□都御史吳善爲南京工部右侍郎。陝西右布政使林喬爲右僉都御史巡撫大同。

議修高家堰築范家口疏草灣。

庚辰。湯之誥嗣靈璧侯。

提督操江南京右僉都御史滕伯輪爲右副都御史巡撫浙江。巡撫宣府兵部右侍郎蕭大亨協理京營戎政。

工科給事中郭顯惠言救荒之策。酌起解。弛鹽禁。議罪贖。部覆如議。

癸未。詔責科道官紛紛攻擊。予奪進退。皆不由上。今何起鳴已去。爾科道灼見何人堪任。不許推諉。

乙酉。右副都御史許守謙巡撫宣府。贊理軍務。順天府尹王用汲爲南京右副都御史提督操江。四川左布政使劉繼文爲右副都御史巡撫廣西。

丙戌。太僕寺卿周繼爲順天府尹。

戊子。詔撫按官責成有司力行荒政。不時舉劾。從御史林文英之請。

免淮揚逋租四萬二千四百九十四石。銀一萬九千五百十二金。

翰林院庶吉士范醇敬爲檢討。

山西右布政使沈子木爲右副都御史提督雁門等關兼巡撫山西。

三月甦朔。左都御史辛自修罷。自修出特簡。以申時行忮之故。與何起鳴並罷。

原武縣地震有聲。暮復震。

辛卯。御史高維崧趙世卿張鳴崗左之宜以攻何起鳴。謫維崧福建按察司經歷。世卿汝州判官。鳴崗廣德州判官。之宜澤州判官。吏科都給事中楊廷相等求宥。奪廷相俸二月。

壬辰。開封彰德衛輝懷慶地震。

癸巳。大理寺少卿羅應鶴爲太僕寺卿。崔廷試李尙思爲大理寺左右少卿。

戊戌。兵部左侍郎石星爲工部尙書。吏部右侍郎吳時來爲左都御史。

己亥。戶部左侍郎楊俊民改兵部左侍郎。工部右侍郎趙煥改吏部。

司禮太監張誠閱視京營。司禮太監黃勳提督太和山兼分守行都司。

番禺人盧廷蛟言十八事。放歸。

平涼天鼓鳴。

己亥。吏科左給事中張養蒙申救高維崧等。奪俸三月。

壬寅。上視朝。召輔臣于暖閣。欲重譴吏部稽勳司署員外事主事顧憲成。刑部主事王德新。輔臣稍爲解。憲成謫桂陽州判官。德新除名。先是憲成言何起鳴訐辛自修。刺及輔臣。以智角智。以力角力。釋仁義道德之用。競拙巧于毫毛。非今日所宜也。今非科道而言事。必曰出位好名。否則曰是多行不韙。計畫無聊。借以逃察。或誠有之。然使人出位而言者。臺省爲之也。王德新言以何起鳴而罪各御史。則御史行且不敢言矣。萬一言乘輿。言宮闈。言宮監。更何法治之。此必有左右蠱陛下者。上怒。下鎭撫司鞫其繇。令吏部尙書楊巍戒司官守職。毋妄言。

癸卯。大風霾。

禮部覆。禮科給事中侯先春言曆法當改。義倉當置。略曰。洪武迄今二百二十年。未嘗更曆。年遠數盈。天度漸差。四者月食在酉而曰戌。月食將既而曰未九分竍矣。卽一交食而氣朔餘閏躔離朓朒之類。盡屬差舛。可詔天下。博訪明曆者。且欽天監有回回曆。其推年月交食及五星凌犯最精細。曩月食時刻分杪並不差。祇以原非大統曆法。遂寘不用。臣以授時曆可採。回回曆亦可採。取其能合天度。如果脗合。卽採入大統曆中。以成一代之制。云云。上是之。

甲辰。大理寺卿孫丕揚爲戶部右侍郎。溫純爲左侍郎。右副都御史李輔爲工部右侍郎。

乙巳。少詹事趙志皐纂修玉牒。

戊申。巡撫保定右僉都御史賈三近爲大理寺卿。左僉都御史魏時亮爲左副都御史。

庚戌。禮部覆左僉都御史魏時亮所奏勤召對以運萬機。資講讀以培聖德。云云。有旨。凡條奏事關朕躬者。已奉旨。不必覆。

禮科給事中凌登瀛上言。三日而朝。暇日尙多。早朝而退。暇時尙多。竊恐侍御奔走。聲色佚豫。有以間之。皇上大婚十餘年矣。螽斯之慶未蕃。或者愛有所專而情有所不節也。曷不御文華。取諸司章奏閱之。令諸臣商榷。再三議定。逐一批答。暇則召儒臣談經史。考古文。優游涵泳。事畢還宮。則上下同心。未必不如內廷之快意也。上納之。

辛亥。南京太僕寺少卿詹仰庇爲左僉都御史。巡撫遼東右僉都御史張西銘巡撫保定等處。提督紫荆等關。兼河道。

壬子。戶部覆兩浙巡鹽御史李天麟請開金塘大樹等山以盡地利。謂先因倭患。遂成荒蕪。經同知陳文丈田三萬六千餘畝。山四萬七千餘畝。令定海人開墾。待三年賦之。又革鹽捕以鋤民患。俱從之。

癸丑。兵部左侍郎楊俊民兼管軍職貼黃。

乙卯。尙寶少卿李楨爲司卿。

虜撦力克襲順義王。晁兎台吉并不他失俱授龍虎將軍。虜王妻三娘子封忠順夫人。仍賚彩幣有差。

丁巳。敕旌魯陽王勤炗□□王睦㶶等輸穀賑荒。

工部請暫停蘇杭織造。不許。

夜。平涼天鼓鳴。有大星墜。光燦如電。

四月輴朔。總督薊遼軍務右都御史兼兵部右侍郎王一鶚爲兵部尙書。

辛酉。修北嶽廟。

壬戌。戶部覆刑科右給事中張棟三事。覈荒田。寬改折。審徭役。從之。

大風霾。

癸亥。賜鄭王厚烷書院曰景賢。

甲子。戶部左侍郎張國彥爲右都御史。總督薊遼。

釋開原屬虜康古陸偕溫姐還部。初。王台長子虎兒罕赤爭產。康古陸。台之孽子也。初奔北關。已虎兒罕赤死。康古陸歸。收其父妾溫姐。于是海西之業三分之。猛骨孛羅。溫姐子。歹商。虎兒罕赤子也。康古陸怨歹商。開原參將李宗石搗虜營。逮康古陸與溫姐就吏。兵備參政王緘欲斬康古陸。恐猛骨孛羅以母仇歹商。總督顧養謙奏猛骨孛羅無貳志。莫若釋康古陸還開原。以救溫姐。況建州已婚歹商。兩關可保無虞。上從之。康古陸歸月餘。夭。明年七月。溫姐死。

瞿九思曰。傳曰。天道無親。嘗與善人。王台北服二奴。南制建州。令不得與三衞合。以故北胡無東志。建州亦無北意。此豈非保塞哉。及身死未寒。遺妾溫姐荒淫。歹商之業幾敗于康古陸。倘所謂天之報施善人是耶非耶。猛骨孛羅不遵遺命。乍南乍北。遺先人羞。假令非虎兒罕赤。則皆何以見王台于地下哉。

乙丑。巡按陝西御史楊有仁上言。洮河舊無胡患。止防番族。自俺荅迎佛建寺。招衆駐莽剌等川。遂成巢穴。今日所當議有七。洮州兵不滿七百。河州營沿邊二十四關。皆賊要道。兵不滿千。皆當增戍。章下所司。時火落赤及炒胡兒糾海虜掠洮河以西諸番。總督郜光先遣通事副千戶李福保等六人諭之。爲生番思哥奇密所殺。

丁卯。應天府丞張櫝爲大理寺左少卿。

召致仕兵部□侍郎胡執禮總督倉場。

己巳。釋輕囚。

陝西按察副使許孚遠爲順天府丞。

庚午。進播州宣慰司楊應龍都指揮使。時進大木七十。求如祖楊斌賜蟒服。工部持不可。乃止。

辛未。潞府廷壻嗣潞城王。

壬申。琉球國中山王尙永入貢。

癸酉。命京尹禱雨。

鑄管理漕船錢糧關防。

乙亥。廷臣失朝四百四十三人。各奪俸三月。

回賊流劫靈臺麟游等縣。

丙子。禮部郎中余寅爲陝西按察司提學副使。

丁丑。諡周府浦江王勤熑曰康惠。

己卯。戶部言山西連歉。預備倉積穀甚多。其賑粥多取于社倉。有益于民。或郡縣所無者可添設。或紙贖糴買。或勸借富民。春放秋收。上從之。

庚辰。夜。火星順行太微犯右執法。

辛巳。紫陽王誼漶進封秦王。幹埥封岷世子。幹坤常寧王。埕壥內丘王。常洟成皋王。朗鑕襄陵王。代府鎮國將軍鼐垓進封和川王。廷堀潞城王。

壬午。蠲山東竈戶虧課。又賑之。

甲申。予故太子太保兵部尙書楊兆祭葬。贈太保。

翰林院修撰張元忭爲左春坊左諭德。淸理貼黃。

丙戌。賑山東各王府貧宗人十二金。

丁亥。工部議疏寶應至廣洋射陽與高郵江都各路入海支河。

戊子。復命百官禱雨。

是月。梧州參將吳仲閱大峒軍。撻哨官梁鳳。兵大譁。兵巡道來經濟慰解之。後調仲。誅悍卒五人。

貴州普定衞豕生二首二尾八足。

五月庚寅朔。喜峪口大雨雹傷稼菓。

禮科都給事中王三餘。以災異請愼起居以防嗜欲。御經筵以資啓沃。減內廷光祿之供。省東南織造之煩。勸召對之典。下求言之詔。上是之。

癸巳。存問前禮部尙書陸樹聲。

喜峯口大雨雹積尺許。傷稼菓。

甲午。時京師大疫。施藥。

浙直大水。

協理戎政兵部左侍郎蕭大亨回部。

乙未。前萬泉知縣符嘉訓。永寧知州李鈇。以貪敗遣戍。

禮部覆南京御史陳邦科。論舉子鄉會三場匀稱。方許中式。如後場該博。初場雖平。必前拔示勸。上然之。

予故巡撫大同右僉都御史申佐祭葬。

勞堪戍邊。先是洪兢章上。命錦衣衛杖堪八十除名。至是又重論。

己亥。南京吏部尚書李世達爲南京兵部尚書。

夜。金星犯土星入胃宿。

癸卯。南京禮部尚書袁洪愈改南京兵部尚書。

甲辰。太原陽曲徐溝交城代州振武衛雁門所地震。

丁未。諭禮部禱雨。

己酉。日講官禮部右侍郎張位予告。

南京刑部尚書姜寶爲南京禮部尚書。陸光祖爲南京刑部尚書。

壬子。免石灰磚兀稅。

朱鼎臣嗣成國公應楨子。

故薊遼總督右都御史王忬。贈兵部尚書。從其子世貞之請也。

誅南京軍奚公壽等四人。以訛言擅離汛地也。

丙辰。南京戶科給事中吳之鵬奏。國家設督水利道總理于上。同知通判官縣丞主簿分理于下。修築疏濬備旱潦。邇來有司漫不經心。一遇歲荒。茫然無措。今欲令有司勸農兼興水利。因勢利導。共修農事。因以殿最有司。上是之。

戊午。刑部尚書舒化致仕。

六月紀朔。戶部題漕軍三七行糧給本官。如遇盤剝。要呈明督運參政或管理河閘倉鈔部屬及兵備等官批照方支。此天津以南事也。天津以北。設有官剝船等脚價隨地遠近以爲多寡。載在議單。運官不得另雇民船以滋糜費。自桃花淺至王家渡等處。俱呈請鈔關主事。自李二壩至西壩。俱呈請通州管糧郎中。不許奸旗賣私貨以圖盡剝。報可。

庚申。戶科右給事中胡汝寧言京師二大害。曰知縣差役。傾破民家。曰貴戚舖行。侵奪民利。上然之。卽行戒飭。

辛酉。夜京師雨雹。

癸亥。予故應天府尹方良曙祭葬。

皇妹封延慶長公主。駙馬都尉王昺尚之。

前大學士呂本卒。本字汝立。餘姚人。舊李姓。嘉靖十一年進士。選庶吉士。授檢討。歷祭酒。以少詹事兼翰林學士直文淵閣。已直西苑。自吏部左侍郎兼東閣大學士。歷少傅兼太子太傅武英殿大學士。後乞歸復姓呂。年八十四。予祭葬。贈太傅。諡文安。以和好不爭之義。値嚴嵩當國。本惟徇其指。嘗攝吏部。差次九列。物議嗤之。後奪諡。

乙丑。夜月犯火星在軫宿。

丙寅。平陸天鳴。平陽晝隕星。

工科給事中□□請減織造。上不懌。閣臣言。萬曆四年有旨減三分之一。七年有旨減半。惟皇上深思邦本。弘惠下之仁。上令仍原減三分之一。

南京兵部尚書李世達改刑部尚書。

丁卯。命中外官凡宮室輿馬衣服冠婚喪祭之禮。各遵制毋踰僭。違者罪之。

夜。平陰有大星如火光。隕西北。聲如雷。

己巳。南京工部尚書陰武卿爲南京兵部尚書。

工部題。承運庫太監稱上供服飾等件及官旗夷人賞項段匹各色紵絲紗羅綾紬錦布共十二萬七千三百十五匹。按萬曆七年至十年不過十萬七千餘匹。奉旨戒勿再派。然已一萬八千餘匹。萬曆十一年至十四年。歲欠二萬六千餘匹。今該前目約費一百六十餘萬。今復以十二萬餘匹。費何所出。與其新派而難完。不若徵舊之爲便。遂命減三分之一。

庚午。修慶雲宮。

癸酉。總督兩廣軍務兵部右侍郎吳文華爲南京工部尚書。

甲戌。永安王府奉國中尉華埶卒。亡子婦許氏奉姑樊氏十三年。樊病瘻疾歲餘。親爲舐瘻侍藥。朝夕不怠。至是姑沒。觸棺自縊以殉。免竟七日不食死。事聞。旌貞烈。

命臨清河西務滸墅九江淮揚北新等各關稅自今年七月始。本折兼收。折色輸太倉。本色輸廣惠庫。

丙子。南京工部右侍郎吳善爲兵部右侍郎。總督兩廣軍務兼巡撫廣東。

庚辰。朝鮮國王李昖以前陪臣在會同館失火。奏謝。賜蟒服一。幣四。

癸未。國子祭酒李長春爲南京工部右侍郎。

丙戌。左春坊左諭德兼翰林院侍講田一儁爲國子祭酒。

丁亥。大風雨壞民居。時又饑。命順天尹賑貧戶米五斗。銀五錢。壓死者每口倍之。傷者米七斗。銀七錢。

七月戊子朔。命湖南行廣西鹽。聽廣西巡撫覈之。

乙未。周府海陽王狂男子朝唯詣闕上十事。中訛字溢白。以意會之。曰門限。欲定房制也。曰除民行。欲禁官價也。曰審正軍。欲革頂替也。曰清軍地。欲防盜賣也。曰治鹽法。欲禁私販也。曰清仕路。欲杜賄賂之徑也。曰添王官。欲設科甲長史也。曰藏玄經。欲禁無爲敎也。曰除限稿。欲無減宗祿也。曰取冤王。欲脫宗室睦樒于非罪也。得旨奏內有可取者。該部議。上部覆。惟取冤王添王官不行。

大同地震。

虜寇遼東鎭夷堡。

丙申。南京兵部尚書傅希摯改兵部尚書。協理京營戎政。

戶部右侍郎孫丕揚奏。黃河饑民食草木。陝西富平蒲城同官諸縣至食石。臣恭進二斤。伏候聖覽。今海內困于加派。乞酌定歲用。刊爲經國之書。淸難裁之冗。息難支之民。天下幸甚。上因停先年不時徵取。命求理財裕民之計。

開封及陝州靈寶等州縣大雨河決。漂沒人畜亡算。

丁酉。夜大風雨。通州各壩漂損漕米八千一百七十三石。

庚子。廣西巡按御史蔡系周陳鹽法七事。均市價。議船戶。時收散。淸支給。明地方。謹河道。專職守。其明地方曰。廣西官鹽止行湖南。上命湖南行鹽聽廣西巡按查理載之敕。餘依議行。

故兵部右侍郎蕭廩贈尚書。予祭葬。

丙午。南京右都御史袁洪愈爲南京吏部尚書。

戊申。江南河南大雨水。陝西旱。

辛亥。降刑部員外郎李懋檜爲湖廣按察使經歷。主事劉志選爲福寧州添注判官。先是懋檜言九事。曰保聖躬。曰安宮闈。皇貴妃以皇子得封。乃恭妃誕育元子。異日爲國母。而位次貴妃下。臣知皇貴妃必不安也。宜益封恭妃。恭妃安則國本安。皇貴妃亦安矣。曰節內供。曰御近習。曰開言路。曰議賑。蠲。曰愼刑罰。曰重舉刺。曰制限田。疏入不報。而□科給事中邵庶因誠意伯劉世延條陳。請禁各官非言責者毋輒言事。且欲堂官戒其屬。懋檜駁其非。上怒。鐫一級。科道申救。不允。劉志選疏救。上益怒。並謫懋檜志選。

乙卯。前南京工部尚書陸光祖爲刑部尚書。

丁巳。蠲折江南災租有差。量免河東巡鹽贖鍰十金。

建昌桐槽越嶲黑骨等夷平。共斬獲二千八十六人。

八月钺朔。雲南左布政使張楚城致仕。加太僕寺卿。

吏部推太平推官蔡時鼎爲南京刑部主事。不許。時鼎終于任。貧不能葬。漳浦人。萬曆甲戌進士。

敕旌趙王常清孝行。

己未。南京太僕寺丞楊時喬爲尚寶司丞。

庚申。諭吏部都察院曰。南北水旱災沴頻仍。百姓何辜。罹此酷罰。朕心閔焉。守令爲民父母。宜達下情。乃貪墨之吏。剝下罔上。肥己瘠民。或軟欵廢業。築耀博名。侈費傷財。阿承取悅。朝廷蠲賑。惠不及民。其斷獄情每多冤抑。傷和致災。皆由于此。今後選擇守令。毋用匪人。毋縱不職。仍敕撫按官懲貪理冤。糾察所屬。

壬戌。禁有司交際。

甲子。河南鎮平人趙臣妻白氏奏豪民訾國久斃其夫男。上命逮之。左都御史吳時來乞下撫按。上命撫按訊畢解入京。

丙寅。詔免河南被災今年站銀有差。

命勳臣襲爵未任事者。總協教習騎射策論。應襲者授勳衞。原廕授勳衞者一體酌用。

丁卯。順義王撦力兔貢馬謝封。餽輔臣本兵各馬一。命受之。

命禮部同詞臣選刻舊墨百餘篇。以式多士。

保定總兵官陶世臣劾免。

己巳。夜月食。

丁丑。夜月犯畢宿木星。

戊寅。命御史出巡務遵憲綱行事。從左副都御史詹仰庇之請。

庚辰。薊鎮副總兵楊紹勳爲總兵官。鎮守保定。鎮守宣府總兵官董一元改鎮薊州永平山海關。

辛巳。前薊鎮總兵官張臣爲左軍都督府僉書。

夜。建陽縣火。

壬午。翰林院庶吉士舒弘緒爲禮科給事中。

提督京城巡捕營李如松爲鎮朔將軍總兵官。鎮守宣府。

九月。

夘朔。日食。雲陰不見。

己丑。汝州判官趙卿爲太僕寺丞。

諭停刑。

蒲解安邑等地震聲如雷。

左軍都督府僉書都督僉事史綱提督京城巡捕營。

南京湖廣道試御史陳邦科言救荒五事。酌議折兌通行借留。嚴禁遏糴。核實分賑。破格蠲免。部覆從之。

辛卯。左副都御史魏時亮言督撫轉移。全在舉劾。道府官宜歲一行部。親察賢否。從之

壬辰。誅河南宗室勤𤁟以殺母及父妾也。

甲午。永昌涼州衞地震天鳴。

乙未。皇第四子常治生。

大理寺卿賈三近致仕。

丙申。徵光祿寺二十萬金。

丁酉。御皇極門受賀。

己亥。孫鑨爲大理寺卿。

辛丑。南京太僕寺卿周世選爲光祿寺卿。

壬寅。免浙江民屯田租有差。

癸卯。湖廣左布政使王湘爲南京太僕寺卿。

蠲折陝西山西被災民屯田租有差。

甲辰。貴州分守思仁道移駐思南。兼管撫苗。播州分巡思仁道移駐銅仁。兼撫苗兼制鎭遠畢節平茶酉陽等處。其平清二衞改屬思仁道兼制。偏鎭二衞仍屬新鎭道。

己巳。奪貴州土司安國亨飛魚服。以進大木不至。命戴罪自贖。

談遷曰。土司有功。往例賜金幣。進木又其細者。又木未入而賚先之。旋予旋奪。爲遠人所侮極矣。吳縣淺識。于安國亭則賜服。于楊應龍則進銜。俱非先朝之舊。何可令江陵見也。噫。

丁未。戶部覆左副都御史魏時亮所上七事。曰築濬。曰義倉。曰生養。曰賦役。曰刑獄。曰科罰。曰善俗。一盜賊。撫按每歲終開冊上部院。該科三年大計。即以七事修廢爲殿最。從之。

戊申。東甌王府□□將軍觀灾以誣蟣親王。降爲庶人。

癸丑。巡撫遼東右僉都御史顧養謙劾開原道兵備參政王緘剿撫北關之失。請革猛骨孛羅爵賞。

乙卯。上偶不豫。

十月。朔庚申。諭機密事不許抄泄。從兵科給事中邵庶之言。

申時行等言。諸司章奏停留踰旬。或經月。或二三月。因循誤事。乞即賜裁發。不報。

鄖陽兵譁。撫治右僉都御史李材好講學。改參將署爲書院。參將米萬春嗾其卒閧譟。幾殺兵備副使丁惟寧。守備王鳴鶴初至。謁參將甚謹。力諭解之。材避于襄陽。

壬戌。詔順天廣平大名災租。蠲停有差。

順義王撦力克等貢鞍馬弓矢。官其部落有差。

甲子。湖廣巡撫右副都御史孫坤調南京。

丙寅。命西安水利廳清軍道管理鳳翔漢中延安平涼臨洮鞏昌各守巡兵道。各銜增兼管水利。各府清軍同知通判亦兼管水利事務。

免江西贖鍰一萬三千八百二十餘金。

丁卯。左都御史吳時來論律例未盡條件云云。命同部寺議之。

禮科給事中陳璧言。卿貳大臣乞骸有四。或高蹈遠引。或度可知難。或揣情量力。或憂讒畏譏。宜甄別年力令休致。以優耆碩而全末路。吏部尚書楊巍請諸臣自陳。且乞先去。上以大臣進退出自朝廷。各官經科道會薦。何必又行甄別。卿安心供職。俱不必自陳。

庚午。前巡撫南贛汀韶右僉都御史邵陛巡撫湖廣。

工部上大工鬻爵事例。

辛未。南京右都御史海瑞卒。瑞字□□。瓊山人。嘉靖時以貢士署南平教諭。臺謁不跪。知淳安縣。潔己愛民。釁法都御史鄢懋卿不能詘。擢刑部主事。直諫瀕死。天下稱之。隆慶初起官。歷右僉都御史。巡撫應天。威名藉甚。墨吏望風解綬。以奪富民田府怨。里居十餘年。起南京倉院。轉南吏部右侍郎。進總憲。浹歲三遷。所在疏剔弊垢。毛舉細密。期省約以裕民力。然過剛不能容人。人有言其過者。屢疏乞休。上心重之。欲置之內臺。中時行不快也。右副都御史王用汲臨其喪。見葛幃敝笥。爲泣下。醵金以殯。金陵巷祭罷市。王世貞謂其不畏死。不愛錢。不立黨。盡之矣。予祭葬。贈太子少保。諡忠介。

王弘誨曰。海公者。非唐所稱楊綰流耶。方綰之相唐。而大臣減聲樂。勳貴徹騶從。方拜命而轉化乃爾。豈有聲音笑貌乎哉。乃海公之砥節礪行。而縉紳又多遺議。何也。夫謂公意不可一世。則可。謂公無用于世。則不可。因其不可一世也。而遂詆其不得用于世。則又不可。於乎。行爲國棟。德足世儀。惠以達名。介而遠利。剛標高揭。挽我叔季。若海公者。吾不得而見之矣。

何喬遠曰。嘉靖之朝。諫者三楊爲盛。其季則海瑞之上疏。時予方爲童子。里巷皆言瑞名。瑞巡撫江南。大不滿吳中巨室之口。王世貞爲作直中丞詩。而于孔兼爲瑞請諡。固吳人也。蓋瑞意則善。而江南刁狡。要未易與爲直耳。

黃秉石曰。予時初束髮。諸生羣謁公。予尾其後。見公頎然而長。玄頤豐下。耳雙垂。容藹可掬。而青紗織金服前後襜如。乃知危冠敝袍。世人傳之過也。時忽傳京師解一木妖神來就訊。曰。神在御園爲祟。上歷舉諸大臣名。皆不懼。云至海瑞則無聲。小說家傳宋包孝肅事。多依託鬼神。想此亦傳聞之類與。

癸酉。司經局洗馬署國子司業盛訥爲右春坊右庶子。纂修玉牒。

四川雜谷安撫司都綱番僧板伽監藏等貢方物。

乙亥。命工科都給事中常居敬勘河。時黃河漫流。自開封封丘偃師及東明長垣多衝決。申時行等言。失今不治。明年河將北徙。上流不下。徐淮則運道可憂。不可不亟圖也。

浙江撫按乞停浙西織造。工部覆留六年蘇松浙江事例銀備費。報可。

丙子。諡稷山王怙焹曰康和。

四川賦乃沓假者。黑骨夷種也。與中鎮夷白祿連結爲逆。上川南道兵備副使武尙耕。欲先誅白祿。遣指揮李獻忠等取他道往。敗沒。巡撫徐元泰乃益兵分三道勦之。中道最衝。裨游擊周于德往。尙耕監軍。

南京巡視下江御史黃正色。祖籍嘉興守禦千戶所。舊隸蘇州衞。令改避。

戊寅。吏科給事中張養蒙言。部曹改科道。非制也。今雖奉旨。而待取者多覬覦之心。旁觀者起紛紜之議。故改選不可不止也。四川巡撫徐元泰擅征賦乃。一軍盡覆。當力求貶削。乃委罪三將違制。與僉事鄭東昇等失謀。故元泰不可不罪也。上是之。罷改選。元泰俟後論。

庚辰。前南京刑部右侍郎王世貞爲南京兵部右侍郎。南京工部右侍郎李長春改南京禮部右侍郎。通政司右通政周宷爲右僉都御史。巡撫福建。

免廬鳳淮揚滁和等處田租。

柏林占等族番人貢甲馬。

翰林院檢討王祖嫡爲國子司業。

辛巳上林苑右監丞徐琰言祖訓制書會典集禮大明律憲綱諸書。並無監官拜提督四署中官之例。今韓印欲監丞及署官行拜禮臣不敢違國典以成印僭踰之罪。上謂有成例奪琰俸二月。

癸未南京大理寺卿舒應龍爲南京工部右侍郎。

韓府休寧王朗鏐謚端惠。

甲申逮遼東開原道兵備參政王緘下鎮撫司。給事中彭國光吳之佳御史田一麟各論救。

免蘇松藥材牲口料銀。

十一月丙戌朔免徐州泰興江都如皐儀眞海門寶應興化所逋工部料價。又緩三河縣柴價一年。

南京太常寺卿沈玄華爲南京大理寺卿。

戊子奪李材俸半年。丁惟寧王鳴鶴各一年。悍卒戍三人。兵科給事中陳璧言材薄罰。遂免材官。誅悍卒。

己丑南京光祿寺卿杜友蘭爲南京太常寺卿。

辛卯令河道該管五年內失事者。巡撫奪俸三月。道臣降俸一級。

壬辰太僕寺少卿余懋學爲南京光祿寺卿。

乙未諭刑部往嚴尙書曾遣人聽記。今何不容。若訊得其平。聽記何畏。時太常寺□□論大興知縣王偕擅笞樂舞生。因下法司。上陰遣二校偵之。聽記其語。主事孫承榮謂非故事。果奉密旨。宜潛其跡。上聞而怒。尙書李世達等謝罪。奪司官俸三月。刑科都給事中唐堯欽御史郭萬里等俱諫聽記。不允。

丙申新建伯王承勳爲南京協同守備僉署後軍都督府事。

丁酉。刑部左侍郎耿定向爲南京右都御史。

庚子。管府軍前衞懷遠侯常胤緒爲前軍都督府僉書。

辛丑。太常寺卿裴應章爲右副都御史撫治鄖陽。

壬寅。提督四夷館太常寺少卿趙世卿爲通政司右通政。

癸卯。刑部右侍郎陳瓚爲左侍郎。南京吏部右侍郎何源爲吏部左侍郎。

甲辰。順天府尹周繼爲太常寺卿。應天府尹石應岳改順天。

戊申。定國公徐文璧代祀南郊。免賀。

四川巡撫徐元泰討邛部叛酋膩乃假者。進兵至官廖河。賊迎戰。以天全酉陽土司兵擊之。而濳師自上流繞賊後。賊驚潰。斬白祿子阿則等。逐北至冷溪河。獲頭目阿擺。賊退據馬蝗山。我進奪其積粟。賊復據大鷹崖固守。欲老我師。我除夕搗其虛。斬白祿。方大雪冒險以進。賊大潰。

甲寅。復大庾縣儒學。

十二月。朔。前南京吏部尚書何寬卒。

丙辰。少詹事趙志皐爲南京吏部右侍郎。大理寺左少卿張檟爲應天府尹。

蠲折遼東屯站銀有差。

前兵部右侍郎李松以里居侮縣官徐東漸被劾。

丁巳。南京提學御史詹事講劾吳縣兵部尚書凌雲翼僕毆諸生章士偉死。誘辱通庠。命撫按訊之。奪秩閒住。

己未。大理寺右少卿李尙忠爲左少卿。

庚申。先是京師煮糜賑饑民。上命不拘數。期以兩月。

丙寅。南京吏部尚書袁洪愈致仕。以清望允孚。進太子少保。

丁卯。給甘肅巡按兼提學勅。

己巳。前南京吏部尚書楊成爲南京吏部尚書。

禮部右侍郎于愼行爲左侍郎。詹事徐顯卿爲右侍郎。

辛未。通政司左通政趙參魯爲南京太常寺卿。

癸酉。趙世卿黃克念爲左右通政。

乙亥。神機營右副將歐繼宗爲南京前軍都督府僉書。

總督漕運右僉都御史楊一魁調南京。

丁丑。申時行等言今歲開講僅一。經筵未蒙再御。明春乞留神經史。勤御旂幃。裨治非淺。上優答之。

己卯。謚趙府南樂王載墲曰恭恪。

免徐州牲口銀。揚州寧國藥材銀。

辛巳。南京工部右侍郎舒應龍爲戶部右侍郎兼右僉都御史總督漕運。

壬午。以京師米貴。預支軍匠明春銀米各五斗。

是年冬。龍虎將軍切盡台吉死。吉能姪。總督郜光先言其勤愼。垂死。戒其婦妣吉善自保部衆。毋忘朝廷命諭。祭一壇。

瞿九思曰。以臣而覩九塞控弦之虜亡慮數十萬。而切盡黃台吉獨以賢能聞。豈非鐵中之錚錚哉。而說者謂其導俺荅西行。此不能無罪。臣以爲切盡好佛。所上表章皆參以佛語。非可以桀鷔虜比也。假令俺荅非道之好佛。率其好殺之性。受禍當何如哉。善乎史臣之言曰。毋爲禍首。往者由涼永山丹而西游者。非切盡乃火落赤也。顧說者勿察耳。臨終而猶率其母妻無背國恩。宜其稱之勿絕也。

前南京吏部尙書汪宗伊卒。宗伊字于衡，婺源人。嘉靖戊戌進士。知浮梁。擢吏部文選主事。避兄太僕卿。歷武選郎中。忤嚴嵩。家居十七年。隆慶中起南吏部郎中。尙寶卿。累進南京右都御史。改總督倉塲戶部尙書三年。

庚辰。改南吏部尙書致仕。天啓初謚恭惠。

是年。安南黎維邦死。鄭簡子松立其次子維潭。居清華。

戊子萬曆十六年

正月乙酉朔。大雷雨。

甲午。御皇極殿受賀。

京師草廠火。

潞王府成。

癸卯。戶部主事劉𤼵下法司。𤼵守太倉銀庫。多物議。給事中梅國樓論之。

甲辰。四川巡撫徐元泰奏辨征賦乃事功且垂成。上遂不准其乞休。

乙巳。改日講期于二月十日。

丙午。左副都御史魏時亮上法祖四事。曰法祖典學。宜久而益勤。曰法祖養心。在宮闈體驗。曰法祖建事。握行政任人之機。曰法祖希堯。篤信反求之志。上是之。

丁未。浙江左布政使張一霽致仕。加太僕寺卿。一霽初不附權貴。移告。雖按臣見指。而部議優之。

己酉。御史劉汝立終養。乞致仕。許之。

庚戌。刑部尚書李世達。左都御史吳時來。大理寺卿孫鑨。申明律例未盡者六事。一奴婢。凡官民家倩人限年者。從僱工論。其買配年久。同子孫論。買暫未配。士庶家以僱工論。縉紳家以奴婢論。一竊盜三犯。或赦前一赦後二。或赦前二赦後一。俱入矜疑。一强盜一殺人。一子孫殺祖父母父母者。單具即決。斃獄亦僇其屍。一僞印者斬。不論何物成造。上允行。

套虜卜失兔圪阿諸酋市賞畢。仍屯聚不解。以脅我。我兵擊之。擒三人。獲馬四十匹。卜失兔始謝罪。

癸丑。特加致仕尚書嚴淸陸樹聲太子少保。及尚書張瀚何維柏陶承學王崇古郭宗皐趙錦右都御史曹亨各給月廩歲役。

二月。丁酉朔。丙辰。戎政尚書傅希摯請侍經筵。許之。

庚申。免西安鳳翔起存銀三萬四千有奇。

南京湖廣道御史陳邦科請錄用建言進士彭遵古顧允成諸壽賢。疏下部。覆有特處示懲之旨。

癸亥。禮部請以曾子裔孫如孔顏孟三氏爲四氏學。從之。曾氏裔寓江西永豐。嘉靖中始襲世博士。復還山東。故御史毛在言之。

乙丑。上御經筵畢。閣臣出文華門。傳止之。有頃。司禮太監張誠示貞觀政要曰。上問魏徵何如人。答曰。徵敢諫亦賢臣也。誠曰。縣官謂其先事李密。後事建成太宗。非賢也。九經皆聖賢所作。豈可不知。若大學衍義明修齊治平之道。因罷貞觀政要。講禮記。

行太僕寺卿苗涥然以陝西僉事陞。自負才品。不安于冏司。遂訐奏巡撫王璇文選郎中徐一檟害己。給事中楊廷相洪有復交論其私憤。竟落職。

勘沁河工。部以沁水入黄河。衛水入運河。舊矣。頃沁水決木欒蓮花口而東。督河楊一魁議因決濟運。蓋欲導沁入衛。其勢便也。科臣常居敬往勘。會撫按袁貞吉王世揚謂衛輝城卑于河。藩封新建。恐決開而勢不可止。有衝激之患。且沁水多沙。善淤。入漕未便。不如堅築決口。闢河身以吐南行之氣。而加浚衛河。民得灌田。尤完計也。上從之。

丁卯。上御文華殿。就講禮記。左庶子劉虞夔倉皇遺脫字句。太監李浚傳諭日講官宜熟習。閣臣代爲請罪。報聞。

申嚴驛禁。仍諭各衙門公差列名奏遣。不許擅委。

戊辰。刑科給事中許弘綱請釋進士彭遵古等。不許。

中軍都督府左都督李文貴卒。部覆祭葬如例。特祭九壇。不爲令。

己巳。刑科左給事中陳燁奏邊賞之濫。至以世官爲常格。而乘軺之使絡繹爲累。請行禁飭。章下所司。

辛未。巡撫保定右副都御史張西銘爲南京工部右侍郎。

壬申。上不豫。

甲戌。太僕寺卿羅應鶴爲右僉都御史巡撫保定。

乙亥。禁勢豪越占溝渠。

丙子。禮科給事中陳璧請經筵講大學衍義。報聞。

陝西撫按王璇姚之讓請墾延安慶陽荒田。從之。

丁丑。國子司業王祖嫡請復建文君之紀年。正景皇帝之附錄。略曰。建文紀年之不可泯者五。自古無道之君。天人共棄。革其命矣。不聞革其年也。舠師曰靖難。明非復仇。胡爲以薄海內外已奉之正朔而去之。不可一。靖難宣力諸臣。妄希茅土。日搆建文之過。本非成祖之心。事平。固已幡然感悟。故鄙呂震獨無封事。諭吏部不念舊惡榜條方列。旋卽除毀。革除之議。起于六月庚午。命府部建文條格悉復舊制。今年稱三十五年而已。皆一時逢迎諸臣從諛至此。後世不察。遂謂成祖獨斷歸過君父使親親之心不白。不可二。或謂成祖定鼎功同再造。如復革除則師疑無名。夫太祖之視成祖建文同一子孫也。今日之視二祖。同一祖宗也。不革除謂不能仰體成祖心。必革除其爲仰體成祖心乎。書靖難以彰再造之功。不革除以紀在位之實。何悖之有。不可三。國史野史。上下並傳。信野史而疑國史。若謂國事多諱。不若求之野耳。夫年既革除。事必散逸。今紀建文者亡慮數十家。謬誤相承。至不忍讀。逞其雌黃。遂淆朱紫。豈細故也。不可四。革除者。使天下後世不復知有建文耳。而千萬世之後。寧能以建文之實曆爲洪武之虛年乎。不可五。臣之附疑附錄何也。睿皇帝赫怒振旅。雖曰失計。然非游獵也。景皇帝監國正位。雖曰權宜。然爲社稷也。名異兩朝。事歸一錄。又何說乎。臣謂景泰之錄不可附者亦有五。成化十一年十二月。憲宗敕廷臣曰。曩者朕叔郕王踐阼。戡難定邦。寢疾之際。奸臣倖功妄興讒搆。請去帝號。先帝尋知誣妄。深用悔恨。以次抵奸于法。不幸上賓。未卽舉正。朕嗣大統。間以復帝號一事質之聖母。亦曰此先帝本意。宜卽舉行。朕祇服懿訓。用成先志。其仍復皇帝號。會議尊謚以聞。夫既加恭仁康定之尊謚。而不去廢帝郕戾王之舊名。前後背拂。不可一。臣嘗反覆錄中凡涉問安奉迎之文。並爲裁削。聞之耆舊。蓋編摩者承于謙王文之獄。因曰不如是則事出無名。噫。加人以惡。侈己之功。不可二。詩于兄弟。戒勿相猶。猶謂弟薄而兄效之也。景皇帝不敢曲爲之解。英皇始雖惑于讒搆。終竟懷乎悔恨。在憲皇帝之敕具見。乃不知者謂英宗怨之而不敢改。沒虞帝親愛之意。啓漢文粟布之譏。不可三。晉元宋高。豈眞勘定之績。徒以皇皇之際。收拾人心。稍能立功。故史不得不與之。景皇帝萃渙合離。外攘內修。北狩回鑾。神州如故。七年之烈。曾不得如晉宋之例。後世謂何。不可四。編年之義。所以明歲時嚴統系也。附僭僞。附偏閏。附夷狄。表大義也。以景皇帝之錄而從附。謂之奸。以景泰天順之事參正統天順間。謂之淆。不可五。今宜復建文年號。付史館修錄。其景泰自爲一錄。削郟戾舊名。亦善繼善述之道也。章下禮部。

工部議黃河爲患自古已然。而治河之難。中州爲甚。蓋沙壅土疎。曠野千里。獨恃捲埽修築。功難就而甚費。今科臣常居敬撫按衷貞吉王世揚會勘。地連十縣。界兩省。而唐家口爲黃河要地。考城曹縣兩省居民。互相盜決。宜分地專官嚴築。在祥符榮陽中牟屬河道僉事。在封丘陽武屬大梁道。在蘭陽儀封及考城芝麻莊陳隆莊唐家口隄壩屬兵備副使。河內武陟沁河諸衞屬河北道參議。堤凡三萬三千一百五十丈。費八萬四千六百餘金。上從之。

戊寅。申時行等進閣藏太祖高皇帝御札七十六道。上命併進累朝寶訓寶錄。上每閱必御冠。

量免河南田租。其開封歸德。改食長蘆山東鹽。其南陽歸德汝寧。令平糶煮粥濟之。

庚辰。太僕寺少卿王致祥爲寺卿。

浙江按察副使吳遵晦。左布政陶幼學。苑馬少卿戴鳳翔。以招納投獻。爲巡按傅好禮所糾。下臺訊。

提督陝西郜光先請增年例銀。不許。

隴西縣天鳴。衡山縣連雨百餘日。傷稼。

三月甲申朔。義烏知縣熊祐芳初以撫按溫純傅好禮會薦。而祐芳改行。好禮自劾引罪。溫純方陞戶部左侍郎。乞分過。不聽。

吉王翊鑾以龍陽王進封。至是求次子常汶改郡爵。不許。

丙戌。閣臣上思政養心省心樂志四箴。

丁亥。覓寶訓寶錄于皇史宬。無有。云世宗携往西城萬壽宮。偕災也。命更錄上。

己丑。薊遼總督張國彥。總兵李成梁。發兵剿北關卜寨那林孛羅二酋。爲逞仰二奴子。初。兩酋圍歹商。我檄諭之。不聽。乃提數千騎。降夷二百人。東抵海州。夜至開原。令吏卒毋擾南關。給歹商白布。披其肩爲識。且出威遠堡三十里。至落羅寨。亦北關部夷也。叩馬閉壁。戒不犯。卜寨那林孛羅寨各去數里。恃險不聽撫。將戰。我攻之。游擊吳希漢陷堅。中流矢不退。軍薄城下。虜力拒我。虜石城外重柵立八角樓。守具甚備。破重柵而石城堅。我仰攻輒死。發大砲洞堅。斬把當亥等五百五十四級。獲馬九十八匹。又植雲梯與中城等。上置砲。卜寨那林孛羅始懼。乞命。與南關分敕入貢。成梁許之。乃旋師。

瞿九思曰。有功不賞。有罪不誅。雖唐虞不能以化天下。信哉是言也。始逞仰之捷。所以優邊吏者。爲禮顧不重與。厥後至逮捕兩備兵使。幸無驗。今諸臣其誰不凜凜于陛下德威並著哉。卜寨那林孛羅能不及阿台頗遠。遂欲圖危歹商。得乎。無問歹商故主人翁孫子。卽以忠虜之遺。而况海西又屬我左臂。明甚。堂堂大漢。豈能遽使歹商坐而自斃耶。嗚呼悲夫。實兩酋所以速自斃也。

辛卯。以畿縣累皇木車戶免編徵銀僱役。仍禁廠司籍困。

改折南京上倉米豆。較被災輕重爲差。

管理太倉主事張悌奏。臣視事三月。收各省銀五十五萬五千一百九十兩有奇。見貯交代于劉主事。則九十萬二千九百三十八兩有奇。共二百四十五萬八千有奇。而月俸祿米軍匠賞勞料價及邊鎮年例。出至一百四十二萬二千兩。尚不給。則發窖房六十萬足之。是一月之入不足以抵其出。因議太倉米足支七年。而米價騰貴。官軍月糧。以本色與之。人旣樂從。省太倉銀可十餘萬。亦斟酌虛盈之道也。部覆。上從之。

壬辰。申時行以禮部覆王祖嫡疏上言。建文君年號。因成祖靖難之日。詔今年仍以洪武三十五年爲紀。其建文年號。相傳以爲革除。然攷靖難事蹟。亦稱少主元年二年三年四年。則是未嘗革除也。但不稱建文耳。英宗實錄。修在成化初。景皇帝未復位號也。故仍稱郕戾王。而景泰七年事蹟。遂附焉。但事體重大。年歲久遠。如欲更定。須自上裁。今景皇帝位號已復。實錄改正。其事甚易。惟建文年號。自成祖以來並未有請。事由創舉。宜令會議。上謂景皇帝實錄。候纂修改正。建文年號仍已之。

癸巳。禮科給事中王士性請開復黃河故道。謂自徐而下。河身高而束以隄。行隄上。與徐州城平。急流益迅。委全力于淮。而淮不任。故昔之淮黃合。今黃强而淮縮。不復合矣。黃强而一啓天妃通濟諸閘。則黃水乘運河如建瓴。高寶一梗。即江南百萬石之運坐廢。淮縮則退而浸泗。爲祖陵計。不得不石隄。隄增河益高。根本不可虞乎。河至清河南衝者四折而入海。淮安高郵寶應鹽城興化諸生民。託之一丸泥。決則盡化魚鱉。將奈之何。而議者欲增隄泗州。或可開顏家河灌口河永濟河。南築高家堰。北築滾水壩。近議開月河章灣崔鎮三壩。如蟻穴漏巵。補救並無寧歲。總不如復故道爲一勞永逸之計也。河故道由桃源三義鎮遠葉家衝與淮合在清河縣北。別有濟運一河在縣南。蓋支河耳。河强奪支河。直趨縣南。而自棄北流之道。久且斷。河形固在也。自桃源至瓦子灘九十里。地下不耕。無廬墓之礙。至開河費視諸說稍倍。而河道一復。爲利無窮。章下所司。

甲午。故翰林院修撰舒芬。贈左春坊左諭德。謚文節。故河南道御史傅應禎。贈大理寺少卿。

遣使存問前禮部尚書陸樹聲。從南京禮部尚書姜寶之請。而唐順之祠額不允。

設蘇松水利副使。係銜湖廣按察司。以山西副使許應逵改任。

丁酉。復故雲南巡撫兵部左侍郎鄒應龍官。予祭葬。

重修海鹽石塘。

戊戌。巡撫甘肅右僉都御史曹子登進右副都御史。

辛丑。改土司思明州屬太平府。時思明土舍黃拱聖謀篡殺兄拱極。而思明知府黃承祖乘亂掠其村寨。撫按請誅拱聖。革承祖職。立功自贖。

癸卯。巡按雲南御史蘇酇言故按察使李材等平緬甸欺罔。前報四月賊數萬屯遮浪。五月十七日。迤西遮莫合兵殺死亡算。隨領部覆至騰衝。貢象歸款。今乃云六月五日報緬兵已到密堵。夫密堵至騰衝四十五程。去擺古約三十程。何往來不及一月也。阿瓦江在猛密南。威緬隔岡勒北。原非策應順路。李材向于永昌創書院講學。七月十七日生辰。游擊劉天澤以九日赴賀。見各官發兵。原無城守。次日未離騰越。今云賊柵以阿瓦江爲險。本道移騰越游擊進威茂何也。密堵正迤西敗緬之地。原無城守。與遮魯博薛等處皆村寨。或傍密堵。或進蠻哈。相去遠甚。緬兵敗歸。夷會方報。今云七月八日發兵東破遮魯夷城。十三日戰密堵。當在何時也。報破緬衆萬餘。擒斬三千餘級。炎瘴難運。標積聽驗。今見級不滿千餘。稱思化燒燬。夫戰地在密堵。運回應在騰衝。思化江屯相去各數百里。兵未嘗交。何從燬也。報奪白夷民千二百四十人。生擒六百八十九人。今按奪回者未見給還何部。生擒者未見安置何地。詰之。第曰各夷不肯解出。夫既係奪回。何被各夷留執也。報遮魯城約兵三千。密堵積兵二三萬。戰象數百乘。勝追殺屍橫遍野。果爾則器械山積矣。今按象二隻。夷器六十三件。豈數萬賊皆張空弮就死耶。報連克八城。拓地千里。今按猛密爲緬兵屯據。蠻莫爲思化驅略。三宣以外尙未詘服。豈諸倔強尙在數百里內。而開拓顧踰千里乎。總之李材慮望驟躋。期邊功自見。撫臣且爲所欺。而郡將又何論也。疏上。命部科參覈。

改平樂梧州清軍同知各加江防銜。

丁未。時陝西秦州有囉哩賊。據石門山立寨。殺傷官兵。

戊申。張應登丁懋遜李汝相李獻可任讓李周策吳文梓孟養浩楊文煥楊恂李文郁羅萬程章尙學李汝華杜華光徐常吉並爲給事中。安文璧陳效荊州俊霍從鰲潘士藻張文德陳子貞龔雲□梅國楨連標王道增周班爵李化龍李光祖崔景榮管九皐陳達張季思曹楷顏洪範方萬策何出□趙一鵬王麟趾陳揚善劉寅李自謙俞咨禹並試監察御史。

江南北山西陝西河南大饑疫

左春坊左諭德兼翰林院侍讀張元忭卒。元忭字子藎。山陰人。隆慶辛未進士第一。授翰林修撰。歷今官。恬漠耽道。于進取泊如也。年□十□。贈□□。謚文恭

朱賡曰。國朝科名。以甲魁爲卿相。勳德並懋。垂鴻無窮者無論已。乃位不越中大夫。而名播寰宇。沒世之後。猶蒙表章。則一峯羅公倫。梓溪舒公芬。念菴羅公洪先。三君子之外。靡得而聞焉。三君子所謂不媿科名者也。豈其卿。豈其相哉。子藎之造。卽未知其所止。要之理學同。氣節同。官不過五品又同。安知後世無表章子藎以繼三君子之躅者乎。

詔修江南水利。

劉鳳曰。蘇之三江。曰吳淞江。曰婁河。卽婁江。曰黃浦。卽東江。昔嘉定尹龍晉以御史左官。濬治吳淞百年以來淤滯。民大被其利。名之御史河。方鑿地時獲一石。上云。得一龍。江水通。蓋豫記之矣。近巡撫海瑞復疏之。後乃專官以憲令督治者累年。蓋吳利水稻。其豐穰惟在水之節宣得其所。昔單諤有書。繼則沈憲副啓圖志。尤詳實。不越禹貢所云三江既入震澤底定二言也。

是月。神木孤山兩堡卒闕餉大譁。巡撫延綏右副都御史梅友松捕禍首誅之。

四月

卿朔。截漕二萬石。於鳳陽淮安揚滁平糶。

直隸巡按御史喬璧星言。治河。永樂九年。分設部司督理。事已輙罷。正德四年。專設憲臣總理。河南之開封歸德。山東之曹濮臨沂。北直隸之大名天津。南直之淮揚徐潁。咸屬節制。建牙如督撫。重河防也。萬曆五年。因河漕兩臣意左。併河于漕。遂在山東河南北直。皆以巡撫兼領之。官無專督。河患日深。頃常居敬議專設。亦有見

也。部覆從之。

丙辰。巡按直隸御史任養心言遼東總兵李成梁子如松駐宣府。如柏駐密雲。弟成材駐黃花鎮。而李平胡李興李寧王維藩皆姻舊廝養。爲列鎮參游甚多。神京左右盤據驕橫。而如柏尤貪淫跋扈。不早去恐釀變。上罷如柏。仍諭成梁等毋牽及。

樂陵地震。

逮前雲南按察使李材及永昌道副使陳嚴之。游擊劉天澤。□州同知宋儒前庶吉士。騰越知州陳克侯。下刑部獄。黔國公沐昌祚奪祿。巡撫劉世曾削籍。申時行謂處分太重。不聽。

沈德符曰。李見羅品望出人數等。自負亦在留鄴二侯之間。金騰用兵。以奏功超遷中丞撫鄖。爲麾下健兒所窘。不展一籌。旋以滇南殺降冒功逮治。幾伏法倖免。始知王文成眞天植異稟。其用兵幾同韓白。而見羅欲以良知餘唾妄希茅土。且兼十哲三良而有之。亦不知量矣。

賑大名河南開封銀五萬七千餘金。

己未。以文體險怪。奪浙江提學僉事等俸各二月。

庚申。時遼東勦猛骨孛羅。入其寨。斬五百餘級。猛骨孛羅兄弟乞和。而建州及北部恍惚太助之。兵科給事中張希皐議善備。章下所司。

辛酉。巡撫貴州右僉都御史蕭彥巡撫雲南。

廣東岑岡賊平。擒斬二百四十六人。

瞿九思曰。和平之峒。獨稱岑岡浰溪浰頭乎。新建伯乃犂浰頭。而郡縣之。何其緯武也。江月照幸伏誅。浰溪謝存恕豈得獨存哉。乃說者曰。惠之民難治在盜賊。予以爲不然。郡有礦。顧太守言常開則盜熾。閉則盜息。

由此觀之。礦不可不封矣。蓋惠之禍府也。

設雲南騰越參將。領二千人。專援迤西。設姚關順宗二守備。以戶撒田給隴川。猛卯田給多俺。蠢西岳元寨歸岑□。罷遠戍驛卒。金騰兵備道移駐順蒙。瀾滄道移駐北勝。俱從巡撫御史蘇酇之言。

癸亥。上諭戶工二部。朕念災民。屢蠲賑。一應救荒事宜。宜勅所司舉行。近有言饑荒刦掠。漸不可長。撫按務督兵檄巡。遇亂民立擒斬。朝廷恤饑民。不宥亂民也。撫按毋姑息。

甲子。修南京國子監。

國子司業王祖嫡爲司經局洗馬兼翰林院修撰。纂修玉牒。

大理寺少卿許子良爲右僉都御史。巡撫貴州。

丁卯。都察院右都御史吳時來覆參劾誠意伯劉世延。初。禮科給事中侯先春。御史王藩臣各論世延占劉塘截蘆洲諸不法。自皇祖來。屢削奪禁錮。旋復旋肆。世延疏辨。時來謂其怙惡不悛。下撫按訊之。

戊辰。起潘季馴右都御史。總督河道。兼理軍務。

葉縣地震。

巡按浙江御史傅好禮以便宜折漕米賑饑。

庚午。禮部左侍郎兼翰林院侍讀學士署詹事府事王弘誨兼教習庶吉士。左春坊左庶子兼翰林院侍讀劉虞夔爲太常寺卿兼侍讀學士。署翰林院事。

前南京禮部尚書何維柏卒。維柏字□□。南海人。嘉靖□□進士。選庶吉士。授御史。按閩言事。忤嚴嵩。下獄除名。隆慶初。復官。歷尚書致仕。年七十七。予祭葬。贈太子太保。謚端恪。

南京國子司業余孟麟爲司經局洗馬。仍署司業。

丁丑。申時行六年考滿。進左柱國。兼支尚書俸。蔭中書舍人。

五月辛卯朔。嘉興地震。

乙酉。廷試歲貢生。

戊子。前兵部尚書凌雲翼奪秩閒住。

辛卯。宣遼東北關之捷。受賀

壬寅。先是川南征賦乃酋假者。賊詐降。都指揮使李獻忠等全軍覆沒。議窮討。南京刑科給事中徐桓言不宜滋釁。至是拔寨十九。斬一千八百六十三級。俘七百五十六人。降二千二百餘人。擒渠帥。復侵地百四十里。副使武尚耕磨崖題石。殺馬溪爲華夷界。瘞鐵牌鐵索而盟。旋師。巡撫徐元泰奏立屏山縣于馬湖。時多咎其濫殺邀功。

瞿九思曰。善乎御史劉寅請兵憲于建昌也。彼乃乘瀘水烟瘴。疑懼我邊吏。乃得以倡狂于其間乎。臣聞峨眉至建昌。乃司馬相如開越嶲時所鑿青衣道也。嘉靖中。兵憲富好禮請通道。通道誠可防相嶺。良是良是。至若中鎭西寧水池。延袤五六百里。可耕牧樵蘇。如以爲屯且守。可省邊餉萬萬也。信然哉。

乙巳。諭禮部。今災傷重大。民窮時艱。又上天警戒。爾部行內外官司。痛加修省。時山東陝西山西河南浙直俱大旱疫。告困之疏日上。

大通倉燒糧六廒。

丁未。閣臣上二祖實錄。

葉初春董道醇爲兵工科給事中。道醇。南京。林道南。林國材。陳忭。袁應文爲試監察御史。

南京兵部員外郞張一桂爲國子司業。仍俸正五品。

己酉。刑科給事中楊文煥劾外戚王道亨鄭承憲怙勢毒民。上責二人。治其黨有差。

敕旌魯王頤坦賑饑。

六月戊辰朔。乙卯。禁在任官立祠。

丁巳。吏部奉命陞謫官州判張鳴岡左之宜顧憲成高維崧高州等府推官。

戊午。故國子祭酒蔡清謚文莊。

庚申。夜。京師地震。

巡撫應天右副都御史余立爲南京大理寺卿。

山西道御史陳登雲請冊立東宮。且言鄭承憲驕横之狀。不報。

癸亥。太常寺卿周繼爲右副都御史。巡撫應天。

甲子。暫停浙江織造。減蘇州之半。

進王錫爵太子太保。廕國子生。以三年考滿也。

乙丑。大理寺少卿李尙思爲太常寺卿。

庚午。報順義王西行。與瓦剌仇殺于甘肅塞外。

辛未。起艾穆光祿寺少卿。

壬申。兵部覆革湖廣總兵。幷罷武靖伯趙光遠。不許。

臨城大雨雹。建陽蝗。

癸酉。給事中常居敬上修理河道圖。言黃河故道難復。議開訾家營支河。

閏六月戊辰朔。戶科左給事中穆來輔上籌邊要略。

癸未。申時行等以上輟講。請仍進講章。特賜觀覽。俟秋涼就講。上褒答之。
甲申。兵部言。近來外戚紛紛請尉。軍會典。皇親尉軍行錦衣府軍二衞撥給三十人。旗尉原備直駕充儀衞。會典。公主出府。錦衣衞撥尉三人軍三十七人。郡主俱二十四人。而外戚反過之。可乎。上從之。命查革如例。
福建道御史潘士藻言。今召對久曠。君臣之情不通。誠倣往事行之。面議人才之用舍。大工燒造之當停。金花之當蠲。時與商略修省之實。毋過于此。上怒謫外。
南京河南道御史方萬山劾江西巡撫陳有年遏糴殃民。命罷有年。時粟貴。有年令本省貿遷毋販外。而政府嗛其不通問。吏部謂有年有清望。乞改用。不聽。
己丑。河南左布政使莊國禎爲右副都御史。巡撫江西。
乙未。前太常寺少卿王世懋卒。世懋字敬美。太倉人。嘉靖□□進士。亦能文。同兄世貞見稱。
戊戌。命各省鎮調戍官軍。聽其地撫按考察舉劾。
丁酉。前太子太保兵部尚書張佳胤卒。佳胤字□□。銅梁人。□□癸丑進士。後贈謚襄憲。
壬寅。水西土舍安國亨奏前進木被撫臣委商所劫。上欲責撫臣。閣議國亨奏辨稱冠帶土舍。又擅參巡撫。非體。上然之。
禁各遣御史不許占用坐馬。
甲辰。失朝官七十一人。奪俸二月。
丙午。命孟秋祭日寅時省牲。故事先日省牲。獨孟秋尚暑。故移之。
己酉。前刑部左侍郎萬恭卒。恭字□□。南昌人。嘉靖戊戌進士。
總理河道潘季馴請嚴閘河啓閉之法。云黃河水濁而强。汶泗清而弱。其交處則茶城也。每伏秋。黃水發入淮。

沙停而淤。勢也。黃水消。漕水隨之。沙隨水刷而通矣。縱有淺阻。不過旬日。如萬曆十年。中河郎中陳瑛。立石洪內華二閘。遇水發即下板以遏其橫。而黃水落則啓板以出泉水。臣前月望至宿遷閱視。同知徐申謂本月望前黃水長至丈餘。漫入洪口。即下閘板。至二十一日水稍落。于是啓閘通漕。至閏六月等日亦然。前不過七日。後不過三日。隨長隨落。此二水勝負通塞之故也。建閘易守閘難。運貢之馳行。勢豪之開放。程不能待。而利害決矣。乞嚴啓閉之法。報可。

旌烈女六安汪氏。氏許字程廷佐。未歸而廷佐卒。氏痛甚。自經。竟同穴。

是月。大同新平堡擺腰開市。虜以千騎折牆入掠人畜。

七月壬朔。己未。免東阿等三十七州縣。夏稅丁口鹽鈔銀。

戶部覆御史劉霖題戚臣莊田。除中宮之親傳五世。世限百頃。駙馬傳五世。世限十頃。諸妃家傳三世。還官。上允之。第有出之妃。賜未百頃者准留。

刑部右侍郎何源爲左侍郎。大理寺卿孫鑨爲刑部右侍郎。

乙丑。皇四子常治殤。諡曰懷。追封沅王。

己巳。延綏西路隕霜殺稼。

巡按陝西御史鍾化民請寬馬禁。謂西塞土寒。無他產。獨產馬。禁其出境外通蕃。至併民牧于境內貿易廢之。此因噎廢食之說也。請少寬禁。部覆從之。

巡撫貴州右僉都御史蕭彥奏平苔于寨叛苗。道臣楊寅秋主剿。同蒙詔父子計擒之。

廣西巡撫右副都御史劉繼文爲兵部右侍郎。總督兩廣軍務。巡撫順天右僉都御史蹇達爲大理寺卿。

庚午。南京大理寺卿余立致仕。

巡撫陝西右僉都御史王璇考滿進右副都御史。
辛未勅旌周府魯陽王勤灰以辭歲祿千石也。
壬申福建左布政使陶大順爲右副都御史巡撫廣西太僕寺卿王致祥爲左僉都御史巡撫順天浙江左布政使王基爲右副都御史巡撫大同。
丁丑李材獄上擬褫秩上命重坐。
罷鎮撫司李登雲。
嚴有司貪汚失職之戒以御史崔景榮言之。
南京兵部尙書陰武卿卒予祭葬贈太子少保武卿字□□內江人嘉靖丙辰進士。
戊寅通政司參議陳大科爲太僕寺少卿。
己卯南京太僕寺卿王湘爲南京大理寺卿。
申時行揭救李材不聽竟以官員說謊律論死蓋獨斷云。
南京工部尙書吳文華改南京兵部尙書。
八月甲午朔雷震南京西華西安等門碎鴟吻簷柱。
癸未郯平王府庶宗頤𡎖有罪賜死。
乙酉光祿寺少卿謝杰爲南京太常寺少卿。
頒徵糧冊式各省直按季註數毋隱沒。
丁亥上復閱壽宮敕武淸伯李文全左都御史吳時來居守。
光祿寺丞魏允貞爲少卿。

戊子。以御史荆州士論薦進士諸壽賢顧允成彭遵古各除敎授。

乙未。以皇女生徵太倉二十萬金。

己亥。刑部尙書李世達覆參駙馬都尉侯拱辰貪横不法。命奪任。送太學省愆百日。

辛丑。工部主事王繼先註籍不繳關防。工科常居敬糾之。下鎭撫司。

丁未。太子少保禮部尙書沈鯉奏聖壽届期。乞早册立。報聞。

日講官吏部右侍郎朱賡爲禮部尙書。署詹事府事。光祿寺卿周世選爲右僉都御史。巡撫河南。

吏科都給事中張鼎思。刑科給事中陳煒。與江西按察副使房寰互訐。寰前南京提學御史。謂鼎思私囑。以巡撫王元敬手書上之。有旨責給事。各飾辨。上愈怒。各降二級聽調。元敬落職閒住。

于愼行曰。唐長慶元年。錢徽知貢舉。段文昌李紳各有所囑。榜出皆不得預。文昌搆之于上。徽遂貶官。或勸奏其私書。徽曰。苟無愧心。得喪一致。奈何奏人私書。非士君子所爲。取而焚之。觀徽此舉。何等心事。凡人刻薄者必不正大。阿媚者必不寬弘。能受私囑者。必能奏私書。君子小人。政于此觀之。

奪宣府總兵李如松。參政王學書俸三月。時爭坐被論。

戊申。李材等論死。陳嚴之等削籍。刑部司官各奪俸。

是月。各京省考官。順天右庶子黄洪憲盛訥。應天左庶子劉元震洗馬劉楚先。浙江翰林修撰蕭良有兵科左給事中胡汝寧。江西翰林侍講陸可敎刑科左給事中陳煒。福建翰林修撰楊起元吏部主事劉學曾。湖廣翰林侍讀馮琦禮科右給事中白希繡。河南吏科給事中張養蒙大理寺評事張國璽。山東刑科左給事中邵庶刑部員外郎趙祖壽。山西吏科給事中楊其休禮部主事陳應芳。陝西吏部主事朱來遠禮部主事向東。四川禮科給事中王士性戶部主事劉奕。廣東禮科給事中陸懋龍兵部主事朱維京。廣西吏科給事中舒弘緒刑部主事朱熙。雲南戶科給事中李廷謨工部主事陳所學。貴州工科給事中洪有復兵部主事梁雲龍。時應天分考。當塗知縣章嘉禎中曹祖正四十九名。詩經荒字十號。誤塡春秋荒字十號。曹祖正尋檢舉應天府尹張槚等遂未進試錄。奏祖正除名。嘉禎奪俸五月。左庶子劉元震等奪俸三月。詩經卷解部覆閱。

河決東光魏家口壞廬舍。

九月辛朔。壬子。工部右侍郎李輔爲南京工部尙書。

先是。應天府丞許孚遠揭辨李材。于是廣東道試御史管九皋劾孚遠。命降二級調外。

南京守備署中軍都督府事魏國公徐邦瑞卒。

乙卯。順天府治中張汝紀以失硃卷五十餘奪俸二月。

賑魏縣饑。

嚴漢中保寧私茶之禁。

丙辰。山西偏頭所天鳴。

戊午。調薊鎮總兵官董一元。

河南巡撫右副都御史衷貞吉爲工部右侍郎。

己未。刑部請停刑。以閱壽宮。許之。

庚申。上發京師。奉兩宮宿鞏華城。

辛酉。次感恩殿。

壬戌。謁長陵永陵昭陵。因閱壽宮。

甲子。幸石景山觀渾河。諭申時行曰。渾河水勢洶湧無比。則黃河可知。時行曰。渾河來自西北。古之桑乾河也。

從此出蘆溝橋至直沽入海。水盛時亦洶湧矣。黃河源出崑崙。自積石龍門會于淮入海。衝決之勢。不啻數倍。渾河每潰遠至數十里而止。黃河之決自徐州至淮安皆被其害。係漕尤重。上曰。經理須得其人。

乙丑。發功德寺還宮。

甘肅石灰溝天鳴。

戊辰。諭吏工二部加愼河道官。勿勞民耗財。視爲故常。

己巳。昌平總兵官張邦奇鎭守山海關。

庚午。巡按陝西御史徐大化言。臣巡河西。見多曠土。因講求水利。會巡撫曹子登于甘泉寺。暮歸。値甲士十數騎持刀突至。臣從者叱之曰。此巡按也。乃去。臣間道入城。聞甲士入寺跡撫臣。撫臣亦以間道免。于是總兵劉承嗣密語臣曰。愼勿閉門。聽其逸而尾之。必獲矣。明日果獲。問之。則以承嗣鞭貫太嚴。餉不時給也。故欲甘心撫鎭。誤犯按臣云。

免浙江牲口銀十之三。

壬申。偏頭所星隕。

甲戌。敍壽宮功。工部尙書石星進太子少保。侍郞曾同亨進尙書。餘文武賚膺有差。

應天貢士王國昌冒籍除名。

乙亥。復設湖廣行都司。

丁丑。金星晝見。

戊寅。宣大督撫鄭洛許守謙上六事。墾復屯田。催徵逋負。淸查逃回。疏通鹽引。懲戢朘削。裁革糜冗。上從之。

己卯。禁邊將私招屬夷。

十月辛亥朔。巡撫甘肅右副都御史曹子登移巡撫保定。左通政趙世卿爲光祿寺卿。子登尋論罷。

甲申。總督河道潘季馴上河防八事。久任部臣。責成長令。禁調官夫。預定工料。立法增築。添設隄官。加幫眞土。接築舊隄。從之。

乙酉。巡按廣東御史蔡夢說請宥故相張居正子嗣修戍雷州。不允。

蠲龍陽等州縣屯糧。

禮部右侍郎徐顯卿改吏部。前吏部右侍郎趙煥爲左侍郎。陝西按察使李廷儀爲右僉都御史巡撫甘肅。

丁亥。貴州布政司參議楊寅秋爲雲南按察副使。

修慶雲宮。

湖廣饑。

戊子。西虜炒胡兒把漢及青把台吉火落赤等會東虜店囊合掠瓦剌事聞。命鎮夷游擊移鹽池。肅州參將移臨水備之。

己丑。寧夏報墾荒十一萬四千一百餘畝。

庚寅。翰林院庶吉士林承芳吳應賓來宗道全天敍蕭雲舉王圖彭煋黃汝良爲編修。檢討李沂劉弘是王孟熙薛三才劉爲楫爲給事中。林祖述趙標曾礪王道正爲御史。

辛卯。左副都御史魏時亮爲工部左侍郎。國子祭酒田一儁爲禮部左侍郎兼翰林院侍讀學士。

乙未。敕泰寧侯陳良訓忻城伯趙泰修署南京中軍都督府事。

前南京國子祭酒黃鳳翔爲國子祭酒。

孟養宣慰司貢馴象方物。

左僉都御史詹仰庇爲左副都御史。

起日講官禮部右侍郎兼翰林院侍讀學士張位仍協理詹事府事。太子賓客禮部左侍郎兼翰林院侍讀學士署詹事府事王弘誨爲吏部左侍郎。

己亥。巡撫寧夏右僉都御史梁問孟爲左僉都御史。

癸卯。甘肅總兵官劉承嗣爲後軍都督府僉書。俄罷之。赴總督聽用。

順義王撦力克上表貢馬。

乙巳。陝西左布政使姚繼可爲右副都御史。巡撫寧夏。

丙午。予故戶部右侍郎呂時中祭葬。

分守洮岷副總兵李暘爲平羌將軍總兵官。鎮守甘肅。

十一月虒朔辛亥。前南京兵部尚書郭宗皋卒。宗皋字□□。登州福山人。嘉靖己丑進士。選庶吉士。尋授刑部主事。改兵部。除湖廣道御史。直諫被杖。歷右僉都御史。巡撫順天大同宣府。進兵部右侍郎。總督宣大。坐虜入逮戍邊。隆慶初。起刑部右侍郎。以南京右都御史改兵部尚書。致仕。年九十。贈太子少保。謚康介。予祭葬。

于愼行曰。當嘉靖戊子。東省舉士得公及葛端肅吳介肅二公。皆世所稱鉅卿偉人也。端肅在位久。所建樹爲多。介肅起家及罷。差久于公。而嘗在要地。惟公處阨居約幾二十年。起不滿歲而去。塞上軍功久遠無能明者。至乃鞠躬履方。始終一節。折而不撓。三公者皆古賢大夫鮑司隸之流也。世之稱齊魯諸儒質明固不虛矣。

除潞府官屬。刑部主事楊同善。戶部主事劉以平。爲左右長史。國子博士李繼美。學正李琛。爲左右審查。中書舍人戈履亨程啓元爲左右紀善。

癸丑。改敕蘇松水利副使許應逵兼督蘇松常鎮糧儲。從侍郎王世貞之議。

甲寅。大理寺少卿宋仕爲右僉都御史巡撫保定提督紫荆等關。

庚申。巡撫廣西右副都御史劉繼文巡按御史張愈賢言制夷四事。嗣官男以移土習。立村長以約峒丁。正典刑以懲逆目。立社學以敎獞童。從之。繼文計勦東蘭州土官李盛龍。章下兵部。

甘肅海虜瓦剌他不囊擁衆自南川入殺副總兵李魁及中軍何承印等。

辛酉。武定侯郭文誠爲後軍都督府僉書。

左副都御史詹仰庇言。臣子對君貴明白質直。不尙藻飾。貴簡切謹嚴。不尙繁富。近來競爲新奇隱僻。務名博贍。至數千言。事盡意窮而不休。聖主萬幾。何暇竟覽。上大是之。命定奏格。

壬戌。貴州道御史何出光劾太監張鯨及其黨序班邢尙智錦衣衞左都督劉守有相倚爲奸。上宥鯨。免守有。餘付法司。尙智論死。李登雲張繼德等戍邊。

甲子。增河南撫臣敕書兼理河道。與督臣協同行事。

蠲河南商永等二十五州縣屯糧。

丙寅。前太子太保兵部尙書王崇古卒。崇古字學甫。蒲州人。嘉靖辛丑進士。授刑部主事。歷官俱有能名。以右都御史總督宣大。適俺荅孫那吉來歸。受之。因款俺荅。執議定策。弭兵四十年。崇古力也。其才局開偉。不拘小節。年七十四。予祭葬。贈太傅。謚襄毅。

焦竑曰。前是議者嘵嘵。謂犬羊性叵測。無能堅決。同事諸臣。或可或否。或可否半。甚者稱引嘉靖馬市寒盟事。搖動衆心。公劃然決計。不惜攖天下之口。主上亦感其血誠。格羣議而從公。可謂臣主相遭。千載一時矣。自辛未迄于今。邊鄙不聳。所爲完室家。全首領。所省軍輿。又幾何。由此言之。公之功可勝道哉。

戊辰。命收閹者二千人。禮部尚書朱賡科道苗朝陽荆州俊俱言之。不聽。

己巳。前禮部尚書兼翰林院學士汪鏜卒。鏜字□□鄞人。嘉靖丁未進士。選庶吉士。授編修。歷祭酒禮部右侍郎。萬曆甲戌丁丑兩知貢舉。改吏部左侍郎。教習庶吉士。署詹事府。實錄成。進尚書致仕。學識淵泓。篤實持重。得大臣之體。予祭葬。

甲戌。折蘇松杭嘉湖漕米三分之一。

乙亥。河南道御史馬象乾以張鯨不去。責閣臣票擬依違。上怒。下象乾鎮撫司。申時行等申救。封還御批。不報。時行引疾。

十二月躬朔。吏科給事中李沂劾東廠太監張鯨不法。獨未伏罪。非法之平。上怒。下沂鎮撫司。又刑科唐堯欽亦言之。上不問。時流言張鯨進賄。而司禮太監張誠故黨馮保。惡鯨。沂疏引馮保張居正。故上怒之。諭申時行入直。宥馬象乾。責張鯨私宅閒住。

辛巳。免薊州昌平永平災租。

郭坤相嗣成安伯。

癸未。杖李沂六十。削籍。

甲申。增設開封府同知一。駐荆隆口。增祥符縣丞滎澤主簿各一。專管河務。

丙戌。翰林院庶吉士王德完爲兵科給事中。

丁亥。蠲折湖廣五十二州縣屯糧。

庚寅。時上怒李沂。連日稱疾不朝。申時行等奏問起居。許國自引罪乞罷。不許。

以潞王之國。徵珠寶至二十餘萬金。戶部尚書宋纁給事中張應登等爭之。僅減三分之一。

辛卯。命順天尹禱雨。

石硅宣撫司馬千斛攻馬廷藺秦選等各寨。敗之。

甲午。申時行等言前大學士王家屏服除。請召入。報可。

丙午。起王家屏禮部尚書兼東閣大學士。直文淵閣。

壬寅。右軍都督府僉書張臣爲總兵官。鎮守山西。

癸卯。罷開砦家營支河。

國榷卷七十五

國榷卷七十四　神宗萬曆十六年

己丑萬曆十七年

正月。配朔日食。免朝賀。

甲寅。大盜劉汝國黄梅人。結黨于太湖宿松。鄰黄州山中。于楓香驛倡亂。初數十人。旬日間至數百。張旆恣焚劫。焞前驛。官兵不能制。撫按不報。兵科右給事中李廷模稍列其狀。章下兵部。奪兵備巡捕各官俸

工部言畿民舖商之苦。上是之。凡薪炭各務平價。毋多索。

乙卯。上享太廟。

丁巳。安慶衞指揮陳越擊劉汝國于陳漢山。敗沒。又蘄州兵戰長溪山。殺傷略相當。

戊午。修奉先殿成。

雲南猛密宣撫司土同知思化發兵爭蠻莫。巡撫蕭彦言。蠻莫乃罕送舊土。欲扶立罕送。仍歸蠻莫。以安夷心。兵部議。騰衝以三宣爲護衞。三宣與蠻莫接壤。三宣安。內地得寧。蠻莫靖。外藩可固。今思化乘思順奔竄之隙。馮陵蠻莫。勢將不支。不得不興問罪之師。如三宣搖動。後益難制。尤不得不靖震鄰之難。惟兵加于播告之後。則出爲有名。議定于詢謀之同。則釁可永杜。上從之。

康陵永陵多盜。革守備內監。罪把總等官。

己未。逐私閹三十人。

庚申。戶科右給事中楊其休請上視朝。以風厲入覲諸臣。報聞。

吏科給事中張應登請立東宮以應青陽。太常寺卿李尚思等。南京禮科朱維藩等。兵科杜麟。各言之。俱不報。

夜。有星隕甘肅西寧衞。大如月。天鼓鳴。

辛酉。虜段奈台吉貢市。先是犯宣府。革其賞。

前左都御史王廷卒。廷字□□南充人。嘉靖壬辰進士。授戶部主事。改御史。劾吏部汪鋐。謫亳州判官。歷右副都御史。治河。晉戶部侍郎。治漕。撫江北。勦倭。加俸三級。拜南京禮部尙書。改左都御史。廷素善徐階。給事中張齊詆階以去。廷發其使邊納賄。下獄。遣戍。廷致仕。後被削籍。高拱敗。復官。年□十□。予祭葬。謚恭節。

壬戌。寧夏地震。

癸亥。山西新開口星隕。萬全都司天鼓鳴。

部院大計。降斥如例。

甲子。夜月食。

延綏東虜乘小市之期。犯鎭羌神木。我預伏擒六人。虜執我永興操守魯槐。邊臣久之始報。

丁卯。南京後軍都督府僉書署都指揮僉事任大同爲左軍都督府僉書。

戊辰。科道拾遺。允之。

己巳。下貢士閩縣林春元于法司。以游留都。好請託。嘗陷刑部主事劉以煥落職。南京刑科徐桓糾之也。

庚午。禮部主客司主事高桂言。去年順天考官黃洪憲關節。第四名鄭國望稿止五篇。李鴻文中有囡字。屠大壯大率不通。茅一桂潘之惺任家相李鼎張毓塘俱嘖有繁言。且硃卷遺匿。辨驗無自。而榜首王衡爲輔臣錫爵子。素號多才。而人之疑信相半。乞同覆試。庶大臣之心跡明矣。有旨下部科査明。不必覆試。

辛未。上始朝。

刑部尚書李世達請逮入覲官不職者。上宥之。

王錫爵奏辨。且乞休。上慰留之。

甘肅巡按郭萬里幾殺于亂卒。

截漕三十萬石賑江北。

壬申。禮部上潞王之國儀注。

寧陽侯陳應元署都督府僉事。劉光祚爲南京右軍都督府僉書。

癸酉。申時行等請覆試八人而後無議。從之。命錦衣官同高桂巡視。

乙亥。旌浙江賑饑義民董鉞等。

丙子。□□總兵官劉滋爲都督僉事神樞營左副將。

密雲草場火。

是月。遼東□□李如柏出塞。斬虜四十一級。

二月戊朔。禮部覆試王衡等八人。左都御史吳時來。左副都御史詹仰庇。等科道陳與郊。姜璧等。品定王衡等七人文理平通。屠大壯亦通。並准會試。高桂以輕率奪俸五月。往例文理亦通除名。

己卯。裁山東濟南參將。曹州武定守備。

辛巳。巡撫四川兵部右侍郎兼右僉都御史徐元泰致仕。

壬午。鄢陵王府奉國將軍朝𨆼毆父。賜死。

少傅大學士許國吏部左侍郎王弘誨主禮闈。

前南京刑部尚書錢邦彥卒。邦彥字□□。吳人。嘉靖乙未進士。知高安。拜吏部主事。至考功郎中。歷刑部左右侍郎。考終完名。時年九十。方存問未至。

癸未。錄廣東平猺獞功。

甲申。黃洪憲奏辨且乞休。不允。刑部主事饒伸論黃洪憲通關節。私輔臣子第一。勢高者無子則錄其壻。利厚者非子則及其孫。覆試之日。尙多不能文。吳時來不分可否。輒曰平通。得朦請。錫爵爲相三年。忠賢被斥。佞僉躐躋。吳時來附權蔑法。不稱內臺。均乞罷斥。明日王錫爵求罷。又明日申時行求罷。許國方入閣。諸司章奏迭時行私第票擬。仍封還上。乃慰留時行錫爵。怒伸逞臆。下鎭撫司。薄暮三疏並下。皆出宸斷。李鴻申時行壻

乙酉。巡按陜西御史徐大化言臨洮鞏昌地瘠。宜立條鞭以徵站銀。淸戶籍以杜影射。整武備以禦地方。從之。

予前南京刑部尙書陳其學月廩歲役。

上欲奉兩宮閱壽宮。工科給事中張養蒙言費用不貲。乞鑾輿暫停。俟大工告竣。通請閱臨。

丁亥。吳時來詹仰庇各疏辨求退。上慰留。

兵科左給事中胡汝寧劾高桂饒伸。有言未爲不是。乃造私揭。致饒伸誤信。命部院以桂揭聞。于是給事中陸懋龍楊文煥御史林祖述管九皐毛在連章擊桂伸。謂伸出位。文煥刺桂而及儀制主事于孔兼。有出位沽名淆亂國是。嚴行禁諭之旨。最後提學御史楊四知上言。近來趙世卿王用汲艾穆等。一歲中累遷至九卿。此賞諫之典。羣臣知上意所向。人人欲以言顯。文奸飾詐。十嘗八九。智巧之士。有知其將考察而疏上者。有知其將補外而疏上者。甚則報復私仇。混淆邪正。一行遣斥。談笑出門。自以公卿可跂足而待。及被召用。睥睨一世。視海內之人莫已若。今日擇官。明日得闕。豈當日建言之心。爲今日求官耶。今諸臣之言可採則採。狂妄者置之。應考察仍考察。應外補仍外補。毋令藉爲大用之階也。上大是之。

于愼言曰。牛李之黨。起于對策。成于覆視。蓋宗閔對策譏切吉甫。爲德裕所恨。又與元稹爭進有隙。及楊汝

士錢徽知貢舉。不受段李之囑。爲其所嗛。而宗閔之壻及第。故德裕文昌等皆以科場攻擊宗閔譴焉。于是各分朋黨。更相傾軋。垂四十年。機栝所發。惟借科場以相傾。古今事體大略不過如此。

己丑。兵部右侍郎蕭大亨錦衣衞指揮同知淩古德護送潞王之國。

夜。火星逆行入氐度。

東蘭州土官韋應龍廢長立幼。殘害族民。其弟應虬走南丹那地二州搆兵。土司陳星欲立應龍幼子文略。遂縛應龍。竊印。總兵劉繼文訊之。追印以韋文奎嗣。星又叛。據其寨。以應龍妾女及珍寶土地獻田州土司岑太祿。太祿發兵助之。劫目州泗崗。繼文徵泗城等州兵平之。以功上亡。何巡按廣西御史孫愈賢言星等就縛。非眞縛也。參將熊文濟納其賄。留其婦女檻致以爲功。命逮文濟下臺訊。

五軍營副將馬應元爲署都督僉事。仍本營副將。

壬辰。申明雲南銀場疆界。部覆雲南巡撫蕭彥等以臨沅金滄洱海三守道各有礦場。宜照屬分管。不必專屬臨沅。又麗江不得市劍川界內夷田民田。又武定雲南二府軍務。俱屬普安道。卽改爲兵巡道。又罷平守備。聽臨安參將節制。並從之。

甲午。河南道御史朱鴻謨爲光祿寺少卿。

乙未。饒伸獄上。削籍。降高桂二級。甘泉知縣。

戒章奏未奉旨毋抄報。

劉汝國平。吳淞參將陳懋功等敗之。斬獲二百五十餘人。

丙申。海盜李茂犯萬陵。

丁酉。巡撫廣西右副都御史陶大順致仕。

己亥。前吏部左侍郎姚弘謨卒。弘謨字□□。秀水人。嘉靖癸丑進士。選庶吉士。由編修降六安州判官。旋遷留曹。歷藩臬。入爲南京太常少卿。領祭酒。陟禮吏二部侍郎。致仕。予祭葬。贈禮部尚書。

庚子。寧夏標兵參將哱拜年六十。以副總兵銜致仕。許其子承恩襲都指揮使。從巡撫梁問孟請也。拜故降虜。屢立戰功。得授寧夏衞世都指揮使。

辛丑。南京鴻臚寺卿王鑑致仕。進太僕寺卿。

壬寅。南京太僕寺卿朱天球爲南京大理寺卿。太常寺卿李尙思爲右副都御史。巡撫四川。廣東左布政使蔡汝賢爲右副都御史。巡撫廣西。

癸卯。遼東蓋州衞地震三日。

甲辰。太僕寺卿徐元春爲太常寺卿。

乙巳。光祿寺少卿艾穆爲南京鴻臚寺卿。順天府丞郭東爲南京太僕寺卿。

南京雲南道御史方萬策。江西道御史林可成。各劾吏部右侍郎徐顯卿。擠張位沈一貫等。退李長春韓世能李茂犯樂會。

改南及結大璫媚大璫。淫賄不法。旨下吏部。顯卿疏辨。免之。

丁未。右通政盧維楨爲太僕寺卿。

三月朔。李茂犯樂同。復還文昌。

己酉。太常寺少卿邵仲祿爲右通政。

辛亥。改折盧鳳淮揚去年田租。

壬子。復薊鎭夷小阿卜戶猛可眞等市賞。

南京署翰林院事左諭德習孔敎終養。

乙卯司經局洗馬署國子監司業余孟麟爲南京翰林院侍讀學士。

官軍擊李茂。破之。斬五百七十級。

瞿九思曰。李茂陳德樂之役。豈可謂非功乎。厥後王給諫所論刺。抑何異轍也。臣皆兩紀之將。誰適從乎。人言兩廣始上變時。輒多至數十萬。及奏成績。亦間有不盡裁者。此殊不然。人臣安在爲疆場芟夷羣醜。建設千百年大功。且即令召虎方叔大兵所到。亦豈盡無玉石俱焚者哉。

丙辰上不視朝。是日諭內閣奏對數繁不耐劇。申時行言。奏謝官出京者。已奉旨行。其京官應面謝者。如免朝。疏聞報可。自是臨御益稀矣。

設馬湖府榮頼二鄉安邊通判一。建昌行都司設安邊通判一。于成都府繫衛管軍餉詞訟。設龍原巡簡司。立賞積爲土巡檢。于馬湖府城設屏山縣。敍瀘兵備官往來建武馬湖間。毋專駐一城。

丁巳南京山東道御史劉寅上五事。肅官箴。禁送迎。選敎職。恤近地。輕鞭朴。俱報可。

戶科給事中李獻可請裁發章奏。不報。

戊午戶部以河南不宜稻。潞王歲祿徵粳米四千石。餘六千石。每石折銀九錢。從之。

己未協理京營戎政兵部尙書傅希摯致仕。進太子少保。

光祿寺丞王汝訓爲尙寶司少卿。

修南京倉廒。

辛酉鐵嶺衛平頂山等處旗端生火。

翰林院修撰楊起元爲國子司業。

壬戌。策貢士湯賓尹等三百四十七人。賜焦竑等進士及第出身有差。

癸亥。雲南騰衝姚安二營兵大譟。自岳罕之亂。騰永始募兵。設騰姚兩營。劉綎將騰。鄧子龍將姚。而不相能。兵相角。綎奪祿被逮。子龍以副總兵兼統之。二營頗安。半載後復隙。暨用師隴川。椎牛享士。姚倍于騰。姚兵又意淩之。多不堪。又歲豐例給銀。仍給米。亡何。訛言起。子龍罷。于是騰兵欲散。兵備姜忻撫定之。子龍還姚營。姚兵索餉洶洶。子龍欲俟騰營散乃散。衆遂大呼殺掠。闖至永昌。城門晝閉。

乙丑。蓋州衞風霾。

丙寅。潞王翊鏐之國。上御皇極門。降席臨陛目送之。

戊辰。福州府地震。

己巳。總督宣大太子太保兵部尚書兼左副都御史鄭洛協理京營戎政。

虜犯義州。財二三十騎。掠井家溝而出。次日復入太平堡。把總朱永壽追之至賈家莊。值虜二百餘。殊死戰。又虜四五百。西北至。永壽指揮潘應商敗沒。

吏部右侍郎徐顯卿罷。

辛未。逐京城山人遊客。以巡城御史陳汴言。逮周訓張仰薇等十人。下法司論罪。

壬申。兵部右侍郎蕭大亨爲右都御史。兼官如故。總督宣大山西軍務。

癸酉。許禮部右侍郎張位辭召。

甲戌。予定遠侯鄧世棟祭葬。

乙亥。巡撫山西右副都御史沈子木爲兵部左侍郎。

巡撫浙江右副都御史滕伯輪卒。伯輪字□□。甌寧人。嘉靖戊戌進士。知番禺。歷浙江提學副使。尋轉參政。平羅旁功。擢南京右僉都御史。提督操江。加副都御史。鎮浙。贈兵部左侍郎。予祭葬。雖三品未滿。以海上功。故得全典。

丙子。命順天尹禱雨。

四月丁丑朔。上享太廟。

戊寅。山西左布政使李采菲爲右副都御史。巡撫山西。

己卯。廣東海盜李茂陳德樂等先告撫復叛。因捕之。參將陳居仁楊友桂各利其貲。縱去。賊渡海破清瀾城。又犯潮州陵水。

癸未。敍雲南羅雄功。初龍速等作亂。討定之。擒斬千計。

甲申。姚安叛卒入雲南道。掠走楊林。黔國公沐昌祚巡撫蕭彥追斬八十四級。捕六百八十人。土同知祿華誥擊斬五人。因詐降。明日突出寧州武定臨安。雲南尋甸兵夾攻之。

瞿九思曰。三辰不明。擢士爲相。蠻夷不恭。拔卒爲將。信哉是言也。鄉兵黔南所自有。獨以莊兵土兵玀兵番兵聞。今上卽位以來。威暢六詔。幸而無所大用。武鐵鎖箐之戰。臨安之戰。緬甸之戰。皆西南大事也。金騰姚安昔用爾以破滅夷。今不免用夷以破滅爾。爾豈以爲而將軍徵獨忘我耶。不然何其敢于叛也。

乙酉。妖僧李員朗伏誅。員朗于廣東始興縣謀亂。

太子少保兵部尚書兼左副都御史總督陝西三邊軍務郜光先卒。光先字□□。長治人。嘉靖己未進士。知上海。拜御史。按雲南。發撫臣奸狀。按楚治强藩黨。累陞右僉都御史。巡撫延綏。款夷。鎮陝西。剿回賊。加右副都御史。再加左。還院。尋閱視薊遼軍務。進兵部左侍郎右都御史。總督西陲。累進太子少保。制置八年。條四十餘事。皆得請。然王台西迎佛。留收塞上。雖不大擾。人猶以此訾之。贈太子太保。予祭葬。

丙戌。巡撫陝西右副都御史王璇被論去。

丁亥。夜火星自氐宿逆行歷亢入角。

移廣西總兵于賓州。蓋兩江門戶也。

旌臨清嫠婦秦鏜妻張氏。以助賑八百石也。

德王翊錧薨。承奉楊進等素忌世子常潛頗行魘魅。進水銀藥物燬其宮。事覺。詞連安陵王常清安城王常澍。誅進等。奪二王祿有差。

戊子。大風雹。

錦衣衛都督同知鄭承憲卒。子國泰請嗣。兵部言非例而不力。竟授都指揮使。兵科給事中張希皐言流官例不承襲。會典昭然。乞收回成命。不報。

庚寅。湖南衡永等府行廣東鹽。其郡縣卽聽廣東按臣統轄。

右通政黃克念致仕。

乙未。沅陵王□□薨。亡子。謚□□。

邵仲祿徐一櫝爲左右通政。

丙申。以漳州人販海通倭。定東西二洋各派船四十四艘。

丁酉。予故兵部左侍郎吳嘉會祭葬。

四川總督兵官李應祥冒餉劾免。賄巡按御史傅霖千金。勅免。

戊戌。免經筵。

順義王撦力克上總督鄭洛書云。送西僧喪。乞假道甘肅。仍市賞。兵部酌議。從之。

己亥。予故刑部左侍郎陳瓚祭葬贈都察院右都御史。瓚字□□。獻縣人。□□丁未進士。謚簡肅。

禮部尚書兼東閣大學士王家屏直閣。

庚子。復故戶部尚書張守直官予祭葬。

壬寅。大學士王錫爵請視朝建儲。報聞。

南京兵部武選主事周弘論上言。乞採朝論。凡章奏俱賜省發。冊立大事。尤宜獨斷。不報。

癸卯。郭邦相嗣成安伯。

甲辰。封荆世子由樊。周世子恭枵。

乙巳。晉府寧河王知菿歸政于晉王。初王幼。攝府事。

丙午。提督京城巡捕史綱爲總兵官鎮守四川。

五月甲朔。順義王撦力克自多羅土蠻以送西僧葬移帳而西。各部落從之。取道甘肅。

戊申。太常寺卿徐元春致仕。

修南京武英殿大庖。

己酉。都督僉事任大同提督京城巡捕。

庚戌。薊鎮會幹多羅忽悔罪。獻逆夷七人。輸馬。

辛亥。尚寶司卿孟秋卒。秋字我疆。茌平人。隆慶辛未進士。知昌黎。進大理評事。己卯。轉職方主事。領山海關。坐忤外補甲申。薦起刑部主事。歷員外郎。丙戌。尚寶丞。進卿。浹旬而卒。篤學力行。志于聖道。年六十五。所著二明一脈明儒經翼等書行世。天啓贈□□。謚清憲。

西寧衞天夜鳴。地震。越七日復震。

右僉都御史傅孟春巡撫浙江●巡撫延綏右副都御史梅友松爲兵部左侍郎兼右僉都御史。總督陝西三邊軍務。

壬子。光祿寺卿趙世卿爲太常寺卿●

潞王請開封所食長蘆之鹽歸于衞輝。部議非便。命如舊●

四川道御史李光祖上言。國匱民貧。輕用大倉窖銀。夫供用庫寺監局必有原額。今進太倉。則原派置何地乎。或費用太侈。賞賚太濫。抑經制未定。侵冒未清耶。上不懌。罰俸●

乙卯。左通政邵仲祿爲太僕寺卿。

己未。修清江浦運道。

旌周府庶宗勤𨭆等孝行●

庚申。皇女靈丘公主薨●

甲子。南京光祿寺卿余懋學爲南京通政使●山東右布政使賈仁元爲右僉都御史。巡撫延綏。太僕寺卿盧維楨爲光祿寺卿。有旨兩卿品同。今後不必遞改。

山東左布政使徐元氣爲南京光祿寺卿。

庚午。上偶不豫。諭內閣傳諸司毋廢事。

壬申。閩人何守岳作亂于廣業里。斬戍有差。即其地立大祥巡簡司●

癸酉。巡撫湖廣右僉都御史邵陛爲左僉都御史。復除李維楨河南右參政●

南京吏部尚書楊成爲南京兵部尚書。

六月丙朔。丁丑。南京刑部尚書陸光祖改南京吏部尚書。提督南贛汀韶軍務右僉都御史秦燿爲右副都御史。

巡撫湖廣。

刑部左侍郎何源論罷。

雲南副總兵鄧子龍免。

己卯南京兵部右侍郎王世貞爲南京刑部尙書。

庚辰偉嬪耿氏薨。

孫允恭嗣應城伯。

大理寺右少卿王敬民爲右僉都御史巡撫南贛汀韶。南京大理寺卿朱天球爲南京刑部右侍郎。

辛巳予故總督浙直軍務少保兼太子太保兵部尙書胡宗憲祭葬。

石峽水泉堡天鼓鳴聲如雷。是夕滄州靜海吳橋諸鎭驟風。漕船互擊溺二十三人失米三千一百五十七石。

壬午吳定韓國禎爲大理寺左右少卿。

癸未應天府尹張檟爲南京大理寺卿。

密雲草場火郎中孫瑀奪俸三月。

孫鑨李戴爲刑部左右侍郎。戴巡撫山東右副都御史。南京提督操江右副都御史王用汲爲南京兵部右侍郎。

甲申浙江颶風大發沿海潮溢壞廬舍田產亡算。

南京吏部右侍郎趙志皐上言臣近歲以少詹事侍朝講。恭覩天顏和睟。稍有不豫一養旋復。何自冬相沿至今也得非袵席之愛不能割。麯蘖之好不能免乎。有一于此足耗元氣。皇上行之有節而不沈溺則元氣自充矣。然人心必有所寄。宋儒眞德秀曰。惟學可以養斯心。惟親近君子可以維持此心。願皇上日臨講幄講究義理。如常朝召公卿商確庶政。則聖心日淸宸躬强固矣。報聞。

上久不朝。南北諸臣多罪張鯨。吏部尙書楊巍等太常寺卿趙世卿等俱請御朝。俱報聞。

丙戌。予故南京工部尙書曹亨祭葬。亨新蔡人。嘉靖己未進士。

丁亥。刑科給事中劉爲楫言四事。聖躬保護宜愼。內使闗防宜嚴。諸司章奏宜叢。法令督責宜信。上責其瀆擾。

河南道御史董子行乞示朝講之期以慰中外。不報。

戊子。薊鎭旱。給糧三萬石。

戶科都給事中王繼先等請以山東山西河南眞順廣大見銀及存餘事例等銀。糴穀備賑。從之。令各處實奏。

己丑。套虜阿計犯神木永興等堡。

命下鄧子龍臺訊。姜忻左遷。

庚寅。太子賓客吏部左侍郞兼翰林院侍講學士署詹事府事王弘誨爲南京禮部尙書。禮部左侍郞兼翰林院侍讀學士于愼行改吏部署詹事府。

癸巳。選翰林院庶吉士。王肯堂劉曰寧顧際明莊天合董其昌蔣孟育區大相黃輝馮有經傅新德周如砥朱國禎喬胤唐傚紀林堯俞孫羽侯徐彥登包見捷羅棟吳鴻功馮從吾郭士吉。

乙未。刑科給事中許弘綱上責成撫按四事。曰不與庶民爭便。不與有司爭能。不與司道爭獘。不與天下爭功。部覆從之。

己亥。貴州左布政使朱孟震爲順天府尹。

辛丑。南京□□道御史李自謙請視朝以聯上下之交。不報。

癸卯。先是南京御史王藩臣參應天巡撫周繼。疏發而南京右都御史耿定向未見也。怒其易己。因自劾不職求免。幷申飭臺綱。刑科給事中許弘綱禮科給事中王孟煦各疏頗右藩臣。不報。

總督倉場戶部左侍郎胡執禮卒。執禮字□□，永昌人。嘉靖己未進士。授保寧府推官，歷文選郎中，至今官。贈戶部尚書，予祭葬。

乙巳，田一儁、李長春爲禮部左右侍郎。戶部左侍郎溫純爲右都御史兼戶部左侍郎，總督倉場。

浙直大旱，太湖兩淮涸，斗米三錢，道殣相枕。撫按奏䘏。上閔之，發太僕寺金二十萬、南京戶部金二十萬賑饑。令戶科右給事中楊文舉往，以二十萬賑南畿，十萬賑浙。文舉出申時行之門，應天巡撫周繼郊迎，餽席三百金，幣四十，他郡倣效，迨復命，舉劾以賂爲高下。

七月炳朔，前太子少保、南京吏部尚書袁洪愈卒。洪愈字抑之，吳人。嘉靖丁未進士。授中書舍人，擢禮科給事中。糾嚴氏黨檢討梁紹儒、文選郎中白璧及尚書萬鏜，得直聲。出爲福建按察僉事，歷湖廣右參政，入南京太僕少卿、太僕光祿太常卿，致仕。久之，起故官，進戶部右侍郎、右都御史、禮部尚書，俱南京。垂老終始清立，疏糲不飽。子治中一鵬早沒。都御史周孔敎醵金襄事。年七十四。予祭葬，贈太子太保，謚安節。

己酉，宣府地震，越數日復震。

孫丕揚、蹇達爲戶部左右侍郎。

庚戌，諭內閣：聞南京荒旱，見在餘糧足支幾年，如不敷，作何補處，其各處災侵，巡撫御史勘到，從優議恤。

辛亥，左都御史吳時來言：王藩臣不投堂揭，非體。因請飭臺規故事。臺疏白其長，留臺越三日而白，于是定南臺論事三日揭堂參劾，以五日著爲令。藩臣罰俸二月。

癸丑，巡撫福建右僉都御史周家□爲大理寺卿。

王錫爵屢請養母，命其子衡侍養還里，趣錫爵視事。已，錫爵奏奉母留京，許之。

乙卯，吏部推于愼行補禮部尚書，不報。又覆推謫臣姜應麟、孫如法，又不報。許弘綱、王孟煦各疏六，留中。兵科給事中薛三才言此三事匪輕。乞賜裁決報聞。

戊午。禮部尚書朱賡憂去。

己未。福建興化杭溫紹興皆地震。

庚申。夜月食。

辛酉。夜火星順行犯房宿。

壬戌。山東按察使管遼東苑馬寺卿事郝杰爲右僉都御史。巡撫遼東。

癸亥。陳于陛服除。補太常寺卿。

刑部觀政進士薛敷教上言。吳時來申飭臺規。專右耿定向。必欲立仗希鳴。創一警百。得無僚友重而視陛下輕耶。申時行等言。御史回道聽察。堂屬區分。今如敷教指。俾臣等專抑大臣。非也。左副都御史詹仰庇。請罪其狂躁。放歸省。逾三年就教授。

甲子。吏部左侍郎署詹事府事于愼行爲禮部尚書。

乙丑。前吏部左侍郎沈一貫禮部左侍郎田一儁。敎習庶吉士。

湖廣道御史林道楠言。白糧輸納之苦。白米一石不過加耗五升耳。今至四斗五升。米百石不過鋪墊脚價等銀七八金耳。今至二十餘金。乞諭司禮監令各監局內官盡革前弊。有旨從之。

丁卯。前刑部左侍郎何源卒。源字□□。廣昌人。嘉靖己未進士。知嘉興。進工部都水主事。治呂梁。改職方。裁內監不得典京營。太和山不得行分守事。歷考功郎中。甲戌佐計。累陞南京吏部右侍郎。改刑部。致仕。年□十□。予祭葬。贈右都御史。諡靖惠。

戊辰。閣臣請講通鑑纂要。報可。

己巳。陝西西寧衞地震。

庚午。吏部左侍郎趙煥疾去。

新除南京刑部主事蔡獻臣請開聖聽。慎寢興。省藥餌。遠聲色。薄滋味。明視朝之期。親近耆碩。屏去內誘。而後建儲。不報。

壬申。山西道御史鍾化民以聖誕將臨。臣工畢集。請及時朝講。不報。

甲戌。吏科都給事中陳與郊因薛敷教謂建言諸臣擊鼎司。排憲職。侵言路。以獵名譽。上是其言。

禮部員外郎董基爲光祿寺丞。

敍廉州斬獲海賊功。

是月。臨漳野蠶作繭食桑盡。

八月丙子朔。申時行請御朝講。報聞。

刑部左侍郎孫鑨爲吏部左侍郎。

戶部言。舊制金花銀百萬金。坐派蘇松江浙福建廣東湖廣等處。每季分進二十五萬。至萬曆六年。每季加銀五萬。爲買辦費。則歲增二十萬。原無坐派。今十二年矣。乞念邊餉爲亟。賜予爲緩。暫進五萬。不允

丁丑。前南京工部尚書曹三暘卒。宜興人。嘉靖甲辰進士。授大理評事。出知濟南。時景王之國。裁浮費。歷右副都御史。巡撫雲南。劾黔國公沐朝弼。奪其爵。復裁歲貢黃金。歷南工部。故相張氏奪情。同趙錦止之。亡何予告里居數年。人頗有訾之者。予祭葬。贈太子太保。

己卯。禮部請朝講。不報。諭閣臣朝講待數日且御。

嘉興秀水海鹽地震。

修南京報恩寺神樂觀以厲救荒。南京工部尙書李輔言之。

太常寺少卿兼翰林院侍講學士署院劉虞夔爲詹事府詹事。

辛巳。管太倉銀庫戶部主事楊應宿言八月二日應進買辦五萬金。今踰數日。乞免補進。忤旨。罰俸三月。

壬午。南京國子祭酒趙用賢爲南京禮部右侍郎。左庶子兼翰林院侍讀劉元震爲國子祭酒。仍直經筵。

復召司禮太監張鯨內直。御史賈希□南京吏部尙書陸光祖等南京戶科給事中徐常吉等貴州道御史王以通等皆交章言張鯨不當用。不聽。

右春坊右庶子兼翰林院侍讀黃洪憲爲少詹事兼侍讀學士。署院南京太僕寺卿郭東爲南京太常寺卿。

前日講官侍讀學士陳于陛侍讀馮琦召內直。

李戴許守謙爲刑部左右侍郎。守謙宣府巡撫。

甲申。吏科右給事中鍾羽正請御朝講。斥張鯨。給事中張應登亦言之。不報。

乙酉。太常寺少卿提督四夷館楊廷相爲南京太僕寺卿。

丁亥。欽定賑荒科臣關防曰督理荒政。

南京國子司業張一桂爲國子祭酒。

山西按察使王學書爲右僉都御史。巡撫宣府。尋劾免。

太僕寺少卿陳大科爲太常寺少卿。提督四夷館。

戊子。設山西廣武莊巡檢司。

己丑。亙馬河橋成。

大學士王家屛上言臣入京三月。未瞻天表。往年竊覩宵旰聽政。日昃橫經。無時少懈。乃今久輟不御。初謂聖躬靜攝。暫時傳免。今郊廟冊封。亦皆傳免。下臣賤吏。訛言疑議。必然之理也。章疏頻留中。至遷官論刑。皆遲回而後發。佞人睥睨。釁端難測。此又必然之慮也。不報。

庚寅。翰林院編修劉應秋爲南京國子司業。

甲午。右春坊右庶子兼翰林院侍讀盛訥爲左庶子。司經局洗馬兼翰林院修撰劉楚先爲右庶子。兼官如故。

設福建大洋巡簡司。

丁酉。晡刻。臨邑縣蜻蜓蔽空。東西亙數里。俄大雨。俱盡。

辛丑。大學士許國六年考滿。進兼太子太師吏部尚書。廕中書舍人。

上視朝。

南京浙江道御史王麟趾。以耿定向吳時來參及王藩臣。言北臺疏入卽聞。故次日投揭。縱人知之。亦易爲力。南臺道遠。一被人知。或受媒孽。如御史孫鳴治論守備徐邦瑞。夤緣得免。御史陳揚善劾主事劉以煥。託留不獲。竟挾仇反噬。皆往事可鑒。故邇來告堂延及一月。非自藩臣始也。許國詹仰庇彈章相繼。閣臣憲臣不能植善鋤惡。反黨同伐異。國故碌碌。仰庇則負時名。亦若此。他尙何望哉。其投堂臺規。應否在三日內。明白申飭。以便遵守。

南京廣西道御史黃仁榮亦疏刺耿定向吳時來。

壬寅。許國乞免。上慰留之。

禁蜚語。時南都有逐客嗚冤錄。多指斥朝臣。南京給事中杜麇徐桓以聞。故有是命。

九月乙巳朔。給朝鮮國王李昖會典。

戊申。黔國公沐昌祚。以監司競禮。屢見輕。乞罷。不允。命議撫鎮司道相接禮。

己酉。興化知府范梅不跽巡按。欲移之撫臣。于是撫按周寀馬象乾交劾。降梅。

旌漢陽王長子載塵夫人周氏貞烈。

庚戌。吏部覆定南道揭堂論事以三日。參劾以五日。著爲令。

奪御史王麟趾俸半年。黃仁榮三月。

辛亥。夜火星順行犯南斗杓第二星。

壬子。尙寶司少卿王汝訓爲光祿寺少卿。

癸丑。旌周府輔國中尉勤美宗學生鎭國中尉睦桼學行。

乙卯。肅王縉熿薨。謚曰懿。子紳堯幼。命輔國將軍縉𤎆攝府事。

建州衞都指揮使□□□爲都督僉事。鈐束五十三部。如南北關。勢益强。

前南京兵部尙書張時徹卒。

丙辰。司經局洗馬兼翰林院修撰王祖嫡翰林院侍讀陸可教主武闈。得趙紳等百人。

戊午。總督倉場右都御史溫純憂去。南京右都御史耿定向爲戶部尙書總督倉場。

袁州萬載縣迎霜降。忽天鳴。隕石演武場側。

吏科給事中史孟麟劾少詹事黃洪憲典試北場。改正硃卷。行其私。失去墨卷。滅其跡。左都御史吳時來覆試徇之。獨嚴南臺逐揭。箝言官之口。乞並罷。報聞。

己未。南京廣西道御史黃仁榮論南京刑部尙書王世貞。前陞大理卿。劾回。不得通理前俸考滿。幷參吏部朋欺。吏部尙書楊巍謂世貞被劾。在籍養痾。歷薦起用。異于被劾改調。今工部尙書曾同亨戶部左侍郎孫丕揚皆然。非始世貞也。命世貞仍供職。

東虜腦毛太結西虜白洪大入遼東平虜堡。總兵李成梁禦之。備禦李有年手刃數虜。被驍騎圍殺之。把總馬文昇赴救陣沒。轉戰良久。虜稍却。遂班師。斬三十四級。我亡失百二十餘人。明日。吳大續等追虜于鎮邊堡。斬五十五級。虜遂犯瀋陽蒲河。多殺掠。又分數千騎入榆林堡。凡七日出塞。督撫按之報稍異。其後給事中李琯謂長昂入犯。李成梁損兵八百人。邊吏不以聞。

庚申。黄洪憲吳時來各奏辨乞休。不允。

初。萬曆乙酉。長河西等司入貢。國師以疾去。茶符未給。諸番日爭。茶至刻木爲信乃已。至是貢使請補前符。且溢額。禮部謂今貢應給外。仍補前之半。俟後貢更補其半。報可。

壬戌。予安鄉伯張鉉祭葬。

甲子。前南京禮部尚書姜寶立義田十頃贍族。請下有司入籍。許之。

命錄四。戶部尚書宋纁主讞。

丁卯。予故南京戶部右侍郎程嗣功祭葬。

初。湖廣辰沅草坪苗與天星苗積釁。撫按以百戶黄鐘晉往解。反兵喝之。被殺。尋獻首禍者。巡按御史甘士价奏上。

甲戌。賜先賢曾子祭田。以六十二代孫五經博士承業請之也。

十月乙亥朔。丙子。河南按察使郭四維爲右僉都御史。巡撫宣府。戶部左侍郎孫丕揚爲南京右都御史。

安南都統使莫茂洽以補貢請于兩廣總督。許之。

戊寅。蹇達裴應章爲戶部左右侍郎。

壬午。巡撫貴州右僉都御史許子良改撫治鄖陽。

前宣府總兵官李如松調山西。山西總兵官李迎恩調宣府。

癸未。太常寺少卿司汝霖復張姓。改名汝濟。

前巡撫寧夏右僉都御史張九一起巡撫貴州。

丙戌。宮嬪王氏卒。贈僖妃。

己丑。翰林院侍講學士曾朝梋爲左春坊左諭德兼翰林院侍讀。

壬辰。登州天鼓鳴。

予故南贛汀韶右僉都御史張煥祭葬。

甲午。諭藥未效不朝。

衍聖公孔尙賢自被劾後三歲一朝。至是請仍歲。率三氏子孫入賀萬壽。許之。

乙未。杜其驕張汝濟爲左右通政。

丙申。巡按陝西御史崔景榮言。威正等酋屯紅崖堡。欲駐水塘湖。卒歲。虎落赤等欲于揑工川立寺。而眞相台吉亦欲駐揑工川。乞下督撫。移檄順義王。定其界。毋薄塞下。事下兵部。

丁酉。刑部右侍郎許守謙爲兵部左侍郎。

戊戌。吏部文選司員外郎趙南星言。當今大害四。曰干進之害。曰傾危之害。黃洪憲唐堯欽孫愈賢蔡系周等。曰守令之害。曰鄉宦之害。章下吏部。

李春開王遵訓徐學聚楊東明張貞觀丁應泰何煒林材沈之吟爲給事中。之吟南京。周孔教李以唐徐圖樊玉衡張鶴鳴錢一本何選余懋中蔣春芳賈名儒黃卷王明張宗載張大謨萬國欽任應徵蔣夢得鹿久徵張光緒牛應元劉汝康楊鎬茅國縉邵以仁吳孔嘉陳勗李時孳熊元王有功林寅賓彭應參郭實周維翰劉惠王道顯劉思瑜張應揚李守誠李用中聶嘉祥爲試監察御史。應揚守誠用中應祥南京。

己亥。南京戶部尚書王友賢致仕。

庚子。工部右侍郎攝通政司事張孟男爲刑部右侍郎。

協理京營戎政兵部尚書鄭洛辭兼左副都御史。

癸卯。尚寶司少卿何以尚爲光祿寺少卿。南京左通政余懋學爲通政使。

黃河決口塞。河工成。

吏科給事中李春開奏留吳時來詹仰庇。得旨下吏部。于是戶科都給事中王繼光言。趙南星上四事。辨論官邪。課督職掌。而春開先摘南星原疏未上而奏。閣先得旨。何也。吳時來謀冢宰。詹仰庇賄囑。黃洪憲耐彈。皆當亟斥。而用禮部尚書沈鯉侍郎張位趙用賢。不報。

禮科右給事中吳之佳請速發章奏。不報。

十一月乙巳朔。南京工部右侍郎張四銘爲南京戶部尚書。

戊申。南京光祿寺卿徐元氣爲南京通政司使。

己酉。予故刑部右侍郎萬虞愷祭葬。

庚戌。宴朝鮮貢使。貢使言。六月十二日。舟泊全羅之南桃浦。有大琉球男婦四十六人失風者。携以來。命還福建。俟便歸其國。

甲寅。南京太常寺少卿謝杰爲太常寺卿。

乙卯。徵潞紬五千匹。工部尚書石星言非正額。乞寢之。命以次進。工科都給事中張養蒙諫止。不聽。

己未。上不朝。

左副都御史詹仰庇言。邇來章奏失體。不曰故相某而曰江陵分宜。不曰總兵某而曰大帥大將軍。不曰某疏而曰某氏之疏。又詞多奇僻。千言不已。一日萬幾。何暇竟覽。宜加飭參治。得旨下禮部。覆上有六。建白毋尙高論。題覆毋徇物情。諫諍毋好名高。舉刺毋工組織。陳謝毋敍勤勞。奏報毋蹈欺妄。從之。

辛酉。皇次女殤。

癸亥。萬壽節。御皇極門受賀。諭暫免常朝。

前戶部郎中姜士昌上言用舍勸懲之要。曰黜奸邪。徐顯卿黃洪憲。曰培士節。曰伸國論。曰覈名實。曰汰罪贖。章下所司。

順義王撦力克及夫人龍虎將軍一克黃台吉。以數萬騎西出賀蘭山後。求寧夏督撫開馬市。如俺答赤木口例。固請。許之。市賞八千餘金。

乙丑。司經局洗馬兼修撰王祖嫡爲右庶子兼侍讀。侍講陸可教馮琦爲右諭德兼侍講。署司經局事。

鎭守雲南黔國公沐昌祚求閹者二十人。不許。

戊辰。少詹事黃洪憲免。

己巳。總督倉場戶部尙書耿定向致仕。

署宗人府事駙馬都尉萬煒言。宮婢沈銀蟾內使李忠盜寶肆辱。上怒。罷煒。褫蟒服。習禮太學。六月。

翰林院侍講學士陳于陛爲詹事兼侍講學士。署院事。

癸酉。予故工部左侍郎方九功祭葬。

十二月丱。朔乙亥。巡撫雲南右僉都御史蕭彥爲右副都御史。撫治鄖陽。陝西左布政使党馨爲右僉都御史。巡撫寧夏。

丙子。故少保兵部尚書于謙改謚忠肅。浙江巡撫傅孟春請之也。

丁丑。光祿寺少卿何以尚爲南京大理寺右寺丞。

戊寅。茂州地震。

翰林院修撰余繼登爲右春坊右中允兼翰林院編修。

戶部左侍郎楊俊民爲尚書。總督倉場戶部左侍郎蹇達改兵部。大理寺左少卿吳定爲右僉都御史巡撫雲南。

壬午。任養心孫甸爲大理寺左右少卿。

癸未。吏科給事中李春開言吏部文選員外郎趙南星戶部郎中姜士昌二疏。舉刺可疑。乞集議區別。章下吏部。吏部尚書楊巍請優容士昌。戒各官侵越。

甲申。吏科給事中史孟麟糾李春開附吳時來詹仰庇阻塞言路。刑部山東司主事吳正志奏劾李春開及都給事中陳與郊。謂王篆用事時。與郊與邢侗方範顧爾行等投其門。篆敗倖免。今掌吏垣。招權納賂。嗾指春開。上怒責正志回奏。貶宜君典史。與郊又疑正志授指于史孟麟。同官互訐。于是臺諫羣攻正志。惟御史萬國欽周孔教力持以爲不可。正志回奏。謫典史。刑科給事中丁應泰言大小諸臣宜協恭和衷。借宋事爲喻。

工科給事中林材論尚書鄭洛貴州巡撫張九一。遂罷九一。

戊子。望。夜先是曆官推月食。其時全明不驗。

刑部左侍郎張孟男改戶部。南京吏部右侍郎趙志皐爲吏部左侍郎。

己巳。吏部尚書楊巍屢請去。上切責諸臣忿爭求勝。有失和衷之誼。不允所請。

庚寅。夜月犯軒轅星。

辛卯。夜。金火二星相合。

壬辰。命順天尹祈雪。

甲午。大理寺左評事雒于仁謂上有酒色財氣之失。上四箴。酒箴曰。耽彼麴蘗。昕夕不輟。心志內懵。威儀外闕。神禹疏狄。夏治興隆。晉武銜杯。糟丘成風。進藥陛下。醲醑勿崇。色箴曰。艷彼妖冶。食息在側。啓寵納侮。爭妍誤國。成湯不邇。享有遐壽。漢成暱姬。歷年不久。進藥陛下。內嬖勿厚。財箴曰。競彼鏐鐐。錙銖不剩。公帑稱贏。私家塵甑。武散鹿臺。八百歸心。隋煬剝利。天命難諶。進藥陛下。貨賄勿侵。氣箴曰。逞彼忿怒。恣睢任情。法尚操切。政釐公平。虞舜溫恭。和以致祥。秦皇暴戾。羣懟孔彰。進藥陛下。舊怨勿藏。

乙未。大學士王家屏言雒于仁四箴雖妄。以備養生。未必非也。因自乞罷。併于仁疏留中。

前南京禮部右侍郎羅萬化改南京吏部右侍郎。山東左布政使葉夢熊爲右僉都御史巡撫貴州。

丙申。四川南渠二縣饑。賑之。

許故伊庶人典楧妻方氏子安樂王褒⿰火節三喪歸葬。典楧卒高墻。方氏道卒。褒⿰火節奉鈐東卒于周邸。萬安王褒⿰火危言其兩世再喪可閔。

戊戌。光祿寺少卿王汝訓言吏科都給事中陳與郊瀆政通饋。力詆辛自修。陰排沈鯉。嗾李春開橫擊趙南星王繼光史孟麟吳正志。今日薦巡撫。明日薦兩司。每疏出人皆疑其受重賂而樹私交。勢傾中外。吳正志纔發其奸。投荒徼之外矣。章下吏部。初。澤州張養蒙以資望當掌吏科都給事中。而陳與郊以王錫爵甲戌分考所首錄也。佹得之。養蒙補工科都給事中。又出爲河南參政。憾錫爵及申時行。養蒙負物望。西北人推重。角巇遂十餘年。

陳繼儒曰。曩者江陵之以橫敗也。諸相國于是更其猛而爲寬。攻江陵而以諫顯也。諸君子又于是更其諱而爲諍言者彌熾。輒指之曰是出位也。是欲趨捷徑而適者也。是不知大體也。是爲某氏攻某氏也。而力主矯偏救枉之說以與言者敵。此諸相國之近習也。上之人按之彌窘。輒指之曰。是塞言路也。是欲痛懲正人也。是以一網掩也。是亦爲某氏去某氏也。而力主請劍止輦之說以與上之人敵。此諸君子之近習也。夫小臣方喜于建言。而大臣且厭于言。洗毛而索之瘢。因噎而廢之食。然而馮狐鼠者固衆。而批龍領者亦不乏也。首鼠者十一。而鳴鳳者亦十九也。欲强奪諫官以名。奪之而名愈起。欲與諫官以非利。不踰年而尋綰六曹之綬。坐九列之輿矣。利與名厚欲也。卽賢者非必出于利名。然掀髯攘臂以示快。召徒呼黨以示戰勝。客氣故在也。上之人思撤其所甚欲而銷其心氣之不平。則可容而不可激。可導而不可塞。可以湔洗而不可以徵眚錮。以非時譴。嗚呼。言至于此愈難矣。錮之譴之。其他日之非錮譴也明甚。而言至湔洗之量移之。則羣而攻大臣之弱而言亦至。自乙酉以至于今。相持者五載。大小紛拏。彼我犄角。燥溼敵而水火爭。此其勢必至于乞援中涓。借交羣小。夫中涓旣以陰操顚倒威福之權。而羣臣復佐以朝暮燕秦之舌。一旦勢成禍見。釀而爲唐之甘露。宋之熙寧。俛首斛肩而就東漢之黨獄。諸君雖以空言搏擊傾黨詘訶。終何益于朝廷哉。

庚寅萬曆十八年

正月辟朔。立春。上不御殿。召輔臣于毓德宮西室。申時行許國王錫爵王家屏俱至。諭曰。朕疾錮矣。出雒于仁疏。手授時行。怒甚。時行未及閱。上曰。彼指朕酒。指朕嬖貴妃鄭氏。其事云何。諸臣懇宥。留疏不下可也。上曰。鄭氏侍朕勤勞。如恭妃王氏。以元子不及侍朕疾。朕用張鯨以賂。此昨年李沂言也。朕果黷貨。何不籍之。時行等再四求宥。語久之。上意稍解。時行等因請早建儲。上曰。長幼定序。以元子弱。稍竢之。曰。皇長子今九歲。蒙養豫教宜出閣就學語移時。出宮門不數十武。命召皇長子。已召至。見閣臣于宮門。閣臣喜躍。上聞而善之。有頃。趣張鯨至。命輔臣責數之。鯨北跽。時行責之略。上徼哂焉。俄皇三子亦至。立元子下。上手攜元子。輔臣頌元子岐嶷。稱賀。上遜謝。輔臣請進學。上曰。內侍已授之書。時行以爲晚。上指皇三子。雖五歲。尙不離乳嫗也。輔臣稍前視元子。上手引之正立。輔臣乞早册立定大計。上首肯。乃退。張鯨出張宏之門。任東廠。兼內府供用庫印。司房邢尙智招權納賄。致拂衆議。自戒諭後寵頓衰。

談遷曰。時朝講希御。輒以疾爲辭。然上未嘗一日忘天下。獨無疚于心乎。元旦毓德宮之召。蓋有激于四箴。懼然不自安也。其手攜元子。默示定序。不煩黃瓜之詞。而吳縣輩値有天幸。開導不力。勉諭張鯨。外廷傳以爲笑。難得易失者時也。有君如此。納約自牖。未敢爲時相望矣。

戊申。前總督倉場戶部左侍郎毛綱卒。綱字□□。薊人。嘉靖癸丑進士。授□□□□。歷右僉都御史。撫遼。聞喪遽去。降浙江參議。進右副都御史。撫鄖。歷兵部左右侍郎。內計致仕。性伉直。其再起頗驟遷。損望。而在鄖多惠政。里居以孝友聞。

己酉。大理寺左評事雒于仁引疾去。命除名。

太常寺卿陳于陛爲左副都御史。

辛亥。禮部請册立。不許。且責曰。爾等紛紛煩擾。意欲離間乎。諭朝臣曰。朕總攬乾綱。孜孜不怠。深居靜攝。視朝稍稀。章奏間留。從容斷決。左右近臣。不過承旨辦事。朕皆獨斷。縱有一二循私壞治者。朕自有處。近來諸臣不務職業。或輕信訛言。沽名賣直。或妄生議論。排擠端良。或窺探觀望。熒惑人心。或邀結阿附。顚越公論。言路原無阻塞。動稱借口。詔旨方行禁革。公然違犯。甲是乙非。章奏滿前。使朕不得徧覽。如此紛亂。是何朝綱。爾等各有職司。務洗心滌慮。率職奉公。以副朕任人圖治之意。如負朕命。國有憲章。欽哉。

光祿寺卿盧維楨爲太常寺卿。

壬子。光祿寺少卿王汝訓又劾吏科都給事中陳與郊險陂濁亂。與郊奏辨。調汝訓南京。

癸丑。右通政張汝濟爲光祿寺卿。

甲寅。命太監張誠閱視京營衙三年之例也。

鎭守陝西總兵官署都督同知張臣以平羌將軍總兵官鎭守甘肅。

丙辰。禮部言。父子至親。出自天性。長幼定序。斷自聖心。原無疑似之形。可以離間。乘此吉月冊立。以便出閣豫敎。不報。

戊午。潞王翊鏐求景王遺田。許有司徵租輸之。

庚申。前後軍都督府僉書署都督僉事劉承嗣爲總兵官。鎭守陝西。

屬夷長昂花歹部落入貢于會同館。奪賞仇殺。禮部尙書于愼行主事張我續急諭解之。

壬戌。吏科都給事中陳與郊爲太常寺少卿。提督四夷館。

申時行等以豫敎已有明旨。請皇上自定期出閣。不報。

辛未。南京大理寺卿張檟爲工部右侍郎。

二月。醆朔。南京□□道御史王麟趾鐫二級。調外。

山東道御史王明劾陳與郊倖淺陞驟。大拂輿望。奪明俸三月。

甲戌。應天府尹陳文燭爲南京大理寺卿。

丁丑。太僕寺卿邵仲祿爲應天府尹。

辛巳。山東道試御史萬國欽劾吏部尙書楊巍徇私陞陳與郊唐鶴徵等。上不問。御史王明亦言之。罰俸。

甲申。閣臣進經筵講章以備省覽從之。

乙酉。南京□□道御史彭而珩請申飭章奏之體命卽遵行之。

丙戌。陝西道試御史鹿久徵請申飭布按二司襲舛承弊如准詞訟私潤囊槖喜奔競飭廚傳命下部議之。

丁亥。旌鄭王厚烷忠孝善行。

陝西道御史李頤請餘干故儒胡居仁從祀孔廟禮部議允。

戊子。臨洮天鼓鳴。

壬辰。禮部請朝講不報。

丙申。山東道御史韓介言吏部四害三弊命部院申飭。

丁酉。順德府地震星隕有聲。

鄒元標補吏部驗封司員外郎。疏推年餘始下。

戊戌。南京工部尚書李輔卒予祭葬。

王錫爵請册立皇上自已有長幼之說臣等不必爭歲月之早晚。惟豫教一事。則皇長子年九歲。次子年五歲。俱當出閣不報。

己亥。前日講官右春坊右諭德兼翰林院侍讀吳中行以御史蔡系周劾之奏辨不問。

庚子。吏部尙書楊巍致仕。賜月廩歲役。

申時行等請御朝講。不報。

三月賃朔。甲辰。大名黑風晝晦。明日止。兗州黑風揚沙。壞城廨民舍。傷十一人。開封彰德衞輝歸德俱如之。壓溺三百六十餘人。或墓祭爲風攝之墜于井塹。

丙午。廣西賊李茂陳德樂等平。

孟養宣慰使□□入貢牙象金銀椀絨錦等物。按孟養以緬甸故久不貢。

南京刑部尚書王世貞致仕。

戊申。日月並行。未刻月出巳地。

乙卯。車里宣慰司刁糯猛貢牙犀金緬布絨錦等物。仍傳噠喇欲納款。蓋刁糯猛地近莽應禮。我宥其罪。令招莽以報。巡撫雲南蕭彥言。車里臣附有年。隔于莽酋。以沅江那恕之招。革面獻琛。今莽酋悔禍。慮其不宥而託之車里沅江。然無莽文可據。又不能逆其僞而遽絕之也。宜仍令車里沅江傳諭朝廷威德。許以自新。禮部請賞賚如例。從之。

夜。代州星隕。聲如雨。光如燭。少頃天鳴。

丙辰。宋纁爲吏部尚書。

河東鹽池立靈祐祠。時水減得鹽。

庚申。夜有大星流代州西北。聲光散墜。天鼓大鳴。

辛酉。遼東寨兒山堡火。傷男婦九十餘人。

蜀府德陽王府鎭國中尉承烋爲宗正。

壬戌。工部右侍郎魏時亮爲南京刑部尚書。

起韓世能禮部右侍郎兼翰林院侍讀學士。

癸亥。南京刑部右侍郎朱天球改工部。

己巳。總督漕運戶部右侍郎兼右僉都御史舒應龍爲南京工部尚書。巡撫江西右副都御史莊國楨爲南京刑部右侍郎。

四月軒朔。先是福建道御史錢一本知廬陵縣。以巡按御史祝大舟票索。俱籍記之。及入臺。訐奏其贓私。命逮之。大舟亦奏一本在縣汚跡。並下法司。左都御史吳時來以大舟聞喪。票取三千金。宜遣官江西按之。報可。大舟竟遣戍。自大舟敗。巡臺相戒。票索訖立追。票無跡矣。

固原州天鼓鳴。

癸酉。禁擅擊登聞鼓。

夜。遼東鎮西堡旗端有火光。

丙子。大理寺左少卿任養心爲右僉都御史。巡撫江西。大理寺卿周寀爲兵部右侍郎兼右僉都御史。總督漕運。巡撫鳳陽。

革西胡明愛威正二虜市賞。

丁丑。宣遼東之捷。初。土蠻男卜言呂周等糾西胡叉漢塔塔兒入犯。李成梁擊斬二百八十四級。文武廕賞有差。

高邑人楊大寧耕田見空中隕石。廣厚俱方三寸。色黑。

戊寅。孫甸姜璧爲大理寺左右少卿。盧維楨爲大理寺卿。

南京戶科給事中郝杰上學政四事。禁黨聚。禁改學。禁呈言。禁鑽刺。從之。

庚辰。輔臣言修省三事。勤視朝以修聖政。敎元子以重國本。恤刑獄以召和氣。

辛巳。浙江左布政使吳自新爲太常寺卿。

廣寧九衛不逢銅鐵。軍器局歲造俱販之海州。于是改設套岫。發軍匠就其地作之。

癸未。釋輕繫。

予故南京戶部尚書蔡克廉祭葬。

甲申。留湖廣事例銀賑饑。

乙酉。諭內閣朕實感恙。非偷佚也。行少瘳即晤卿等。獄情冤抑。百姓困苦。雖朕失理。亦諸司奉職乖戾。卿等傳刑部都察院咨各省直問刑官虛心審理。勿枉干天和。

虜虎落赤糾衆薄歸德所。謀移揑工川。立寺駐牧。督撫梅友松等以聞。謂自俺答遣子丙兔等牧荆刺川。遂成巢穴。若虎酋再據揑工川。將累關隴。宜諭之回巢。

戊子。禱旱。遣告郊壇。

禮科都給事中胡汝寧等奏。孟養來貢。止撫按代奏。夷情未聞。請今後土司進貢。取彼番文進譯。禮部貢夷申譯。撫按代奏。舊例也。今孟養從叛久。一旦來庭。宜今後孟養進貢如例譯進。但奏內不備原詞始末。如欲上奏。卽以番文上報。可。

己丑。設廣東東山參將。移東安縣。西山參將移西寧縣。中路守備移羅定州。秋冬駐掘峒。掘峒爲羅定要地。而二縣爲兩山根本也。

甲午。設四川平武縣。隸龍安。

乙未。御史彭應參言三事。曰用讒言。指王麟趾。曰杜巧宦。指南光祿卿沈節甫弟之吟新選給事中。曰重廕賞。王世貞被論改補。未二年取廕。部覆議。報聞。

丙申。宣府天鳴。

丁酉。輔臣請今錄囚。釋李材劉天澤。不報。

巡撫應天右副都御史周繼爲南京戶部右侍郎。總督糧儲。

庚子。傳制封荆世子常[illegible]。

建州等衛□□□□入貢。

五月辟朔。光祿寺丞詹沂爲南京尙寶司卿。整飭蘇松常鎭兵備副使李涞爲右僉都御史。巡撫應天。

癸卯。王家屏言臣來浹歲。嘗陳天下大計。竟寢。又臣亡狀不能導主德于緝熙保聖躬于元吉。大本未定。隱憂更多。故自劾乞休。不報。

甲辰。王錫爵乞以災異免。不允。

乙巳。夜遼東孤山堡等處旂梃忽火光。滅時不熸。

戊申。上不豫。

庚戌。禱雨郊壇。

左都御史吳時來致仕。

御史陳汴請上臨朝斥張鯨以杜隱憂。章下所司。

辛亥。戶部覆延綏督撫□□□五事。曰開墾荒田。曰疏通窄運。曰清屯額。曰廣開納。曰督逋賦。下部行之。

日講官禮部右侍郎李長春等請御經筵。報聞。

丙辰。上視朝以各處災傷。勉出命速議蠲賑。于是閣臣言。旱災甚廣。自畿內河南山東江北。夏麥俱枯。秋禾未種。小民望恩甚于饑渴。若不待奏報。先布德音。尤足收拾人心。上諭戶部。朕念旱災。着撫按勘分數。蠲免其積穀處卽盡放賑。又諭兵部緝盜。

丁巳。刑部尙書李世達爲左都御史。

辛酉。戶部奏大造天下黃冊。

甲子。勘西寧失事功罪。兵備僉事萬世達降□□□□□。

南京吏部尚書陸光祖爲刑部尚書。吏部右侍郎孫鑨爲南京禮部尚書。

丙寅。廣西總兵官仍駐會城。另選參將移賓州三里。

己巳。上視朝。

六月辛未朔。兵部左侍郎衷貞吉改吏部左侍郎。

甲戌。謝雨郊壇。

丙子。甘肅臨洮地震。壞城郭田舍。傷人畜亡算。

丁丑。太僕寺少卿謝杰言。懿文太子誼則至親。分則至尊。累朝以來。歲丸祭。文稱御名。乃僅以祠祭署領之。亦甚褻。已乞勳臣行禮。遂專命南京都督府僉書。

存問前大學士郭朴。時年八十。

工部右侍郎朱天球左副都御史陳于陛爲工部左右侍郎。

戊寅。左僉都御史邵陛爲左副都御史。

己卯。蠲停眞定順德保定大名夏稅。

左都御史吳時來卒。時來字□□。仙居人。嘉靖癸丑進士。授鎭江推官。拜禮科給事中。劾嚴嵩。謫戍。隆慶初。起吏科。歷順天府丞。南京操江右僉都御史。尋巡撫廣東。被論去。調雲南按察副使。閒住。萬曆初。補湖廣。進左通政。大理卿。刑吏部侍郎。歷內臺。始以直節著。晚雖多訾。終侃侃不媿爲大臣。贈□□。謚忠恪。予祭葬。

庚辰。壽宮成。監督工程穆來輔爲右通政。洪聲遠爲大理寺右少卿。

辛巳。巡撫河南右僉都御史周世選爲左僉都御史。回院。

甲申。西虜虎落赤等四千餘騎入犯舊洮州古爾占堡。流掠洮岷。副總兵李聯芳追擊包家山。陷伏死。軍潰。把總何天衢魏承勳千總賀守文中軍李如玉李國瑞俱沒。

戶部奏。去年因荒蠲免歲入三百三十九萬金有奇。出數加百萬有奇。賴老庫發一百八十三萬。今歲入數不下四百餘萬。除已發外見庫僅四十餘萬。老庫僅一百十七萬。諸費何出。猶少百餘萬。命下集議。工科都給事中邵庶等言。今日利孔已盡。無復可開。而歲入彌縮。歲出彌浮。宜行嚴察。如錦衣之帶俸官役。禮部鴻臚之譯字生通事序班。光祿寺之廚役。各監局之工匠。在外佐貳首領之添設。九邊年例與主客市賞之供億。諸如此類。或昔無今有。昔設今增。酌其急緩。漸以裁汰。是謂以節之道生之也。又增修城垣。其役可止。報聞。

太常寺少卿吳自新爲右副都御史。巡撫河南。

先是。巡撫河南右副都御史褚鈇。禮科都給事中萬象春各議卹宗通變。上命科臣往河南山陝。禮臣往山東。會宗室及撫按議之。至是。秦王誼漶議上。禮部覆曰。爲今日計。莫若計郡王之子與親王服屬遠近。各以世次遞減其祿。如始封郡王之子。則親王孫也。長孫襲封。長子爲鎭國將軍矣。至第二世郡王之衆子。則親王曾孫。同于孫。過矣。請封鎭國將軍。而食輔國將軍之祿。孫封輔國將軍。食奉國將軍之祿。曾孫封奉國將軍。食鎭國中尉之祿。而中尉以下。不復減焉。第三世郡王之衆子。則親王之玄孫也。而同孫。則益過矣。請封鎭國將軍。而食奉國將軍之祿。孫封輔國將軍。食鎭國中尉之祿。曾孫封奉國將軍。祿亦如之。而中尉以下。不復減焉。以至四世五世郡王之衆子。則親王無服之孫也。自此以後。皆鎭國將軍食鎭國中尉之祿。曾孫之封輔國奉國者。祿俱如之。而中尉亦不復減焉。總之。遞減之法。以四百石爲上。使其一輩內爵有崇卑。祿無隆殺。恐亦人情之所樂從也。有旨。令宗多祿少者議行之。禮部又奏處宗藩事宜。一議額祿。一議催徵。一議餘祿。一議開業。立宗學。同民間子弟考試。其無名糧花生傳生農商之業聽之。一議城禁。既開業。聽出城四境生理。一議刑責。凡無名糧者。有犯同齊民問擬。一議奏請。一議擅婚。一議報告。一議庶宗。一議宗學。一議儀賓。一議王官。有才大者破格。或知府運使藩臬等官。同外官例轉。上俱從之。

神樞營左副將署都督僉事王治爲南京右軍都督府僉書。

丙戌。光祿寺卿張汝濟爲太常寺卿。

河南盧氏縣多盜。移嵩縣守備冬春駐欒州。

丁亥。順義王俺力克爲西虜火落赤所躪。以三千騎渡河。至臨洮。聲欲東寇。保定撤剌西犯洮岷松茂諸邊。遂屯莽剌湼工二川。

甲午。督理荒政給事中楊文舉報竣。

丙申。右通政陳大科爲光祿寺卿。

陝西道御史馮應鳳等議經用諸則。嚴邊儲。議內供。革濫員。通錢法。章下所司。

西虜臨河至松潘。輕騎可八日至也。于是西川戒嚴。巡撫李化龍奏。松潘乃全蜀之門戶也。臣按輿地。由松潘而北則爲漳臘。漳臘之巔。北可望洮岷。西北可望莽剌捏工。以松潘而視西虜。僅有此山以爲之間耳。其中險阻高峻。盡屬土番。歲時漢第以撫賞羈縻之。奈何不亟備乎。上大是之。

瞿九思曰。史稱西夷冉駹白馬最大。今猶然乎。今猶然乎。以臣而觀。松潘事不在西羌。而在羌與虜合也。武廟末。虜騎闌入松寨。太原王恭襄方在大司馬。乃不麾之使去。何哉。延引至今。使西虜得以迎佛。近在洮河黑水間。馬牛氛埃。旦暮而及也。善乎何將軍之言曰。番寨凋落。則操擅馮陵。松茂侵尋。則成都塵警。臣每誦之。則未嘗不爽然自失也。

丁酉。申時行等言。先年俺答款貢。套虜吉能及松山西海諸部。並聽約束二十餘年。吉能父子死。其孫卜失兎弱不能制。而用事夷酋如切盡黃台吉又繼死。致各酋渙散。或轉堡受賞于延綏。或借路生事于甘肅。或東賞西掠。或罰此逞彼。其駐牧近邊。驅之曰吾不內犯也。搶掠番族。問之曰吾不擾漢人也。絕之則款貢爲詞。撫之則彼實要索。此西鎮虜情之大略也。一二小酋雖已猖獗。而大酋全部尙在羈縻。勢不得不酌于戰撫之間。

戊戌。前太子少保吏部尙書嚴清卒。清字□□。雲南後衞人。嘉靖甲辰進士。知□□。進□部主事。歷右僉都御史。巡撫貴州四川山西。又貴州。改南京大理卿。吏刑部侍郎。拜刑部尙書。九載考績。轉吏部。致仕。亡何。起兵部。不赴。加太子少保。服官四十年。貞素如一日。籍馮保家。往來獨無其名。典銓數月。士論猶惜其用之不盡。年□十□。予祭葬。贈太子太保。謚恭簡。

談遷曰。滇南號爲荒遠。其人易沒于貨。嚴冢宰迥翔仕路。白首不緇。非所謂篤信善道者耶。先世爲吾嘉興人。嘗過其祖墓。延佇久之。羔羊素絲。移吟今日。不朽哉。若而人矣。

七月庚子朔。日食。孟秋享太廟。例午刻。以護日。移巳刻。

議添設洮河官兵。其河西鄉兵舊隸行太僕寺及兩同知。今聽各道總理。復金城關巡檢司。復監守同知。並梅友松所請。

辛丑。兵科都給事中張希皐請討火落赤及兩酋孽子眞台吉。章下兵部。

甲辰。復陝西行都司屯田僉書。

丙午。太常寺少卿謝杰爲右通政。

南京右都御史孫丕揚疾去。

戊申。火落赤犯河州。攻景古城。總兵劉承嗣禦之。會大雨。兵敗。失亡甚衆。虜蹂二旬始退。西陲爲震。總督梅友松請以土指揮魯光祖爲游擊將軍。提千人援西寧。光祖弟光國襲指揮。

己酉。順天府丞李楨陳邊事。極言款貢非策。上謂款貢二十年。未可遽廢。命詳議之。

辛亥。先是浙江撫按請存問前禮部尚書董份。御史萬國欽言份往媚嚴嵩。居鄉淫縱。巡按御史龐尙鵬論褫其冠帶。彼罪人也。于此典未協。部覆寢之。

甘肅巡撫右僉都御史李廷儀被劾調用。

甲寅。陝西布政司右參政余之楨爲右僉都御史。巡撫甘肅。

丁巳。固原州雨雹。大如雞子。傷稼壞人畜。

庚申。諭內閣以虜警。責各邊督撫不任。又引嘉靖間失事爲據。命處分。申時行等寬解之。

南京右副都御史提督操江石應岳爲南京兵部右侍郎。

乙丑。上御門畢。召輔臣于暖閣。以陝西巡撫趙可懷疏示申時行。若何。對曰。虜王渡河。爲火落赤所購。欲掠生番。恐我馳救。而其情狡甚。不可不備。上欲譴督撫。且曰。部將有功則身居之。罪卽他諉。時行等曲解。上因論智勇之將少。昨御史薦二人。王化熙尹秉衡。時行曰。王化熙嘗提督巡捕。亦中才。尹秉衡雖勇。今老矣。上曰。趙充國非老將乎。貴謀不貴勇也。又諭欲遣大臣飭邊。時行等曰。推一大臣經略之。重其事權。上然之。欲重失事之罪。時行等乞寬文法。上曰。聞山西五臺多礦盜。守臣何不報。時行曰。聞嵩縣等盜。巡撫逐捕且散矣。上曰。非嵩縣。是五臺。以進香僧知之。時行等請傳諭兵部而退。

談遷曰。上念西陲。故召諭輔臣。而輔臣故旅進退。于邊事憒憒也。王化熙尹秉衡俱未當推轂。餘無其人乎。果夙夜在公。宜立舉其人以對。而茫無所應。徒爲梅友松等緩頰。養交市德。彼馮唐一賤郎。猶能暢其說以慰拊髀。曾是心膂股肱也者。危而不持。顚而不扶。則焉用彼相爲哉。噫。假江陵而在。當不汲汲如是矣。

諭兵部。西鎮弛備。須遣大臣經略。其會推上。及申飭西陲各邊撫鎮及五臺隱盜之故。

姜璧王世揚爲大理寺左右少卿。

己巳。協理京營戎政兵部尚書鄭洛爲右都御史。經略陝西四鎮及宣府大同山西邊務。

是月。猗氏縣大水。有二龍鬬于烏停村。遺卵。尋失之。

八月甲戌朔。河南道御史董子行奏。西鎮多故。起于莽剌捏工二川。聽虜駐牧。今無論戰守。皆嘗驅遠之。兵科給事中張貞觀言。市賞必不可不罷。戰守必不可不決。虜啖漢物已二十年。我一旦罷市賞。則虜將搶掠。搶掠之利多歸部落。市賞之利多歸酋長。市賞之利逸而倍。搶掠之利勞而半。非惟中國慮失虜之懽。卽虜亦慮失中國之懽。誠利之也。爲今日計。宜罷市賞。加意戰守。虜貪利必叩關請罪。我因與之更始。章下所司。

談遷曰。火落赤一胡雛。蹢躅西海。而順義王名奉漢如故。雖駐牧二川。往亦有之。當時臺諫輙易言之。欲罷市賞。窮其罪。誠因噎而廢之食也。李聯芳劉承嗣再失利。西陲弛備久矣。信如諸臺諫言。驅市人而戰。張空拳。冒白刃。可乎。

西虜指揮僉事莊禿賴及紅山市夷犯甘州之高臺黑城。掠我六十九人。莊禿賴時降時叛。雖革市賞。屢復之。

瞿九思曰。莊禿賴故我市虜。乞哀于延綏。而稱兵于甘肅。豈不狙詐哉。顧革之未幾。而復者踵至。莊酋乎。莊酋乎。不無易我漢法。臣等觀其始徼靈于佛。申盟于神。行事所設施。亦非輕率者。搶番盜塞。實明爰卜失兔爲禍首。假令如子婿孟格蟒素。寧不有餘榮哉。曩者制置使不甚督過。而以獸畜之。有以也夫。

癸酉。兵部乞敕宣大督撫。暫停順義王市賞。從之。

命兵部武庫主事梁雲龍遼東兵備僉事萬世德從鄭洛行邊。各選宣大甲士三百人。

蠲山東民屯田租。

南京戶部尚書張西銘致仕。
乙亥。修京城。
己卯。以屬夷史二官兒等攜男婦二千餘人出塞。邊將失撫。各降罰有差。
庚辰。閣臣請御經筵日講。上疾。止之。
安南都統使莫茂洽入貢。
總督薊遼兵部尚書兼左副都御史張國彥協理京營戎政。兵部左侍郎蹇達兼右副都御史。總督薊遼。
壬午。贈李聯芳都督同知。
己丑。工部以外造歲解軍器多不堪。議折其半。從之。
辛卯。刑部右侍郎詹仰庇疾去。
甲午。舒應龍爲南京戶部尚書。
戶部請清理沿江蘆課。報可。
改折河南歸德二倉米一年。
乙未。禮部右侍郎黃鳳翔上言。今四夷鱗集闕下。皇上頻免朝講。耳食者謂耽溺晏安。臣實恥之。願屏游宴。御朝講。與大僚庶寀共圖修禳。又請召用吏部員外郎鄒元標及停歲進無名諸費。報可。
都察院左副都御史邵陛爲刑部左侍郎。兵部右侍郎許守謙爲左侍郎。巡撫大同右副都御史王基爲兵部右侍郎。
戶部左侍郎張孟男爲南京工部尚書。
己亥。吏部奏查革吏役。上遣問內閣。諸吏役各省直人少。順天人多。何也。申時行等曰。國初各省直人充吏役故多今多竄籍京師。非盡北人也。

是月。貢士王之士卒。字欲立。藍田人。嘉靖戊午貢士。屢不第。棄帖括。潛心理學。閉關九年。推行藍田呂氏鄉約。南京國子祭酒趙用賢御史王以通交薦。禮部擬京秩俾表率一鄉。詔授國子監博士。命下先卒。紳士惜之。

九月𢦏朔。辛丑。工部請裁織造之半以舒民困。從之。

壬寅。撫寧侯朱岡卒。

山西道御史萬國欽劾申時行意專款虜。又受遼將王國勳等十萬金。受兵部侍郎許守謙三千金。本兵王一鶚。總督梅友松。巡撫李廷儀。皆私人也。互相黨援。欺誤君國。命降一級。謫劍州判官。

禮部請御朝講。不報。

癸卯。戶部右侍郎裴應章爲左侍郎。南京刑部右侍郎莊國楨爲戶部右侍郎。左僉都御史周世選爲左副都御史。

山西右布政使兼按察副使邢玠爲右僉都御史。巡撫大同。

乙巳。禮科給事中任讓論許國聾聵不任輔弼。命奪讓俸半年。

劉承嗣梅友松趙可懷並失事奪俸。

巡按直隸御史張鶴鳴奏順義王近革市賞。總督蕭大亨若罔聞知。仍互市易馬。損威褻憲。取侮外夷。有旨。虜情當別逆順。撦力克所部安靜保塞。詎得概絕。隨下所司。

丁未。通政司使余懋學爲南京刑部右侍郎。巡撫浙江右僉都御史傅孟春回院。

辛亥。太僕寺卿常居敬爲右副都御史。巡撫浙江。

命內臣問內閣屢疏開礦何未覆也。申時行等言開礦貽害軍民。時易州人周言請開礦。御史邵以仁力言其不可。乃止。

給事中張棟劾總督梅友松巡撫都御史趙可懷奏報失實。疏略云。胡騎二萬而云六萬騎。往來虬寺堡馬家灘景古城在二十四日。洮泯間殺人如麻。而云絶無搶掠。生獲一人射酋長三人。斬級四十。而云受挫不爲不多。獨不念李聯芳等六將之踵亡乎。

壬子。南京鴻臚寺卿艾穆爲太僕寺卿。

癸丑。大猾徐從善結大璫盜內庫金寶。御史黄金發之。命下詔獄。籍其家。

甲寅。順天府尹朱孟震爲通政司使。

乙卯。戶部請停歲進買辦銀。不許。

光祿寺少卿王汝訓爲南京大理寺右少卿。

戊午。壽陽長公主薨。

丙寅。奪劉承嗣總兵官。總督梅友松削籍。巡撫趙可懷閒住。

巡按陝西御史崔景榮議增洮河總兵。不允。命分守洮河副總兵改協守。如値警。則固原總兵官策應。

丁卯。禮部請躬郊廟。上以疾辭。

十月己巳朔。命經略鄭洛兼陝西總督。其總督官于經略事竣徐推。

辛未。東虜土蠻族弟土蠻台猪自長勇堡山河臺深入鞍山驛。分兵攻海州北關。寧遠伯李成梁及副總兵李寧戰牛心山。敗之。虜遁。自是土蠻老而厭兵。稍戢。

壬申。巡撫貴州右僉都御史葉夢熊改巡撫陝西。

協守大同副總兵尤繼先爲總兵官。鎮守陝西。

插兒華虜達破阿爾壩。漸偪松潘。巡撫李尙思以聞。

癸酉。詔定助邊陞賞例。輸千金陞一級。至三級止。加銜至閒散五品。五千金以上優處。

乙亥。四川左布政使彭富爲右副都御史。巡撫貴州。

丁丑。許國再乞休。因請保聖躬。勤朝講。定儲貳。報聞。

戊寅。蠲臨洮被災軍民屯租。

己卯。許國力疾請建儲。則愚臣去留皆安。不報。

甲申。申時行等力疾申明邊計。下廷議。

兵部覆保定撫按言。湯家莊等處深曠。銀礦難尋。卽有一二。亦鉛多銀少。命仍閉之。

丁亥。吏部尙書宋纁等率羣臣請立儲。上怒。于是閣臣各引疾謝。上諭內閣曰。皇子質弱。少俟時月。長幼之序。豈有搖亂。朕前已面諭。今又來奏瀆耶。

戊子。申時行又請。不報。

己丑。王錫爵又請冊立。且乞休。不報。

庚寅。禮部尙書于愼行言。聖人擧事。必順人心。人心所同。卽天意所在。今元子冊立之禮。閣部臺諫先後章數十上。外戚都指揮使鄭國泰疏有云。皇貴妃跪而爭之。如此而天聽猶高。臣所未喩也。上諭不必煩言。離間天性。

辛卯。命鴻臚官宣慰大學士申時行。許國。王錫爵。曰頃者西陲不寧。煩囂沸鼎。一切妄言。朕悉置不省。昨命廷議軍國大計。正賴卿等主持。至冊立元儲。倫序已定。少俟候旨行。乃卿等杜門交章乞休。尙勉爲朕留。亟出視事。閣臣俱疏謝。復及立儲。俱優詔答之。

禮部尚書于愼行等又請册立。上怒其催激。曰爾等職司典禮。要君疑上。淆亂國本。亦難逃責。各罰俸三月。時申時行等引疾。王家屏閣中解之。上意稍釋。尋遣中官李俊諭家屏曰。建儲之禮。當于明年傳立。廷臣毋復奏擾。如有復請。直踰十五歲。家屏請示期。朝臣而隱其十五歲語。又度未必下也。則錄報禮部。于愼行如言奏覆曰。適奉玉音。謹已通行南北諸司。傳示大禮有期。令其靜俟。而亦隱十五歲語。上不懌。復令李俊諭家屏所傳示令卿知。奈何遽示禮臣。且部覆是何等語。會科疏亦上。並得譴責。家屏復言。宗社大計。非臣等一人所能定今疏屢請。又重罪之臣等不能傳示德音。以釋衆惑。且爲衆所詆。犬馬之情。誠非得已。上不報。

甲午。吏部等廷臣合奏。河湟之役。胡强我弱。不若少延時日。厚集芻餉。精選士馬。先檄胡王之東歸。後討火虜之逆罪。其他奉約不渝者。羈縻如故。在陛下英斷。勿爲羣議所惑。以督撫司道責之吏部。以總副參游責之兵部。各實心任事。信賞必罰。以飭邊備。庶有豸乎。

乙未。存問前吏部尚書張瀚。時年八十。

丙申。巡撫甘肅右僉都御史余之楨免。

王家屏奏謝天語口傳。宣布未周。不如親發綸音。播告尤速。擬揭一道。上命只口傳。明年各辦錢糧。後年春册立。如再瀆。定如前旨十五歲行。

十一月己亥朔。巡撫陝西右僉都御史趙可懷報。火落赤已離揑工川。迤南燬其寺。兵部言。各塞俱燒荒。獨陝西不及。今宜舉行審機圖之。

庚子。上責內閣先生何傳各衙門瀆擾。今勿復爾。申時行等乞寬宥。勿以臣等奉宣無狀。遂介宸衷。

癸卯。起賈待問右副都御史巡撫甘肅。

廣寧伯劉嗣德卒。

甲辰。套酋卜失兎乞受罰。莊禿賴明愛台吉亦叩關還所掠人畜。兵部議仍市賞。

乙巳。吏部驗封主事鄒元標言四事。枰頭之苦。虛糧之苦。由票之苦。積荒之苦。部覆行之。

己酉。庶吉士吳之望服除。爲吏科給事中。

予故太常寺少卿馬從謙祭葬。

癸丑。巡撫湖廣右副都御史秦燿免。河南右布政使戴光啓致仕。御史郭實論燿阿附權貴。光啓科場徇私也。初燿檄取衡永八百金。桂陽郴州道州三百金。耒陽等縣各六十金。以餽京官。仍繳原檄。時有旨留用衡州同知沈鈇奏其黷貨。所徵全楚萬五千金。言官交論。遂落職。

經略鄭洛言。火落赤據莽剌捏工二川。皆從甘肅寄徑深入。流禍至此。往虜未款。套虜掠番。曾此假道。猶畏我兵。不敢肆行。今火落赤眞相台吉糾諸部夷敢爲犯順。以二川爲窟。視洮河二川爲番地。是甘肅之邊防。乃流虜所必經也。今套虜聲言。西行必經甘肅。年復一年。夷漢雜處。及今不圖。後將大壞。臣至蘭州。令撫按偵北來諸酋。當曉諭不許徑行塞內。若執迷不悔。督兵堵截。又火落赤未創。虜五大部蟻屯海上。必虜黨漸移。則孤雛自困。相機而勦。庶中機宜。上然之。

己未。先是鴻臚寺序班劉文潤輸邊。添註詹事府錄事。以貲郎調用。

壬戌。清江王府鎭國中尉經扣。以毆按察使顧問。廢爲庶人。幷經涏錮之高墻。

甲子。順天府丞李禎爲右僉都御史。巡撫湖廣。光祿寺少卿董裕爲太僕寺少卿。

丙寅。前工部尚書何起鳴卒。起鳴字□□。內江人。嘉靖己未進士。年□十□。贈太子太保。予祭葬。

十二月己巳朔。吏部驗封主事鄒元標再推文選員外郎。不報。吏部以職掌請。有旨切責。調南京刑部署員外郎事主事添註。一時連罪者。給事中楊文煥楊文舉降三級。劉弘寶張應登等御史何選皆罰俸。文煥謫典史。

改夏鎭故工部尙書朱衡祠爲敕建。

乙亥。兵部考察天下軍政。

丙子。復故翰林院學士解縉官諡。成化初。縉子中書舍人禎亮以恩例追贈縉朝議大夫贊治少尹。仍廣西布政司右參議。故鄒元標請復之。

壬午。望。夜。月食。

禮部右侍郞黃鳳翔予告。

詔清理南京織染局匠役。

先是。巡撫貴州右僉都御史葉夢熊論播州宣慰使楊應龍兇惡不道。東川道兵備副使朱運昌縱其惡。巡按御史陳效亦劾應龍十二罪。而四川巡撫右副都御史李尙思以防禦松潘。請徵播州兵。巡按御史李化龍亦請免勘。此懲彼宥。黔蜀異議。于是兵科都給事中張希皐給事中陳尙象乞遣科臣公勘。或勦或貰。毋執成心。章下兵部。

遣閱視官右通政穆來輔薊鎭。兼閱保定昌平。大理寺右少卿王世揚延綏。光祿寺少卿曾乾亨大同。尙寶司丞周弘論寧夏。兵科都給事中張棟固原。吏科左給事中侯先春遼東。工科右給事中鍾羽正宣府。兵科給事中張貞觀山西。工科給事中李汝華甘肅。穆來輔等仍兼監察御史。來輔河南道。世揚弘論陝西道。乾亨山西道。

鎭守湖廣武靖伯趙光遠罷。

丁亥。南京禮部右侍郞趙用賢爲禮部右侍郞兼翰林院侍讀學士。

庚寅。累朝訓錄錄竣。共一千九百二十八卷。

辛卯。宣城伯衞國本革任。
陝西天鼓鳴。
壬辰。存問南京刑部尚書陳其學。時年八十。
甲午。國子祭酒劉元霖爲禮部右侍郎兼翰林院侍讀學士。左春坊左庶子盛訥爲國子祭酒。
是年大饑。

辛卯萬曆十九年

正月戊朔。免朝賀。閣臣詣會極門行禮。
己亥。申時行等請躬享太廟。上稱疾不任。遣代。
壬寅。兵部覆兵科給事中薛三才所請核禁衞之賞。嚴邊將之罰。上從之。
革□□北路參將龐承恩。
癸卯。以訓錄事竣。進申時行太師。廕中書舍人。許國少師。王錫爵少傅。王家屏太子太保。各固辭。遂賜金八十。幣四雙。
錦衣衞都指揮同知許茂檞署衞事。都指揮使李如楨提督街道。
命勳衞子弟赴京營練習。從巡視科道官辟舉。
前軍都督府僉書常胤緒改南京左軍都督府僉書。永康侯徐文煒改前府。
乙巳。薊鎮馬蘭路地震。
中軍都督府僉書侯之冑爲總兵官。鎮守貴州。協守大同副總兵署都督僉書李東暘爲鎮朔將軍總兵官。鎮守宣府。□□參將陳汝忠爲署都督僉事神機營右副將。

丙午。陽武侯薛釭爲前軍都督府僉書。南和伯方曄爲中軍都督府僉書。

經略鄭洛報甘肅拒路西虜不從。毀水泉營邊墻。擊斬八十八級。其炒胡兒青台吉打兒二部。虜共五千七百帳。俱驅出塞外。

南京中軍都督府僉書寧陽侯陳應詔爲左軍都督府僉書。豐城侯李環爲前軍都督府僉書。

戊申。禮科都給事中胡汝寧奏瀋王珵堯謂祖靈川王繼叔祖懷王之後進封。父宣王恬焌及珵堯俱襲封。而弟珵埕珵珽亦得封爲郡王。意在推恩。但宗藩要例。凡郡王進封親王者。子孫除承襲外。其餘各依原封世次授本爵。不准加封。王安得妄請以撓成法乎。奉旨。名封王。仍支將軍祿。情法兩全。再不必執奏。臣竊謂今以後諸宗有請。遽抑之則已開其端。欲概與之則又嫌于濫。得之爲非分之榮。失之抱不均之歎。臣恐紹祖敦睦者誼不如是。上不聽。

己酉。魏國公徐繼忠爲南京中軍都督府僉書。

庚戌。南京前軍都督府僉事歐繼宗。前保定總兵官尹秉衡。南京右軍都督府僉事王化熙。爲左軍右軍中軍都督府僉事。

乙卯。前總督陝西三邊左副都御史鄧喬林卒。

丁巳。榮妃王氏薨。

戊午。鄭洛報卜失兔駐牧甘肅。屢盜邊。仍率衆西行。應援火落赤。共擊斬九十三級。大酋級五。奪畜產一萬八千有奇。甲帳三千六百有奇。

庚申。上病目。

四川左布政使鄒善致仕。加太常寺卿。

辛酉。鄭王厚烷薨年七十一。謚曰恭王。好學下士。自少至老衣食蔬布。享國五十五年。

前南京刑部尚書王世貞卒。世貞字元美。太倉人。嘉靖丙辰進士。授刑部主事。歷郎中。遷山東按察副使備兵青州。有能聲。父總督忬罹禍。家居十年。隆慶初補官。歷右副都御史撫治鄖陽。累進今秩。夙負名節。練習掌故。雅志不朽。所著弇州四部稿續稿別集。卓然推一代詞宗。年六十八。予祭葬。贈太子少保。

屠隆曰。古之王祥德掩其言。今之元美言掩其德。王祥不在能言之科。間與談論理致淸遠。是德掩其言也。元美作藝苑卮言。鞭撻千古。揞擊當代。筆挾淸霜。舌掉電光。天下士大夫讀其文想其丰采。遠聽遙度。必以爲輕俊薄夫。而不知其爲人殊長者。識無所不綜。而量無所不包。寬仁愛人。盛德之聲滿里閈。而或不盡聞于薄海內外。是言掩其德也。

癸亥。詹事陳于陛爲禮部右侍郎。仍兼翰林院侍讀學士。署詹事府。

革雲南黔國公沐昌祚章服。俟改省給之。

甲子。工科給事中楊其休等請停減燒造。不允。

乙丑。旌周府鎭國中尉睦𣝣以捐祿四百石賑饑也。

丁卯。翰林院編修鄧以讚爲右春坊右中允。署國子司業。

二月戊朔。前四川總兵官李應祥爲南京右軍都督府僉事。兵科給事中薛三才論止之。

涼州右副總兵陳霞爲署都督僉事。五軍營左副將。

威茂諸番攻新橋圍普安等堡。官軍援之。乃退。

己巳。湖廣四川貴州採木畢。勞賜各官有差。

庚午。禮部覆國子祭酒劉元震以國學人少。乞行選貢法。從之。

署右軍都督府事成山伯王應龍罷。

壬申。靖遠伯王學禮署前軍都督府事。學禮以弟襲兄爵。戶部奏祿例減百石。如旁支例減二百石。減而不及五百石者准免。

戶部主事王堦請停遣閱視官。不聽。

經略陝西宣大山西尚書鄭洛辭總督三邊軍務。專于經略。從之。

癸酉。狼山副總兵朱光先爲總兵官。鎮守廣東。

甲戌。南京禮科給事中朱維藩請端政本。御朝講。仍召見大臣。商用人行政之要。部覆。上不報。

丁亥。進鄭洛少保。

彰武伯楊世階爲右軍都督府僉事。

丙子。前巡撫大同右僉都御史鄧喬林總督陝西三邊軍務。喬林先卒。未知也。

丁丑。甘肅涼州衞見白氣入月。

庚辰。南京兵部尚書楊成致仕。進太子少保。

楚府武岡王顯槐薨。

乙酉。南京戶部尚書舒應龍改南京兵部尚書。

御史劉會請停各省京考。不聽。

甘肅行太僕寺卿熊瑞削籍。初巡按御史崔景榮劾瑞昏耄。例降調。瑞奏辨。詆景榮聞虜警留劉承嗣護援。致虜犯洮河不及救。又通屬吏交際。上欲譴景榮以閣臣解。竟斥瑞。

總兵尤繼先等率兵至莽剌川。值火落赤。擊斬五百四十五級。擒十四人。畜產三千餘。又續斬十一級。擒五人。

慶府綏德王伸域薨。

丁亥。命講章仍進其開講。俟疾愈行之。

戊子。命川貴撫按會勘播州楊應龍。不遣科臣。

己丑。南京工部尙書張孟男改南京戶部尙書。

辛卯。南京右都御史衷貞吉爲南京工部尙書。

甲午。奪前游擊將軍鄧子龍秩。念其破緬甸功。許從戎自効。

乙未。工部左侍郎朱天球爲右副都御史。

招降甘肅番族三千餘人。

丙申。前湖廣提學副使顏鯨卒。鯨字□□。慈谿人。嘉靖丙辰進士。授行人。拜御史。按河南。奏廢伊王典楧。又辨大興令高世儒之誣。劾都督朱希孝。謫安仁典史。起寶慶推官。砥行力學終其身。

興化府地震。

三月酊朔。翰林院庶吉士李啓美爲檢討。

庚子。南京鴻臚寺卿何以尙致仕。加太僕寺卿。

癸卯。陳于陛周世選爲工部左右侍郎。

順義王撦力克等自西海回巢。

甲辰。總督兩廣軍務劉繼文爲戶部右侍郎。

乙巳。巡按淮揚御史龔承雲枉道回里。被劾調應天府簡較。

誠意伯劉世延占人產被論。奪歲祿。

夜。柳州地震。

丙午。禮部尚書范謙等言。秦王誼漶以靖王嫡第三子進襲親王。今又欲進其庶兄郡王。大違典例。皇上既是科臣之議。而前後明旨曰不爲例。曰以後不許援例瀆請。然語云。行法自貴近始。誼漶原奉國中尉。後加封鎮國將軍。爵踰五級。應改正者未改正。而不應加封者乃欲加封。何牽附弘圖之若此也。不聽。

丁未。前南京工部右侍郞董堯封爲南京戶部右侍郞。總督漕儲。撫治鄖陽右副都御史蕭彥總督兩廣軍務兼理糧餉鹽法。巡撫廣東。

庚戌。申時行一品滿九年。進太傅。支伯爵俸。廕尚寶司丞。辭太傅伯俸。

提督操江南京右僉都御史陳有年爲左副都御史。

甲寅。禮部左侍郞兼翰林院侍讀學士田一儁卒。一儁字德萬。將樂人。隆慶戊辰舉禮闈第一。選庶吉士。授編修。歷修撰侍讀。丁丑。欲止張相奪情。不果。予告。久之。張相敗。補原官。歷祭酒禮部右侍郞。轉左。恬澹寡慕。居恆辨一介。然不以潔自標。方予告。遽卒。予祭葬。贈禮部尚書。

丙辰。夜。彗見胃室間。尾長二尺。

丁巳。應天府尹邵仲祿爲南京右僉都御史。提督操江兼管軍務。

戊午。罷南京太常寺卿郭東。

兵部購緬酋賞格。

泗州護城石隄成。

己未。南京太僕寺卿楊廷相爲應天府尹。

庚申。羅定州西寧縣大雨雹。

辛酉。前南京戶部尚書魏學曾爲兵部尚書兼右副都御史總督陝西三邊軍務。學曾家居。先具疏主戰斥和。士論歸之。經略鄭洛遣送符印至家。學曾復稱疾不受。反符印于藩司。

太僕寺少卿唐堯卿爲南京太僕寺卿。

甲子。戶部覆御史樊玉衡上屯政四議。廣招佃。清隱伏。嚴稽核。重勸懲。命行之。

閏三月甗朔。夜。彗入婁宿。

申時行次子用嘉贄湖州董氏。壬午舉于浙。或言其私。時行請覆試。置不問。至是又摘及。時行請革貢士。准承廕。且乞休。不允。

丁卯。禁治邊丁虛報。

己巳。昌平地震。

辛未。遼東乏馬。發太僕寺金十一萬七千餘兩給之。

壬申。上諭內閣。以廟享屢代。朝講久廢。乃左右奸頑之所激。又諭內侍邢銑。擅行威福。結交宮婢。已出之。

通政司使朱孟震爲右副都御史提督雁門等關兼巡撫山西。

乙亥。慶遠府地震。

丙子。左通政杜其驕爲通政使。

副總兵董元鎮爲征蠻將軍都督僉事總兵官鎮守廣西。

丁丑。諭修省。

己卯。諭責科道官風聞訕上。各奪歲俸。

甲申。予故廣東總兵官中軍都督府右都督張元勳祭葬。

丁亥。遼東鎮西堡災。

己丑。令逐遊僧。

癸卯。前撫治鄖陽右副都御史裴應章爲戶部左侍郎。疾不赴。

是春。易州人張世才請採礦。章下所司。往嘉靖間。薊州李昇嵩縣刁滕言開採。命內臣崔文千戶仝爵採薊二十萬。金戶部主事沈應乾千戶李鋐採嵩三十萬。金去年。易州人周言謂採礦無妨陵脉。而世才謂易州孤山秋坡去天壽山五六百里。隔居庸紫荊倒馬三關。烏能渡渾河而泄地靈乎。

四月軿朔。上享太廟。

先是遼東副總兵李平胡等報虜入犯。先出塞襲斬二百餘級。

戊戌。議勘播州楊應龍事。時巡撫貴州葉夢熊欲五司改土爲流。悉屬重慶。巡撫四川李尙思不以爲然。因求去。不允。

庚子。南京戶部右侍郎劉繼文爲兵部右侍郎。

廣西渠答等十六村。原屬武黎廢縣界。思明府忠州江州間。遂占于忠州。又江州賄奪。自設新寧州。以武黎四都隸之。因改十六村屬焉。戍七百人。

壬寅。兵科給事中王德完言。虜情叵測。其言歸而不歸也。誠恐蓄奸圖逞。蹂躪必甚。部覆。上命鄭洛魏學曾相機調度。

甲辰。傳制封德世子常淛爲德王。

乙巳。夜。火星犯箕。

戊申。南京光祿寺卿沈節甫爲南京太常寺卿。

壬子。京師雨雹。

右通政謝杰爲南京光祿寺卿。

予故慶都伯杜繼宗祭葬。

癸丑。巡撫廣西右副都御史蔡汝賢爲南京兵部右侍郎。

甲寅。太常寺少卿孫鑛爲右通政。

丙辰。刑部尚書陸光祖爲吏部尚書。

丁巳。閣臣請視朝。未允。

東虜速□犯遼東。官軍擊斬二百四十七級。

庚申。南京禮部主事湯顯祖因星變劾首輔申時行欺蔽天日。如吏科左給事中楊文舉賑荒通賄。禮科給事中胡汝寧號蝦蟆給事。皆時行所黨護也。忤旨。謫徐聞典史。

辛酉。遵化天鼓鳴。隕石二。各重數斤。

五月乙丑朔。丁卯。漳州府地震。

己巳。前兵部尚書趙錦爲刑部尚書。四川左布政使陳蕖爲右僉都御史巡撫廣西。

復設貴州海防參將。

虜入石門路。

癸酉。江西道御史王之棟論刑部尚書趙錦年老及吏部尚書陸光祖。

議開魁山支河。

甲戌。漳州地復震。雷擊太平路喜峯墩臺。

乙亥。吏部尚書宋纁卒。贈太子太保。謚莊敏。予祭葬。纁字□□。商丘人。嘉靖己未進士。

史車二酋寇邊。革賞又犯邊。擊敗之。

丙子。國子祭酒盛訥爲少詹事。

丁丑。上視朝。

吏部□□主事周應鼇。被論調用。

庚辰。夜月食

南京刑部尚書魏時亮卒。時亮字舜卿。南昌人。嘉靖己未進士。授中書舍人。進吏科給事中。使朝鮮。轉太僕少卿。去。復薦起南京大理寺丞。至今官。

鄒元標曰先生孳孳講學而躬行爲務。昔官中大夫。歲租不能供一飽。怡然自若。常人砥礪。稍被挫折。自度計無復之。鮮不回面易心者。先生被權臣中錮。例不得復用。甘守衡門。不一失足公廷。持己何嚴也。故曰先生儒者之典刑也。

壬午。四川四哨番賊作亂。官兵擊斬七百餘級。

乙酉。吏部右侍郎王用汲爲南京刑部尚書。

南京國子祭酒張一桂爲國子祭酒。

己丑。總督漕運都御史周寀爲吏部右侍郎。右春坊右中允署國子司業鄧以讚爲南京國子祭酒。

甘肅隕星二。又天降白氣。天鼓鳴。

壬辰。尙寶司丞孟一脉爲南京通政司參議。

平秀吉篡日本國。秀吉本仝州人奴。或云慈谿陸氏。嘉靖末從粵盜曾一本而敗。亡命日本。國王任之。善用兵。自稱關白。猶漢大將軍也。遂篡立。

貴州石阡府龍見。

設新貴縣。屬貴陽。

六月甲午朔。工部左侍郎陳于陛爲總督漕運兼巡撫鳳陽。

乙未。翰林院修撰蕭良有爲右春坊右中允。署國子司業。

兵部覆兵科給事中李汝華言。順義王之歸。原爲火落赤之勢。今順義王僅移帳狠灣。去仰華寺纔五百里。虜亡慮數萬。經略兵止數千。原馬價三十二萬。止餘十四萬。餉費不貲。此時不當求虜。惟先自治。須集兵儲餉。豫據險要。俾戰則勝。守則固。虜之歸不歸。第聽之耳。

魁山支河成。徐州積水縮盡。

戊戌。太原府五臺交城等縣地震。

大理寺卿盧維楨爲工部左侍郎。

鄭世子載堉引疾辭府事。不許。

辛丑。巡撫福建右副都御史趙參魯爲大理寺卿。

壬寅。陽和城星隕。天鼓鳴。

甲辰。巡撫四川右副都御史李尙思報勦松坪惡番。斬獲二百六十五人。

丁未。太常寺卿張汝濟爲右僉都御史。巡撫福建。

戊申。大學士王錫爵求歸省。不允。

庚戌。慈谿茅家浦涌血。
壬子。許王錫爵歸省。
夜。火星犯箕。
甲寅。大同左衞天鳴。
己未。巡撫雲南右僉都御史吳定疾去。
公安大水。有怪形如斗。首赤身黑。修二丈有奇。所至隄潰。
癸亥。福州地震。
蘇松大水。溺人數萬。
七月甲子朔。乙丑。廣西南灣地震。
先是。遼東解額五名附順天。皆南人占之。御史胡克儉請卷上註邊字。著爲令。
光祿寺丞朱維京言。經略鄭洛禦虜。輒爲兩可之詞。以相愚弄。至可慮者。洛主和。總督魏學曾巡撫葉夢熊主戰。牴牾如此。能無僨事。宜洛還朝。專委學曾。庶得展布。報聞。
甘肅地震。
戊辰。工部尚書曾同亨奏定紅器歲造一萬四千八百七十件。柴炭二項。剡票爲額。此外即爲續添。或不太濫。從之。
己巳。予故工部左侍郎金立敬祭葬。立敬。臨海人。嘉靖□□進士。授兵部主事。歷山西按察使。終養。後補江西。至今秩致仕。
庚午。光祿寺卿陳大科爲太常寺卿。

癸酉。起萬世德巡撫□□□□。梁雲龍爲監軍。巡按山東御史胡克儉劾寧遠伯李成梁去年十月報敗虜。今年閱科到鎮。乃襲殺板升漢人二百餘人。回值虜。李寧先奔。蹂躪死者亡算。或參疏至大學士申時行許國。各曲庇。本兵王一鶚逐半年不覆李寧疏。矣幷及總督蹇達巡撫郝杰兵科都給事中張應登申維岱劉葵曲庇。上以懸度責之。克儉又論左都御史李世達于是。左副都御史陳有年等劾克儉挾私妄奏。鐫二級謫蘄水縣丞。

甲戌。西寧衞星隕天鼓鳴。

南京光祿寺卿謝杰改北。

丙子。前南京太僕寺卿沈思孝爲南京光祿寺卿。

順義王撦力克假道言歸復。改從鎮羌堡吉囊亦佯服。陰購套虜。巡按陝西御史王有功以聞。請停順義王歲賞二十萬。賚甘肅戰守。仍諭其速歸。海上諸虜亦諭令解散。命議行之。

己卯。禮部題山東考官給事中李周策主事楊鳳預泄之。御史李唐以聞。乃改給事中劉爲楫主事蔡應麟。罰禮官俸有差。

庚辰。大風。寧波紹興松江蘇常濱海潮溢。傷稼渰人畜亡算。明日太倉訛言倭至。閉城人爭門而溺。甲申。復大風。

敕南京巡視京營御史兼巡視倉場。

癸未。浙江福建報日本倭誘琉球入犯。許國以聞。

上諭部院曰。祖宗設官分職。上下相統。內外相維。官守言責。各有司存。近來或卑凌尊。或新間舊。或僚屬而制官長。或外吏而排閣臣。致國事紛紛。朝綱凌替。大臣解體。爭欲乞身。國無其人。誰與共理。今後有干名犯分抵冒誣蠛典憲昭然定不輕貸。

乙酉內府各監局匠隆慶初額一萬五千八百八十四人至三年定一萬三千三百六十七人。工科給事中楊其休言其冒濫。今新額外有闕勿補上命如舊。

丁亥福建按察僉事李琯劾申時行十罪曰鹽城訓導龐尙鴻奏壽宮有水寖不上。曰倡上欲易儲之說示己擁立功曰請敕諭禁言路。曰司業劉應秋御史章守誠主事蔡時鼎列時行罪狀留中不下。曰子用嘉冒籍中浙江。壻李鴻冒籍納監沈璟強汪讓代中。曰舍人宋九通賄納京衞經歷不歷俸得雙封。曰私部光先引寇。曰私李成梁掩敗。曰擠尙書宋纁給事張養蒙。曰受胡維新珠寶起用。曰納李時孝寶玉兔勘王錫爵感其接引而攻李植其女爲妖蛇所污。計作曇陽子傳自稱奉道弟子。私黃弘憲主考而收其子衡解元。排公一揚受賄建言。使皇上疑言官樹私宜併罷斥。時行引疾。許國謂臬司糾閣臣無例命下部科參議削其籍。

八月癸卯朔。兵科給事中王德完請裁李成梁李如松一門兵權太盛。不聽。

經略尙書鄭洛言。五月以來。順義王遁歸羣疑羣起。報卜失兔調兵無據。今甘肅飭備。如松套諸虜蠢動。亟行堵截。在固原火落赤眞相台吉遠遁。又歸德過其南渡稱兵拒守。俾洮河之堂奧亡虞。松山之虜在賀蘭山後安牧無他志。第修市約愼戰備。則寧夏事也。延綏于制馭二酋可暫安。稍警則報甘肅犄角。此延綏事也。上然之。

兵科給事中王德完上言。今士氣日弱。虜事日廢。以三蠹未除。二策未審也。何謂三蠹。曰欺邊吏以謾罔爲生計也。曰徇市賞以胡求爲內應也。曰虛失事。經年未見置防益兵也。何謂二策。謹守盟誓。目前之策。大修戰具。經久之策。上是之。

甲午。閱視寧夏尙寶司丞周私禴上言。虜擣力克西行。似在七八月。開市須十月。則吾可縻之。前約由扁都口歸。又約由大峪關歸。今已六月。則歸志決矣。宜遲市賞以繫其心。若善後之策有三。來春分據莽剌捏工二川。召生熟番爲犄角。南連松茂。北連甘寧。隨地屯種比胡至我險已守。番翼已成。上策也。移督師于洮河。委歸德爲孤注。修二十四關隘而分守之。中策也。往來浪戰。下策也。章下兵部。

丁酉。蠲彰德衞輝災租懷慶各縣酌減之。

臨鞏兵備道劉光國報收生熟番部落二萬一千三百餘人。西寧分巡肅州等道報招熟番八千二百七十餘人。

己亥。禮部請御朝。上引疾未允。

癸卯。皇五子常浩生。

甲辰。翰林院庶吉士黃輝莊天合王肯堂劉曰寧爲編修。區大相周如砥林堯俞馮有經爲簡討。吳鴻功羅棟郭士吉爲給事中。喬胤徐彥登馮從吾顧際明爲監察御史。

廣東總兵官朱先廣西總兵官董元鎮互調。

鄭洛報虜□阿赤克等自鎮羌堡出塞。

丁未。戶部尚書石星改兵部尚書。

壬子。工部營繕司主事萬有德言大禮屆期儀物未備。請卽圖之。上怒其煩擾。奪俸三月。諭冊立事俾二十一年舉行。

癸丑。申時行久在告。請申前諭明春冊立之旨。報聞。

工部尚書曾同亨請明春冊立。毋改期。不聽。

總督倉場戶部尚書楊俊民爲戶部尚書。

逮黔國公沐昌祚。時官兵征緬甸賊。忽飛帖云係子粒良民。賊亦書子粒良民于旗。官兵遂退。巡撫吳定兵科王德完俱劾昌祚。遂逮之

甲寅。申時行許國王家屏同請明春册立。不聽。謂萬有德自其職掌。揭首列時行名。命中使詰時行。先生何比小臣也。時行奏謝。同官列臣名。實無預焉。故事揭存閣中。至是發禮科。時行亟收去。衆疑大鬨

丁巳。刑部左侍郎李戴爲右都御史。兼戶部尚書。

己未。調巡撫寧夏右□都御史鍾化民。

庚申。邵陞陳有年爲刑部左右侍郎。

南畿浙江江西山東河南大旱。德平知縣崔士棨報災。巡按山東御史宋應昌召縣丞董用賓問狀。言災而不甚。遂廷質爭辨。邑人持殘禾蝗至者五千餘人。應昌寬解之。已劾士棨失實。又參政荊州俊退有後言。兵科給事中王德完謂其非是。左都御史李世達覆議。命其指實。戶科給事中吳鴻功亦言之。

瞿九思曰。王成豈非西京循吏哉。乃亦虛增戶口乎。德平之役。起于愛民太甚。御史亦第論其報勘不實耳。而給諫則不得不爲紀綱惜。且以五千人之德平。揚揚擁蝗蟲而走會城。甚矣哉。欲以敝屨而加首也。悲夫。孔子曰。名不正則言不順。信哉是言也。

是月。各京省主考。順天□諭德曾朝楫馮琦。應天□諭德陸可教中允余繼登。浙江翰林編修李庭機。刑科右給事中梅國樓。江西修撰朱國祚。戶科右給事中葉初春。福建禮科右給事中孟養浩。禮部主事姜鏡。湖廣兵科左給事中張應登。禮部主事唐伯元。河南禮科左給事中丁懋遜。禮部主事陳泰來。山東刑科給事中劉爲楫。吏部主事蔡應麟。山西刑科左給事中李獻可。戶部主事梅守峻。陝西吏部主事麻溶。兵部主事于若瀛。四川戶科給事中陸尙賢。工部主事吳鴻洙。廣東吏部主事唐世堯。刑部主事葉修。廣西兵部主事胡桂芳。工部

主事吳宗熹。雲南刑部員外郞莫睿戶部主事李開藻。貴州刑部主事王命爵大理寺評事黎芳。

九月癸亥朔。左僉都御史傅孟春爲左副都御史。

禮科都給事中羅大紘劾申時行同官閣揭云臣不預知。至于近事。漫無可否。但云社稷至計。裁自宸衷。毋惑羣議。遁其詞以賣友。秘其語以誤君。乞與臣併斥。上怒。謫揭陽典史。

禮科都給事中胡汝寧論許國申時行各有失。上不問。

甲子。武英殿辦事中書舍人黃正賓言申時行密揭排擠同官。與所奏大相矛盾。其揭云。以請冊立原非其意。而輔臣許國代書之。總恐犯首事之罪。而外欲博建立之功。萬一激瀆上怒。又將歸咎于兩輔。惟知排擠同官而不計其詭。醜狀至此。乞嚴加罷斥。上怒正賓卑秩。必有嗾使者。下鎭撫司獄。廷杖削籍。

罷甘肅巡撫賈待問。宣府巡撫郭四維。

乙丑。命薊鎭宣府大同督撫官勦叛夷史車二酋。

丙寅。中軍都督府僉書王化熙爲總兵官鎭守廣西。

丁卯。巡撫保定右僉都御史宋仕爲左僉都御史。

戊辰。鎭守山西總兵官李如松爲中軍都督府僉事。

經略尙書鄭洛言。臣至金城。與各道同詰責順義王。引罪。虜使云。洮河之事。順義王尙在甘州。河州之事。恨火落赤誤入漢地。今從順義王回巢。則套虜卜失兔松虜宰賽皆可次第解散矣。

泗州大水。淹公署三尺。因淮水高于城。反灌。溺人亡算。浸及祖陵。

己巳。諭申時行等入直。

許國乞休。許之。國併請冊立。毋以一夫輕言。遂妨廟計。仍明春如期勿改。上責其託故要君。且又煩激。意何也。

辛未。夜。月犯熒惑。

羅大紘削籍。以各科鍾羽正等乞容也。羽正等奪俸有差。

壬申。大學士許國引疾去。

朱國楨曰。申時行初無他意。謂臣下不失信于皇上。而後可望皇上之從。故以此自明。冀上之諒而無改舊諭。然上之易期。匪朝伊夕。不待有德之疏。二相之揭。時行宜從衆待罪。而周旋太過。犯此嫌疑。故大紘正實之忠自在。而必欲以此實時行之罪。則情有可原。且亦事理之必無也。

癸酉。王家屛求去。未允。

御史馬朝陽疏救羅大紘。奪歲俸。

五臺礦盜張守淸等前受撫。又嘯聚黃草梁山。劫阜平。被勦。勢迫乃降。

協守寧夏副總兵解一淸爲總兵官。鎭守山西。

甲戌。申時行求去。許之。

乙亥。諭王家屛曰。近來假建言傾陷成風。朋謀攻擊。今二輔回籍。朕親覽章奏。卿可遵旨入直。

丁丑。大學士趙志皐張位入直。

前太子少保兵部尙書王一鶚卒。一鶚字□□。曲周人。嘉靖癸丑進士。授南京刑部主事。歷薊鎭參政。進按察使。巡撫順天。修墩臺成。移宣府。貢市成。進兵部左侍郎。協理京營。憂去。起原官。巡撫順天。進總督薊遼保定。有戰功。進尙書。入爲本兵。加太子少保。致仕。卒。予祭葬。贈太子太保。

大同總兵官麻貴免。

戊寅。鳳陽地震。

禮部尚書于愼行致仕。巡撫應天右僉都御史李淶疾去。巡撫順天右僉都御史王致祥致仕。

嘉興湖州大雨水傷稼。折免田租有差。

陝西總兵尤繼先罷。尋命仍鎭固原。

辛巳。巡撫陝西右僉都御史葉夢熊移甘肅。

閱視延綏大理寺左少卿王世揚爲右僉都御史。巡撫宣府。兵部左侍郞許守謙致仕。

壬午。吏部尚書陸光祖言閣臣由廷推。今申時行密薦趙志皐張位。雖二臣之賢不負所舉。恐開徇私植黨之門。命不爲例。

癸未。王基陳有年爲戶兵部左侍郞。禮部左侍郞李長春爲尚書。禮部左侍郞羅萬化爲吏部左侍郞。南京光祿寺卿沈思孝爲右僉都御史。巡撫陝西。

免眞定順德廣平大名旱災田租有差。

乙酉。鎭守居庸昌平總兵官龎承恩爲鎭朔將軍總兵官。鎭守宣府。

丁亥。巡撫江西右僉都御史任養心改巡撫保定。提督紫荆倒馬等關。

禮部右侍郞韓世能爲左侍郞。巡撫四川右副都御史李尙思爲刑部右侍郞。

史僉合安免以二千騎犯宣府。

鎭守保定總兵官楊紹勳改鎭居庸昌平。

己丑。平陽府地震。

提督操江南京右僉都御史邵仲祿改巡撫江西。太僕寺少卿艾穆爲右僉都御史。巡撫四川。山西按察使成遜爲右僉都御史。巡撫順天。左僉都御史宋仕改巡撫應天。

協守大同副總兵倪尙忠爲總兵官鎭守保定。

十月陜朔時京衞官誤聞截俸羣入長安門欲訴內閣值工部尙書曾同亨而譁。兵部尙書石星至方散。以同亨弟給事中乾亨閱視大同奏減俸也。

通政司左通政孫鑛爲左僉都御史。浙江左布政使蔡國珍爲南京右副都御史提督操江。

丙申歸省大學士王錫爵求終養不許。

諭吏兵二部申飭各官。

提督四夷館太常寺少卿劉養孟爲右通政山東右布政使范謙爲太僕寺卿。

丁酉京城巡捕左參將宋三省提督京城巡捕官署都督僉事。

戊戌山丹衞地震壞城郭。

庚子戶部□侍郎石應岳調南京。

辛丑薊鎭告警命嚴邊備。

壬寅王家屛乞發章奏留中者。

貴州布政司左參政王時槐爲南京鴻臚寺卿。

揚州邵伯湖隄高郵州南北關以大風雨水決。

乙巳前提督操江右僉都御史胡嘉謨降貴州布政司左參議南京光祿寺丞董基爲大理寺右寺丞。

減保定平谷二縣寄養馬匹。

南京總督糧儲戶部右侍郎董堯封爲戶部右侍郎。

戊申南京太常寺卿沈節甫爲南京大理寺卿南京太僕寺少卿王汝訓爲太常寺少卿。

辛亥。太僕寺少卿朱鴻謨董裕爲大理寺左右少卿。尙寶司丞周弘禴爲少卿。

乙卯。前南京鴻臚寺少卿王樵補南京太僕寺少卿。禮部儀制司主事唐伯元改尙寶司丞。

南京刑部右侍郎余懋學爲南京戶部右侍郎。總督糧儲太常寺卿署國子司業張一桂爲南京禮部右侍郎。

丙辰。福建右布政使張明正爲南京太常寺卿。

太子少保刑部尙書趙錦赴召。卒于蘇州。錦字元朴。餘姚人。嘉靖甲辰進士。知江陰。進南京御史。壬子。淸戎雲南。馳劾嚴嵩下獄。隆慶初。起家。歷今官。端方淸介。摧擊權要。三任總臺。晚節尤堅。年□十□。予祭葬。贈太子太保。謚端肅。

沈一貫曰。予嘗謂學者平情于好惡之難。見善人而好之。見惡人而惡之。塗之人盡然。何必君子。所稱君子者。善惡之等萬。而善善惡惡之等亦萬。稱其情實。不失錙銖。而後謂之平。江陵之獄。欲縱之與欲深之者。其心非盡公。其事非甚平。而不欲冤之者。惟公一人。若分宜本公所戟手怨入骨髓也。而猶白其子非叛。撫貴竹時。見分宜厝道旁。爲之咨嗟徘徊。屬監司護之乃去。此豈以好惡滯于胸者耶。此其好惡豈爲分宜江陵起耶。世之學者。一好之終身不忘。一惡之終身不忘。嗟乎。得趙公天下不足平矣。

己未。易州天鳴。

庚申。太僕寺卿范謙爲太常寺卿。署國子祭酒。

辛酉。江西按察僉事朱廷益爲南京光祿寺少卿。河南左參政張養蒙爲太僕寺少卿。

十一月癸亥朔。河南左布政使孫鑨爲太僕寺卿。

解絳地震。

丙寅。前廣東按察僉事管志道補湖廣按察僉事。

朝鮮國王李昖報五月有僧云日本平秀吉併六十餘州。琉球南蠻皆服。期明年三月相犯。

戊辰。彰德王府火。議助建。

壬申。鑄登萊等處備倭關防。

癸酉。猗氏天鼓鳴。白氣凝聚。

築寧夏河東秦壩漢壩浚大渠北達鴛鴦諸湖。

甲戌。南京太僕寺少卿王樵爲南京光祿寺卿。

乙亥。吉囊以二千騎犯河西。游擊姜河拒之。斬五級。

丁丑。巡按廣西御史錢一本請先臣羅倫羅洪先陳眞晟曹端從祀孔廟。不允。

甘肅山丹等衞天鼓鳴。

夜。大星隕永昌古城堡。

戊寅。巡按蘇松常鎭御史甘士价報五六月蘇松大水。渰人數萬。蠲折田租有差。

壬午。鎭守居庸昌平總兵官楊紹勳爲征虜將軍總兵官鎭守遼東。

癸未。禮部薦前□□知縣冷逢震諳習曆法。章下所司。

丙戌。巡撫山西右副都御史朱孟震疾去。

己丑。延綏定邊副總兵王保爲總兵官鎭守居庸昌平。

辛卯。琉球國中山王世子尙寧入貢。

十二月癸巳朔。甲午。王家屛乞明春建儲。以塞道路揣摩之口。銷墻幃牽制之私。不報。

定皇后家莊田五世百頃。不論旁派。貴妃家五世七十頃。如無正派。至三世盡入官。駙馬都尉家三世。止十頃奉祀。

乙未。前廣東按察副使穆文熙卒。文熙字□□。東明人。嘉靖□□進士。

丙申。協理京營兵部尚書兼都察院張國彥爲刑部尚書。陝西右布政使呂坤爲右僉都御史。提督雁門等關。巡撫山西。應天府尹楊廷相爲南京通政司使。

領南京右軍都督府崇信伯費甲金改領中軍都督府。

己亥。領南京後軍都督府新建伯王承勳改領右軍都督府。

罷延綏總兵官杜桐。

庚子。禮部請建儲。不聽。

壬寅。南京尚寶司卿詹沂爲南京大理寺右寺丞。

刑部尚書張國彥屢被論致仕。

南京領右軍都督府新建伯王承勳爲提督操江兼管巡江。南京中軍都督府僉書魏國公徐繼志爲南京協同守備兼領後府。

甲辰。夜。月犯土星在井宿。

乙巳。協守寧夏副總兵董一元爲總兵官。鎭守延綏。

萬法寶殿災。

丁未。王家屏乞勉出視朝。不報。

戊申。趙志皐請御朝。不報。

成安伯郭邦相爲南京中軍都督府僉書。

己酉。以閱視敍各官勞。進張國彥太子少保。郝杰右副都御史。仍巡撫。

甲寅。先是禮科都給事中胡汝寧言順天貢士張大典白若鷺應天貢士李應傑錢魁春。硃卷可疑。乞覆試。幷吏部推陞王遴孟一脈蔡時鼎事。于是考官曾朝節陸可敎等各疏辨。御史馮從吾言汝寧投間抵隙。假公濟私。非眞爲皇上發奸摘伏也。

丁巳。工部尚書曾同亨致仕。

前南京右都御史孫丕揚爲刑部尚書。戶刑部右侍郎董元封李尚思爲戶部左右侍郎。前巡撫四川右僉都御史徐元泰爲南京刑部右侍郎。

庚申。王家屏請元旦受朝賀。

是年。安南黎維潭攻都統使莫茂洽。茂洽敗走嘉林縣春社。

國榷卷七十六

壬辰萬曆二十年

正月妊朔。上不朝。

壬申。禮部以胡汝寧所論貢士其卷俱優。偶字句詭僻。非弊也。得免試。

先是泗州大水。輿議不一。工部尚書曾同亨乞科臣往勘。命工科右給事中張貞觀往。

乙亥。濟南青登萊災。命稅糧帶徵停徵有差。

辛巳。禁潞府人沿途販鹽。戶部請之也。

壬午。禮科都給事中李獻可等請豫教元子。言甚切。命謫獻可。餘奪俸。王家屏封還御札。乞寬貸。不報。

癸未。宣西鎮水泉莽剌二捷。

甲申。吏科都給事中鍾羽正給事中舒弘緒各疏救李獻可。各謫。會吏部推饒伸萬國欽。皆因國本事。上嫌其瀆。該司官落職。大學士趙志皐申救。有旨。輔臣家屏希名託疾。卿毋效尤。王家屏乞罷。不報。

吏科右給事中陳尙象除名。尙象言冊立明旨信如四時。諭教不早。終無以解天下之疑。忤旨。

戶科左給事中孟養浩言。顯斥言官有五不可。上怒養浩疑君惑衆。廷杖百。削籍。

丁亥。宣遼東捷。

禮部主客主事董嗣成河南福建道御史賈名儒陳禹謨各疏救李獻可。忤旨。罷嗣成。謫名儒。奪禹謨俸。

己丑。禮科左給事中李周策等奏宥謫臣。各奪俸。戶兵刑工科都給事中丁懋遜張棟吳之佳楊其休禮科左給事中葉初春。福建雲南道御史錢一本鄒德泳。並削籍。

庚寅。王家屏乞宥諸臣。禮部尚書李長春等亦言之。上切責焉。

辛卯。諭王家屏。徑駁御批。故激朕怒。沽名逸卧。豈人臣之義。既有疾。可暫假數日。即入直。

談遷曰。世稱萬人逐兔。一人獲之。貪者悉止。分定故也。神廟雖有如意之寵。詘于分定。遷延未決。吳縣以依違失之。山陰磯怒。犯事君之數。屢上書不報。視若枝官。有無非重。格心之道。不其難乎。方元子六齡。但請出閣豫教。中宮之開震無嫌。寵姬之西長未啓。納牖遇巷。或無可疑。自侈言國本。而羽翼之猜滋甚。諫法有五。諷其一焉。當時諸臣並未之逮耳。惜哉。

太常寺卿陳大科申救諸臣。切責之。

初御史馮從吾言。皇上郊廟不親。朝講不御。章奏多留中不發。爲困于麴蘗之御。倦于窈窕之娛。否則何朝政廢弛至此極也。是日將廷杖。從吾以仁聖太后誕辰。大學士趙志皐揭懇得免。

二月壬辰朔。錄水泉莽剌鎮羌及西寧石羊等功。俘獲計四百。斬名王一。賜經略鄭洛巡撫葉夢熊賈待問等金。

戊戌。署詹事府事禮部右侍郎陳于陛詹事府詹事署翰林院事盛訥主禮闈。

王家屏再求去。不報。

山西總兵官解一清。餽巡按御史喬璧星禮幣。發之。罷一清。

談遷曰。直指自不受餽而發之。則陋矣。矧閫帥又不宜以壤蚓論也。假一清有干城之略。將二卵棄之哉。如其庸且怯。則指列其事足矣。他何瑣及焉。

乙巳。五臺山礦盜平。

協守延綏定邊副總兵王撫民爲總兵官。鎮守山西。

丙午。伏羌伯毛登卒。

予故巡撫寧夏右副都御史李璋祭葬。璋字□□。大興人。弘治□□進士。授刑部主事。忤劉瑾。杖謫興國州判官。瑾敗。復官。歷陝西按察僉事洮岷兵備副使。平盜。以山西□布政進右副都御史。鎮寧夏。會李福達事。忤郭勛。廷杖下獄。戍雷州。卒。隆慶初復官。至是以孫必善乞卹。典三品未考滿例。祭一葬半。命特全葬。

南京兵部尚書舒應龍爲工部尚書。總督河道軍務。大理寺卿趙參魯爲刑部右侍郎。

丁未。翰林院編修李庭機爲侍讀。

命廠衛嚴緝問遺者。

己酉。寧夏卒作亂。殺巡撫右僉都御史党馨。督儲道兵備副使石繼芳。嘉靖中。黃毛虜哱拜得罪于其酋。來降。隸平虜城守備鄭印麾下。敢戰數有功。歷官都指揮使。萬曆五年。以游擊將軍統標兵家丁千餘。得專制。寧夏例入衛。本兵王崇古欲遣拜。張居正曰。彼降夷。欲以入衛。何震之有。拜因自免。巡撫羅鳳翔以其忠勇。補原官。十年。進參將。子承恩承寵。義子哱塞哱雲哱洪大。皆勇悍難制。己丑。加副總兵。致仕。承恩襲寧夏衛指揮。恃所部善戰。輕邊卒。辛卯。閱視尚寶司丞周弘禴薦承恩及守備土文秀等。而党馨來開府。性嚴刻。好箠人。號党八十。初任寧波同知。或薦其才。張居正曰。其人戔戔小才。刻而且暴。是奚能撫大衆。既士心不附。又覈冒餉。拜益怨望。會諸軍請三年冬衣布花銀。業示期。而繼芳爲馨里戚。沮之。僅給一年。悍卒劉東陽許朝等。忿而巷議。拜等嗾之曰。若等任爲之。有我在。是日。露刃排入撫署。馨匿層樓。度不免。自下。立刃死。因往殺繼芳。焚各公署。收印符。發帑釋囚。脅總兵官張惟忠奏馨等扣餉激變。請招安。承恩承恩推東陽主盟。党馨石繼芳俱益都人。馨隆慶戊辰進士。繼芳貢士。

談遷曰。予友姚士粦從沈中丞朔方云。千總劉東陽以布花銀反汗。拔撫署前鹿角木作忿。守卒執之。悍黨羣鬨。橫不可制。事起倉卒。實非有跋扈之素也。狙公賦芧。朝三暮四。党中丞寧不知此耶。竟自背其德。以七尺委健兒口食。亦足羞已。

庚戌。王錫爵求終養。不許。

追奪故左都御史吳時來謚忠恪。補御史楊爵謚忠介。以禮部員外郎于孔兼論時來晚節多疵。而楊爵及刑部侍郎陳瓚尙寶少卿孟秋宜謚也。禮部謂瓚年近先謚爵。

辛亥。總督尙書魏學曾巡花馬池。聞變。遣張雲部寵諭哱拜等。

甲寅。南京刑部左侍郎徐元泰爲戶部左侍郎。江西左布政使邊維垣爲右副都御史。巡撫江西。兼理軍務。

經略陝西四鎭及宣大山西邊務兵部尙書鄭洛乞休。許之。

游擊土文秀哱雲以兵五百自中衞互市歸。合叛卒殺游擊梁琦守備馬承先。

丙辰。賊奪總兵官張惟忠敕印。惟忠自經。明日。劉東暘自稱總兵。哱承恩許朝左右副總兵。土文秀（胡種）哱雲左右參將。遣騎出掠。執玉泉營游擊傅桓。諸將風靡俱遁。奪城堡四十餘。惟平虜營參將蕭如薰堅守不下。手射哱雲死。賊氣稍奪。又王虎等略鳴沙洲。將趨河東。全陝震動。總督檄副總兵李昫攝總兵官進師。

茅瑞徵曰。始塞上以夷丁敢戰。厚糈收養。寧鎭爲甚。而哱氏父子與土文秀等並以降夷握重兵。尾大不掉。卒致叛逆。議者以非我族類。久必多變。自今宜用羈縻術處分。以哱氏爲鑒。

夜。有三星隕閬縣東南。

戊午。織冬至大祀皮弁袞服十二章。

趙志皐乞徵王家屛入直讀廷試卷。不報。

庚申。山西道御史彭好古言。今後廷推閣員。乞九卿同翰林官。上切責之。

三月辥朔壬戌。巡視兩淮鹽法御史王明言周家橋不可開。一開則六州縣魚矣。宜上尋舊支而殺其勢。下瀹舊口而廣其途。勿苟且目前。貽後日患。

甲子。免延安慶陽平凉十四十五年帶徵錢糧。

乙丑。前刑部左侍郎兼右僉都御史閱視宣大山西邊防王宗沐卒。宗沐字新甫。臨海人。嘉靖甲辰進士。授刑部主事。槩進今秩。學有淵源。才優經濟。訃聞。予祭葬。天啓初謚襄裕。

丙寅。陝西靈晦天鼓鳴。

戊辰。寧夏變聞。

己巳。賊攻靈州。參將來保拒卻之。明日。李昫進至横城。游擊趙武至鳴沙州。賊鋒少挫。遂括子女金帛購套虜卜失兎着力兎等內犯。

辛未。大學士王家屏引疾去。

南京吏部尙書孫鑨改南京兵部尙書。

陝西按察副使朱正色爲右僉都御史。巡撫寧夏。

壬申。初。鄭洛令順義王縛史酋自贖。仍給市賞。至是部議如之。至于靑把都等各夷俱效順。仍許市。

癸酉。虜入寧遠前衞。殺掠二百餘人。

甲戌。吏部尙書陸光祖致仕。光祖在事。不與避閣臣。屢執議見難。

乙亥。策貢士吳默等三百人。賜翁正春等進士及第出身有差。

丁丑。命魏學曾馳赴寧夏便宜處置。

協守洮岷副總兵董一奎爲征西將軍署都督僉事總兵官鎭守寧夏。

戊寅。兵部議懸賞格。劉東暘自相擒獻。待以不死。幷許朝哱承恩土文秀擒逆贖罪。

遼東錦州游擊桓朝翠出塞採木。值虜中伏。死之。失亡三百餘人。

辛巳。刑部右侍郎趙參魯爲左副都御史。□□傅孟春爲刑部右侍郎。

壬午。兵部右侍郎陳有年改吏部右侍郎。

癸未。潞王食兩淮鹽。以衞輝道遠。改支長蘆鹽。

乙酉。賊攻平虜營。蕭如薰伏兵南關。誘敗之。

前順天府尹渭南孫一正卒。予祭葬。

戊子。南京兵部尚書孫鑨爲吏部尚書。

猗氏縣大雪。

四月。甗朔。命寧遠伯李成梁選宣大山西兵往寧夏。從御史梅國楨涂杰薦也。復以前按察副使蔡可賢兵部職方主事趙夢麟赴督臣贊畫。

壬辰。定常朝班。尙寶少卿列侍讀侍講下。司丞列修撰編檢下。時少卿周弘錀等奏。朝班論品。則司丞宜史官上。修撰焦竑等駁証詳甚。禮部謂歷科恩榮宴登科錄。俱史官先司丞。寺丞乃定。

癸巳。館陶天鼓鳴。

甲午。提督操江南京右副都御史蔡國珍爲左副都御史。回院。前提督薊鎮軍務右都御史兼兵部右侍郎蹇達協理京營戎政。

陳州衞軍譁。

丁酉。南京工部尙書袁貞吉爲南京兵部尙書。總督倉場右都御史溫純爲南京吏部尙書。順天府尹王體復爲右副都御史巡撫貴州。前南京戶部右侍郎顧養謙爲兵部右侍郎兼右僉都御史總督薊遼保定軍務。

逆虜莊禿賴等部落入犯鹿臺寺。守備劉泗都司蕭如蕙拒之。次日攻趙家山等塞。蕙等又卻之。乃退

攝慶府事鎮原王仲塏等乞官劉東暘等。仍命本道隋府爲巡撫。其詞甚悖。蓋賊脅之也。

戊戌。吏部右侍郎兼東閣大學士張位入直。

靖江王履燾薨。無子。

己亥。總督河道潘季馴言。臣領河事者四矣。總之水性不可拂。河防不可弛。地形不可強。治理不可鑿。人欲棄舊以爲新。而臣謂故道必不可失也。人欲支分以殺勢。而臣謂濁流必不可分也。去秋霖霪水漲。物議遂騰。寧知漲必自消乎。工部言。季馴習河事。言當不謬。但運道切民宜。勘河給事中張貞觀及督河撫按舒應龍陳于陛等公議之。

何喬遠曰。自有治河以來。議者斷斷乎。棼棼乎。稍有不行。別議鑿濬。費不貲矣。予觀劉天和潘季馴所論。則治黃河在循故道。治漕河在沿舊制而已。物有小大。物之形也。情則一而已矣。太山之于丘垤。河海之于行潦。寧異情者。覆杯水于坳堂之上。有所瀏之則加溢矣。有所控之則旁泛矣。去其控者而瀏可消也。黃河雖大。何以異此。予讀季馴治黃之議。但欲循河故道東而湍之。使水疾沙刷。無留行。而又近爲縷隄。縷隄之外復爲遙隄。使水益淺遠。以不至旁決。嘉靖隆萬之間。季馴四治河。河皆治。

癸卯。魏學曾檄胡毋助逆。又請調宣大驍兵。

罷寧夏總兵李蕡。起故大同總兵官麻貴行副總兵事。

甲辰。大理寺左少卿朱鴻謨爲南京都察院右僉都御史提督操江。前大理寺卿賈三近爲兵部右侍郎。南京大理寺卿沈節甫爲南京刑部右侍郎。

命李如松提督陝西軍務總兵官。初浙江道御史梅國楨薦如松可將。朝議持之。國楨謂李氏父子當疑于遼左握兵之時。不當疑于廢棄離任之後。如慮臣徒計私恩。不顧國計。願與如松俱馳赴寧夏。如賊旋平。中道而返。若其不效則軍法在焉何止薦舉非人之罪。上壯而許之。

乙巳南京右副都御史邵仲祿卒仲祿□□人嘉靖□□進士。淸介端方終始一節。予祭葬。贈兵部左侍郎。

浙江道御史梅國楨監軍寧夏紀功。

巡撫甘肅右僉都御史葉夢熊請提兵身討寧夏賊。從之。

丙午浙江布政司右參政徐大任爲南京鴻臚寺卿。廣西按察副使許孚遠爲通政司右通政。前太常寺卿趙世卿爲順天府尹。

丁未命兵部主事趙彥餉寧夏八萬金。又勞金二十萬。

命巡撫陝西右僉都御史沈思孝移位下馬關。援魏學曾。保定山西巡撫河南巡撫各防守潼關。

戊申陝西按察使田樂爲右僉都御史巡撫甘肅贊理軍務

鑄李如松討逆軍務關防。

己酉許瀋王珵堯二弟珵塏珵埏俱封郡王。部科執論。命不爲例。

庚戌巡撫應天右副都御史宋仕爲南京大理寺卿。

巡按宣大御史馮從吾疾去。

辛亥。詔三邊總督巡撫責司道有司買運糧芻以備軍需。

壬子。陝西左布政使呂鳴珂爲南京太僕寺卿

前巡撫浙江右副都御史鄔璉卒。予祭葬。

癸丑。兵部趣魏學曾渡河。會葉夢熊朱正色協勦。謂其初誤聽綏兵之策也。

甲寅。右僉都御史孫鑛爲右副都御史。巡撫山東。提督營田軍務

命釋輕繫。

趙志臯請宥李材。不報。

順義王撦力克縛叛酋史二官兒乞復市賞。命給前二年之賞。

封韓府固原王璟湑上饒王朝□。潁川王朝墍。靖江王任晟榮陽王翊銘。

尙寶司少卿周弘論降澄海典史。以閱邊薦哱承恩土文秀也。

五月庚朔。禮部以望夜月食欽天監官推算訛一日。李欽等奪俸二月。

丁卯。趣王錫爵入朝。

卹健卒高蓋等家百金。先延綏副總兵王通抵寧夏城。高蓋等三人賈勇入北門。後援不繼。死之。

朝鮮報倭數百艘犯釜山。勢獗甚。釜山近日本對馬島。通互市。平秀吉遣渠帥行長淸正義智僧玄蘇宗逸等襲之。陷慶尙道。渡臨津。掠開城。朝鮮大潰。

庚辰。司經局洗馬兼翰林院修撰楊起元疾去。

命保定總兵官倪尙忠移天津。領二鎭防倭。

遵化城軍譁。

復黔國公沐昌祚章服。

敍順義王縛叛功。進總督尙書蕭大亨太子太保。巡撫大同邢玠右副都御史。

癸未。南京刑部尙書王用汲致仕。

甲申。巡撫浙江右僉都御史常居敬遣參將楊文以千人助討哱氏。

乙酉。免寧夏副總兵李昫。

丁亥。勘河工科給事中張貞觀言。泗州受浸。今泄淮亟闢海口積沙。而泄淮不如殺黃水。殺黃水于合淮。不如殺于未合。至廣其入海之道。自鮑家口王家營至魚溝金城。因下流利導之。似當併議。從之。

酉刻。一星自天中流西南。色青白。尾有光。

覆試貢士王兆河等六人。居大壯聞喪未至。削籍。餘如故。

戊子。南京大理寺右寺丞詹沂爲南京太常寺少卿。四川按察僉事張世則爲陝西行太僕寺少卿。

六月己丑朔。巡撫湖廣右僉都御史李楨爲左僉都御史。回院。

折泗州田租三年。每石五錢。不爲例。

賜魏學曾尚方劍。副將以下不用命者聽法。時旨詰學曾討賊未效。致虜助逆。

庚寅。遼東發兵三千人。以副總兵祖承訓游擊史儒往援朝鮮。巡撫郝杰言。朝鮮切望義師。若次鴨綠江。未敢前進。如失望何。遂命亟往。

壬辰。兵部郎中王謙爲太僕寺少卿。兼河南道監察御史。閱視保定等處軍務。

惠安伯張元善以侵地奪歲祿。

右軍都督僉事尹秉衡練南北兵防倭。

丙申。順義王撦力克貢馬五百。

丁酉。逮寧夏副總兵李昫。奪總兵劉承嗣官。從軍自效。

己亥。順天府丞郭維賢爲右僉都御史。巡撫湖廣。提督軍務。總督倉場右都御史李戴爲南京工部尚書。兵部右侍郎周世選爲左侍郎。協理京營戎政。

庚子。蠲河東河西今年屯租。

魏學曾遣總兵張傑入寧夏諭賊不出。

辛丑。光祿寺少卿魏允貞爲順天府丞。

巡撫陝西右副都御史沈思孝改巡撫河南。以工科給事中侯慶遠謂南人未習邊事也。

復莊禿賴明愛台吉市賞。

甲辰。虜犯甘肅總兵楊濬擊斬七十級。

乙巳。嚴責魏學曾討賊誅逃將熊國臣。

前右副都御史姚繼可起原官巡撫陝西贊理軍務。前左都御史辛自修爲南京刑部尚書戶部左侍郎徐元泰總督倉場。

丙午。官兵渡河。明日薄寧夏。攻城不克。

前戶部尚書王廷瞻卒。廷瞻字稚表。黃岡人。嘉靖己未進士。除淮安推官。擢河南道御史。歷今官。年七十二。

總督魏學曾言。虜已聽撫出邊。賊勢窘。求招安。原任總兵張傑且議請撫臣朱正色入獻黨惡。宜調回洮州防秋兵。以備火落赤諸虜。上謂賊未下。何遽言散兵調將也。旨議下兵部。

丁未。選翰林院庶吉士王象節李名芳劉孔當沈潅劉生中李騰芳何熊祥高克正楊繼禮姚文蔚韓爌鄒廷彥陳維春馬文卿張同德趙之翰林應元陳懿典。

戊申。朝鮮報斬倭百有十級。

宣大簡兵萬六千人。求遣大臣理餉。

己酉。總兵董一奎李昫麻貴報參將馬孔英等擊虜北遁。賊入寧夏。擊斬八十餘級。

壬子。工部右侍郎盧維楨爲左侍郎。大理寺卿宋應昌爲工部右侍郎。河南布政使李頤爲右僉都御史。巡撫順天。整飭薊州邊備。

夜。金水土三星聚于井。

癸丑。吏部左侍郎羅萬化爲禮部尚書。禮部右侍郎趙用賢爲左侍郎。

命總兵蕭如薰同董一奎討賊。

乙卯。兵部請擇威信服虜大臣經略寧夏。又擇知兵文武大臣援朝鮮。命廷議。

丁巳。改總兵官董一奎鎭守陝西。蕭如薰鎭守寧夏。各易敕。以一奎威望著于洮岷。爲秋防計也。

七月戊午朔。鑄儀制司管理玉牒關防。

己未。吏科給事中李汝華論禮部尚書李長春爭枚卜。禮部左侍郎韓世能非大受器。兵部左侍郎王基歷任狠狽。俱當罷。李材講學無實。又蔡可賢袁黃俱非其才。章下吏部。

巡撫遼東右副都御史郝杰報倭渡大同江。朝鮮國王李昖走入遼。拒之不仁。納之難處。兵部議令據險要待援。召通國勤王之師。詔從之。昖棄王京走平壤。子臨海君珒順和君珸被執。倭又發靖康恭僖二王墓。渡大同而西。昖走義州告急。願內屬。不許。

庚申。時議經略大臣賚帑撫胡討倭。兵科都給事中許弘綱言其不可。邊鄙門庭也。四裔則藩落耳。聞守在四裔。不聞爲四裔守。夫倭未弱于胡也。在胡則欲撫之。在倭則欲殲之。即立功異域。又臣等所大惑矣。命下廷議。

壬戌。前巡撫湖廣右副都御史秦耀候代五月。徵贖鍰六千餘金。命追入戍邊。

癸亥。陳有年陳于陛爲吏部左右侍郎。郝杰爲兵部右侍郎。總督薊遼。

乙丑。趙王錫爵入朝。

南京吏部右侍郎張一桂爲禮部右侍郎。刑部右侍郎沈節甫爲工部左侍郎。山東按察使鮑希賢爲右僉都御史。巡撫遼東贊理軍務。

前兵部左侍郎兼右僉都御史萬恭卒。恭字□□。新建人。嘉靖進士。除南京吏部主事。歷大理寺卿兵部左侍郎。巡撫山東。總督河道。被論去。予祭葬。

戊辰。前吏部右侍郎周宷卒。宷字□□。安福人。嘉靖進士。授知縣。進吏部主事。歷巡撫福建。進大理寺卿。以兵部右侍郎總督漕運。改吏部。請告。端愼有守。予祭葬。

鑄薊遼海道關防。

己巳。南京禮部右侍郎劉元震改吏部。順天府尹趙世卿爲大理寺卿。巡撫河南右副都御史吳自新爲南京刑部右侍郎。

庚午。京城門樓成。進工部尙書曾同亨太子少保。臨淮侯李言恭少保。錦衣衞都指揮使許茂橓爲都督僉事。司禮太監張誠廕錦衣衞正千戶。內宮太監陳朝用李祿廕冠總旗。餘文武陞賚有差。

辛未。光祿寺卿謝杰爲順天府尹。

前四川總兵官沈思學爲南京中軍都督府僉書。

四川總兵副將馬繼武爲南京後軍都督府僉書。

壬申。巡撫陝西右僉都御史沈思孝改撫河南。提督軍務。思孝與總督魏學曾不協。工科給事中侯慶遠劾思孝舍門戶守堂奧。非計。部謂南人未諳邊情。遂改任。

南京國子祭酒鄧以讚爲南京禮部右侍郎。

癸酉。太常寺卿署國子祭酒范謙爲詹事府詹事兼翰林院侍讀學士。前右春坊右庶子孫繼皋爲少詹事。纂修玉牒。太僕寺少卿呂鳴珂爲光祿寺卿。

蠲陝西萬曆十四年至十八年逋租。

四川按察僉事張世則進所著大學初義貂璫史鑑二書。史鑑曰評曰考曰論曰讚曰詩。善可爲法。惡可爲鑒。

上嘉納之。

乙亥。河南左布政使徐尙蘭爲南京太僕寺卿。撫治鄖陽右僉都御史姜璧被論調。

丙子。大學士張位言。近京周十里。擇建輔城。四各戍萬人。以圖上。章下所司。

監軍御史梅國楨上言。攻城將士不和。時各軍新集。苦餉怯敵。兵部尙書石星議決黃河灌城。至是以城西北地下。遂築堤千七百丈而卜失兎莊禿賴合犯定邊營小鹽池。把正犯花馬池沙湃。魏學曾命總兵董一元擊之。斬首三十餘級。游擊義烏龔子敬以苗兵八百戰沙湃。發火器殺傷甚衆。敵大至。孤軍無援。殲焉。子敬慷慨每戰立陣前。爲士卒先。自廣西至。後贈都督僉事。子惟楝廕金華所正千戶。子敬雖敗。把正亦創甚。解矣。

己卯。復長蘆鹽運司儒學敎授訓導各一。

命南京工部所輸司禮監木植。如北部負買給直。毋買販。

壬午。大理寺左少卿董裕爲右僉都御史。撫治鄖陽。

右春坊右諭德兼翰林院侍讀曾朝節爲國子祭酒。南京翰林院侍讀學士余孟麟爲南京國子祭酒。

甲申。罷總督三邊軍務兵部尙書兼右都御史魏學曾。

乙酉。張養蒙曾乾亨爲大理寺左右少卿。

丙戌。宣延綏之捷。

兵部右侍郎賈三近卒。三近字德修。嶧人。隆慶戊辰進士。選庶吉士。授兵科給事中。歷今官。未赴。予祭葬。

丁亥。巡撫寧夏右副都御史葉夢熊爲兵部右侍郎。總督陝西三邊軍務。賜尚方劍。

是月。鵬鳥集南昌永寧寺屋上。高二尺餘。如梟。人面四目有耳。見則旱。

八月戊朔日講官禮部左侍郎韓世能請告。并請滿考廕敍。許之。吏部以世能屢被劾。非政體。

命固原甘肅延綏寧夏兵屬總兵蕭如薰。而麻貴副之。宣大山西遼東兵屬李如松。餘兵屬總督。俱聽節制。軍法從事。

敍延綏出塞功。進總督魏學曾太子少保。世錦衣衛副百戶。巡撫賈仁元進兵部右侍郎。世百戶。總兵官杜桐世本衞指揮使。餘陞賞有差。

夜。哱承恩乘間決隄。購虜魏學曾。斬守隄都司吳世顯。

庚寅。土魯番地面番主哈剌哈失貢方物。

辛卯。張位上戎器要略八事。攻城要略二十事。命下督撫議行。

戶部左侍郎董堯封卒。堯封字□□。洛陽人。嘉靖□□進士。除推官。進御史。歷都御史。巡撫甘肅。南京戶工部右侍郎。改今官。未任。卒于家。予祭葬。贈尚書。天啓諡恭敏。

副總兵官延綏參將張剛爲總兵官。鎮守陝西。

逮前總督魏學曾。監軍御史梅國楨奏原任按察僉事隨府墜城下。我兵不前。賊執府上城。虜斷我糧道。殺掠。不以報也。上念師老無功。又□科給事中許子偉等劾其主款自誤。故有是命。初兵部尚書石星柬學曾曰。非常之變。党蘭窓實自致之。不佞老矣。僅一襁中兒。誠不欲以濫殺種禍。彼能束手。則死囚數人足代了事也。

于愼行曰。攻城之法。有當急。有當緩。夫在我爲老師。在彼爲窮寇。張一面之網。以移其必死心。其城可破也。

激之則敗矣。在我爲聲罪之師。在彼有不赦之辟。急之則變從內生。不戰而潰。緩之則彼得爲謀。其勢日成。故不可不急也。朔方哱氏之變。使總督之臣提兵急趨。掩其未備。數夕之間可以授首。而游卻無定。逗撓不前。師老財殫。賊勢日盛。向非國家福力。廟社之靈。其不爲唐之北庭。宋之靈夏者。能幾何哉。

壬辰。右春坊右諭德陸可敎爲翰林院侍讀學士。署院事。

命行人薛藩敕諭朝鮮。

遼東副總兵祖承訓敗報至。倭入平壤。游擊史儒把總張國恩馬世龍等俱傷。官兵失利。

前臨洮副總兵原進學以失律戍邊。

癸巳。詹事盛訥爲禮部尚書。署詹事府事。

前總督薊遼顧養謙爲兵部右侍郎。禮部右侍郎張一桂爲左侍郎。詹事范謙爲禮部右侍郎。仍直經筵。

甲午。着力兔遺書哱拜。約騎三萬餘渡河相助。官軍得書。巡撫朱正色命爲備。李如松蕭如薰李寧等擊敗之。斬二十五級。擒十四人。奪畜産千一百有奇。又達賊萬餘渡河。仍率麻貴馬孔英等擊斬九級。

右春坊右諭德馮琦爲左庶子。右中允余繼登爲右諭德。左贊善敖文楨爲右中允。署國子司業。蕭良有爲司經局洗馬。翰林院侍讀李庭機爲右中允。

兵部尚書石星以東西罷于奔命。募人說平秀吉。游客沈惟敬久于燕。從鄰人耳熟倭事。以誑星。充游擊將軍至倭。布衣程鵬舉請發暹羅兵。自海道擣其穴。時稱奇策。遣往朝鮮。又朝議調播州楊應龍兵東救。

于愼行曰。播夷不奉漢法。阻兵拒命。朝廷遣使即訊。數年不出。此何等情形也。乃欲調其甲士。出入中土。縱使有功。何以善後。至于暹羅小國。僻在海南。日本視之。何啻培塿。而欲使擣其國都。是以蟣蠓入鼎也。匪獨如此。縱使播夷恭順。暹羅勝强。亦必不能。何也。由蜀至遼。一經兩海。水土不習。强弱亦異。而暹羅小國。乃在占城之南。琉球之西。且三十餘年不通朝貢。使者佩虎符而往。將安問津。況能發其兵乎。謀國如此。不敗何爲。國家福德天實默祐。非人力也。

乙未。以河道巨任。命改總理河道提督軍職。

丙申。右春坊右諭德習孔敎爲少詹事。署翰林院事。

寧夏百戶姚欽方正進本衛指揮使。武生張延齡正千戶。並世襲。欽等俱內應家滅。獨身來奔。特授官示勸。

丁酉。建州衛乞賞冠服敕書。又言朝鮮殺所部五十餘人。

召西寧副總兵魯光祖碾白游擊祁德土官李春先赴寧夏行營。前總督魏學曾言其家各有驍卒。合殆萬人也。

薊鎭永平總兵官張邦奇爲左軍都督府僉書。

勘河工科給事中張貞觀會總河尙書舒應龍總漕陳于陛巡按御史彭應參王明上言。淮黃趨海。同而淮之自河達海。惟在淸口。自海沙滯而河身日高。河流倒灌。故淸口日塞。淮水停盱泗間。上浸祖陵。下墊民社。近漫及高郵寶應泰州。隄亦潰矣。司道諸臣議濬淸口。計費二萬有奇。議分黃流。計費三十四萬。分黃于淮之上流。先殺其勢也。上流必于淸河之上十里。不致爲運道梗。分于上。復合于下。衝海之力專也。合必于草灣之下。恐其復衝正河。爲淮城患也。鮑家口王家營必塞者。二決橫衝新河。恐散溢無歸也。合淮東下。河身滌而漸深。海口刷而漸廣。亦事理所可料者。部議從之。

工部覆薊遼撫按言。通州天津二倉積儲數百萬。倭船可達通州。乞修新舊二城。從之。

己亥。調山西總兵王保鎭守薊永山海。

朝鮮報燬倭舟百十隻。斬首三百二十級。

庚子。工部右侍郎宋應昌改兵部右侍郎。
乙巳。以兵部右侍郎宋應昌爲總督保定薊遼經略朝鮮。
丁未。南京國子司業劉應秋爲右中允署國子司業。
己酉。命各省直督撫招選將才。南京給事中徐恒言之也。
着力兔萬餘騎自四撤灣渡河。提督李如松新至。選銳令麻貴李如樟預伏張亮堡。如松力戰。斬退卒二人以徇。前伏兵馳至右翼攻着力兔。遂卻。追至賀蘭山。斬六十八級。至是胡不敢助賊矣。
庚戌。尙寶司丞馮夢禎爲南京國子司業。
巡撫延綏右僉都御史賈仁元加兵部右侍郎。
鑄經略保定薊遼等處關防。
命總兵官張邦奇仍薊鎭。王保仍山西。
漕運總兵懷寧侯孫世忠疾去。南京守備魏國公徐惟忠劾免。
兵部主事袁黃劉黃裳從東征贊畫。
豐城侯李環領右軍都督府。
辛亥。楊克恭獻策召募江南沙船沙兵。兵部覆。兵科都給事中許弘綱等言添設備倭都督游擊各一。授克恭署指揮僉事充海營中軍官。前往召募。
壬子。許經略宋應昌便宜行事。本部主事袁黃劉黃裳從行贊畫。發太僕寺金二十萬治械砲。
癸丑。新建伯王承勳爲總兵官提督漕運。
甲寅。定西侯蔣建元領南京後軍都督府。

乙卯。暫停泗州河工。

丙辰。豐城侯李環領右軍都督府。尋提督操江。

禮部右侍郎兼翰林院侍讀學士張一桂卒。一桂字稺圭。祥符人。隆慶戊辰進士。選庶吉士。授編修。進侍講右諭德。主順天試。中蜚語。調南京兵部員外郎。庚寅。轉南司業。歷今官。卒于永城。年五十三。直諒端嚴。予祭葬。

九月叮朔。己未。太僕寺卿孫鎵疾去。

命葉夢熊罷招安之議。

右軍都督府僉事武進伯朱世□領南京左軍都督府。南京左軍都督府新寧伯譚國佐爲前軍都督府僉書。

庚申。戶部左侍郎徐元泰以正二品服俸管兵部左侍郎。

起褚鈇工部右侍郎。

領南京後軍都督府定西侯蔣建元協同守備南京。

癸亥。補故禮部右侍郎張元楨諡。

甲子。工部主事樂元聲言。大學士王錫爵歸省經年。寇虜方張。倭夷交訌。必當臥不安枕。乃屢召屢辭。毋乃謀社稷者輕乎。宜聽其去。上切責之。

薊防海禦倭軍務都督及大同東路管糧同知闕防。

官軍入寧夏南城。寧夏重險。曰南城大城。時虜退。諸將力攻城。薛永壽等內應。我乘之。總兵牛秉忠。年七十。賈勇先登。梅國楨呼諸將曰。老將軍登城矣。餘何怯也。遂畢登。哱承恩退守大城。始懼。出張傑乞命。我益攻之。

乙丑。停制敕房中書舍人考選科道。

丙寅。河南道御史郭實請停經略。忤旨。謫懷仁典史。

丁卯。左春坊左庶子馮琦右春坊右諭德余繼登主武闈。

庚午。蠲折河蘭臨洮等州縣旱災田糧。

壬申。寧夏賊平。賊勢迫。御史梅國楨欲間賊。有市人李登。跛而眇。往說哱氏。令殺劉東暘許朝自贖。承恩召百戶石棟王英材官周柱計之。果殺劉許。擲其首城外。開闢延我師。諸將咸入。承恩飲于宅。總督葉夢熊在靈州。聞之。亟令詰旦不滅哱氏者服尙方。明晨承恩出謁梅國楨。浙卒即執之。李如松等亟圍拜家。拜率蒼頭巷戰。不支。闔門自焚。叛黨哱承寵哱洪大土文德何應時陳雷白鸞陳繼武等並被縛。

寧夏志曰。國家之患。莫大乎聚夷于內。而濫名器。縻爵賞以奉之。不一効橫草之功。拂怒獸之性。則反戈內噬。職為亂階。遠無論于五胡。固原滿俊非我明之鑒與。粵自壬辰。故稱減餉。哱倡土翼。僇辱重臣。逞于巨鎮之中。應于甌脫之外。由族類卒難馴服。野性嚮拂不常。以至荼毒氓黎。禍延宗祏。乃平虜負秦之逆。僇主將又不崇朝。要皆亡虜之首難也。其釀患可勝言哉。議者謂逆節甫形。衆猶左袒。若得中才之將。及其鋒而奮臂一呼。渠魁立殲。何至流毒滋蔓。貽禍無極。乃懊帥蓄縮。莫適敢發。語曰。當斷不斷。反受其亂。豈謂是乎。奈何誣天以逭誅也。

瞿九思曰。韓琦范仲淹功至高。西寧之事。豈不累年乎。今朔方即西寧矣。哱酋之變。乃不數月而旋捷。猗與盛哉。語曰。一人守險。千人莫過。臣觀守靈州事。則未嘗不壯其識。及聞決大壩水。哱酋遂至幾無類。此又與攻智伯事何異。傳不云乎。非我族類。其心必異。然則金日磾之事。何可幸言也。

談遷曰。哱氏購虜。則我再受敵。罷于奔命。勢難斷也。李如松身擊虜驅之塞外。則哱氏孤。直阱中耳。授首有日。而總督尙在靈州。不即抵城下。豈示威重不與諸將爭功耶。說者盛推總督力居多。余按梅國楨所上封事。頗不以為然。當得其實。語云。禍莫大于殺已降。要非所論于哱氏。彼蒼頭軍千餘人。其心叵測。能除惡務盡。則葉夢熊所見卓矣哉。

丙子。南京光祿寺少卿朱廷益爲南京大理寺右寺丞。

丁丑。報李如松擊虜斬百二十級。

虜由廣武入犯寧夏。總兵蕭如薰等兵至井溝。敗之。

己卯。山西按察使趙燿爲右僉都御史。巡撫遼東。贊理軍務。

壬午。大學士趙志皐以禮部儀制主事諸壽賢見劾。求去。不允。

癸未。暹羅入貢。

丙戌。設海防游擊駐樂亭縣。南兵三千人。益募七百人。

十月玄朔。朝鮮陪臣鄭崑貞辭宴。以國王越在草莽。主辱臣死之秋也。禮部請折給。俾速其歸。許之。

南京工部尚書李戴改戶部尚書兼右副都御史。總督漕運。巡撫鳳陽。前禮部右侍郎黃鳳翔爲左侍郎。

蠲眞定順德廣平大名水災秋糧。仍賑之。

戊子。前左都御史李世達六年考績。進太子少保。

己丑。監軍御史梅國楨乞宥魏學曾。不報。

庚寅。總督糧儲戶部右侍郎余懋學兼南京右僉都御史。

辛卯。南京右都御史朱天球爲南京工部尚書。

兵部尚書石星請身討倭。上以運籌不許。

談遷曰。甚哉石司馬之失籌也。島夷螫我屬國。拉焉傾覆。彼告急于我。度不能膜外置之。而急在銀夏。勢不兩顧。且李昖來奔。第擇善地居之。徐觀其會可耳。遼撫郝杰不量見力。亟請聲援。狡倭數萬衆。如太山壓卵而我纔三千人往。委肉虎口。無俟至平壤立糜矣。堂堂天朝。揚威海外。兵少發則不振。多發則不繼。此豈易事。而漫嘗爲也。屬國流離。緩之可。急之可。而偏師輕出。亦預其敗。于是移鄉鄰于同室。進介鱗于我仇。運籌之失。始見其端。而猶請纓闕下。浮慕遠略。膠柱鼓瑟之說。不債國何待乎。

命參將義烏吳惟忠率南兵三千人。期五日往遼東。又遼東兵萬人赴義州。同朝鮮協禦。薊鎮保定各簡五千人。宣府大同各八千人。步卒半之。並東征。聽經略調遣。又徵四川總兵劉綎兵。

甲午。吏部左侍郎陳有年爲南京右都御史。

故□□道御史楊爵謚忠介。

宣雲南之捷。前勦丁攻十寨。斬千二百級。擒百四十人。俘賊屬千九百有奇。撫脅從六千六百人。

丙申。禮部尚書李長春屢請冊立。疏十有四。不報。

南京中軍都督府僉書沈思學爲狼山副總兵。

丁酉。吏部右侍郎陳于陛爲左侍郎。仍日講。戶部右侍郎李尙思改吏部。

蜀府德陽王府輔國中尉宣堣。汶川王府奉國將軍承選。並被薦協理宗學。

戊戌。巡撫雲南右僉都御史吳定加右副都御史。黔國公沐昌祚進少保。參將鄧子龍復副總兵。仍管金齒參將事。餘陞賞有差。

辛丑。命沿海防禦仍聽薊鎮密雲永平三道整備。增入敕內。

總督兩廣右副都御史蕭彥爲戶部右侍郎。提督陝西討逆軍務總兵官李如松改提督薊遼保定山海等處防海禦倭總兵官。

甲辰。巡撫廣西右僉都御史陳蕖爲右副都御史。提督兩廣軍務。

乙巳。蠲金衢嚴災租仍賑之。

丁未。賜雲南巡撫吳定等金幣前擊緬甸賊斬百七十餘級。

戊申。太常寺卿陳大科爲右副都御史巡撫廣西。

己酉。朝鮮報斬倭千二百五十餘級燬舟百二十艘。

庚戌。楊廷蘭朱爵趙完璧吳應明項應祥王嘉謨王佐侯廷佩劉道亨盧明陬王如堅曹大成張文華盧大中爲給事中文華大中俱南京劉曰梧李楠姚思仁楊宏科吳崇禮方大美薛繼茂吳弘濟王立賢崔邦亮李炳李日茂毛壽南宋興祖謝朝佐蔡思穆曹學程蕭重望徐元正江玹柳佐蕭如松陳惇臨段尚繡爲試監察御史。佐如松等俱南京。

辛亥。光祿寺卿呂鳴珂爲太常寺卿。

乙卯。大僕寺少卿王汝訓爲光祿寺卿。

蠲賑確山封丘等州縣災民。

十一月丁巳朔。太僕寺少卿施策爲太僕寺卿。策疾辭。

鎮守保定總兵倪尙忠爲中軍都督府僉書。

己未。禮部□□郎中姜鏡劾司禮太監田義語多侵輔臣。不報。尋削籍。

庚申。右軍都督府僉書尹秉衡爲總兵官鎮守保定。

浚泗州支河。

辛酉。禮部尙書羅萬化以河南道御史陳登雲論其逕故相張居正天與人歸圖。萬化辯。乞休。不允。

壬戌。賑寧夏難民。

前漕運總兵懷寧侯孫世忠卒。予祭葬。

甲子。旌卹寧夏殉難宗室官民。哱氏初亂。計誘故游擊陳棟。棟不從。因掠死。故守備朱紱李承恩謀擒哱劉。事泄。殺于北樓。指揮張佩趙承中謀獻西城。事泄死。先衞領兵官王極追虜至古場兒被殺。指揮王琦通官軍易粮。糧賊覺。磔死之。百戶陳漢給事撫臺以忌死。百戶王徹嘗揭哱氏侵餉。恨殺之。百戶呂擢赴鎭河灘驅賊牛馬。百戶王繼恃勇言欲擒賊。百戶張世傑屢輸寇情。百戶姜應奎同宗子謀獻東城。俱被殺。百戶陳緒守常信堡。殺賊黨被磔。百戶施威守李綱堡。謀誅賊。箠死。慶陽人任天慶厲寧夏。與妻議作鐵杵擊賊。婦泄之被殺。

丁卯。大理寺卿趙世卿爲兵部右侍郎。兼右僉都御史巡撫河南。提督軍務。

戊辰。寧夏獻俘哱承恩承寵等。磔于市。

夜。火星犯氐宿。

己巳。釋魏學曾獄。削籍。學曾始惑于招撫。其措置兵將。亦終賴之。

庚午。巡撫雲南右副都御史吳定爲大理寺卿。

乙亥。鑄管理蘇松常鎭糧儲水利及提督備倭僉書各關防。

提督京城巡捕署都督僉事宋三晉爲協守保定天津海防副總兵官。

丁丑。後軍都督府僉書杜桐提督京城內外巡捕。

戊寅。協理京營戎政兵部左侍郎周世選爲右都御史。兼戶部右侍郎。總督倉場。山西□布政使陳薦爲右僉都御史。巡撫雲南。贊理軍務。

己卯。逮右通政□□穆來輔□□按察僉事隨府。以工科給事中曹大成等劾其陷賊依違也。獄上。擬削奪。不許。命永戍。

庚辰。禮部尙書李長春省墓。

壬午。兵部左侍郎徐元泰爲右都御史協理京營戎政。

南京大理寺卿宋仕通政使楊廷相並劾免。

甲申。戶部尙書楊俊民考滿加贈父吏部尙書博左柱國太師。

丙戌。□□推官張士升爲試四川道御史。

是月。安南鄭松計通丘民裴文奎等內叛襲殺都統使莫茂洽。

十二月甲戌朔。教習庶吉士禮部尙書兼翰林院學士羅萬化巡撫延綏兵部右侍郎兼右僉都御史賈仁元各回部。

戊子。巡撫四川右僉都御史艾穆致仕。

經略宋應昌上言。游擊沈惟敬云倭欲歸平壤王京於天朝。不與朝鮮。又義州積粟及遼陽。並可餉軍五萬數月之用。兵部因令進師。應昌寡方略。其撫山東行部登萊。徵雜子數萬。謂擲倭舟不耐立。在遼陽信方士沈君就語。壘幾數丈。登之曰。三日後天兵十萬滅倭矣。

己丑。巡撫福建右僉都御史張汝濟罷。湖廣道試御史吳弘濟論其附故相張居正也。

庚寅。命巡按官禁屬吏飾壽等餽。從山西巡撫呂坤之言。

辛卯。陝西左布政使李□光爲右僉都御史巡撫延綏贊理軍務。南京光祿寺卿王樵爲南京大理寺卿。

甲午。頒平寧夏詔。

丙申。南京太常寺少卿艾可久爲南京通政使。通政司右通政許孚遠太常寺少卿王繼先爲右僉都御史。巡撫福建四川。南京太僕寺少卿胡嘉謨爲南京光祿寺卿。

戊戌。山西左布政使徐作爲太僕寺卿。順天府丞魏允貞爲右通政。

免靜海青興濟滄河間獻縣災租。仍留漕三萬石賑之。

己亥。寧夏河西道副使蔡可賢致仕。

庚子。前右春坊右諭德吳中行爲翰林院侍讀學士。署部事。

太僕寺少卿張文熙劾罷。

總督倉場右都御史張士佩新命被劾。辭不赴。

兵部購平倭賞格。

辛丑。禮部左侍郎黃鳳翔改吏部。

東征兵漸集。兵部罷播州兵不發。

壬寅。前總督漕運戶部右侍郎楊一魁爲南京太常寺卿。

癸卯。前南京總督糧儲右副都御史曾于拱卒。于拱字□□。泰和人。嘉靖□□進士。居官潔介。好讀書談道。予祭葬。

甲辰。禮部右侍郎范謙爲左侍郎。南京吏部右侍郎劉元震爲禮部右侍郎。

丁未。上念兩浙饑。停徵舊租一年。各省亦如之。

戊申。鄧以讚爲南京吏部右侍郎。

壬子。工部尚書曾同亨致仕。吏部右侍郎李尙思論罷。巡撫應天右□都御史劉應麒終養。

大發兵東援朝鮮。經略宋應昌。左都督總兵官李如松。督師七萬人。渡大同江。李如柏將左軍。張世爵將右軍。楊元將中軍。軍容甚盛。游擊沈惟敬還自倭。請畫江爲界。如松止不遣。遂進師。總戎臺謁例櫜鞬叩首出易冠帶。爲加禮。如松以提督。又負功。竟鈞禮。

是年。連城縣姑田里竹生米。數萬斛。饑民賴之。

癸巳萬曆二十一年

正月。⿸厂兩朔。上不豫。

辛酉。總督兩廣蕭彥奏暹羅忿關白。有勤王恤鄰之義。

壬戌。前□□總兵官署都督僉事陳璘爲統領薊遼保定山東等處防海禦倭副總兵。

甲子。提督操江南京右僉都御史朱鴻謨爲右副都御史。巡撫應天左副都御史蔡國珍爲吏部右侍郎。

南京刑部尙書辛自修爲工部尙書。

乙丑。前南京刑部尙書陳其學卒。其學字□□。登州人。嘉靖甲辰進士。贈□□□□。謚恭靖。予祭葬。

丁卯。右都御史兼兵部右侍郎徐元泰爲南京刑部尙書。左僉都御史李楨爲左副都御史。大理寺少卿張養蒙爲南京右僉都御史。提督操江。

己巳。屬夷長昂犯遼東大毛山堡。參將樊尙禮等落職。

庚午。大學士王錫爵入朝。

光祿寺卿王汝訓爲左僉都御史。

甲戌。大兵克卜壤。李如松兵至肅寧。倭使名迎沈惟敬。實覘我。命縛之。倭猝起格鬬。止擒二人。如松按游擊李寧申令。一軍肜栗進次平康。箕子所都也。城据山上。旁多林翳可伏。且薄城下。倭守小西門。我攻城東南。倭發矢石如雨。軍稍卻。如松手斬先退者以徇。募死士援梯鉤而上。殺數人。不退。倭悉衆來拒。奇兵間道趨小西門赤幟出堞上。我軍望之。益力。吳維忠中鉛血殷踵。奮呼督戰。如松馬中砲。易而進。遂破倭。斬渠帥宗暹平秀忠平鎮信等。斬級千五百有奇。是日。大風雨晝冥。浿水爲沸。倭北走大同江。先使人斫江冰。溺死無算。追及開城。又斬數百級。已阻臨津而陣。倭走王京。

談遷曰。隋唐傾天下之力以事高麗。始而銳。終而怯。厥功不揚。李將軍慷慨臨戎。平壤之戰。氣呑狡夷。名都立墮。方乘破竹之勢。謂前無堅壘。碧蹄稍拙而鼓音衰息。議者多爲李將軍惜。然始所摧敗。亦足暴于天下。矯矯虎臣。李將軍固一時之雄也。

總督薊遼保定兵部右侍郎郝杰協理京營戎政。湖廣左布政使陳用賓爲右僉都御史。巡撫雲南。

丁丑。王錫爵上密揭。請三皇子並封王。上善之。報曰。朕昨讀祖訓云。立嫡不立庶。況皇后年尚少。今卿奏將三皇子並封王。少待數年。皇后無出。再行册立。御札至閣。錫爵獨袖歸私第。復擬二諭曰。依明德皇后抱妃子爲子。曰三王並封。

命經略宋應昌督厲將士。亟攻王京。蓋朝鮮所都也。李如松乘勝略地至碧蹄館。距王京三十里。僅領二十騎前。倭遮之。弇中矢且盡。一畲急搏如松。指揮李昇力救。裨將楊元援之。圍解。退屯開城。

兵部右侍郎顧養謙爲左侍郎。兼右僉都御史。總督薊遼保定。

己卯。蠲淮揚廬鳳萬曆十八年以前藥材牲口銀。

吏部內計。舊先白閣臣。至是尚書孫鑨同考功郎中趙南星力持正。盡斥私黨。王錫爵不悅。

庚辰。敕旌瀋王珵堯賢孝。

刑部右侍郎趙參魯爲兵部左侍郎。

辛巳。諭禮部曰。朕三子長幼自有定序。但思祖訓立嫡之條。少遲册立。今三子並封王。以待將來。有嫡立嫡。無嫡立庶長子。禮部擇日具儀。尚書羅萬化給事中張貞觀等難之。物論駭異。

癸未。光祿寺丞朱維京上言。前有二十一年冊立之旨。今忽改分封。失臣民仰望之心。爽人主大信之道。臣聞立嗣以嫡。無嫡以長。但謂少遲冊立。以待嫡嗣。則祖宗以來實無此制。給事中王如堅亦言之。上並怒

禮部儀制主事張納陛、顧憲成、工部都水主事樂元聲合疏沮並封。不聽。

甲申。光祿寺少卿余傑、寺丞王學曾、禮部主事陳泰來、于孔兼各疏止並封。禮科都給事中李汝華、張貞觀、許弘綱、吏科給事中史應麟等見王錫爵于直廬沮之。錫爵語塞。次日朱維京、王如堅、余傑、王學曾俱戍邊。錫爵揭救。免戍。削其籍。餘罰俸。禮部尚書羅萬化疏沮並封。上諭已有旨。翰林院編修周應賓等亦疏。上不報。庶吉士李騰芳上錫爵書曰。聖明在上。議者俱杞憂。以公苦心。疑為集菀。此皆妄也。但聞古賢豪將與立權謀之事。必度其身能作之。身能救之。以我始之。以我終之。則不難晦其跡于一時。而終可皎然于天下。公欲暫承上意。巧借王封。轉作冊立。然以公之明。試度事機。急則旦夕。緩則一二年。竟公在朝之日。可以遂公之志否。恐王封皆定。大典愈遲。他日繼公之後者。精誠智力稍不如公。或壞公事而罪公為尸謀。公何詞以解。此不獨宗社之憂。亦公子孫之禍也。錫爵讀訖。命坐曰。諸公詈我。我無以自明。如子言。願受教。但謂我子孫計。我每奏皆手書秘跡甚明。似亡虞也。騰芳曰。揭帖手書。人何由知其所言謂何。公反欲自持異日能使天子出公手書傳示天下否。錫爵默然良久。復問古人留侯鄴侯皆以權勝。騰芳曰。鄴侯不欲以建寧為元帥。而詠摘瓜詩以衞廣平此經也。非權也。但與肅宗私議家事。恐上皇不安而遲廣平為太子。另是一則。然建寧之死胎此矣。若子房以强諫為無益。而招致四皓。有似行權。然未嘗請太子與趙王並封。且行權必大智也。委曲宛轉。或立語而移。或默然而定。若需之數年。更以他人。雖聖人不能保矣。語次。錫爵不覺泣下。明日。閣試四皓論。

夏允彝曰。國本論起。一時名流俱以倫序有定。早建為請。言者無可居。以為功。聽者亦無可指以為罪也。而神宗以為有意擁立。乃冀他年富貴。必欲身致之。不樂羣臣上請。然羣臣不請。上亦竟不行也。即上慈愛無

他意而欲靖議論。議論愈繁。實國家大不幸也。于時政府惟王家屏沈鯉。與言者合力請不允卽忤旨放歸。沈一貫以及申時行王錫爵。皆以調護爲言。雖婉轉力請。而政府以言者爲多事。上以爲激聒。政府亦以激聒目之。此其意未必有他也。不過欲上憐其意而不之疑。或幸從其請耳。然言者逆耳而難居。調停者言甘而無害。宜相體而不宜兩相難也。不意調停者目言者爲黨人。斥逐不能救。時行性寬平。所斥必旋加拔用。而一貫頗持權求勝。受斥者身去而名益高。東林君子之名滿天下。尊其言爲淸論。雖朝中亦以其是非爲低昂。交日益衆。而求進者愈雜。始而領袖者皆君子也。繼而好名者躁進者咸附之。于是淮撫之論起矣。

着力兎宰僧等乞款市。不許。

詔督撫久任。時御史李炳吳弘濟論郝杰驟遷。上然之。命以後仍久任。

樂昌地震有聲。

二月炳朔。京察。竣。免少卿鄭洧年徐泰時。餘降調有差。

庚寅。提督四夷館太常寺少卿周思敬爲光祿寺卿。

詔朝鮮國王李昖還居平壤。

貴陽大風雹。

辛卯。王錫爵疏引三誤。乞容改正。上報曰。朕恥爲臣下挾制。卿自引咎。置朕何地。三子俱不必封。少俟一二年。中宮無出。再行册立。始錫爵負氣節。自請並封。忝物議。朝臣俱奏止。惟國子祭酒曾朝節獨否。

談遷曰。太倉歸省年餘。別無建樹。亟亟焉以並封請。謂非迎合上指。抑大臣納約自牖。其道如是乎。初擬二諭。欲元子取養中宮。在唐宋有之。其事陋而不經。中宮母儀天下。則百斯男。孰非其子。必襁育以爲德。又閭巷之見也。設並封果行。數年而婚。未幾而就國。疇能止之。漢儒稱守經以行權。未達乎經而覬權之萬一。則引誤之說所自來矣。

巡撫陝西右副都御史姚繼可言。西虜求款市。宜如隆慶五年來。勿拒。背。勿責。從之。

甲午。諭浙直福建廣東沿海防倭。陝西道御史毛壽圖言之也。

丙申。科道拾遺御史劉士忠等糾戎政右都御史蹇達。吏部右侍郎李尙思。前詹事劉虞夔。少詹事黃洪憲。南京戶部右侍郎余懋學。兵部右侍郎蔡汝賢。右通政司使徐一檟。皆月旦不容。官箴有玷。遂罷懋學。汝賢。一檟。勘達。洪憲。餘留。又論南京工部右侍郎張檟。通政使杜其驕。刑部右侍郎傅孟春。南京國子祭酒余孟麟。

誅四川建武營悍卒。先是調劉綎東征。兵畏行而譁。命誅其首禍。

己亥。浙江道御史高舉等請册立豫教。章下所司。

辛丑。前南京大理寺卿王湘卒。湘字□□。濟寧人。嘉靖乙丑進士。選庶吉士。除御史。至今官。

壬寅。蓬萊知縣董守緒侵帑。命永戍。

癸卯。倭屯王京。經略宋應昌求濟師。兵部議以南兵戍登萊者援之。

乙巳。慶府鎭原王伸堭上書求賑。乞移封內地。不許。竟賑之。

丁未。前日講官贊善顧紹芳卒。紹芳太倉人。萬曆丁丑進士。予祭。

戊申。衡王翊鏤薨。謚曰定。世子常㵒攝府事。

己酉。議寧夏功。

庚戌。遼東大毛山墜火如雞子。卽夜雨雪。

貴州宣慰司土舍安國亨輸餉千金。賜綵幣。

辛亥。鑄寧夏右屯衞百戶中屯衞左千戶所印。失于亂。因添一之字。

癸丑。南京吏部京察。拾遺王弘誨王體復免官。張文熙調用。餘留。

甲寅。敕勞東征將士曰。爾等不避艱險。先收平壤。再捷開城。朕深嘉爾等之功。天時漸熱。賊衆尚多。爾等懸軍深入。急難全勝。饑寒暑露。疾病死傷。勢所不免。朕用是痛心。發千五百金犒賞優卹。李如松自碧蹄敗後氣索。經略宋應昌始遣沈惟敬說倭。同游擊周弘謨往。

諭戶兵二部。以經略宋應昌乞餉。爾戶部發銀。或自山東海道召商貴糴。或就近輸運。務使東征四五萬人可飽半年。兵部催新兵接濟。早平大寇。

三月丙朔。南京察。罷御史黃正色太僕寺丞趙卿高維崧□部郎中張問達喻應台等。餘降調有差。

鑄雲南羅次縣儒學印。

吳中行爲翰林院侍讀學士。翰林編修林承芳爲浙江布政司右參議。

錄征倭功。賜李如松楊元李如梅等金幣。

戊午。告捷郊廟。

己未。刑科給事中劉道隆。論吏部稽勳司員外郎虞淳熙兵部職方郎中楊于庭。臺省交摘。而吏部曲爲解。僅議一職方主事袁黃。非體。有旨責吏部回奏。尚書孫鑨言。淳熙臣鄉人。安貧好學。非有先容之助。于庭任西事有功。尚書石星亦言之。臣不忍以功爲罪。且既命議覆。自有異同。惟各原其心。求歸于當。若知其無罪。忽以科道之言而去之。昧心欺君。臣不能爲。亦非敕臣議覆之意也。上以不引罪。奪俸三月。考功郎中趙南星鐫二秩調外。淳熙等並罷。劉道隆以不指名。亦奪俸。鑨乞休。不許。鑨復奏曰。人臣之罪。莫大于專權。國家之禍。莫烈于朋黨。夫權者人主之操柄。人臣所司。謂之職掌。吏部以用人爲職。進退去留屬焉。然必請旨而後行。則權固有在。非可得專也。今以留二庶僚爲專權。則無往非專矣。以留二京職爲結黨。則無往非黨矣。臣任使不效。徒潔身而去。俾專權結黨之說終不明于世。將來者且以臣爲口實。又大罪也。伏冀特加省察。幷賜骸骨。先是內計去留先白閣臣。鑨及南星力持正。盡斥私黨。王錫爵不悅。淳熙本淸士。其補吏部呂胤昌之闕。卽鑨甥也。詆其賄代楊于庭。僇力寧夏。當敍功。惟袁黃稍絓議。擬降。益忤閣臣矣。尙書被譴責。于是左僉都御史王汝訓通政使魏允貞大理寺少卿曾乾亨禮部郎中于孔兼員外郎陳泰來主事顧允成張納陛賈巖國子助敎薛敷敎俱論救。禮部郎中何喬遠主事洪啓睿復合疏言之。謫孔兼安吉州判官。允成光州判官。敷敎光州學正。

沈演曰。癸巳之廷評。盛衰之際乎。君子之氣。且眞且厚。無如此時。所爭者大。陳義甚正。本不爲己。動可得而柔耶。故雖至尊不得不商量別處之法。此非不美之象也。惟不見謂拂而能相持以久。卽吁咈何巽矣。乃竟逐逐而不復者六人而五。悲夫。君子非欲激不能爲隨。上容士爲與直。士徇上爲變塞。君子國之元氣。何不念也。

庚申。朱廷益爲南京大理寺丞。時吏部推鄒元標。而廷益附之。上用廷益。又推元標應天府丞。不報。于是南京戶科給事中顏文選言元標當錄。上怒元標輕肆。降文選浙江按察司知事。

辛酉。以戶科給事中王建中等閱實廐馬。下司禮太監王坤減料二千石芻十萬束。

光祿寺卿王汝訓上言。本寺歲入共二十三萬有奇。而十八年十九年供應簿歲費二十四萬有奇。不勝駭汗。臣嘗備員寺丞少卿。昔歲用不過二十萬。隃六七年。費滋至此。若盡出乘輿玉食之供與兩宮孝養之具。臣何敢輕議。惟是上下相蒙。轉相倣效。延至今日。勢難少待。按會典。凡內外衙門官吏監生人匠等應給酒食。俱本寺支給。餘如回回哆思麻等。畫士韋鑑等。調士臣柏達等。傳賜越數十年。仍日支酒飯。此等冒濫。不可殫述。乞覈各官名下酒飯。應兼支半支住支。又如西三夷進貢。經年累本寺。歲費數千金。宜勒限趣還。又會典。本寺日給內府衙門官吏監生錦衣衛將軍力士及各監局等衙門軍民等匠。近據各衙門冊報。半屬成弘間人。又按十五年後。六科廊匠經廠匠織染局匠各請增數千人。不知果係部文投補。堂堂天朝。使人竄名爲餬口計。法紀謂何。乞開除年久物故者。明開某年月日部文增收各役。親詣關給。革其詭代。不允。

甲子。增淮揚沿海兵將。

禮部精膳司署郎中事員外郎陳泰來論察典曰。臣叨第十七年。四歷京察。丁丑則故相張居正以奪情故。用朱璉策借星變計吏。箝制衆口。楚人方逢時署部事。考功郎中劉世亨依違順氣。掃除異己。辛巳則居正威福已成。王國光唯諾惟命。考功郎中孫維清。鄙人也。與秦耀設謀禁錮。建言諸臣。丁亥則臺省楊廷相馬允登側媚當路。誣陷善類。御史王國面折之。其說不盡行。而尚書楊巍自許模稜。考功郎中徐一檟主于調停。涇渭失辨。何起鳴倖免。張正鵠誣斥。頃者庶官拾遺。下部覆議。虞淳熙素擅才名。楊于庭西功未敍。袁黃方贊東師。該部酌評。蓋有深意。科臣劉道隆遽行糾摘。閣臣駕言聖斷。識者扼腕而不平。此其故可推也。夫尚書孫鑨割渭陽之恩於呂胤昌。趙南星忘秦晉之好於王三餘。是誠難事。今以評品爲秘。科臣或有獨見。閣臣得無微指耶。部權自高拱張居正以來。尚書除張瀚嚴清外。選郎除孫鑨陳有年外。奔走請教。一一稟承。濫觴于楊巍。而掃地于劉希孟謝廷寀。今復借拾遺處分。焚激聖怒。卽昨年之故智。將來必挈權以阿閣臣。而後爲不專權。必植黨以附閣臣。而後爲不結黨乎。上怒。降泰來。

乙丑。予故巡撫延綏右副都御史安肅王汝梅祭葬。

王錫爵連乞休。不允。

己巳。雲南緬甸賊入犯。官兵禦卻之。

辛未。楊時喬爲應天府丞。

議處宣大屬夷。立頭目。各駐牧。從優撫賞。則彼此不相統。從總督蕭大亨議。

壬申。以史酋子吉妹并孛羅等率衆來歸。仍撫賞。

癸酉。寧夏逋卒鍾普等五十一人自虜營來降。貰其罪。又虜着力兔縛獻叛卒七人。誅之。

甲戌。□□公主薨。

乙亥。故左都御史軒輗贈少保。謚端肅。

丙子。詔東征將士暫還遼東。湖廣道御史薛繼茂言。官兵深入。倘賊斷鴨綠江歸路。奈何。宜乘勝觀變。戒李如松毋輕敵。從之。

丁丑。敕朝鮮國王招諭降倭軍民。

癸未。左都御史李世達請宥陳泰來虞淳熙等。上不懌。趙南星虞淳熙楊于庭袁黃各削籍。

安南莫敦讓告急。

四月乙亥朔丁亥。錄寧夏功。進李如松太子少保。蕭如薰都督同知。進葉夢熊右都御史。朱正色右副都御史。梅國楨太僕寺少卿。餘文武陞賞有差。

戊子。館陶天鳴。

辛卯。臨漳王載壠薨。

癸巳。浙江按察副使陳三策削籍。以巡按御史李唐論其託疾擅離。三策訐奏非體也。

南京翰林院侍讀學士吳中行罷。

南京戶部尚書張孟男致仕。

癸巳。議沿邊括庫藏。募輸粟。御史高舉言之也。

甲午。予撫寧侯朱繼祖祭葬。

乙未。貴州總兵官侯之胄有罪免。

丙申。立慶府宗義坊旌故壽陽王倪㸅輔國將軍鼐梓等。又立表烈坊旌節婦范氏王氏謝氏李氏。

丁酉。賑慶府貧宗五千金。

戊戌。雷震孝陵大水。

倭悔禍求貢兵科給事中張輔之言貢可許四可議七。給事中許弘綱侯廷佩御史宋興祖各言不可信。章下所司。

辛丑。吏部尚書孫鑨罷。右侍郎蔡國珍攝部事。

黃汝亨曰。昔范希文坐丞相呂公罷。呂公亦罷。士大夫各持二公曲直。呂公患之。凡直希文者。皆指爲黨。斥逐略盡。及呂公復相。希文亦召用。二公懽然僇力天下。士雖皆以此多二公。然朋黨之論遂起而不可止。嗚呼。呂公且然。而又況不爲呂公者乎。此世道之憂。深識者以爲古今一轍也。

壬寅。巡撫山西右僉都御史呂坤言五事。裁宂員。蠲宿逋。寬帶徵。別分數。嚴催科。部覆從之。

裴應章補戶部左侍郎。工部右侍郎褚鈇爲刑部左侍郎。太常寺卿呂鳴珂爲通政司使。

癸卯。雲南左布政使林喬相爲右副都御史。巡撫貴州。太常寺卿楊一魁爲南京戶部右侍郎。總督糧儲。

倭出王京。初平秀吉據龍山倉。李如松遣參將查大受間道焚其粟數十萬。李寧祖承訓軍開城。楊元軍平壤。李如柏軍寶山。查大受軍臨津。而如松身往來節制。俄沈惟敬使倭。云許獻王京。歸朝鮮王子陪臣。是日出王京而南。退屯釜山。如松入王京。餘粟數萬。芻菽稱是。朝鮮幾定。

乙巳。江夏王英熼薨。

丙午。王錫爵請視朝。不報。

南京吏部尚書溫純改工部尚書。少詹事習孔教為南京禮部右侍郎。左僉都御史王汝訓為右副都御史。巡撫浙江。光祿寺卿胡嘉謨為南京太常寺卿。

丁未。神機營左副將署都督僉事陳汝忠為總兵官。鎮守貴州。寧夏副總兵署都督僉事麻貴為總兵官。鎮守延綏。

己酉。光祿寺卿周思敬為太常寺卿。江西左布政使沈思文為順天府尹。山東左布政使傅作雨為南京光祿寺卿。

庚戌。南京右都御史陳有年為南京吏部尚書。翰林院侍讀學士陸可教為國子祭酒。

辛亥。諭釋輕繫。

壬子。傳制封慶成王在埞。德興王載熼。吉安王載堁。延長王縉煖。弘農王仲謹。臨漳王翊鏴。江夏王華壇。

五月飦朔。遼東鐵嶺衛火。

巡撫山西右僉都御史呂坤為左僉都御史。回院。

發德州倉粟二萬石賑滄州河間饑。

丙辰。總兵官鄧子龍罷。

戊午。右春坊右庶子兼翰林院侍讀劉楚先為詹事府少詹事兼侍讀學士。纂修玉牒。左春坊左庶子兼翰林院侍讀馮琦署院事。司經局洗馬兼修撰楊起元為南京翰林院侍讀學士。

庚申。薊鎮青山口雷火焚臺內火箭。斃官軍數十人。

辛酉。王錫爵上泰交要務四事。題覆宜慎。聽納宜公。甄別宜先。勘核宜審。上是之。

甲子。戒遮留地方官。時通州人奏留知州馬有慶。御史高舉言保留成習。下部申飭從之。

己巳。發預備倉穀十萬餘石賑順天饑。

南京吏科給事中陳容淳以雷火請冊立。不報。

辛未。前少傅大學士郭朴卒。朴字□□。安陽人。嘉靖乙未進士。選庶吉士。授編修。進侍讀。纂修會典。壬申。進右春坊侍讀學士。禮部右侍郎。改吏部。轉南京禮部尙書。改吏部。加太子太保。以武英殿大學士入直。累少保少傅。致仕。醇謹終始。年八十三。遐齡重望。人不可及。予祭葬。贈太傅。諡文簡。

甲戌。吏部左侍郎趙煥爲南京右都御史。總督倉場。右副都御史兼戶部右侍郎周世選爲南京戶部尙書。通政司右通政魏允貞爲右僉都御史。巡撫山西。

薊鎭屬夷長昂犯邊。

立寧夏褒節祠。祀常信堡百戶陳縉。又立顯忠祠。祀游擊梁琦。守備馬承先。總旗安餘學等四十一人。百戶陳漢等。指揮使王琦等六十九人。

乙亥。總督陝西右都御史葉夢熊加兵部右侍郎。

丙子。賑鳳陽淮揚饑。

五軍營右副將署都督僉事馬應元提督京城巡捕。

己卯。署都督僉事陝西總兵官董一奎爲五軍營右副將。

前總督倉場戶部右侍郎林應亮卒。應亮字□□。侯官人。嘉靖壬辰進士。知□縣。進□部主事。歷今官。予祭葬。子如楚。

辛巳。翰林院庶吉士董其昌爲編修。

蘇州知府石崑玉爲山東按察副使。領兩淮鹽運司使。時科臣議重轉運之選。崑玉治最。特任。

命總督兩廣軍務陳蕖相機處置安南。時鄭松復擒莫敦讓于大茭村。莫履機等奔嶺東欽州。莫敬恭莫履遜奔廣西思陵州。莫敬邦有衆十餘萬。起京北道。用武汝諧等攻走黎黨。敦讓得復歸。衆推敬邦署都統使。諸僑居欽州思陵者護出境。未幾。黎兵轉攻南策州。殺敬邦。而莫敬璋屯新安。敬恭敬用屯諒山。懼黎氏追。亟竄憑祥龍州境上。

談遷曰。莫登庸拔起漁戶。至微賤也。俄傾黎氏之世祉。非驍雄而能若是乎。帶甲數十萬。弱子單孫。遽奄奄不振。奔竄無虛日。昔以匹夫奪人國而有餘。今跨州連城。負山據海。全有嶺外。容一身而不足。故曰慮爲功首。謀爲賞本。今之莫氏。將毋謀慮失之耶。

賑寶坻武淸東安香河饑。

是月。邳州高郵寶應大雨水。湖決壞隄。沈丘大霖雨傷稼。

六月⿰巾甲朔。兵科給事中侯慶遠言。勤屬國數道之師。以力爭平壤。以權收王京。挈兩都授之。存亡興滅。義聲赫海內矣。全師而歸。所獲實多。詔漸撤師。經略宋應昌奏。釜山雖瀕南海。猶朝鮮境。有如倭瞰我罷兵。突入再犯。朝鮮不支。前功盡棄。我救朝鮮。非鄉鄰鬬比。朝鮮固則薊遼無虞。兵宜協守。卽議撤。當少需時日。俟倭盡歸命。量留防戍。

釋高牆庶人融炎家屬。

乙酉。常寧縣黃洞蛟出。水大溢。壞城舍人畜。

南京後軍都督府僉書馬繼武爲總兵官。鎭守浙江。

丁亥。巡按陝西御史徐彥登請設苑馬七監儒學。章下所司。

戊子。山東道御史甘士价以兵科給事中許弘綱超吏科都給事中非宜。文選郞中劉四科自奏謬拔。招尤語侵閣臣王錫爵疏辨。上命會議。罰治四科。
己丑。主事史善言兄諸生嘉言迫繼母趙氏嫁致死。嘉言論斬。法司擬善言遠宦。論鬼薪除名。上不聽。竟戍邊。
庚寅。釋李材獄。戍之。
辛卯。發畿縣預備倉粟幷天津軍需萬石賑饑。
故保定總兵官尹秉衡以江西道御史楊宏科發其贓。命按之。
甘肅流胡入犯。禦卻之。
甲午。御史蕭如松言倭貢不可許。段尚繡謂廷議簡五千人分戍沿海非策。章下所司。
罪人李榮論徒。且往。母劉氏以孤老求贖。法司以聞。特許之。著爲令。
乙未。南京禮部尚書王弘誨致仕。
丙申。予故工部尚書辛自修祭葬。贈太子太保。謚肅敏。
緬甸莽應禮以孟璉長官司求款貢。許之。
戊戌。太倉州治火藥樓災。
己亥。東征兵歸大譁。
鑄福泉興化海防同知關防。山西東路管糧管礦各關防。
丙午。前河南布政司右參政吳國倫卒。國倫字明卿。興國人。嘉靖庚戌進士。授中書舍人。進□科給事中。調外。歷今官。博治攻文。所著甔甀洞藁續藁行世。年七十三。
馮夢禎曰。自屈宋下楚才何其侈耶。明卿先生起嘉隆間。嗣響李何。齊鳴五子。甚且超乘而上。豈不戛戛乎難哉。至其緣儒飭吏。寬猛適宜。牧宰監司悉善其職。尤足爲文士吐氣。惜其不大用。令以甔甀終也。然其著書表見。遂與弇州伯仲。采詩國朝者。吳楚其大風也哉。

辛亥。吏部推鍾羽正兵科都給事中。上以羽正被譴。奪司官俸。

申飭京官非二品以上不得輒辭瀆。浙江道御史趙標言近來廷臣皆飾讓成習。上然之。

壬子。巡撫江西右副都御史邊維垣爲南京工部右侍郎。南京大理寺卿王樵爲南京刑部右侍郎。陝西右布政使劉光國爲右副都御史巡撫陝西。

七月聧朔。吏部左侍郎兼翰林侍讀學士黃鳳翔爲南京禮部尚書。山西左布政使陸萬鍾爲右僉都御史巡撫江西。

乙卯。夜彗見井宿。芒尺餘。

丙辰。滎河縣大雷雨冰雹傷稼十餘里。

丁巳。禮科都給事中張貞觀請親廟祀。章再上。不報。

前吏部尚書王國光買嫠婦李氏致自刎。巡按山西御史喬璧星以聞。遂奪秩。如不謹例閒住。

談遷曰。王國光里居與邑令不相中。時春秋高。娶嫠非其意也。婦適死。令齮齕而張之。國光故善江陵。往坐敗未奪秩。而以他事累。車不躓于羊腸而躓于康莊。國光之謂也。

己未。蠲獲嘉縣逋租。

前南京禮部尚書秦鳴雷卒。鳴雷字□□。臨海人。嘉靖甲辰進士第一。授翰林修撰。進諭德。歷祭酒禮部侍郎。改吏部。遷詹事。乞休。起今官致仕。年□十。予祭葬。吏部謂其品不當謚。

辛酉。浙江道御史彭應參言倭貢不可許。碧蹄敗績。大將僅以身免。倭何震之有。而云乞哀求貢。不過經略久在異域。陰許之耳。章下所司。

丙寅。□□道御史王立賢乞時御朝如十五年以上。不報。

辛未。宣陜西之捷。

壬申。倭還朝鮮王子陪臣。自釜山移西生浦。

癸酉。許教官雜秩任本省佐貳首領官亦選授鄰近。從御史薛繼茂之奏。繼茂又上獄情八事。罪臣當錄。委官多誤。云云。上議行之。

乙亥。夜。彗逆行入紫微垣犯華蓋星。

巡按福建御史陳子貞請開洋禁。章下所司。

丙子。霍丘霍山大雨水。渰人畜亡算。

丁丑。協守洮岷副總兵署都指揮僉事劉承嗣爲總兵官。鎮守四川。

己卯。固始南山蛟蜃同起。大雷雨水溢。壞人畜。

辛巳。虜寇遼東。

夜。火星逆行室度。

衡州火。

八月壬午朔。洪洞霍州地震有聲。

定御史差選。先是江西道御史徐申言。北臺差多而選多。今日益濫。南臺差少而選少。今日輒避籍。宜及行取之期加意裁節。南北無低昂。除用亦無迴避。雖避原籍。非選受也。今因差妨人。遂因人妨制。不以人避差。却以差避官。臣竊惑之。報可。

詔通海禁。

癸未。王錫爵以星變言天以皇上爲子。皇上以太子爲子。就一家而言。此足相當天子之象帝星。太子之象前星。就三垣而言。又最相近。方今禳彗第一義。莫如早册立。上慰答之

魏國公徐惟治卒。

甲申。王錫爵再請册立。

丙戌。召大臣會極門。賜修省。又曰。往朕敕督撫官條各塞優卹事宜。今年餘不見報。何也。

丁亥。南京吏部尚書陳有年爲吏部尚書。

己丑。潁州大水。頃刻百餘里。溺人畜亡算。

庚寅。右春坊右中允署國子司業劉應秋回坊兼翰林院□□。直日講。南京國子司業馮夢禎爲南京右春坊右諭德署翰林院事。

辛卯。減造南京紗衣蟒襴三分之一。

壬辰。劉元震爲禮部右侍郎。兼翰林院侍讀學士。盛訥回部。邢玠爲南京兵部右侍郎。趙世卿孫鑛爲戶刑部右侍郎。

癸巳。命四川貴州撫按訊楊應龍罪狀。

甲午。太白晝見井度。

吏部□侍郎兼翰林院侍讀學士陳于陛爲禮部尚書兼翰林院學士。署詹事府事。

調巡撫寧夏右副都御史朱正色加河南□布政使。張更化太僕寺卿。致仕。俱被論。

乙未。王錫爵諫催蘇杭織造。不報。

鄭汝璧爲右僉都御史巡撫山東。梅國楨爲右僉都御史。巡撫大同。

辛丑。先是禮科右給事中朱爵言。廷推冢宰已用禮部尚書羅萬化。旋寢。疑輔臣授意。乞皇上宸斷。以息異議。其語侵趙志皐張位。上詰其由。則侍郎趙用賢意也。以爵妄論謫山西按察司知事。御史甘士价等疏救。下所司。

壬寅。周思敬爲南京大理寺卿。吏部右侍郎蔡國珍爲左侍郎。鄧以讚爲吏部右侍郎。

癸卯。翰林院庶吉士包見捷爲戶科給事中。

賑淮揚貧竈。

甲辰。太僕寺卿徐作爲太常寺卿。

署都督同知鎮守延綏總兵官董一元爲中軍都督府僉書。

丙午。翰林院編修李道統爲南京國子司業。周應賓爲國子司業。太常寺少卿劉元霖提督四夷館。

丁未。以建南土夷啓隙。通判張材降。都指揮潘繼祖除名。

庚戌。左春坊左庶子兼翰林侍讀馮琦爲詹事府少詹事。

九月壬子朔。巡撫山西右僉都御史呂坤請嚴薦舉連坐法。劾參議和震副使陳九疇平陽知府任甲第。屬官多不肖。止報一人。幽本當黜而注云可薦。參政李琦僉事周應中未嘗出巡而考政致以循良。貪懦當罰。上大是之。下部院科道如典例。

癸丑。以淮安鳳陽揚徐存留夏稅量賑饑民水災。

右春坊右諭德兼翰林院侍講余繼登爲左春坊左庶子兼侍讀。司經局洗馬兼修撰蕭良有爲右諭德兼侍講。右中允兼修撰李庭機爲洗馬。仍兼修撰。

甲寅。蠲寧國鎮江應天屯糧十分之三。

乙卯。吏部定請告諸臣。各從堂官代請。如科臣請告。容臣部酌議。從之。

署詹事府事禮部尚書陳于陛請修本朝正史。略曰。史家之體有二。曰編年。曰紀表志傳。自宋建隆後。編年之史曰日曆。卽所采百司奏對事實爲時政記類爲實錄。其紀表志傳曰正史。如眞宗祥符間王旦等撰進太祖太宗兩朝正史。爲紀六卷。志五十五卷。列傳五十九卷。仁宗天聖間呂夷簡等增入眞宗朝。曰三朝國史。爲紀十卷。志六十卷。列傳八十卷。此外又有輯錄祖宗弘謨要政。分門別類。以便御覽。有裨帝學者。如王曾三朝寶訓三十卷。范祖禹撰仁皇訓典六卷。自聖孝至愛物凡三百十七條。以備邇英進講。我朝功業法制。事事超越。而列聖實錄藏之金匱石室。似宋世編年實錄之體。可謂備史。未謂正史。至于大明會典屢請頒布。而廟堂之謨謀冊告。臣工之論議文章不與焉。則本朝正史在今日似不可不亟圖也。章下所司。

丙辰。修孝陵成。

戊午。頒省刑條例。刑部尚書孫丕揚上省刑省罰約束十六則。上善之。下各撫按有司。

己未。王錫爵求召對。不報。

庚申。右副都御史李楨爲戶部右侍郎。□□□周光鎬爲右僉都御史。巡撫寧夏。

壬戌。倭求封貢。廷議謂經略宋應昌不宜許。應昌上言。七月本兵石星令許惟敬偵倭。十月回報。本兵因奏屬臣標下惟敬至山海關。言行長欲貢。約斂兵六旬以待命。屆期請行間使。惟敬復回云。行長願退平壤。畫大同江爲界。臣姑然之。令退師。行長未決。我乘其不備克平壤。此初說也。倭屯王京。合兵二十餘萬。官兵不盈四萬。勢不相當。是以暫息。佯許其成。令惟敬開曉利害。遣二使結旗牌。監督其歸。遂出王京。故土盡復。此再說也。又惟敬諭還朝鮮王子陪臣。卽令言歸。而前遣二使謝用梓徐一貫回云。釜山見關白甚恭謹。行長卽送王子陪臣。七月二十日餞馬倭離釜山。惟行長暫住西生浦而謂臣許其貢。非也。石星亦奏辨。諭朕以大信受降。豈追既往。可傳諭宋應昌嚴備。勸彼歸島。上表稱臣。永爲屬國。仍免入貢。虞內地勾引生釁。

茂州地震。

吏部右侍郎趙用賢。先檢討時生女三月。中書舍人吳之佳約以二幣。及用賢諫張居正奪情削籍。之佳爲御史請告已入朝出按福建。過吳門。用賢往餞。略不爲禮。因反幣絕其婚。字女蔣氏之佳子鎭亦他娶不相及也。王錫爵嫉用賢。嗾鎭上章訟其負盟。用賢奏辨。下部院議。御史陳昜刺用賢貪險。御史趙標糾之佳綬發傾陷。閣議罷用賢。降之佳。庶兩得其平。

談遷曰。趙文毅負氣節。侃侃誾誾。政府弗善也。又地之相近。得吳鎭事構之。彼女適蔣氏六年矣。向絕口置勿道。挑而咻之。此與錢惟演夏竦誣歐陽修之污甥女不一轍耶。大抵端人剛士無所橫其喙。語及帷幙。俾聞者易動。辨者易媿。詩云。取彼讒人。投畀豺虎。有以也。

乙丑。折徵開封歸德河南汝州水災田租。每石五錢。

朝鮮王李昖上表謝賀貢。

劉東星爲左副都御史。南京工部尚書朱天球。大理寺卿吳定俱罷。

前兵部右侍郎辛應乾卒。應乾。東安人。嘉靖□□進士。知□縣。進□部主事。歷今官。予祭葬。

丙寅。工部尚書溫純終養。

戊辰。兵部尚書石星言。宋應昌遣使行間。臣實與謀。今科臣張輔之等疑書揭之異同。按臣周維翰慨事機之已去。尤在封貢之事。倭本難信。雖退還王京。送回王子。跡似效順。然封號不可假。況行長尚在西生浦。關白未具表文。宜敕經略速諭行長。率衆歸巢。毋得留滯。上是之。

庚午。兵部職方司主事曾偉芳言。倭款亦去。不款亦去。款亦來。不款亦來。蓋關白大衆已還。僅遣小西飛三十餘人至王京乞貢。行長留待。知我兵未撤。不能以一矢相加遺也明甚。欲歸報關白。捲土重來。則風汛不利。正苦冬寒。故曰不款亦去。況惟敬前在倭營講購。咸安隨陷。晉州垂拔。而欲恃款冀來年不攻。則速之款者速之來耳。故曰款亦來。爲今日計。宜朝鮮自爲守。弔死問孤。練兵積粟。如李昖不任。令退閒。立光海君琿。又不然。令衆建王族。章下兵部。

壬申。命石星錄四。

癸酉。起吳文華南京工部尚書。李淶右僉都御史巡撫保定。改衷貞吉工部尚書。胡嘉謨大理寺卿。

甲戌。夜火星逆行入室度。

丙子。敕朝鮮國王李昖曰。爾國雖介海中。傳祚最久。近者倭奴一入。而王城不守。原野暴骨。廟社爲墟。追思喪敗之因。豈盡適然之數。或言王偷玩細娛。信惑羣小。不恤民命。不修軍實。啓侮誨盜。已非一朝。而臣下未有言者。前車既覆。後車可不戒哉。惠徼福于爾祖。及我師戰勝之威。俾王之君臣父子相保。豈不甚幸。第不知王新從播越之餘。歸見黍離之故宮。燒殘之丘隴。與素服郊迎之士衆。噬臍疾首。何以爲心。改弦易轍。何以爲計。朕之視王。雖稱外藩。然朝聘禮文之外。原無煩王一兵一役。今日之事。止以大義發憤。哀存式微。固非王之責德于朕也。大兵且撤。王今自還國而治之。尺寸之土。朕無與焉。其可更以越國救援爲常事。使爾國恃之而不設備。則處堂厝火。行復自及。猝有他變。朕不能爲王謀矣。

葉向高曰。隋唐之際。高麗勁矣。觀其勤萬乘。抗前旌。固東夷之雄也。明興。濡沫仰流。皇風淪被。俎豆詩書。爲冠帶之國。聲教遠矣。彼威之而不來。此柔之而愈服。雖招攜有經。亦先聖之遺化也。成桂初興。逆取順守。引于今茲。藩封勿替。可謂盛矣。而襲休日久。積弱形成。高皇前言。徵于左券。神聖之所豫譏。有國家者。曷可少忽乎哉。

朱國楨曰。朝鮮强弱馴暴先後迴異。然不難于事我明而難于事宋。不難于抗隋唐而難于抗元宋之奄奄。卽停渡海之使。其奈之何。執禮不廢。料女直如指掌。隋兵黷適以自斃。唐兵驕不能恃久。元以蓋天之勢。切近攻之數十年不能舉此。豈地利人和之足恃。獨有忠臣爲之死抗。所謂國于天地必有與立。蓋以此也。卽倭難。有權慄李元均元翼等各自奮立功。慄欲東奔。志在糾合興復。清正行長終不得肆。若謂非中國救必折而入于倭。則元與隋唐何以退聽。至今其國依然也

南京右都御史趙煥終養。南京太僕寺卿徐用檢爲南京太常寺卿。

丁丑。予故南京刑部尚書陳道基祭葬。

己卯。貴州左布政使錢溥爲南京太僕寺卿。

命給軍士布花期十月初旬。著爲令。御史曹學程言之。

十月辟朔。甲申。山東督撫旂刃皆出火有聲。

乙酉。劉綎爲備倭副總兵。署都督僉事。暫留朝鮮。

丙戌。武進江陰等縣大雨雹傷稼。

丁亥。南京戶部尚書周世選等以戶部郎中鄭材因侍郎李楨駁其所論趙吳姻事。語侵其父洛。爭辨。擬材□□存堂屬之體。

庚寅。淮府紹興王厚爀薨。

辛卯。郝杰爲南京戶部尚書。大理寺卿胡嘉謨爲刑部右侍郎。

癸巳。禁總兵官稱疾枉歸。

乙未。沈思孝爲大理寺卿。賈仁元爲右都御史兼兵部右侍郎。協理京營戎政。

丙申。命停刑。

丁酉。臨朐王翊鉼有罪。下閒宅候訊。

戊戌。陝西白馬城堡星隕。大如斗。天鳴。

己亥。張一元爲右僉都御史。巡撫雲南。

故南京兵部尚書郭應聘謚襄毅。

庚子。故南京禮部尚書林燫謚文恪。

辛丑。蠲寶慶長沙荆襄水災田租。賑之。

安南都統使莫茂洽之出奔也。莫敬邦以十萬人拒鄭茂。遣世父莫敦讓來告急。因引孫一人。弟九人。族屬五十人。直走永安。求居欽州。御史徐元正奏。朝鮮與安南殊科。朝鮮中國之門戶。勢自當援。今安南遠在萬里之外。亦請比以援之。此于筴不便。且欽州實雷廉門戶。珠池在焉。有如一日不可知。則百粤五嶺間。豈得高枕而臥乎。事皆下兵部。石星謂御史言是。趣總督諭莫敦讓還國。

安南黎維潭與□□宣撫黄廷愛叩關求貢。左江道僉事張璧上之。來牒用國王金印。而世次與故府所載稍異。又詰印何自。先是巡撫廣西右副都御史陳大科上言。蠻夷易姓如弈棋然。不當以彼之叛服爲順逆。惟當以彼之叛我服我爲順逆。斯機權在我。無庸以蕞土而遽興兵。顧維潭將恢復是圖。而莫茂洽故職方之貢也。倘如先朝故事。命大臣致討。聽其款關請罪。比諸漆馬江。以不剪莫祀。惟聖明裁之。

壬寅。吏部起削籍科臣張棟。奪尚書俸二月。降司官雜秩。閣臣申救。上責部堂市恩。免奪俸。司官俱謫外。已科道交救。以許弘綱首之。奪俸四月。餘各二月。文選郎中孟化鯉等削籍。

左都御史李世達致仕。世達議趙用賢絕婚爲是。戶部郎中鄭材論之。遂乞休。閣臣擬留。上方怒吏部。允其去。

命總兵官不得擅自請告。

戊申，山東災，蠲賑有差。

十一月辛亥朔，卯刻，日當食不食。

蠲杭台紹興寧波存留夏稅。

乙卯，謚魯府福安王壽鈴曰憲惠。

己未，先是鄭世子載堉自以鄭簡王第四支，不宜越封，累奏讓爵，推長支載壐。禮部議：成憲難易，如世子堅遜，聽以世子號終，封其子翊錫以繼其統。命下撫按議之。

癸亥，賑葉縣礦徒。時河南多饑盜，撫治鄖陽右僉都御史董裕奏：各礦盜乞厚卹，以散其黨。上從之。因發彰德懷慶衛輝漕粟九萬餘石，輸河南分賑。

甲子，刑部尚書孫丕揚爲左都御史。

丙寅，諭皇長子出閣，用常禮，待冊儲始冠。

緬甸酋莽應禮來貢。

巡撫四川右僉都御史王繼光奏播州楊應龍不聽勘，更虐士民，繕兵器。巡撫貴州右副都御史林喬相亦奏其惡，請正法。上命便宜擒治，不許貪殺。

丁卯，謚益府黎丘王常溱曰莊懿，淳河王常汭曰懷僖，晉府河中王知矩曰恭靖。

折杭湖嘉興漕糧有差。

巳刻，東安縣西北天鳴。

戊辰，蠲賑望江四縣、太平等十縣。

己巳。萬壽節。上御皇極門受賀畢。召閣臣王錫爵于煖閣。錫爵求册儲。上曰。朕意久定。豈爲人言所動。又曰。倘中宮有出奈何。錫爵曰。皇長子年十三無曠學之理。又請速斷。上温諭良久乃退。

趙煥爲刑部尚書。程拱宸爲南京通政使。

兵部言經略宋應昌于十月二十三日遣沈惟敬諭倭。閱月至海上。又閱月方通日本。又月餘而後知表文至否。則歲終事也。提督李如松報倭衆浮海有行長兵千餘。守候小西飛回信亦然。則久戍非宜。卽將吳維忠駱尚志等留守南北。盡撤官兵。仍留劉綎聽擇地駐札。兵科給事中吳文梓言。撤兵是也。爲善後計則否。今日議貢。明日議封。僅能誘之至西生浦。倘乘虛而入。劉綎數千之師果可禦强倭乎。命兵部議之。

辛未。先是行人高攀龍申救得罪諸臣。語侵閣臣。指戶部郎中楊應宿爲諂諛。應宿議趙用賢絕婚非是。應宿遂訐攀龍。幷及吏部文選郎中劉四科趙南星及顧憲成等。奏下閣。擬王錫爵封應宿疏上。

南京吏部右侍郎鄧以讚引疾去。

祭故南京右通政吳自峒。

戊寅。趙志皐張位請册立。不報。

巡撫山西右僉都御史呂坤言宗藩二要。嚴騙嚇之禁。重輔導之臣。從之。

閏十一月。辛巳朔。諭王錫爵曰。册立少候。旨明春豫教出閣禮。又欲第三子併行。或先後行之。錫爵請皇三次子少遲一二年。上優答之。諭禮部明春皇長子出閣講學。不許瀆擾。

壬午。順天諸生鄭承恩請册立。上怒。除名。外戚錦衣衛帶俸都指揮使鄭國泰伯父也。

癸未。夏鎮工部郎中余繼善追贓削籍。

乙酉。蠲賑宣府大同。

戊子。予故戶部右侍郎蕭彥祭葬。

尤繼先爲征虜前將軍總兵官鎭守遼東。

辛卯。諡萊陽王勤𡎺曰莊懿。

裁長蘆運司儒學。

壬辰。巡閱御史吳弘濟劾楊應宿。上怒弘濟不候處分瀆救。鐫二級調用。王錫爵揭救。

甲午。行人高攀龍上言。大臣則孫鑨李世道趙用賢去。小臣則趙南星陳泰來顧允成薛敷教張納陛于孔兼賈巖斥。近李禎曾乾亨復乞去。選司孟化鯉等又斥去。中外俱曰輔臣不附己則曰近侍不利用正人。果謂出于聖怒。則諸臣自化鯉而外亦未見忤旨。何以皆至罷斥。皇上有去邪之果斷。而左右反得行其媢嫉之私。皇上有容言之盛心。而臣下反遺以拒諫之誚。其爲聖德累不小也。

丙申。左都御史孫丕揚覆楊應宿激而嫚罵。高攀龍疎而易言。均宜處。命降應宿湖廣按察司經歷。攀龍揭陽典史。仍諭建言諸臣。時事艱難。不求理財足兵等實政。乃誣揑是非。部院公論所出。今後務持平覈實。

戊戌。定臺差法。孫丕揚等言。舊御史巡按始必中差。滿而得代輪次遞擬。近者多變。乞仍其舊。順天即近。不專貲深以防擇人。廣貴即遠。不遣初授以防擇地。江浙即大。不再酌差以防擇差。不中差者非甚缺人不按差。不歲深者雖甚遠不擬代。不循次者非果南北原籍不易處。上善之。著爲令。

己亥。御史黃紀賢等奏救吳弘濟。奪首俸一年。餘七月。降弘濟極邊雜秩。

御史周維翰言川兵戍朝鮮。冬間被殺傷數百不報。命宋應昌按之。

庚子。給事中吳文梓等奏救吳弘濟。奪首俸一年。餘八月。弘濟削籍。

有囚盜兵仗局庫銅計千餘金。刑部擬斬。係雜犯。送司禮監充淨軍。上謂當斬。疑司官賄賣。謫外。

十二月庚戌朔。御史宋興祖言各塞零級宜類報。省直荒盜宜預防。武舉孫如㬌濆奏朝鮮事大謬宜罪。戶部郎中鄭材訐奏李楨宜調。上從之。調材南京。

癸丑。禮部左侍郎范謙敎習庶吉士。

丙辰。王錫爵以皇長子出閣傳買金玉三十餘萬。乞停止。臣意明諭部臣。即冊立錢糧令從容辨納。

改盛訥吏部右侍郎。

命顧養謙往遼東料理歸軍。

命經略宋應昌提督李如松還朝。改顧養謙經略。

談遷曰。司馬懿攻公孫淵于遼東。道四千里。計往百日。攻百日。還百日。以六十日爲休息。一年可矣。關白之役。得無類之乎。然而還師之遽也。何遽乎。曰。碧蹄雖敗。李將軍僅二十騎略地。中伏得以身免。意外小挫。全師自如。而果李將軍賈余餘勇。鼓行而前。王京且立下。無如李將軍之餒也。倭棄王京。亦奪于平壤之戰。攻難守易。少易其所難。故卷甲去之。非果中沈惟敬之餌也。殆惟敬括舌如波濤。倭亦且前且卻。趑趄進退。未卽國巢。其心豈一日忘朝鮮哉。我師四萬人。聚之則强。散之則弱。宜耀武王京之南。少需歲月。彼知國勢內虛。其叛亦速。後竢再舉。于勢尤難。惜乎撤兵之早。徒恃細人。熒亂天討。是以有異日之棼棼也。

辛亥。前少保禮部尚書徐學謨卒。學謨字叔明。嘉定人。嘉靖庚戌進士。授禮部主事。歷儀制郎中。著聲。出知襄陽。與景王爭沙市。襄人德之。累進尚書。治壽宮。招議。而申時行終徇之。居鄉未愼。致奪臕。

乙卯。閣臣請皇長子冠禮。上命常服出講。俟冊立後冠之。

己未。命順天尹禱雪。

辛酉。太僕寺卿孫鑨卒。予祭葬。隆慶戊辰進士。

王錫爵請枚卜。

國子祭酒曾朝楫爲少詹事。

壬戌。楊濬爲署都督僉事總兵官鎭守陝西。

甲子。孫繼臯爲禮部右侍郎。

戶科給事中吳應明言。東征當少增糧餉。不當請還兵。當屯朝鮮之可黍可稻。務爲耕種。留兵協守開城王京以固其防。不當散守各路諸嶺以分其勢。而胡爲遽議撤乎。撤兵之議起于如松。宜宣慰如松務拒倭歸巢。仍諭宋應昌移駐王京。章下兵部。

乙丑。召禮部尙書羅萬化。

淸豐知縣周玄暐爲南京雲南道御史。玄暐謁吏部。抗言不宜南部。劾降三級謫。

戊辰。湖廣崇陽諸生王廷試父仰知閩縣。僕王效眞等毒之。奔其喪。訟未決。廷試忿甚。手刃逆僕。上貰之。不爲例。

庚午。南京□□道御史蕭如松言。臣爲貴陽府推官。嘗往勘播州楊應龍。稔知其人無他端。上是之。遂免遣官。

蔡國珍爲吏部尙書。

蠲東昌登萊田租。

辛未。南京刑部郎中譚一召主事孫繼有劾王錫爵。錫爵求去。不允。一召削籍。繼有謫外。

癸酉。宋應昌引疾不允。

丙子。進宋應昌兵部左侍郎。起李汶右侍郎。

丁丑。改陸可敎國子祭酒。趙參魯爲吏部左侍郎。

浙江道御史劉曰梧言。歲中京營如鄭洛以未任而予告。蹇達以未任而憂去。南京戶部尚書周世選以六月任。十一月改兵部。徐元泰以十一月任。不二月陞尚書。如陳有年蔡國珍皆不半歲而遷。朱鴻謨以四月廷推。七月受任。不五月而遷。夫將之才武。兵之精練。軍中之大利大害。非旦夕所能察。如不能其官。不宜驟陞。如能其官。則當此日何數數遷徙也。

是年。巡撫雲南右僉都御史陳用賓于騰衝築八城。曰萬仞。曰神護。曰巨石。曰銅壁。曰鐵壁。曰虎踞。曰天馬。曰漢頭。設守備二。自是緬甸人不敢深入。廣西知府漆文昌力也。

烏祿襲烏蒙知府。

署都督同知鎮守延綏總兵官董一元爲中軍都督府僉書。

丙午。翰林院編修季道統爲南京國子司業。

甲午萬曆二十二年

正月庚辰朔。上不朝。

甲申。寧鄉縣地震。

乙酉。河津稷山地震。

戊子。湖廣按察僉事江東之爲南京光祿寺少卿。

庚寅。順天府丞譚希思爲右僉都御史巡撫四川。

起太子賓客禮部左侍郎兼翰林院侍讀學士沈一貫爲南京禮部尚書。

辛卯。南京禮部右侍郎習孔教改南京吏部。

右軍都督府都督僉事李如柏添註五軍營副將。

甲午。衡府商河王載塝薨。

命大學士王錫爵趙志皐張位提調宮臣。禮部左侍郎范謙翰林修撰李廷機唐文獻焦竑編修鄒德溥郭正域全天敍檢討蕭雲舉直講讀。

丙申。廣東道御史唐一鵬論李如松貪功掩敗釁禍三罪因及宋應昌。命廷勘。禮科給事中趙完璧言。倭託貢以覘我。幸皇上格其說。又託封以嘗我。夫倭嗜利。經略惡利之名。託爲貢。貢不行。又易爲封。名在此而實在彼也。

戊戌。少詹事劉楚先爲南京禮部右侍郎。

夜。保定青山口有飛星甚大。餘光若彗。修二十丈。

己亥。諭吏部曰。各省災傷。屢旨蠲賑。不知有司曾否奉行。小民有無沾惠。方今吏治全不講求荒政。收養小民。止以搏擊風力爲名聲。交際趨承爲職業。費用侈于公廷。追呼徧于閭里。囂訟不止。流亡不招。盜賊互隱。避失事之咎。各撫按雖請蠲賑。不知汰一苛吏。革一弊法。痛裁宂費。務省虛文。如此釀亂。朕甚憂之。又海防久疎。倭情未定。一應城池器械練兵戰守之備。尤在所亟。近者將權既輕。不免責成文吏。文吏又飾虛取譽。首鼠避難。以兵馬錢穀之任爲劣處。以强力幹事之臣爲粗疎。好議論而不好成功。信耳聞而不信目見。此尤今第一弊。今後巡撫官闕。爾部務推老成敏練歇歷外任之人。毋採虛名。其要地司道卽郡縣及江防海防同知等官。皆宜愼選。毋拘資格。如不修實行。不飭兵防。撫按不亟參劾。以失職連坐。

辛丑。鑄各省直審錄關防。

壬寅。戶部覆工科給事中桂有根所請發帑停徵。議河南留六萬金。山東江北各二萬金。又河南山東借備倭米豆三萬餘石。漕折銀二萬金。各平糶給賑。從之。

山西道御史梁銓奏辨建言諸臣非黨。上以銓沽名。奪歲俸。

戊申。禮部上元子出閣儀注。上以未册立。免侍衞儀仗。

是月。總督兩廣陳蕖奏。黎維潭實欲驅除異類。顧莫氏猶然漢官。待相持已定。黎人匍匐請死。別爲區處未晚也。

二月朔。昌樂縣地震。

壬子。開封通許鄢陵許州臨潁歸德睢州地震。

癸丑。皇長子出閣講學。

總督倉場右都御史褚鈇言漕法四事。嚴漂流。僉殷實。堅船料。編水伍。從之。

乙卯。南京戶部右侍郎總督倉儲楊一魁爲南京右都御史。

丙辰。陽曲平定定襄地震。

司經局洗馬敖文楨爲南京國子祭酒。

丁巳。予故南京刑部右侍郎吳自新祭葬。

予故南京刑部尚書王用汲祭葬。贈太子少保。諡恭質。用汲字明受。晉江人。少時倭擾。客兵爲暴。訴郡守。郡守恚曰。何與諸生。用汲曰。范希文秀才時便以天下爲己任。矧鄉井事。諸生無涉耶。嘉靖戊辰進士。授淮安推官。進常德同知。丁丑。入戶部員外郎。諫張居正奪情。削籍。居正沒。起補刑部。未上。遷廣東按察僉事。入拜尚寶卿。轉大理左右少卿。歷順天尹。南京右副都御史。提督操江。南京兵吏部右侍郎。進南京刑部尚書。致仕。終身篤仕節。約廉平惠。愛以不能俛仰。淹頓外服十一年。入郎署。鯁直著聲。遂至八座。一意孤行。豎有勞績。

戊午。先是吏部推謫劍州判官萬國欽忤旨。文選郎中王教養疾。疏未列名。亦與謫。閣部申救。且請發留中章奏。

庚申。進玉牒。故事。太祖列四祖下。成祖冠帝系世表。今首太祖。

上御文華殿受賀。

刑科給事中楊東明上中州饑民圖說。上閔之。命蠲賑。尋敕光祿寺丞鍾化民兼河南道監察御史賫十五萬金往賑。仍發漕粟十五萬平糶。

左都御史孫丕揚請寬御史奉差出京程限。從之。

辛酉。御史黃一龍言宋應昌通倭之失。倭不可封貢明甚。而應昌劉黃裳以爲可。彼徇沈惟敬柯斧之謀耶。既格于輿議不可收拾。莫若委曲通貢。暫救目前。宜處應昌爲人臣不忠戒。章下所司。

工部請停江西陶器。不允。

詔有司奉旨蠲緩後仍徵派。以墨論。

壬戌。先是禮科都給事中張貞觀亟請出閣儀。奪俸。給事中黎道照言非所以爲訓。上怒。奪道照歲俸。趙完璧等疏救。降貞觀。

甲子。發八萬金。命鍾化民往賑河南。其山東江北分賑。停徵有差。

丙寅。雷州海康遂溪徐聞地震。

庚午。兵科給事中田大益上言封貢可虞。報聞。

己巳。命河南撫按諭各道宣上德意。散饑盜。

辛未。進王錫爵少傅兼太子太傅吏部尚書建極殿大學士。廕中書舍人。趙志皋少保兼太子太保戶部尚書。

張位太子太保各廕子入太學。以玉牒成。

壬申。巡撫雲南左僉都御史陳用賓報平緬犯蠻莫告急。許發四川庫十萬金。同黔國公沐昌祚勦處。

癸酉。巡撫山西右僉都御史魏允貞請興宗學。立宗約。令長史教授擇齒德者任之。報可。

洛川知縣趙家相貪虐殺人。論戍。

甲戌。工部以災警請暫停新派綾紗紙札。不許。

丙子。瓊州瓊山文昌地震。

丁丑。左都御史孫丕揚言民隱吏治五事。責守令以實兆民之戶口。責守令以闢兆民之荒蕪。責守令以供兆民之額賦。責守令以興兆民之禮讓。責守令以備兆民之災歉。命下部院行之。

謚晉府寧和王知美曰恭懿。

戊寅。禮部郎中何喬遠奏。朝鮮陪臣金晬等泣言倭夷猖獗。李如松勒朝鮮議和。任倭殺僇六萬餘人。倭語悖慢無禮。沈惟敬通倭不曰和親。輒曰乞降悔罪。漢人許儀被掠所寄書主事洪啓睿併進覽。章下兵部。

潁州饑民作亂。沈丘知縣劉世光捕平之。

三月朔。巡按河南御史陳登雲奏河南饑民食雁糞。併上雁糞。上以示閣臣。于是王錫爵請捐俸助賑。上褒答之。時皇貴妃鄭氏賑五千金。又傳各宮出助賑中州。

談遷曰。國家全盛之力。先江陵時。帑庾足支十年。迨大婚。後壽宮作。遽鬻爵籌邊。騷騷司農蒿目矣。內廷宣索無已時。今捐自宮掖。猶此出而彼入之也。大臣以道事君。遇災警。力行荒政。獎廉懲墨。身先模範。不是之務。徒割養廉之資。所濡幾何人。且宇內之大。水旱告災。歲郡縣不乏一二。充之將無受俸之日矣。經國遠謨。似非所聞于今日也。

庚辰。戶科都給事中王德完言倭欲無厭。倭信難終。封則必貢。貢則必市。是沈惟敬誤經略。經略誤總督。總督誤本兵。本兵誤皇上也。其後給事中逯中立徐觀瀾趙完璧等御史顧龍禎陳維芝各疏如德完。

甲申。山東災。命留漕折十萬金米十萬石賑之。御史吳崇禮請益加二萬金。

朝議多斥封貢。兵部尚書石星奏。封貢虛事也。休兵實利也。或疑海外叵測。表文難辨。或疑催促可異。私親可駭。臣以爲料敵貴審。當機貴斷。今貢市嚴絕。則窺竊無繇。禁約若明。則勾引可杜。故必令小西飛入京。審訂倭既退。請遣科道勘實予封。否則罷議。若不論倭之退否。先拒絕失事。非臣之所敢知也。因擬劉綎還遼東。上是之。

丁亥。兩宮出三萬三千金助賑河南。

戊子。播州楊應龍拒殺官兵。命川貴協勦。

己丑。南京工部右侍郎邊維垣爲南京戶部右侍郎兼右僉都御史。總督糧儲。右通政李盛春爲右僉都御史。巡撫保定提督紫荆等關。

庚寅。閣臣以陳于陛修史條上事宜。請敕開館設官聚書分任責成。旨下禮部。

癸巳。初令經略顧養謙送倭使小西飛入朝。議羈留之。禮部謂會同館非羈所。又未可以屬夷待。宜在廣寧。命兵部擇焉。

夜。月食。

甲午。南京光祿寺卿傅作雨爲南京太常寺卿。

乙未。禦倭經略兵部右侍郎兼右都御史宋應昌罷。

談遷曰。宋經略首啓戎行。任過其量。雖斗筲之才。會有天幸。平壤之復。厥功不細。其後小有利鈍。牽于讐說。

介使日勤。善作者不必善成。誠哉是言也。彼島夷無遠志。先棄王京。歸我屬國。王師重甲。得以漸解。然春秋不貴要盟。彼委其屍。我拾其遺。堂堂正正之師。救焚拯溺。終償于沈惟敬之封貢。而發蹤指示者誰也。嗟乎。李將軍敢戰。名聞海外。碧蹄後血不試刃。或經略肘掣之耶。

丙申。工科右給事中張濤。刑科給事中葉繼美。各言東封之誤。

丁酉。太僕寺卿錢藻爲南京光祿寺卿。

辛丑。折安慶田租。

壬寅。御史林培言。參政余學曾前任新化縣。立義倉。宜倣之。秋稔則斂。時亟則散。行之十年。民自家給。上議行之。

肅州衞地震。

兵科都給事中吳文梓請寘倭將小西飛于朝陽門外。俟議定。毋輒造京師。戶科右給事中盧明諏追論李如松罪。上不聽。總督顧養謙言許貢之利。文梓駁之。

癸卯。敕修正史。諭內閣選詞臣分任。

甲辰。禮部尚書陳于陛。南京禮部尚書沈一貫。詹事劉虞夔。少詹事馮琦充正史副總裁。禮部尚書羅萬化。吏部右侍郎盛訥。禮部左侍郎范謙。劉元震。右侍郎孫繼皐。少詹事曾朝節。祭酒陸可教。兼充副總裁。右庶子余繼登。右諭德蕭良有。洗馬李廷機。右中允劉應秋。修撰唐文獻。焦竑。編修鄒德溥。郭正域。黃汝良。全天敍。吳道南。黃輝。莊天合。董其昌。檢討王圖。蕭雲舉。區大相。周如砥。林堯俞充纂修官。王錫爵謂翰林各官尚多。宜吏部催取赴京。至海內博學洽聞之士。或官別署。或淹外僚。容臣等搜其文行兼優者。不論品流。令改京職入館。或山林隱逸。文行可取。令吏部訪用。出內府藏書。先紀志。次年表。次列傳。限以年月。各送總裁。纂修官毋充差給假。上是之。

瓊州軍器局火。

協理京營戎政兵部右侍郎賈仁元論去。進尚書。

乙巳。榆林衞地震。

鑄瀋府靈壽王珵壇六合王珵埏印。

戊申。國子司業周應秋刊十三經註疏成。

四月配朔己酉日食。

諭禮部擇皇長子婚。

王錫爵密薦前大學士王家屏。

庚戌。巡按福建御史陳子貞奏開海山海壇南行等處荒田。裁通省寺田。清屯田。通雷廉高潮商販。部覆行之。

辛亥。先是巡撫四川王繼光令總兵劉承嗣剿楊應龍。以都司王之翰副總兵曹希彬參將郭成分道至白石關。應龍僞降。突擊我。萬弩齊發。之翰大敗。會繼光以他事免。遽罷師。委棄輜重略盡。貴州兵亦敗于烏江而撤。

壬子。館陶縣天鳴。

南京通政司右參議孟一脈爲南京右通政。

癸丑。周府內鄉王勤烰薨。

甲寅。戶科都給事中王德完御史黃紹賢等禮部郎中何喬遠等各奏封貢非是。上命俟顧養謙報至。養謙陳封貢當並許。凡五利五害。下廷臣決之。

戊午。鎮夷所天鳴。

大同墾荒報千八百七十餘頃。

辛酉。寧夏地震。

壬戌。惠安縣地震如雷。

癸亥。敕行制錢時錢法壅。御史張蒲請贖鍰輸錢。例監輸錢三之一。戶口商稅驛傳各役工食俱錢。從之。

乙丑。廣東左布政使費堯年爲南京太僕寺卿。

丁卯。南京禮部右侍郎劉楚先改南京吏部右侍郎。兵部右侍郎李汶協理京營戎政。通政使呂鳴珂爲兵部右侍郎兼右僉都御史。巡撫陝西。

敕旌周王肅溱安昌王在鉷鎮國中尉睦欉孝義。

己巳。特許慶王子帥鋅襲封。時八歲。不爲例。

辛未。金壇人趙州平等私作兵器妖書。巡按御史陳遇文發之。時東警。吳中貴游子弟。恃財結客。私署名目。謂可應卒變。仇人上訴。俱逮治。兵備副使龍溪韓濟曰是白面書生酒酣耳熱。叱咤張目里中兒耳安能反力解之。不大沸。

壬申。瀋王珵堯進銀千金粟千石助賑。敕旌之。

乙亥。太常寺卿徐作爲通政使。少詹事曾朝節爲南京禮部右侍郎。太子少保禮部尚書沈鯉爲南京禮部尚書。

丙子。廷議關白封貢。時傳沈惟敬許和親。餘姚人諸龍光。前客李如松所被慢。遂上急變。列如松罪狀。幷各私札。投御史唐一鵬。內有征倭戚金上如松帖。陳和親詳甚。一鵬以聞。□科給事中喬胤亦言之。故有是命。訊龍光誰使之。不能得。法司擬杖。上怒。械市死。

沈德符曰。按古來北虜與中國和親。惟漢唐有之。未聞島夷敢萌此念。若云日本願獻。則高麗進其國女子。在祖宗朝自有例。似亦可許。至于公主下降。則納幣賜敕宴使。定期古一一有故事。軍中安能僞飾以欺外夷。況倭奴狡猾爲諸夷第一。非沈惟敬輩所能籠絡。造爲此說。皆出東征失志遊人流謗都中。而言路一二無識者。遽登之白簡。至紛紛爲諸龍光訟冤。辱朝廷而羞士大夫。眞可痛恨。于文定與石司馬私恨。遂記之筆麈。以爲信然。失國體矣。蓋朝鮮日本與國。其婚姻乃恆事。但訛云天朝也。

談遷曰。曹操戒安定太守毋丘興曰。羌胡欲與中國通。自當遣人來。愼勿遣人往。善人難得。必將教羌胡有所請求。欲以自利。興至遣校尉范陵至羌中。陵果教羌自請爲屬國都尉。狡焉一關白。彼聞我發兵。當遣使自理。曾不一跡。而本兵遣沈惟敬以先之。犯曹孟德所戒。封貢和親之說。俱惟敬口。善人難得。以一介行李屬之使貪使詐。其誤國無疑也。

丁丑。刑部右侍郎孫鑛爲兵部左侍郎。

巡撫雲南右僉都御史陳用賓遣兵擊平緬。擒多俺及其子。斬之。旋師。又檄暹羅同攻平緬。夷罷于奔命。稀入寇。

瞿九思曰。莽酋乎。莽酋乎。始猶緬甸一部落耳。嘉靖時。莽紀歲爲思倫所殺。幾中廢。後莽噠喇滅楞子郎光。稍稍幷木邦八百車里老撾孟養孟定六慰而有之。而後漸自强大也。跨洞吾阻擺古。豈不稱雄乎哉。然而莽能未盛也。得岳鳳罕虔思順思仁思箇而盛也。非然。則莽去騰永且三月。能持久乎。曩楊給諫文舉所言良是。臣獨怪思化復走蠻莫何哉。蠻莫去擺古五千里。部兵一一漢人化。豈謂雖鞭之長。信然哉。

五月戊戌朔。兵部尚書石星彙朝議奏曰。或降敕付小西飛歸諭關白。盡撤釜山兵。以觀誠僞。則有如羅萬化議。或遣使往諭。必如中國約。乃許倭使齎表請封。及守鴨綠以西。盡責督臣。則有如孫鑛議。或封貢並絕。自修內備。

令朝鮮淬礪圖存。而我遙為聲援。則有如陳有年趙參魯議。而衆論之所同。則汲汲于選將練兵儲器待餉屯田阨險皆本計也。上命顧養謙諭倭衆盡歸。表至。即奏請處分。

鐵嶺衞災。柴溝懷安李信屯三堡地震。

奪江夏知縣何傑俸二月。以筆宗宗盈哥至詬毀公座也。因禁飭各宗。

辛巳。光祿寺卿范崙為太常寺卿。

壬午。襄府鎮寧王厚[illegible]薨。

癸未。初巡撫福建右僉都御史許孚遠遣海商偵倭。云平秀吉拘諸將妻子。遣攻朝鮮。益淫虐。衆心不附。于是孚遠及巡按御史劉芳譽以聞。且曰得智勇奇士密往圖之。王開俱起元兇可擒。又遼陽天津不可不慮。上是之。

甲申。先是朝鮮慶尚道防禦使金應瑞以斬獲倭功馳報劉綎。綎轉上之。石星併請罷封貢。

乙酉。申計典條例。河南道御史甘士价言計吏八事。責成部院。責成撫按。責成司道。責成郡守。資格當略。夤緣當杜。實政當務。人才當惜。從之。

土魯番速壇阿黑麻王等五十九王各入貢。

丙戌。贊善王入貢。

丁亥。吏部推閣臣王家屏沈鯉孫鑨沈一貫左都御史孫丕揚吏部右侍郎鄧以讚少詹事馮琦。上以推及部院。不允。

己丑。福建左布政使管大勳為南京光祿寺卿。

辛卯。禮部尚書陳于陛沈一貫兼東閣大學士直文淵閣。上以吏部推閣員違制。謫文選郎中顧憲成。而戶科右給事中盧明諏遂中立先後疏救。上益怒。憲成削籍。謫明諏中立陝西按察司知事。時閣臣謂卜相宜特命。不必廷推。吏部尚書陳有年爭之。

甲午。禮部儀制郎中何喬遠奏救顧憲成。謫廣西布政司經歷。

戊戌。論遼鎮失事之罪。先虜衆數萬寇錦義。深入七日。殺掠男婦五千餘人。遂下副總兵楊紹勳臺訊。逮參馮時泰。免巡撫都御史韓取善。

己亥。罷遼東總兵官尤繼先。

庚子。大學士王錫爵八疏乞休。許之。進吏部尚書建極殿大學士。

右通政李化龍爲右僉都御史。巡撫遼東。

左都御史孫丕揚上巡方約束書。曰憲綱。曰辨吏。曰官守。曰分類。曰巡視。曰約束。

壬寅。中軍都督府僉書都督同知董一元爲總兵官。鎮守遼東。

癸卯。靖江王府宗室邦菂有罪。賜死。

乙巳。南京後軍都督府僉書鄭尚全爲中軍都督府僉書。

予故南京通政使艾可久祭葬。

潞王助賑三千金。

六月戊申朔。吏部尚書陳有年盡列待罪司屬請裁。上置之。閣臣申救。意稍解。謫稽勳員外郎章嘉禎羅定州同知。

己酉。京師大雷雨。西華門樓災。

庚戌。覈各邊鎮錢穀實數。

石門路黃雞冠崖旂端迸火有聲。

辛亥。鑄廣西專管黎龍白鵰等村寨流官同知關防。

壬子。太常寺少卿李如華爲右通政。

丙辰。臨汾襄陵翼城天鼓鳴。肅州衞地震。

丁巳。流胡入犯甘肅。官軍擊走之。

靖邊營軍舍雌雞化爲雄。

戊午。承天守備太監孫政奏鍾祥知縣李來命稽慢貢物。命逮之。

己未。前禮部尚書朱賡起署詹事府。

南京戶刑部尚書郝杰徐元泰致仕。

庚申。行人司憲削籍。憲故狂誕。意欲入吏垣。初使朝鮮。即服麟玉。盛儀從。遼撫韓取善見訪。邏卻之。取善陰遣人隨往。籍其起居。謂受賄至五十肩。遂下獄追賄。忿死。而所受止楮薦。研以擕江上美石。故囊重。文致其罪。人頗冤之。

辛酉。盡免宣府備災留糧。

壬戌。方城王□墦薨。

禁私立先師廟。初。福清海上設孔廟。歲訓導分祭。巡按陳子貞毀之。

前尚寶司少卿李先芳卒。先芳字伯承。濮人。嘉靖丁未進士。知新喻。進戶部主事。歷今官。益工修詞。年八十四。所著東岱山房稿三十卷。清平閣集□卷行世。

癸亥。經略遼東顧養謙薦孫鑛自代。許之。

禮部左侍郎范謙左庶子余繼登充正史副總裁。進繼登少詹事。

蠲大同萬曆十八年以前逋租。

乙丑。西寧衞天鳴。

丙寅。右諭德蕭良有爲右庶子兼侍讀。洗馬李廷機爲右諭德兼侍講。右中允劉應秋爲洗馬兼修撰。

蘭州衞大佛寺火藥災。斃甘州中衞經歷何源等十有六人。

丁卯。潁州王自檢作亂。聚衆千人。兵備李驥等計擒之。

己巳。夜有飛星如彈。色赤有光。後二小星隨之。

庚午。免廣東饒平縣鹽課浮額三千五百餘金。

辛未。崇明縣獲倭舟一。倭三十四人。

壬申。成山伯王應龍卒。

貴州道御史許聞造言。方今事勢可憂二。大計六。備則治安。不備則衰亂。可憂者。何武備空虛。漕糧偏重也。大計者。何清糧額。覈屯田。權馬價。濬溝洫。定兵制。嚴軍法也。要歸二端。曰兵餉。上是之。

乙亥。吏部右侍郎盛訥憂去。

七月玎朔己卯。翰林編修葉向高爲國子司業。

庚辰。兵部左侍郎孫鑛兼右僉都御史。總督薊遼軍務。召顧養謙回部。

辛巳。予故南京通政使楊登相祭葬。

東征功久不敍。兵部尚書石星請再勘。上已之。命卽擇吉告廟宣捷。

癸未。盡蠲寧夏萬曆二十一年逋租。

丁亥。趙志皐以南京浙江道御史柳佐見劾。乞休。不允。

己丑。御史陳遇文巡按回京。孫丕揚考其濫舉一人。命奪俸六月。

辛卯。刑科給事中李先芳論巡按浙江御史彭應參脅前祭酒范應期死。公論不平。下部院勘議。應期烏程人。□□□進士第一。授修撰歷祭酒。家居叢怨。應參方嚴敢擊斷。治其子弟。應期自經。

夜。雷震祈穀壇東天門左吻。

丙申。套虜卜失兔犯定邊。張春井總兵官麻貴擊卻之。

丁酉。吏部尚書陳有年罷。有年扼于政府。乞休疏十有二。許之。

戊戌。吏科給事中耿隨龍劾巡撫福建右僉都御史許孚遠歲荒不賑。減米價阻販。至于釀劫。浙江撫按王汝訓彭應參興訟告訐。脅死范應期。歸安知縣張應望尤爲首禍。不報。

工科給事中黎道照劾顧養謙陰附和議。敗壞封疆。不報。

癸卯。鳳陽廬州大水。

甲辰。魯王頤坦薨。

西虜火落赤謀犯寧塞。守備杜松先引騎出亂雲澗。擊斬十九級。

八月丙朔。霍州地震。

丁未。開館修正史。

御史趙文炳請崇節儉。略曰。近日風俗奢侈相高。數日之糧。不足供一席之費。百畝之入。不能易一身之衣。嫁女則玄黃耀目。送死則旛幢蔽天。室廬飾以雕畫。車馬鋈以金錫。披緇削髮。多于南畝之夫。梵宮玄觀。擬于北闕之盛。至綴珠玉于倡優。曳朝履于僕隸。風俗若此。欲民之不窮也得乎。京師四方之極。大臣百官之望也。大臣不行。何以表百官。京師不行。何以示天下。輔臣九卿。宜身先節約。以爲衆倡。京師不行。則責五城御史直省不行。則責撫按。從之。

戊申。左都御史孫丕揚爲吏部尚書。

己酉。恭順侯吳繼爵乞賜肩輿。不允。

南京兵科給事中盧大中疏救馮時泰。奪俸半年。時泰戍邊。刑科給事中喬胤等乞宥。上益怒。改永戍。

河南道御史黃一龍言修攘三策。簡殊能以儲樞管。別才品以任撫臣。議選舉以重將領。不報。

庚戌。吏部推原謫御史何選爲刑部主事。文選司郎中馮生虞等俱謫極邊雜秩。閣疏解。降一級。謫外。餘各奪歲俸。

主試順天庶子蕭良有洗馬劉應秋。先是應天諭德李廷機中允劉應賓。浙江編修吳道南戶科左給事中吳中明。江西編修黃汝良刑部主事彭應捷。福建檢討王用予兵部員外郎方應選。湖廣刑科左給事中葉繼美工部主事莊懋華。河南吏部主事劉文卿兵部主事賈維鑰。山東工部員外郎王登才戶部主事韓正域。山西工部員外郎朱汝器戶部主事全時舒。陝西刑科左給事中王嘉謨工部主事葉廉。四川兵部主事江中信刑部主事袁化英。廣東兵部主事曾偉芳刑部主事劉毅。廣西刑部主事熊宇大理寺評事汪治。雲南戶部主事李徽猷刑部主事陸夢履。貴州刑部主事朱思明評事竇子偁。

辛亥。順妃黃氏薨。

丁巳。播州楊應龍訴七姓之誣搆。乞戴罪立功。不許。

西海駐牧虜酋永邵卜并死刺他卜臺乞款。下督撫酌之。

庚申。□□道御史林道楠論大學士趙志皐不能決大計。徒徇顧養謙意。以孫鑛代。謀國無當。乞罷相。上留志皐。奪道楠歲俸。

壬戌。夜東北方有流星大如盞。色赤。聲如雷。二小星隨之。

癸亥。套虜卜失兎自□□潰牆抵下馬關。總兵蕭如薰等皆觀望不進。至九臯。五日出馬連張泰井游擊史目死之。蹂躪匝月。全陝幾震。已延綏總兵麻貴乘寧塞擣巢之銳。馳至下馬關。戰于薛家窪。斬一百十九級。

丁卯。總督陝西葉夢熊言。延綏甘肅二鎮專主戰不得疑貳。仍持兩端。致墮虜計。在寧夏時或調停在固原陽施籠絡。伺其可乘。部覆從之。

甲戌。告平壤捷于郊廟。

乙亥。工部尚書衷貞吉改左都御史。吏部左侍郎趙參魯爲南京刑部尚書。總督漕運戶部尚書李戴爲南京戶部尚書。

九月丙辰朔。邢玠爲兵部左侍郎兼右副都御史。總督四川貴州。勘勦楊應龍。

翰林院庶吉士楊繼禮陳懿典韓爌爲編修。王象節沈㴶高克正劉生中李騰芳傅新德爲檢討。張同德姚文蔚陳繼春爲給事中。何維祥趙之翰馬文卿爲監察御史。

論東征功。進經略宋應昌右都御史。李如松太子太保。增祿百石。贊畫劉黃裳督餉艾維新各文武陞賞有差。

己卯。總督倉場戶部右侍郎褚鐵爲戶部尚書兼右副都御史。總督漕運。總督河道工部尚書舒應龍回部。

庚辰。光祿寺丞兼河南道御史賑饑鍾化民事竣。上饑民圖說。

辛巳。瓊山文昌地震。文昌又大風雷。西寧地震。天鳴三日。

壬午。刑部右侍郎胡嘉謨爲戶部左侍郎。通政使徐作爲工部右侍郎。南京總督糧儲戶部右侍郎邊維垣爲右副都御史。總督倉場。兵部左侍郎顧養謙爲工部尚書。總理河道。右副都御史劉東星爲吏部右侍郎。

癸未。禮部左侍郎范謙改吏部。領詹事府。

甲申。福建道御史冀體劾趙志皐君德有虧。不能匡正。諫臣降謫。不能申救。倭虜交犯。不能整頓。今萬不可留。

上詰其指使語。益厲。鐫三級謫之。

禮部尙書羅萬化致仕。

上問兵部尙書石星封貢開市三策。星奏罷封貢。獨許開市。未知東南省直利害若何。若待其再至出兵征之。今設寬奠副總兵。增兵萬人。仍行山東浙直福廣沿海將士嚴兵訓練。上然之。

丙戌。遼海三萬二衞各地震。

左僉都御史呂坤爲刑部右侍郎。兵部右侍郎李捷爲左侍郎。前大理寺卿余立爲兵部右侍郎。巡撫宣府右僉都御史王世揚爲左副都御史。左通政田蕙爲通政使。

丁亥。朝鮮王李昖上表請封關白以保危邦。上諭兵部曰。倭使求款。國體自尊。宜暫縻之。修備。

開原三萬遼海等衞地震。

己丑。順天府尹徐申爲左通政。

辛卯。提督操江南京右僉都御史張養蒙爲左僉都御史。山西右布政使王象乾爲右僉都御史。巡撫宣府。

兵部尙書石星論誠意伯劉世延兇橫不法。時世延欲論星也。勒世延回籍。

丁酉。江西等道御史姚思仁等合救冀體。已給事中林材等亦合救。上益怒。罰首俸一年。餘八月。

起趙可懷南京右副都御史。提督操江。禮部左侍郎劉元震改吏部。舒應龍進太子少保。

戊戌。韓莊新渠成。

己亥。甘肅永寧堡天鳴如雷。涼州永昌鎭番寧越皆然。

庚子。總督兩廣陳蕖爲南京戶部右侍郎。兼右僉都御史。總督糧儲。

辛丑。旌南昌義民朱光昊以助賑千石。

翰林院編修楊繼禮陳懿典韓爌檢討傅新德劉生中高克正王象節李騰芳俱纂修正史。

廣東吳川賊平。

十月乙巳朔。丁亥。時部院考選不下。趙志皋疏請。不報。

領詹事府事吏部左侍郎范謙爲禮部尚書巡撫廣西右僉都御史陳大科爲兵部右侍郎兼右副都御史。總督兩廣軍務。南京吏部右侍郎劉楚先爲禮部左侍郎。

罷寧夏總兵蕭如薰延綏副總兵姜直下臺訊。前套虜入鹽場堡沙梁。不戰也。

巡撫福建右僉都御史許孚遠。奏呂宋酋長子訴我奸民隸其部。殺其父奪其寶以逃。兵部議誅盜。復遣酋使以穈之。報可。初呂宋爲西洋諸番之會。佛郎機互市其國。因簒之。使大酋來鎮其地。通閩。閩人多往焉。其久賈以數萬。會佛郎機酋侵美洛。役華人三百助戰。令警備。稍懈輒箠刺之。華人皆怨。有潘利五者入臥內殺酋。大呼。佛郎機人驚起。悉刃之。利五與其黨載貨物以歸。失水道。誤入安南。安南人掠之。獨郭惟泰等三十餘人走免。酋子訴之。置惟泰于理。

戊申。敕旌唐王碩熿助賑。

蠲望江懷寧災稅有差。

遼陽大雷電雨雪。東寧衛亦如之。

己酉。夜渤海所有星墮南門樓。樓燬。武進江陰大雨水。

辛亥。陝西左布政使戴燿爲右副都御史。巡撫廣西。

居庸關總兵官解一清爲征西將軍總兵官。鎮守寧夏。陝西總兵官楊濬爲平羌將軍總兵官。鎮守甘肅。

癸丑。初川貴合攻楊應龍。久不克。巡撫貴州右副都御史林喬相奏。自西路失律。酋勢益獗。而貴州山瘠。如川兵不協。何。巡按御史薛繼茂言。播州原隸蜀。令蜀自收局。而貴州量助防守。巡撫四川右僉都御史譚希思奏。必貴州合力。禮科給事中楊東明請遣才望大臣往勘。事可原。卽赦。否則徵川湖雲貴之兵。報可。

甲寅。遼東副總兵張世爵爲總兵官。鎭守昌平。大同副總兵黃明臣爲總兵官。鎭守陝西。

乙卯。南京右諭德馮夢禎爲左庶子正史副總裁。

故光祿寺丞朱維京卒。維京字可大。萬安人。萬曆丁丑進士。以諫三王並封削籍。年四十六。

己未。召前禮部尚書沈鯉。辭疾不至。

南京大理寺卿周思敬爲南京工部右侍郎。工部右侍郎邢玠爲兵部左侍郎兼右僉都御史。總督四川貴州軍務。南京禮部右侍郎曾朝節改南京吏部。巡撫應天右副都御史朱鴻謨爲刑部左侍郎。吏部右侍郎呂坤爲左侍郎。

庚申。巡撫遼東右僉都御史李化龍。總督經略孫鑛議制倭二策。曰遣還。曰許市。兵部言。奉命封貢俱絕。彼尙未知。久住釜山。名爲候我。實則要挾。但三年客居。兵力已倦。兩將相角。間隙易生。必欲保屬國以固藩籬。宜設一憲臣專理朝鮮兵備。凡兵餉悉如我法。我仍留一將。行月二糧。就彼設處。倭果願封。立限歸巢。然後酌奏。如觀望懷奸。卽放還小西飛。絕之。因上防禦事宜。一募浙兵。補三千七百人。調薊鎭保定客兵六千人。撤川兵。詔下所司。

辛酉。致仕禮部尚書羅萬化卒。于實應予祭葬。贈太子少保。謚文懿。萬化字□□。山陰人。嘉靖戊辰進士。授翰林編修。至今官。年五十九。

壬戌。海州參將祖承訓爲遼東副總兵。

夜。馬城堡大星隕。天鳴。

癸亥。故國子祭酒范應期婦吳氏。詣闕訴巡按浙江御史彭應參挾私招告。屬烏程知縣張應望嚴提。勒贓八百金。子汝泗飲藥死。夫因自經。而巡撫右副都御史王汝訓代應參飾辨。其枉不白。上怒逮應參。應望罷。巡撫王汝訓。初應參好懲豪紳。烏程尚書董份尤富横。嗾吳氏入訴。又偏囑當路焉。

乙丑。刑科都給事中喬胤等疏救彭應參。謫□□。餘奪歲俸。

丙寅。因浙江撫按擾民。切責部院任用匪人。有負任使。尚書孫丕揚。左都御史衷貞吉疏救。上意稍解。

先是長昂以七千騎犯中後所。趙夢麟悉斂人畜。家丁趙子明等伏小屯臺。斬三級。射一酋死。虜怒攻陷臺。子明等力戰死。副總兵秦得倚趙夢麟各援至。虜始遁。副總兵李平胡。游擊崔吉。參將張應科。擊之。追至牛邊山。虜復佯攻兵卻。各阻險自守。秦趙兩軍鏖戰。多所殺傷。備禦高淸以兵百餘自東來不卽進。虜望塵疑有伏而遁。

丁卯。兵部尚書石星請封倭。略曰。方倭之陷朝鮮。利用威。及還王京。歸王子陪臣。則利用信。皇上慨然許封。敕布詔旨。今倭久住釜山。我之不封。旣已失信。彼之請封。又復驟疑。故封後而敕令盡歸。宜無不得。封前而數爲責備。似難必行。宜令小西飛入京。示封約。面諭行長卽退。以待冊使往。卽行長未歸。待冊使至而返。蓋旣封則朝鮮暫安。得自爲戰守。若復設難成之約。則禍中朝鮮。全羅必失。遼左亦何以支。又封後或反覆。臣請自蒞之。不濟則治臣罪。上從之。令小西飛入京。許封。如仍不退則濟師。

戊辰。蠲折開封南陽等水災田租有差。

巡撫山西右僉都御史魏允貞歲節二萬八千一百四十餘金。上善之。命各省直巡撫如允貞例。乞酌裁。

己巳。贈甘肅游擊謝詔都督僉事。廕正千戶。贈百戶馬載圖指揮僉事。世副千戶。立愍忠祠。俱海虜入寇戰死。

庚午。皇六子常潤生。

東虜炒化把都伯言犯鎮武堡。總兵董一元伏兵俟半過。擊斬五百四十餘級。大酋伯言把兎創死。炒化把都尋亦死。明日。西虜卜彥吉犯右屯懷武。擊敗之。時巡撫李化龍籌攻守。足兵餉。明斥堠。嚴偵探。故所向有功。

瞿九思曰。三衞稱福餘先衰落。兩都督皆乏絕。而所遺把都金塵塵爲都指揮使。慶雲堡之役。殺我吏卒者。豈非伯言與世營笑伯言鄙固。何敢數擾我關市。豈非自恃智囊乎。不然則亦恃速把亥暖兎輩。誠足備緩急耳。卒之兩策無所施。身施金夷而死。旋死矣。猶恨其死不足以贖我一塞吏死也。

是月。項城盜三百餘人掠南頓鎮。十二月。知縣王欽浩請兵平之。

十一月亥朔。立宣府大同常平倉。

戶科給事中楊恂等上積儲四議。曰折征。內庫所貯香蠟顏料布絹羽毛皮張之類。積久朽蠹。宜一清理。果足用。折征濟邊。曰汰冗。國家冗官如譯字生冠帶儒士通事序班帶俸中書官樂舞生。冗役如官匠民匠脚夫廚役及大婚選授者。歲糜百餘萬石。俸薪數十萬金。宜逐一清汰。曰料草。二十四馬房。其多至三百者。各減五六十。四御馬三倉。因內操馬數雖減。草額更加。亟宜清覈。曰牧地云云。不報。

巡撫福建右□都御史許孚遠爲南京大理寺卿。大理寺卿沈思孝爲工部左侍郎。南京提督操江右副都御史趙可懷爲兵部右侍郎兼右僉都御史。巡撫應天。太常寺少卿劉元霖爲右僉都御史。巡撫浙江。

勞遼東吏卒二萬金。

丁丑。工科給事中張濤切諫。謫廣靈典史。

戊寅。册端妃周氏。敬妃李氏。

己卯。兵部尚書石星言。既許封關白。宜令游擊姚洪徵小西飛至京。寓朝陽門外朱氏莊。沈惟敬館伴。其朝見冊封遣使等儀。並如朝鮮琉球例。大抵封事責臣館穀。防護責總協李言恭李汝。又令陳雲鴻同沈嘉旺往釜山。宣諭平行長速退候封使。上從之。仍行總督孫鑛飭備禁沮撓者。小西飛。行長書記也。

于愼行曰。金之破遼。猶不敢輕舉伐宋也。乃遣使者往反旣數。道路險易。朝廷治否。府庫虛實。漸得要領。而南侵之志決矣。中國表裏。不可使外夷知之。彼以納貢爲名。往反出入。或有密圖山川。潛窺虛實。卽平時貢夷猶不可不備。況當倭虜內訌。兵出境上。而容其諜使入都。使之偵探。可謂愚矣。

庚辰。修養心殿。

先是命湖廣改進魚鮓。左布政使武尙耕謂已登程。進魚鮓如故。上怒。鐫三級調用。幷奪撫按俸二月。科臣閣臣疏救。不納。初尙耕兵備承天。裁守備內臣之橫。令太監孫□託內黨傾之。

修獻陵成。

壬午。戶部覆山東巡撫鄭汝璧所議。積粟。青登萊軍屯不贍。民屯多負。宜聽民三分之二納雜糧穇穀豆黍之類。又議開島。登州長山諸島。以登州營軍耕之。作遼船十六隻。利涉。從之。

禮科給事中薛三才言。大臣祭葬論官品。贈謚論行業。冒濫宜裁。如故吏部侍郎王希烈。行業無稱。陳乞非法。所當停寢。章下禮部。

四川撫按譚希思吳孔嘉言。楊應龍負固。再使詰諭。應龍再請官臨勘。潛遣人奏辨。宜革其宣慰銜。再諭如縛赴綦江。俾五司無改舊業。七姓悉還故區。該司表貢止書播州土司。降其子朝棟爲土舍。督催糧馬。俟五年後奉法。許襲秩。如抗諭。則合貴州兵討之。詔可。

甲申。撫治鄖陽右僉都御史董裕爲大理寺卿。

黃鳳翔補南京禮部尙書。國子祭酒陸可敎爲南京禮部右侍郎。

乙酉。順天府丞沈桐爲右僉都御史巡撫福建。起賈待問南京右副都御史提督操江。

前福建道御史饒位陞湖廣按察副使。引疾。上以位譴處請告不得推陞。凡科道外轉引疾者准此。

辛卯。巡撫延綏右□都御史李春先議復客餉。從之。

蠲山西永寧等二十四州縣秋糧有差。

癸巳。慈聖皇太后千秋節。上御門。召輔臣暖閣。趙志皐奏封倭等事。俱優答之。

陜西右布政使馬鳴鑾爲右僉都御史撫治鄖陽。

太常寺少卿成憲爲國子祭酒。尋劾免。

甲午。蘇州地震。夜金木星相犯。

丁酉。大學士趙志皐張位沈一貫以南京大理寺評事龍起雷論及。各求退。不允。

庚子。賜上蔡王載堎書院額曰學文。

十二月庳朔。永寧長公主薨。

薊鎮副總兵李熙光爲總兵官鎮守昌平。

乙巳。御史段尚繡上修倉八議。酌僱工。議協管。稽實用。嚴成數。速開報。愼委官。審制度。重老成。從之。

丁未。免廣西全州陽朔等處墾荒虛糧。

乙卯。趙志皐請上御門見小西飛。上謂夷情未審。下部議。釜山倭退盡。始封。仍審小西飛于左闕門。

吏科都給事中林材劾吏部侍郎劉元震國子祭酒成憲詹事馮夢禎語侵閣臣以暗傷善類。鐫三級。謫程鄉典史。

冀體任彥蘗削籍。南京兵科給事中盧大中等疏救。各奪俸。

文選郎中馮生虞除名。

丙辰。崇明縣獲琉球失風舟三十三人。命貢使鄭禮攜歸。

丁巳。折太倉上海嘉定水災田租有差。又停布銀。

己未。秦王誼漶爲庶弟鎭國將軍誼渉求郡王。部科不可。上特許之。

辛酉。小西飛入京。譯其語并上冊封條例。上諭兵部詰其誠僞。且議封名。先遣二官諭平行長毋留釜山。諭朝鮮待倭歸盡奏封。

丙寅。羣臣集左闕門。進小西飛詰其兵端。云日本曾託朝鮮求封。不遂。又殺日本人。故尋兵。今得封卽去。其運糧築室。俱候天使。誓無侵叛。上諭待回島。朝鮮奏封。卽遣封。

庚子。河南道御史崔景榮等疏救林材。罰歲俸。

癸酉。從石星之請。命臨淮侯勳衞署都督僉事李宗城。五軍營右副將署都督僉事楊方亨。各賜一品服。往封平秀吉。

寧越守備吳文傑移黎州。以黎州土舍馬應龍恣掠也。

是年。徵貢士南城鄧元錫爲翰林院待詔。□□劉元卿爲國子監博士。元錫道卒。

北關卜寨那林孛羅攻建州。卜寨被殺。北關請其屍。剖其半歸之。于是兩地成仇。建州勢浸浸盛矣。

西番寇臨自。麗江知府木旺擊破之。

故浙江按察僉事晉江莊用賓贈太僕寺少卿。廕□□衞百戶。世襲。用賓嘉靖□□進士。授行人司副。遷刑部員外郎。出僉浙江。罷官。年三十一。嘉靖中同弟用晦募三百人擊倭。倭怒。剜其父冢。剖屍去。遂同走賊壘奪屍出。用晦竟死賊中。撫臣以聞。久不報。至是隔四十餘年。子鳳章奏狀。上欲錄當年擊倭者。以風厲才勇也。

國榷卷七十七

乙未萬曆二十三年

正月乙卯朔。上不朝。

丙子。敕部院申飭考察之法。

戊寅。松江地震。

庚辰。禮部尚書范謙請給豐臣平秀吉皮弁冠服紵絲等項及誥敕印章。時小西飛稱日本已無國王。禮部擬封順化王。有旨封平秀吉日本國王。永樂初賜日本龜紐金印。小西飛云失之。乞更給。從之。

癸未。鑄青州萊州登州各海防同知兼管清軍驛傳鹽捕關防。

甲申。戶部光祿寺以珍羞署白糧精鑿者供上。其年久者改別廒充口糧。從之。

乙酉。授日本豐臣行長豐臣秀家豐臣長盛豐臣王盛豐臣吉繼豐臣家康豐臣輝元豐臣秀保各都督僉事。

日本禪師僧玄蘇給衣帽。小西飛授都指揮使。

丙戌。劉綖陞四川總兵官。私餽巡撫宋興祖。興祖發之。奪原銜。仍視事。

癸巳。巡撫南贛汀韶右□都御史謝杰上銷兵養兵簡兵三策。上善之。

兵部覆巡撫廣西陳大科議絕戍當清。從之。

乙未。河外虜卜失兎犯靖康堡。官兵擊斬一百二十七級。寧夏中衞游擊石尙文又斬五十級。總督葉夢熊以聞。

丁酉。四川道御史綦才言三事。曰抑武臣。李如松劉綎張世爵等。曰懲賄臣。許茂橓。曰寬謫臣。武尚耕。上命議處劉綎張世爵各有差。而綦才因事黨救。奪俸六月。尚耕削籍。

吏部左侍郎兼翰林院侍讀學士劉元震署詹事府。

部院大計。降斥有差。浙江海道副使丁此呂以貪處。此呂御史時。追論張居正故。善沈思孝吳中行等。大爲不平。

二月辟朔。乙巳。大學士陳于陛上時政六事。接見大臣。錄用人才。勸獎外吏。淸查邊餉。儲養將才。擇用邊吏。上褒納之。

丙午。敕神機三營添注游擊將軍署都指揮僉事沈惟敬。隨正副使往封。令暫住遼左。待報方行。爾諭行長等。卽整備冊使舟楫等項。仍令釜山倭退。朝鮮奏請。冊使乃前。凡約束三事。調停兩國。俱屬爾責。

丁未。虜寇遼東鎭武堡。總兵官董一元擊斬四百十級。奪駝馬二千餘。

李庭機爲左春坊左庶子。鄒德溥爲右春坊右中允。左庶子蕭良有爲國子祭酒。

禮部右侍郎文淵閣大學士張位署詹事府事。吏部左侍郎劉元震主禮闈。

南京右都御史楊一魁爲工部尙書兼右副都御史。總督河道。

庚戌。城淮安廟灣。

辛亥。詔封日本國王平秀吉曰。朕受天明命。覆幬無私。仁育遐荒。有同宇下。惟爾日本。遠隔鯨濤。昔嘗受爵于先朝。中乃自攜于聲教。爾平秀吉能統其衆。慕義承風。始假道于朝鮮。未能具達。繼歸命于闕下。備見眞誠。馳信使以上表章于屬藩。爲之代請。恭順如此。朕心嘉之。茲特遣後軍都督府署都督僉事李宗城五軍營右副將署都督僉事楊方亨。封以日本國王。錫以冠服金印誥命。凡爾國大小臣民。悉聽敎令。共圖綏寧。長爲中國之藩籬。永奠海邦之黎庶。恪遵朕命。克祚天庥。

于愼行曰。國家制禦四夷。自有正體。封貢之典。職在禮官。征討之法。職在樞府。譬如青鳥司春。玄鳥司閉。各有職掌。不可紊也。累朝相沿。著爲成法。如西番之哈密。南之交阯。北之順義。皆樞府所有事。而封貢題請。則皆屬之禮部。舊牘具在。可考覽也。遼左衄師。司馬欲以封貢啗倭。救失補敗。且欲身任其事以自爲功。亦不思職掌沿革。各有司存。而禮部一二正卿。苟欲避謗辭難。爲自免之計。亦不言職掌在本部也。乃使兵部題請。成封貢之議。及事敗勢頽。兵臣伏罪。而禮臣無恙焉。其如職掌之紊何。夫兵臣不知責之在人而任之于己。禮臣明知職之在己而委之于人。皆所謂溺其職者也。公卿臺諫。亦無一人詳考舊牘而知其責之所在者。使兵臣誤而罹于法。禮臣誤而免于罪。近于七聖皆迷之域矣。士大夫高談虛拱。不親世事。其流弊至于此哉。

太僕寺卿楊時喬爲南京太常寺卿。

壬子。戶部左侍郎胡執禮爲南京右都御史。禮部右侍郎孫繼臯爲南京吏部右侍郎。劉東星爲吏部左侍郎。

工科都給事中吳應明奏。奉旨陝西織羊絨七萬四千七百有奇。費百六十餘萬。關中連災。戶口逃亡。豈堪此役。不報。

大理寺左少卿鄧鍊爲太僕寺卿。

乙卯。先是總督薊遼孫鑛巡撫遼東李化龍上言。倭情未馴。可疑六。可慮五。倭不識漢文。恐互相欺紿。請如禮部議。量封順化王。停冊使。及沈惟敬增募水兵。清正素不服關白。與行長不相能。宜如魯仲連諭燕將計。上以已遣封使。毋停。孫鑛傳諭行長報語支吾。日本國王見都山城。有天祿三年曆。與小西飛言信長弒王不合。

丙辰。荊州士江東之爲大理寺左右少卿。

虜犯陝西靖虜等衞官軍擊斬百六十餘級。

丁巳。右通政李汝華爲南京光祿寺卿。

己未。京師立忠節祠祀故太傅于謙。以太常寺卿鍾化民請之也。

新寧王鼐匀攝代府事。

敍遼東鎭武功。進總兵董一元太子太保左都督。世□衞指揮使。督撫顧養謙孫鑛各陞廕有差。

乙丑。巡按四川御史王愼德言征播之事有三。國體當重。賞畫當罷。黨與當剪。上然之。

三月艸朔乙亥。戶科都給事中楊恂論趙志皐通許茂𣒀之餽。徐宗達代楊應龍行金。奪吏部權。抑言官。且剌張位。上怒。降陝西按察司照磨。

丙子。御史彭應參削籍。烏程知縣張應望戍邊。

戊寅。故禮部尙書董份卒。份字□□。烏程人。嘉靖辛丑進士。選庶吉士。授編修。歷前官。有文學。西苑應制。貪險附嚴嵩。除名。年八十六。

己卯。着力兔謀犯錦義。總兵董一元出塞。踏冰渡河。度墨山。天大雪。倍道三日夜。襲其巢。乃遁。

馮時可曰。搗巢之舉。其機甚密。其發甚速。將領身之。司道臆之。撫臣知于事後。督臣聞于捷後。及其成功。推勞及將領可耳。推謀及司道可耳。將領以生死徇。司道以成敗徇。等其功尙有差別。乃督臣撫臣何勞焉。而況于部臣閣臣。未嘗遙度預謀。未嘗出奇發蹤。乃偃然上賞。增爵延世。下令蘇韋解體乎。故邊塞有功。廟堂不自居而讓督撫。督撫不自居而讓司道。司道不自居而讓將領。文武和調。禮數優暇。斯爲善哉。

壬午。敍平緬功。初平緬。莽氏據蠻莫。至是盡復侵地。

乙酉。陝西總督葉夢熊邊備修舉。加兵部尙書。廕子監生。

丙戌。策貢士賜朱之蕃等進士及第出身有差。

長昂忩革賞率千餘騎犯石門路木馬谷。復令小郎兒入喜峯口。被縛。敍功有差。

戊子。改謚故太傅于謙忠肅。追謚故總督胡宗憲襄懋。宗憲原廕錦衣衛副千戶。石星頌其功。進指揮僉事。世襲。

寧夏副總兵移玉泉營。增戍二千人。

吳文華辭南京工部尚書。

虜犯遼東。官軍擊斬百八十四級。擒眞虜六人。

辛卯。建寧府大雨雹。

丁酉。減□□長公主婚禮珠寶三分之一。

庚子。予故南京戶部尚書張西銘祭葬。

壬寅。許倭使小西飛渡江。俟朝鮮奏至同册使往。

四月。蜈朔。日食。

己酉。以甘肅橫城失事。副總兵王國翰。參將李鯤下臺訊。兵備荆州俊奪俸三月。

庚戌。命儒臣講大學衍義。

總督陝西兵部尚書葉夢熊爲南京工部尚書。南京大理寺卿許孚遠爲南京兵部右侍郎。少詹事馮琦爲禮部右侍郎。

辛亥。少詹事余繼登爲詹事。

甲寅。巡視陝西茶馬御史李楠請禁湖南茶引以絶夾帶。建紫陽茶坊以絶假造。收岷州番馬以充征騎。從之。

己未。協理京營戎政兵部右侍郎李汶爲總督陝西三邊軍務右都御史兼兵部右侍郎。山東左布政使張允濟爲巡撫山東右僉都御史。順天府尹沈應文爲南京大理寺卿。

臨洮參將移河州。洮州副總兵駐臨洮。其河洮蘭階四參將聞警互援。各率三千人。如巡撫呂鳴珂言。

壬戌。廣東道御史況上進劾趙志皋衰憒宜去。罰俸六月。

祭故中軍都督府署都督僉事鄭南金。

癸亥。冊使李宗城奏。四月七日渡鴨綠江至義州。遣沈惟敬諭倭釜山。

工科左給事中張企程勘淮泗河工。初巡按直隸御史牛應元言。治河在闢清口浮沙。次疏草灣下流。達五港灌口。廣其途入海。次開周家橋達芒稻河入江。而鮑王諸口決爲巨浸。難以施工。或分其水。築黃堌戎口之壩。疏符離集睢水之淺。濬宿遷小河入黃之口。故有是命。

乙丑。國子祭酒蕭良有劾罷。

檢討王象節卒。年二十八。婦畢氏。年二十七。自經救免。卽流血忿死。旌貞烈。

丙寅。封師鋅慶王。器壏唐庶子。翊鉅淮世子。誼㴶崇信王。常洞德安王。景余汝陽王。紳在淳化王。朝陲萊陽王。理到唐山王。

丁卯。巡撫福建許孚遠奏。福州海壇山□□墾田八十萬三千八百畝有奇。

戊辰。工部左侍郎沈思孝爲右都御史兼兵部右侍郎。協理京營戎政。

時泗州水侵祖陵。前遣勘科卽奏未上。于是工部左侍郎沈思孝言。河患亦天時人事適然。未盡諸臣咎。上怒甚。謂河工歲糜金錢百萬。而害如故。前總督河道工部尚書舒應龍因時艱停工。南京工科都給事中劉弘寶給事中陳洪烈各請緩。遂追罪之。應龍削籍。弘寶已遷浙江左參政。降惠來典史。洪烈馬邑典史。時疑思孝挑激。思孝奏辨求去。不允。

是月。項城縣大雨水傷稼。

五月癸酉朔御史吳楷請上親北郊。不報。

神機營坐營陳雲鴻總督孫鑛遣官駱一龍抵行長營。行長率諸將。迎倭來回巢大半。僅留如千人候天使。兵部以聞。乞命楊芳亨前駐居昌。李宗城與小西飛等前駐南原。示彼大信。從之。

丙子。南京鴻臚寺卿徐大任爲南京太僕寺卿。

御史謝廷策以陳于陛有接見大臣錄用人才之奏。上言。皇上靜攝以來。朝講中輟。輔臣至歲終不接。恐宮府漸隔。而煬竈之患隨之。諸臣言激直戇。不能無罪。前後譴削百十餘人。錮以終身。是明予人以名。而暗自失。非便計也。上以窺探市恩。降外。

光祿寺卿錢藻爲順天府尹。右通政耿定力爲左通政。

丁丑。總督□□蕭大亨爲刑部尙書。仍太子太保。

南京翰林院侍讀學士楊起元爲國子祭酒。

予故兵部左侍郎汪道昆祭葬。給事中薛三才謂嘗經內計拾遺。不准謚。

己卯。趙志皐請發留中諸疏。不報。

時頒四川扇式。御史周希聖言蜀困不堪。上怒。奪歲俸。

辛巳。復遼東屬夷伯言部落市賞。

御史袁可立請錄謫臣。不許。奪歲俸。

壬午。宣固原延綏之捷。

甲申。工部右侍郎徐作為左侍郎。巡撫陝西左副都御史王世揚為工部右侍郎。前總督兵部左侍郎陳于陛為戶部左侍郎。

南京戶部尚書李戴為工部尚書。巡撫□□兵部右侍郎呂鳴珂為工部右侍郎。湖廣按察使金學曾為右僉都御史巡撫福建。

乙酉。山東臨邑縣雨雹。盡作男女鳥獸形。

戊子。趙志皐請選庶吉士。許之。

庚寅。寧武關總兵官張世祥劾免。

辛卯。戶科給事中鄒廷彥論沈思孝上疑其疏合楊東明。疑嫉之。奪廷彥歲俸。降東明。

壬辰。昌化王府宗室充輭有罪賜死。

甲午。賜孟津王載埜書院額曰勉學。

乙未。吏部尚書孫丕揚立掣籤法。銓制庶官量才高下授秩。丕揚苦徇請。大選立掣籤法。每闕書一籤納筩中。選人自探得之。一時稱公。識者不謂然也。其後猾胥擇善闕上下其手。不復能詰。時號籤部。

于慎行曰。孫太宰患內人請託。難于從違。大選外官立為掣籤法。一時宮中相傳以為至公。下逮小民閭巷。翕然稱誦。而不知其非體也。古人見除吏條格。卻而不視。以為一吏足矣。奈何衡鑑之地。自處于一吏之職而無所秉成。亦已陋矣。至于人才長短。各有所宜。資格高下。各有所便。地方繁簡。各有所合。道里遠近。各有所準。而以探丸之智為挈瓶之守。是掩鏡可以索照。而折衡可以懸決也。從古以來。不聞此法。

左都御史衷貞吉請宥謝廷策周希聖。不聽。謫廷策□□□希聖滋陽典史。

歲貢生曹上吉選高陵知縣。為奸人所賣。索賄文選郎中蔣時馨聞而捕之。上吉除名。奸人下鎮撫司。

敍延綏寧塞搗巢功。都督麻貴廕本衛正千戶。

廣西總兵官王化熙廣東總兵官童元鎭互調。以化熙嘗鎭浙江。諳海道。元鎭嘗歷柳慶。習夷事也。

丙申。琉球國使者于伯爲世子尙寧求封。許之。故事必世子表至。禮部尙書范謙請遣官至閩。俟世子表來給之。

汾州改府。附郭設汾陽縣。轄永寧州寧鄉臨縣。又平陽之靈石沁源武鄉。益之。隸分守冀南道。

套虜青把都兒犯甘肅。總兵柳濬等擊斬百七十餘級。副總兵何崇德亦有功。共斬六百三十餘級。

丁酉。巳刻。京師再地震。

戊戌。命修省。

戶部左侍郎陳于陛爲南京戶部尙書。南京刑部右侍郎王樵爲南京右都御史。南京提督操江右副都御史賈待問爲兵部右侍郎。巡撫陝西右僉都御史張養蒙爲左副都御史。回院。

辰沅屬衞哨兵作亂。尋戢。

辛丑。御史高舉陳河患。曰。淮水之患。起于高家堰之築。張福之隄。而高堰東堰高寶淮陽未可盡去。惟周家橋大小澗口武家墩綠楊溝及前所浸惠會河等處。于滾水石壩外浚河築岸。使白馬汜光等湖會入邵伯湖。高寶間舊十二閘。外疏十二河。泄湖水而注之海。入灣頭而下。舊有芒稻河揚州而南。舊有瓜洲儀眞閘。宜改前閘爲壩。疏芒稻河以南。皆入海之道。

南京工部主事樊兆程言。欲導淮。先疏黃。欲疏黃。先闢海。然舊海口決不可濬。當自鮑家營至五港口浚河。令從灌口入海。章下所司。

六月飪朔癸卯。巡撫南贛汀漳右副都御史謝杰爲刑部右侍郎。前巡撫雲南右僉都御史陳薦爲南京右□都御史。提督操江。

總理河道工部尚書楊一魁言清口宜濬。黃河故道宜復。高堰不必修。石隄不必築。減水閘壩不必用。上是之。

乙巳閣臣請元子暑月輟講。不許。

戊申。立眞定順德保定河間常平倉。巡按直隸御史錢夢得請之。

故楡林游擊史見。贈都督僉事。立祠。

庚戌。命雲南土司思化復居蠻莫。

御史區大倫言節省大要。不報。

辛亥。御史夏之臣請決高家堰堰卽大澗口。淮水所東趨也。築自潘季馴。始淮水就下。取道大澗口。奈何阻之。章下所司。

甲寅。選翰林院庶吉士高承祚何宗彥顧秉謙黃志淸林秉漢白瑜郭淯孫如游朱延禧趙用光鄧士龍梁有年南師仲陳之龍劉一燝劉綱劉餘澤佀祺。同鼎甲朱之蕃湯賓尹孫愼行肄業。

辛酉。吏部尚書孫丕揚考滿。進太子少保。

壬戌。戶科給事中黃運泰言治河之策。當治下流。今日欲安祖陵必泄淮水。欲泄淮必浚黃河。下流未泄而遽開高堰周家橋淮流南下。黃必從之。亡論高寶數縣爲沼淮水且終遏于黃而壅如故今惟浚五港口達于淮入海。章下所司。

乙丑。登萊總兵官楊文正。山東按察僉事李根。俱貪虐論免。

右春坊右中允周應賓爲南京右春坊右諭德。署翰林院事。南京戶部尚書李戴爲工部尚書。

有男子劉行潔詣闕自刎。諭都察院下巡按御史理其枉。

丙寅。予故吏部尚書孫鑨祭葬。贈□□。諡淸簡。鑨字□□。餘姚人。□□丙辰進士。

丁卯。福建偵倭把總劉可賢賛晝姚士榮下臺訊。以擕夷僧入且受貨也。

庚午。曹允成嗣豐潤伯。

予故戎政兵部尙書賈仁元祭葬。

辛未。賜晉王敏淳書院曰寶善。

七月甲午朔。丁丑。署詹事府事吏部左侍郞兼翰林院侍讀學士劉元震禮部左侍郞劉楚先同敎習庶吉士。

時泗州水患。減蠲漕糧馬價草料三年。

戊寅。禮科給事中楊天民言建文君年號不宜革除。方修史。乞賜復。章下禮部。

前南京都察院右都御史胡嘉謨卒。予祭葬。

己卯。初。巡按直隸御史趙文炳劾吏部文選郞中蔣時馨倖進鬻爵。下廷議。尙書孫丕揚代時馨辨。御史高舉等云。言官論人。會議非體。上特諭內閣曰。文炳論時馨賄不啻數千金。丕揚全無指實。卿等可示該部。今後務精白乃心。

嘉定歲漕米十萬六千四百九十餘石。土不宜稻。正米折七錢。改兌折六錢。著爲令。

申飭陝西各鎭秋防。

甘肅總兵官楊濬爲中軍都督府僉書。

庚辰。司經局洗馬劉應秋爲右春坊右諭德兼翰林院侍講。修撰朱國祚爲洗馬。編修郭正域爲右中允。

立愍忠祠。祀右屯衞陣沒省祭贈千戶朱臣。

改故大學士殷士儋謚文莊。舊謚文通。

壬午。貴州定番州木瓜長官司副長官顧衷寵妾殺其妻。又脅妾死。巡按御史薛繼茂以聞。命下臺訊。

癸未。南京光祿寺卿李汝華爲右僉都御史巡撫南贛汀韶。太僕寺少卿王士性爲右僉都御史巡撫河南。

甲申。宣甘鎭之捷。

協守臨洮副總兵王賦業爲平羌將軍總兵官。鎭守甘肅。

丙戌。蔣時馨削籍。時馨漳平人。萬曆丁丑進士。知新喻。調嘉魚。遷南京大理寺評事。故敝衣冠。從鄒元標講學。因歷考功文選二司及被劾請廷質。且曰戎政兵部左侍郎沈思孝庇浙江海道副使丁此呂避察不得。又求少宰不得。遂同右諭德劉應秋大理右少卿江東之等託李三才授趙文炳。冀陷太宰而代之。上怒其瀆辨。削籍。

太僕寺少卿王國調外。王士性辭河南巡撫。云臣品望不及王國。上怒其矯。且王國使氣致之。幷調士性南京鴻臚寺卿。

戊子。解州崇寧宮改英烈祠。祀漢關羽。

各省直輸金花銀不及額。浙江江西廣東福建布政司官各奪俸六月。

前總督薊遼右都御史兼兵部左侍郎周詠卒。詠字思養。延津人。嘉靖壬戌進士。知魏縣。擢福建道御史。出按宣大山東。乙亥。擢大理寺丞。丙子。進左少卿。丁丑。進右僉都御史。巡撫山東。轉總督。墾田千四百畝。築臺垣七十餘。數敗虜。進兵部右侍郎。廕錦衣正千戶。後乞休。年六十三。

申用懋曰。士大夫居平抵掌而談。穰苴易與耳。即有緩急。輒瞪目而視。傴僂而趨。何易也。方亥酋猖獗。時時十萬浴鐵之騎交錯于道。儲胥者幾五載。小入小利。大入大利。當事莫敢誰何。而公從容其間。恢恢乎有餘地。卒之宣威振律。飛捷明光。俾天子無東顧憂。夫非社稷之衞也與哉。

己丑。涉縣石鐘山崩。有聲如雷。

庚寅。宋儒周敦頤父諫議大夫輔成從祀孔廟啓聖祠。巡按湖廣御史徐兆魁言之也。

癸巳。命武定侯郭大誠祭祖陵及淮黃二瀆。

甲午。逮故浙江海道副使丁此呂。時蔣時馨既斥。尚書孫丕揚謂釁由丁此呂。蓋沈思孝以此呂建言不宜察。丕揚遂上此呂訪單貪婪贓跡。雖建言。無倖脫理。命逮下獄。而丕揚與思孝交惡矣。

談遷曰。士不以一節概終身。建言諸臣。始而悻悻。繼而靡靡。骨鯁成性者幾人。類多負氣借叢。共標門戶。蔣郎中貪淫無足論。丁此呂立名非眞。贓跡纍纍。對簿之日。承服硃砂床十具。則其人可知。富平懼以選郎累。喜同伐異。訪單進御。其細已甚。倘虛舟飄瓦。一以無我處之。雖沈司馬護前。亦相忘于大道矣。

丁酉。南京太僕寺卿徐大任爲南京光祿寺卿。

游擊沈惟敬報倭焚柵渡海。

己亥。徐弘基嗣魏國公。

庚子。朝鮮以日本謝恩人舟取道對馬島經我。恐復啓釁。願如總督顧養謙所議。貢道仍出寧波。兵部惟徇沈惟敬。不許。

是月。安南黎惟潭復遣官目黎早用等從安邦浮海來廣西。請罪求納款。左江道副使楊寅秋奉檄令龍州求莫敬用等居地。云敬恭居海東。敬璋居安樂。已敬恭願徙高平。

八月辛丑朔。固原地震。

前巡撫浙江右副都御史常居敬閒住。日者以給事中勘河失護祖陵也。

虜把兔兒謀犯遼東。總兵董一元出塞擊斬百十九級。

壬寅。國子司業葉向高爲右春坊右中允兼翰林院編修。纂修正史。

故遼東□□游擊史儒。贈都督僉事。立祠。子鳳襲本衞正千戶。

癸卯。太僕寺少卿王士性爲南京鴻臚寺卿。

甲辰。勘河工科左給事中張企程言。隆慶末。高寶淮揚告急。當事狃于目前。淸口既淤。又築高堰隄張福以東之障。全淮以角黃。舉七十二溪之水匯于泗者。僅口數丈出之。出之十一。瀦之十九。河身日高。安得不倒溢以灌泗乎。今高堰費鉅。未可議廢。且屛高寶淮揚。亦不可少。周家橋北去高堰五十里。其支河接草子湖。若浚三十餘里。一自金家河入芒稻河注之江。一自子嬰溝入廣洋湖達之海。則淮水泄矣。武家墩南距高堰十五里。偪永濟河。引水自窰灣閘出口。直達涇河。自射陽湖入海。則淮之下流有歸。此急救祖陵之議也。

乙巳。署翰林院事余繼登以纂修正史。請兼採家乘鄉評。報可。

副總兵劉綎爲總兵官。鎭守臨洮。

己酉。南京左春坊左庶子兼翰林院侍讀馮夢禎爲南京國子祭酒。大理寺左少卿荊州士爲右僉都御史。巡撫河南。

辛亥。分守四川松潘副總兵萬鏊爲總兵官。鎭守四川。

丙辰。御史馬經綸以萬壽節乞臨朝賀。不報。

虜犯寧塞。深入二百餘里。飽掠去之。

壬戌。南京國子司業李道統爲左春坊左中允。署國子司業。

浙江金盤衞守備獲島舟。乃琉球人失風者。命歸之。

癸亥。固原游擊梁繼祖以虜犯西安州不戰戍邊。

戎政都察院右都御史沈思孝言孫丕揚庇屬負國。御史馬經綸附丕揚。因乞休。丕揚亦乞休。不允。

廣西昭平參將白斯淸剿貴縣五山賊。失利。賊四掠左江道副使楊寅秋設方略定之。

乙丑。祖陵積水落。

戊辰。宋金領錦衣衞事。時衞闕二年有奇。

永寧土婦奢世續奏臣子崇周嗣職。從討楊應龍有功。僕沙白蠱毒死。請以白就吏。從之。

九月

庚午朔。朝鮮國王李昖奏長子臨海君珒陷倭久疾。次子光海君琿收集離散。奉旨駐金慶道。有功宜嗣。禮部執不可。至是復以舉國臣民啓狀上。禮科給事中薛三才駁其非制。卽世亂先有功。俟其國定議之。報可。

協守漳潮副總兵周于德爲南京右軍都督府僉書。

免陳州等水災田租有差。

辛未。賑河南饑。截漕八萬一千一百石。銀二萬六千八百金有奇。

誠意伯劉世延言大峪山壽宮非眞龍。通政使田蕙奏其妄言。不報。

癸酉。四川道御史牛應元請復建文年號。下部議。

甲戌。占墾荒屯地俱贍邊。

乙亥。四川左布政使余一龍爲南京太僕寺卿。

丙子。命京省各提學官博採所部人物行實以備正史。

丁丑。報固原延綏將領巡邊。斬虜九十餘級。

南京都察院右都御史王樵致仕。

罷臨洮副總兵。設總兵鎮守。轄河洮岷階。

戊寅。改折江西新建等縣田租有差。

海虜永邵卜等犯甘肅。參將達雲。游擊白澤等擊斬六百七十餘級。

己卯。南京禮部尙書黃鳳翔不至。

淸河盱眙桃源高郵寶應興化。以被水折徵田租二年。

庚辰。前協理戎政都察院左都御史兼兵部右侍郎賈仁元卒。予祭葬。

壬午。宣遼東搗巢之捷。

乙酉。毛德祖嗣南寧伯。

詔復建文年號。附太祖高皇帝紀末。禮部覆楊天民牛應元奏曰。太祖元史可修。奈何失其實于當代。勝國之君可謚。奈何削其號于本朝。景泰之位號可改。奈何靳其名于建文。一時死事之臣尙可褒錫。奈何遺棄其君而令湮沒于百世之後。建文位號。在昔年原無降削之文。及此纂修之時。于高皇帝實錄中自洪武三十二年至三十五年。遺事。復稱建文元年二年三年四年。存其紀年。輯少帝本紀。示不滅沒。從之。

談遷曰。建文復年。而少帝實錄不聞就緒。豈當時虛塗尺一耶。抑陳相國捐館後。同正史佚之也。泄泄成風。于史事猶然。況其他實政乎。

套虜犯延綏寧塞靖安。官軍失利。

戊子。固原地震。

庚寅。鄭世子載堉好曆學。以大統曆與授時曆考古則氣差三日。推今則時差九刻。于是融會二家。著萬年曆。上之。禮部覆奏。元至元四年。西域札馬魯丁撰進新曆。卽名萬年曆。未幾。授時曆成。萬年曆廢不行。歲差之法上古無聞。始于晉洛下閎唐虞喜元許衡郭守敬。始以六十六年差一度。考古則百年減一。推來每百年增一。法號精密。大統曆遵之。如世子所云。則弦望各差一日。似未至此。議遂格。

沈德符曰。嘉靖二年。華湘掌欽天監。曾以歲差改曆爲請。謂堯時冬至距今四千年。已差五十度。自元至元改辛巳曆至今二百四十三年。已差三度六十四分五十秒。亦引洪武間元統言爲證。則世子疏或未盡非也。

辛卯。西虜青把都兒部落伯顏兎報西虜在甘肅邊外三人山。謀入犯。游擊葛賴等追斬四十七級。

壬辰。翰林院編修黃汝良爲南京國子司業。

乙未。總督川貴邢玠同川貴撫按譚希思等奏楊應龍聽勘幷善後事宜。命革應龍宣慰使銜。子朝棟冠帶七舍。可棟羈重慶。追四萬金贖罪。先是玠檄應龍。若來當待以不死。否者購若頭萬金。宜早計。吾不爾欺也。又兵部尙書石星手示水西宣慰使安疆臣。趣應龍就吏得貰罪。于是應龍上書言。奏民俟我出欲殺我。乞遣使臨播州。甘伏法。玠許之。以成都知府臨海王士琦往勘于松坎。面縛泣請罪。獻逆黨黃元阿羔阿苗等十二人。于安穩輸餉四萬金贖罪。

談遷曰。楊氏嘗覆我師于白石。罪不當貰。卽不欲重煩我健兒。曲示漢德。奈何徇其飾說。反就松坎而盟之乎。如戒飭奏民。毋私仇楊氏。必楊氏面縛于制置使前。如王新建釋田州盧蘇王受事。猶薄乎云爾。今大義責人而輕身先于所往。彼視我何等也。要盟不信。受侮小醜。何俟日後而悔之乎。

丙申。總督漕運褚鈇議導淮。總理河道楊一魁議先分黃次導淮。御史牛應元議合行之。又爲祖陵計。黃堌口決。當制小林口。淤當挑。歸仁隄當培。部覆從之。括帑五十萬。役江北山東河南人二十萬。分黃導淮。自黃家嘴導河分趨五港灌口。徑入海。以殺黃勢。毋盡入淮。導淮則自淸口闢積沙數十里。又于高堰旁若周家橋武家墩。稍引淮支流入于湖。爲豫浚入江入海路以岐泄之。若山陽之涇河竇嬰溝子嬰溝。皆可達廟灣。在鹽城則開石𡊨口以東開丁溪河入海。鑿江都盧家灣。橫絕運鹽河入芒稻河徑達江。其射陽淤河口。祖陵水漸退而水患息。然淮實以黄力分及淤河而出。不以周家橋通塞爲增減。異時潘尚書季馴所力持毋輕議高堰。意深遠矣。

丁酉。臨洮地震。永寧堡星隕。

虜犯寧夏棗園堡。官軍擊斬十九級。

己亥。冊使李宗城報倭先後去。候受封始盡。兵部上冊封事宜。禁冗役。禁訛言。禁妄報。禁啓釁。報可。

兵部覆邢玠勘播州事。以楊應龍就勘。其黄平草塘白泥餘慶重安五司。舊隸播州。乞改隸黄平通判。又卹七姓奏民。又增設安邊府。以重慶捕盜通判改撫夷同知。移駐松山。北松坎南播州土同知羅時豐避應龍于貴竹土司。今宜歸里。移安溪巡檢司爲松坎巡檢司。上從之。

十月⿰子庚朔。辛丑。虜炒忽兒沙計等犯常樂堡。官軍擊斬百二十餘級。

壬寅。吏部考功郎中王守素爲南京太僕寺卿。

癸卯。長洲等十六州縣折徵水災田租。

工部乞停山西潞紬。不允。

甲辰。蠲蘇松等鹽課。

右軍都督府火。

丙午。蠲江北州縣被災逋租。仍賑之。

戊申。宣延綏之捷。

南京四川道御史陳煃上勘河條議云。周家橋若開。則高郵寶應邵伯爲壑。宜疏興化鹽城支河。分之出海。令高郵寶應之水。次第東行。而周橋武墩之水可歸。章下所司。

陝西右布政使楊時寧爲右僉都御史。巡撫貴州。

己酉。南京吏部右侍郎曾朝節爲禮部尚書。協理詹事府。爲正史副總裁。翰林院編修楊道賓纂修正史。

折歸安烏程長興德淸水災田租之半。

辛亥。南京戶部右侍郞周思敬爲戶部右侍郞。

敍延綏功。進總督葉夢熊太子少保。巡撫李春先右副都御史。都督麻貴再廕百戶。前廕正千戶。俱世襲。

壬子。祭故右諭德武進吳中行。

甲寅。前日講官吏部左侍郞兼翰林院侍讀學士盛訥卒。訥字□□。潼關衛人。隆慶辛未進士。天啓初贈□□□。謚文定。

己未。套虜卜失兎等糾火虜寇延綏。深入八日。殺掠無算。

鎭守雲南總兵官黔國公沐昌祚疾致仕。子叡鎭守雲南。

壬戌。遼東副總兵劉敏寬覘虜永兎等入犯。伏待之。大破于爾朶峽。斬六百八十餘級。

甲子。敍甘州功。進前總督葉夢熊太子太保。田樂兵部左侍郞。廕錦衣衛百戶。

乙丑。進趙志皐少保兼太子太保。戶部尚書張位太子太保。陳于陛沈一貫各太子少保。並賜金幣。

戊辰。太原地震有聲。

十一月己巳朔。免湖廣江西河工折米。

辛未。秦王誼漶請如周晉二王增給引鹽。命以本色給之。

時議分黃水。淮安知府馬化龍言分黃五難。總河褚鈇上之。給事中林巡春請分黃導淮。工部覆開腰浦支河。從之。

甲戌。吏部尚書孫丕揚稱疾甚。右侍郎孫繼皐攝事。

丙子。嘉興秀水地震有聲。

丁丑。工部虞衡司員外郎樂元聲言。蔣時馨以貪斥。御史强思給事中黃運泰祝世祿等曲庇之。遂波及沈思孝江東之等。言官攻言官。大臣攻大臣。不若俱罷之。

戊寅。貴州總兵官都督同知李如柏爲征西將軍總兵官鎭守寧夏。兵部尙書石星辭少保。

癸未。前南京禮部尙書王弘誨起舊任。太子少保南京兵部尙書楊成兼南京都察院右都御史巡撫湖廣。右僉都御史郭惟賢爲左僉都御史回院。

四川松潘副總兵沈尙文爲署都督僉事總兵官鎭守貴州。

丁亥。御史袁九皐請檢發章奏。速補大僚。不報。

甲午。巡撫山西右副都御史魏允貞終養。

丙申。巡撫延綏右副都御史李春先爲戶部左侍郎。巡撫寧夏右僉都御史周光鎬爲大理寺卿。湖廣左布政使李得陽爲右僉都御史巡撫湖廣。

丁酉。嘉定地震。聲如雷。

十二月妃朔。山東布政司□參政余寅致仕。加太常寺少卿。追封弼楹會寧王。從其子會寧王縉𪐕之請。

庚子。考選軍政左軍都督府僉書署都督僉事歐繼宗後軍都督府武安侯鄭惟忠等閒住。

甲辰。總督邢玠進右都御史。

乙巳。增設河會守備築堡寘戍拒套虜于河上。

戊申。鎮番副總兵馬應龍甘州副總兵何崇德俱加署都督僉事。

己酉。敕魏國公徐弘基奉祀孝陵。

前巡撫貴州右副都御史彭富卒。予祭葬。

緬甸莽應禮前託孟艮二土司求款。且致方物。命材官黎宗桂等以金幣往。至境不受。禮部謂據土司轉申。黎宗桂傳說于莽應禮無據。遂不問。

朱國楨曰。西南夷探引土番。盤山襟海。其人巢居穴處。自相君長。前朝不聞用兵。我明開設雲南。比于中夏。諸夷接壤。不得不招撫爲我外藩。夷性無常。好殺喜鬬。不得不用兵以張撻伐。黔公威之于先。正統中先後征討歷十年。糜費財力。分茅不爲無功。拓地竟成烏有。猛密勘處。大致紛紜。緬人其始甚微。久乃滋橫。離合進退。梗且百年。夫以歷朝布置方略。悉本省兵力。以夷攻夷。似非難事。而蠢起侵漁。習成虛冒。請餉與請兵以無時。羽書共捷書而彙上。任非一人。每有投荒傳舍之憾。報稱萬里。不免臨渴掘井之憂。迄于今。鳳氏小醜。直叩省城。安民震鄰。幾搖全省。患不在外在內。岌岌乎殆哉。

辛亥。錦衣衛中所副千戶霍文炳未奏陞。輒署指揮僉事。上以擅濫。奪兵部尚書石星俸二月。武選郎中韓范謫太和典史。員外郎曹偉芳謫賓州判官。兵科都給事中劉仕瞻謫漳州府知事。

甲寅。右軍都督府恭順侯吳繼爵中軍都督府崇信伯費甲金南京中軍都督府都督僉事周于德錦衣衛指揮僉事李元珍東司房理刑千戶王偉鎮守大同總兵官李東陽各劾免。元珍偉削籍。甲金隱罪闒冗用寄貲。

追入之。仍奪祿三之一。

兵部推西寧侯宋世恩安遠侯柳懋勳掌南京後府。上謂世恩屢被劾。遂調兵部司務□□于外。雲南道御史區大倫工科右給事中張同德削籍。竟用柳懋勳。

乙卯。巡城御史夏之臣謫海澄典史。朱鳳翔謫電白典史。涂喬遷謫新興典史。時偕行謫合浦典史。楊洮中謫太和典史。

己未。京師賑粥。

庚申。上以霍文炳事。責兩京都給事中署道御史各鐫三級謫外。兵科都給事中吳文梓謫崇善典史。河南道御史俞价謫兩淮運司知事。四川道强思謫長蘆運司知事。兵部武選司主事江中信謫葭州判官。程僖謫雅州判官。陳楚產謫鬱林州判官。司務錢銑胡士奇謫慈利仙遊訓導。霍文炳。司禮太監張誠蒼頭也。怙勢冒秩。命籍其家。并張誠沒入之。誠秉東廠內官監印。弟勳私娶武淸侯李氏。所任內官蕭玉王忠俱婪肆。上斥誠。命田義領司禮監。孫暹總督東廠。其張諴張楨及張勳張紹寧等。霍文炳文燦及王玉錢恩李承德李輔耿遜馬義王用馬章蕭玉王忠段秉忠張懋忠霍朝王詔喬進金忠各籍其家。誠謫南苑淨軍。勳文炳及內官張楨等十餘人論死。後錢恩張勳蕭玉王忠伏誅。

巡撫貴州右僉都御史楊時寧改巡撫寧夏。

壬戌。刑部江西司□□徐維藩以前訊費甲金事降兩浙鹽運司判官。

癸亥。鳳陽皇陵火延爇松柏官署。

署兵科事刑科左給事中徐成楚言。今年七月八日報倭歸六萬八千餘人。今又閱月。倭衆當盡。李宗城尙何所忌而不行耶。宜責宗城確奏。一涉欺妄。責有所歸。章下所司。

甲子。陝西地震聲如雷。

乙丑。時謫科道三十四人部曹九人。閣臣疏救謫臣。不報。

丙申萬曆二十四年

正月戊辰朔。上不朝。

辛未。巡撫應天朱鴻謨等奪俸有差。以輸幣不堪也。

前總督兵部尚書魏學曾卒。學曾字□□。涇陽人。嘉靖癸丑進士。

癸酉。先是東虜伯彥罕等期正月犯河東。署兵科事刑科左給事中徐成楚乞預備。報可。

後軍都督府僉書懷寧侯孫承恩領右軍都督府。

大學士陳于陛沈一貫各疏宥謫臣。不報。

丁丑。給事中耿隨龍鄒廷彥黃運泰黎道照孫羽侯毛一公伍文煥費必興盧大中御史李宗延姚三讓王愼德薛繼茂馮從吾顧際明袁可立綦才吳禮嘉王有功李本固柳佐聶應科李文熙俱削籍。以霍文炳事不糾也。吏部尚書孫丕揚左都御史衷貞吉等各疏救。不聽。

戊寅。紹興金華衢州南糧自今年改折。戶部恐倉糧不繼。命改折五年。仍徵本色。

己卯。神樞營右副將署都督僉事任自强爲總兵官。鎮守居庸昌平。

庚辰。兵部循例請考察京營將領。從之。命三月司禮太監田義閱視團營。

鳳陽守備太監杜用免。

甲申。署兵科事刑科左給事中徐成楚言。沈惟敬市井無賴。言不可信。乞敕冊使李宗城等實報。否則臣以白簡繩其後事下兵部。

吏科給事中張正學言。昨遼撫李化龍云。淸正未行。或報懼誅阻封。或報留迎册使。據沈惟敬云。擇十二月六日隨册使渡海。又云若風不利則擇十六日。語涉支吾。臣俱未信。兵部言册使並渡海至日本南濤崖平稠信以二百艘先後至釜山相迎。又闕白傳淸正回巢。請貢李宗城馳報。從之。

伏羌伯李承功爲後軍都督府僉書。

夜。月犯土星在張宿。

丁亥。吏部右侍郎孫繼皐爲左侍郎。戶部左侍郎裴應章爲吏部右侍郎。大理寺左少卿江東之爲右僉都御史。巡撫貴州。山東右布政使劉奎爲右僉都御史巡撫延綏。

安鄉伯張世恩領南京左軍都督府。

己丑。河南道御史馬經綸言。皇上近來厭惡言官。動責以聒擾。忽又以箝口責之。臣竊見言官之箝口者有五罪焉。皇上不郊享。言官不爭。罪一。皇上不廟祀。言官又不諫。罪二。皇上輟朝講。言官不請。罪三。皇上任賢不篤。去邪不決。言官不能救。罪四。皇上好貨。嚴御。言官不能止。罪五。上怒。不報。諭吏部鐫二級調外。毋推用。御史周家棟請御朝祭。曰。大祀文臣五品以上。武臣四品以上。及都給事中皆陪。昨孟秋陪祭。自輔臣下十數人。豈所以尊宗廟乎。令甲侍衛會極等門各列直午門旗尉五百人。餘銅牌之屬不預焉。臣巡視時見兵衛不能餬口。解銅牌市酒。細民闌入禁地。是豈所以尊朝廷乎。俱繇皇上靜攝。臣下泄泄。今宜亟申飭。邸報非兵科發抄。毋流布。部覆如議。

庚寅。工科都給事中林熙春等疏救馬經綸。謫熙春茶陵州判官。經綸東鄉典史。

江西等道御史鹿久徵等疏救。謫臣降久徵澤州判官。餘奪歲俸。

前陝西總兵官署都督僉事張剛爲神機營右副將。

夜。月掩心宿大星。

甲午。翰林院編修方從哲爲國子司業。

吉王翊鑾請以庶長子龍陽王常淳進封世子。其次子常汶常瀓例鎮國將軍。爲乞郡爵。上特許之。不爲例。

二月戊戌朔。庚子。兵部左侍郎李禎左副都御史張養蒙濤理軍政貼黃。國子祭酒楊起元爲南京禮部右侍郎。

光祿寺署正改用科目。

壬寅。禮部尚書范謙請皇長子冠禮。報聞。先。禮科給事中楊天民言之。不報。

癸卯。賑白河平利洵陽興安饑。

甲辰。予故武靖伯趙光遠故刑部左侍郎邵陛祭葬。

夜。月犯畢宿。

丙午。順天府尹錢藻卒。

丁未。安南黎維潭復使至。言款事如約。

戊申。西虜卜失兎謀入寇。巡撫李春先總兵麻貴等分三道出塞。搗其巢。擊斬四百九級。初。西寧孤亙山南。控扼青海。國初設安定罕東曲先赤斤蒙古四衞以撫降羌。正德中。套虜亦不剌闌入。殘四衞。嘉靖末。俺答南牧。萬曆六年。寄徑迎佛于海南。立仰華寺。而永邵卜遂負海稱雄。火落赤等並渡河南牧。兩河東西皆虜。經略鄭洛斷其市道。焚其寺。而永邵卜仍挾市內窺。至是始靖。

己酉。署兵科事刑科左給事中徐成楚言。聞關白閉塞海口。不通一楫。或謂行長羈留冊使。要求五事。乞敕沿海兵備。一意主戰。章下兵部。李宗城報倭情無恙。乞護軍餉。且展限。上許之。

夜。鄮縣大雷雨。火光徧十餘里。

虜自鴨子野狐橋入犯。官軍拒卻之。

夜。金木星相犯于奎宿。

庚戌。南京河南道御史林培言三事。審好尚。辨忠邪。節綵織。上怒。不發。明日謂借言黨救。謫福建鹽運司知事。

辛亥。高淳大水。命折徵三年。

霍文炳在逃。獲之。下鎮撫司獄。

癸丑。敍西寧功。進李汶兵部尚書兼左副都御史。廕錦衣副千戶。餘陞廕有差。進石星少保。

王允忠嗣成山伯。應龍子。

甲寅。兵部請科臣往勘東封。從之。

乙卯。修延禧宮。

夜。延安舊安邊營佛郎機上有光。二更熄。

丁巳。海寧縣海塘成。

戊午。刑部四川司郎中王金星降六安州同知。

己未。光祿寺卿田疇爲順天府尹。

庚申。經略孫鑛巡撫李化龍奏。冊使李宗城等入營兩月餘。卒無定說。可疑一。小西飛丁寧約束。悉已面承。今又沈惟敬先渡海講款。可疑二。朝鮮日本向通使命。今必我使臣挈往。可疑三。乞留宗城等駐釜山。毋輕渡海。或耳目非是。卽係彼違。非我失信。章下兵部。

癸亥。安南黎維潭遣人來言。貢儀未備。且莫氏仇也。棲之高平。不敢聞命。遂宵遁。已遣鄭公義來。云食竭苦瘴疾。請俟他日。

三月戊戌朔。巡漕御史況上進言今日淸口積沙亟當闢。從之。

庚午。趙志皐從一品三年考滿。進少傅兼太子太傅建極殿大學士。廕尚寶司丞。

癸酉。陝西官軍擊虜于沙嘴。斬二十二級。

閣臣乞行取外官補科道。報聞。

乙亥。戌刻坤寧宮災。延爇乾淸宮。上時居養心殿。籲禱甚切。皇長子入侍。上攜手曰。吾不德至此。爾有福。爲予拜禱。自後不復召。

戊寅。告災郊廟。諭修省。

巡撫陝西右□都御史劉光國。以擅虜市劾免。

工部請停陶器織幣。以備大工。不許。

辛巳。洮舟聞外虜掠番。又欲內犯臨洮。總兵劉綖出擊。至莽剌川。斬百三十六級。獲畜產二萬有奇。

丙戌。夜順天董家口二營旗端有火光作聲。

己丑。賑廣西。恭城平樂等三十三州縣饑。蠲其租。

庚寅。戶部主事王紹先降代州同知。

壬辰。以兩宮災。詔天下。

甲午。趙志皐以給事中劉道亨劾其貪黷。乞免。不許。

四月酊朔。工部議大工。曰徵逋負。曰協濟。曰開事例。曰鑄錢。曰查庫料。曰分工。曰採木川貴湖廣。曰木石。曰車戶。曰燒磚。曰發見錢。曰夫匠。曰明職掌。曰鋪戶。曰會估。各從之。

己亥。林縣雪。

辛丑。趙祖廕嗣靖遠伯。光遠子。

甲辰。留漕米十萬石鹽課五萬金濟河工。

乙巳。南京右通政李植爲光祿寺卿。

丁未。定大同編徭行條鞭法。巡撫梅如楨言之也。

甲寅。旌魯府富平王壽鐕孝行。

山東博平縣訓導孫顯吉以倭功命陞州同知。

乙卯。兵部報沈惟敬于二月四日同行長渡海與冊使不和。移住南柯崖而沈惟敬營千總謝隆報關白兵二十萬謀入犯。李宗城于四月三日夜離釜山。因議邊備。又云宗城走慶尙。抵王京。惟敬被執。巡按山東御史李思孝上之。

戊午。廣州海防游擊彭信古賂總督陳大科千金。被發下臺訊。

命釋輕繫。

命內閣補錄寶訓實錄。

夜。金星犯井宿。

己未。前太子太保兵部尙書吳兌卒。浙江山陰人。嘉靖己未進士。

陶望齡曰。方俺答革面款事新起。若虎豹豢牢圈。猿狙被衣冠。杌杌不可以終日。然疆收晏然。兵刃不試。若此之久。豈非公之力哉。倡端易。終之實難。維八踵王方之宏績。創羈策之始。途逢虎之怒。準肉全毀之間。致狙之喜。賦芧三四之數。雖長孫著節於雷霆。郭公遺愛於棼面。仁愿樹績于受降。靡以過耳。

工部都水郎中樂元聲論石星誤國。乞勅廷臣議戰守。不報。

吏科給事中戴士衡乞選補臺省。不報。

存問前南京吏部尚書畢鏘。進太子少保。時年八十。

辛酉。命總督孫鑛移近朝鮮。便調度。其薊保事順天巡撫李頤署之。

甲子。吏科給事中戴士衡論石星五大罪。不報。

乙丑。冊使楊方亨報正使李宗城雖逃。倭情未改。兵部乞以所封敕印即授方亨。有旨逮李宗城。選科臣同楊方亨往封。

總督京營臨淮侯李言恭免。

五月丁卯朔。河道御史周孔教論石星誤國。幷及趙志臯。命下廷議。

封常澿衡王。翊鈜新樂王。鼐勻新寧王。常汶德化王。常𤅛福淸王。常瀶穀城王。新淮寧河王。英燧東安王。肅淇保寧王。肅潪遂寧王。朝陞海陽王。

吏科右給事中葉繼美論石星。不報。

林縣大雨雹斃人畜。

己巳。上欲遣科臣往封。閣議改楊方亨沈惟敬。上諭內閣曰。南北諸臣詆封事者十七人。今遣科臣。且封且勘也。

庚午。趙志臯等言。臣等任事數人耳。故言封少。他皆旁觀論事。故易。石星言使琉球用文臣。封虜止用武弁。果關白欲封。遣楊方亨甚近。若遣科臣。旬日始出。卽乘程須兩月。遂改方亨惟敬正副。

巡按直隸御史曹學程言改封使非是。本兵欺矯。必中狡倭計陷我。據李宗城密揭云。關白執沈惟敬。脅七事。

原不爲封夫。倭狡甚。得封不已。必求貢。必求市。必求婚。必朝鮮納賦。必割地。必席卷朝鮮。東渡以危薊遼。末責趙志皐。上怒其轉激。遣科下學程錦衣獄。

癸酉。戎政右都御史沈思孝請亟修戰守。博採謀畫。科臣不必遣。

甲戌。諭吏部卽推科臣一。

乙亥。吏科左給事中葉繼美等上章引咎。上謂其抗違避難。繼美王佐削籍。劉道亨等奪歲俸。幷奪禮兵部堂上官俸四月。司官蔡宗明賈維鑰等。又朱長春樂元聲亦削籍。

豐城侯李環領南京中軍都督府

虜犯固原。永安堡守備李如圭防守党師尉失利。下臺獄。

丙子。會議東事。言調兵集餉不一。沈思孝獨責石星。謂禮部尚書范謙佐之。謙曰。訛言遠在數千里。公能知其必壞乎。思孝曰。冊使潛逃。損威辱國。釀禍已極。尙附和邪臣誤國乎。謙失色而退。兵部左侍郎李楨彙衆議上之。上諭封事成否亡論。止有戰守。薊遼督撫等官可整飭守隘。協練朝鮮。其天津登萊浙直閩廣各督撫將吏通飭守禦。又薊遼總督卽檄朝鮮。厚積芻糧待援。

于愼行曰。關白封貢之議。一時臺諫部司上疏力諫。月無虛牘。爭之誠是也。然皆揣摩情形。泛論事理。至于日本沿革。絕不考究。有謂祖訓絕其封貢。二百年來不與相通者。覽之爲失笑。日本在洪武初年。雖絕其貢。至永樂以來。卽以金印詔書封其國王。每朝易位。輒賜日字勘合若干號。六年一貢。賫勘合而至。人員貨物皆有定數。嘉靖二十九年入貢以後。始不來耳。奈何謂二百年不許通貢。又倭中自有國王。州郡官長。類如朝鮮。可考知。亦不問其顚末。而從一二船酋之言。所指地方官職。皆似洪荒創造。未經締搆者。尤可笑也。四夷封略。在禮部驗封司。大司馬石公徒欲取効目前。不暇深考。竟不知日本爲何國。關白爲若何人。盈庭之言。皆如噞虁。以此禦難。何以爲國。可仰屋而竊歎者也。

丁丑。增各省直協濟大工銀有差。

戊寅。石星再請解部事。身往朝鮮議東封戰守。如未允求斥。上不許。

庚辰。閣部大臣各疏救葉繼美等。上于禮部尙書范謙疏切責其違旨。司官周嘉賓等司務徐文斗等俱削籍。毋推用。

吏部言。謫臣如敎習駙馬萬建崑賴克峻。命往山海關。張時顯幷署員外郎張日新主事湯東埜朱誥俱先遣外。似難並降。遂宥建崑等。奪歲俸。

夜。撫寧隕星爲石。

辛巳。兵部報關白怨清正阻封。今盡撤清正等渡海。責行長正成治舟。館穀天使已焚各營。今沈惟敬住護屋。爲日本要地。則倭情無變。命補給誥敕冠服。

吏部以東事告急。鬻爵開事例。從之。

癸未。楊方亨報朝鮮護軍黃愼見住釜山。問慰。及臣又沈惟敬報自桐馬至南皮島。館穀甚厚。云李宗臣住慶州。

彭澤諸生萬事仁上所著資易太平書。

丁亥。松虜復擄莽剌川。掠番人內犯。官軍禦卻之。

辛卯。總督葉夢熊子□襲錦衣衞□戶。仍加指揮同知。總督李汶子國楨襲錦衣衞左所副千戶。

定海衞鎭遠樓災。

六月酊朔戊戌。通政司使田蕙奏。楊應龍遣人楊鰲餽萬金。下鰲法司。

套虜吉能謀入寇。巡撫李春先總兵麻貴檄擊之。參將杜松出清平。斬十五級。計松虜以我小捷。必弛備。復令部將李義等出波羅堡。乘虜後。夜襲斬四十五級

辛丑。南京兵部主事趙學仕侵帑。降饒州通判。

壬寅。司禮太監田義乞簡發內外章奏。

甲辰。增天津路總兵。

許閣部等捐俸助大工。

丁未。司禮太監田義乞寬宮人內官刑罰。不報。

庚戌。賑福漳泉興化水災。

巡撫大同右僉都御史梅國楨進右副都御史。

辛亥。前詹事府詹事兼翰林院侍讀學士劉虞夔卒。虞夔字□□。高平人。隆慶辛未進士。□□□□□□□□□□□□予祭葬。

壬子。予故廣西總兵呼良朋祭葬。

癸丑。設青州顏神鎮捕盜同知給關防。

甲寅。工部□侍郎徐作提督大工。

丁巳。前總理倉場戶部尚書耿定向卒。定向字在倫。麻城人。嘉靖丙辰進士。授行人。進雲南道御史。數言事。巡按甘肅。視南畿學政。並有聲。進大理寺丞。忤高拱。謫橫州判官。量移衢州推官。萬曆初。自工部主事進尚書丞。累遷右僉都御史。憂去。起撫福建。又憂去。起左僉都御史。歷南京右都御史。長戶部。好講學。其說主王氏。所著書甚富。予祭葬。贈太子少保。謚恭簡。

庚申。免泗州盱眙田租。

府軍前衞副千戶仲春請開銀礦助大工。從之。下戶部。命戶部錦衣衞各一人同仲春開採。戶科給事中程紹工科給事中楊應文各疏諫。不聽。紹曰。嘉靖二十五年七月命採礦。自十月至三十六年。委官四十餘人。防兵千一百八十人。廩器鉛炭共三萬餘金。纔得二萬八千五百餘金。得不償費。

虜自洮河口犯洮岷。參將孫尙賢拒卻之。斬十八級。

壬戌。戎政右都御史沈思孝上五事。久任將領。教練標兵。舉用豪傑。增補馬匹。繕修戰具。從之。

七月[illegible]朔。丁卯。吏部請發推補章奏。不報。

錦衣衞百戶陸松鴻臚寺隨堂官許龍等。順天府教授馮時行等。經歷趙鳳華等。各言開採助大工。從之。自開採一倡。廢弁白望獻諛日至。

命戶部郎中戴紹科錦衣衞□□□往河南南陽開礦。

下南京兵部主事趙學仕戶部主事褚用賢于獄。俱墨敗。先爲工部侍郎周思敬所糾。初擬戍。後改擬外調。至是御史朱吾弼申劾。因及尙書趙參魯失出。趙志皐曲庇。故有是命。

命戶部于眞定保定薊易永平開礦。詹事府錄事曾長慶奏開夏縣礦。從之。

己巳。刑科都給事中侯廷佩請弛獄。釋曹學程。不報。

松虜犯寧夏。都指揮僉事劉繼爵坐視不出。副總兵馬孔英來保拒卻之。繼爵免。

吏部文選郎中唐伯元言。數月以來。章奏留中。臺省郎署方面赴京候補。動至經年。內外官俸大率踰期不遷。誠臣擬議不當。乞賜罷斥。不報。

庚午。尙寶司卿徐璞致仕。

壬申。御史劉景辰監督工程。

癸酉。楊方亨報六月望日渡海東封。

戶部尙書楊俊民言。眞定保定薊易永平開礦。恐妨天壽山龍脉。上謂距陵遠。且皇祖嘗開之。毋借阻。

甲戌。兵部乞禁訛言。從之。

丙子。浙西河水忽涌起二尺餘。

丁丑。仁聖皇太后不豫。

昏刻。東南白氣貫月。夜。月犯南斗□□二星。彗見西北。如彈丸。蒼白色。芒指東南。入翼宿。長尺餘。行入西北。

戊寅。仁聖懿安康豫皇太后崩。遺詔曰。予以菲德。配穆宗莊皇帝于潛邸者九年。比卽位初元。升儷宸極。母儀天下者六年。不幸昭陵上賓。予煢煢在疚。歷今皇帝光纘歷服。純孝天至。屢薦徽稱。聿隆敬養者又二十四年于茲。尊榮祉福。亦旣備侈。頃當寢疾危惙。皇帝躬省藥膳。叩禱神祇。尤竭虔悃。茲得永終天年。復侍先帝左右。夫復何憾。念皇帝負荷祖宗鴻業。艱鉅專勞。萬幾爲重。不得過于哀戚云云。

甲申。太常寺少卿鄭繼之爲右通政。左庶子李庭機爲國子祭酒。

乙酉。承運庫太監王虎戶部郎中戴紹科錦衣衛僉書張懋忠開鑛于眞定保定永平薊易。

丙戌。錦衣衛鎭撫司僉書楊宗吾開礦河南。

己丑。巡撫順天右副都御史李頤請止陵京採礦。不報。

壬辰。兵部給關白誥敕。報七月八日抵釜山。

是月。廣東大旱。

八月。朔。錦衣衛百戶吳應麒請山西夏縣開礦。府軍後衛指揮王允中請靑沂開礦。下所司。

戊戌。前兗州通判華光大言父富所製火器及水戰輪船。章下兵部。

炒化卜言等謀犯廣寧。副總兵李如梅出塞三百餘里。襲斬百餘級

辛丑。夜有星自虛宿西流。又二星隨之。

西華門樓成。

癸卯。上大行皇太后尊謚爲孝安貞懿恭純溫惠佐天弘聖皇太后。頒詔天下。

蠲廣東積逋。

日講官禮部右侍郎兼翰林院侍讀學士馮琦終養。

甲辰。頒尊謚詔。

乙巳。工部□侍郎呂鳴珂提督昭陵工程。

誠意伯劉世延下南京刑部獄。以南京御史朱吾弼論其擅用關防牌要私造兵器也。

開礦河南唐縣。從指揮僉事陳永壽之奏。

巡撫保定右僉都御史李成春言採礦傷陵脈。上命酌議。已太監王彪論□□。

丙午。故南京禮部尚書林庭機贈太子少保。

己酉。黃明臣爲總兵官。鎮守居庸昌平。

庚戌。招礦盜開採。仍編富民爲礦頭。太監王彪言之。

留守後衞百戶王守仁訐奏故祖王弼爲國初功臣。封定遠侯。長女爲楚王元妃。弼子幼。遺貲寄楚府。賜田八十六處。赤金六萬八千。銀二百五十餘萬。珠寶無算。□□傳至王錦。沒其寄銀。其田利積可八百餘萬。乞追助大工。上命錦衣僉書莊德福覈之。

壬子。萍鄉人羅正彝上所輯帝範錄二部。

丙辰。四川雜谷安撫司土夷請秦李冰漢姜維唐李德裕祠額賜曰靈祐。

丁巳。通州城成。順天府。

己未。□□總兵官厐貴罷。

壬戌。河內天鳴。星隕常平鎮。屬黑中白。柘城柳樹生人像。方操兵。狐突出不見。

大學士張位乞罷。不許。時吏部尚書孫丕揚乞休疏二十。位擬放而丕揚實無去意。故銜之。

癸亥。孫丕揚言權臣坐謀。鷹犬効力。義難再留。乞速放避釁。以閣臣張位黨丁此呂及戎政右都御史沈思孝。御史周孔教給事中劉道亨也。上切責之。閣臣陳于陛沈一貫代爲位辨。上責丕揚無大臣體。次日丕揚請告。有旨宜協恭和衷。毋相牴牾。

甲子。蕭如薰爲左軍都督府僉書。

敕兵部左侍郎李楨管兩宮大工班軍。

靈蓍產于項城。有異雲覆之。

閏八月乙丑朔。巳刻日食。

太監陳增同府軍衛指揮曾守約開青沂棲霞招遠等礦。時錦衣衛百戶江文通言沂州礦。指揮郝承爵言費縣礦。指揮劉鑑言棲霞招遠等礦。指揮馬清言文登縣礦。千戶趙良將言沂水蒙陰臨朐礦。

丁卯。西虜青台吉犯甘肅羊營堡。官兵禦卻之。

吏部尚書孫丕揚罷。初丕揚道值張位抗輿。位不拱。遂隙。

于愼行曰。丕揚清謹品也。平生建樹表儀。取信海內。及掌天曹。甚副人望。而一二舉動。頗失大體。如以訪單揭帖。按丁此呂之贓罷免其官此未爲過及見丁黨交攻。急于自白。遂揭帖進呈以明不妄而揭帖所開。贓至數萬。致激聖怒丁適戍江右之士羣然交攻而孫不能安其位矣以揭帖察吏已失公平至於私揭呈覽尤非體例且揭中贓至數萬如果得實豈止罷官是自實其縱也。

戊辰。協理京營戎政右都御史兼兵部左侍郎沈思孝罷。

己巳。李宗城下獄。

命錦衣衛僉書莊德福覈楚府寄資司禮太監孫暹奏。或楚府隱匿下撫按拘守。

予故刑部右侍郎鄭世威祭葬。

癸酉朝鮮國王李昖乞官兵暫屯鴨綠江以西爲聲援。上命戶部裕餉。蓋自李宗城逃後倭情屢變。一兵不撤。或云沈惟敬被縛總督李化龍日治兵欲赴同暹羅觀變。而朝鮮苦大兵冀封事于萬一也。

刑科都給事中侯廷佩言王守仁寄貲無因乞寢成命罰歲俸

乙亥。予故刑部尚書舒化祭葬諡□□。

丙子。裁海北提舉司

庚辰。倪尚志爲總兵官鎮守保定。

壬午。前巡撫山西右副都御史魏允貞以岢嵐市賞節省六年。特賜十金。

癸未。陝西妖賊羅元伏誅。寧遠。

播州楊應龍進大木二十。

增懷慶縣捕盜通判。

命甘肅巡撫田樂召買回青。蓋去吐魯番買頗艱。

錦衣衛千戶鄭一麟言西縣橫嶺洞梁園山礦。

予故總督倉場右都御史兼戶部右侍郎邊維垣祭葬。

停修工部戰車。

勅太監王忠採淶水房山礦。

己丑。錄囚。命戶部尚書楊俊民主讞。

辛卯。劉應秋爲左庶子兼侍讀。朱國祚爲右諭德兼侍講。鄒德溥爲洗馬兼修撰。唐文獻爲中允兼編修。

壬辰。巡撫順天右□都御史李頤加兵部右侍郎銜。鎮守□□總兵官王保實授都督同知。

九月钾朔。丁酉。前南京兵部尚書楊成致仕。

戊戌。河工成。總理河道楊一魁總督漕運褚鈇等陞賚有差。

太常寺少卿鍾化民爲右僉都御史。巡撫河南。起顧養謙都察院右都御史兼兵部右侍郎。協理京營戎政。

己亥。巡撫山西右副都御史魏允貞乞停採礦。不報。

改景東衛儒學屬景東府。

庚子。火落赤入犯平虜營。禦卻之。斬二百七十五級。

甲辰。慶成王府宗室新塿有罪廢爲庶人。

丙午。伏羌伯毛國輔卒。

免長垣縣秋糧十之四。

戊申。孝安皇后梓宮發引。上疾不出。閣臣言力疾勉送。不聽。

太監王彪論保定巡撫李盛春阻撓開採。上切責盛春。

庚戌。徵士周天球卒。天球字公瑕。太倉人。諸生。工詩翰。世宗時嘗徵入。有隱操。亡子。

辛亥。報虜入寧夏。奮威堡官軍擊斬三百二十六級。

壬子。敕旌韓王朗琦賢孝。

前鴻臚寺主簿張以述獻白鹿。

癸丑。虜犯薊鎮石塘路。官軍禦卻之。

甲寅。復通灣官店雜糧。

乙卯。葬孝安太后于昭陵。

丁巳。楚王華奎奏辨王守仁非王弼嫡裔。假進助爲名。希圖承襲。乞賜研究。不報。

戊午。巡按湖廣御史趙文炳奏。臣同司禮太監孫畢錦衣衞指揮莊德福覈楚府寄貲。云王弼以陝西地若千頃佐奩。若冊中所載珠簾等物。皆屬烏有。楚府所貯金銀器什。受賜屢朝。款識明甚。非王氏物也。且考昭王元妃洪武三十年薨。而云永樂十四年奏取王珺撫養。王弼以洪武二十七年坐藍玉黨不食死。爵除。而云子錀襲爵。永樂十四年卒。陝西莊田本太祖欽賜。萬曆九年又戶部題覆給照。而云子粒官收貯庫。俟王氏子孫襲爵給領。此皆載之典籍。昭然易見。尚敢虛捏。況于所奏財寶。又何足憑哉。疏上。命王進十萬金助大工。勒王守仁還籍。初王弼沒。孤孫□幼育楚宮中。得不死。後裔頗盛。守仁本奉化游民。在京得百戶告身。值弼孫某熱其事。覬富貴。旣勒歸。尋逮至京師論戍。

己未。命太監田進開礦昌黎。

庚申。戶部郎中戴紹科奏薊州永平事繁。礦徵命分道開採。

是月。惠安縣地大震。

十月己卯朔丙寅。太白晝見。

庚午。蠲陜西秦州秦安會寧等逋租。

辛未。刑部尙書蕭大亨請釋曹學程。上怒其抗違。論死。

壬申。贈舒化太子少保。

御史蔣春芳上河工善後事宜。

丙子。諭暫停刑。

丁丑。刑科都給事中侯廷珮等乞推廣停刑。普及天下。不報。

戊寅。左副都御史張養蒙奏今日三輕二重。部院之體漸輕。科道之職漸輕。撫按之任漸輕。進獻之途漸重。內差之勢漸重。疏上。不報。

己卯。折徵杭湖嘉興水災秋糧有差。

遼東總兵官董一元劾免。

庚辰。詹事余繼登爲禮部右侍郎。

辛巳。甘肅番僧着爾刺厤宛卜請立寺岔口鏵尖堡塞外。許之。

壬午。曲阜知縣孔貞教有罪免。命于本縣科貢內選補。

都察院右都御史徐作提督乾清坤寧兩宮工程。

西虜火落赤突犯松潘。攻漳臘堡。守將張良賢等擊敗之。斬百十五級。退屯阿土嶺。時購擒火落赤。許世爵。

癸未。薊鎭總兵都督同知王保爲征北前將軍。鎭守遼東。

薊鎭報羅文峪敗虜。斬四十九級。

丁亥，免扶溝等州縣災租。

己丑，總兵尤繼先爲鎮守薊州永平兼備倭總兵官。

壬辰，象房倉災。

十一月己亥朔戊戌，蠲河間等府水災田租。

己亥，許烏撒土官安效良世襲知府，暫令祿墨妻安氏仍舊冠帶催賦，奉約不得相傾，仍責安紹慶等獻阿備贖罪，其烏撒印責奢隴高獻出。

戊山伯王允忠領南京右軍都督府。

庚子，戶部郎中戴紹科進礦沙銀，自後進者踵至。

英國公張元功卒。

辛丑，遼東副總兵祖承訓戍都勻衞。

壬寅，虜犯遼東鎮遠堡，官軍追斬一百九級。

甲辰，兵部報九月朔關白受封，九日冊使回至南戈崖。

沂州生李廷元上本草綱目。

丙午，□□□土舍木青賂雲南左布政使楊芳卻之，事聞，命紀錄。

丁未，停助工超選例。

戊山伯王允忠提督操江，管巡江。

己酉，蠲平虜衞屯租。

辛亥，命嚴訊楚府寄貲。

乙卯。毛國器嗣伏羌伯。

十二月癸亥朔。丙寅。套虜卜失兎切盡夷婦等悔禍乞款。諭兵部。須定約束。俟一年毋犯而許之。

總督薊遼孫鑛奏關白因朝鮮不遣王子致謝議入犯。宜備。章下兵部。

壬申。命太監曹金採孝豐諸曁等礦。太監趙鑒採陝西西安等礦。

予故工部尚書雷禮祭葬。

甲戌。楚王奏寄貲之妄。上悟。停遣官。

乙亥。太子太保禮部尚書兼文淵閣大學士陳于陛卒。于陛字□□。南充人。隆慶戊辰進士及第。授編修。庚辰進洗馬。己丑再日講。進詹事。庚寅請立儲。辛卯進禮部右侍郎。署詹事府。壬辰主禮闈。尋進禮部尚書。請修正史。直閣。明興父子直閣。獨于陛與父以勤也。性好書。諳練典故。年五十二。予祭葬。贈少保。謚文憲。

沈一貫曰。本朝相君子取高第者。自陳王焦劉來。雖成都之博雅。尚不免于口。此世尤甚。而無不帖服。公誠有以服之。士大夫嚨于中外幾二十年。公入而稍戢。亦善調劑辛甘燥濕之效。易名時。惟勤學好問博聞多能可狀。躋之宋文華彭安福費鉛山。良不忝矣。

丙子。賜江西許眞人祠曰靈祐。

丁丑。開藍田信陽等州縣礦。

戊寅。大學士張位沈一貫言。留守中衞王一淸請稅煤炭極害民。不報。

辛巳。河南按察僉事安肅邢雲鷺言。大統曆推今年冬至在申二刻。而臣測在未正一刻。大統曆後天九刻餘。蓋以壬辰癸巳丁酉之相加減。實二百五十九刻七十二分四十五秒。得乙未日未正一刻。冬至取前後二十餘日計二千餘刻。日日而量之。秒秒而較之。皆同未正一刻無殊。此日行所至。昭昭在天。非人力懸想所致也。

乃大統曆差至後天九刻。計氣應應損九百餘刻而不自覺。豈其未嘗籌測也。今年立春夏至立冬。適値子半之交。臣測立春乙亥。而大統曆推丙子。臣測夏至壬辰。而大統曆則癸巳。立冬己酉。而大統曆則庚戌。夫立春與立冬。乃王者行陽德陰德之令。夏至則祀方澤之期也。今皆相隔一日。則理人事神之謂何。是豈細故。況以立春隔日而生人之年月日時皆非矣。此而不改。後將何極。且曆數疎密在交食日。昔記之矣。乃今年閏八月日食。大統曆推初虧巳正三刻。食九分。既而臣候初虧巳正一刻。食止七分餘。大統曆實後天幾二刻。而計閏應及轉應若交應。則各宜如法增損之矣。蓋日食八分以下。陰利交前。初虧西北。固曆家所共知也。今閏八月朔日食。實在陰曆交前。初虧西北。其食七分餘。明甚。則安得謂之初虧正西北。食甚九分九十六秒耶。而大統曆之不效亦甚明。然此八月也。若或値元日于子半。則當退履端于月窮。而朝賀大禮當在月正二日矣。又何謂細故耶。此而不改。臣恐愈久愈差。將不流于春和之食晦不止也。故曰閏應轉應交應之俱宜改也。又司經局洗馬鄒德溥請修改曆法。曰。臣稽古曆法。自漢高帝而訖漢末。凡五改。自魏文而訖隋末。凡十改。自唐太祖而訖宋末。亦十改。自宋熙宗而訖元。凡三改。許衡郭守敬雖絕智巧。當亦與古人不甚遠。而必其歷三百餘年之不爽。此臣之所不敢信也。蓋臣竊跡前事。而疑今曆之不能無差焉。正統十四年曆。冬至夏至晝夜六十一刻。古法無有也。此疑一也。鄭善夫疏。正德元年八月日食。曆官報食八分六十七秒。而閩廣之地乃晦。十三年五月己亥朔日食。起復勿合。則日官周濂亦言之。此疑二也。欽天所奏日月食。曰監曆云何。回回曆云何。據有二說。此疑三也。往年請改曆法數矣。獨楊廉以爲日食足徵無差也。臣不知廉所云無差。特謂報食云爾。抑能任其時刻分秒起復位分之盡訛乎。廉時歙人鮑泰希曆書。以爲妙傳。而鮑書乃謂守敬曆非是。此疑四也。

庚寅。茂州石泉地震如雷。壞城郭。

辛卯。册使楊方亨報九月二日關白受封。

是年。同安縣地生黑毛。諸兒隨處掘吹之。俱有毛。長寸餘。若豕毛。

丁酉萬曆二十五年

正月甠朔。上不朝。

大學士沈一貫婦喪予告。

四川石泉地復震三日。聲如雷。

丙申。楊方亨還釜山。石星奏關白平秀吉迎候使臣如禮。其謝表代爲封上。免入京。第日本責望朝鮮。朝鮮咨報謂情形叵測。今平行長書稱。已與秀吉講明。聽天朝處分。而沈惟敬揭結局無難。則日本調兵渡海之事雖宜防。不必過爲張皇也。今方亨先回。惟敬暫駐釜山。調輯兩國。朝鮮禮文當修。而王子必不可遣。餘倭當撤。而王子必不可索。釜山仍朝鮮。對馬島仍日本。上以釜山餘兵未撤。非約。兩國互疑。爾部檄日本全信。朝鮮修好。餘如議。

吏部左侍郎孫繼臯以給事中程紹見劾乞罷。不允。

己亥。刑科給事中李應策言銓法偏廢。乞決孫繼臯去留。不報。

辛丑。工科給事中楊應文請治錦衣衛百戶季綸求內臣總理採木。不報。

壬寅。陝西敎兒番箚世祿等貢方物。

河決黃堌口。總理河道尙書褚鐵上言宜塞。否則全河南徙。害將立見。工科給事中楊應文言可勿塞。如權一時。則塞之便。部覆從之。

戊申。戶科給事中程紹請罷河南開採。不報。

林材曰。山冶之當罷也。漢時大夫文學詳哉其言之矣。惟是礦禍最烈。亡命無賴。逋逃作奸。小則爭掠。大則嘯聚盜之囮寇之藪也。壬辰浙人王君錫奏開易州礦。命大司徒議。材執奏。上幡然遂之。越數年。張位秉政。以爲利出于天地之自然。可益國無病民。採之便。上從其言。而流毒區宇矣。

己酉。朝鮮陪臣鄭期遠等奏倭情。賜衣幣。

工科給事中楊應文言大工行就緒。請寬湖廣川貴採辦。不報。

庚戌。皇長女封榮昌公主。駙馬都尉楊春元尚之。

辛亥。夜月犯心宿。

壬子。翰林院編修顧天峻劉孔黨檢討劉生中李騰芳敎習內書堂。

癸丑。禮部左侍郎兼翰林院侍讀學士協理詹事府曾朝節署翰林院事。

陝西左布政使徐汝陽爲南京光祿寺卿。

丙辰。朝鮮告急。兵部言去冬十一月册使未回。朝鮮所遣使官卑禮薄。日本不納。仍索王子。有此奏。今封竣。卽有警。宜自防。不得專恃天朝。

庚申。修乾清坤寧宮。

崇信伯費甲金捐歲祿助工。不報。

辛酉。署兵科事刑科左給事中徐成楚劾本兵石星及沈一貫雷同欺蔽。趙志皋奏辨。不報。

是月。前吏部文選郎中孟化鯉卒。化鯉字□□。新安人。嘉靖庚辰進士。授南京戶部主事。丙戌賑河北。改吏部考功司。歷文選。起廢被謫。好講學。人稱雲浦先生。年五十三。

鄒元標曰。新建之學。北地諸君子多疑而不信。篤信不惑。西川尤與茌平孟秋。迨先生而三。然諸君子不能不疑于新建之言。而不能不信先生之人。初試民部。大挽貪墨之末流。再試銓曹。欲開拔茅之皇路。亦足行矣。不盡行者天也。

巡撫四川右僉都御史喬璧星遣都指揮張神武往永寧宣撫司索印。遂掠奢世續二宅。得數十萬金。又汚其子女。置印不問。執世續以歸土目閻宗傳等各起兵救主母。焚掠永寧赤水二衞普摩二所甚慘。神武與參將周敦吉懼甚不救。

二月壬子朔。癸亥。趙志皐等以日講官九經講訖。請摘講實錄。命講章不得輟。志皐等請欽定。不報。

先是四川撫按譚希思王明。以西虜火落赤以三千騎犯松潘。議移總兵駐松潘。副總兵改游擊。移建武增城堡。募兵馬。集械餉。留邊儲。從之。

嘉興湖州地震。雨黑土。平涼大風霾。

甲子。寧夏平虜所大風。頃之。參將廳獸吻生火。經時方熄。

巡按直隸御史龔文選請錄贈建文臣黃觀。併釋姻戚翟翁二氏。下部行之。

丙寅。朝議倭情。時朝鮮刑曹判書鄭期遠乞援。遼東副總兵馬棟報倭將淸正正月十四日提二百艘泊朝鮮。駐機張營。

戊辰。夜。月犯五車。

己巳。南京刑部右侍郎謝杰上十規。略曰。陛下前兩宮同懽。今問寢久曠。孝安太后發引不送。是孝親之美鮮克如初也。前太廟親祭。今皆遣代。是尊祖之美鮮克如初也。前研究文學。揚榷古今。今講席虛設。是好學之美鮮克如初也。前值旱災。步禱郊壇。今圜丘闕對。是畏天之美鮮克如初也。前水旱不時。竭帑遠賑。今開礦四榷。是愛民之美鮮克如初也。前宮費有節。今江右之陶。江南之紵。西蜀之箑。關中之䍁。往往踰額。是節用之美鮮克如初也。前諫疏多採。今連章留中。一欲盡逐。是聽言之美鮮克如初也。前宗祿曲處。今楚藩見誣。中璫尋出。是親親之美鮮克如初也。前官盛任使。隨推隨補。今推大僚不用。闕庶官不補。是賢賢之美鮮克如初也。不報。

庚午。罷昌黎開礦太監田進。以與王彪爭採也。

辛未。給督徵天津等處店租內官關防。

壬申。議援朝鮮。簡宣大薊遼七千人。募浙兵三千七百人。令朝鮮設海司道官。

乙亥。張位沈一貫言。擇要于平壤開城間建牙立鎭。西連鴨綠旅順。東援王京烏嶺。勢便則輕兵趨利。否則虎踞以臨之。練兵屯田。用漢法以敎其人。通商通工。以佐其費。上然之。命兵部傳檄朝鮮。朝鮮虞我吞併。奏曰。本國形勢。慶尙爲門戶。全羅府藏也。倭必爭。我必守。倭據全羅。便帆一二日抵鴨綠。卽開城平壤不足爲固。日者壬辰。從陸抵平壤。從水犯全羅。繞出西海。以舟師扼閑山島。今倭據慶尙左右。而釜山西生浦爲巢。對馬釜山間。海洋數百里。爲餉道。若擇慶尙險要。屯兵積餉。庶幾有濟。若屯田則土瘠。終不如南方議。遂寢。

兵科左給事中徐成楚請亟罷趙志皐石星。不報。

丙子。石星請自往朝鮮諭兩國。就盟息兵。不許。

江南副總兵署都督僉事朱文達爲總兵官。鎭守廣東。

前延綏總兵官署都督同知麻貴仍原官。爲備倭大將軍總兵官。先薊遼總督孫鑛遣葉靖國往探倭將平淸正。殺行長而封之。淸正不聽。鑛以淸正並無求封意。奏上。訐石星。刑部尙書蕭大亨欲代星位。撓其功。張位在閣。又欲樹功表異。于是科道爭劾星等。朝議易本兵。經理朝鮮。命吏部推上。

甘肅地震。

烏撒故土知府安雲龍弟效良。率阿備來降。初。雲龍妻隴氏。與安國正謀殺雲龍遺腹子官保。以非其出。欲立雲龍弟紹慶子效良。紹慶陰令阿備推效良。據鹽倉以請。部議擒阿備聽命。至是降。巡撫江東之請紹慶鈐束阿備。從之。

丁丑。署兵科事刑科左給事中徐成楚奏倭將豐茂等以六十餘艘復入竹島。合西生浦等倭又五百餘艘。絡繹海上。淸正深入晉州。則朝鮮存亡不可知。奸臣黨蔽。謂兩國爭禮文。誰信之也。

巡按浙江御史唐一鵬。以時事可虞。暫停開礦。不報。

駙馬都尉楊春元尙榮昌公主。

戊寅。京師風霾。

己卯。浙江道御史何爾健劾趙志皐誤國。

辛巳。南京吏部尙書蔡國珍改吏部尙書。闕數月始補。且命戶部尙書楊俊民署吏部。待其至。

杭州火。

癸未。澧州安鄉縣羣鴉銜絮出火。焚民居四百餘家。

甲申。開山西安邑等縣礦。西河王知㸂言之也。

乙酉。前應天府丞周希旦卒。

先是太常寺卿徐元春致趙志皐千金。求復用。御史况上進發之。志皐奏辨。

丙戌。四川屛山縣火。

丁亥。大理寺左少卿連標疾去。

顧養謙辭協理京營戎政。不赴。

翰林院庶吉士林應元服闋。爲吏科給事中。

己丑。阿木等族番人安巴等入貢。

是月。屬夷煖兎犯殺虜堡。副總兵李如梅出鎭西堡百餘里。擊斬九十一級。獲馬百四十匹。瞿九思曰。煖兎拱兎。故我開原市夷也。何其敢無道乃出兵哉。要之入而市。出而仇。虜已成自然矣。獨思嘉靖初。市不過五三日。費亦無慮三二百金而止。法如是足矣。頃來款賞而來。遂以春秋市而費已踰千。奈何乎。兩兎尤桀驁。殺我將卒而闕市之下。獨不行誅。僇所從來久遠。未嘗不怪虜騎之縱橫抑有由也。

三月辛卯朔。壬辰。禮部請皇長子冠婚。不報。

甲午。趙志皐言。會典皇子年十二或十五行冠婚禮。婚禮常十五六歲。今歲冠。明歲婚。而於子講讀。亦明年行之。命禮部卜日具儀。

乙未。遼陽副總兵李如梅出鎭西堡。邀虜失利。部將亡十人。卒百七十餘人。馬四百餘匹。是役也。如梅與參政楊鎬決計。非總鎭意也。

戊戌。四川按察使川西道分守副使劉卿加布政司右參政。兼按察僉事。採木。

己亥。兵部以倭將淸正欲移慶州。乞命總督趣吳惟忠楊元各往朝鮮扼險赴救。仍趣總兵麻貴。從之。

庚子。皇七子常瀛生。皇貴妃李氏出。

故管河工部主事袁光宇積勞。贈太常寺右少卿。

山西按察使劉天衢致仕。進太僕寺卿。

壬寅。張位等言。吏部會推遼東參政楊鎬右僉都御史。經理朝鮮。不報。

癸卯。泗州盱眙大水。命留漕粟賑二萬石。

甲辰。初。御史李楠巡視陝西茶馬。議禁湖南茶。杜私販。至是。御史徐僑請仍行湖茶。戶部議專漢中保寧茶。湖南茶衆之。各商先漢引完日方給湖引。從之．

朝鮮國王李昖乞援。

乙巳。戶部左侍郎李春先改兵部。協理京營戎政。

山東布政司右參政分守□□道楊鎬爲右僉都御史。經理朝鮮軍務。

嚴邊臣不諳邊務者。改用有差。

丁未。豁朔州衞虛糧四百九十餘金。

己酉。楊方亨入朝奏。臣往副使出京。聽正使李宗城行止。臣駐居昌。從沈惟敬屢訪淸正。前進。云一入釜山。倭卽撤還。臣遂至釜山。未幾宗城亦入倭情尙恬。去年正月。惟敬忽云預行演禮。同平行長渡海。嗣聞惟敬往長戈崖。行長往見關白。相隔二三月。宗城惑于謝隆。忽潛出。臣卽報部。倭情狡詐。請遣臺省或邊道前勘。可封可止。當事以文臣沮封。改臣正使。惟敬副之。初議釜山倭盡去始往封。已奉兵部札。釜山倭戶各安插得宜。又致書行長。令臣或駐對馬島。或駐南戈崖。候領補物件。臣六月十一日渡海。塗館私創供億亦豐。八月四日至和泉。平秀吉遣勞。聞八月望日領補諸物至。行長馳奏。秀吉擇九月二日于大坂受封。惟敬先去敎禮。封時拜呼萬歲。次日。至臣寓言謝禮俱被地震損傷。于四日遣別倭將白惟敬。責朝鮮禮文。狡夷饕食。其意可見。當事謂行長可恃。苟完目前。復責臣謝表。竟封事。臣思今倭果退。卽表遲無害。今倭衆仍集。雖表何益。其表文字跡未恭。丙申紀年。不奉正朔。兵部貽臣書云。日本原未頒曆。與琉球朝鮮不同。又貽書。臣謂皇上喜金珠天鵝絨。惟敬因市猩猩氈天鵝絨以進。冒稱平秀吉。猩氈出南番。秀吉以鋪地。天鵝絨卽廣東剪絨細事欺罔。大事可見。因上石星密札十三。大旨欲苟完封事。毋壞于督撫。李宗城亦疏咎本兵。石星奏楊方亨反覆附會。亦上其書揭十五紙。多督臣陰事。命朝臣會訊。奪石星職。總督孫鑛除名。

茅瑞徵曰。惟敬本一亡賴。石司馬誤中其游說。借款息兵。意雖爲國。而堅於持議。遂仇通國之言。藉口省餉。盡撤戍兵。欲倚小人舌端成功。難矣。封使久羈。亦稍稍疑。數遣心腹偵探。復飾詞迷愎。自甘欺罔。至欲媚上以珍珠鵝絨。防東廠官校漏言。此眞老而天奪其魄。惟敬小人。何所不至。令早如遼督撫言罷遣。而劉綎吳惟忠輩防戍不盡撤。亦何至譸張潰裂也。大臣謀國。惟公與虛。難矣哉。

庚戌。謚韓府通渭王謨㮙曰惠穆。楚府江夏王英㷿曰恭懿。

癸丑申刻。日旁黑日二三十餘。流繞移時。雲隱不見。

乙卯。總督陝西李汶以西寧甘州番族降萬餘人。宜善撫之勸後。報可。

敬妃李氏薨。妃有寵。內臣劉用以石星故進異寶于妃。妃薨。上閱其奩。詰所自用。即自經。上以此惡星。追封皇貴妃。葬天壽山。

戊午。張位等薦邢玠可總督。蕭大亨可本兵。楊鎬宜奪情。不報。

己未。兵部左侍郎邢玠爲兵部尙書。兼右副都御史。總督薊遼保定軍務。兼理糧餉。經略禦倭。

濬小浮橋沂河口小河口。工成。自河南徙徐邳。復見淸泗。議者謂全河水微。妨運。洪口不塞。恐下嚙歸仁隄。爲二陵患。獨總河尙書楊一魁謂黃堌口深淵難塞。議浚小浮沂泗。築小河口。果利運。

四月辥朔。甘肅西寧地震。

黎維潭入款。次諒山。我使責以六事。各條對。云印文模用。

刑部左侍郎呂坤言。收拾人心之要。如洮蘭之絨。山西之紬。蘇松之紗羅段絹。積于無用。孰若定四季袍服歲用千匹。而江南陝西之人心收。以採木言之。丈八之圍。非百年之物。饑渴瘴疫。死者亡論。乃一木初臥。千夫難移。遭險跌傷。死嘗百人。至于扛擡。豈無傷痕。輒謂不合式。依然重伐。倘減其尺寸。少其數目。而川貴湖廣之人心收。今礦稅無利。散民間納銀。民不能支。括庫銀代之。豈開礦之初意哉。乞敕各省直使臣嚴禁散砂。不許借解。而各省之人心收。自趙承勛造四千之說。而皇店開。自朝廷有內官之遣。而事權重。且馮保八店。爲屋幾何。而歲四千金。不奪市民將安取足乎。乞撤各店內臣。而畿內之人心收。餘及國戚囹圄屬納國解等事。不報。

甲子。逮開礦指揮賈臣以詐敕印騷擾也。

予故南京都察院右都御史傅鎮祭葬。

戊辰。千戶尹英言揚州沒官鹽利歲可六萬金。閣臣沮之。不報。

己巳。寧夏總兵官李如柏疾免。

庚午。命經略楊鎬奪情視事如譚綸例。

遼府松滋王憲爗謚莊懿。

安南黎維潭降詣欽州鎮南關繫組跣伏昭德臺下。思明府同知李陶成解組。維潭起。衣履拜訖。上疏謝罪。進代身金人及通國臣民公疏。總督陳大科等諭還國俟後命。其代身金人舊像囚首面縛。維潭以恢復立狀。似倨。改鑄俛伏狀。背鐫安南黎氏世孫臣黎維潭不得蒲伏天門。恭進代身金人。悔罪乞恩。字莫氏原銀印。許維潭暫用。俟新印至。歸上黎使二十四人至京。大科奏莫氏之篡黎。其事逆。先朝猶赦其懲。而黎之復仇。其名正。今日宜許其順。以夷治夷祖宗成法。上從之。授安南都統使。

蘇濬曰。正嘉以來。安南黎與莫二酋互相雄據。爭欲得中國之典爲重。而國家亦察其情形。隨宜應之。第羈縻勿絕耳。邇莫氏中微。黎氏復興。旁觀之議。幾于盈廷矣。大都英銳之士。以漢唐郡縣爲名。必乘鷸蚌之勢。清漲海之塵。欲變夷卽華。而甘心焉。老成之臣。惕宋元之遺害。佩高祖之遺訓。欲以夷治夷。如嘉靖間故事。今昔之情。不甚相遠。傳曰。上者因之。其次整齊之。最下者與之爭。夫治交夷亦若此哉。

葉向高曰。黎莫相殘。盛衰迭禪。程凶較逆。無所等差。然皆先後輸誠。王封永固。國體彌尊。威已加矣。然後釋之操縱有宜。抑亦參伍于前事也。

辛未。戶部尚書楊俊民請公舉邊才并嚴舉主之法。從之。

免綏德等十六州縣田租。并賑鄜州等十四州縣。

甲戌。鎮守延綏總兵官左都督杜桐改征西將軍總兵官。鎮守寧夏南京前軍都督府僉書朱先爲總兵官。鎮守廣東。先辭老。命新衡致仕改用浙江總兵官侯繼高。

丙子。山東左布政使萬象春爲右副都御史。巡撫山東。

刑部左侍郎呂坤疾去。

丁丑。吏科給事中戴士衡劾葉夢熊呂坤孫鑛等。而給事中劉道亨謂閣臣張位嗾士衡以報孫丕揚也。位疏辨。

壬午。巡撫遼東兵部右侍郎李化龍罷。

丁亥。太僕寺少卿張企程疾去。

戊子。予故大理寺卿張□□祭葬。

己丑。山東□布政使張思忠爲右僉都御史。巡撫遼東。贊理軍務兼管備倭。

時久旱運河澀而河又決義安東壩。總理河道楊一魁議浚黃堌口及上歸灣活嘴以受黃水。救小浮橋泗上之涸。

庚寅。封魯王壽鋐。通安王朗錯。建寧王謨堂。蒙陰王帥鉀。鄖西王常潮。福山王器埭。清源王器埏。汝寧王在隂。

五月辛卯朔分守西寧署都督同知達雲爲靖虜副將軍總兵官鎮守延綏。

癸巳。總督邢玠議調川東施州衛酉陽石砫土司邑梅平茶二長官司湖廣永順保靖土司兵萬人。不足。再調敍瀘馬湖所轄土司土婦奢世續兵分三營。令參將吳文傑等分領之。臨洮總兵劉綎提督漢土官兵禦倭。總兵官川東道副使王士琦監軍。進參政。

乙未。南京太僕寺卿余一龍疾去。

辛丑。茂州保縣地震。

甲辰。建州衛都指揮□□□□等入貢。

戊申。撫治鄖陽馬鳴鑾乞停礦。不報。

己酉。上御午門宣延綏之捷。

辛亥。敍延綏功。進總督李汶太子太保。賜金四鎰。幣四。雙飛魚服一襲。巡撫李春先加右都御史。廕錦衣衛試百戶世襲。金三鎰。幣同。廝貴都督同知。廕本衞正千戶。金幣同。餘陞賞有差。惟石星不敍。

壬子。進趙志皐少傅兼太子太傅建極殿大學士。廕尚寶司丞。張位少保兼太子太保吏部尚書武英殿大學士。沈一貫太子太保戶部尚書武英殿大學士。各廕中書舍人。賜金幣。

福州饑民諠掠。巡撫許孚遠抑米價。商民相持。尋定。

六月

帳朔。擺腰台吉借款犯邊。總督王世揚以聞。

丙寅。國子祭酒李庭機爲少詹事兼翰林院侍讀學士。充正史副總裁。南京右春坊右諭德周應賓爲右庶子兼翰林院侍讀。纂修正史。翰林院庶吉士朱國楨服除爲檢討。

癸酉。予故應天府尹王鶴祭葬。

丙子。誠意伯劉世延釋獄。命還靑田。世延仍居南京不去。

右軍都督府僉書都督僉事陳霞爲總兵官鎭守臨洮。

陝西木沙札來等族番人章哈爾節等入貢。

戊寅皇極中極建極殿災。諭修省。初丙申三月。兩宮災。誠意伯勳衞劉世學知象緯曰。火氣尙未已也。至是起歸極門。延爇皇極門等殿。文昭武成二閣周廬俱盡。

庚辰閣臣請停開礦皇店。

癸未張位等請暫停纂修正史。先是開局于皇極門兩廡。被燬。所撰各帝本紀皇后本紀各志俱就。郊祀廟祀典禮樂律天文曆法宗藩學校選舉職官經籍賦役貨幣漕渠鹽法軍政兵制馬政刑法郡國九邊志凡二十二。方事列傳其類三十六。揚徐滁陽之三王。高祖之十七王。成祖之二王。仁宗英宗各四王。憲宗之三王。外戚洪武之功臣諸臣。建文諸臣。永樂之功臣諸臣。洪宣諸臣。正統天順諸臣。景泰諸臣。成化諸臣。弘治諸臣。正德諸臣。嘉靖諸臣。隆慶諸臣。又理學文苑循吏高逸孝節亂逆權倖方技四裔。

談遷曰。往修正史時。取材于玉堂。餘無及焉。其簡用已陋。又陳文憲捐館舍。主議虛無人。因柏梁之災。乘之以輟筆。余嘗讀典禮河渠兵制諸志及本紀列傳。間見數首。多蕪率。望之靡靡然。業肇筆彙類以從。或異才出而潤色之。亦云幸也。倏焉廢閣。諸稿散佚。抑新建輩妬其成。謂不自我始耶。

左春坊左庶子兼翰林院侍讀劉應秋爲國子祭酒。

甲申遣勳臣告災郊廟社稷。

許吏部左侍郎孫繼皐引疾。

鎭守陝西總兵官劉嗣承爲南京前軍都督府僉書。甘肅總兵官王賦業爲右軍都督僉書。

己丑。翰林院庶吉士劉綱以屢災宜實圖修省。語侵趙志皐。不報。後內計落職死。公論惜之。

談遷曰。詞臣固緘默善事殿閣。駸駸敍進。編秩如貫珠。此其事甚明也。劉綱易其言。侍郎曾朝節以察處卭附絳灌噲不爲效力者。而今曰劉綱果躁士。不宜喋喋沾沾。彼鄒智爲何人哉。奈何概詆之也。

工部請停陶器織幣。不報。

七月賡朔。雷火燬黃花鎮臺垣械器。

壬辰。吏科給事中□□劾張位所言開礦皇店爲遷就。容別簡閣臣。不報。

癸巳。戒諭百官例御門視事。是日命暫行于文華殿。

巡按直隸御史馬從聘言近日太山崩。相離里許。請罷開礦。不報。

刑部主事范訪言罪己之實。令輔臣條奏時事。不報。

乙未。予故太子少保協理京營戎政兵部尚書傅希摯祭葬。又故太常寺卿徐元春祭葬。禮部言其賄敗。乞寢之。

設揚子江永生洲把總戍千人。

丁酉。詔曰。朕惟嗣服之初。蓋亦無時豫怠。第緣歲積。頗恃政成。兼以多病侵尋。猶須深居靜攝。郊廟闕躬承之禮。朝講希臨御之時。喜怒有失其平。用舍未歸于當。章奏每滯。官曹半虛。忠言寡聞。民隱莫達。方隅多故。兵食之征調日繁。營造又興。開採之征求四出。加之旱乾水溢。析民室家。汚吏貪官。朘民膏血。叢此人怨。屢干天和。六月十九日。皇極等殿被火。震驚寢宮。煨燼曾幾何時。正殿崇嚴。又復罹此。震驚列聖。憂蹙慈幃。蹐地跼天。靡所容措。況一人臨御之地。乃萬國衣冠所歸。天意若斯。朕實不德。茲已虛中籲禱。痛加艾懲。祓志改圖。誓從今始。嚴敕庶位。各獻忠猷。惟天視聽在民。惟民歸依在德。爰稽典制。特布詔條。庶藉有衆之懽。以回皇穹之眷。銷咎徵于已往。迓福祉于將來。所有寬卹事宜。條列于後云云。於戲。我國家忠厚。比于行葦。舊德弘深。余一人警戒。切于苞桑新恩普被。式慰渴懸之民。望仰承仁愛之天心。敷告四方咸宜知悉。

時大臣循例自陳。惟刑部尚書蕭大亨侍郎朱鴻謨都御史郭惟賢詹事侍郎劉元震京營都御史李春先順天府丞劉士忠疏不下。閣臣請簡發。不報。

司經局洗馬鄒德溥削籍。初籍霍文炳宅一區。瘞金五萬五千有奇。德溥門生王良材偵知之。同德溥僦居而分之。至是東廠以聞。巡城御史況上進論其僞學盜臣。時德溥方命主試應天。被斥。仍追入其貲。

壬寅。孝安皇太后小祥。輟朝。改御文華門爲常。

癸卯。進總督李汶太子太傅。敍去秋九月敗套虜功。餘陞賞有差。

甲辰。夜熒惑犯歲星。

丙午。翰林院侍讀朱國祚爲左春坊左庶子。仍兼修撰。右春坊右中允兼編修郭正域葉向高並爲左諭德兼侍講。國子司業方從哲右中允唐文獻並爲右諭德兼侍講。編修全天敍爲左中允。檢討蕭雲舉爲左贊善。俱兼官如故。

戶部右侍郎周思敬爲左侍郎。左副都御史張養蒙爲戶部右侍郎。

左軍都督府僉書署都督同知蕭如薰爲總兵官鎮守陝西

逮陝西開礦百戶劉□議。以詐僞騷擾也。

庚戌。遼東西路副總兵署都指揮僉事趙夢麟爲平羌將軍署都督僉事。鎮守甘肅。

辛亥。北塲提調官例順天府丞。時劉士忠疏自陳未下。改太僕寺少卿孫瑋。

丙辰。總督邢玠討拘沈惟敬。命下獄。惟敬在倭娶呵哩馬女。令王桂葉芳雕僞印上表。又遺關白金珠駝馬。關白答曰。爾獻方物。具見恭謹。

丁巳。南京通政司右通政孟一脈疾去。

戊午。巡按直隸御史周盤言修省之實。郊廟必親。朝講必舉。正儲位。收礦使。起罪廢。貸枉直。補闕官。發章奏。出帑藏。止採辦。御近習。減織造。不報。

是月。荆門州黄陵陂左山高數尋。一夕失之。爲平地。

八月耜朔。庚申。翰林院庶吉士朱延禧黄志清南師仲陳之龍何宗彥劉綱趙用先孫如游鄧士龍顧秉謙爲編修。檢討劉餘澤爲□科給事中。白瑜侢祺爲監察御史。

巡撫湖廣右□都御史李得陽疾去。

壬戌。京師雨雹。

丙寅。趙志臯入直。請册立冠婚。復常朝。皆不報。

九月玘朔。翰林院檢討李騰芳言安攘八事。定戰守。重內地。明賞罰。假將權。練京兵。積留餉。破久法。祛宿蠹。不報。

壬辰。石星下刑部獄。

趙志臯請設天津登萊撫臣。特遣御史監軍。從之。

乙未。逃將楊元下經略罪之。

吏部尚書蔡國珍三年考滿。進太子太保。

戶部左侍郎周思敬卒。予祭葬。

丁酉。起陳璘副總兵。以廣東五千人援朝鮮。

戊戌。翰林院修撰焦竑上皇長子養正圖解。

浙江道御史陳效監軍朝鮮紀功。

山東右布政使萬世德爲右僉都御史。海防巡撫天津登萊。

辛丑。法司會訊石星。擬戍。上以私庇刑部尚書蕭大亨奪官。膺□□□□白棟削籍。餘奪歲俸。遂論星隱匿軍情失誤律論死。妻子永戍。石星東明人。嘉靖壬戌進士。自□□進給事中。隆慶三年。直諫廷杖削籍。後居本兵非其任也。

壬寅。鎭海廣清永等分犯□□。官軍屢卻之。斬百七十餘級。勞總督李汶等金幣。總兵達雲實授都督同知。姜可嘉署都督僉事。

癸卯。謚肅府會寧王縉烈曰恭懿。

乙巳。巡撫山西右副都御史魏允貞以織幣踰限。奪俸半年。

戶部右侍郎張養蒙兼右僉都御史督理東征糧餉。

戊申。浙江副總兵周于德提督天津登萊旅順防海禦倭總兵官。

庚戌。時倭入朝鮮公州。犯稷山。副總兵解生中等拒卻之。參將彭友德等追至青山。共斬百五十二級。經理楊鎬馳赴王京。擊斬二十九級。倭少戢。

癸丑。太監陳增劾福山知縣韋國賢阻撓開採。逮下獄。巡撫萬象春奪歲俸。明年。國賢削籍。

逮天津兵備副使許守恩。邢玠議修海舟。守恩不卽應。且言海運不可行。海舟不可用。故被劾。

丁巳。兵部署部事侍郎李楨言禦倭五事。守王京。禦漢江。備旅順。防登萊。聯海岸烏嶺。上是之。

十月戊午朔。文華殿頒曆。誼競。鴻臚寺卿張棟罰俸三月。序班羅曰衷等下刑部。

癸亥。趙世卿爲戶部右侍郎。總督倉場。張孟男爲南京戶部尚書。南京禮部右侍郎楊起元改南京吏部右侍郎。

先是。總督漕運褚鈇論徐州管河判官程潮沛縣主簿强性寬。而總理河道楊一魁言可用。鈇因乞罷。不報。

丁卯。右諭德唐文獻疾去。

壬申。予故太子太保兵部尚書史道祭葬。

翰林院編修吳道南直皇長子講讀。

甲戌。敍廣西岑溪七山功。進陳大科右都御史。仍總督。賜金二鎰。幣雙。戴燿兵部右侍郎。仍巡撫。金幣減一。餘陞賞有差。

丁亥。吏科都給事中劉可楫言。御史始差引奏回道考察。制也。頃者楊俊民換差之說行。廢其制。乞切責俊民。不報。

十一月戊子朔。祭故南京吏部右侍郎習孔教。孔教字□□。廬陵人。隆慶戊辰進士。選庶吉士。授檢討。忤張居正。時會星變。察處府佐。劾免。後薦起南京□部郎中。歷諭德。署南京翰林院。憂去。起少詹事。歷南京禮吏部右侍郎。俱未赴。

辛卯。順天考官中允全天敍修撰焦竑。皆陪推也。撤棘有異議。□科給事中曹大咸參貢士吳應鴻汪泗論曹蕃鄭棻等。謂竑與分考官何崇業賄通。竑奏辨。皆天敍所取士。臣惟取曹蕃。天敍亦奏辨。

癸巳。巡撫宣府右僉都御史王象乾加右副都御史。

甲午。故工部尚書楊兆孫新芳與叔汝業爭產。訐其通夷不法及侵尅軍餉百萬。奢僭。上遣官沒入之。奪誥廕。幷逮沁源知縣方簡。趙志皐揭救。不報。

壬寅。邢玠以倭駐釜山。請徵兵十萬。歲餉八十萬石。派朝鮮十萬石。部覆從之。

逮前吏部文選員外郎蔡應麟。以方簡詞連其受賄也。

甲辰。吏科給事中劉道亨論禮部儀制郎中張世才賄差京考。李長庚賄得鄒德溥策一道。與應天雷同。順天貢士吳應鴻等或冒籍。或闕節。或疵謬。皆不糾參。宜議處。世才奏辨。部議調用。

丁未。予故右副都御史侯于趙祭葬。

十二月丁丑朔。己卯。麻貴進攻蔚山。游擊擺賽以輕騎誘倭入伏。獲四百餘級。倭悉走島山。築三砦。

庚辰。我攻島山。游擊茅國器以浙兵先登。連攻之。斬六百六十一級。倭堅壁不出。島山石城而固。我仰攻多傷。第據水道困倭旬日。倭饑甚至嚙紙。我發砲輒命中。而怠。倭佯約降緩攻。而行長來援。又慮我襲釜山也。選銳三千人。列幟江上。

協理京營戎政左□都御史李春先致仕。

癸未。陝西按察使尹應元爲右僉都御史巡撫山東。

乙酉。京師地震。

丙戌。賜故禮部尚書章懋祠曰崇儒。巡按浙江御史唐一鵬言之。

是年。隴川宣撫司多安民叛歸平緬。殺鎮撫林承恩。

雲南大侯州叛酋莽廷瑞平。改土爲流。置雲州。

國榷卷七十八

戊戌萬曆二十六年

正月丁亥朔。上不朝。

寧夏地震。

戊子。福建長樂縣河南澳地陷五十丈。深五尺。

己丑。楊鎬棄師。初經略邢玠遣李右諫通倭將行長。約勿援清正。麻貴遣黃應暘賄清正議款。遽引兵進攻山砦。陳寅賈勇先登垂拔。鎬密令割級。茅國器以李如梅兵未至。不便首功。遂鳴金收兵。詰朝。如梅至。攻之不拔。朝鮮臣李德馨訛報江上倭大至。鎬倉皇夜遁。諸軍遂潰。倭襲南原。棄輜重亡算。行長縱兵逐北。我軍失亡萬計。鎬貴走星州。撤兵還王京。會邢玠奏蔚山之捷。

甲午。禮部請皇長子冠婚。閣臣及禮科給事中項應祥等皆言之。不報。是後廷臣交請。皆不報。

乙未。巡按湖廣御史趙文炳吏科給事中劉爲楫各劾兵部主事馮上知典試湖廣。枉道麻城。受知縣游朋孚之賄。又庇黃州知府瞿汝稷以同鄉曲庇。朋孚上知奏辨。科道交劾。命免上知。朋孚官聽勘。調汝稷。仍申飭被論官不許飾辨。

經略禦倭兵部尚書邢玠言。倭據朝鮮之南海。東西亙八九百里。臣等進剿。彼力不能支。必舟師入內地。故吾所必拔則防不可不愼。今總兵周于德統水師。如倭內入則剿。如仍據朝鮮。聽臣調用爲夾攻之舉。山東總兵李成勳宜率舟師汎長山島以守登萊之門戶。備旅順之應援。保定總兵暫移住天津。以固內地。章下兵部。

李如松爲征虜前將軍。總兵官鎭守遼東兼備倭總兵官。言官交論。不報。

巡按江西御史葉永盛請補故吏部左侍郎張元禎國子祭酒胡儼大學士解縉諡。

丙申。追封唐王長子宙枝承休王。諡恭惠。

戊戌。廣西總兵童元鎭。浙江總兵李應詔。各易鎭。

朝鮮閑山失利。亟需舟師。閣議募閩海商船資防剿。從之。

己亥。發太僕寺金五萬犒東軍。

庚子。閣臣請墾田山東。以巡撫舊敕原有營田事。今特責成。令巡撫委廉能官招流人報名墾荒。辨其衍沃原隰之宜。以生五穀六畜之利。不數年可稱天府。從之。

壬寅。漳州府火藥局災。傷人畜無數。

癸卯。刑部右侍郎朱鴻謨卒。鴻謨字文甫。益都人。隆慶辛未進士。授吉安推官。擢南京御史。劾張居正奪情除名。後復官。歷今職。性伉潔。其守卓然。歿之日。藉賻金以殮。贈尚書。予祭葬。

鄒元標曰。世知公者。以留臺一疏。及公所至節惠。凜凜然。不知此公緒餘耳。予故略而不論。公博厚如淵。屹立如山。推之不來。麾之不去。所稱社稷臣醇儒。公無媿矣。使公得永年。光日月而扶名敎。可勝道哉。

甲辰。趙志皐請添設兵部侍郎二三員。備督撫之選。

命廠衞嚴緝妖敎。

庚戌。賜邢玠尚方劍。

辛亥。左春坊左諭德兼翰林院侍講葉向高。編修董其昌馮有經。檢討林堯俞。撰誥勅。編修韓爌。檢討朱國楨沈漼。敎內書堂。

甲寅。安南蠻復侵欽州。百戶孔榕死之。

乙卯。濟寧州設備倭游擊。

是月。前吏部尚書陳有年卒。有年字登之。餘姚人。嘉靖壬戌進士。授刑部主事。改吏部。進員外郎。歷稽勳驗封郎中。在驗封執爭朱希忠贈王事。引疾去。里居十年。起考功郎中。調文選。時張居正敗。推轂衆正。尋進太常寺少卿。擢右僉都御史巡撫江西。再諫燒造。得減十之三。被劾去。起南京操江。進右副都御史。歷兵吏部侍郎。忤時相去。後起南京右都御史。長吏部。卒年□十□。予祭葬。贈太子太保。謚恭介。

二月⿸厂丙朔。丁巳。令天津巡撫移萊州。山東巡撫移濱州。順天巡撫移山海。保定巡撫移天津。

戊午。左僉都御史郭惟賢上泰交三事。亟補闕官。亟下行取。亟錄逐臣。不報。

庚申。大學士沈一貫。翰林院侍讀學士曾朝節主禮闈。

辛酉。吏部文選郎中白所知削籍。以吏科給事中戴士衡論其大選末竣匿喪營陞也。尚書蔡國珍代辨。且求去。上斥所知。留國珍。御史況上進論國珍。

壬戌。廣東冒籍貢士許鳴轂柯雨江除名。

甲子。趙志皐請欽定行取官。不報。

順天府丞支可大爲右僉都御史。巡撫湖廣。浙江左布政使曾如春爲右副都御史。巡撫河南。

乙丑。兵部右侍郎余立爲左侍郎。協理京營戎政。南京工部右侍郎董裕改刑部右侍郎。

總理河道工部尚書楊一魁兼總理漕運。御史馬從聘言河漕一柄兩操。矛盾易生。故合之。

丁卯。南京戶部右侍郎兼右僉都御史余懋學卒。懋學字□□。婺源人。隆慶戊辰進士。授撫州推官。進南京戶科給事中。忤張居正除名。尋復秩。歷尚寶太僕光祿卿。通政使。至今官。年□十□。予祭葬。贈南京工部尚書。廕監。天啓初。謚恭穆。

焦竑曰。當江陵盛時。人莫能指議。而公首白發之。故望余公甚。迨夫柄地易。讜論伸。而險詖者亦往往借以牟利。卒至羣言淆亂。國是幾搖。識者心非之而不能絕。曰吾黨也。本之擊奸而竟以自固。初心之謂何。余公十蠹之疏。侃侃然顯斥之無貸。豈不爲尤難哉。而顧以此不容。語曰。不容何病。不容然後見君子。信矣。

庚午。山東按察使李誌爲右僉都御史。巡撫鳳陽。

總督宣大兵部右侍郎王世揚回部。南京太常寺卿楊時喬爲南京通政司使。

時遼東錦州塞外降夷哈剌具散哈什等所部來降者六百餘人。云土蠻部落。譯之。又朵顔屬夷也。撫臣議不便。受科臣云無可疑。

癸酉。設薊鎭東南濱海副總兵一。游擊二。募三千三百餘人。

乙亥。止徵湖廣永順土兵。初土司彭元錦自請率萬人東征。已撫檄不相符也。

戊寅。副總兵都督僉事陳璘爲禦倭總兵官。

壬午。巡撫廣西右副都御史陳璘加兵部右侍郎。平峒寇功。

三月炳朔。戊子。寧夏城東天鼓鳴。聲如雷。

御史黃紀賢言。年來吏部避嫌。立掣籤法。凡選除升降。不問人地宜否。惟籤是憑。如德清知縣□繼芳。以吏科都給事中劉爲楫糾降。而抽籤得判霸州。夫霸州爲楫里也。俱未便。乞另調。繼芳改籤法。有旨繼芳別用。

己丑。荆王常渲薨。

庚寅。謚故總督兩廣戶部右侍郎蕭彥□。予故太子太保戶部尚書高燿祭葬。

壬辰。南京禮部右侍郎陸可敎卒。可敎字□□。蘭谿人。萬曆丁丑進士。選庶吉士。授編修。□□□□□□

□年□十□予祭。

丙申。兵部署印左侍郎李楨言。貴州土司安疆臣。先貴竹司。改新貴縣。土目夜莫等叩關瀆奏。疆臣詭獻地爲解。崛強若此。且改縣多年。孰得易之。不必再勘。報可。

丁酉。前刑部右侍郎呂坤言科臣戴玉衡謂臣所輯閨範圖說包藏禍心。臣于萬曆十八年。官□□按察使刻是書。不意外戚鄭承恩重刻。士衡疑臣逢迎掖庭也。上不問。

庚子。策貢士顧起元等三百人。賜趙秉忠等進士及第出身有差。

吏科給事中劉道亨。劾大學士張位結黨亂政。黨指國子祭酒劉應秋右都御史徐作等。上怒。謫道亨樂清主簿。

工部覆工科給事中楊應文議開泇河。泇河在滕嶧沂沭下流。南通淮海。隆慶以來。數議未決。舒尙書應龍嘗鑿韓莊中輟。時河決單縣黃堌口。請終其功。報可。

丙午。國子祭酒劉應秋工部署印右都徐作各奏辨。不問。

壬子。趙志皐請皇長子冠婚。是日禮部署印侍郎劉楚先等。吏部尙書蔡國珍等。前軍都督府徐文煒。太常寺卿范崙。禮科給事中項應祥。御史黃紀賢等。俱詣文華門上章候旨。云必得命乃退。命司禮太監田義諭曰。此大典也。稍候時月。何相挾爲。羣臣頓首退。

海州烏槍大鳴。錦州城旂端出火。

存問前禮部尙書陸樹聲。

是月。巡按河南御史姚思仁薦光州貢士蔡毅中孝行。旌之。

銀歹等酋犯寧夏中衞。總兵杜桐令參將蕭如薫進至水塘溝。斬六十二級。廣武營游擊張詩斬二十五級。

四月甿朔。丙辰。時東師九萬人。以前副總兵鄧子龍善水戰。命領旅順等水營副總兵事出海。

敍都匀功。前巡撫雲南林喬相等賜賚有差。

庚申。總督兩廣軍務陳大科進右都御史兼兵部右侍郎。巡撫廣西戴燿加兵部右侍郎兼右僉都御史。以平峒寇功。

壬戌。禮科給事中曹大咸條議會推掣選之法。凡籤宜倣會試例。設南北中三等。其福建兩廣雲貴屬南籤。北直山東西河南陝西屬北籤。南直浙江江西湖廣四川屬中籤。南人掣南。北人掣北。中人掣中。則土俗民情俱習。又稱趙南星才品。有旨。會推大臣必九卿科道各舉一人。吏部司官闕。令部院各開送。待朕自定。趙南星前斥。不許推用。今後科道官不許稱薦吏部。

副總兵陳璘以廣兵譁于山海關。命副總兵吳廣同璘領之。

癸亥。命吏部同都察院甄別朝野司官。既列上。命留南企仲王永光馬大儒梅守峻潘洙。其錢養廉王就學王之棟穆深並削籍。前文選主事馮養志稽勳員外郎韓策文選主事常道立常守信並外補。文選員外郎龔劝金前文選郎中唐伯元鄒觀光劉學曾驗封郎中李復陽曹愈恭稽勳郎中蓋國士考功員外郎趙邦柱文選主事張泮武之望閔廷甲梁見孟考功主事洪文衡調南京。

韓府長吉王璟灤謚莊靖。

乙丑。南京大理寺卿沈應文致仕。

丁卯。巡按河南御史姚思仁上開採圖說。

虜寇遼東。太子太保左都督總兵官李如松以五千人逐之。深入中伏。死之。裨將李平胡張玉等並陣沒。如松字子茂。鐵嶺衞人。寧遠伯李成梁長子也。年十六從擊虜有功。乙亥授指揮同知。丁丑守備黃花鎮。戊寅密雲游擊。數有功。己卯。馬水口參將。辛巳。進都督僉事副總兵。癸未。總兵山西。甲申。右府僉書。明年。提督巡捕。丁亥。總兵宣府。己丑。改山西。辛卯。仍右府僉書。壬辰。西平哱氏。進太子少保左都督。尋東征功成論去。至是鎭遼東。身殉之。年五十。贈少保寧遠伯。謚忠烈。蔭鐵嶺衞指揮使。祭葬立祠。

談遷曰。李氏世將。而子茂尤驍果。身先士卒。氣吞大虜。戰寧夏張亮堡時。纔二千人。突虜數萬。戰平壤開城。前無衡陣。赫然爲時將冠。晚節不幸。委骨黃沙。聞者悲之。魏夏侯淵雖戰數勝。曹操嘗戒曰。爲將當有怯弱時。不可但恃勇。當行之以智計。但任勇一匹夫敵耳。李子茂惜功名不終。自後諸弟俱敗隤其家聲。彼紈袴又不足道矣。

命李如梅自朝鮮還鎭遼東。

丁卯。吏科都給事中劉爲楫給事中張正學俱忤旨。吏部擬爲楫遼東苑馬寺主簿。正學貴州宣慰司經歷。不允。命遠之。

己巳。衡府商城王載埭。謚康順。周府彰德王勤焞。謚康懿。華亭王朝垣。謚恭穆。魯陽王勤灰。謚莊憲。儀封王□□。謚莊簡。

庚午。銅仁土司改銅仁縣。以土官李永授貪殘也。

辛未。前吏部尚書陸光祖卒。光祖字與繩。平湖人。嘉靖丁未進士。知濬縣。秋潦傷稼。呈兩臺。不許。即疏上減賦十之三。脫盧枏于死。奏最。避宗人陸炳。得南京禮部主事。憂去。補祠祭。癸亥。調吏部。歷文選郎中。乙丑。佐計。汰斥惟允。進太常少卿。提督四夷館。論罷。隆慶初。起南京太僕寺卿。歷大理卿。工部右侍郎。又論去。又起南京兵部右侍郎。轉吏部。以持張居正獄忤時去。出南工部。歷刑吏部尚書。俱南京。改北吏部。上嘗于職名下書清正。秉銓執法。中忌去。年七十七。予祭葬。贈太子太保。謚莊簡。

馮時可曰。嘉隆以來。天下士唯唯阿阿。寢處顛倒于脂膏間。不自持矣。弔詭者乘之而起。爭陛而陛。爭堂而堂。負建鼓。立赤幟。震撼擅擊。必欲使天下出宇下。附津殘以自雄高也。甚乎哉蒙僞而引奸。陸先生巖巖人地。操管鑰司月旦五十年。挺然挾其重以重國家。而無張勝形于一時。安所得此哉。血誠至心。如洗如闢。外踔厲而神清恬。直且大矣。自公後。正人君子。望標啓塗而相爲維挈。天下幸以安瀾覆盂。如其仁。如其仁。

壬申。命百官修省禱雨。

甲戌。李如梅爲征虜將軍。鎭守遼東兼備倭總兵官。董一元爲禦倭總兵官。

乙亥。封金山黑龍潭神曰護國濟民神應龍王。立廟。上前幸天壽山。回歷之。至是禱雨而驗。

辛巳。起吳定大理寺少卿。

梅國楨爲兵部右侍郎兼右僉都御史。總督宣大山西軍務兼理糧餉。陳蕖爲戶部左侍郎。

全椒知縣黃岡樊玉衡。先以御史論惠安伯張元善等謫無爲州判官。進知全椒。有治聲。至是奏皇長子冊立冠婚。略曰。皇長子睿質尚弱。岐齡有需。卽聖意牽制。藉口從容可也。今皇長子年且十七矣。有室有家。父母之心。人皆有之。皇上獨無是心乎。臣庶之家。冠婚亦必及時。況帝王典禮。祖宗彝憲。冊立冠婚。尤不可以毫髮爽者。使天下萬世。謂有子不立。有子年十七而不冠婚。蔑常棄典。自我皇上始乎。皇上雖無廢長立幼之意。而牽于皇貴妃。濡遲隱忍。甘以社稷爲戲。祖宗朝豈無一二親愛疑似之人。而終不以易是典禮。先皇帝遲莫春宮之日。天下已不勝憂。而冠婚二禮。亦未過而不舉。蓋以昭繫屬之重。杜窺伺之萌。鑒前古之亂亡。建萬年之長策。不可易也。疏上。戍雷州衛。

壬午。封榮王翊鈐。

吏部擬吏科都給事中劉爲楫降陝西布政司都事。左給事中楊廷蘭降浙江布政司理問。給事中張正學降興安州判官。戴士衡蘄州判官。林應元解州判官。上不允。更欲遠之。

癸未。太常寺少卿萬自約爲順天府尹。廣西左布政使陳洙爲南京光祿寺卿。密雲兵備道副使王見賓爲右僉都御史。巡撫延綏贊理軍務。

是月。國子學錄張養蒙上言。孟軻父不得槪曰孟孫氏。蓋訛傳懿子何忌非軻父也。宜改稱先賢孟激公。而懿子亦應從祀兩廡。又林放蘧瑗不宜改祀于鄉。蔡元定宜改祀文廟東廡。又周輔成旣比珦松。則張載之父宜比輔成。例

京師雨雪。

命鴻臚寺序班范光裕給安南都統使黎維潭勑印。仍收舊印。

五月乙丑朔。劉爲楫降遼東苑馬寺主簿。楊廷蘭降廣東鹽課司副提擧。

戊子。起陳有年南京右都御史。有年前卒。

贈擺賽副總兵子□□世本所副千戶。

旌原武王朝堉孝行。

庚寅。甘肅古浪城樓大鐘自鳴。

辛卯。房守士爲右副都御史。巡撫大同贊理軍務。

甲午。甘士价爲大理寺少卿。林烴太僕寺少卿。孫瑋劉四科太常寺少卿。章尙學通政司參議。

游應乾鄭繼之爲南京太常太僕寺卿。連標爲應天府丞。

定吳廣領水師。屬劉綎節制。陳璘領水師赴鴨綠江。

前順天府尹田疇劾去。

丙申。逮雲南監軍參政李先著下獄。初大侯州叛酋猛廷瑞與婦翁奉學攻從兄思賢。所過州縣。殺掠亡算。巡撫陳用賓議剿。遣參將吳顯忠直抵順寧。敗賊。圍之。且下。先著聞有旨令廷瑞擒奉學自贖。遂班師。廷瑞走觀音山。勢復振。顯忠再剿。誅奉學。擒廷瑞。而用賓以先著受賄縱賊。下詔獄論死。

溫純爲左都御史。謝杰爲刑部左侍郎。陳惟芝爲大理寺右少卿。

戊戌。王守仁王錦仍入京謀告訐。下獄。

庚子。諭內閣。待新宮落成。行皇長子冠婚禮。

吏部右侍郎裴應章爲左侍郎。禮部右侍郎楊起元改吏部右侍郎。李植爲右僉都御史。巡撫遼東。贊理軍務。

辛丑。吏科給事中戴士衡全椒知縣樊玉衡削籍。士衡戍□□。玉衡戍雷州衛。先是庚寅山西按察使呂坤輯閨範圖說。翰林修撰焦竑適奉使。序之。外戚錦衣衛帶俸都指揮使鄭國泰增刊。后妃首漢明德皇后。終鄭貴妃。或託燕山朱東吉跋曰。呂先生爲此書也。雖無易儲之謀。不幸有其跡矣。嘗見從古以來有宮闈與見任大臣刊書者乎。云云標名憂危竑議。內刺張養蒙劉道亨魏允貞鄭承恩鄧光祚洪其道程紹白所知薛亨皆稱呂所見極高。戴士衡前參呂坤包藏禍心。樊玉衡前疏有皇上不慈皇長子不孝皇貴妃不智。貴妃聞之。泣訴于上。謂憂危竑議出士衡手。張位嗾之。令從子承恩奏入。目爲二衡。上怒甚。並論戍。

壬寅。諭內閣曰。國事多艱。人心澆薄。假公濟私。挾仇害人。法令不振。紀綱蕩廢。朕甚恨之。以諭卿等。

癸卯。屈灼爲通政司右通政。御史丁賓爲南京大理寺右寺丞。

巡撫雲南右僉都御史陳用賓進右副都御史。黔國公總兵沐叡進署都督同知。以蠻莫功。

六月甲寅朔。命各巡按御史清賦額。起解濟國用。回道日考課。從戶部尚書楊俊民之言。

丙辰。前南京禮部尚書陶承學卒。承學字□□。會稽人。嘉靖丁未進士。授中書舍人。遷南京御史。出知徽州。課最。□□□□□□□□□。至今官生平淸謹。終始一節。予祭葬。贈太子少保。天啓初謚恭惠。

林之盛曰。前代重門第。而我朝貴家學。陶氏世麟經。獨泗橋公父子以易名。廉而不劌。厚而有容。庶幾可以無大過者乎。江陵最能籠絡人。而不能加公。後以拾遺去。殊不足爲公病。蘭亭禹穴之間。獨不自得乎。若公者可爲淸厚之重臣矣。

丁巳。東征贊畫主事丁應泰奏經理楊鎬總兵麻貴副將李如梅蔚山之敗。失亡無算。旣不以聞。而張位沈一貫密札與鎬往來。欺蔽。張位有禍福利害與君共之之語。一貫有以後大疏須先投揭而後上。以便措手。因列鎬罪二十八。可羞十。李如梅可斬六。可罪十。上怒。下廷議。遂免楊鎬。令邢玠速赴王京視師。留麻貴李如梅遣兵科給事中徐觀瀾同丁應泰勘。張位疏辨。上謂楊鎬乃卿密薦。何朋欺僨事耶。命冠帶閒住。而寬沈一貫。

伍袁萃曰。新建雅負重望。及拜相。富平黨方熾。公與之相左。富平罷而毀言日起。時聖衷已定。前星將耀。而羣小見冊命久稽。妄生揣摩。朝臣多有附和之者。戴給事包藏禍心之劾。焦修撰旣謫外而復入大計。皆新建意也。公雖相業未光。而計安宗社一。念則惓惓獨至焉。

談遷曰。新建樹名。在其先牴牾江陵也。洎入政府。有志豎立。東征事特任楊鎬。又故新建令也。素不知兵。私以遠馭。與房琯用劉秩何異。又採礦皇店。並片言啓之。志銳而識短。驕語經濟。亦足羞已。竟坐簧篹削籍。本覆餗之凶。彙載鬼之妄。任事者愼之哉。

工部右侍郎呂鳴珂卒。贈尙書。予祭葬。

戊午。命內臣李敬採珠廉州。戶科給事中包見捷等疏沮。不聽。

壬戌。旌唐王碩熿母子貞孝。

乙丑。郭惟賢爲左副都御史。起姚繼可工部左侍郎。

戊辰。兵科給事中姚文蔚言石星沈惟敬宜亟誅。下兵部議之。

江應蛟爲右僉都御史。經理朝鮮軍務

孫瑋爲光祿寺卿。陳薦爲右僉都御史。

襄城伯李承功奉使騷擾。奪歲俸。

巡按直隸御史趙之翰以憂危竑議爲戴士衡僞造。中傷善類。主于張位。預謀者徐作劉楚先劉應秋楊廷蘭萬建崑也。下部院議。

庚午。南京工部尚書葉夢熊卒。夢熊字□□。歸善人。嘉靖乙丑進士。知福清縣。進戶部主事。改山西道御史。言事謫郃陽丞。歷知贛州。平寇。進永平副使。作火車神銃。頒九塞。歷撫貴州陝西甘肅。進討哱承恩。拜總督三邊。功成加右都御史兼兵部右侍郎。尋進尚書。加太子太保。

癸酉。禮部右侍郎劉楚先右都御史徐作並罷。國子祭酒劉應秋降□□。吏科左給事中楊廷蘭謫懷仁典史。禮部主事萬建崑謫武緣典史。時部院議劉楚先劉應秋當供職。楊廷蘭萬建崑當降調。張位徐作當回籍。旨出上自定。

甲戌。上以昨論大學士張位受美珠。削籍。値赦不宥。

耿定力爲南京右僉都御史。提督操江。兼管巡江。

丙子。改萬世德經略朝鮮。汪應蛟巡撫天津。以監軍陳效專任朝鮮紀功。另遣御史巡按遼東。

起李戴吏部尚書。曾同亨南京吏部尚書。劉東星工部左侍郎兼右僉都御史。總理河道漕運。故事。河漕兩府。總漕居淮安。主發運。總河居濟寧。主疏渠。至是合之。並屬東星。東星循行河隄。謂梗漕治在標。決河治在本。兩利而並擧之。議開趙渠。蓋商丘虞城以下至于徐州。元賈魯河故道也。行百餘年。嘉靖末北徙。潘尚書季馴議開之。計費四百萬而止。及河決單縣黃堌口。稍蕩成渠。惟曲里館至三仙臺四十里。旱陸如故。東星因開之。又自三仙臺至泗州小浮橋。開支渠□里。又濬漕河。起徐邳至宿。費可十萬緡。

田樂爲兵部尚書。李庭機爲南京吏部右侍郎。

己卯。起周世選南京兵部尚書。許弘綱仍太常寺少卿。

是月。吏部覆禮科給事中曹大咸所議掣籤法。言三等未便。分籤東西南北四筒。東北則北直山東爲主。而河南之汝彰歸衞南直之廬鳳淮揚附之。東南則南直浙江福建廣東爲主。而廣西之梧平樂桂林附之。西北則陝西山西。而河南之懷慶開封河南南陽。湖廣之鄖陽附之。西南則湖廣四川雲貴爲主。而廣西之柳南寧遠潯太平附之。科貢考選前三名。與進士同掣。其餘舉監仍與進士概選。至首領佐貳有錢穀詞訟之責。本省易嫌。難照敎職例。上從之。

七月甲申朔。丙戌。南京國子祭酒馮夢禎總督兩廣侍郎陳大科罷。以南京戶部主事歐陽東鳳劾其貪狀。

神武衞千戶朱仁等奏。湖口船稅可萬餘金。又舊稅廠也。命內監李道往。鴻臚寺主簿田應璧言兩淮沒官餘鹽。又命內監魯保往。

詔操江應天浙江江西湖廣各巡撫。如淮揚聞警。卽馳援。

予故大理寺卿張夢鯉祭葬。

夜有大星流東方。色青白。燭地。後二小星從之。

丁亥。兵部以巡撫貴州江東之奏。水西宣慰使安疆臣跋扈狀。初疆臣殺土官安國貞次子定。巡按奏革冠帶。疆臣不受命。

余繼登爲吏部左侍郎。朱國祚爲禮部右侍郎。並直日講。方從哲爲國子祭酒。

趙可懷爲工部左侍郎。劉敏寬爲右僉都御史。巡撫甘肅。四川按察副使王國爲南京鴻臚寺卿。尋敏寬坐勘罷。上責兵部侍郎李楨濫舉。調楨南京。

己丑。督餉戶部右侍郎張養蒙回部。

選翰林院庶吉士黃國鼎楊希聖李思誠周道登溫體仁梁有年洪瞻祖張鳳翔趙師聖高承祚張文光丘禾實王毓宗張邦紀盛以弘林秉漢楊文薦黃陞曾舜漁。

壬辰。日本平秀吉死。子秀賴幼。外舅家康攝政。止以和泉河內二島歸秀賴。

己亥。諭德葉向高郭正域爲左右庶子。洗馬袁宗道范醇敬爲左右中允。

庚子。吏部左侍郎劉元震禮部右侍郎曾朝節敎習庶吉士。

丙午。南京國子司業楊道賓署翰林院事。

故南京戶部尚書陳于陛。贈太子太保。

戊申。內官魯保經理淮鹽。李道督稅湖口。俱許節制有司。戶科給事中包見捷趙完璧郝敬等各言之。不聽。

庚戌。前禮部左侍郎兼翰林院侍讀學士韓世能卒。世能字□□。長洲人。隆慶二年進士。選庶吉士。授編修。歷侍講祭酒侍郎敎習庶吉士。年□十□。予祭葬。

辛亥。前南京太僕寺少卿王惟中卒。

壬子。陸萬垓疾去。夏良心爲右副都御史。巡撫江西。陳惟芝爲右僉都御史。巡撫應天。徐三畏爲右僉都御史。巡撫甘肅。

癸丑。陳州妖人任世身謀亂。伏誅。

八月甲寅朔。范崙爲通政司使。許孚遠爲兵部左侍郎。起趙煥南京右都御史。

丙辰。趙志臯進累朝寶訓實錄二千三百四十五卷。
戴燿以原官總督兩廣軍務兼理糧餉鹽法兼巡撫廣東。
丁巳。太常寺少卿傅好禮言近郊假官抽稅。上未報。越三日。好禮伏文華門求面對。曰。不得旨。明當復來。上怒。
降廣昌典史。大理寺卿吳定疏救。降陝西右參議。又科道疏救。削定籍。而假官二十八人下鎭撫司。
設潞南州儒學。
乙丑。惜薪司柴炭歲額兵工二部二十餘萬。至是求益。戶科給事中賈維春言。歲進物料。上用僅十之二三。餘
盡入私囊。今復求益。不過厭其溪壑耳。豈眞爲國家計盈縮哉。不報。
丙寅。南京國子司業黃汝良爲南京右春坊右中允。仍署司業。
戊辰。郭正域爲南京國子司業。
己巳。予故南京太常寺卿張鹵祭葬。
播州楊應龍日殘虐。議擇將統兵駐札五司。
李盛春爲南京兵部右侍郎。
丙子。前禮部主事萬建崑被謫奏辨。削籍。
起郝杰南京工部尙書。王基南京刑部右侍郎。南京通政司右參議李三才爲大理寺右少卿。
丁丑。夜京師地震。復雨雪。
戊寅。太常寺卿劉四科爲太僕寺卿。南京大理寺右寺丞朱廷益爲南京通政司右參議。
辛巳。前太子太保兵部尙書張學顏卒。學顏字□□。肥鄉人。嘉靖癸丑進士。知曲沃。擢工科給事中。歷外僉事。
參議。拜右僉都御史。巡撫三年。多斬獲。累進兵部侍郎右都御史兼理京營戎政。本兵六年。加太子少保。尋進

太子太保。致仕年□十□。予祭葬。

九月樸朔。起王賦業總兵官。鎮守臨洮。

乙酉。巡撫山西魏允貞加右副都御史。

丙戌。聽調兵部左侍郎李楨引疾去。

貢士福淸林章上破倭全策。下兵部。

辛卯。大同神機庫自崩。火藥激傷人畜甚衆。

壬辰。免浙江水災田租有差。

癸巳。㒰都知縣歙縣吳宗堯奏提督礦務太監陳增。罔上營私。制官毒民。㒰都有鉛沙。無銀礦。增强之入銀。業非法矣。更强採者代納。如稍緩逮吏民。陛下所得十一。而增私橐十九。罪不容誅。

左諭德范醇敬左中允袁宗道主武舉。

戶部尙書楊俊民考滿。進太子太保。

予故南京兵部尙書吳文華祭葬。贈太子少保。

丁酉。趙世新嗣忻城伯。

己亥。禮科議諡先臣兵部尙書伍文定毛伯溫。吏部左侍郎張元楨。南京刑部右侍郎吳悌。都御史魯穆。大理寺卿夏時正。禮部侍郞田一儁。大理寺卿□□。尙寶司卿孟秋。中允郭希顏。庶吉士鄒智。御史劉臺。左諭德張元忭。

癸卯。河南撫按曾乾亨崔邦亮言潞王微行游戲。上切責之。

邢玠合兵七萬。分三道。以總兵劉綎董一元麻貴領之。

乙巳。巡撫山東右僉都御史尹應元劾陳增之罪。忤旨。奪歲俸。削吳宗堯籍。

前南京刑部右侍郎李江卒。江字□□武定人。嘉靖乙未進士。知廬陵。以御史進四川監軍御史。平九絲蠻。歷右副都御史。巡撫湖廣。平叛苗。致仕。予祭葬。

丙午。督徵天津店稅內使王朝死。巡撫汪應蛟工科包見捷各請勿補。上切責之。

慈聖皇太后傳戒潞王徵行。上亦賜書規之。

己酉。立顯忠祠。祀故欽天監五官監候楊源。

辛亥。以陳增誣奏前益都知縣吳宗堯侵欺加派銀。逮下鎮撫司。

十月。癸朔甲寅。御史劉景辰給事中侯慶遠請寬吳宗堯。不報。

乙卯。朝鮮告急。初劉綎進兵偪平行長。使吳宗道約行長爲好。許以五十人往。綎設伏。令健卒詐爲綎。而身行酒。約出帳即放砲圖之。詰朝。行長果至。顧行酒者曰。此人有福。綎駭愕。資壺而出。砲舉伏發。行長躍馬。後騎雁列奪路去。明日行長遣謝。謂昨登席舉砲。重客也。誤生疑心。行長貽綎巾幗。綎攻城。行長潛出千餘騎犯之。綎失利。亡千人。陳璘在□□亦棄軍遁。溺萬餘人。綎璘互訐。邢玠不以聞。麻貴至蔚山。望之空壘。趨焉。忽旂幟蔽空。貴策馬而逃。喪兵七千。董一元令茅國器約正成完封局。正成佯聽之。掩殺我兵殆盡。流血四十里。兵科給事中徐觀瀾報四路喪敗。命再勘。斬馬呈文郝三聘以徇。責一元等自效。始丁應泰疏入。上直之。書名御屏。沈一貫懼。賄玉熙內官知文溪演東征傳奇。褻聽。上怒乃解。

談遷曰。東師再駕。蓋懲癸巳之轍也。捫焉舉兵。楊鎬逃于前。四路衄于後。蕞爾狡夷。何諸將畏之如虎耶。劉綎非汝汝錄者。其賺行長入營。不啻杌上肉。而顧佚之。其疎已甚。宜來巾幗之遺也。癸巳主欵。失之觀望。戊戌不戰不欵。又兩失之。以視隋唐間立功海外。懸矣。兵無常勝。地有常險。于扼要待敵。亦未值其會耶。

丙辰。諭天下停刑。責刑部以擅釋曹學程。奪堂官俸二月。司官各降罰有差。

翰林院庶吉士郭淐爲檢討。

庚申。太子太保刑部尚書張國彥卒。國彥字□□。邯鄲人。嘉靖壬戌進士。知□縣。擢兵科給事中。歷右副都御史。撫治鄖陽。以軍功進戶部侍郎。長兵部。協理京營。改刑部尚書。年□十□。予祭葬。贈太子太保。

癸亥。立故兵部右侍郎曾銑祠。

喜峰路忽大風壞樓臺。有火光。

部科議應謚名臣。

甲子。給老撾軍民宣慰司印。

丙寅。倭將清正從朝鮮遁。

御史秦懋義請酌開採之額。不報。

薊州副總兵李如樟以原官爲右軍右都督府僉書。

己巳。旌上洛王勤談及長子朝瞌鄖城王府宗正寅植各孝行。

官軍復松山。松山界甘肅寧夏間。自流虜賓兔據之三十餘年。鎮番中衛中斷。虜因窺我兩河。督撫李汶田樂搜逐虜徙帳而北。拓地五百里。議築垣堡。移兵將焉。

辛未。孝安穆皇太后主祔昭陵。及奉先殿。

于慎行曰。自漢以來。皇后未正中宮者。皆不祔。而不以元配爲尊。如唐明肅劉皇后昭成竇皇后。皆睿宗妃也。不祔明肅而祔昭成。猶曰母以子貴也。至宋太祖不祔孝惠賀皇后。而祔孝明王皇后。宋眞宗廟不祔章懷潘皇后。而祔章穆郭皇后。議者以孝惠章懷生無母儀之尊。沒膺配食之典。人情不安。典籍無據。故舍之耳。至如宋太宗元配淑德尹皇后未有封號。繼配懿德符皇后封越國夫人。其後亦不祔尹后而祔符后。蓋古典如此。我朝穆皇帝廟祔孝懿李皇后而舍仁聖陳太后。非古也。前代大禮必下禮官與太常博士雜議。今以宰臣及一二禮臣定之。安能無錯。

徙碭山縣城于秦家塘。

戊寅。楊芳爲右副都御史巡撫廣西。

故欽天監五官監候楊源贈五官靈臺郎。

庚辰。潯州五山守備陞任湖廣行都司僉書晉江林武直征猺戢叛。卒于軍。五山夷民咸泣下。爲立祠。總督戴燿上其功。贈驃騎將軍都指揮使。武直萬曆壬辰武進士。

辛巳。前後軍都督府署都督僉事尹鳳卒。鳳字德祥。鳳陽人。世南京府軍後衛指揮同知。武舉鄉會皆第一。留守中都。進提督備倭福建。屢破海盜。許朝歷後府都督僉事提督京城巡捕。年七十六。予祭葬。

十一月壬朔。初倭分據三路聯絡固守。我兵水陸分進。圍西賊破東賊。而中路之晉山永春昆陽三四城俱拔焚泗川東陽倉獨臨海新寨未下。

丙戌。御史許聞造請停採礦。不報。

丁亥。初閣員闕。廷推五閱月而不下。至是沈一貫以請。

辛卯。特降九江府經歷樊圃雜秩。以湖口稅監李道劾其阻撓也。

壬辰。巡撫福建右僉都御史金學曾報日本平秀吉死。得之舶商云。內難時作。其素與小西飛行長不睦。必自相圖。乞敕督臣相機進剿。毋爲清正狡謀所惑。時議撤東師。戶科給事中郝敬言其不可。下廷議。

癸巳。免蕭縣等田租。

戊戌。鄭惟孝嗣武安侯。惟忠弟。

甲辰。張惟賢嗣成國公。

丙午。謚淮府南康王厚熨安懿。

戊申。諭選皇長子婚。

庚戌。南海錦山倭戰敗後。各逃匿山谷間。辛亥夜。總兵陳璘提兵深入岩洞。偃旂息鼓。天漸旦。舉砲。倭衆駭走。共追斬千一百餘級。

彰德隕霜不殺草。榆槐再花。李冬實。

十二月壬子朔。吏部火。

癸丑。西路總兵劉綎以戰車燔倭寨六十餘間。明日。水陸夾攻。陸兵殺傷相當。水兵失利。東路總兵麻貴襲斬頗有功。

詔責播州楊應龍擒首禍自脫。應龍妾田雌鳳淫妬。誣妻張氏死之。幷屠張氏外家。恣殺無忌。所屬五司七姓之民訴撫按。再逮不至。

甲寅。南京通政使楊時喬上言。先進者後學傳習之師。世教者使民興行之機。今原任雲南參政羅汝芳為臣鄉先進。聰明才辨。性度溫和。學師顏鈞。志行相似。又養生師方士胡清虛。談燒煉採取飛昇。又僧玄覺談因果福盇。尤精于闡提直指人心見性成佛。其守寧國。集諸生會文講學。令訟者趺跏公庭。閉目觀心。令里甲供餽遊僧。庫金侵闕。推官李惟戰徵里甲代償。又受南陵縣丞戴珍金帶饋銀。撫按參論。後守東昌及參雲南寘印公堂。任胥吏共用牌票。混發賫捧入都。科道交劾歸田。好請託上官。遊南都。遊揚州。其徒稱聖之和。二子從丹師斃于廣。自云日在左右。欲見卽出。稱呂純陽自終南山書至。今有刊理學目錄者。收之以禪學。在孔子上。遑道干譽孔孟之所深闢者也。

談遷曰。盱江之學本餘姚而出之尤詭尤誕。所師事顏山農。彼盜賊之智也。而儒其言。卒不良死。盱江不之悔。予嘗過寧國。爲立祠。豈其遺士悅之與。江陵最惡講學。與盱江同年。當濵藩入賀。亦不深罪。得道兩觀之誅。士大夫目擊其人。則厭寘之。聞其說。或未斥其謬。而上饒猾人也。鳴鼓以攻。知其言尤信。

丁卯。巡按貴州御史應朝卿奏楊應龍慘虐。

庚午。宣甘肅之捷。前剿青把都火落赤等巢。斬百六十級。

提督操江右僉都御史陳薦爲左僉都御史。

壬申。錄甘肅功。進李汶少保兼太子太保。田樂太子太保。各加世廕一級。

己卯。以廣衆西歸。復蕭大亨太子太保。進王世揚右都御史。並視事。餘陞賞有差。

是年。太監楊敬採礦雲南。

己亥萬曆二十七年

正月。壬申朔。上不朝。

丙戌。命部院京察毋徇舊。

戊子。兩淮鹽稅御馬監太監魯保乞常溲外行存積鹽引。歲進十二萬金。從之。保又論兩淮鹽運司副使丁偕抗違。削籍。

庚寅。戶科都給事中包見捷等劾稅監馬堂劉忠魯保。不報。

浙江金華衢台寧波紹興去年災。撫按請減折南京倉糧。南戶部執爭。不許。

應天句容等十五縣災改折有差。

松山善後事宜設扒沙營蘆塘川參將二。阿壩嶺紅水河守備二。裴家營土門蘆塘湖防守三。前之蘆塘乃川也。

辛卯。遼東三萬遼海鐵嶺等衛地震。

甲午。吏部乞錄謫臣不報。

丁酉。御馬監左監丞高寀榷京口供用庫官暨祿榷儀眞時錦衣衛正千戶鄭一麒進橫嶺礦十六金言稅溢。羽林左衛中所百戶馬承恩亦言之已得命。閣臣揭沮。遂罷京口而儀眞如故

陳增誣吳宗堯贓私。詞連青州府各官及商民。各追籍其家。得旨。給事中郝敬極言陳增鍛鍊。不報。

庚子。吏部文選主事魏可簡縱下。鐫一秩調外。

辛丑。免山西夏縣等秋糧有差。其太原左衛等屯糧折之。

癸卯。巡按甘肅御史許聞造謫岢嵐州判官。聞造奏政本潛移。如戶部侍郎張養蒙圖竊政權。兵部侍郎李楨背公植黨。吏部侍郎洪其道辨枉枝蔓。緣魏允貞呂坤諸臣爲後地。皆政柄潛移之漸也。吏科左給事中程紹糾其避考察。媚政府。故謫。

丙午。兵部贊畫主事丁應泰論總督邢玠等賂倭賣國。尙書蕭大亨與科道張輔之姚文蔚等朋謀欺罔。不報。

禮科左給事中羅棟言皇上近示閣臣簡閱佛道二藏。因陳開採之害。報聞。

丁未。奪甘肅總兵官達雲俸四月。時海虜犯西寧。參將趙希顏敗沒。西寧兵備副使劉敏寬鐫一級。

沈一貫言。東倭發難七年。今已蕩平。此十萬吏卒執銳被堅。萬里遠征。勞不可泯。而丁應泰云賂倭賣國。則吏卒皆當罪。不得言功。恐人心忿怨。萬一激變。損國威重。亦未可知。賂倭之情。豈敢懸斷。古稱功宜從重。罪疑從輕。今日之事。宜溥加恩澤。若因小爭致淹功賞。不惟有事難以用人。卽今日十萬衆未易收拾。臣之憂也。時應

奏疏且下上得揭而止。

庚戌。河南道御史牛應元請愼會推。不報。

遼東三萬遼海等衞及中固城地震。

二月辛亥朔。壬子。百戶張宗仁請復浙江市舶。

命太監劉成榷稅浙江。

戶部趣各省直稅契銀。

河南天鼓鳴。

魯王壽鋐奏庶人壽鏉聽妾弒母。命下撫按。

朝鮮國王李昖奏。小邦不幸鄰倭。歲爲邊患。對馬島地近日本。納欵往來。始寘薺浦釜山浦鹽浦。所云三浦倭戶也。正統庚午。殺僉使李友魯。遂絕倭不居。迨今百年。今丁應泰謂令世戶招諸倭同犯。妄也。海東記正統間內陪臣申叔舟往日本通諭。得其國俗世系地圖。因其稿附小邦館待事例。以爲異聞。而今捃摭流聞。頗過甚。夾江中洲與小邦義州對市。嘉靖間奏開碑禁。小邦不曾認遼人都司。亦不曾立案。臣謹奉天朝而猥云不奉正朔。通倭朋欺。惡名在身。持此安歸。奏入。下廷議。

御史于永清劾丁應泰。倭强曰我軍有罪。倭退曰我軍無功。甚至刺眉割髮。百計淩鑠。恐不激變不止也。

左通政屈燭調外。

乙卯。常熟地震。

戊午。議勅慰朝鮮。

科道拾遺前國子祭酒蕭良有。前巡撫四川右僉都御史譚希思。調用。巡撫貴州右僉都御史江東之前巡撫寧夏右副都御史朱正色改任。前經略宋應昌祭酒劉應秋通政使田蕙冠帶閒住。

編修董其昌爲湖廣提學副使。□科給事中劉澤深爲陝西按察僉事。御史汪先岸爲四川按察僉事。

命內臣李鳳採珠廉州兼徵市舶司稅課。

命湖廣守備內臣同撫按覈千戶韋夢麟所奏荆州府辛劾忠香稅。

己未工部言皇長子婚禮袍緞內織染局傳造數多。先年三分減一。乞裁之。命寬夙負。餘分十運。歲二運。完日仍補解。

庚申。沈一貫請罷浙江市舶。不報。

選畿內淑女。

遼東三萬遼海二衞及淸陽堡地震。

遼東總兵李如梅免。

修慈慶宮。

刑部尙書蕭大亨奏辨。丁應泰參臣不足惜。國家之大體當惜。督撫功不必敍。將士之勞苦當敍。上是之。

乙丑戶部尙書楊俊民給事中包見捷等各乞撤諸道稅使。不報。

丙寅薊鎭管糧戶部郎中胡三省。燬勅奪俸二月。

南京兵部右侍郎李盛春以保定巡撫自陳。致仕。

戊辰。設福建市舶司。命內臣高宷兼礦務。

命內臣楊榮開採雲南。陳奉徵荆州店稅。陳增徵山東香稅及馬匹土產。孫隆帶徵蘇杭等處稅課。魯坤帶徵河南。孫朝徵稅山西。時奸弁馮綱等望風言利。皆朝奏夕遣。

工部言。內承運庫太監孫順開婚禮紵紗羅綾錦共萬二千七百四十四、鋪戶以織金暗色暗雲花非民間物。一無興販係冠婚急需恐誤臨期乞派原織地方解料惟常鎮徽揚寧國及福建行限守催從之

沈演曰。袍緞疏初下計費數百萬題留錢糧已先期四五年罄矣。而又不敢質言也恐大典緣之遲阻也。停舊解。新數雖增而費不溢其庶乎。緞匹無買例例起近歲奸商與中貴交通獲大利而部受其朘削。矧又以婚禮爲名。乃一疏持之。竟得如期而戶部惜費。衆方疑不敢持迄今竭太倉無以供大司徒至不安其位以去。乃明主未嘗不容人守法而蓄縮遲疑者任事之大戒也。

副總兵杜松出安邊口値火落赤擊之身中二矢。戰益厲斬三百六十餘級。火落赤遁。時棄松山火落出欲擾功。總督李汶檄延綏寧夏分道邀擊以牽之收番族千七百有奇馬駝牛羊萬四千有奇羌胡道絕。

瞿九思曰。佐闞者傷。然搶力克之寇洮河。永邵卜之入嘉峪關。哱拜之鈔寧夏。豈非火落赤佐之哉。何以得晏然青海也。西番之變積木乃令胡不得建寺。此可謂番兵無益乎。又聞火落赤遁兩川無寇惜乎仰華寺之無以焚也。黠哉乎火落赤時叛時款。一日不死。西三邊終未安也。

逮南康知府吳寶秀星子知縣吳一元以湖口稅監李道激變因誣其朋撓也。

己巳。吏科給事中陳維春劾丁應泰黨倭誤國宜罪。

史臣曰。初平秀吉死子幼國亂。淸平等焚營遁歸官兵乘其後頗有斬獲。因張其伐。乃應泰旣以賂倭詆諸將。維泰又以黨倭詆應泰。嘻亦甚矣。

談遷曰。越國救鄰。自昔所難。況海外乎。東征之役。蒼皇七載。民力殫竭。天牖其衷。平秀吉奪于鬼。錄餘黨旋旆。猶衂我四路之師。蜂蠆之毒未盡銷也。假其尚在將我之朽甲敝戈與鯨鯢相終始也。殆乎哉。丁應泰謂五千金賂倭去之。夫果能去倭。區區五千金。猶鄭商弦高之犒秦也。可言亦可諱。大都諸將失之怯。總督失

之葸。丁應泰失之戇。而閣部失之迎。故聚訟無已時。至于功從重罪從輕。誠有如沈一貫所言矣。

辛未。鐲順天永平屯田逋租又魚臺滕縣苦河工。免其逋租。

罷贊畫主事丁應泰。命兵科給事中徐觀瀾往王京會勘。

編修黃輝劉曰寧爲右中允兼編修直皇長子日講。

太僕少卿王守素爲右通政。

甲戌。楊應龍大殺掠。

命皇莊菓樹煤窰並歸上林苑監。

命內監丘乘雲徵稅四川兼礦務。梁永徵稅陝西。各以原奏千戶翟應泰樂綱往。

命征倭總兵劉綎還師。仍鎭四川。時播州楊應龍恣擾故也。

丙子。命御馬監奉御潘相督理江西磁廠。前珠池太監李敬兼廣東礦稅。

丁丑。沈一貫言變法征利。略曰。中使衙門皆創設。並無舊緒可因。夫使中使一員。其傔從可百人。分遣官不下十人。此十人各須百人。則千人矣。此千人每家十口爲率。則萬人矣。萬人日給千金。歲須四十餘萬。及得纔數萬。徒斂怨耳。今分遣二十處。歲糜八百萬。聖思偶未及之也。乞盡撤之。不報。尋河南山東蘇松常鎭皆併稅于礦使。

南京科道拾遺。應天府尹孫純前兵部侍郞李楨勒致仕。前巡撫四川右□都御史王繼光閒住。

是月。安南都統使黎維潭以新印如銅色。求頒眞銀印。

三月庚朔。內監王忠徵稅密雲。張燁徵稅蘆溝橋。以百戶柳勝秋劉思忠之言。

太監陳增馬堂爭稅。命堂稅臨淸。增稅東昌。

義勇右衛百戶王官詈沈一貫于端門外。先是王官同把總徐希昌。貢士林章等。進萬二千金。求淮南買鹽。南京黃天蕩天寧洲各立營。防盜。不許。故官披猖。一貫奏其事。命逮官等

壬午。巡撫鳳陽右僉都御史李誌罷。鄭繼之爲南京大理寺卿。

兗州地震。

癸未。兵部左侍郎余立自陳罷。

改孤山參將爲協守副總兵。王威節制神木高家二堡。

甲申。歙縣吳養晦投稅監魯保言大父守禮逋鹽課二十五萬。乞追入給占產。從之。

乙酉。故遼東參將王維楨贈署都督同知。故都指揮仝尙禮贈都督僉事。各諭祭立祠。世襲。

設綦江合江游擊二。備楊應龍也。

丙戌。□□監丞高淮徵稅遼東開礦。戶科都給事中包見捷及遼東撫按□□□□山海關主事吳鍾英先後爭之。不報。

丁亥。郭子章爲右副都御史。巡撫貴州。兼督理湖北。

壬辰。戶科都給事中包見捷等極言礦稅之害。乞撤中官。上怒。謫貴州布政司都事。餘奪歲俸。

癸巳。遵化天鼓鳴西北。有大星光如月。流散東北。

乙未。雲南土目沙㑽等作亂。兵備道□□劉廷蕙平之。

貴州平壩衛地震。大雨雹。

命征倭總兵麻貴陳璘董一元俱班師。李承勳以原官提督水陸官軍。充防海禦倭總兵官。往朝鮮。周于德移鎮山東備倭總兵官。

丙申。巡撫遼東右僉都御史李植乞乘東師之旋合本鎮兵毆虜。復舊遼東。兵部覆上下鎮再議。

丁酉。纂修玉牒。

左春坊左庶子葉向高請罷礦使。不報。

戊戌。發太僕寺金二萬賚延綏寧夏吏卒。先是延綏報斬虜千七百三十三級。寧夏報斬虜九百二十六級。

己亥。起李化龍兵部右侍郎。總督川湖貴州軍務兼巡撫四川。兵部右侍郎王世揚爲右都御史。協理京營戎政。甘士价爲右僉都御史。巡撫鳳陽。

庚子。遼東蓋州衞天鼓鳴。連隕大星三。

辛丑。臨洮總兵官署都督僉事孫仁注銜左軍都督府。

起前南京兵部尚書周世選。疾辭。

壬寅。播州楊應龍反。寇平越飛煉堡。殺都指揮楊國柱指揮李廷棟。

癸卯。兵科給事中徐觀瀾與總督邢玠互訐。請改勘臣。

丙午。嚴常州烏溪定化蘭後三港決防之禁。以通太湖藪盜也。

四月朔。税監魯保請理民訟。不許。

辛亥。刑科左給事中楊應文代徐觀瀾行勘。

甲寅。作端敬門。

命順天尹禱雨。

乙卯。宣甘鎮之捷。

沈一貫稱疾。命票擬送私第。

丙辰。遼東廣寧蓋州三萬鐵嶺衞地震。天鼓鳴。又慶雲鎭慶等衞火。詔蠲諸逋賦。及山海關各倉糧分賑之。

丁巳。錄洮河功。巡撫賈待問進右都御史。賜金幣。

庚申。進趙志皐少傅兼太子太師中極殿大學士。廕尚寶司丞。賜金五十。沈一貫少保吏部尚書。廕中書舍人。金四十。各幣二。兵部尚書田樂進太子太傅。世錦衣衞正千戶。金六十。幣二。

寶源局鑄錢。

壬戌。戶部尚書楊俊民致仕。命侍郎陳蕖署部事。

甲子。賑乾州災民。蠲田租。

乙丑。鎭守大同總兵官李煕爲後軍都督府僉書。

許總兵官李承勳帶駐朝鮮。

丁卯。河南礦監魯坤言礦砂贏縮不一。或均派官民。或包課。上命官民派之。

戊辰。夜月犯南斗魁第三星。

己巳。密雲稅監王忠與張煒爭稅。命定界勒限。

庚午。兵部覈貴州失事之故。先是貴州巡撫江東之欲復五司。遣都指揮楊國棟等攻楊應龍。見襲。殲焉。

辛未。趙志皐沈一貫揭救吳寶秀云。新任十六日被逮。婦□氏出簪珥纔四金佐費。因自經。母年老七十八。幼子女三人。無他兄弟。殊可念也。上心動。下法司卽讞。

壬申。禮部上獻俘儀注。

甲戌。上御午門。俘倭六十一人俱棄市。受賀。

丙子。召禮部右侍郎馮琦右春坊右諭德兼翰林院侍講唐文獻纂修玉牒。

祭故巡撫寧夏右僉都御史張九一。

先是戶部開事例。凡察處論罷府運佐州縣官許復級進階及軍民人等札給品官。戶科給事中李應策言。國家警惕官邪者惟此黜陟舉劾。彼一貪吏。豈百餘金使之既破復完。如知縣復後又進知州運判。復後又進運同。固儼然金紫之榮也。百金外遞加五十金。卽得腰金。名器不應濫至此。命下部議。戶部覆各官係致仕非察處者方進階。軍民人等無過准納。給文武告身。從之。

戊寅。雨。太廟槐樹火。

閏四月夘朔。勞東師十四萬金。

錄甘鎭功。進李汶田樂秉太子太傅。世錦衣衞正千戶。賜金三鎰。緋蟒衣一襲。達雲右都督。廕本衞指揮僉事。金五十。幣二。餘陞賚有差。

逮臨淸守備王煬。時稅監馬堂苛擾。激變市人。爇其署。殺傔從三十四人。煬救堂以免。堂疑其陰倡而陽救也。遂奏煬罪。命訊之。

陳啓嗣嗣平江伯。

盜發西山宮女塚。

壬午。山東左布政使劉易從爲右副都御史。巡撫山東。

癸未。貴州總兵官沈尙文除名。

饒州府通判吳瑞蹬上纂續大學衍義。

丙戌。詔曰。朕纘承鴻緒。統理兆人。海澨山陬。皆吾赤子。苟非元惡。普欲包荒。屬者東夷小醜平秀吉。猥以下隸。敢發難端。竊據商封。役屬諸島。遂興薦食之志。窺我內附之邦。伊岐對馬之間。鯨鯢四起。樂浪玄菟之境。羣鏑交加。君臣逋亡。人民離散。馳章告急。請兵往援。朕念朝鮮稱臣世順。適遭困厄。豈宜坐觀。若使弱者不扶。誰其懷德。强者逃罰。誰其畏威。況東方乃肩背之藩。則此賊亦門庭之寇。遏徂定亂。在予一人。于是少命偏師第加薄伐。平壤一戰。已褫驕魂。而賊負固多端。陽順陰逆。本求伺影。故作乞憐。冊使未還。兇威復煽。朕洞知狡狀。獨斷于心。乃發郡國羽林之材。無吝金錢勇爵之賞。必盡卉服。用澄海波。仰賴天地洪休。宗社陰隲。神降之罰。賊隕其魁。而王師水陸並驅。正奇互用。爰分四路。幷協一心。焚其芻糧。薄其巢穴。外援悉斷。內計無之。于是同惡就殲。羣酋宵遁。舳艫付于烈火。海水沸騰。戈甲積如高山。氛祲淨掃。雖百年竊居之寇。舉一旦蕩滌無遺。鴻雁來歸。箕子之提封如故。熊羆振旅。漢家之威德播聞。除所獲首功。封爲京觀。乃檻致平秀政等六十一人。棄屍藁街。傳首天下。永垂凶逆之鑒戒。大泄神人之忿心。於戲。我國家仁恩浩蕩。恭順者無困不援。義武奮揚。跳梁者雖强必戮。茲用布告天下。昭示四夷。明余非得已之心。識余不敢赦之意。毋越厥志而干顯罰。各守分義。以享太平。凡我文武大小臣工。尙宜潔己愛民。奉公體國。以銷萌釁。以導禎祥。更念彫力殫財。爲日已久。加與休息。正惟此時。諸因東征加派錢糧。一切盡令所司除豁。務爲存恤。勿事繁苛。咨爾多方。宜悉朕意。

茅瑞徵曰。我與倭相持釜山前後用兵。大類持重。我以樓船橫海之師。四將軍二十六偏裨。費金錢數百萬。竟收功一死關白。天方贊我。倭小醜何能爲。一時文武大吏幾貪天功矣。差强人意。惟平壤一捷。而卒以封貢敗。豈所謂進銳退速者耶。

敕朝鮮國王李昖曰。比者捷書來聞。憂勞始釋。念王雖還舊物。實同新造。振彫起斁。爲力倍艱。倭雖遁歸。族類尙在。生心再逞。亦未可知。茲命經略尙書邢玠振旅旋歸。量留經理都御史萬世德等分布偏師。爲王戍守。王可咨求軍略。共商善後。臥薪嘗膽。毋忘前恥。蓽路藍縷。大作永圖。務財訓農。厚樹根本。弔死問孤。以振士卒。尙文雖美事。而專務儒緩。亦非救亂之資。忘戰必危。古之深戒。吾將士雖歸。輓輸非便。行當盡撤。爾可亟圖。

禮部左侍郎余繼登言修省之實。曰親郊廟。曰皇長子婚。曰停礦稅。報聞。

靈璧侯湯之誥領南京前軍都督府。武安侯鄭惟孝領府軍前衛。

逮儀眞守禦楊應龍以稅監暨祿委官激變。歸其罪也。

戊子。時礦使四出。人情洶洶。中外諫沮不能得。進士謝廷讚奏釀亂激變。語甚切。司禮太監田義亦言之。並不報。

己丑。諭旱災修省。

童元鎭爲總兵官。鎭守貴州。

庚寅。夜金星犯水。順行在井度。

壬辰。巡撫陝西右都御史賈待問兼兵部右侍郎。

甲午。遣官告旱于郊廟社稷。

署都督僉事李文達爲總兵官。鎭守福建。

乙未。前太子少保左都御史李世達卒。世達字子成。涇陽人。嘉靖丙辰進士。除戶部主事。癸亥。調吏部。歷考功文選郎中。憂去。起陞□通政。南京太僕寺卿。萬曆初。進右僉都御史。巡撫山東。轉河道右副都御史。戊寅。巡撫浙江。尋總督漕運。巡撫鳳陽。甲申。進南京兵部右侍郎。改戶部。又改吏部。進南京吏部尚書。改兵部。入刑部。改左都御史。予告。年六十七。予祭葬。贈太子太保。謚肅敏。

焦竑曰。孔孟論學。莫亟于知人。蘇子瞻乃謂蕭何知韓信。非有術而可學。何其謬也。李公胸懷洞達。無所不茹納。卽窮鄕下吏。片長寸善。或擧以告。公無不知者。此豈得之性哉。呂聖功爲相。于四方替罷謁見者。必問地方人才。客去。隨疏于籍。故朝廷索材。如取之橐。然辟之良工搆室。棟梁榱桷。小大畢獲。鹹覶之素也。予見公數巨冊。人才臧否良枯。種種皆具。惜夫未正冢宰之任而公去。然其及于世者。亦豈微也。

丙申。徵戶部二十四萬金。戶部言無例。

戒稅監額外苛征。

丁酉。左都御史溫純等申飭憲綱。曰重激揚。抑趨承。恤民隱。慎刑獄。禁酷濫。重彈壓。

恭順侯吳繼爵卒。

己亥。山海關灤州盧龍等地震。

庚子。西虜入花馬池安定堡五日。吏卒匿不報。

壬寅。大雨。告謝郊壇。

癸卯。虜犯遼東。□□都指揮邵國拒之出塞。多死傷。巡撫李植慮再至。乞留總督邢玠暫住遼陽。上從之。命事寧還薊鎮。

五月朔甲寅。淮安城隍廟大椿自焚。

丁巳。光祿寺卿李三才爲右僉都御史。巡撫鳳陽。

戶禮部左侍郎陳蕖余繼登爲戶禮部尙書。繼登兼翰林院學士。

上責戶部買珠寶怠緩。奪堂官俸二月。司官及順天府官俸半年。勒限趣上。

南京吏部右侍郎趙煥爲尙書。南京工部尙書郝杰改兵部尙書。左春坊左庶子葉向高爲禮部右侍郎。巡撫河南右□都御史臧惟一爲兵部右侍郎。俱南京。

戊午。通政司右通政徐申被論。改應天府丞。

辛酉。太常寺卿鄭國仕爲右副都御史。撫治鄖陽。

乙丑。皇長子暫輟講。

戊辰。□諭德范醇敬唐文獻爲左右庶子兼翰林院侍讀。中允袁宗道爲左諭德兼侍講。署司經局印。

巡撫福建右僉都御史金學曾罷。

總督侍郎李化龍至四川。

己巳。巡撫貴州郭子章至沅州。

壬申。貴州道御史涂宗濬劾遼東稅監高淮橫甚。不報。

禮部右侍郎馮琦改吏部右侍郎。南京太常寺卿鄭繼之爲大理寺卿。

癸酉。楊應龍寇綦江。

北關屬夷那林孛羅急攻南關。猛骨孛羅不能支。走建州衞□□□□乞兵。被其誘殺。邊吏往詰之。乃還其次子革庫而以女歸長子吾兒忽答。名爲撫養。實羈留不遣也。北關至是畏建州强。求還忽答。守靖安。廷議不能決。建州遂併南關。

六月戊戌朔。裁陝西黃甫川波羅寧塞守備。改設參將。

辛巳。予故左都御史劉燾祭葬。贈太子少保。

壬午。沈一貫請亟考選科道。

癸未。祭故巡撫江西右僉都御史陸萬垓。贈右副都御史。

丙戌。南京國子祭酒敖文禎爲詹事府詹事兼翰林院侍讀學士。纂修玉牒。

協守宣府副總兵梁秀加署都督僉事。繫銜左軍都督府。

丁亥。內監王彪兼理眞定保定永平薊州礦務。

己丑。御馬監監丞沈永壽管廣東稅礦。

庚寅。皇幼女殤。追封香山公主

戶科都給事中李應策言撫臣臧惟一賈待問魏允貞曾如春汪應蛟等各報旱災。命戶部覆。或蠲或賑。

甲午。故巡撫河南右僉都御史鍾化民贈右副都御史。立忠惠祠

初順義王撦力克歸自西海奉貢市惟謹。後延綏寧夏兵搗巢。疑畏。徙帳而北。邊臣諭止。俄調諸台吉西送佛僧。巡撫大同右副都御史房守士遣諭勿西行。因以聞

丁酉。五軍營左副將施朝卿賄敗。戍雷州衞。託延三年。兵部趣發之。

予故太子太保戶部尚書楊俊民祭葬。贈少保。

己亥。楊應龍反。應龍知不宥。乘我師未集。以兵八萬分犯南川江津。陷綦江。守兵不滿千。參將房如寵游擊張良賢死之。賊遂檄重慶守臣縛送奏民。守臣恐。歸其子可棟之喪。厚賄之。而委罪指揮某以自解。

丙午。諭兵部嚴門禁。沈一貫言東征川兵內土官多楊應龍之族。恐其兵雜大工軍匠混入也。

應天衞百戶范倉請設雲貴稅監。命內官監左監丞張慶往貴州□□□□□往雲南。尚書李戴陳蕖田樂蕭大亨左都御史溫純等戶科都給事中李應策御史應朝卿各疏諫。不報。沈一貫揭止之。

七月帗朔。工科左給事中郭如星請罷選貢。部覆從之。

旌瀋王珵堯孝行。

壬子。兵部左侍郎許孚遠致仕。

四川總兵官仍駐建武。協守副總兵駐松潘。

甲寅。戶部言順天府官所買珠寶無見商。上切責之。府尹萬自約降兩浙鹽運司副使。餘鐫三級調外。通判何

天申謫無爲州。張九敍謫澧州。大興知縣馮運泰謫荆門州。俱判官。宛平縣丞張九功謫廣東布政司照磨。

雲南進金色惡。奪布政使王紹慶等歲俸。

丙辰。殺臨清人王朝佐。先是稅監馬堂激變。獨朝佐承其罪。

庚申。吏科都給事中項應祥疏救萬自約。鐫四級調外。

丙寅。王鴻圖王明爲大理寺左右少卿。

丁卯。南京守備太監郝隆劉朝用採寧國池州等礦。

戊辰。前兵部右侍郎沈子木爲南京太常寺卿。

辛未。承天沔陽岳州地震。

癸酉。前巡撫四川貴州右僉都御史譚希思江東之追論播州事削籍。

乙亥。巡撫浙江右僉都御史□□六年考滿。進右副都御史。

戶科給事中李應策姚文蔚以播警乞停中官礦稅。不報。

是月。安南都統使黎維潭卒。時易印未至。弟維新嗣。

八月玎朔。命豫處黔餉。

逮荆州府推官華鈺。黃州府經歷車任重。以湖廣稅監陳奉誣劾之也。荆州知府李商耕。黃州知府趙文煒。荆門知州高則巽各降一級。

賜總督李化龍尚方劍。

己卯。詔暴楊應龍罪狀。頒賞格。

辛巳。趣劉綎陳璘赴蜀。

刑科左給事中楊應文勘報斬倭二千二百二十八級。

癸未。故朝鮮監軍御史陳効廕錦衣衛百戶。世襲。

乙酉。兵部尚書田樂以楊應龍私賂于家。執其人以聞。

譚懋功嗣新寧伯。

戊子。國子祭酒方從哲等乞罷礦稅。不報。

楊寅秋爲貴州按察使。張存意爲布政司參議。俱監軍。

朱天爵嗣武進伯。以世雍無子。及之。

吏部文選郎中梅守峻轉太常寺少卿。吏科給事中楊天民言其險黠。調外。

甲午。狄道縣東山崩。其山南忽涌小山五。約高二十餘丈。

丁酉。雲南稅監楊榮虐諸生。見訴。榮劾巡撫右副都御史陳用賓。命下諸生于理。

戊戌。四川左參政謝紹右參政張棟貴州按察使楊寅秋左參議張存意並爲監軍。給敕。

庚子。山東保定巡撫言所屬災荒。各請蠲䘏。章下戶部。

辛丑。陳璘爲湖廣總兵官。鎮守偏沅。

癸卯。予故駙馬都尉許從誠故少保兼太子太保臨淮侯李言恭祭葬。

甲辰。夜火星犯奎宿。

設興隆參將。

是月。安南莫敬恭復舉兵。鄭松攻卻之。未幾。莫氏遁。

九月。朾朔。贈陳効光祿寺卿。

前南京右都御史王樵卒。樵字明逸。金壇人。嘉靖丁未進士。授行人。遷刑部主事。精于法比。出山東按察僉事。核賑饑民。憂去。萬曆初起浙西兵備。入爲尚寶少卿。進司卿。請全劉臺以安大臣。忤時。遷南京光祿寺卿。投劾去。壬午起南京太僕少卿。卽進光祿卿。壬辰冬。進大理卿。明年刑部右侍郎。乙未右都御史。俱南京。三載致仕。樵好經術。如古書淫傳癖。年七十九。所著周易私錄尚書日記詩考周官私錄春秋輯傳四書紹聞編讀律私箋考定周易參同契老子解方麓居士集戊申筆記紫薇堂札記省往錄鎭江府志等書行世。素精博。操履純潔。予祭葬。贈太子少保。謚恭簡。子肯堂。萬曆己丑進士。翰林院檢討。

己酉。命湖廣巡撫移住沅州。徵廣西南丹東蘭泗城諸土司各簡三千人。征楊應龍。

辛亥。午刻日躔角。太白太陰同尾度。月犯金星。

壬子。設畢節參將。尋罷。

旌德平王載璨善行。

甲寅。戶部進大珠龍涎香。仍斥細珠。令速進。

前襄陽知府李商耕降兩淮鹽運司同知。黃州知府趙文煒降福建鹽運司同知。荊門知州高則巽降廣東都司斷事。

乙卯。敍東征功。進邢玠太子太保。世錦衣衛指揮僉事。賜金四鎰。蟒服一。督餉侍郎張養蒙賜金幣。萬世德進右副都御史。各廕子入太學。總兵陳璘舟師殲倭功最。劉綎次之。麻貴功浮于罪。各陞廕。賜金幣有差。董一元復秩。楊俊民贈太子太傅。游擊許國威爲四川總兵官。其陣沒副總兵鄧子龍等贈廕有差。巡撫順天李頤總督王世揚功最。加世揚兵部尚書。頤右都御史。汪應蛟梅國楨王象乾劉元霖李植次之。

以京輔災。鐲京邊折銀。且賑之。

己未。進趙志臯太子太師中極殿大學士。廕尙寶司丞。沈一貫少保吏部尙書。廕中書舍人。各賜金幣。

庚申。山東稅監陳增原奏官□□□開礦于濟南。湖廣稅監陳奉原奏官韓國柱開礦于德安。

乙丑。命楊鎬以巡撫原官錄用。

禁各處內官奏擾。

丙寅。前吏部右侍郎楊起元卒。起元字貞復。廣東歸善人。萬曆丁丑進士。選庶吉士。授□□□□□□□□潛學醇行。恬夷靜漠。眞儒者也。年□十□。予祭葬。贈□□□。天啓初謚文懿。

吳道南曰。人于學因年以進。先生之聖功基以始志。人于親因物稍遷。先生之孝思慕以終身。况隆師無間死生。友弟惟知親愛。推斯何所不洽。更何必以緒餘屑屑然爲先生表見哉。

丁卯。南京光祿寺卿陳洙以前□□右布政使鐫一級調用。

戊辰。命免肩負之稅。

沈一貫以曹學程行決。乞緩刑。報聞。而未遽言宥之也。

己巳。遼東總兵官孫守廉。廣東總兵官侯繼高並劾罷。

馬林爲征虜前將軍總兵官。鎭守遼東兼備倭。

辛未。誅沈惟敬等十九人。

壬申。免保定河間存留災租有差。

故駙馬都尉許從城。贈少保。

癸酉。虜掠大凌河。復犯大寧堡。明日至義州。飽掠而去。

是月。虜大舉犯錦義。巡撫李頤報功。巡按御史王業弘論其調度乖方。

十月玎朔。己卯。兵部留總兵張榜以四千人。李承勳以三千六百人。助守朝鮮。

四川左布政使程正誼爲順天府尹。

前巡撫山東右僉都御史鄭汝璧爲南京太常寺少卿。

旌周府輔國中尉勤熚孝行。廬墓。

濟陽衞千戶何其賢奏。萬曆二十五年。御史蕭重望請覈天下歲解。至今部未覆。乞敕內官同臣等將浙江江西湖廣見庫清查。逐一解進。上命內監孫隆等會撫按具奏。

驍騎衞百戶仇世亨請徵湖廣各郡縣積貯羡銀。又興國州人漆有光報徐鼎等發掘古墓。得黃金巨萬。乞命內官督臣等查解上。屬陳奉同撫按任之。

癸未。賑浙江饑民。

沈一貫請寬華鈺等。不聽。

甲申。南京禮部尙書王弘誨致仕。

南京國子祭酒郭正域請申飭監規。廣搜額以羅異才。嚴差撥以杜請託。覈贖鍰以一賞罰。勤課誦以終職業。改歷期以嚮實學。復查押以警游蕩。部覆多從之。

丙戌。權派四川湖廣地畝。

四川總兵官劉綎改南京右軍都督府僉書。褫總兵萬鰲。綎受命不卽進。鰲通夷納賄也。

山西饑。

命總督李化龍駐重慶。調度川貴湖廣官兵。

戊子。令貴州撫按諭水西土司安疆臣。貰罪進兵討楊應龍。

朝鮮請水師八千人協守餘軍乞駐遼陽易援。

辛卯。令廣東稅監李鳳歲徵二十萬。

甲午。進劉東星工部尚書兼右副都御使。及工部尚書楊一魁俱廕國子生。餘陞賚有差。時南京鴻臚寺卿張朝瑞議。淮與河合。自宋熙寧來五百餘年。泗州無水患。萬曆七年。泗州東築高家堰以遏淮。泗陵始患。欲拯患宜導淮。宜議高家堰。總漕褚鈇駁曰。陵患在高家堰。宜開周家橋。立高良閘。何好事者偶議分黃導淮。不知淮之患在泗州。黃之流在清河。地相距二百里而遙。黃爲患宜分黃導淮。淮爲患宜分淮導淮。各因水勢利導之。

左中允黃汝良言災異。不報。

癸卯。設大同鎮守備及馬營守備。

十一月牺朔。吳汝胤嗣恭順侯。

戊申。命宣府總兵官董一奎仍視事。

令山西簡兵二千屬游擊袁登往戍河上。自十一月始。正月撤。

己酉。折徵河南災租。仍賑之。

發通州倉三千石。賑三河及興武神武等二衞饑民。

先是巡撫陝西右都御史賈待問論太監粱永橫擾。不報。已粱永以同知宋言嗾亂。下撫臣按之。江西道御史楊宏祥言其不可。不聽。

己未。沈一貫屢請閣員。命吏部推朝野才望者。

甲子。御史楊宏祥姚思仁于永清徐元正趙文炳李思孝畢三才吳楷閱視各邊。

丁卯。饒州府通判沈榜陞榮府審理。而陶人乞留。有旨添註通判。蓋江西稅監潘相所奏也。部科論之。不報。

以馬尙仁報通州如臯新洲田九萬餘畝。命太監邢隆守備劉朝用覈理。

己巳。貴州總兵童元鎭以怯敵奪官。仍從戎自贖。起李應祥貴州總兵官。

壬申。內府火。延爇尙寶司印綬監工部廊至銀作局。火起印綬監。右監丞王進太監崔卿降三級。

癸酉。發粟三十萬石。以十萬石賑畿輔。餘平糶。

免亳州鳳陽等旱災田租。且賑之。

乙亥。暫停四川採木。

十二月丙子朔。丁丑。工部都水主事黃龍光以六科廊火。降貴州布政司經歷。

己卯。岷府廣濟王定爕薨。

庚辰。罷延綏巡撫王見賓。褫總兵趙夢麟職。

甲申。琉球國中山王世子尙寧入貢。

蠲華容等縣災租。賑沅陵。

戊子。畿內災流民就食京師。命粥之。

己丑。國子祭酒方從哲疾去。

壬辰。詔以湖廣漕糧濟川貴軍興。

吏科左給事中程紹言中官不宜輕信。外政不宜輕假。上怒。削籍。閣臣揭救。讁。

是年。總督李汶巡撫楊時寧遣材官金成以甲士三十六人自寧夏泛舟。繞出河套。斬虜十六級。

庚子萬曆二十八年

正月辛丑朔。上不朝。

吏部尚書李戴言。山西開礦內臣張忠奏調□□知縣韓董臣綿怪之守令才地不相宜。撫按奏之下部題覆。未聞內臣竟擬調也。不報。

丁未。吏部言考選久稽。不報。

石砫宣慰司馬千乘敗賊于鄧坎。時楊應龍分兵攻龍泉司。

戊申。禮部尚書余繼登請先冊立皇長子。而後冠禮可致祝詞。婚禮可致醮詞。此定序也。不報。

庚戌。楊應龍寇龍泉司。守備楊惟中託臺謁走思南。土官安民志死之。龍泉爲賊衝。戍兵不二千人。副總兵陳良玭守偏橋。不之援。

辛亥。巡按貴州御史宋興祖請停採大木。專力討播。

丙辰。吏部請發巡撫王象乾魏允貞李植陳用賓金學曾自陳疏。定去留。不報。

丁巳。辰刻。蒲縣中白村忽大風雲霧中有物大如桶。黃色捲物落嶺柳樹下。衆往視之。忽杳無跡。

戊午。設偏沅巡撫。監總兵陳璘之師。

己未。酉陽宣撫使冉御龍敗賊于官壩。賊棄龍泉遁。

癸亥。卯刻。真寧天晦如夜。歷二十刻。隕火。仍明。

丙寅。令各省直助貴州餉。

丁卯。申刻。北方有大星。色蒼白有光。北入雲中。

逮西安府同知宋言。稅監梁永劾其激衆倡亂也。

吏部催考選。不報。

戊辰。贈故兵部尚書張學顏少保。

己巳。太僕寺少卿王守素太常寺少卿許弘綱爲通政司左右通政。

辛未。刑部員外郎夏爋以按中璫失火罪璫嫉之降貴陽通判。

壬申。夜火星逆行過柳鬼宿。

二月乙亥朔。山東按察使江鐸爲右僉都御史巡撫偏沅等處提督軍務兼理糧餉駐偏沅。

丙子。命內監王彪兼管寶坻葦田。

丁丑。閣擬皇長子開講。復請之。不報。

令兵部選一武臣往封琉球國世子尚寧。

戊寅。祭太社太稷。京師地再震。

山西左布政使劉夢雷爲南京光祿寺卿。

許巡撫山西右副都御史魏允貞終養。以不繇部覆。閣謂非制。請仍下吏部。不報。

己卯。命太監暨祿兼徵鳳陽安慶徽廬常鎮之稅。前止徵應天太平寧國淮陽。以羽林衞副千戶王承德金吾左衞百戶吳鎮之請。

南京守備太監邢隆稅沿江洲田。

辛巳。內監魯坤開彰德衞輝懷慶開封等礦峒。以武驤右衞百戶張欽言之也。

楊應龍劫洪邊宣慰司宋承恩。承恩初聘應龍女。絕婚。提三千人助守烏江。

甲申。鳳陽饑。多盜。巡撫李三才以聞。命有司多方軫恤。嚴飭中外毋生事擾民。

趣各省直織造料銀。

丙戌。總督李化龍分八道進師。總兵劉綎出綦江。參政張文燿監之。總兵馬孔英出南川。僉事徐仲佳監之。總兵吳廣出合江。參議劉一相監之。副總兵曹希彬出永寧。參議史旌賢監之。貴州分三道。總兵童元鎮出烏江。參將朱鶴齡宣慰安疆臣等出沙溪。總兵李應祥宣慰彭元瑞等出興隆衞。按察使楊寅秋參議張存意監之。湖廣偏橋一路。屬總兵陳璘。分兩翼。璘從白泥。副總兵陳良玭從龍泉。按察使胡桂芳參議魏養蒙監之。每道各兵三萬。刻期並發。巡撫郭子章駐貴陽。支可大移沅州。化龍自駐重慶。初朝命水西宣慰司安疆臣助兵。子章令按察副使洪澄源監疆臣軍。疆臣與楊應龍實唇齒。內懷觀望。數張皇賊勢。罷其複。

戊子。錦衣衞百戶王體仁奏徵長江船鈔遺稅。從之。命提督廣寧店內官陳奉往其浙江江西山東臨清以北。

己丑。我兵連克三峒。

李化龍奏。劉綎名將。部伍整肅。器械精利。欲以川東屬之。與吳廣分道並進。而科臣言其驕蹇倖功。且聞其在荆州受賊重餽。宜如童元鎮例革職。受事。上從之。命充爲事官。剿賊自効。

命湖廣巡撫支可大移偏橋衞。

庚寅。騰驤右衞百戶李磐上錢法九事。請特給關防。命屬稅監陳奉。關防不准給。

夜。火星順行鬼宿。

壬辰。沈一貫請皇長子冠婚。不報。

丙申。河南永城縣饑。賊流劫。

戊戌。南京守備太監邢隆。以勘廬州洲田。另給欽差督管洲田關防。

己亥。命閣臣查對京省試錄出格。應天浙江江西湖廣河南考官各量罰有差。

是月。貴州皮林苗吳國佐作亂。國佐。洪州司特洞寨苗也。性桀黠。走淮泗。通漢語。略知書義。收其叔大榮妻龍氏。黎平府持之急。素有異志。遂反。自稱天皇上將。又有石纂太自稱太保。殺百戶黃鐘普等。與國佐合圍上黃堡。參將黃冲霄守備張世忠討之。詐降。設伏。冲霄大敗走永從縣。賊追殺我千餘人。溪水盡赤。執世忠。炙之。使自食。世忠罵不絕口。同諸苗噉之。遂掠七十餘屯堡。焚五開衞南城。破永定縣。圍中潮所。副總兵陳良玭討之。失利。退屯靖州。國佐益橫。

三月甲辰朔。楊應龍子朝棟等分三道拒我。劉綎擊走之。

鳳陽妖人趙古元被逮入京。

乙巳。平越兵克四牌。

丙午。立太平驛于旒城光山間。旒城距光山二百四十里。故設于王家樓。

夜。唐王府火。

戊申。四川貢扇不工。左布政使程正誼降廣西左參政。右布政使王道增降福建右參議。右參議劉三才降山西按察僉事。布政司理問趙嘉賓降楚雄府經歷。成都府經歷□□降貴州宣撫司經歷。

庚戌。兩淮鹽務少監魯保參稅監陳增委官程守訓假武英殿中書舍人恣虐。不報。

辛亥。朱鼎臣嗣成國公。

故李如松子世忠廕錦衣衞指揮使。廕一支子本衞指揮使。世襲。

壬子。貴陽兵克烏江關。

甲寅。克河渡關。

乙卯。右春坊右諭德楊道賓清理貼黃。

平越兵克青岡囤

丙辰。朝鮮入貢。併歸我流人。

丁巳。旌衡王常澁仁孝。

戊午。播賊突犯烏江河渡。參將楊顯守備陳雲龍阮士奇白明逵指揮楊續芝等死之。

偏橋兵克板角橋。

己未。總督兵部右侍郎李化龍考滿。加右都御史。

南京禮部右侍郎葉向高等乞行皇長子三禮。不報。

水西兵至楊亡水。克大紅落濛關。平越兵渡構皮河。

庚申。修南城清和閣。

巡按湖廣御史王立賢奏。百戶仇世亨所奏興國州民徐鼎掘唐相李林甫夫人楊氏墓。有金牌金童壺杯鑪瓶俱黃金。又金銀簪若干。臣等訊之。云杯碗數枚。其地爲大冶縣。非興國也。墓爲呂文德。非李林甫也。卽此知所奏不足信。不報。

癸亥。土蠻犯遼東大鎮堡。

甲子。犯西平。

丁卯。戶科都給事中李應策追論播事。前四川巡撫艾穆貴州撫院林喬相俱革秩。

己巳。諭內閣曰。元子冊立冠婚禮甚重。原宮狹小。修慈慶宮已成。典漸可行。卿等撰勅禮部擇日具儀注。更示諸臣不得繁阻。

壬申。水西兵擊賊于大水關。破之。劉綎入婁山關。楊應龍前門也。最險阨。

予故吏部右侍郎鄧以讚祭葬。贈禮部尚書。廕國子監。

初。廣洋衛鎮撫戴君恩奏廣東遺鹽及名馬天鵝絨鎖伏西錦珠寶皆土產。上卽命徵收。兩廣總督戴燿極言之。不聽。

癸酉。大喜阿著番族入貢。

是月。刑部郎中徐如珂謫連州判官。員外郎林曜謫南安推官。主事鍾鳴陛澧州判官。曹文煒福寧州判官。各添注。

四月甲戌朔。官軍屯白石。楊應龍身突戰。敗之。

虜五百餘騎犯黑莊渠等堡。

乙亥。報雲南賊平。初。順寧府逆酋猛廷瑞助大侯州逆酋奉學爲亂。攻州城。官軍擊平之。

江驛至沅州。

丁丑。存問前太子少保南京兵部尚書楊成。

刑部主事謝廷讚請建儲。謫貴州布政司照磨。

戊寅。沈一貫密揭言奉命撰敕未發。上報曰。謝廷讚狂妄。少待之。俾天下臣民曉然出自朕心。定不惑也。卿等可傳示諸臣。靜俟移居畢。卽待敕。

甲申。雲南礦稅寶井內監楊榮劾雲南知府蔡如川、趙州知州甘學書等。

乙酉。珠池市舶稅務內監李鳳激變新會縣。因參鄉官吳應鴻、貢士勞養魁、鍾聲朝、梁斗輝、民李芸易等。俱命逮治。

平越兵克黃灘關。

丙戌。予故巡撫福建右副都御史張汝濟祭葬。

水西鎮雄兵克桃溪焚楊氏衛舍家廟。

戊子。封由桂壽光王。趙王常清庶子。常澍豐城王。益王翊鈏庶子。

己丑。左春坊左庶子范醇敬爲少詹事兼翰林院侍讀學士纂修玉牒。

工部員外郎楊爲棟稅及賑米貶靖州同知。

庚寅。議罷朝鮮兵。

辛卯。華增嗣武岡王。

水西鎮雄兵入播州官軍圍海龍囤賊窘死守詭令婦人哭拜表詐降。

壬辰。珂欏嗣萬安王。

補尙寶司所燬牙牌。

癸巳。右春坊右庶子唐文獻爲左春坊左庶子。左右諭德袁宗道楊道賓爲左右庶子。並兼翰林院侍讀。左右中允黃汝良黃輝爲左右諭德。並兼侍講。右贊善區大相編修莊天合爲左右中允。並兼編修。檢討周如砥爲右贊善兼檢討。

右軍都督府署都督僉事劉承嗣罷。

甲午。荆世子由樊嗣荆王。

免京師牙稅。

錦衣衞都指揮使王之楨進都督僉事。

乙未。巡按直隸御史吳達可上饑民圖說。

是月。套虜犯寧塞營。杜松禦卻之。

五月朔。丁未。逮故總兵童元鎮。

留巡按貴州御史宋興祖仍一年。

戊申。朝鮮請留戍三千人。時議撤不一。

壬子。巡撫貴州郭子章報鎮雄土知府隴澄斬楊維棟僞提調等五十餘人。爲諸路倡。下兵部議旌。

丁巳。始命工部主事管琉璃黑窰廠三年代之。

己未。李化龍聞喪。命奪情視師。

巡撫鳳陽等處兼海防右僉都御史李三才請停礦稅曰。自礦稅繁興。萬民失業。朝野囂然。莫知爲計。皇上爲斯民主。不惟不衣之。且併其衣而奪之。不惟不食之。且併其食而奪之。征榷之使。急于星火。搜括之令。密如牛毛。今日某礦得銀若干。明日又加銀若干。今日某處稅若干。明日又加稅若干。今日某官阻撓礦稅。拏解。明日某官怠玩礦稅。罷職。上下相爭。惟利是聞。如臣境內抽稅。徐州則陳增。儀眞則暨祿。理鹽揚州則魯保。蘆政沿江則邢隆。千里之區。中使四布。加以無賴亡命。附翼虎狼。如中書程守訓。尤爲無忌。假旨詐財。動以萬數。昨運同陶允明自楚來云。彼中內使沿途掘墳。得財方止。聖心安乎。不安乎。且一人之心。千萬人之心也。皇上愛珠玉。人亦愛溫飽。皇上憂萬世。人亦戀妻孥。奈何皇上欲黃金高于北斗。而不使百姓有糠粃斗升之儲。皇上欲爲子孫千萬年。而不使百姓有一朝一夕之安。試觀往籍。朝廷有如此政令。天下有如此景象。而有不亂者哉。

壬戌。沈一貫考滿。進少保吏部尚書。廕中書舍人。

甲子。延慶長公主薨。

乙丑。前福建布政司左參政王叔杲卒。叔杲永嘉人。嘉靖壬戌進士。

丁卯。修大高玄殿。

復故總督浙直江福兵部尙書張經官。廕其孫懋爵入國子監。

富平知縣王正志奏稅監梁永趙欽婪橫不報。

庚午。水西宣慰司安疆臣鎭雄土知府隴澄還師。或言水西通賊。總督令退舍。疆臣曰。吾不爲亡播續也。與澄先引去。

西虜火落赤等犯寧夏安定堡花馬池。副總兵李崑被圍甚急。寧塞營副總兵往援。走之。

辛未。李三才奏。數月以來。凡有章奏。但係礦稅。卽束高閣。一切不省。臣之前疏。非泛常也。國脈民命之所關。天心祖德之所在也。人主能爲萬姓之主。然後奔走禦侮。若休戚不關。威力是憑。劫奪之已耳。斬刈之已耳。孤人之子。寡人之妻。析人之產。掘人之墓。奸貪殘賊。若近日秦楚等所奏。卽在敵國仇人。猶所不忍。況吾袵席之赤子。亡辜之齊民哉。窮困無聊。遂生窺竊。如徐州趙古元之類是已。夫天下非小也。草澤之人至衆且廣也。欲爲古元者何限。獨以朝廷處置得宜。綱紀有道。欲乘之而無釁。欲挑之而無端。故俛首瘨心。從敎從令耳。今乃驅之使亂。臣懼萬姓不肯爲朝廷主也。

六月衽朔。丁丑。官軍克海龍囤。楊應龍自經。妾田氏子朝棟等被獲。先後擊斬二萬二千六百級。播州平。

申時行曰。播州之役。三省財力耗費以巨億計。楚蜀之間驛騷甚矣。向非委官不索賄。應龍不擊獄。調則必赴。召則必來。何至稱兵叛逆。悍然不顧乎。挑釁啓禍。必有任其責者。故好事喜功。窮兵殫財。非國家之利。已事可永鑒也。

郭子章曰。楊璨以十訓刊石示子孫。曰始能順從。則世享福壽。邦憲漢英守之。父子事元。俱封國賜謚。稱忠順福壽矣。當時宋隆濟今洪邊。蛇節今水西族也。元人藉楊氏力計平之。不謂今楊氏叛亡無噍類。而洪邊水西尚存。應龍眞不肖子哉。楊氏宗祀八百年。比隆召公。使守十訓家法。又惡知不過其曆。而奈何以凶終也。又曰。環貴州而居者。國初有四宣慰。安宋田楊。皆豪族也。永樂間田誅于閲。裂而爲思石鎭銅八郡。萬曆間楊磔于逆。裂而爲遵義平越二郡。卽宋連于楊。幾波及而兎。全安氏上疏討賊。執劉自効。歷千年而獨存。嗟乎。其亡也必有所以亡。其存也必有所以存。不樂其亡而存其存。安宋之子孫。其務曰兢兢。與國相終始。殷鑒不遠。覆車在前。戒之哉。戒之哉。

瞿九思曰。自古西南夷中。我師未嘗大得志。卽傅友德統二十四將軍。止聞防守。正統麓川之役。提兵五十萬。而後稍稍一縛之。地勢然也。不獨昭代。播非唐之南詔。宋之大理哉。當時韋節度皐。曹將軍彬。潘將軍美。王將軍全彬。曾不能往正其罪。況郡縣乎。楊酋流毒土司。血濺千里。視南詔慘焉。督臣運籌決勝。直犂其庭。掃其閭。郡縣而置之。此唐宋以來一大偉績也。不聞以王新建遇之。何哉。獨悲楊延昭楊文廣之崇儒。漢英之著作。皆一世之雄也。至應龍斬焉以絶。惜哉。

朱國楨曰。播州一案。當時用兵。可不可乎。曰。可。蜀三面鄰夷。且借爲用。而播爲最勁。此不可制。四起效尤。無蜀併無黔滇。且分八路。克險關。彼猶倔强如故。勢安得已。曰。既克矣。因而郡縣之。可不可乎。曰。可。悉天下全力。平二千里。爲國家闢土開疆。此盛事也。

茅瑞徵曰。應龍井蛙耳。何能爲。獨不勝匹夫之忿。與其屬爲難。狃于中朝宣諭故轍。時繫時釋。時剿時撫。初逞于白石。再逞于飛練。後逞于綦江。以爲漢終不奪我播。乃敢螳臂當車。蓋至天兵四集。而猶頓首頓足。知悔晚矣。檻虎阱猿。死不擇音。然猶竭天下之全力。環而攻之。以山壓卵。何愁不克。而我亦已疲甚。事莫不罅于微而成於激。方酋雛伏。以一太守單騎幸臨。皇遽請罪。及其鴟張。以八路五將軍之師。相持數月。殺人如痲。僅乃克之。誰生厲階。得不償失。蓋攷楊酋。察其終始。信怨毒于人爲甚也。酋初囚繫重慶。踰年弭耳乞憐。

豈有意叛者哉。及川兵四路入關。賊始悔失策。斂兵一處。殊死衝突。已無救于滅亡。掌大蠻崖。狠天作仇。覆不旋踵。豈非天哉。

談遷曰。楊氏傳世自唐僖宗始。五司七姓之衆。雄視諸蠻。然應龍非有逆志。不過積忍嗜殺。而當事或重視之如虎。或蔑視之如鼠。均失其等。釀成大禍。始孫時泰說應龍趨重慶。直抵成都。果從其計。蔓難圖也。竟株守窮窟。剪之差易。漢黥布之亡。釁由嬖姬。楊氏亦萌于田妾。家人利女貞。獨爲漢治語乎哉。

山東大風雹。有磁甕七飛出濟南城五里。

戊寅。左春坊左贊善蕭雲舉爲右春坊右諭德。署國子司業。

己卯。撤朝鮮兵。

故都指揮王芬贈都督僉事。廕副千戶。守備陳大綱贈署都督僉事。廕百戶。天全六番招討副使楊愈。贈宣慰副使。時征播。俱沒于松門埡。

辛巳。工科左給事中張問達上言三事。別忠佞之言。以絕禍源。嚴貪酷之罪。以懲巨惡。明參劾之權。以正國體。不報。

甲申。應城伯孫允恭卒。

丙戌。太子少保兵部尚書楊一魁考滿。進太子太保。

廣西思恩州土官黃大錫絕嗣。歸其地永康縣。名永康州。

丁亥。修琉璃河橋。

禮科給事中王士性極言礦稅之害。不報。

戊子。工科都給事中王德完上言理財用人。其理財有七。曰嚴義利之別。明一體之誼。通家國之用。存敬畏之心。識修省之要。廣視聽之益。謹安危之幾。改苛斂之失。用人有七。曰礦稅之使當撤。被逮之臣當恤。撫臣之任當專。選取之命當下。遷謫之臣當用。眚災之赦當行。輔相之求當亟。不報。

丁酉。李化龍乞終制。不許。

戊戌。逮富平知縣王正志。礦監趙欽劾之。

己亥。平播報至。

辛丑。夜有大星色赤。自中天流西北。入雲中。二小星隨之。

是月。巡撫遼東右僉都御史李植奏。遼東馬市自二十二年以前。費二千四百餘金。至二十三年。委馬政官俞萬策兼管夷酋詭名重名。比舊增三倍。二十四年增至四千五百餘金。二十五年增至六千四百餘金。二十六年。前撫臣張思忠察其弊。裁覈仍舊二千七百餘金。虜反挾宣大之貢。思忠憤而請革馬市。遂罷此廣寧馬市因革之大略也。義州木市。前撫臣李化龍題。少歹青欲在義州大康堡順河販木。酌許之。止犒酒食。歷三年無譁。後將領多短其直。夷人恨之。焚木而去。不復至。木市遂罷。此義州木市興廢之大略也。二市羈縻與宣大不同。順之則撫。叛之則罷。此夷方市。彼夷進犯。無歲無之。何忠順之有。而欲撫賞之耶。乞下廷議。以決大計。

七月壬寅朔。四川總兵官吳廣通播賄。劾免。充爲事官。殺賊自贖。

通州同知邵光庭。香河知縣焦光卿。以太監王彪論。降一級。

癸卯。諭內閣曰。皇長子清弱。大禮少俟之。可傳示百官。靜待。毋沽名煩聒。

丙午。應天巡撫陳惟芝聞喪。三月未得代。請操江攝事。不報。

陝西右布政使兼按察副使榆林中路兵備趙楫爲右僉都御史。巡撫遼東兼管備倭。贊理軍務。陝西右布政使撫治西寧兵備劉敏寬爲右僉都御史。巡撫延綏。贊理軍務。湖廣左布政使曹時聘爲右僉都御史。巡撫應天。提督軍務。

予故總督兵部尚書張經祭葬。謚襄愍。故南京兵部尚書吳文華謚□□。復故吏部左侍郎孟春官。予祭葬。

戊申。江防參政沈孟化。蘄州知州鄭夢楨。以稅監陳奉訐其阻撓。降調有差

庚戌。閣臣請皇長子講學。命俟九月。

辛亥。滋陽知縣楊盛明以盜劫解金。謫新貴典史。

命順天尹禱旱。

吏科署科事戶科給事中許子偉言弭災曰因旱思政。因捷思赦。不報。

甲寅。停四川湖廣征播之稅

丙辰。禮部尚書兼學士余繼登卒。繼登字世用。交河人。萬曆丁丑進士。忠誠愼密。臨事不撓。年五十七。予祭葬。贈太子少保。謚文恪。

戊午。守備湖廣少監杜茂誣奏諸生沈希孟等劫稅。命嚴訊之。巡按御史王立賢奏稅監陳奉貪暴激變。不報。

時陳奉道承天之金花灘。勒居民黃金。訊及婦人。幷拘鍾祥知縣鄒堯弼。遠近大震

己未。陝西稅監梁永。訐富平知縣王正志。仍請敕巡邊盤庫。許之。

壬戌。報西寧軍逃叛。

彰德大風傷黍。

丙寅。增解額南雍五人。北雍十五人。

敍甘鎭西寧莊浪斬獲功。兩鎭陞賞有差。

戊辰。太常寺少卿史孟麟疾去。

許偏沅巡撫江鐸守制。仍裁其官。

興武衞指揮周原茂請開採貴州道。御史李時華參之。不報。

己巳。巡撫延綏右僉都御史劉敏寬罷。

前太子少保南京兵部尚書楊成卒。成字□□。長洲人。嘉靖丙辰進士。授工部主事。歷浙江按察副使。累至今官。□□□□□□。年八十。予祭葬。贈太子太保。謚莊簡。

馮時可曰。評者謂公不談般若而苦行則眞禪。不立黨幟而實行則眞儒。不遁巖穴而離俗則眞隱。不做冠垢服。不張崖立岸而皜皜軒軒。映冰壺。麗朱霞。對帝質神。始自角丱。終于鮐背。吾無間然矣。

庚午。討皮林苗。四川湖貴廣西兵協擊。

是月。興化府大雨水浸城。

八月辛未朔。前湖廣按察副使萬振聲承天知府王禹聲鍾祥知縣鄒堯弼並削籍。初吏部擬降振孫廣東參議。禹聲福建運司同知。堯弼連州判官。不允。改擬廣西參議。禹聲福建運司同知。堯弼普安州判官。又不允。竟令削籍。

前遼東屯田把總韓應龍奏四川成都龍安□□產鹽茶幷重慶馬湖□□產名木。上命內監丘乘雲往徵成都龍安等處茶鹽。

鎭守延綏總兵官王威罷。

前四川□布政使程正誼降廣西左布政。上怒各官申救。鐫三級。

壬申。翰林院庶吉士黃國鼎楊希聖李思誠周道登溫體仁爲編修。趙師聖高承祚張文光丘禾實王毓宗張邦紀盛以弘爲簡討。梁有年洪瞻祖張鳳翔爲給事中。林秉漢楊文滋黃陞曾舜漁爲監察御史。

甲戌。宣府總兵官都督同知麻承恩改鎮守延綏。

戊寅。宣府副總兵梁秀爲鎮朔將軍總兵官鎮守宣府。

己卯。前少詹事兼翰林院侍讀學士黃洪憲卒。

辛巳。吏部文選郎中朱敬循爲太常寺少卿。

乙酉。捕遼東孤山堡妖人金得時等。

丁亥。設貴州新貴縣儒學。

辛卯。工科都給事中王德完言。國家歲入僅四百萬。而歲出輒至四百五十萬有奇。居恒已出浮于入。邇來因事加增。如寧夏用兵數月。約費餉一百八十七萬八千餘金。朝鮮用兵七年。約費餉五百八十三萬二千餘金。又地畝米豆援兵等餉費三百餘萬金。平播之師期年費一百二十一萬六千餘金。連川中湊辦共二百餘萬。婚禮珠寶等項約九百三十四萬三千餘金。傳造袍服四萬一千餘匹。約一百萬四千餘金。山西潞紬纊織四千七百餘匹。婚禮傳買段一萬二千七百餘匹。約十萬餘金。磁器口傳二十三萬五千件。約費二十餘萬金。濬三山口趙家圈等處費二十四萬餘金。而省直災傷欠段價料銀一百二十四萬五千金。又欠廚料九萬六千餘金。積之亦既二千六百餘萬。當帑空之時。講濟虛之策。惟節省最要。臣請減織造以拯民命。止營建以贍邊儲。停珠玉以貽燕翼。審採辦以濟國用。趣大工以省煩費。發內帑以救燃眉。不報。

壬辰。福建南安地屢震。凡三日。太湖縣有天火墜縣門。

癸巳。建陽地震。

甲午。巡撫河南右僉都御史曾如春請賑卹。

前南京禮部尚書林士章卒。士章字德斐。漳浦人。嘉靖己未進士及第。授翰林編修。進司業。憂去。壬申起南京祭酒。癸酉。改北。甲戌。進禮部右侍郎。丁丑。轉左。後長南禮部。致仕。士章諳練朝典。兼善星曆。年七十七。予祭葬。

丙申。命大河南北山東設法賑災。

河內縣天鼓鳴。有星墜常平鎮北二里。掘之尺許。獲石。膚黑中白。

戊戌。許總督李化龍終制。

京師西北天鳴。

是月。京省主試順天右庶子楊道賓修撰顧天埈。應天左諭德黃汝良右中允莊天合。浙江簡討劉生中兵科左給事中桂有根。江西編修楊繼禮戶科右給事中姚文蔚。福建簡討朱國楨兵部主事吳用先。湖廣簡討沈淮兵部主事張其廉。河南吏部主事倪斯蕙刑部主事陸應川。山東工科左給事中張問達戶部主事鮑應鰲。山西刑部主事李叔春工部主事應汝化。陝西戶部主事江中楠行人胡國鑑。四川戶部主事楊一葵兵部主事趙拱極。廣東兵部主事楊麟祥工部主事張嗣誠。廣西刑部主事施爾志中書舍人柴大履。雲南戶部主事魯遐大理寺評事蔣之秀。貴州工部員外郎黃士吉行人王孟震。

同安地大震。

南京通政司右參議朱廷益卒。廷益字汝虞。嘉善人。萬曆□□進士。歷南京考功郎中。出爲江西僉事。請謁不行。平生敦尙名節。宦二十年。僅先疇百畝。假屋以居。其歿也。僚友醵金殯之。

郭正域曰。賢士大夫無不飭簠簋。而或不信于人。或小推而大攫。或陽吐而陰茹。朱公之貧。眞貧也。批鱗君子。筮仕而侃侃。末路而墨敗。豈其殊操。後乃愈溢矣。朱君靜而正之。粗而翹之。白首如一。遇事風生。綽有條理。聽者悚動。不隕獲于貧賤。不充詘于富貴。不假之年。矯矯錚錚。古之遺直乎。

九月辟朔日食。
刑科右給事中陳繼春。疏救蔡如川甘學書。不報。
謚祐聖夫人徐氏曰勤敬榮安。氏乳上。閣臣兩擬。上並用。閣臣謂無例。答不爲例。
衞應爵嗣宣城伯。
丙午。旌鉛山王□□繼選楊氏未婚矢節。進封王妃。
刑科右給事中陳繼春請停刑。不報。
貴州宣慰司安疆臣貢馬。
庚戌。總督兩廣陳大科劾罷。
辛亥。前刑科都給事中宋之韓卒。之韓字元卿。武安人。嘉靖乙丑進士。性鯁直敢言。年六十九。
壬子。昏刻有星大如卵。色赤有光。自東北流東南。
癸丑。前太子少保總理河道戶部尚書褚鈇卒。鈇字□□。榆次人。嘉靖乙丑進士。知河間。奏最。拜御史。練達有
幹略。所至著聲。而視學南畿。撫輯兩湖。尤見稱。年六十八。予祭葬。贈太子太保。
己未。諭停刑。兵部尚書田樂等乞釋曹學程。獄上怒。命待論。
庚申。夜。月犯井宿。
庚午。右春坊右庶子兼翰林院侍讀周應賓爲南京少詹事。署翰林院事。
巡撫寧夏兵部右侍郎楊時寧進右都御史。
是月。套虜吉能大舉犯延綏高家諸堡。薄葭州。副總兵杜松語總督李汶擣火落赤之巢以牽之。遂夜出定邊
營擣雷赤二部。多殺傷。自東路歸。虜萬騎邀之。松力戰。被數矢不懾。虜因圍之。松下馬步擊。得解。斬宛哈五級。

餘虜五十一級。虜傳烽糾衆圍之。寧夏總兵杜桐馳援。乃免。

十月梓朔。戶部覆南京屯田御史王藩臣乞豁秋糧。從之。

命平播總兵陳璘剿皮林苗。仍令偏沅巡撫江鐸墨衰視事。

癸酉。朵顏三衞入貢。

丙子。廣東稅監李鳳奏專署。命改義倉爲之。

雲南稅監楊榮。以阿瓦猛密土夷貢寶石牙毯等物。并求寶井專敕使開採。從之。

丁丑。前國子祭酒劉應秋卒。應秋字□□。吉水人。萬曆癸未進士及第。贈禮部右侍郎。崇禎初謚文節。

壬午。李三才請乞休。懇罷礦稅。不允。

乙酉。諭內閣來春冊儲。

錦衣衞帶俸都指揮使鄭國泰。以給事中楊天民所參。乃都指揮使李承恩私忿。假臣名妄奏。上切責承恩。奪歲俸。

天壽山火。

戊子。巡按貴州御史宋興祖請停刑。不報。

辛卯。山西右布政使吳道任致仕。進行太僕寺卿。

壬辰。命湖廣川貴廣西各督撫就近協勦皮林苗。

癸巳。戶科左給事中許子偉降外。以論鴻臚寺卿張棟也。以瀆奏。降銅仁府經歷。

丁酉。工科給事中張問達主試山東。道奏流民饑苦狀。請亟罷礦稅卹民。不報。

己亥。尚寶司少卿潘士藻卒。士藻字去華。婺源人。萬曆癸未進士。授溫州推官。戊子。拜御史。執橫闇道戲良家婦者。移司禮發之杖斃其一。東廠太監□□衔之。屬火災內監摘士藻疏有不可使聞于左右近習語。上怒謫廣東布政司照磨。辛卯改南京刑部照磨。壬辰進南京吏部主事。七月改尙寶司丞。久不徙。癸巳進少卿奉使卒于家。與鄒元標葉茂才輩推尙氣節。年六十四。所著闇然堂類集詩文集周易述若干卷。

庚子。工科都給事中王德完言。臣入京數月。道路相傳中宮役使止數人。憂鬱致疾。阽危不保。臣竊謂不然。第臣得風聞言事。若如所傳。則宗社隱憂。臣羨袁盎卻坐之事。祈皇上眷顧中宮。止輦虛受。臣死且不朽。上怒。下錦衣衞獄。訊其繇。吏部尙書李戴御史周盤等各論救。俱切責之。奪御史歲俸。餘八月。閣臣揭請調護中宮。宥德完。有旨。中宮侍朕同居。邇來稍稍悍戾。每事敎訓。亦知改悔。何嘗有疾。

十一月辛丑朔。壬寅。妖人趙一平即古元。伏誅。

甲辰。故遼東副總兵解生贈右都督。解生原降胡。入宣府籍。歷戰歿牆子嶺。

癸丑。眞保薊永稅監王虎求徵屯租。復鹽商侵占葦地。從之。

甲寅。吏部左侍郎裴應章爲南京工部尙書。

辛酉。督理廣西稅務御馬監太監沈永壽死。巡按御史呂圖南籍其稅六萬餘金。乞寬稅務濟邊用。不報。

甲子。寶鈔局火。

丁卯。沈一貫以正一眞人張國祥奏免徭役及本山上淸宮。夫天下田土。除皇莊外無不供徭。今祈免非制。且糧二百八十石。加三百五十石。計田二萬餘畝。恐盡邑境安可盡蠲耶。

十二月庚午朔。甲戌。天津稅監馬堂進大西洋歐邏巴國人利瑪竇所貢方物。命利瑪竇入京。

癸未。折衞輝田租。

甲申。予故太僕寺卿鄒鍊祭葬。

山西稅監張忠參夏縣知縣袁應春謫永寧衞經歷。

丙戌。吏部推謫籍何喬遠。遂中立責之引咎。

己丑。陳瑋嗣遂安伯。

辛卯。湖廣稅監陳奉遣武弁開礦穀城。不獲。脅庫金。邑人大懼。羣擊之。走免。餘多溺江中。

乙未。上御午門。播州獻俘六十九人。寒甚。大呼稱枉。誅楊朝棟兆龍等。釋宋承恩。餘遠戍。白氏楊勝保給功臣家。

陸從平曰。蜀之有楊虜。猶黔之有安虜。皆梟獍也。安尤强。可以制楊之死命者惟安。楊亦獨忌安。無敢逞。乃安能守高皇帝令。通九驛。往來滇黔者悉賴以給。惟是驕伉不習漢法。所部有犯。不即奉行。然播州雖蜀地。而黔軍門有秉制川東之勅。故亦屬黔。且去蜀遠而去黔近。彼見黔中事體多裁抑安氏。因專事蜀。且其人黠甚。交給重慶士大夫。多爲左右于監司之側者。而蜀之監司亦多受其餽。待以優禮。故生殺予奪。惟其欲爲。無所禁忌。所由來久矣。萬曆十七年。貴州巡撫葉夢熊必欲正法。四川巡撫李尙思巡按李化龍竟庇虜而與葉異。甚而相仇。如李尙思移咨葉夢熊有云。必如貴院之不容楊應龍。將盡割川東之地以與貴州而後可乎。葉回咨亦云。必如貴院之曲護楊應龍。將使本院繳秉制之勅而後可乎。至李化龍直劾葉狡猾啓釁。盛稱應龍赤心報國。遂使楊虜憑其城社。將葉所委播州任參將縛于馬前。辱其妻孥。斫軍門所予令旗。此尙知有朝廷哉。葉疏其必反當聲罪致討而奉旨不過會勘。又移葉甘肅。以蜀方伯彭富代之。爲楊虜計甚備。而釀成今日之禍者。誰爲厲階也。

戊戌。巡撫宣府右副都御史王象乾爲兵部右侍郎。

前南京戶部尙書王友賢卒。寧鄉人。嘉靖己未進士。予祭葬。贈太子太保。

興武衞指揮周原茂請採貴州礦稅。御史李時華以思貴被兵後不堪擾。疏留中寢之。

延慶左衞軍家牛生犢二首二尾六足。西方比肩之獸曰邛邛距虛。

國榷卷七十九

辛丑萬曆二十九年

正月庚子朔。上不朝。

武昌沔陽火。

甲辰。沈一貫請簡閣臣。不報。時趙志皋引疾。

丁未。禮部請卹川貴之民。宥正月以前徒杖等罪。從之。

夜。月犯昴宿。

己酉。署禮部事右侍郎朱國祚言。皇長子年已二十。淑女習禮踰年。乞早定三禮。幷冠諸皇子。分封。命徐俟之。壬子。上御午門。詔曰。朕嗣承歷服。式奉先猷。欲人並生。庶幾不擾。八年以來。俄煩兵甲。賴天地廟社之靈。將相臣民之力。內攘外郤。無損國威。然彼皆文告不來。自投爨鑊。朕甚閔之。非爲快也。惟此播州。故有楊氏。爲夷長率。受我冠裳。子孫之仍。籍有年。朝廷之覆露良厚。夫何其末冑應龍者。安忍無親。大逆不道。當其嬖寵戕嫡。淫刑禍民。毒痡萬方。凶殘七姓。國人皆曰可殺。朕心不忍加誅。因其漢官。疆以戎索。曲從贖死。爲德甚宏。而乃下愚不移。肆行無忌。敢爲嫚辱。妄意薦窺。既逋重慶之囚。遂決跳梁之志。收藏亡命。搆煽苗民。震駭兩川。恫疑四海。朕猶時覃在宥。未即移師。而賊顧因撫成驕。因驕蔑叛。內則僭越王章。無復人臣之禮。外則矜詡物力。有輕中國之心。掩不備于綦江。梗道途于湖貴。爲臣若此。孰其堪之。夫帝王之道。推亡固存。邇來東西之故。胡不聞焉。是用一勞師徒。四徵餽餉。天休人力。霧涌雲屯。發蜀楚黔滇土著之兵。下秦晉吳楚如林之甲。婁山崖門之險。平地九逵。湄潭河渡之深。崇朝一葦。狡徒鼠竄。僞社飈焚。擣穴塗窮。登高塞望。猶自謂重關百仞。可敵萬人。困獸千羣。堪資一戰。豈知天心旣吐。地險何憑。死鬭不能。詐降不可。百道圍而飛鳥絕。九攻合而蹇兔啼。突士轟而鼓聲哀。雖歌悲而豔妻決。夫應龍以極惡就縊。一死安贖。是命剉屍傳首。恭嚴天誅。其妻孥黨與七十餘人。檻致闕下。千年守土。一旦丘墟。伊誰實然。豈朕之意。於戲。漢封遠矣。代有棄置。蠻夷君長。人安與安。惟虔劉無度。予一人實不忍于赤子。亦明天地日月無私。穢無遠而不疏。惡無微而可蘊。苟有昏暴淫虐。蔑常亂紀。朕雖欲赦。而天勿容。其明告中外有土有身。視爲前車。各戒爾後。氛慝初銷。創夷未起。師之所處。荆棘生焉。邑里蕭條。哀此煢獨。凡蜀楚滇黔有因用兵加派錢糧及一切可緩積逋若詿誤輕條。並令所司酌量蠲宥。救乏振滯。蕩滌繁苛。咸與維新。安生樂業。布告天下。俾共聞知。

丙辰。吏部大計外官。降斥有差。

丁巳。沈一貫言覲官大班糾劾。乞御文華殿面賜處分。不報。

戊午。趙志皋等請定皇長子講期。推少詹事范醇敬侍郎曾朝節左右庶子唐文獻楊道賓左右諭德黃汝良蕭雲舉左右中允區大相黃輝直講讀。不報。

光祿寺卿孫瑋爲順天府尹。

戶部尙書陳蕖等言裕匱。今年例闕二百萬金。又御用監取辦金寶雜料如珍珠須銀一千五十七萬有奇。乞增開事例助用。從之。

右春坊右庶子袁宗道卒。宗道字公修。公安人。萬曆丙戌禮闈第一。成進士。選庶吉士。修潔有文行。直東宮。天啓初。賜祭葬。贈少詹事。廕國子監。

癸亥。通政司左通政王守素爲光祿寺卿。浙江左布政使趙欽湯爲南京光祿寺卿。巡撫宣府右副都御史王象乾爲兵部右侍郎兼右副都御史。總督川湖貴州軍務兼巡撫四川。時播地初定。總督李化龍有父喪。巡按崔景榮言拓土撫降非亟推新督臣不可。吏部推賈待問王象乾上。

甲子。河南劇盜王好問等逃太行山未獲。罰守備馬永光等有差。

科道拾遺□□右布政使陸撫治鄖陽右副都御史鄭國仕勸致仕。浙江按察使李維楨等罷降有差。

乙丑。偏沅巡撫江鐸出鎮靜州。合總兵陳璘等率副總兵李遇文等。分七路進攻皮林苗。

先是北闈有執政子下第。故修郄于順天主考禮科都給事中楊天民。以文體劾解元趙維寰等。而江西湖廣四川並拄議。禮部儀制郎中王紀擬覆。盡除貢士名。署部事禮部右侍郎朱國祚不可。三易草。紀猶斥苗自成餘盡停三科。國祚謂諸卷深晦有之。險怪則無。而使三科不試。則齒髮變。意氣衰矣。遂各停一科。

丙寅。敕朝覲官還任。

己巳。鐵嶺衞火。

魯府鄒平王頤在薨。

二月戊辰朔。天津督稅御用監太監馬堂進大西洋利瑪竇土物。禮部言。會典止有西洋國西洋瑣里國。而無大西洋。其眞僞不可知。又寄住二十年方貢。則與遠方慕義獻琛者不同。且所貢天主女圖旣屬不經。而囊有神仙骨等物。夫仙則飛昇。安得有骨。韓愈謂凶穢之餘。不宜令入宮禁。宜量給冠帶。令還。勿潛住京師。不報。

予故南京兵部尙書蔚州郝杰祭葬。嘉靖丙辰進士。

壬申。命皇長子十四日出講。閣臣請補侍班講讀官。不報。

太子太保兵部尙書總督薊遼保定軍務邢玠爲南京兵部尙書。少詹事敖文楨爲禮部右侍郎。署國子祭酒。福建左布政使朱運昌爲右僉都御史。巡撫福建。南京光祿寺少卿徐民式爲南京通政司使。

前南京刑部尙書錢邦彥卒。邦彥字德徵。吳人。嘉靖乙未進士。知南安縉雲。擢吏部驗封主事。歷考功郎中。進南通政司參議。歷光祿太常大理寺卿。並南京。丁巳冬。改北大理。戊午。進南京刑部右侍郎。甲子。北轉左。乙丑。長南刑部。致仕。己卯壬午再存問。年九十。又存問。未至卒。生平修愼詳淹。居官無公私請謁。賜祭葬。

癸酉。前太子少保吏部尙書孫丕揚爲南京吏部尙書。

甲戌。免大同宣府災租。

乙亥。陝西總兵官署都督同知蕭如薰爲征西將軍。鎭守寧夏。

右諭德黃汝良兼國子司業。

吏部右侍郎馮琦禮部右侍郎曾朝節主禮闈。時分考官且陞辭入闈。至是閣臣再催。乃下。

丙子。敍松山功。進李汶少保。賈待問兵部尙書兼右副都御史。徐三畏右副都御史。總兵達雲左都督。蕭如薰都督同知。兵部尙書田樂進少保兼太子太保。梅國楨魏允貞等各陞賞有差。

丁丑。魯府東原王熙埨薨。

夜。月犯井宿。

戊寅。京師地震。

癸未。巡撫山西右副都御史魏允貞疏救夏邑知縣袁應春。不報。

南京尙寶司卿合肥蔡悉致仕。悉嘉靖己未進士。端莊恬雅。累召終不起。學問稟于程朱。士論宗之。

乙酉。武英殿中書舍人兼理山東礦務程守訓言。海運自高郵至淮安廟灣入海。自膠州新河至海倉復入海達天津。工科左給事中張問達劾守訓前罪。不報。

己丑。湖廣按察僉事馮應京以督稅御馬監監丞陳奉誣劾。命降雜秩。

策貢士許獬等三百人。賜張以誠等進士及第出身有差。

壬辰。保定府火。

癸巳。皮林苗平。官軍擊斬五百八十三級。俘吳國佐等。總兵陳璘等班師。廣西參政寧德陳㬌深入苗寨。撫降萬計。竟瘁卒。賜祭葬。贈太僕寺卿。萬曆甲戌進士。

瞿九思曰。皮林諸苗。既建文臣以撫之。又建武臣以禦之。然衞屬楚而府屬黔。犬牙相制。豈不備哉。顧諸苗以槃瓠之種。夙稱梟獍。殺僇我將校。虔劉我人民。負山依險。倘非守備李楷先授地形。胡能建此鴻功乎。語曰。殺獸兔者功狗也。發縱指示者功人也。此可以喻將軍矣。臣獨謂萬曆初伍開之變。擾我疆埸者。非苗也。軍也。自是議者以黎平亦屬楚。然與否與。

郭子章曰。予讀漢史西羌傳。武丁征西戎鬼方。三年乃克。唐稱鬼主。元稱羅施鬼國。今猶稱大鬼主羅鬼云。三年克之。孔子傷其憊。至于今而有播之役。二月出師。六月克敵。顧三省帑藏如洗。死亡相枕。不待三年。亦憊矣。嗚呼。唐憊于南詔。元憊于蛇節。明一憊于米魯。再憊于銅仁。三憊于爐山。四憊于夜郎。議兵于西南夷者。不可不重也。

貴州監軍按察使楊寅秋卒。

丙申。遼東稅監右少監高淮誣劾總兵官馬林。罷之。

沈一貫言。華封老人之祝帝堯。曰富。曰壽。曰多男子。豈不以富而壽。始見福徵。多子多孫。方稱全福。我太祖二十五子。百二十一孫。累朝以來。本支甚茂。今皇長子踰冠婚之期。諸皇子亦長。繩繩繼繼。宜子宜孫。令螽斯麟趾。圍繞膝前。而觴萬年。豈惟家慶。實乃國禎。何不及今舉此禮也。

貴州宣慰司使安疆臣及鎮雄府向武歸德都茶等十一州各進馬。

戊戌。言官論救馮應京。上怒削應京籍。

湖廣稅監陳奉參襄陽府通判邸宅推官何棟如棗陽知縣王之翰抗違。俱削籍。仍逮棟如。陳奉欲開礦青山

王之翰以近顯陵拒之。因誣及邸宅何棟如。

三月妃朔虜歹青犯錦州遼人在京者求李成梁復鎭。沈一貫以聞。

癸卯。兵科給事中無錫侯先春論救馬林。謫廣西按察司知事。林戍邊。先春謫後轉□□推官。進南京吏部主事。天啓初。贈太僕寺少卿。

乙巳。兵部尚書田樂請寬馬林。上切責之。職方郎中柏鄉張主敬員外郎邵陽寗時鏌主事濮州桑學夔祥符王惟儉並削籍。

逮馮應京邸宅王之翰下刑部獄。應京。盱眙人。萬曆壬辰進士。在獄著經世實用編。甲辰釋。丙午正月卒。天啓二年。贈太常寺少卿。之翰獄卒。天啓二年。贈尚寶司少卿。應京逮時。武昌人大譁。逐陳奉。奉列兵殺二人。匿楚府中。命甲騎三百餘射死數人。傷二十餘人。奉踰月不出。衆執奉左右六人投之江。奉自焚公署門。

談遷曰。事君數斯辱。神廟中年于國本礦稅。並執見不移。凡論救輒黨坐其譴彌重。因一事株謫數人。謂不如是無以懲相持之習。然其風終不少止。蓋樂于買直。不屑以寒蟬自處也。士大夫好尚有過毋不及。亦足多已。

丙午。翰林院編修史繼偕爲侍讀。

己酉。署都督僉事管一方爲總兵官。鎭守陝西。

庚戌。經理朝鮮右副都御史萬世德爲左副都御史。回院。

癸丑。巡撫寧夏右副都御史楊時寧爲兵部右侍郎。總督宣大山西軍務。山西按察使彭國光爲右僉都御史。

巡撫宣府。

復禮部右侍郎朱廷立原官致仕。

丙辰。偏沅巡撫江鐸請撫諭九股諸苗。

戊午。寧遠伯李成梁爲征虜前將軍總兵官鎮守遼東。

己未。通政司使范崙爲南京工部右侍郎。

逮湖廣□□同知卞孔時。稅監陳奉誣其抗違也。

壬戌。魯府陽信王壽鈔薨。

癸亥。孫承廕嗣懷寧侯。承恩弟。

甲子。武昌告變。

乙丑。進趙志皐兼太子太師。沈一貫兼太子太傅。敍府江平叛徭功。

四月魊朔。貴州旱饑。斗米四錢。

庚午。兩廣總督戴燿進右都御史。

吏部言行取諸臣待命二年。乞錄用。不報。

甲戌。予故協理京營兵部右侍郎余立祭葬。

丙子。司禮司設二監奉命趣戶部鋪宮費。戶部言今二年歷進珠寶等直百八十萬金。頃又四十萬金。昔皇上大婚費纔十七萬金。今蓰倍之。猶謂未足備。禮臣不敢知也。不報。

壬午。沈一貫論陳奉激變。不報。陳奉虐楚。搜及雞豚。奪淫□妻爲婦。又採倡優。後巡撫趙可懷訊其用事人。得贓金銀十六萬有奇。他物稱是。諸惡少所私不與焉。

督理直隸稅監暨祿上言。臣徵廬鳳徽安遺稅幷沿江船稅。各撫按皆云重疊不敷。題請寬處。臣未敢遐。二項共十二萬金。今已半年。徵不及萬。始信撫按爲可據而原奏人無遐也。乞軫念民瘼。以實徵解。毋拘原奏人揣摩之數。上從之。時榷使苛暴。獨暨祿請寬恤。凡五。

川湖總督李化龍巡按御史崔景榮各奏總兵劉綎餽金銀玉帶。命免綎官。永不敍用。仍追其賂助工。從之。

談遷曰。馬或奔踶而致千里。士或負俗之累而立功名。一二佚行。學士大夫或不免焉。況介冑豪舉者哉。往噲伍特輕。非苞苴則不錄。廉頗易老。李廣不封。于是諸貴人視右列爲奇貨。不曰飧璧而曰例固有之。豈彼弁獨簡我耶。今劉將軍以通餽敗。其餽人多矣。不幸中彈墨。然竊爲當事過之。彼兩臺既自好。麾之門外。不必奏劾。即奏劾。亦當曲請以東逐島倭西殲叛司。功未盡錄。當奪一階。俾省廉潔之效。何至褫秩等于文吏也。設劉將軍掊餉溢檢。將何法以加之乎。國家少有風塵之警。動撫髀興歎。廉如伯夷。信如尾生。驅之行間。始吏議不相絓耶。

癸未。收閹人四千五百人。

乙酉。松潘副將總兵仍改總兵。鎮守四川。駐要道。西控松潘諸番。

設播州總兵。立貴州威遠衞。

督理江西湖口船稅御馬監丞李道劾湖廣奉御陳奉仇視楚人。徵多解少。欺侵國課。遂罷奉命還京。其稅命承天守備內監杜茂兼督。

丁亥。巡撫江西右副都御史夏心良疾去。尋留任。

左軍都督同知馬應元改南京左軍都督府。鎮守昌平總兵官都督僉事黃陽臣改南京後軍都督府僉書。

刑科都給事中楊應文上言。舊制。鎮撫司訊囚俱送法司定罪。今先後不下百五十餘人。未經送問。上干天和。

莫甚于此。不報。

戊子。陝西青石山亦輵等族番入貢。

己丑。精膳主事陳其志言留垣科臣宜補右副都御史萬世德宜調。上怒其出位。謫河池州同知。不得推用。其志萬曆癸未進士。天啓二年。贈光祿寺丞。

庚寅。上以陳奉事。諭內閣宜責湖廣守臣沈一貫便宜安戢。

辛卯。湖廣巡撫支可大免。以趙可懷爲兵部右侍郎兼右副都御史。巡撫湖廣。

壬辰。戶部尙書陳渠上言三事。儲貳祖宗之命脉也。今久稽册立。臺諫朝廷之耳目也。今選授不下。四海蒼生皇上之赤子也今礦稅遺害。不報。

癸巳。巡按直隸御史安文輝請蠲賑畿輔。不報。

丙申。設四川遵義軍民府。分播州地爲二郡。以關爲界。遵義府關內屬四川。平越府關外屬貴州。遵義領州一。眞安。縣四。遵義綏陽桐梓仁懷。平越領州一。黃平。縣四。湄潭餘慶甕安安化。□□正長官司改黃平州土同知。副長官改土判官。各安撫司正長官改土縣丞。副長官改土主簿。播州宣慰司同知羅□卽爲新府土知府。

五月戊戌朔。成山伯王允忠爲南京守備。領中軍都督府。山西副總兵署都督僉事姜顯祚爲總兵官鎮守山西防海禦倭總兵官署都督僉事李承勳鎮守貴州。

己亥。畿內山東河南山西遼東大旱饑。遣告郊祀。

前貴州總兵官童元鎮逗遛逮入京遣戍。

庚子。雨桂子于貴陽。

壬寅。賑貴州饑。

癸卯。襄府棗陽王翊鎮薨。

甲辰。御苑龍舟災。

乙巳。浙江按察使李維楨降右參政。

丙午。錦衣衛帶俸都指揮使鄭國泰請冊儲冠婚。奪歲俸。

戊申。禮科右給事中太平楊天民臨海王士昌等請立儲。謫天民永從典史。士昌鎮遠典史。餘奪俸□月。御史周盤等疏救。奪歲俸。天民萬曆己丑進士。天啓二年。贈光祿寺少卿。

郭子章曰。邊圉瘴鄉稱惡地者。唐以播。宋以新恩。是時黔非不惡也。介在蠻壘。尙阻聲敎。未列流官。無逐臣跡。至我明設貴州而郡縣之。播與新恩之惡。歸之鬼方。故凡得罪者。悉寘黔以禦罔兩。自平播後。上益知黔惡。二三年來。科臣謫黔典史者。楊永從天民。王鎮遠士昌。陳銅仁維春。郭印江如星。謫黔幕者。許經歷子偉。包都事見捷。張經歷正學。部臣謫黔者。夏通判勳。黃經歷龍光。曹照磨文煒。知縣謫典史者。楊新貴明盛。謫幕者。袁經歷應春。于是八番七星間。蔚然麟鳳藪矣。

發天津倉粟賑保定眞定廣平順德。

常鎮參將改永生洲參將。儀眞守備改瓜儀守備。

辛亥。孫維城爲右僉都御史。巡撫延綏。

壬子。巡撫山西右副都御史魏允貞終養。允貞鎮山西十年。礦監張忠稅監孫朝方橫。力裁之。屢受誣。朝議終直焉。允貞家居三年卒。晉人祠祀之。

夜月食。

乙卯。蠲保定河間田租。

丁巳。左副都御史萬世德爲總督薊遼保定軍務兵部右侍郎兼右僉都御史。上特授也。山西右布政使白希繡爲右僉都御史。巡撫山西。湖廣左布政使胡心得爲右副都御史。撫治鄖陽。

甲子。復四川總兵官都督僉事吳廣官。加贈□□□。前克海龍囤先登獲楊朝棟及應龍妾田氏于火中出應龍屍中毒失聲幾絕而蘇。尋卒。

乙丑。裁興隆衞訓導。設印江縣敎諭。以勸苗子弟也。

丙寅。巡按直隸御史何爾健奏饑變。阜平人張世成烹其六歲子食之。

六月。乛朔戊辰。吏部尚書李戴六年考滿。進太子太保。

己巳。司禮監太監孫隆督稅浙直。駐蘇州。激變。市人殺其參隨黃建節等數人。撫按詰亂民。有葛成獨引服。不及其餘。下獄論死。

辛未。發臨清倉粟十二萬石賑順天諸郡。

壬申。巡按直隸御史劉曰梧奏臣行部徽州。見程守訓豎坊曰特旨。下書咸有一德。卽收之貯庫。守訓訐奏曰梧短不報。

開貴州偏橋衞河。

定番州地震。

丙子。巡撫順天右副都御史李頤爲南京右都御史。時闕總憲二年。

壬午。兵部言松山虜入犯。官軍擊斬百六十餘級。宜宣捷稱賀。從之。

命紫荆關馬水口軍餉歲給本色三月。仍賑之。時馬水口饑軍啖死人肉。巡按御史于永清以聞。故有是命。

甲申。貴陽地震有聲。思南大水。

御馬監左少監暨祿劾誠意伯劉世延罪。勒回籍。猶攬船免稅。命逮世延訊之。

丙戌。寧夏東路副總兵杜松因忿削髮。命還衛。

右通政許弘綱太常寺少卿程奎爲左右通政

丁亥。臨洮總兵官蕭如薰奪俸四月。以燒荒在冬春間而遲至夏季。

戊子。山西按察使黃嘉善爲右僉都御史。巡撫寧夏。

吏部左侍郎署詹事府事劉元震省養。

己丑。襄陽府推官何棟如逮至奏辨。逐下鎮撫司。

壬辰。南京太常寺卿沈子木爲通政使。先是子木請祀建文帝。略曰。成祖以先臣王景議。用天子禮葬。則不欲廢其祀也。生爲金潢玉牒之主。沒銜斷蓬飛草之怨。若敖含餒。伯有無依。不亦悲乎。皇上褒其死事諸臣。建文獨不得祀耶。或疑倫次間稱號難定。夫禮以情伸。數緣時降。第肸蠁一俎。猶愈于禋絕勿存也。宜祔高皇帝側。否則懿文太子側。廟祏勿淪。儀典斯秩。不報。

乙未。沈一貫請暑讞釋輕繫。不報。

大內作乾德殿。

七月輌朔。先是陝西撫按奏歲貢羊羢四千匹。自去年九月至今四月共成三千二百匹。春命改織盤龍。又降柘黃暗花二則。每匹修五丈八尺。日織一寸七分。半年得匹。自五月至九月。豈能如額。乞悉改織。不報。

己亥。行人陳治則爲吏科給事中。黃吉士爲浙江道御史。

臨漳天鳴。

前南京刑部右侍郎王國卒。國字□□。洛陽人。嘉靖庚戌進士。授行人。擢禮科給事中。歷今官。立朝不阿。有清節。予祭葬。

癸卯。巡撫雲南陳用賓進右都御史兼兵部右侍郎。總兵官沐叡進右都督。各廕錦衣衛百戶。時平猛奉功。

選翰林院庶吉士項鼎鉉王陞李胤昌錢象坤許獬王元翰王基洪袁茂謙龔三益曾六德雷思霈公鼐睦石呂邦燿鄭以偉薛三省陳宗契蔡毅中戴章甫宋燾文在茲馮奕垣而項鼎鉉以廷試筆異今筆。閣臣揭上不得入館。准改授。

丙午。廕萬世德錦衣衛副千戶。

戊申。以朝鮮善後功進趙志皋少師。沈一貫少傅。

己酉。魏國公徐洪基爲南京右軍都督府僉書。襄城伯李承功領南京右軍都督府。提督操江兼管巡江。浙江總兵官都督僉事李應詔甘肅總兵官都督同知張邦奇各爲前後軍都督府僉書。

丁巳。禮部覆南京太常寺卿沈子木請祀建文帝宜懿文太子廟側專祭。不報。

庚申。禮部右侍郎曾朝節爲吏部左侍郎。署詹事府事吏部右侍郎馮琦爲左侍郎。敎習庶吉士。

前南京兵部右侍郎李盛春卒。盛春字□□。蘄人。隆慶辛未進士。改庶吉士。授禮科給事中。轉廣東參議。被薦。累至今官。年□十□。予祭葬。諡恭貞。

辛酉。進士項鼎鉉自請覆試。至期引疾。謫□□典史。

甲子。敘甘肅功。進總督李汶少傅。巡撫徐三畏兵部右侍郎。各廕國子監。

總兵官達雲進太子少保。

是月。永春縣大雨。水流溢泉州。

八月丙寅朔。故南京刑部尚書孫植贈太子太保。

戊辰。命趙志皐兼支大學士俸進沈一貫太子太師。辭不受。甘鎭功。
己巳。汭陽大水入城。
庚午。虜犯寧夏平虜城與武營等處。官軍擊斬二百餘級。
壬申。故少保兼太子太保兵部尚書兼右都御史鄭洛。贈太保。
己卯。大光明殿災。
己丑。禮部右侍郎署國子祭酒敖文楨署翰林院事。
辛卯。兵科左給事中桂有根言套虜吉囊莊卜諸酋叩關求款。許之。自延綏舊撫臣王見賓也。解任後豈能復行其約束。乞下新撫臣孫維城詳議利害。報可。
壬辰。吏科都給事中新安郭如星刑科右給事中南昌陳維春各劾前稅監陳奉。謫如星印江典史。維春銅仁典史。維春卒天啓二年贈光祿寺少卿。
平江伯陳王謨卒。贈少保。謚武靖。
甲午。沈一貫上言。詩有旣醉之篇。臣祝其君曰。君子萬年。介爾景福。繼曰。君子萬年。永錫祚胤。則願其子孫之多。又曰。釐爾士女。從以孫子。願配淑媛而生賢子孫也。有斯干之篇。頌築室旣成曰。築室百堵。西南其戶。爰居爰處。爰笑爰語。美新宮也。繼曰。吉夢維何。維熊維羆。維熊維羆。男子之祥。言吉祥善事。當生聖子神孫于無窮也。今萬壽稱觴。兩宮美成。在廷同祝。而迎禧導瑞。啓天之祥。實自聖心始。皇上大婚及時。故得聖子早。今皇長子大禮。必備其儀。推念眞情。不如早諧伉儷之爲適。皇上孝奉聖母。朝夕起居。不如早遂含飴弄曾孫之爲懽。乞今年先皇長子大禮。明春後遞舉諸皇子各禮。子復生子。孫復生孫。坐見本支之盛。享令名。集完福矣。上心動。諭卽日行之。

九月乙丑朔。設瓊州撫黎通判。駐水蕉立清寧巡檢司。

丙申。少詹事范醇敬侍皇長子班。左右庶子唐文獻楊道賓左右諭德黃汝良蕭雲舉右中允莊天合侍講讀。

丁酉。山東右布政使黃克纘爲右副都御史。巡撫山東。

戊戌。巡撫大同右副都御史房守士考滿。加兵部右侍郎。

補給朝鮮國王李昖誥服。前亂失之。

庚子。左春坊左贊善兼翰林院簡討周如砥爲右春坊右中允。署國子司業。

壬寅。巡撫河南右□都御史曾如春報河決蕭家口。先是開封歸德大水。商城蒙城等處河衝蕭家口百餘丈。全河南徙。淮泗賈舟不及解。置于沙上。

甲辰。右春坊右諭德兼翰林院侍講蕭雲舉黃□主武闈。

丙午。南京國子祭酒郭正域少詹事周應賓俱爲詹事兼翰林院侍讀學士。纂修玉牒。

丁未。少傅兼太子太傅吏部尚書建極殿大學士趙志皋卒。志皋字汝邁。蘭谿人。隆慶戊辰進士及第。授翰林編修。進侍讀。忤張居正。出廣東按察副使。謫解州同知。後起南京太僕寺丞。歷□□□。入相十年。首輔五年。被劾。强半引疾。誠確謹厚。雖多解救。而才智限之。年□十□。予祭葬。贈太傅。謚文懿。

顧天峻曰。嗚呼。曩江陵之氣橫蓋一世。而公挺身折之。至困抑不悔。及公佐天子。而言公者亦時有是言。豈公之志哉。

己酉。朱應槐嗣成國公。故成國公叔。

琉球國中山王世子尚寧奏求文臣專使。

壬子。夜諭內閣。卽舉皇長子三禮。次及諸子。

癸丑。總督河漕工部尚書兼右副都御史劉東星卒。東星字子明。沁水人。隆慶戊辰進士。選庶吉士。授兵科給事中。轉禮科左。忤時。謫蒲城丞。徙知盧氏。萬曆初入刑部主事。丁丑。以戶部員外郎爲河南按察僉事。歷湖廣左右布政使。壬辰拜右僉都御史。巡撫保定。癸巳入左副都御史。尋進吏部右侍郎。憂去。戊戌起工部左侍郎兼右僉都御史。治單縣決河。請浚趙渠故道。己亥進尚書兼右副都御史。辛丑。議開泇河。卒于濟寧。歷官久。布衣脫粟。學本主靜。年六十四。予祭葬。贈太子少保。天啓初。謚莊靖。

丙辰。禮部右侍郎朱國祚上冊儲分封儀注。國祚爲左侍郎。南京吏部右侍郎李廷機改禮部右侍郎。兼官如故。

戊午。禮部尚書兼翰林院學士沈鯉朱賡並兼東閣大學士。直文淵閣。時廷推九人。上已點朱國祚馮琦。而沈一貫密揭。二臣年未及艾。曷少需之。先爰立老成者。蓋爲賡地也。先鯉任禮部。與閣臣申時行相左。請告。擬放。上不許。吏科都給事中陳與郊望旨劾鯉。益求去。上私語曰。沈尚書不曉我意。有老宮人銀香聞之。令小豎密告鯉。正色絕之。竟引去。

太常寺卿劉四科爲右副都御史。整飭薊州邊備。巡撫順天。

蠲保定河間眞定順德廣平馬價。

己未。巡按直隸御史張養志言。治河塞黃堌口。不南泄。復李吉口。東注宿邳間。濬邳徐漕河。築永夏隄。開黃泥灣。入泇。濬韓莊西支河。章下所司。

壬戌。蜀府慶符王讓儀薨。

癸亥。通政司右通政程奎爲南京太常寺卿。

懷隆道兵備按察使馬崇謙削籍。時天壽山火。

十月乙丑朔。頒曆。上不御殿。

吏部右侍郎馮琦爲禮部尚書兼翰林院學士。南京禮部右侍郎葉向高改南京吏部右侍郎。右庶子楊道賓爲國子祭酒。起成憲南京國子祭酒。

丙寅。順天府尹孫瑋爲太常寺卿。

甲戌。閣擬慈聖宣文明肅皇太后徽號曰貞壽。曰端獻。上並用之。

屬夷伯牙兒妻唐翠阿不亥叩關求款。命給半賞。

乙亥。時諸典費未備。上欲改期。沈一貫封還聖諭。力言不可。乃定。

丙子。諭內閣冊寶未完。容補賜。可否。沈一貫請如命。俟上慈聖徽號日補賜。

己卯。立皇太子（常洛）。詔曰。蓋聞帝王久安長治之道。莫重于崇建元良。我祖宗家法相承。惟長是立。所以厚國本定人心也。朕長子常洛。孝敬寬仁。天鍾粹美。奉朕諭敎。時敏厥修。今德器日益端凝。學業日益精進。允堪弘受。慰朕至懷。敬入告于聖母。冊爲皇太子。仰承廟社之靈。俛順臣民之望。爰及諸子。常洵爲福王。常浩爲瑞王。常潤爲惠王。常瀛爲桂王。俾各守藩。共維大統。典禮既成。普天同慶。丕覃渥恩。備列于後（云云）。於戲。長男主器。益綿有道之長。衆子分封。茂衍無疆之慶。敷予德意。咸使聞知。

葉向高曰。初上當命哲之日。天祐皇衷。詔告恩賚。業儼然荷震器之重。厥後天意未有所移。而人情不無畸向。匹嫡之嫌既生。珮玦之疑滋起。以仗名抗節之士。吐防微杜漸之思。君曰有待。臣曰何待。而朝論紛紛矣。迨夫儲宮既定。禮制大明。而讒搆內滋。釁孽外作。以貳極之尊。安涉隕淵之險。危所藉九廟呵護。神祖沈幾。寵藩既出。嘖議遂消。國祚奠于太山。天也。然父子天性。終始之間。倫物之盡。降于兩朝。仁孝之經。垂于萬禩。稽之前代。罕有其比矣。

封翊銘爲襄王。

庚辰。廷臣表賀。

貴州□□衛指揮馮國恩妻一產三子。

壬午。巡撫保定右副都御史汪應蛟請屯田海濱。略曰。天津葛沽一帶。咸謂斥鹵不可耕種。間有近河滋潤。藝豆。私收不過二三斗。臣初謂地無水則鹻。得水則潤。若以閩浙瀕海治地之法行之。穿渠灌水。未必不可爲稻田。今春始買牛製器。開渠築隄。計葛沽白塘耕種共五千餘畝。內稻二千畝。其勤沃者畝收四五石。餘三千畝或種薥豆。或旱稻。薥豆得漑糞。亦畝收一二石。惟旱稻竟以鹻立槁。臣巡天津。親勘副總兵陳燮稱。水稻約可收六千餘石。薥豆可收四五千石。于是軍民始信斥鹵可盡變爲膏腴也。見在水陸兩營兵尙四千人。歲餉六萬餘金。思維屯田可得足食長策。荒田接畛奚啻六七千頃。若悉如今法。每千頃各致穀三十萬石。七千頃可得穀二百萬餘石。非獨天津六萬金之餉可給。卽充近鎭之年例。省司農之轉餽。無不可者。章下戶部。

癸未。命皇太子二月移居。責戶部治費。尙書陳蕖引罪。

上聖母慈聖宣文明肅貞壽端獻皇太后徽號。

甲午。頒徽號詔。

是月。太白經天。

談遷曰。漢世宗立衛太子。據太白長竟天。識者知爲兵兆。今春宮方闢。譎見天表。其後享祚不永。再傳而替。非其應乎。

十一月乙未朔。禮部尙書馮琦上東宮及諸王冠禮儀注。

丙申。大禮成。進沈一貫兼太子太傅建極殿大學士。蔭尙寶司丞。

丁酉。戶部覆議天津屯田行之後得不償失。迄無成功。則屯將非其人也。

己亥。前南京刑部右侍郎沈節甫卒。字□□。歸安人。□□□進士。□□□□□□□□□□。予祭葬。贈右都御史。天啓初謚端靖。

林之盛曰。嘗觀國初職掌。節用愛人。何懇到也。官司空者。業不能復矣。獨不可堅守條例。裁中使之傳造。淸奸貪之侵冒乎。何爲負商賈數十萬。借冏寺數十萬。而凜凜爲不終日之計。沈公剔奸裁濫。令節愼庫嘗盈十餘萬。自公去後。而節愼若洗矣。吾于是而服公之善于籌國也。

辛丑。蠲保定河間災租有差。

南京吏部尙書孫丕揚疾去。起前南京工部尙書裴應章。

癸卯。東陽知縣王之翰卒于獄。絳人。萬曆乙未進士。天啓二年。贈尙寶司少卿。

丁未。免開封災租。

己酉。命兵科給事中洪瞻祖行人王士楨往封琉球王尙寧。仍祭故王尙永。使抵福州。聞倭警。待事定渡海。許之。

望。夜。月食。

改黎平府永從縣及十二長官司屬湖廣。改平溪淸浪偏橋鎭遠四衞屬貴州都司。各就其地近也。平溪等四衞。原一兵備道駐扎。數入省。往返輒數月。同知等官與衞官益自弛。縱侵漁。苗亦漸出爲害。訴于楚。順流須旬日。歸則月餘。往亦以黔爲解。訴于黔。檄下楚。又偃蹇不卽治。謬曰已解散矣。凡劫掠多以撫爲解。苗亦佯聽撫。益滋其毒。隆慶元年。貴州撫按杜拯王時舉言。沅靖二州與平溪淸浪偏橋鎭遠銅鼓五開六衞之去湖廣。播州永寧之去四川。俱二千餘里。遙屬二省。而兼制于貴州。甚非便也。如專隸貴州便。議未果行。至是從總督王象乾之請。

癸丑。御史高舉言治河。幷及膠萊海運。命守臣閱視。萊州守格其議。

來斯行曰。元時開萬戶府。三庣灣分水海倉。海倉元所頓糧也。豐碑尚存。郡志甚詳。後守臣異議。凡事關膠河者皆從毀削。然亦有未至澌滅者。某經海倉廢址。見沙石。則至正甲辰重修龍王碑也。云先是海漕創始。糧船始發。不時畏風波之險。自公來視事。風信徐來。海波底寧。舟楫緣海達河。相隔數百里。宿次可至。謂係神明陰祐之力云云。後列海倉收糧從政官萬戶府。後翼千戶所四員。又海運志。元世祖至元十九年。伯顏力請于朝。遂命羅璧朱清張瑄從海運至京師。又因王積萌議廣開新河。萊州志。元世祖十七年。從萊人姚演言。命演開膠萊河海運。蓋元兩紀至元。以爲順帝之至元者。誤也。高密志謂始于宣慰使樂實。皆無稿據。萊志又云。膠河北過高密縣。與張魯河合白澤河。北入新河。經平度州西北七十八里。經昌邑縣界。北入海。元至元時□故道入海處。尚有海倉遺址。口河在高密縣東北五十里。海運故道有閘亭口河。卽新河以上之河。在分水嶺北。則膠河之爲元運道亡疑。自世祖而後。河海並行。舊言元人鑿膠萊河未就而罷。誤矣。龍守實未躬歷。惟李別駕之言是信。今其故牘皆據李詞爲定案。變白黑而熒聽聞。別駕之罪可勝道哉。

甲寅。禮部尚書馮琦請萬壽正旦長至節。特御文華殿報可。

乙卯。禮部右侍郎敖文楨直日講。教習庶吉士。

起楊鎬都察院副都御史。

丙辰。李頤爲右都御史兼工部右侍郎。總理河道漕運。

命順天尹禱雪。

戊午。曾同亨爲南京吏部尚書。

己未。存問前大學士申時行王錫爵王家屏。

前總督。薊遼周詠廕錦衣衛百戶。

庚申。周府安吉王朝堤薨。

辛酉。前總督兩廣軍務右都御史陳大科卒。大科字□□。揚通州人。隆慶辛未進士。授河南推官。□□□□□□□□□□。歷右僉都御史。巡撫廣西。致總督。生自世閥。有才用。窮極奢侈。屢以賄劾。卒後追敍海南平黎功。予祭葬。贈兵部尚書。

是月。罷蘇松常鎮稅監孫隆。以劉成代之。

十二月甲朔。朝鮮國王李昖奏對馬島倭求款。初平秀吉死。命大將家康領東北三十三州。輝元領西南三十三州。共助幼子秀賴。無何。倭將景勝叛據關東。家康悉兵攻之。輝元與行長乘虛入大坂城。合拒家康而敗。家康誅行長等。倭內亂。而對馬島主平義智及將軍調信悉歸朝鮮人乞和。且聲言家康轉餉十八萬石以脅之。朝鮮恐開釁。故以聞。事下兵部。令萬世德議之。

左庶子唐文獻爲詹事兼翰林院侍讀學士。

丙寅。建州衞都督僉事□□□款塞。北關屬夷那林孛羅請補雙貢。許之。初南關王台仇北關逞加奴仰加奴。而王台死。二奴子卜寨那林孛羅射王台孫歹商。死之。歹商子幼。部衆幷勅百七十三道歸叔猛骨孛羅。時補雙貢。那林孛羅數侵之。猛骨孛羅不能支。□□□□其子女乞援建虜。建虜誘猛骨孛羅于營。陰殺之。邊臣往詰。則曰許婚其子吾兒忽答。秋七月。款撫順關外。刑白馬。誓撫吾兒忽答。遂女歸之。那林孛羅亦歸原勅六十道。補雙貢。如猛骨孛羅時也。自猛骨孛羅忘仇助北關。戕于建州。南關不絕如綫。建州始蠶食北關。盡併海西諸虜入貢驛騷。命禁之。

丁卯。誅皮林叛苗吳國佐。國佐原洪州司特峒寨苗也。叛後自稱天皇上將。

辛未。命復朵顏諸夷馬木二市。并復寧前木市。初開原廣寧馬市起成化十四年。木市始萬曆二十三年。

壬申。宣寧夏十三寨之捷。

壬午。許福王出閣。

壬辰。命徐三畏以兵部右侍郎兼右僉都御史。前加恩時失兼憲秩。

癸巳。皇太子及諸王皆冠。

禮科右給事中白瑜上四事。戒侈大。惜人才。平刑獄。□□□。不報。

是年。思明土官韋承祖死。祿州夷酋韋達禮作亂。犯思陵州。思陵土官韋紹曾馭下慘刻。失人心。遂突州境。執紹曾去。

壬寅萬曆三十年

正月甲午朔。上不朝。

丁酉。工部請敕總河侍郎李頤便宜行事。許之。

辛亥。南澳地震有聲。南澳界閩粵間。

甲寅。蠲潛江沔陽石首巴陵華容廣濟景陵平江荊門大冶興國災租。仍賑之。

丙辰。立遼陽自在州儒學。

千戶王應魁請遣貴州稅監。沈一貫擬旨力阻之。

丁巳。增東宮官屬。詹事郭正域周應賓同會朝節范醇敬侍班。唐文獻黃輝莊天合侍讀。史繼偕編修楊繼禮各兼司經局洗馬直講讀。

夜。火星逆行入太微。

己未。福王暫講武英殿西廡。

增設漕河道。以霸州兵備參政汪可受爲山東按察使。專其事。

諭百官修省。

辛酉。淮府常澧嗣德安王。

壬戌。設沅州游擊。統兵轄辰常平清偏鎮六衞。

癸亥。前太子太保兵部尚書梁夢龍卒。夢龍字乾吉。眞定人。嘉靖癸丑進士。選庶吉士。授兵科給事中。久之。都吏科。亡何。擢順天府丞。出爲河南按察副使。治河成。進陝西參政。旋進山西按察使。隆慶二年。進河南右布政。明年。右僉都御史。巡撫山東。賑饑。決河。進右副都御史。改河南。入戶部右侍郎。改兵部。憂去。起兵部左侍郎。尋進右都御史。總督薊遼。挫虜。廕錦衣百戶。累千戶。邊垣成。進太子少保。召入部。進太子太保。遷吏部尚書。以張氏黨論去。

倪元璐曰。公固江陵所拔士也。又受知深。終江陵之世。公用條茂。而是時有御史劉臺者。亦江陵士。以請劍得杖謫死。故當時之議。以公守雌。不如臺毅。抑猶見隼之飛下誅馬走。非至論也。自江陵之身。功罪離劈。如人見其面。瘢肉並列。故憍中足智。戴威決殺。弛哀于親。哀榮于子者。罪也。鍾邊轄吏。快賞痛罰。捽摑天下。歸于湛新者。功也。罪已墮其家矣。而功揭于國。雖加利銛。益以健爪。不可得劃焉。二子之遭。幽牢異歸。跡其所處。各有其際矣。夫諫者之情。必借物以發其氣。則與其罪際。分城守障之吏。得用權以極其才。卽與其功際。與其罪際。則不得不死。與其功際。則不得不致其勳名。死之與勳名。皆有不得不然者驅之。豈早定哉。或曰。

入則際其罪矣。又不去與終始焉。昔宋荆國變法。諸賢皆引去。謀于邵雍。雍力止之。謂當乘此僇力引濡救燒。投劾無濟。雍潛士。命人如此。然聞之故老。公佐樞時。江陵握厲鍼。公進平飲。多所救。江陵母死。廷臣連章勸留數十輩。公時在朝。無公名。由此言之。公非苟同江陵者也。

二月丙申朔。工部覆保定巡撫汪應蛟上議曰。廣興水利。易水可以溉金臺。滹水可以溉恆山。漼水可以溉中山。滏水可以溉襄國。漳水來自鄴下。西門豹嘗用之。瀛海當諸河下流。故號河中。視江南澤國不異。至于山下之地。地中之水。所在而有。宜委各郡佐一員及州縣正官。選南人能識水利者。詳閱某可壩某可渠。高則灌注。下則車汲。悉如南方法。計六郡內可成田數萬頃。此國家無窮之利也。報可。

丁卯。停國子監納貢從祭酒郭正域議。

庚午。蠲鉅野嘉祥武城曹濟寧定陶嶧魚臺朝城觀城濮金鄉滕莘單田租有差。

甲戌。蠲晉江南安惠安同安莆田仙遊田租有差。仍賑之。

丙子。皇太子婚。配妃郭氏。費二百萬有奇。倍上婚時。

己卯。皇太子受賀于文華門。上免賀不出。

己刻。上急召大臣至仁德門。獨沈一貫入啓祥宮之西暖閣。慈聖太后南向立。上席地。太子諸王前跽。諭一貫曰。朕疾甚。勉輔太子。遵舊制。以日易月。礦稅因大工權宜。今宜傳諭及各處織造陶器俱停。鎮撫司及刑部罪人釋之。官各還秩。建言降謫諸臣俱復官。行取科道俱准補用。朕見先生不能待也。一貫泣慰。慈聖太子諸王皆哭。上遽起就牀。一貫再言六部尚書乞休者三。宜諭留。上曰。兵部尚書田樂。戶部尚書陳蕖。令即出視事。工部尚書楊一魁不塞黃堌口。衝浸祖陵。宜削籍。一貫頓首出。宿直廬。乙夜得聖旨。具如前諭。

庚辰。追前諭。沈一貫奏。臣等宿朝房。卽傳諭頃刻間播四海。反汗非宜。不聽。司禮太監田義曰。諭業頒。毋反。上怒。欲罪義。義不動而一貫竟繳前諭。義唾之。始吏部尚書李戴。左都御史溫純。約卽日奉行。且頒天下。刑部尚書蕭大亨謂弛獄須再請。亡何旨格。則沈一貫不能力持也。

談遷曰。靑宮初開。三禮畢舉。神宗宜喜溢恆時。而顧引疾不受賀。果偶觸風露耶。啓祥宮之命。似漢世宗所諭霍光者。果疾甚。何亟諭亟悔也。初神宗嬖鄭貴妃。聞有當璧之約。格于大義。勉立太子。貴妃大不以爲然。交謫于室。神宗或懟懣而出之。易欣以戚。其事不常。或鼓或罷。所由來矣。

癸未。諭內閣曰。朕前眩暈。面諭卿事。礦稅等因兩宮三殿未竣。帑藏全虛。權宜採用。待工畢停止。餘事可擬上。沈一貫擬三事。行取。起廢。釋獄。惟行取命下。

曹于汴翁憲祥蕭近高宋一韓孫善繼錢夢臯胡欣李成己鍾兆斗儲純臣金玉衡爲給事中。沈時來方大鎭孔貞一錢桓余懋衡楊廷筠劉九經陳似蕖喬應甲左宗郢湯兆京康丕揚沈裕王夔龍溫如臯金忠士李培高攀枝史學遷沈正孫居相胡鶚周懋相闕揚李雲鵠史弻命爲試監察御史。純臣等居相等俱南京。

饒州景德鎭民變。稅監潘舍人激之。相誣劾。通判陳奇可逮下獄。

魏國公賜第火。

丁亥。吏部尚書李戴。戶部尚書陳蕖等。各請遵行前諭。不聽。

庚寅。太僕寺卿南企仲言。聖諭已頒。自是獄無繫囚。野無遺賢。乃數日來不聞吏部復職何人。且以發訪單爲詞。則尚書李戴當罷。亦未聞刑部釋囚何人。且以勘保結爲詞。則尚書蕭大亨當罷。上怒其市恩。鐫級調外。

辛卯。諭內閣。礦稅俟三殿成停之。沈一貫奏請。不聽。

廣東採珠太監趙安道臨淮。以知縣林錝不遣役。誣其抗掠。逮下獄。巡撫鳳陽李三才疏其枉。不聽。

壬辰。吏部尚書李戴請宥建言得罪諸臣。不聽。

閏二月甲午朔。保定巡撫汪應蛟及劉四科楊時寧安文璧黃克纘巡按趙標黃吉士等先後請停礦稅。不聽。

丙申。套虜納款。先是罷市賞十餘年。丙申。貢馬給其直。俄屢寇。己亥。築松山諸酋嚚誶。我斬獲幾三千。始專戰。至是吉囊著宰等求款。前巡撫王見賓上之。約保塞一年。准市。否則拒。遂准十一月開市。

巡撫雲南右都御史陳用賓子斗昭廕錦衣衛百戶世襲。

丁酉。李承祚嗣豐城侯。李環子。

癸卯。工部右侍郎姚繼可爲尙書。司禮太監田義閱京營。

甲辰。翰林院簡討王圖爲南京右春坊右中允。署翰林院事。

乙巳。劉天錫嗣寧晉伯。應元子。

丙午。刑科給事中張鳳翔劾南企仲與南京兵部主事武之望爲兒女姻。先年同官吏部。之望外斥。頃入京給由。揭企仲陰罪。自恐奸露。借進言飾醜。命企仲削籍。永不敍。

己酉。趣宗人府玉牒新冊。

雲南右布政使理昌致仕。加太僕寺卿。

辛亥。禮部左侍郎朱國祚改吏部左侍郎。巡撫保定右副都御史汪應蛟爲工部右侍郎。

論寧夏功。進沈一貫少傅。田樂兼太子太傅。各賜金幣。餘陞賞有差。巡撫寧夏楊時寧進兵部尙書。

乙卯。禮科都給事中張問達論前姚安知府晉江李贄解官削髮。所著藏書焚書卓吾大德等刻惑亂人心。謂呂不韋李園爲智謀。李斯爲才力。馮道爲吏隱。卓文君爲善偶。司馬光論桑弘羊欺武帝爲可笑。秦始皇爲千古一帝。俱刺謬不經。寄居麻城。引士人妻女入庵講法。作觀音問。近至通州。距都四十里。招致蠱惑。乞敕禮部回籍治罪。燬其書。上以惑世誣民。逮下鎭撫司。閣臣揭以老免拷訊。贄在獄薙髮。以剃刀自刎死。實錄云逮至。

懼罪不食死。贄字卓吾。嘉靖□□貢士。自姚安歸住麻城之龍潭庵。機辨鋒利。人莫能難。辛丑以御史馬經綸迎至通州。所至傾動。而怪僻矯悖。無少忌憚。終塡牢戶。非爲不幸也。

陝西道御史湯兆京劾吏部左侍郎朱國祚酒失。不報。

崇世子□□薨。

戊午。陝西河州蓮花寨等處黃河涸。

己未。予故光祿寺卿李用敬祭葬。

辛酉。巡撫大同右副都御史房守士疾去。

三月癸亥朔。貴州總兵官李遇文免。時銅仁剿賊。託疾不赴。

巡撫陝西賈待問言稅監梁永脅渭南知縣徐斗牛忿死。事下撫按。斗牛□□人。萬曆□□進士。任五載。有聲。

甲子。諭內閣以戶部尚書陳蕖、侍郎張養蒙並託疾。令致仕。令倉場侍郎趙世卿署部事。

乙丑。唐王碩熿以邸第災。求補給袞冕皮弁等。許之。

御史康丕揚請逐妖僧達觀。不報。

談遷曰。諺云。爭名于朝。爭利于市。朝市間隱者不預焉。若岩棲澗汲。孑焉瓢笠。何外求之有。使李贄不客通州。達觀不游長安。雖彌天之網。何能累之。彼猶競勝于方之內。宜其及也。

丙寅。上怒給事中蕭近高、御史余懋衡、李培申所請錄建言諸臣。切責之。各奪歲俸。並及前沽名鄒元標、沈一貫疏救命。鐫二秩者奪歲俸。降雜秩者鐫一級。削籍者仍留。

丁卯。許故大學士高拱贈廕。從其子務觀之請。

延綏總兵官都督同知麻承恩爲□□將軍總兵官。鎮守大同。湖廣偏橋總兵官都督同知陳璘鎮守貴州。兼提督平浪淸溪等衞總兵官。

己巳。宣府饑。蠲田租賑之

辛未。錦衣衞南鎭撫司指揮僉書鄭樸除名。樸同監生海寧吳中彥訐賄。給事中錢塘洪瞻祖劾之。

巡按廣東御史李時華劾稅監李鳳。不報

甲戌。鎭守廣東總兵官李如樟爲□□將軍總兵官。鎭守延綏。

丁丑。賜繁昌王厚燦書院額曰味道

御馬監太監徐銳以寶坻等縣牧馬草場千三百餘頃爲豪占。請勘。沈一貫疏論。不報。

己卯。上疾瘳。禮部請視朝。不報

辛巳。御史吳崇禮上言。昔之漕道河道。其要在淮揚。故可以一人兼。今漕于東南而河決于西。欲一人兼之不能也。請復總河于濟寧。總漕駐淮安。報可

壬午。蔭高拱子務觀尙寶司丞。

甲申。卯刻日光赤黃照地

總督倉場戶部右侍郎趙世卿爲戶部尙書。巡撫河南右都御史曾如春爲工部右侍郎兼右僉都御史。巡撫大同通政司左通政許弘綱爲順天府尹。

雲南稅監激變于騰越州。殺委官張安民。

戊子。左右諭德黃汝良蕭雲舉爲左庶子。黃輝爲右庶子。並兼侍讀。左右中允陶望齡莊天合爲左右諭德兼侍讀。侍讀史繼偕爲左中允。侍講顧天峻爲右中允。並兼編修。編修楊繼禮陳懿典爲左右贊善兼檢討。

庚寅。兵部尙書田樂罷。

四月[illegible]朔。丁酉。太常寺卿孫瑋爲右副都御史。巡撫保定等處。提督紫荊等關。

辛丑。蠲順天永平去年災租。

雲南緬酋雍罕糾衆十萬攻蠻莫土官思正。巡撫陳用賓議剿撫。

以延綏巡撫孫維城派軍扒沙軍譟。命誅首禍者。

壬寅。總理河道工部右侍郎兼右都御史李頤卒。頤字□□。餘干人。嘉靖□□進士。授中書舍人。拜御史。忤張居正。出知湖州。歷右僉都御史。巡撫順天。加右都御史。改兵部尚書。有經幹學行。亦近代名臣。予祭葬。贈兵部尚書。

癸卯。大學士朱賡入朝。

倭將清正歸我漢人八十七人及倭書二函。與通事王天祐還閩。巡撫福建右僉都御史朱運昌奏之。兵部令嚴備。

乙巳。光祿寺少卿王紀疾去。

時大旱。部科交章請罷礦稅。不報。

丙午。夜月食。

丁未。給南京守備太監邢隆徵收徽寧稅契敕印。閣臣揭沮。不報。

戊申。浙直織造太監孫隆以浙水災。將婚禮袍服三運分六運。每歲二運。從之。

己酉。封益府常淍淡江王。

癸丑。陝西稅監梁永請鎭守銜及清理花馬池慶陽等鹽池。兵部執爭。不報。

己未。京師大雨雹。

禮科右給事中白瑜極言射場今作乾德殿不可成。初。巡視工程御史林道楠言。乾清坤寧兩宮高十二丈。今基高八丈一尺。衡十七丈。又殿高數丈。勢出宮闕之上。不報。

辛酉。寬灤州三河豐潤昌黎樂亭保定大城等縣站銀。

五月壬戌朔。癸亥。吏部稽勳郎中趙邦清爲御史金忠士給事中張鳳翔所劾。力辨。如欽選東宮淑女楊氏買爲妾。置不辨。降邦清三級調外。

前總督薊遼尚書邢玠終養。

乙丑。潁州雨雹。

戊辰。太監劉成徵稅蘇松常鎮激變。

己巳。雲南沙僕攻□□土司殺□□薄臨安。

廣西荔波州以獨山州土酋蒙天眷南丹州土官莫之厚恣掠。截縣道。撫按以事上。

辛未。晉府河東王懷鍵薨。

甲戌。遣禮部儀制員外郎劉憲龍存問前禮部尚書陸樹聲。

庚辰。四川長便壩底等處地震。天鳴如雷。申刻復震。

江西稅監潘相掠諸生及輔國將軍謀圫各宗大鬨。抉門入。相走免。誣劾上饒知縣李鴻。報怨。鴻除名。

六月辛巳朔。夜。四川壩底地震。

丙申。山東齊河等州縣災。

許朝鮮使臣歲市弓二百外加其百。

吏部擬趙邦清兩淮運判。不許。復擬絳州同知。竟削籍。邦清始知滕縣。治行第一。

戊戌。工部右侍郎汪應蛟省侍。

辛丑。存問太子太保吏部尚書楊巍。

追封故周府朝墡遂平王。謚惠懿。在鈇遂平王。謚懷恪。

吏部文選郎中鄧光祚疾去。

丁未。巡撫延綏右僉都御史孫維城卒。維城字□□。丘縣人。隆慶辛未進士。時軍課被劾。請卹不果。

戊申。朵顏衞頭目納喇更名失留速阿卜亥頁馬陞都指揮僉事給敕。

興化泉州地震。

己酉。太師兼太子太傅領後軍都督府定國公徐文璧卒。贈光祿大夫柱國。謚康惠。

承天府人訛言選婚福王。嫁娶立盡。

庚戌。吏部考功郎中吳仁度救趙邦淸被論。調用南京。

甲寅。廣西東蘭州土官韋文第爲思吉鎭土餘韋文燦所殺。刦印。

丙辰。左軍都督府同知王之楨進右都督。

丁巳。京師大雨水。壞民舍。

七月庚朔。巡撫雲南右□都御史陳用賓奏平緬叛酋阿瓦糾木邦等夷十餘萬犯蠻莫。宣撫司同知思化子思正。素勇悍。隴川勾木邦阿瓦連諸夷來攻。不能支。走騰越。乞我援。阿瓦木邦兵尾之。歷二思越諸關。直抵黃連關而陣。距騰越三十里。城內大震。兵備副使漆文昌參將孔憲卿慮州城不保。紿思正殺之。我兵取其首。令阿瓦取一膊。時謂陳用賓失計。凡爲屬夷俱不保首領矣。

癸亥。巡按四川御史畢三才同總督王象乾。以貴州地界責宣慰使安疆臣獻之。初討播州。許平賊即以地償安氏。及賊平。地未及償。而安氏有叛目輸安情于總督。謂其侵播州沙溪渭河之地。總督議正疆界。疆臣以會典通志爲據。謂沙溪渭河本故地。且許地未償。并削故部以益播州。忿不受命。總督令洪澄源往諭。令其地屬黔者歸安氏。屬播者歸蜀。疆臣遂俛首受命。

戊辰。以廣東平黎賊。斬獲二千三百有奇。甘鎮斬首三百七十八級。告捷郊社。

四川貢士梁山來知德有學行。善易數。嘗讀參互以變。精思歷年。得其解。薦授翰林院待詔。

庚午。論海南平黎功。進戴燿兵部尚書兼右副都御史。餘陞賞有差。沈一貫廕中書舍人。朱賡進太子少保。廕監。

癸酉。益王翊鈏子常洞封德安王。常湖郢西王。常澵豐城王。常溜瀘溪王。

黔國公沐昌祚託會奏遊東粵。巡按御史李時華劾之。

乙亥。誅奸人鳳陽徐應龍。應龍亡命走貴州之銅仁苗寨。僞稱親王。恫喝諸夷。恣掠九閱月。漸露。購捕之。

丙子。夜月生五色重暈。

戊寅。太子少保禮部尚書兼東閣大學士沈鯉入朝。

己卯。吏部覆文選司署郎中事員外郎倪斯蕙議十八則。曰明職掌。不輕改。曰議推陞部寺。便于輪對。曰酌資俸。存先後之次。曰酌南北。別利鈍之器。曰均邊腹。使用有互劾。曰均勞逸。以服衝僻。曰拔異等。爲循良勸。曰搜遺逸。以重眞濟。曰議推補。就近。曰酌起復。優改。曰優終養。曰行人論俸。當通算。曰推官知縣算俸。當通融。曰州縣調簡宜酌。曰入粟太冗。不妨停小例。開大例。曰倉巡改選宜嚴。曰掣籤宜分地。愜人情。曰試歲貢宜重策問。命如議行。

癸未。夜有長星。首赤尾白。有聲。中裂。流西南。

署兵部事刑部尚書蕭大亨等。以遼東稅監高淮既獲逃軍。列銜鎮守協同關外。其銜胡爲乎來哉。外廷不聞簡命之頒而儼然竊之何也。有旨高淮協管關務。置不問。

丙戌。左都御史溫純論礦稅之害。請撤李鳳陳增楊榮高淮等。云鳳淫縱。至汚婦女六十六人。私貨至三百六十艘。不報。時武弁奸人羣起言利。杜景雲奏徽州監生曹應鵬助工六萬金。閻應隆奏海澄縣機易山產金。歲冶可金十萬。銀三十萬。羣臣力沮之不得。

武清伯李文全進武清侯。劉天錫嗣寧晉伯。

吏部左侍郎朱國祚予告。

薊鎮屬夷兀良哈部獐兎糾虜犯紅山溝。守將敗之。斬三十級。俘五十人。

八月觵朔。丁未。德妃許氏薨。謚莊靜。初兩宮災。妃屢刺上昏。主不知省。上怒。幽之。至是命禮葬。

壬子。河南道御史趙標避其父順天府尹欽。改尚寶司少卿。

令有司錢糧。分定則例。考成定殿最。

丙辰。浙江按察僉事汪先岸謫福建都司副斷事。山東道御史劉九經謫兩浙運司知事。先岸前廣東道御史。劾工部尚書姚繼可。九經以通政使沈子木匿其奏也。

戊午。前禮部左侍郎張一桂卒。一桂字□□。開封人。隆慶戊辰進士。

九月幉朔。命勘播州地界。

辛酉。戌刻。有大星見東南。色赤。大如椀。忽化爲五。各大如前。而中更皎。子刻。一又分爲五。久之合一。大如籠。頃復如初。曉漸沒。

甲子。停江西浮梁等十六縣二十七年以上逋租十之二。

乙丑。存問前戶部尚書畢鏘。
丙寅。□□總兵官麻貴以餽遺劾罷。
丁卯。沈鯉請撤內臣。罷礦稅。釋纍臣。不報。
庚午。總督薊遼兵部右侍郎萬世德三年考滿。進右都御史兼兵部右侍郎。仍總督。巡撫陝西兵部尚書賈待問考滿。加太子少保。
庚辰。大同副總兵焦承勳爲□□將軍總兵官鎭守大同。
陞貴州安順州爲安順軍民府。
夜。有大星色青白自角宿流天苑。小星二隨之。又大小星數百錯行。
壬午。松江南匯獲夷男婦五十七人。似琉球人。浙江獲夷婦三人。命付福建歸之。
戊子。兵科給事中洪瞻祖使琉球。聞喪。改兵科右給事中夏子陽往。
十月 朔。折徵宿遷望江災租。蠲休寧祁門婺源等縣。
癸巳。予故大同巡撫胡來賓四川總兵官都督同知李應祥祭葬。
代王鼐勻乞免考察護衞官。許之。
甲午。巡撫遼東右僉都御史趙楫奏。太監高淮請廣寧夏馬市義州木市。前撫張思忠以諸夷內訌。故罷之。近酌議未決。何淮忽有此請也。
丙申。孝陵災。
鑄南京督理操運關防。
署兵部事刑部尚書蕭大亨奏。水西侵地始于安萬銓。非始于疆臣。安氏追取于楊相喪亂之時。又非擅取于應龍蕩平之後。今爲時已久。舊制數更。世遠人亡。難于究詰。督臣身任善後。原無彼此。如以蜀論。則守沙溪誠不如守烏江之爲險。而兩者相提以論。與其較量土地而樹敵于苗。孰若曲撫令諸苗感德畏威。彼此相安之爲得也。上然之。

禮部右侍郎敖文楨卒。瑞州人。予祭葬。贈禮部尚書。天啓初。謚文穆。

丁酉。詹事范醇敬予告。

戊戌。蠲泗州十二州縣災租。賑之。

予故南京兵部右侍郎李盛春祭葬。

己亥。總督薊遼右都御史萬世德卒。世德字□□。山西偏頭所人。隆慶辛未進士。□□□□。幹局通敏。時稱才臣。予祭葬。

甲辰。總督倉場戶部左侍郎謝杰九年考滿。進戶部尚書。

禮科都給事中張問達以星變請罷礦稅。不報。

戊申。松潘副總兵周國柱棄職夜逃。命逮之。

甲寅。領前軍都督府永康侯徐文煒調後軍都督府。

丙辰。諭停刑。

是月。前吏部右侍郎兼翰林院侍讀學士徐顯卿卒。顯卿長洲人。予祭葬。

十一月⿰牛戊朔。初。吏部郎中倪斯蕙與御史何淳之胡鷃等爭班。禮部議國初論品。隆慶初定科道自爲一等。列部曹前。皇上登極以來。常朝四班先科臣。次吏曹五班。先御史。次各部曹。今遽昂彼抑此。非也。命仍隆慶初。

癸亥。巡撫陝西太子少保兵部尚書兼右副都御史賈待問卒。待問字學叔。威縣人。隆慶戊辰進士。知咸寧。拜禮科給事中稍遷吏工科左右出知懷慶。改松江。戊寅進山西參政。辛巳進按察使。三月。進湖廣右布政。亡何。轉左。三年甲申進南京光祿寺卿。旋拜右僉都御史。巡撫南贛。丙戌回院。道進左副都御史。巡撫福建。艱去。庚寅起甘肅。逐虜。明年改撫陝西。坐劾免。三年起操江。旋進兵部右侍郎。撫陝西。論功加右都御史。會復松山。加尚書銜右副都御史。壬寅九月。秩滿加太子少保。年七十。贈太子太保。予祭葬。

甲子。眞人張國祥乞母諭祭予六壇。禮部尚書馮琦謂眞人無例。伊祖彥頫父永緒引方士邵元節陶仲文例得之。非制也。不聽。

甲申。南京太常寺少卿鄭汝璧爲右僉都御史。巡撫延綏。贊理軍務。起右都御史蹇達總督薊遼保定軍務兼理糧餉經略禦倭。右僉都御史尹應元巡撫浙江提督軍務。

乙酉。南京太僕寺卿詹沂爲太常寺卿。

丁亥。左通政李應策疾去。

十二月孩朔。朝鮮入貢。請繼妃誥服。許之。

辛卯。江西稅監潘相開採廣信封禁山木。又採泰和縣山石膏。巡按御史吳達可爭之。不報。

乙未。詹事郭正域爲禮部右侍郎。署翰林院事。

禮部請撫按舉劾用散文。不得牽合對偶。從之。

故饒州府通判陳奇可卒于錦衣獄。刑科都給事中楊應文乞釋在繫諸臣。不聽。

己亥。重建定海普陀寺。浙江巡撫劉元霖諫止。不報。

癸卯。徐希皐嗣定國公。

漕運總兵官王承勳進太子太保。

丙午。存問前兵部尚書王遴。

蜀王庶子奉鏘許封郡王。

辛亥。鞏昌地震有聲。

故播州叛黨吳洪等作亂。貴州巡撫貴安疆臣縛斬之。盡俘其衆。

癸卯萬曆三十一年

正月牫朔。上不朝。

己未。海虜千餘騎掠番漢。兵備副使李有實同西寧參將張大紀擊斬百三十六級。家丁某冒級下獄。夜鼓譟越城而遁。奪大紀官。

甲子。享太廟。

乙丑。左春坊左中允兼翰林院編修全天敍為左諭德兼侍講。署司經局修撰翁正春為右中允兼編修。

工部言。山東巡撫黃克纘奏開王家口為蒙墻上流。上流既達。則下流不宜旁泄。宜塞。從之。

丙寅。內監王朝採煤西山。帶營兵擾民。窰人幾變。朝議恐以阻撓奏。閣臣及刑科都給事中楊應文工科給事中白瑜兵科都給事中南大益各請停採。不報。尋太監陳永壽言之。撤朝。

丁卯。前翰林院檢討王肯堂謫海鹽縣丞。以善申時行王錫爵鄉戚獲譴。人頗冤之。

許廣東市舶太監李鳳兼南雄橋稅。

庚午。順義王撦力克入貢。

乙亥。內監魯保兼浙直織造。

丁丑。魯府中山王頤埨。諡溫。懿鄒平王頤在。諡康順。

薊鎮總兵尤繼先進都督同知。

乙酉。英國公張惟賢爲後軍都督府僉書。

丁亥。禮部右侍郎署翰林院事郭正域言。嘉靖初盡撤天下鎮守內臣。今此輩布滿天下。伏願與天下更始。悉罷儆政。其無辜被逮諸臣。盡從寬宥。不報。

二月孙朔。己丑。崇王常津請重補額妾三人。禮部尚書馮琦謂非例。遂罷其一。

甲午。前巡撫江西右僉都御史馬文煒卒。文煒字□□。安丘人。嘉靖壬戌進士。

乙未。工科都給事中白瑜降湖廣布政司照磨。

戊戌。南京鴻臚寺卿張朝瑞卒。朝瑞字子楨。海州人。隆慶戊辰進士。知安丘。量移南京行人司副。轉戶部員外郎。歷郎中。出知金華。遷山東按察副使。入應天府丞。至今官。守己潔嚴。歷仕克任。廉吏不足以盡之矣。年□十□。諭祭。天啓初。諡靖恪。

辛丑。禮部奏。朝鮮國王李昖舍長立次。以次子琿戡亂而置長子何地。今貢未可受也。或虞彼疑畏。姑收之報可。仍令國王確議以聞。

甲辰。旌唐王碩熿賢孝。

壬子。益王翊釧薨。諡曰宣。

癸丑。來知德不應聘。許翰林院待詔致仕。有司月給粟三石。

諡魯府陽信王壽鈔曰端愼。

貴州永寧土司奢世續奢崇寅爭立。燒普市。

三月丁巳朔。戊午吏部奏天下各知府闕十之五。

己未。禮部尚書兼翰林院學士馮琦卒。琦字用韞。臨朐人。萬曆丁丑進士。改庶吉士。授編修。□□□歷詹事署翰林院印。進禮吏部侍郎。學識淵練。有公輔之望。年四十六。人咸惜之。予祭葬。贈太子少保。天啓初謚文敏。

王錫爵曰。公負朝望甚早。遇主知甚深。然甚早則才太盡。甚深則語太盡。究公所以有聽有阻。焦神斂形而中道夭者。倘謂是也。

顧其志爲右副都御史。巡撫陝西。

癸亥。大學士沈一貫沈鯉朱賡上守成遣使權宜三論。守成略曰。今四方亡虞。國本大定。獨礦稅名爲收自然之利。實强搜小民。橫剽額外。皇上但見微利。不知大害。試思此物何來。聚之禁中。渾間事耳。而于民積厚成分。積分成錢。積錢成兩。漸至千百。費幾鞭撻。幾械鎖。鬻妻賣子。析屋破家。而後盈此數也。漢文帝云。百金者中民十家之產。妄索天下萬金。是傷天下十萬家。妄索天下百萬金。是傷天下萬萬家。憑怒遑恐。何所不極。其遣使略曰。本朝立法。莫詳于理財。其入有稽。其出有考。鄉有籍戶有符。無朝夕二三之令。起解存留。各有記簿。雖數十年可覆知焉。府史胥徒。但供使令。常餼之外。一錢卽敗。今以中使而操利權。古今所甚忌。祖宗所甚禁。且非徒操利權也。又覬典兵。如陝西遼東廣東。皆私募徒卒。公請于朝。明開跋扈之端。此豈可假借哉。其權宜略曰。皇上旨下。輒曰權宜。明知其不當爲不可爲。而姑試之耳。將見今歲然而明歲不然。此事然而彼事不然。而今果權宜乎哉。始暫而卽久。始借而卽眞。日復一日。得毋託權宜以箝天下之口乎。若是則先之以不信。而誰委心者也。

南京兵部職方司郎中鄒觀光爲南京光祿寺少卿。

丙寅。虜犯洮岷。陝西總兵官蕭如薰等禦于松山奔捏工川。斬八十一級。番人二百五十五級。收降番五千餘人。

虜犯甘鎭總兵官達雲擊斬六十五級。

戊辰。王明爲太僕寺卿陳子貞爲右通政。

辛未周弘敎爲左通政張鳴岡爲南京太常寺卿馮渠張尙學爲太僕寺少卿趙士登爲大理寺少卿。

壬申。南京吏部言卿寺科道郞署員闕有六年未補者章下吏部。

丁丑。初淸河口遽涸阻運御史蔣以化巡撫鳳陽李三才各以聞且請寬過淮過洪之期許之。

庚辰。前御史王象蒙降衞輝府推官。

命順天尹禱雨。

辛巳。折黃梅等縣二十八年南糧七千五百六十五石。

壬午。兵部武選主事沈朝煥言戎政四事重京營。

丙戌遼東大福堡火又地火見太原堡大如輪。

四月。

丁亥朔日食改辛卯享太廟。

戊子。詹事周應賓爲禮部右侍郞兼翰林院侍讀學士署院事。

庚寅。兩淮鹽法太監魯保請兼浙直織造給敕印部科交沮不聽。

大同副總兵王志賓進都督僉事。

壬辰。南京大理寺右寺丞丁賓爲南京太常寺少卿。

南京國子司業傅新德爲右春坊右中允兼翰林院編修淸理武臣貼黃。

楚王華奎奏辨榮陽王府輔國中尉華越竄宗事。章下禮部。初楚恭王隆慶初廢疾。五年八月薨。遺腹宮人胡氏。明年二月孿生子華奎華璧。時疑王疾久不宜子。且孿生。何貌之異也。或云。內官郭倫以族人如綍奴產子壽兒及王如言妾子尤金梅所出。並入宮。妾子長。爲華奎。次華璧。儀賓汪若泉嘗訐奏事下撫按宗室。同王妃之說而止。華奎嗣楚王。華璧封宣化王。華越素强禦。忤王妻又郭如言女。知其詳。華越盟宗人某某入奏。楚先王風痺不能御內。乃令宮婢胡氏詐爲有身。臨蓐時抱妃兄王如言子爲華奎。又抱妃族王如綍舍人王玉子爲華璧。皆出于妻恭人王氏口。王氏。如言女也。故知之。二孽皆不宜冒爵。通政使沈子木持未上。禮部右侍郎署翰林院事江夏郭正域素聞其說。與沈子木頗牾。

黃汝良曰。世人病中生子者甚多。何獨楚王。且王府生產。自有衆目省視。即使行詐。何不詐于他妃宮嬪。而獨詐于宮婢。其妃嬪豈能容之。又生二王後。又生一郡主。假男爲襲封也。假女何爲。且如此大事。並無質證。而獨夫告妻證。其爲誣罔明甚。先是楚王襲封。有武昌王者幾得其處。已先行妄奏。考案無驗。事寢。王素于華越無恩。適江夏鄉紳當路。以宿憾嗾之。乃復妄奏。下撫按更覆覈。竟無事實。乃罷華越獲譴。而鄉紳某忿恨彌甚。時有宮諭蔣不害孟育。冊封使楚還。余問楚事。蔣君言。楚王與通山王形貌甚相肖。據華越所奏。楚王與通山王乃民間二父所生。安得貌類。其爲誣罔更無疑矣。

談遷曰。楚恭王時。錢塘沈檸亭爲紀善。一日忽出春申君呂陽翟二傳示之。沈知其指。以死謝不敢當。因懼禍致其政歸。見沈德符野獲編。又予友吳氏仕楚府。言楚王與宣化王異狀。而黃宗伯所聞貌乃相類。又誤以爲通山王也。凡人所見。安能盡同耶。

乙未。修南京奉先殿。

丁酉。少詹事唐文獻爲詹事。國子祭酒楊道賓爲少詹事。並兼翰林院侍讀學士。纂修玉牒。

田爾耕廕錦衣衛指揮使。田樂子。

戶部議行條鞭法。

何喬遠曰。予讀諸郡縣志。蓋具談古者十一而賦。用民之力。歲不過三日。君子用一緩二。云由古之道。變今之俗。此何異孟氏所謂貊道者。蓋征課不一。約以條鞭。海內以爲大便。不特閭中。顧予里居久。覩朝廷時有恩詔。赦免錢糧。起某一年盡某年幾分幾分者。而縣已徵解久矣。里甲踵門。必如數輸官。一有不敷。叫呼罵詈隨其後。而以復有司。民戶輸納不前。何膺受也。僻遠之邑。冠紳乏人。老科貢爲之令長。分頭加額。任其恣睢。而大縣之吏。以新進甲科爲之。其才力强智足以壓服人。輒謂上官以此定優劣。雖云九分爲率。急之不至十分不止。其資高明者。盡徵于公而未必盡輸于公。何可究詰之也。孟氏曰。若夫潤澤之。則在君與子矣。此本夫人之膽智哉。又必有仁心爲質。意不盡民。夙夜在官。不懈于位。悉其耳目聰明。以行于版籍額數之中。則庶幾徵斂不失。民不至困桁楊而竭囊橐。又烏敢曰蠲曰貸也哉。

戶部請發內帑給邊餉。上命借太僕寺馬價二之一。

庚子。工部右侍郎汪應蛟疾去。

乙巳。沈一貫六年考滿。進左柱國少傅中極殿大學士。兼支尚書俸。廕中書舍人。

丙午。總理河道工部右侍郎兼右僉都御史曾如春卒。如春字□□。臨川人。嘉靖乙丑進士。授行人。轉刑部主事。累遷今官。其治河力主開黃家口。領六十萬金。竭智畢慮焉。年□十□。予祭葬。

謝肇淛曰。初河決歸德時。患淺。議勿塞。輔臣沈鯉以累其鄉。而山東河南二巡撫議不合。遂以河南巡撫曾如春總河。不使齊人有異議也。既開新河。雖深廣。其南反淺隘。故水不行。所決河廣八十餘丈。而新河僅三十丈。不任受。或告如春曰。若河流既回。勢若雷霆。藉其自然之勢以衝之。何患淺者之不深乎。如春遂令放水。河流濁下。皆泥沙。流勢稍緩。下已淤半矣。一夕水漲。衝魚臺單縣豐沛間。如春聞之。驚悸暴卒。此亦宋[illegible]

曆李仲景之覆轍也。

鍾祥地震。

己酉。李化龍以工部右侍郎總理河道。

太僕寺留庫自正德二年至萬曆五年共種馬價銀四百萬。遼自累歲借給。今止百二十萬。太僕寺卿王明言狀。上命仍如前旨。

宣府地震。

辛亥。雲南□□土舍儂應祖襲土同知。不予世。

吏部文選司郎中倪斯蕙爲太常寺少卿。提督四夷館。

祁州大雨雹。淸苑蝗。

壬子。刑部尙書蕭大亨六年考滿。進少保兼太子太保。

敕許總河節制江北河南山東等處巡撫官。

癸丑。夜西南流星大如椀。色蒼白。末有光。

五月丙朔。辛酉。諸大臣及科道各劾遼東稅監高淮不法。俱不聽。淮最橫。侵餉漁奪。擁衛殆二千人。騎七八百。責將領厚饋。矯中旨檄朝鮮王作翼善冠十。各綴大珠以百餘。物稱是。前月率三百餘騎甲旆鳴金薄廣渠門。云進稅大內。久之去。

壬戌。封蜀府奉鑾隆昌王。唐府器增寶慶王。益府常湡安義王。由枝嗣羅川王。周府肅濛嗣柘城王。肅湊嗣瑞金王。在㙇嗣鄢陵王。

乙丑。梁繼璠嗣保定侯。維璠從子。

丁卯。左春坊左庶子兼翰林院侍讀黃汝良爲國子祭酒。
乙亥。南京戶部尚書張孟男六年考滿進太子少保。
丙子。浦城縣火。
戊寅。京師地震。鳳陽皇陵大風雨雹拔木。
秦王誼漶奏字太細。命如嘉靖八年例。
庚辰。安肅大雨雹。成安永年肥鄉安州深澤以漳滏沙燕等河溢。壞隄岸。靜海祁州尤甚。圮城舍殆盡。
癸未。卯刻月犯金星。歷城縣大雨水。二龍相觸。推山走石。水溢十丈。渰人畜亡算。
楊登山爲署都督僉事總兵官。鎭守四川。
復以平越府淸溪平浪偏橋鎭遠四衞隸湖廣。黎平府隸貴州。
薊鎭屬夷獐兔犯車廠莊及冷飯谷。官軍拒卻之。
劉四科進兵部右侍郞兼右僉都御史。

六月丙戌朔。四川雜谷安撫司番僧來貢。
丁亥。初太常寺少卿趙崇善行人陳名岳使益府。而益王訃聞。禮部言册使已行。君命爲重。二王銀册俱鑄今年月日。萬無銷改。受封宜如常。從之。
己丑。巡按貴州御史畢三才請總督王象乾同貴州巡撫平亭水西疆界。
辛卯。華越疏下部科。
戊戌。禮部署事右侍郞郭正域言。楚王襲封二十餘年。何至今始發。且不發于士民而發于女子。骨肉間果眞知眞見否。楚王上論華越彼同奏二十九人。果公憤否。乞下撫按公勘。務楚王之原奏明。而後楚王之名分可正。各宗之眞情得而後各宗之罪案可成。上從之。沈一貫謂三不當勘。宮闈曖昧也。年月久遠也。事體重大也。宜下撫按體訪。禮科都給事中張問達詰郭正域何勘也。曰某與楚王同城。稍徇王見禍。非勘則楚王跡不白。各宗罪不定。王疏勘各宗疏不勘人。于何服。閣部齟齬。一貫杜門。沈鯉擬勘。蓋勘王當撤府事。前無例云。

談遷曰。嬴呂之嫌。涉于大藩。其罰不細。有前韓府漢陰王徽湜之已事在。江夏不幸值其鄉耶。磯之不可。秘之不得。務按其事。果豬龍干位。往時舊宮人追繆。當如千人。卽先恭王之死骨。其足寒乎。故四明寬楚。意隱其過。不欲以曖昧中人。然不宜角。江夏之祖也。相國意所右。撫按亦右之。何異同之有。晉江黃汝良著冰署筆談云。江夏以祖父籍楚藩護衞。得譴于楚王。既貴。乃欲修郄。每對朝紳。頌言楚王假子。比華越之奏。既絀。轉恨政府不爲主張。遂造爲妖書。言政府潛謀易儲。其誣江夏過甚。江陵傾遼王于前。江夏擠楚王于後。豈楚士譽怨。凡護軍起家。必操戈入人之室耶。

辛亥。李騰芳爲右春坊右贊善兼翰林院簡討。

壬子。南京工部尚書裴應章致仕。

癸丑。太常寺博士吳道行爲吏科給事中。

泰安州大水。淹男婦八百餘人。壞民居數千區。

七月[illegible]朔。丙辰。瀋府靈壽王珵墱諡康穆。

辛酉。李庭機爲禮部左侍郎兼翰林院侍讀學士。

甲子。御史湯兆京言。工科給事中鍾兆斗劾左都御史溫純。初左都御史溫純劾御史于永淸給事中姚文蔚。刺及沈一貫。一貫冒嫌相擊。皇上雖再留純。旨尙未溫。晝南北于一廷之上。修睚眦于白首之交。故示羈縻。待其委頓無聊。銷蘭以去。而令天下謂皇上實棄之。又純未劾永淸文蔚時。一貫稱疾不出。幕中豈無先入哉。一貫奏辨。不問。

談遷曰。地有南北。人亦因之。操勝競。祖富平。見忤于太倉。三原再擠于鄞縣。不出數歲。此矛彼盾。大抵議論政事。俱視相臣爲轉移。賢者修其實。庸者徇其名。又其下幷名與實溷之。黨同伐異。秦誓所云休休。誰其人哉。

丙寅。御史張養志終養年久。起光祿寺少卿。

壬申。禮部右侍郎郭正域等言。先臣應奪謚四人。則兵部尚書許論。刑部尚書黃光昇。大學士呂本。禮部尚書范謙。應改謚一人。則左都御史陳瓚。應補謚七人。兵部尚書伍文定。南京刑部右侍郎吳悌。右僉都御史魯穆。左僉都御史楊繼宗。吏目鄒智。欽天監監候楊源。吏部尚書陳有年。

周應賓曰。黃光昇頗有清望。爲縉紳所重。部議止以擬海瑞大辟一事貶之。然少宰楊時喬嘗爲余言。海公下獄時。楊公方觀刑部政。黃尚書始比海公輕律。政府以爲輕之。恐激上怒。反致不測。不如姑順旨而緩之。故擬大辟。尚書實亡他也。方郭公議覆時。左侍郎李公且至。郭以黃爲李鄉人。恐奪其議。故乘李未至前一日奏之。

乙亥。故富平知縣王正志卒于獄。

丙子。沈一貫乞休。不允。

丁丑。京師大雨雹。

兵部以永寧宣撫司土婦奢世統與妾子崇周爭印仇殺。立從子崇寧。諸奸附水西。立阿利。因四出發掠。請檄水西安疆臣。撤阿利。息其爭。從之。

己卯。旌靖江王新環沁水王府輔國將軍珵圻孝義。

辛巳。豐縣大水。

是月。惠安縣地震。

八月甲申朔。丁亥。泉州大雨海溢。溺人萬餘。壞民居亡算。

戊子。湖廣撫按趙可懷應朝卿公勘楚府。郭倫等云恭王果廢疾。然不敢決。太妃王氏持之甚堅。拷訊七十餘人。俱不承。奏入下廷議。朱國楨史概尤金梅自縊。

辛卯。歸朝鮮流民二十九人。

甲午。前中軍都督府右都督楊四畏卒。

夜。月犯斗宿。

大理寺少卿張鳴岡爲南京太常寺卿。

是月。主試京省。順天庶子蕭雲擧中允翁正春。應天諭德陶望齡中允周如砥。浙江檢討高克正戶科右給事中梁有年。江西編修郭淐吏科右給事中陳治則。福建編修陳之龍工部員外郞李之藻。湖廣檢討孫如游吏部主事董復亨。河南尙寶司少卿趙標兵部主事王一楨。山東工科右給事中宋一韓兵部主事徐鑾。山西吏部員外郞王士騏戶部員外郞李作舟。陝西刑部主事費兆元工部主事馬從龍。四川戶部員外郞江盈科戶部主事崔師訓。廣東兵部主事龐時雍中書舍人呂圖南。廣西兵部主事沈光祚行人謝廷諒。雲南刑部主事程寰大理寺左評事姜志禮。貴州兵部主事朱化孚行人張國儒。

同安縣颶風大作。挾潮壞廬舍。溺人亡算。

九月甲寅朔。改平越安定二衞學爲平越安順軍民二府學。設黃平州學正。

戊午。朝臣議楚事于東閣。言人人殊。戶部尙書趙世卿言尤悉。曰事理可思。國論可採。彼此之事詞可參。華越之初揭可査武岡王之卷宗可覆按。婦人之言決不可聽。禮部左侍郎李廷機彙奏。大抵如世卿。指郭正域始詘。

巡按雲南御史宋興祖劾稅監楊榮責麗江土官木增退地聽開採。夫麗江古荒服也。歷代不臣。獨歸我明。木氏世知府。守石門以絕西域。守鐵橋以斷土番。資其扞蔽。今自撤其藩。臣等不敢干預。貽誤封疆。

折兌高安新建豐城奉新靖安上高新昌淸江新喩新淦廬陵永新安福寧州武昌武寧峽江泰和龍泉安義宜春萬載分宜萍鄉災租有差。

庚申。總督李汶六年考滿。進左柱國。

甲子。睢州流盜掠江北。

巡按河南御史楊光訓訟故浙江巡撫右僉都御史李天寵之冤。下所司。

戊辰。神機營右副將都督僉事杜桐爲總兵官鎭守四川。

己巳。刑科都給事中楊應文給事中錢夢皐各劾郭正域。夢皐幷及次輔沈鯉。並不報。

庚午。禮部右侍郎郭正域奏。楚事之始。沈一貫語臣親王不當勘。但體訪。臣曰。臣與楚宗同城。偏徇禍且至。若不行勘。科臣當言之。一貫笑曰。科道決不言也。一貫于楚王疏先云當勘。今云不當勘。今撫按勘上。楚府奏辨。並下廷議。先通政使沈子木匿華越疏。則沈一貫主之。又力不欲勘。臣不知其意何也。正域指楚王餽壽百金。約謝萬金。以柬上。

辛未。沈一貫言華越入奏。郭正域遣舍人導至沈子木所。凡覆奏片隻字不侵華越。欲楚王避位聽勘。是陰搆之也。有旨。楚王事眞假。何至今發覺。華越夫許妻証。豈可憑信。禮帖原是壽儀。後不書押。俱難爲據。

癸酉。翰林院庶吉士李胤昌眭石蔡毅中周如盤許獬劉一燝薛三省公鼐爲編修。孟時芳王陞張光裕鄭以偉雷思霈爲檢討。王元翰呂邦耀曾六德袁懋謙爲給事中。宋燾王基洪陳宗契馮奕垣爲監察御史。

戊寅。大學士沈鯉乞休。不允。

前巡撫偏沅右僉都御史江鐸卒。鐸字□□。仁和人。萬曆甲戌進士。授刑部主事。歷山東左參政。開府黔陽。奪情平皮林苗。始終制。沒于苫次。予祭葬。贈兵部右侍郎。廕錦衣衞指揮僉事。

十月楑朔。甲申。潁州桃李華。

前巡撫湖廣右副都御史孫坤卒。坤字□□。睢州人。嘉靖壬戌進士。授刑部主事。累進今官。

南京太常寺少卿楊鳳罷。

戊子。西山大木廠災。

己丑。謚周府臨汝王安詩曰清惠。

丁酉。折免淮揚鳳陽災租有差。

禮部右侍郎郭正域罷。楚王華奎奏。郭正域因隸本藩夙憾。比姻宗室華越來京。寓其兄國子監丞正位所爲謀主。宜斥。章下吏部。

戊申。國子祭酒黃汝良爲少詹事。清理武官貼黃。

是月。泉州地生毛。

十一月㻍朔。甲寅。禮部左侍郎李廷機奏。郭正域題覆楚王事。先後不言其假。無容再議。上從之。時票楚事皆次輔朱賡。二沈引嫌不出。

乙卯。南京刑部尚書趙參魯六年考滿。進太子少保。

戊午。諭戶部。福王歲祿萬石。今在京。歲支三千石。鈔萬貫。待之國全支。

己未。蠲金鄉等十六州縣貧民鹽鈔及濟寧任城屯糧。

辛酉。浙江江西福建地震。

甲子。福建礦稅太監高宷奏奸民張嶷百戶閻應隆渡海往呂宋國採機易山金豆之妄。先是嶷誑奏。得旨。福建巡撫檄海澄縣丞王時和及應隆同往佛郎機國。酋宴。丞問金豆生何樹也。丞無以對。數目嶷。嶷泛言曰。大地皆金。何必問樹。酋大笑。幾殺丞。丞歸悸死。嶷無以報命。逮斬。傳首海外。呂宋國因厚市華人鐵器。器空。盡殺華人凡二萬餘。夷慮中國興兵問罪。入香山澳偵之。閩廣撫臣不敢盡言。草草聞上。詔無開事端乃已。

乙丑。蕭雲舉爲國子祭酒。

丁卯。蜚語曰續憂危竑議。凡三百餘言。謂東宮不得已立之。而從官不備。寓後日改易之意。其特用朱賡。賡者更也。一時與鄭妃約暗寓內外官附賡者。文則王世揚 戎政尚書。 孫瑋 保定巡撫 李汶 陝西總督 張養志 光祿少卿。 武則王之楨 錦衣左都督。 陳汝忠 京營巡捕都督僉事。 王名世 錦衣千戶。 王承恩 錦衣千戶。 鄭國賢 錦衣指揮僉事。 又有陳矩朝夕帝前。以爲之主。沈一貫右鄭左王 太子生母 以規福避禍。他日必有靖難勤王之事。吏科都給事中項應祥撰。四川道御史喬應甲書。其刊一夕間自宮門迄于街衢皆徧。厥明舉朝失色。莫敢言。大學士朱賡得于私宅以聞。請緝其人。身乞歸。不允。上大怒。令廠衞搜緝。務得造書主名。責項應祥喬應甲回奏。沈一貫請嚴跡之。偵校塞路。購賞格五千金。官指揮僉事。或曰妖書似出清流之口。將以傾沈一貫者。或曰此奸人作之。以陷郭正域。正域時有清流領袖之目。見忌一貫。

夏允彝曰。見怪不怪。其怪乃敗。當初發時。倘上令焚去。置不問。不亦可乎。而當局者竟借以傾清流。故激上怒至此。可歎也。

王思明爲右副都御史巡撫福建。

己巳。喬應甲項應祥各回奏。以奸書謗人無自名理。不問。

庚午。陝西道御史康丕揚將例轉。內監賈忠貞語丕揚乘妖書可免。遂請卽結楚獄。逐遊客僧道。毋隱奸。上是之。

辛未。慰諭皇太子。又傳戒內外執事者。上自泣下。皇太子頓首謝。

癸酉。刑科給事中錢夢皐奏錦衣衛左都督王之楨□□李楨國疏辨皆有所指。似知其人。千戶王承恩王名世疏辨云奸惡不可忍。命詰之。于是王名世首錦衣衛都督僉事周嘉慶。而王之楨李楨國王承恩合指之下東廠會鞫。嘉慶妻妾又舍人袁鯤慘甚。至死不承。蓋嘉慶負氣忤之楨同官相傾。嘉慶祖詠以軍功廕。娶吏部尚書李戴女弟。時訛言沸涌。坊市無敢偶語。

丙子。提督東廠司禮太監陳矩以錦衣百戶崔德緝順天黜生皦生光鞫之。子其篇婦趙氏陳氏幷讞。生光性險賊。善脅人金。坐譴戍大同。赦歸。終不悛。猶脅鄭國泰家。鞫日王之楨請專人聽記。有旨不許。又密懇于矩。矩不聽。

戊寅。禮部右侍郎周應賓詹事唐文獻侍班東宮。少詹事楊道賓右中允王圖左右中允兼翰林院編修吳道南馮道南直日講。

庚辰。錢夢皐論妖書。刺次輔沈鯉。謂郭正域衣缽門生也。蓋沈一貫當路。忌左都御史溫純强直。鯉踽踽尤負望。供天啓聖聰牌于閤。入則禮之。素善郭正域。時開告密。對人曰。此事何必張皇也。一貫大不懌。正域放歸待凍潞河之楊村。聞問不絕。沈氏益側目。

中刻。有大星如毬。自北南流有聲。

辛巳。沈鯉奏辨。不問。

十二月牡朔。錢夢皐奏劾郭正域。寓僑醫吳江沈令譽。多貴游。巡城御史康丕揚跡捕之。搜得楚王華奎揭華越副封。又刑部主事金壇于玉立所致吏部郎中太倉王士騏書。以玉立起官。士騏與郭正域力也。又前漢中府同知荆門胡化首渠縣訓導阮明卿撰妖書。化家居忤知州阮上卿。走京師。適上卿弟明卿選訓導。因誣奏之。廉問無據。明卿爲夢皐姻。故論郭正域曰。沈令譽郭氏之食客。胡化又同鄉同年也。當亟訊奸黨。治正域亂楚首惡之罪。次輔沈鯉屢爲奸人緩頰。舉朝曰大變。彼曰小事。舉朝曰當捕。彼曰可容。所上揭有震動人心。虧損聖德等語。回互隱伏。意欲何爲。疏入中外大駭。時又捕僧達觀。以達觀答郭正域書有云。慈聖欲建招提見處主上斷不與。安得云孝。亦搜之沈令譽所。

都督同知提督京城巡捕陳汝忠。以郭正域舍人毛尙文入京。鞫之。幷逮正域家口十三人及布衣江夏王忠。

巡城御史康丕揚捕僧達觀。琴士鍾澄。百戶劉相等。同沈令譽拷掠。皆不承

癸未。晉府河東王愼鍵諡安裕。趙府江寧王翊鍩諡端和。秦府永□王敬鏞諡昭憲。

周嘉慶釋獄。

丙戌。皇太子奏謝。上慰諭之。

戊子。刑部主事于玉立奏辨。上惡其營競。削籍。稽勳郎中王士驥褫秩。

命錦衣衛嚴鞫妖書。

甲午。册福王妃鄒氏。

沈一貫朱賡請寬妖書疑獄。沈鯉亦上章引咎。且乞罷。不聽。

總督宣大楊汝寧上宣大山西三鎭圖說。

丁酉。楚府東安王英燧。武岡王華增。江夏王華堉等。復請勘假王。上切責之。

高汝栻曰。余嘗讀總督薛三才疏而重有感于楚事也。其時三才爲左布政。嘗語巡按潘之祥。楚王與王秀才面貌酷似。後祥發其言。三才曰。不但曾與祥言之。亦語撫按二臣。幷詢及楚事者亦不諱也。故才始終不敢謂楚王爲眞。且曰。當時楚臣趙可懷按臣應朝卿會請法臣覆劾。下九卿科道會議。何嘗俱謂楚王爲眞哉。中旨一出。遂難反汗矣。楚獄既上。衆議盈廷。以溫三原之方執。且不能于衆申其從輕從重之說。才亦安能必行其說于撫按。而使停刑上請也。噫。斯言也。雖謂楚宗之實錄可也。

楊時喬爲吏部左侍郎。詹沂爲左副都御史。

命順天尹禱雪。

吏部尙書李戴上章謝罪。誤用印。勒致仕。初。訊周嘉慶時。戴不忍慘視。起入中堂。上聞而惡之。一日。取御前文武職名於戴。嘉慶上各粘寸紙示閣臣曰。皆延津人。豈無私耶。

唐文獻爲禮部右侍郎。署翰林院事。

己亥。戶部尙書趙世卿署吏部。

謚肅府鉛山王績膋恭壯。

庚子。逮周嘉慶妻妾子女嚴訊。以王之楨捕嘉慶書佐袁鯤。同皦生光鞫之。云嘉慶主謀。東廠謂無據。于是捕家屬。沈一貫請免之。

癸卯。前禮部尙書兼東閣大學士王家屛卒。家屛字忠伯。大同山陰人。隆慶戊辰進士。直閣。會請立儲。至封還內降。堅臥不出。去之。器宇博大。操履端嚴。正色立朝。惜不盡展其用。年六十八卒。時有大星隕山陰城東。贈少保。謚文端。

乙巳。前南京兵部右侍郎王元敬卒。元敬浙山陰人。嘉靖三十八年進士。知許州。進禮部主事。歷今官。予祭葬。

丁未。沈鯉乞休不允。始逮郭正域舍人時。邏校環鯉邸外。迫脅不堪。皇太子聞之。遣閹人達閣臣曰。先生輩容我乞全郭侍郎。唐文獻陶望齡先後詣沈一貫爲解。陳矩亦力持之得安。

皦生光論死。方廷訊御史沈越厲聲折生光從重論。恐株連多人。無所歸獄。生光自誣服。歎曰。朝廷得我可結案。如一移口。諸君何處求生活乎。

那林孛羅與白羊骨侵吾兒忽答。南關力不支。因投建州。自後不復返。而南關之勅書屯寨人畜。盡爲建州有矣。

甲辰萬曆三十二年

正月壬朔。上不朝。

己未。琉球入貢賀東宮。

辛酉。初上手諭內閣以祈天永命保國安民事宜。沈一貫等奏。皇上視財太重。視人太輕。取財太詳。任人太略。宜亟罷礦稅補廢官擬諭四道。不報。

壬戌。前協理京營戎政右都御史兼兵部左侍郎顧養謙卒。養謙字益卿。南直通州人。嘉靖乙丑進士。授工部主事。歷郎中。轉福建按察僉事。歷廣東參議副使。坐事調雲南僉事。撫順寧土官。進浙江右參議。弭兵變。進霸州兵備副使。未行。平杭卒之亂。改杭嚴道。論功。徙薊鎮。進右僉都御史。巡撫遼東。屢破虜。進右副都御史。再戰鎮寧堡牽馬嶺。己丑久次。還南京戶部右侍郎。總督糧儲。憂去。奪情起兵部右侍郎兼右僉都御史。總督薊遼保定。請終制。始行。未至。改兵部左侍郎。會關白事棘。改總督薊遼兼經略。議不合。求去。進右都御史。兼工部右侍郎。總理河道。引疾去。踰年起協理京營。不赴。倜儻豪邁。以才武稱于薊遼。其功不著。年六十八。予祭葬。

癸亥。吏部大計奏上未下。

署詹事府事禮部尚書兼翰林院學士曾朝節卒。朝節字直卿。湖廣臨武人。萬曆丁丑進士及第。授翰林編修。歷今官。溫恭慤愼。時推長者。年七十。所著芝園集易測臆言大學解若干卷。賜祭葬。贈太子太保。天啓初謚文恪。

乙丑。總理河道工部右侍郎李化龍請開泇河。曰河自開封歸德而下。合運入海。其路有三。由蘭陽道考城至李吉口。通堅城集入陸莊樓出茶城而向徐邳。是名濁河。爲中路。由曹單豐沛出飛雲橋入龍塘出徐溝而向徐邳。是名銀河。爲北路。由潘家口過司家道至何家隄。經符離道睢寧入宿遷。出小河口入運。是名符離河。爲南路。南路近陵。北路近運。惟中路既遠于陵。復濟于運。前督臣排羣議以興茲役。竟以資用乏絕不得竣事。然自堅城以至鎮口。河形宛然。故爲今之計。惟守行隄。開泇河。其善有六。其不必疑有二。運不借河。善一。二百六十里之泇口。避三百三十里之黃河。善二。運不借河則我爲政。善三。估費二十萬。開河二百四十里。善四。開河召募濟貧民。善五。糧船過洪。春盡畏河漲。運入泇河。朝暮無妨。善六。爲陵捍患。爲民禦災。無疑一。徐州向苦水。開泇河以安徐人。無疑二。又工科都給事中侯慶遠亦稱便。或費溢。不妨增益。工部覆從之。

己巳。福王婚費三十萬金有奇。

庚午。夜月犯角宿。

癸酉。禁蜚語游士。

甲戌。禮部覆樊山王府鎭國將軍翊鏖請立宗學。領以宗室。略比流官。從之。卽授翊鏖。

乙亥。閣臣再請下大計。未報。

丁丑。科道拾遺。未下。

禮部請宣播州之捷告郊廟。從之。

辛巳。少詹事楊道賓知貢舉。

思明府土目陸佑叛入安南。旋殲之。

二月壬午朔。癸未。大學士沈鯉辭主試。謂臣入朝。人皆預擬次輔典試也。

丙戌。大學士朱賡禮部右侍郎唐文獻主禮闈。

丁亥。少詹事黃汝良直東宮。

設貴州夜郎巡檢司于播州。

禮部左侍郎李廷機言宗藩捷法。曰免重結。蓋報生一結。父母來歷既明。此後選配另結外。至于請名請封請婚。單取王宗結竟遞各長史教授據宗結具奏。曰定取期。既有保生奏結。又有玉牒冊。妾媵冊。年終攢造冊。殤卒冊。俱可備查。本部復設格眼。將各宗父母來歷生卒月日併保結某室某人備書位下。該司呈堂親注應名封者注應字。另題者注另字。用印每年挨查其期。某府某位類行長史教授。啓知如萬曆十七年報生。今年十五。爲封婚之期。則行取請婚選婚。如二十七年報生。今年五年。爲名期。則行取請名。本部如期行該府類奏。則府役部役何所需索。提綱挈領。去繁省奏。莫捷于此。從之。

戊子。吏部乞留入計諸臣選科道。不許。

庚寅。署兵部事刑部尙書蕭大亨言。萬曆二十五年九月恩詔內勾軍。其遠年祖軍族盡者准銷。有丁者許附近衞。萬曆三十一年十月。山東巡撫黃克纘則盡改近衞。邊地必至空虛。臣今酌議。未經赴部題請者。如撫臣議。停止。從之。

辛卯。巡撫湖廣右副都御史趙可懷九年考滿。進兵部尙書。

甲午。大同應州地震。

丁酉。夜火星逆行入角宿。

旌蜀王宣圻助餉。立坊曰忠賢懋著。

甲辰。鎮安府泗城州土官岑奇鳳等入貢。

丙午。駝龍奔古阿著等族番人竹節永肖等入貢。

己酉。駙馬都尉楊春元微服走固安。命錦衣衞官追之。敎習禮部主事鮑應鰲及其父免官。

庚戌。四川貴州廣西湖廣等萬里箐寨等幷宣慰司安疆臣入貢。

三月辛亥朔。癸丑。□□道御史余懋衡等奉遣請符驗。命俟訊明妖書。

丙辰。兵部言。海西建州二夷歲貢交通。積猾分外需索。宜如朶顏三衞例。留賞塞上。于十人令一人入京。而督撫云貢夷橫肆。應革賞選材官四五員輪押。三年內有功者薦用。違犯者永革。報可。

丁巳。漳泉地震有聲。

甲子。乾清宮成。

敍松山斬獲功。

乙丑。策貢士楊守勤等三百人。賜楊守勤等進士及第出身有差。

丙寅。騰驤右衞千戶李英請淸御馬監牧地。歲可二萬金。命御馬監右監丞王昇往。閣揭沮之。不聽。

丁卯。遼東稅監高淮奏。昨十一月。千總楊于世以冢宰李戴書及符繻往遼東。命逮于世同周嘉慶皦生光袁鯤等對鞫。

戊辰。敕御馬監左監丞王昇徵收牧馬草場租課。

夜。大同陽和見大星如斗。先白漸赤。其光燭地。

謚淮府廣信王厚煤順恭。永豐王翊鍛莊裕。德興王厚載端順。

戊寅。詔革楊春元駙馬都尉。切責之。閣揭謂春元尙榮昌公主十年。子四歲。今欲棄秩歸田。情必難堪。更加詰責。恐傷至情。但密諭省改。戒府中門婢務遵禮法。上然之。命春元國子監習禮百日。

庚辰。左都御史溫純言礦稅毒虐。乞逮廣東稅使李鳳。撤陝西稅使梁永。雲南稅使楊榮。不報。

永寧土司奢世續奢崇明事平。

四月辛卯朔。日食。改乙酉享太廟。

壬午。閣臣請下考選科道。不報。

乙酉。提督東廠司禮太監陳矩奏妖書獄。移皦生光刑部論斬。上欲加等以謀危社稷律論磔。矩奏清直妖書事。保全善類爲多。

癸巳。命順天尹禳雨。

巡撫甘肅徐三畏加右都御史。

廣東左布政使徐應奎致仕。加太常寺卿。

甲午。總督倉場戶部尙書謝杰卒。杰字□□。長樂人。萬曆甲戌進士。授行人。使琉球。歷右僉都御史。巡撫南贛汀韶。刑部侍郎。敏才任事。年□十□。予祭葬。

刑科給事中錢夢皐例轉湖廣布政司參議。沈一貫揭留之。

談遷曰。四明越年例揭留錢夢皐。其後又留康丕揚。何示人之以私也。四明筮仕。以學行著。觸忤江陵。及身當其國。明扦考功法。江陵有是耶。

己亥。錢夢皐言。科臣都給事中有序轉。有劣轉。都給事中外轉則參政。左右給事中外轉則副使參議。散科外轉止僉事。今臣推參議。謂優則自揣無功。謂劣則臣罪未著。乞該部明其功過。有旨仍故官。

庚子。載堯封襄王。翊鎬嗣蘭陽王。載堡嗣廣信王。朝鎭嗣建寧王。常湍嗣平度王。恭櫪嗣儀封王。朝溒嗣上雒王。壁隧嗣臨汝王。承鈖嗣慶符王。

左都御史溫純總督宣大兵部尚書楊時寧各考滿。加太子太保。

壬寅。皦生光磔于市。妻子戍邊。妖書非生光也。第其人有可死。故人不甚憐之。御史沈越力持生光。已越出使道卒。時見生光求償。或曰。妖書出武英殿中書舍人永嘉趙士楨。後士楨疾篤自言之。肉碎落如磔

談遷曰。妖書一夕徧朝市間。其事甚怪。而緹校勾攝。旁午四出。與漢治巫蠱獄何異。王之楨猶江充也。四明猶公孫賀也。即不株東宮。于含沙射人。寧有幸乎。皦生光誣服以死。得弛羅織。設事更遲回。魚網之設。鴻則罹之。都人未得安枕也。易曰。君子愼用刑而不留獄。今安得張釋之于定國而語之哉。噫。

錦衣衞百戶崔德爲指揮僉事。如賞格。

甲辰。南京工部右侍郎范崙爲尚書。

庚戌。陝西道御史康丕揚參楚宗華越等謀陷親王之罪。并刺巡撫趙可懷等模稜觀望。命下所司。

五月辛亥朔。壬子。巡按四川御史李時華奏勘播州地界。曰。沙溪渭河在播州水西皆有之。見于通志。當楊相出奔時。爭界兩省勘還。謂非播地。其誰信之。此總督所以繪圖也。然水西侵疆。非安疆臣始。疆臣守祖父遺地爲故物。方貴州危時。一兵一餉。俱籍疆臣。故撫臣許其拓土。今卽不然。而反割之。如撫臣何。今日或予或奪。惟在上裁。章下所司。

甲寅。南京提督操江右僉都御史耿定力九年考滿。進右副都御史。

乙卯。青城縣天鳴。

戊午。順義王撦力克并套虜卜失兎等各貢鞍馬弓矢求陞賞量許之。

己未。皇孫女生。

壬戌。諡益府安仁王常滐昭憲。

乙丑。東廠太監陳矩錦衣衛左都督王之楨各廕錦衣衛百戶。

吏部左侍郎楊時喬攝部事。

辛未。巡按江西御史吳達可薦布衣南昌章潢隱居樂道。年逾八袠。宜如吳與弼胡居仁例。優以京秩。禮部覆上。不報。

壬申。進福建總兵官朱文達都督僉事。時沉倭舟二十五艘。擒斬百三十二人。

癸酉。夜大雷雨。爇長陵明樓碑文皇帝陵碑。

甲戌。建州衛夷入貢。

乙亥。南京大理寺卿游應乾爲戶部右侍郎。提督倉場。

馬鳴鑾爲右僉都御史。巡撫宣府。贊理軍務。

部院諸大臣伏闕奏。昨年四月朔日食胃度。今四月朔亦然。昨年五月二十三日雷震皇陵。今是日又震長陵。此一異也。陰霾經月。霖雨經旬。京城內壓死數十人。城外漂蕩數百家。此二異也。天壽山孽蟲食松柏。洪水衝橋道。此三異也。願陛下惕然思。幡然改。勿輕宗社。勿簡政事。易災爲祥。當必有道。伏闕歷辰午。太監田義傳諭各守心供職。毋要挾沽名。

六月庚朔。敍楚黔皮林功。進沈一貫少師兼太子太傅。廕中書舍人。沈鯉太子太保。朱賡太子少保。各廕子入國子監。賜金幣。進巡撫楊芳兵部右侍郎。

兵部覆總督王象乾巡撫李時華水播分界事。在象乾謂水播以渭河分界。在時華謂水西助兵。失之土司。得之土司。非分我內地。臣等竊議。據法凡播州故地當復。平心而論。亡論渭河在所當予。即上堰烏稚尾諸處。嘉隆以前當曲處。以示朝廷之寬。章下撫按議之。

禮部左侍郎李廷機上言。華越等謀害親王。祖訓甚嚴。宜以正條究罪。華越等九人。自高皇帝視之。皆逆事也。不正之何以慰九廟之靈。朱添爵等三人。情之不得自由者也。不減之無以預杜乎冤濫。袁渙等五人。法之必不可赦者也。不誅之無以垂戒于將來。章下所司。

乙酉。太白晝見。

丙戌。諭補兩京大僚。釋輕繫。

戊子。雲南臨安嚁峨盜起。

己丑。夏縣大雨雹。傷稼。

壬辰。山東道御史楊光訓爲順天府丞。添注。

乙未。選庶吉士徐光啓等二十三人。以吏禮部右侍郎周應賓唐文獻敎習。

丁酉。昌平大雨水。壞各陵橋道。長陵松柏蟲嚙盡。

戊戌。降華越庶人。幽鳳陽。蘊鈁英娭等庶人。幽閒宅。餘奪祿。儀賓袁煥及林槐等永戍。

癸卯。河南道御史崔邦亮爲順天府丞。添注。

甲辰。皇子常溥生。

己酉。東寧伯焦夢熊。恭順侯吳汝胤。爲後右軍都督府僉書。

七月庚戌朔。京師大霪雨。

壬子。沈一貫請敍播州功。不報。

戊午。太僕寺添註少卿何倬爲大理寺左少卿。

己未。禮部奏貢番昔藏等貢籍不載。詔卻之。仍給賞。

辛酉。發太僕寺十萬金賑都民。

光祿寺少卿馮蕖爲太僕寺少卿。吏禮科都給事中項應祥張問達爲太常寺少卿。應祥添註。

癸亥。畿內永平保定眞定等水災。

甲子。南京光祿寺少卿鄒觀光爲南京太僕寺少卿。

丁卯。起劉應麒南京大理寺卿。

戊辰。錦衣衞□□□李如楨提督京城巡捕。

癸酉。沈一貫上揭。曰恤西山被災窰戶。曰敍播州功。曰截漕十萬石。墾荒江北。曰定館師。曰補部院大臣庶僚。曰蠲牧地。命免徵窰戶三月。截漕六萬石。撤王异。

甲戌。前南京兵部右侍郎許孚遠卒。孚遠字□□。德淸人。嘉靖壬戌進士。自工部主事調吏部。歷郎中。出廣東按察僉事。歷今官。性質直。不事藻飾。學務實踐。雖服膺王氏。而非良知也。年□十□。予祭葬。贈南京工部尙書。天啓初謚恭簡。

禮部署部事左侍郎李廷機定京省提學官三年內歲考科考毋類考。從之。

乙亥。福建左布政使徐學聚爲右僉都御史。巡撫福建。

丁丑。陳啓嗣平江伯。

八月躬朔。庚辰。右春坊右贊善李騰芳爲右中允。署國子司業。

辛巳。秦州地震如鼓聲。

閣臣奏辛丑庶吉士擬科道。及二十六年行取候補給事中吳道行沈鳳翔汪若霖朱一桂候補試御史朱燾。又起復候考熊鳴夏周若庠蕭淳臣等。屢催請乞早降德音。

甲申。冊順妃李氏。

乙酉。吏部右侍郞周應賓禮部右侍郞唐文獻俱協理詹事府。教習庶吉士。

庚子。巡撫山東右副都御史黃克纘報河決蘇家莊。淹豐沛。黃水逆流。灌濟寧魚臺單縣。而魚臺尤甚。邑地十五社止一舍不及水。

辛丑。諭內閣切責伏闕奏擾廷臣。

甲辰。太僕寺添註少卿林烴爲南京太僕寺卿。

丙午。武驤左衞百戶陳起鳳請採大木以覬利。除名。盡逐其黨。

福王常洵因天變辭崇文門外官店。不允。

九月軾朔。翰林院檢討蔡毅中上皇明祖訓節略內闕礦稅者爲註疏二十二卷。不報。

己酉。賜建德王翊鋐書院曰守義。

庚戌。山西左布政使李景元爲右僉都御史。巡撫山西。提督雁門等關。應天府尹趙欽湯爲南京通政司使。

癸丑。朝鮮國王李昖貢方物。求次子琿封爲世子。

甲寅。右春坊右諭德吳道南□中允楊繼禮主武闈。

故吏部尙書倪岳曾孫儒翰特補入國子監。不爲例。

丙辰。大理寺少卿李堯民爲應天府尹。

太常寺少卿趙崇善卒。崇善字伯兼。蘭谿人。萬曆丁丑進士。

故南京國子祭酒蔡清贈禮部左侍郎。謚文莊。

丁巳。巡撫寧夏右僉都御史黃嘉善進右副都御史。廕子入監。

辛酉。夜木火土星聚尾宿順行。

刑科都給事中楊應文爲南京太僕寺少卿。添註。

壬戌。巡撫雲南陳用賓奏平緬夷內附。

南京尙寶司卿于若瀛爲通政司右參議。

癸亥。巡撫鳳陽李三才報稅監陳增搜參隨程守訓王惟忠等橐貲亡算。守訓供四十萬。請盡其法。詔逮諸黨翼。

乙丑。夜。客星見西南。赤黃色。大如彈丸。

戊辰。南京刑部右侍郎王基爲南京戶部尙書兼右副都御史。總督糧儲。

庚午。禮部言。朝鮮舍長子臨海君珒立次子光海君琿非法。上是之。諭李昖再思毋後悔。

魏國公徐弘基爲南京中軍都督府僉書。

壬申。釋馮應京華鈺何棟如等獄。永不敍用。

分水河成。

癸酉。前南京兵部主事李復陽爲尙寶司少卿。

前協京營戎政兵部右侍郎許守謙卒。守謙字□□。藁城人。嘉靖乙丑進士。予祭葬。贈兵部尙書。

是月。套虜炒忽兒等犯延綏孤山東路。副總兵杜松卻之。矢中忽兒而死。

閏九月戊戌朔。庚辰。醴陵地屢震有聲。壞城舍。又白楊吳泉間地裂三丈。湧黑水。搏激丈餘。

壬子。謚周府吉安王朝堤榮順。唐府新野王碩㸅莊憲。追封柘城王翊鋙榮和。

楚宗人蘊鏊等殺巡撫兵部尚書兼右副都御史趙可懷。初楚王華奎獻萬金助工。渡江。宗室數百人劫之于漢陽。兵巡副使周應治捕三十六人下獄。各宗大譁。應治走免。可懷聽其獄。下堂垂問。鏊輩以手械擊可懷首。立死。各宗揚揚。仍曰殺吾家吏耳。上怒。賜帛止矣。睢盱自如。巡按御史吳楷上變云傳檄順流南下。則楷在荊州流聞。各宗固家居安然也。事聞。命河南鄖陽各嚴兵防其逸。

談遷曰。黃汝良冰署筆談。楚王事得白。因謝恩有所進奉。江夏以前憾未釋。意楚王必有重賄以謝政府。乃嗾諸宗至江干掠其賄。搜取與政府書。夫諸宗劫貢。彼愚悖自陷于辟。若郭美命嗾之。則美命固罪首也。諸宗後論死。何德于美命而諱之乎。其詆誣美命已極。陷文不活。非謂是耶。

諡上蔡王載坡溫裕。

庚寅。遣刑部官卹刑省直。

癸巳。南京職方司郎中劉元珍劾沈一貫偏置私人。蒙上箝下。錢夢皐妄奏求容。士林不齒。一貫夢皐皆疏辨。夢皐謂元珍爲溫純鷹犬。並不報。

乙未。許安南祿州夷官韋達禮贖罪。仍令頭目鄭松約束。先是。達禮聽叛目陸祐等寇思陵。執土官韋紹曾。

丙申。鳳陽大風雨。

己亥。諭中外諸臣曰。朕近年雖事靜攝。而萬幾未嘗不親。威福予奪。柄不下移。今歲考察見科道數多。又近年行取及散館起補各官。諸衙門市恩屢瀆。未經簡發。恐差用乏人。故將被察科道概留。皆斷自朕心。誰能參預。

乃劉元珍造謗惑人。特諭爾等各宜捐私體國。毋更起疑端淆亂國是。元珍降一級調極邊。

談遷曰。被察科道概留。亦何以察爲也。四明任臆不顧成憲而又借尺一自飾。心勞日拙。人誰信之。

乙巳。諭平播功陞賞不及世爵云何。

丙午。沈一貫言宣德九年平松潘功。總兵方政止右都督。成化二年平都掌蠻功。提督程信止兼大理寺卿。萬曆二年平九絲蠻功。巡撫曾省吾止侍郎。總兵劉顯止都督同知。今播功雖大。而總督一。巡撫三。總兵五。其功同。概爵則濫。歸一則偏。不若優其陞賞也。謹擬李化龍少保世錦衣衛指揮使。總兵劉綎復原官。陳璘進左都督世指揮使。馬孔英出降胡。吳廣李應祥出武生世正千戶。巡撫郭子章江鐸俱量加官。從之。

湖廣左布政使梁雲龍爲右副都御史。巡撫湖廣。

薊遼總督蹇達進兵部尚書兼右僉都御史。

十月朔庚戌。諭鄖陽江西河南撫按南京守備官協剿楚叛。

南京右春坊右諭德劉曰寧爲南京國子祭酒。

辛亥。起孫鑛爲南京右都御史。

壬子。戶部尚書趙世卿請核邊餉。報可。

甲寅。始敍平播功。李化龍兵部尚書進少保世錦衣衛指揮使。貴州巡撫郭子章右都御史兼兵部右侍郎。仍巡撫。廕錦衣衛指揮僉事。湖廣巡撫支可大復原官。廕子入監。偏沅巡撫江鐸贈兵部右侍郎。廕錦衣衛指揮僉事。劉綎陳璘俱左都督。世本衛指揮使。吳廣李應祥世本衛正千戶。贈應祥左都督。張棟楊世敎楊寅秋各贈太僕寺卿。廕子入監。蕭大亨改兵部尚書。加原廕一級世襲。

談遷曰。秦蜀兵興。各懸賞格。不愛封侯之爵。尋事定賞俱不行。謂功非一人。概爵則濫。獨不曰發蹤指示。折衡橫草有不當平論者乎。諸大將誠一小醜。猶得一階半級。今越若千年。頭須爲白。或化爲異物。又甚者景風之賞未甄。膚受之言已至。檻車對簿。釋甲就徵。此何法也。朝四暮三。則狙怒。今國家論功專怒狙之術。不令人喜。何以勸後援桴鼓。則忘其身乎。

丁巳。楚府叛宗皆下獄。先三十三人。繼四十三人。

己未。刑部尚書蕭大亨改兵部尚書。兵部尚書王世揚憂去。

巡撫南贛汀韶右僉都御史李如華加兵部右侍郎。

進沈鯉少保兼太子太保。朱賡太子太保。並兼文淵閣大學士。廕中書舍人。俱考滿。

丁卯。命太僕寺以都民之餘分賑保定薊鎮各三萬金。

華陽縣天鼓鳴。

癸酉。先是李化龍憂去。巡撫應天右僉都御史曹時聘爲工部右侍郎。總理河道。

甲戌。禮部主事彭遵古爲尚寶司丞。

十一月玎朔。日南至。戊寅。免朝賀。

乙酉。刑部右侍郎董裕爲左侍郎。前山東左布政使沈應文爲刑部右侍郎。通政司左通政周孔教爲右僉都御史。巡撫應天。督理軍儲。

夜。浙直福建地震。興化尤甚。壞城舍。數夕而止。

丁亥。兵部覆巡撫福建右僉都御史徐學聚奏逐內洋紅夷。從之。

辛卯。翰林院檢討朱國楨爲南京國子司業。

乙未。前戶部左侍郎王之垣卒。之垣字爾式。濟南新城人。嘉靖壬戌進士。除荊州推官。隆慶丁卯。擢刑科給事中。歷都給事中。進聖功錄基命錄。皆留覽。辛未。進太僕少卿。三月。轉鴻臚寺卿。萬曆甲戌。進大理寺右少卿。改左。又改南京太僕寺卿。改北。丙子。遷順天尹。丁丑。遷右副都御史。巡撫湖廣。庚辰。遷戶部左侍郎。壬午。督理京營。明年改左。提督倉場。歸省。遂不出。年七十八。子象乾。總督兵部尚書。象晉。進士。象賁。戶部員外郎。其門鄉舉十四人。甲榜十人。當世稱新城王氏最盛。予之垣祭葬。贈戶部尚書

甲辰。總督漕運李三才奏稅監陳增死。令儀眞稅使內官監暨祿兼理。

是月。虜犯河西新河。

十二月。朸朔。旌魯王壽鋐衡府高唐王翊鑲孝友。

己未。蠲減淮徐逋租。

辛酉。夜。客星見尾宿。

甲戌。予故巡撫大同兵部右侍郎房守士祭葬。齊河人。萬曆丁丑進士。

國榷卷八十

乙巳萬曆三十三年

正月丙子朔。上不朝。有男子趙應元登午門樓。執之。

庚辰。虜銀定歹成犯甘肅鎭番衞。總兵達雲遣副總兵柴國柱擊斬三百餘級。

辛巳。總督四川湖廣貴州兵部右侍郎王象乾憂去。

丙戌。吏部左侍郎楊時喬請京察期。主上卽命時喬。沈一貫忌時喬淸嚴。擬兵部尙書蕭大亨主計。不允。

大理寺左評事姜志禮言。本月十日。臣同刑部主事陳國是及提牢主事顧自植視囚。斃十五人。推之積日。推之他處。又何極也。乞矜原輕繫。勿致淹頓。不報。

壬辰。廣東撫按戴燿林秉漢奏稅監李鳳憾潮州推官姚會嘉。遮辱于廣州。不報。

甲午。罷四川遵義兵備左布政崔應麒。褫兵備參議徐仲佳通判鄭弘烈職。奪總兵官林桐俸。二月。初。總督王象乾以遵義人羅學茂等諳土事。令千總周世祿詢之。學茂等述水西侵地狀。誘安疆臣弟順臣。擕衆四百人及西人七百餘家來歸。稱獻地。疆臣勒兵追之。訴巡按御史李時華。捕學茂。得道臣諭帖。鄭弘烈書。因劾應麒等。請歸其西人。

辛丑。修天壽山諸陵。

癸卯。吏部京察。老疾三人。貪酷十人。罷軟六人。不謹九十人。浮躁三十九人。才力不及三十二人。疏留中。

定河南開福王府內監孔一龍工部主事房楠監工。

二月乙巳朔丙午。諸大臣自陳乞罷。俱留之。惟工部尙書姚繼可不報。

巡撫廣西右僉都御史兼兵部右侍郎楊芳國言。稅監沈永壽以土產金銀鉛錫派有司包解。永康思恩等州縣。原無礦峒。亦派千三百金。宜免。不報。

己酉。巡按廣東御史林秉漢上三事。淸仕路。籌邊餉。厚宗藩。因言楚宗戕撫臣。罪固罔赦。其言假王。豈全無影響。宜如憲宗朝故事。或下撫按。或遣廷臣往勘。如假則正法。如眞則治枉罪。不報。刑科給事中錢夢皐駁其私郭正域。臣被察。因當事代爲正域地。有旨譙秉漢。

庚戌。總督宣大山西太子太保兵部尙書楊時寧自陳。許致仕。

癸丑。遼東總兵官寧遠伯李成梁年八十乞休。不許。

戊午。巡撫江西兵部右侍郎兼右僉都御史夏良心卒。良心字景堯。廣德州人。隆慶辛未進士。授刑部主事。□□□□□□□。歷今官。忠誠廉愼。終無訾議。予祭葬。贈兵部尙書。立褒德祠。

庚申。夜月食。

癸亥。右春坊右中允楊繼禮爲南京左春坊左諭德。署翰林院事。

乙丑。南京吏部京察疏上。留中。

尙書曾同亨考功郎中徐必達察處□科給事中祝世祿。

丙寅。諡周府博平王朝基榮和。彰德王朝埱榮昭。瀋府沁水王埕揩康僖。蘄王憲熠榮順。光澤王憲熿莊懿。楚府通山王蘊鉉恭憲。追封潁川王勤椋懷端。

辛未。修孝陵成。

三月乙亥朔丙子。宣府總兵官梁彥免。失援淸河。且冒捷也。

辛巳。諭吏部都察院曰。京察科道不稱職者甚衆。豈皆不肖。必有私恚。朕不得無疑。蓋去沈一貫私人被詰責也。

吏部趣計疏。有旨。留被察給事中錢夢皐等御史錢一鯨等。餘如議。

丁亥。吏部左侍郎楊時喬左都御史溫純等言。察處科道舊萬曆二十一年科七人。道十人。二十七年科五人。道九人。今議處科四人。道七人。皆參衆秉公。而聖諭嚴切。臣等無狀。宜罷。上不問。

己丑。署翰林院事禮部右侍郎兼翰林院侍讀學士唐文獻卒。文獻字□□。華亭人。萬曆丙戌進士第一。授翰林修撰。丙申進右中允。明年右諭德。辛丑少詹事。癸卯詹事。學術純粹。直東宮。善啓沃。沈一貫忌其淸勁。予祭一。半葬。吏部覆請贈禮部尙書。加祭一。全葬。天啓初謚文恪。

四川總兵官林桐罷。

庚寅。司禮太監田義同總督京營戎政泰寧侯陳良弼署協理京營戎政兵部尙書蕭大亨巡視京營御史李楠大閱三營。

工部尙書姚繼可疏乞休。三十有六。未允。因掖至文華門泣奏。上責其狂躁。

乙未。江南副總兵侯國弼爲署都督僉事總兵官。鎭守四川。山西總兵官都督僉事姜顯祚爲鎭朔將軍總兵官。鎭守宣府。

丁酉。裁馬湖府通判一。

辛丑。立長陵碑。侍郎李庭機祭告。

南京總督糧儲王基以拾遺自辨。上特留之。

壬寅。敕總兵官馬棟鎭守山西。

行人劉宗周終養。

甲辰。前戶部右侍郎莊國楨卒。國楨字□□。晉江人。嘉靖壬戌進士。知會稽。擢戶科給事中。歷前官。予祭葬。

四月乙巳朔。丙午。裁同州判官。鎮原縣丞。狄道縣摩雲嶺安定縣巉口三巡檢司。

己酉。宰賽誘殺慶雲堡守備熊鑰。命革市賞。

庚戌。修咸恩殿。

故巡撫湖廣兵部尚書趙可懷。贈太子太保。廕中書舍人。予祭葬。

伍袁萃曰。自武廟迄今。寧夏殺巡撫二。甘肅大同湖廣各殺巡撫一。大同浙江鄖陽各縛巡撫而笞辱之。幸而不死。此輩皆以撓弱凡才。妄動起釁。覆餗僨轅。國家之威靈。大君之命令。一旦委之草莽。死不償責。故從來未有議卹者。近四明德趙尚書之援手也。始請優卹。而卽有請卹張中丞者。亦以立公孫泄之意。予之矣。然則凡激變見殺者。均當卹乎。

貴陽雨桂子。細視之。卽皂角子。

辛亥。定楚獄。誅蘊鑾蘊鏑于顯陵。勒華堆等三人自盡。華嫶等二十三人錮高墻。蘊鈁等二十二人革秩幽閒宅。蘊鋈等十八人降爵革祿。幷停其待封者。

朱國楨曰。死者與衆棄。未聞棄之伊家墟墓間。使其祖宗魂靈式而見之也。且楚藩乃太祖七世孫。非獻王之後。于義何居。吁。蓋難言之矣。

伍袁萃曰。國家有中衰而後有中興。頃見平定小醜。輒稱中興。謬矣。若梁雲龍捕獲楚宗。疏敍功伐。至謂中興茂烈。莫此爲盛。不更謬與。司寇行戮。君爲之不擧。天潢之誅。錮固其自取。皇上必有隱心焉。而爲臣子者。乃張大誇詡。希冒恩賞耶。

壬子。少詹事楊道賓爲禮部右侍郎兼翰林院侍讀學士。署院事。黃汝良爲禮部右侍郎兼翰林院侍讀學協理詹事府事並教習庶吉士。

董裕爲刑部尚書。仍攝左侍郎事。

丙辰。前湖廣布政司照磨張居仁爲兵部職方郎中。

戊午。南京吏部尚書曾同亨致仕。進太子太保。

刑科給事中錢夢皐復論楚事。請削前侍郎郭正域籍。又左都御史溫純黨庇。不報。

工科給事中鍾兆斗例轉。因誣奏左都御史溫純贓私。純乞休。大理寺少卿涂宗濬吏科都給事中侯慶遠御史孔貞一等皆論夢皐違禁飾辨。吏部左侍郎楊時喬亦言之。並不報。

壬戌。京師大雨雹。

甲子。蜀王宣圻前辭祿千石。至是告匱。復之。不爲例。

丙寅。武昌地震有聲。

己巳。前都督府帶俸興安伯徐繼榮卒。

辛未。上不御殿。傳制封在鍒奉新王。勤䥺義陽王。在鏨安吉王。由棟安仁王。載埏貴溪王。壽鍈東原王。以浩安丘王。壽硂鄒平王。盛浮通城王。奉錄南川王。效鑿保定王。效鏗沁水王。誼沠永壽王。敏淴河東王。術轞蘄水王。

是日行人李嵩使□府不至。奪俸二月。

五月𤆍朔。國子祭酒蕭雲舉爲詹事兼翰林院侍讀學士。淸理武臣貼黃。左右庶子全天敍王圖爲少詹事兼侍讀學士。纂修玉牒。

丙子。伏羌伯毛國器省墓。

己卯。薊鎮石塘路大雷雨。斃十人。

癸未。工部請禁雜差擾驛。從之。

甲申。京師大雨雹。

乙酉。雷燬薊鎮松棚路墩臺。己丑。又燬燕河路墩臺。

東虜二百餘騎流掠遼東戚家堡。

謚上蔡王載垓溫裕。

庚子。夜。雷燬南郊燈木。

辛丑。廣西陸川地震。聲如山崩。壞城舍人畜亡算。

六月甲戌朔。丙午。前馬湖知府郭郛卒。郛字維藩。涇陽人。嘉靖戊午貢士。踰强益學。教授龍巖洞中。久之。就獲嘉教諭。隆慶庚午擢國子助教。遷戶部主事。萬曆庚辰出知馬湖。三年自免。學重根本。兢兢主敬。不自屑越。年八十八。所著仰鄭堂集自警俚語等書行世。門人私謚貞懿先生。

丁未。諭釋輕繫。

戊申。敍廣東錦囊南澳欽州等禦倭功。

丙辰。宣臨洮河州之捷。

戊午。吏部言。終養之例。惟京官外方面官得陳乞。府佐以下不多見也。近多濫觴。必歷三年。經薦者方許代題。從之。

東虜百五十騎犯戚家堡。

庚申。吏部考功司員外郎賀燦然言。被察科道與左都御史溫純皆當去。不報。議者謂燦然調停國是。不別涇渭。非也。

壬戌。吏部左侍郎楊時喬以溫純共事。上章自理。不報。

癸亥。南京吏科給事中陳嘉訓河南道御史蕭如松等各論錢夢皐鍾兆斗飾辨報怨。不報。

丁卯。南京浙江道御史朱吾弼言。拾遺大臣。必不可容。被察科道。必不可留。內外官各衙門諸臣。必不可已。極論沈一貫結近侍。陽施陰設。不報。

己巳。領中軍都督府寧晉伯劉允正卒。

庚午。陝西嘉石草坡等族番人來貢。

廣西靈川縣社稷壇地陷丈餘。

七月癸酉朔。丙子。兵部武庫主事龐時雍論沈一貫欺罔十惡。誤國十罪。乞早決弊源。不報。

戊寅。趣琉球封使渡海。

辛巳。太子太保左都御史溫純致仕。錢夢皐鍾兆斗各避疾。京察始得奏。太常寺少卿桂有根調南京鴻臚寺卿。張棟閒住。太僕寺少卿王立賢調外。

前太子少保禮部尚書兼翰林院學士陸樹聲卒。樹聲字與吉。華亭人。嘉靖辛丑禮闈第一。成進士。選庶吉士。壬寅。歸省。乙巳。授編修。壬子。請急。還喪父。丁巳。起南京國子司業。居二年。引疾去。辛酉。起南京左諭德署翰林院。乙丑。起南京太常卿。署國子祭酒。是秋。進吏部右侍郎。疾去。隆慶。起原秩。不赴。明年。復姓陸。己巳。起詹事教習庶吉士。又道反。萬曆初。起禮部尚書。復引告。登第六十五年。再入朝。六引退。實俸不一紀。先後二三寵相嚴嵩徐階張居正。不能榮辱。性恬默嚴重。嘗曰。士大夫于世法中。惟廉取薄享。可迓續壽命之源。年九十七。予祭葬。贈太子太保。謚文定。

鄒元標曰。陸公棄軒冕如遺土也。世高其節。林皋翛然也。世羨其達。不知公身依日月。寧忍以高爲名。而與寄丘園。穆穆熙熙。蓋兩有事焉。當嘉靖及今上初政時。寧公得志日乎。公默感者良深。而林居退然若谷。所造者淵矣。

陳繼儒曰。吾友周子紹節之善狀公也。謂公高風漸逵似陶元亮。而無瓶粟之窮。耆年宿德似高伯芬。而無夷主之危。祿位名壽似郭汾陽。而無朝恩之譖。游戲禪宗。而無伯道之悲。潛神羲畫似邵堯夫。而無冬夏之苦。忠信篤敬。而無子方之辱。守正不阿似司馬君實。而無介甫之爭。遂爲今古完人。知言哉。

談遷曰。陸文定徼時孤苦。嘗躬耕壟上。挾書自隨。中歲釋褐。志無溫飽。嚴分宜炙手時。屏居猶易。徐文貞以鄉袞推挽不置。仍迴車避之。非所稱履道坦坦者哉。大臣德壽終始。蕭山魏文靖公驥。年九十七。稱獨盛。陸文定事事與之匹。懿哉。醇質之絕軌也。

壬午。呂梁河溢。

河南左布政使霍鵬爲右僉都御史。巡撫大同。

許察處留用御史張以蘂蔣以化楊文蓮予告。

癸未。譎賀燦然□□□□。龐時雍□□□□。奪浙江道御史朱吾弼歲俸。

甲申。拾遺南京戶部尚書王基免。

支可大陳洙並許致仕。李植調南京。

陽和地震有聲。

乙酉。應天府尹李堯民罷。

甲午。夜月犯畢宿。

戊戌。延綏總兵官李如樟爲中軍都督府僉書。

庚子。工部尙書姚繼可致仕。

登州地震。

八月[illegible]朔。甲辰。協守孤山副總兵杜松爲鎮西將軍右都督僉事總兵官鎮守延綏。

五路台吉悔罪。賜順義王忠順夫人金幣素囊台吉如之。

乙巳。太僕寺少卿連標爲太僕寺卿。

丙午。左副都御史詹沂署都察院事。應天府丞徐申爲府尹。

鎮江泰州宜興天鼓鳴。又鎮江華山裂二三丈。

癸丑。刑部右侍郎沈應文署工部事。

乙卯。下劉世延于南京刑部獄。

丁巳。廣東惠潮兵巡道右參議朱東光失印。踰月得于井。則僞也。調貴州。

癸亥。工科右給事中宋一韓以漕閼論前總督李化龍泇河之誤。不報。

乙丑。東虜入許家營口。把總許承忠死之。

丁卯。夜。客星始滅。

己巳。諭停刑。

辛未。前總督宣大山西軍務兵部右侍郎兼右僉都御史梅國楨卒。國楨字□□。麻城人。萬曆癸未進士。知固安。擢御史。西征哱拜監軍。奮身行間。功成。進太僕少卿。尋進右僉都御史巡撫大同。加右副都御史。進總督侍郎。憂去。國楨慷慨有遠略。廕錦衣衛百戶。贈右都御史。予祭葬。

司禮太監田義死。

九月𠃊朔癸酉。裁貴州興隆參將。以都清守備駐楊老。清鎭守備駐偏橋。

丁丑。前四川總兵官林桐提督京城巡捕。

南京右春坊右諭德署翰林院事楊繼禮請告。尋卒。繼禮字□□。華亭人。萬曆□□進士。學行甚修。士論惜之。

戊寅。南京兵部尚書臧惟一罷。

辛巳。巡撫順天右副都御史劉四科加兵部右侍郎。巡撫大同右僉都御史張悌加右副都御史。並考滿。

壬午。山東左布政使沈季文爲右副都御史。巡撫河南。

癸未。敍洮河斬獲功。巡撫□□顧其志加右副都御史。

甲申。河南道御史吳達可劾沈一貫。不報。

故刑部右侍郎張狮贈兵部尚書。

丙戌。宥隴川土舍多罕。安置永昌。

丁亥。敎坊司左韶舞李澤懷牒自經于會極門。命卽牒訊其人。

戊子。左中允區大相改南京太僕寺丞。

戊刻。有大星墜南京龍關。碎如螢。明日戊刻。又星如月。墜地有聲。

辛卯。初巡按貴州御史畢三才議罷四川督臣。復巡撫。以貴州巡撫改總督。駐沅州。提衡三省。吏部未敢決。吏科都給事中侯慶遠言其不便。從之。

壬辰。設貴州安化縣。時思南水德江長官司正長官張轄無子。爭繼。吏部議改縣設流官。以故長官張栩孫降爲士縣丞。副長官楊一龍降士主簿。

甲午。巡按福建御史方元彥請宋儒羅從彥李侗從祀孔廟。章下禮部。

昭和殿火。

丙申。京師地再震。時盔甲廠闕領火藥。監收內官臧朝斧劈火藥。火突發。朝立死。及把總傅鐘等十人。軍死八十三人。局匠塗人亡算。

庚子。纂修玉牒成。

十月賃朔。癸卯。裁四川湖廣貴州總督。

以玉牒成。進沈一貫少師兼太子太師。廕中書舍人。沈鯉少傅兼太子太傅。朱賡少保兼太子太保。各廕子入監。

甲辰。謚蜀府南川王寅□康僖。

己酉。祭故巡撫大同右僉都御史朱運昌。

套虜銀定等三千騎犯涼州以西懷安三岔等堡。掠男婦千計。驅牲畜數萬。巡撫徐三畏報官兵斬十四級。巡按史學遷揭其妄。

虜犯大同陽和堡。

辛亥。陝西永泰鎮虜保定三堡成。

裁陝西行太僕寺卿少卿。歸其事于固原榆林各道兼攝。

增設遼東咸家堡游擊。

天津稅監馬堂眞定保定稅監王虎江西稅監李道山西稅監孫朝各進稅金有差。堂兼提督寶坻銀魚廠。獻銀魚千雙。

乙卯。征貴州叛苗。左都督陳璘監軍參政洪澄源討水硍山苗克之。監軍布政使趙健紀功按察使尤錫類督兵都指揮高垣討西路苗。克之

丙辰。翰林院簡討徐應聘降歸安縣丞。

誅妖人吳迴五等

薛濂嗣陽武侯。孫廷勛嗣應城伯。

夜。北方有赤白氣入紫微垣久之散。

乙丑。禮部請親郊。上引疾不允。

丙寅。南京吏科給事中陳良訓劾貪暴巡撫浙江尹應元福建徐學聚。不報。

南昌布衣章演被薦。遙授順天府訓導。

丁卯。折濟寧魚臺單縣金鄉馬價三千。

刑部請釋礦稅在獄同知卞孔時及諸生十二人庶民五人。不報。

十一月辛未朔。許黃應聘襲恩明知府。降土官黃應雷爲土舍。時應聘七歲。事歸流官。設儒學教授。

癸酉。閱視塞上報功。進總督陝西三邊李汶少師。廕子入監。甘肅巡撫徐三畏加兵部尚書。寧夏巡撫黃嘉善加兵部右侍郎。前總督薊遼保定邢玠進少保。廕子入監。蹇達太子太保。總兵寧遠伯李成梁太傅。遼東巡撫趙楫兵部右侍郎。保定巡撫汪應蛟兵部左侍郎。

甲戌。山西稅監孫朝死。歸稅于礦監張忠。

辛巳。蠲淮揚災租。

甲申。夜。皇孫由校生。東宮選侍王氏出。尋命禮部進封選侍。擬夫人。不允。上自按皇明典禮。定爲才人。

英國公張惟賢進太子太保。惟賢攝郊祀四年。

丙戌。南京右都御史孫鑛爲南京兵部尚書。

辛卯。敍三鎮修舉功。前總督宣大山西王世揚進太子太保。世錦衣衛百戶。總督楊時寧進太子太傅。宣府巡撫王象乾進右都御史兼兵部左侍郎。山西巡撫魏允貞進兵部右侍郎。兵部尚書蕭大亨前任總督加兼太子太傅。

陝西河州擒斬功。總督李汶進兼太子太師。協理京營戎政。世錦衣衛百戶。總兵孫仁實授都督同知。世本衛正千戶。

壬辰。鄭世子載堉言。臣自萬曆十九年至二十五年七疏乞正倫序。蒙禮部令臣以世子終身。臣男翊錫攝府事。然庶子襲封。終非所安。臣年七十。死在旦夕。亦抱憾地下。今載壐襲孟津王。乞代臣攝府事。令臣男從庶子襲封例改正。以成臣志。禮部覆曰。載堉累讓。老而彌堅。不私其身。不顧其子。直與太伯夷齊季札子臧後先媲節。有賢如此。安可不成其志。遂其高哉。宜令載堉終世子。翊錫終世孫。俟翊錫身後。其子襲封東垣王。接見濆之統。翊鐣身後另封一郡。接厚烔之統。若載堉奏欲載壐先襲孟津王攝府事。後繼王爵。不如一舉而改正之也。世子世孫無祿。若載堉父子。宜如郡王祿。以示優賢之義。上從之。按成化十年。見濆封東垣王。正德四年。鄭王見滋誣廢見濆。薨子祐橰以姪進封鄭王。祐橰子厚烷嗣。而祐橰庶子厚烔襲東垣王。厚烔傳載墩。載墩傳翊鐣。而世系則東垣原封爲載堉本爵。若親王改還載壐。則還載堉東垣王固也。翊鐣子宜另封一郡。詳禮部議中。

談遷曰。好名之人。能讓千乘之國。孟氏有激而言之也。如鄭世子。庸好名者哉。博該載籍。尤篤禮樂之事。被服仁義。身有儒行。其脫屣千乘。蓋忠信篤敬之效也。時以太伯夷齊季札子臧比洵哉。無愧色矣。

乙未。總督漕運李三才爲左副都御史。

己亥。前左諭德陶望齡爲國子祭酒。

候補禮部精膳員外郎樂和聲奏復岳姓。

十二月辟朔。壬寅。諭戶工二部。開礦各內外官俱奏出砂微細。俱收回。封閉礦洞。各稅課歸有司徵解。半及土產進內庫。餘輸部。

左右諭德吳道南莊天合爲左右庶子。右諭德馮有經周如砥翁正春爲左諭德。右中允顧天峻陳懿典爲右諭德。右中允署國子司業李騰芳爲右諭德。

兵部考選軍政。

蠲折山東災租有差。

癸卯。起于愼行禮部尙書。領詹事府。大理寺少卿喬璧星爲右僉都御史。巡撫四川。提督軍務。

提督東廠太監陳矩廕錦衣衛百戶。

乙巳。庶吉士宋燾陳宗契王基洪馮奕垣爲監察御史。

丙午。召陳尙象復爲□科給事中。預平播功。

巡撫甘肅兵部尙書徐三畏兼右都御史。總督陝西三邊軍務兼理糧餉。通政司右通政黃紀善爲右僉都御史。提督軍務兼撫治鄖陽。進錦衣衛左都督王之楨太子太保。

免河南災租有差。

丁未。聞喜縣大風雨黃土。

以皇孫生。賜書各王府。

戊申。南京通政司使趙欽湯爲南京戶部右侍郎兼右僉都御史總督糧儲。

釋承天諸生沈機等十三人獄。

己酉。免江西災租有差。

庚戌。前戶部右侍郎張養蒙卒。養蒙字□□，澤州人。萬曆丁丑進士。選庶吉士。授禮科給事中。風稜獨著。以工科都給事中出河南參政。累陞右僉都御史。提督操江。入內臺。晉今官。以負才名。慷慨自命。在任名日蔚。起後登卿貳。猶怏怏未遂其志。性剛方有識力。予祭葬。天啓初。謚毅敏。

庶吉士王元翰曾六德袁懋謙爲給事中。

癸丑。朱賡言。近以臣男太常寺少卿朱敬循爲右通政。年資尚薄。乞改用南京鴻臚寺卿衞承芳。從之。而承芳未用。

乙卯。頒皇孫詔。翰林院修撰朱之蕃□科左給事中梁有年使朝鮮。

前南京吏部尚書趙煥爲工部尚書。前南京工部尚書裴應章爲南京吏部尚書。前右副都御史郭惟賢爲戶部左侍郎。前巡撫遼東鮑希賢爲工部右侍郎。南京光祿寺卿徐大任爲南京工部右侍郎。巡撫延綏鄭汝璧爲兵部右侍郎兼右副都御史總督宣大山西軍務兼理糧餉。起前巡撫鳳陽右僉都御史甘士价巡撫浙江。提督軍務。順天府尹許弘綱爲右副都御史巡撫江西兼理軍務。

刑部尚書董裕致仕。

上作大學衍義補序。

湖廣興寧貢士陳元旦上所著孝經章句敬一箴註撫世皇猷闡道臆解理學管見等書。

丙辰。前吏部□□主事馮養志降長蘆運司判官。前南京湖廣道御史胡鷴降澤州判官。

戊午。前陝西參議今調茶陵知州范守己言。泇河之開。不意河決單縣。復有南陽之淤也。按嘉靖六年。河決豐沛。東溢昭陽左都御史胡世寧入朝言國初漕運自淮達河。由陽武起陸六百餘里至衞水入舟轉至京。又沁水至武陟縣紅荆口分入衞近年始塞。是河因沁可以通衞也。宜遣視或紅荆口或陽武上下通開一河達衞水。以備徐沛之塞。世寧之議也。而沁隄河形。直抵衞滸。固至今存也。若于原隄建閘。分沁水。廣武山南水東注鄭州中牟之北。祥符之西。由朱仙鎮而南經尉氏扶溝西華之東。沈丘之南。元人名爲鄭水。土人云賈魯河也。南至周家口與潁水合。曰沙河。至潁州正陽鎮入淮。直抵淮安。今自正陽至朱仙鎮舟楫通行。自朱仙鎮而北。西至鄭州惠濟橋不及二百里。略當修浚。若于惠濟橋西開支渠分水。北入黃河不及二十里。渡河而北。直入沁口。爲道甚便。如鄭水弱不任漕。則滎鄭之間。又京水索水須水諸泉皆可引入鄭水濟漕。每二十里建一閘。如會通河之北。則水自裕。此道既通。則漕舟出天妃閘。卽由洪澤湖入淮。溯淮入潁水。溯潁入鄭水。黃河又可不用矣。章下所司。

庚申。予故巡撫大同右副都御史張文錦祭葬。

辛酉。沈鯉以供用庫趣所欠蠟茶追徵細碎。卽盡予以與民可也。謹原票附揭上。從之。

御史徐元正避兄應天府尹徐元申改尚寶司少卿。

癸亥。前巡撫遼東右僉都御史工部右侍郎鮑希顏卒。希顏字□□。長子人。隆慶戊辰進士。知洛陽。擢御史。庚辰。降曲周縣丞。轉廣平推官。歷今秩。

丙午萬曆三十四年

正月庚朔。上不朝。

朱敬循仍為右通政。吏部言其資俸宜得也。鴻臚寺卿衛承芳為光祿寺卿。太常寺卿張鳴岡為通政使。俱南京。順天府丞周盤為右僉都御史。巡撫甘肅。

軍政拾遺。左軍都督府鎮遠侯顧大禮。後軍都督府同知陳汝忠。陝西廣東總兵官管一方孟宗等並免。

辛未。前翰林院修撰焦竑為廣東都司斷事。竑察處八年。添註福寧州同知。始實補。

襄陽知府馮若愚推官程啓南禱武當山。以路穢笞淨樂宮道流提點袁進顯等。怙提督太監黃勛。羣詈馮等。投瓦石。撫治鄖陽右副都御史胡心得。巡撫湖廣右副都御史梁夢龍各疏上。不報。勛劾若愚等乘輿入宮。無人臣禮。上不聽。戒勛鈐束羽流。越二年。鄖撫黃紀賢楚撫易登瀛乘黃勛走他郡。擒袁進顯等囚鄖陽。正其罪。

曹介人曰。羽流鼓噪公祖。與儒童擊逐學憲。黠僧交結近侍。猶竄上掃除耳。乃煩瑣瑣彈章耶。是皇上以威稜付臣下。臣下不能以威稜奉皇上。可惜也。

甲戌。工科給事中胡忻請恤京師鋪商。不報。

乙亥。前兵部右侍郎魏允貞卒。允貞字□□。南樂人。萬曆丁丑進士。授荆州推官。不為張氏詘。奏最。擢山西道御史。疏剴直。謫判許州。尋進南京吏部郎中。改光祿少卿。病免。起順天府丞。通政。以右僉都御史巡撫山西。清嚴自厲。大吏惕息。在鎮十年。威惠流浹。乞終養。昨歲加侍郎。卒之夕。白氣自庭屬天。移時乃散。年□十□。予祭葬。諡介肅。

談遷曰。南樂兄弟一時崛起。懋權早世。太常寺博士允中。年與用違。偰偰介肅。冰蘖不渝。往者推耿九疇軒輗。以後無繼者。如介肅眞其人也。子相國廣微亡論。清不如胡。威且流為盧杞矣。則世德作求非耶。

丙戌。貴州總兵官左都督陳璘。監軍布政使趙健。參政洪澄源何偉。征東路叛苗。克之。擒三百二人。斬三千七百三十一級。

己丑。皇子常溥殤。追封永王。謚曰思。

癸巳。逮咸陽知縣宋時隆下獄。咸寧知縣滿朝薦鐫一秩。時命停礦分稅。稅監梁永堅執咸陽潼關委官不宜罷。益樹黨布虐。巡撫顧其志捕惡黨寘之法。永大恨之。咸陽人胡奉嗾永檄時隆取氈罽千五百件直四千金。時隆怒不予。遂誣時隆等抗旨劫稅。內閣揭沮。不報。

江西道御史王基洪言三事。名實當稽。賞罰當愼。言路當開。不報。

甲午。戶部左侍郎郭惟賢卒。惟賢字□□。晉江人。萬曆甲戌進士。知淸江。擢河南道御史。敢言事。請宥吳中行趙用賢鄒元標。謫江山丞。尋復秩。調大理寺評事。尋移南京吏部考功主事。改尙寶司丞。歷通政參議。順天府丞。右僉都御史。巡撫湖廣。有綏靖功。入左副都御史。憂去。釋服起今官。不數日卒。予祭葬。贈右都御史。廕子入監。謚恭定。

乙未。罷徽甘肅延綏鹽引稅銀。

荆王府火。

丁酉。愼嬪魏氏薨。

予故南京太常寺卿郭東故巡撫宣府右□都御史彭國光祭葬。

戊戌。許新起工部尙書趙煥終養。

故湖廣按察僉事馮應京卒。盱眙人。天啓初。贈太常寺少卿。謚恭節。

林之盛曰。馮公不顧貂璫之讒。爲楚請命。雖張讓方熾。守忠未殲。而勁節姱修。亦足以對於天下矣。身繫圜扉。略無懊容。爰搆同志。成實用編。功亞演易。斯人而在。其福於天下者豈淺鮮哉。

二月。甲辰朔。辛丑。南京太常寺少卿丁賓爲南京鴻臚寺卿。

甲辰。江西左布政使吳獻台爲順天府丞。時恩詔有布政司正官再考稱職予內轉。

安南都統使黎維潭子維新貢方物請封。維潭卒。維新不訃。令其國臣韋達禮土目陸祐等侵思陵。檄責之。縛祐以獻。至是叩闕上言。維新世嫡。國事未定。故未告哀請貢。因韋達禮犯順。懼譴因循。章下所司。

丙午。陝西開礦太監趙欽掊克累數十萬。歸途車牛外又九十六簏。各四人舁之。給事中姚文蔚乞正其罪。不報。

庚戌。上慈聖宣文明肅貞壽端獻皇太后徽號曰恭熹。頒詔天下。

壬子。廷臣表賀。

甲寅。御史汪以時爲南京太僕寺少卿。以時按晉七年。特優之。

乙卯。夜月食。

南京通政右使于若瀛爲太僕寺少卿。

己未。南京內官監丞徐壽僞造印牒。稱中旨。徵南工部杉枋三千件。下守備太監劉朝用訊之。

庚申。國子祭酒陶望齡省養。

辛酉。藺州土舍奢崇明襲永寧宣撫使。

以下川南兵巡自瀘州移永寧。以永寧赤水畢節等衞與五土司俱勅載節制。

壬戌。尚寶司丞葉茂才爲少卿。

昏刻。陽和保定堡城樓鴟吻有火光。不然。經二十刻方熄。

甲子。夜太白犯昴宿。

乙丑。鳳陽池河鎮守禦營卒譟。以定遠知縣蔡夢齊裁其賞軍牙稅也。事聞。都指揮侯萬鍾奪俸三月。別犒百金。

戊辰。閣臣趣下考選。不報。

三月巳朔。閣臣沈鯉朱賡言秦人恨梁永甚。宜撤。不報。

庚午。賜閣臣皇明典禮書。

乙亥。江西礦務太監潘相以停稅移景德鎮。請專陶。以浙青為上。廬陵永豐玉山土青色淡。宜變價以進。從之。釋咸陽知縣宋時隆獄。咸寧知縣滿朝薦復秩。奪歲俸。蓋閣臣撫臣疏再上。故寬之。

丁丑。仍以江西稅務歸稅監李道。道詭稱歸稅有辭。請仍管理也。

己卯。雲南礦務太監楊榮被殺。榮久于滇。恣行威福。杖斃數千人。榜掠指揮樊高明賀瑞鳳。又榮用事指揮于可繼等言。當盡捕六衞官。人人自危。指揮賀世勳韓光大等遂倡衆圍焚其署。徒黨輜重皆燼。巡撫陳用賓以聞。請以四川稅使丘乘雲兼攝。上怒。不食。慈聖為解。閣臣揭慰。數日。有旨。榮不足惜。何紀綱頓至此。罪其首事。罷中使不遣。稅課歸丘乘雲。後世勳獄死。光大戍邊。自榮開採。利孟密安撫司寶井。屢爭屢撫。避入蠻莫安撫司。平緬人乘之。蠻莫思政逃我。緬以兵索。巡撫陳用賓斬首畀之。始解。滇夷益我輕。

沈德符曰。一寶井耳。司歪以之反君。罕弄以之叛父。罕穵以之失國。毛勝錢能萬安諸奸以之納賄生邊釁。當其時。滇中土司無一不思奮臂逆我顏行矣。賴孝皇初政清明。而林俊適備兵其地。百方招誘。撫之以恩。懼之以兵。孟密稍稍還故主侵地。夷心始寧帖。以至于今者百年。而楊榮兇豎。生事遐荒。又以寶井蠱上心。幾令滇池搖動。猶念積忿之極。夷夏蠭起。榮雖虀粉。而一方稍得安枕。寶井亦閉。無敢擅開。僅孟密之獨擅而已。國體至此。已糜爛不可收拾。一切付之羈縻。古人不貴異物。有以哉。

談遷曰。均稅最流毒。而叫閽時亦有之。所稱引生民危蹙。事未知稅璫。彼愚氓何能為。特甚其詞相脅耳。馬堂潘相陳奉孫隆。雖往往告變。一鬨而散。直尺箠定之。獨滇人狂逞。瞋目語難。兇徒灰骨。威命掃地。亦國家之劇變也。時命停礦分稅。似輪臺之悔。而中使未撤。梁永潘相尚張吻咥人。彼滇南遠益亡論。噫。加翼于虎虔劉人生命。圉奪人橐篋。仇目睽睽。呑冤飲泪。倏焉貫盈禍溢。付命人手。求臝下一刻而不可得。豈不爲天下萬世之長戒哉。

辛卯。刑科給事中周曰庠言詔旨不信八事。曰簡大僚而九卿員闕如故。曰廣庶官而考察中格如故。曰通章奏而公車不報如故。曰飾邊備而樞撫虛席如故。曰罷礦稅而採榷傳制如故。曰惠京商而內官叢斂如故。曰蒐逸才而草澤沈淪如故。曰釋冤獄而圜扉繫纍如故。語曰。需者事之賊也。皇上在今日。遂當暢然發舒。奈何使匹夫匹婦得執詔旨以議其後哉。不報。

丁酉。賑眞定順德廣平大名饑民。

四月妃朔。戶部主事田一井奏詆吏部左侍郎楊時喬戶兵部尚書趙世卿蕭大亨。其詞龐雜。俱私嫌也。命鐫一秩調外。

乙巳。巡撫貴州兵部右侍郎郭子章平叛苗吳老喬阿倫阿皆等。俘斬三千餘人。蓋貴州東西二路。曰仲家苗。在貴龍平新間。其在水硍山介銅仁思石間。曰山苗。自平播後。輕我經年。剽劫。子章以總兵陳璘參政濟源率土漢兵各五千攻水硍山。監軍布政趙健率宣慰安疆臣兵萬人以游擊劉岳等領之。俱克。陳璘乃移新添攻東路苗。平之。

釋羅學茂還遵義。學茂始祖羅錦。唐乾符間。因楊端開播。受官世播。人居黃王坎沙溪間。後地入水西。學茂依焉。及播平。還于播。又水西夷安順臣忤兄疆臣。來奔疆臣。訴貴州撫按。謂學茂盜官木銀五千金。巡按金忠士信之。奏械學茂還貴州。得旨總督王象乾明其枉。聽居遵義。

夜。熒惑入心宿。

己酉。初。沈一貫引疾。私第票旨。沈鯉等乞內直。杜旁伺。不報。

庚戌。翰林院修撰朱之蕃爲南京右春坊右諭德署翰林院事。

壬子。施壯猷嗣懷柔伯。

癸丑。巡撫湖廣右副都御史梁雲龍卒。雲龍字□□。瓊山人。萬曆癸未進士。□□□□□□□□□□□□。雖馴謹無他。于世未有稱也。予祭葬。贈兵部左侍郎。廕監。

丙辰。自春正月至夏不雨。

戊午。恭妃王氏進封皇貴妃。東宮生母。

癸亥。河工成。自朱旺口至小浮橋袤百七十里。河歸故道。役五十萬人。費八十萬金。五閱月而竣。

南京守備成山伯王允忠總兵李如樟宣府總兵姜顯祚並免。

甲子。封元孫生母王氏才人。

丙寅。命順天尹禱雨。

裁天津海防副總兵。改設游擊。

是月。套虜火落赤犯延綏安邊營。報去年追罰也。總兵官杜松禦之。斬二百四十餘級。

五月賊朔。丁丑。卯刻。西北有大星流東北。色赤。尾跡有光。

戊寅。夜。熒惑犯房宿。

庚辰。皇第十女殤。

仍復河池營市稅。

壬午。總督宣大楊時寧言。北虜稱臣三十餘年。縻以市賞。今年久弊生。漢人貨物奸僞百出。虜日積怒。往歲虜王訂約云。京賞市貨不堪。上年仍然。虜王不肯受。去冬徂期。若不及時挽回。歛怨益深。貽患疆場矣。遂命工部驗京賞服幣。否則追織。

太僕寺主簿劉孟銑爲順天通判。臺子。

癸未。熒惑自心向房。入于氐宿。

甲申。翰林院沈漼爲國子司業。

乙酉。東垣王長子常灐以鄭世子讓國。意難割東垣。遂奏載堉大奸。冀改正。禮部駁寢之。

順義王撦力克始表貢。先是撦力克疾。而宣大諸酋五路台吉最强。旋叛旋復。虜王亦羈縻之也。

戊子。鹿邑知縣楊應魁苛墨。爲部民所訟。命捕治之。

己丑。傳制封鄭王載壐。益王常遷。新建王常汯。奉新王常漣。鄖西王常湖。代世子鼎莎。鄢陵王翊鋃。陽信王以澍。懷安王翊鐨。博平王在鍮。洧川王恭榨。壽光王由桂。榮陽王常浵。湘陰王儼酙。光澤王術堨。萬安王珂淮。

辛卯。敬嬪趙氏薨。

癸巳。山東右布政使衛一鳳爲應天府丞。

丁酉。南京兵部尚書孫鑛三年考滿。加太子少保。

巡撫鳳陽右副都御史李三才言。恩詔中格。流傳二說。一新政原非聖意。故旋開旋閉。一沈一貫恐朱賡沈鯉妨位恥事不出己。計傾左右。致善事不終。上怒。奪俸三月。一貫奏辨。不問。

翰林院檢討孫如游爲右春坊右贊善。

加雜谷安撫司口糧。

南京太子少保戶部尚書張孟男卒。孟男字□□。中牟人。嘉靖乙丑進士。授廣平推官。遷順天治中。改禮部員外郎。累遷尚寶司丞。于高拱密戚。四歲不調。張居正爲進太僕寺少卿。又四歲不調。居正敗。累遷至今職。初南庚粟支二年。不再歲遂有七年之儲。卒遺疏曰。臣頂戴曲私。越從洿泥。歷事三朝。年踰七十。朱博翰音。實愧于懷。臣故羸劣善病。從間以來。逆害飲食。寢以成困。恐先狗馬塡溝壑。不能輸寫心力。仰負隆天重地之恩。覦不可含。伏惟陛下初載。覽總大麓。經營天物。政非惠利。不圖于心。制非舊典。不訪于朝。百工允釐。方垂無事。今殊不然。臣備員地官。所徵賦于天下。十不及一。皆鬻男女割肉骨之餘也。臣以催科爲職。臣職不廢而民病矣。頃者中人四布。伐山竭澤。算及雞豚。戶口消亡。諸臣法言巽言。交滿公車。臣何敢贅。天下之財。止有此數。財之所生。止足其用。諸所興利。豈無異術。率巧名以熒衆。多方以剝下。民之所有不增。而官之所收日廣。民生計索。而正賦又不可闕。此臣所以持籌太息。一日不能安其位也。予祭葬。贈太子太保。

李維楨曰。昔者鄭楚之搆也。舉國若狂。使鄭不可得親。易。使楚不可得疎。難。予入仕四十年。所見俗之移人。約有四端。理學則貴虛無。騰口說。廉介則崇矯激。夷等威。讜正則多建白。競攻擊。敏達則事繳繞。擅紛更。張公有一于是乎。司馬子長稱萬石建陵張叔。其人皆長者。而病塞侯微巧。周文處諂。漢興削觚爲員。宇內自化。及乎武帝朝。稱說天下長者。止此耳。當今之時。乃有張公。豈易也哉。公數好史記。繕寫數過。于中有深會矣。

是月。虜擺言太台吉犯保寧。伺延綏總兵官杜松西征□□也。松間道還擊。斬五十九級。

六月戊戌朔。大理寺左少卿涂宗濬爲右僉都御史。巡撫延綏。

己亥。河決郭煖樓茶城鎮。

庚子。予故戶部尚書陳蕖故寧遠伯李成粱祭葬。

壬寅。雲南平緬夷阿瓦以數萬衆攻陷木邦宣慰司。命奪副總兵陳寅游擊劉素秩。

丙午。錢夢得牛應元爲大理寺左右少卿。

甲寅。周汝登爲湖廣布政司參議。

丙辰。以徽號覃恩存問前大學士申時行王錫爵。

鄖西地震。

己未。順天文安永淸武淸三河寶坻大蝗。

庚申。命守令于十月稅糧並完方離任。

壬戌。南京吏科給事中陳良訓福建道御史孫居相劾沈一貫奸貪。居相罰俸。良訓鐫秩調外。

停浙江萬曆二十九年逋織。

許福建土產方物折價轉納如江西山東例。

是月。興化府大旱。

七月戊戌朔。貴州總兵官左都督陳璘改鎭守廣東。

甲戌。南京協同守備撫寧侯朱繼勳爲南京守備領中軍都督府。四川松潘副總兵蘭臺爲總兵官鎭守福建。寧夏副總兵鄧鳳爲總兵官鎭守陝西延綏。定邊副總兵王國棟爲鎭朔將軍總兵官鎭守宣府。山東靖海副總兵楊宗業爲總兵官鎭守浙江。俱都督僉事。

蠲眞定順德廣平大名派稅。

丙子。巡撫陝西右副都御史顧其志加兵部右侍郎。

命司禮太監陳矩錄囚。

定山西保定陝西邊臣考滿同延寧甘固嘉靖四十三年例。

戊寅。河南左布政使易登瀛爲右副都御史巡撫湖廣。

辛巳。宋廣夏嗣西寧侯。世恩子。

癸未。少傅兼太子太傅吏部尚書建極殿大學士沈一貫太子太保吏部尚書文華殿大學士沈鯉並致仕。一貫連歲乞休疏八十上始允。鯉居位四載。時失上意。及放歸其旨不如一貫之優。各賜金幣。鯉半之。孫居相奪歲俸。陳良心鐫一級調外。

夏允彝曰。自萬曆以前。未有黨名。及四明爲相。以才自許。不爲人下。而一時賢者如顧憲成孫丕揚鄒元標趙南星之流。蹇諤自負。每相持。附四明者言路亦有人。而憲成講學于東林名流咸樂趨之此東林浙黨所自始也。

監生陳復亨等以恩詔請增解額。不允。

丙戌。雷震朝日壇。大風拔木。京師大雨雹。平陸水三尺。

丁亥。永年伯王棟卒。皇后弟。

戊子。南京大理寺卿劉應麒前巡撫浙江右□都御史劉元霖爲工部左右侍郎。詹事范醇敬南京右副都御史耿定力爲南京禮兵部右侍郎。

辛卯。安南黎維新誅韋達禮。獻其首。

巡撫四川右僉都御史喬璧星言。蜀中有司多科貢。內阻其英銳。無所短長。非才之罪也。資格限之也。甲科如日始旦。跋涉拮据。亦何所不可。而令人有遠近勞逸不均之歎哉。不報。

是月。套虜太台吉以三千騎復犯保寧。巡撫涂宗濬總兵杜松議擊之。遣都指揮僉事杜文煥以千騎爲先鋒。

擊斬四十六級。松引五千騎逐之。虜遁。

八月丁酉朔。始令宗室將軍中尉同諸生應試科貢。初許奉國中尉以下。不及其上。禮部左侍郎李庭機謂既從科舉。何拘厚爵。從之。

戊戌。南京鴻臚寺卿丁賓爲右僉都御史。提督操江。南京太僕寺卿林烴爲南京大理寺卿。

故廣西布政司□參政陳最贈太僕寺卿。

庚子。虜炒化卜言顧等二百騎犯遼東鎮邊官軍。擊走之。斬三十餘級。

壬寅。浙江左布政使史繼辰爲南京太僕寺卿。

癸卯。南京太僕寺少卿劉日升爲南京鴻臚寺卿。

泉州大風折屋。

辛亥夜月食既。

癸丑萬壽節。上諷慈聖太后語及宿繫詿誤者出之。上曰。然。

前陝西右參政李維楨補山西。

泰州天鳴。

丙辰。錄囚。奏釋大辟七十一人。（酌中志。六十三人。）俱遣戍。如罪勳李宗城等。惟曹學程如故。太監陳矩刑科左給事中梁有年以請。不報。

己未。招寬甸等六城人歸故土。初築六城新疆。周八百餘里。偪近建州衛。夷夏錯居。走集六萬餘人。至是移其人內地。盡棄其土新疆。舍爲甌脫。非策也。居民安土重遷。幾至激變。武弁韓宗功率軍數千人焚其室。驅之。凡壯勇之人皆逃入建州。腴地遂爲建州所得。總督蹇達總兵李成梁等自爲功。進達太子少保兼右都御史。巡撫趙楫右都御史兼兵部右侍郎。各廕子入監。李成梁太子太傅。廕本衛百戶。時建州衛都督奴兒哈赤爭車價。其語悖。邊吏倉皇請益戍。朝鮮亦言建州侵匿。

辛酉。巡撫宣府右僉都御史馬鳴鸞加右副都御史。

是月。主試京省。順天左庶子吳道南右贊善孫如游。應天左諭德馮有經右中允傅新德。浙江翰林院檢討蔣孟育戶科左給事中蕭近高。江西檢討趙用光刑科右給事中曹于汴。福建編修何宗彥吏科右給事中翁憲祥。湖廣檢討張邦紀兵科左給事中胡忻。河南吏部員外郞卞承憲中書舍人吳亮。山東尙寶司丞彭遵古兵部主事張汝霖。山西吏部員外郞陳采工部主事馬天錦。陝西工科左給事中孟成己戶部員外郞宋鴻儒。四川戶部主事王畿兵部主事胡來漸。廣東刑部主事張維樞工部主事魏說。廣西兵部員外郞王舜鼎戶部主事張鶴騰。雲南刑部主事陸錫恩工部主事王宗義。貴州大理寺評事周延光行人張孔教。

沙計等台吉犯延綏高家堡。杜松以二百里卽走其巢。邀之。斬六十六級。

九月𨈐朔。南京禮部右侍郎范醇敬及貴州巡撫郭子章□□□徐元春爲禮科右給事中汪若霖所劾。各乞休。獨允醇敬。

己巳。故工部右侍郎張櫄贈尙書。故巡撫大同右副都御史張文錦。贈右都御史。

貢士山陰鄭汝鑛戍遼東。汝鑛以宦室養子。據其貲入監。賄吏割魁初二場卷。馬顯忠者登第四人。事露。汝鑛除名。時議顯忠補額。而五策非所出。命貢選日如乙榜例。顯忠竟抑抑死。

壬申。福建漳浦奸人劉志邁程可兆謀亂。志邁故守備。可兆爲邑諸生。糾亡命千餘人。于五月十八夜教場祭旗。忽燈滅。明日舉事。大風雨。更二十五日分衆城內外相應。部署已定。邑人李調梅以告知縣黃應舉。閉城大索。縛可兆。入夜。志邁舉火城外。不之應。卽遁。

乙亥。起王威總兵官。鎭守延綏西路。

丁丑。設嶧縣萬家驛及召家莊廵檢司。以泇河通也。

癸未。琉球入貢。

林烴曰。琉球一島。僻在海外。如黑子彈丸耳。然明興奉貢惟謹。則來貢來王之同也。萬曆丙子。琉球嗣封。命戶科左給事中蕭崇業行人謝杰往。杰歸言。琉球有日本館。羣聚數百人。待封使之舟轉與爲市。其人出入挾利刃。琉球心懾之。越辛卯。又以嗣封請。時倭犯朝鮮。議令自賫詔歸。更十餘年。朝鮮師解。琉球堅以往例請。甲辰。命兵科左給事中夏子陽行人王士楨往。丙午冬還。子陽私向予言曰。日本近千人露刃而市。琉球行且折于日本矣。且使臣入彼國。若不聞焉。其所以事天朝至淺鮮矣。操縱伸縮。惟是諸陪臣與吾之通事表裏爲奸。區區兩使臣。威所不能加。法所不能禁也。倘異時者再銜命涉滄溟。其辱國彌甚。君其識之。今數年來。琉球之君爲虜臣。爲僕矣。且陽借修貢之塗。以陰行假道之計。徼我藩籬。窺我虛實。日引月長。將何以固吾圉乎。

丙戌。總督陝西少傅兼太子太師兵部尙書兼左副都御史李汶九年考滿。進少師。

虜犯鎭羌古城等堡。大松山都指揮王從諫涼州副總兵柴國柱等擊走之。斬二十餘級。

甲午。總督薊遼蹇達報東西二虜約長昂內犯。命備之。

乙未。以朱賡言。釋御史曹學程獄。戍湖廣寧遠衞。

十一月。朔。諭停刑。

前荆州知府倪涷爲瓊州知府。吏部楊時喬薦其才品也。涷初知安福。有劉臺之獄。不附權貴。謫山東□□照磨。後官南京兵部車駕郎中。更定船政。改僉差爲雇役。南人甚德之。

己亥。前南京吏部尚書趙賢卒。賢字□□。汝州人。嘉靖丙辰進士。授戶部主事。歷郎中。出知順德。移荆州。累遷右僉都御史。巡撫湖廣。移山東。以才著。第附張居正。起遼王之獄。終以張氏奪官。後覃恩復原官致仕。

甲辰。擺吉太等千騎犯邊。官兵擊斬四十四級。

乙巳。故南京兵部尚書周世選。故南京工部尚書范崙。各贈太子少保。予祭葬。

丙午。初。總督川貴王象乾論水西安疆臣仇害五司。兵科右給事中呂邦燿因劾貴州巡撫郭子章受其賄。長惡至是。子章言。安楊八百年之交。欲驟移之甚難。惟威怵利餌。可得其要領。檄諭再三。又遣古劍。歃血爲盟。乃自疏討應龍。明旨獎勵。尋安隴澄有大水田之捷。疆臣有播州衞之焚。又擒尙意黃繼枝等。又開路後囤讓進官兵。敍功。疆臣兄弟母子各賞金幣。仍俟勘地。另加優異。勘地界四年不決。奉旨貴州納糧七百餘石。疆臣納千二百石。地界仍舊。今路苗紛起。疆臣斬獲六百餘級。臣敍苗功。拚結播局。不過仰遵明旨。示信夷人耳。夫播州未破。欲臣用安氏。惟恐不速。播州既破。欲臣裁安氏。惟恐其疎。臣既與盟。不能復仇。疆臣一孺子。無他腸。土司仇殺。自其常態。若爲蜀夷而仇黔。爲黔夷而仇蜀。是以夷狄而罷中國也。求去甚力。上慰留之。初。播州宣慰使楊相子烈。逃水西死。相以水溼天旺之地賂水西。贖櫬。其劵浸鹽紙書之。數年爭地劵。且朽。爭端始此。今楊氏滅。水西漢把羅學茂負大木逃蜀。訴疆臣侵地六百里。蜀撫信之。責水西吐地。郭子章謂歸水溼天旺于遵義。餘安氏故土也。蜀不聽。疏于朝。屢罪疆臣。子章奏地無可還。而播州原輸貴州餉五百八十石。俾疆臣輸四川千二百五十石。息爭。上從之。

朱國楨曰。安疆臣俛順郭子章之命。絕楊應龍。進兵。又讓後囤信地。以報成功。卽李化龍總督。亦許之。有近地可撥。朝廷不愛惜之語。及事平。蜀閫齮齕。黔中求多安氏。責輸糧。責獻印。責擒叛。俱如命。可謂恭順之至矣。乃蜀撫喬璧星欲取安氏爲功。坐以侵地。而喜功之輩緣以爲說。馴至以受賄棄地彈前督臣王象乾。逐之。此別有所謂。非因妬功也。

辛亥。夜月犯畢宿。

是月。前刑部尚書董裕卒。贈太子少保。

十一月甑朔。戊辰。禮科給事中汪若霖言。史職簡授宜精。纂修宜重。纂修略曰。大學士陳于陛請成正史。條畫甚明。奉旨編研。業有端緒。而于陛既沒。同列害成。遂使九重懿軌。棄于半塗。今諸臣槀篋。倘可搜尋。乞命閣臣開局舉遺。不報。

己巳。長昂等萬騎犯山海關東八里鋪。總兵官姜顯謨擊卻之。斬五級。時稅監高淮聞之。遽調兵自衞。及虜退。稱斬獲功。

丙子。命戶部考較省直錢糧。

戊寅。命宗人府經歷不許乞差。

庚辰。夜熒惑犯歲星。行危宿。

壬午。裁旅順游擊。改守備。汰官兵六百餘人。

癸未。長昂復窺義院口。尋遁。

壬辰。宣府蔚州地震有聲。

癸巳。免河南嵩鹿邑等三十四州縣田租。

十二月紇朔。總理惜薪司內監楊致中杖殺燕山右衞指揮僉事鄭光耀。部科劾致中。不報。

戊戌。建州衞都督都指揮速兒哈赤等入貢。先是減建人車價。禮部左侍郎李庭機代兵部減車價。建人爭之。久不貢。李庭機遣序班李維葵往詰之。維葵勸諭。仍補貢。

壬寅。南京大理寺卿劉應麟終養。

甲辰。夜熒惑犯歲星。

戊申。延綏總兵官都督同知杜松薊鎭總兵官左都督尤繼先互調。時蹇達以繼先收夷丁過當也。

壬子。右春坊右庶子吳道南莊天合爲少詹事兼翰林院侍讀學士。右諭德馮有經周如砥爲右庶子兼侍讀。□中允傅新德史繼偕贊善林堯俞國子司業朱國楨沈潅爲右諭德兼侍講。編修湯賓尹孫愼行何宗彥顧秉謙陳之龍鄧士龍郭淐爲□中允兼編修。檢討蔣孟育趙用光劉一燝爲右贊善兼檢討。

南京妖人劉天緒就擒。天緒永城人。僑居臨淮。稱無爲教。徒與漸衆。入南京。私嫠婦岳氏。自號龍華帝主。乘各官長至日謁孝陵舉事而泄。御史李雲鵠密捕。兵部尚書孫鑛逮四十九人。張其伐。諸臣擬磔七人。餘棄市。提督操江右僉都御史丁賓署都察院奏。磔斬各一人。餘遣戍。

庚申。故南京工部尚書葉夢熊贈少保。

壬戌。皇次孫由樺生。

是年。襄城百寧岡地坼八十餘丈。衡五六尺。深不可測。

丁未萬曆三十五年

正月乙丑朔。上不朝。

丁卯。戶部尚書趙世卿攝。計吏部左侍郎楊時喬佐之。故事。主計正月既朔。時喬方料理。聞命暫格。

己巳。巡按陝西御史余懋衡劾稅監梁永。且乞休。不報。懋衡入秦再中毒。皆得解。拷庖人。云梁永賕之賂我。

庚午。署吏部事左侍郎楊時喬辭印。不許。時外計兩日。江浙福建事訖。俄命趙世卿。時喬跼蹐請辭。上謂昨誤發。卽追寢之。仍命時喬同左副都御史詹沂考察。時喬乃出。

日暈女宿。黑氣蔽天。

辛未。許王明輔襲祖爵永年伯。楊時喬謂非例。以特恩不爲令。

吏科右給事中翁憲祥言撫按交代宜嚴。部郎出差非體。不報。時選官不下。撫按交代或數年。部曹俸深乞差出。

癸酉。夜。月犯畢宿大星。

丙子。右庶子馮有經右諭德顧天峻李騰芳俱改左。左諭德翁正春爲右庶子兼翰林院侍讀。

己卯。吏部大計。降斥有差。以貪論者五十六人。

庚辰。巡按四川御史孔貞一薦華陽貢士楊師心。嘉靖甲子鄉榜。今年六十餘。杜跡二十年。內行淳備。亦以娉節見稱。

丙戌。設保寧參將。波羅守備。

壬辰。廣渠門內監邢朝等苛索。梃擊泰興知縣龍鏜死。下獄。邢相等三人戍邊。趙祿抵死。

癸巳。敕諭天下朝覲官。

是月至六月。土星逆行斗宿退留。

泉州地震。

二月。丱朔。科道拾遺。

長昂挾賞。總督蹇達乞休。不許。

丙申。禮部右侍郎楊道賓黃汝良主禮闈。詹事莊天合知貢舉。

設貴州新添參將。

大學士朱賡首輔方數月。□科給事中宋燾論之。賡乞休。不允。

丁酉。前太子太保吏部尙書李戴卒。戴字□□。延津人。隆慶戊辰進士。知興化。擢戶科給事中。累進吏部。典銓六年。溫然長者。不見岸異。其居鄉尤有稱。予祭葬。贈少保。

己酉。黃霧四塞。

庚戌。定科場磨勘申前割卷論罪。凡試牘撤棘後給閱本生。

甲寅。西朝房火。

乙卯。易州神器庫火。

禮部左侍郎李庭機請亟補講官。不報。自輟講來。講官惟依期日進講章。庭機獨任久之。去歲被言乞休。輟章三閏月。

丙辰。故戶部左侍郎董堯封贈戶部尙書。

戊午。朱賡屢請補閣員。又給事中汪若霖見攻。乞休。不允。

辛酉。刑科給事中周曰庠請革九門之稅。不報。

是月。署禮部事左侍郎李庭機以建州衞奴兒哈赤久不貢。遣序班李維葵往遼東。俾撫按詰之。

三月丙午朔。寬浙江織幣五運。分作十運。春秋起解。

丁卯。巡撫宣府右僉都御史馬鳴鑾爲兵部右侍郎兼右僉都御史。總督宣大山西軍務。兼理糧餉。

辛未。薊鎭總兵官左都督尤繼先免。因總督蹇達論其收集降夷也。

癸酉。遂安伯陳璘爲後軍都督府僉書。懷寧侯梁世勳爲右軍都督府僉書。

戊寅。策貢士施鳳來等三百二人。賜黃士俊等進士及第出身有差。

巡撫江西右□都御史許弘綱憂去。不俟代。命服闋鐫一級調。

巡按直隸御史楊廷筠薦華亭隱士陳繼儒文行。

秦王誼漶庶長子存樞當嗣中尉。屢求郡王。許之。不爲例。部科言非制。不報。

許黎維新襲安南都統使。給銀印。

敍甘肅擒虜功。進朱賡少保戶部尚書武英殿大學士。

癸未。南京兵部尚書□□進太子太保。

辛卯。蠲裕州沈丘商丘永城夏邑舞陽葉上蔡新蔡西平遂平新租。

禮部署部事左侍郎李廷機乞休。不允。時推閣員。御史李雲鵠先劾廷機娼嫉及右侍郎黃汝良阿媚。吏部右侍郎周應賓奸譎。蓋庭機癸未館師。爲沈一貫故人。多疑之。

罷右中允陳之龍。以御史宋燾論沈一貫姻黨也。命回籍聽覆。

四月癸巳朔。淮府載圭嗣順昌王。

乙未。翰林院庶吉士王家植何如寵黃儒炳龔三益駱從宇爲編修。徐光啓彭凌霄劉士驥周炳謨錢象坤丘士毅陳士昌黃立極王縉爲檢討。姚士慎江灝戴章甫爲給事中。李應魁鄧澄唐之夔爲御史。

復宰賽市賞。臯哈大得捧于關外。自長昂復貢而宰賽來欵。執哈大得捧。解新河之忿。

雲南貢士楊提等請開牂牁故道。改雲南驛自廣西府入廣南。自廣南徑抵田州。入富川。至三江口。舟達南京。陸達湖廣。其塗寬坦。足容九軌。視貴州捷便三千里。下部議。終歧向不決。蓋貴州本羅施鬼國。特以通滇一綫强名省會。水西安氏力任郵傳。若塞。黔則普安以東便成荒徼。卽安氏世馴。而四川馬湖之西。建昌之南。俱士司錯壞而居。廣西之田州。亦土官也。其獷悍難制。與水西等耳。故議者謂仍黔之便。

丁酉。通州西倉火。

藺州夷目閻宗傳等攻掠永寧。自奢世統世續二婦相仇。世續匿印以私阿利。朝命屬崇明都指揮張神武遂執世續。則印在鎮雄土知府隴澄所也。水西安堯臣先贅隴氏。冒其姓。往敍平播功。皆云隴澄。不知卽堯臣也。堯臣出印。益據鎮雄。我未能問。閻宗傳阿利等焚掠。動稱鎮雄官怖各部。攻永寧普市摩尼等。于是總兵官侯國弼巡撫喬璧星巡按孔貞一先後暴堯臣之罪。

戊戌。銀定歹靑等二酋犯河西。涼州副總兵柴國柱破之。斬百二十八級。總兵達雲副總兵官秉忠等又戰紅崖。斬百三十九級。

命陝西撫按速處韓府祿米以濟貧宗。

兵部覆朝鮮通倭。聽自爲計。時家康代秀吉爲王。反前政。歸所發朝鮮王墓賊。家康老矣。故忌薩摩州。而對馬島主義智心急朝鮮。恐一日失朝鮮援。故釜山對馬二島私欵。後三年開市。

壬子。順義王撦力克死。卜素二酋未有定封。邊臣遣問所屬。五月己丑。其妻忠順夫人乞依俺答故事諭祭。從之。

瞿九思曰。撦酋世受我王爵。豈可不爲厚幸乎。何至假道迎佛。遂佐火落赤大鈔我洮河之間。此胡爲者。假令我執叛盟之罪。復立其他不失禮。撦酋殆哉。狐埋之而狐搰之。是無成功。洮河之役。幾敗市事。凛凛也。顧王善保封爵哉。

曲陽北岳廟樹自焚。是日。太原方山王府槐樹亦自焚。

乙卯。總督陝西三邊徐三畏言。套虜與河東虜不同。河東統于一。歷三十年不渝。然且有五路之警。套虜分四十二支。各相雄長。卜失兔寄名其上。無馭衆才。而西路火落赤狡甚。要挾無厭。鐵雷把兔其翼也。中路撦言太。以父明安死恨我。挾中國立廟給厚賞。自十九年至今。無歲不犯。無歲不挾。亦無歲不講。終不受籠。則套虜爲同仇也。東虜沙計強不如莊禿賴。而莊禿賴智足馭其衆。撦言太強過于切盡。巡撫涂宗濬七月入鎭。火落赤勾虜報怨。宗濬以邊長千里。同寇難禦。于是因莊禿賴求市神木堡。撫切盡歹成。毋助火落赤。而兩路酋內向。七月。終撦言太以三千騎入犯。挫于保寧。八月。初火落赤萬餘騎敗于安邊營。九月。沙計三千騎入犯。又敗于常樂。于是酋婦叩關。乞攢刀說誓。願許其自新。章下兵部。

壬戌。雨雹。

五月癸亥朔。雨雹。

總督宣大。諭順義王部落。毋久駐青海。時延綏巡撫周磐言。其部落打郎台等三百餘騎西迎佛。從僧千餘。欲屯青海。不復東向。恐後益集。連套虜爲患。上是之。然套虜日強。東虜迎僧自走甘肅外。我不能禁。

甲子。禱雨。

乙丑。以劉天緒平告郊廟。識者以細妖爲褻。

丙寅。連標爲右副都御史。巡撫宣府。贊理軍務。

戊辰。王國復爲南京太僕寺卿。

庚午。鞏昌黑霧竟天。

辛未。減旅順防兵。

諭釋輕囚。

甲戌。西安鳳翔大雹。

丁丑。閣員會推于愼行趙世卿劉元震葉向高楊道賓李庭機孫丕揚。吏科都給事中陳治則嘗劾庭機。難之。兵科給事中宋一韓謂楊李俱宜罷。請改推。御史葉永盛請列上。亡何刑科右給事中曹于忭及宋一韓工科右給事中王元翰兵科左給事中胡忻福建道御史陳宗契各排庭機。上不聽。禮部右侍郎黃汝良不允。以吏科都給事中陳治則議枚卜刺及之。時晉江三人。楊道賓李庭機黃汝良。

甲申。光祿寺署正范光裕送安南使臣之國。

乙酉。夜有星如丸。自牛宿流東南行近濁。

丁亥。禮部尙書于愼行進太子太保。南京禮部右侍郎葉向高禮部左侍郎李庭機並爲禮部尙書兼東閣大學士直文淵閣。又諭朱賡曰。卿思舊輔王錫爵忠誠正直。可濟時艱。其召之同卿夾輔。

己丑。順義王妻忠順夫人求封。總督馬鳴鑾巡撫霍鵬以聞。

辛卯。平陽槐樹自火。

夜。流星起牛宿。

六月壬辰朔。蘄州黃岡黃梅羅田多蛟。壞田舍人畜亡算。武昌承天鄖陽岳常德久旱。入夏大雨。漂沒數千人。

乙未。夜月犯土星。在斗。

甲辰。合江地震。延慶懷來等縣大水。嚴州大水。漂數千家。

巡撫福建右□都御史徐學聚罷。

禮科左給事中孫善繼請罷選庶吉士。定院額。朱賡言其不可。

凱里宣撫司楊燧降長官司。

前太子少保南京吏部尙書曾同亨卒。同亨字子野。吉水人。嘉靖己未進士。授刑部主事。調吏部□□。不附嚴氏。官轍所至人皆思之。年七十五。予祭葬。贈少保。天啓初。諡恭端。

閏六月戊朔。盜入易門。殺知縣楊戍性。

甲子。前太子太保左都御史溫純卒。純字希文。三原人。嘉靖乙丑進士。知壽光。擢兵科給事中。劾大璫陳洪。屢忤柄相。出湖廣參議。引疾去。起河南參政。張居正當國。不數月周歷諸卿。以太常忤去。居正沒。起大理寺卿。進兵部左侍郎。巡撫浙江。躬率節儉。吏民遵服。入戶部左侍郎。憂去。壬辰。起南京吏部尙書。明年入移工部。終養。戊戌。總憲。嘗約諸臣請罷引稅。釋纍臣。下考選。伏闕泣良久。上怒問誰倡者。對曰臣左都御史溫純也。上色霽。下旨慰藉。妖書起。力明郭正域主計斥錢夢皐。忤時去。出處循理。不激不隨。蓋猶有王三原之風焉。年□十□。予祭葬。贈少保。天啓初。諡恭毅。

乙丑。東安大雨至七月己亥。大水傷稼。

丙寅。朱賡以子敬循沒。乞歸。不許。

大學士李庭機三辭。不允。趣之出。

戊辰。涼州副總兵柴國柱爲總兵官。鎭守陝西。

癸酉。大寧長公主薨。

甲戌。修陝西□□紅山市口鎭北臺城。

許長昂復貢市。火落赤擺言太沙計各如之。

丙子。封鄭王載壐世子翊鍾。

己卯。廣西左布政使曲遷喬爲順天府尹。工科都給事中夏子陽爲太常寺少卿。行人王士楨爲光祿寺丞。翰林院檢討南師仲爲國子司業。

庚辰。李庭機以給事中王元翰胡忻論之。求退。不允。

乙酉。京師大雨。至七月丙申不止。地水三尺。九逵如河。渰溺人畜亡算。

丙戌。廣西左布政使蔡應祥爲右副都御史。巡撫廣西。太常寺少卿張問達爲右僉都御史。巡撫湖廣。太常寺卿衞承芳爲右副都御史。巡撫江西。

丁亥。大理寺左少卿錢夢得爲太僕寺卿。

己丑。諭廷臣曰。昨枚卜閣臣。會疏請自上裁。有何密囑。而給事中王元翰胡忻呶呶求勝不已。疑君誣人。莫此爲甚。罰俸半年。于是李庭機請寬二臣。不聽。而攻庭機者未息也。

董其昌曰。庭機拜麻一月。而人言蠭起。屢辭不報。最後伏闕辭朝。寄居蕭寺。計半載有餘。乃請予告。大都清介之品。或以器局褊陋而攻之者。遂造爲輦金載玉行賄奥援。欲掩其一生砥礪。故御史葉永盛極辨之。昔錢夢臯論沈鯉貪污。鯉不辨而曰。貪污之罪。臣任之矣。蓋自信之素也。異日庭機易名文節。而永盛之論定矣。

談遷曰。晉江硜硜皎皎。終始不渝。上素重其人。冀以磨厲汚俗。昔毛孝先崔季珪用。魏貴清素之士。時皆變易車服以求名。楊綰拜相。朝貴聞之。減騶從。損聲伎。惟晉江有昔人之風。而異議滋起。人情不古。指夷齊爲共驩。更何望乎。

七月辛卯朔。總督漕運李三才請補大僚。選科道。用廢棄。其論廢棄曰。諸臣祇以議論意見一觸當路。遂永斥不收。總之于主上無忤。今乃假主威以錮諸臣。又借忤主之名以飾主過。負國負君。莫此爲甚。是疏出而談舊相時事者又不可止矣。

牛應元姚思仁爲大理寺左右少卿。

壬辰。巡按陝西御史王基洪劾稅監梁永陳兵殺傷吏民。而巡撫顧其志奏至平臺。不言殺掠。梁永反以藉口。上益疑言者矣。

甲午。應天府尹徐申爲南京太常寺卿。

丁酉。左庶子周如砥爲國子祭酒。

朱賡上選庶吉士定制。

戊戌。東華門德勝門圮。

己亥。時傳採川貴湖廣大木。撫治鄖陽右僉都御史黄紀賢言採木之累。不報。

朱賡以京師大水引咎。請補大僚選科道。起廢官罷榷使賑民困閔商困。上命補大僚俟另旨。其救災發粟平糶疏渠即行之。

壬寅。皇木廠大木漂盡。通灣損漕船二十三。失糧八千三百餘石。

甲辰。前巡撫寧夏右僉都御史晉應槐卒。洪洞人。□□丙辰進士。

乙巳。命戶部出太倉粟二十萬石平糶。發十萬金賑之。命工部浚渠疏水道。賑保定水災。

丁未。皇太子久不出閣。吏科都給事中邵庶等請莅學。不報。

前禮部尙書兼翰林院學士李長春卒。長春字元輔。富順人。隆慶戊辰進士。選庶吉士。授編修。歷修撰。侍講。右諭德。乙酉。南京國子祭酒。轉南京工部右侍郎。尋改禮部。己丑。直日講。已進尙書。剩酌儲議。已致仕十五年。嘗尋山有古洞。鑱字如其名。心異之。改爲玉華洞。詩詞溫麗。子胤祥亦有名。年六十三。予祭。贈太子少保。

張鼐曰。老成人之用心也難言哉。凡愛君者必激于事。求濟國者兼祈有其名。是以意不能獨伸而勢亦不能兩得。其掣肘終在人國耳。李先生當議建儲時。卽以其憤發江陵者慷慨廷爭。于先生何難。顧獨委蛇其說者。誠有獨至也。及正名定位當其候。而先生受辱名去。乃竟怡焉以自老。夫先生之志固已酬矣。成事之效。寧謂口舌能動人主哉。

前總督宣大兵部右侍郎兼右僉都御史鄭汝璧卒。汝璧字邦章。縉雲人。隆慶戊辰進士。授刑部主事。歷郎中。張居正才之。調禮部儀制。又調吏部驗封。及奪情起。微忤。進太常少卿。不數日。降福建右參政。量移廣東副使。乞養十一年。辛卯。起井陘兵備。尋改赤城。斬虜功。明年遷榆林中路按察使。明年山東右布政。尋進右僉都御史巡撫山東。賑饑。會憂去。己亥。起南京太常少卿。壬寅。巡撫延綏。屢卻虜。乙巳。進兵部右侍郎。總督宣大。卽疾作。有才而功不甚著。所著有帝皇后紀略諸王表功臣封謚考行世。

辛亥。夜月掩畢宿大星。

壬子。陝西稅監梁永奏秦人劫貢。委罪咸陽知縣滿朝薦。承御史意伏兵渭南劫之。先巡按王基洪疏至。述兵事適合。上怒。命逮朝薦。

甲寅。先是交崓酋長武德武與雲南臨安三崓長官司相鄰。遂募衆分布于南丹藤江間。擅改弘定元年。僞安南都將節制內外水步諸營事。虔劉邊備。巡撫陳用賓集兵分三道大敗之。斬百四十餘級。復八寨故地。

乙卯。松潘茂州汶縣等地震。

丙辰。陝西參將王大年下臺訊。參將劉泗梁富國總兵鄧鳳游擊劉國楨等俱落職。巡按王基洪論其貪墨也。

丁巳。選翰林院庶吉士錢龍錫林欲楫姚宗文丁紹軾成基命李光先韓日纘厤僖傅振商李標張廣潘潤民李胤祥楊道寅唐大章楊嘉運徐養量。

戊午。黃汝良憂去。

庚申。夜彗見東井二尺餘。

採木限四川二萬四千六百一。直四百萬餘金。限貴州萬二千二百九十八。直一百九萬七千餘金。

八月辛酉朔。閣臣推講官。禮部右侍郎楊道賓。詹事蕭雲舉。少詹事王圖。南京國子祭酒劉曰寧。需命未下。

壬戌。巡撫山東右副都御史黃克纘進兵部右侍郎。

癸亥。喻安性胡應台劉文炳王紹徽顧士奇張鳳彩周永春張延登劉一燝張國儒彭惟成何士晉范世濟李瑾黃起龍鄧雲霄晏文輝高節俱爲給事中。起龍下俱南京。呂圖南黃一騰荊養喬熊廷弼王象恆陳于廷穆天顏房壯麗侯執蒲吳亮劉光復鄧漢李櫄張時弼王國楨顧慥朱萬春何大謙馮嘉會彭端吾陸夢祖金明時張五典梁州序董紹舒管橘張爾基毛堪楊一桂王以寧畢懋康韓浚顏思忠鄭繼芳曾同升史記事劉國縉徐鑒劉蔚傅宗皐汪懷德張邦俊周達曾陳易王露張養俱試監察御史。宗皐下俱南京。先吏部推踰二年始下。仍調汪若霖吳正志外任。汪元功黃汝亨黃一鵬各鐫一級調外。

丙寅。巡撫貴州兵部尚書郭子章引疾去。

辛未。總督陝西徐三畏秩滿。進太子太保。

甲戌。西安府地震。

丁丑。夜彗歷于房。

壬午。夜彗自房歷于心。

乙酉。撫諭東路屬夷白洪太等。

丁亥。鎮守雲南太子太保黔國公沐昌祚進少保。

戊子。泉州颶風大作。折屋。

己丑。巡撫四川右僉都御史喬璧星以安堯臣冒鎮雄士知府。欲兵之。朱賡謂時事孔艱。用兵非計。御史李時華李應魁等俱如之。工科右給事中王元雅以機事流傳。恐爲安堯臣笑。遂禁各衙門妄傳章奏。命釋永寧土婦奢世續并赦閣宗傳等罪。訪求隴氏子孫爲鎮雄後。令安疆臣約束堯臣歸本土司。聽遙授職。不許冒隴氏。

江西布政司右參政姜士昌賫表入京。奏別遺奸錄遺逸遺奸。指王錫爵朱賡沈一貫。又曰。古今稱廉相必稱唐楊綰杜黃裳。然二賢皆推賢好士。惟恐不及。而王安石用之驅逐諸賢。竟禍宋。其意蓋規李庭機也。

虜犯遼東寧遠前衞。

九月辛卯朔。朱賡李庭機疏辨。降姜士昌廣西僉事。

壬辰。巡撫直隸御史李雲鵠私第火。失上江敕書。命補給。

癸巳。以閣宗傳降。隴澄告退。命四川撤兵。從貴州巡撫郭子章議也。

琉球餽封使夏子陽王士楨黃金各六十。各卻之。琉球弱小。勉承朝命。時封使往多賫舶貨。責其倍售。至徹妃嬪簪珥應之。

甲午。敍嘉峪鎮番功。賞賚有差。

協守定邊副總兵王威爲□□將軍總兵官。鎮守延綏。提督狼山等處副總兵萬邦孚爲總兵官。鎮守福建。協守松潘副總兵孔憲卿爲總兵官鎮守廣東。

諭停刑。

丙申。前兵部右侍郎臧惟一卒。惟一字□□。諸城人。嘉靖乙丑進士。知宿松太湖。擢戶部主事。歷今官。多引大體。退爲德于鄉。年□十□。予祭葬。贈南京工部尚書。子爾勸爾令皆進士。

丁酉。右諭德兼侍講林堯俞史繼偕主武闈。

己亥。領南京前軍都督府靈璧侯湯之誥卒。之誥初授勛衛。稱儒雅。既紹爵。居官以嚴整稱。日侍母。終養不出。時入賀。卒年四十三。士論惜之。

戶部發粟五萬石與薊鎮平糶。

癸卯。王錫爵辭新命。不允。

甲寅。南京兵部職方郎中劉宇降山西按察司經歷。以濫斃妖獄也。

十月輭朔。西安府天鳴。

丙寅。中書科被盜。

丁卯。巡撫山西右僉都御史李景元進右副都御史。

例給延綏寧夏各酋子冠帶。

咸寧長安天鳴地震。

己巳。光祿寺卿□□□言。寺丞徐必達牒稱。九月同巡視戶科給事中江灝悉傾見銀。尚欠各價九千金。寺額辦銀二十四萬有奇。主戶部錢鈔工部油紅上林苑監子粒。共二十四萬有奇。額派粳米六萬一千石有奇。祖宗時非多。皇上時非乏也。萬曆四年以前。歲費止十二萬有奇。五六年來漸增二萬。七八年又增二萬。今至二十四萬。或二十五萬。帑安得不匱也。萬曆二十五年以前。歲收米三萬三千四百餘石。盡改折。今歲倍二萬餘石。庚安得不匱也。臣請無名之供養。內外臣工之酒飯。御前之取討。新添喪禮之糜費。有當裁者。謹列陳以備[採擇]。

壬申。巡按直隸御史宋燾論救姜士昌。語刺李庭機。庭機奏辨。上以燾賄囑。謫燾平定州判官。加謫姜士昌興安典史。

癸酉。蠲減山東郡縣災租有差。

丙子。朱賡一品考滿進少保。改吏部尚書文華殿大學士。廕中書舍人。

丁丑。命畿內六郡災民發德通二倉粟各五萬石平糶。

己卯。南京行人司火。

是日子正□刻立春。陝西按察□□路士登以授時曆推之。宜戊寅亥初刻。差一日。作戊申立春考証。一云邢雲路。

癸未。福王長子由崧生。藩例五歲請名。至是特百日賜名。

十一月庚寅朔。壬辰。寧武副總兵王邦佐爲平羌將軍總兵官鎮守甘肅。

癸巳。吏部左侍郎楊時喬援何孟夏例自乞改南京。不許。

辛丑。大學士葉向高入朝。李庭機次之。于愼行亦至。疾未入直。

肅王紳堯進馬五十四。

壬寅。前太子少保督理糧儲南京戶部尚書王基卒。基字□□。益都人。嘉靖乙丑進士。授戶部主事。出爲□□運司同知。久之。知大同。時代王有謀殺世子獄。餽囊珠。立斥之。歷都御史巡撫大同。轉兵部右侍郎至今官。

甲辰。詹事蕭雲舉少詹事王圖敎習庶吉士。

裁竹谿郧西管糧主簿。

乙巳。大學士于愼行力疾赴朝。請暫假調攝。許之。

丙午。日赤無光。

己酉。海盜犯朝鮮。執之。爲華人。李㕽請命刑部。議生致京師。僇之。報可。

減濟南兗東昌馬價十之九。

戶科給事中江灝劾福建稅監高寀不報。初。福建左布政范涞收春夏稅額。寀左右失權。乘涞入覲。而巡撫徐學聚候代。遂疏詆涞及學聚。請自按月徵解。上命有司類徵如故。

辛亥。立景命殿于漷縣永樂里。聖母生地也。

壬子。金沙夷阿克鄭舉等破武定。殺指揮金守仁千戶梅應時黃桂王應爵金榮等。阿克卽故武定土官鳳朝文孽孫也。嘉靖間屢叛。討平。改武定州流官。其部人鄭舉恨和曲知州黃榜。欲死之。謀阿克起兵復故地。阿克豪有力。與馬一龍化龍訟黃榜。將執之。逃去。榜署祿勸州印。私增田租。州人思亂。知府陳典知其謀。攜印奔省城。阿克乘之。陷武定。渡金沙江長驅。鄭舉劫推官白明通至省城。大焚掠民舍。索武定印甚急。巡撫陳用賓倉卒徵兵未至。權予印。左布政使福清薛夢雷爭之。强吾僇力固守。援兵且集。賊奈我何。卽不能守。死正也。何計其他。用賓曰。事急矣。毋以妄言撓。遂予印而退。僞立阿克爲土知府。

朝鮮言倭求和。猶前源家康所尋盟之詞也。兵部謂其狡難恃。不許。

乙卯。遣行人趣王錫爵入朝。

戊午。巡撫福建徐學聚劾稅監高寀不法。內云三十二年令奸商往販和蘭。勾紅夷詐帛麻郎銀三萬。許以彭湖通市。臣奉旨拒逐。今臣且歸。紅夷又至。殺僇商漁。漸窺內地。是誰啓之乎。

十二月紀朔癸亥。命嚴隴氏存絕。並覆安堯臣功狀。

兵科都給事中宋一韓議改鎮雄府流官。

丁卯。刑部右侍郎沈季文請重囚病故非梟首者。不必僇屍。從之。

命戶部治壽寧公主婚禮。金珠直十九萬有奇。

辛未。司禮太監陳矩卒。矩在事簡約。立忠淸祠。

壬申。太子少保禮部尚書兼東閣大學士于愼行卒。愼行字無垢。東阿人。隆慶戊辰進士。選庶吉士。授編修。歷修撰侍講。己卯。引告。癸未。起左諭德。轉侍講學士。禮部右侍郎。己丑。長尚書。屢請立儲。忤去。十四年。召領詹事府。不至。及入相。疾甚。在詞林夙有聲。多識故事。沈深勁拔。不爲町畦。忤張居正。引去。居正敗。貽丘侍郎橓書存恤。天下稱之。予祭葬。贈太子太保。謚文定。廕中書舍人。

伍袁萃曰。東阿醇德懿行。蔚爲名臣。爰立命下。人無間言。然見朝之日。扶掖而行。爲言官所糾。數日而沒。國家固當倚任老成大臣。亦當自度進退。公老矣。且病。此出獨不可已乎。

罷浙直織造太監孫隆。以劉成代之。

阿克陷元謀。知縣毛文彩遁。攻羅次祿勸尋甸。殺祿豐知縣蘇夢暘。丙子。陷嵩明州。殺吏目韋宗孝。學正龍旌。夢暘。封川人。歲貢。後贈光祿寺少卿。立祠。宗孝贈嵩明同知。俱廕監。旌贈國子博士。

甲戌。禮部左侍郎楊道賓議舉謚典。于是禮科都給事中邵庶等言。前謚或應奪。或應改。或應補。章下禮部。

韓光裕張孔敎胡嘉棟杜士全段然劉時俊爲給事中。然時俊南京。王孟震唐世濟耿鳴雷蘇惟霖馬夢禎楊師程劉蘭蔣貴爲試監察御史。蘭貴南京。

壬午。延綏寧夏虜酋補進馬匹。乞襲秩。從之。

巡按遼東御史蕭淳言六事。其一曰。建州部奴兒哈赤□□□聯部夷煖兔伯。締婚于忽剌溫。借糧朝鮮。聲勢叵測。誠購那林孛羅與合兵。仍發五路以遏西夷。協薊兵以雄內地。諭朝鮮以防外逸。內外夾攻。如昔年剿仰逞二奴事。亦消患之策也。

金吾衞指揮樂綱訐奏稅監梁永。力言滿朝薦之枉。蓋綱本永之私人。助虐。慮永敗及禍。故爲脫計。上不問。

丙戌。蠲清河海州宿遷桃源安東鹽城邳山陽蕭碭山沛徐豐馬價十之六。

丁亥。交趾賊七百餘人自龍門港犯欽州陷之。殺學正李嘉諭。明日遁。初莫氏黨翁富以四千人借居澌凜峒。設場糴米。交夷武永禎等屢入犯。是年饑。以千人登城。把總周舉龍門哨官龍起鳳俱不援。踰月復入犯。官兵衄。國泰敗沒。偵有備。野掠而去。知府涂巍都指揮劉中漢趙應科及總督戴燿等各被劾。

瓊州黎賊劫萬州陵水縣。

是月。馬邑地震有聲。

戊申萬曆三十六年

正月丁巳朔。上不朝。

乙未。吏科給事中姚士愼上四事。渙兪旨以昭大信。謹中旨以絶倖竇。正刑典以振紀綱。停營繕以蘇物力。不報。

巡撫雲南陳用賓令守備王之瑞等攻賊直抵元謀。敗之。僞總管鄭舉乘官兵未集。進攻羅次。知縣熊尙謨拒郤之。攻祿豐。又陷元謀嵩縣。官兵進復武定祿豐。賊遁。遺金餌兵。又棄印于地。我兵爭印。啓篋。無有也。阿克走東川。爲土酋兄弟所獲。

丙申。四川地震聲如雷。

甲辰。許班□白洪大二酋仍貢市。

丙午。諡鄭府東垣王翊鐣恭懿。

戊申。閣部請東宮出閣就學。不報。

工部主事范汝梓言。皇上靜攝以來。經筵竟廢。今併皇太子講學而廢之。後聞東宮侍衞有詔政府促令上請者。此何事而令瑣瑣侍衛急之在皇上固非自爲作述計而在輔臣亦非所以爲皇上計也。不報。

辛亥。吏部左侍郎楊時喬請定六科內補外補正推閏推一遵舊制以息競端。從之。

壬子。司禮太監成敬同兵部閱視京營。

丙辰。安南賊復侵欽州。百戶孔榕把總祝國泰等死之。時交賊在梒橘村則武永禎。在花封縣則段俊。在觀瀾村則裴用。在萬寧則黃目。在塗山則范泉。在那漏則該字。在玠瑁則該資。俱係賊首。原莫夷殘黨。今附黎段俊稱扶安侯。尤强。

是月。虜犯甘肅。官兵先後斬一百四十五級。

二月。鉞朔。故吏部右侍郎何孟春贈工部尚書。孟春先閒住。已復秩。至是吏部言之。

增吏部司官一。專管冊庫。

己未。夜。南京見壽星在丙位。

壬戌。工部右侍郎劉元霖言。先河決蘇莊。今浚朱旺口。成。敍諸臣勞。部以少浮。俟酌議。

癸亥。總兵柴國柱爲平羌將軍。鎭守甘肅。王邦佐鎭守陝西。互易之。

甲子。予故廣東總兵官左都督陳璘祭葬。

乙丑。兵部覆巡撫雲南陳用賓請討叛夷阿克。

京師昌平地震。

己巳。進兩廣總督戴燿太子少保。廣西巡撫楊芳右都御史。

壬申。忻城伯趙世新領南京前軍都督府。

三月。戕朔。寧夏天鼓鳴。

雲南布政司□參政楊俊臣按察司副使羅希益率都指揮使汪如淵。參議康夢相僉事龔雲致率參將張名世左布政彭應時率游擊裴希度分三道進兵擊賊

兵部覆貴州候代巡撫郭子章以土舍安堯臣獻印追還鎮雄。當歸貴陽。惟是堯臣幼繼隴姓。已離水西。鎮雄固其巢穴彼原隨把目十年生聚一旦飄搖不能無慮撫臣宜諭安疆臣念在手足分割一隅令堯臣率衆安居。毋致兩失所依。則終聖恩而消隱禍也。從之。

丁酉禮部言奴兒干都司統衛所二百有四城面城站五十八。其酋長自都督以至鎮撫。貢市自開原入京。歲十月驗放入關。如次年正月不至。邊臣例奏請定奪。自萬曆三十二年六月自建州海西入貢。至三十五年並不至近遼東撫鎮題奴兒干夷不肯入市。既併毛憐等衛。取敕印。又併海西南關酋目若卜占吉若猛骨孛羅等衞而有之。雖婚姻不顧。惟北關若那林孛羅與弟金台失竭力死守。苟延旦夕。又聞其飾名姝捐重粧以結北虜。且開原止市馬。不市參。乃强載參斤倍勒高價。更聞奴兒干夷與弟速□□□多智習兵。信賞必罰。妄自尊大。其志不小。聞精兵三萬有奇。而遼東戰兵不滿八千。思之可爲寒心。今即未問罪。宜詰所以違貢者何故。如桀驁負固。則暴罪革賞。

陳繼儒曰。遼地南臨大海。西起榆關。東抵鎮江。延袤二千三百餘里。虜酋奴以百計。子姓部落以數十萬計。直前屯者爲賴蟒等。直寧遼者爲獐兔拱兔等。直廣寧者爲小歹青以兒鄧黃台吉等。折而西北則虎墩兔憨爲虜王。而東西部皆屬之。北則煖赤伯言他不能等。折而東北則卜言顧等。又折而東則炒化等。此河西三面虜也。踰三岔河東則額伯革打大威等直海州。西孛兒敗伯言等直遼瀋。西煖兔宰賽等直開原。西而北則惚恍大等。東北則北關。東則南關。遼瀋之東則奴速等。此河東三面虜也。面面環繞。如處重圍。而三岔河斷遼爲二。虜又插入其內。據心腹而居之。蓋無地非虜焉。而又無重關峻嶺爲之限隔。朝入則朝獲。夕入

則夕獲。蓋無時非虜焉。大抵禦虜之法。曰合曰離。離則其黨可攜。合則其焰難撲。而建酋之合有二。東則虜其與北關合也。西則虜其與西虜合也。虜無所不合。則我兵無所不分。而全遼之累卵可知也。今建奴甚强。惟有決戰而用間諜。以連衡宰賽。遣重兵以擁護北關。則東合者可離也。北關既梗。則建酋不得越北關而西。西虜亦不得越北關而東。伐往來之陰謀。破自連之黨與。則西合者又可離也。此禦建酋之定局也。

戊戌。兵部議立鎮雄土司。下撫按訪其的裔。

唐大章曰。鎮雄固巴蜀一土司耳。即欲爲隴氏繼絕。彼自有得爲隴後者。非甚難于處置也。所難者在安堯臣之竄入耳。令土婦代攝之初。當事者急廉其後而請立之。堯臣安得而生心。顧乃開門而揖之入。幾釀大釁。煩我有後。獨水西强饒十倍鎮雄。而家難可乘。大欲有屬。堯臣雖意在隴。而猶不厭于隴者。故我得招之使去耳。夫安去而隴存。宜無難處。或謂隴無嫡派。不若設流官而郡縣之。夫播州不法。顯受殲夷。且有議此舉爲輕發者。隴無罪而裂其土地。泯其宗祀。帝王興滅繼絕之義。當不若是。矧世世爲守土之臣哉。忍一隴而攜諸夷之心。其若後患何。然則以隴立隴。隴可立矣。立隴其易處者也。

庚子。兵部職方主事葉世英以東夷漸熾可虞。議增兵。曰西兵可募。土著可招。官舍可增。議增餉。曰復邊輸以實塞。士通錢法以濟軍儲。查新官以責協濟。贖改戍以便民情。復標鹽以鼓樂輸。

癸卯。雲南參將張名世伺鄭舉等以二千餘人從阿克劫營。預伏以待。夜賊果至。大破之。斬阿克凡三百十二級。益搜捕其黨。先後共六千一百餘級。鄭舉逃東川。

戊申。誅劇寇安南新安州酋長潘都該。

乙卯。巡撫雲南陳用賓總兵官黔國公沐叡奪俸。尋免用賓。以阿克失事也。

談遷曰。阿克寇省下。沐叡登城。賊望麾蓋羅拜。則懾于世威。雖逆豎稱戈。猶不敢肉視我。當時堅堞以守。坐待援師計之上也。撫鎮俱魄奪。欲印則印。假吏求其上。求陳典之首。亦將斬頭以予之乎。堂堂撫鎮。彈壓數千里。而見侮小醜。承其涕唾如恐不及。其爲遠夷所笑甚乎哉。

京師大風霾。

戶部請撤稅監安遼陽。不報。

四月丁朔。大風霾。

戊辰。發臨清德州二倉粟各萬石。煮粥賑山東。

庚午。改設西寧副總兵。

辛未。命順天尹禱雨。

己卯。朝鮮陪臣告國王李昖薨。次子光海君琿嗣。母金氏請封。上命國人詳議。臨海君何廢。光海君何立。具以聞。

起劉綎雲南討賊總兵官。

壬午。河西虜銀定歹靑入犯。總兵柴國柱先後擊斬百六十二級。

貴州黃平安撫司使羅袍改土州同知。安撫同知楊位、副使楊開運改土州判官。重安司長官張體乾、副長官馮國瑞俱改土吏目。草塘甕水二安撫司宋世孝、猶國柱俱改甕安縣土縣丞。餘慶長官司毛守爵改餘慶縣土縣丞。白泥副長官司楊鯨改餘慶縣土主簿。

五月丙朔。禮部儀制主事鄭振先劾閣臣朱賡、李廷機等大罪十有二。又摘廷機禮部時私遣序班李維葵往款建州衞。致二年不貢。其遺諭建州。亦經會議。非私也。上以誣詆。謫普州判官。前工部主事范汝梓謫永寧州判官。

沈德符曰。禮部郎論山陰十二大罪。其事之裝飾不足言。至謂礦稅棍徒皆其家人。所得禦人之貨盡歸朱私橐。此則舉朝所不信。而又指其師晉江。且暗摘其門生詞林。以杜後日大拜。此又自有人指授。然亦不恕矣。戊申以後。新咨命下。兎缶亂鳴。攻太倉晉江未已。而攻崑山攻湘潭者四起。不惟聖主厭聞而邸抄俱以資席間談柄矣。

戊子。京師雨雹。

鑄益府延寧王印。

己丑。兵部言。朝鮮鴨綠江西爲奴兒干夷。豆滿江北爲忽剌溫。沿江則藩胡專報聲息。自兩酋締婚。忽剌溫侵及諸胡并之。且勿侵及忽剌溫。奴忽之間有迴波部落。業折入于奴。目中寧有朝鮮哉。望敕朝鮮飭備。宣諭奴兒干夷各守界毋擾。從之。

丙午。諡韓府長樂王謨㪷榮安。周府京山王在銖昭憲。原武王朝埨溫穆。代府潞城王廷福恭恪。德府紀城王常澍溫裕。徽府咸平王載塔溫順。

丁未。予故甘肅總兵官太子太傅左都督達雲祭葬。

庚戌。封瀋府安慶王珵垣。德平王理雖。德府廣宗王由櫰。咸平王常蔡。趙府洛川王由硎。益府延寧王由梃。豐城王常澥。

甲寅。閣臣言。稅監高淮激變山海關。致衆千人攻闉。淮急劾管關兵部主事通判逃回。請罪之。

巡撫浙江右僉都御史甘士价爲大理寺卿。雲南左布政使薛夢雷爲巡撫雲南右副都御史。南京通政使張鳴岡爲南京兵部右侍郎。右春坊右諭德林堯俞爲南京國子祭酒。

浙江左布政使王一乾爲應天府尹。

乙卯。劉藎臣嗣誠意伯。

是月。浙直大雨水壞麥禾廬舍亡算。南京水入皇城。福州饑。

談遷曰。戊申大潦。在浙嘉湖爲甚。民流而不殣。撫按告災。朝廷蠲折有差。而是秋頗登。明年夏初。吾縣亦賑。升斗之惠。沾及踰歲。脫饑民果待此。其索我枯魚之肆乎。

六月丙辰朔。兵科都給事中宋一韓請追勘先年棄寬奠六城致奴兒干夷殘擾。章下兵部。

戊午。設貴州貴定縣。

庚申。遼東稅監高淮誣劾□□同知王邦才參將李獲陽劫稅。命逮之。

甲子。奪兩廣總督戴燿功賞。以太僕少卿申用懋言其失事也。

戊辰。夜。火星逆行入女宿。

己巳。巡撫南贛汀韶兵部左侍郎朱汝華爲戶部左侍郎。

辛未。望。夜。月食。

暑讞。法司請釋輕繫三十餘人。久不報。

甲戌。遼東總兵官寧遠伯李成梁罷。

丙子。前工部尚書姚繼可卒。繼可字□□。襄城人。嘉靖乙丑進士。知南陵。奏最。拜四川道御史。巡直隸。因陳邊務。拂當事。左遷□□。歷右□都御史。巡撫陝西。累長工部。致仕。居官幾五十年。宦勞盡瘁。未嘗少玷。予祭葬。贈太子少保。

己卯。夜。月犯畢宿。

謚周府曲江王勤爗端靖。

設貴州太平伐守備。

是月。雲南官兵擒鳳恩弟。問阿克鄭舉安在。云三月十七日敗走。問前所斬首非克乎。云嘗飾年貌似阿克者二三人防不測。今當往東川也。于是檄東川酋祿壽祿哲。獻賊否且問罪。祿氏期厚購果縛獻焉。

設欽州守備官。罷交夷互市。

七月乙酉朔。大理寺左少卿牛應元爲右僉都御史。巡撫南贛汀韶。通政使右通政王永光爲右僉都御史。巡撫浙江。起前右副都御史張悌巡撫遼東。南京太常寺卿徐申爲南京通政司使。前右副都御史王汝訓爲南京刑部右侍郎。

總督薊遼蹇達請撤稅使高淮。命召淮下司禮監。其福陽店及遼東額稅。令督理通灣稅務兼攝。

禮部右侍郎楊道賓請恤南京水災。報可。

京師地震。

丙戌。前太子太保總督薊遼兵部尚書兼右都御史蹇達卒。蹇字汝上。重慶衛人。嘉靖□□進士。知潁上祥符。進禮部主事。歷今官。年六十七。予祭葬。贈少保。

辛卯。薊鎮總兵官署都督僉事杜松爲征虜前將軍總兵官。鎮守遼東兼備倭總兵官。

總督倉場戶部右侍郎游應乾卒。應乾字順之。婺源人。嘉靖乙丑進士。

壬辰。予故巡撫延綏右副都御史何東序祭葬。東序字□□。猗氏人。嘉靖癸丑進士。歷戶部郎中。出知徽州。毫髮不淄。移衢州。上聖駕大閱詩。進副都御史。母喪廬墓三年。忤高拱。家居四十餘年。所著益智兵書百卷。多出人意表。九愚山房集佐右集行于世。

丁酉。京師地震。

己亥。前廣東按察使僉事管志道卒。志道字登之。太倉人。隆慶辛未進士。授南京兵部主事。憂去。丁丑。上張居正書規其奪情。補刑部主事。戊寅春大婚禮成。言九事。秋進員外郎。冬出爲廣東僉事。分巡南韶。被劾降鹽課司提舉。庚辰察免。乙酉復原秩致仕。其學近禪。年七十二。

庚子。予故兵部左侍郎詹營祭葬。

癸卯。賜楚王華奎書院額曰崇德。

山西總兵官都督僉事馬棟調薊州永平山海總兵官兼備倭總兵官。

己酉。宣府副總兵署都督僉事王尚忠爲總兵官。鎭守山西。

庚戌。前南京右都御史謝鵬舉卒。鵬舉字□□。蒲圻人。嘉靖癸丑進士。授戶部主事。□□□□□□□□□□□□□□。歷今官。年九十三。予祭葬。

癸丑。太僕寺少卿張養志爲寺卿。

甲寅。畿郡地震。

薊虜煖兔等屢挾賞。以千騎犯界嶺石杜松亟擊之。追斬二十二級。

八月軋朔。戊午。南京太僕寺卿王國爲南京太常寺卿。

己未。太常少卿項應祥爲右通政。

刑部右侍郎沈應文爲刑部尚書。巡撫應天右僉都御史周孔教爲右副都御史。總理河道。巡撫保定兵部右侍郎兼右僉都御史孫瑋爲右都御史兼戶部右侍郎。總督倉場。

辛酉。夜火星順行女宿。

雲南道御史史學遷請補謚忠節直諫德業詩文理學諸臣。

癸亥。逮前巡撫雲南右副都御史陳用賓總兵官黔國公沐叡臨沅參將都指揮張名世祿勸知州黃榜以黔國公沐昌祚奏武定尋甸失事功罪。□科給事中蕭近高宋一韓劾用賓予印冒功皆徵下獄論死前左布政使薛夢雷免官。

謝肇淛曰。用賓在滇十六年。其防西事最急。至于建閉堡營。屯田。檄暹羅以分緬勢。俾騰永之間帖席者二十餘年。功亦懋矣。而變起肘腋。倉皇失措。遂至身名俱隕。悲夫。蓋嘗竊論滇事。若游居敬。無罪而無功者也。李材李先著罪少而功多者也。用賓功罪相當者也。而皆身嬰縲紲。或以喪軀。任事之難。不其然乎。

辛未。四川右布政使周嘉謨為右副都御史。巡撫雲南。起前右僉都御史趙燿巡撫保定兼理海防軍務。起陳薦刑部右侍郎。太常寺少卿項應祥為右僉都御史。總理糧儲兼巡撫應天。

戊寅。昏刻南京天鳴。聲如流水。

李庭機屢求去不允。

庚辰。南京天鳴隆隆有聲。

巡撫遼東右僉都御史張悌疾不至。

許浙直蠲賑。及寬江西夙逋。停饒州燒造。

大田縣稻有瑞穀。其兩三穗徧畝。

九月乙朔。先是王錫爵辭召。上密揭曰。邸報中惡言詈語。指斥朝廷。皇上置而不理。謂我之量大。彼久當自止。不知此輩賣直沽名。其氣愈盛。君父至尊。必自立無過之地。然後令出惟行。請幡然降旨。盡除關稅。召還內臣。仍散內庫之有餘。濟邊儲之不足。天下必懽呼踴躍以頌聖德。留中章奏。亦自有緩急。如推補九卿以吏部都察院為急。庶官以科道為先。科道喜拾風聞。故考選久停。與其故裁抑留不肖。以塞賢者之塗。孰若補疏通簡新進以決舊日之壅。此臣私論言路。陰散狂黨。爲今日攬權最上策也。揭出。時謂導輕言官。于是南京户科給事中段然論王錫爵與朱賡密揭擅權亂政。不報。

丙戌。南京太常寺卿唐鶴徵疾去。

巡撫甘肅大同右僉都御史周磐霍鵬各加右副都御史。

丁亥。予故總督倉場户部右侍郎游應乾祭葬。贈户部尚書。應乾婺源人。嘉靖乙丑進士。

甲午。武定賊阿克鄭舉平。

丙申。湖廣左布政使胡桂芳爲右副都御史。巡撫貴州兼督理湖北湖南川東軍務。順天府丞李炳爲右僉都御史。巡撫遼東。起王象乾右都御史兼兵部右侍郎。總督薊遼保定。起孫丕揚太子少保吏部尚書。

甲辰。總督陝西三邊軍務太子少保兵部尚書兼右副都御史徐三畏卒。三畏字□□。任丘人。萬曆丁丑進士。知絳縣。擢户科給事中。歷今官。

總督兩廣戴燿令總兵官孔憲卿海南兵備副使蔡夢說征交寇。擒渠帥十二人。斬千五百餘級。

十月軋朔。壬戌。前吏部文選郎中顧憲成爲南京光祿寺少卿。

丙寅。工科給事中何士晉劾錦衣衛左都督王之楨爲輔臣爪牙。輔臣心腹。亟宜顯斥。不報。

丁卯。總督兩廣軍務兵部尚書兼巡撫廣東戴燿削籍。

庚午。刑科給事中張國儒言。臺省五十餘人共糾朱賡奸狀。而尚書趙世卿曲媚之。祈皇上大奮乾斷。不報。

丙子。禮科給事中張鳳彩論王錫爵密揭。宜寘其人。斥其說。刑科都給事中蕭近高亦言之。不報。

庚辰。許朝鮮李琿嗣封。

械阿克鄭舉丘相魯僎司堯鄭宗舜楊禮丘仕魯鳳恩第鄭國賢入京。武定印終不可得。改鑄。去軍民字。

是月。銀定歹青犯寧夏廣武營。巡撫黃嘉善檄兵援之。總兵蕭如薰同署副總兵馬允登鎮城游擊潘國振廣武營游擊江應詔玉泉營游擊賀維楨合兵至井溝斬八十三級。

河東虜犯甘肅屯昌寧官軍擊斬百十六級。

十一月甲申朔。乙酉。故戶部尚書陳蕖贈太子少保。

甲午。太僕寺少卿吳達可爲南京太僕寺卿。

丙申。夜月犯畢宿。

巡撫河南右副都御史沈季文致仕。

河南道御史黃吉士等議補謚先臣。理學則曹端賀欽王時槐。勳望則張佳胤劉應節王用賓楊□□魏時亮王世貞。節義則余懋學吳中行傅應楨周怡陸粲浦鋐劉魁孟陽。清介則軒輗王之誥段民朱鴻謨。

庚子。少傅兼太子太傅兵部尚書蕭大亨致仕。

甲辰。薊遼總督王象乾報來暈大台吉三千騎入河流口。蹂躪千餘里。

戊申。前太子少保戶部尚書畢鏘卒。鏘字廷鳴。石埭人。嘉靖甲辰進士。除刑部主事。歷南京戶工吏部尚書。改北戶部致仕加太子少保三賜存問年九十二。予祭葬。贈太子太保。天啓初謚恭介。

壬子。少保兼太子太保吏部尚書文華殿大學士朱賡卒。浙江山陰人。隆慶戊辰進士。選庶吉士。授編修。歷吏部左侍郎。教習庶吉士。以禮部尚書直閣。性醇謹。與同鄉沈一貫當國。善調護。故妖書楚獄。其禍不蔓。而永脫一貫之習。自正月來。請告二十有七。予祭葬。贈太保。謚文懿。

初。上違衆獨用李廷機次朱賡。言路忿詆。至是廷機當首揆。益攻之。廷機決計不出。葉向高獨相。而攻廷機者未已。遂徙演象所之眞武廟。乞放。至壬子。凡五年。始得請。寒暑閉門。更無履跡。

沈德符曰。古來宰相受侮者亦多。未有名列首揆。身居敗屋。幾漏再考。淪落無聊至此者。亦史冊所未覩也。

貴州定番平伐叛苗平。

十二月甲朔。葉向高請補閣員。

乙卯。建州等衛奴兒哈赤札勒等入貢。賞如例。

許江北錫䘏。

己未夜。大風。東安縣飄火星。色白。大如雞子。狀如雨雪。着物不爇。

辛酉。前太子少保兵部尚書王世揚卒。世揚字□□。廣平人。萬曆丁丑進士。授行人。拜御史。進太僕寺少卿。歷右僉都御史。巡撫宣府。綏定屬夷縛史酋獻俘。請釋之。累功至今官。世錦衣衛百戶。予祭葬。贈太子太保。

沈淮曰。公嘗娓娓史酋事。使稍依臾當事者意。酋且鼙鼓。諸附麗皆得顯官。而公不慮不爲首功。然豈以易西北數十年敉帖。公艮于趾。門人逡巡勞苦公。公顧曰。子勞我良厚。今小民寧𢬵櫚耶。朝剝一鞾焉。莫剝一鞾焉。幹與幾何。已泫然泣。嗚呼。公所謂仁人哉。

甲子。兵部尚書李化龍請閱邊。命御史熊廷弼黄吉士孔貞一吳亮劉光復楊一桂穆天顏侯執蒲分往。

琉球入貢。

壬申。故翰林院檢討陳獻章謚文恭。布衣胡居仁謚文敬。

乙亥。先是虜來暈大台吉犯薊鎮河流口。大掠而去。復糾遼虜插漢兒台吉等入寇連山驛。總督王象乾。巡撫劉四科等請杜松搗東虜之巢。牽其內顧。松出中左所之長嶺山。夜至哈流兔。襲拱兔營。斬二百四十六級。復寧遠兵備副使馬拯謂拱兔乃款夷也。巡按熊廷弼以聞。

虜寇錦州。陷大靖屯。□□王寵戰沒。

己卯。歸江王任昌薨。憲定王長子履祥。夭。履祥庶子玉哥。幼。弟履祐閉之深宮。自攝府事。

是年工科左給事中王元翰上言。雲南去京萬里。往來僅黔中一綫。滇西金沙江可一葦達四川之馬湖。有路由普安至田州。皆不過添設數驛。塗平水穩。既可通金陵。又可出荆襄。亟宜疏闢以廣入滇之道。由黔由粵由蜀。又水路由江。四道並進。則土司諸夷自失其負固之勢。可不煩征勦。不報。

猓賊數百掠河津稷山等四縣。踰旬由潼關入山西。掠芮城等縣。又紅山嶺盜八百餘人流刦鄜涇靈臺。

國榷卷八十一

己酉萬曆三十七年

正月甲申朔。上不朝。順天尹進春。

丑刻。永昌府地震連旬。

乙酉。外戚李誠銘嗣武清伯。特恩不爲例。

己丑。享太廟。

庚寅。先是河流口之失。各屬夷伯牙兒滿旦厝記等皆踵賴蟒之後率部夷脅賞。而賴蟒復糾東虜黄台吉欲犯喜峯口。總督薊遼王象乾議。賴蟒其父長昂。皆宣鎮款虜白洪太之壻。長昂妻皆在宣鎮市賞。其類在薊有貢賞。有撫賞。有木市馬市之賞。計不下萬金。薊賞停革亡論。而躪于近郊。賞于兩鎮。非計。宜併革之。嚴諭西虜毋西行。宣虜毋助逆。以孤賴蟒之勢。上是之。

壬辰。王象乾調薊鎮總兵官王國棟。以黑峪口夷丁道兔兒山晨炊。清河人誤謂虜也。爭入安定德勝門。重城晝閉。司禮太監成敬曰此必訛也。果警。兵部置塘報。上始安。

葉向高請補兵部戎政兩侍郎。不報。

乙未。閣臣請東宮講學。不報。

裁浙江戶部監兌主事。改巡視河南山東屯馬御史。年滿例轉舉劾。

戊戌。折海寧餘杭臨安漕糧。

初。賑浙西災。發鹽課十萬六千金。俄改分賑應天。巡撫浙江右僉都御史甘士价請如前旨。不許。

己亥。邊民訛警。流都門者數百人。九門盡閉。命分營兵守備。

庚戌。總督薊遼王象乾進右都御史兼兵部右侍郎。

故兵部右侍郎詹榮贈工部尚書。

故武定知府陳典推官白明通知縣毛文彩下獄。

劉文徵曰。是役始于激成。終于無備。阿克乳臭子。出不意發難。人情皇駭。竟莫能禦。方畬之造舟彼岸也。偵者詣郡再三報。皆默默。尋拂然怒。杖偵者。于是疆吏不敢言。而江干之舟盡濟矣。城已被屠。會城方知。始設幟募兵。未幾寂然。賊奸細日夜往來。或僦屋于大姓。城上金鼓旌旂俱不設。夜刁斗無聲。賊至西城下。渠魁皆席地坐。呼城上人傳語。六門晝閉。勢不能不予以印。且意援兵至。擊其惰歸。可以完郡符。而不虞後事之難憑也。

慶王府火。

壬子。都察院照磨郭良翰陳時政闕失。不報。

貴州仲夷阿牙等作亂。定番金筑間多殺掠。

周府博平王在鉤糾論諸宗不法。章下禮部。

李化龍仍少保兵部尚書還部。總督漕運李三才進戶部尚書兼左副都御史。高舉于若瀛爲右僉都御史。巡撫浙江陝西。

二月𤨏朔。甲寅。吏部驗封郎中胡國鑑被論。調南京。

建州衛夷來朝。有火哈等二人上書。語甚謾。略曰。故地九百餘里。新立碑爲據。遼東六萬餘人。俱逃避徭役。蓋欲沮勘地者。于是御史房壯麗馮嘉會等益追劾李庭機遣使召侮也。

乙卯。故朝鮮國王李昖諡昭敬。命行人熊化封李琿朝鮮國王及妃柳氏。

戊午。魏國公徐弘基領南京右軍都督府。

己未。兵科左給事中宋一韓論前貴州巡撫郭子章縱仲苗失事。

壬戌。工科給事中王元翰請遼撫檄諭奴兒哈赤。往市貢止許三百餘人。近建州海西諸夷闖入關千五百餘人。

夜。白氣如匹練。自氐入太微垣。歷于井。

癸亥。巡撫順天劉四科進兵部尚書兼右副都御史。

有狂人被髮入安定門稱聖號。執之。

故襄城伯李承功贈少保。

甲子。吏科給事中劉道隆拜疏去。不問。

乙丑。閣臣上講章及東宮就學。不報。

丙寅。雲南道御史鄭繼芳劾工科左給事中王元翰貪婪不法。受賍數十萬。巡廠庫乾沒亡算。元翰奏辨。爲王錫爵申時行吐氣。竟不奉命而去。初戶科給事中王紹徽善湯賓尹。營爰立甚急。嘗語元翰曰。公語言妙天下。即一札揚湯君。湯君且爲公死。世間如湯君可恃也。元翰辭焉。紹徽銜之。因嗾繼芳摭元翰。

丁卯。冊壽寧公主駙馬都尉冉興讓尙之。

戊辰。左諭德顧天峻李騰芳各自去。南京□科給事中段然追論沈一貫王錫爵朱賡以及天峻騰芳。乞與同譴。□□劉時俊復論騰芳。不報。時臺省之勢重。有宣城崑山二黨。宣城則湯賓尹。崑山則顧天峻也。天峻高亢自得。賓尹淫汚無行云。

庚午。署吏部事左侍郎楊時喬卒。時喬字□□。上饒人。嘉靖乙丑進士。授工部主事。予告。補禮部。改尚寶司丞。又予告。歷太僕太常寺卿南京通政使至今官。佐銓五年。司兩計。謝絶私交。苦學清修。時論無間。予祭葬。贈吏部尚書。謚端潔。

辛未。禮部左侍郎楊道賓卒。道賓字□□。晉江人。萬曆丙戌進士及第。授編修。歷司業祭酒。至今官。温良端亮。正人倚重。予祭葬。贈禮部尚書。謚文恪。

甲戌。鳳阿克等入京。以小醜不獻俘。誅之。

免江西三十六年後魚課。

戊寅。廣西總兵官黄岡爲左軍都督府僉書。寧晉伯劉天錫爲前軍都督府僉書。

庚辰。蕭雲舉改吏部右侍郎。吳道南爲禮部右侍郎。俱兼翰林院侍讀學士。

辛巳。巡按遼東御史熊廷弼奏。前巡撫趙楫總兵李成梁等棄寬奠六城堡地。延袤八百里。概作逃民。爲韓宗功逐首者六萬四千餘衆。奴兒哈赤既得地。立碑開原云。爾中國。我外國。兩家一家等語。又歲犒之五百金。宜仆碑還地。而事在兵部督鎮。非臣敢預也。上不報。

陝西總兵官孫仁于青羊永樂城値虜。斬十級。

是月。北虜犯寧夏。以西巡撫楊時寧總兵杜桐禦之。斬八百餘級。副總兵馬孔英斬百五十級。游擊馬躍龍斬六十一級。中軍江廷輔斬三十七級。平虜參將鄧鳳漸斬二百五十四級。玉泉營游擊崔張名斬二十九級。大壩守備石棟斬十三級。廣武營游擊李永芳斬二十七級。中衞參將蕭如蕙斬三十四級。套虜尋復犯河東。靈州參將吳宗堯斬十四級。興武營游擊高廷梧斬四十六級。花馬池副總兵蕭韶成斬五十級。寧夏新志。

前國子祭酒陶望齡卒。望齡字周望。會稽人。萬曆己丑禮闈第一。進士及第。授翰林編修。歷今官。學守沖穆。鄉戚沈一貫朱賡在相。未始暱附。妖事起。力脫郭正學。予祭葬。贈□□□□。謚文簡。

三月壬午朔。虜銀定歹青犯寧夏中衞。初邊夷湃彥兒密告警。參將賀世勳猶勿備。被其殺掠。既犯廣武。游擊潘國振江應詔賀繼禎合拒之。斬八十二級。

甲申。巡按遼東御史熊廷弼極言遼左危急。

丙戌。武昌火。

工科右給事中王元翰拜疏去。

丁亥。北虜忠順夫人率部衆補去年貢。五路台吉補貢二年。

己丑。總兵杜松知東虜忿哈流兔之捷。亟勤全賞。兵部覆許之。

庚寅。前巡撫廣西兵部右侍郎兼右□都御史楊芳卒。芳字□□。巴縣人。萬曆丁丑進士。

辛卯。虜拱兔犯錦昌堡。犯錦州。各戕我兵數十人。陷大勝堡。蓋素款于我。見剿小歹青。激誘之以五千騎深入小淩河二十里。游擊于守忠戰敗。失亡千餘人。

壬辰。西寧生番入邊盜馬。守備李希梅追之。見殺。

戊戌。南京守備撫寧侯朱繼勳疾去。

庚子。謚衡府平度王翊鐵恭懿。

南京國子祭酒林堯俞罷。

辛丑申刻。金星見未位。

仲苗劫貴州甕坑。忽雹如拳。斃四人。歸州大雨水。壞民舍。

總督河道工部尙書曹時聘卒。時聘字□□。獲鹿人。隆慶辛未進士。

壬寅。安堯臣襲水西宣慰使。

癸卯。詹事王圖爲禮部右侍郞。署翰林院事。

平江伯陳啓嗣爲前軍都督府僉書。

丙午。郭祚延嗣成安伯。邦相子。

丁未。大風霾。

申飭科場事宜。

戊申。內監請神器工部執爭。中使至閣求如擬。葉向高封還原奏。

己酉。前太子太保南京刑部尙書趙參魯卒。參魯字□□。鄞人。隆慶辛未進士。選庶吉士。授戶科給事中。風裁甚著。言事謫高安典史。稍遷饒州推官。歷右□都御史。巡撫福建。有威惠。冢宰闕。雖繫望。以沈一貫同里。引嫌不用。年□十□。予祭葬。贈少保。謚端簡。

辛亥。臨洮總兵官孫仁爲鎭西將軍。鎭守延綏。

是月。倭入琉球。擄國王尙寧。

四月壬朔。先是臨洮總兵孫仁等剿火落赤。火落赤比年西回遁河北。猶架橋河上。搆永眞諸酋窺內地。官兵追擊。斬六十餘級。先後得百餘級。

癸丑。大學士王錫爵九疏乞放。不報。

吏科都給事中陳治則拜疏去位。

成山伯王允忠卒。

己未。發二十萬金餉遼東。

庚申。誠意伯劉世延獄死。宥柳懋勳。

辛酉。前兵部尚書王遴卒。遴字□□。霸州人。嘉靖丁未進士。授□□推官。進兵部主事。歷郎中。備兵永平。累遷都察院右□都御史。巡撫延綏宣府。進兵部右侍郎。協理京營。楊繼盛論辟。遴獨許其子婚。歷尚書。致仕。年□十□。予祭葬贈少保謚恭肅。

林之盛曰。語云。一生一死。交情乃見。王公之于忠愍。可謂生死交矣。不負于友。豈負于君。故歷中外。蹇蹇匪躬。蓋汲長孺之流。吾所深服于公者。分宜能氛汚人。而公振衣于千仞之岡。猶易。江陵能擅悅人。而公縱韻于九霄之表。更難。出處之正。寧能三代哉。噫。名臣也夫。

甲子。駙馬都尉冉興讓尚壽寧公主。

有旨罪擅去諸臣。給事中孫善繼倡之。削籍。□科給事中劉道隆。工科右給事中王元翰。左諭德顧天峻李騰芳各鐫三秩。陳治則鐫一秩。時南北科道陸夢祖吳亮劉光復王孟震劉文炳王紹徽共攻鄭繼芳而金士衡張國儒劉蘭蔣貴張鳳彩各攻王元翰。且及胡嘉棟。亦奏辨。遂詆段然。劉時俊給事中周永春左嘉棟南京給事中高節鄧雲霄又左元翰。株連附和至不可問云。錦衣衛左都督王之楨被劾。准辭少保。

遼東總兵杜松罷。大勝堡之陷。兵部議戴罪禦胡。松忿甚。盡焚其鎧甲器仗。一切兵事勿問也。

丙寅。復烏思藏等八番入貢。先是巡按四川御史□□□以番人補貢。補勅疑之。于是烏思藏大乘大寶長河西護教董卜等八番革貢。止通闡教輔教三番。至是定貢期限人限物給符券予之。

丁卯。吏部尚書孫丕揚入朝。

巡撫保定右僉都御史趙燿卒。燿字□□。掖縣人。隆慶辛未進士。選庶吉士。改授御史。按陝西江西。言事忤張居正議䘏。起衛輝推官。歷撫遼東。有邊功。忤石星去。起撫保定。亦未盡其用。予一祭。

癸酉。魏國公徐弘基提督操江兼管巡江。仍領右軍都督府。懷遠侯常胤緒爲南京守備。領中軍都督府。武靖伯趙祖蔭協同守備。領後軍都督府。江南副總兵李光先爲□□將軍總兵官鎭守廣西。神機營左副將劉三省爲總兵官鎭守臨洮。延綏總兵王威爲征虜前將軍鎭守遼東。

戊寅。命順天尹禱雨。

己卯。封鄭府常澤東垣王。唐府器培永興王。器圻永壽王。德府由保紀城王。代府鼐鑮潞城王。淮府翊銷金華王。蜀府奉鑭隆昌王。周府朝塍邵陵王。敏萀慶成王。

倭犯溫州。

五月辛巳朔。壬午。謚代府和川王鼐鉉端簡。

巡撫福建右僉都御史徐學聚報獲倭船。內二十七人俱日本人。餘朝鮮呂宋流人。當待以不死。

癸未。前太僕寺卿連標卒。標字貞甫。解州人。萬曆丙戌進士。選庶吉士。授江西道御史。首請冊儲。劾罷太常卿徐元春。歷按四川山東。有能聲。壬寅進尚寶少卿。癸卯進本司卿。尋轉太常少卿。提督四夷館。丙午太僕寺卿。仍督四夷館。年四十五。予祭葬。

甲申。成國公朱應槐領左軍都督府。

乙酉。興化府地震。

丙戌。割黄平州之重安司屬清平縣。改重安司長官爲清平土縣丞土主簿。以地近清平而于黄平險遠也。

泉州地震。

庚寅。建昌土官安世隆爲蒼頭那固所弒。妻祿氏殺那固。烏蒙土知府祿承爵欲併之。俾祿承令襲秩。于是京山沈嵖等大掠。

壬辰。故太子太保王用賓。贈少保。

甲午。總督陝西三邊軍務顧其志考滿。進右都御史兼兵部右侍郎。

乙未。歷城牛生犢。二首二鼻三目。

庚子。延綏副總兵張承胤爲鎭西將軍總兵官。鎭守延綏。

辛丑。金州天鳴地震。

甲辰。旌唐王碩熿周世子恭枵柘城王肅濠原武王長子在錍湯陰王府奉國將軍載烨汝陽王府輔國中尉勤爕鎭平王府鎭國中尉勣梁等賢孝。各賜敕。

建寧洪水驟發。又大雨三日夜。水浸城。溺人亡算。

乙巳。刑部言熱審逾期不報。

丁未。誅滇賊鳳阿克鄭舉等。

建州衛都督奴兒哈赤遣子器骨奴以萬騎修南關寨。又勒七千騎進屯廣順關。犯靖安堡。時那林孛羅新沒。子金台失嗣。參將曹文煥賫以火器。奴兒哈赤聞之。引還。復搆西虜宰賽煖兔等窺開原。巡按御史熊廷弼請募兵厲械。收宰賽以孤其援。奴兒哈赤尋遵諭。減車價。還張其哈喇佃子故地。廷弼言舊鴉鶻關與橫江未歸。徒以一山溝了局。何益。宜如前議。剪其翼而嚴爲備。

六月庚戌朔。諭釋輕繫。

辛亥。南京禮科給事中晏文輝請補南署卿貳。時惟侍郎吏部趙士登。戶部趙欽湯。兵部張鳴岡。右僉都御史丁賓。通政使王國。餘皆空署。

壬子。豐潤地陷。

甲寅。禮部議宋儒羅從彥李侗從祀孔子廟廷。

乙卯。更鑄武定府印幷武定所百戶印及嵩明州兔兒關巡檢司印各一。

戊午。命貴州改食淮鹽。

己未。永康侯徐文煒惠安伯張元善並卒。

辛酉。甘肅地震紅崖清水等堡壓軍民八百四十餘人。壞邊堠凡八百七十里。東關地震南山崩。

甲子。吏部尚書孫丕揚引疾求去。不允。

乙丑。左諭德顧天峻謫行人司正。李騰芳謫太常寺博士。給事中陳治則謫國子典簿。劉道隆謫戶部檢校。王元翰謫刑部檢校。

丙寅。卯刻月當食。隱雲不見。

己巳。吏科都給事中久不補。教官候選者至七八百人。或窮死。吏部請權宜給札。閣臣持之。請速補掌科。不報。

庚午。領中軍都督府英國公張惟賢改後軍都督府。

壬申。繁峙民李宜妻牛氏生二女連首分手足。

奴兒哈赤以五千騎叩撫順關。挾參索直。

甲戌。南京通政司使王國爲兵部右侍郎兼右僉都御史。巡撫保定。山西左布政使魏養蒙爲右副都御史。巡撫山西。太僕寺少卿李思孝爲右僉都御史。巡撫河南。

右諭德史繼偕爲南京國子祭酒。□□□余啓元爲南京大理寺丞。

丁丑。倪尚忠爲左軍都督府僉書。

延綏虜猛克釋力等挾賞掠邊。犯保寧之波羅。參將高繼光擊斬二百五十餘級。

七月庚朔。遼東開原靖安慶雲堡各增戍千五百人。遼陽淸河堡瀋陽各增千人。寧遠前衞量增二三千人。給餉三十萬。鎧甲七千。以巡按熊廷弼言也。

昏刻有大星赤色自中天流至近濁。小星三隨之。

癸未。免杭湖嘉興馬價一萬九千餘金。

乙酉。日本對馬島酋玄蘇平景直等貽書朝鮮入貢。朝鮮以聞。兵科給事中宋一韓議。當事者便宜一札以折其謀。

丁亥。宋一韓言。建州衞强請購兀兒虎答。聽北關金台失西歸。宰賽合勢。說虎墩兔憨。檄朝鮮戍義州以北。暗爲應援。不報。

庚寅。曹于汴爲吏科都給事中。

辛卯。復黃梅瞿九思貢士。初知縣張維翰激民變。藉九思求解不得。更謂九思鼓衆被斥。

壬辰。太常寺少卿項應祥爲右僉都御史巡撫應天。辭不起。

甲午。右春坊右中允湯賓尹爲左春坊左諭德。署國子司業。

丙申。始增遼士解額五人。

戊戌。右都督杜桐爲總兵官。鎭守保定。

庚子。旌故四川按察副使藁城王綸。綸正德丁丑進士。除刑部主事。諫南巡幾死。旌其里曰顯忠。

壬寅。葉向高代李庭機求放。不允。

是月。禮部主客司主事劉元卿卒。元卿字□□。安成人。隆慶庚午貢士。倡學里中。給事中鄒元標薦之。即家授國子博士召進主事乞歸。所著書多行世。刑科給事中彭惟成請諡。

八月配朔命刑部司官審決江南北關內外。

寧夏副總兵淩應登以原官提督京城巡捕。

辛亥。刑部右侍郎陳薦改南京。

壬子。諡周府堵陽王朝壖恭懿。

甲寅。福州大雨。閩縣烏石山崩。

乙卯。蔣孟育趙用光爲左右諭德。

壽寧縣大雨水。

辛酉。夜月犯土星。

乙丑。禮部主事徐紹吉中書舍人歸子顧爲□科給事中。行人姚鏞潘珙刑部主事孟萬祥巫山知縣張惟任貴縣知縣容大德爲試監察御史。

丙寅。布衣朱蘊奇卒。蘊奇西安右護衞人。家貧僦居。織網巾爲生。從御史馮從吾受學。一介不苟。嘗一下獄。四日不食。黃冠糴官米粥之。寧死不啜。同舍生知其故。周之始食。士大夫高其節。事母至孝。長安知縣楊鶴特搆屋居之。年五十一。以苦節終。當道閔之。卹其家。

丁丑。存問崇王翊鑼年七十。

初。山西宣大饑。福建江西大水。畿內山東徐州蝗。河南陝西四川湖廣皆旱。

是月。京省主試。順天左右諭德蔣孟育趙用光。應天右諭德何宗彥洗馬南師仲。浙江編修黃國鼎刑科給事中周曰庠。江西翰林檢討盛以弘刑科給事中張國儒。福建檢討雷思霈戶科給事中王紹徽。湖廣編修龔三戶科給事中顧士琦。河南吏部主事王宗賢兵部主事胡思仲。山東刑科給事中彭惟成工部主事邵輔忠。山西尚寶司少卿魏可簡兵部主事曾珍。陝西吏部員外郎袁宏道。兵部員外郎朱一馮四川戶部員外郎張之厚刑部主事王元雅。廣東刑部主事鄔元會。工部主事趙賢意。廣西戶部主事劉仲斗行人丘懋煒。雲南戶部主事朱之臣。中書舍人李成名。貴州大理寺評事丘雲肇行人陳伯友。福建大雨水。鄉試改十二日

九月己巳朔。南京天鳴。

癸未。徐汝孝嗣興安伯。夢暘子。

丙戌。申飭遼東屯田。巡按御史熊廷弼奏遼地可耕。遼兵八萬。以十三屯田。歲可百二十萬石。上善之

辛卯。南京右都御史沈子木卒。歸安人。□□己未進士。□□□□□□□□□□□□贈□□□□。弘光初謚恭靖。

神機營都督僉事施德政爲總兵官。鎮守福建。廣東副總兵鄧鍾元爲總兵官鎮守貴州。

倭至昌國衞。參將劉炳文不敢擊。又不報。遂掠溫州之麥園。

甲午。擇惠王妃劉氏。

丁酉。故黔國公沐叡卒于獄。

戊戌。左副都御史詹沂拜疏去。命冠帶閒住。

總督宣大馬鳴鑾考滿。加右都御史兼兵部右侍郎。

己亥。國子祭酒周如砥自去。命冠帶閒住。

庚子。遼東自總兵外。原設左右二協。西協今寧前也。至是總督王象乾增于開原。曰東協。改遼陽東協曰中協。

乙巳。套虜沙計犯神木蔡家溝。參政杜煥率兵誘之入伏。獲三十七人。又虜入雙墩子。踰月入阿壩堡。

夜。東北有大星。青白色。自上台流西北。至近濁。

丁未。諭停刑。

南京守備撫寧侯朱繼寧還至臨淸。失水。卒于鈔關。主事許鼎臣稽行除名。

南京兵部尚書孫鑛罷。

是月。虜擾寧夏東邊。總兵杜桐追至吾刺苦素。斬百二十八級。

十月配朔甲寅。瞿九思授翰林院待詔。

乙卯。霍丘王府輔國中尉廷臺詐爲僧。入京奏父鎭國中尉充偯爲充㷡毆死。擊登聞鼓。刑科給事中杜士全論其越關奏擾。禮部閱其意。與出城赴闕者有間。上是之。

丙辰。右春坊右庶子翁正春爲少詹事兼翰林院侍讀學士。署院事。

丁巳。先是。南京□□道御史王霖言。禮臣議謚。浹歲未決。署禮部事右侍郎吳道南言。易名重典。臣何敢徇。但當詳核。毋令滋疑。如故禮部尚書馮琦。公論亡間。嘖有煩言。謂辛丑試錄與外間不同。今見在御前。乞發勘。無二則疑跡明而謚典定矣。

戊午。朝日壇房火。

命黔國公沐昌祚管攝鎭守。

壬戌。折湖州六七兩年白絹。

甲子。前南京吏部右侍郎趙士登卒。涇縣人。萬曆庚辰進士。知武昌。擢御史。累進今官。

丁卯。夜東北有大星。赤色。自文昌行至近濁。

戊辰。巡漕監察御史顏思忠請開膠萊新河。

己巳。前湖廣左布政使薛三才爲右副都御史巡撫宣府。

庚午。以銀定歹青突犯石空寺堡。守備王體仁把總楊衡下臺訊。

壬申。南京□科給事中黃起龍請建文帝祔高皇帝側。幷謚靖難諸臣。給事中彭惟成亦言之。

癸酉。新建伯王承勳提督漕運十有八年。進少保兼太子太保。

乙亥。浙江總兵官楊宗業免。以倭寇坐視也。

丙子。前南京吏部尚書裴應章卒。應章字□□。清流人。隆慶戊辰進士。授行人。擢□科給事中。歷太僕太常寺卿。右副都御史巡撫鄖陽。轉戶部右侍郎。憂去。補吏部右侍郎。進南京工部尚書。疾去。起南京吏部尚書。不拜。年□十□。予祭葬。贈太子少保。謚恭靖。

銀定寇甘肅。官軍擊斬百六十餘級。

十一月賊朔。辛巳。前總督宣大軍務太子太傅兵部尚書楊時寧卒。時寧字□□。祥符人。隆慶二年進士。知曲沃。擢吏部主事。歷□□。隆兩淮運判。稍遷太僕卿。累進今官。予祭葬。贈太保。

甲申。李錡襲襄城伯。承功子。

丙戌。曉火星犯氐宿。

戊子。前廣東布政司參議胡仕化上所作大學註解正宗。

癸巳。誠意伯劉藎臣爲右軍都督府僉書。

張慶臻嗣惠安伯。元善子。

乙未。協理京營少傅兵部尚書李汶卒。汶字□□。任丘人。嘉靖壬戌進士。授□部主事。歷右僉都御史。巡撫陝西。憂去。起兵部侍郎。協理京營。進尚書。海套諸虜入犯。出鎮。逐虜。收松山之地。累功再廕錦衣千百戶。年□十

□。予祭葬。贈太傅。
丙申。免應天屬縣災租。
蠲賑畿南。
丁酉。順天府尹曲遷喬爲通政司使。南京光祿寺少卿許樂善爲南京通政司使。太僕寺少卿徐民式爲右僉都御史。巡撫延綏。
戊戌。南京右軍都督府僉書王鳴鶴爲總兵官。鎮守廣東。
庚子。裁遼陽都司僉書。改設騎兵游擊。
壬寅。翰林院檢討張邦紀爲右春坊右贊善。
徐應坤嗣承康侯。文煒子。
乙巳。右春坊右庶子傅新德爲太常寺卿。署國子祭酒。
丁未。英國公張惟賢進少保兼太子太保。
十二月戊辰朔。壬子。盜殺初授如臯知縣張藩于徐州。
陝西總兵官王邦佐爲南京右軍都督府僉書。
丁巳。前少保邢玠爲南京兵部尙書。
巡按遼東御史熊廷弼請補故□科給事中賀欽謚。
設遼東東路副總兵。
戊午。前兵部□侍郎李禎爲南京刑部尙書。陝西布政司右參政許弘綱爲左副都御史。太常寺少卿田大益爲通政司右通政。總督倉場右都御史孫瑋署都察院事。

虜五萬騎謀犯鐵嶺衞。趨廣寧。傳會諸部。

庚申。王國柱嗣成山伯。允忠子。

辛酉。左右諭德湯賓尹朱之蕃並爲右庶子兼翰林院侍讀。右中允孫愼行爲左諭德。顧秉謙鄧士龍郭淐爲左諭德。俱兼侍講。南京國子司業朱延禧爲左中允。

壬戌。夜。月食既。

甲子。命順天尹禱雪。

乙丑。工部屯田主事邵輔忠論總督漕運李三才。貪險縱横。結黨徧天下。前圖枚卜。今圖總憲。腹有山谿。口皆劍戟。彼四岳薦鯀。漢臣訣莽。天下之大可憂。在小人竊據蕭墻之內也。時三才需次內臺。輔忠首劾之。繼以御史徐兆魁。三才奏辨。而工科給事中馬從龍。御史董兆舒。彭端吾。南京工科給事中金在衡。爲三才辨。俱不報。

談遷曰。李修吾本縱横捭闔之才。收採物情。用財如流水。仕路翕附。方稅璫横甚。當事袖視。獨能捕其爪牙。令大盜引之斃。以尺箠羣奸少戢。則權術之效也。其噉名結客。望隆一世。以餌善類而榜淸流門戶之說。于斯而盛。傳云。毋使滋蔓。蔓難圖也。李氏之黨蔓矣。月滋歲引。與國俱斃。能毋慨乎。

己巳。假太僕寺金二十五萬。工部稅金十五萬。餉邊。

庚午。敕宗人府續修戊戌以後玉牒。

甲戌。左庶子馮有經拜疏去。

乙亥。虜犯遼陽長定堡。陷屯堡二十四。殺千五百餘人。飽掠而去。邊吏不以聞。後巡按御史熊廷弼行部得其狀。劾參將蕭如蕙。游擊張昌胤。王紹芳。充爲事官。戴罪分守。東寧右參政謝存仁罰俸六月。

是年。隴川平。

雲龍州土知州段嘉龍殺妻虐衆。爲族舍段進忠所殺。

庚戌萬曆三十八年

正月戭朔。上不朝。

乙酉。享太廟。

前南京工部尚書朱天球卒。天球字□□。漳浦人。嘉靖庚戌進士。授工部主事。歷南京大理卿。累進今官。致仕十有八年。年八十一。

丙戌。初代府樂昌王廷壖有子鼐釪。以濫妾生。至五十未娶。禮部請酌處給冠帶。聽其婚。不名。長子不攝禮。其襲爵俟身後。請旨。從之。

癸巳。禮部下前萬曆三十一年議。補謚兵部尚書伍文定。南京刑部右侍郎吳悌。右僉都御史魯穆。左僉都御史楊繼宗。石城所吏目鄒智。近議大理寺卿陳恪。尚寶司少卿孟秋。御史劉臺。兵部尚書毛伯溫。吏部左侍郎張元禎。左諭德張元忭。南京禮部尚書陶承學。太常寺卿魏良弼。吏部右侍郎趙用賢。刑部右侍郎張翀。巡撫大同右副都御史張文錦。魏允貞。戶部左侍郎郭惟賢。兵部右侍郎李盛春。許孚遠。工部尚書劉東星。戶部主事周天佐。戶科給事中楊允繩。錦衣衞經歷沈鍊。禮部右侍郎唐文獻。戶部右侍郎張養蒙。太子太保左都御史溫純。南京吏部尚書曾同亨。鴻臚寺卿張朝瑞上。是之。于是閣擬伍文定謚忠襄。吳悌謚端簡。魯穆謚端毅。楊繼宗謚貞肅。鄒智謚□□。陳恪謚□□。孟秋謚□□。劉臺謚□□。毛伯溫謚□□。張元禎謚□□。陶承學謚□□。魏良弼謚□□。趙用賢謚文毅。張翀謚□□。張文錦謚□□。李盛春謚□□。魏允貞謚介肅。郭惟賢謚□□。劉東星謚莊靖。唐文獻謚文恪。張養蒙謚□□。許孚遠謚□□。周天佐謚□□。楊允繩謚□□。沈鍊謚□□。

溫純諡□□。曾同亨諡□□。張朝瑞諡□□。時故南京戶部郎中鄭材揭趙用賢不宜諡。禮部遂不上。禮科右給事中周永春等言材父洛鎮宣大一籌莫展。嫁女蔣遵箴遂總督陝西三邊。與許敬宗嫁女蠻酋同。其諡襄敏亦宜奪。不報。

甲午。世廟壽妃倘氏薨。

乙未。總督薊遼王象乾上所輯皇明開天玉律高皇帝聖訓。

丙申。吏部大計外官降斥有差。

戊戌。刑部尚書沈季文致仕。

猛克什力犯延綏。總兵王威擊敗之。共斬二百五十餘級。

薊鎮總兵官王國棟劾免。

辛丑。清平伯吳國乾弟國坤冒襲清平伯。下法司。

壬寅。定覲官見鴻臚寺禮。府官自南廡至堂如賓。出北廡。府佐及縣官執單自南甬道至露臺立。收單出北甬道。候演禮。餘首領官仍舊。

癸卯。光祿寺卿王守素致仕。

二月朔戊申。四川雜谷安撫司都綱頭目枚弟堅藏等貢方物。湖廣四川貴州各長官司阿甬等族新貴州縣等土官并貴州宣慰司安堯臣各進馬。

辛亥。翰林院庶吉士汪煇爲編修。

壬子。閣臣進講章。不報。

巡撫陝西右僉都御史于若瀛卒。若瀛字□□。□□□人。□□□□□□□□□□□□□

□□□□□□□□□□□□□□□□□□□□□□。予祭一。

乙卯。禮部右侍郎兼翰林院侍讀學士署詹事府事翁正春知貢舉。吏部右侍郎兼翰林院侍讀學士蕭雲舉王圖主禮闈。

修貴溪縣龍虎山宮殿。給三萬金。

戊午。翰林院庶吉士林欲楫張廣李光元唐大章李標爲編修。李康先來宗道張鼐韓文煥丁紹軾汪元極爲檢討。梅之煥姚宗文爲吏戶科給事中。徐養量傅振商爲浙江江西道御史。潘潤民爲禮部儀制主事。

己未。南京國子祭酒史繼偕爲南京吏部右侍郎。總督陝西三邊軍務右都御史顧其志改南京右都御史。

雲南左布政使王貽德致仕進太僕寺卿。

庚申。南京兵部職方司郎中錢一策劾李三才貪婪不法。疏留中。

辛酉。通政司使倪斯蕙卒。斯蕙字□□應州人。萬曆甲戌進士。知蒲城。累遷今官。禔躬謹厚。予祭葬。

癸亥。李守錡嗣襄城伯。

甲子。朝鮮國王李琿入貢。求封其子祉。

乙丑。通政使曲遷喬糾故南京戶部郎中鄭材私恨趙用賢。妨公典。時材疏入。遷喬不以上。材并劾遷喬等壅蔽。

庚午。福餘衞屬夷也燈莽大各求倍賞。加幣三。衣一襲。

濬餘杭縣南湖。估四萬金。

謚泰和王載類恭莊。

癸酉。夜有大星色青白。自參宿流西南。二小星隨之。陽曲縣星隕天鳴。

三月丁丑朔。竇子偁爲浙江按察使。

戊寅。陝西右布政使汪可受爲順天府尹。南京太僕寺卿吳達可爲南京光祿寺卿。征西將軍寧夏總兵官蕭如薰改□□將軍。鎮守薊鎮。鎮守山海關總兵官麻貴爲征虜前將軍總兵官。鎮守遼東。中軍都督府僉事姚國忠爲總兵官。鎮守固原。

壬午。前南京尚寶司卿蔡悉爲太僕寺卿。南京兵部右侍郎張鳴岡爲總督兩廣軍務兵部右侍郎兼右僉都御史。

丙戌。內官監少監冉登封朝鮮世子李祉。

右春坊右贊善孫如游署南京翰林院事。

禮科給事中張弘敎請選庶吉士。不報。

通政司使曲遷喬應天府尹王一乾劾罷。

辛卯。策貢士韓敬等三百人。賜韓敬等進士及第出身有差。試日貢士田吉以浙江道御史徐光魁傳遞被糾。下禮部。言策末宜宥還籍。候再試降散。從之。

壬辰。黃嘉善爲右都御史兼兵部右侍郎。總督陝西三邊軍務。劉士忠爲右僉都御史。總理河道。

南京大理寺卿林烴爲刑部右侍郎。光祿寺少卿洪文衡爲太常寺少卿。提督四夷館。

癸巳。湖廣道御史房壯麗劾湖口稅監李道違例乞貤封。宜罪。不報。

乙未。夜。四川石泉縣地震有聲。

丁酉。改東川土司聽雲南巡撫節制。以巡按雲南御史鄧漢言之。

戊戌。獲嘉縣牛生犢四頭目二口足

辛丑。朵顏等入貢。

謚鄭府繁昌王厚燦端順。

閏三月辆朔。桐柏縣大雨雹。

己酉。巡撫遼東右副都御史張悌辭不赴。

癸丑。南京鴻臚寺卿劉日升爲南京太僕寺卿。陝西左布政使崔應麒爲右副都御史巡撫陝西。貴州左布政使趙健爲光祿寺卿。

丙辰。起楊鎬右都御史。巡撫遼東。

乙丑。山西總兵官王尙忠劾免。

己巳。大雩。

許翰林院待詔瞿九思致仕。給月廪五石。

壬申。前吏部尙書蔡國珍卒。國珍字汝聘。奉新人。嘉靖丙辰進士。例除禮部儀制主事。自乞改南京刑部主事。改南吏部。累遷今官。素履無玷。產不千金。予祭葬。贈□□□□。謚恭靖。

甲戌。前戶部左侍郎盧維楨卒。維楨字□□。漳浦人。隆慶戊辰進士。授太常寺博士。進吏部驗封主事。周歷諸司。十年。進太常寺少卿。歷太僕光祿大理卿。至今官。性寬和。無疾言遽色。居鄉以不戢家人見譏。予祭葬。贈戶部尙書。

乙亥。都督□□張國柱爲總兵官。鎭守山西。

四月辆朔。丁丑。正陽門樓火。崞縣有羊產四目二尾八足。

甲申。南京戶部右侍郎兼右僉都御史提督糧儲趙欽湯致仕。

李邦鎮嗣臨淮侯。

丙戌。前光祿寺卿王守素卒。守素字德履。溧水人。萬曆丁丑進士。授杭州推官。進禮部主事。歷郎中。至今官。年六十六。

丁亥。器皿廠火。

陽曲太原清源交城等地震有聲。

庚寅。虜狡兒兔歹青等數萬騎駐蒲河。謀犯遼陽。

乙未。巡撫江西右副都御史衞承芳爲南京兵部右侍郎。

武昌大冶縣蝗。

丙申。封肅府紳鄘鉛山王。周府肅沛京山王。肅濟湯溪王。在鋅原武王。代府鼎衷和川王。

辛丑。發金十五萬粟三十萬賑畿內山東山西河南。留四川福建今年稅。賑其旱饑。

湖廣崇陽縣風霾晝晦。

壬寅。葬夷人利瑪竇于□□門外。利瑪竇大西洋歐邏巴國人。入廣南。兼通儒書。所著交友論山海輿地全圖等書。製自鳴鐘。鐵琴地毬等器。俱巧異。其游南京。禮部右侍郎沈漼奏逐之曰。訪聞海則佛郎機人其王豐肅。原名巴里狠雷先年同黨詐行天主教于呂宋國奪之改號大西洋諳星曆。同人龐迪峩畢□□湯若望等行其教不廢。

王錫爵曰。軒轅氏言。制天下得百里者萬國。而禹貢周官言九州。固在今天子幅幀內耳。及古所稱諸戎。亦多稟。正朔矣漢通西南夷。唐置安西四鎭。皆去中國萬餘里。則古帝王所未有也。而耶律德光遣人窮天地所盡。凡五年而歸。開闢所未嘗至。今泰西親見南極出地三十六度。是與中國之戴履正相値矣。昔張騫見邛杖蒟醬、知去巴蜀不遠。遂有鑿空之事。後有知地球之可統而徧也、將無令東出蟠木而入于流沙。北自幽陵而歸以交趾。觀天地之圓方驗星宿之遠近矣。

吳中明曰。鄒子九州稗海之說。閎大不經。世傳昆侖山東南一支入中國。顧水皆東流。而西北一支仍居其半、亦莫能明也。地廣且大矣。齊州之見東西南北不踰萬里。囿于所見。或意之爲小。限于所不見。或意之爲大。意之皆妄也。利山人自歐邏巴入中國。著山海輿地全圖。其國人好遠遊。時經絕域。則相傳而志之。積漸年久。稍得其形之大全。然而南極一帶亦未有至者。要之三隅推之。亦無謬也。

談遷曰。利瑪竇謂航西海二年達廣南。今其徒不絕。抑皆自歐邏巴而至者乎。地果遠。海果廣。雖發未即至。至未即源源而來。沈文定所謂佛郎機人。理或有之。而一統志載西域默德那國尙天教。諳術數。雕鏤宮室。精巧頗似大西洋。吾意其人蓋近是也。騶衍談天在中國。已誕其說。況域外恢奇之士乎。安盡徵信哉。

竹谿縣大雨雹。貴州永寧赤水二衞大風雨。俄雪。形如土磚。壞田舍。燕河路產豕二首六蹄二尾不乳。

五月己巳朔。壬子。吏部考功主事王三善乞勘李三才。不報。前言官劾其貪險亦不一。前吏部員外郎顧憲成上葉向高書曰。三才至廉至瀞。漠勤學力行。孜孜不倦。爲古醇儒。甚且比孔子。故三才曰若然則攻者當屬非聖之奸、不行勘何以服諸臣心云云。三才少負才名。家通州。歷官有赫赫聲。任山東藩臬。治尤著。凡大盜大猾擒治殆盡。民得安生。但豪俠自喜。好通餽遺。撫淮一二年。覬大拜。多結游客。交譽于顧憲成。憲成訪之。初常蔬三四明日備百簋。憲成訝而問之。答曰。昨偶乏。即寥寥。今偶有之。故種種。憲成以此不疑其豪侈。亦爲游揚而攻三才者。即以爲憲成玷。三才挾縱橫之術。與言官角。公論益詘之。

戊午。順天府尹汪可受爲右副都御史巡撫大同。太僕寺少卿崔景榮爲右僉都御史巡撫寧夏、

乙丑。西寧參將張應學除名。兵備道馬朝陽鐫級。以失陷李希梅也。

丁卯。工部左侍郎王汝訓卒。汝訓字□□。聊城人。隆慶辛未進士。知元城。拜御史。歷南京光祿太常寺卿。進左僉都御史。尋轉右副都御史。巡撫浙江。觸忌去。已復官。起南京刑部右侍郎。轉今官。直節敢言。最清約。沒餘四壁。予祭葬。贈工部尚書。謚恭介。

壬申。領左軍都督府成國公朱應槐卒。應槐萬曆辛卯嗣爵。頗恪謹有稱。

癸酉。吏科給事中姚士愼擅離任。降調。

六月戊申朔。追論長定堡失事遼東副總兵佟鶴年免。

丙子。大學士李廷機乞休。疏百餘。是日赴思善門頓首。仍上章文華門。不允。

己卯。陝西宜君縣雨雹。

庚辰。諭釋輕繫。

辛巳。巡撫順天兵部尚書兼右副都御史劉四科卒。四科字□□。涇陽縣人。隆慶辛未進士。

甲申。麗江土知府木增加三品服。

乙酉。翰林院編修邵景堯爲國子司業。顧起元爲南京國子司業。太僕寺卿張養志爲通政司使。

丁亥。初。烏撒知府霑益州知州本同宗。國初祿哲婦實卜與祿哲弟阿哥來歸。命實卜守烏撒。阿哥守霑益。此絕彼繼。遞相嗣也。萬曆初。霑益女土官安素儀無子。奏土知府祿墨次子嗣。卽安紹慶也。墨沒。子若孫尋沒。安紹慶奏次子安効良歸宗。襲知府。安雲龍之妻隴氏。卽鎭雄女土官者氏女。恃兵力拒紹慶。相仇殺。歷勘十四年未決。命按之。

德州平原禹城齊河縣蝗。

庚寅。領前軍都督府寧陽侯陳應詔總督京營戎政。

署禮部右侍郎吳道南請考選庶吉士下吏部。

壬辰。徐汝孝嗣興安伯。

丁酉。旌棗强王輔國夫人張氏并子奉國將軍廷炫節孝。

七月⿸厂甲朔。辛亥。敍甘肅文武功。

蘇祿國王恭定東王五代孫安守孫等奏復原糧七十五石。不報。初永樂十五年。國王巴都噶叭嗒剌率妻子來朝。還卒德州。賜祭葬。命長子都麻答還國。偏妃葛木寧叒子安都祿等及陪臣國人守其墓。支德州倉粟。免徭役。所生子女月一石。萬曆丁亥五月。主事張世才裁六十九石。止存九石。

壬子。曾皋辭湖廣按察副使不赴。加太僕寺卿致仕。

戊午。賜崇王翊鍇祭葬。

辛酉。琉球國中山王尙寧告倭警。緩貢命續進。

丙寅。永順宣慰使彭元錦以助大工加都指揮使銜。賜蟒服。封婦汪氏夫人。

裁莊浪縣學訓導一。

己巳。分守涼州右副總兵孫邦熙爲鎭朔將軍總兵官。鎭守宣府。

八月⿰酉癸朔。戊寅。法司釋輕繫八十人。

己卯。翰林院修撰張以誠等乞皇太子出講。不報。

壬午。山西右布政使原邦俊爲右僉都御史。整飭薊州等處兵備兼巡撫順天。

旌德王常㴶孝義賑饑。

癸未。追封魯府壽鏳安丘王。謚康懿。

甲申。刑科給事中彭惟成上法祖交泰十六則。敬天。聖學。尊賢。視朝。儲教。容言。召對。立政。用人。勤民。去讒。甄別。賤貨。好尙。闢異。推誠。彙錄以獻。

丁亥。前南京尙寶司卿蔡悉上高皇帝程子大學錄。

辛卯。寅刻火星逆行婁宿五度五十分。

丙申。總督宣大軍務兵部右侍郎兼右都御史馬鳴鑾卒。鳴鑾字□□。內江人。萬曆甲戌進士。授工部主事。歷今官。其鎭寧夏平哱氏。制五路台吉。亦善其畫。年六十三。予祭葬。贈兵部尙書。

海州潮溢。

九月艤朔。居庸昌平總兵都督僉事常世濟爲左軍都督府僉書。

江西左布政使李長庚爲應天府尹。

右春坊右庶子兼翰林院侍讀湯賓尹爲南京國子祭酒。

丁未。吳遵周嗣清平伯。國乾子。其國坤冒襲城旦三年。

戊申。劉嗣爵嗣廣寧伯。

工科給事中馬從龍言內臣楊進昇派蘇杭袍緞四萬匹。乞止之。蘇民困已。工科右給事中劉元霖閣臣葉向高亦言之。得減三之一。

辛亥。刑科右給事中周曰庠請錄囚。未報。

南京太常寺少卿劉曰梧上言。懿文太子寢廟。歲大祭九。素祭一。夫高皇帝太廟有日祭。故陵不欲數。而懿文猶加禮。豈非舊與宗孝康皇帝而今猶太子耶。建文君以嫡孫臨天下五年。第文柔不斷。取怨宗親。靖難稱兵。非有易姓之禍也。鐘簴不移。闔宮自焚。葬以天子之禮。當時持祿保位者。患得患失。一意逢迎。未議謚祔。遂使名義沈淪垂二百年餘。封樹莫識。魂魄何依。此忠臣義士之所爲飲泣而田夫野老之所爲吞聲也。乞下廷議。追謚立廟。復其年號。封表山陵。或祔懿文太子廟同祭。仍復懿文帝號。以慰高皇帝在天之靈。不報。

彭城伯張守忠爲後軍都督府僉書。

壬子。後軍都督府西寧侯宋光夏爲右軍都督府僉書。

丁巳。右春坊右諭德兼翰林院侍讀顧秉謙司經局洗馬兼翰林院修撰劉燝一主武闈。大理寺丞吳崇禮知貢舉。

己未。前刑部右侍郎詹仰庇卒。仰庇字□□。安溪人。嘉靖乙丑進士。知南海。拜御史。以伉直名。晚稍隨時而大節不渝也。予祭葬。贈刑部尚書。

癸亥。遵義民家產豕四。一偏體如象牙鼻皆全。

乙丑。起趙煥刑部尚書。少詹事兼翰林院侍讀學士翁正春爲禮部左侍郎。兼官如故。

前吏部左侍郎兼翰林院侍讀學士孫繼皐卒。繼皐字□□。無錫人。萬曆甲戌進士第一。授翰林修撰。累遷今官。庚辰分校禮闈。錄徐泰時。泰時以鄉舉倖售被參者。至是見收。士論少之。年□十□。予祭葬。

前巡撫河南右副都御史沈季文卒。季文字□□。吳江人。萬曆丁丑進士。

十月軠朔。乙亥。蠲濟南青登萊今年田租。賑丘縣棠邑等。

庚辰。刑科右給事中周曰庠劾承天守備太監杜茂不法。不報。

辛巳。申刻金星晝見順行在牛宿。

旌肅王紳堯助餉。

癸未。謚修武王朝埛莊恪。靖江王仕晟康定。

丁亥。皇孫由楧生。

己丑。載坣襲鎭國將軍。攝陽城王府事。

庚寅。吏科給事中梅之煥。參東廠李俊誣商拷偪。不報。

壬辰。宛平知縣李嗣善下法司。初。尙膳監太監馮進朝舍人毆死。刑部令嗣善訊之。進朝誣其索賄。故下獄。禮科右給事中周永春請宥嗣善。不報。

甲午。夜火星順行于奎宿。

乙未。署工部事右侍郎劉元霖請禁私錢。從之。

辛丑。諭停刑。

十一月賃朔。日食。初。欽天監奏日食七分有餘。未正一刻初虧。申初二刻食甚。酉初二刻復圓。春官正戈謙亨等又稱未正三刻初虧。約食七分有奇。于是兵部職方員外郞范守己駁之。謂親驗日晷。申初二刻略虧西南。申正二刻食甚。且不止七分五十餘秒。蓋曆官前後俱誤也。禮部因言。自萬曆元年至今。日食已十餘。其差或一二刻以至四刻。前代如漢修改者二。魏至隋修改十有三。唐至五代周修改十有六。宋修改十有八。金元修改者三。至本朝二百餘年未經修改。豈能無訛。今范守己及陝西按察使邢雲鷺精通曆學。有古今律曆考。綜採詳密。可倣先朝給事樂護主事華湘改光祿寺少卿。提督欽天監。又翰林檢討徐光啓。工部員外郞李之藻。俱究心曆理。又大西洋龐迪峩熊三拔等。俱攜彼國曆法諸書。乞如洪武十五年命翰林李翀吳伯宗靈臺郞海達兒回回大師馬黑亦沙等譯修西域曆法事例。盡錄其書以補典籍之闕。不報。

丙午。修保定淸河上下閘。

戊午。鎭守江南副總兵鄭印爲□□將軍總兵官。鎭守廣西。神樞營右副將都督僉事胡承勛爲總兵官。鎭守居庸昌平。

庚申。兵部司務常熟陳禹謨以左氏爲兵法之祖。輯左氏兵略三十二卷上之。

壬戌。初定朝鮮貢把參以生參浥濫也。

丁卯。諭戶工二部以各邊督撫屢請餉爾部又言帑絀。因思祖宗以來錢糧額設何至今頓匱。各省直災傷徵解不前至各鎮民運欠或百餘萬豈盡民負邊餉加往數倍豈無冒耗爾部可會議足國濟邊者毋浮言塞責。毋專請內帑。

己巳。令順天尹禱雪。

辛未。改鳳翔食鹽于靈州以解州道遠也。

是月。建陽縣火。

十二月甲戌朔。鑄延綏東路西路中路各管糧同知關防河州監收錢糧關防各一。

乙亥。予故大理寺卿吳定祭葬贈兵部尚書。

戊子。旌晉王敏淳瀋王珵堯助賑。

己丑。葉向高考滿進太子太保文淵閣大學士。廕中書舍人。時承天守備太監杜茂參劾中城兵馬劉文藻。原陵戶當妖書起窮治下茂酷拷言官摘之向高即引咎。上大悅曰。閣臣乃爲朕任過。自後事皆曲聽。巡按湖廣御史史紀事以茂隸人橫下知府馮勞謙徵之。茂遣人膚愬于慈聖上怒逮勞謙及幕官向高揭其輕發搖民心。上心動下茂疏及世廟護守顯陵碑謂守陵諸人役有犯當奏聞不許擅治違者即逮地方官。向高揭曰。郡人訴隸人之橫。御史檄勞謙暫拘釋忿。隨即奏請非違制也。遂釋

先是隴川宣撫使多安民以守將索賂。叛入平緬。緬酋阿瓦降以安民歸我。安民據蠻灣不馴。巡撫周嘉謨屢

招諭。如故。檄金騰道副使黃文炳。署參將周會。副總兵董猷策。調夷兵七千。官軍三千。令指揮陳于陛烏廷輔進攻。而會駐隴川百里外。官兵浹日克二柵。據高嶺。各軍無統帥。無稟畏。及蠻莫兵至。指揮退走。安民乘勝逐北。多所焚殺。至是副總兵董猷策擊敗之。誅安民。隴川平。立其弟多安靖。

乙未。皇次孫由檢生。東宮選侍劉氏出。

庚子。前少保兼太子太保吏部尚書建極殿大學士王錫爵卒。錫爵字元馭。太倉人。嘉靖壬戌進士及第。授翰林編修。歷禮部尚書。直閣。上重其品。署名御屛書曰清正。眷注獨隆。文行修飭。更鑒張居正事。慕寬厚名。柄漸旁落。屢裁言官。于望稍損。甲午。引去。年七十七。有遺疏。上嘉其忠愛。予祭葬。贈太保。謚文肅。廕尙寶司丞。

李維楨曰。自予有知。所見輔臣得君。未有若華亭江陵者。然其遺疏具在。如公觸忌諱。決嫌疑。鮮矣。上亦時屈己從之。即不從。必使諭其所以。今輔臣奏如水投石。與羣臣無異。而體貌益衰。或臥病數年。委之而去。枚卜久稽。若以爲枝官。可有可無。不亦輕朝廷羞當世之士耶。公去就有禮。其歸與沒。上恩禮視在位倍敦。非淸忠簡在帝心。能然哉。

談遷曰。王文肅嘗云。臣不欺一事。不私一人。不要一錢。若然則侶皋匹夔。襲旦儷奭。三代以下無論也。而文肅誠然乎哉。一介窮褐。其後富冠吳中。蒼頭王五起貲巨萬。媿平津布被多矣。然去相久。天子時時念之。再存問。再召。抑以並封終其所欲耶。修名令終。近世如文肅者。指亦未易屈也。

太子太保吏部尚書孫丕揚六年考滿。進太子太保。時吏部文選司署郎中事員外郎文立綱。以簿尉卑秩劣轉。王官亦積滯。可陞外衞經歷。候闕回籍半王官。孫丕揚善之。未奏。竟行之。不廢。

沈德符曰。王官止中原楚蜀江右。在彼候闕者尙少。今衞幕則布滿天下。動云待闕。凡州縣佐及驛丞倉巡之屬。每闕官輒求代署。恣行晝攫。或憲訪。或告發。則潛匿他方。詭云回籍。及事過再來。又浼有力者道地以圖承乏在上。則以去來莫測。無從行驅逐之令。在吏部則以閒廢已久。無從申考功之法。其蠹吏治。害民生。眞第一敝政也。

辛亥萬曆三十九年

正月賃朔。上不朝。

兵部尚書李化龍言。總督□□汪可受得虜首。聽命閼氏久矣。忠順夫人自俺答來。塵配三王四十餘載。撦力克沒四年。恭順無間。今卜石兔婚封不就。咸議停止市賞。恐反攜衆志。非朝廷字小之仁。宜許其貢市。報可。

談遷曰。邊塵不驚。欲懲一胡雛。遽裁貢市。此懲噎廢食。其見與兒童無異。長垣更事久。老成謀國。其可忽乎哉。

河間盜起至八千餘人。諭兵部卽捕之。

癸卯。巡撫山東兵部右侍郎黄克纘九年考滿。進兵部尚書兼右都御史。

丁未。享太廟。

禮部左侍郎翁正春言。朝講宜親。儲訓宜舉。章疏宜通。大僚宜補。考選宜下。廢秩宜起。不報。

壬子。巡按湖廣御史史記事。以御史德清金明時論吏部右侍郎王圖及記事等。欲斷秦脈。傾陷善類。先是明時巡閱。劾寶坻知縣王淑忭（圖之子）。及臨京察。知不免。遂攻王圖史記事等。

癸亥。閣題東宮侍班官。祭酒方從哲少詹事劉曰寧俱禮部左侍郎兼翰林院侍讀學士。協理詹事府事。日講官右庶子黄輝爲少詹事。右諭德朱國楨顧秉謙俱爲左庶子兼侍讀。右諭德鄧士龍郭淐俱爲右庶子兼侍讀。洗馬南師仲爲左諭德兼侍講。禮部儀制主事范可受爲員外郎。大理寺左評事羅萬英爲左寺副。各兼正字充侍書。未報。

李廷機言在告四年。察典屆期。乞放。不報。

甲子。陝西道御史金明時奏辨。以史記事鄭振先黨于顧天峻李騰芳及王元翰徐縉芳等。不報。

丁卯。葉向高三年考滿。進太子太保文淵閣大學士。廕中書舍人。

二月辛未朔。巡撫延綏右副都御史涂宗濬爲兵部右侍郎兼右僉都御史。總督宣大山西軍務。

甲戌。蠲薊州去年蝗災田租十之五。

乙亥。敍延綏卻虜功。先是斬一百二十七級。

丙子。吏部禁農民竄籍。

戊寅。汲縣牛生犢。首口二。目四。足七。

己卯。寶慶府地震。

衞時泰嗣宣城伯。

戊子。總督漕運李三才疾罷。令總理河道都御史劉士忠署事。

丙申。在繫故武昌府同知卞孔時奏父沒去年十一月。乞如華鈺例放歸奔喪。葉向高亦言之。

己亥。設廣西思恩縣天柱縣永康州各儒學。初天柱巡檢司朱梓敎苗人息鬬力耕。身誨其子弟。其俗一變。辰州知府常熟瞿汝說請當道縣之。進梓知縣。汝說又解彭宣慰紅苗之搆。

沈演曰。張齊賢有言。夷狄之釁。非必自作。亦由邊將擾而致之。況西南諸夷。各居深林叢菁之間。嗜慾不能相通。險阻不能相習。其性多疑而少決。喜爲狙詐而無遠略。其智足以相謀而不足以相馭。卽一二豪猾自喜。跳浪穽類之間。躑躅帷墻之內。斯已矣。非有遊覽遠規跋扈爭衡之志也。昔高皇帝寘是服也。不與㕛爭士。因而授之自洱江一戰而外。未嘗有所煩斤斧也。第誅其制土司者。其制者之不足逆吾顏行。而他固可鞭箠使也。威已宣矣。要約堅矣。平居則征其賦。有事則徵其兵。時其緃鏇無浚之以生。而時示以不測。彼且弭耳馴尾。懷我好音。將焉用寇。今也其官之師旅夫乃實府覵諸夷。又且以彼爲非人也。而厚致其毒。比其狺然而起。則虛張兩搆之辭。以飾己慝。而鈎上怒以致疾焉。而快私忿。上之人勿察也。墨者以屬厭。執尤賢者以避嫌生事。懵者以闒幾釀亂。激之以所難堪。而不虞其所必至。是蚩蚩者狃小利益恣。于是逆形已成。不可悔已。失之一嚬笑之間。而生靈殄于非辜。徵調窮于難繼。黷武無烈。斬伐傷和。向之賦車籍馬爲我藩籬者。亦更張屯轉餉。寸寸爲守。國家何利。赤子何仇。不仁之禍。無酷于斯。然當其逆形已成之時。赦之則損威傷重。觀聽大舛。雖欲避患。固不得已。又何如見形察影。無重其罪。迎而銷之之爲得也。

庚子。甘肅報虜犯紅崖青湖等處。官兵擊斬五百餘級。

三月辟朔壬寅。始京察。

癸卯。朱純臣嗣成國公。

丙午。河南道御史湯兆京參金明時撓察。

戊申。吏部尚書孫丕揚以金明時倡言要挾逃察。命下都察院議處。明時奏辨。誤犯御諱下一字。

壬子。天鳴。夜分有流星大如碗。赤光燭地。

甲寅。刑部山西司主事秦聚奎言大臣結黨欺君。假公害正。去年十二月。金明時論翰林王圖。今考察先一日。孫丕揚論明時要挾嚇逃。而卒之明時撓察之疏杳乎無聞。今天下大勢趨附秦人。今之丕揚非復昔之丕揚矣。于是吏科都給事中曹于汴河南道御史湯兆京江西道御史喬允升俱以撓察論聚奎。

丙辰。孫丕揚參秦聚奎。幷以湯賓尹等七人訪單送內閣。閣臣葉向高疏如丕揚議。

庚申。金明時以不謹例免官。其千犯聽部院議罪。

癸亥。許慶府曾世孫亶眷嗣慶王。

乙丑。南京刑部尚書李楨擅去。命冠帶閑住。

是月。河南大雨水傷稼。

四月鏮朔。壬申。多思譚襲隴川土同知。

庚辰。孫丕揚請發計疏。并論秦聚奎。命聚奎閑住。湯賓尹張嘉言徐大化劉國縉王紹徽喬應甲樂和聲等視考察處分。金明時削籍。吏部參其犯諱也。

談遷曰。黜幽公典。非嫌怨之資。金明時言雖非當。先發制人。如聽其自鳴自止。何來秦聚奎之疑乎。南北搆黨。各持其臆。北察右東林。南察則左之。朝雌莫黃。議如聚蜩。彼庶職亡論矣。大臣有具瞻之責。爲社稷長慮虛公體國。論事論品。偶犯御諱。誤也。非罪也。

乙酉。京察拾遺罷撫治鄖陽右僉都御史黃紀賢。

予故浙江巡撫右僉都御史甘士价祭葬。贈右副都御史。信豐人。萬曆丁丑進士。

丙戌。旱。命禱雨。

鑄益王永寧府印。

孫丕揚奏計典未盡者。量例轉。如南京國子祭酒湯賓尹□部郎中張嘉言□部主事徐大化原擬不謹。御史劉國縉擬浮躁。王紹徽擬山東右參議。喬應甲擬陝西按察副使。岳和聲擬慶遠知府。報聞。

戊子。隴鶴書襲鎮雄土知府。鶴書原名阿卜。始祖隴飛沙來附。數傳至來鳳而絕。黔酋安堯臣贅壻。欲奄有之。後命立隴氏女官者隴氏以阿因應。阿因魯卜之六世孫。改曰正名。衆不之推。乃立阿卜。

怡神殿災。

傳制封韓王亶脊西德王朗錉。長樂王璟潼。益府嘉善王由本。永寧王由檍。淳河王由栻。陽和王載壆。太和王翊鈃。臨淄王常灦。石泉王宣塊。

壬辰。改蕭雲舉吏部左侍郎兼翰林院學士。署詹事府事。

癸巳。兵科給事中朱一桂論察典刺孫丕揚王圖。云東林一脈。人言頗不滿。或謂其把持有司。或謂其遙執朝政。舊歲顧憲成遺閣部書强辨李三才。致淆國是。今歲吳正志一書請處七人。止漏徐兆魁。彼自悅劉季陵之高風。强預人事。此足定東林與參東林之斷案乎。近公車之牘。俱云起廢。獨今日一東林。明日一東林。即知時局。又何怪丁元薦出死力為異日地哉。時無錫顧憲成及高攀龍等修宋儒楊時東林書院。倡同志士大夫講學。黨名始矣。

丙申。巡按遼東御史熊廷弼奏立常平倉。括贖鍰市穀賑邊。從之。

丁酉。右春坊右諭德兼翰林院侍讀郭淐左春坊左中允兼編修朱延禧檢討盛以弘撰詔敕。

移四川總兵官于越嶲。以南日土官安世隆被刺後。妻祿氏又沒。各土寨倡亂。

五月𡦹朔辛丑。雷燬正陽門旂木。

壬寅。京畿道御史徐兆魁論今年察典。盡趨東林。蓋無錫有東林書院。宋儒楊時祠也。顧憲成謫居。會諸臣講學于此。其門如市。貲郎黃正賓冒遷謫名。結淮撫李三才。東林所至。傾動一時。能使南北交攻。角勝黨附。因糾孫丕揚湯兆京丁元薦等。不報。

癸卯。謚崇王翊鐕曰端。魯府新蔡王觀熑恭惠。

計疏下。降斥有差。

戊申。南京計疏下。降斥有差。

少詹事全天敍順天府丞黃吉士調用。巡撫四川右副都御史喬璧星罷。南京太僕寺少卿左宗郢太僕寺少卿徐元正調外。已罷邢玠俱拾遺。

庚戌。翰林院修撰韓敬疾去。敬先師事湯賓尹。賓尹在禮闈。越房拔爲第一。時疑其私。而越房取凡十七人。故言者攻賓尹及于敬。

夏允彝曰。金壇于玉立。東林中用勝于體之士也。于諸生中獨愛韓敬之才。託丁元薦與結姻。相與互密。乃敬爲鼎元。而元薦首攻之。于玉立實發其機。此又人情之不可解者。敬于湯賓尹往來最密。取元未必無故。以敬之才。亦不媿耳。但好縱橫之學。恣色貨之好。則自非治平之臣。要不至如賓尹之甚。每奪人妻而壞人節也。

先是丙午四月。順義王扯力克死。卜石兔當嗣封。六年不果。是春。五路台吉糾合七十二台吉與素囊爲難。忠順夫人亦厚備之。總督涂宗濬至鎮。素囊受命。故事。先成婚。後議封。是日始婚。五路猶恃强脅忠順夫人移撦力克櫬于歸化城。分素囊板升之半與卜石兔。忠順不從。聲言復搆兵。忠順懼。貽以名馬金幣。乃解。

談遷曰。款貢藉于閼氏。亦非盡誣。而一婦人麀聚者三世。獨不可以已乎。胡習固無論。而堂堂天朝。亦自有體。脫諭忠順夫人。爾春秋高。何靳一王印。爾孫嗣封。固大母也。朝廷所以榮禮夫人者。尤其至矣。諒忠順無辭以對。今汚于雛孫。仰煩尺一。邊臣拘舊事。所云招攜以禮。豈其然乎。

癸丑。通政使張養志卒。陳州人。萬曆丁丑進士。贈右都御史。予祭葬。

吏部驗封郎中沈孚先考功郎中王宗賢俱引疾去。

是月。廣西大水。廣東江溢。壞田禾廬舍。溺人畜亡算。

六月己朔辛未。南京工部右侍郎徐大任劾罷。
壬申。總理河道兼巡撫鳳陽劉士忠以淮安鳳陽旱蝗酌求蠲賑。章下戶部。
丁丑。吏部尚書孫丕揚以南京□科給事中高節御史王萬祚見劾求去。不允。
己卯。有日本三人航海過暹羅。風漂至南直柘林。營命安置延綏。
壬午。京師大雨水。壞民舍。
丁亥。總督宣大涂宗濬三年考績。進兵部右侍郎兼右都御史。
故兵部尚書佘子俊翁萬達補廕。其孫佘正發翁銳入國子監。
旌故提督御馬草場戶部主事陳原道婦計氏。原道柳州人。萬曆戊戌進士。卒官。計絕粒死。
丁酉。建州衞奴兒哈赤以車價遲貢。幷勒歲貢。至是督撫王象乾楊鎬云。彼車價聽裁。歲貢十減其八。代爲請。
兵部覆許之。
右春坊右諭德朱國楨爲左春坊左庶子兼翰林院侍讀。淸理軍職貼黃。起劉曰寧禮部右侍郎兼翰林院侍讀學士。及禮部右侍郎翁正春吏部左侍郎。蕭雲舉直日講。翰林院修撰趙秉忠編修黃國鼎爲右中允兼編修。檢討盛以弘王毓宗丘禾實張光裕爲左右贊善兼檢討。先是內閣題催久不報。而戊戌科詞臣至十四年不遷。前此未聞也。
是月。海大風。溫州獲異船三。有七十三人。有二十五人。有三十七人。俱安南人。遣歸之。
七月戊戌朔。左庶子馮有經翰林院檢討汪元極調用南京。餘各有差。
庚子。故南京刑部右侍郎吳悌贈禮部尚書。金谿人。天啓初謚文莊。
命黔國公沐昌祚約束莊戶。該地方官各務存體統。

癸卯。右春坊右庶子黃輝朱之蕃爲少詹事兼翰林院侍讀學士。纂修玉牒。

戊申。追封肅府淳化康穆王長子縉勛淳化王。謚溫裕。

庚戌。諭吏部會推閣員。

辛亥。予故太常寺卿署國子祭酒傅新德祭葬。新德字□□。定襄人。萬曆己丑進士。改庶吉士。授檢討。修國史。進司業諭德。轉□庶子侍讀。至今官。

壬戌。卯刻金星犯木星于柳宿。

謚周府魯陽王在銕端懿。

丁卯。故禮部尚書馮琦謚文敏。初議謚時。或以辛丑會試錄進呈與外傳不同。至是子士逃以請。禮部左侍郎翁正春言狀。故有是命。

河南蝗。

夜有流星青白色自織女西北行入貫索。

八月戊辰朔。故播州土同知羅大冠改授指揮僉事。土目袁見龍起龍改鎮撫。加副千戶。餘各有差。俱立功獻土也。

庚辰。右春坊右諭德沈漼爲左春坊左庶子兼翰林院侍讀。左諭德孫愼行何宗彥爲左庶子。趙用光郭淐洗馬南師仲爲右庶子。俱兼侍讀。左中允朱延禧爲左諭德兼侍講。國子司業邵景堯爲洗馬兼修撰。

蔣承勳嗣定西侯。

辛巳。許閣臣暫用翰林院印。故事。閣擬他署以院印。時王圖署院。封印出城候命。而閣擬俱滯。葉向高乃酌請仍趣圖供職。

甲申。禮部左侍郎翁正春上萬歲八箴。淸君心。遵祖訓。振國紀。信臣僚。定賢才。謹財用。恤民命。重邊防。

乙酉。兵部尚書李化龍從一品三年考滿。進少傅兼太子太保。

丙戌。改蕭雲舉吏部左侍郎兼翰林院侍讀學士署詹事府事。

前巡撫山東右副都御史萬象春爲南京工部右侍郎。應天府尹陸長庚爲南京通政司使。

前太子少保工部尚書舒應龍起兵部尚書。協理京營戎政。福建左布政使丁繼嗣爲右副都御史。巡撫福建。

前大理寺左少卿劉懷恕爲右僉都御史。撫治鄖陽。刑部右侍郎林烴爲南京工部尚書。河南左布政使袁奎爲順天府尹。廣西左布政使林如楚爲太僕寺卿。南京太僕寺少卿錢士完爲南京鴻臚寺卿。

左春坊左諭德兼翰林院侍讀蔣孟育爲南京國子祭酒。

庚寅。密雲人請免寄牧馬。如昌平良鄉。總督王象乾請計地十頃牧一馬。視如通州。從之。

壬辰。修懋勤宮端凝壽安殿。

甲午。申飭海防之禁。

九月酊朔。辛丑。前南京戶部右侍郎方弘靜卒。弘靜字□□。歙人。嘉靖庚戌進士。知東平。有異政。遷南京戶部員外郎。歷江西參政。治嚴氏獄。擬平反株連者。屬袁州守葬嵩。不以夙嫌介意。歷今官。簡靜肅穆。厲羔羊素絲之節。所著四禮議均輸議復古編籌國稿千一錄諸書。年九十五。予祭葬。贈南京工部尚書

工部虞衡司主事沈正宗言明盔甲之濫。工科給事中馬從龍言。條例有拆修量修連補三項。今概爲補造。戰士俱暗甲。惟南郊謁陵大閱用明甲。以壯軍容。始萬曆九年三月。傳造五千付。今盡化爲烏有。臣謂決無容補造也。上是之。

癸卯。諭戶部趣轉漕。毋阻涷。

己酉。酉刻。皇貴妃王氏薨。妃雖生皇太子。失寵目眚。比疾篤。太子始知之。亟至宮門。尚閉。抉鑰而入。妃手太子

衣而泣曰。兒長大如此。我死何憾。太子慟。左右皆泣。莫能仰視。須臾薨。

壬子。葉向高言。皇貴妃薨四日。未見傳諭。如禮節未定。則會典載皇貴妃喪禮甚詳。惟皇太子于母妃前所未有。禮部宜酌上。

甲寅。兵部請閱視各邊御史敕。許之。

丁巳。禮部上皇貴妃喪禮。

戊午。葉向高言。禮部所上喪禮。五日未發。明日當輟朝之期。乞命下喪儀從厚。

己未。陝西狪賊渡黃河。流劫山西之平陽。

辛酉。兵部尙書李化龍請止武途加納。從之。

癸亥。前協理京營兵部右侍郎兼右都御史沈思孝卒。思孝字純父。嘉興人。隆慶辛未進士。知番禺。進刑部主事。論張居正奪情。廷杖戍雷州。居正沒。起原官。改尙寶司丞。歷太僕少卿。順天府尹。被言。調南京太僕寺卿。久之。進右僉都御史。巡撫陝西。被劾。調河南。進太常寺卿。遷今秩。負氣不下人。頗畏之。予祭葬。

乙丑。故錦州游擊于守志論死。以妄殺啓釁也。

十月射朔。己巳。夜。木星順行犯軒轅。

癸酉。葉向高請補閣員。蓋向高獨任四年。請枚卜疏且百上。不報。

甲戌。禮部言。吉王翊鑾于例後進封。除長子襲封外。餘子不得冒郡爵。今王欲少子常源封郡王。以次子常汶叔子常瀲爲例。按要例。其次子叔子不改。亦幸矣。常源宜鎭國將軍。報可。

丙子。內官監太監盧進孝。郗進。張進忠。酗酒毆軍人死。下法司。

戊寅。建州衛奴兒哈赤補貢。加勞金幣。

己卯。禮部請擇溫肅端靜純懿皇貴妃葬地。越三日。定天壽山東井。

辛巳。總督薊遼王象乾報炒化糾東西虜犯清河。官軍拒卻之。

癸未。降韓府永福王謨墳爲庶人。徙閒宅。

甲申。諭停刑。

進王象乾兵部尚書兼右副都御史。

予故南京吏部右侍郎趙士登祭葬。涇縣人萬曆庚辰進士。

丙戌。李庭機言臣自戊申四月二十一日乞放候命。四年。疏且百二十有三。祈皇上憐臣。予之生路。不報。

庚寅。江西道御史楊文蔎降德州判官。添註。

十一月輛朔。庚子。陝西左布政使汪道亨爲應天府尹。

乙巳。吏部文選郎中朱光祚爲太常寺少卿。提督四夷館。添註。

丙午。木介。

戊申。浙江撫按高舉鄭繼芳報溫州有安南失風船先後五十一人。送至兩廣總督所還國。

癸丑。禮部上學政條約。命各提學官遵之毋易。

副總兵初繼祖爲總兵官。鎮守陝西。

以閱視功。總督倉場孫瑋進兵部尚書。仍總督倉場。李景元爲兵部右侍郎。各廕子入監。

甲子。命順天尹禱雪。

十二月[illegible]朔。虜犯墻子嶺。

丁卯。巡撫順天右僉都御史王邦俊疾去。

庚午。禮部薦曆學。如前陝西按察使邢雲鷺兵部郎中范守己。又翰林院檢討徐光啓前南京工部員外郎李之藻大西洋人龐廸峩熊三拔等。不報。

甲戌。宣貴州仲苗之捷。

丙子。廣東按察使知事周道昌上言天變地變妖變朋黨之變輔臣大臣諸臣乖離之變。葉向高引咎。上溫諭之。

己卯。諡鄭世子載堉端靖。魯府滋陽王壽鍑。孟津王載㘴俱諡昭順。上蔡王翊鍓昭敬。廣元王術堈溫裕。

日講官吏部左侍郎王圖出城需命八閱月。至是移近地請命。命責赴。

予故撫治鄖陽右副都御史鄭國士祭葬。魏人。隆慶三年進士。

庚辰。少傅兼太子太保兵部尚書李化龍卒。化龍字于田。長垣人。萬曆甲戌進士。知嵩縣。歷南京工吏部郎中。累遷都御史巡撫遼東。破虜。進兵部右侍郎。疾去。後起總督川貴。平播州楊應龍。守制。訖起右都御史兼工部右侍郎。總督河道。開泇河利漕。稱才臣之最。年五十八。予祭葬。贈少師。諡襄毅。再贈太師。前破虜廕錦衣衛正千戶。平播廕指揮使。又廕中書舍人。

戊子。暹羅國王普埃入朝。

辛卯。前通政司右通政周邦傑卒。

是年。建州衛奴兒哈赤殺其弟速□□□。侵兀哈諸酋。及其壻江夷卜台吉。旋因其投入北關。更與金台失白羊骨修怨。

壬子萬曆四十年

正月辛丑朔。上不朝。

己亥。葉向高請會推考選大僚。不報。

癸卯。右春坊右庶子郭淐署翰林院事。

虎墩兔憨以三萬騎寇遼東長靜堡。官兵擊斬四十一級。獲馬三百五十匹。橐駝六十七。

甲辰。京師天鳴。

丙午。享太廟。

戊申。翰林院編修周道登爲國子司業。

癸丑。宣府懷來延慶二衞地震。

折漢川黃梅景陵災租。

丁巳。瀋陽等營兵追虜。斬二十六級。

夜。有大星自左攝提行東北至近濁。光燭地。

戊午。總督薊遼尙書王象乾還爲兵部尙書。

巡漕御史孫居相言申飭漕規。三月終舟不過淮安。督運司道等官及領運把總以下各鐫一級。四月終不過呂梁徐州二洪。槪參究。從之。居相又謂舊年糧船七千八百八十五。今回空止四千一百四十。餘三千七百四十五未回。請募民船二千有奇助運。

辛酉。工部以皇貴妃葬。暫開事例。

二月辛未朔。丁卯。大理寺右少卿吳崇禮爲右僉都御史。整飭薊州等處邊備。巡撫順天。梁見孟閔廷中爲通政司左右參議。

庚午。刑部觀政進士賀仲軾言。陛下不接見外臣殆二十年。初謂外臣可託職業。不知諸臣一考再考。輒釋負而去。曾不十年也。夫人人盡職。事事修舉。尚有不遑暇逸之境。況有不得行其職者哉。願陛下思之也。財有所必理。今民窮財盡。日事那移。又貸內帑。夫內帑陛下固不發。卽發易盡耳。惟是今日之不足。不在入之虧額而在用之無藝。惟勅責計臣實心料理。又臣有所必體者。有所必訓。云云。不報。

壬申。巡按湖廣御史史記事言。楚宗當時刼貢。止得私書耳。如曰造反。其屯兵何地。聚衆有幾。又何城中寂然無聞也。因請釋英燋等三十三宗于高牆。蘊鈁等二十五宗于閒室。不報。

甲戌。巡撫保定兵部右侍郎兼右僉都御史王國考滿。加右都御史兼兵部右侍郎。

蔣勳嗣定西侯。

乙亥。大理武定曲靖地連震有聲。次日又震。緬甸亦如之。河忽溢。

庚辰。禮部議宋儒羅從彥李侗從祀孔廟。

辛巳。前少傅兼太子太保兵部尚書蕭大亨卒。大亨字□□。泰安人。嘉靖壬戌進士。知楡次。進戶部主事。歷郎中。經花馬楡林岢嵐神木諸邊。範臬。進右僉都御史。巡撫大同。以邊略著。轉兵部右侍郎。護送潞王之國。尋總督宣大。嘗值胡酋。諭之下馬。登獨石山與語。竟日。胡酋欣奉約束。入拜刑部尚書。積官四十年。功名俱疆圉。習於形勢。其才亦偉矣。年八十一。予祭葬贈□□□□。

壬午。復松虜市賞。前犯清河口悔罪也。

癸未。吏部尚書孫丕揚辭朝。頓首大明門。竟去。時年八十一。屢告老疏二十一。不允。

乙酉。南京工部右侍郎萬象春卒。象春字□□。無錫人。□□□進士。改庶吉士。拜□科給事中。歷右副都御史。巡撫山東。疾去。今起工部。未赴。予祭葬贈都察院右都御史。

丙戌。許太子太保吏部尚書孫丕揚致仕。

命刑部尚書趙煥署吏部事。總督倉場孫瑋改署兵部。

李廷機請告。諭卿當少俟。愼勿輕率。

己丑。撫治鄖陽都察院右僉都御史劉懷恕卒。懷恕字□□。東光人。萬曆丁丑進士。知長洲。拜御史。歷大理左右寺丞少卿。家居起今官。未任。

庚寅。巡撫山東兵部尚書兼右副都御史黃克纘爲南京兵部尚書。

辛卯。日講官署詹事府事吏部左侍郎蕭雲舉省侍。

敍川貴淸界善後功。進王象乾太子太保。廕錦衣衞指揮僉事。餘陞賞有差。

三月紦朔。戊戌。增陝西解額五人。

辛丑。翰林院庶吉士魏廣微爲檢討。錢龍錫爲編修。厤信爲兵科給事中。俱甲辰榜。龍錫丁未榜。閣臣屢催始下。

雲南老撾宣慰司使遣土目光倫等貢方物。萬曆二十六年失印。補給。又燬。仍求補給。許之。

壬寅。前太子太保南京兵部尚書邢玠卒。玠字□□。益都人。隆慶戊辰進士。知密雲。拜御史。出按甘肅。陞河南按察僉事。歷右僉都御史。巡撫大同。力裁撫賞。擒史車二酋。進兵部右侍郎。勘播州楊應龍。會倭急。以兵部尚書總督薊遼。往經略朝鮮。有斬獲。加太子太保。廕錦衣衞指揮僉事。終養去。起南兵部尚書。不赴。性易直。屢肩艱鉅。以功名終。予祭葬。贈太保。

癸卯。戶部覆御史孫居相所請募民船助漕。光祿寺少卿徐必達言民船必不可募。漕船必不可不補。

乙巳。巡撫廣西右僉都御史蔡應科爲南京戶部右侍郎兼右僉都御史總督糧儲。

丙午。金筑安撫司改新州。轄貴陽土舍金大章乞改流官。遂授土知州世襲。

命粥京師饑民。

丁未。朱自洪嗣武進伯。

銀定歹青等以千騎犯三眼井得勝堡。官軍禦卻之。斬十三級。

癸丑。旌東安王府鎮國中尉英鐩賢行。

丙辰。都察院覆各遣御史不准引疾著爲令。

是月。光祿寺少卿徐必達言。會典貢回定限朝鮮泰寧朵顏三衛女直月零十日。陝西四川番僧番族月零二十日。又兩月外不回者。仕支下程。此禮部與臣寺宜共守也。邇來踰限。多或百日。少亦兩月。令簿廳知會提督二館主事高繼先云。欽賞屬戶工二部。告匱借給。累月經旬。而各衙門挂號咨札投驗之類。皆云欽賞。亦復延緩。況天子之命。風雷比迅。奈何牽于臣下繁文。久致稽閣也。

四月乙丑朔。戊辰。福王府成。禮部請期之國。不報。時費四十萬餘金。倍于潞府。

辛未。敍延綏功。進總督顧其志太子少保兵部尚書。廕子入國子監。巡撫涂宗濬廕錦衣衞百戶。總兵王威實授都督同知。廕正千戶。俱世襲。餘陞賞有差。先是虜猛克什力等犯延綏。斬二百五十一級。

甲戌。湖廣布政司□參議周汝登爲南京尚寶司卿。

戊寅。雲南臨安府地震。

己卯。夜月食三分。寅三刻初虧。欽天監官報一刻初虧六分二十秒。稍異。各罰俸三月。

庚辰。淮安大風雹傷麥。

丁酉。敍貴州平苗功。追加郭子章兵部尚書兼右副都御史。贈陳璘太子太保。廕本衞百戶。

戊戌。大理曲靖雲南等地震有聲。

辛丑。鎮西將軍延綏總兵官張承胤改征虜前將軍總兵官鎮守遼東。

壬寅。前工部右侍郎劉應節爲兵部左侍郎。

金星晝見。

癸卯。左春坊左庶子朱國楨爲國子祭酒。

浙江右布政使竇子偁山西右布政使陳廉各引疾去。

談遷曰。竇子偁風裁凝峻。判决若神。人莫敢干以私。蔚爲時望。以孫侍御居相薦之。時謂居相東林黨。其塗甚左。子偁知墮疑網。遂爾乞身。子偁固不因人而熱。獨惜以一薦剡永錮名彥。亦可爲長太息者也。

乙巳。署都督同知官秉忠爲鎮西將軍總兵官鎮守延綏。黎平參將楊應光爲署都督僉事總兵官鎮守四川。

甲寅。初。代王鼐鉉元妃亡子卒。御人裴氏生鼎瀆。亦卒。王請鼎瀆爲世子。其母未籍。託內助張氏撫之。張氏生鼎莎而嬖。進封次妃。乃言鼎瀆母實裴氏。鼎莎母則張也。爲嫡。請更之。前禮部左侍郎李庭機執前說。言裴氏非奏選以濫妾。鼎瀆不宜立。張氏奏選。鼎莎宜立。撫按勘議。裴氏雖冊亡名。而在嫡存之日。張氏繼于裴沒之後。裴原額數。不繫濫妾。張本內助。不得稱嫡。王之誤初在不爲裴請補。既在溺愛。宜立長。禮部左侍郎翁正春輯上之。不報。越數年。鼎莎卒。鼎瀆始立。

周應賓曰。古者大事必引經以斷之。昔者魯惠公之妃孟子也。繼室以聲子。生隱公。已而宋仲子歸于我。復生桓公。惠公之禮仲子夫人也。欲以桓爲嗣。國人勿是也。扳隱而立之。隱探先君之意。將以國讓桓。竟爲桓所弒。穀梁曰。隱之讓桓。非正也。可謂輕千乘之國矣。蹈道則非也。胡氏復申其說曰。禮諸侯不再娶。無二嫡也。惠公欲以愛妾爲夫人。隱公欲以庶弟爲嫡子。皆非也。然則濟其隱乎。莎其桓乎。吾其以春秋之義斷斯獄矣。

辛卯。封荆世子慈□。江夏王蘊欽。

襄城縣蜺蟲傷麥。妖火生無定。踰月乃息。

五月钾朔日食。

庚子。南京光祿寺卿吳達可爲通政司使。翰林院編修溫體仁爲南京國子司業。

命福餘衞頭目安也革更名貴英。授都指揮僉事。敕節制四衞部落。

辛丑。前南京大理寺丞葉茂才爲南京太僕寺少卿。

永寧衞所隸貴州土司改隸四川。

己酉。遼東總兵官麻貴疾去。

壬子。山東左布政使李同芳爲右副都御史。巡撫山東。

劉學曾何熊祥爲大理寺左右少卿。

癸丑。太僕寺少卿吳華爲南京光祿寺卿。

四川總兵官侯國弼爲南京後軍都督府僉書。

丙辰。前南京光祿寺少卿顧憲成卒。憲成字叔時。無錫人。萬曆庚辰進士。授戶部主事。改吏部。予告二年。補驗封。丁亥言事。謫判桂陽。辛卯。進泉州推官。壬辰。擢考功主事。以會推忤時相。削籍。戊申。起光祿少卿。不赴。講學東林書院。善類翕附。所著藏稿箚記十二卷。大學通藏稿二十二卷。天啓初。贈吏部右侍郎。謚端文。

談遷曰。顧先生風期嬌嬌。擇步而趨。誠世之有道仁人也。雖善毀之口。譸能訾之。其貽書銓宰力薦李三才。

始爲射的。而附之彌衆。東林之風。與時爲消長。初信于野。未盡信于朝。天啓諸賢登登用。俱其臭味。于是後學羣趨。甚至黠者借其名。羶者藉其利。遂肇疑于天下。瞻烏爰止。迄于垂亡。顧先生身不蹈李范之禍。而流末不深類之乎。

六月甲子朔。庚午。浙江總兵官楊崇善報日本以三千人入琉球。執中山王尚寧。乞檄朝鮮絕倭之入全羅慶尚者。從之。

壬申。溫肅端靖純懿皇貴妃發引。己酉。葬天壽山。皇太子送至玄武門。

甲戌。南京戶部尚書鄭繼之爲南京吏部尚書。

丁丑。蒲州天鳴。

己卯。宣延綏甘肅之捷。先是虜銀定歹青入犯。斬三百餘級。

襄城縣大雨水。淹男婦七百二十人。

庚辰。副總兵官李懷信爲署都督僉事總兵官。鎮守臨洮。

通惠河決。

丙戌。前禮部右侍郎兼翰林院侍讀學士郭正域卒。正域字美命。江夏人。萬曆癸未進士。選庶吉士。授編修。轉右中允左諭德歷右庶子國子祭酒至今官。博洽敢任。留心大計。所著黃離草江夏志武昌志國朝典禮志等書行世。予祭葬。天啓初。贈禮部尚書。謚文毅。

談遷曰。郭美命負其才望。見忌四明。借妖書傾之。雖莫能中。亦岌岌殆矣。美命身名無恙。四明反增其玷。然則開偃月之堂。興同文之獄者。亦可廢然中悔也。

戊子。順義王忠順夫人死。訃聞。諭祭七壇。賻絹帛各如禮。

談遷曰忠順雖一胡婦。最機警善馭其衆。所部奉約束惟謹。款貢以來。藉之縻虜四十年。彼感漢德。終身毋有二。惜其年高死。不能少待。吾豈憂遼左哉。

瞿九思曰三娘子以一婢妾賤人而得專三王寵。夫豈獨以色勝哉。觀大板升之事。且知兵。奈諸酋不從何。始黃台吉所奪諸酋婦至多。及一朝得三娘子而盡棄之。此不可謂能乎。每讀書至三娘子者多委婉。則未嘗不怪柔媚之傾意信有之也。

己丑。前巡撫應天右□都御史陳惟芝卒。孟津人。

七月睽朔。應天府丞衞一鳳爲右僉都御史。撫治鄖陽。

錦衣衞鎮撫□□史晉下獄。晉爲□科給事中宋一韓訟冤。徧詆當事大臣。通政司使□□□參駁。左副都御史許弘綱奏辨。不問。葉向高特糾之。遂逮訊。

丁酉。前總兵官麻承恩以原官入遼。調用。

己亥。錄平滇寇功。進巡撫周嘉謨兵部右侍郎。仍任。

巡撫福建左副都御史丁繼嗣奏琉球使人柏壽陳華等報中山王尙寧已歸國。特修貢雜日本物。請留正使候旨。餘給廩遣還。非常所貢者幷擊回。從之。

虜犯寧夏。巡撫崔景榮令平虜營參將潘國振偵虜塞外。總兵姚國忠同副總兵王宣先馳至平虜營。虜果竊入戰大青口沙山灣。再日斬百七十七級。銀定頭目白奈哈與焉。

庚子。履祜嗣靖江王。

辛丑。少詹事朱之蕃爲南京禮部右侍郎。

丙午。巡撫保定右僉都御史王國疾去。

丁未。前廣西布政司參議李樂爲尙寶司卿。添註。

丁巳。大理寺左少卿劉學曾爲右僉都御史。巡撫保定。四川按察使王舜鼎爲陝西右布政使。

辛酉。雲南按察使方萬里卒。萬里。歙人。萬曆丁丑進士。授行人。拜南京河南道御史。敢直言。歷任滇蜀。人俱思之。

少詹事黃輝卒。輝字平倩。南充人。萬曆己丑進士。自庶吉士授編修。進右中允。直東宮。歷諭德左右庶子。遷今官。累推禮部右侍郎。不下。其人清正絕塵。文古勁。爲時所重。

八月壬戌朔。湯國祚嗣靈璧侯。

癸亥。虜六千騎犯遼東鎭遠堡。掠軍丁三百人。牲畜亡算。

套虜犯延綏保寧。總兵官官秉忠參將杜文煥等敗之于白土澗。斬三百五十四級及頭目十二人。

丙寅。何熊祥洪文衡爲大理寺左右少卿。

壬申。榮王翊鈐薨。

甲戌。巡撫湖廣右副都御史張問達爲刑部右侍郎。提督操江右僉都御史丁賓爲工部左侍郎。太僕寺卿林如楚爲大理寺卿。

致仕翰林院待詔瞿九思上聖壽五秩樂章二十五章。又萬曆武功錄鐃歌。

前江西道御史顧龍禎降山東濱州判官。

丙子。巡撫貴州右副都御史胡桂芳爲南京工部右侍郎。

丁丑。禮部右侍郎劉曰寧改吏部右侍郎。仍日講。巡撫山西右副都御史魏養蒙爲兵部右侍郎。

戊寅。刑部尙書趙煥改吏部尙書。前巡撫鳳陽右副都御史李誌爲南京刑部右侍郎。前大理寺左少卿錢夢得爲南京大理寺卿。

己卯釋宛平知縣李嗣善鐫一級調外。

癸未巡按四川御史彭端吾報建昌兩河黑骨猓玀作亂。

戊子董應舉爲吏部文選司員外郎。

是月京省主試。順天右庶子郭淐左諭德朱延禧。應天□諭德趙秉忠洗馬邵景堯。浙江翰林院檢討鄭以偉兵科給事中李瑾。江西檢討周如磐戶科給事中韓光祐。福建修撰張以誠戶科給事中徐紹吉。湖廣編修李胤昌戶科給事中姚宗文。河南太常寺少卿王紀戶部主事徐行可。山東吏部科給事中梅之煥戶部員外郎楊沘中。山西吏部主事郭士望工部主事王世德。陝西吏部主事趙士諤兵部主事蕭丁泰。四川兵部主事張應徵大理寺評事陳向廷。廣東戶部主事洪啓聰工部主事張國維。廣西刑部主事來斯行中書舍人沈士茂。雲南兵部主事余大成行人王尊德。貴州刑部主事王家相行人彭際遇。應天陝西湖廣俱命不即下。改試日。

河決徐州。

九月壬辰朔。吏部右侍郎劉曰寧卒。曰寧字幼安。吉水人。萬曆己丑進士。選庶吉士。授編修。進右中允右諭德。歷南京祭酒少詹事。至今官。予祭葬。贈禮部尚書。天啓初謚文簡。

東虜炒化犯大淸堡。官軍擊斬三十六級。

甲午虜三百騎犯延綏高家堡。游擊劉國鎮報千餘騎。建昌堡操守周一夔報三千餘。我兵始懼。虜大掠而去。

癸卯南京國子監學錄梁曉福等赴任違限。訊之。

吏部以辛亥京察科道糾拾大僚未得命。南疏下而北疏不下。庶僚下而大僚不下。于舊章謂何。不報。

甲辰。四川總兵官侯國弼以番人入建昌免。

丙午。前太子少保南京右都御史顧其志卒。其志字□□。長洲人。隆慶辛未進士。知長興。歷右副都御史。巡撫陝西。力劑礦稅。秦人賴之。進兵部左侍郎。總督三邊。累功遷今官。憂去。恬澹寡營。敭歷多績。予祭葬。

大學士李庭機累歲乞休。不得命。是日疏上。庚戌陛辭。竟出。

庚戌。駙馬都尉冉興讓落職。興讓夜歸邸。命開中門。故事中門乳媼主之。不即至。遂排入。乳媼梁盈女詐語。興讓醉。擊之。翌日入奏。盈女率數十人毆于東長安門。上不知也。三奏不達。且怒興讓狂率。命太監盧受問狀。繫興讓蒼頭。中宮傳旨責敎習禮部主事賈之鳳及吏科給事中曹于汴御史耿鳴雷各請上召問公主。正羣小之罪。不報。興讓挂冠長安門而去。命緹騎追之。興讓蠡縣人。緹騎訪得之于完縣葛洪山。謫大學習禮一年。老宮婢煬竈蔽明。使椒房失其寵。結褵隳其愛。舉朝之臣不足敵一婦人。亦異矣。

辛亥。許李庭機致仕。進太子太保。賜金百幣四。禮部主事朱燮芳護行。是日庭機疏辭朝。不報。

談遷曰。晉江甫相而杜門。甫杜門而五年。謂主眷如故乎。則乞休之章累百不止。哀如充耳。殆非所以優老臣也。上嘗除夕語內臣曰。今夕惟楊時喬李庭機淸寂可念。亦心重其人。奪于衆口。致成釜鬻。嗚呼。爲臣不易信哉。

通政司左通政羅朝國爲右僉都御史。提督操江。

癸丑。時淮揚鹽監魯保死。命內官監太監劉朝往驗錢糧解京。其三省歲造歸劉成。鹽課稅歸馬堂。

戊午。巡撫宣府右副都御史薛三才爲兵部右侍郎兼右僉都御史。總督薊遼軍務。山西左布政使樊東謨爲右副都御史。巡撫山西。湖廣左布政使董漢儒爲右副都御史。巡撫湖廣。山西左布政使張偲爲右僉都御史。巡撫貴州。

庚申。裁南安會昌二所吏目。

北虜五路台吉等請封卜石兎。

十月辛酉朔。始命李成名等十七人授給事中。潘汝楨等五十人各試監察御史。黃建中等三人南京給事中。郭一鶚等八人南京試監察御史。是選待命數年。

癸亥。以光祿寺誤上供日膳。奪寺卿趙健等歲俸。

南京吏部右侍郎史繼偕改禮部右侍郎。左庶子沈潅爲少詹事。纂修玉牒。右諭德孫如游爲右庶子。管理淸黃。

四川左布政使林梓爲太僕寺卿。

戊辰。南京兵部右侍郎衞承芳爲南京戶部尙書。應天府尹汪道亨爲右副都御史。巡撫宣府。

吏部文選司員外郎董應舉上言海禁。略曰。臣聞諸鄕人。向福建無販倭者。卽有之。陰附漳泉船。毋令人知。今從福州海上開洋。不十日抵日本支島。如履平地。夏出冬歸。倭浮其直以售我貨。且留吾船。倍售之。意不可測。昔齊桓公欲取恒山而貴買其械。欲收軍實而貴糴趙粟。卽倭未必然。他日駕吾船而入內海之汛。將何以識別。不爲所併乎。非獨閩憂。天下國家之憂也。

謝肇淛曰。海上操舟者。初不過取捷徑。來貿易耳。久之漸習。遂之外國。朝鮮琉球呂宋安南占城滿剌加暹羅。彼此互市。若比鄰然。又久之。遂至日本矣。夏去秋來。率以爲常。所得不貲。十九起家。于是射利愚民。輻輳競趨。以爲奇貨。而榷採之中使。利其往來課稅。便漁獵。縱令有司給符繻與之。初未始不以屬國爲名。及至出洋。可任風挂帆。飄然長往矣。往時當事雖爲之厲禁。誅首惡一二人。然中使尙在。禍源未淸也。老氏曰。不貴難得之貨。使民不爲盜。上旣責以稅課方物。而又禁其販海。其能得乎。

命中飭章奏毋汗漫瑣褻。

辛未。遼陽西路副總兵李芳春爲南京後軍都督府僉書。

癸酉。前浙江右布政使竇子偁爲福建右布政使。

丙子。左中允韓爌爲左庶子兼翰林院侍讀。左諭德朱延禧爲右庶子兼侍讀。洗馬邵景堯爲左中允。黄國鼎爲左諭德。並兼侍讀。左贊善王毓宗爲洗馬兼修撰。張以誠編修何如寵檢討周如磐爲左中允兼編修。右諭德兼侍講陳懿典爲南京翰林院侍讀學士。

御史張銓言七事。振紀綱。拔淹滯。息紛爭。杜濫竊。禁僭侈。責實政。核欺蔽。其核欺蔽曰。各邊塘報本未見寇而曰堵禦。出境本無斬獲而曰俱被鈎搭。原搗巢掩襲而虛張曰大舉入寇。望胡騎飛塵。僞報幾萬幾千。亡鏃遺矢。盡曰奪獲。官馬被擄。則曰失亡。更可嗤者。動曰胡大敗慟哭而返。夫慟哭果被搶之胡騎耶。抑被掠之男婦耶。

夜。月食。

丁丑。命纂修萬曆二十七年以後玉牒。

葉向高言。昔潞王以萬曆十七年三月十九日之國。先十六年七月間命擇日措辦。皇上前諭明春福王之國。臣謹令禮部擇吉不報。

庚辰。封卜石兎爲順義王。撦力克長孫也。其把漢比伎封忠義夫人。

順天鄉試第二人童學顔本落卷。進士鄒之麟分校互閲。搜落卷首薦。左諭德朱延禧寘第二。至是禮部左侍郎翁正春論學顔荒謬。又第五人傅皇謨失旨。參之麟而不及主房。給事中趙興邦亓詩敎論其徇庇。御史孫居相遂言科場積弊。追論庚戌事之麟以湯賓尹韓敬至交。原有所囑。而之麟誤認耳。請並詰。

壬午。龍虎將軍五路台吉進都督同知指揮同知兀慎台吉進龍虎將軍都督僉事素囊台吉進都督指揮。餘陞秩有差。以虜就封也。

甲申。諭停刑。

乙酉。南京太僕寺卿劉日升爲應天府尹。

丙戌會議庚戌科韓敬等試墨以不謹閒住。

丁亥。罷鎭守雲南黔國公沐昌祚。加沐啓元都督僉事總兵官。鎭守雲南。

戊子。惠安伯張慶臻爲後軍都督府僉書。

十一月辛卯朔。兵部考選軍鎭錦衣衞左都督王之楨都督僉事李楨國南鎭撫司指揮僉事田爾耕指揮同知駱思恭等俱免。又南京中軍都督府僉書定遠侯鄧紹。

壬辰。禮部左侍郞翁正春左副都御史許弘綱以會議科場言鄕場不及會場。□科給事中孫振基劾其畏湯賓尹韓敬也。正春等並註籍。

癸巳。蜀王宣圻薨。謚曰端。

戊戌。兵部尙書王象乾辭兼都察院右都御史●

壬寅。巡撫山東河南右□都御史李同芳李思孝罷。

乙巳。順天貢士童學顏削籍。傳皇謨罰三科。進士鄒之麟中書舍人于登藻量奪歲俸。右庶子郭淐左諭德朱延禧各奪俸六月。

禮部議。琉球所貢係倭產者。悉擕歸國。係其國產。許福建收進。給賞卽回。不必入朝。上從之。

戊申。浙江左布政使吳用先爲右僉都御史。巡撫四川。

庚戌。臨汾縣地震。

辛亥。前四川總兵官劉綎仍鎮守四川。

甲寅。總督京營寧陽侯陳應詔罷。

虜蟒全兄弟乘我兵燒荒。入國山堡。掠曹莊。寧遠參將李應選失亡官軍九十四人。

閏十一月帳朔。丁卯。禮部言。哈密等虜駐肅州幾數百人。歲糧二千餘石。又土魯番等國貢夷。除入京七十人外。尚留三百人。半居甘州。半居肅州。每人月糧一石五斗。自三十六年入貢未回。夫距京六千餘里。豈有四年不還者。宜勒回限往返三年。從之。

庚午。命順天尹禱雪。

總督宣大涂宗濬遣序班王弘憲賫封敕至塞下。卜石兎不至。

壬申。吏部奏被論各臣奉旨分別去留。除三品大臣例從上裁。如南京兵部尚書□□□禮部□侍郎史繼偕假回。吏部右侍郎王圖外。南贛巡撫牛應元。順天府尹袁奎。應天府尹劉日升。左諭德黃國鼎。俱宜回籍調理。山東巡撫李同芳宜回籍聽用。總理河道劉士忠報災不實。宜罰治。南京光祿寺卿吳華清操留用。尚寶司卿趙鵬程擬新銜太常寺少卿致仕。左諭德邵景堯在籍聽用。右庶子南師仲調南京。左諭德趙秉忠在籍聽勘。南京翰林院侍讀陳懿典在籍調理。時諸臣被論。莫適去留。部疏上。繁議始釋。

壬午。翰林院庶吉士成基命爲編修。

甲申。永康侯徐應坤總督京營戎政。

己丑。禮部言。福王府第成。請擇吉之國。有旨。預備錢糧整辦。

成國公朱純臣爲左軍都督府僉書。

十二月鎭朔。故國子祭酒傅新德贈禮部右侍郎。

兵部請嚴海禁。從之。

甲午。故巡撫湖廣梁雲龍子思春。廕入國子監。尋禮部主事田大年論其濫殺楚宗不宜廕。竟寢。

己亥。御史淩漢翀論順天貢士劉琛賄考官行人李一公。又朱良材王廷鼎喬之甲賄進士王象春。□科給事中朱奇珍論順天貢士張世偉賄進士王象春。並下法司。

錦衣衞都指揮使南鎭撫司僉書陳居恭以御史萬崇德論其刑餘冒廕。遂稱疾竟去。命免官。

壬寅。前總□□兵官王學書爲鎭朔將軍總兵官。鎭守宣府。

癸卯。吏科都給事中曹于汴爲太常寺少卿。

臨淮侯李邦鎭署府軍前衞。

光祿寺卿趙健予告。

甲辰。京師地震。

己酉。淮安大雷雨。

辛亥。順天府尹袁奎罷。奎族弟懋麒。鄉榜錄五十名。奎時提調。避嫌不錄。久之。懋麒沒。給事中余懋孳論奎有意死懋麒也。

張嘉猷嗣彭城伯。郭祚久嗣成安伯。

大理寺丞張濤爲右僉都御史。巡撫遼東。

癸丑。總督倉場孫瑋仍以兵部尚書兼左都御史。巡撫甘肅周磐爲右副都御史兼兵部右侍郎。協理京營戎政。南京大理寺卿錢夢得爲右僉都御史。巡撫河南。南京太僕寺少卿丘度爲光祿寺卿。

乙卯。徵士王穉登卒。穉登字百穀。武進人。僑于吳。入太學。工詩文。嘉靖末相國袁煒薦直史館。隱居不仕。年七十九。

丙辰。翰林院編修孟時芳爲國子司業。

國榷卷八十二

癸丑萬曆四十一年

正月紀朔。上不朝。

庚申。命遼東撫按諭朝鮮備倭。仍令海蓋道繕舟械。預爲聲援。時倭伺海上。

丙寅。禮部左侍郎翁正春請東宮開講。福王就國。瑞王婚禮。桂王選婚。年十七。不報。

壬申。南京鴻臚寺卿錢士完爲南京太僕寺卿。

癸酉。總督宣大涂宗濬言卜石兎不領封。下部議。兵科給事中趙興邦請收回成命。待其款關而後予之。上諭兵部曰。邊事但飭備。虜封遲速。豈足爲中國重輕。督撫不得要挾。急于竣事。以貽後患。

壬午。虜犯鎮番。甘肅副總兵王化中等禦卻之。斬二十餘級。

乙酉。總督河道右副都御史周孔教卒。孔教字□□。臨川人。萬曆庚辰進士。知福清。擢浙江道御史。歷今官。予祭一。

戊子。兵部右侍郎魏養蒙協理京營戎政。

二月玘朔。庚寅。初。宣城梅振祚宣祚私宦婦徐氏。諸生共攻之。督學御史熊廷弼斃訐者芮永縉于杖下。巡按御史荆養喬謂廷弼庇奸。徇前諭德湯賓尹也。疏上投劾去。廷弼辨杖之由以行劣。非發奸也。左都御史孫瑋請罷養喬。勘廷弼。從之。時言路喧囂。給事中李成名孫振基麻僖陳伯友等御史李邦華馬夢禎魏雲中劉策崔爾進李若星潘之祥翟鳳翀徐良彥主勘。給事中官應震姜性吳亮嗣梅之煥亓詩教趙興邦等御史黃彥士等。南京給事中張篤敬御史周達等駁之。上俱不問。瑋不自安。求去。

癸巳。國子祭酒方從哲爲吏部左侍郎。

大學士葉向高吏部左侍郎方從哲主禮闈。閣臣止向高。上特命之。向高言票擬未便。命仍送闈中票擬。前此未有也。

辛丑。御史劉廷元劾光祿寺少卿于玉立依附東林。翻覆風波。宜顯斥。不報。

禮科給事中曾六德以奏辨被察。□部主事李春熙江山知縣程鵬舉語侵尚書趙煥左都御史孫瑋。于是煥瑋論其撓察。謫六德香山典史。

丁未。南京國子司業溫體仁爲左諭德。

巡撫陝西南贛右僉都御史崔應祺牛應元並罷。

兵部員外郎張應徵大理寺評事陳向庭各奪俸二月。俱主試四川得王應熊。誤塡周繼昌。以卷號誤也。放榜後改正。繼昌訴于朝。被罰。

庚戌。增會試額五十人。

三月杞朔。予故後軍都督府帶俸都督同知陳承恩祭葬。承恩。仁聖太后從子。

封宣坙慶符王。

辛酉。朵顏衛頭目小忠更名脫來。福餘衛頭目伯忽孛來更名火燒赤。各授指揮僉事。賜勅。

丁卯。諡周府海陽王朝陛恭懿。瀋府定陶王胤樞懿莊。沁源王珵墀懿肅。趙府壽光王由桂昭敬。德平王載琛惠定。

癸酉。策貢士周延儒等三百五十人。賜周延儒等進士出身有差。

夜。月食。

甲戌。番猓攻鄧家灣。大殺掠。四川巡撫吳用先以聞。

丁丑。甘州涼州各設協守總兵。

甲申。諡德府淸平王常灑昭裕安陵王常瀞康僖。追封韓府敬安王世子璟琺爲韓王。諡曰簡。溫穆世孫逵祀爲韓王。諡曰莊。

乙酉。命禮部嚴覈庚戌搜卷中式十八人硃墨。先是韓敬聞住。謂不足盡。宜革秩聽勘。至是科道交論。而前禮部右侍郎吳道南上號簿。誤入賈繼春卷。繼春時知任丘。揭辨。始白。蓋搜中本賀烺。非繼春也。

革淸江廠船務提舉。以淮揚二府同知領之。

命修建倉厫。歸戶部。

四月丙子朔。庚寅。故總督尙書李汶子楨陛廕中書舍人。應襲錦衣衞指揮同知。至是原承文廕。

淮安大冰雪。

壬辰。禮部左侍郎翁正春爲吏部左侍郎。江西左布政使石應麟爲順天府尹。

兵部尙書王象乾請福王之國。有旨。親王之國。祖制在春。今踰期矣。其明春舉行。

甲午。常澧嗣上蔡王。

乙巳。建州衞奴兒哈赤以八百騎屯淸河湖市中。又合西虜瓜兒兎卜兒宰賽等二十四營同掠北關。問匿壻狀。巡撫張濤告急。

辛亥。東虜炒化糾宰賽煖兎等以三萬騎屯玉文谷。陷七臺。殺千總佟脩鳳等。我失亡五百四十八人。張濤稱堵截功。兵科都給事中張國儒駁之。

乙卯。前巡撫鳳陽右僉都御史李誌爲南京刑部右侍郎。

五月钺朔。己未。少詹事孫愼行爲禮部右侍郎署部事。

甲子。四川廣安州星隕聲如雷。

丁卯。左都御史孫瑋左副都御史許弘綱各求去。不允。仍諭吏部都察院曰。老成幾人。皆杜門疑畏。甚傷國體。今後如恣肆煩言。誣奏要譽。必罪不宥。

辛未。葉向高言福王之國。奉旨明春舉行。頃復以莊田四萬頃責撫按。如田頃足而後行。則之國何日。聖諭明春舉行。亦寧可必哉。福王奏稱祖制。謂祖訓有之乎。會典有之乎。累朝之功令有之乎。王所引祖制。抑何指也。如援景府。則自景府而前。諸王莊田並未出數千頃外。獨景府踰制。皇祖一時失聽。至今追咎。王奈何尤而效之。自古開國承家。必循理安分。爲可久。鄭莊愛太叔段。爲請大邑。漢竇后愛梁孝王。封以大國。皆及身而敗。覆轍相仍。難以枚數。臣不勝忠愛之念。不得不明言之耳。

左庶子何宗彥爲少詹事署翰林院事。

壬申。故巡撫大同右副都御史張悌贈兵部右侍郎。故南京吏部右侍郎趙士登贈右都御史。

乙亥。巡視兩淮鹽法御史徐縉芳贓至巨萬。工科給事中劉文炳論之三。縉芳再辨。署都察院事刑部左侍郎張問達言不可不問。遂下巡按訊之。

壬午。卜石兔五路台吉等始市得勝堡。

癸未。裁貴州新添衛參將。

乙酉。烏撒土舍安效良與安雲翔爭立。朝議以效良嫡裔立之。雲翔益悍。逐效良。焚劫烏撒。四川撫按吳用先彭端吾各言效良爲安雲龍從子。雲翔其從弟。親疏判然。仍立效良。姑復雲翔冠帶。報可。

丙戌。封求桂晉王。

六月孩朔己丑。錦衣衛百戶王曰乾訐奏□孔學與妖人王之詔詛呪皇太子。又刊木像聖母皇上。釘其目。語多涉皇貴妃鄭氏福王。葉向高語通政使□□□疏駁。同上之上。怒向高揭曰。乾孔學皆京師亡賴。訟刑部未竟。又擅入皇城放砲。刑部擬辟。遂譸張至此。此大類往年妖書。但妖書匿名難詰。今兩造在法司。其情立見。皇上第靜俟。勿爲所動。動則滋擾。上意解。遂不問。東宮遣取閣揭。向高曰。皇上旣不問。則殿下亦毋庸更覽。尋御史□□以他事參曰乾。下獄。

　談遷曰。妖人詛呪。是江充巫蠱之故智也。稍迹其事。衛太子之禍立見。福清以妖書爲鑒。聲色不移。而奸弁之計沮矣。故曰見怪不怪。其怪自消。

廣順義王卜石兔始受封。

戊戌。福王求食鹽。戶部以潞王例歲支本色鹽千引。外加二百引。報可。

辛丑。巡撫寧夏右僉都御史崔景榮考滿。加右副都御史。

壬寅。復□□□拜寅貢賞。先年犯南水谷停之。

謚內江王宣謬恭穆。

丙午。寧夏地震。蒲縣大蝗。

諭內閣。福王明春之國。不再待。

戊申。免湖廣鄖縣田租有差。

辛亥。廣東珠池自萬曆二十二年十二月望恩詔停採。時金吾右衛指揮倪英上章請開。于是刑科給事中郭尚賓論開採之害。不報。

乙卯。炒化乃蠻等酋連犯平虜大寧。張濤告捷。

七月盯朔。禮部請瑞王婚。時王年二十三。選淑女待期者四年。

己未。始立韓府宗學。

永折安東縣田租。

乙丑。左副都御史許弘綱致仕。

兩京江西河南大水。

丁卯。宣府大同雨雹傷稼。

總督兩廣兵部右侍郎兼右僉都御史張鳴岡爲南京刑部尙書。

戊辰。王繼芳嗣靖遠伯。

癸酉。寧夏天鳴。

巡撫浙江右僉都御史高舉劾免。舉貪鄙。南京陝西道御史趙紘論之。

是月。貴州苗賊劫鎭遠衞。官軍失利。

八月蝂朔己丑。瓊州生黎羅活等掠儋崖瓊定諸郡。合熟黎勦之。以官兵騷擾反敗。命褫知州林應材等秩。初生黎以香易土人牛。巡兵奪牛。黎忿殺數人。參將□□倖功。兵備姚善等率衆掩之。大敗。總督張鳴岡遣勦。又大敗。遂調大兵。黎走險深入。斬老弱數百級。官兵至一崖。有蘇軾碑。明示用兵之兆。亦奇矣。廣西總兵張萬化征黎先登。深入無後繼。發憤自焚死。萬化世福寧衞指揮使。歷銅山把總。溫州守備。惠潮參將。爲人洞精簡易。食糲衣粗。給米如士卒。與士卒雜戰。得海盜用之以攻他盜。他盜悉遠徙。

庚寅。葉向高屢引疾。不許。向高言閣員大僚巡撫各廢棄。候補各官上俱報聞。

甲午。始命暑讞。

乙未。濟南兖登萊東昌大水。青州大風雨。拔木發屋。

辛丑。廣西湖廣大水。

折漢川災租。免黃梅長沙湘陰善化等縣逋稅。且賑之。

乙巳。命錦衣衞釋滿朝薦王邦才卞孔時。

丁未。選翰林院庶吉士。曾楚卿葉燦陳玄暉羅喻義李國槽繆昌期孟紹虞王應熊孔貞時劉鍾英周希令姜逢元楊景辰劉鴻訓馮銓韓繼思王祚遠申廷譔暴謙貞史永安李孫定蕭命官胡胤嘉。

庚戌。趙祖芳嗣武靖伯。

辛亥。夜月犯軒轅南第五星。

壬子。增武舉三十人。

命南京五品以上官仍赴京給由。其餘免赴京考滿。

前巡撫貴州右副都御史王體復卒。體復山西太平人。隆慶二年進士。授工部主事。歷今官。予祭葬。

甲寅。虜克敖等犯遼東中後所。官軍擊斬二十級。

九月丙辰朔。建州衞奴兒哈赤遣子巴卜海入質。巡撫張濤以聞。自攻北關。越耕遼地。遣使千骨里訴舊耕地一成化某年。一萬曆二十七年。至今無異。又北關匿壻非我犯順也。願質其第七子。妾眞哥出。巴卜泰弟也。濤信之。遣官藉大成往諭。同頭目阿都千骨里等三十餘人至廣寧。兵部言眞僞難辨。留之見紿。不如遣還。從之。

談遷曰。信不由衷。質無益也。遣還質子。于策未爲失。而不救北關。徇其飾說。彼所謂鷙鳥將擊。必斂其翮。而我昧于控縱。徒爲人玩弄于股掌之上耳。

丁巳。巡撫貴州右僉都御史胡桂芳剿蜡業阿抱克之。初。普安衞指揮王嗣統追賊見殺。至是檄宣慰安堯臣兵。乃克。

遼東大水。

復故巡撫福建右僉都御史阮鶚官。補祭葬。從其子自華之請。

戊午。宣延綏寧夏甘肅之捷。延鎮斬虜五百六十有奇。寧鎮斬一百七十有奇。甘鎮斬三百三十有奇。

庚申。虜犯大寧堡。官兵禦卻之。

隆卜雙善二族番人掠田家寨。巡視陝西茶馬御史張銓以聞。初。番人歲中馬百四十四。賞幣二。茶十篦。銀牌十。西路副總兵祁德令家丁混領。致變。命貶德二級。

癸亥。總理河道工部右侍郞兼右僉都御史李景元卒。景元字□□。大名人。萬曆己丑進士。授戶部主事。歷今官。守制未任。予祭葬。

丙寅。前南京刑部尙書李楨卒。楨字□□。陝西慶陽人。隆慶五年進士。知高平。拜廣東道御史。歷今官。予祭葬。

己巳。夜月食。

庚午。虜撒勒台吉等犯楡林。總兵官官秉忠敗之。

復炒化撫賞。

辛未。兵部尙書王象乾請福王封船如往日潞王例。時通灣集快船二百二十有奇。民船四百有奇。候久資竭。人多苦之。

壬申。吏部左侍郞方從哲。前吏部左侍郞吳道南。並爲禮部尙書兼東閣大學士。直文淵閣。

乙亥。初。朝鮮國王李琿奏臣倭之枉。詔曰。朝鮮世稱恭順。朕所素知。倭奴窺伺。還嚴行修備。以絕狡謀。不必以道路訛傳自生疑累。其釜山港設市。視先年條議船數留浦日期。不得尺寸踰越。以啓戎心。

吏部尚書趙煥乞休出城。時推年例。河南道御史湯兆京以不預聞糾之。御史孫居相又糾煥。命奪居相俸六月。戶部郎中賀烺謫。

先是烏撒土舍安雲翔逐安效良。實水西安堯臣主之。至是川咀死。堯臣借追印。發兵數萬薄霑益州城下。恣掠。命兵部議其罪。

癸未。夜月犯木星。

十月乙酉朔。禁浙西人販日本。

丙戌。南京刑部右侍郎李誌爲吏部右侍郎。

戊子。許左都御史孫瑋致仕。仍以大臣徑去責之。

禮科給事中亓詩教言。今日之爭始于門戶。門戶始于東林。東林倡于顧憲成。後刑部郎中于玉立附焉。憲成自賢。玉立自奸。賢奸各還其人。而後奔競招搖。貪權布黨。羽翼置之言路。爪牙列在諸曹。關通大內。操縱閣部。朝廷大權。握于東林。三年京察。則處王紹徽。年例則處朱一桂。行勘則處熊廷弼。黨同伐異。顧憲成而在。寧願見之哉。末刺葉向高。向高奏辨。

己丑。建州衞奴兒哈赤攻北關圍金台失白羊骨十九寨。二酋告急。總督薛三才巡按張五典請援北關甚切。發火兵三百人助之。并粟菽千石。鍋六百。建人引去。

折宿松望江懷寧桐城銅陵東流當塗繁昌等縣災租。其高淳縣永折。

壬辰。以廣東稅監李鳳疾久。命內臣阮昇往。刑科給事中郭尙賓言。先年廣西稅監沒。令四川稅監兼理。今何事更遣也。不報。

丁酉。兵部尚書王象乾署吏部事。工部尚書劉元霖署都察院事。

己亥。勦四川番猓議用兵四萬。留本省額稅二年贍軍。

壬寅。太僕寺卿林梓爲通政司使。

丙午。諭內閣曰。聖母稀齡在邇。朕當親率皇太子諸王祝賀。擇次歲春三月涓吉。而外議以上藉口祝壽留福王也。禮部請期。諭如之。葉向高封還御札。力言其不可。

十一月[illegible]朔。己未。錄甘肅麻山湖功。進總督周磐兵部尚書。廕錦衣衛千戶。總兵柴國柱廕副千戶。錄延綏響水保寧功。進黃嘉善太子太保兵部尚書。廕錦衣衛指揮僉事。涂宗濬進兵部尚書。廕錦衣衛百戶。劉敏寬兵部左侍郎。廕錦衣千戶。張承胤官秉忠俱都督同知。廕本衛副千戶。餘陞賞有差。錄寧夏黃河毛貴步口斬獲銀定功。進崔景榮兵部右侍郎。廕錦衣衛百戶。

庚申。巡撫遼東右僉都御史張濤劾免。下所部議。

進葉向高少保兼太子太保戶部尚書武英殿大學士。廕中書舍人。

辛酉。右庶子兼翰林院侍讀顧秉謙爲少詹事兼侍讀學士。右諭德兼侍讀學士周道登盛以弘丘禾實爲左庶子兼侍讀。洗馬兼修撰王毓宗劉一燝南京國子司業顧起元爲左諭德兼侍講。左中允兼編修何如寵周如磐張以誠爲右諭德兼侍講。龔三益爲右中允兼編修。檢討薛三省錢象坤鄭以偉爲右贊善兼檢討。

壬戌。命百官禱雪。

前少詹事兼翰林院侍讀學士全天敍卒。

前兵部左侍郎賈應元卒。應元字□□。遵化人。嘉靖壬戌進士。授工部主事。歷右僉都御史巡撫大同。加今官。予祭葬。贈兵部尚書。

增南畿湖廣學道各一。南畿于西自廬池鳳陽寧國太平應天安慶滁和廣德爲一。東自徐淮揚鎮江常蘇松爲一。湖廣分洞庭爲界武昌漢陽黃承天德安荆岳鄖陽襄陽爲一。其南常德長沙衡辰永寶慶爲一。

壬申。長至日御馬太監邢洪毆巡城御史淩漢翀于朝。洪侵馬料斃人。騰驤四衞千戶蘇應詔等訴于漢翀。逮治其校人。故衡漢翀。復羣譟獄門欲奪校人。事聞。御史兪誨李徵儀李淩雲等乞嚴訊。不報。

己卯。定襄縣天鳴地震。

是月。虜銀定歹靑等犯西邊。官軍共斬一百五十五級。

十二月甲申朔。蠲南畿萬曆十五年至十八年漕折積逋。

庚寅。進葉向高少傅兼太子太傅吏部尙書建極殿大學士。廕尙寶司丞。

定福王明年三月二十四日之國。

辛卯。時臺省分門戶交攻。御史湯兆京孫居相周啓元李邦華等皆以東林。而姚宗文劉廷元官應震吳亮嗣田一中等攻之。戶部郞中李朴爲東林不平。論科道結黨黷貨。于是葉向高爲解。降朴三級調外。仍戒諭科道。御史潘汝禎李□□禮科給事中周永春等請勘庚戌場弊。以湯賓尹分閱易二房。隔房搜中十七人。韓敬王濴孫枝芳王宇王沆馮汝京丘兆麟陳應元趙昌期楊嗣昌馬呈德夏嘉遇朱童蒙史孔吉楊之璋俱文優。亡論。周士皐文劣已沒。亦亡論。惟兩房互易者分別議處。時諸人竝仕。且給由而追衡其文。前未有也。

癸巳。補給老撾軍民宣慰司印。

丙申。福王請減莊田。從之。定額二萬。

壬寅。太僕寺少卿張應聘爲右僉都御史。巡撫寧夏。山西左布政使郭光復爲右副都御史。巡撫遼東。廣西左布政使黃承玄爲應天府尹。

甲辰。虜犯寧遠。參將郭有中百戶劉國明死之。後贈有中都督僉事。國明指揮僉事。立祠。

丁未。皇太子元妃郭氏薨。

庚戌。國子司業孟時芳爲右春坊右諭德。署翰林院事。

欽州澌凜營把總譚三達入安南稔車山開釁。旋定之。

是年。宋儒羅從彥李侗從祀孔廟。

李之藻曰。羅李二儒位列楊龜山之下。似也。但元晦受業于延平之門。伯恭仲默亦皆後輩。西位躐羅李。幷躐龜山。分義尙乖。必須更定。

雲南宜良諸生梅友竹無賴。見逮。購嶲甸賊攻縣。知縣龔著拒卻之。殺友竹于通海。賊爲沐氏莊丁。歲流劫。

甲寅萬曆四十二年

正月鉀朔。上不朝。

己未。享太廟。

庚申。日講官領詹事府事禮部左侍郎兼翰林院侍讀學士翁正春歸省。

山西按察副使許維新爲尙寶司卿。光祿寺丞添註陸彥章爲少卿。前御史嚴一鵬爲大理寺右寺丞。

巡撫河南右副都御史錢夢得卒。夢得字□□。桐鄉人。萬曆癸未進士。知鄢陵。拜山西道御史。歷南京大理寺卿。晉今秩。未任卒于家。予祭葬。

辛酉。前巡撫遼東右僉都御史張濤奏。建州衞奴兒哈赤訴北關匿其婿台卜吉絕婚。開原人不當助之。其語亢。向不入內地。一旦率其子抵撫順關。託備禦官李永芳以聞。

癸亥。設寧夏古水井守備。先是松山既復。流民漸聚。而河凍虜輒馳擾。寧夏中衛不及援。兵部酌要地以守之。

乙丑。南蠻番猓平。總兵劉綎自桐槽進師。大小五十六戰。斬三千二百三十六級。

丁卯。邊餉乏。戶部會議請借內庫金花銀。戶科給事中官應震言。內庫則承運庫爲最外庫。卽太倉也。承運庫歲貯土官子粒銀四萬九千四百三十三兩。又夏秋米麥共折金花銀一萬二千七百二十九兩七錢零。太倉四百餘萬兩。其邊餉則三百八十九萬有奇。然而內帑之卽爲外儲也。子粒金花之原爲邊餉也。世宗朝金花銀子粒銀俱貯太倉充餉。不知何年移內。請仍還其故。不報。

己巳。禮科給事中余懋孳請覈積逋。裁冒濫。不報。

甲戌。慈聖皇太后不豫。

丁丑。命催兩淮運司等逋課。

戊寅。南京工部右侍郎胡桂芳改工部右侍郎兼右僉都御史。總理河道。提督軍務。太常寺少卿提督四夷館添註劉一焜爲右僉都御史。巡撫浙江。通政司右通政梁見孟河南左布政使。梁祖齡南京太僕寺卿。錢士完四川布政使。徐成位俱爲右僉都御史。巡撫湖廣河南山東雲南。前太常寺少卿史孟麟補原官。提督四夷館。

二月癸未朔。甲申。總督陝西三邊軍務兼理糧餉右副都御史兼兵部右侍郎黃嘉善爲兵部尚書。協理京營戎政。南京吏部尚書鄭繼之改吏部尚書。

丙戌。兵部左侍郎魏養蒙錦衣衛都指揮使梅國林護送福王。

己丑。太常寺少卿陳禹謨爲太僕寺卿。

辛卯。慈聖宣文明肅貞孝端獻恭熹皇太后李氏崩。

癸巳。撫治鄖陽右副都御史衞一鳳爲南京兵部右侍郎。

甲午。頒遺詔曰。予以涼德。獲侍穆宗莊皇帝于潛邸。敬共夙夜。罔懈于中。幸誕育今皇帝。沖齡踐阼。在宥四十餘年。天下臣民。頌太平之庥者。咸歸功啓祐。予實有榮施焉。尊養並隆。福履純備。嘗以享受太過爲懼。茲者遘疾灝危。皇上齋居露禱。竭盡孝誠。顧命數已定。予亦怡然大還。其何怛化之有。今宗社乂安。政務修舉。封婚諸大典。皆有定期。翼子貽孫。復何顧慮。惟念皇帝大孝。超越古今。不無過于哀痛。良軫于懷。當順變節哀。靈承帝眷。親賢圖治。永保鴻基。皇太子亦宜乘時進學。無忝元良。大小臣工。相與輯睦。以事皇帝。是皆予惓惓之至念也。所有赦罪卹災等事。予已親屬皇帝另詔施行。云云。時葉向高以楚宗殺撫臣前罪當死。論謀反非實。當赦。啓上入遺詔中。

丙申。南京戶部右侍郎兼右僉都御史總督糧儲趙欽湯卒。欽湯字師商。解州人。隆慶二年進士。知掖縣。進戶部主事。歇歷中外四十餘年。並有令聲。于總儲尤著。年七十九。贈戶部尙書。予祭葬。

丁酉。許魯府以渶襲滋陽王。

癸卯。故遼東寧遠參將郭有中贈都督僉事。百戶劉國明贈指揮僉事。立祠。以禦虜死。

甲辰。刑部訊壬子劉琛賄有狀。朱良棟罰三科。張世偉削籍。俟三科後聽復試。房考王象春如鄒之麟例。于任日降用。

己酉。議築遼東邊墻。巡撫張濤請之。下所司。

命出倉米五萬石。賑畿內。

庚戌。上孝定貞純欽仁端肅弼天祚聖皇太后尊謚。辛亥。頒詔。

太僕寺少卿李時華爲太僕寺卿。轄東路。

三月聧朔。乙卯。山西按察使陳所蘊爲南京太僕寺少卿。添註。

丁巳。賜故兵部員外郎楊繼盛追葬。

庚申。順義王封貢成。進總督涂宗濬太子太保。餘加敍有差。

談遷曰。卜石兔弛命。意非有躙林之會。細柳之窺也。適胡嫗死。五路台吉恃所部強。躑躅旦夕。脅我金繒耳。亟之取侮。緩之取弭。一時過于張皇。幸涂宗濬御得其道。亦制閫之常。賞浮于功。所以勸邊臣者殷殷矣。

大理寺卿林如楚爲工部右侍郎。

辛酉。工部尙書劉元霖卒。元霖字□□。任丘人。萬曆庚辰進士。知安陽。進吏部主事。歷今官。仕籍三十餘年。饒有丰采。予祭葬。贈太子太保。

甲子。福建稅監高寀在閩久。怙惡通倭。抑勒行戶不予直。福州人激怒。圍其署。寀出火箭射焚民居。亡算。所殺傷百十人。巡撫袁一驥不應。寀寀策馬挾劍。蒼頭橫刃突入撫署。鈐閣軍衞遽散。手拉一驥步行市中。劫副使李思誠。僉事呂純如。都司趙庭張鶴翀等爲質。明日同知陳豸爲代。乃還諸公。

辛未。減陝西織造羊絨袍服三分之一。

許鑄唐府德安王器墹印。

乙亥。巡撫延綏兵部右侍郎兼右僉都御史劉敏寬總督陝西三邊軍務兼理糧餉。河南左布政使許汝魁爲南京光祿寺卿。南京太僕寺少卿添註汪以時爲南京太僕寺卿。

左庶子兼翰林侍讀鄧士龍爲國子祭酒。

丙子。福王常洵之國。中宮例有戒敕。而皇后寶前燬。命刊木代之。時舟千一百七十二艘。從卒千一百人。故宣德時。鄭淮荆慶梁五王之國。各舟三百。成化時。德秀吉崇徽五王之國。各舟七百餘。興岐二王各舟九百餘。挽卒數萬。景王從官二十七人。校尉六百人。卒千人。今加潞王舟二百四十八艘。潞王莊田畝徵一分。今畝三分。

談遷曰。寵王就國。中外交爲東宮幸。如釋重憂。又長慮之臣有梁孝王入朝之危。給諫魏大中求奉使過其邸。謂王易與耳。無可慮也。噫。食味忌甘。馳坂忌峻。雒陽居四達之地。積愛生汰。見妬造物。或有繇乎。

丁丑。勘韓敬關節時惡湯賓尹苛及敬

庚辰。日色黃赤如赭。

是月。虜犯平虜等堡。官軍拒卻之。

建州衞奴兒哈赤復墾前罷耕地。開原參議薛國用力請驅逐。會巡撫郭光復新任。援兵踵至。朝廷發三十萬金募兵。而光復遣佟養性往怵以利害。復遵約退地。定界。國用又議併三岔撫安柴河靖安及白家衝松子爲界。巡按御史翟鳳翀助之。于是依界鐫碑。番書或盜漢馬。僇之于碑下。示恭順。

四月癸朔。甲申。許德府由梟嗣淸平王。

丙戌。詔曰。朕以聖母違和。日夜問視。竭誠祈禱。願移眚于眇躬。恭承慈諭。內外輕罪。宜事赦除。災傷錢糧查行蠲免。朕方詔所司奉行德意。而仙馭遽昇。徽音遂邈。仰追遺訓。益愴于懷。爰沛非時之恩。用慰在天之念。所有條款開列于後。云云。於戲。孝惟錫類。普天沾覆露之恩。善則稱親。薄海頌慈雲之庇。布告中外。咸使聞知。

癸巳。許由櫟封永年王。鑄印。

己亥。諡慶府壽陽王倪𡢃僖憲。晉府寧化王愼鑿溫裕。周府汝寧王在吟僖順。韓府咸陽王璟漫康僖。

甲辰。令百官禱雨。

五月壬朔。甲寅。葉向高言。祖制。凡母后神主神位並不書太。蓋臣子尊稱之曰太。若神主神位列于帝側。于禮未宜。臣等謹遵故事。題孝定貞純欽文端肅弼天祚聖皇后。從之。

酉刻。雷震燬密雲楊窪臺樓。

御史董定策言本朝道學。薛瑄外。霍州學正沔池曹端。戶部主事河南龎時熙。吏部主事新安孟化鯉。宜祀于其鄉。不報。

乙卯。夜大雨雹。

丁巳。安南都統使黎維新入貢。

壬戌。大學士葉向高方從哲及給事中郭尙賓各劾福建稅監高寀。不報。

丙寅。存問前大學士申時行沈鯉。

己巳。雷火燬永平石灰墩臺。

己卯。潞王翊鏐薨。年□十□。謚曰簡。

六月壬朔庚寅。孝定皇太后梓宮發引。甲午。祔昭陵。

戊戌。太常寺丞趙一鑑以夕奠梓宮遲至。奪歲俸。內官監某受把總李貞等四百餘金。募市丐應役。致梓宮徐行。下李貞等法司。下內官于司禮監。

召高寀還。稅歸江西潘相。并免承天守備太監杜茂。

七月辛朔癸亥。諭釋輕繫。

己巳。南京大理寺卿劉士忠卒。士忠字□□。華州人。萬曆甲戌進士。授眞定推官。擢江西道御史。著聲。歷右僉都御史總理河道。轉今官。予祭葬。贈工部右侍郎。

前少師兼太子太師吏部尙書建極殿大學士申時行卒。時行字汝默。吳人。嘉靖壬戌進士第一。授翰林修撰。歷今官。敕使存問未至。年八十。予祭葬。贈太師。謚文定。

辛未。貴州新添平越叛苗平。

是月。辰沅苗作亂。

八月辟朔。丁亥追封朝鮮國王李琿生母爲次妃。

辛卯前太子太保吏部尚書孫丕揚卒。丕揚字□□。富平人。嘉靖丙辰進士。授行人。拜浙江道御史。進大理寺丞。論去已薦起右僉都御史巡撫保定轉右副都御史。論去。調南京。起應天尹。歷南京右都御史。予告起刑部尚書改吏部再任。素砥名節。數被毀。終不少變。予祭葬贈太保謚恭介。

甲午。罷禮部右侍郎孫愼行。愼行拜疏去。上切責之。方從哲請許回籍。

乙未右春坊右諭德兼翰林院侍講劉一燝顧啓元爲右庶子兼侍讀。左春坊左諭德王毓宗爲右庶子兼侍讀。檢討趙師聖爲右贊善兼檢討。

戊戌太子太保兵部尚書王象乾致仕。

少詹事顧秉謙爲禮部右侍郎。協理詹事府。教習庶吉士。

癸卯大學士葉向高致仕。進太子太師。

丙午。總督宣大軍務太子太保兵部尚書兼右副都御史涂宗濬召還兵部。巡撫湖廣右副都御史李德陽爲南京工部右侍郎。太僕寺少卿添註馬從聘廣東左布政使林□山西右布政使曹愈參陝西右布政使張鶴鳴並爲右僉都御史巡撫廣西雲南貴州。太僕寺卿陳禹謨爲右僉都御史。撫治鄖陽。廣西左布政使林□廈爲右副都御史。巡撫廣西。

少詹事孫如游爲詹事。□□沈潅爲南京禮部右侍郎。南京國子祭酒蔣孟育爲南京吏部右侍郎。

貴州鎮箪等處紅苗恣掠。

九月胧朔。吏部奏列廢謫待起諸臣。不報。

辛酉。大學士方從哲請召舊輔沈鯉。不報。

癸亥。吳崇禮爲兵部左侍郎兼右僉都御史總督宣大山西軍務兼理糧餉。

甲子。夜。月食。

丙寅。許由權嗣舒城王。常澧嗣安東王。

福王奏貨賣欽賜食鹽。吏科給事中姚宗文言其不可。不報。

丁卯。武昌地震。

庚午。諭停刑。

山西河南地震。

甲戌。總督陝西三邊黃嘉善奏猛克什力諸虜犯懷遠保寧。官軍擊斬二百二十餘級。

十月䑢朔。南京戶部尙書衞承芳改南京吏部尙書。

己丑。趙祖芳嗣武靖伯。

甲午。效銘嗣沁源王。

前南京通政司使徐申卒。

辛丑。論平緬夷功。

丙午。陝西道御史劉廷元論宣大總督涂宗濬遣官邀貢。使避難躁進。遂拜本兵。

十一月配朔。予故應天巡撫陞兵部右侍郎劉應麒祭葬。

庚申。立太山天仙金闕碑。

癸亥。許榮世子常滚嗣榮王。

乙丑。夜火星逆行柳宿。

陝西道御史劉廷元參李三才占廠盜皇木等不法。今結內侍起官。不報。

協理京營戎政兵部尚書黃嘉善進太子太保。

丙寅。河南道御史劉光復參李三才擅用皇木起宅。侵東廠地百餘畝。時給事中劉文炳姚若水官應震御史劉弘元潘汝楨等交論之。俱不報。

丁卯。戶科給事中姚宗文等以福王請蘆洲。請故相田地。且請立馬店鹽店炭廠竹廠山場等廠。今幷食鹽而欲貨賣矣。宜申諭遵守成法。毋惑羣小。

十二月躬朔。吏部右侍郎李誌爲左侍郎。

壬午。薊鎮總兵官蕭如薰罷。

癸未。許淮府翊鑨嗣富城王。

丙戌。許益府由桱封嘉祥王。

乙未。前都督同知甘肅總兵官張臣卒。臣字□□。榆林衛人。起健兒。累功至大將。嘗戰棒槌崖。斬級獨多。議者抑之。語次至泣下。年八十七。子承胤。

廣西歸德州土目黃餘率狼兵千餘爭羅定田屯種村落。不數日。衆至二千。恣掠。官兵大集而遁。

癸卯。夜月掩心宿火星。

甲辰。左庶子兼翰林侍讀韓爌爲少詹事兼侍讀學士協理詹事府。纂修玉牒。右贊善兼檢討張邦紀爲右諭德兼侍講。清理貼黃。

乙巳。故祿豐知縣蘇夢暘贈光祿寺少卿。廕子入監。立祠。故嵩明州吏目韋宗孝贈嵩明州同知。廕監。故嵩明州學正龍旌贈國子監博士夢暘封川人歲貢。
禮部右侍郎兼翰林院侍讀學士協理詹事府教習庶吉士顧秉謙歸省。
建州衞奴兒哈赤以五百騎叩關訴北關負婚。
是月廣東崖州黎作亂總督張鳴岡分兵剿平之已貴州道御史魯之賢劾其招寇媢瓃。謂諸黎不足兵也。

乙卯萬曆四十三年

正月軷朔上不朝。
辛亥昌平總兵官計輔寧夏總兵官姚國忠甘肅總兵官王允中俱劾免。
丙辰禮部請瑞王婚禮禮科給事中姚永濟亦言之並不報。
己未趙王常淸謚曰穆蜀王宣圻謚曰端。
壬戌前戶部尙書趙世卿卒。
甲子命兵科給事中吳亮嗣往勘李三才盜木占廠事亮嗣報其實下其舍人法司時攻三才甚衆而所居實常材云。
乙丑時福府承奉徐進丈田山東擾民巡按御史趙日亨乞令有司畝徵三分輸府奏上如故。
山西稅監張忠死歸稅內官張燁。
福建右布政使竇子偁罷初高宷之變子偁行至節鎭坊不入轅門兵科給事中吳亮嗣論其幸禍子偁遂決去。
戊辰鞏昌地震。

議築蕭山縣捍海石塘。

禮部署部事右侍郎何宗彥言代府鼎渭實非濫妾子。鼎莎實非嫡子。今宜正其名。不報。

壬申。總兵官李懷信鎮守甘肅。杜文煥鎮守寧夏。白愼修鎮守山西。劉國光鎮守居庸昌平。皆以原官。

甲戌。翟昌地震。

閣臣請東宮講學及瑞王婚。

丙子。前少師大學士沈一貫卒。一貫字肩吾。鄞人。隆慶戊辰進士。選庶吉士。授編修。直講官。歷諭德庶子少詹事。進禮部右侍郎。改吏部。憂去。起禮部尚書。直東閣。累加少師兼太子太師吏部尚書建極殿大學士。始善屬文。負時名。及在相。好順旨取容。于妖書楚獄。尤不愜人意。遂損厥望。而斂飭子弟。尤存敬畏云。予祭葬。贈太師。諡文恭。

丁丑。王應麟爲右副都御史。總理糧儲。提督軍務兼巡撫應天。

二月戊寅朔。己卯。揚州地震。

詹事孫如游爲禮部右侍郎兼翰林院侍讀學士。署院事。同劉楚先教習庶吉士。

壬午。太僕寺卿劉曰梧爲右僉都御史。整飭薊州邊備兼巡撫順天。

南京四川道御史汪有功言福府內侍李進忠擅祭告孝陵。不報。

癸未。泰州地又震。

甲申。南京署兵部事工部尙書丁賓。以南京衞所官入京襲職苦費。其官皆國初世臣。且貼黄在南京。不同外衞。請臣部勘結。會官比試。類奏移咨兵部。候襲。從之。

乙酉。總河侍郎胡桂芳疾去。

南京戶部右侍郎總督糧儲趙欽湯爲戶部尙書。

貴州仲苗劫掠殺指揮楊可久百戶劉應武。

甲午。巡撫雲南右僉都御史周嘉謨六年考滿加右副都御史。

丙申。巡撫甘肅右□都御史荆州俊爲刑部右侍郎。

壬寅。雲南雲州土官改設流官。

甲辰。虜銀定犯甘肅紅沙堡。

是月。益王常遷薨。謚曰敬。

三月灯朔。建州海西衞奴兒哈赤等入貢。建州日強。每入貢。千五百人。橫索車價。毆驛卒。當事裁之。令在邊給賞。至是止十五人。

戊申。有星晝隕滈豐縣之東流村。入地尺有五寸。聲如雷。

辛亥。浙直織太監劉成死。遣內官呂貴收其稅課。

壬子。天津地震有聲。

巡撫福建右僉都御史袁一驥言。琉球貢限十年。旣癸丑修貢。昨冬十一月遣蔡堅貢馬。違命勒還。

丙辰。命順天尹禱雨。

遼東總兵官張承胤疾免。

戊午。予故吏部右侍郎李尙思祭葬。贈兵部尙書。

己未。命陝西參政分巡寧夏河西二道各攝本鎭學政。

壬戌。故遼陽參將吳希漢下獄。萬曆丁酉十一月。虜犯遼瀋失事。至是凡十八年。案未結。且謀起官被糾也。

甲子。楊桂以原官充總兵官鎮守臨洮。

改福府食鹽于長蘆。

己巳。修胡良亘馬二河橋。

癸酉。虜犯燕河路。

己卯。虜犯曹路。

四月玎朔戊寅石首縣雨雹有大小紅黑。

辛巳。許留山東稅銀之半賑青登萊饑民。

壬午。宣府黃花鎮柳溝大火。

癸未掖縣有鴉銜火燬海神廟。

諭修靈應宮。部科執奏上以先太后意不聽。

庚寅福府隨校八百人譁于河南東門蓋千戶龔孟春嗾之也。巡按御史張至發以聞。

巡撫福建右僉都御史袁一驥罷。

蜀王奉銓府殿災。

丁酉。虜犯薊鎮馬蘭谷。

己亥兵部左侍郞崔景榮署部事攝京營戎政。

甲辰前協理京營戎政兵部尙書舒應龍卒應龍字□□全州人萬曆壬辰進士知□縣進□部主事歷今官。

刑部□侍郞張問達攝都察院署印。

五月辆朔前南京禮部尙書王弘誨卒弘誨字□□瓊州安定人嘉靖乙丑進士選庶吉士授檢討歷編修司業

祭酒。南京吏部右侍郎。改禮部。進尙書致仕。年□十□。予祭葬。

丁未。巡撫山西右僉都御史吳仁度請給貧宗祿糧。

戊申。大學士吳道南入朝。

己酉。封侯拱宸駙馬都尉。

京師風霾。

傳制册封諸王。

薊人張差業販薪。內臣龐保劉成奉鄭貴妃命作鐵瓦佛殿于通州。陶瓦數負其薪。直致狂疾。持梃入慈慶宮門。傷閹人李鑑。徑至前殿階。內侍韓本用等收送東華門守備指揮朱雄。蓋東宮侍衞落落。宮門僅老閹二。儀門虛無人。殿上纔七八人。差欲叩閽訴二璫。不知爲誤入東宮也。

辛亥。巡視皇城陝西道御史劉廷元奏。張差語言顚倒。似風癲。但宮門何地。守衞何任。尙可勿窮治乎。

乙卯。刑部訊張差。論死。時郎中胡士相岳駿聲趙會禎勞永嘉。

予故刑部右侍郎沈一龍祭葬。

巡撫宣府右副都御史汪道亨滿考。加兵部右侍郎。

戊午。刑部主事王之宷言。臣今十一日飯囚。見張差非風癲也。臣問之。云薊人馬三道李守才嗾。從內臣某入京。飯某家。俾我梃入宮門。覬富貴。乞廷鞫。其情立見。不報。

己未。司禮監左監丞張時改內官監右監丞。提督太和山。兼分守湖廣行都司。

辛酉。戶部郎中陸大受言。青宮何地。男子何人。幾驚儲蹕。臣子所不忍言。乞皇上大奮乾綱。務窮首惡。消邪謀。疏語有奸戚。蓋指鄭氏。上惡之。不報。都督鄭國泰亦揭辯。

壬戌。有豕妖見遼東白塔峪堡。

刑部再訊張差。如前律。時王之寀奏出。輿議藉藉。御史過庭訓檄薊州知州戚延齡按之。報風癲確甚。有刑曹過右庶子鄭以偉語時論相左。以偉曰。事涉親王。俱廷臣公勘候上裁。今日何等事。而以西曹擅自臆決。違制多矣。尚論意見之枘鑿哉。

乙丑。再訊張差。其嗾從內臣則修鐵瓦龐保。其飯于內臣則劉成也。請下二人法司。

遼東長寧等堡自三月來火五作。焚壞亡算。

套虜猛克等千餘騎犯延綏波羅堡。

己巳。諭增東宮護衛。詰奸宄。

辛未。諭內閣以張差事下法司究主使。毋株連亡辜。

工科給事中何士晉言。張差梃擊事。關宗社安危。旬日以來。似猶泄泄。豈王之寀果無故發其難端耶。不報。

癸酉巳刻。上詣慈寧宮告慰孝定皇太后几筵。徧召廷臣入。上練冠練袍西向。太子玄冠青袍侍。皇孫三敍立階下。上諭曰。瘋人梃擊于朕。何與外議紛紛。爾輩誰無父子。乃欲離間我乎。適見刑部郎中趙會禎獄詞。止磔張差龐保劉成。餘無辜毋波及。遂手太子示羣臣曰。此子極孝。我甚愛之。爾等有子長大。獨無愛乎。御史劉光復後至不及聞。輒大言陛下極慈愛。皇太子極仁孝。上怒其率。呼緹校何在。無應者。令內臣收之。梃擊交下。上戒毋妄箠。令直廬待命。方從哲請霽威。勸皇太子皇孫就學。上曰。朕固知之。以大喪未便也。因手太子曰。若自六尺孤以至今日。朕寧有他意。天性至親。祖宗聖母俱所深鑒。且福王距此二千里。彼能翼而至耶。太子請亟誅張差。毋株累。且曰。外議紛紛。爾輩為無君之臣。俾我為不孝之子。何也。上諭廷臣。爾輩聽太子言否。乃退。下光復刑部獄。大學士吳道南自登第後未見上。至是惶怖失措。蓋王之寀疏上。舉朝喧然。謂國戚有專諸之意。

皇貴妃亦危懼。訴于上。命往東宮自白之。貴妃見東宮。辨之甚力。太子遂奏懇上出見羣臣。明其事。

葉向高曰。先皇在位僅一月。實錄所載。多潛邸事。脫草日予與同官互閱。皆以爲允。自予歸後。言者閧然以梃擊進藥移宮爲非是。得旨改正。予思移宮事原未敍。及其敍進藥亦甚平。惟張差事因王之宷疏侵張太宰。予偕同官往問張曰。此事之發。生輩皆里居。不及知其詳。公親讞此獄。虛實云何。張曰。謀逆事眞。之宷所發覺無一不實。某當時讞奏皆與之同。何以罪我。予又問風癲云何。張曰。此飾詞也。安可梃入宮門而稱風癲者。予與同官共聞。朝議亦皆如是。故實錄稍採其說。而詞亦委婉。乃當時之言風癲者遂眈眈矣。問官如岳駿聲遂上疏力駁。時局已變。無出片詞。言官從風而靡。皆附會駿聲。而之宷被重譴矣。予念事關宮闈。似屬曖昧。但罪疑惟輕。施于他事。東宮何地。而持梃突入。賴中官格之耳。萬一進而不止。跬步間便成大難。可但以風癲蔽罪乎。當王曰乾告變云。劉成龐保有謀。今復與之同。似又不出于癲者之口。神祖斃二閹禁中。亦聖意淵微。可以默喻也。

徐時進曰。劉侍御勃勃不良。賓對。其區區私悰。願吐而未達。久繫法司不蔽罪。可念矣。主上臨百官。挈其子若孫。與百官公見之。君臣父子。喜起一堂。盛事也。閹爲侍御代奏。或少更語激怒。上皆不可知之事。誠無策而處于此。易稱納約自牖。要必伺其事會。豈以今日需才亟亟。便得借此爲挽哉。

談遷曰。余嘗詢遊人。俱云張差狂疾。修怨于龐保劉成。奮其梃。非有專諸莽何羅之計也。王之宷筮宰清苑。聲望不著。視獄時鈎張差隱語。則銜二璫刺骨。故甚其口。意主于鄭氏。非竊鈇之疑乎。彼二璫雖翊坤宮之重闈。果有異志。莽之酖酒。冀之毒餅。不妨深祕。乃藉手外人。覬不可成之事哉。卽梃而售。皇孫之齒長矣。福邸無可躐進。又何利焉。故謂張差謀逆。愚未敢以爲然也。總之闌入東宮。風癲死。不風癲亦死。無事深文。景泰中立皇太子見濟。是日有妄男子盡擊儀仗。豈彼亦甘心于太子乎。何諸臣之未參考也。

甲戌。張差伏誅。

夏允彝曰。張差處分之法。不過始則嚴訊之。繼則以二璫及差結局。所謂化大事爲小事也。一時擾擾。紛爭其曲。豈可偏坐哉。

乙亥。司禮太監李恩同廷臣訊劉成龐保于文華門。未承。東宮傳諭以仇誣輕之。

初。北關白羊骨有老女。東西夷求之。皆不可。至是許㜸兔子莽骨兒大。欲藉其援也。邊臣諭止。不聽。建州衞奴兒哈赤深憾之。以兵三千屯南關。懼我撫順清河之犄其後。卒伏不動。

日本原家康以兵三十萬攻平秀賴於大坂。秀賴敗。入保內城。家康鑿地道放火。秀賴等死之。因分據其地。收六十六州。

六月丙子朔。刑部請出龐保劉成外訊。上以龐保厚鄭進。劉成原名登雲。與張差所供異。且皇太子奏貸。毋再外訊。時保成下司禮監訊問。

丁丑。諭內閣以龐保劉成拷死。其馬三道等刑部速具獄。

閣揭救劉光復。不允。

命百官修省禱雨。

庚辰。兵部議遼東參將祖天壽獵曹莊致蟒金等會入犯。殺擄六百五十餘人。喪卒二百二十餘人。

辛巳。景東府地震。越三日又震。

癸未。遣大臣禱雨郊壇社稷。

丙戌。諭吏部都察院戒科道徇情市恩。

戊子。刑部擬馬三道李守才孔道俱流。李自強李萬倉俱笞。獄上從之。

江西左布政使李長庚爲順天府尹。閔廷申章嘉禎爲左右通政。劉汝康爲南京太僕寺卿。

庚寅。册瑞王妃劉氏。

浙江江西福建湖廣山東山西河南廣東四川各增解額五人。廣西三人。雲南貴州各二人。南京增諸生解額七人。監生二人。北京增諸生解額六人。監生四人。上更益南京三人。浙江二人。

工部主事葉大受監修胡良巨馬二橋帑金四萬。署部事林如楚言其節省若干。上以沽名謫大受。

辛卯。刑部擬劉光復杖贖。上怒。奪侍郎張問達俸二月。司官一年。因擬大不敬論死。

右庶子劉一燝爲國子祭酒。顧啓元爲南京國子祭酒。右副都御史蔡應科爲南京右都御史。前巡撫右僉都御史□□□爲南京大理寺卿。

前少保兼太子太保禮部尚書文淵閣大學士沈鯉卒。鯉字□□。歸德人。嘉靖乙丑進士。選庶吉士。授□□□□□□□□□□□。歷今官。性狷潔。忤同官沈一貫。見內臣未嘗與交言。投刺屢被誣搆。侘傺以歸。年□十□。無子。予祭葬。贈太保。謚文端。廕尚寶司丞。

山東布政司登萊道參議姜志禮奏。今五月二十日。福府莊田二萬頃。派河南湖廣山東。承奉徐進徵租登萊。恣肆狂擾。自國初以來。封王子弟有莊田二萬頃跨連三省者乎。瑞王惠王桂王倘以例請。與之乎。抑拂之也。上怒。降廣西府兵備僉事。

庚子。寧夏地震。

吏部左侍郎敎習庶吉士劉楚先爲禮部尚書兼翰林院學士。攝詹事府。仍敎習。尚寶司卿許維新被言。調南京。

壬寅。命釋輕繫。

癸卯。追封崇世子常津爲崇王。謚曰昭。

甲辰。前禮部尚書兼翰林院學士陳經邦卒。經邦字公望。莆田人。嘉靖乙丑進士。選庶吉士。授編修。隆慶中。充東宮講讀。萬曆初轉諭德。進侍讀學士。署院。進禮部右侍郎。轉吏部左。癸未改詹事府。敎習庶吉士。亡何進今官。自爲史官至正卿。皆直講。壽宮之役。輔臣與言某某說。時春命覆視。不盡如輔臣指。因被言致仕。年尚未艾。林居三十年。年八十。予祭葬。贈太子少保。

臨汾天鳴。

是月。全椒大水。畿內旱。

七月。辆朔。翰林院編修公鼐爲國子司業。汪煇爲南京國子司業。

己酉。發倉粟七萬石賑畿內。時東安饑人晝奪。

辛亥。應天府尹黄承玄。陝西左布政使分守西寧道□□□爲右副都御史。巡撫福建甘肅。大理寺丞王士昌爲大理寺右少卿。

予故南京禮部尚書黄鳳翔祭葬。

乙卯。瑞王婚。

福府左長史張士俊奏承奉樊用之罪。

丁巳。右庶子周道登爲左庶子。右諭德溫體仁爲右庶子。管理誥敕。翰林院修撰楊守勤。編修吳宗達爲左右中允。

吏科給事中梅之煥言。聖政漸寬。疏通言路。不宜獨塞。奪歲俸。

庚申。何宗彥改禮部左侍郎。孫如游以右侍郎還部。

壬戌。甘肅撫按荆州俊董定策請開武科本鎮云一道兩試。眞保之已事可尋。列鎮開科遼宣之成規見在。從之。

丙寅。太常寺少卿史孟麟請冊立皇太孫。上怒。謫兩淮鹽運司判官。添註。

王永恩嗣靖遠伯。

戊辰。駙馬都尉王昺請釋劉光復。上怒。削籍放歸。

山東大旱蝗。青登萊爲甚。多饑盜。

甲戌。諭停刑。

八月乙亥朔。楚雄府地震。聲如雷。

壬午。巡撫貴州右僉都御史張鶴鳴討仲苗。分六路進師。

丁亥。發臨清德州二倉米各十萬石。平糶畿內山東。

壬辰。巡按遼東御史王雅量言。建州衛奴兒哈赤既吞南關。無日不圖北關也。懼吾之涉其地。是以返地立碑。窺釁乘隙。藉口老女。今老女嫁矣。我不能阻老女。又安能阻夷酋耶。今欲加兵建州。必曰立碑納款。吾未嘗貳而北關改嫁吾聘女。如何罪我。緩急之間。似宜酌計。宜戰毋退。宜守毋進。上然之。

甲午。報西虜虎墩兔憨聚衆塞外。謀犯河西。

閣臣請釋劉光復。不報。

丙申。禮部請禁科目走報。從之。

是月。京省主試。順天左諭德龔三益。左中允楊守勤。應天右諭德周如磐。右中允孫承宗。浙江翰林院編修吳宗達。工科給事中劉文炳。江西編修黄儒炳。兵科給事中吳亮嗣。福建檢討來宗道。刑科給事中姜性。湖廣檢討丘士毅刑科給事中姚若水。河南吏部主事周士顯兵部主事梁之垣山東刑科給事中郭尙賓禮部主事徐瑛山西吏部主事米助工部主事王道元。陝西光祿寺少卿周希聖兵部主事潘潤。四川禮部主事盧維屛大理寺評事顧起鳳。廣東戶部主事包見捷刑部主事陸夢龍。廣西刑部主事郭中宗中書舍人董承詔雲南戶部主事楊瞿崍行人陳所志。貴州工部主事趙明欽行人鍾惺。

閏八月乙巳朔。命內官呂貴暫提督浙江織造。閣部言之不聽。命江西稅監潘相檄催福建廣東稅課。盜入安丘。劫庫出囚。知縣梁聘孟走免。時蒙陰沂費濟陽昌樂俱盜起。沂水知縣任光統妄報孟哲等數千人倡亂。巡撫錢士完遽以聞。有囚王漄詐降賊。賊俾引旗巡視。漄密戒諸囚無動。動且死矣。陰約知縣擒賊令城外人鈎聲脅賊。漄宣言曰。官兵至矣。宜走。賊出未半。漄闔門手刃一賊。號召吏民命鄉兵各去其帽曰首絳者賊也。立斬十餘人。于是邑人逐賊殲之。庫金還官。身仍入獄。命釋之。聘孟削籍。

丙午。禮部請惠王桂王選婚。

丁未。修南京奉先殿成。

庚戌。作三殿箭樓。

辛亥。通州漕船火。失米四千六百四十二石。

甲寅。宣延綏甘肅之捷。共斬三百九十餘級。

發山東稅金六萬六千有奇及臨清稅金四萬賑饑。

己未。南京吏部尙書衞承芳卒。承芳字□□。達州人。隆慶二年進士。知□縣。進□部主事。歷南京兵部尙書。改吏部。予祭葬。贈太子少保。

辛酉。虎墩兔憨以五萬騎犯廣寧正安堡。次日去。

癸亥。套虜吉能挾賞不遂。以數萬騎犯延綏西路甎井寧塞中路波羅。殺把總□□□。掠東路大柏油柏林高家神木等堡孤山副總兵孫弘謨神木游擊萬化孚馳援。化孚僅身免。弘謨被執。失亡千二百五十餘人。

時福王改長蘆食鹽。巡鹽御史牟志夔言。祖訓親王食鹽三百引。每引二百斤。卽以行鹽地辦支。未有舍近地越二千里支取且溢額。非法也。因列五不宜。不聽。

丙寅。巡撫保定右僉都御史王紀考滿。加右副都御史。

虎墩兔憨以六千騎犯錦州大鎮等堡。

刑部請暫免朝審。從之。

夜。有星流東南。大如盞。色赤。有光。

戊辰。禮科給事中姚永濟等以氣景失推。請集人訂曆。如翰林院檢討徐光啓。工部郎中李之藻。戶部主事崔儒秀。原任陝西按察使邢雲鷺。此皆其人也。又大西洋人龐迪峨熊三拔等。洞星曆之學。可佐參伍之資。報聞。

己巳。東安霜殺禾稼。

虎墩兔憨六萬騎分五校入犯。官兵拒之。出大安堡。設伏。敗官兵。堡陷。

庚午。陝西寧州有盜數十騎。殺襄樂巡檢司李柰。劫印去。

命沐昌祚仍鎮守雲南。子啓元待昌祚老聽襲。

九月甲戌朔。西虜火落赤犯淸水營。

丁丑。江西湖口稅廨火。

兵部左侍郎魏養蒙署部事。左侍郎管右侍郎事崔景榮協理京營。

己卯。莊浪副總兵楊定國貪殘。劾免。

庚辰。許周府在鎮襲海陽王。

戊子。順天府尹李長庚請粥饑民從之。

辛卯。夜遼東地震聲如雷。

壬辰。大學士吳道南請罷湖口商稅不報。

永康侯徐應坤卒。

戊戌。南京戶科給事中王建中言今六月。嘉善縣人稱萬曆九年被豪戶朱均等隱田三萬三千五百畝于嘉興秀水。全不輸糧乞敕戶部下撫按行勘從之。

庚子。遼東總兵官李懷信免。

十月甲辰朔。己酉。先是七源州叛夷吳敬琳餘黨謝文安等流劫下石西州。我檄安南都統使黎維新及莫敬寬擒之。按臣以聞。

庚戌。總督漕運右都御史陳薦考滿。進戶部尚書兼右副都御史。仍任。

辛亥。光祿寺卿王度卒。度淮安人。萬曆丁丑進士。授□□推官。歷今官。予祭葬贈戶部右侍郎。

壬子。右庶子兼侍讀趙國光爲少詹事兼侍讀學士署院事。右庶子兼侍讀盛以弘署右春坊右諭德兼侍講。周如磐爲右庶子兼侍讀。署司經局。右諭德張邦紀何如寵南京右諭德署翰林院事孟時芳各爲右庶子兼侍讀。左贊善趙師聖爲左諭德兼侍讀。

癸丑。套虜吉囊等臨邊脅賞。且謀犯延綏。巡撫馬從聘等執不與。

辛酉。京師地震。東安密雲潮河川同時有聲。

癸亥。蠲減山東田租有差。

甲子。遼東總兵官王梹戴罪參將李懷忠下臺訊。

乙丑。前吏部考功郎中董應舉爲南京大理寺右寺丞。

戊辰。時爭福王食鹽。上諭內閣曰昔潞王食兩淮鹽三年改長蘆。今福王先食淮鹽。一年改長蘆。二年後支河東鹽。閣臣附奏不報。

盜入北安左門。刧酒醋局內官焦進朝。

庚午。巡撫寧夏右僉都御史梁問孟卒。問孟字□□。新鄭人。嘉靖乙丑進士。知□縣。擢□科給事中。歷□□布政使。忤張居正。降湖廣參議。累遷今官。予祭一。贈左副都御史。

懷仁王府輔國中尉充䣊入京奏釋劉光復。上怒。下鳳陽高墻。

十一月酸朔。庚辰。河南道御史翟鳳翀論閣臣方從哲葉向高佐理無能。不報。

朝鮮國王李琿奏前貢使市吾學編弇山堂別集經世實用編續文獻通考各紀本國事如舊。乖錯。乞刪正。禮部覆李成桂會典已改正。今又來請乞閔其誠以原奏付史館。俟纂修成案示天下。庶白其冤。上然之。

禮科給事中余懋孳請修弭災異。不報。

壬午。南京右都御史蔡應科請章奏戒冗晦。戒沿襲。戒深奇。戒沿襲如稱輔臣。不曰王家屏沈鯉而曰山陰歸德。不曰高拱張居正而曰新鄭江陵。又或稱官及地不曰吏部尚書而曰太宰不曰戶部郎中工部員外郎而曰度支郎將作官屬。不曰北直南直浙江雲貴而曰燕吳豫越滇黔。諸如此類皆所當戒。

杜松擊西虜于明水湖斬四十二級。又敗火落赤于柳門。斬百九十九級。

己丑。命京省簡練民兵。從陝西巡撫李楠之請。

乙未。蠲折通州三河寶坻密雲平谷災租有差。

丙申。陝西總兵官秉忠免。

壬寅。禮部再請止納貢。上然之。

十二月癸卯朔。甲辰。命順天尹禱雪。

丁未。郭祚久嗣成安伯。

太僕寺少卿李燦爲光祿寺卿。

壬子。旌岷王定燿德壽。

總督宣大尙書涂宗濬疾去。

南京工部右侍郎李待陽卒。待陽字□□。延綏人。嘉靖乙丑進士。知□縣。進□部主事。歷右僉都御史巡撫湖廣。予告起今官。所著理學臆言義倉漫語古今一賢難字備考湘川野史談齋集帖等書。卒不能殯。予祭葬。

乙卯。巡撫山東右僉都御史錢士完奏饑民九十餘萬。多盜劫。亟乞部臣一駐遼東運米十萬石救遼東。又部臣一駐淮揚運米二十萬救東省。從之。

丁巳。兵科給事中熊明遇請及時經理遼陽。疏海禁。撫建州。區畫北關。不報。

癸亥。前國子祭酒周如砥卒。

乙丑。寧夏河東西地大震。

丙寅。國子祭酒劉一燝爲少詹事兼翰林院侍讀學士。纂修玉牒。

命戶部借太僕寺馬價銀十六萬。再發臨淸倉粟六萬。賑山東饑。又平糴米六萬石。

丁卯。葬恭靜端毅溫惠皇太子妃郭氏于翠微山。

戊辰。以工部右侍郎林如楚請停呂貴敕。遂盡奪司官俸二月。

巡撫貴州張鶴鳴請大征仲苗。

是年永年縣西劉營村地裂五六丈。衡可二尺。深不測。

丙辰萬曆四十四年

正月甲午朔。上不朝。

提督巡捕營淩應登毆御史凌漢翀于端門。二人俱長洲人。通宗。而漢翀巡城。敢搏擊豪猾。以應登不謹。疏之會應登脅妖民王好賢四千金。漢翀發其事。應登亦訐漢翀令福清時賄狀。俱不報。是日出朝。應登以鐵鈎突傷漢翀。事聞。奪應登官。聽訊。

乙亥。吏部左侍郎李誌爲刑部尙書。仍署都察院事。

丁丑。易州及紫荆關天鳴。源泉有火光墮地。化爲裂石。

禮科給事中余懋孳御史李養志各劾凌應登。上疑果族人。奪懋孳俸六月。養志一年。

談遷曰。同姓通宗。始萬曆之季。又始于南人。雁行糧慕。附勢而合。卽無應登之反噬。非所以示我周行也。

丙戌。蠲畿南六郡田租。

丁亥。夜月食。

戊子。忻城伯趙世新總督京營戎政。寧夏征西將軍總兵官杜文煥改鎭西將軍。鎭守延綏。大同副總兵張萬邦爲總兵官。鎭守山西。

貢士張琛張士偉除名。

壬辰。敕諭入覲官。

遣監察御史過庭訓賑饑山東。

戊戌。隴州天鳴。

己亥。敕內官呂貴提督浙直織造。稿下內閣。上手增鹽法稅務。閣臣請刪。從之。

辛丑禮部定會試同考官坊翰十二人。科部各四人。上從之。

前南京工部尚書林烴卒。予祭葬。閩人□□。壬戌進士

二月甲辰朔。淮徐饑。發去年稅金萬六千有奇易粟賑粥。

青州貢士張其猷上東人大饑指掌圖。

丁未禮部尚書兼東閣大學士吳道南署詹事府事。禮部尚書兼翰林院學士劉楚先主禮闈。

巡撫山東右僉都御史錢士完疾去。

總督陝西劉敏寬報沙計諸酋入雙山建安堡。有降夷泄之。總兵官秉忠等設伏。斬二百二十餘級。

戊申渾河徙東安縣。

辛亥總兵蕭如薰爲征西將軍。鎮守寧夏。王宣鎮守保定。麻錦鎮守廣東。

丙辰前刑部尚書沈應文爲南京吏部尚書。

丁巳總督薊遼兵部右侍郎兼右僉都御史薛三才考績。加右都御史。

戊午凌漢翀罷。戍凌應登瀾滄衛。

大理寺卿姚思仁爲應天府尹。

總督兩廣周嘉謨。請禁土州奸民勾引交夷。

乙丑前刑科給事中郭尚賓謫江西布政司簡校。御史翟鳳翀謫山西按察司經歷。

丙寅。陝西左布政使李維翰巡撫遼東順天府尹李長庚巡撫山東太僕寺少卿錢桓巡撫南贛汀韶。長庚右副都御史。餘右僉都御史。

免長蘆鹽課司浮課。

戊辰。會試吳江沈同和第一。以帶細冊入闈。有未備者。同邑趙鳴陽助完之。

禮部右侍郎史繼偕改吏部右侍郎。前太僕寺少卿徐兆魁爲太僕寺卿。

三月辛未朔。日食。

逮前電白知縣崑山周玄暐下刑部獄。玄暐家居。著涇林續記。怨家張惟惠以知縣陳祖苞嗾之增涉時事。祖苞上巡撫王應遴督學御史王以寧各重劾謂詆誣朝廷。上閱其首簡涉于宮闈。命焚板。

談遷曰。實錄云玄暐家居雄于貲而好譏議。所著涇林續記。牽涉時事干宮禁。亦書之會與邑令忤。鄉人乘之冀快宿忿。以詆誣朝廷。訟之者數百人。予聞周氏鄰張而居。雖宿忿而身填牢戶。亦可爲濫墨之戒。語曰。縣官漫漫。冤死者半。周氏亦云。悲夫。

大學士吳道南禮部尚書劉楚先自簡舉求斥。同考官吏科給事中韓光祐自劾。上俱原之。命覆試沈同和。

西虜分犯石門路大毛山。參將任自㢩拒卻之。

庚辰。夜月犯軒轅大星。

命兵部發太僕寺金六萬濟雲南。以剿仲苗也。

辛巳。南京國子祭酒顧起元左庶子周道登爲少詹事。右諭德趙師聖爲右庶子。國子司業公鼐爲左諭德。右中允楊守勤左贊善薛三省爲右諭德。左庶子溫體仁爲南京少詹事。署翰林院事。

壬午。總兵官李堦黃越黃守魁爲署都督僉事。堦鎮守貴州。越鎮守廣西。守魁鎮守四川。

癸未。總兵官劉孔胤鎮守宣府。霍廷報鎮守臨洮。李邦鎮總督漕運。鎮守淮安。

乙酉。策貢士三百五十人。賜錢士升等進士及第出身有差。

丙戌。覆試。沈同和文荒悖下法司。械禮部前遣戍趙鳴陽除名。

戊子。安南入犯。思明州參將趙廷等赴援卻之。廣西巡撫□□□以聞。

礦盜突入靈寶縣。

南京左軍都督府僉書李光先兼督浦口池河二營軍務。右軍都督府僉書喬承恩兼督大教場水陸二營軍務。神機營副將朱拱極提督京城巡捕。

巡按山東御史王雅量以登萊饑請海運。命部議之。

交岡叛酋刁春琪等誘交賊據雲南五邦五畝等寨。官兵擊斬七十八級。

虜犯遼東寧遠前衛小團山。參將線補袞禦之。追至黃土臺。虜大至。圍數重。游擊楊維藩死之。補袞手殺數人。中二矢突出還營。數日死。贈補袞維藩俱都督僉事。

是月。松虜犯蘆溝墩等處。官軍擊斬三百餘級。

四月甲辰朔。壬寅。禮部進會試錄。時會元沈同和除名。

丙午。雷火焚通州稅監張燁樓居。巡視東城御史金汝諧以聞。請罷稅監。不報。

丁未。夜東南有流星大如彈。赤色。

庚戌。少詹事劉一燝爲詹事兼翰林院侍讀學士。

總兵官李維功徐一鳴王良爲署都督僉事。維功鎮守遼東。一鳴鎮守福建。良鎮守浙江。總兵官張承胤鎮守薊永山海。

癸丑。巡撫大同右僉都御史石崑玉疾去。

甲寅。前兩淮巡鹽御史徐縉芳以貪酷削籍。

敕旌梁山貢士來知德孝行。知德少有至性。鄉試。考官擲其文。忽有神屢移卷几上。乃入選。

丙辰。故少傅兵部尚書蕭大亨贈太傅。

戶部左侍郎李汝華爲尚書。

戊午。前撫治鄖陽右副都御史胡心得卒。心得德清人。萬曆己丑進士。予祭葬。

河南舞陽泌陽西寧遂平等縣盜起。山東濟南等府蝗。

乙丑。敍遼東累年戰功。

五月辛未朔。辛未。倭犯溫州。

夜。潮州三河水驟溢。浸官署五六尺。

丙子。福王莊田額湖廣四千四百五十頃。未報。王奏量減千頃。

癸未。奉孝定太后神位奉先殿。

丁亥。巡撫延綏右僉都御史馬從聘罷。

己丑。翰林院庶吉士葉燦陳玄暉劉鴻訓爲編修。姜逢元曾楚卿繆昌期李國楷王應熊馮銓王祚遠羅喩義孟紹虞爲檢討。時解館殆十月始得命。餘擬科道。暴謙貞等五人尚未下。

巡撫四川右僉都御史吳光先致仕。

甲午。封秦世子存樞。蜀世子至澍。富順王至深。太平王至淥。淮世子常清。榮世子由楙。晉府寧化王敏濟。周府汝陽王在植。

江北山東大蝗。積地尺許。俄赴海死。或蜂螫之死。亦化蜂。羣螫之。兩日而盡。流人集淮上三十餘萬。

丙申。夜。江寧有鼠銜尾渡江。可終日。鼠各長二寸餘。頭方尾短。嚙禾。異于家鼠。

是月。江淮訛傳寇至。民驚竄。互相格鬬。

六月庚子朔。壬寅。巡撫遼東右副都御史郭光復卒。光復。固安人。萬曆己丑進士。授戶部主事。歷今官。予祭葬。贈兵部左侍郎。廕子入太學。

工科給事中劉文炳謫貴州按察司都事。初。吳道南直閣。例名刺報謁。文炳擲還之。云莫效嚴嵩。至是。以科場極詆道南。道南不勝忿。疏辨。上怒。斥之。巡按河南御史張至發。廣東道御史李嵩等。各奪俸六月。

巡撫寧夏右僉都御史楊應聘考績。加右副都御史。

琉球國中山王尙寧遣通事蔡廛奏倭數萬。造舟五百艘。欲脅取雞籠山。巡撫福建黃承玄以聞。

虜駱駝等酋犯潘家口。總兵張國柱卻之。

丁巳。南京右僉都御史羅朝國爲工部右侍郎。翰林院編修駱從宇爲國子司業。

平陽開封蝗。蒲解鄢陵爲甚。

己未。山東武安盜三千人。殺主簿孫光耀。

壬戌。光祿寺卿李㸅卒。㸅字□□。嘉魚人。嘉靖乙丑進士。有學行。贈戶部左侍郎。

丁卯。河決祥符之朱家口。陳杞睢柘俱被其患。

巡撫貴州右僉都御史張鶴鳴報斬仲苗千四百人。以暑疫。俟秋再舉。

安南祿州夷數千人攻廣西上思州城。官軍禦卻之。

七月己巳朔。前陝西按察使邢雲鷺上七政要數。其略曰。凡步曆之法。必以兩交相對。彼交卽此交。此交符彼交。兩交正而中間時刻分秒之數度自一一可按七政之行。其數皆同。日月之交食。即五星之交食。五星之淩犯。即日月之淩犯。以同度同道也。故日月食爲日月交。五星在黃道間合。復爲日與五星交。月與五星淩犯。爲月與五星合。木星與火星淩犯。爲木星與火星交。推之五星。莫不皆然。故兩交相對。互相發明。七政之能事畢矣。

壬申。錦衣衞指揮使駱思恭爲都指揮僉事。署衞事。

甲戌。大風雨。拔木。折安定門及皇城北中門東上門闕。

陝西右布政使金忠士爲右僉都御史。巡撫延綏。山西右布政使王士琦爲右副都御史。巡撫大同。

禮科給事中余懋孳言。虜卜石兎力不能鈐束青把故封事。成而歲費益增。當事既不克武預卻其貢。則賞宜如期以示信。今補貢四十二年表箋弓矢鞍馬等物。既已收進。賞賜物臨期不發。問之工部。委內庫。問之內庫。云抵張灣未輸。得毋餔歠之需索而經收之留難乎。虜候踰半載。倘生戎心。此曹何以謝罪。不報。

己卯。渾源州地震。

禮部上皇太子出閣儀注。

壬午。夜。江西見大星流入貫索。二星隨之。

乙酉。巡撫貴州右僉都御史張鶴鳴議處紅苗。上策如嘉靖間張岳例。十路進兵。中策湖廣設一副將。駐十二哨。中戍三千人。截江口。使川貴苗不得東。八蜡苗不得西。四川設一副將。駐酉陽。戍三千。貴州銅仁總兵增戍二千。各出兵鵰勦。若下策。川湖犄角。各守要隘。來則截去則不追。章下所司。初。苗圍施秉縣四衞。皆震。約湖廣兵共勦。不應。反撓之。請設總督。亦不聽。功竟無成。蓋與楚監司齟齬事焉。濟

戊子。前少保兼太子太保兵部尚書方逢時卒。逢時字□□。嘉魚人。嘉靖辛丑進士。知□縣。□□□□□□□□□□□歷今官。年□十□。予祭葬。

前右副都御史李起元巡撫陝西。
壬辰。河南安陽諸縣大蝗。捕不能盡。田婦至道泣自經。淮揚亦蝗。有鼠無萬數。夜銜尾渡江而南。經日止。
謚益王常遷曰敬。東安王載璟溫□。韓府樂平王諆桐莊簡。
諭選惠王婚。閣臣請同桂王。不報。
乙未。奉御汪良德奏修咸安宮。得旨內使馳白署工部事右侍郎林如楚。閣臣言旨必發內閣。下該科。今二監突傳部臣之私邸。非制。不報。
套虜犯東路。先數騎窺高家堡。參將王國興不待兵集。遽六騎邀之。中伏死。
江西忽大水。壞民居。浮屍蔽江。南雄韶州大雨水。
八月妃朔。壬寅。皇太子出閣講學。蓋曠期十有二年。是日。詹事劉一燝少詹事韓爌侍班。右庶子張邦紀趙師聖左諭德公鼐右諭德龔三益薛三省楊守勤侍講。中外大悅。僅一見而輟。
乙卯。萬壽節。加稅監河南胡江江西潘相通灣張燁天津馬堂四川丘乘雲南京劉朝用歲祿十二石。賜呂貴飛魚服。
丙辰。□庶子盛以弘爲國子祭酒。周如磐爲南京國子祭酒。
丁巳。懷寧侯孫承廕署府軍前衞。
戊辰。延慶州地震。日中有黑光。
江北飛蝗南及常鎮。
九月巳朔。套虜犯延綏。
甲戌。溧陽溧水等大水。廣德□□蝗。

癸未。左右諭德公鼐薛三省主武闈。

己丑。謚周府鄢陵王在硷莊和。樂昌王廷壖端憲。

壬辰。禮部請補給蜀王賜書如祖訓王國典禮等。以舊燬于火也。

乙未。免江北抽扣節省銀。

丙申。潞江地震。

彗見雲南長數百尺。

十月戱朔。辛丑。套虜猛克什力復犯波羅堡。總兵杜文煥預備。擊敗之。斬四十一級。

提督雁門三關右僉都御史吳仁度疾去。

前巡撫廣西右僉都御史吳中明爲南京戶部右侍郎兼右僉都御史。總督糧儲。

虜銀定歹青等二千騎夜犯永昌。參將祁秉忠提兵三百拒之。浹日援至。虜遁。追斬二十餘級。

丙午。太僕寺卿饒景暉爲右僉都御史。巡撫四川。

丁未。發帑三十萬金餉宣府。餘八十萬下戶部借發。

協理京營太子太保兵部尚書黃嘉善爲兵部尚書。

諭停刑。

丁巳。署詹事府事禮部尚書劉楚先。吏科右給事中韓光祐屢乞休。不報。竟引去。

甲子。夜大風壞正陽門橋坊。

十一月戱朔。前總督漕運巡撫鳳陽右副都御史李三才削籍。三才居通州。以市皇木侵倉址勘實也。

故總督兩廣兵部右侍郎晉南京刑部尚書張鳴岡予祭葬。鳴岡萬安人。萬曆庚辰進士。

己巳。夜。隆德殿。災殿。偪宸居。上甚惡。

癸酉。命順天尹禱雪。

丙戌。夜月掩軒轅左角星。

丁亥。南城延禧宮火。

前太子太保禮部尙書東閣大學士李庭機卒。庭機字九我。晉江人。萬曆癸未禮闈第一。進士及第。授翰林編修。文章溫穆。有先民風。歷祭酒署禮部。所至淸苦節束。浮冒覈實。用計經久。稍狷隘。不能容物。入相忤時。待放虛拘。無一日展。予祭葬。贈少傅。諡文節。

戊子。刑部右侍郞荆州俊引疾去。

夜。大風。東安縣樹枝柯成火。毬民舍多有之。大如瓜。

甲午。雲南大雷電。

是月。木星順行守斗。

十二月酊朔。國子司業駱從宇南京國子司業汪煇爲左中允。編修黃儒炳爲右中允。檢討丘士毅徐光啓周炳謨黃立極爲左贊善。來宗道韓文煥魏廣微凌凌霄爲右贊善。

丙午。夜。火星逆行翼宿。

發遠夷王豐肅等于廣東。聽歸本國。俱利瑪竇後人。以在京生事也。

戊申。大學士吳道南請皇長孫就學。不報。

方從哲考績。進太子太保文淵閣大學士。廕中書舍人。

辛亥。總督薊遼兵部右侍郞薛三才爲兵部尙書。協理京營戎政。總督兩廣兵部左侍郞周嘉謨爲南京戶部尙書。浙江左布政使陳所學爲右副都御史。巡撫山西。

遼東淸河游擊馮有功下巡按御史王雅量訊之。淸河偪建州衞。以金石臺爲界。漢人例不出境。有功採孤山堡之木。縱居民出界。奴兒哈赤邀殺四十餘人。督撫檄讓之。佯悔罪受罰。誅奸黨十人于界上。有功臺訊。戴罪俟贖。

戶部尙書李汝華。以山東司郎中袁世振鹽法十議。見引二分。帶行積引一分。上從之。時淮鹽以內監魯保加課。鹽引積壅。

癸亥。刑科給事中姜性請釋輔國中尉充𨦟駙馬都尉王昺。不報。

韓府承奉張國輔貪悖。欺王幼。求坐不許。因面謾王。王勿堪。泣訴于監司諸臣。遂報送儀衞司。事聞。命治之。

土司韋□□購交夷侵內地。恣掠。

國榷卷八十三

丁巳萬曆四十五年

正月丁卯朔。上不朝。

乙亥。禮部以五年例議謚先臣戶部尚書雍泰譚太初余懋學南京吏部尚書畢鏘裴應章刑部尚書趙參魯魏時亮戶部尚書汪宗伊林泮禮部尚書黃鳳翔曾朝節兵部尚書張佳胤魏學曾刑部尚書王之誥工部尚書劉一儒吏部侍郎楊起元盛訥戶部侍郎董堯封禮部侍郎敖文禎刑部侍郎段民朱鴻謨何源王宗沐李棠工部侍郎沈節甫南京兵部右侍郎姜廷頤工部右侍郎王治都察院副都御史龐尚鵬李中僉都御史張允濟山西巡撫姜洪太常少卿周怡南京光祿寺卿馬理祭酒陶望齡傅新德修撰楊慎給事中賀欽御史陳茂烈郎中黃鞏莊㫤提學副使李夢陽僉事朱冠馮應京霍州學正曹端共四十四人。

辛巳。方從哲吳道南請京察之期。不報。

夜。月食。

宰賽等犯鎮夷堡開原城。官兵失利。

壬午。東朝房火。

太常寺卿林學曾等請釋劉光復。不許。

庚寅。兵部以套虜吉能乞款。議補七年市賞。先是吉能覬封王金印并龍虎將軍號。不遂。因入犯東路大柏油西路定邊等處。屢敗悔罪。獻罰九九。鑽刀設誓。九九者。駝馬牛羊之類也。兵科給事中趙興邦言。一歲兩市金繒費八萬有奇。七年間幾六十萬。如歲資我芻餉。則士飽馬騰。卽長驅虜庭可也。何至恣犬羊之求。塡谿壑之欲。示弱至此哉。下部議。仍咨督撫議歲一市。其舊賞半給。報可。

二月辛卯朔。丁酉。旌德王常㵒賑饑。

己亥。久旱遣告郊壇。諭羣臣修省。

庚子。夜火星逆行入星度。

丙午。許駙馬都尉侯拱宸子昌國爲錦衣衛都指揮使。

己酉。諭內閣曰。朕多疾。視朝等禮不必瀆擾。

泰安歷城章丘萊蕪等乘饑盜起。巡撫李長庚分兵剿捕之。

庚戌。福王常洵庶長子由崧封德昌王。

旌魯王壽鋐賑饑。

辛亥。外戚武淸伯李誠銘進封侯。

壬子。予故左都督鄭國泰祭葬。

郭應祺嗣武定侯。

戊午。先是上憂旱。露禱宮中。至丙辰。始雨雪。

三月辛酉朔。癸酉。始京察。重處東林王之寀輩。如賓子偁。陸文瀛。皆至淸被斥。輿論不平。

乙亥。以稅金二萬賑江西水災。

戊寅。科道拾遺前兵部尚書王象乾等。

壬午。封德王常㵒庶九子由椅寧陽王。

兩淮鹽法通判吳撝謙上太平第一策。謂借屯田之名。行井田之實。假田工之力。嚴溝洫之制。更樹榆柳梨棗等木于界上。一資利。一資守。戶部覆上。不報。

乙酉。前左副都御史許弘綱爲右都御史兼兵部右侍郎。總督兩廣軍務兼巡撫廣東。前兵部右侍郎汪可受爲兵部左侍郎兼右僉都御史總督薊遼保定軍務。

巡撫貴州右僉都御史張鶴鳴。發監軍安平道參政謝□□都指揮張鶴翀等。提兵分三路攻叛苗之猓坪。猓坪上有仰天窩。窩有九井。地平衍可容數千人。有三道各有關險不易度。賊窟之官兵奪其險。破斬三百七十七級。

四月朔。張鶴鳴奏剿川屬土官官兵南北二路擊斬二千九百六十餘級。

董其昌曰。川屬土司。改隸黔中。本以勢險聯絡耳。計不出此。而討苗討安。干戈日尋。川原山谷。厭肉流血。居中調度者何人哉。

談遷曰。張鶴鳴在黔用壯之甚。銛鋒焠鏑。惟敵是求。及移樞遼左。則畏東胡如虎。縮朒不前。何銛于始而萎于末乎。古人見小敵怯。大敵勇。張氏反是。天道神明。人不可多殺。晚中寇刃。得非西南之冤陷耶。

交賊督勝犯思明州。殺掠那利村。下石州土官閉國藩遯于那利江。遇賊死。

己亥。鄭養性特襲左都督。以父國泰前逆孝定梓宮也。兵科給事中趙興邦奏止。不聽。

巡按貴州御史楊鶴議。烏撒府改隸黔中。控制便。守衞便。驛遞便。借辦便。又天橋哨南山產銀。爲夷所據。宜取充兵餉。章下所司。

庚子。蜀府至湘嗣南川王。

總督漕運巡撫鳳陽戶部尚書兼右副都御史陳薦總督陝西三邊兵部右侍郎兼右僉都御史劉敏寬並勒

致仕。南京太僕寺卿劉汝康調外。前國子祭酒朱維楨仍養疾。前吏部右侍郎王圖前太僕寺卿李時華冠帶閒住。以科道拾遺也。兵部左侍郎魏養蒙等俱留。刑部河南司主事王之宷等俱免官。時鄭繼之主計。吏科都給事中徐紹吉河南道御史韓浚佐之。所處皆東林也。

辛丑。巡撫大同右副都御史王士琦劾去。

甲辰。予故太常寺少卿薛芳祭一。芳韓城人。萬曆壬辰進士。知臨淮。進戶部主事。改吏部。歷考功稽勳文選諸司。在太常數月。例不祭。以敍年勞得之。

戊申。戶部郎中袁世振爲山東按察副使僉布政司右參議。管兩淮運司事。疏理鹽法。特給印。

己酉。南京刑部右侍郎宋仕爲南京右都御史。

予故南京右都御史蔡悉祭葬。悉字□□。龍溪人。隆慶戊辰進士。除瑞州推官。進戶部主事。出守廣西。歷今官。所至皆有聲。

癸丑。福建有臺山游兵獲一舟。自日本回者。被阻。執見海道副使韓仲雍。其人董伯起云。長岐島即肥前洲也。專監市販。今頭目柴田勝來販。問其何以侵雞籠淡水。何據北港。何內掠。俱以甘言對。仲雍諭以爾經自浙境。浙南爲臺山。爲礌山。爲東海。爲島坵。爲彭湖。爲彭山。皆我門戶。非汝所可涉也。因遣官傳送定海所而去。

甲寅。封慶世子倬漼樂安王朗鋈。

丁巳。兵部左侍郎魏養蒙罷。崔景榮署部事。

己未。巡撫河南右僉都御史梁祖齡劾罷。

庚申。通政司使林梓左通政章嘉禎俱察免。

辛酉。武英殿辦事大理寺副邢仕隆捐穀千石賑饑。

五月甲子朔。乙丑。少詹事韓爌爲禮部右侍郎。協理詹事府。右庶子張邦紀爲左庶子。□諭德□□爲右庶子。左贊善鄭以偉爲右諭德。

免順天永平過路落地二稅。

己巳。順天府丞喬允升罷。

辛未。復虎墩兔憨市賞。

癸酉。復移清浪守備于施秉縣。以叛苗攻縣。舊戍二百五十人。

福建東沙洋飄倭船三艘。凡二百餘人登山。參將沈有容攻之。明日。大舟一。漁舟二。外至。擊沈之。縛倭三十三人。餘所獲流倭不一。

甲戌。鳳陽天鳴地震。

乙亥。又鳴震。

光祿寺少卿添註周希聖爲左通政。

丙子。遣文武大臣祭告郊壇祈雨。

丁丑。吳尊周嗣清平伯。國乾子

戊子。太常寺少卿林學曾爲右通政。

湖廣叛苗龍溜誘殺指揮魏繩武。

六月甲午朔。□諭德龔三益爲湖廣參政。

乙未。兵部左侍郎崔景榮言。天下見任大小將官各歷俸以世職武舉等項。詳揭堂屏從之。

丙申。夜。南京江寧有鼠無萬數。赴江東門外圩田。禾稼俱空。

庚子。巡撫貴州張鶴鳴報斬叛苗一千二十六級。

壬寅。封趙王由檺、益王由本、嘉祥王由樫、建寧王由楗、寧陽王由椅、永壽王存桀。

戊申。敍甘鎭斬獲功。前總督尚書顧其志進太子太保、廕錦衣衛副千戶，加前總兵柴國柱右都督。

庚戌。故巡按貴州御史馮奕垣贈光祿寺少卿，以平苗功。

乙卯。戶科給事中商周祚言：本月十五日文華殿傳制册封，豐城侯李承祚後至引罪。凡不到諸臣，輕則住俸，重則更差乞降處分。

是月。承天大水。開封蝗。秋騰生。

七月癸亥朔。乙丑。大學士吳道南憂去。

戊辰。禱雨郊壇。

夜。雨雹，有怪風，吹折社稷壇門闕、鴟吻，守卒、午門、東華等門鴟吻俱隕。

辛未。旌周府宗正勤羙文行。

壬申。景恭王妃王氏薨。

丁丑。太子少保吏部尚書鄭繼之六年考績，進太子太保。

巡撫寧夏右副都御史楊應聘爲兵部左侍郎兼右僉都御史、總督陝西三邊軍務。巡撫江西右副都御史王佐爲工部左侍郎兼右僉都御史、總理河道。巡撫保定右副都御史王紀爲戶部左侍郎兼右僉都御史、總理漕運。

戊寅。夜月食。

壬辰。給麓川宣撫司多安靖印。

時山西大旱。江北山東蝗。泉州大水。饑疫。

八月癸巳朔。甲午。開州民家產牛三口三目。

戊戌。方從哲請補閣員。報聞。

宣府天鳴地震。

巡撫延綏右僉都御史金忠士奏。邊將失守之律重。虜嘗脅邊將曰。我一入犯。爾罪立至。故邊將嘗利啗之。使其或東或西而不出于所轄之境。嫁禍于鄰。似宜寬文網以責成之。

命代府虛世子位。俟鼎渭子長。

總督兩廣周嘉謨檄安南黎氏莫氏擒渠惡贖罪。

庚戌。東安縣天鼓鳴。

是月。隕石于武城縣。三聲如雷。濟南地裂者二。安丘大雨雹。傷稼。二龍野闘。傷人。

九月癸亥朔。甲子。狼山副總兵張彥芳爲總兵官鎮守貴州。前遼東總兵爲新設山海關總兵官。

戊辰。予故太常寺少卿常熟翁憲祥祭一。萬曆壬辰進士。

丙子。予故巡撫湖廣右僉都御史安肅梁見孟祭葬。萬曆己丑進士。

己卯。予故巡撫貴州右僉都御史新建張偲祭葬。隆慶戊辰進士。

乙酉。山西左布政使靳于中爲右僉都御史巡撫保定提督紫荊關等處兼理海防軍務。

十月壬辰朔。代王庶子鼎渭封代世子。

山西右布政使文球爲右僉都御史。巡撫大同。

庚戌。朝鮮國王李琿言。正月日本對馬島主平義成遣使以日本國王源秀忠書。欲遣使通好及歸朝鮮俘口。

謹以聞。兵部議不宜遽絕。該國自爲酌許。上是之。

甲寅。巡撫雲南右□都御史曹愈參疾去。

己未。暹羅貢方物孔雀。

蠲折應天各縣災租有差。

十一月⿸厂壬朔。甲子。玉牒成。進駙馬都尉侯拱辰太子太保。

甲戌。鄭應麟嗣武定侯。

丙戌。方從哲屢請補科道各官。有旨俟目疾稍愈行之。

宣禧宮災。

十二月⿸厂壬朔。乙巳。禮部請申飭學規。報可。

丙午。河南左布政使沈儆炌爲光祿寺卿。

己酉。□科給事中歸子顧爲尙寶司卿。

癸丑。予故巡撫□□右僉都御史祥符王琁祭葬。隆慶戊辰進士。

戊午萬曆四十六年

正月⿰酉辛朔。上不朝。

甲子。尙寶司奏失金牌十有三。命兵部補造。

丁卯。太僕寺少卿包見捷爲右僉都御史巡撫江西。大理寺右少卿王士昌爲右僉都御史巡撫福建。

戊辰。享太廟。

貴州苗掠鎭遠衞曾旗堡。
庚午。太常寺少卿李養正爲右僉都御史。巡撫河南。
辛未。光祿寺少卿董可威爲順天府丞。
乙亥。夜。月食。
乙酉。修應天浦口城。
二月𧊒朔。甲午。前南京工部右侍郎徐大任卒。宣城人。隆慶二年進士。
己亥。北關金台失入貢。仍補貢去年命再給賞。
大學士方從哲以巡城御史薛貞劾其子世鴻毆死人。從哲上章引咎。上原之。速其入直。
司禮太監金忠守備鳳陽皇陵。乞操練兵馬。兵科駁之。
癸卯。前通政司使曲遷喬卒。遷喬長山人。萬曆丁丑進士。嘗官給事中。揮霍有餘。在粤西不無遺議。
東安縣黑風晝晦。
甲辰。大風霾。
乙巳。巡撫貴州張鶴鳴請剿平定兩江叛苗。請餉。報聞。
留廣東去年解部稅金。賑其水災。
戊申。廣東左布政使臧爾勸爲右副都御史。巡撫寧夏。福建左布政使陳道亨爲南京右副都御史。提督巡江。
辛亥。太子太保吏部尚書鄭繼之年高。竟引去。命致仕。戶部尚書李汝華署吏部。
丁巳。兵部左侍郎崔景榮屢乞休不允。竟封印去。
是月。安南交賊寇欽州四峒。初交賊翁朝祿與弟興曉以黎莫治兵相攻。竊據東海府地。時抄掠。往歲征討。獲朝祿。二賊遁。遂修郄于四峒。

三月⿰巾庚朔。辛酉。南海三水高要四會高明等縣壞圩築城。

巡按廣東御史田生金奏廣東備謚六臣。故南京戶部尙書順德張泰成化丙戌進士。南京工部尙書南海陳紹儒嘉靖戊戌進士。南京禮部右侍郞南海陳璉洪武庚午貢士。禮部精膳司員外郞順德張槃正德辛未進士。淮府左長史贈太常寺卿揭陽莊塽弘治丙辰進士。吏部□□司郞中澄海唐伯堯萬曆甲戌進士。

癸亥。諭吏部以各尙書侍郞相繼求去。是何法紀。可傳示毋蹈前轍。

丁卯。給福府德昌王祿米。以帝孫。不爲例。

己巳。刑部左侍郞張問達爲戶部尙書總督倉場。

禮部署部事左侍郞何宗彥言皇長孫年十四。乞就學。不報。

庚午。大風霾。

庚辰。巡撫延綏右僉都御史金忠士卒。忠士字□□。休寧人。萬曆壬辰進士。知□縣。拜御史。歷任有聲。予祭葬。

巡按陝西御史李養志奏去秋九月虜犯葭州神木。殺人亡算。楡林總兵杜文煥率中軍王永禎追斬十級。我士馬重傷二十餘。神木道李楱鳳反報捷。乞兵部覆按。從之。

長泰同安二縣大雨雹如斗。壞城舍樹畜。斃二百二十餘人。

戊子。旌淮府永豐王翊鉉女陸姬貞節。

四月⿰魚庚朔。辛卯。周府肅泱嗣□□王。

京城自宣武門至正陽門三里。水赤經月。

銀定歹靑虜入犯鎭番。總兵李懷信擊卻之。斬一百八十八級。

翰林院庶吉士孔貞時劉鍾英爲檢討。

貴州兩江苗作亂。破總場。已攻巴團哨。圍□縣。巡撫張鶴鳴謂苗氛易蕩。但楚兵犄角。期月可平。巡按湖廣御史彭宗孟謂鶴鳴未經會議。擅開兵釁。于是鶴鳴求會議。命下撫按。

丙申。巡按廣東御史田生金敍平黎功。共斬六百人。收撫一萬五千三百餘人。

丁酉。陝西右布政使王舜鼎爲順天府尹。

甲辰。建州衞都督奴兒哈赤陷撫順城。先期來市貂參。云明日三千人來爲大市。詰朝果至。伏兵車中。誘軍民出市。突入城殺掠。中軍千總王命印把總王學道唐鑰死之。游擊李永芳中軍趙一鶴降。得我兵五百九十八人。建虜積謀數年。向煉蜜爲糧。旁併諸部。治兵甚祕。奴兒哈赤□□□□始據城。引西虜煖兔宰賽等各屯遼河。脅我賞。購虎墩兔憨入犯。購東虜炒化屯鎮靜堡外。傳漢字檄。云南朝發兵。設在遵化。故到撫順會議。須捐北關予我。仍市清河。于是巡撫李維翰總督汪可受告急。

乙巳。建虜分陷東川馬糧口二堡。殺守堡官李弘祖。執馬根山守備李大成。

兩淮巡鹽御史龍遇奇奏立鹽政綱法。祖制淮鹽歲七十萬五千一百八十引。自套搭行而課額虧。淮南舊引二百萬。淮北舊引百四十萬。今淮南編十綱。每綱刊定二十萬。其挂掣未行引十七萬附之。歲帶行一萬六千。十年而淮南舊引可盡。淮北編爲十四萬。每綱二十一萬。帶行舊引。十四年而盡。上從之。著爲令。

己酉。巡撫宣府右□都御史汪道亨卒。道亨字□□懷寧人。萬曆癸未進士。在鎮修堡築墻。頗舉其職。

庚戌。征虜前將軍總兵官張承胤會各將分五路至撫順城南。建虜分三路佯退。誘我以萬騎夾擊。我師殲焉。承胤敗沒。遼陽副總兵頗廷相游擊梁汝貴突圍出。見失師。仍陷陣死。初奴兒哈赤子紅把兔嘗飲承胤所。曰。父志不小。屢諫不入。萬一南向。大將軍計安出。承胤盛稱漢威德。笑而去。亡何難作。李維翰趣戰。承胤叩門求見。不許。

辛亥。邵輔忠爲光祿寺丞。

陝西大雨雪。苑馬寺廣寧開城黑水清平萬安等六監凍斃馬一千一百五十四匹。斃卒二十五人。

甲寅。奴兒哈赤遣頭目章台等送漢人張儒紳張棟楊希舜進士七人。因奏七恨。先年無故殺其祖父。背盟護北關嫁老女。三岔柴河退墾。自稱建州可汗。求南朝官一人。通事官一人。締好。赴貢罷兵。初東廠太監盧受領司禮監印。其舍人王朝弼一曰應朝。潛遣張儒紳市于撫順。逞威偪脅。今上書七恨。亦其一也。

張溥曰。奴兒哈赤之得爲中國患也。始于殺其父之無名。而終于與其爵之已重。何則。教場之與他失。有掩阿台之功。而併僇于城下。其罪之不當甚于董山也。□□以窮虜之子。憐其國絕而封之足矣。而賞以龍虎之尊官。使得號召徒黨。兼有諸部。朝廷之失制。甚于聽李滿住之駐牧蘇子河也。往者董山糾毛憐海西入寇。以武忠往諭。李秉出討。窮歸闕下。羈之廣寧。而終不宥其誅。而後來諸夷之苦邊上者。每以其死爲言。永樂間楊木答戶奔建州。而滿住款附。竟釋不問。後爲邊患。歲中入寇者九十七。則知奴兒哈赤之爲患于今日。蓋有由也。建州以三女妻卜吉而取其地。宰賽欲娶金台失之老女。老女不可。建州因間以約婚而邀之以共攝北關也。事始于女子之間。而禍流于中國之大。當其萌日。一通事之力制之有餘。而及其大也。橫江之二百里。鴉鶻關之七十里。盡爲其有。不能與爭。反以全遼委之。竭天下之財而莫可誰何。則楊鎬李維翰之罪。其可勝誅乎。

談遷曰。冒頓之報東胡。阿骨打之報契丹。修怨釋憾。今于建州見之。然方其少孤。非李成梁收養。安有今日。漢金日磾本休屠王太子。輸漢廷牧馬。彼獨不追痛先人乎。亦感收養之舊德。効忠朝廷也。必撊焉稱兵。翹祖父以爲兵端。猶遼金之故智耶。

丁巳。日中黑闘。

前寧夏總兵官右都督李如柏爲征虜前將軍總兵官鎭守遼東。諸文武大臣薦之也。

戊午。方從哲請發帑金。召前兵部右侍郎楊鎬兼右僉都御史。經略遼東。前總兵杜松駐山海關。

募兵于眞定順德保定河間。時宰賽煖兎諸虜集遼河西岸虎墩兎憨亦屯鎭靖塞外。東西煽動。羽書狎至。

閏四月杞朔。宣大總督吳崇禮爲右都御史。仍兼兵部右侍郎。順天府丞董可威爲右僉都御史。巡撫宣府。

前四川總兵劉綎薊鎭總兵王國棟甘肅總兵柴國柱延綏總兵官秉忠各添註。進都督府僉書。

庚申。建虜同西虜二萬騎入瀋陽邊政堡。

甲子。山海關兵部主事鄒之易奏。建虜初號五萬。緜亙五十餘里。萬一引北胡並馳。全遼豈爲我有。宜亟補將領。發餉議援。大兵分三路。各大將統之。一從廣順間道直走寧宮塔以搗其巢。一從靉陽清河堵截其前。一從遼陽城或走穆家蒲河。或走懿路武靖。以横遏其衝。報聞。

丙寅。朱國弼嗣撫寧侯。

戊辰。張國彥嗣隆平侯。張炳子。

命順天尹禱雨。

虜滿旦犯馮家谷石塘路。游擊朱萬良拒卻之。

移保定巡撫靳于中于易州。順天巡撫劉曰梧于山海關。

庚午。巡撫江西右□都御史王佐總理河道。

壬申。初設山海鎭。轄薊鎭東協爲四路。

乙亥。前太僕寺卿劉汝康卒。曹州人。萬曆癸未進士。

丙子。太僕寺卿徐光魁爲右僉都御史巡撫湖廣。

丁丑。黃霾四塞。夜開原殷家莊堡等旂木生火。

己卯。陝西大雨雪凍斃人畜。

甲申。衛一鳳爲南京刑部尚書。

暖閣廠膳房火。

乙酉。常淓嗣潞王。

丙戌。日旁黑氣磨盪者三日。欽天監不以聞。

是月。發遼餉十萬金。半黑脆如土。煎之不耗。

五月孩朔。吉世子常淳薨。

庚寅。故征虜前將軍遼東總兵官左都督李如松。贈少保寧遠伯。立祠。諡□□。子性忠。襲鐵嶺衞指揮使。

夏允彝曰。申大司馬玄渚用懋嘗語予曰。爲小司馬時。嘗一晤李寅城如松。寅城以其爲文定公子也。待之極恭。叩以邊事。曰。爲費甚多。凡所育健兒。恣其所好。凡衣服飲食子女第宅及呼盧狹邪之類。俱曲以濟之。有求必予。但令殺虜建功而已。玄渚叩以費從何出。曰。非能自給之也。當其窮時則貸之。或責以零劓劫帳。或責以禦虜先登計級受賞。即除前貸。故人皆樂爲之用。此李氏功名所由盛也。當是時。天下皆疑李氏有異志。兵莫強焉。然李氏之費以養健兒者。漸移以結朝貴。凡撫按出都。必預有以結之。至則與相雷同。任其欺蔽。凡山人墨客求朝貴書出遊者。必以李氏爲利藪。李氏子弟恣意聲色。婦人出遊。騎若雲錦。而功名衰矣。予嘗叩之遼友云。當成梁盛時。所招致智勇之士。熟戰陣者甚多。如柏如楨時。其人皆安往。何潰壞一至此。遼友曰。此天也。當成梁如松之貴。與之語。皆娓娓精當。及如柏輩。既弱且蠢。與言皆憒甚。其父兄之風無一存者。一覩即知其必敗也。嗟乎李氏之盛衰。即遼事之興壞繫焉。豈非天哉。
乙未貴州黄道宣撫司土舍劉時行襲宣撫使。
癸卯。作德昌王府以會典有帝孫王孫之異。
丁未建虜陷撫安三岔兒白家衝三堡。
國子祭酒盛以弘爲少詹事纂修玉牒。
己酉。建虜出境。
庚戌。四川永寧司奢崇明子寅年少獷悍。與貴州水西土官安堯臣妻奢杜輝爭地。杜輝即寅之姑也。搆兵仇殺。安氏雖衆而寅兵驍狡能角。事聞。奪寅冠帶。令改圖責杜輝還地。
岷府常寧王幹坤薨。母妃盧氏失愛于憲王。因忿死。
辛亥。李維翰免。命經略楊鎬兼巡撫。
癸丑。南京太僕寺少卿未任吳炯助遼餉萬金。
前巡撫大同右副都御史王士琦卒。士琦字□□。臨海人。萬曆癸未進士。嘗監軍朝鮮。予祭葬。
甲寅。周府恭儀封寧鄉王。
建虜入開原。
楊鎬至山海關。奏遠近徵兵。兵部議兵餉。宣大山西萬人。餉四萬金。延寧甘固六千人。餉八萬金。并摘調薊鎮臺兵。借大工馬價各五十萬資遼餉。
西虜乃蠻炒化等內犯。
是月。南京大理寺丞董應舉上言。閏四月二十八二十九日。人傳日中黑鬬。五月朔未刻。臣于宅用水盆仰照。

見日旁黑氣游移。忽入日中。日光盪轉不定。旋爲黑餅。蓋于日上。不盡黑。出日光奄奄如紫。少頃。黑氣又作。復入日。光盪轉。黑蓋如前者。又變淡黃。未申後遂無光采。臣稽李淳風玉曆通政占曰。政法不明。號令不常。君德不光。日生青黑。若省咎補過則吉。一曰郊祀勿恭。乃生黑氣。一曰臣扶私黨。日有黑氣。一曰黑日與日對。或合胡狄來華。一曰日出入時有黑日掩日。化外侵中國。掩盡則禍不可言。至于黑橫水中。如分日爲兩。亦主鼎分。凡此數種。未知應在何等也。

六月牫朔。許鼐拜襲樂昌王。

己未。帥鍨襲壽陽王。常涑襲建德王。載栶襲廬江王。常澤襲高唐王。由彬襲東垣王。

辛酉。大同後衞民家產豕二首四目四耳。

遼東饑。議開登萊海運。召商募舟。山東巡撫李長庚議折色而止。令發餉司糴買。

乙丑。建虜同西虜攻開原鐵嶺。衞告急。

發太僕寺六萬金。遣戶部照磨萬有孚市馬宣大。發帑二十萬治餉。

丁卯。禮部奏淮王庶子常洪劫父掠妾。以淮王貽謀不臧。當奪祿四年。常洪宜自盡。從之。初。淮王翊鉅以伎王愛兒冒爲妾。入宮。令常洪母之。謀奪嫡。妃陳氏世子訴於御史陳于庭。處常洪于邸外。而常洪故蒸愛兒。招奸人夜入宮。劫父冊寶貲貨及其妾。事聞。并愛兒論死。

辛未。起趙煥爲吏部尚書。

設遼東餉司。

壬申。大風壞西直門樓。

乙亥。吉王翊鑾薨。謚曰宣。

予祭故左通政朱敬循。
復荆王由樊原祿不爲例。
丙子。甘肅寧遠堡東北天鳴紅崖堡地再震。
己卯。贈張承胤少保左都督廕本衞指揮使謚□□。立精忠祠。予祭葬。故遼陽副總兵頗廷相贈都督同知。故游擊梁汝貴故海州參將蒲世芳並贈都督僉事。俱祔祠。守備魏居正等加廕有差。
前遼東巡撫李維翰削籍。
虜炒化寇廣寧大小黑山轉犯河東。俱建虜勾之也。
壬午。京師地震。
截漕五萬石餉遼東。
癸未。巡撫廣東右□都御史林如㕓致仕。進工部左侍郎。
丙戌。少詹事盛以弘纂修玉牒。
封岷王定燿曾孫禋法爲岷世曾孫。
是月。乃蠻犯大靖堡。幸款夷預報。拒卻之。
鄜陵地震有聲。

七月妏朔己丑。建虜謀犯清河。攻北關金台失。叉于撫順城外二十里築城屯兵。經略楊鎬遣游擊劉遇節祖天壽保定總兵王宣各以兵往。而開原援兵過瀋陽。值西虜而潰。
癸巳。申飭秋防。
尙寶司卿熊尙文奏。用寶敕空白月日非宜。方從哲言。王府內外各官關領不齊。故宣敕俟報單領狀塡給。相沿久矣。上命仍臨期塡給。

乙未。予故刑部右侍郎鄭大同祭葬。莆田人。嘉靖己丑進士。

己亥。寧國廣德青陽安吉大雨水溢。

壬寅。前刑部左侍郎呂坤卒。坤字叔簡。寧陵人。隆慶辛未進士。入仕三十餘年。林居二紀。天性忱恂。持身謙素。有古人風。予祭葬。天啓元年贈刑部尚書。廕子入監。

張鼐爲國子司業。

建虜自鴉鶻關入攻清河堡。堡在山谷中。號天險。獨東隅稍平。戍卒五千二百五十人。督臣以地重。遣游擊張旆以三千人往。方半月見攻。議設伏伺夜掩之。守堡官凌雲程曰可。參將鄒儲賢議守以俟援。卽閉門。樵採之士數百人不聽入。戊申。敵自寅至未不退。戴板屋車。挖城土。歷級上。我砲不繼而陷。儲賢見李永芳招脅。大罵巷戰死。三岔一路並遭焚燬。時建虜六萬。我遼鎭兵額僅六萬。又城堡驛站之役。行間才二萬餘。而所調各邊兵一萬六千。遼東又募新兵二萬。議餉三百萬。

徐時進曰。張承胤宜退而不退者也。喪師辱國。塗地肝腦。何恤一人。所可原者。以撫臣之軍令迫之戰。非其本心。可薄減也。苟利社稷。君命有所不受。此之權宜。又非所深責于介胄之士矣。鄒儲賢宜戰而不戰者也。街亭之敗。擅制得刑。雖馬謖何所辭于武侯哉。張旆凌雲程欲戰而不得戰者也。受刃城頭。血濺雲空。儲賢有知猶得以其魂邇旆。較策得失哉。悲夫世何遽無男子。張旆死儲賢亦死。庸得以等死同日論哉。

陳仁錫曰。均遼人也。惟撫順清河之人。始而與彼接兄弟。旣而與彼通婚媾。故撫順一失。清河旋陷。二城之人。至今爲梗。殘酷狡黠。揆厥所由。因開市年久。夷夏防疎。故其人陷于建虜而恬不知恥。彼亦熟稔情好而任用無疑。若此輩約有二三千。鑒此則張家口潘家口之款。又不可不嚴其防也。

甲辰。夜京師大雨雹。
乙巳。予故遼東總兵官右都督麻貴祭葬。
丁未。方從哲請修內治亟圖用人。不報。
戊申。寧前練兵推官盧堯臣貪恣劾免。
時淸河兵民萬人皆陷沒。援兵俱在數百里外。獨賀世賢自靉陽馳赴。克敵一栅。斬一百五十一級。
庚戌。前巡撫貴州兵部尙書郭子章卒。子章字相奎。泰和人。隆慶□□進士。授禮部主事。□□□□□□□□□□□□□□□。歷今官。文章勳業。爛然可觀。予祭葬。
何熊祥爲南京刑部右侍郎。許汝魁爲南京通政司使。王永光爲大理寺卿。
癸丑。懷寧縣產犬。長五尺。高四寸。一首二身八足。狀如人。
甲寅。張邦紀爲國子祭酒。
巡按江西御史張銓言。李如柏杜松劉綎俱宿將。不相下。必天語嚴切。責成楊鎬約束。又綱目書死之例有三。曰死之。予節也。曰戰死。功罪半也。曰敗沒。直罪之耳。張承胤輕進取敗。屍積丘山。不合䘏典。請繩以喪師辱國之罪。不聽。
丙辰。西協副總兵李光榮加總兵銜。
是月。廣西旱。
八月丁巳朔。戊午。故薊鎭東路副總兵署都督僉事高策贈都督同知。予祭一。山西天城衛指揮□□武進士。
禮部主事謝陞朱大啓知縣張光前葉廷祚爲吏部主事。
己未。交夷大舉犯欽州。恣掠。執把總査友眞。

庚申。潮州大風潮溢。潮陽澄海揭陽饒平普寧漂數萬人。壞田舍亡算。

敕賜楊鎬尙方劍。總兵以下不用命者聽軍法從事。

壬戌。前雷白典史朱鳳翔爲南京儀制主事。添註。

乙丑。朝鮮國王李琿請敕從征建虜。從之。先是總督經略各檄朝鮮簡卒聽調。至是刑曹判書李慶會云。簡萬人以竢。且請硝黃。又進馬七百。

丁卯。山西提學副使呂純如請宋資政殿大學士范仲淹我明霍州學正曹端從祀孔廟。

時戶部議改折南京倉糧充邊餉。已報行。而南京戶部謂止以今年倉糧半折濟邊。半留給軍士。該部謂二十五年南糧。今始動支。則實有九年之積。即改折二年何損。命下會議。

戊辰。周永春爲右僉都御史。巡撫遼東。

己巳。遼東寬奠海蓋地震。

援遼總兵麻承恩論死。以失援清河也。

壬申。上初止山東海運。至是山東巡撫李長庚奏。海運自登州開洋望鐵山西北羊頭凹。歷中島至長行島。至北信口。直兔兒島至深井。至蓋州。剝運百二十里。至玉女宮登陸。遶廣寧百八十里。至遼陽百六十里。每石費不踰一金。部覆從之。

乙亥。方從哲請開儲講。舉冊封。補閣員。推大僚。補科道。點巡撫。清詔獄。釋劉光復。不報。

巡撫貴州張鶴鳴以土司仇殺。請敕責水藺。安置隴氏祖孫。以杜兵端。

丙子。建虜謀攻遼陽廣寧。

庚辰。沭陽桃源睢寧高郵等水災。

西虜乃蠻等七營各悔罪求款。願九九之罰。經略楊鎬增舊賞二百餘金。受盟。

壬午。巡按直隸御史龍遇奇請重運判之選。必用甲科弘治間進士徐鵬舉除判官。政成陞大理寺丞。可倣也。上從之。

癸未。巡按雲南御史潘濬請停貢金。不報。

諭兵部。今各總兵出關駐何地。各援兵俱集否。令經略分地專責。

祁光宗爲兵部右侍郎兼右僉都御史。仍巡撫。

是月。京省主試。順天右庶子趙師聖右諭德薛三省。應天□諭德鄭以偉□贊善來宗道。浙江翰林院編修林欲楫吏部給事中張延登。江西編修成基命工科給事中范濟世。福建檢討丁紹軾吏科給事中張孔教。湖廣編修馬之騏刑科給事中陳伯友。河南尙寶司卿熊尙文禮部員外郞朱絲。山東刑科給事中李奇珍戶部主事吳伯與。山西吏部主事唐文煥兵部員外郞陳騰鳳。陝西吏部主事楊一鵬行人司副劉時俊。四川禮部主事陸完學大理寺評事齊琦。名廣東刑部主事熊秉鑑工部主事陳應元。廣西兵部郞中譚昌言中書舍人朱正蒙。雲南戶部主事洪起初工部主事陳如京。貴州刑部員外郞方尙恂行人陳玄藻。而應天浙江江西湖廣河南陝西俱七月甲寅命下。各改試期。

江西奉新等縣蛟災。壞城舍人民亡數。

九月𤇥朔。朝鮮報日本國王源秀吉求通。

戊子。朝鮮義州鎭節制使李善報建虜八月二十日謀攻遼陽廣寧。如不戰誘之野戰。楊鎬以聞。

己丑。建虜以五千騎自撫順關入犯。總兵李如柏游擊尤世功等分擊。斬七十六級。是日杜松馬林出淸河。

前巡撫遼東右□都御史張濤卒。黃陂人。萬曆丙戌進士。

己亥。起張輔之南京太常寺卿。

西虜插漢五子札哈虎赤黃把都元兀魯孫等謀內犯。

壬寅。巡撫貴州張鶴鳴報銅仁坡西等營兵鼓噪紅苗乘之恣掠。尋撫之。

甲辰。予故左副都御史詹沂祭葬。

戊申。命戶部發二十萬金勞遼東吏卒。

裁臨邑霑化蒙陰等縣縣丞。

庚戌。命總兵柴國柱移山海關。

建虜犯會安堡。殺掠千餘人。經略楊鎬諭北關夾攻之。北關懼禍。觀望未決。巡按御史陳王庭以南關王世忠姑金台失孌之遺。世忠往說。貽千金。且曰。虎墩兎憨輩行剿建虜受賞也。

辛亥。加派各省直遼餉共二百萬有奇。貴州不預。

壬子。錢塘臨安新城富陽餘杭孝豐歸安長興臨海黃巖太平天台仙居定海並水災。議賑。

癸丑。固原游擊佟國祚援遼師次昌平。聞父總兵鶴年降建虜。明日脫身逃去。事聞。命逮治之。

甲寅。山西代州五臺保德偏頭關陽曲壽陽太原盂縣潞江地震。夜有長星見翼軫。色白。形如匹布。衡尺餘。長可二丈。凡十九日滅。

乙卯。易州東安慶都定興清苑淶水唐縣河間任丘景州肅寧紫荆關馬水口天津地震有聲。

是秋。浦城縣午刻大風。自田際旋起水珠五丈餘。盤旋周遭。下上數十畝。久之乃滅。

十月丙朔辛酉。夜有星大如斗。有聲。隕南京安德門外。化石。重二十二斤。又萬善鄉亦隕二石。重百三十斤。

癸亥。京師賑粥饑民。

乙丑。夜彗見氐宿。大如雞子。長丈餘。色蒼白。尾指東南。踰數夕。轉指西北。犯太陽守星。又三日。漸往西北。尾掃北斗天璇天璣文星五車等星。偪紫微。至次月十九日滅。

方從哲言弭災數事。不報。

丁卯。寬順天永平田租。

壬申。改折南京倉糧一年助邊。

甲戌。巡按陝西御史牟志夔言甘肅河西河東諸生合試。宜在鞏昌。爲適中地。

己卯。南京大理寺卿董應舉予告。

辛巳。援遼總兵張萬邦疾免。

巡按直隸御史曾陳易請增南京武科。從之。

壬午。雲南大雨雹。

甲申。諭羣臣修省。

十一月。炳朔乙未。建虜犯瀋陽等堡。游擊楊于渭等掩敗不以聞。巡按御史陳王庭議其罪。

起孟養浩太常寺少卿。黃運泰光祿寺少卿。

丁酉。李誌爲左都御史。

戊戌。木介。

安南都統使黎維新入貢。

河南道御史房壯麗請革有司徵糧火耗。從之。

進楊鎬右都御史。仍兵部右侍郎經略。

己亥。劉曰梧加右副都御史。仍巡撫。

壬寅。設廣州香山澳參將。

乙巳。夜有星自北隕南。大如斗。聲如雷。

壬子。起馮若愚南京光祿寺卿。

癸丑。戶部主事洪起初主試還自雲南。言害民無如貢金。六月中。護貢兵役渡盤江死者五十人。當加意存恤。

甲寅。欽天監副周子愚言。前陝西按察使邢雲鷺深明曆法。近著曆元一書。言七政源流。四周四應。據經據緯。俱有本末。又言五星。北齊張子信草率之。曆至今千百餘載。曆家憑舊法倒換。致曆算失次。差至數十日不覺。至土木二星。其行尤遲。木星十二年一周天。土星三十年一周天。二星二歲俱行至。及今測驗。乃得眞數。過此又須十二年三十年矣。乞敕取雲鷺同修曆法。

乙卯。前巡撫遼東右□都御史韓取善卒。淄川人。萬曆丁丑進士。

封潞王常淓代世子。鼎濟樂昌王。鼒釘上饒王。翊鉅寧鄉王。恭欃魯陽王。肅泱東垣王。由彬廬江王。載禋高唐王。常洚建德王。常濡。

十二月丙辰朔。禁有司徵羨銀。

丁巳。套虜猛克什力等求款。

辛酉。□部主事鄒之麟奪職閒住。之麟負才名。附給事中亓詩教。韓浚求轉吏部不得。遂訐奏詩教、浚。又擅離任。被斥。

夏允彝曰。齊楚浙三方之貴者。相與甚密也。忽而相疑。時山東趙煥爲冢宰。亓詩教爲方從哲門人。操其權。故齊勢尤盛。鄒之麟倡言。張鳳翔爲選君。必年例處姚宗文、劉廷元輩。而齊與浙離矣。之麟既斥。其友夏嘉遏程光國尹嘉賓鍾惺輩皆才名盛一時。久擬臺省銓司俱改冷曹。此其持局甚固。然適所以自敗也。如嘉遇淳和清潔而亦與衆共擯。不亦誤乎。韓敬錢謙益王象春鄒之麟。才既相伯仲。又爲同籍而相仇至甚。殆不可解也。王象春自述云與鄒同遊西山。鄒爲對偶云。敬字無文便是苟。思其對不可得。王忽云林中有點不成材。以湯賓尹號霍林故也。此皆輕薄之尤。韓鄒固爲世詬矣。王居鄉最爲鄉人所嫉。其族人亦多恨之。錢聲色自娛。末路失節。此皆國運所關。坐此輩以致朝野紛紛也。

壬戌。予故山西左布政杜潛祭葬。潛嘗監軍朝鮮。

癸亥。北關金台失遣子得兒革台州來告捷。以十一月襲建虜俘四百有奇。斬八十四級。獲甲百十。馬七十。牛羊稱是。命勞三千金幣二十。

雲南左布政使李蓁爲右副都御史。巡撫雲南兼督川貴兵餉。蓁望輕。適入覲。購得之。命下交劾。蓁出都報罷。猶亟赴任。精敏加于前。聞白簡蝟起。仍視事。再被旨不去。直至受代。

乙丑。楊鎬奏定建虜賞格。

庚辰。許副榜監生准貢。

議徙寬奠子女于遼陽。

兵部員外郎董承詔言遼事之難有六。將多而難調。兵弱而難用。餉久而難繼。賊狡而難制。地險而難攻。助寡而難恃。其將多而難調。以唐九節度之師潰于相州爲證。不報。

巡撫山東右副都御史李長庚爲戶部右侍郎。督理遼餉。

正月乨朔。上不朝。

己丑。蘭州產羊四耳三目。

辛卯。國子祭酒張邦紀南京國子祭酒周如磐爲少詹事。纂修玉牒。

乙未。外戚鄭養性授都督僉事。止一輩。不爲例。從兵部黃嘉善議。

丁酉。謚山陰王俊栅莊憲。

嚴一鵬爲南京光祿寺卿。

辛丑。夜火星逆行軫宿。

癸卯。兵部職方司員外郞王元雅上六策。嚴責成。別功罪。戒欺蔽。督芻餉。核戰具。火器戰車。上是之。

丁未。兵部購東事賞格。刋示中外。

談遷曰。往討哱氏。討關白。討播夷。虛懸賞格。百不一售。今購建虜首。世都指揮。勞萬金。彼反購熊廷弼首勞一錢。取侮如此。則功懋懋賞。不遲漏刻。正無事文告之縻也。

命給潞王米萬石。

庚戌。右春坊右庶子趙師聖爲左春坊左庶子。右庶子何如寵各署印。兼翰林院侍講。左贊善錢象坤爲右諭德。兼侍講。

辛亥。吏部大計。竣。降斥有差。

壬子。少詹事張邦紀知貢舉。

戶部議惠王桂王婚費各七萬金。命各倍之。

二月甂朔。吏部右侍郞史繼偕禮部右侍郞協理詹事府韓爌主禮闈。

丁巳。夜。火星逆行入軫宿。

庚申。命覲官卽回任辦遼餉。

癸亥。夜火星逆行入軫宿。

乙丑。經略楊鎬會師于遼陽。分四路。總兵馬林自開原出靖安堡。攻其北。開原兵備道僉事潘宗顔監之。通判董爾礪贊理。山海關總兵杜松出撫順。攻其西。保定總兵王宣趙夢麟佐之。分巡兵備副使張銓監軍。遼東征虜前將軍總兵官李如柏出淸河鴉鶻關。攻其南。參議閻鳴泰監軍。總兵劉綎自寬奠出涼馬佃。攻其東南。兵備副使康應乾監軍。推官魏之范贊理。總兵官秉忠都指揮張承基屯遼陽。總兵李光榮屯廣寧。爲備。約乙亥出塞。北關金台失白羊骨等屬馬林。鎭江游擊喬一琦領朝鮮兵攻其東。朝鮮遣元帥姜弘立金景瑞副之。率萬三千人。屬劉綎。

丙寅。移總兵李光榮于廣寧。副總兵竇承武于前屯。

戊辰。夜火星逆行入軫宿。

庚午。起宋興祖大理寺右少卿。通政司左參議張泮爲太僕寺少卿。

遼東大雪迷徑。諸軍約乙亥各出塞。至是改己卯。杜松知敵未可乘。說楊鎬。不聽。蓋以方從哲紅旂趣戰也。松密上書當事。冀緩師。李如柏邀責其使。

壬申。禮部言前韓敬非有私。許復之。

夜。火星逆行于翼軫。

癸酉。大風霾。

翰林院庶吉士楊景辰服除。授編修。

甲戌。申刻赤氣滿天。晝晦至燃炬。

丙子。戶部右侍郎兼右僉都御史李長庚專督遼餉。

戊寅。增會試額五十人。

己卯。夜火星逆行入翼宿。

壬午。麗江土知府木增輸遼餉萬金。

癸未。劉綎進兵至馬家寨。斬八十五級。俘八十八人。

三月甲申朔。杜松出撫順。越五嶺關。直抵渾河。日暮軍欲止。不聽。見河淺。橫舟數十。松氣益銳。裸騎直渡。衆請甲。松笑曰。入陣被堅。非夫也。吾結髮從軍。老矣。不知甲重幾許。進獲十四人。焚克二柵。乘勝明日進二道關。伏兵突起。可三萬餘騎。松力戰。欲據山上。俄林中伏發。復血戰。抵暮而東營槍砲阻渾河未前。蓋敵決上流斷我也。松與總兵王宣。趙夢麟等力竭死之。軍盡覆。松等皆榆林人。善戰。松被召過潞河。裸示人曰。杜松不解書。第不若文臣貪而惜死。體創如疹。潞人爲揮涕。方出師。牙旗斷。識者憂之。敗聞。經略楊鎬言松違律喪師。撫按周永春陳王庭亦如之。雖松剛愎少謀。而師期先泄。彼得爲備。敗道也。

談遷曰。杜松嘍啃宿將。以廉勇著。搴旂陷堅者數矣。渾河之覆。或咎其輕進。或曰。李如柏早置奸人。爲松向導。誘而陷之。似未必然。西道最衝。松既慨任。有進無卻。大丈夫志在吞胡。直獨身取單于耳。橫屍草間。豈顧問哉。松嘗諫經略。兵餉未充。士卒未習。將領未協。不便大舉。其審勢甚明。所以致敗者。先人有奪人之氣。而後軍無爲之繼也。

乙酉。開鐵路總兵馬林失利。監軍開原道僉事潘宗顏死之。林出三岔口。屯稗子谷。夜聞杜松敗沒。軍中遂譁。及旦敵至。林甚恐。亟引去。宗顏殿後。與游擊竇永澄守備江萬春通判董爾礪等俱鏖戰沒。宗顏字士潛。萬全都司保安衛人。萬曆癸丑進士。能詩文。授戶部主事。身請督餉。補今官。嘗上楊鎬書曰。林庸懦不堪一面之寄。乞易別帥。當此重任。而以林遙作後應。庶其有濟。否則不惟僨事。恐此身不保。果如其料。年三十六。後予祭葬。贈光祿寺卿。謚節愍。子兆環廕錦衣衛百戶。

夜東南有大星。色黃赤。自大角東北行至近濁。

丙戌夜。火星逆行入翼宿。

庚寅。以四川貢扇粗惡。奪布政司官俸三月。

諭兵部。戒飭東征將士。

總兵劉綎敗沒。綎深入三百里。克十五寨。斬三千級。建虜氣懾。適得杜松號矢。使諜告急。綎曰。同大帥乃傳矢裨我哉。奴諜曰。主帥因事急。取信耳。綎曰。始不約傳砲乎。曰。夷地烽堠不便。此距建虜五十里。三里傳一砲。不若飛騎捷也。綎首肯。奴諜馳報。立傳砲。我軍意松先登。疾驅而亂。中伏大潰。綎遇害。年六十。義子劉招孫救之亦死。朝鮮裨將金應河援之。殲焉。游擊上海喬一琦投崖死。朝鮮兵善火器。習銃。俱木牌並列如牆。開穴置銃。銃力頗猛。應河據山為營。嚴銃拒敵。敵不退。俄風霾。銃不能發。應河猶據胡床。持大弓射之。力屈死。姜弘立金景瑞降。綎初留周文為後繼。文擁衆不赴。竟還牛毛寨。綎南昌人。父顯。亦名將。綎驚勇。善大刀。與杜松齊名。時謂功在俄頃。並敗沒。邊人奪氣。喬一琦贈都督僉事。廕金山衛指揮僉事。

楊鎬聞各路不利。檄李如柏旋師。時喪兵九萬。馬四萬。輜重無算。

高汝栻曰。是役也。諸大將各以盛名相埓。喜先得當虜。趣首功。直前而往。經略意亦苦兵實不在戰。虛張撻伐。冀取近寨小捷。得塞軍書。而杜松負膽力。有犂王庭之志。遂轉戰深入。松遇伏而敗。馬林聞松敗亦潰。天也。至綎直搗奴巢。敵號泣震天。幾已成功。還兵自救。餉援絕而鏖戰死。當是時。諸將互為犄角。分其兵力。兩將軍必不陷。惜乎不能和將士而委于不救也。如柏退保開鐵。藉口節制。毋亦世居遼。香火情深。支吾報成事耶。

談遷曰。成化間李秉征建虜。分五路。楊經略倣之爲四路。然建虜昔脆而今勁。踰于噶囊。說者謂出師日星象赤霾。俱咎徵。宜止。非也。強奴驚伏。大軍雲集。不惟敵是求。更欲何待。第兵機宜祕。諸帥宜輯。而角幟競勝。又漏其期。疎莫甚焉。杜劉二宿將。稍一愼重。當無全陷。憑壘自固。旬日間敵困于四應。左支右吾。勢且內潰。或彼徼天之幸。我亦無豐敗。今勇者躁。怯者遁。自是以往。諱言出塞。甲士不復馳荒漠之外矣。惜哉。噫。

甲午。夜火星逆行入翼宿。廣寧大風。折巡撫門旂。

戊戌。策貢士莊際昌等三百□十□人。賜莊際昌等進士及第出身有差。

庚子。巡撫貴州右副都御史張鶴鳴爲兵部右侍郎兼右僉都御史。總督陝西三邊軍務。大理寺右寺丞韓浚爲右僉都御史。巡撫保定。提督紫荆等關。兼理海防軍務。□□口北道副使杜承栻爲右僉都御史。巡撫甘肅。江西左布政使王在晉爲右副都御史。巡撫山東。兼理營田。

命都督僉事王尙忠鎭守保定。兼備倭總兵官。

夜。火星逆行犯翼宿。

辛丑。莊際昌賜第。其策洗補數字。又誤醪爲膠。禮科給事中亓詩教摘之。方從哲以進呈失詳引咎。不問。命際昌還里讀書。居三載。吏部卽家奏補翰林院修撰。亦未起。天啓初始應召。

諭內閣發稅金三十六萬及宮費給遼餉。

癸卯。總督陝西三邊楊應聘。巡撫□□祁伯裕爲兵部左右侍郎。回部。

兵部議募兵畿內山東河南山西陝西。

乙巳。延綏總兵杜文煥疾罷。

丙午。肅王紳堯薨。謚曰宣

方從哲再求放。以禮部□□主事夏嘉遇再劾之。

前御史熊廷弼爲大理寺左寺丞兼河南道御史。宣慰遼東。

丁未。皇太子才人王氏薨。

戊申。西虜虎墩兔憨詣鎮靖堡脅賞。

戶科給事中李奇珍論楊鎬李如柏通胡失事。不報。

己酉。□□參將賀世賢進副總兵。專援遼。總兵李如柏專禦建虜。總兵李光榮專禦西虜。

援遼總兵官秉忠疾罷。

辛亥。方從哲請籍遼民爲兵。議下兵部。

調宣府總兵官劉孔胤出關。

前翰林院修撰韓敬調南京。

壬子。曉刻金木星合犯壁宿。紅霾咫尺不辨。

起蕭如薰鎮西將軍總兵官鎮守延綏。孫邦熙鎮朔將軍總兵官。鎮守宣府。署都督僉事祁秉忠爲平羌將軍總兵官。鎮守甘肅。

四月甲寅朔。嚴京城門禁。

乙卯。□□墉上倉災。

戶科給事中李奇珍言李如楨不可代如柏。不報。

丁巳。命順天尹禱雨。

庚申。敕錦衣衞右都督李如楨爲征虜前將軍總兵官。鎭守遼河東兼備倭總兵官。往代如柏。談遷曰。東事之壞。始于用李氏兄弟。蓋議者以奴兒哈赤幼孤育于李成梁。年十六遣歸本部。謂成梁雖往。其兄弟皆世舊。冀縻制之。不知建虜深怨李氏。反墮其計中。初帥如柏不律。亦可已矣。又帥如楨。豈非當事之愚乎。惜哉。

壬戌。署禮部事左侍郞何宗彥請䘏陣亡諸臣。從之。

丁卯。兵部主事莫在聲趣援兵以聞。

戊辰。兵部言貴州紅苗流毒。宜命川貴湖廣各守界上。初。巡撫貴州張鶴鳴言。地漢地隆等苗四十四寨。爲四川酉陽宣撫司石耶邑梅二長官司所轄。沙苗頭龍等九十九寨。爲湖廣永順保靖二宣慰司及鎭溪所土千戶段惟漢等所轄地。宙頭龍等苗二十三寨。爲貴州所轄。其害獨貴州當之。積困爲鄰壑。乞敕川湖所屬要隘。列戍嚴防。凡苗出劫。卽覈所轄。如湖廣則責湖北道行永順保靖二宣慰防守。在四川亦如之。在貴州則自治。毋彼順此逆。以釀禍端。命如議行。

辛未。協理京營戎政兵部尙書薛三才卒。三才字□□。定海人。萬曆丙戌進士。選庶吉士。授□科給事中。轉湖廣參政。歷右僉都御史。巡撫宣府。總督薊遼。有斬獲功。至今官。予祭葬。贈太子太保。謚恭敏。

壬申。總兵朱國良爲南京後軍都督府僉書。

少詹事周道登予告。

癸酉。盔甲廠火。

予故南京右都御史平原宋仕祭葬。贈太子少保。隆慶五年進士。

乙亥。初立平虜營。以賀世賢領之。招其舊兵。

丁丑。德府常洢嗣阜平王。

辛巳。逮宣府總兵官劉孔胤。以援遼兵譁。脅撫臣人給二金始息。

前□□道御史劉國縉爲兵部職方主事。遼東贊畫。

五月楑朔。乙酉。吏部候選儒士蔣定國奏採山西夏縣等礦。疏不由通政司。通政使姚思仁糾之。

南京鎭南衞運糧千戶李一忠奏餉匱。請搜東南積羨郡各二萬金兵五百人。通政使姚思仁又糾之。

癸巳。京師河水溢。

丁酉。思明等府向武萬承等州土官各貢馬失期。減賞。

己亥。延綏游擊袁大有以援遼兵千餘人至昌平。私逃七百餘人。

辛丑。寧夏總兵官蕭如薰爲南京左軍都督府僉書。

壬寅。巡撫南贛汀韶右僉都御史錢烜疾罷。

乙巳。歙人曹致廉等奏乞同內監搜江南富家借餉數百萬。通政使姚思仁又糾之。

己酉。巡撫廣西右□都御史林欲廈致仕。進工部左侍郎。

辛亥。建虜大舉入撫順關。

思明府奸人搆祿州夷酋何焞入掠思陵上下石忠江等州二百七十餘村。西至下凍。東至剝岩。五百餘里。

六月玨朔。初。李如楨抵山海關。託人語總督汪可受以相見禮。兵部尚書黃嘉善謂總兵見總督自有定禮。況敕

命聽經略總督節制。宜申明體統。從之。

丁巳。故左副都御史□□贈左都御史。故南京戶部右侍郎吳中明贈南京戶部尚書。

乙丑。順天大水渰稼。

故伏羌知縣王從義死□。贈□部主事。

己巳。建虜萬餘人自靖安堡攻開原。總兵官馬林等方率衆出防。又恃宰賽煖兎新盟。不之備。遂陷沒。西虜時市慶雲堡。聞變亦結聚亮子河。

黃縣民家產豕二首四耳八足。

庚午。西虜三萬騎攻鎮西堡。

壬申。巡撫宣府右□都御史趙士諤罷。

癸酉。楊鎬免。

大理寺丞兼河南道御史熊廷弼爲兵部右侍郎兼右僉都御史。經略遼東。廷弼入京陛見。國子司業張鼐請簡營兵三千壯其行。僅得千人。至關門。廷弼盡遣還。留其馬。營兵怨之。

丙子。甘肅總兵官李懷信移鎮薊州永平山海。

戊寅。經略熊廷弼言。遼左爲京師肩背。欲保京師。則遼鎮不可棄。河東。遼之腹心也。開原。河東之根底也。今開原破。清河棄。慶雲掠。鎮西圍。鐵嶺懿路數城人逃矣。獨遼陽瀋陽爲河東孤立。而昨楊鎬奏瀋陽民逃。軍亦逃矣。遼瀋何可守也。然不守遼瀋。必不能保遼鎮。不復開原。必不能保遼瀋。前日之寇。東有朝鮮。北有北關。西南有遼開。僅東北一道走路。四圍逼束。使當事者不急戰。議復清河撫順。守寬甸。再建城設將于柴河靖安間。悉宿重兵。互相犄角。以漸蹙之。不過穴守耳。自大軍三路敗沒。敵兵始出入無常。今開原一帶盡失。朝鮮北關皆陰順之矣。開原城大而民衆。敵攻開原。而西部五營即五千騎犯慶雲。又三萬騎圍鎮西。則西部爲彼用。如敵以數十萬金餌虎憨諸酋。入犯昌薊宣大以綴我。使我不敢出京城一步。然後長驅入山海關。或海道取天津及登萊。勢所必至也。乞敕廷議。辦兵餉。毋旁掣。毋中格。云云。上然之。仍賜尚方劍。時翰林檢討丁紹軾貽之書。請如范仲淹遺元昊書。諭以大義。厲反己自責之意。廷弼不報。

辛巳。泰寧侯陳良弼總督京營戎政。

七月壬朔。夜有流星大如盞。色青白。自閣道西南入室宿。

甲申。惠王婚。

西虜自石門堡攻鮑家岡墩臺。

乙酉。戌刻。赤光照地如晝。自淮南墜西北。

戊子。封晉府敏淢河中王。周府在鏵彰德王。在鑛堵陽王。常淖新昌王。益府常洌阜平王。由櫪永寧王。由權舒城王。韓府璟漳長樂王。慶府帥鑒壽陽王。

己丑。建虜萬餘騎陷十方寺堡。

庚寅。追封周府朝墠義寧王。諡莊恪。勤甍東會王。諡簡靖。

遼東寧遠衛民家產豕。鼻長如象。

丙申。命總兵柴國柱游擊朱萬良各領兵出援遼東。

戊戌。右庶子何如寵為國子祭酒。孟時芳為南京國子祭酒。

己亥。張經世為右僉都御史。巡撫宣府。陳邦瞻為右副都御史。巡撫廣西。

癸卯。南京戶部尚書周嘉謨為工部尚書。

甲辰。以金花銀戶部尚書李汝華奪俸二月。司官一年。

楊鎬奏開原失陷。以署道推官鄭之范貪刻離眾心。宜捕治。從之。

丙午。建虜數萬騎自三岔口攻陷鐵嶺衛。援遼總兵賀世賢救之不及。斬百七十餘級。

丁未。胡應台巡撫應天。總督軍務周應秋巡撫南贛汀韶。總理軍務。李樗巡撫貴州。兼督理湖北湖南川東軍務。俱右僉都御史。沈儆炌巡撫雲南。兼建昌畢節川東督理軍務。兼督川貴兵餉。兼右副都御史。于仕廉爲南京太僕寺卿。

左春坊左贊善徐光啓請使朝鮮諭夾攻上。壯之。拜少詹事。兼河南道御史。賜一品服。

命吏部右給事中姚宗文閱視遼東。

貴州水西頭目官保以鎭雄水西烏撒兵萬餘追安效良至霑益州界。焚掠。效良嬖前妾□氏而疏安疆臣女。女陰搆烏撒土婦隴氏買官木署使索效良印也。

八月辛亥朔。北虜萬餘自石塘路攻白馬關高家馮家等堡。游擊朱萬良告急。

左都御史李誌致仕。

癸丑。經略熊廷弼入遼陽。鎭人知州李尙浩移家出城。廷弼罪之。勞賀世賢。斬逃將右翼營游擊劉遇節。總兵中軍王捷。鐵嶺衛游擊王文鼎。以徇。文鼎雄縣人。抵任一日城陷。人以爲冤。招屬夷北關金台失白羊骨二酋。

令總兵李如柏屯瀋陽。賀世賢屯虎皮驛。

乙卯。濟南東昌登州蝗。議蠲災租。運遼東米豆三年帶徵。

丁巳。郭增輝充總兵官。鎭守保定。兼備倭。總兵官何奮武充總兵官。鎭守山海關。應援薊遼。王汝金爲征西將軍。署都督僉事。總兵官。鎭守寧夏。紀元憲爲署都督僉事。總兵官。鎭守廣東。

戊午。桂王婚。

暹羅入貢。

癸亥。逮楊鎬下獄治三路失師之罪。

丙寅。以虜滿旦謀犯薊門石塘等路命京營副將江應詔以三千人自順義牛欄山大水峪沿邊往援。

鳳陽大旱無麥禾。

辛未。建虜聲言犯遼。突陷北關金台失白羊骨二寨。金台失自焚死。白羊骨出降被殺。北關亡。瀋陽官軍聞之驚潰。熊廷弼亟遣守道閻鳴泰往撫。至虎皮驛大哭而返。初開原鐵嶺連陷。北關益孤。恃婚虎墩兔憨爲援。至是襲陷金台失寨。隨攻白羊骨。而西虜宰賽以爭掠鐵嶺爲建虜所獲。因縶之以鈐制諸夷。故炒化寨俱觀望不救。

張鼐曰。北關仇南關而猛骨孛羅遂甘就建虜羅網。人皆謂滅南關者建虜。而不知滅南關者北關也。南關滅。建虜寖強。北關于是漸弱。相搆未已。卒弱鄰而來強寇。詎非逞仰奴卜四酋爲謀之不臧哉。然則滅北關者非建虜而亦北關之自滅也。

甲戌。前山西右布政高出山西右參議邢愼言俱監軍遼東。

安南祿州酋何惇屢入犯。至是檄都統使黎維新擒獻首禍三人。

九月朏朔。諭停刑。

甲申。許總兵麻承恩劉孔胤納馬贖罪。承恩八百匹。孔胤五百匹。

熊廷弼論河東總兵李如柏失開原鐵嶺之罪。請李懷信代之。移開原道僉事韓原善于瀋陽。報可。

巡撫山西右副都御史王在晉言遼地糧餉陸運經虜地。且脚費工資甚鉅。宜盡改海運。南貯金倉北抵蓋。蓋金州距登州半日之程。恐建虜烏龍江進舟揚帆渡海。乞募水兵六百人護餉。章下所司。

議蠲賑淮揚鳳揚旱饑。

庚子。少詹事兼河南道御史徐光啓上十事。闕防住札副貳將領侍士。選練軍實。召募徵求助義。不報。

癸卯。命卹遼東陣亡將士。

丙午。修通州張家灣二城。

戊申。熊廷弼誅左翼營游擊陳倫。以盜餉三千餘金。

朝鮮以建虜繕治牛毛寨萬遮嶺。廣造攻具。購蒙古炒化煖兔諸酋。意不在小。來言于朝。經略熊廷弼慮瀋陽空虛難守。決計保遼陽。挑濠掘塹。徵戰守兵凡十八萬。

十月庚朔。頒曆。房山人陳槐前于萬壽節日呼冤午門。云東宮王才人爲亥女王昇冒之。至是復呼冤。方從哲請辨眞僞。不報。

壬子。建虜謀犯海州。斷餉道。巡撫周永春以聞。

丁巳。粥京城饑民。

戊午。周永春乞增鎭江戍守。蓋朝鮮貢道也。從之。

戊辰。烏撒賊戈破李滿鸞等勾水西鎭雄萬五千人出掠。至樂農。尋殺水西安效良。奪其印。恣剽。且分七路突官兵。方策安遠兵潰。巡撫雲南沈儆炌請合川貴剿諸逆。章下兵部。

丁丑。大同游擊焦垣以八百人援遼。亥懷來。夜譁。垣遁。

十一月庚朔。辛巳。給京軍衣履出戍。

吏部尚書趙煥卒。煥字□□。掖縣人。嘉靖乙丑進士。知烏程。進工部主事。改陝西道御史。歷順天府丞。大理少卿。右僉都御史。工吏二部侍郎。長刑部。執法不屈。筮仕五十餘年。自奉不異寒素。年七十八。予祭葬。贈□□□。

癸未。朝鮮奏建虜嫚書。欲謀吞噬。求亟庇援。章下兵部。

甲申。前巡撫福建右副都御史黃承玄卒。予祭葬。贈工部左侍郎。

丙戌。前巡撫南贑汀韶右僉都御史孟一脉卒。一脉字□□。東阿人。隆慶辛未進士。知平遙。拜南京□□道御史。忤張居正削籍。後環召。又言事調外。再起南京通政司參議。累遷今秩。性介潔不淄。年八十四。

前巡撫山東右僉都御史錢士完卒。

戊子。兵部左侍郎楊應聘請調湖廣永順宣慰司兵八千人。都指揮使彭元錫領之。保靖宣慰司兵五千人。宣慰彭象乾領之。酉陽宣撫司兵四千人。宣撫冉躍龍領之。石砫宣撫司兵四千人。應襲馬祥麟同秦邦屏領之。遵義參將董仲揆統焉。仍以四川副總兵陳策加援遼總兵官統各軍。報可。

壬辰。禮部左侍郎何宗彥予告。

甲午。南京工部右侍郎羅朝國致仕。

乙未。建虜數萬騎自開原松山堡入收穫去之。

己亥。虜圍宋家泊堡。

庚子。日暈兩珥色蒼黃赤。

癸卯。虜五萬騎屯養善木。

經略遼東熊廷弼言。今日制敵。曰恢復。曰進剿。曰固守。而此時語恢復進剿。未敢草草。不如分布險要。守正所以爲戰也。然守亦未易。頃者臣至各邊。陋在東南路爲靉陽。南路爲淸河。西路爲撫順。北路爲柴河三岔兒。俱當設重兵。爲他日進剿之備。而鎮江南障四衞。東顧朝鮮。亦不可少者。此分布險要之大略也。每路設兵三萬人。裨將十五六員。主帥一員。分前後左右中各營。對壘則前鋒迎之。中軍繼之。左右橫擊之。後軍殿之。使各自備。分合奇正以當一面。如敵在西路。則南路北路出奇擊之。東路南路悉力以擣之。敵在南路。則東路西路出奇以擊之。北路悉力以邀之。鎮江當設兵二萬人。裨將七八員。副總兵一員。半駐義州。半駐鎮江。夾鴨綠江而守。如敵犯朝鮮。則鎮江與朝鮮合力拒堵。而四路分搗以牽之。敵與四路相持。則鎮江朝鮮合兵而西以搗之。此各路聯絡之大略也。淸河撫順三岔兒三路。山多漫坡。可步騎並進。當用西北兵。以西北大將統之。寬奠靉陽林箐險阻。可專用步。當用川土兵。以西南大將統之。鎮江水陸之衝。當兼用南北兵。以南北將兼領之。此酌南北兵將之大略也。善行師者。行必結陣。止必立營。見可以進。知難而退。每行一次。必立一營。貯收糧草。兼作退步。各路兵雖三萬。如深入百數十里。須留營數所。撥兵防守。且兵馬旣隨各帥往塞上。遼城空虛。再設兵二萬。平時駐劄遼陽。有事策應四路。又于海州三岔河設兵萬人。聯絡東西。以備後勁。金復設兵萬人。防護海運以杜南侵。此征行居守之大略也。敵兵計十萬。今議官兵十八萬。馬九萬匹。而見兵殆近八萬。尙在簡汰。未作實數。惟有召募征調二法。每兵一名。歲計餉銀十八兩。兵十八萬。該餉三百二十四萬金。又每軍月給米五斗。該糧一百八萬石。又每馬日給豆三升。九萬匹。該豆九十七萬二千石。草日一束。十五斤。歲除四個月青草不給外。計八閱月。該二千一百六十萬束。小束倍之。此毫不得裁者。上是之。

談遷曰。自遼事棘。公車之牘日聞。俱朽腐不適于用。熊經略身歷各塞。熟計利害。毋蔓毋飾。其策如趙充國之制西羌。而漢以專任收其功。今言脫于口。尋肘掣之。凡所用人。欲卯出酉效。否且白簡隨之矣。嗚呼。善將將者誰哉。

乙巳。巡撫順天右副都御史劉曰梧疾去。

戶部尙書李汝華署吏部事。協理京營戎政兵部尙書黃克纘署工部事。

丙午。宣府總兵官孫邦熙疾罷。

丁未。先是。御史張新詔劉蔚周萬鎰楊春茂左光斗王尊德劉惟忠山西參政徐如翰等各劾方從哲以枚卜失平軍國價事。從哲求放不允。
戊申。兵部尚書黃嘉善引疾乞休。命左侍郎楊應聘暫攝部事。
十二月庚戌朔。選翰林院庶吉士。丁進施兆昂姚明恭侯恪張翀吳士元楊夢袞詹士昇楊士芳顧錫疇劉宇亮金秉乾朱繼祚何吾騶姚希孟許可徵姜曰廣楊維新陳萬丁乾學雷躍龍胡尚英。
甲寅。總督倉場戶部尚書張問達署都察院事。
乙卯。前左諭德兼翰林院侍講趙秉忠公鼐右諭德兼侍講薛三省並爲左庶子兼侍讀。右諭德兼侍講鄭以偉錢象坤楊守勤並爲右庶子兼侍讀。右中允兼編修孫承宗吳宗達黃儒炳左中允兼編修駱從宇汪煇左贊善兼檢討丘士毅並爲左諭德兼侍講。左贊善兼檢討周炳謨黃立極右贊善兼檢討來宗道彭凌霄魏廣微。國子司業張鼐爲右諭德兼侍講。翰林院修撰黃士俊爲司經局洗馬兼修撰。編修李光元劉鴻訓楊景辰檢討王應熊孔貞時劉鍾英爲起居注。
丙辰。報西虜黃把兎等合五萬騎窺河東。
戊午。敕總兵王威仍原官移鎮薊州永平山海關。劉蕖鎮守山海關應援總兵官。
命順天尹禱雪。
魯府樂陵王壽鎬。周府河陰王勤炘。韓府襄陵王朗鑽。俱諡恪□。原武王在錦。諡昭憲。韓府長洲王朗鋭。諡莊順。建德王翊鉉。諡莊順。吉世子常淳。諡安惠。
己未。固原妖人李文等伏誅。
庚申。命故總兵劉孔胤駐海州。犄角遼陽。麻承恩駐三岔河。應援廣寧。
庚午。國子司業張鼐陳大學六論。端本清塗。慎選嚴教。尊祀除習。不報。

辛未。南京國子司業施鳳來翰林編修成基命並爲左春坊左中允。李光先爲右春坊右中允。並兼編修。

壬申。初會推閣員。禮部左侍郎何宗彥不預。吏科給事中張延登不署名。而御史蕭毅中薛敷教左光斗李徵儀倪應春彭際遇張新詔等交章惜之。禮科都給事中亓詩教兵科薛鳳翔又屢駁。具如延登指。各歸責于方從哲。從哲奏辨。並不報。從哲獨相庸庸無所主持。章奏俱留中。而言路一糾。則其人自能去。不待旨也。臺省之勢特重。有齊楚浙鼎峙之名。山東亓詩教韓浚周孔教輩。湖廣官應震吳亮嗣。浙江劉廷元姚宗文輩。其勢張甚。時目趙興邦亓詩教韓浚官應震爲四凶。

建虜遣諜婦飾。謀焚海州芻粟。會大雪凍饑。熊廷弼檄總兵柴國柱等屯虎皮驛。扼其衝。苦餉乏。還遼陽。

是年。天下加賦八百萬。遼餉三百二十四萬。車三萬七千輛。牛七萬四千頭。闕門日造器械。遼東餉司歲五百萬有奇。

庚申萬曆四十八年

正月賡朔。上不朝。

釋御史劉光復獄。削其籍。諭內閣曰。先太后祔廟時。朕欲赦之。以各官黨救。故未也。

談遷曰。劉侍御赴命倉皇。非有奇節讜論足動當世。而寬章日上。直與犯顏諫諍比烈矣。其然。豈其然乎。聞置扉之日。干請當路。所得不貲。夫攖龍之逆鱗以美其名。哭驪珠而探之。則又何說也。抑當世好畫龍者。不獨葉公耶。

丙戌。刑科給事中曾汝召請釋前中尉充𨥕。復前駙馬都尉王昺。不報。

戊子。山東太山嶽廟青龍神像高二丈。口吐火。道士水滅之。

會議援遼左固京師之計。

庚子。朝鮮國王李琿報北關覆沒。并滅宰賽。宰賽本泰寧衞酋。控弦萬五千騎。建虜餌其部落襲之。十月。建虜遣其壻好好里于斗等通小邦。不聽。欲見攻。云今冬不犯遼東。先向寬奠鎭江。此小邦所以不及嫠恤。而惟以漢邊牧圉爲憂也。

癸卯。熊廷弼奏兵部贊畫主事劉國縉募新兵萬七千四百餘人。分戍鎭江寬奠靉陽淸河等防守。昨十二月。淸河兵逃盡。鎭江寬奠靉陽亦多逃。今如南衞逃者。責成海蓋道康應乾調處。河西兵逃。責成分巡道張鳳翼以贊畫之法難行于鄉里。而兩道之法可行于地方也。從之。

甲辰。尙寶司少卿李騰芳爲太常寺少卿。署國子司業。

湖廣永順土司都指揮使彭元錦加都督僉事。保靖土司彭象乾加指揮使。各統兵援遼。元錦稱疾。遣頭目行。僅三千人。

朝鮮告急。時建奴分兵攻朝鮮滿浦等堡。命援之。

乙巳。城泰州東臺場。

丁未。神樞營右副總兵江應詔爲鎭朔將軍總兵官鎭守宣府。神機一營左副將楊肇基爲□□將軍總兵官。鎭守大同。

戊申。巡撫遼東右僉都御史周永春引疾。且請裁遼撫。不允。

二月配朔庚戌。沔陽京山等縣地震。

巡按遼東御史陳于庭奏新兵。熊錦報逃千九百餘人。楊于渭報逃千五百餘人。卞爲鵬報逃二千六百餘人。李如柏報逃四百七十餘人。趙率教報逃四百九十餘人。宜增募兵馬。且陳危遼單弱。不報。

癸丑。日暈如環。白虹貫天。

丙辰。夜月犯天關星。

丁巳。水西賊掠霑益。守備方策失利。以安效良逃至霑益。賊追索之。策遽戰大敗。賊恣掠。

辛酉。御史易應昌請振飭朝常。昭宣國是。不報。

甲子。廷臣以用人行政各候旨文華門。傳命各歸署。毋瀆。

丁卯。夜月犯房宿。

己巳。神樞營左副將達奇勛爲總兵官。鎮守居庸昌平。

丙子。太常寺少卿徐紹吉爲右僉都御史。提調雁門等關。兼巡撫山西。密雲按察使喻安性爲右僉都御史。整飭薊州邊備。兼巡撫順天。

丁丑。禮部右侍郎兼翰林院侍讀學士協理詹事府韓爌爲左侍郎。詹事兼翰林院侍讀學士□□□爲禮部右侍郎。同敎習庶吉士。

戊寅。夜南寧府雨雹。大如瓜。次如拳。壞廨舍樹木。

三月朔甲申。兵部左侍郎楊應聘卒。應聘字行可。懷寧人。萬曆乙未進士。知烏程。進兵部主事。歷右僉都御史。巡撫寧夏。秩滿。加右副都御史。進兵部左侍郎。總督陝西三邊。有斬獲功。已回部。予祭葬。贈兵部尙書。

庚寅。以軍興。再加天下田每畝二釐。

壬辰。神機三營參將王光有爲署都督僉事。神樞營左副將。

京師大風霾。

癸巳。滿旦母子叩關乞款。許復市賞。

明智草場火。

甲午。上不豫。

乙未。遼陽火藥局災。斃二百餘人。

京師大雨霾。威縣怪風來自西北。飛沙揚石。白晝如夜。

丙申。方從哲催前補閣員數事。上引疾少俟之。

癸卯。杭州火。

丙午。兵部贊畫主事劉國縉以招兵萬人全伍脫逃被劾。不報。

是月。安南祿州蠻韋德慶突入我龍州。掠人畜。

四月帗朔。方從哲請臨朝召對。時政不聽。

辛亥。四川石砫宣撫司援遼女官秦良玉進三品服。子指揮僉事馬祥麟加指揮使。時赴三千人。續調三千五百餘人。

建虜數千騎屯撫順。

癸丑。皇后王氏崩。

練兵少詹事兼河南道御史徐光啓以練兵二萬。請集議械餉。章下諸司。右諭德張鼐貽職方郎中王□□書曰。徐詹事言區畫甚大。制器甲甚精。夫甚大則非一二年了局。甚精則勢必身親。蓋爲數百年擁護京城。設此大方略。而無暇計錢糧之接濟與時日之久暫也。宮銜兼臺職。鑄印授敕。事頗創見。而原無善始善終之長策。卽此時已覺了局之難矣。

丙辰。禮部右侍郎孫如游署部事。

方從哲哭臨思善門。卽候安仁德門上。召入弘德殿。述疾苦。從哲頓首。因請補閣臣。且言遼警。上閉目不甚省。

但曰。遼東患在文武不和。閣員疏已批。容卽行之。從哲請補大僚科道。上曰。稍痊卽簡發。賜從哲飯。召太子皇長孫入見。賜二千金。

丁巳。右諭德張鼐上言。皇上今日起居尤宜靜攝。皇太子執禮之暇。時親左右。皇長孫少成之歲。娛樂庭除。旣足寬懷。亦稱聚順。臣竊見士民之家。或慈母見背。嚴父孤單。惟兒孫繞膝。可開眉宇。雖天子不同民間。而深宮骨肉應無二理。又聖躬頤養。宜命輔臣隨事補牘。日止奏一件。賜發。旣不煩心。亦不壅積。不報。

辛酉。上召見皇長孫。悅之。賜二千金。

己巳。詔告天下。右諭德張鼐往河間廣平遼東。戶科給事中李奇珍往福建浙江。大理寺副曹文衡往兩廣。中書舍人于緯往雲南貴州。行人黎國俊往河南湖廣。甘學闊往陝西四川。劉芳往南畿。故事。宣敕下禮部錄黃。至是止給札。署禮部事右侍郎孫如游以問祠祭郎中康新民。答曰。會典禮部請敕遣官。舊歲抄本曰敕下禮部差官。又部案孝定皇太后喪無敕稿。但給札。問閣中及典喪內臣。亦云然。張鼐曰。宮寮豈給札乎。如游曰。孝定有遺詔可賫。今第以聖諭謄黃。鼐檢皇明詔令。得嘉靖中孝烈孝潔及武宗皇后三敕稿。示如游。御史左光斗上言。禮不宜草。始補敕付使臣。

乙亥。命工部尙書周嘉謨禮部右侍郎孫如游同內監官汪良德巡視廠庫。

巡撫湖廣徐兆魁劾永順宣慰司彭元錦援遼引疾。熊廷弼乞命元錦身領八千人自効。從之。

閱視邊務吏科給事中姚宗文言。北關金台失子得力克陷于建虜。其二女。速不地爲西虜腦毛太孫婦。仲根兒爲虎墩兎憨婦。臣同督撫招之。令爲復仇計。勞以四千金。俱領訖。乞立金台失白羊骨二酋廟。示勸。又南關之裔王世忠。今任廣寧游擊銜。宜實授。以風外夷。章下所司。

遼東獲建虜間諜二十餘人。云糾伯要兒歹青等營謀入犯。

有水鳥巢山陽縣學舍。

五月賊朔。西虜萬餘騎攻沙嶺堡。戍卒銃卻之。遂圍墩臺。少頃。西寧千總方綬以百八十騎來援。亥牛莊。備禦楊汝柏以百二十騎擊之。午刻海州參將黃龘又至。墩下之圍解。已總兵李光榮至。沙嶺圍解。

丙戌。朝鮮國王李琿奏建虜通臣書。臣令邊臣隨意答之。彼國號後金而答云建州。彼自稱可汗而答云馬法。仍待以番禮。開陳禍福。省諭逆順。彼見恨欲卽攻我。上敕慰之。

庚寅。夜月貫房宿犯心中星。

乙未。虜千騎犯花嶺山城。守將尤世功周守廉不出擊。恣掠。

壬寅。始補使臣敕。

六月紅朔。經略熊廷弼以四百騎歷撫順清河探邊。經歷程嵛止之。不納。

戊申。熊廷弼奏。建虜自稱後金可汗。傳檄招降。上詔中外曰。建虜橫肆詬侮。朕切憤恨。中外當事諸臣。尚厲同仇之義。協力矢心。亟圖殄滅。以雪國恥。毋仍怠緩。自甘僇辱。

辛亥。周嘉謨爲吏部尚書。

癸丑。初。□□□□祝耀祖募兵于順德永平河間保定。御史王象恆副之。至是象恆言募兵何歸。兵部覆所募隨宜酌用。從之。

丁巳。夜月犯心前星。

敕諭朝鮮助勦建虜。

庚申。熊廷弼歷鳳凰城而還。

辛酉。建虜乘經略閱邊。以三萬騎自撫順關東州堡分道深入渾河。熊廷弼令總兵賀世賢柴國柱設防瀋陽。

多有斬獲。敵始退。廷弼以兵力稍集。宜從瀋陽而前。漸逼敵巢。而建虜方誘羣胡窺河西。且釋宰賽以招徠諸部。傳檄招降。詬侮無等。廷弼性剛。所言皆關危疆利害。大聲疾呼。請兵請餉。不無動色言路。刺之。廷弼不爲下。動見牴牾。轉成乖戾。以至廟議聚訟不休云。

尙寶司少卿劉時俊議提一旅由鴨綠江入駐義州。幷練朝鮮兵爲遼東犄角。綴建虜後。朝議韙之。兵部尙書黃嘉善以書詢熊廷弼。有李雄虬髯之喩。部覆欲時俊開府瀋陽。廷弼曰。遼瀋相去幾何。乃兩開府乎。遂寢其說。識者頗以爲惜。

庚午。建虜畏遼瀋之戍。乃旁掠山城。克花嶺許毛子山等寨。

辛未。靖夷營總兵李懷信疾免。

七月丙朔。戊寅。夜。保靖宣慰使彭象乾至通州而疾。部兵三千人逃。

己卯。發戶部三十萬金勞遼東吏卒。

辛巳。熊廷弼劾免兵部贊畫主事劉國縉。

南京戶部主事牛惟曜爲遼東監軍道僉事。

壬午。時推用閣臣史繼偕沈漼。或言之。繼偕因不下。于是御史薛貞再請枚卜。

夜。月犯心前星。

癸未。巡撫遼東右僉都御史周永春憂去。

甲申。命皇太子才人王氏祔葬郭妃園。

乙酉。遼東旱。巡按御史陳王庭乞海運接濟。

建虜分犯瀋陽奉集堡。柴國柱以二百人屯奉集。賀世賢以三百人屯瀋陽。敵乃旁掠屯堡。殺掠人畜。于是靖夷營游擊祖天壽千總于文魁撫順游擊周守廉各下臺訊。

丙戌。協理京營戎政兵部尚書黃克纘加太子少保。

戊子。上孝端皇后尊謚。

光祿寺少卿沈儆炌爲右副都御史。巡撫雲南。兼建昌畢節贊理軍務。兼督川貴兵餉。

壬辰。方從哲率廷臣入思善門問疾。久之。司禮監諭退。初。上不豫。皇太子未得見。御史左光斗等詣從哲請候安。從哲曰。上諱疾。卽入問左右不敢傳。兵科都給事中楊漣曰。昔宋文潞公問仁宗疾。內侍不肯言。潞公曰。天子起居。汝曹不令宰相知。將無他志。下中書省行法。今誠日三問。不必見。亦不必上知。第令內廷知大臣在門。且公當宿閣中。從哲曰。非故事。曰。潞公不訶史志聰乎。此何時。尙問故事。

甲午。召英國公張維賢大學士方從哲尙書吏部周嘉謨戶部李汝華兵部黃嘉善戎政黃克纘署刑部事總督倉場尙書張問達禮部署事右侍郎孫如游等入弘德殿。上御榻整冠被袗。勉諸臣勤職。周嘉謨請補大僚臺省。上曰。待朕小愈。黃嘉善言邊事。上倦不答。諸臣遂出。日旰。皇太子尙侍于門。楊漣左光斗遣人語東宮伴讀曰。上疾甚。不召太子非上意。薄暮可還宮。詰朝力請入侍。嘗藥視膳。卽夜毋輕出。

丙申。淮安地震有聲。

日初出有星如盤。自西東流。直犯入日中。

上崩于弘德殿。壽五十八。遺命封皇貴妃鄭氏爲后。詔曰。朕以沖齡。纘承大統。君臨海內。四十八載于茲。享國最長。夫復何憾。念朕嗣服之初。兢兢化理。期無負先帝付託。比緣多病。靜攝有年。郊廟勿躬。朝講希御。封章多滯。僚寀半空。加以礦稅繁興。徵調四出。民生日蹙。邊釁漸開。夙夜思惟。不勝追悔。方圖改轍。嘉與天下維新。而遘疾彌留。殆不可起。蓋愆補過。允賴後人。皇太子聰明仁孝。睿德夙成。宜嗣皇帝位。尙期修身勤政。親賢納諫。

以永鴻圖。皇長孫宜及時冊立。瑞王惠王桂王。各擇善地。令早就藩封。大小臣工。務協恭和衷。輔理嗣君。保乂王室。是皆朕惓惓之至意也。內閣輔臣。亟爲簡任。卿貳大僚。盡行推補。兩次考選幷散館科道官。俱令授職。建言廢棄及礦稅詿誤諸臣。酌量起用。一切榷稅幷新造織造燒造等項。悉皆停止。各監犯俱送法司審釋。東師闕餉。宜多發內帑以助軍需。陣亡將士。速加卹錄。云云。詔告天下。咸使聞知。九月甲寅。謚範天合道哲肅敬簡光文章武安仁止孝顯皇帝。廟號神宗。

夏允彝曰。神廟沖齡踐祚。睿哲夙成。慈聖內訓甚肅。輔臣張居正擅而才。以法制天下。朝令夕行。雖多苛察。人奉法唯謹。尤留心邊事。初與高拱合策撫俺答。邊鄙不聳。宣大以西。桴鼓凝埃矣。用大帥戚繼光于薊鎮。譚綸爲督撫。一切用舍興建。唯繼光言是從。繼光建城堡墩臺。相度皆精絕。烽火精明。又調素練浙兵雜邊兵練之。車馬步雜用。虜聞而畏之。匹騎不敢入者二十餘年。用大帥李成梁于遼左。敢戰深入。殺虜過當。是時九邊晏如。羣吏畏法。庶幾黃龍地節之間。居正驕而悍。好自尊大。又以巍第私其子。身沒怨叢。卒禍其家。繼之輔政者。多避怨趨時。鮮能負荷。上既壯盛。明習庶事。不復委柄于下。操切之後。繼以寬大。人皆樂之。府庫充實。賦斂不苛。士大夫以氣節相矜。雖無姚宋之輔。亦亡媿開元間也。自貴妃寵盛。上漸倦勤。御朝日希。迨國本之論起。而朋黨以分。朝堂水火矣。爭國本者。章滿公車。上益厭惡之。斥逐相繼。持論者益堅。上以爲威怵之不止也。不若高閣置之。批答日寡。後遂絕不視朝。疏十九留中矣。郊祀不躬。經筵久輟。推陞者不下。被糾者不處。上之一切鄙夷也。若以大臣之無足仗也。置之不用可。然所用者益寡。而一人操數柄。得以持權矣。以言路之無可採也。置之不答可。然章一上。不待奉旨處分。而被糾者卽去。臺省益恣行矣。庸相方從哲獨居政府。若喜其無能也而安之。然輔臣不能持政。而臺省持之。于是亓詩敎趙興邦官應震吳亮嗣等稱爲當關虎豹。放廢天下賢人殆盡。凡中外之得選爲臺省。益復以寵致後進。必入其黨。當時所喧持者。惟禁道學一事。而邊防吏治俱寘不理。賄賂日張。風俗大壞。遼東之難一發。而將驕兵驕。益無可支吾。賦加民貧。流寇乘之。士崩瓦解。禍發于天啓崇禎之代。而其所從來久矣。至羣臣背公行私。日甚一日。虜寇之患愈迫。朋黨之相攻愈苛。雖持論各有所短長。大抵世所謂小人者皆眞小人。而所謂君子者則未必眞君子也。民益貧而吏益貪。風俗日壞。將士不知殺敵。惟知害民。百官不知職業。惟以營進。雖以烈皇帝之憂勤而不能挽回。眞如江河之日下也。嗚呼。一日二日萬幾。而可以高臥治乎。高皇帝一日兩視朝。未明而興。夜分而寢。非好勞也。文之日仄不食。舜稱無爲。特言其用賢致治氣象云爾。兢兢業業。豈以不事事爲無爲者乎。乃無識者謂萬曆以寬弛得承平。崇禎以操切致禍亂。抑何悖也。

談遷曰。我明沖主。英廟財九齡。神廟十之。主少國疑。時習竊恃常侍之權在床在旁。而英分天絕。馭下凜凜。馮保雖伺其息。而中外靜謐。兩宮無間。三事不替。藉有江陵。怨桐無悔于三年。居周豈嫌于元聖。天之祚明。若再得伊旦。及倍年以長。慧斷自獨。霍光謝政之日。石顯流徙之餘。天下事受成于密勿。誦烈于遐荒。申王繼相。唯諾有餘。骨鯁未足。勤政如帝。漸渝其初。中道靜攝。事治民安。朝署如晨星。廟議如沸蜩。竊憂旁落。而實未始以嚬笑假也。積厭熊臣。知其以章奏塞責。矯枉之過。概置寢閣。然北懾虜。東慴倭。西南北再梟叛鎮。兵不留行。威宣禹蹟之外。于是採木以病滇蜀。礦稅以瘵商氓。譬之壯夫日尋伐性之斧。猝罹風露。久將不支。建虜之難。三十年弛痡之積也。猶泄泄然視之。日者遼陽號天下樂土。大賈名俠。闐溢廛市。而以二三懦臣臨彼勁敵。有生之樂。無死之心。不敗何待。而慈仁不殺。享年獨永。間有極忤。終于長繫。惟怒江陵不可解。驂乘之隙。或所深罪。而任事之臣。不避勞怨。于焉鮮繼。各優游報成。則帝亦有以肇之。今吏民噭噭追念寬政。謳吟思慕。雖改代詎一日忘之哉。

國榷卷八十四

光宗契天崇道英睿恭純憲文景武淵仁懿孝貞皇帝。御諱常洛。萬曆壬午八月十一日未時生母恭妃王氏。

丁酉。告大行皇帝喪于奉先殿報訃宗室。皇太子令兵部戒嚴護衞傳遺旨。發內帑百萬金勞九邊吏卒。

罷天下礦稅。其稅監張燁馬堂胡賓潘相丘乘雲等俱徵回。

兵部尙書黄嘉善上言。所輸本年七月已徵爲限。毋更以虧額擾民。從之。

淮安南城樓雷火。

諭閣臣以遺旨皇貴妃鄭氏進封皇后。禮部右侍郎孫如游上言。臣詳考累朝典禮。並無此例。其以配而后者。乃敵體之經。以妃而后者。則從子之義。歷朝以來。豈其無抱裯之愛。而終引去席之嫌。此禮之所不載也。先帝念皇貴妃之勞苦。當不在無名之位號。而殿下體先帝之心。亦不在非分之尊崇。夫善繼善述。須酌于義。若義不可行。則遵命非孝。遵禮爲孝。臣若不顧義禮。曲徇意旨。則又欺罔不忠。臣不敢以不忠事主。尤仰冀殿下以大孝自居也。

免命婦哭臨并祭。

命各藩遣官進香。仍十日類進。赴思善門如禮。

巡按直隸御史易應昌上言。今日事勢最亟者六。顧募之不必應。應而復逃。調之不必至。至而復逃。今天下之兵未可恃也。且甚急莫如餉。天下無一歲不旱澇。亦無一地不旱澇。淮南之三十萬。不苦于糧而苦于船。山東之六十萬。苦于船而并苦于糧。數千百之生靈。試于風濤礁磧間。國固有靈。人誰無怨。今天下之食未足恃也。

皇上所以有其民者。有其心也。乃兵之逃者。譟者。饑民礦賊之不靖者。無日不見告矣。猶曰有所激之也。白蓮無爲之敎。蟻聚蜂屯。綠林亡命之雄。鴟蹲虎視。未敢深言。不勝深慮。天下之民心不可恃也。今天下無一可恃。然則如之何。惟任仁賢則政事自理。然功非運掌。急宜民力之寬。天不雨金。孰應東方之困。臣請以遼餉一年求皇上之自捐。此外仁賢共理。民之見德必供。臣奉命儹運。見天下情勢如此。仰懇皇上留神省覽。時方升遐。寢不報。

夜丑刻白氣如匹練。亙三丈餘。自牛女歷軫翼而散。

戊戌頒大行皇帝遺詔于午門。

以黃克纘爲刑部尙書。張問達爲左都御史。

湖廣道御史房壯麗。江西道御史唐世濟。並爲大理寺丞。

李瑾爲太常寺少卿。黃運泰爲光祿寺少卿。毛一公爲尙寶司丞。奉遺旨起廢自此始。

雲南道御史俞誨。福建道御史楊州鶴。爲湖廣山西左右參政。

吏部文選郎中陸卿榮。前文選郎中王三善。爲常寺少卿。禮部精膳郎中楊作楫爲江西右參政。主事夏嘉遇改南京禮部。

大學士方從哲入慰皇太子于乾淸宮門。請簡用閣臣。從之。

御史劉廷元巡按順天。張至發巡按應天。張銓巡按遼東。黃彥士巡按河南。舒榮都巡按湖廣。鄭宗周巡按福建。劉有源巡按廣西。聶紹昌巡按甘肅。王槐秀巡按山東。申廷課巡按兩關。郭如楚張瀫。張師孟巡鹽長盧河東兩浙。

戶科給事中李若珪河南道御史顧慥並巡視京營。

御史萬宗德督餉遼東前御史陳宗契巡視南畿。

遼東總兵李懷信疾免。

故兵部右侍郎楊應聘贈尙書廕監。

發帑金百萬餉遼東先帝以廣西稅金八萬五千命監軍僉事牛維耀餉遼至是再發計部始安。

延綏巡撫董國光奏鎭兵防秋除援遼入衞守墩外計吏卒一萬三千八百十七人除載砲輸糧京塘報外騎步一萬二千九百五十九人自定邊營東至黃甫川邊袤一千九十里有奇。

通政使姚思仁言前遼東總兵李如柏如楨奏辨皆擅投會極門乞申禁從之。

禮部儀制郎中須之彥改光祿寺丞仍食從五品俸。

呂純如爲光祿寺少卿王紹徽爲通政使右參議。

庶吉士暴謙貞韓繼思補吏刑科給事中舊考選惠世揚王繼曾補工科給事中王安舜補湖廣道御史姜習禮歐陽調律陶崇道爲南京給事中習禮吏科調律崇道並戶科。

戶科都給事中官應震爲太常寺少卿提督四夷館。

遼東經略熊廷弼以疾求去且言臣一死無益于遼而廢極重之軍務朝廷亦何利于臣之一死因力求去自閱科出關而議論生遼事益難爲遼陽人皆服其早見。

禮部啓天下文武官進賀萬壽節應許隨班行禮從之。

禮部以二十三日光祿寺應具文武臣共一祭遲誤宜罰得旨堂上官不問署官奪俸三月內臣陳進下司禮監。

命錄囚釋輕繫。

廣西巡撫陳邦瞻上言。田州岑茂仁。本岑猛罪孽。肆虐屬邑。納上林縣土官黃德勛叛弟德隆叛子祚胤。破其城。奪印掠妻妾金帛以去。事聞。責狀。茂仁庇之。云德隆沒。祚胤當繼。法宜致討。第西粵憊極。未可以師。然隱忍之。或成尾大之勢。乞下部議。許之。

故吏部尚書趙煥補䘏。

順義王卜石兔來貢市。素囊未至。總督崔景榮奏曰。款貢以來。十二部俱聽順義王之命。迨卜石兔嗣封。威令不行于素囊。而素囊恃衆抗衡。欲先得市賞。仇恨日深。按故事每貢市。我先有催貢之賞。卜酋得賞已至。素酋得賞未至。中國之賞不可再加。而狡夷之情總屬叵測。自今愼毖邊防。貢之遲速無問也。素囊竟不至。

壬寅。鳳陽大雨。水淮水大上。舟行于陸。

癸卯。欽天監擇八月朔午刻即位。禮部上儀注。

甲辰。賜經略遼東兵部右侍郎熊廷弼總督文球巡撫周永春金幣有差。

飭禁門屯衞各門勇士營兵二千八百七十九人護衞禁城四門。兵千二百四十八人護衞皇城六門。

戶部尚書李汝華啓。各邊兵八十六萬七千九百六十四人。宜分別給賞。近發帑百萬。及今發三十萬。前又三十萬。共百六十萬。議犒六之賞四之。以遵詔旨。報可。

乙巳。募南京浙江兵入京師。初。部使募兵。繼遣科道。皆營差自便。騷動驛傳。又京師游客誑稱某兵某餉。當事不察。輕奏糜費。初。戎政尚書黃克纘請募南直沙兵及簡南京營兵浙兵三千人赴京。又募義烏四千人。

復駙馬都尉王昺。

是月。浙直粟貴。閉糴。遂晝掠。

庚申泰昌元年

八月辆朔。皇太子即皇帝位。晨遣泰寧侯陳良弼恭順侯吳汝胤等告天地宗廟社稷。上親告先帝几筵。易衮冕。詣文華殿告天地。詣奉先殿告列祖。再詣先帝孝端皇后溫靖端肅皇貴妃各几筵。出御文華殿。命勿賀。大赦天下。詔以明年爲泰昌元年。

丁未。方從哲上言。輔理之職。非臣獨辦。先帝欽點二臣。亟宜允用。從之。

命禮部左侍郎劉一燝釋奠太學。

巡按直隸御史田生金言。工部坐派應天徽寧廣德織幣三萬二千九百匹。歲造不預焉。原無額編。惟留工部各司料價支之。按價值舖墊等銀三十二萬五百九十兩有奇。節年存庫及見徵料價止十六萬一千二百餘兩。除初運外。次運僅十之二三。後運不知安出也。大抵一運之費。非三年料價不能供。三運之需。非三年蓄積不能辦。除歲造例進外。其改造三運。乞賜停止。從之。部覈蘇杭當停者。

福建道御史萬崇德請增海運兵備官。如糧儲道住淮安。下部議。

戊申。命作皇極門殿。上隘文華殿也。

吏科右給事中姚宗文爲太常寺少卿。

王佐爲工部尚書。汪應蛟爲南京戶部尚書。李騰芳爲少詹事兼侍讀學士。署南京翰林院。

兵科給事中楊漣言法祖四事。曰修身。起居之間務慎。曰勤政。召對之時宜多。曰親賢。枚卜不拘翰林。曰納諫。聽言不怫。宮府皆法高皇帝聖訓也。

戶部尚書李汝華以山東巡撫王在晉題海運六十萬石。欠其半。欲留解部銀。夫京邊急需。惟平糴可以通融。今東省報倉穀七十餘萬。請以其半糴四十八年加派該五十四萬餘。將二十萬餘漕海。三十四萬餘收糴。爲明歲備。庶爲兩便。從之。

己酉。祭太社太稷。遣恭順侯吳汝胤。

署工部刑部尙書黃克纘請發帑二百萬作皇極殿。從之。

命史繼偕沈㴶並爲禮部尙書兼東閣大學士。直文淵閣。

起朱國祚南京禮部尙書。

禮部右侍郎孫如游請立皇太子。命侯釋服。兵科給事中楊漣復言之。報聞。

禮部言十一日萬壽節宜免賀。從之。

工科給事中惠世揚劾御史劉廷元往者招呼邪類。日事驅除。巡撫徐兆魁撫楚不職。俱當斥。上留兆魁。下廷元部議。須論定。

專督遼餉戶部右侍郎李長庚議。去歲海運初開。幾不能濟。今春贊理田時。春天津道臣賈之鳳力開北岸。較南岸可以三運。而又省各島風礁之險。然海止七八月可行。今止一月半耳。爲時幾何。今回空淮船不下三百。山海關積糧四十萬石。自南海口可徑達蓋套。督臣留淮舡十餘。試之便。臣以沙船五十餘聽督臣南海口用之。此道一開。則關糧可達。乞借庫金百萬給臣。爲運糧天津召買料豆之資。

庚戌。賜宗藩金幣。福王潞王各加三百金。絲羅十雙。紗十匹。鈔二萬貫。

賚遼東鎭守總兵李光榮兵備道王化貞等金幣有差。

廷試歲貢生。

吏部請先補建言詿誤諸臣。餘俟採訪。從之。

鄒元標爲大理寺卿。李宗延爲光祿寺少卿。馮從吾爲尙寶司卿。劉光復爲光祿寺丞。

前湖廣右參議朱一桂爲太僕寺少卿。補前太僕寺少卿周曰庠。添註。

陝西右布政畢自嚴爲太僕寺卿。福建左布政畢懋良爲太常寺少卿。河南右布政王志遠改廣東左布政。鴻臚寺丞展自重爲左少卿。

林釬補翰林編修。

兵科給事中薛鳳翔上言。內旨當慎。閣臣票擬。天語由中使傳宣。至假威竊勢。干預政事。及其久也。遂不可抑。亂由是階。願自今旨意務發閣臣。隨覽隨頒。庶無假借之患。曰留中當防。夫臣子自面奏外。惟憑章疏以上達。奈何同一啓事。或此報彼遺。願自今條奏務勤乙夜。隨覽隨發。庶無隔礙之患。

吏科給事中周朝瑞上慎初三要。略曰。陛下新政。用人發帑撤稅。可謂有初矣。顧天下鼓舞若更生者此初。而陛下朝乾夕惕歷百年如一日者亦在此初。何以慎之。明主求賢。必期得用。言責者使盡其言。官守者勿奪其守。若縻以爵祿。縶其手足。忠賢歎展布之難。而諛說求容。反乘君心之愛憎。以營其私。闢門謂何。誠惕然于俊乂彙征非易。而思慎厥初。則信任要矣。君之施澤。如水之沃物。一息不灌。遂成枯槁。矧遼左索賦正急。今日所發幾何。將無又處其窮。宜留金花不盡之餘。省內庫無益之積。更有不足。佐以帑金。務令吏卒沾恩。誓滅此寇。不然。散財謂何。誠惕然于國家貨財本無內外。而思慎其初。則行仁要矣。二十年來。海內之苦權征。如在湯火。陛下首撤稅使。何異移炎熱于清涼。痛思先帝仁明。皆緣導自宵小。貽禍人國。往者勿論矣。俟其赴闕。即有隨進金錢。並宜敕發助餉。至慮及于積智習巧之難防。而思慎其初。則斥遠嬖佞尤要之要矣。上覽之大怒。

戶科給事中王繼曾上言。先帝遺詔以親賢納諫望陛下。臣願陛下將親賢納諫大書座右。臨御不輟。朝宰相不離側。諫官不停疏。用人行政。視茲數日舉動。臣愚幸甚。不報。

戶部言。太倉歲入不過三百六七十萬。九邊年例舊餉。共三百八九十萬。而在文武俸祿庫局等項約四十萬不與焉。自建虜發難。兵馬錢糧俱出創設。加派原非得已。但外解不之諒。任意遲緩。而分用者又不諒。任意圖便臣部不得已具題會議。而加派一百萬爲兵部安家馬價。又二十萬爲工部器械。則分用亦各有數矣。今按四十六年四月至今年七月。共餉遼八百三萬八千有奇。近據新餉司呈稱。援遼兵十八萬。除本色外。餉銀二百二十七萬有奇。馬十萬匹。除青草月分外。銀五十四萬。遼瀋開鐵額兵。除領舊額外。補新餉銀三十萬。以上歲納三百二十一萬有奇。各衙門公費廩糧工食約一萬有奇。各道駝運約費百萬有奇。各道召買糧料六十萬。共歲用銀四百八十餘萬。至于本色兵十八萬。馬十萬。共糧二百五萬二千石。卽遼左歲除本色外。用銀幾五百萬。關內召買及各鎮調兵行糧鹽菜。不在此論。計所出如此。卽歲得加派全完。僅四百萬。搜括已窮。如省直應解新餉。少解一分。則悞餉一分。不惟悞臣。又悞遼也。臣部會同督餉及經撫。不得不嚴核也。上是之。

夜。流星大如盞。色青白。自螣蛇東入奎宿。小星二從之。

辛亥。命追尊生母皇貴妃尊謚及祔葬。

禮部言。十一日萬壽節。各藩表箋。宜類收司禮監。從之。

御史王槐秀劾福建巡撫王士昌貪肆不檢。宜罷斥。不聽。

御史張師孟劾延綏巡撫董國光封疆失事。湖廣巡撫徐兆魁保奸養亂。兵部尚書黃嘉善募兵聚散。有若觀場。乞正其罪。罷二撫。庶中外竦惕。不報。

鹿善繼補戶部主事。善繼前請金花銀五萬濟遼。謫。

滿朝薦爲南京刑部郎中。鍾羽正爲太僕寺少卿。饒紳爲光祿寺少卿。

山西參政佘自强爲江西按察使。貴州布政司知事劉文炳爲尙寶司丞。

壬子。大行皇帝陵曰定陵。

方從哲上言。孝端皇后梓宮發引。今先帝梓宮在殯。皇后不宜先之。請欽天監涓吉。奉大行皇帝及孝端皇后梓宮同時發引。仍先期遷聖母皇貴妃梓宮。祔葬新陵。然須待尊謚之後方可舉行。從之。

甘肅巡撫右僉都御史杜承式保定巡撫右僉都御史韓浚俱新推。引疾去。

御史郭如楚上言。聖明踐祚九徹雨潤矣。然有初鮮終今古同戒。陛下神聖固非唐宋中主所望。然使圖史時親。經筵時御。章奏時下。則無倦勤之漸。起居必慎。嗜欲必嗇斧斤必遠。則無耗損之漸。傳宣不輕。威福不借。嚬笑不假。則無壅蔽之漸。若補天浴日。繩愆糾繆。則相臣諫臣最重。一切資格門戶。皆當蕩除。惟求弼主濟時無負君國。是擇相之當亟者。諫官雖卑。與宰相等。惟盟之幽獨。同野渙羣。是立言所當亟者也。不報。

御史張潑請責成言路。略曰。臣見臺省無事不爭。始以爭繼以逐。終以株連禍結。凡議論不合。輒乘機下石。何操心至此也。臣有慨于中。意刻覈之後。不妨和平。有一事于此。我見為可。人見為不可。必眞見其不可。堅而持之則爭何如暫置之以俟自定。有一人于此。我見為賢。人見為不肖。必眞見為不肖。强而辨之則爭何如姑需之以俟論平。如前此攻王圖攻李三才。初何嘗不是。但乘勝之過。至于不能容人。復至于不能自容。則何益之有。上是之。

癸丑。諭閣臣以周朝瑞愼初三要停止金花銀瀆擾。謫外。方從哲疏救。不聽。

談遷曰。貞皇始闢言路。又時在諒闇。因金花銀磯怒省闥。未必貞皇意也。內廷沿習非一日。倚窟營。便方踐祚不及深察耳。

御史黃彥士上言。隆孝思。攝聖躬。備輔導。勤政事。起廢才。振吏治。謹閹寺。嚴武備。飭都會。固邊防。不報。

御史舒榮都上言。天下不過人與法而已。如遼事初起。用楊鎬李如柏。非為戰也。鄭之范一察處縣令耳。貪緣入遼。聞其以虐佟鶴年致養性輸情于敵。開原為陷。劉國縉在西臺時。不問其才若何。起之贊畫。糜餉十餘萬。一朝脫逃。迄無異議。不乘此時大加懲創。洗積玩之人心。何足雪恥除兇乎。臣以為刑賞黜陟可與天下共而必不可使借朝廷威福之權。快其喜怒愛憎之私。臣子贑直可恕。詿誤可原。而必不可使貪橫險詖之徒得遂其身家妻子之計。上不報。

南京國子司業施鳳來翰林編修成基命爲左中允。編修李光元爲右中允兼編修。

朝鮮國王李琿遣參判李春原賀先帝壽節。參判金大得賀千秋節。其方物馬匹仍受之。

甲寅。萬壽節。命陽武侯薛濂武定侯郭如麒懷寧侯孫承廕撫寧侯朱國弼豐城侯李承祚豐潤伯曹以忠東寧伯焦嗣爵祭各陵。都指揮李承恩祭景皇帝園。

吏部言。國本抗言得罪諸臣奉遺詔酌用。歿者卹錄。今列名具奏。王德完孟養浩鍾羽正姜應麟鄒德泳丁懋遜何士晉孫如法沈璟雒于仁李瑄羅大紘黃正賓李獻可舒弘緒張棟葉初春吳之佳楊其休錢一本朱維京賈名儒王如堅陳尚象涂杰王學曾薛敷敎張貞觀樊玉衡黎道炤謝廷讚楊天民。

御史馮三元言。永孝思。善熙養。勤講學。容直言。早諭敎。報聞。

遼東旱饑。戶部尚書李汝華言。臣部再加派每年共畝止七釐。先因增兵加二釐。今外解旣稀。遼餉難緩。乞容臣咨各省直。以四十七年准今年七釐及兵工二釐。解其見徵者。從之。

王德完孟養浩楊東明並爲太常寺少卿。饒位爲尚寶司卿。史孟麟爲南京祠祭主事。劉元珍胡克儉何喬遠並爲光祿寺少卿。

王紀爲戶部尚書。許弘綱爲兵部尚書。協理戎政。袁應泰爲右僉都御史。巡撫遼東。

前浙江道御史呂圖南爲南京通政右參議。前程鄉典史林材爲尚寶司丞。江西布政司簡較郭尙賓爲南京兵部武選主事。故兵部職方主事桑學夔復官。前廣西道御史史弼爲太僕寺少卿。

釋宗人充䰍。

工科給事中李若珪言。保聖躬。定聖志。開經筵。愼枚卜。
前陝西右布政李維楨爲南京太常寺卿。尙寶司丞汪元極改南京國子司業。
故兵部主事王爲儉爲光祿寺少卿。前陝西左參政楊述程湖廣右布政蔡復一各補。
山西故福山知縣朱國賢爲工部都水主事。
工部屯田主事糜有象刑部主事吳殿邦爲通政左右參議。南京鴻臚寺卿余啓元改北。
乙卯。方從哲上言今日聞皇上召醫診脈。哀毁之餘。少加調理。自抵萬安。但十二日始御門視事。明旦常朝。惟皇上加意珍攝。命御門如期。常朝俟稍愈擇吉。
兵部尙書黃嘉善言。延綏兵調至昌平。逃七百人。命訊領將袁大有。仍補其額。
四川左布政陳大道爲順天府尹。山西右布政閔志學爲福建左布政。
山西按察副使柯象爲尙寶司卿。故吏科左給事中程紹爲太常寺少卿。前貴陽知府錢策爲光祿寺少卿。前尙寶司丞張迎爲少卿。前工部都水主事黃龍光爲尙寶少卿。
錦衣衞署衞事駱思恭言。祖宗朝設旗校十萬。備法駕。萬曆初尙有二萬。今止一萬有奇。乞下部酌補。命部議之。
兵部尙書黃嘉善。以遼東西平失事將官顧大訓宜奪。李國樑宜贖。從之。
丙辰。山東道御史鄭宗周請金花銀仍儲太倉。應勘諸臣楊鎬李如柏等明正典刑。不報。
雲南道御史張新詔劾文選郎中陸卿榮刑部主事徐大化。
河南巡撫李養正言遼陽城不宜獨一經略。章下部。
丁巳。吏部尙書周嘉謨申救周朝瑞。不報。

臨洮黃河清五日。至辛酉日止。

經略熊廷弼上言。月餉請本色七之。折色三之。寧使食浮于銀。

大學士方從哲候安。

諭閣臣。今早御門見有儀從大扇。回至省愆居。忽聽會極門呵道聲。命禁之。

戊午。御史史永安上言。交濟之道。人臣所自靖者有二。曰嚴章奏之體。寧簡毋繁。寧顯毋隱。如陳事達其事而止。論人備其事而止。俾萬幾之暇。一覽無餘。言路不永開乎。曰矢獻替之忱。洗滌寸心。滋培元氣。不當言則瓶可守。當言則鱗可批。大抵言期于宗社。不必矜名節。言期于國。是不必附清流。至聖明在上。御下之威宜霽。彙收之益宜弘。上是之。

諭內閣。皇長子幼弱。明年先開講。待禫服後冊立。方從哲言。茲奉聖諭。臣不勝驚愕。攷祖宗朝冊立之期。英宗以六歲。孝宗以二歲。武宗則才周歲。未有年十六而名位未正。敬諭未行者。況禫服之制。在民間則二十七月。在朝廷則二十七日。禮部擇九月九日。其當允行無疑。不報。

白所知為太常寺少卿。白瑜為光祿寺少卿。王惟儉為光祿寺丞。

庚申。兵科給事中魏應嘉言。先帝謚恭宗顯皇帝。歷考恭謚。惟有東晉恭帝。南宋恭宗。當時光景不甚明。言以至神至聖之先帝。凡為臣子。宜何如贊頌。乃草草舉事。襲晚近之常稱。比易名之次。等臣竊媿之。

經略熊廷弼移鎮瀋陽。復至奉集。

辛酉。上不豫。免朝。方從哲請慎起居。平喜怒。又乞皇長子移居慈寧宮。擇內侍謹厚者事之。時鄭貴妃尚在乾清宮。進侍姬八人。上疾始憊。

兵科給事中署禮科事楊漣申明禮制。曰朝廷嚴肅。行會典閒朝之法。曰君臣接見。復午朝御門之儀。曰諸臣經彈奏劾宜核如風聞誣指不妨昭雪。或處或去。毋概勉留。曰章疏入告。務情曉暢。言簡意盡。不必累牘射覆。積厭成玩。不報。

陳邦瞻爲兵部右侍郎兼右僉都御史。總督兩廣。趙彥爲右副都御史。巡撫山東。呂兆熊爲右僉都御史。巡撫陝西。徐養量爲右僉都御史。巡撫甘肅。周懋相爲右僉都御史。巡撫寧夏。李養正爲戶部右侍郎兼右僉都御史。總督漕運。

張輔之爲南京大理寺卿。洪文衡補大理寺右少卿。前尙寶司卿許維新爲南京兵部職方員外郎。

壬戌禮部右侍郎孫如游擬大行尊謚神宗範天合道哲肅敦簡光文章武安仁止孝顯皇帝。報可。

方從哲以進封鄭貴妃之旨請藏內閣。謂事出創聞。例無可據。行之于今日。不無越禮。命之于先帝。疑于失言。臣自奉命之始。尊藏閣中。不必傳外。庶朝廷無踰制之嫌。臣下無顯悖之跡。

前新興典史余喬遷爲光祿寺丞。前餘干典史姜應麟爲太僕寺少卿。前貴陽通判夏燻爲南京工部主事。故山西道御史袁可立爲尙寶司丞。

成國公朱純臣西寧侯宋光夏罷僉書。先是萬曆乙卯。軍政考選報竣。獨府僉書朱純臣宋光夏錦衣衛僉書陳胤徵李如楨南鎭撫司楊宗吾北鎭撫司理刑千戶陸逵糾劾五載不下。以黃克纘申奏從之。

楊鎬李如柏論死。

癸亥命前禮部左侍郎何宗彥禮部右侍郎劉一燝韓爌並進禮部尙書兼東閣大學士。直文淵閣。

范世濟李奇珍爲吏戶科都給事中。楊道寅吏科。薛鳳翔戶科。李若珪禮科。楊漣兵科。魏應嘉刑科。蔡思充工科。並左給事中。韋蕃吏科。張國祥戶科。周希令禮科。曾汝召兵科。暴謙貞刑科。惠世揚工科。並給事中。

臧爾勸爲戶部右侍郎。喬應甲爲南京太常寺少卿。前文選郎中楊材爲南京太常寺少卿。添註。起王霖戶部主事。

朱燮元爲四川左布政使。

甲子。上大行皇后尊謚爲孝端貞恪莊惠仁明媲天毓聖顯皇后。皇貴妃爲孝靖溫懿敬讓貞慈參天胤聖皇太后。

方從哲薦南京禮部尚書朱國祚及舊輔葉向高入直。

命建瑞王惠王桂王府第。

頒詔朝鮮。

趣治械甲。

遣䘏刑官分往京省。

孫如游爲禮部尚書。衞一鳳爲南京兵部尚書。何熊祥爲南京右都御史。

御史馮三元請預備經略曰。今之遼東天下視以安危羽檄徵兵飛芻輓粟水陸兼輸。調募並用。悉爲遼也。歲中財費幾何士馬物故幾何。進守僅一瀋陽。而屯堡之侵克不與焉。如此用兵。不下數年膏火自煎此立罄之術也。兵貴善用謀耳。豈必待十八萬而後有爲哉。熊廷弼別有長慮。非臣所知。據其引疾似亦强弩之末。乞急簡才臣數人。一旦有急可以取資左右也。

乙丑。上諭元妃郭氏才人王氏俱封皇后。卽謚。

命朱國祚爲禮部尚書兼東閣大學士直文淵閣以舊講臣特徵入。

諭內閣加恩宮僚。禮部以名上。

庶吉士李孫宸爲編修。

免永順宣大山西逋賦。

兵部尚書黄嘉善言。前失事總兵麻承恩限納馬八百匹。募千人。劉孔胤納馬五百匹。募八百人。副總兵郭有光募五百人。俱赴遼贖罪。限兩月報上。否則議辟。從之

總督兩廣許弘綱奏土官岑茂仁逆狀。去年七月殺上林縣土官黄德勳。乞宣諭茂仁。獻其印議削。否且征之。事下兵部。

丙寅。工部左侍郎王永光請暫停浙直織造三運。上命續解。巡按浙江御史彭鯤化請緩之。不許。

建虜侵蒲河。經略熊廷弼往援。旋犯瀋陽。以川將周世祿往。督諸將策應。敵退屯灰山。攻之不出。後二日。從石碑山塔兒峪引去。已姚宗文希合毀詆。紛紜之論遂起。廷弼在遼。詰戎固圉。殘疆爲之色起。建虜再入。皆不得逞。其所措置。猶有方略可觀。餘人不能及也

丁卯。命瑞王國漢中。惠王國荆州。桂王國衡州。而荆州初封遼王。裔屬千餘人。議者紛焉。

先是。永平道參政袁應泰言。本屬解京錢糧。如紅棗稻皮榜紙柴炭夫胖襖等項。最爲民病。指勒抑沮。萬曆四十五年稻皮解役訴戶部。代題改解。遂免賠累。餘可倣而行也。至是巡按直隸御史王象恆引稻皮之例。凡該納內監錢糧。俱戶部轉發。上不報。

遼東巡撫周永春請撫賞。初萬曆四十三年。虎墩兔憨聚衆挾賞。邊臣議歲加三萬金。即在遼餉內給之。四十七年如額。今年春賞萬六千金。七月索秋賞。又賞萬八千金。故永春乞部全給。命議之

太常寺少卿姚宗文請葺郊壇。許之。

戊辰。遣太常寺少卿祭先臣姚廣孝于謙。遣順天尹祭宋臣文天祥。

方從哲請上端懿溫惠元妃郭氏。昭肅恭和章懿才人王氏徽號。

颶風壞登萊漕船百餘艘。溺米三萬九千餘石。

兵科給事中魏應嘉以遼東巡撫周永春宅憂。意欲道臣袁應泰自代。劾其私。不報。

己巳兵科給事中楊漣上言。聖躬違和之繇。保攝萬安之法。太監崔文昇知醫不宜妄試。皇上煢煢哀痛。精神耗瘁。法宜清補。文昇投劑相反。遂令聖體如此。然則外間流言曰興居無節。侍御蠱惑。必文昇藉口以蓋其悞藥之奸耳。如其有心。則齏粉不足贖。或其無心。寧堪再悞。皇上何尙置賊臣于肘腋間哉。並祈皇上召皇長子同衆子承顏于前。以發天性之和。如此自獲勿藥之慶矣。又都督僉事鄭養性疏懇天恩收回成命。誠善安其姑。保全先帝之殊眷于無已也。上是之。從養性所請。

禮部言。先帝山陵。臣右侍郎孫如游工部左侍郎王永光奉命同內監王秉乾巡視。工科右給事中惠世揚御史薛貞欽天監正楊汝常五官正劉文煥等詣定陵。已汝常以今歲年神方向利葬。臣等以定陵規制就緒。據實中奏。從之。

禮部言聖母啓遷祔葬。欽天監擇今月甲戌日。上命工部左侍郎王永光往。

庚午。禮部言昭肅恭和章懿才人王氏。前祔郭妃園側。奉先帝聖諭。今察墳園規模。恐難祔葬。命議之。

雲南巡撫沈儆炌上言。雲南貢金隆慶前額止二千。隆慶四年命增之。以撫按之奏而止。萬曆十年增千金。亦以守臣之言而止。惟皇上立沛德音。盡行蠲免。或解原額二千以救危疆。從之。

虜酋銀定歹靑合數千騎犯甘肅。副總兵薛永春等擊之。斬七十餘級。

御史王安舜上養身六要。曰養心。曰養氣。曰守中。曰愼獨。曰主敬。曰主靜。報聞。

諭刑部釋輕繫。

恭順侯吳汝胤祭夕月壇。通政使姚思仁分獻。陪祭止六人。于是侍班御史張潑等言其怠玩。今後預祭宜恪恭。從之。

大學士劉一燝韓爌同知經筵日講制誥及看詳章奏。

南京少詹事兼侍讀學士李騰芳爲禮部右侍郎。協理詹事府。同教習庶吉士。南京國子祭酒孟時芳爲少詹事兼侍讀學士。協理詹事府。同侍郎顧秉謙纂修玉牒。右庶子錢象坤爲少詹事兼侍讀學士。

召諸臣于寢殿。初諸臣候安。禮部奏冊封選侍李氏之期。已擇九月六日。昨臣面承天語。自當速行。豈敢他議。第前奉聖諭。上孝端皇后孝靖皇后尊謚。加封郭元妃王才人尊謚。論先後次序。俟各典舉後。及于選侍。且元良重託。聖諭諄諄。似可轉移于先後之間矣。

辛未。召勳臣九卿科道。諭曰。朕自東宮冒寒未痊。節遇大喪。悲傷勞苦。朕不用藥已二十餘日。爾大臣毋聽小臣之言。

諭優擢卹錄講讀侍書等官。大學士方從哲等揭具侍班官范謙李廷機曾朝節葉向高范醇敬周應賓唐文獻劉一燝韓爌講讀官唐文獻焦竑鄒德溥郭正域全天敍蕭雲舉方從哲袁宗道吳道南劉曰寧馮有經董其昌黃輝楊道賓黃汝良莊天合王圖趙師聖張邦紀公鼐龔三益薛三省楊守勤侍書官范可授茅間詩羅萬英鄭崇光。

諭開定陵隧道。工部言。定陵舊制完美。其郭元妃園陵以陰陽忌諱。宜俟再卜。從之。

兵部尚書黃嘉善請增戍鎮江。言遼東經略熊廷弼咨稱鎮江外聯朝鮮。內防寬奠。中守鳳凰。水陸之要。亟宜防守。自鎮江至遼陽四百餘里。宜設一道臣鎮之。于額兵十八萬分二萬。聽其統練。臣謹以聞。

巡按雲南御史潘濬報平土司之捷。

戶部請增山東司郞中一。專理新餉。命補主事楊嗣昌。

諭選侍李氏封皇貴妃。

刑部奏熱審矜疑改戍七十六人。恩赦五百四十一人。

工部左侍郎王永光請蠲浙直段價羨餘言賞夷段價舊制每匹三金。此正額也。借名羨餘。奸人每扣四錢。工料豈能如故。應移咨浙江福建應天鳳陽各撫按概蠲羨餘。不許。

奪酉陽土官冉躍龍新銜。命即發兵援遼。前躍龍以四千人援遼至夷陵。以疾還。四川巡撫饒景暉劾之。兵部尙書黃嘉善以冉天胤雷安民先後出關兵三千六百人。其子師行不擾。難掩其功。第兵數多逃。宜追奪躍龍指揮僉事。仍勒限補發赴遼。上從之。

右諭德兼侍讀張鼐請屯田。略曰。賑恤之法。莫大于墾荒田而廣屯種。皇上誠捐數十萬金賑畿南八郡而勸之耕。又捐數十萬金給寧前河西而勸之耕。彼小民誰不各肆力于南畝。不半年而禾黍成熟。人人可飽。此遼左持久用兵之長策也。

吏科都給事中范濟世請申懲貪酷。略曰。近年法度陵夷。貪殘接跡。此其病在藉口憐才耳。夫有才而殘民蠹國。又何利于若才而用之。如鄭之范作令貪甚。以小才遂及寬政。迨守開原。復私放軍士。致陷重城。人顧惜之曰使可改圖。誰見失節之婦晩以淸白自見哉。且今之求多者。大約鄉科歲貢耳。甲科監司已爲之地。不使聞于直指。即贓私狼籍。怨讟沸騰。又多方爲之解曰。甲科也。有才也。僅僅降調。不二三年儼然復其故物。彼何憚而不恣肆哉。今後御史參貪酷。吏下臣科抄參吏部行巡按御史訊之報可。

呂邦耀爲通政右參議。前河南按察副使趙拱極爲南京太僕少卿。並添註。前太常寺少卿耿庭柏補南京。前廣西右參議何士晉爲尙寶少卿。故河南道御史鄒德泳爲尙寶少卿。添註。起丁懋南京太僕寺少卿。

鄭以偉爲左庶子。署左春坊。尋進少詹事。教習庶吉士。

壬申。上召英國公張惟賢及大學士方從哲劉一燝韓爌吏部尚書周嘉謨禮部尚書孫如游戶部尚書李如華兵部尚書黃嘉善刑部尚書黃克纘左都御史張問達工部侍郎王永光吏科都給事中范濟世河南道御史顧慥等入乾清宮。候御榻前。上披赭袍。馮几溫諭良久。諸臣復問東宮起居。上召東宮指示。諸臣稱賀而退。

遼東大旱饑。御史左光斗上言。宜如餉臣之請。發花布截漕二十萬石以濟之。庶可拯急。

刑科給事中魏應嘉請誅李如柏如楨并刺經略熊廷弼擁兵十餘萬不能斬賊擒王。上功幕府。而殃民蹙地。不爲建虜所笑哉。

禮科左給事中李若珪請緩封選侍。俟各大禮竣後。不報。

巡按直隸御史王象恆請核邊儲。巡按直隸監察屯田御史蕭毅中請墾荒。俱下戶部。

癸酉。諭王才人祔葬陵園。

羣臣候安于保寧門。

命保定侯梁世勳祭歷代帝王廟。

監生王應遴請修大統曆。前欽天監占驗不符。先帝諭禮部求善曆者。故應遴及之。

土星犯井宿東第二星。

諭進文武職名。

巡按雲南御史潘濬請加麗江土知府木增三品服俸。從之。

甲戌。太子太保禮部尚書文淵閣大學士方從哲進少保戶部尚書兼武英殿大學士。賜金百。坐蟒衣一。從哲疏辭。未下。上大漸。有內臣以鴻臚寺丞李可灼進藥思善門。已召英國公張惟賢輔臣方從哲劉一燝韓爌尚書周嘉謨李汝華孫如游黃嘉善黃克纘左都御史張問達給事中范濟世楊漣御史顧慥問安訖。上語多氣逆。諭冊立選侍等事。諸臣以東宮對。上因顧皇長子。命從哲等輔導爲堯舜之君，又語及壽宮，從哲等以先帝山陵對。上自指曰。是朕壽宮。從哲等俱曰。聖壽無疆。何慮爲。上趣之。因問鴻臚官藥安在。從哲云。未宜輕進。不聽。諸臣退。可灼至。診視。具言狀。上悅。命進藥。從哲復出。與御醫議之。未決。劉一燝曰。吾鄉兩人用此藥。其一卽愈。孫如游難之。諸臣方相視囁嚅。隨呼乳媪至。趣和藥。諸臣同入。上服訖。喜曰。忠臣忠臣。諸臣出宮門少頃。聞聖意暢適思食。各懽躍而退。可灼及御醫留宮門。未刻。可灼出。輔臣問之。云上恐藥力少。欲再進。諸臣言不宜驟。而趣之急。因再進。諸臣問之。云平善如初。

九月乙亥朔。卯刻。上崩于乾淸宮。方召廷臣。急趨候。不及待矣。

戊寅。頒遺詔。命皇長子嗣皇帝位。上在位一月。壽三十九歲。天啓元年九月□□葬慶陵。

葉向高曰。自古帝王仁心仁聞洽于天下。未有不須久道而後成者。必世後仁。聖人言之矣。乃光宗貞皇帝在位僅三旬。升遐之日。深山窮谷莫不奔走悲號。何聖化之神。感孚若是速也。蓋帝睿質夙成。蚤親師傅。養德靑宮。已洞悉四海之艱難。故當神皇晏駕時。遺詔未頒。德音遽播。大寶初嗣。仁政沛施。捐朽蠹而九塞飽騰。撤狐蠡而萬廛懽動。政地廣股肱之助。諫垣充耳目之司。黃髮並升于公庭。白駒不滯于空谷。至于虛懷延接。一月而三召臣工。銳意圖幾。浹旬而兩蠲稅額。德意獨斷。燮理莫施其功。威權自攬。暬御不參其柄。鑠乎盛矣。乃其尤難者。以何思何慮之天。處若危若疑之地。沖齡出講。已歷艱辛。而容色溫然。而動止泰然。內庭有菀枯之形。若弗知也者。外庭有羽翼之激。若弗聞也者。卽冊立尋常事耳。時而舉行。時而反汗。大臣去小臣譴。宜何如動于耳目者。而帝也有夔夔。無慄慄。潛之又潛。巧間者不能窺。善讒者不能中。福藩就國。慟哭抱持。張差發難。帝侍神皇左右。親傳睿旨。曉諭百官。羣囂遂息。所全實多。登極後卽遵遺命。進封皇貴妃。廷臣力爭。竟不忍奪。以戚畹哀請而後止。毫不芥蒂于前事也。此卽虞舜大孝。何以加茲。以舜之孝。擴堯之仁。然則帝之所以感動天心又自有在。而非僅僅更張注措之跡者矣。夫官天下者。壽在令名。家天下者。壽在長世。神皇即不豫。何難四十日留也。使帝之出震未及而幹蠱莫施。天下之事將不可知。然則我國家無疆之祚。皆帝四十日之所延與。

談遷曰。仁宗監國二十一年。讒毀狎至。光宗青宮十九年。雖羅羣疑。而神祖懸注。深爲宗社慮。固無俟商山之羽翼。而今猶以隱見窺。獨不覩毓德宮謁拜之序。慈寧宮執手之情乎。聖性惇愽。即位之始。曲遵遺旨。而遲回于貴妃之冊立。繼立之善。其誰曰不然。聞在儲養。嬪御稀少。又震索受代。乾飛乍躍。內廷無軒龍之席。諒闇多慘墨之容。而一再臨朝。天地摧裂。仁宗趣駕于前。而帝又加迅。哀我人斯。莫不涕慟。究其所自。或有徵端。仁宗之疾宿有虛喘。光宗纘極之時。萬靈呵護。藥石未聞。改日改旬。而雲天之頌。厄瘁莫支矣。則誰爲之耶。天未厭禍。大喪三見。求之往牒。亦不屢遘。鼎成之泣。外臣往往至失聲。感德悲遇。傷哉蓋難言之也。或曰。帝而少延。衡量人物。高下在心。黨事且立解。洛蜀之爭。玄黃之戰。氣運繫焉。即帝之懿鑠。不能以磐石之基移漏刻之晷也。

熹宗達天闡道敦孝篤友章文襄武靖穆莊勤悊皇帝。御諱由校。萬曆乙巳十一月十四日戌時生。母才人王氏。光宗皇帝之長子。是歲庚申年十五。

泰昌元年即萬曆四十八年

九月乙亥朔。文武諸臣入臨乾清宮。請見皇長子。未出。兵科都給事中楊漣排闥入。內臣呵之。漣厲聲曰。宮車晏駕。正臣子入臨之會。誰敢廷辱天子從官者。手披之。良久。皇長子出。大學士劉一燝英國公張惟賢左右之。吏部尚書周嘉謨請御文華殿。擁至文華殿。叩慰畢。請登位。俟禮部儀注。上司禮監太監盧受已老。王安亦先帝青宮舊閹、居中柄事。諸臣議上暫駐慈慶宮。大臣自英公以下。日二人爆直。

命賜李可灼金五十。幣二。

丁丑。御史郭如楚言。舉動不可不愼。如選侍李氏。舊愛邀封。臣子似宜將順。而神宗皇帝之山陵未襄。大行皇帝之梓宮初殯。殿下將登大寶。大典叢集。拮据不遑。牀第私恩。何得獨急。二日讀遺詔。日仄披宣。文臣尙濟濟執事。西班則僅僅數人。諸臣怠慢。咎無可諉。亦當事者周章遲滯致之。三日成服。由寅達辰。杳無贊禮之聲。細詢其故。閣臣等內殿禮畢已久。而思善門橋南徒倚茫然。大臣密邇巖廊。即當先入行禮。出外領班。若謂內外各成服。是共天朝而二之也。且九卿詞林科道。多係禁近侍從。豈其弁髦視之。向非鴻臚補贊。中使續出。幾不得終事矣。又欽賞諸臣及于李可灼。進藥不效。白雲遽升。可灼當席藁待罪。而煌煌金幣濫施如此。可令衆庶見乎。種種舛錯。往不可諫。來猶可追。願二三大臣加之意耳。

御史王安舜言李可灼紅鉛之罪。及謬薦輕賞者。命奪歲俸。

御史鄭宗周劾崔文昇包藏禍心。乞下法司嚴鞫。命司禮監嚴上。降內官監奉御。

戊寅。御史左光斗請肅淸宮禁曰。內廷之有乾淸宮。猶外廷之有皇極殿也。祖宗以來。惟皇帝御天居之。惟皇后配天得共居之。其餘妃嬪雖以次進御。遇有大故。即移置別殿。今大行賓天。選侍李氏非嫡非生。儼居正宮。而殿下乃居慈慶。不得守几筵。行大禮。臣竊惑之。且聞李氏侍先帝無脫簪雞鳴之德。待殿下又無撫摩育養之恩。此豈可以託聖躬者。及今不早決。將借撫養之名。行專制之實。武后之禍。立見于今矣。乞收回遺命。速令移置別殿。殿下守喪次而成大禮。吏部尙書周嘉謨等亦以爲言曰。殿下年齡方茂。婚禮未成。而蛾眉粉黛。時混目前。臣等望殿下爲宗社自愛。命李氏立徙仁智後殿。已諭名封事。既云尊卑難稱。下禮部再議。

己卯。建虜陷十三山寨。是山不下三萬人。山險。上有小城。建虜先後來攻。俱不下。遂絕要害。令自困。至是夜破之。固守八月。外無救援。可歎也。

□科給事中暴謙貞言。大寶將登。上有百靈呵護。下有羣工擁戴。亦何用此婦人女子。而必加以尊祿爲乎。聞李氏非忠誠愛國者。宮闈之祕。不敢妄疑。而揭帖喧傳。處心叵測。萬一封典得行。事權或假。則滋蔓難圖。愼始慮終。事屬可已。從之

錢謙益曰。先帝之長主。操心慮患。猶不免入鄭李之彀中。況乎幼冲之君。而付之婦寺之手乎。女主專制。羣閹連結。豈第一忠賢。議者不深惟國家之大憂。而徒懷婦人之仁。惋惜選侍于踉蹌出宮之頃。斯已非矣。漢時欲窮治趙昭儀。議郞耿育以爲不當覆較省內暴露燕私。使謗議上及山陵。自古事關宮禁。憂國奉公之臣。劾而禍從。扶持邪說者。往往竊經術依附長厚。動以離間訐揚爲詞。幸則爲撤簾。不幸則爲移宮。一成一敗。何常之有。萬曆之末。指翼儲爲沽名。天啓之初。目移宮爲生事。讒夫懦臣。異口同喙。此可爲太息者也。

談遷曰。選侍侍先帝于乾清宮。非偪處也。不幸鼎革。自徙而避之。第事須奉命。何敢遽移。彼婦人見淺。未卽以是爲請耳。諸臣之議甚嚴。動引武后爲言。豈其倫哉。物論之所以譁駁也。

御史鄭宗周劾崔文昇之罪。言臣非謂誅一文昇遂足以伸國憲而懲逆節。第恐張差之後。因有文昇。尙然不問。將奸人得志。又何所忌而不爲也。命讁奉御閒住。

禮科左給事中李若珪言。殿下正位。卽先帝之年。當議改元。同朝謂明年正月朔爲殿下紀元之始。今年八月朔至十二月。斷宜借之先帝。稱泰昌元年。御史黃士彥曰。春秋隱公書元年春王正月。解者曰。凡人君卽位。其體元以居。故不書一年一月也。若中歲改元。使人君不得畢其數。嗣君不得正其初。于義爲不經。先帝卽位一月。善政不勝書。未及改元。修史誰能隱之。臣子乃于後改之。是以過舉遺先帝耳。

浙江道御史左光斗言。今距登極止一日矣。攀髯之號。一年再見。古事不載。唐德宗改元凡三。建中四年。興元

一年。貞元二十一年。共二十六年。德宗于貞元二十一年正月崩。順宗卽位。隔年改元永貞。八月疾。讓位太子。明年爲憲宗元和元年。然則史稱德宗二十六年。蓋合永貞一年而永貞亦借貞元之二十一年。父子共爲一年。此其最較著者。若今日之議。萬曆自四十八年。泰昌繫以元年。但史自八月一日前仍書萬曆。自八月一日後至十二月。則書泰昌。並行不悖。古今通行。泰昌之于萬曆。猶天啓之于泰昌也。泰昌不忍其親則存之。天啓獨忍于其親則削之。是陷皇上于不孝也。卽不忍于祖而于其父猶之不孝也。忍于全泰昌之孝而不思所以全皇上之孝。是議者之過也。

內監劉遜盧國相李進忠姚進忠江昇鄭德山王承福劉尙禮盜乾淸宮寶。

御史馮三元言。李可灼宜賞則不必罰。既罰則不必賞。今初賞不聞議罰。既罰不聞奪賞。使賊臣揚揚。猶駕言于先帝不可救之疾而逃其誕妄之誅也。數日之間。作此舉動。大駭人心。如可灼。重則當斬。輕則當竄。僅罰俸。何以令天下。詔後世乎。

庚辰。上卽皇帝位于皇極殿。詔以明年爲天啓元年。大赦天下。

辛巳。右諭德張鼐上十事。養身。養性。勤學。敬天。法祖。親賢。納諫。信令。恤民。持體。上是之。

壬午。工科右給事中惠世揚劾方從哲十罪。獨相七年。妨賢妬能。罪一。驕蹇亡禮。失悞哭臨。罪二。梃擊青宮。庇護黨奸。罪三。恣行胸臆。破壞絲綸。罪四。縱子殺人。蔑視憲典。罪五。沮抑官僚。蔽塞耳目。罪六。陷城失律。寬議撫臣。罪七。馬上催督。致喪全師。罪八。徇情罔上。鼎鉉貽羞。罪九。代營諸稅。蠹國殃民。罪十。徇鄭貴妃。無君者一。李選侍爲鄭氏私人。麗色藏劍。且夤緣近幸。欺抗聖母。爲臣子不共戴天。從哲受其美珠。必欲封貴妃。無君者二。崔文昇輕于用藥。代擬脫罪。無君者三。上以輕詆責之。

癸未。御史張潑言。連日以來。所獲大璫半鄭貴妃之私人。否則李選侍之近倖也。中外謂選侍素仇于聖母。先帝誤藉付託爲册封之地。流言徧布。臺諫始不得不慷慨言事矣。

丁亥。上孝端皇后尊謚曰孝端貞恪莊惠仁明媲天毓聖顯皇后。上皇祖妣溫肅端靖純懿皇貴妃曰孝靖溫懿敬讓貞慈參天胤聖皇太后。頒詔天下。

禮部上言。帝統必不可遺。世系必不容紊。先帝升遐之日。猶存萬曆庚申之年。而明歲改元之期。卽爲天啓辛酉之始。似乎萬曆之後。天啓繼之。而泰昌年號虛而無實矣。然神宗之統。則傳之先帝也。皇上之統。則受之先帝也。上尊謚則有廟號。修實錄則有徽稱。倘非繫以泰昌。則繼萬曆而開天啓者。屬之誰乎。會議與臣部符合者十居八九。伏乞聖斷。敕天下自八月始至十二月終。俱爲泰昌元年。從之。

浙直織造太監呂貴引疾。命太監李實代之。

遼東總兵李如柏聞逮。自經。李如楨下刑部獄。

戊子。刑部尚書黃克纘言。近侍曹應魁奏。郭春女同心腹劉遜等進先帝五百金。求討皇上與之看管等語。宮闈事秘。臣不敢知。但思先帝何如主哉。不爲財利動心。臣民所共仰也。其以皇上命李氏看視。蓋因生男女數胎。又生第四皇子。先帝與閣部諸臣言之。如曰進銀。則其事影響。況形之章奏。使先帝冒不白之疑哉。又王才人誕育聖躬。今陳槐王昇爭認皇親。外人難以臆度。當聖母未崩時。豈不與皇上言之。若以母家至親。使他人冒享富貴。恐人子之心有所不安也。

戊戌。御史賈繼春上書輔臣曰。新君御極之初。首勸皇上以違忤先帝。逼逐庶母。表裏交搆。羅織不休。如李選侍之事。其慘闇光景。傳聞紛紛。職不忍言。昔敬皇帝之于昭德宮萬貴妃也。人言嘖嘖。而付之不聞。我先帝之于鄭貴妃也。三十餘年。天下所共側目。但篤念皇祖。渙然冰釋。何不輔皇上取法。而乃作法于涼乎。

己亥。昧爽。赤氣映天如赭。良久始散。

御史左光斗言。初一日公疏肅清宮禁。初三日移宮。初六日登極。駕還乾淸宮。皇上旣已還宮。則選侍移宮之後。自當存以大體。捐其小過。若復株連蔓引。使宮禁不安。亦非臣等建言之初心也。

給事中魏應嘉劾熊廷弼之罪。命罷廷弼聽勘。

辛丑。諭內閣。朕昔幼沖。時皇考選侍李氏恃寵屢行氣毆聖母。成疾崩逝。使朕有冤難伸。皇考疾篤。大臣問安。選侍威挾朕躬。使傳封皇后。復用手推朕。至今尙含羞赧。因避毒惡。暫居慈慶宮。李氏又令李進忠劉遜等傳每日章奏先奏我方與朕覽。仍卽日要垂簾聽政。朕思祖宗家法甚嚴。未有此制。朕今奉李氏嬪鸞宮。仰遵皇考遺愛。無不體悉。其李進忠田詔等。皆盜庫明確。自干憲典。豈謂株連。法當首論。

兵部尙書黃嘉善罷。

十月卯朔。丁未。袁應泰爲兵部右侍郎兼右僉都御史。經略遼東。應泰受事。極意振作。撫順則總兵賀世賢李秉誠張良策尤世功董仲揆等統兵五萬。以邢愼言高出監其軍。淸河則總兵侯世祿梁仲善姜弼等統兵三萬。以牛維曜監軍。寬奠則總兵劉光祚統兵二萬。以胡嘉棟監軍。遼陽則總兵劉孔胤部兵一萬。瀋陽蒲河亦各屯兵一萬。奉集堡七千。以總兵祁秉忠統之。經制頗密。但廷弼號令嚴明。降夷分配有法。犯則必誅。應泰仁柔納賀世賢用夷之說。聚降夷城中。多縱肆。遼民苦之。

丁巳。南京御史李希孔上言。崔文昇以用藥致先帝彌留。夫以洞瀉之藥療虛怯之證。其爲故不爲誤。又復何疑。皇上孝治天下。不以明正典刑。豈中涓有狐兔之情。護此奸賊。抑執法有投鼠之忌。漏此大辟歟。惟皇上勑法司明正其罪。而亂賊亦知儆于萬一矣。

戊午。上大行皇帝尊謚曰崇天契道英睿恭純憲文景武淵仁懿孝貞皇帝。

庚申。命禮部尙書孫如游兼東閣大學士。直文淵閣。

癸亥。雷。

甲子。御史賈繼春安伸田珍。以孫如游中旨突傳。非故事也。乞收回成命。不聽。

崔景榮爲兵部尙書。

丁卯。噦鸞宮災。

孫愼行爲南京禮部尙書。

旌南城人吳煥五世同居。

己巳。上恭靖端懿溫惠郭元妃尊謚曰孝元宣懿哲惠莊仁合天弼聖貞皇后。昭肅恭和章懿王才人尊謚曰孝和恭獻溫穆徽光讚天翊聖皇太后。

辛未。命編修劉鴻訓給事中張國祥使朝鮮。

十一月[illegible]朔。辛巳。有霓二長竟天見于東北方。

壬午。內犯王永福劉進忠鄭穩山劉尙禮姜昇劉遜命棄市。盧國相趙進忠戍邊。

癸未。福建布政司火。

己丑。夜子刻。月食。

庚子。有霓一。見于西北方。

十二月[illegible]朔。諭。皇考傳諭王昇原係皇親。陳槐冒認。仍議罪。

丙午。諭選婚。京畿命太監王之元。南京淮鳳徐州河南命太監劉克敬楊舜臣。北直山東命太監李實馬鑑。

南京御史王允成上言保身保治之要。愼防範。壯維城。愼內旨。謹票擬。杜旁落。嚴部覆。防廉恥。接羣臣。戒倦心。上是之。

丁未。夜。西北赤氣如火。

庚戌。諭朝臣。九月朔。皇考賓天。廷臣哭臨請朝。選侍阻朕于煖閣。暨出閣。又使李進忠請回者再。朕至乾清宮。進忠又牽衣不放。若非司禮請前。朕又不能出見大臣矣。朕覩皇考入殯。又阻朕于煖閣。司禮三請乃出。初三日。朕朝見選侍畢。恭謁梓宮于仁智殿。又欲朕再朝。方許回宮。扈從廷臣。皆所親見。明是威挾朕躬垂簾聽政之意。朕蒙皇考派在選侍照管。凌虐更甚。朕晝夜涕泣。皇考自知其悞。身自勸朕。朕曾祕諭閣臣若避宮不早。朕亦不知如何矣。父母之仇。不共戴天。朕不加選侍封號。以慰聖母在天之靈。奉養選侍優厚。敬遵皇考之遺意。

壬子。御史王業浩上言。恭讀聖諭。情詞微有可酌。夫一選侍也。昔爲寵嬪。今孑焉婦人耳。當噦鸞宮之一炬。而已堪憐矣。而舉朝尙有煩言。願陛下靜思者一。所云派與照管併殿崩等語。天下後世不察。則先帝御家之盛德不無少損。且曉人何必至此。願皇上之愼重者二。聖母篤生聖躬。正位素定。何至以房闈之細。橫來批頰之兇。在選侍則死有餘辜。在聖母則生豈妬寵。願皇上斟酌者三。疏入。留中。

孫愼行爲禮部尙書。

戊午。刑部尙書黃克纘上言。臣問王永福有戍四人乞恩貸。因是日盜寶八人。監故二人。論斬三人。充淨軍四人。亦可以正法矣。臣疏明言選侍接聖母不恭。遇皇上失禮。亦足以盡其失。必欲邀恩于皇上者。推先帝之遺愛。父子之間。人所難言。而深言之。則不能無罪耳。

周應賓爲南京禮部尙書。命給事中姚宗文往遼東勘熊廷弼經制虛實。

鄒元標爲刑部右侍郎。

崔文昇戍孝陵。

雲龍州平。段進忠既弒其主而愈猖縱。偪州官。殺掠亡算。將勦之。進忠急從間道至龍尾關。守臣誘入擒之。散其黨數百人。疆理其地。定賦稅。

壬戌。御史焦源溥上言。先帝御極之初。遂傳皇祖封后之命。及不可得。而治容進矣。張差之梃不靈。則投以麗色之劍。崔文昇之藥不速。則促以李可灼之丸。先帝欲諱言進御之事。遂甘蒙不白之冤。皇上獨不動念乎。

辛酉天啓元年

正月醆朔。大風雪。諭孫如游出視事。

丙子。追諡先臣兵部尚書伍文定忠襄。南京刑部右侍郎吳悌文莊。右僉都御史魯穆端毅。楊繼宗貞肅。石城所吏目鄒智忠介。大理寺卿陳恪簡肅。尚寶司少卿孟秋清憲。御史劉臺毅思。兵部尚書毛伯溫襄懋。吏部左侍郎張元禎文裕。左諭德張元汴文恭。南京禮部尚書陶承學恭惠。太常寺少卿魏良弼忠簡。吏部右侍郎趙用賢文毅。刑部右侍郎張翀忠簡。右副都御史張文錦莊愍。南京兵部右侍郎李盛春恭貞。工部尚書劉東星莊靖。禮部右侍郎唐文獻文恪。戶部右侍郎張養蒙毅敏。兵部左侍郎許孚遠恭簡。戶部主事周天佐忠愍。戶科給事中楊允繩忠恪。錦衣衛經歷沈鍊忠愍。南京吏部尚書曾同亨恭端。鴻臚寺卿張朝瑞靖恪。五官監候楊源忠懷。兵部右侍郎魏允貞介肅。戶部左侍郎郭惟賢恭定。左都御史溫純恭毅。兵部尚書王遴恭肅。工部左侍郎王汝訓恭介。吏部尚書蔡國珍恭靖。禮部尚書馮琦文敏。兵部尚書李化龍襄毅。吏部尚書孫丕揚恭介。禮部右侍郎劉曰寧文簡。郭正域文毅。南京戶部尚書雍泰端惠。吏部尚書畢鏘恭介。刑部尚書趙參魯端簡。王之誥端襄。兵部尚書張佳胤襄憲。南京戶部右侍郎余懋學恭穆。光祿寺少卿馬理忠憲。霍州學正曹端靖修。江西副使李夢陽景文。陝西右參議賀欽恭靖。右副都御史姜洪莊介。武選郎中黃鞏忠裕。南京吏部尚書汪宗伊恭惠。戶部尚書林泮恭清。吏部右侍郎楊起元文懿。南京工部右侍郎江治恭恪。右副都御史李中莊介。修撰楊愼文憲。吏部尚書裴應章恭靖。吏部右侍郎盛訥文定。禮部尚書曾朝節文恪。南京禮部尚書黃鳳翔文簡。南京刑部右侍郎沈節甫端靖。南京工部尚書劉一儒莊介。祭酒傅新德文恪。太常寺少卿周怡恭節。南京吏部郎中莊㬥文節。刑部左侍郎王宗沐襄裕。右僉都御史張允濟介穆。刑部右侍郎李棠恭懿。戶部左侍郎董堯封恭敏。湖廣按察司僉事馮應京恭節。禮部右侍郎敖文禎文穆。

戊寅。給事中孫國楨上言。上之所操以磨勵天下。曰賞與罰。今賞罰何如也。使臣下莫敢遷進退兩亡據。何不于視朝之暇。召見廷臣。曉然示威福之出于己。曰某簡用某斥逐。以塞天下揣摩之路。召對之典。不可須臾待也。聖祖培養人才。半爲四明東林所耗。今其波少息矣。及今共養和平之福。莫生枝節。妄分畛域也。

己卯。諭發帑五十萬濟遼餉。

癸未。御史馬逢皋以楊漣疏移宮始末而去。功罪未明。因曰。先帝疾革而言選侍之封。當緩科臣李若珪也。先帝賓天而入宮呼萬歲。執皇上左右手者。輔臣劉一燝英國公張惟賢也。上移宮公疏者。周嘉謨張問達等也。上專疏者。左光斗也。上急移宮以待御極者。楊漣也。其後相繼有疏。惠世揚等也。如以爲功。則不獨一楊漣。如以爲罪。亦不獨一楊漣。今罪人未誅。而發罪璫者先作楚囚之泣。聖躬初安。而護聖躬者已歎江上之容。漣當此日止有決去以明臣節耳。皇上亦聞出城之後。物情竟何如耶。豈徒訪戴。盡欲識韓。臣不識漣。何以得此于人哉。上以楊漣忠直。朕所鑒知。暫准病告。

丙戌。給事中蔡思充上言。唐元和李道古薦方士柳泌合長生藥。誤憲宗。柳泌伏誅。道古坐貶。今李可灼揚揚晝錦。綱紀凌夷。莫此爲甚。不斬李可灼並罪所薦之人。于昭之靈。必有餘恫矣。

辛卯。御史張愼言上言。張差梃擊青宮。幸宗社有靈。萬一中其副車。將奈之何。迨東宮告變。此宜何如震聳。乃方從哲票若尋常。于是承風旨者遂以風顛結案矣。此一獄也。若引繩批根。宮闈骨肉之間。大獄將興。當羣議沸騰。神宗頃刻而御慈寧。召百官。棄張差于市。斃龐劉于宮。使羣臣不得質一詞。士師無所措其手。偉哉廟號神宗不虛矣。故不窮究黨與者。所以全父子之情。然亦必摘發奸謀者。亦正以明君臣之義。而陸大受王之寀李俸必以考功法中之。諸臣之意何居乎。從哲秉國之鈞。而乃令至此也。

壬辰。御史方震孺言。張差一案。近議紛紛。善處骨肉之間者。不可無調停之法。然不當因已調停而遂疑梃擊之奸化爲烏有。謂發奸者盡屬小人也。王之寀誠非高品。然察典自有處法。而中旨奪其敕命。可乎。陸大受之任撫州。幾于飲露。而必處于隔歲之後。可乎。至于李俸禁錮。又爲甚奇。即云不剪元良之羽翼。乃不幸而有其迹矣。

大學士方從哲免。

二月癸卯朔。安南遣陪臣阮世標阮洪來貢。

給事中毛士龍上言。自張差之變作。諸臣以攻差者爲東朝之黨。夫東朝而可言黨乎。即黨亦是四皓之擁護。寧爲江充之開釁乎。自後巧蔽風顛。今批鱗之直竄迹蠻烟。語言之微。併危虎視。至今陸大受等天下知其功。即皇上亦不深其罪。而韓浚等鍛鍊以爲罪。或掛神武之冠。或墮九原之淚。是功罪之反也。

甲辰。御史方震孺上言。登極一詔。凡前建言諸臣。用存恤歿。業見天日。而殷憂先帝。覔龍馭之難追。九廟有靈。幸不危于青宮之梃。而折肱無驗。反速禍于肘腋之奸。使萬年有道之聖君。僅爲一月太平之天子。此敷天共慘。願皇上念之而惕然也。

乙巳。遼東見日暈兩旁如月。

丙午。御史賈繼春言。具揭閣臣。以望其母女之保全而止。蓋念沖聖御極之始。慈祥當從折柳。先防威福莫向中涓送卻耳。上以箝制朕躬要名滅罪責之。

御史張愼言上言。當鼎湖再泣。偶值選侍乾淸天子避席。此時宗廟之鼎彝爲重。則先帝之簪履爲輕。所以有周嘉謨楊漣左光斗之疏也。于時卽神廟之鄭貴妃且先徙以爲望矣。旣而閶闔弘開。冕旒快覩。此時嵩呼而慶皇上之龍飛。遂亦不覺愴焉而痛几筵之羊棗。光景風聞。悽然動念。所以賈繼春具揭于閣臣也。御史高弘圖上言。楊漣賈繼春同屬耳目之臣。當宮禁危疑之際。決策于呼吸。卽繼春未嘗不以漣爲功。安選侍之說。起于移宮之後。因乾淸爲至尊所履。仁壽亦處優之地。不妨于有是移。移而左右未免炎涼傳聞。復有舛謬。繼春所以有安選侍之說。卽漣亦未嘗以繼春爲非也。乞敕繼春履任。而漣召還朝。其進退益光矣。上責愼言弘圖借調解爲名。實背公植黨。俱罰俸二年。

辛亥。御史方震孺請省議論。一國本一案。次則門戶之說。東林之中。原多依草附木。然不當因不肖以及賢。如淸冽之葉茂才朱世守。經濟之董應舉趙南星。勁挺之魏雲中馬孟禎。淨潔之高攀龍劉策。練達之李邦華。苦節之鮑應鰲劉宗周。有何罪而錮之終身耶。又其次則移宮之事。公道不彰。羣疑愈熾。同官馬逢皐所以請會議也。楊漣之去就。實繫聖躬。乞早賜召對。以釋羣疑。上許之。

壬申夜。四方黑雲。風起西北有聲。

閏二月癸酉朔。南京吏部尙書沈應文罷。

丙子。刑部會訊楊鎬李如楨論死。

戊寅。大風霾。御史魏光緒言。先帝以長君當立。而無端燕啄皇孫。奸人搆煽。妖書之事。恨不從心。梃擊之謀作矣。王之寀明白入告。置之察典。李倖駁正參語。勒令致仕。陸大受張庭上疏告變。其後庭憂死。而大受以計處。此忠義所以感憤不平也。

丙戌。封王昇新城伯祿千石。

丁亥。大學士孫如游罷進太子太保。

癸巳。孫瑋爲南京吏部尚書。

丁酉。昭和殿災。

辛丑。上責賈繼春以違忤逼逐。輕汚朕躬。揑造李選侍雉經皇八妹入井之罪。輔臣申救。命削籍。

三月癸朔。浙江巡按御史彭鯤化乞添中式三名。

乙卯。建虜攻瀋陽。監軍高出屯黃山不進。總兵尤世功賀世賢力禦之。李永芳遣人遺書招降世賢。斬于陴上。火其書。持鐵簡禦南門外。力疲退入。敵從之。城遂破。總兵尤世功陳策童仲揆管糧同知陳輔光自在知州段展皆死之。世賢從西門遁。先三日。袁應泰檄各將犄角應援。總兵姜弼朱萬良軍渾河外。俱不戰。獨四川石砫土官秦邦屏參將張神武游擊周世祿等力戰。兵半濟河。敗其白標黃標。最後紫標益衆。四面圍之。川兵飢疲。八千人無一免者。總兵張名世戚金在河南亦戰沒。是役也。敵兵亦爲奪氣。川兵名始重。

丁巳。袁應泰聞瀋陽陷。急促各路兵守遼。賀世賢屯立木山。當華夷之界。應泰手書自咎失策。非將軍之罪。使賢往。夜至長勇堡。遼人疑西虜也。遂舉烽。世賢駭遁。自後遼城陷。世賢無所歸。爲其衆所殺。應泰之收降夷。餉司傅國揭爭之。遂相左。至是檄餉司令給各兵三月糧。並預支四月。又犒二金。其虎旅軍加月餉六錢。餉司以瀋陽逃死各半爲詞。稽賞未與。

己未。給事中朱童蒙郭鞏各糾劉一燝黨庇熊廷弼。

庚申。袁應泰引兵渡渾河。設伏。留川兵守城。夜宿城樓。各道以令箭撤所伏兵。建虜遂徑渡太子河。

辛酉。建虜攻遼城。初。熊廷弼深溝峻塹。按伏其內。未易攻。敵厚木爲盾。居前。後排弓矢。小車載土繼之。俟我砲盡。卽發矢如雨。隨令士車塡塹。車後人馬盡甲。戴鐵面具。來攻。袁應泰奉賜劍趣戰。擊敵于教場。殺傷甚衆。時朱萬良以貰罪自效。遂戰死。

壬戌。袁應泰令傳餐給士。敵突犯西門。督虎旅軍卻之。訛傳敵已入城。監軍高出牛維曜出走。人心遂亂。敵復縳草人于牌前。偪城以竭我力。晡時。諸將各離伍。砲久燃藥發。守兵驚亂。

癸亥。昧爽。城陷。袁應泰佩劍印自經城東樓。僕唐世名舉火焚樓死。監軍何廷魁沉妾女于井而自縊。監軍崔儒秀亦自經。御史張銓坐署中不屈。死之。

乙丑。遼東牛莊民亂相殺。

丙寅。起高攀龍光祿寺丞。趙南星太常寺少卿。熊廷弼兵部右侍郎。

戊辰。虎墩兎憨賚賞。

發帑金百萬濟邊。

贈左都督劉綎少保。王宣少保左都督。各廕本衞指揮僉事。立祠予祭葬。杜松。贈少保左都督。世本衞正千戶。立祠予祭葬。趙夢麟馬林各復官。贈三級。從祠。潘宗顏贈光祿寺卿。世錦衣百戶。立祠。董爾礪贈按察僉事。廕監。餘贈恤有差。

四月軠朔。日食。

李宗延爲右僉都御史。協理戎政。

丙子。以薛國用爲兵部右侍郎兼右僉都御史。經略遼東。王化貞爲右僉都御史。巡撫遼東。畢自嚴爲右僉都御史。駐天津。王國禎爲右僉都御史。駐通州。

初建虜遺降人運糧通判黃衣蟒服從騎至廣寧招降。監軍王化貞殺之以聞。且請撫虎墩兎憨三十六營炒化二十四營爲聲援。朝廷壯其言。遂授巡撫。是時羣情恇怯。以化貞侃侃言事。謂能勝厥任。化貞撫諭諸部。虎墩兎憨使腦毛大孫桑阿思寨來申盟約。卽北關壻也。化貞以北關忠順。宜協力同仇。厚賞之。炒化及卜歹青諸營並遣使通好。各議加歲賞。設誓而去。

庚辰。遼東總兵李光榮奏建虜測河謀內侵。

癸未。南京工部尙書丁賓致仕。

甲申。逮監軍高出。御史徐景濂乞並罪逃臣牛維曜胡嘉棟。

丙申。遼東經略薛國用免。

戊戌。大婚。冊張氏爲皇后。禮成之後。客氏憚后文明。誣后爲重犯孫止孝之女。御史游士任糾之。客氏銜恨。

己亥。贈張銓大理寺卿。謚忠烈。廕錦衣指揮僉事。立祠予祭葬。僉事崔儒秀。副使何廷魁。俱贈光祿寺卿。廕錦衣千戶。予祭葬。餘陞廕有差。

立良妃王氏。純妃段氏。

五月賃朔。丙午。敕召熊廷弼曰。朕惟爾經略遼東一載。威懾夷酋。力保危城。後以播煽流言。科道官風聞糾論。敕下部議。聽令回籍。朕尋悔之。適遼陽淪陷。隳爾前功。爾當念皇祖環召之恩。今朕沖年遘茲外患。勉爲朕出籌畫安攘。其卽日叱御前來。庶見君臣始終大義。

戊申。命內織染局下蘇杭織造。

兵部尙書崔景榮免。以王象乾代之。

左僉都御史王德完上言。司禮太監盧受。神祖舊臣。皇上方任爲心膂。豈得反爲寇仇。乞俞受前請。令司香留都。則羣疑可釋。楊鎬李如楨之獄。關繫非輕。須酌通國之論。不妨遣戍立功。冀收後效。司農李汝華年衰。令歸胥以休老臣。上命盧受私宅閒住。楊鎬李如楨准從寬政。
癸丑。給事中霍維華言。司禮之責成既重。則繼盧受之後者。必得小心忠順任之方可。而道路之口。皆以爲王安迫欲得之。以爲威福之地。又聞其告病調理。乃眺遊西山。有不可代爲之解矣。
甲寅。釋故臨江知府錢若賡獄。若賡以乙酉正月下獄。至是以子進士敬忠疏籲。始訊釋。
丙寅。以御史馮三元張修德給事中魏應嘉排擠熊廷弼。降三級調外。姚宗文傾陷削籍。

六月⿰耒辛朔。癸酉。大學士朱國祚入朝。
乙亥。以大婚禮成。大學士劉一燝韓爌各進少保兼太子太保。廕尚寶司丞。
戶部尚書李汝華致仕。進太子太保。
丙子。熊廷弼爲兵部尚書兼右都御史。駐札山海關。經略遼東軍務。陶朗先爲右僉都御史。巡撫登萊。
江州忠州土司交惡。江州勾祿州酋何惇寇忠州。掠人畜。分兵掠新寧州。
戊寅。增順天中式二十名。應天十名。各省三名。是年。山西舉宗生二人。江西陝西河南各一人。山東四氏學二名。遼生一名。皆不在額。以上諭宗生聖裔中式各加額外也。
乙酉。汪應蛟爲戶部尚書。何熊祥爲南京工部尚書。王之寀爲右僉都御史。巡撫寧夏。
辛卯。以平苗仲功。舊輔方從哲輔臣葉向高劉一燝韓爌總督張鶴鳴等各陞廕有差。
甲午。兵部尚書王象乾以原官總督保定。
淮安大水。

七月⿰子庚朔。乙巳。上以內犯田詔侍奉皇祖。劉朝侍奉皇考。赦罪送司禮。奏請定奪。輔臣言。皇上欲寬者恩。法司所定者法。不聽。

戊申。前按察使高出降副使監軍廣寧。胡嘉棟監軍遼東。戴罪立功。

奉聖夫人客氏男侯國興廕錦衣指揮僉事。

大學士沈漼入朝。

命降田詔等奉御閒住。

辛亥。命降司禮太監王安爲淨軍。發南海子。復禁私通往來。

敕賜熊廷弼尚方劍。麒麟服一。幣四。金四十。宴都城外。廷臣陪餞。從行將領幣一。金二十。標軍人二金。

己未。南京御史王允成疏劾黃克纘言鄭穩山乘移宮而盜珠寶。克纘乃倡言寶係選侍之物。臺臣焦源溥疏云。爲元子二后者爲忠。克纘則曰爲皇祖而全其貴妃富貴其愛子者爲忠之大。又曰光昭刑于之令德。莫傳宮闈之失。尤爲忠之大。至云先帝不得正其始。聖母不得正其終。然後可以議此獄。何其忍于出此言也。

祁伯裕爲南京右都御史。魏養蒙陳薦爲南京戶刑部尚書。

甲子。給事中孫杰劾冢臣周嘉謨以年例處霍維華。由于疏刺王安也。

八月

[illegible]朔。丙子。遼東巡撫王化貞奏參將毛文龍之捷。初。化貞遣文龍從海上結聯四衞約兵朝鮮。會叛將楊于渭以蓋州降東。文龍遂由廣鹿長山等島達朝鮮之彌串堡。偵鎭江守兵弱。游擊佟養貞選軍二百餘人掠商山。適右衞生員王一寧朝鮮借兵回。遂謀襲鎭江。分二百餘人夜渡。又間通中軍陳良策約爲內應。襲破之。縛養貞及子松年等六十人。乞濟師速渡三岔河爲牽制。及調兵三萬從海上徑至鎭江。並發餉。

丁丑。禮部左侍郎鄭以偉上言。光宗貞皇帝孝元貞皇后山陵將畢。祔廟有期。當定祧遷之制。禮部會議。憲宗當祧。太常卿洪文衡揭。睿宗以藩入宜祧。禮臣議。凡祫以近屬遠。祧從遠超近。禮也。入當原其始而祧。當稽其序。是入一法。祧一法也。太常云睿宗非繼體之君。不宜躋武宗。是議改。非議祧也。臣謂不在入廟而在稱宗稱考。不在稱考而在承大統。既承大統矣。可不考睿宗乎。既考矣。可不宗乎。既宗矣。可不廟乎。既入矣。可逆祧乎。祖訓。親王便殿敍家人禮來朝天子以祖宗所執大圭見之藩禮則然若既稱宗則均貴矣勢不得復以大圭臨之。故曰在稱宗不在入廟。今制祝文稱玄孫嗣皇帝嘉靖間祝文于睿宗曰皇考于武宗曰皇兄不得不然。然則春秋譏躋僖非歟。曰僖乃閔之庶兄而閔先承統均諸侯也而同出于莊公兄弟不得相君臣。穀梁謂以親親而言尊尊之故非之也。睿武既均貴而武出于孝睿出于憲視閔僖不同。況閔僖之躋或同一廟而今制萬曆間圖睿宗在世宗上爲昭孝宗武宗穆宗爲穆。宋人所謂以東西爲昭穆。而非以昭穆爲尊卑。亦未始有躋之之嫌矣。故曰在稱考不在稱宗。自正德遺詔有繼統之語。又有兄終弟及之文實遵祖制。斯詔一出孝宗則有子。世宗非繼後天下無無父之子。不考睿宗而考誰乎。故曰在承統不在稱考。肅皇帝不忍以天下易其考。遂剏千古不經見之典宣宗當祧。先臣陸樹德亦疏請先祧睿宗。天下非不韙之乃累朝終順祧而不改。亦不忍奪肅皇帝之不忍以成一順。不獨本于情。亦限于敍耳。推太常之意。祧而奉之玉芝宮。蓋以祫可合食也。四時可共享也。則祧與不祧等。豈非忠孝之極思哉。然苟可祫也何必先祧。祧子而後父于迹非順于序未妥于是遂祧憲宗。

命監軍道副使梁之垣宣諭朝鮮。毛文龍陞副總兵賞二百金。自文龍之捷。朝議恢復有機。敕登津二鎭併力征勦及令朝鮮犄角。

丙申毀北臺萬曆辛丑建。亦春秋泉臺之毀也。

巡撫貴州右僉都御史李標免。

是月淮水清。

熒惑太白鬭西方歷兩月同度。

九月妃朔。敕修兩朝實錄。

甲辰。御史王心一上言。客氏保護效勞。諭戶部給地二十頃爲香火。魏進忠侍衞有功。工部敍錄。夫當此經撫協勦。皇上先左右而後疆埸。重懷宮中之私勞。而輕念邊臣之疾苦。聖德無瑕。忽有此累。則不便之甚。東征將吏聞之。以爲吾屬捐軀命爲天子任艱危。曾不得如左右之人邀天衷之眷注。毋乃解其體而灰其心乎。上諭。遼東將士。披露眠沙。朕豈不念。發帑犒賞。隨依所請。且內廷恩澤。與閫外大計。有何干涉。姑不究。

己酉。奢寅據永寧衞城。督稅同知王胤昌被陷。陰遣吏齎印繳成都。至二年五月病卒。

癸丑。永寧宣撫使奢崇明發兵七千餘人。以土目樊龍樊虎領至重慶。聽閱。

乙卯。奢寅反于重慶。殺巡撫徐可求。守道孫好古。駱日升。李維周。知府章文炳。推官王三宅。順慶同知王應科。敍州同知熊嗣先。遵義參將萬金。指揮王登爵。巴縣知縣段高選。縛總兵黃守魁。後遇害。前翟昌同知董盡倫。聞變入城殺賊。遇伏死。募兵給事中明時舉。御史李達俱遁。奢氏種人猓玀也。世宣撫使。數傳至從周。亡子。崇明以疏屬得立。性陰鷙。謬爲恭順。凡徵調俱赴。人狎之。子寅尤雄狡。負勇力。納亡命奸民何若海等爲之用。謀不軌。奏提精卒三萬人援遼。因益治兵械。遣其黨樊龍等往重慶。故增其籍倍所調。撫臣往蒞之。索餉人十金。勿繼。激其衆爲亂。時土兵數千列江岸。城內砲震。皆起應之。遂據重慶。分兵扼夔州。一出綦江。一出瀘州。一截棧道。全蜀震動。

奢崇明陷遵義。時遵義道臣李仙品。參將萬金督兵赴重慶。城守空虛。崇明率衆奄至。署印通判袁任先期遁。賊遂焚掠納谿。永川長寧榮昌隆昌璧山皆空。攻合州。知州翁登彥力禦。攻江津。知縣周孔嘉破走之。陷興文。知縣張振德不屈。率妻子赴火死。後贈光祿寺卿。廕錦衣正千戶。

石砫宣撫司女官秦良玉勤王。良玉兄秦邦翰。邦翰援遼力戰死。弟民屏重傷突圍出得歸。時蔺賊厚賂秦氏求助良玉斬使留銀。率所部精卒萬人。同弟民屏姪翼明擐甲疾趨。潛渡重慶。營于南坪關。扼賊歸路。遣兵夜襲兩河。焚其舟以沮賊。泛舟東下。自率大兵沿江而上。水陸並進。又留兵一千。多張幟旗。護守忠州。以爲犄角之勢。移文夔州。設兵瞿塘。爲上下聲援。

丙辰。陵工成。尚書周嘉謨王佐進太子太保。餘陞賞有差。輔臣劉一燝韓爌進少傅兼太子太傅。廕中書舍人。何宗彥朱國祚沈㴶進太子太保。廕監。舊輔方從哲廕中書舍人。

壬戌。故司禮太監王安卒。王體乾嗾客氏忠賢遂降南苑淨軍。以劉朝提督。絕其食飲而縊殺之。崇禎初。賜昭忠祠。

藺賊逼成都。時敍瀘郡邑瓦解。棉木龍泉諸隘俱失。指揮冉世洪雷安世瞿美周邦泰張愷率衆拒之。邦泰至資陽。遇賊不戰降。冉世洪等至九泉。賊據山臨下。世洪安世美俱死之。張愷走免。賊遂薄城。城內僅鎮遠營兵七百人及調至松茂龍安兵一千五百人。御史薛敷政左布政使朱燮元登陴而守。初燮元以輯瑞就道。蜀王與百姓遮留之。遂慷慨自誓。使土司坤汝常指揮常恭乘賊殲其鋒。次日賊以革牌進。矢石不得近。用火箭擊之。殺數百人。及暮。賊又以鉤梯數千薄城。燮元戒士卒。第放砲石。亡譁。遲明。賊屍丘積。時濠水涸。賊偪難民。東薪壘土。構葦如屋。伏弩仰射。垂簾蔽矢。乃夜縋壯士持膏芻焚之。瀦決都江堰水至濠。濠溢。賊治橋。得少息。因緝內奸二百人。懸首陴上。賊立望樓。燮元曰。賊設瞭望。必出剽掠。其中虛。命死士五百人突擊之。斬其三將。焚樓而還。

十月戚朔。庚午。張鶴鳴爲兵部尚書。

壬申。王三善爲右僉都御史。巡撫貴州。

給事中倪思輝朱欽相劾客氏。謫外。

戊寅。御史王心一言。科臣論客氏。不過謂諭旨不可不信。家法不可不守。尚不如漢臣犯妃匹之嫌。有郤坐之驩也。不意有干聖怒。即加誅調。昔唐高宗欲立武氏。羣臣苦諫。李勣曰。此陛下家事。何必更問外人。遂至流禍唐室。佞臣之言。往往類此。上責其引前代事悖謬不倫。降三級調外。

甲申。閔洪學爲右僉都御史。巡撫雲南。

己丑。朱燮元爲右僉都御史。巡撫四川。許便宜行事。

十一月戊戌朔。庚子。給事中毛士龍削籍。順天府丞邵輔忠免。以互訐也。

壬子。淮安大雷。

壬戌。進葉向高少師建極殿大學士。廕尚寶司丞。賜金五十。幣四雙。劉一燝韓爌少師兼太子太師。廕中書舍人。金幣如之。何宗彥朱國祚少保兼太子太保。廕監史繼偕太子太保兼文淵閣大學士。廕監。金幣亦如之。前輔臣方從哲吳道南各廕中書舍人。金幣同。

丙寅。四川石砫女官秦良玉奏川兵大變。率衆討賊。上嘉之。

御史陳九疇劾大學士劉一燝負君誤國。給事中孫杰亦參之。併及冢臣周嘉謨。

吏部尚書周嘉謨罷。初諭一燝嘉謨並逐。蓋向高疑一燝忌之。檢討繆昌期自楚主試還。見向高曰。南昌漢陽不應逐。內傳不可奉。答曰。上所傳何不奉。昌期曰。吾師老臣。以去就爭之。必能遏其漸也。若一傳而放兩大臣。後不復可止矣。向高默然。始改溫旨。

繆昌期曰。嗟乎。王安死而南昌逐。南昌逐而勢重不可返矣。福唐恃其權智。可籠可愚。時亦有所補救。而卒不能遏其橫流。豈非天哉。

十二月戊辰朔。建虜窺廣寧。以兵屯海州。

壬申。張我續爲兵部右侍郎兼右僉都御史。總督川湖雲貴軍務。賜尚方劍。陝西鄖陽巡撫。暫移漢中夷陵應援。

起董其昌爲太常寺少卿。

己卯。御史江秉謙言。經撫不和。幸有明旨會議。議者曰。化貞欲戰。廷弼欲守。夫廷弼非專言守。謂守定而後可進戰也。化貞銳意進戰。豈戰勝而可無事守也。萬一不勝。而又將何以守也。大學士葉向高言。經撫會議。漢史趙充國平西羌。雖主屯田。而辛武賢亦竟以力戰取勝。今廷弼能爲充國。且留化貞以爲武賢。亦何不可。惟是廷弼之于化貞。作用既殊。而欲化貞受其節制。則舉朝之人皆以爲難。行同官皆爭之。豈臣一人所敢獨任。本兵張鶴鳴與廷弼素不協。謂化貞膽略可任。職方郎中耿如杞主事鹿善繼皆袒化貞。凡廷弼所言一切阻格。廷弼度力不能勝。以標下兵盡付化貞。疏曰。化貞有功。臣不敢與分功。若化貞有失。臣願不與同罪。云化貞志大而慮淺。見朝堂右之。益自詡。建虜令叛將劉愛塔盡取四衞。屠鎮江。攻毛文龍于彌串堡。文龍不能拒。乃去之皮島居焉。

張問達爲吏部尚書。

辛卯。川兵復安岳。

癸巳。鄒元標爲左都御史。

雲南巡撫沈儆炌陞南京兵部右侍郎。上言。自嘉隆及皇祖初年。雲貴方面多轉開府清卿。近何絕響。此藩臬優處之當議也。從來藩臬遷轉。惟論資俸。往往今歲雲貴。後移內地。今何一入雲貴。再無內望。此遷轉流通之當議也。九邊司道考滿。卽陞二級。今滇中處處瀕蠻。而朝問不通。鴻音不至。其苦更倍于九邊。乃廟堂不一軫恤。宜照九邊例之當議也。滇中郡縣。不無循卓。而清華之選絕無一人。則有志之士孰肯就途。此有司行取之當議也。善地有司陞轉滇南。豈無一時愛憎。乃馳驅萬里。受事方新。吏議隨及之。則後之陞者如墜深淵。孰肯冒險來乎。此祭典宜恕之當議也。除官者三年不至地方不得其用今宜嚴爲之限。有不願赴者。追還繳部。以便銓除。而規避之人。卽革職永不敍用。不得任其夤緣銓改善地。此遏限之當議也。滇中雖遠。然以待川貴之人。則壤地相接。不爲甚苦。以後宜先盡川貴人才而後及于別省。此就近銓除之當議也。

乙未。川兵復樂至石砫女官秦良玉率兵三千人至成都。